U0908466

CHINA COSCO SHIPPING CORPORATION LIMITED YEARBOOK

2018

中国远洋海运集团有限公司

年鉴

中国远洋海运集团有限公司 / 编

人民交通出版社股份有限公司

北 京

内 容 提 要

本书是中国远洋海运集团有限公司组织编写的专业年鉴，全面、系统记录了2017年中远海运集团在改革创新、生产经营、企业管理、党的建设和企业文化等诸方面的基本情况和重大事项，是记录中国远洋海运集团主要发展情况的权威性大型资料性工具书。年鉴中披露的各类资料和数据翔实、准确，向广大读者全面展示了集团深入贯彻落实党中央、国务院和国资委有关稳中求进工作总基调，紧紧围绕打造全球领先的综合性物流供应链服务集团这一目标，深化改革重组、大力提质增效、全面加强党建，在发展质量、竞争实力、航运主业、综合实力等诸方面取得的历史成就等。

本书可供社会各界特别是企业界、航运界的读者阅读，也可作为社会各界特别是航运界专家、学者、研究人员、工作人员及相关人士重要的参考工具书。

图书在版编目(CIP)数据

中国远洋海运集团有限公司年鉴. 2018 / 中国远洋海运集团有限公司编. — 北京：人民交通出版社股份有限公司，2023.1
ISBN 978-7-114-18271-6

Ⅰ. ①中… Ⅱ. ①中… Ⅲ. ①海运企业—企业集团—中国—2018—年鉴 Ⅳ. ①F552.6-54

中国版本图书馆CIP数据核字（2022）第194155号

Zhongguo Yuanyang Haiyun Jituan Youxian Gongsi Nianjian 2018

书　　名：中国远洋海运集团有限公司年鉴2018
著 作 者：中国远洋海运集团有限公司
责任编辑：李　刚
责任校对：赵媛媛　魏佳宁
责任印制：刘高彤
出版发行：人民交通出版社股份有限公司
地　　址：（100011）北京市朝阳区安定门外外馆斜街 3 号
网　　址：http://www.ccpcl.com.cn
销售电话：（010）59757973
总 销 售：人民交通出版社股份有限公司发行部
经　　销：各地新华书店
印　　刷：北京印匠彩色印刷有限公司
开　　本：889 × 1194　1/16
印　　张：50.5
字　　数：1357 千
版　　次：2023 年 1 月　第 1 版
印　　次：2023 年 1 月　第 1 次印刷
书　　号：ISBN 978-7-114-18271-6
定　　价：380.00元
（有印刷、装订质量问题的图书，由本公司负责调换）

4月1日，海洋联盟航线产品正式运营。

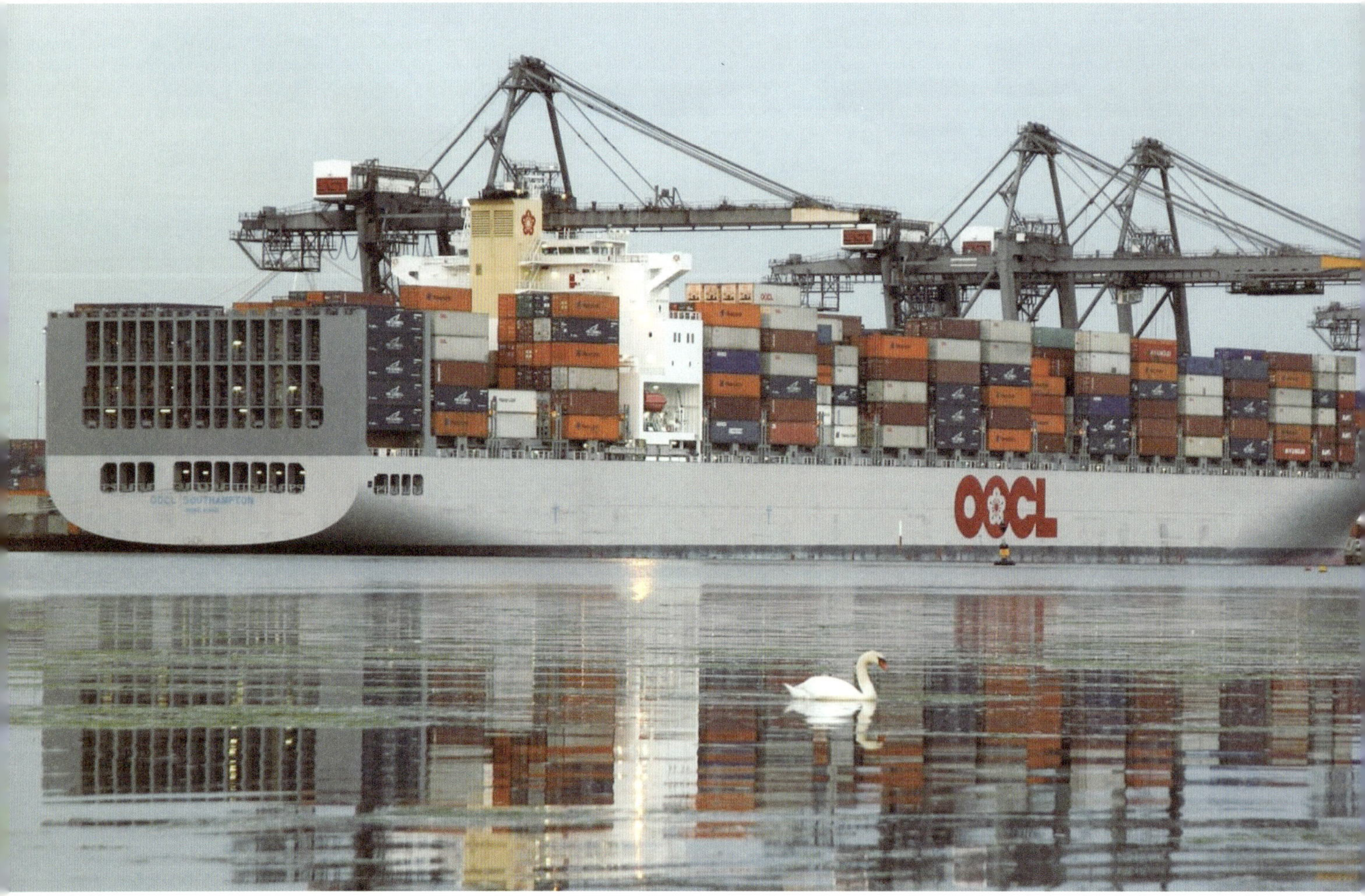

7月9日，中远海控、上港集团向东方海外全体股东发出全面现金收购要约。

3月5日，中远海运特运“永盛”轮完成南极破冰之旅。

4 月 9 日，中远海运集运首条西北欧—地中海区域直达航线 NET 正式开线运营。

9月11日，中远海运散运与淡水河谷达成27年COA合同，图为该项目核心运输船舶“远河海”轮。

12月4日，中远海运散运首创准班轮运输新模式航次启动。

6月1日，中远海运能源接入全球最先进、最环保LNG船“中能北海”轮。

12月21日，中远海运能源亚马尔项目冰区首制LNG船“VLADIMIR RUSANOV”命名。

8月6日，“新光华”轮装载单件货物重量破纪录的40 335吨深海油气开采平台结构。

8月17日，“南海之梦”轮开通三亚至西沙旅游航线。

9月1日，中远海运特运圆满完成北极圈内全球LNG投资规模最大项目亚马尔项目。

5月15日，中远海运与连云港港口集团联合收购由哈萨克斯坦国家铁路公司持有的霍尔果斯东门无水港49%股权。

5月19日，中远海运集团与青岛港集团签署战略合作协议及青岛港国际股权交割文件，入股青岛港股份公司项目。

5 月 26 日，全球第一艘超 2.1 万 TEU 级别集装箱货轮在厦门远海码头启动首航作业。

6月12日，中远海运港口收购西班牙 Noatum 港口控股公司51%股权。

9月11日，中远海运港口收购 APM Terminals Zeebrugge NV 76%权益。

11 月 5 日，中远海运港口阿布扎比码头正式动工。

1月4日，由中远海运物流、宁波舟山港、青藏铁路公司联合开通的首趟"西藏号"（拉萨—宁波）集装箱班列驶入浙江宁波。

10月27日，"中国·大连—斯洛伐克·布拉迪斯拉"中欧班列首发。

11 月 3 日，重庆中远海运物流与成都陆港公司合作成功首发“蓉欧 +”东盟国际铁海联运班列。

12 月 22 日，青岛远洋大亚物流有限公司首列“青蓉欧班列”正式开行。

4月11日，大连空运“空中巨无霸”包机项目启动。

6月9日，中远海运物流中东欧贸易物流园基地（一期）开业。

11 月 6 日，厦门中远海运开启台厦欧海铁联运新通道。

11 月 16 日，广州中远海运物流东风柳汽商品车滚装首发。

2月25日，由中远海运重工建造的圆筒型海工平台“希望6”号交付，并乘中远海运特运“新光华”轮赴英国北海。

10月16日，中远海运重工建造的世界最先进系列超深水海工作业船首制船“马士基安装者”交付。

2017 年，中远海运重工集装箱船建造取得新的突破。

4 月 10 日，上海寰宇锦州箱厂完成法国马赛 604 台房屋箱制造。

2月17日，中远海运财产保险自保有限公司成立。

5月31日，中远海运（南美）有限公司揭牌。

3 月 6 日，中远海运集团主持金砖国家工商理事会中方理事会 2017 年第一次全体会议。

8 月 31 日，中远海运集团主持金砖国家工商理事会 2017 年度会议。

1 月 17 日，中远海运集团出席世界经济论坛 2017 年年会。

3 月 18 日，中远海运集团出席中国发展高层论坛第 18 届年会。

11 月 21 日，巴拿马共和国总统胡安·卡洛斯·巴雷拉·罗德里格斯一行到访中远海运集团总部。

9月10日，中远海运集团亮相2017年第82届希腊萨洛尼卡国际博览会，希腊总理阿莱克斯·齐普拉斯到中远海运站台观展。

11月29日，中远海运集团牵手16家港航企业发布港航博鳌宣言，港航合作开启新时代。

3 月 30 日，广州海运壹街叁號·海员宾馆完成升级改造重新开业。

10 月 18 日，全球中远海运人同看党的十九大开幕会。

11 月 23 日，中远海运集团学习贯彻党的十九大精神专题培训班开班。

11 月 29 日，中远海运集团党组书记、董事长许立荣在海南博鳌进行学习宣传贯彻党的十九大精神集中宣讲。

7月27日，集团党组副书记孙家康做客新华网“砥砺奋进新国企”访谈节目。

11月28日，“十九大精神进央企”媒体团走进中远海运。

12月22日，中远海运集团赴嘉兴南湖开展“梦想起航”党性教育活动。

6月30日，中远海运集团党组举办中心组（扩大）集体学习会，对“两优一先”进行表彰。

4月21日，中远海运集团召开推进"两学一做"学习教育常态化制度化工作动员部署会。

9月27日，中远海运集团党建思想政治工作研究会在延安成立。

11 月 8 日，《中国远洋海运集团企业文化核心价值理念纲要》发布。

11月8日，中远海运集团举办“新时代、新征程”庆祝党的十九大职工文艺晚会。

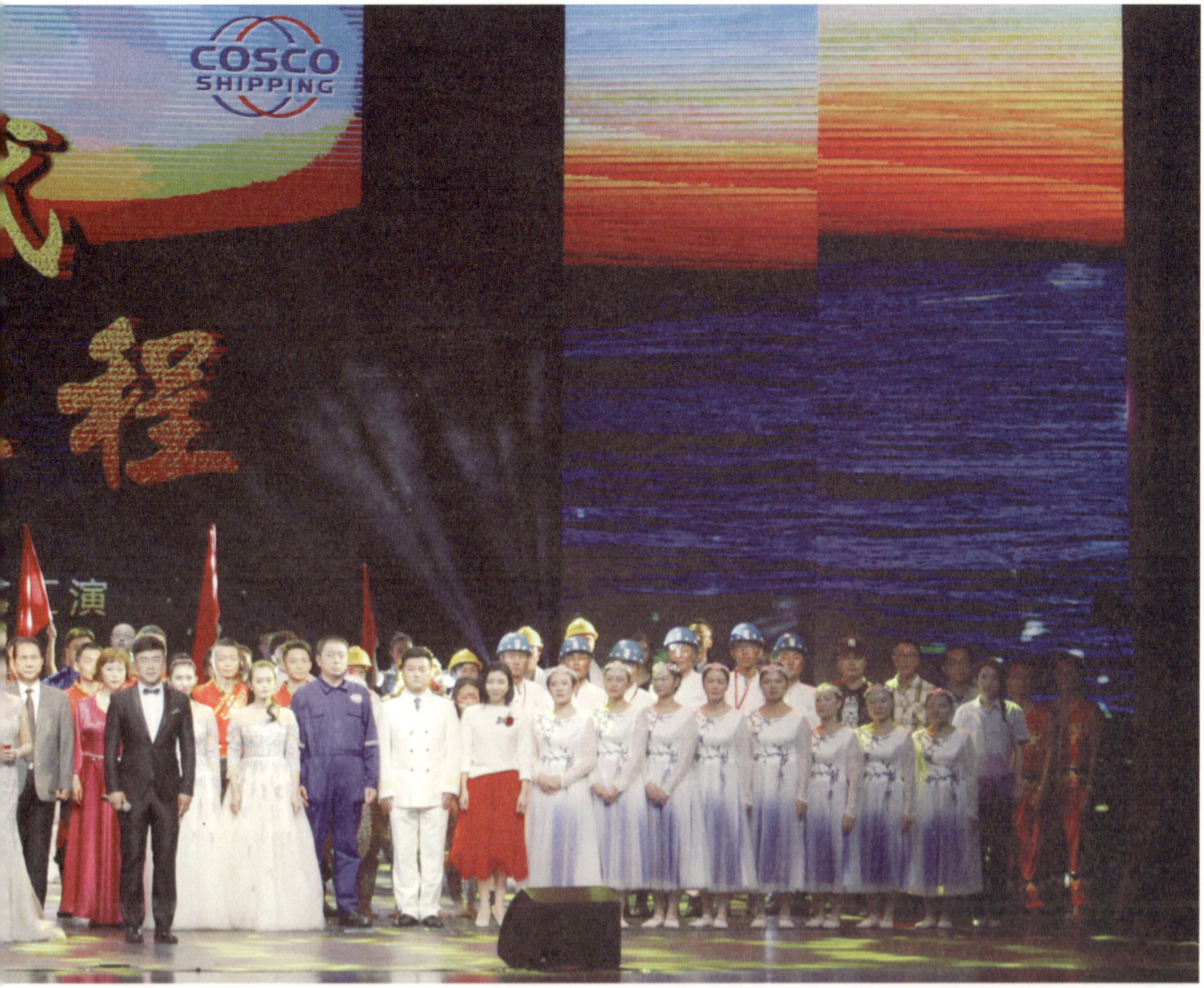

COSCO
SHIPPING
We Deliver Value
值 · 因 而生

8月3日，中远海运集团董事长、党组书记许立荣赴云南省临沧市永德县考察定点扶贫工作。

6月15日，中远海运集团总经理万敏带队参加“央企助力、富民兴藏”活动并赴昌都市进行援藏工作考察。

中远海运集团援建的湖南安化县“追梦楼”。

7 月 13 日，中远海运集团 2017 年“启航 & 远航班”结业。

12 月 29 日，中远海运集团 2017 年中青年高级管理人员培训班结业。

4月5日，中远海运集团总经理万敏接见北美公司“洋劳模”。

4 月 25 日，中远海运职业经理人试点工作启动。

5 月 3 日，中远海运集团召开第一次团代会。

1 月 23 日，中远海运集团领导赴基层船舶慰问船员。

中远海运客运·大连中远海运“海姐”。

2 月 28 日，中远海运特运“大吉”轮在地中海营救 10 名遇险船员。

2017 年底，中波公司轮机长顾德龙参加“雪龙”号科考船到达南极。

9月30日，中远海运集团党组纪检组举办“打造作风名片，崇尚廉洁从业”主题教育月廉洁文化摄影作品展。

6 月 29 日，中远海运集团在第四届中国海员技能大比武中获得佳绩。

11 月 1 日，中远海运集团首届电工、钳工技能大赛开幕。

7 月 18 日，中远海运重工举办党日活动。

10 月 30 日，广州中远海运召开基层党组织书记抓党建工作现场述职评议会。

6 月 17 日，广州中远海运举办工会系统职工水上运动会。

12 月 16 日，中远海运港口举办“新丝路、新征程——欧亚丝路圆梦接力跑”活动。

《中国远洋海运集团有限公司年鉴 2018》编纂机构

《中国远洋海运集团有限公司年鉴 2018》编审委员会

主　任：许立荣

副主任：付刚峰　王海民

委　员：孙云飞　黄小文　刘鸿炜　冯　波　傅向阳　叶红军　张善民
翁　羿　韩　骏

《中国远洋海运集团有限公司年鉴 2018》编纂工作委员会

主　任：刘海涛

副主任：海　峡　徐永上

委　员：朱雪峰　郭庆东　吴彦红

总部机关（按姓氏笔画排列）

王振东　白培军　朱昌宇　任永强　刘一凡　关育德　许　超
纪海东　杨　磊　吴　迪　章晓彤　陈　冬　陈永生　周祥勇
周崇沂　郝文义　是　铮　钱　萍　陶卫东　黄　坚

直属单位（按姓氏笔画排列）

王玉洲　王金山　王振波　王　雷　王　瑾　尹天笑　卢　晖
朱春辉　刘孔明　刘　剑　刘　萌　刘福阁　许丽华　孙正阳
孙明霞　孙　轶　孙　涵　严妙群　李文娜　李怀东　李　辉
杨大义　杨宏文　杨　健　吴春增　张向光　张　猛　张　鹏
陈建飞　欧阳木林　周媛媛　柯成钢　闻运钢　祝孝福　姚　炯
顾菊根　钱　江　徐陶然　高宝明　郭　伟　郭梁梁　黄　莉
黄爱新　黄瑞正　龚韶明　梁　静　蒋玉生　蔡春华　潘　奕

编辑说明

一、《中国远洋海运集团有限公司年鉴2018》（以下简称《年鉴》），是中国远洋海运集团有限公司（简称“中远海运”）组织编写的专业年鉴，是记录中远海运主要发展情况的权威性大型资料性工具书。《年鉴》全面、系统记录了2017年中远海运在改革创新、生产经营、企业管理、党的建设和企业文化等诸方面的基本情况和重大事项。

二、编撰《年鉴》的指导思想：坚持以习近平新时代中国特色社会主义思想为指导，全面贯彻党的十九大精神，紧紧围绕企业发展主线，坚持辩证唯物主义和历史唯物主义的观点和态度，尊重历史、实事求是，全面、真实、客观地记述年度重大历史事件、重大工作成就和重要历史荣誉，以期达到存史、资政、育人的目的。

三、《年鉴》采用“模块式”结构，分类编辑，点面结合。全书分为类目、分目、条目三个层次，设有专文、概况、产业集群、船队建设、国际化经营、安全生产、企业管理、投资者关系、科技信息、企业党建、企业文化和精神文明建设、群团工作、企业社会责任、直属单位概览、大事记、光荣册、统计资料17个篇目。为便于读者查阅和检索，文前附英文目录，文后附索引。

四、《年鉴》引用的数据、资料等均为中远海运机关各部门、各直属单位提供。各单位主管领导对文稿进行了审阅。

五、《年鉴》所涉及企业、机构、文件、航线等名称，在首次出现时使用全称，并括注简称，其后一般使用简称，个别地方酌情使用全称。

六、遵照《年鉴》编撰的规范要求，编辑部对撰稿人提供的稿件进行必要的编辑和加工。主要是依据编写大纲与撰稿要求，统一全书体例，规范专业名词术语，删除明显重复，补充部分资料，理顺语言文字，力求做到资料翔实、叙述简洁、数据准确。

七、对各单位上报及补充的先进集体、先进个人奖项进行了分类和梳理，对非主流奖项及集团相对固化的8个奖项之外的荣誉进行了调整。

八、《年鉴》中货币单位除另有说明外，均为人民币。

九、《年鉴》所引用的各种数据截止时间为2017年年底。

十、在本卷《年鉴》编辑、出版过程中，得到中远海运机关、各直属单位领导、专家及撰稿人的大力支持与帮助，在此谨向为《年鉴》提供各种帮助的人士，致以诚挚的谢意。

由于《年鉴》编辑出版时限性强，疏漏和欠缺之处在所难免，恳请读者批评指正。

《中国远洋海运集团有限公司年鉴2018》编撰组

2022年6月

目　录

第一篇　专文 / 001

第二篇 概况 / 097

第三篇　产业集群／117

第四篇　船队建设 / 163

第五篇　国际化经营 191

第六篇　安全生产 205

第七篇　企业管理/217

第九篇　科技信息 / 265

第十篇　企业党建 / 277

第十一篇 企业文化和精神文明建设 / 305

第十二篇 群团工作 / 319

第十三篇　企业社会责任 / 331

第十四篇　直属单位概览 / 349

第十七篇　统计资料／661

年鉴索引总稿／713

Contents

Part 1 Feature Articles /001

Part 3 Industrial Clusters / 117

Part 4 Fleet Construction / 163

Part 5 International Operations /191

Part 6 Work Safety /205

Part 7 Corporate Management /217

Part 8 Investor Relations / 249

Part 12 Work of Mass Organizations /319

Part 13 Corporate Social Responsibility /331

Part 14 Affiliated Companies / 349

Part 15 Chronicle of Events /627

Part 16 Awards and Honors /635

Part 17 Statistics / 661

2018

CHINA COSCO SHIPPING
CORPORATION LIMITED
YEARBOOK

中国远洋海运集团有限公司

年鉴

第一篇

专文

工作报告

“稳”字当头 “进”字为先 “新”字发力 “优”字引领

——集团董事长许立荣在2017年工作会、党建工作会暨一届一次职代会上的总结讲话

（摘要）

2017年1月10日

第一部分 2016年工作的五点体会

一、坚持党的领导、加强党的建设是集团改革发展的根本

在中央召开的国有企业党建工作会议上，习近平总书记发表了重要讲话，指出“坚持党的领导、加强党的建设，是我国国有企业的光荣传统，是国有企业的‘根’和‘魂’”①。在党的十八届六中全会上，习近平总书记又在讲话中阐述了全面从严治党的内容和要求，这也是对下一步国有企业加强党建工作提出的明确要求。一个时期以来，国有企业党建工作存在着弱化、淡化、虚化、边缘化的问题，这在我们的企业特别是一些基层单位当中也同样存在。因此，集团党组认真贯彻中央的部署，在改革重组中率先做到“四个对接”“四个同步”。我们是第一家把党建要求写进公司章程，也是第一家明确地确立了党组织在企业治理当中地位的中央企业。集团2016年共召开了30次党组会议，对改革发展和人事安排等重大问题进行了研究部署和决策，并认真按照中央要求，深入开展“两学一做”学习教育，取得了良好的效果。有些工作开展得非常有特色，各单位也各有特点，下一步我们还要认真总结。中远海运集运制作了“中远亚洲”轮的学习教育经验宣传片，供全系统传播学习；中远海运散运通过“送学上船”等方法，对基层一线深入细致地给予指导；中海国际船员通过“微信党支部”、微信群来学习，极具创新意义；中远海运特运实施“永盛+”项目，举行重温入党誓词活动，意义非常深刻；中远海运客运在船舶建立船员评论、党员评议、干部评价三个制度；中远海运重工开展“让支部强起来，让作风强起来”竞赛。各海外单位也都认真按照集团党组的要求开展“两学一做”学习教育。应该说，2016年我们通过“两学一做”学习教育，统一了思想认识，激发了大家的工作热情。

集团党组认真传达贯彻国有企业党建工作会议的精神，组织了专题学习；传达十八届六中全会精神，先后12次组织中心组学习；认真学习贯彻落实中纪委十八届六次全会、七次全会的精神，保持集团反腐高压态势，强化对权利的监管，发挥巡视、纪检、审计在整个经营活动过程当中的作用，实践监督执纪“四种形态”，并在中央企业中第一家建立举报澄清机制，在形成高压的反腐态势的同时，创造风清气正的廉洁环境，创造风清气正的团队。可以允许犯错，但不允许不改革。因此，在涉及改革发展的重要问题上，集团各级党组织和集团党组保持了高度一致，讲团结、重融合、讲效率、讲执行、讲担当、讲作为，确保了内部畅通，各项工作推进有序，这进一步证明了党的领导核心和政治核心作用在我们企业

① 《习近平在全国国有企业党的建设工作会议上强调 坚持党对国有企业的领导不动摇 开创国有企业党的建设新局面》，《人民日报》，2016年10月12日01版。

发挥得非常好。

二、服务国家战略、参与全球竞争是集团改革发展的目标

这次我们集团改革重组在国际航运市场产生了巨大反响，品牌影响力、国际航运市场地位和话语权都得到大幅提升。中远海运集团的话语权和影响力之所以能够大幅提升，主要是基于我们忠实地服务于国家战略。中国要实现海洋强国的战略目标，就需要拥有一支强大的海上船队，这是我们船队发展的最大优势。同时，我们又是国家“一带一路”倡议实施的重要载体，是国家战略的忠实执行者。可以说，基于服务国家战略、依托国家战略的目标选择，促使我们在激烈的国际市场竞争中迅速提高了自身实力。

一是依托“一带一路”加快全球布局。2016年，集团在一些重要区域市场进行了重大战略投资。其中，希腊比港项目使“一带一路”倡议向西欧和北非延伸。以希腊比雷埃夫斯港（简称“比港”）为枢纽进行中转，通过海路运到欧洲的货物无须再经地中海绕道西行，可直接通过铁路将货物运至中东，节省了大量时间和资金，取得了非常明显的成效，得到了党和国家领导人的高度认可。此外，我们还投资了新加坡港等项目，正在洽谈多个“一带一路”沿线全球布局的项目。总的来看，趋势很好，中远海运港口在全球战略布局上非常敏锐，动作非常迅速，团队工作非常成功。

二是集团新的品牌形象受到全球关注。新集团重组成立后，我们很快设计了新的品牌形象，发布了新 Logo。新的 Logo 进一步展现了中远海运的企业文化内涵，体现了我们的服务意识和服务理念。“中远海运巴拿马”轮首航巴拿马新扩建航道，当集团新的品牌形象第一次在公众场合亮相时，立即受到了全球极大关注，形象深入人心。集团美洲公司和集团公关部为巴拿马首航活动做了精心策划和布置，进一步提升了新品牌形象的影响力。

三是组建海洋联盟，形成国际航运市场地位的后发优势。以中远海运集运为主联合达飞、长荣、东方海外组建的海洋联盟，总运力达到 655 万 TEU，全球市场份额达到 29.8%，形成了目前全球最大的集装箱航运联盟。目前海洋联盟已经开始运行。今天谁的联盟实力强，谁就能在班轮国际竞争中胜出，立于不败之地。我们的先手棋下得很好，集团运营部和中远海运集运协调配合，做了很好的策划。

四是在国际航运业中的引领作用显著。2016年，我们召开了国际海运年会，发布“国际行业合作机制”倡议书，并随后与 17 家港航企业达成了“博鳌共识”。积极推动建设国际航运新生态，提出共享经济、跨界融合、产业链整合等新理念、新模式，这些观点和理念得到了全球行业的普遍认可。我们提出，在当前国际航运市场的困难局面中，反垄断已经不是国际航运业的突出问题，反倾销才是我们必须高度关注的问题。这个理念得到了全球航运公司的普遍支持。美国联邦海事委员会主席参加国际海运年会时强调，所有的托运人必须清楚，要让承运人有一个合理的回报，才会对国际贸易持续健康发展有利。类似这样的呼声和我们倡导的共建航运新生态、共享经济发展成果的理念是一致的。此外，我们参与提出 BDI 指数的修改方案，在各类国际论坛上的演讲中表述的观点也都引发了全球的关注。集团新闻媒体中心宣传工作做得很好，在这方面做了及时报道，公众微信号深受广大员工和社会人士的喜爱。集团之所以能在国际航运业界产生如此重要的影响，主要源于我们服务国家战略的目标选择，强化了我们对全球资源配置的能力，从而使集团能够引领国际航运市场的新格局。

三、各级领导干部敢于担当责任、直面矛盾问题、创新工作思路方法是集团改革发展的关键

集团改革重组过程中，面临了非常多的困难。原中远、中海两大集团规模大，业务多元，同质化程度高，资产结构也非常复杂，业务板块多、体量大、历史包袱重，重组难度比其他央企要大，而且经历了航运市场前所未有的低迷阶段。面对

这些情况，我们可以有两种选择，一是尽可能回避矛盾，用“一看二慢三通过”的方法来推进，凡事求稳。如果用这种方法，那我们重组应有的规模效应和市场效应就无法显现，必将矛盾突出，人员精神不振，历史遗留问题将会进一步放大而得不到解决，最终的后果还是要集团来承担。另一个方法则是坚定信心，在恶劣的市场环境下釜底抽薪、深改快改，凤凰涅槃、浴火重生，在短期内快速地体现规模效应和经济效益。在关键时刻，我们历史性地选择了深改、快改，取得了良好的效果。

一是集团总部、共享中心，以及7个核心产业和海外事业的重组改革取得了成功。国务院国资委给我们的评价是“小总部大产业”，249人的总部机关非常精干，工作效率高，士气高昂，而且和共享中心配合默契、遥相呼应、相得益彰。集团总部关注战略、大事，共享中心承接具体业务。7个核心产业改革过程都不容易。其中集运改革是核心中的核心，2016年3月1日正式挂牌，经过不断的推进深化，5月启动信息系统整合，9月已实现全系统覆盖，网点全部整合完成。从实际情况来看，客户、业务量等不仅没有流失，还实现了增长，改革重组相当成功。能源板块的改革也非常快，每个整合对象都做了不同的方案，非常详细。在英国、美国、新加坡先后开设海外公司，未来目标是一个经营中心四个海外网点的全球化布局。散运公司重组后总部设在广州，共有150多名员工从北京调往广州工作，大家精神面貌很好。港口公司的重组改革不是简单地把中远太平洋和中海港口两个公司合在一起，而是制定了新的发展战略，从投资码头向控制港口、经营港口转变，从码头投资者向全球港口经营商转变。物流板块重组后新公司现已挂牌，物流系统现有300多个公司，正尽快整合应加快战略研究，未来将形成一个强有力的支柱产业。重工板块，新总部成立后首要的任务是去产能，目前正在做压缩产能的计划。金控平台的整合也很有成效，项目发展速度非常快。海外方面，集团10个区域、104个国家和地区共涉及185个公司，目前整合也已全部完成。欧洲公司在调整合资合营方股权和处理其他诉求方面，坚持集团利益最大化，做了艰苦的工作。总之，集团各项改革整合工作尽管困难不小，但进展顺利。

二是降本增效取得了显著的成效。2016年，集团超额完成了国务院国资委经营效益目标。中远海运能源、中远海运金控 / 中远海运发展、中远海运港口、香港中远海运、广州中远海运等都为集团的效益作出了巨大贡献。在成本下降方面，燃油费用、集装箱租赁费用、船舶租赁费用都在大幅下降，改革协同效应已经发挥出来。

三是我们着力瘦身健体，实现了压减管理层级阶段性目标。新集团成立的时候，各级法人单位达到1805家，在国务院国资委央企排名前五位。过长的管理链条导致我们经营风险陡增、管理水平和效率低下，因此必须加快压缩管理层级。国务院国资委将中远海运作为央企5家试点单位之一。我们以此为契机，按照中央“三去一降一补”的要求和国务院国资委的部署，结合各业务板块的资源整合与结构调整，大力开展了压减层级、瘦身健体工作，提出了到2017年6月完成“压缩法人层级至5级、管理层级至4级，消减法人公司20%”的工作目标，拟定了340家拟清理关闭的法人企业清单。仅仅几个月的时间，我们就大刀阔斧地清理关闭了231家法人单位，占拟关闭法人数量的67.9%。到今年6月之前，我们将全部完成目标，提前一年半完成国务院国资委下达给我们的任务。部分直属单位这方面的工作比较突出，特别是中远海运集运和中远海运散运，两家就关闭了163家公司，为集团完成压减指标作出很大贡献。

四是产业结构优化的效果正在显现。集团确定了6+1产业集群蓝图，明确了四个优先发展的板块，正在加快推动并实施，效果良好。在产业优化推进过程中，各级领导班子不回避困难，敢于担当，在矛盾面前不犹豫、不退缩，敢为人先，确保了我们目标的实现。

四、高举“四个一”旗帜、促进文化融合是集团改革发展的保证

重组整合成功与否的关键，就是怎么解决文

化差异和团队融合问题。重组整合之前的两大集团虽然是同根同源、同心同向，但仍然存在不同的企业文化、不同的管理理念、不同的管理制度和不同的工作方法。因此从改革一开始，集团党组就提出“四个一”的理念，注重领导班子的融合、团队的融合，注重表彰融合做得好的先进典型。在改革初始阶段，我们就表彰了集团改革重组工作组为“钻石团队”。这次会议上我们又表彰了五个“钻石团队”，他们都在推进融合过程中做出了成绩。要做好融合，最核心的就是我们首先要有全局意识，要把新集团的利益最大化放在首位。要做好融合，还取决于我们各级领导班子怎么带头，在思想上求共识，感情上求共融，工作上求共进，起到表率作用。要做好融合，还要弘扬互相尊重、互相理解、互相学习的企业文化。为了做好融合，集团从组织安排上也提出了基本原则，就是尊重历史、统筹兼顾、公平公正、平衡安排，对推进融合工作起到了保障作用。目前，集团上上下下的融合氛围非常好，“四个一”理念逐渐成为各级党组织和广大干部员工的自觉思想意识和自觉行动，成为顺利推进改革的坚强保障。

五、坚定信心和意志、广大干部凝心聚力是集团改革发展的动力

上下同欲者胜，坚定信心，齐心协力，没有过不了的坎。集团领导班子成员带头团结协作，分管的事冲在前面，协同的事不推让，分工不分家，无论面对多么大的困难与挑战，不忘初心，坚持一起干大事。集团倡导时间就是金钱，效率就是生命，这已经成为集团上下的普遍共识。现在整个集团工作热情高昂、士气高涨，各所属单位奋发有为，纷纷提出要求加快改革重组。分组讨论中，有代表们建议，既然定了，就快改、深改，加快推进。集团和各公司改革重组中，广大干部的表现让人敬佩。集团在重组过程中共调整干部407人，其中直属单位领导人员234人，集团总部和共享中心共86人，没有一个被调动的干部提出任何异议。很多干部提出“功成不必在我”，很多领导干部主动提出让贤退出领导岗位，令人非常感动。他们的这种高风亮节、胸怀坦荡的人格力量，值得我们敬佩。总体来讲，目前集团已经形成了困境突围、逆势上扬的良好局面，同时奋发有为、干事创业、追求卓越、追逐梦想的氛围也正在形成。

第二部分　当前面临的主要问题和短板

虽然2016年集团在各方面取得了不少成绩，但面对当前的新形势、新任务，我们仍有许多问题和短板亟待解决，更有一些难题需要破解。这些问题，有些是多年积累的老问题，有些是在我们改革重组过程中出现的新问题；有些是受外部市场环境以及受体制机制影响造成的，更有些是由于我们自身原因，以及部分领导干部在思想认识方面不足造成的。这些问题不解决，集团的改革重组、未来发展，以及各项工作的推进就不会顺利。对于这些问题，我主要归纳为以下几个方面:

一是航运主业的亏损给集团发展带来较大的负面影响。尽管2016年集团总体盈利并超额完成目标，但航运板块的亏损给集团的提质增效工作带来了巨大压力。这里固然有外部市场的客观因素，但我们还必须深入查找自身原因。集团改革重组后，无论规模效益、市场竞争力、综合实力，以及服务水平都有了全面提升，集团也聚集了大批具有国际化思维的领军人才，在长期的市场竞争中积累了丰富的工作经验，广大干部员工也忠于职守、勤恳敬业、任劳任怨，甘愿为企业发展效力。下一步，如何借助集团改革重组优势，激发每位员工的聪明才智，采取更有效的市场应对措施，进一步发挥集团改革重组的规模效益和协同效应，使集团航运主业能够逆市生存和发展，是摆在我们面前亟待解决的首要问题。今年集团已经明确，航运板块各家企业都要扭亏为盈。因此，各航运企业都要认真研究应对措施，确保实现全年盈利目标，使企业真正走出市场困境。

二是部分单位干部职工在大局观念和担当意识方面存在不足。虽然我们已完成了主要业务板块的整合，但改革重组任务依然十分艰巨。集团改革重组效应与能量的发挥取决于各单位能否将

集团的整体利益摆在首要位置。这不能仅停留在口头上，还要看各单位的实际行动。作为集团整体的一部分，各单位不能眼光短浅只顾自身眼前利益，把余地留给自己，把困难留给集团，而是要具备大局意识和担当意识，通盘考虑到集团的整体长远利益。另外，从文化融合来看，一些业务板块尽管已经实施了整合，但部分单位和部门整合后的文化融合问题还没有真正解决，制约了改革红利的释放和经济效益的提高。因此，我们要提高这方面意识，继续抓好文化融合，不利于融合的话不讲，不利于融合的事不做。

三是各单位领导力、执行力，以及基础管理工作存在短板。尽管重组后，集团业务规模实现了多个世界第一与全球领先，在实力规模上都已经超越了竞争对手。但与那些卓越的竞争对手相比，我们仍有差距，最大差距并不在战略上，而是在基础管理上。当前，我们有些单位制度不健全、流程不规范，信息化管理相对滞后呈现碎片化现象，安全基础管理还存在薄弱环节，一些低级错误一犯再犯，已经通报批评的问题又重复出现，这表明我们的基础工作管得还不够深、不够细，与集团现有的规模和市场地位极不相称。基础管理是核心，基础不牢地动山摇。表面上看是管理粗放问题，从深层次看是考问我们领导力和执行力，考问我们的工作积极性，考问我们的工作责任心，看我们是否敢抓敢管、真抓真管。

四是要进一步加强基层党建和反腐倡廉建设。党的十八大以来特别是国有企业党建工作会议和十八届六中全会以来，中央对加强党对国有企业的领导，深化全面从严治党，持之以恒惩治腐败等提出了更高的要求。目前，随着新集团体量和规模急剧扩大，作为国际化的大型跨国企业点多、线长、面广、层级多的特点，给我们的廉洁风险防控工作提出新挑战。然而部分党员领导干部在思想认识上还没有跟上形势变化，以及企业发展的要求，重生产经营，轻党建和党风廉政建设。有些在基层党建工作，以及基层班子战斗力方面存在的问题，都需要我们高度重视，加强监督和检查。有些问题虽然是过去发生的，但必须反思并从中吸取教训，需要我们进一步加强制度建设，做好廉洁风险防范，扎实推动集团反腐倡廉工作。

五是人才队伍结构不能适应集团改革发展的新要求。当前由于集团各方面业务发展速度较快，人才多元化需求不断增长，集团人才结构不合理的问题突显，金融等战略性新兴产业人员紧缺，各专业高精尖领军人才匮乏，国际化、全球化人力资源管理还存在不足，特别是我们现在还没有建立市场化的人员选聘管理机制，体现个人贡献、基于价值创造导向的考核评价和薪酬激励机制还不完善。这些问题必须引起全集团的高度重视，我们要切实转变思想观念，解决好人才队伍建设问题。

第三部分　2017 年的工作重点

一、全面贯彻落实中央经济工作会议精神，牢牢把握稳中求进总基调

2016 年年底召开的中央经济工作会议精神，是我们国家 2017 年经济工作的大政方针。而全面贯彻落实中央经济工作会议精神，也是中远海运做好 2017 年各项工作、有力推动集团改革发展的根本保证。今年我们总体的工作就是着力抓好“四个字”：

一是要“稳”字当头。稳是基础，稳是基调，稳是从实际工作出发，尊重经济发展客观规律；稳是保持战略定力，扎扎实实一步一个脚印把每项工作落到实处，抓出成效。对于我们中远海运而言，“稳”字当头，就是要稳定增长、稳妥改革、稳健发展，今年尤其要强调的是稳增长。我们已经确定了今年总的工作目标，各项工作在实际中要做得比 2016 年更好。

二是“进”字为先。“进”就是不断进取，就是坚定不移地推进各项改革向纵深发展、实现重点突破，就是进一步解放生产力，为发展注入强大活力。为此，我们要进一步推进改革重组的各项工作。在总经理报告中，万总已经对整个改革工作做了部署，接下来我们要在重点板块、关键领域取得新突破，要在改革重组的大事难事面

前积极作为、积极进取。

三是“新”字发力。要大力推进创新驱动发展战略，促进新动能发展壮大、传统动能焕发生机。“新”字发力，就是要积极创新，大胆创新，推进体制机制创新、经营管理创新、航运科技创新、商业模式创新。其中特别强调的是市场化选聘机制要创新，此项工作是今年在创新领域上的重点。

四是“优”字引领。“优”字引领就是要不断优化产业结构、优化资产结构、优化团队结构、优化市场结构、优化客户结构，最终是优化我们的发展质量。要以“三去一降一补”为抓手，以推进供给侧结构性改革为主线，推动企业健康发展，实现做大做强做优。

二、打好打赢提质增效攻坚战，重点提升航运板块的经济效益

究竟怎样打好打赢提质增效攻坚战、提升航运板块的经济效益，我想强调两句话，一句话是“坚定信心抓机遇”，另一句话是“开动脑筋想办法”。

坚定信心抓机遇，就是一定要看到挑战当中存在的有利因素，看到逆势下的发展机遇。有了坚定的信心，就有了积极的心态，也就能发现机遇并抓住机遇。从整体上看，今年航运市场有望从谷底逐步回升。去年市场已经出现前低后高的走势，12 月 BDI 平均指数涨到了 1045 点，比去年 1 月的 386 点增长了 2.7 倍；从 2017 年整个市场的供需关系来看，散货今年很可能走出谷底，因为运力增长是 0.6%，需求增长是 2.1%，供求关系有望改善。要看到这些机会，更要抓住这些机会。另外再看集运市场，我们重组之后引发了全球班轮公司大调整、大洗牌，现在实际上全球承运人就集中在三大联盟当中，班轮公司的经营集中度越来越高，这有利于控制运力，使得市场更趋理性。特别是韩国韩进海运有限公司（以下简称“韩进海运”）破产事件，使得全球托运人更加重视运输链的安全保障问题；因为韩进海运倒闭之后，很多客户在韩进海运船上的货物滞留到现在都没解决，马拉松式的索赔导致客户损失非常大；所以寻找一个安全承运人已成为大客户的第一需求，这一局面对我们非常有利。中远海运是央企，且有世界最大航运企业的综合优势和运力规模第一的绝对优势，这就是货运安全性的最佳保证，这对我们就是有利因素。

开动脑筋想办法，就是要干事创业；在大事难事、困境逆境面前要敢于担当，敢于迎接一个个挑战，闯过一道道难关。“只要思想不滑坡，办法总比困难多”，我们每个干部都要成为解决问题的能人、解决问题的专家，而不是仅仅提出问题。问题当然要提，但提出来还要会想办法解决。所以，开动脑筋想办法，就是要求我们既能看到问题、提出问题，还要善于解剖问题，分析问题，提出解决办法，这是非常重要的。只要大家都能够积极开动脑筋，认真研究问题，就一定会找出破解难题的路径和措施。集团自启动改革重组到现在历时一年多，从上市公司重组交易到新集团未来发展顶层设计，再到一个又一个业务板块整合，涉及了多少难题，最后各种难题都被一一破解，有些难题在当初看来是不可能实现的，但是我们坚持开动脑筋，拿出了好的办法，最终都一个个突破了。所以说解决困难的办法肯定有，关键是我们能否积极去想，认真去推。

三、继续坚持“深改”与“快改”，着力抓好重点领域的改革重组

“深改”与“快改”，已经成为我们全体干部职工的共识。大家一致认为，提出的改革方案要加快速度推进，不能等，对此我也非常赞同。特别在当前市场不好的时候，我们先把一些基础性的管理工作、基础性的改革项目都做完；市场一旦有机会，那我们的规模效益就会高强度地释放，协同效益也会充分发挥。我们今年还是继续深改、快改。对于今年的一些重点改革，如船员体制改革、船员管理、燃油供应，以及财务、教育资源整合等，万总在报告中已经做了全面的阐述。我今天想重点讲一个船员管理的话题。不妨看看中海国际这几年的改革成果，去年船员管理费用与 2012 年比较下降了 10 个亿。现在在一些船舶，一套船员班子，中海国际改革后的船员费

用是 650 万，而没有改革的船员费用高达 1085 万，仅一套班子的成本就相差近一倍；此外，改革后船舶管理费用 233 万 / 天，而没有改革的高达 402 万 / 天；不谈其他项目，仅仅把这两组数字拿出来比较，就可以看清楚，这个“深水区”必须要过，这个“奶酪”必须得动。如果船员体制改革做好，那就不是节省 10 个亿，而是节省 20 亿以上的成本。所以，对于船员管理体制这项改革，今年必须坚定不移地去推。我们已经确定了改革的原则，就是必须实现“三提高一降低”的目标，即提高船员素质、提高船员到手的收入，这是非常核心的两条，还有一项就是提高船员与船舶管理水平，这是“三提高”；一降低，就是船员管理费用降低。这项改革我们已经有了中海国际的先例，成功的经验可以复制到其他单位去。实际上，船员体制的改革，改革的重点不是船员，而是我们的机关人员怎么认识、怎么引导、怎么实践；对于船员，只要他想上船，保证他有船上，上了船到手收入又增加，应该不会产生太多问题。问题是那些不想上船的，又赖在你这里拿“七金”拿保险，这个现象必须消除，来减少冗员降低成本。怎么来做，这是对船舶管理机关人员的严峻考验。下一步，要成立船员管理体制改革小组，大家一起来研究方案，在确保稳定的前提下把工作做好。这项改革成功了，将大大提升我们的管理效能，大力增强我们船公司的国际市场竞争力。

四、坚持好干部标准，大力加强体制机制创新，积极探索市场化的选聘机制

一是要坚持正确的用人导向，坚持好干部标准，坚持公平公正、风清气正，任人唯贤、五湖四海的原则。目前从整体来看，各家公司安排的干部总体上是符合集团党组要求的。下一步还要进一步大力选拔年轻干部，大力选拔国际化人才。在今年的干部选聘中，要把年轻干部人才、国际化人才作为重点吸纳进来。

二是要建立市场化的选聘机制，积极探索市场化选聘职业经理人和经营管理者。这些工作我们已经在推进，保险公司和金融控股公司都在全球招聘经理人；今年的重点是金融控股平台、保险公司和泛亚公司职工持股试点单位，要全面实现职业经理人制度。可以让被聘者拿市场化薪金，但要打破铁饭碗，和绩效紧密挂钩。我们要尽快拿出实施方案，明确聘期目标、权限和考核制度，形成标准。另外，我们还要加强完善紧缺人才、重点人才的选聘制度，这与我们的新兴产业、核心产业的发展是密切相关。

三是要积极探索以股权为代表的多元化激励机制。这一话题我过去曾经讲过，对于成熟的上市公司，我们要推进股权激励制度，现在已经通过泛亚职工持股试点；下一步，为了鼓励科技企业发展，我们还要对高级技术人才进行股权激励，推动实施混合所有制企业。我们要通过制度设计，使企业发展与员工成长捆绑在一起，要留住我们的关键人才。

四是要不断完善干部与管理人员考核机制。要完善干部考核机制，建立内部竞争上岗制度，建立末位考核调整机制。对于群众认可度低、精神缺钙、业绩乏善可陈、碌碌无为的干部，该调整的要调整。这次集团党组分五个组，由党组成员带队去考核，我看了一下考核结果，基本还是能说明问题。真正能干事敢担当的领导干部还是被群众公认的。对于管理人员，虽然我们倡导重组整合尽量不裁一个人，但不是说可以养懒汉，不是说什么不干就可以待在企业；要进行全方位考核，未来要实行末位淘汰制考核。对于普通员工，如果你没有敬业精神、没有工作业绩、不符合合同制、不符合我们的一些规章制度要求，该调整就应调整，该解除合同的就应解除。

五是严格执行有关领导干部管理规定。去年新集团一成立我们就召开了干部人才工作会，推出了一系列有关干部管理规定和人才发展纲要。其中，确定了一些原则和硬性要求，规定到年龄就退休，不在集团范围内返聘；岗位要实行交流，境内满 9 年以上必须交流，境外不超过 7 年、香港不超过 6 年；这些制度各单位都必须严格执行。现在可能在有些企业执行得参差不齐。今年集团要对干部管理制度进行检查，要严格落实集团党组的管理制度，规定出来的就必须严格执行，没有例外。这些都是根据中央要求来确定的。对此，希望各级党委会后再对照有关管理规定进行认真检查。

五、进一步调整和优化产业结构，做好资源配置的“加减乘除”

一是要瞄准核心产业做“加法”。对于核心产业和重点业务，或有明显的竞争优势，或有很高的投资回报，或有很好的发展潜力，我们要坚持大力发展。集装箱业务要在2020年以后进入世界第一梯队；港口业务要继续抓住“一带一路”倡议机遇加快“走进去”，发挥港口的先发作用、平台作用、集聚作用。物流要积极培育电商、冷链、化工等成长性业务，要成为与集团核心产业地位相匹配的支柱产业。金融板块要积极培育银行、保险、证券、信托、财务等核心业务，打造具有航运特色的供应链综合金融服务产业集群。要努力把核心产业和重点业务的“加法”做好。

二是要瞄准过剩产能做“减法”。要按照中央“三去一降一补”的要求坚持去产能，这些业务不属于核心产业，它们对集团的未来发展甚至产生负面影响。首先要坚决削减装备制造业过剩产能。现在工业板块整体压力非常大，到2020年工业板块产能要压缩至748万载重吨，要压缩近40%的产能；特别是海工产能要大幅下降，年完工交付海工产品的生产能力要从18个降到9个，压缩50%。其次要加快散货运力淘汰，今年虽然散货市场有所好转，但从长远看市场运力过剩及经营压力依然存在；散货是我们削减产能的一个重点领域，今年还要拆减74条船，进一步缩减运力。再次要继续做好管理层级的压减工作，今年我们的任务是必须完成340家法人企业的清理关闭，这是一个硬性任务；在今年6月之前，要全部完成。最后要继续加大清理处置低效、无效资产力度；一些土地资源、办公楼，还有很多的库存、很多资产都需要我们做清理；该置换的置换，该兑现的兑现，这项工作今年准备全面开展。当然，也有些资产潜力是不错的，但我们没有把它盘活。这就是我们要做的“减法”。

三是瞄准产业链协同做“乘法”。通过加强产业链协同，发挥“1+1>2”的乘数效应，让我们的工作效率递增，经济效益递增，市场竞争力递增，这正是我们追求的效果。当前整体来讲，我们的协同效应显现还不是太强，还有很大潜力没有真正发挥出来。怎么让协同效益充分体现，让乘数效应真正放大，需要认真研究。比如港航联动、内外贸联动、集装箱租赁等，还有我们强调的内部资源的优先使用，包括海外代理集中采购、燃油供应、修造船、自保公司，这些协同效益怎么变成“乘数放大”，非常重要。这里我要特别强调一下我们的保险公司，该公司将于今年2月18日正式开业，集团要求现在所有的航运企业以及重工、资产等公司，都要与自保公司签署协议。集团运营部要与自保公司商量拿出具体名单；各有关公司的总经理会后要认真研究、亲自抓，我们将来必须把所有相关保险业务全部集中在自己的保险公司，这是铁的纪律，所以要理出一批2月18日签协议的名单，看看有多少公司跟保险公司签协议。

四是瞄准结构优化做“除法”。做“除法”是在密切关注“分母”的同时重点抓好“分子”。在优化产业结构方面，当前要做好两道“除法题”：一是提高集团非周期性资产占集团的比重；这要加大集团非周期性产业的投资，现在我们资金占比最大的还是在航运、工业板块，那些急于焕发出新能量的产业资金占比都非常小，不利于集团平衡整体业务，不利于我们进一步优化产业结构。二是提高集团及各产业集群的利润率；按照“十三五”规划，到2020年我们集团利润率要达到6.2%以上，这有一定难度，但我们必须积极争取；各产业集群特别是核心业务的利润率都要有明显的提升。

六、坚持从严管理和精细化管理，为集团健康持续发展奠定基础

从集团来讲，我们各单位都要摆脱粗放型管理模式，要走向精细化、严格化。管理粗放问题的背后，总是存在制度不健全、流程不到位、执行不到位以及责任心缺失的现象。我们必须针对

问题，坚持管理从严从细，在这个方面一定要强有力地推进。我特别强调要加强风险管理，各单位一定要增强风险管理意识。现在我们有很多风险事件频繁显现，一次出现后另一个跟着又来，丝毫没有吸取教训，我们一定要坚持以制度为依存，以流程为纽带，以系统为抓手，健全内控体系建设，推动规范集团公共体系有效运行。对于这项工作，集团法务部门要尽心尽力加以指导。另外，集团还要进一步推动下属单位的规范董事会建立。现在我们也在派出集团的专职董事来参与一些管理，希望大家做得更好，以便能够快速应对市场。现在有一个现象需要大家特别是两级公司加以关注，现在集团总部的效率在提高，反应很快；但两级公司的效率有些跟不上，部分工作明显脱节。工作效率是一个整体，仅仅集团效率高是不够的。要把抓效率作为管理重心来抓。市场瞬息万变，我们都处在竞争的第一线，一个决策慢了半拍，市场就有可能失去一个重大机会，对这一点，希望引起各级单位高度关注。

七、要进一步强化安全管理，坚持铁肩担责、铁心治本、铁手治患

今年 1 月 5 日，已经召开过集团安全管理工作，万总已经在安全管理方面作了全面的阐述，我就不在这里重复。总的希望是大家要以铁的担当履职尽责，以铁的办法抓标治本，以铁的手段治理隐患。以铁的担当履职尽责，就是要做到“三真”：履职要认真，整改要较真，问责要动真。以铁的办法抓标治本，关键是确保体系建设到位；要强化体系运行，将体系建设的重心从体系的维护转移到体系运行监控和提高体系执行力上来。以铁的手腕治理隐患，就是要持续做好隐患排查治理工作，有效减少各类隐患的发生；付出的学费不能再付，走过的弯路不能再走。特别是当前岁末年初，工作繁忙，安全工作更容不得疏忽。我一直讲，安全工作并不复杂，但把简单的事做好了就不简单了。希望各级领导在岁末年初的关键时期，加强安全工作检查。集团安保部在春节前要继续加强安全大检查，有重点地做好布置。

八、积极创造全球网络整合的系统效应，大力增强集团的国际航运话语权

要加强海外重点市场的战略性布局。我们海外事业“十三五”的发展目标，是努力把海外事业打造成为中远海运集团经济效益增长点、客户营销着眼点、优质资产蓄水池、潜在产业孵化器。当然，要实现我们的目标并不容易，有些工作也很难做，但我们必须积极想办法，积极推进海外产业的多元化发展。

要抓紧完善全球业务布局。当前要加强全球市场特别是第三国运输市场的业务开拓。考虑我们的规模发展到今天的程度，今后必须要向南美、向非洲、向中美洲、向东南亚区域市场去消化我们的运力，去开发我们的市场，这些地方都是非常有发展潜力的。

我们还要积极开展国际交流，提升我们在国际舞台上的话语权。今年，我们还要继续举办海运年会及相关国际活动，积极打造或充分利用国际会议、国际论坛、主要媒体，以及有关国际事务活动等重要平台，发挥品牌效应，在国际航运事务中积极发挥主导作用，不断宣扬我们的价值主张，不断增强我们的航运国际话语权和影响力，发挥好行业引领作用，为 COSCO SHIPPING 的品牌增添更多的新元素、新形象、新优势。

九、全面落实十八届六中全会和全国国企党建工作会议精神，全面提升党建工作的科学化水平

首先是抓好班子带好队伍，全力推进改革发展。各级党组织要“把方向、管大局、保落实”，带领企业打赢改革重组、提质增效攻坚战，以管党治党的优异成绩，迎接党的十九大胜利召开。

二是突出重点，创新机制，加强基层党建工作。我们必须要深刻认识到，当前加强基层党建工作，已经到了迫在眉睫的时候了，要增强责任感和紧迫感。现在我们发生的很多问题，大多发生在三级、四级公司，这也说明了三级、四级公司的党建工作是非常薄弱的。针对这一现象，我们必须采取强有力的手段措施，提升基层党建工

作水平。

三是严明纪律，整风肃纪，进一步推进反腐倡廉工作。要切实落实好党风建设主体责任、监督责任。今天，集团与各单位党组书记签署了党建工作责任书，各单位要把这个责任真正承担起来。要在整个集团，着力构建好“不敢腐、不能腐、不想腐”的体制机制。要以三、四级单位为重点，把反腐倡廉建设向基层延伸。要按照“三个区分开来”的要求，用“四种形态”为党员干部建立“警戒区”“缓冲区”，切实做到抓早抓小，努力减少发生重大移送司法的腐败案件。要强化正风肃纪，理直气壮地给那些清正廉洁、呕心沥血、敢于担当的干部撑腰鼓劲。现在党风、政风以及民风、社风都在逐步好转，我们要乘势而上，乘势前进，在集团内部营造风清气正、干事创业的良好氛围。

四是要以深化实力、文化融合为抓手，切实做好思想政治工作。要确保“四个一”文化融合在基层、在具体工作中落地生根。要做好扎实的思想政治工作，形成支持改革、理解改革、拥护改革、共推改革的良好氛围，确保改革目标如期实现。

保持战略定力　奋力主业攻坚
推进中远海运集团发展迈上新台阶

——集团总经理万敏 2017 年中国远洋海运集团总经理工作报告（摘要）

2017 年 1 月 9 日

第一部分　2016 年工作回顾

过去的一年，对中远海运集团来说是不平凡的一年，是具有里程碑意义的一年。我们按照党中央、国务院的总体部署，在国资委的坚强领导下，全面深化改革，完成了原中远集团和中海集团的重组整合，打造了全球第一大综合航运企业集团，谱写了中国乃至世界航运史的新篇章。面对改革元年严峻的市场形势，全集团干部员工砥砺奋进，全面深化改革，努力拼搏效益，积极开展“两学一做”学习教育，各项工作取得了良好成效。在全系统的共同努力下，2016 年，集团实现利润总额 1 975.96 亿元，同比增利 160.73 亿元，超额完成国务院国资委下达的经营任务目标。成绩的取得，是党中央、国务院和各上级部门正确领导、大力支持的结果，是集团各级领导班子和广大海内外员工团结一心、奋力拼搏的结果。在此，向全体干部员工和同志们致以诚挚的谢意！

回顾 2016 年工作，主要呈现六大新特点：

一、凝心聚力，深化改革取得新成效

2016 年是国有企业深化改革的攻坚之年。集团积极服务国家战略，践行央企三大责任，以海洋强国战略、“一带一路”倡议、国际产能和装备制造合作为指引，按照国企改革 1+N 配套文件要求，积极推进改革重组，坚持做强做优做大，不断提升企业国际竞争力。

一是坚持战略引领，全面构建发展蓝图。我们从规模增长、盈利能力、抗周期性、全球公司的维度，确立了打造“全球领先的综合性物流供应链服务集团”的发展愿景，制定了航运、物流、航运金融、装备制造、航运服务、社会化服务，以及“互联网 +”等“6+1”产业集群的发展战略，明确了优先发展集装箱运输、港口、综合物流、航运金融产业。在此基础上，编制完成了集团“十三五”发展规划，其核心要义是：再造一个中远海运，力争实现收入规模和利润总额翻一番；激发改革重组带来的成效，强化对行业商业模式和利益格局的主导和引领，主动塑造新型行业生态圈。“十三五”发展规划对战略落地设计了具体路径，为集团深化改革提供了行动指南。

二是注重深改快改，全面释放改革红利。一年来，我们紧紧围绕“6+1”战略布局，着力推进总部及各业务板块重组整合工作，先后完成了总部、集装箱、散货、能源、港口、金融、物流、装备制造、海外网络和中远海控十项重大改革重组项目，按专业化原则重组打造了集装箱运输、码头经营、航运金融、油气运输四大上市平台。通过深改快改，各业务板块迅速打造规模和成本领先优势，改革释放的红利逐步显现，协同效应逐步发挥。

在快改上，集团总部和各业务单元严格按照时间节点完成各阶段改革重组工作。2016 年 1 月 4 日，中央正式任命集团领导班子，经过一个月的努力，集团总部机构完成组建。2 月 1 日，中国远洋、中远太平洋和中海集运三家上市公司的交易方案均获得股东大会超过 99% 的高票通过，得到资本市场的高度肯定。2 月 18 日，中远海运集团在上海正式挂牌成立。3 月 1 日，集

团合并重组集装箱业务，成立中远海运集装箱运输有限公司。6 月 6 日，合并重组油气业务，成立中远海运能源运输股份有限公司。6 月 16 日，合并重组成立中远海运散货运输有限公司。8 月 26 日，中远太平洋公司实现港口码头重组后，正式更名为中远海运港口有限公司。9 月 8 日，集团的金融上市平台，原中海集运正式更名为中远海运发展股份有限公司，加上 6 月 2 日在香港正式挂牌成立的中远海运金融控股有限公司，共同组成集团的金控平台。11 月 9 日，集团航运主业上市平台，原中国远洋控股股份有限公司正式更名为中远海运控股股份有限公司。12 月 16 日，合并重组修造船和海工业务，成立中远海运重工有限公司。12 月 21 日，合并重组物流、船代业务，正式成立中远海运物流有限公司。至此，集团七大业务和海外网络已全部完成重组。此次集团重组被资本市场称为史上最复杂的交易，其中，最复杂的集装箱运输重组，也只用了不到 8 个月时间，就完成从挂牌到系统全部切换的复杂任务。而能源、散运、港口业务的重组从启动到完成挂牌，只用了不到 4 个月。

在深改上，在集团的总体部署下，各单位讲政治、顾大局、聚人心，加大力度推进改革。中远海运集运克服业务链条长、管理幅度大、地域覆盖面广的困难，全力攻坚，完成了组织架构、管理团队、股权交易、IT 系统、集装箱管理、供应商管理等方面的全面整合，率先实现了全球最具难度的班轮业务整合。自 2016 年 3 月整合以来，承运中国外贸出口集装箱 466 万 TEU，同比增长 4.4%，实现了逆市增长。其中，欧地线增长 11.4%，拉非航线增长 18.2%，东南亚线增长 10.3%，亚太线增长 4.8%，实现了“客户不流失，货量不减少，份额不下降”的既定目标。集运的改革重组，无论在整合速度上，还是在整合效果上，均好于其他同行重组的结果。中远海运散运积极转变运营模式，努力实现由“以船舶为中心”向“以货源为中心”的转变，由保规模向去产能转变。在短短的时间内，整合了 4 家散货公司的 274 艘散货船，经营职能全部集中到散运总部，形成经营集中统一的高效管控模式，由纯粹的运力提供者，转型为满足客户需求的运力整合者。中远海运港口积极转变发展模式，努力实现由中国码头服务为主向全球码头服务商转变，由单一的码头投资人向投资收益和控股经营并重转变。以布局“一带一路”为主线，加大对新兴市场和海外区域内市场的投资开发力度，包括东南亚、中东、欧洲和加勒比海地区等，码头业务全球化网络布局步伐进一步加快。2016 年，海外投资泊位 13 个。集团海外业务进行了深度重组，克服了相关地域、法律、合作方的多种困难，在规定时间内完成了集团十大海外区域公司的整合，共涉及 104 个国家和地区，185 家代理公司和近 5000 名员工。同时，我们将海外代理公司归属中远海运集运统一管理，形成了统一的全球服务网络。目前，各海外公司已全部完成合署办公，组织机构和人员已调整到位。其中，中远海运澳洲改革执行力强，率先完成全部机构和业务整合。

三是探索模式创新，全面促进融合发展。集团通过深化改革，优化资源配置，实现内部协同共享；通过外部连横合纵，推进行业竞合，不断提升国际市场竞争力。在设计集团总部管理模式时，我们科学确定总部职能定位和机构设置，创造性地确立了集团总部“职能部门（上海）+ 共享中心（北京）”的新模式，强化战略管控和共享服务，避免机构臃肿、职能交叉。目前，6 大共享中心运行良好，对 13 个职能部门形成了必要的后端支撑。职能部门人员从改革前的 504 人减到 249 人。此外，我们还加快干部人事制度改革和薪酬体系改革，研究制定混合所有制改革方案，推进上海泛亚航运员工持股试点，探索完善中长期激励机制。中远海运金控积极试点职业经理人市场化选聘模式，其所属的中远海运租赁市场化人数占总人数的近八成。

总的来说，2016 年集团深化改革工作成效显著，我们被国务院国资委确认为 6 家央企改革典型单位之一，得到了上级和社会的一致肯定，为下一步集团深化改革奠定了坚实基础。在改革重组过程中，集团整合办（IMO）做了大量卓有成效的工作，各相关改革重组单位夜以继日，全力推进整合重组，付出了艰苦的努力，在此，我代表集团向大家表示衷心的感谢！

二、多措并举，提质增效取得新进展

一是在提升效益方面，中远海运能源发挥内外贸市场联动优势；香港中远海运强化营销服务，积极转型升级；中远海运金控、中远海运发展着力打造以租赁、投资、保险、银行为核心的航运金融控股平台；中远海运港口加快全球布局，大力提质增效；广州中远海运积极转型发展，创新发展模式。

二是在客户营销方面，我们以国家运输保障为抓手，着力推进大客户营销。截至目前，集团已与18家央企签订了战略合作协议，集团运营部牵头搭建了服务央企客户的营销平台，先后开发中铝几内亚、连云港中哈等重大项目，进一步强化了国家运输保障营销力度。2016年，全集团完成央企客户货量1.71亿吨，占集团总货量比重29.4%，同比增加3个百分点；收入占集团航运主业收入比重15.6%，同比增加1.6个百分点。在抓好国家运输保障项目的同时，积极开发GKA客户、COA客户和海外大客户，不断优化客户结构。2016年，中远海运集运揽取GKA箱量突破150万TEU，保持稳步增长。中远海运散运与淡水河谷成功签订了27年的COA合同，当年创造可观的效益；内贸COA合同运量达到4996万吨，同比增长9.6%。

三是在市场开发方面，各单位以改革重组为动力，大力开拓市场，推动提质增效，在市场持续下滑的不利条件下，实现了集团整体效益的稳步增长。中远海运特运中标芬兰至中国175万立方米纸浆货合同，成功进入专业纸浆运输市场。完成“永盛+”项目6艘次船舶北极东北航道航行，扩大了北极东北航道商业化运营规模；为巴西南极科考站重建项目提供物流服务，开创了中国商船首航南极的先河。中远海运物流加快船代业务由专业化经营向综合性代理转变，所属中远物流国内公共船代市场占有率为51.4%，新增航线船代市场占有率为40.8%，继续保持了船代市场的主导地位和领先优势。中远海运重工克服造船市场低迷的不利影响，积极抢抓市场份额，目前手持订单104艘/1127万载重吨，为企业持续发展打下了良好基础。中远海运客运积极开拓南海旅游市场，“南海之梦”轮成功试运营，企业转型迈出重要一步。上海中远海运坚决贯彻集团“四个一”战略思想，各项工作稳中有进，在集团改革重组过程中做了大量后勤保障工作。厦门远洋积极构建远东美洲航线准班轮，打造特色航线产品。“中远之星”创新营销手段，散客人数增加23%，连续两年实现盈利。中国船燃探索一体化运作新模式，为40万吨级矿砂船完成燃油供应7500吨，刷新国内保税油单船供油量新纪录。中石化中海燃供积极寻找经营突破口，保税油销量增加40%。“为船服务”平台全面投入使用，为船东提供了便捷、优质的库存管理及增值服务。中外理积极应对理货政策新变化，深入挖掘自身潜力，大力拓展新市场，通过努力成功进入检验检疫市场。

四是在成本管控方面，2016年，集团营业总成本同比下降8.77%；其中，燃油成本同比下降31.49%；船舶租赁费同比下降14.37%；集装箱费用同比下降13.46%。中远海运集运大力推动协同降本，实现协同效益约占年度航线运营成本的8.7%；其中，航线网络优化、供应商管理、箱管等协同额占协同总额比重达89.7%。中海国际围绕“三提高一降低”目标，积极推进供给侧结构性改革，确保了有上船意愿的船员都能上船，船员收入不断提高。与2012年底相比，2016年为船公司降低成本显著。按照国务院国资委采购管理提升要求，集团建立了集中采购管理平台，优化了采购管理流程，进一步加强了分层次集中采购工作，发挥了集中采购对集团降本增效的支持和保障作用。

五是在瘦身健体方面，作为国务院国资委5家“压减”试点单位之一，集团利用重组整合的有利条件，将整合同类型企业、优化业务结构与“压减”工作目标有机结合起来，确定了“压缩法人层级至5级、管理层级至4级、消减法人公司20%”的工作目标。集团战企部和各有关单位通过不懈努力，目前已清理关闭231家法人单位，占拟关闭法人数量的67.9%，管理层级已压减为4级，从工作进度和成效看，集团“压减”工作走在了央企前列，被国务院国资委评为“压减”先进典型。

三、全面发力，结构调整取得新成果

按照“去产能、调结构”的战略部署，集团发力供给侧结构性改革，加快结构调整步伐。

一是做好加减法，推进船队结构调整。2016年，集团累计拆解46艘船舶/298万载重吨（其中：14艘集装箱船、31艘散货船和1艘VLCC）。同时，抓住造船市场低点，谨慎推进船队更新。截至目前，集团平均船龄已降至8.6年，单船载重吨达到7.95万吨，船队正逐步向年轻化、专业化、大型化、绿色化的方向发展。

二是突出产融结合，推进产业结构调整。集团着力搭建航运金控平台，涵盖租赁、金融、保险三大核心业务，重点发展租赁业务，实现了租赁资产投放规模的快速增长。2016年，中远海运发展旗下租赁公司加权平均净资产回报率16.4%，盈利颇丰。集团资本部大力推进资本运作，落实航运金融产业布局，研究并推进了多个重大项目，主要包括：与金控联合筹建自保公司，收购上海农商银行股权，推动上下游企业股权合作项目，推进中远海运发展A股120亿元定增项目，参与东方航空等定增项目。截至2016年年底，上述定增项目均实现正收益，增强了集团金融产业的抗风险能力和增长潜力。

三是创新商业模式，推进业务结构调整。中远海运散运创新产品设计，推出“粮食准班轮”“煤炭准班轮”航线，在改变客户散货运输体验的同时，进一步提升运营效率。广州中远海运加大旅游市场开发力度，2016年，旅业公司实现营业收入可观，同比增长343%。构建医疗健康全产业链，突出“医养融合”特色，不断扩大了经营规模和品牌影响力。上海船研所立足科技创新，航运技术与安全国家重点实验室易址新建，进一步增强了集团科技创新、科技创效的行业影响力和话语权。中远海运集运旗下泛亚航运公司加快培育电商业务，为客户提供全供应链解决方案。2016年，电商箱量28万TEU，同比增长61%；收入同比增长71%。中远海运物流旗下无界电商努力打造具有物流特色的互联网平台，全年累计完成转签箱量100万TEU。“中远e环球”加快海外仓资源布局，跨境电商物流业务量增长迅猛，全年共操作业务300万票。一海通拓展卡车和供应链管理云两大平台，积极为集团全球端到端供应链战略目标服务。

四、重点推进，全球化发展取得新突破

一是加快全球化布局。中远海运港口和香港中远海运分别成功收购希腊比雷埃夫斯港、新加坡港新码头、鹿特丹Euromax码头、意大利瓦多（Vado）码头和阿布扎比哈里发二期码头股权。截至目前，集团在全球投资码头48个，总泊位209个，跃升为全球第二大码头运营商。集团在比港项目上的成功，得到了中央的高度肯定，被认为比港项目是中希合作的成功典范，是推动国家“一带一路”倡议的龙头项目。中远海运能源深度整合运力和市场资源，英国公司、美国公司顺利开业，着手能源运输境外布局，在中国香港、新加坡、伦敦、休斯敦等主要能源贸易中心实现网点全覆盖。

二是海外市场开发成果显著。中远海运集运通过优化航线网络，调整运力布局、加大营销力度，积极挖掘新兴市场、海外区域内市场和第三国市场的增值空间。2016年运力方案调整后，与3月1日集运整合时相比，传统欧美东西向干线运力比例从40%下降到36%；新兴市场和南北市场运力比例从60%提升到64%。调整后，南美西航线平均周舱位增长42%，东非线周舱位增长249%，印巴航线周舱位增长175%。全球各区域支线网络从年初的44条增加至47条，舱位增加46.6%，第三国货运量保持稳定上升，箱量同比增长15万TEU，占比上升1.6个百分点。中远海运欧洲不断加大欧洲区域内市场开发力度，2016年揽货量达17万TEU，同比增长15.3%，市场份额得到显著提升。中远海运北美改善西行出口货源结构，回程货创下2万TEU的单周纪录；韩进海运破产事件后，开发新客户

26 家，新增协议货量近 1 万 TEU。中远海运东南亚深耕区域内市场，2016 年整体货量达到 98 万 TEU。中远海运非洲西非航线箱量同比增长 35%。中远海运南美中标国际肉业巨头 JBS，以及中铝秘鲁铜精矿宁德项目，在新兴市场开拓中做出了积极贡献。

五、行业引领，品牌价值实现新提升

通过深化改革，集团行业引领能力显著增强，市场地位与话语权得到了大幅提升。在市场地位上，中远海运集运牵头组织与达飞轮船、长荣海运和东方海外成立海洋联盟，航线产品的频率更高、规模更大、覆盖更广、效率更优，全面超越 2M（马士基和地中海航运）。中远海运重工受工业和信息化部委托，牵头产、学、研、用及金融等 37 家单位成立了中国海工联盟，打造中国深远海海工装备中国品牌。在行业引领上，集团成功举办主题为“共建国际航运新生态”的国际海运年会，大力倡导“共享经济”和“价值主张”，引领航运经营模式创新，重构航运与相关产业的发展路径，引领行业健康发展。积极构建港航生态共同体，17 家港航企业共同发布“博鳌共识”，开创了国际航运物流业及港口业持续健康发展的新局面。推出了内贸集装箱运价指数（PDCI），将能源运输外贸滞期费条款纳入内贸运输合同，发挥了行业规则制定者的作用。在影响力提升上，集团新 Logo、视觉识别系统的发布和阐释，进一步展示了在追求全球实力、服务质量、绿色发展、历史使命、履行社会责任和员工价值等方面的更高理念。中远海运博鳌公司通过协助组织 2016 博鳌亚洲论坛年会等活动，进一步提升了集团的全球品牌影响力。“中远海运巴拿马”轮首航巴拿马扩建运河，受到世界瞩目，集团已成为国际航运业内举足轻重的力量。

六、综合施策，管理提升迈上新台阶

一是企业内部管控持续提升。按照“战略管控型”功能定位，集团成立后出台了 83 项制度和办法，涉及风险防控的制度和办法 27 项，重点防范资金、投资、法律等风险。集团总部开展流程梳理工作，共梳理了 55 个业务管理流程，涉及运营、采购、投资、财务等方面；积极推进 OA 系统升级优化，目前已正式上线运行。借鉴跨国公司资金管理“司库”理念，积极推进财务管控体系建设。同时，在产权评估、财务统计等方面也得到进一步夯实和提升。

二是推进公司法人治理建设。对 30 家直属单位实施董事会授权，实现了“管控上移，经营前移”，进一步提升了企业投资、决策、经营、管控的效率，提升了各经营单元的市场应变能力。

三是积极加强风险防控。集团采取有效措施，积极应对重组可能带来的风险。集团法务部、中远海运美洲创造性地设计了养老金责任豁免法律方案，成功化解了原中海集运退出纽约班轮市场所带来的巨额赔偿风险，减少了损失。中远海运欧洲积极应对埃及合资方提出的巨额索赔，通过多方沟通协调，促使合资方无条件退出，减少了损失。为有效应对韩进海运破产事件，集团成立应急工作小组，通过提升客户服务、采取法律行动、合理安排运营等措施，减少了经济损失。

四是狠抓安全生产管理。集团出台了《安全生产监管办法》，加强顶层设计，确保平稳过渡、有序融合。重点抓好航行安全，做好防台、防汛等季节性安全工作，陆上单位重点突出对船舶修造、危化品生产 / 储存等重点单位的检查。2016 年未发生较大及以上等级事故，发生一般等级事故 7 起，同比减少 6 起，其中水上交通事故同比增加 1 起、人员伤害事故同比减少 7 起，总体安全形势保持平稳。

五是抓好内部监督工作。集团上下贯彻落实党的十八届六中全会精神和中央党风廉政建设的各项要求，整合监督资源，建立联网审计、现场审计和派驻审计“三位一体”审计监督工作模式，制定印发 20 项审计监督制度，明确了集团监审部和审计中心的职责范围，强化了垂直管控。同时，还建立健全了容错纠错机制、信访澄清机制，努力营造干事创业的良好氛围。

第二部分　2017 年工作总体要求

习近平总书记在中央经济工作会议上，深刻分析了我国经济发展的阶段性特征，对我国经济发展的总体形势做出了科学判断。当前，全球经济依然存在复杂性、不确定性、不稳定性。中国经济形势总的特征是缓中趋稳、稳中向好，但产能过剩和需求结构升级矛盾突出，经济增长内生动力仍然不足。聚焦航运业，虽然全球航运市场低位波动的态势难以根本性逆转，但我们要看到挑战和机遇并存，挑战越大，机遇越大。

从外部看，逆全球化、贸易保护主义、系列黑天鹅事件、利率和汇率波动风险、虚拟经济冲击实体经济等，都是我们面临的挑战。从内部看，尽管我们完成了经营效益目标，但是效益基础不稳固，各板块发展不平衡，部分板块大而不强的问题较为突出，特别是航运主业经营效益不佳，经营能力亟待提高。

总的来看，当前集团发展存在“四个不强”：一是国际化竞争能力不强。具体表现为：尚未形成覆盖全球的服务网络，全球资源配置不均衡，新兴市场、海外区域市场、第三国市场的占有率不高，全球控股经营码头比重偏低，拥有参与国际竞争能力的复合型人才较少。二是航运主业的盈利能力不强。这是我们亟须解决的问题，也是今年必须完成的硬任务。2016 年，航运市场各项指标屡创历史新低，集团航运主业总体出现了持续亏损，虽然其中的码头、能源、特运和客运实现盈利，但是最重要的集装箱和散运两大业务大幅亏损。三是集群协同发展能力不强。从纵向看，产业链协同价值还未有效发挥；从横向看，全球协同能力有待进一步增强；从协同体制机制看，我们的管控机制仍有缺陷，需要进一步健全完善。四是风险管控能力不强。有的单位投资管理不严、论证不充分、程序不规范、资源不匹配、风险控制不严格，盲目投资、低水平重复建设仍然存在。高租金船、质押监管、融资性贸易、售后返租等风险业务敞口依然存在。系统内各类安全事故仍时有发生，暴露出安全基础还不牢靠，安全生产“两张皮”现象仍未根本消除，解决安全生产“最后一公里”的问题显得尤为突出。

在看到问题、困难和挑战的同时，我们也要看到有利因素和积极条件。一是全球经济基本企稳，中国经济稳中向好，对今年进出口贸易持续回暖和航运业走出低谷创造了好的条件。二是国家“一带一路”倡议的深入推进，为我们开发沿线市场、拓展新兴市场、精耕区域市场、实现全球化布局带来了前所未有的机遇，尤其是中国企业走出去，国家运输保障不断深化、国际产能合作持续扩大，为我们开辟了广阔的市场空间。三是航运市场价值回归，共建航运新生态成为共识，未来非理性竞争将得到一定遏制，这将对提升经营效益产生正面积极的影响，为 2017 年集团航运主业扭亏为盈营造了良好环境。四是改革的持续深化，有利于我们进一步释放改革的红利，为破解生产经营中的难题，发现自身管理上存在的弊端，提升经营管理能力创造了良好条件。改革就是机遇，抓住改革，就是抓住机遇。五是“四个一”理念深入人心，集团广大员工干事创业的热情高涨，这是我们抓好 2017 年工作的重要保障。

基于当前形势与任务，2017 年中远海运集团改革发展工作的总体要求是：坚持稳中求进工作总基调，紧紧围绕“打造全球领先的综合性物流供应链服务集团”的目标，以提质增效为中心工作，确保航运主业全面扭亏为盈，其他业务板块实现稳定增长；全面深化改革攻坚，持续释放改革红利；狠抓战略落地，不断提升国际竞争能力；在做大的基础上，努力做强做优，实现集团持续健康发展。

做好 2017 年工作，要重点抓好五个关键：

一要坚决打赢航运扭亏为盈攻坚战。航运主业是我们的立身之本，是集团综合实力和价值的重要体现。航运兴则集团兴，航运主业实现全面扭亏为盈，既是我们义不容辞的责任，也是我们必须完成的硬任务。各航运企业要统一思想，凝心聚力，坚决打赢航运扭亏为盈攻坚战。具体来说有三个含义：第一，航运产业集群整体实现扭亏为盈，这是今年效益攻坚的核心目标。第二，各航运企业全部实现盈利，尤其是中远海运集运、中远海运散运要坚守效益底线，确保今年实现扭亏为盈。第三，盈利的航运企业要创造不低于 2016 年的经营业绩。中远海运能源、中远海运特运、中远海运客运要勇于担当，确保经营效益不低于去年水平。

二要牢牢把握战略发展大方向。战略是发展的指引，2017 年是实施“十三五”规划的重要一年，是供给侧结构性改革的深化之年。我们要坚持以战略为引领，把战略的优势转化为胜势。在规模增长方面，要继续巩固全球第一大综合航运企业地位，重点做强做优做大航运、物流、金融三个优先发展的产业集群。根据市场变化，在发展路径选择上，有所调整，有所侧重；在业务平衡发展上，做到有主有次、有加有减、有进有退、有取有舍。在盈利能力方面，要突出商业模式的创新，更加突出价值创造能力的提升；不断拓展业务领域，挖掘新的利润增长点；不断深化企业对标管理，着力在释放创新活力上做文章。在抗周期性方面，要着力在产业结构调整上下力气，加快航运金融产业、社会化产业发展，提升企业综合竞争力，不断加强航运主业自身抵御市场波动的能力。在全球公司方面，要坚持全球布局，国内海外两个市场并重，加大国内专业公司在海外业务的拓展，精耕细作海外区域市场，扎实推进海外事业发展。

三要紧紧抓住改革创新主引擎。2017 年集团的改革是宽领域、多维度、深层次的改革，我们既要对已展开的改革重组进行深化与完善，也将重点推进 12 项业务重组整合及体制机制改革。改革要充分借鉴前期各业务板块重组整合形成的经验，努力打破制约发展的条条框框，通过激发创新潜能，重建经营管理秩序，促使机制更加科学、更加适应市场、经营管理更加高效、创新活力更加强大。

四要全面筑牢风险管控防火墙。要以稳健措施严防各类风险源、风险点，重点要防范地缘政治风险、投资风险、财务风险、汇率风险、交付风险、融资性贸易风险和售后返租风险，加强对风险敞口监测。要根据风险评估的结果制订具体应对方案和工作计划，逐级分解风险管理责任，将风险管理嵌入工作流程，推动风险的闭环管理。要进一步完善风控管理的制度体系，用制度和流程保障企业的健康发展。

五要坚决把好企业安全稳定关。在当前集团深化改革、提质增效的关键时期，安全工作一定要抓实抓好，决不能逾越安全稳定的红线。对待安全工作，我们要始终坚持以人为本，切实落实好安全责任。我们要始终坚持“四不放过”，对一切安全隐患和“三违”现象“零容忍”，对一切挑战安全红线、安全底线的行为严惩不贷。同时，各单位要积极化解矛盾、维护稳定，确保一方平安，为推动企业改革发展创造良好局面。

第三部分　2017 年工作部署

2017 年是我国发展历程中十分重要的一年，党的十九大即将召开。新的形势对集团改革和发展提出了新要求，提供了新契机。我们要抓住机遇，突出重点，扎实做好各项工作。

一、努力提质增效，全面提升产业集群经营效益

1. 突出效益攻坚，把增加收入摆在优先位置

航运主业实现扭亏为盈是我们必须完成的硬任务，收入增长是实现创效的关键。

首先，要提升运价管理水平。各航运企业要坚持以质取胜，积极倡导价值主张，发挥改革重组规模优势，重建市场竞争新秩序，主动成为市场价值的引领者，为合理恢复、积极推升运价营造良好环境。中远海运集运要分析市场供需变化趋势，抓住去年四季度以来市场好转的有利时机，大力推进运价恢复工作。中远海运散运、中远海运能源要通过合理的定价机制，稳定运价，在 BDI 和 WS 处于相对高点时，积极锁定敞口运力，提高收入水平。中远海运特运要把握局部市场机会，在优势航线和细分市场上积极发挥运价引导者作用。最为重要的是，各航运企业要采取切实有效措施提升运价管理能力，严格运价管理，提高平均运价和实际上船运价水平。

其次，要增加货量和份额。各船队要大力拓

展市场，扩大货源增量。2017 年，中远海运集运货量增幅要达到 10%，这是底线，必须坚决完成。要守住东西干线和中国市场份额这两条底线。目前，集运在欧美两大干线的市场份额分别为 12% 和 11.6%，散运内外贸市场份额分别为 14.6% 和 4%，能源内外贸市场份额分别为 60% 和 14.4%。虽然 2017 年要加大新兴市场和第三国市场运力的投放，但要牢记两大干线和中国市场是竞争力的体现，必须坚决守住份额而且有所增长。各海外公司要全力贯彻“平衡是金”的理念，抓好回程货的揽取，降低运营成本。中远海运散运要主动发挥集团海内外资源优势，强化营销协同，扩大揽货渠道，着力提升基础货源比例，重点提高第三国区域间运输货量占比。2017 年，要确保外贸基础货源比例提升至 30%。中远海运能源要紧跟中国石油石化企业走出去步伐，进一步扩大第三国货源比例。中远海运特运要做好牲畜、木材、汽车等货源的开发，加强风电、核电、高铁机车等行业的营销工作，提高盈利能力。

第三，要以客户为中心。要进一步挖掘客户价值，深度洞察客户需求，分析已有客户的既有价值和潜在价值，满足不同客户的个性化需求，全面提升价值创造能力。集团总部要进一步强化央企营销平台“司令部”作用，加强国家运输保障的营销和服务。2017 年，集团该类货运货量比例要提升 3 个百分点。中远海运集运要通过推行新客户开发团队、进口营销团队、维护类客户团队和分行业专业化团队的建设，实施有针对性的营销，满足客户需求。要继续抓好班期服务和中转服务，提升客户体验。中远海运能源要加强对世界主要石油公司的服务，力争与 BP、Shell 等国际大石油公司和石油贸易商签订第三国运输 COA 合同。要借助新加坡、伦敦和休斯敦海外网点，深度开拓西部市场，打造精品三角航线。

第四，要拓展产业链。各航运企业要创新商业模式，通过打造新产品、突破传统服务边界，向航线两端延伸并创造新的增值服务，努力打造“专、精、尖”的定制化和标准化服务。中远海运集运要优化航线结构，以航线为依托，调整优化航线布局，着力打造精品航线，加快开发铁海、江海、陆海等多式联运项目，重点开发海外市场服务产品，要与欧洲公司、PPA 协同开发中欧陆海快线，形成新的竞争优势。中远海运散运和中远海运物流要把握好本土大客户全球化产业链布局所带来的机遇，为国内大客户特别是央企海外市场开拓，提供端到端的全程物流链服务支持。

第五，要提升服务质量。积极从传统的产品思维向用户思维转变，洞察客户“痛点”，突出服务亮点。要立足于客户视角，坚持流程先导，有效改善客户体验，实现客户营销和服务的一体化。要继续认真做好客户服务保障监督体系建设工作。中远海运集运要加快建设全球客服中心，多渠道为客户提供 24 小时、集约化、专业化和电子化的服务。目前，中远海运集运、中远海运特运和中远海运物流已开展了客户服务保障监督工作，专门跟踪和处理客户投诉、抱怨和咨询，下一步，要在全集团积极推广。

码头、物流、金融、燃供等其他业务板块，也要不遗余力地增加收入，要将增收摆在关系企业健康发展、长远发展的战略高度，从源头抓起，从细节抓起，严控过程，确保效果。

2. 强化成本管控，把降本增效抓实抓牢

要强化成本标准化管理，完善成本管控体系，统一成本管理标准，提高成本管控效率，重点要做好船舶管理成本的标准化管理。要强化对标管理，对外要持续开展行业对标，与先进同行在业绩上、成本上全面对标，找差距、补短板，升质量；对内要积极倡导船公司之间、内部船队之间、船型之间的对标，互相取长补短，促进管理提升。中远海运散运要通过对标国际一流船舶管理公司，以船管体制改革为契机，努力降低船舶管理成本。要强化协同降本，中远海运集运要在 2016 年完成协同效益的基础上，进一步深挖降本增效的协同潜力。要从营销源头积极促进全球货流平衡，从根本上降低运营成本。在供应商成本管控上，要力争实现“零涨幅”。其他单位也要制订 2017 年协同降本的具体指标，落实到人，并纳入考核。各单位要针对系统管理成本不合理增长、人力成本增长过快、人均效率不高等现实问题，本着啃硬骨头的精神，攻坚克难，逐一解决。此外，要有效控制好隐性成本，真正做到点滴节支，最大限度管控好成本。

3. 深化供给侧结构性改革，推进“三去一降一补”，确保结构调整优化到位

在去产能方面，按照集团总体部署，坚决削减航运产业的过剩运力和装备制造产业的过剩产能。2017 年，航运产业要大力推进 76 艘船舶运力削减计划，其中，重点落实散货船队 74 艘船舶退役、拆解工作。各航运单位要发挥改革重组的规模优势和协同效应，通过优化航线布局，合理配置运力，出租、出售部分冗余船舶，从根本上解决船队结构性过剩问题，提升船队核心竞争力。中远海运重工要大力削减造船产能，到 2017 年底，造船产能要压减 26%。要加快整合海工资源，削减海工产能，到 2020 年，海工建造企业从 5 家压缩到 2 家。要压缩、调整修船产能，重点抓好上海地区船厂搬迁、整合，淘汰 3 万吨及以下船坞 3 座，减少小型船舶修理产能 100 艘。在去库存方面，针对 2016 年集团应收账款上升过快、存货居高不下的问题，我们要进一步加大“两金”压降的力度。2016 年，一年期以上应收账款余额同比减少 24%。我们要进一步加大应收账款催收和存货管理，2017 年，应收账款整体水平要优于 2016 年。各单位要从源头抓起，建立“两金”的清收清欠目标，并与管理者的绩效考核挂钩。要进一步加强资金集中管理，提高资金使用效率，形成以集团总部为主导，以“一个中心、两个平台、四级管理”为构架，实现账户、资金、结算、融资、短期投资等集中统一管理的新司库管理体系。在“压减”方面，要继续做好顶层设计，加强改革重组与压减工作深度融合，进一步提高压减效率和质量，确保今年 6 月底，完成将法人层级从 6 级压缩到 5 级，并压减 20% 共计 340 家法人单位的工作目标，在此基础上，进一步加大压减力度。此外，要继续抓好“僵尸企业”处置及特困企业治理工作，减少出血点，确保按照国务院国资委要求的时间节点完成治理工作。

二、深化改革重组，不断增强发展动力

2017 年，根据国务院国资委总体部署，集团将积极推进财务公司、信息化资源、船舶燃供、船员船舶管理、船贸、散运股权调整及海盛非散运资产剥离、备件物料、通导、教育资源、客轮、理货、地区公司定位和发展 12 项业务整合工作。主要有以下几项：

1. 建立统一管理平台，积极推进船员、船舶管理体制改革

船员是集团的战略性资源，涉及范围广、人员多，这项改革关乎发展与稳定，在方案制订过程中，我们要充分论证，广泛听取意见，要尊重历史，循序渐进，确保改革平稳顺利。在船员管理体制改革方面，要以“三提高一降低”，即：提高船员素质，提高船员到手收入，提高船舶管理水平，降低成本费用的原则，搭建全集团船员统一管理平台，实施船员专业化管理，在全集团范围内配置船员，有效提升规模效益、管理效率，不断提升船队竞争力。在船舶管理体制改革方面，各航运板块要以提升航运主业竞争力为目标，按照集中归口的原则，第一步计划打造板块内统一管理、统一标准、精简高效的船舶管理平台，最大程度地发挥船舶管理资源优势、降低船舶管理成本，确保船舶安全。

2. 创新发展路径，深入推进信息化改革

集团信息化改革目标是，通过整合信息化资源，建设面向产业链的、创新的全球化信息平台，实现集团信息化“五个一”的发展蓝图，即：一个顶层设计、一体化应用、一套基础设施、一支技术团队、一个创新体系。2017 年，集团要将现有信息公司按照业务需求的条线高效组织起来，形成统一的运营管理平台。要按照一体化应用的原则，抓紧完成核心系统的选型和重点项目的推进。要按照一套基础设施的总体规划，尽快落实机房、网络等基础资源的整合工作，通过整合和共享，设立云数据中心，实现布局优化、网络优化、基础设施利用率提升、运维水平规范统一和信息安全水平大幅提升，同步实现降本提质。

3. 深入挖掘潜力，科学推进教育资源改革

教育板块是集团宝贵的智慧资源。教育资源的改革，一是要服务集团干部人才队伍建设。充分发挥干部培训基地作用，围绕集团产业发展和人才规划，突出党的理论教育、党性教育，聚焦领导干部、后备队伍、国际化人才、高端专业人才等队伍培养，认真开发和组织重点培训项目，努力成为集团改革、发展和人力资源开发、建设的推动力。二是要服务集团员工素质特别是船员素质的提升。突出在岗培训、在船培训、在线培训，切实抓好集团内船岸职工培训工作，为企业发展培养和储备人才，为"一流企业"建设提供"一流团队"支撑。三是要服务航海专业人才的培养和航海教学科研水平的提升。充分利用集团内优越的专业性、实践性资源，打造行业培训品牌，提高培训竞争力。

4. 搭建高效平台，持续推进船舶燃供整合

燃供业务要加快推进重组整合，进一步理顺体制机制，搭建起科学、高效的服务平台，提升服务效率和质量，降低服务成本，进而为集团船队提升国际竞争力创造空间。

此外，我们还要提升效率效能，加快推进人力资源改革。要改革创新人才任用制度，推广市场化人才选聘机制，探索市场化选聘职业经理人和市场化用工，明确市场化身份，实现契约化管理。在扩大选人用人视野的同时，畅通现有班子成员身份转换通道。要建立梯队化培养开发机制，抓好国际化人才、后备干部等各类人才库建设。要构建全球化人才选聘体系，大力培养一批具有国际视野、开拓创新精神、熟悉国际商业规则、善于跨文化经营的高级管理人才。要稳步推进薪酬管理改革，坚持市场化原则，建立差异化薪酬激励机制，构建符合集团整体价值提升的薪酬管理体系。探索落实董事会薪酬管理权限，开展金融企业和境外企业工资总额授权管理试点工作。探索以股权激励为代表的多元化激励机制，按照"成熟一家、推进一家"的原则，推进上市公司积极实行股权激励计划。要推动混合所有制改革和员工持股试点工作，今年，要切实抓好中远海运集运旗下泛亚航运公司员工持股的混合所有制改革试点。

改革牵一发动全身，关乎企业发展、队伍和谐、安全稳定，必须积极稳妥推进。我们要统一思想，统一认识，做好细致的思想工作，心往一处想，劲往一处使，确保改革红利真正得以释放。

三、坚持战略定力，推动产业集群发展

1. 航运产业集群

集装箱运输要坚持内涵式发展和外延式扩张并重，持续发展船队规模，既要通过新造和市场低位租入运力内涵式发展，也要积极寻找并购机会，寻求规模上的领先。到2020年，中远海运集运要成为全球第一梯队的超大型班轮公司。港口业务要以"一带一路"为主线，重点布局海上丝绸之路的新兴市场和战略要地，努力发展成为全球领先的港口运营商，成为集团资源整合、全球化布局的排头兵。干散货运输要继续削减运力，保持合理的运力规模，注重由"以船舶为中心"向"以货源为中心"转变，积极培育岸上业务环节，千方百计增加延伸服务收入和利润来源。能源运输要以战略为引领，抓住当前船舶市场估值较低的机遇，稳健实施低成本扩张，有序扩大船队规模，积极调整结构，抢抓市场份额。

2. 物流产业集群

要巩固传统业务，发展优势业务，培育成长性业务，搭建为全球客户提供物流解决方案的平台。以资产为纽带，通过股权合作、与港口建立合资公司，力争保持60%的国内公共船代市场占有率，巩固船代业务在中国市场的领先优势。货代业务要通过自建、收购、合作等方式，加快建设全球货运基础网络，实现快速发展壮大。要紧密结合国家"一带一路"倡议、装备制造业"走出去"战略等，大力拓展工程物流等优势业务，实现由细分市场参与者向领军者转变。坚持国际化、集约化、专业化的发展方向，依托特种资源运营能力，加强全球客户营销和海外本土资源整合能力，积极向全程供应链解决方案提供商转型，以实现业务的快速发展。要积极培育电商、冷链、项目、化工等成长性业务。

3. 金融产业集群

在产融结合上，要通过金融租赁、产业基金等方式吸引外部资金，通过提供综合性金融服务，贯通产业链上下游，推动集团主业发展；要充分发挥自保公司作用，适时扩展自保公司业务范围。2017 年，我们要加速推进收购上海农商行、自保公司开业获准及正式运营、筹建金融租赁公司、创立与航运主业相关的产业基金等工作。在优化资源配置上，要运用股权投资、兼并收购等手段，优化各产业板块的资源配置，完善上下游产业链布局；利用现有存量资产，加强运营能力，进行置入置出交换，提高资产使用效率；通过与行业领先资产管理公司的股权合作，利用其专业能力，进入资管市场和领域，优化资产结构。在创造利润上，要积极发挥金融产业与航运主业的协同效应，以融促产，提升盈利能力和产业链整体价值；打造以银行、保险、证券、信托、财务公司为核心板块的航运特色供应链综合金融服务产业集群，增加金融产业的利润贡献，平抑航运业周期风险。

4. 装备制造产业集群

要瞄准《中国制造 2025》及智能制造，积极推进集团制造产业升级，加快科技创新步伐，快速借鉴和复制南通中远川崎模式，尽快形成精益设计标准和生产管理体系，优化造船生产流程、制造工艺，提高造船生产效率，为实现精益制造和智能制造奠定基础。要坚决压缩低端、过剩产能，坚决做好去产能、去库存工作。在订单荒、交船难、融资难的情况下，要进一步强化协同，新造船以内部船厂为主，外部为辅，修船原则上要在内部。要发挥产融结合作用，通过金控平台在租赁业务中寻找内外部造船订单。

5. 航运服务产业集群

要以五个平台为基础，不断延伸航运服务链，成为航运主业发展的重要保障。香港中远海运要发挥自身资本优势、区域政策优势、人才体制优势，围绕产业链延伸，重点是做优航运服务业务板块，实现提质增效，拓展新的相关多元化业务领域，谋求跨越发展。

6. 社会化产业集群

是集团物业资源的蓄水池，打造新产业的孵化器和专业人才的培育地。广州中远海运要围绕这一战略定位，努力成为集团社会化产业集群的重要支柱和新兴产业的孵化器。要加快核心产业发展。通过产业投资基金、并购重组、上市多种方式孵化或推动产业发展，重点围绕大健康、大旅游，打通全产业链运作体系，打造覆盖“健康管理全产业链运作 + 旅游目的地系统全要素发展”双轮驱动协同发展商业模式。上海中远海运要加快培育新的发展动能，坚持发展“以贸带储，储运结合”的新业态，打造社会服务平台和液化储运产业链、生态圈。中远海运客运和厦门远洋要根据国家邮轮产业发展需要，按照集团战略部署和整合要求，积极研究下一步发展的切入点、方向和路径。

7. 海外产业

海外区域公司是实现集团“6+1”产业集群战略的重要支撑，根据集团整体布局，海外产业要着力成为集团收入利润的增长点、延伸服务的创造者、市场新的共享源、全球公司的参与者和潜在产业孵化器。下一步，集团和海外区域公司要着力打造海外业务“五个平台”，重点是海外业务协同和新兴业务孵化平台。在打造海外业务协同平台上，要建立以客户为中心的综合营销模式，强化产业链协同发展。中远海运欧洲要深入围绕供应链服务延伸能力的培育，通过布局中欧铁路沿线关键节点地区的铁路场站、铁路运营权等多种措施，为集装箱运输开通直达比港航线、打通中东欧海铁联运大通道发挥重要支持和关键保障作用。中远海运北美要根据所在区域运输纵深长、陆路运输网络密集的现实情况，配合集装箱运输业务布线和陆运配送需求，研究和寻找集卡底盘车、仓储配送等业务环节的投资机会。中远海运南美要积极响应集团集装箱运输业务开发第三国市场的战略部署，协同和配合中远海运港口，积极寻找和参与投资南美地区关键枢纽港、节点码头，为集团构建以南美为起点，向其他第三国延伸的航线网络提供可靠的货物集散支点。在打造新兴业务孵化平台上，集团支持有能力、有条件的海外区域公司，加强集团现有业务的延伸开发和潜在业务的开发培育，为项目孵化和产业结构调整作出积极贡献。中远海运北美要密切关注美国基础设施建设、制造业回流以及贸易保护等方面的重要政策调整，寻求投资机会。中远海运东南亚要抓住东南亚地区承接制造业产业转移的重大历史机遇，结合国家“一带一路”倡议部署和要求，联合国内专业公司，以控制、配置优质土地资源为抓手，积极参与相关工业园区、物流园区等方面的投资和建设，为集团相关产业深耕东南亚市场提供基础资源、培育潜在货源。中远海运非洲要结合集团与国内央企、大型企业和重点客户签署战略合作协议的契机，积极参与非洲地区大型资源项目、基础设施建设项目投资，为集团承揽这些项目衍生的设备货、散杂货提供有效信息和有利条件。

四、夯实风控基础，筑牢风险管理防线

针对外部市场波动大，英国脱欧、美国大选等黑天鹅事件频发，贸易性融资等内部风险突出的特点，各单位要进一步强化风控意识，完善风险管控体系，全面加强风险管理。一要完善风险评估机制。强化日常风险评估，对于高风险业务、新型业务、重大改革，以及重大投资并购等事项要建立专项风险评估制度，制定切实有效的应对措施和应急预案。二要建立重大风险监控预警机制。重点防控现金流风险、汇率利率风险、市场风险、投资风险、债务风险、信用风险等。针对融资性贸易风险，有关单位要进一步加大工作力度，切实做好防范。三要大力推进企业法治化进程。全面推动境外企业法律风控体系建设，将企业经营管理纳入公司制度化轨道，严格、严肃执行各项制度，确保依法合规。从 2017 年起，集团将对各二级单位和海外公司实施法务与风控考核，逐步建立企业法治管理长效机制。

在抓好经营管理风险的同时，要高度重视廉洁风险的防范，保障集团健康发展。要继续整合监督资源，筑牢职能部门、风险管理部门和监察审计部门三道防线，形成“纪检、监察、审计、巡视、监事”五位一体的大监督格局。要聚焦航运主业全面扭亏为盈中心工作，加强对重大项目执行、重大资金使用、重大投资管控情况的监督检查，加强对航运单位成本管控的监督检查，加强对航运业扭亏为盈目标落实情况和效果的监督检查。要继续完善联网审计、现场审计和派驻审计“三位一体”审计监督工作模式，落实审计全覆盖要求，将审计重心下移到三级四级基层单位，实现关口前移。要切实加强境外企业党建和纪检监察审计监督工作，发挥境外审计分部作用，维护境外国有资产安全。

五、狠抓安全管理，营造安全发展环境

要以贯彻落实中共中央、国务院印发的《关于推进安全生产领域改革发展的意见》为主线，牢固树立安全发展理念，切实做好安全工作。一要严格落实企业安全生产主体责任。强化党政融合，落实“党政同责、一岗双责、齐抓共管、失职追责”的纪律要求；强化制度融合，推进标准体系建设，认真梳理评估原两大集团在安全方面的好制度、好办法、好经验，好的要沿用、旧的要改进。此外，也要创新举措，大力推进安全、环保、健康“三位一体”标准体系建设，提高风险辨识和控制能力。要注重团队融合，培育安全“钻石团队”，集团改革发展重在团队融合，安全工作也不例外。二要做好重点跟踪，确保隐患排查、整改到位。要继续按照“全覆盖、零容忍、严执法、重实效”的原则，深入开展安全生产大检查，狠抓隐患排查治理。要加强检查人员的培训，确保检查人员会查、能查、善查，做到真查、真抓、真管、真处理，提高检查的质量，充分发挥集团船舶安全检查组的作用；要对照安全生产标准化、安全管理体系制订和完善安全检查表，突出检查重点、针对性，特别要针对经常犯、容易犯的问题进行集中检查，要加强对船舶、工业制造、危化品生产单位的检查，要创新安全检查的手段；要加强检查结果的考核，强化检查效果；要加强检查信息化建设，强化缺陷统计分析，发现薄弱环节，落实好整改措施。三要服务船员、船舶管理体制改革。按照总体部署，船员、船舶管理体制改革将是今年集团深化改革的重点工

作。要聚焦实现统一管理后船员素质的持续提升，以及船舶安全管理水平的同步提升。要加强改革过程中安全工作的顶层设计，做好组织机构、人员配备，加强跟踪引导，确保安全有序，平稳过渡、深度融合。

六、突出价值引领，拓展企业发展空间

一是强化引领意识，提升行业话语权。要积极发挥海洋联盟、联营体和海工联盟等平台作用，促进行业健康发展；要主动作为，积极发挥作用，成为行业规则的制定者和市场的引领者。二是强化价值意识，提升企业品牌形象。要坚持全球眼光和国际化思维，在做大规模的基础上，努力做强做优，最关键的是提升企业的盈利能力和为客户创造价值的能力。要加强市值管理，目前，集团控股上市公司 9 家，市值规模约 1700 亿元，下一步，我们要积极加强上市公司市值管理，规范公司治理，不断提升集团在资本市场的形象。三是强化文化建设，提升企业影响力。要充分利用各类高端平台主动发声，维护和提升企业品牌形象，宣传企业文化。要对集团品牌细化梳理，完善品牌树形结构，打造品牌项目。要加强舆情监测，做好舆论引导和管理工作。要完善危机公关应急预案，提高舆论引导能力，为集团改革发展营造良好舆论氛围。要创新宣传载体和形式，充分利用传统媒体和新媒体各自优势，多层次、多渠道做好集团品牌宣传工作，强化宣传队伍建设，发挥整体合力，构建新形势下集团宣传工作和品牌建设工作新格局。

全力创效，合力创业，大力创新

——集团董事长许立荣在2017年中国远洋海运年中工作会议上的总结讲话（摘要）

2017年7月14日

第一部分　上半年主要工作亮点

一、成功收购东方海外，集装箱船队迈向世界第一梯队

7月9日，我们中远海运集团和上港集团联合要约收购东方海外68.7%的股权，并正式发布联合收购公告。虽然目前仅仅是发布联合收购公告，还需要经过国内相关监管机构和国际有关机构的审查，但这件事本身意义非常重大，影响非常深远，引发了全球航运界、国际金融界，以及整个香港社会的强烈反响。最近这段时期，舆论铺天盖地关注此事，总体来看大都是持正面态度，认为这是一个国际航运新格局、大趋势的重要体现，也是两个企业品牌强强叠加的最佳选择。同时，此举也符合我们的“十三五”发展战略。根据规划，我们要进入世界一流的班轮企业，在“十三五”期间集装箱班轮运力要发展到300万TEU；此项收购就为我们实现这一跨越式发展奠定了非常好的基础，也为我们从全球资源配置到大幅提升全球资源的整合力、控制力发挥了非常关键的促进作用。如果实现成功收购，我们和国际班轮巨头马士基、地中海航运比较，将大大缩小运力规模的差距。大家知道，集装箱运输最具全球化、规模化等特征，在全球国际贸易中扮演着十分重要的角色。所以，我们进入全球第一梯队，对全球的经济贸易特别是对中国经济贸易未来的发展，将发挥巨大的作用。

我们的收购对象东方海外并不是一个濒临破产的公司，它的经营、管理、全球信息化和全球服务网络都是非常优秀的，在国际航运界可以说是一流的。从最近这段时间外界的集中报道来看，业界有一个共识，即全球航运界和整个香港社会都普遍认为，东方海外是一个优质资产，是一个经营管理优秀的航运企业。所以，我们收购这样一家企业，重要的意义在于我们可以学习东方海外的精细化管理，以及全球客户服务、全球化信息系统，这将进一步支撑我们全球业务，并不断增强我们的协同效应和未来的经济价值；通过用东方海外这样一种体制机制，还可以不断激活我们的事业。一些媒体说我们买了一个“会下金蛋的鸡”。我们两个企业品牌通过相加相融，将大大提升我们整个管理水平、全球化水平，以及客户服务水平。

我们集团作为央企承载着重要的国家使命，要对香港的经济繁荣和国际航运建设积极贡献力量。这次我们在联合收购公告当中专门提出了六个保留：保留东方海外的品牌、保留上市公司地位、保留总部在香港运营、保留目前的治理结构与管理制度、保留它的薪酬福利体系、保留现有员工队伍和全球网络。这些承诺实际上基于我们对促进香港经济繁荣的支持，基于支持香港国际航运中心建设的支持。

这个项目非常重大，任务非常紧迫，时间非常短。在这么短的时间里完成收购公告，确实不容易。在总经理万敏的带领下，孙月英总会计师领导下的工作小组成员加班加点，其他党组成员共同参与；这个小组由集团的职能部门加上中远海控和集运的同志们组成，大家夜以继日工作，尽职调查工作量巨大，谈判很艰巨；为推进这一项目每个人都是通宵达旦。为了成功推进收购项目，整个团队付出了非常艰辛的努力，其工作作风与十足的拼劲给我们树立了榜样。

二、经济效益显著增长，生产指标大幅提升

今年上半年，集团的经营业绩非常突出，经济效益超过百亿。我们上半年的收入增长了24.6%，而整个中央企业收入平均增长是16.8%，可见我们的收入增长大大超过了央企的平均增长水平。同时，集团货物运输在运力调整减少的情况下，还增长了12.4%，其中集装箱运量增长了18.4%。就集团财务状况而言，总体来看表现良好，资产负债同比年初下降了0.9个百分点；且今年上半年我们的成本费用占营收比重也不断下降，首次低于100%，说明我们的成本控制是越来越好的。刚才我们传达了国务院会议精神，上级领导对集团今年以来的发展给予了高度赞扬。他们肯定了中远海运通过重组整合资源实现了利润的大幅增长，肯定了我们重组的化学反应充分显现，活力和效益明显提升；并指出，中国远洋海运去年在波罗的海指数创下历史新低的情况下，依然创造了利润超过160亿元的好成绩，这充分体现了国企重组改革的成效。

三、航运主业扭亏为盈成为最大亮点，各产业集群发展势头良好

在会议讨论中，大家总结出我们上半年的三个突出亮点：第一个亮点是集团的效益创历史水平，特别是航运板块全面实现扭亏为盈，这是一个最大的亮点。第二个亮点是我们进入A级企业；自2008年金融危机之后，受国际航运市场持续低迷影响，我们和A级企业已多年无缘，冲A变成了我们中远海运人的一个梦想、一个心结。现在我们终于实现了重新进入A级企业的目标。第三个亮点就是东方海外收购，体现了我们的全球化和规模化增长的态势。我觉得大家总结得非常好，航运板块今年扭亏为盈确实是我们最大的亮点。航运产业集群今年上半年实现利润51.1亿元，同比增加了16亿元，而去年上半年还是亏损的。今年上半年，集运盈利11.3亿元，同比增加了51.4亿元，这个增幅是巨大的；能源10亿元，同比增长0.265亿元；散运1424万元，同比增长了28.3亿元；港口31.2亿元，同比增长了23亿元。另外，集运今年箱量同比增长了16.1%，收入同比增长了30.3%，单箱收入同比增长了12.2%，而单箱成本同比则下降了6.2%，这样的一升一降，企业效益就体现出来了。今年还有一个大的突出亮点，就是海外回程箱量同比增长了22.5%。海外回程货过去从来都是我们的弱项，而箱量的不平衡是造成亏损的重要原因；今年的箱量平衡程度大大提高，海外各单位在回程货揽取上花大力气，货量翻倍；特别是北美、欧洲、中美、西亚和非洲地区，整个货量上升的幅度非常快；这些都值得充分肯定。

今年上半年，整个物流产业集群赢利4.4亿元，同比增长了1.3亿元；其中中远海运物流2.85亿元，同比增长0.3亿元；特运1亿元，同比增长了0.66亿元。还需要强调的就是我们航运金融板块，实现了利润65亿元，与同口径相比增长了27亿元，其收益仍然占据我们整个集团的大半壁江山。航运金融业务发展取得了实实在在的成效。

总体看来，各单位都非常认真落实集团年初工作会布置的提质增效任务。上半年，集团党组到很多单位调研，回来大家都有共识，就是普遍感到各个单位的领导班子和企业的骨干队伍对完成今年效益目标充满信心，大家意气风发、斗志昂扬，体现出那种不畏艰难困苦的精气神，我觉得这点非常好。无论是航运企业还是非航运企业，都在努力完成今年年初下达的指标，且取得了显著成效。在集团所属33家单位中，有28家赢利，18家同比增利，24家完成预算金额，所以形势非常乐观。集团财务部将上半年的财务情况通报给各位，希望我们的赢利单位继续提升效益，亏损企业要想办法扭亏。

四、“一带一路”建设成效显著，重大项目取得重要成果

有关这个话题，昨天总经理万敏都作了总结，我在这里就不多讲了。我们今年“一带一路”的成效非常显著，在“一带一路”港口投资很大，特别是青岛港和上海港；收购上海港15%的股

权影响很大，每年给我们带来的固定收益可以达到15亿元左右。这次我们又把上港集团作为要约收购人和重大的战略投资合作伙伴；我们入股上海港时，股价是5元多，这次我们一起合作，它变成我们收购东方海外战略合作伙伴，股价也一路上涨，现在已经达到了6.4元；从股权投资意义来说，我们已经赚了40亿元。还有些项目也是很成功的。我们投资的西班牙港口、意大利港口、阿布扎比港，还有我们投资的哈萨克斯坦东盟无水港区等，都有很多亮点。习近平总书记亲自参加了中哈亚欧跨境运输视频连线仪式，对我们是最大的鼓励。总之，我们"一带一路"建设项目取得的成效是非常显著的。

五、坚持互利双赢的合作战略，大客户、大合作模式不断深入

自去年以来，我们不断强化重要客户的战略合作关系，签订了战略合作协议，以及长期运输合同，大大促进了我们的航运业务及相关业务的稳步发展。我们和中石油、中铝、五矿、东风汽车、一汽、宝武集团等23家大型企业开展战略合作，签署了长期运输合同。另外，我们还积极和一些省（区、市）建立合作关系，通过地方给予的政策，让我们在地方的业务得到更多的发展空间，这些都是非常大的利好。借助集团的合作战略，我们很多企业都加大了客户营销力度，集运、散运、能源、物流、特运、工业等单位和产业集群，积极把集团的合作战略与自身业务成功对接并具体落实，确保长期运输合同的实施。所有这些，都为我们巩固和提升市场占有率提供了强大的保障。

六、改革重组工作按计划有序推进，三项制度改革及职工持股试点取得重要突破

今年上半年，我们在航运、航运金融、航运服务、社会化产业等领域确定了12项重点整合项目，其中财务公司、信息公司、散运股权调整、船贸整合等已经通过整合方案并在积极推进中。此外，还有教育资源整合、船舶管理体制改革、船员体制改革、地区公司未来发展定位等，这些都在积极推进。需要指出的是，我们今年在职工持股方面，以及职业经理人制度推进方面取得了重要成效，国务院国资委已批准我们的泛亚公司作为职工持股的试点。到6月底，我们职工持股试点工作已经基本完成，这也是落实深化国有企业改革的重大举措，是推进集团体制机制创新的一个重要标志。泛亚职工持股后，集运持泛亚公司82%股权，职工持8%股权；8%对应的是价值是3.4亿元，这是真金白银，职工要拿现金来购买股份。按照国家发展改革委规定，在改革当中必须要引进民企，所以外部非公战略投资持股10%，为4.27亿元。现在，泛亚所有员工都对自己公司充满了信心。在完成职工持股的同时，他们也进行了彻底的三项制度改革，全体员工重新签订合同，三年完不成目标换岗换人；对于三项制度改革，员工普遍理解和接受。另外，我们在金控等单位还推进了职业经理人的试点，也获得了很好的成功。实际上，这项制度去年我们就提出来了，要求能上能下、能进能出、能增能减。目前，我们新集团各个行业、各个产业人才济济，但是有时候受传统体制机制制约，我们还不能人尽其才，一些干部人才也不能充分发挥优势，所以我们必须通过三项制度改革，以及职业经理人制度，让我们的干部人才充分发挥积极作用。目前，在金控、自保公司、资产管理公司，我们都全面推进了全球招聘制度，现在金控班子成员和部门负责人已全面实现了经理人制度，跟董事会签了合同，完不成指标的三年换人，所以我觉得这样的市场化运作，正是接受新理念、实施新制度的体现。总之，这个三项制度改革非常有成效；下半年，我们还会进一步扩大改革范围。

七、强化瘦身健体，在缩短管理链工作上取得重要成果

我们作为国务院试点单位，集团的压减工作做得非常有成效。到6月底，我们压减户数为374户，压减率为20.7%；因为压减工作成效突出，我们得到了国务院国资委经营业绩考核1分的奖励，这个1分非常重要，成为我们获得A级企业的关键要素。有关这项工作，在叶伟龙同志的带领下，集团战企部坚决按照集团的要求强力推行，做得非常好。我们把压减作为集团重要战略目标推进，各级单位都普遍积极响应，大家都认真落实计划。另外，加强和国务院国资委的沟通也是非常重要的。从现在来看，散运压减法人机构 108 户，集运压减户数 96 户，物流压减户数 57 户，仅三家压减的工作就占据集团整个压减总数的 72%。当然，取得这关键 1 分的功劳，要记在所有压减的这些公司、单位、领导班子和职工身上，同时也要记给集团战企部。

八、安全和维稳工作扎实有序，总体保持稳定局面

今年上半年，集团安全工作整体保持平稳。我们坚持加强船舶检查，强化职责，履行到位；进一步完善和建立管理制度，分门别类进行监督检查，全面强化一线管理，加强对重点船舶的安全保障。总体来看，确保了安全工作，为改革创效创造了好的条件。另外，集团各单位还坚持每季度集中一次开展风险排查，针对排查出来的矛盾和隐患，特别是在维稳方面，强化了很多措施，落实责任一抓到底，使矛盾纠纷得以化解。我们很多单位积极改进作风，变上访为下访，不是等你来了再解决，而是我主动去找你，耐心做思想工作，及时化解矛盾。特别是集运、散运、上海中远海运、中海国际、广州中远海运等单位，企业的历史较长，沉淀的问题也较多，维稳工作压力非常大，但是他们做得很好，这就给我们今后的改革发展创造了良好的环境。

九、全面落实国有企业党建工作会议精神，企业党建工作取得新进展

上半年，我们认真落实中央国有企业党建工作会议精神，落实习近平总书记对党建工作特别是国企党建工作的重要指示，加强班子学习，推进“两学一做”学习教育常态化制度化，加强基层党建工作；制定了 2017—2019 年基层党建规划，有关各项工作扎实推进。召开了集团干部人才工作会议，制定了“十三五”人才发展规划。另外，我们还坚持进一步加强反腐倡廉建设工作，坚持从严治党，强化审计监督，确保主体责任、监督责任充分落实，持之以恒执行中央八项规定精神；上半年党纪处分 18 人，解除劳动合同 11 人，通报、曝光典型案件 26 起，涉及 32 人；充分运用“四种形态”，建立信访澄清机制。完善信访澄清机制十分必要，一方面我们不能对信访材料不闻不问，违规违法的一定要追究；但另一方面，对于诬告行为也要坚决抵制，要在一定范围内讲清楚，对属于诬告的要予以澄清。另外，我们还坚持落实中央扶贫开发会议精神，做好对口帮困扶贫工作；集团领导同志到我们定点扶贫地区开展调研；集团工会和我们的慈善基金会都做了大量工作。今年中央扶贫工作要求非常高，力度非常大，我们有三个省五个县的扶贫任务，这些工作都要认真开展，逐项落实。

十、集团国际影响力日益扩大，品牌形象持续提升

今年 3 月，博鳌公司再次为 2017 年的博鳌亚洲论坛提供了非常好的保障和服务，得到了中央领导同志的充分肯定，大会秘书处还代表中央领导给我们发了感谢信。另外，在中央举办的 5 月“一带一路”论坛上，我们比港作为“一带一路”重要支点的重要作用得到普遍认同；习近平表示，“中希双方应该着力将比雷埃夫斯港打造成地中海地区重要的集装箱中转港、海陆联运桥头堡、国际物流分拨中心，为中欧陆海快线以及‘一带一路’建设发挥重要支点作用”[①]，这个指示对我们既是鼓励也是鞭策。下一步，我们还要认真研究如何真正发挥比港“一带一路”重要支点作用。另外，中央电视台推出两会特别节目《中国点赞》，连续报道我们“新光华”轮；还有对我们自主设计自己制造的圆筒式的储油平台报道，都产生了巨大的影响，对我们的品牌形象带来了非常大的宣传作用。另外，我们的国际航运话语权也得到了增强，如波罗的海指数的修

① 《习近平会见希腊总理齐普拉斯》，《人民日报》，2017年05月14日02版。

改，以及我们在国际航运论坛发表的一些倡议，都得到了普遍响应。所有这些，都充分展现了新集团的新品牌、新形象，也表明我们在全球航运舞台上发挥着越来越重要的主导作用。今后，我们还要进一步扩大集团的影响力，在全球航运的大舞台上，我们既然要进入第一梯队，就要主导国际航运格局，要有话语权、影响力。我们应该为我们的企业感到骄傲，每一个职工应该为在这个企业工作感到自豪。当然，集团今天取得的一切成果，都是在党中央、国务院的正确领导下，在监事会监督指导下，在我们董事会领导下，在广大海内外船岸干部职工共同努力下取得的；所有这些，离不开大家对集团整体战略的深刻理解和大力支持，离不开大家对集团总体工作部署的认真落实。

虽然我们做了很多工作，成效也很显著，但必须看到，当前还存在很多问题与短板。由于时间关系，我今天不想展开讲。万总昨天已经讲了当前四个方面的问题。此外，我们的党建工作还存在着上热、中温、下冷的现象，各级党委会后要认真反思和对照。我们的基础管理还比较薄弱，一些单位的规章制度执行不严。从这次审计署审计反映的情况来看，非常突出的一个问题就是我们很多制度不能够有效落实，一些领导干部放松政治学习，不严格要求自己，对于非常严肃的问题都摆出一副“无所谓”的态度，犯了违反中央八项规定的错误，甚至是一些低级错误。我们还有一些单位缺乏法律意识和风险意识，发生违规经营事件，造成不同程度的经济损失；特别是对于融资贸易业务，集团早就做了明文规定，而一些三四级公司依然置若罔闻，不顾风险，屡次踩雷，给企业带来损失。此外，集团“三降一去一补”工作和剥离企业办社会工作，还存在很多需要解决的问题。需要强调的是，各单位、各部门会后要认真总结思考，认真查找问题，对自身的问题与短板要进行深刻剖析，并在下半年工作中真正落实整改，真正解决问题、补齐短板。

第二部分　下半年主要工作要求

对于今年下半年整个经济形势和市场走势的判断，昨天研究中心已经做了一个非常好的发言。根据分析，至少从航运板块来讲，2017 年到 2020 年预计不会有太大下滑。这样的判断，让我们平添了不少信心和底气。虽然运价会有高有低，市场会有起有伏，但未来总的趋势是稳中向好的。我想，我们必须对此树立信心，但也要做好变化的准备。有关下半年工作，我想从以下几个方面再提一些要求。

一、要牢固树立全力创效、合力创业、大力创新的理念，增强进取心和责任心

全力创效，就是要全力打好提质增效攻坚战，全力打赢航运板块翻身仗。要积极应对市场挑战，提高盈利能力。今年航运企业实现全面盈利的目标不能变，下半年只能比上半年完成得更好。万总昨天已经给各公司提出了指标要求，希望大家一定要认真抓好落实，要脚踏实地，沉下来心，一船一载抓收入，一单一票抢市场，一家一户促营销，一点一滴挤成本，只有这样，我们才能够达到目标要求。合力创业，就是要合力推进改革，合力干事创业，同舟共济，齐心协力，从“相加”走向“相融”。今天，我们集团的整合，可以称为第二次创业，是在原中远、中海基础上的第二次创业。与第一次创业不同，第一次创业我们主要是做加法，第二次创业我们既要做加法，还要做减法，要去产能、去杠杆；第一次创业的重点是怎么获得市场资源，第二次创业强调的不仅是拓展市场业务，还要强调控制资源、配置资源、优化资源，所以我觉得这些都是我们本质上的变化。大力创新，就是一定要有创新精神，向创新要动力、要活力、要实力。从战略管理到每天日常工作，我们都会碰到具体工作问题，特别是往往碰到许多难题，这就要求我们必须用创新思维来破解。我们要突破传统思维，变保守思维为创新思维，变单项思维为多项思维，变封闭思维为开放思维，变机械思维为辩证思维。解决一个难题往往不能就事论事，要学会从全局性、

战略性、系统性视角看问题，要积极创新，大力创新。我想，这里强调的全力创效、合力创业、大力创新，是我们做好下半年及今后工作所应确立的理念和总体要求。

二、要积极组织力量，全力以赴做好收购东方海外的各项工作

有关收购东方海外项目，目前还只是公告阶段，后面还有大量的工作要做。一是我们要尽快启动境内监管机构的申报。二是要做好媒体应对。从现在来看，我们的媒体应对工作还是不错的，集团公关部和新闻媒体中心都做得很好；应该讲，当前绝大多数媒体舆论对这个项目都是正面的，评价也比较客观公正；对于今后的媒体应对，有关单位要按照集团的统一安排来接受媒体采访，不得擅自安排。三是要尽快制定商业计划，做好过渡期间企业的经营活动和安排，力争在今年就要实现协同效应，这一点很关键。商业计划做得好与坏，对我们今年的利润增长，对船公司经营影响非常大；同时还要做好明年甚至未来整个合并之后集运的全球发展战略谋划，这个工作也是非常重要的。我们购买一个全球化的班轮公司非常不容易，而购买后要让它迅速产生价值，产生协同效应，那就更是难上加难，所以我们必须把目标聚焦到怎么实现我们的协同效益与价值提升上。要结合收购，认真学习东方海外的经营管理经验、全球服务与信息化建设；通过学习，不断提升我们自己，超越竞争对手，进而使我们真正成为世界一流。

三、要继续加大深改、快改步伐，确保改革落到实处见到实效

第一项工作是在船员管理体制改革，我们还要花大力气，下半年要形成改革方案并加快推进。二是在教育资源整合方面，我们已经制定了基本原则和方案，下半年要争取实现。三是要按照改革重组的计划，完成船贸、理货股权划转工作，以及财务公司的重组等工作。另外，对已经完成整合的二级公司还有不少后续工作，现仍有部分三、四级公司还没完全整合到位，今年下半年要继续推进整合。再有，我们对境内区域公司的定位和发展，也要做统一战略安排，要及早明确区域公司当前定位及未来发展方向。

四、要从全球布局的战略高度，大力推进“一带一路”建设项目

刚才已经讲到，比港项目是一个非常好的项目，中央给予了高度关注，这个项目也带动了其他企业对希腊的投资。现在希腊员工普遍情绪稳定，心情振奋；希腊政府对于我们这个项目取得的成效也给予了高度赞扬。我们要把这个项目做好做实，要从更高的战略层面来理解和推进比港的未来发展。要举全集团之力支持比港项目，做好统筹规划，注重战略落地，把比港的管理提高到一个新水平。各个板块都要全力支持比港发展，集运要通过海洋联盟统一做好航线规划，今年争取比港箱量突破 500 万 TEU。下半年，要把比港的修船业务、物流仓储业务真正开展起来，修船船坞的发展计划要尽快落实，中远海运特运和重工都要从全局观念出发、从国家战略出发做好这项工作。有关比港的整体计划事关大局，责任重大，不得耽误。要大力推进中欧陆海快线，陆海快线今年上半年以来已经发展得非常好；货物运输从每周一班开到 14 班再到 17 班，从几百箱的货量发展到每周几千箱；这些新开辟的陆海跨海铁联运路线，对于我们今后为客户提供全方位服务、提升市场竞争能力是非常有意义的，这项工作我们还要进一步加强。中远海运物流、集运和欧洲公司还要加强对一些陆海快线沿线基础设施的投入，加强战略合作，使中欧陆海快线成为我们新的经济增长点。对于一些港口开发项目要加大推进力度，对于未来港口的全球布局要认真去谋划，特别是对于非洲地区、南美地区等新兴市场，要从全球布局的战略高度加大开发力度。另外也要关注中国港口风起云涌的整合高潮，要认真研究进入方式；如果集中进入，我们资金有限，但是错过这个机会，恐怕以后我们失去了这个战略机遇期，所以一定要研究一个应对策略，抓住有利时机，拓展我们的港口业务。

五、要大力推进供给侧结构性改革，做好转型创新的加减法

对于供给侧结构性改革，集团今年年初的工作会议已经提出了要求。我们要做好去产能、去杠杆、去库存工作。做好“三降一去一补”工作，需要同时做好减法和加法。既然要做减法，就要减得坚决，减出效益，减出成效。今年重工去产能工作做得不错，300多万载重吨的造船产能已经压减了一多半；后面压减任务更重，还有四五家工厂要关闭，有不少公司需要整合，有关人员的遣散压力是非常大的。我们要知难而进，坚决实现去产能目标。做加法就是瞄准转型升级和企业创新，加出活力，加出质量。总之，减法加法都必须做好。下半年，还要继续瞄准管理层级的压减目标，落实压减计划，确保实现目标；对此各单位不能掉以轻心。我们去年被评为A级企业，今年要继续努力，保住成果；以后我们年年都要争取评A级，不是说去年得A级今年就没事儿了，目前在中央企业中，有的企业连续8到10年得到了A级水平，与他们比较我们还是有很大差距的。对于今年压减工作考评，国务院国资委还会加分，我们要进一步把这个工作做好。与去年比较，我们今年争取A级的基础要强很多，但是大家要再接再厉，气可鼓不可泄，压减目标一定要实现。与国务院国资委对集团考核同理，集团对各家单位的考核，也把压减工作列入考核范围；对于做得好的单位，集团也要给予加分。

另外，在科技创新方面，我们要做好和上海科技创新中心的全面对接，大力培育和发展新兴产业。要加强在长兴岛的海洋工程装备制造基地建设，这一项目是国家级的，要抓紧落实计划，不能拖延工程进度。现在我们还在推进一些装备制造与技术创新项目，这些项目代表了我们在航运前沿技术方面的领先程度。在海洋工程配套制造方面，要把去产能与企业转型紧密结合，把“学川崎”精益管理与科技创新紧密结合。

六、要加强海外业务的协同发展，着力提升新集团的国际竞争力

目前，集团的海外资产已经占集团总资产的56.8%，海外收入占集团的52.4%，利润占到了49.2%，接近一半了；也就是说，我们的资产、收入、利润等这些重要指标，其占比均已达到或超过50%；所以实际上用全球化指标来衡量，我们已经初步是全球化公司了。总体来讲，我们海外公司为集团的国际化经营，以及这次改革重组作出了巨大贡献，功不可没。经过去年的整合，海外公司的业务结构发生了一些变化，也遇到了一些发展中的新问题，主要是重组后的转型与发展问题，还有提升协同效益、加强协同发展的问题。应该说，我们从今年年初就明确了海外事业的总体定位和总体方向，即把海外事业打造成中远海运集团经济效益的增长点、客户营销的着眼点、优质资产的蓄水池、潜在产业的孵化器，这个已经写进集团“十三五”战略规划里，但究竟怎么把它具体化，怎么来落地，怎么做成功，还是需要海外公司共同研究的。我们不能被动地等，不要等集团对每家公司给出一个统一的具体的标准；毕竟，各个地区、各家海外公司的具体情况都不一样，集团也没有办法给所有海外公司确定一个发展模式，所以我们还要发挥自己的主观能动性，积极作为，主动作为。在大会小组讨论中，我们很多海外公司的同志都谈到，当地国家有不少鼓励投资政策，也有比较好的合作伙伴，关键是要靠我们积极去挖掘市场，去开发项目。还需强调的是，在海外业务发展中，我们要研究怎么加强业务的协同发展，集团也会全力给予支持。

有关业务协同，我这里还要补充一下，协同不仅是在海外之间，海外与国内之间、国内与国内之间都要加强协同。我一直讲我们是一个产业链发展的概念，产业链发展要与时俱进，内部资源要优先使用。自去年开始我就一直强调，自己的码头要有自己的船来靠，自己的代理自己必须使用，自己的燃油必须自己的公司采购，自己的船应该是在自己的船厂修造，自己的保险业务应该给自己的保险公司投保，自己的资金应该首先

使用我们财务公司，自己的箱子也应该由自己的箱厂建造，我讲的这些都是基本要求。如果大家只考虑本单位的局部利益，用所谓市场化的说辞放弃内部资源的利用，我们还需要发展产业链吗？这是一个集团内部产业分工与互补的概念，如我们的自保公司，鉴于现处于组建初期，还没有做第三方业务，而是主要做集团内部业务，各家船公司就要把原来在外部保险公司投保的业务转到我们自己的保险公司，这样今年年底就可创造出 5600 万元利润；如果都把业务给了外部公司，你说这是市场选择，但那就是纯支出，我说的这个道理非常简单。协同效益的产生，要靠各家公司协同互补。总之，大家要着眼于集团的全局利益，不能只算自己的小账。

七、要进一步加强安全管理，打造集团安全发展的稳定环境

有关安全管理的话题，我想昨天万总在工作报告中已经讲了很多。总的来讲，对安全工作我们不可麻痹大意，安全工作永远如履薄冰。今年上半年，我们也发生了一些船舶安全事故，有些事故还是比较严重的，反映出我们在船舶航行安全的管控上还存在薄弱环节，表明船舶航行安全仍然是集团和各单位安全工作的重中之重。我们要加强整改，举一反三，严格履行职责，加强重点监控，落实规章制度，坚持常抓不懈。

八、要全面加强风险防控管理，提高全员风险的防范意识

对于风险防范，我们整天在强调，但有些单位往往是上面重视，到了中层就弱化，到基层就我行我素了，完全没有防范意识。我们各级单位在抓风控工作时，都要对照反思，看看工作力度到底怎么样，制度建设得怎么样，监督检查得怎么样，这些都非常重要。前面我谈到，我们创造一点效益非常艰难，我们花了多少精力才创造出 8 个亿、10 个亿的利润，有些公司创造 1 个亿、2 个亿也是非常艰难的，可是一个风险防范不够，2 个亿、3 个亿就打水漂了，而且还带来非常严重的后果。所以希望我们各家公司不要把风险防控只挂在嘴上。在风险防范上，我们都有制度和规定，关键是怎么监督和落实。需要强调的是，不能做的业务就是要明令禁止。国务院国资委领导昨天在央企工作会上又专门强调了融资型贸易的问题，我们集团也一直反复强调，已经做了明确规定，各单位态度要坚决，对“禁止类”业务要坚决清退。还需强调的是，需要清退的不仅仅是融资型贸易业务，对于那些高风险低收益的贸易业务也要清理。不是说仅仅融资贸易业务不做，其他的都可以做，有些贸易业务的风险也是非常大的，我们也要清理。对于风险防控，大家必须高度重视，切不可存侥幸心理。

九、要认真贯彻落实“十三五”人才发展规划，不断深化“三项制度”改革

我们已经召开了干部人才工作会议，下一步工作要抓住几个关键：一是要落实好人才发展规划，按照规划明确的方向和具体措施，分门别类、分步骤分阶段有序推进，逐项落实。二是要突出对年轻干部的培养。对我们企业而言，干部的组成还有些具体情况，特别在整合初期，在选人用人上我们注意了原两大集团的相对平衡，兼顾公平选择；到今天，我们更要强调干部的优秀人选，特别是年轻干部，要创造环境让他们脱颖而出。三是进一步推进职业经理人制度，今年必须要有实际效果。刚才我们已经传达了中央有关会议精神，国务院提出的要求就是：中央企业下属企业可以全面推行职业经理人制度，实行任期契约化管理。现在除了集团领导班子，下属企业可以全面推行这项制度，要按照市场化选聘、契约化管理、差异化薪酬的原则，大力推进职业经理人制度。我们要学习国务院的最新精神，应当全面推进。国务院领导讲得也非常明确，不能片面理解，不能层层压缩、层层降薪；对不同国有企业领导人员要实行差异化薪酬，对市场化选聘的职业经理人要实行市场化薪酬分配机制和中长期激励制度，这些都是国务院的指示，我们不是说再等一等看一看，而是要研究怎么具体落实。他谈到有不少企业反映工资总额不够用，他说，这主要还是个三项制度改革不到位，职工工资该高的不高，该低的不低，当然工资总额管理也要进行改进，这是国务院提出的新要求。今年这项工作我们要认真研究，现在在一些企业试点非常好，如金控、保险公司等，下一步还要大力推进推广职业经理人制度。

十、要贯彻落实全国国企党建工作会议精神，继续推进“两学一做”学习教育常态化制度化

一是下半年党的十九大即将召开，我们要贯彻党的十九大精神，以十九大精神为指引，推进我们集团全面深化改革。二是要认真开展“两学一做”学习教育常态化制度化，现在正在开展“迎接十九大、做合格党员、规范党支部”主体活动，我们一定要把“两学一做”融入日常工作，形成常态，发挥长效，激发基层党组织的创造活力。三是要“严”字当头，不断推进党风廉政建设，促进“两个责任”落实到位，持之以恒纠正“四风”；要加强对领导干部的严格管理，现在一直讲对干部严管善待，我看我们至少现在善待是可以了，但严管还不够，严管不到位；善待是爱护干部，而严管更是爱护干部；善待是激励大家干事创业的热情，而严管是为了实现更好有序发展，把我们的干部思想统一起来；这两者是缺一不可的。我们不要光讲注重善待而忘记了严管，我们有些干部犯了低级错误，做了一些愚蠢的事，跟严管不到位都是有关系的。要把广大党员干部的精气神引导到集团改革发展的大事业中来，充分发挥大家干事创业的积极性，激发大家对新集团、新企业发展的创业热情。四是还要深化“四个一”的文化理念，唱响改革发展的主旋律，继续深入推进“四个一”文化理念和文化融合在基层、在具体工作中落地生根。五是要继续做好维稳工作。今年上半年我们整体维稳工作还是不错的，各级党委都非常重视；下半年党的十九大要召开，我们的改革任务非常繁重，碰到的新老矛盾也会交织在一起；要积极开动脑筋，研究如何有效化解新老矛盾，既要保持改革发展蹄疾步稳，同时还要做好维稳工作；既要为广大职工办实事解难事，也要密切关注职工队伍中的一些新动向，及早做好思想引导和矛盾化解工作。各级党组织、各级领导要看好自己的门，管好自己的人，守土有责，守土尽责，为党的十九大胜利召开创造和谐稳定局面。

下半年的工作任务非常繁重。我们要保持上半年的饱满激情，发扬连续作战的精神，一鼓作气，努力奋发，团结协作，为实现我们共同的梦想创造新的辉煌，以更加优异的成绩迎接党的十九大胜利召开！

创业有为　创效攻坚　创新发展
再接再厉全面完成全年任务目标

——集团总经理万敏 2017 年中远海运集团年中工作会议总经理工作报告（摘要）

2017 年 7 月 13 日

第一部分　上半年工作总结

总结上半年工作，主要有以下八个方面：

一、集群协同发力，集团盈利水平大幅提升

一是效益突破百亿，主业实现全面盈利。上半年，集团累计实现利润总额同比增长 10.28%，完成上报国务院国资委利润总额预算目标的 87.22%；累计实现营业收入同比增长 24.55%，完成年度预算目标值的 51.39%。

分产业集群来看：上半年，航运产业集群收入效益快速增长，主要航运企业全部实现盈利且同比大幅增利，航运产业集群累计实现利润总额大幅增长，集运、散运、能源、港口等业务均创造了可观的经济效益。物流产业集群效益平稳增长，累计实现利润总额同比增长 41.94%。航运金融产业集群累计实现利润总额同比增长 71.06%。

二是深化改革重组，协同效应持续释放。随着各板块重组整合持续向纵深推进，集团业务协同面不断向更广领域、更高层次扩展。在协同效益释放上，中远海运集运继续发挥重组整合优势，在 2016 年取得协同效益 53 亿元的基础上，今年继续深入开展“协同效应”活动；在协同经营上，中远海运集运、中远海运港口、PPA、中远海运物流、中远海运欧洲公司紧密合作，积极推进集团比港战略。集运上半年在比港码头装卸箱量同比增长 23.7%；中欧陆海快线货量稳定增长，运输量翻番，客户数从 2 家增加到 260 家，每周开行班列从 3 列增加到 17 列。中远海运特运与中远海运物流联合投标，成功中标国家电网缅甸项目，特运与中波、厦远组建南非南美航线合作体，维护市场稳定，提升了市场话语权。中远海运金控搭建“远海”系列基金平台，与物流发起“远海中原物流产业发展基金”，同时协助自保公司整合集团船舶险业务，推进了与其他业务板块的产融协同。中远海运重工采购佐敦船用油漆等物资和运输服务，完成集团船舶修理业务。在协同降本上，集团运营部和集采中心加强集中采购管理，协同各公司做好成本管控，降低了成本费用。其中，上半年集团境内外燃油采购节约成本显著。船研所以科技助力航运，研发的岸电系统成功在“中海天王星”轮上实船验证，打破了国外垄断的局面，成本降幅 50% 以上。

三是经营能力不断增强，行业对标实现提升。与主要班轮公司不同程度亏损相比，中远海运集运上半年实现利润总额增长幅度显著，经营业绩优于同行。中远海运能源上半年中东—远东航线平均航次运价收入高出市场平均水平。中远海运特运在瑞克麦斯（Rickmers）等重吊船东倒闭的情况下，上半年利润同比大幅增长 140%，保持了行业领先势头。

二、强化能力提升，市场拓展全面推进

一是营销能力持续提升。各公司以客户需求为导向，积极完善营销机制，开拓营销渠道，苦练营销“内功”。在营销机制上，集团营销平台强化司令部作用，按合作情况将战略客户划分为四级，制定工作目标，建立对接机制，进一步加强对集团战略客户的营销和服务。在营销方法上，

中远海运集运推动四类营销团队建设，上半年，完成销售箱量增长明显，其中西亚、中美、非洲同比增幅位列前三；中国地区各口岸完成销售箱量保持增长。中远海运散运深化项目营销、契约营销、阵地营销等新型营销模式，截至6月底，公司外贸基础货源比例同比提升2.7个百分点；内贸COA货源占比同比提升27.5个百分点。中远海运北美推动区域“大营销”，上半年，完成local出口箱量同比增长18.84%。成功开发70家BCO新客户。上海中远海运大力推广“以贸带储、储运结合”商业模式，液化仓储基地上半年吞吐量同比增加70%，储罐出租率达100%。在营销重点上，加大新兴市场和第三国市场开发力度，取得了明显的效果。上半年，非洲货量上升84%，南美货量上升80%，中远海运第三国货量相较去年同期上升28%。

二是大客户战略全面推进。上半年，集团先后与上海等地方政府建立战略合作关系，与一汽、宝武、奇瑞、海信、东风等10家客户签署战略合作协议。至此，集团成立后已与40家战略合作伙伴签署合作协议，上半年各船队本部完成战略客户货量同比增长2%，收入同比增长10.6%。在具体合作上，中远海运能源创新合作模式，与联合石化成功签署多艘VLCC期租合作框架协议。

三是服务能力显著增强。中远海运集运今年上半年准班率达到90.1%，同比提升3.1个百分点，在主要班轮公司中排名稳定在前三位，超越主要竞争对手名列前茅。中远海运散运创新“准班轮”运输模式，开通7条内贸“准班轮”运输航线。中远海运物流倡导“服务产品化、产品服务化”理念，在为泸州老窖提供仓储配送业务基础上，树立国内白酒罐储行业新的安全标准，成为泸州老窖不可或缺的战略合作伙伴。广州中远海运“壹街叁號”连锁品牌度假酒店相继开业，旅游目的地资源掌控力、服务能力进一步增强。中远海运客运推广网络售票服务平台，厦门远洋为游客提供个性专属服务、延伸服务，服务能力进一步增强。

三、注重活力释放，深化改革持续推进

一是重点改革项目稳步实施。集团系统推进船员、船管体制、地区公司、船员教育培训“四位一体”改革。年初召开船员船管改革工作调研会，中海国际、各航运公司从大局出发，统一认识，明确了实现船员统一平台集约化管理目标。集团改革工作组先后赴北京、天津、大连等8个地区16家单位调研，目前已初步完成《船员管理体制改革建议方案》及地区公司改革相关方案，各船公司也同步推出了船管改革方案初稿，为下半年改革推进确立了行动指南。财务公司重组整合顺利实施，目前正在履行内外部审批程序。教育资源整合积极开展，党校/企业大学/研究院建设及拟纳入企业大学的集团船员教育培训资源整合正着手制订方案。燃供业务整合分头推进，境内燃供整合已完成两家燃供公司资产评估，境外燃供整合已制订框架方案，将启动业务、人员、资产、股权重组整合工作。信息资源整合初步完成了股权统一平台，形成了数据中心优化方案，推进了船舶管理系统、财务系统、集中采购系统等统建项目的整合、升级。此外，理货业务整合也已完成方案设计，正按时间节点向前推进。

二是深化改革工作积极开展。中远海运物流优化网点设置，区域公司全部实现归并，专业公司完成了资源整合。中远海运重工启动了广东、上海地区企业整合工作，并按计划推进相关工作。上半年，集团继续推进海外网络整合，完成了欧洲区域公司、东南亚区域公司股权上划集团相关工作。

三是体制机制创新向纵深推进。集团积极探索混合所有制、职业经理人等改革创新工作。集运下属泛亚混改和员工持股项目，引入复星集团持股10%，员工持股8%，“三能”配套制度改革也在同步推进。职业经理人试点方面，集团以市场化方式公开招聘了中远海运金控副总经理和首席风控官，同时符合条件的中远海运金控、中远海运发展现班子成员也与董事会签订聘书转为职业经理人。接下来，将进一步向其他二级公司与三级公司推广。

四、坚持战略引领，航运发展开创新历史

7月9日，中远海运控股联合上港集团，以每股78.67港元向东方海外全体股东发出收购要约，标志着中远海运集团航运事业发展迈出了重要的历史性一步。根据集团"6+1"战略和"十三五"发展规划，集装箱运输业务是集团产业布局中的核心业务板块，承载着代表集团世界级品牌形象的重任，要实现向世界一流超大型班轮公司的跨越式发展。

五、着力结构调整，瘦身健体成效显著

一是做好增量发展。集团优先发展集装箱、码头、物流和航运金融业务，上半年，全集团投资继续上升；其中，航运产业集群投资占比66.3%，航运金融产业投资占比30%。在港口股权投资上，集团通过协议转让的方式获得上港集团15%股权；完成青岛港战略入股，合并持有青岛港集团20%股份。另外，还完成中远海运发展A股非公开发行方案调整，通过了国务院国资委审批及股东大会审议。

二是做好主动减量。在压减方面，上半年，集团压减企业374户，压减率为20.7%，压减数量和工作进度均位于央企前列，得到了上级的肯定。在去产能方面，集团合理控制船队规模，顺利完成了44艘/238.5万载重吨散货船退役工作。中远海运重工上半年压缩造船产能168万载重吨，完成年初考核指标的84%；海工产能压缩5个项目，提前完成全年任务。在"两金"压降方面，截至6月底，集团2016年末应收账款存量压减48.3%，存货存量压减51.6%。在"僵尸企业"和特困企业治理方面，集团列入"僵尸企业"及特困企业名单的7家企业，目前已有两户实现盈利，分别是南通中远重工有限公司和厦门远海集装箱码头有限公司，顺利脱困。

三是做好存量盘活。集团推进房产、土地、股权、海工交付品等闲置、低效资产的核查和盘活工作。中远海运资产上海世界路、栖山路、商城路和广州城安围船厂改造等项目稳步推进，将有效盘活闲置土地资源。

六、依托"一带一路"，全球化步伐日益加快

一是优化全球网络布局。以"海上丝绸之路"为主线，加快调整全球航线布局。目前，集团涉及"一带一路"沿线的主要航线有116条，每周提供的班轮服务累计达117班次、每周累计舱位达12万TEU。集运以控制东西干线、增加新兴市场与区域市场投入为原则，提升航线网络全球化程度。目前，东西干线市场、新兴市场、区域市场运力比例不断得到优化。作为集团全球战略的重要枢纽，比港项目已经成为集团践行"一带一路"倡议的示范项目，PPA自去年8月交割完成之后，对人、财、物开展了深入摸底调查，进行了人事改革，建章立制工作稳步推进，并在外部机构协助下完成了战略发展规划的制定。在"一带"布局上，集团先后开通渝深班列、蓉深班列等近10条班列，为沿线提供了优质物流服务。

二是强化战略支点建设。上半年，集团收购了哈萨克斯坦霍尔果斯东门无水港股权，并启动中哈亚欧跨境运输，连通了陆上"一带"与海上"一路"，增强了多式联运竞争优势。中远海运港口收购了西班牙最大码头运营商NPH51%股份，进一步完善了在欧洲的布局及全球战略支点建设；集团与南通市合作经营南通通海港区集装箱码头和物流园区，建设长江流域下游通往国际的重要枢纽。

三是抓好物流延伸项目。各海外公司立足"五个平台"，大力推进海外物流延伸服务能力建设。中远海运北美与DCLI公司合作开发BCO客户专属底盘车项目，增强了对客户的服务能力。中远海运东南亚积极建立区域内物流平台公司，密切跟踪印度、马来西亚等多个物流项目。

七、强化战略管控，治理结构持续优化

一是公司治理能力得以提升。在董事会建设上，目前董事会授权单位达到31家。各单位通过董事会授权，约占集团总投资的20%。在制度建设上，上半年集团制定制度25项，集团成立以来已经制定80项制度。在流程再造上，集团

持续推进管控能力建设，优化决策流程和管理流程，完成决策流程210项，梳理各类简报246项，逐步采取措施解决了信息报送渠道不规范、口径不统一、多头重复索要等问题，初步实现了信息共享。

二是风险管理水平得以提升。积极稳妥应对重大案件，有效维护集团利益。在韩进海运破产应对方面，整体风险敞口大幅降低。积极配合发改委针对班轮行业的反垄断执法调查，将THC减收规模在可控范围之内。稳妥应对美国司法部针对全球16家班轮公司的反垄断调查，加强对融资贸易涉案单位的督查与指导，进一步规范贸易业务的开展。

三是安全形势总体稳定。集团严格按照“党政同责、一岗双责、失职追责”的要求，强化十分制考核；坚持分类分级，强化对重点船舶、重点航区、重点单位和灾害性天气的跟踪和监控；组织开展了“驾驶台班组和现场工班组”专项整治，持续加强船舶和基层单位的隐患排查，进一步强化一线管理和现场直线监督；开展“安全生产月”活动，不断提高员工的安全意识、自我防范意识。在集团及各单位的共同努力下，总体来看，集团保持了安全生产形势的稳定。

四是审计监督扎实到位。集团积极配合审计署经济责任审计，总部和各单位认真做好对接沟通，做好审计需求单和审计取证单反馈工作，如实向审计署反映情况。对审计发现的问题，做到边审边改、立行立改。同时，大力开展内部审计，完成审计项目304项。积极推进联网审计，目前所有境内外直属及合资二级公司财务系统均已实现上线联网。

八、强化品牌塑造，企业形象不断提升

一是强化宣传，树立企业品牌形象。两会期间，央视《新闻联播》播出两会特别节目《点赞中国》，“新光华”轮运载“希望6号”成为节目开篇首个点赞对象，被誉为“中国制造+中国服务”的突出典型。集团组织央视、新华社记者跟随“中远荷兰”轮进行“21世纪海上丝绸之路”沿线采访报道，提升了集团的品牌影响力。上半年，新华社、《人民日报》、中央电视台等国家级主流媒体报道集团近200次。此外，中远海运博鳌圆满完成博鳌亚洲论坛年会服务保障任务，展示了企业的品牌形象。

二是履行责任，传播集团正能量。集团继续积极参与国家扶贫工作，先后与湖南、西藏等地政府签署协议，助力贫困地区脱贫攻坚。中远海运特运“大吉”轮在地中海救助10名船员；中远海运慈善基金会为中巴急救走廊建设提供运输支持，进一步提升了集团负责任的企业形象。

总体来看，集团各项工作均取得明显成效，在央企2016年经营业绩考核评价中，我们被国务院国资委评为A类企业。集团成立第一年就获此殊荣，难能可贵。这是在市场持续低迷、改革任务极端繁重的大背景下取得的，也是原中远、中海两大集团7年后再次荣获A类企业。在此，我谨代表许立荣董事长、党组书记，代表集团向全系统广大干部员工表示衷心的感谢！今年上半年，集团取得了较好的经营业绩，尤其是航运主业实现全面盈利，为我们坚守A类企业奠定了良好基础。当然，在看到成绩的同时，我们也要清醒看到存在的一些不足，主要表现在：

1.集团主业盈利基础仍然不牢固。虽然上半年集团主业实现了全面盈利，但我们的盈利基础仍有待加强。特别是在营销能力提升、货源结构优化、商业模式创新、成本严格控制等方面还有极大的进步空间。规模增长为我们带来了竞争能力，但只有回归价值创造，才能形成新的竞争优势。

2.产业链协同效应有待进一步发挥。围绕航运主业，集团上下游产业链日益完备，各产业集群主动协同的意识也越来越强，但目前大部分协同仍停留在单一业务和项目层面，停留在集团的要求上，贯穿产业链、全面深度的协同还未完全建立起来，产业链协同体制机制有待进一步完善。

3.安全生产控制力仍然需要加强。上半年，集团累计发生一般及以上等级事故6起，同比大幅增加5起，说明安全形势不容乐观，反映出对船舶航行安全、班组生产安全管控上还存在诸多薄弱环节，员工的安全意识、安全培训、班组建

设还需进一步加强。

4. 风险管控能力还要进一步提升。市场持续低迷，有些单位存在的隐性风险、问题不断暴露和显现，特别是贸易类业务、经营策略等方面仍存在一些风险敞口，历史上遗留的一些质押监管问题有待解决，合规经营意识、信息安全风险防控能力也有待进一步增强。

第二部分 下半年工作部署

今年以来，全球经济延续恢复发展势头，IMF 将 2017 年全球经济增速预期上调到 3.5%。但由于贸易保护主义趋势加剧，美联储加息步伐快于预期，地缘政治风险有所上升，结构性问题更加凸显等因素，下半年全球经济增长仍将面临压力。当然，在面临挑战的同时，航运业自身也蕴含诸多积极因素：一是韩进海运、瑞克麦斯（Rickmers）等知名航运公司接连破产，促使行业认识到理性竞争的重要性，航运公司对行业生态可持续发展更加关注；二是“一带一路”倡议推进及区域经济发展有望成为全球贸易新的拉动力和增长点；三是国企、国资改革继续向纵深推进带来政策性利好。

基于以上判断，结合集团实际情况，下半年我们仍然要按照 2017 年工作总体要求，坚持稳中求进工作总基调，以提质增效为中心工作，确保航运主业全面盈利，其他业务板块实现稳定增长，全面深化各项改革，狠抓战略措施落地，在做大的基础上努力做强做优，实现集团持续健康发展。

下半年具体工作有以下几方面：

一、努力提质增效，全力提升经营效益

下半年，各单位要在完成必保目标的前提下，全力向奋斗目标进取，为集团打赢提质增效攻坚战作出自己的贡献。

航运产业集群，中远海运集运上半年已完成利润奋斗目标，下半年要延续良好增长势头，力争全年完成预定目标。要着力提升收益管理能力和服务水平，最大程度提升上船货收入，抓住市场机遇恢复运价，提升箱量和效益。要加强新客户开发，重视进口货揽取，内贸航线要平衡好份额与效益关系，既要守住份额底线，又要保住效益目标。中远海运散运要以货源为中心，狠抓创效增量，大力推进相关重要项目实施，提升货源价值贡献率。要在上半年完成考核目标的基础上，争取实现奋斗目标。中远海运能源上半年超额完成考核指标进度，下半年要再接再厉争取实现年度奋斗目标。要继续巩固与战略客户合作关系，努力提升 VLCC 船队中东—中国等长距离航线的市场份额。要加大地炼企业营销力度，开发潜力客户，进一步巩固内贸运输优势地位。中远海运港口要根据码头产业的战略定位和要求，进一步改革创新，转变码头发展商业模式，开拓海内外项目，提高码头经营管理能力，全力以赴拼搏效益。要在上半年已超额完成奋斗目标的基础上，自我加压，努力实现更高任务目标，为集团整体效益提升作出更大贡献。

物流产业集群，中远海运物流要推动工程物流的国际化和集约化，大力提升国际业务比重，对有发展潜力的冷链业务要加快速度寻求更大的突破。要优化系统条块职能定位，提升专业化发展能力，努力成为行业领先者和标准制定者。船代业务在整合之后，要与国内重要港航企业建立更加紧密、更可持续的互利合作关系。要瞄准年度利润奋斗目标，争取更大突破。中远海运特运上半年利润大幅超过考核进度，下半年要努力完成奋斗目标。要以项目为抓手，切实做好 Yamal、TCO 等重点项目的执行，大力推进海上风电安装、活牲畜船等项目，切实提升盈利能力。

航运金融产业集群，要通过制度先行、流程嵌入、风险监测、内控提升，不断提升风险管控水平。要围绕集团航运金融产业集群发展战略，加快航运特色金融体系建设，为集团主业发展提供金融服务和资金支持。要通过自保公司、产业基金平台及资产管理公司平台等，加快产融结合，提高集团成本控制、风险防范及资源配置水平。下半年，金控平台要争取年度利润突破奋斗目标。

装备制造产业集群，要突出营销核心，全力拼搏抢订单，争取获得突破性进展。要结合“学

川崎”工作，促进企业精益管理、推进智能建造，重点抓好中海工业江苏公司等企业的试点。要结合改革重组，坚决压缩低端、过剩产能，优化资源配置，增强核心竞争力。中远海运重工要努力向年度利润奋斗目标前进。

其他产业集群也要结合自身实际，为集团整体效益最大化作出更大的贡献。

二、继续深化改革，全力激活发展动力

一是全面推进各项业务重组改革。具体说来：船员、船管、地区公司、船员教育培训资源整合，集团将在批准各项目方案后，统筹协调，同步推进，积极、稳妥地抓好落地实施，确保平稳有序。信息化整合，其中，股权整合要尽快完成中远海科收购相关信息化公司股权和下一步整合的各项工作，建设面向产业链的全球化信息平台。信息业务整合要坚持“五个一”原则，继续推进数据中心整合、集团统建项目推进等工作，做好利用新型信息技术提升效率、降低成本、增加收入的研究，为集团整体数字化转型打好基础。财务公司整合，要加强与银监会的沟通，尽快取得银监会对方案的明确意见，以便推进整合方案的落地，实现两家财务公司的业务整合。教育资源整合，争取在7月与青岛市政府签署《青岛远洋船员职业学院学历教育移交与共建合作备忘录》，9月正式移交青岛市政府。燃供整合，境内要积极与中石油、中石化沟通，争取在9月底前组建新燃供公司；境外在集团批准《燃供业务股权整合框架方案》后，9月底前完成新加坡地区燃供平台搭建工作。理货整合，要尽快批准方案，实施到位，抓紧机构调整，做好人员安排。香港中远海运要加快制订业务和机构整合方案，确保按照整合计划推进。此外，其他各项改革也要按照年初部署，加快推进实施。

二是重点推进内部体制机制改革。第一，进一步完善考核机制。要重点抓好提质增效、压缩管理层级、海外业务重组、战略落地等关键指标的跟踪考核。第二，不断深化选人用人体制机制改革。要在集团所属上市公司以及其他有条件的单位，推广实施职业经理人制度。在泛亚公司、自保公司和租赁公司开展市场化用工改革试点基础上，建立健全以岗位管理为基础、以合同管理为核心的市场化、契约化用工机制，解决“三能”问题。第三，稳步推进薪酬激励机制改革。要完成境内直属企业负责人、海外员工薪酬，以及工资总额预算管理等制度设计及实施工作，进一步加强工资总额及人工成本预算执行的过程管控和动态监控，推动资源向优质单位和优势领域倾斜，促进效益增长。要继续稳步推进社保、补充医保整合、企业年金整合工作，研究完善整合方案，确保人员稳定和改革顺利推进。

三、突出价值创造，全力提升发展质量

我们要狠抓主业效益增长，致力企业价值提升，坚持以客户为中心，重点聚焦客户端、产品线、协同面、生态圈四方面。

一是强化客户价值，抓牢客户端。要树立价值营销理念，实施精准化营销和立体化服务，不断提高战略客户、直接客户、高附加值客户比例，不断巩固基础货源、重大项目的支撑作用，不断拓展新兴市场、海外区域内市场、第三国市场的价值营销空间。要发挥好营销平台作用，积极对接央企货主，重点跟踪央企海外合作项目，拓展央企间全面合作共赢的空间。中远海运集运要分类制定客户舱位管理规则，坚持大客户战略，持续完善公司KA50体系建设。要加大新客户开发力度，加强“冷特危”高值货揽取。重点加强化工行业专业化营销工作，在专业领域抢占更大份额。中远海运散运要继续深化阵地营销，灵活开展市场营销工作。要以贸易双方定价模式调整为契机，配合国内大型进口商掌握运输权，力争形成“大钢厂＋大船东”合作新模式，实现船东和进口商的双赢。

二是提升产品价值，丰富产品线。中远海运集运要围绕客户中心、调动优质资源，填空白、补短板，持续推进航线产品优化与创新，提升价值服务水平。要针对客户痛点和需求，推出增值服务，提升航线收益。中远海运散运要加快推进内贸准班轮的扩张，争取年内开通10条航线，抓紧谋划在货源比较成熟的外贸航线开通准班轮

服务。中远海运能源要充分挖掘“湄洲终端”合作模式，面向客户提供一体化服务产品。要推广“楠林湾”轮合作模式，为大客户提供定制产品。

三是强化协同价值，扩展协同面。第一是扩展跨业务协同，突出产业链协同效应。下半年，重点要加强中远海运重工、中远海运特运、中远海运比港（PPA）之间的业务协同，确保重工8万吨浮船坞顺利运抵比雷埃夫斯港。重工要和PPA一起建立修船经营体系，逐步使PPA修船业务达到“一站式”服务能力。同时，各单位在大项目开发、延伸服务、自船自代、自船自修、自船自造等方面，要相互支持，发挥集团整体产业链优势，持续放大资源协同效应。要强化协同降本，加大集中采购管理力度，重点抓好船用油品、船舶备件、港口服务及通用项目上的成本控制，有效降低采购成本。第二是扩展海内外协同，实现全球业务整体布局。要依托“一带一路”促进协同，以中欧陆海快线建设为突破口，持续推动海内外产业协同共进。中远海运集运要在现有联盟航线基础上，提升在比港的挂靠频率和服务时间。有关公司要协同PPA做好保税仓库、物流园区等的投资规划工作。中远海运欧洲要加快推进平台公司和配套场站建设，推进希腊比雷埃夫斯欧亚铁路物流公司（PEARL）60%股权收购工作。中远海运集运、中远海运物流要和中远海运比雷埃夫斯集装箱码头有限公司（PCT）就快线客户开发、产品优化、航线布局、铁路运营加强协同，不断提高中欧陆海快线的综合竞争力。

四是彰显行业价值，引领生态圈。要搭建行业引领平台。加强行业生态研究，突出行业引领地位，推动航运生态圈向新的动态平衡发展。通过深化合作，开发产品，提升服务，逐步把握和绑定客户，倡导价值主张，逐步形成引领行业发展的航运供应链平台。

要构建航运话语体系。依托相关机构、协会、论坛、峰会等发声，倡导价值主张，维护行业健康发展。依托海洋联盟、海工联盟，发挥集团行业引领力。研咨中心和中远海运散运要在推动BDI指数航线权重、船舶参数等方面做出调整的基础上，继续推动BDI运价指数向市场真实水平回归。

四、优化资源配置，全力挖掘发展潜能

一是强化瘦身健体。坚持深化供给侧结构性改革，继续大力推进“三去一降一补”，确保结构调整优化到位。在去产能方面，航运产业要重点落实31艘船舶退役、拆解工作。中远海运重工要深入推广学习南通川崎的经验，聚焦优势产能，坚决压缩低端、过剩产能，努力完成330万吨奋斗目标。在“压减”方面，要继续做好集运、物流、港口、散运等企业压减督导工作，确保“压减”不反弹。要做好顶层设计，加强改革重组与压减工作深度融合，把船员、船管、船贸、燃供、理货、信息科技等改革领域的压减工作落实到位，力争年底压减率达到25%。

二是强化“两金”压降。要继续加大力度催收存量应收账款，严格信用管理控制新增欠款；加快各类存货处置变现进度，科学安排生产控制增量存货。要强化海工业务风险化解，探索海工产融结合，减产缩能提质。

三是强化“僵尸企业”处置。对于季节性因素和内部操作导致的亏损，以及集团重点关注的亏损企业，下半年必须完成扭亏；对于清理中的亏损企业，应加快退出进度，尽快完成处置程序；对于经营性亏损，需按经营亏损类别，有针对性地拿出具体扭亏方案；对于长期亏损的“钉子户”，如果无法在2017年实现扭亏的，要纳入资产优化处置范围。对于国务院国资委督办的5家亏损企业，有关单位要抓紧落实，力争年内完成减亏脱困。

五、深化产融结合，全力聚积发展优势

一是做强做优航运金融业务。金融板块要稳存量、促增量，保持金融收入和利润稳定增长，积极培育新增长点。要积极推进重大项目落地，加速推进收购上海农商行、筹建金融租赁公司、中远海运发展A股非公开发行等工作。中远海运金控/中远海运发展要重点在金融租赁、小贷、香港资管和证券等牌照方面取得突破，有效扩大业务领域，打造更专业团队，提升金控总体资本

收益水平；要继续加大非航租赁业务发展，争创更好效益，努力跻身中国租赁行业第一梯队；要抓住市场向好的有利时机，提高集装箱租赁业务的盈利水平。

二是做实做深以融助产。中远海运金控要加强与集运、散运、重工等公司的业务交流，积极探索售后回租、以融资促订单等合作机会。中远海运发展和中远海运物流要在有效控制风险的前提下，加快推进产业发展基金发展和基金管理公司的设立。中远海运发展和泛亚航运要尽快完成互联网小额贷款公司的设立，更好地为客户提供金融服务，有效助力航运产业转型发展。

六、加快全球布局，全力开拓发展空间

一要致力推进集运业务全球发展。

二要致力推进优势产业布局。航运产业要从完善优化网络、强化平衡营销出发，加快布局海外市场。中远海运集运要进一步加大新兴市场开发力度。中远海运能源要在完善“一个中心、七个网点”全球化布局的基础上，主动出击西方高利润市场、打造“三角航线”，努力提升海外市场份额、开辟内贸回程货货源。中远海运港口要加大运营性码头投入，进入东南亚、欧洲市场，完善全球集装箱枢纽港网络。

物流产业要把握“一带一路”契机，加速发展国际工程物流，拓展海外第三方市场。要以构建全球货运网络和互联网电商服务网络为基础，打造综合供应链服务平台。

航运服务产业要选择性发展海外实体供油网点，稳健发展海外燃油市场。燃油业务要站在集团燃供全球化发展的高度，重点做好海外相关公司收购项目和欧洲 PPA 船供燃油合作项目。

三要致力推进海外平台建设。海外产业要突出“五个平台”功能定位，大力推进海外管控模式变革。香港中远海运要发挥“一带一路”“粤港澳大湾区”等一系列政策、区位优势，做优航运服务产业链，积极稳妥开展股权投资。中远海运东南亚要加快建立区域物流网络，探索物流电商业务模式。要整合内外部资源，利用区域业务和金融优势，建立集团区域产融平台。中远海运西亚要盘活绿洲物流公司发展延伸服务业务，特别是利用阿联酋阿布扎比哈里发港口的建设机遇，寻求码头仓储、堆场、拖车等投资和业务机会。中远海运南美要完善区域内支线网络建设，协同国内专业公司提升在区域内供应链解决能力。中远海运欧洲要加快中欧陆海快线沿线铁路场站投资和铁路运营平台的建设步伐，不断优化比港腹地中东欧地区的集疏运网络，实质性推进中埃合作工业园区保税物流园区等项目。中远海运北美要积极推动中美洲区域集装箱支线服务，推进以底盘车租赁为重点的设备租赁业务，择机收购或入股相关公司。中远海运澳洲要深度开发塔斯马尼亚、南太平洋岛国等新兴潜力市场，进一步细化对斐济、瓦努阿图等太平洋岛国的调研，加强澳大利亚、新西兰之间，以及新西兰国内沿海运输。

七、强化创新驱动，全力释放发展活力

在商业模式创新方面，要重点聚焦“互联网 +”业务创新。借助“互联网 +”等创新思维和手段，推进航运主业经营模式变革。

一要推进系统电商平台发展。要深入研究电商平台的定位，明确发展路径，深入论证如何统一电商业务在集团的入口、面向客户的界面，做好软平台和硬资源的整合。要推动线上平台和线下服务相互补充、融合，尽快把集团线下优势全面展现到线上平台，让客户用最便捷的交易方式获得高品质的服务。

二要挖掘电商平台增值空间。要创新商业模式，不断扩展业务规模，打造细分领域的电商领先者。泛亚电商要抓住客户痛点，继续做好内贸远期运价产品，抓好内贸头等舱、外贸头等舱等特色服务产品，将电商保险推广到线下，为内贸客户提供富有竞争力的服务。一海通要围绕“卖家和 IT 集成能力”核心竞争力，逐步扩展全球供应链产品，从目前中英快线，逐步扩展到中法快线以及中国到欧盟其他国家、美洲国家等快线服务产品。

三要深化与电商巨头的合作。目前，我们已和阿里巴巴、京东等电商巨头开展了合作，下一

步，要利用集团现有资源，继续和电商巨头搭建线上线下服务平台。要推进在阿里巴巴一达通平台上的拼箱业务，努力打造“船东拼箱”品牌。

在科技创新方面，一要做好“十三五”科技规划。建立统一科创平台，围绕集团“6+1”产业集群，推动集团创新向全产业链和跨界协同转变。船研所要做好创新转型支持服务，围绕集团各产业，尤其是航运主业链，着力开展技术和模式创新。二要推动科技创效。做好集团在研智能船舶、深水半潜支持平台、岸电等具有前沿科技水准的项目，推进通导产业从简单服务向研发、生产、服务转型升级，努力建立全球最先进的船队。三要推进两化融合。以科技信息化为抓手，加强智能船舶、物联网、大数据等项目落地，打造数字化运营支持体系，驱动产业链转型升级。

八、加强风险管控，全力筑牢发展根基

一要抓好合规经营。各单位要全面总结分析在经营管理方面出现的风险事件和重大案件，进一步强化合规经营管理，以反垄断、上市公司监管、金融新业态，以及海外业务为重点，系统开展制度梳理、业务排查、合规风险评估等，切实防范违规风险。要全力做好美国司法部反垄断调查的案件应对，完善案件组织管理工作机制，维护好集团利益。要加强对创新业务、新经营业态，“互联网＋”、航运金融等领域的风险控制，探索建立风险预警机制，提升核心业务流程风险预警指标设计的有效性。

二要抓好财务管理。要统筹好全集团资金和债务安排，丰富融资方式，全力为生产经营、对外投资做好资金保障。要加强债务规模控制，科学合理调整债务结构、完善工作机制、推进业财融合，有效防控“两金”风险。要建立健全税务风险防范体系，制订科学合理的税务策略，合理合法节税，降低涉税风险。

三要抓好生产安全。各单位要继续做好重点监控，密切关注热带气旋、灾害性天气、海盗袭扰等事件影响，跟踪指导船舶做好航行安全、防台和防海盗工作，杜绝重特大生产安全事故的发生。要进一步深入推进安全隐患排查治理，严格按照国务院安委会通知要求，全面开展好全集团安全生产大检查，持续做好集团“驾驶台班组和现场工班组”专项整治，加大对陆上装备修造、危险品储运等重点单位重要危险源的管控。要进一步推进安全信息化建设，强化信息化在安全教育培训、跟踪监督、安全监管等方面的应用。要加强境外机构和人员安全管理，提升境外安全风险管控和防范能力。

四要抓好审计工作。各单位要聚焦提质增效和航运主业扭亏为盈等中心工作，充分发挥审计监督作用。要按照审计署要求，做好相关审计整改工作，积极推动相关问题的整改和落实，达到以审计整改促管理提升的目的。

事业靠打拼，发展凭实干。下半年打赢提质增效攻坚战，我们的任务依然艰巨。让我们在国务院国资委的坚强领导下，在监事会的指导下，创业有为、创效攻坚、创新发展，再接再厉，全面完成集团今年的各项任务目标，以优异成绩迎接党的十九大胜利召开！

专论

集团董事长许立荣在中远海运2017年干部人才工作专题会议上的讲话（摘要）

2017年3月17日

一、充分肯定2016年干部人才工作取得的成绩

过去的一年，我们最显著的成绩，就是服务改革重组大局，人员安置稳妥有序。2016年是集团改革重组全面启动的第一年，我们用不到一年的时间，完成了7个核心业务板块和10家海外区域公司的整合工作。改革重组的首要任务，就是机构整合和人员安置，其人员范围之广、时间任务之紧、整合难度之大前所未有，任务极其繁重和艰巨。中远海运集运在较短时间内，统一了境内308家分支机构，关闭下属机构100多家。中远海运散运160人从北京到广州，在机构设置、人员安置方面做了大量扎实有效的工作，为公司规范管理、协调运转奠定了坚实基础。中远海运物流坚持“平稳、平衡、平移”的原则，在原三家总部共269人的基础上，实际选配156人，实现了新总部的高效精干。中远海运能源在人员选配中重点抓好岗位公布、意愿征询、人选推荐、审核考察、分级选任5个环节，确保公平公开公正，改革重组平稳有序。可以说，各级党组织和人事部门在集团改革重组大局面前，接受了锻炼、经受了考验，到目前为止没有一名干部对岗位安排提出异议，没有发生一起不稳定的事件，这就是我们干部人才工作的最大的成绩。之所以能够做到人员安置平稳有序，确保改革重组顺利推进，一个重要的原因是我们在选人用人上坚持公平公正的原则，五湖四海、任人唯贤，不任人唯亲、不搞小圈子，坚持总体平衡的原则，在尊重历史、平级安排的基础上，兼顾各方平衡，等等。我们要认真总结这些好的经验做法，这对于指导下一步船员船舶、燃油、财务、科技、教育等业务板块人员安置工作具有重要的意义。

过去的一年，我们最有力的举措，就是严格执行规章制度，干部管理秩序规范。集团党组坚决贯彻中央关于从严管理干部的要求，坚持用制度管人管事，有效促进了干部队伍的科学化、规范化管理。针对原中远和中海干部人事制度标准不统一的问题，集团出台了干部管理规定、海外员工管理办法等制度，使干部人才工作有章可循、有据可依；针对中央巡视组指出的原中远、中海执行干部人事制度不严格的问题，2016年，集团对16名到龄干部办理退休手续，全部退出领导岗位；严格执行海外任期制度，调回或轮换海外人员128人；严格干部交流制度，对在同一岗位满9年轮岗交流9人。中远海运重工对任职达到或接近9年的5名领导人员进行交流调整，对4名临近退休的领导人员予以退出现岗位安排专项工作。这些问题，广大干部群众高度关注，集团党组坚持在制度面前一视同仁，不搞特殊和例外，进一步纯正选人用人风气；我们坚持用好“四种形态”，注重抓早抓小，加强对干部的日常监督管理。比如，中石化中海燃供加大干部问责力度，对涉及商务纠纷的4名司管干部进行问责处理，其中2人降职、2人免职。建立管理通报制度，先后对3家单位的主要负责人给予通报批评。同时，建立容错纠错机制，运用“四种形态”，为想干事、能干事、干成事的干部撑腰鼓劲。

过去的一年，我们最重大的突破，就是创新选人用人机制，市场化选聘开创先河。引入职业经理人在我们集团历史上尚属首次，在国有企业也为数不多，没有现成的经验可循。2016年，集团在金控平台试点选聘职业经理人，完成了金控公司分管副总经理和首席风控官、自保险公司

总经理和比雷埃夫斯港口码头公司总经理 4 个岗位的市场化选聘。通过从市场公开选聘职业经理人，实现了干部从“行政任命”到“市场身份”的重大转变，打破“铁饭碗”，废除“终身制”。我想强调的是，此次选人用人机制改革，不仅仅是引入几位高管，最重要的是建立职业经理人制度，真正起到“引进一个人才、创新一个机制、搞活一个企业”的带动和辐射效应，这对于解决集团内部创新活力不足、新兴产业领军人才匮乏等问题具有十分重要的意义。中远海运租赁公司积极探索实践“市场化选聘、契约化管理、市场化激励”人才引进和管理机制。公司现有 144 名员工，其中市场化选用人才占 80%。他们坚持用业绩说话，绩效决定资薪水平，绩效决定升迁走留，两年内先后有 5 名员工因不符合岗位要求被解除或终止合同，16 名员工因绩效不达标受到警告和降薪，真正实现了“员工能进能出、薪酬能高能低”。两年来，公司累计投放租赁项目 305 个，实现利润 5.44 亿，年复合增长率 632%，风险控制保持良好水平，迄今为止逾期率为 0，快速打造出集团在国内融资租赁行业的良好品牌形象。

过去的一年，我们最基础的工作，就是启动人才库重点工程，人才培养初见成效。在 2016 年的干部人才工作专题会议上，我们研究制定了《集团“十三五”人才规划纲要》，提出了建设一支高层次国际化人才队伍的目标，重点实施领军人才库、年轻干部人才库、董监事管理人才库、国际化人才库、党群工作人才库 5 个人才库建设工程。2016 年以来，集团启动 45 岁以下优秀年轻干部培养考察专项工作，经各单位推荐和集团筛选，将 82 人纳入集团年轻干部人才库，跟踪掌握一批德才素质好、发展潜力大的后备干部，选调 36 名处级干部参加为期 3 个月的脱产培训。组织两轮外派干部选拔，经过英语考试和综合素质测评，从 1912 名报名人选中，择优选拔 296 人纳入集团海外后备人员库，并举办了两期 96 人次的国际化人才培训班。中远海运特运交流提拔干部 91 名，其中 80 后 14 人、70 后 37 人，20 多名中层及以上人员进行了轮岗，约占中层干部总人数的三分之一。中远海运港口根据全球码头业务大发展的需要，面向集团全系统严格选拔 31 人进行系统专业培训，有效推动了中高层码头运营管理专业人才培养。中海国际大力推进 5 个“百人计划”目前在库船舶“三长”216 人，其中船长 93 名、轮机长 73 名、政委 50 名，“小三长”82 人。上海船研所大胆启用中青年骨干技术人才担任国家重点项目研究课题的负责人或子课题负责人，2016 年获国家部委及上海市科研项目批复 15 项，涉及国拨资金超过 1 亿元，发明专利 9 项，实用新型专利 17 项，软件著作权 41 项等多面科研成果。

过去的一年，我们最喜人的面貌，就是团队文化有机融合，工作热情普遍高涨。干部人才工作的最终目标和最高形式，就是要激发广大干部人才的工作干劲和内在动力，体现出中远海运人的精气神。一年来，广大干部职工以无限的豪情壮志投入到改革重组来。我们高举“四个一”理念旗帜，积极传递正能量，自觉拆除心中的“柏林墙”，促进文化融合、感情融合、团队融合，营造了同舟共济、稳定和谐的良好氛围。集团改革重组一声令下，不少同志从北京到上海、广州，从大连到上海，奔赴新的工作岗位，舍小家为大家。不少同志由正职变为副职，由领导变为一般干部，尽管这样，仍然热情高涨、信心百倍，以“时不我待、只争朝夕”的干劲投入工作，表现出了斗志昂扬、意气风发的精神面貌。可以说，这是历史上最好的时期，一个奋发有为、干事创业，追求卓越、追逐梦想的积极氛围正在形成。正是由于广大干部职工“撸起袖子加油干”，集团改革发展和提质增效各项工作取得了全面的进步，在严峻的市场挑战面前，集团实现了困境突围、逆势上扬的良好局面。2016 年，集团完成利润 160.3 亿元，超额完成国务院国资委下达的考核指标，实现新集团首年“开门红”。2017 年第一季度，集团航运主业全面实现扭亏为盈，呈现出可喜的局面。

二、干部人才工作存在的主要问题

在总结成绩的同时，我们也要清醒地看到，集团干部人才工作仍面临“结构失衡、基础薄弱、机制制约”等方面的艰巨挑战，与集团战略目标还不相匹配，与集团改革发展形势不相适应，与广大干部人才期盼还有差距。归纳起来主要有 6 个方面亟待解决问题，需要引起我们的高度重视。

一是关于规划方面。集团人力资源配置与“6+1”产业集群布局匹配度不高，航运、物流等传统产业人员相对富余，金融、港口等战略性新兴产业人员紧缺。

二是关于引进方面。大部分单位人才需求缺乏顶层设计，往往是“一个萝卜一个坑”式的空缺岗位替补，没有与企业的长期战略目标相结合。

三是关于使用方面。人才使用缺乏科学依据，现有人才如何选拔出来、使用好，还缺乏科学有效的方法手段，各层级人员能力素质模型没有搭建起来，干部交流、培养使用、薪酬待遇落实等没有建立在统一规范的岗位管理体系之上。

四是关于培育方面。人才培养缺乏系统规划，人才培养与战略发展契合度不高，没有搭建不同层级、不同岗位人员的培训体系。人才库建设缺乏配套的人才管理体系，人才入库标准、培养使用、动态维护等方面措施还不完善，“备而不培、备而不用”的现象比较突出。

五是关于激励方面。部分单位没有制定员工明确的职业生涯规划和发展通道，对关键人才缺乏专门的挽留和保护机制。激励约束机制不健全，工资总额管控的刚性要求高，中长期激励因受限性强没有大范围推广，缺乏有效的留人措施，导致“需要的核心人才留不住，不需要的人员退不出”。薪酬激励存在“一刀切”和“大锅饭”现象，有的单位绩效优秀与最差的激励相差低于 10%，没有起到应有的激励作用，人员积极性没有充分调动起来。

六是关于退出方面。集团改革重组后，部分单位人员大量富余，一定程度存在机构臃肿和人浮于事的现象。部分单位管理人员过多、基层一线干活人员过少，呈现“官多兵少”的倒金字塔结构。

应当看到，上述问题既有原中远、中海在人员招录、船员体制、社保方式等方面管理模式不统一带来的历史遗留问题；也有改革重组之后，由于企业规模变大、结构方式调整、战略转型升级等发展过程中出现的新问题；还有集团与直属单位在人力资源管理上形成系统合力不够、职责界定不明确的内部管理问题。

三、扎实抓好 2017 年干部人才工作的重点任务

各单位要强化问题意识，以解决问题为导向，抓住关键、重点发力，确保各项工作取得实效。这里，我强调以下 8 个方面的重点：

第一，优化调整人员配置，不断提高集团人力资源效率。人才是企业的第一资源，人的智慧看不见摸不着。现在，人才的闲置、流失没有像资产闲置、流失一样得到充分重视。各级领导要有能力、有水平像经营资产一样地经营、管理、服务人才，充分发挥人才的效能。

合理安置富余人员。集团总部完成重组后，职能部门人数由原中远、中海集团总部的 504 人减至 249 人。国务院国资委给我们的评价是“小总部、大产业”，总部机关非常精干高效。所以，我们要坚持“小总部、大产业”原则，启动“瘦身”改革，让我们的组织更轻便、更灵活，不仅是适应未来社会发展需要的，也是我们未来组织改革的努力目标。要强化转岗培训，促进管理人员转变观念、提升素质、掌握新的技能，安排在合适的岗位上。要建立合理机制，促进管理人员向基层一线、海外前线流动，切实解决机构臃肿、人浮于事的问题。

严格把控新进人员。重组以来，集团对招录工作进行了冻结，主要目的是控制人员总量。总体来看，集团目前人员总量是富余的，人工成本高企，给工资总额带来新的压力。我们不能在原有富余人员难以解决的同时，又因各种各样的原因产生新的冗员。经统计，今年有 13 家单位向集团提出了人员招录需求，共计 2543 人。其中，拟招聘应届毕业生 514 人、社会招聘 793 人，集团内部招聘 92 人、劳务工转入 1144 人。在这里，集团明确原则上不对外新招录人员，除少数关键、紧缺或专业性较强岗位可对外社会招聘外，其他岗位需求要以集团内部调剂为主。集团人力资源

部要严格审批，按照利润总额、人事费用率、人工成本利润率、职工人均利润等人事效率指标核定招录总量。

建立人员退出机制。去年，国务院国资委下发了《关于进一步深化中央企业劳动用工和收入分配制度改革的指导意见》，明确提出“健全以综合考核评价为基础的管理人员选拔任用机制”“对于经考核评价不能胜任工作的，应当调整岗位、降职降薪，真正做到管理人员能上能下”“要畅通员工退出渠道”“对违法违规、违反企业规章制度或不胜任岗位要求符合解聘条件的员工，要严格履行法律法规要求的相关程序，要依法解除劳动合同”。对于管理人员，虽然我们倡导重组整合尽量不裁一个人，但不是说可以养懒汉，不是说什么不干就可以待在企业，要进行全方位考核，建立考核末位调整机制。对于普通员工，如果你没有敬业精神、没有工作业绩，不符合合同制、不符合我们的一些规章制度要求，该调整就应调整，该解除合同的就应解除。

第二，精准科学选人用人，选优配强各级领导班子和干部队伍。选好人、用对人，是干部人才工作的头等大事。我们一定要按照新时期好干部标准，坚持公平公正、风清气正，任人唯贤，五湖四海的原则，在集团树立正确的选人用人导向。

服务改革发展大局，注重因事择人。习近平强调，“国有企业领导人员是党在经济领域的执政骨干，是治国理政复合型人才的重要来源，肩负着经营管理国有资产、实现保值增值的重要责任。国有企业领导人员必须做到对党忠诚、勇于创新、治企有方、兴企有为、清正廉洁”①。我们要按照习近平总书记提出的“信念坚定、为民服务、勤政务实、敢于担当、清正廉洁”②好干部标准，好干部标准选好干部、配好班子。企业发展的目的是更好地履行“三项责任”，创造更多的效益。干部素质不过硬，效益和发展就没有保证。只有综合素质全面，才能做到治企有方，只有专业能力过硬，才能做到兴企有力。今年有上级领导在全国组织部长会议上强调，选干部要把政治标准放在首位，同时特别强调要注重干部的专业能力，做到依事选人、人岗相适。我们要从事业发展需要选拔干部，充分考虑每名干部的经历、专业、能力等综合因素，从而把合适的人放到合适的岗位上。具体到一个班子，成员的专业素养能够覆盖一个单位的发展需要，一个单位的核心业务。这样，党组织作为董事会、经理层决策重大问题的前置程序，就能更好地起到把方向、管大局、保落实的重要作用。

改进推荐考察办法，注重准确识人。识人是用人的重要前提。我们对干部的认识不能停留在感觉和印象上，必须健全考察机制和办法，多渠道、多层次、多侧面全方位了解。在干部考察过程中，谈话调研要深入细致，保证谈话时间、提高谈话质量，不能简单地提个姓名，该问的要问到位、该了解的要了解透，把干部的活思想与活情况掌握清楚。要结合巡视、平时考核、年度考核、民主生活会等组织掌握的情况，综合考虑干部的一贯表现和全部工作。要根据需要开展延伸考察，深入了解政治品质、道德品行、工作实绩、履职尽责、廉洁从业等方面的情况，力求在全面了解人、准确评价人的基础上实现选贤任能。

建立职务职级体系，注重科学用人。建立职务职级体系主要目的是：为规范干部选拔使用、交流调配及落实薪酬待遇等方面提供基本依据。目前，集团总部建立了覆盖职能部门、共享中心、特设机构的“双通道”职务职级体系，每一位员工在体系中身份对应，拓宽了职业发展通道。部分二级单位也根据企业实际各自建立了内部职务职级体系，但集团总部与各单位没有形成整体上的对应关系，彼此之间缺乏互联互通。为此，集团正在研究制订职务职级管理办法，按照“科学合理、统一规范、总体纳入”的原则，建立全集

① 《习近平在全国国有企业党的建设工作会议上强调　坚持党对国有企业的领导不动摇　开创国有企业党的建设新局面》，《人民日报》，2016年10月12日01版。

② 《习近平在全国组织工作会议上强调　建设一支宏大高素质干部队伍　确保党始终成为坚强领导核心》，《人民日报》，2013年06月30日01版。

团统一规范的职务职级体系，确立不同层级单位、不同岗位人员在职务职级架构表中的一一对应关系，从而实现全集团员工“一张表”管理。

第三，突出工作重点，采取有效措施大力培养优秀年轻干部和国际化人才。在去年的干部人才会上，我就这个问题专门进行了强调，之所以今年还要讲，是因为人才培养一项系统工程，必须久久为功、持续用力。

加强后备库建设，做好人才储备。集团《关于优秀年轻干部培养指导意见》明确提出，要用3年时间，各直属单位班子成员中35～45岁的干部比例不低于三分之一，其中党政正职和集团总部主要负责人的比例不低于五分之一。各级领导肩负着培育人才的重要责任，要有寻觅人才求贤若渴，发现人才如获至宝，举荐人才不拘一格的宽广胸怀，对优秀年轻干部要做到心中有数，及时纳入后备人才库进行有计划地培养，坚决杜绝急用现找、突击提拔、拔苗助长等问题。对于国际化人才，要在继续做好公开报名选拔海外后备干部的基础上，根据目前后备库人员状况和海外发展需要，进行查漏补缺，通过对外招聘与对内定向培养等措施，将符合标准的人选及时充实到海外后备干部库。目前，集团已经下发通知，各单位要积极推荐优秀骨干参加海外后备干部人才选拔考试，把海外经历作为培养锻炼优秀年轻干部的重要渠道，有组织、有计划地定向培养人才。集团在年底对各单位的考核中，不仅要看经营业绩如何，也要看为集团培养、输送了多少人才，把输送人才作为考核的一个加分项。

加强轮岗交流，丰富任职经历。去年，各单位向集团推荐的82名后备干部中，有相当一部分同志工作经历比较单一，往往是进了一个部门，从普通员工一直升到部门负责人。出现这样的情况，不是我们的员工表现不优秀，而是我们组织上的严重失误。有的领导舍不得将优秀的、能力强的、已经用得顺手的干部交流出去，还存在本位主义思想。经历就是能力，阅历就是财富。我们必须按照人才成长规律，让干部在不同环境、不同岗位进行锻炼。因此，我们干部交流一定要制度化，在同一岗位工作满6年原则上要交流，9年必须交流。人力资源部门要制订干部交流计划，落实到具体人头，并认真抓好落实。要把这些选拔出来的后备干部进行机关与基层的双向交流，进行不同业务、不同区域的横向轮岗，有条件的还要安排到海外公司或海外项目任职，让他们熟悉不同的业务，全面提升综合素质和驾驭复杂局面的能力。各级要大胆使用优秀年轻干部，对有发展潜力的要放到领导班子和关键岗位上，放在基层一线和海外关键岗位磨砺摔打。“天将降大任于斯人也，必先苦其心志，劳其筋骨，饿其体肤，空乏其身，行拂乱其所为”。实践证明，不经历非常之事，难以成非常之才，年轻干部有了几次“热锅上的蚂蚁”的经历，才能真正成熟起来。要让他们在干事中长本事，在历练中变“老练”，为担负更重要的担子取得资格。

扩大视野范围，全球配置人才。习近平总书记指出，“要把我们的事业发展好，就要聚天下英才而用之。要干一番大事业，就要有这种眼界、这种魄力、这种气度”①。作为一家高度全球化、深度参与国际竞争的国有企业，我们必须进一步解放思想，树立人才不论国籍、地域、来源，都能为我所用的理念，以全球化的视野和胸怀配置和使用优秀人才。要加快引进急需紧缺的高层次国际化人才，集运、码头等国际化程度较高的单位要敞开大门，试点选聘全球优秀人才到国内工作。要采取市场化方式选聘高层次国际化人才进入海外区域公司或国家公司高管层，并试点在全球范围内统筹使用。各海外区域公司要择优选拔一定比例的当地雇员纳入中层以上管理人员队伍，试点推进外籍员工异地交流使用。

第四，加大市场化选聘力度，建立完善职业经理人制度。为充分调动企业家积极性，促进国有企业持续健康发展，国务院在部分中央企业开展试点，探索建立职业经理人市场化薪酬分配办法，形成市场评价经营管理者贡献并按贡献分配的机制。这是国家关于职业经理人制度的大方向，

① 《在网络安全和信息化工作座谈会上的讲话》，《人民日报》，2016年04月26日03版。

现在上海市国有企业职业经理人制度已经走在前列，我们要认真学习借鉴上海市的做法，在去年取得试点经验的基础上，今年重点推进金融控股平台、保险公司和泛亚公司职工持股试点单位，按照“市场化选聘、契约化管理、差异化薪酬”的原则，全面实现职业经理人制度。

开展市场化选聘。职业经理人的来源有外部引进与内部人员身份转换两种方式，外部引进主要是吸纳企业急需紧缺、确有真才实学、市场充分认可的高端人才，从而发挥有专业知识、专业能力的专业人才在经营管理中的作用，以增强企业经营活力。同时，也要畅通现有班子成员与职业经理人身份转换通道，发挥内部人员熟悉企业情况的优势。将来，包括在座的各位在内，只要符合相关条件、本人自愿，经组织审批同意，就可以改签契约合同，成为职业经理人。

进行契约化管理。契约化是职业经理人管理的核心。要坚持党管干部与董事会依法选择经营管理者相结合的原则，强化绩效考核的原则、业绩与薪酬同步对标市场的原则对职业经理人进行契约化管理。董事会根据双方签订的契约合同、年度经营目标责任书对职业经理人进行考核，并将考核结果作为薪酬兑现、岗位聘任或解聘的依据。职业经理人的薪酬水平由企业的市场地位和规模效益、同行的市场薪酬价位、企业内部其他管理薪酬水平等因素，由董事会与职业经理人协商确定。一般由基本工资、绩效年薪和中长期激励三部分组成。董事会对职业经理人实行严格的经营业务考核，实现目标才能合到高薪，否则只能拿基本工资。对未完成合同约定的目标任务，考核不合格的，由董事会予以解聘。

实行责权利统一。职业经理人不能为引进而引进，关键要鼓励其干得好，为集团创造实实在在的效益。我们要按照建立现代企业制度的要求，实现党委会、董事会、经理层三者之间责权利的有机统一，做到党组织发挥领导核心和政治核心作用，起到把方向、管大局、保落实的作用。董事会依法选聘职业经理人，对职业经理人实行契约化管理和严格的经营业绩考核。职业经理人要完成绩效考核指标，履行法人资产保值增值的责任，也必须赋予其适当的经营决策权、人事及薪酬管理权、资金支配权、资产处置权等经营管理权力。只有实现“责、权、利”的有机统一，才能有效克服引进职业经理人“水土不服”的问题，才能真正有效发挥作用，为“人尽其才”创造必要的外部环境。

第五，深化薪酬分配制度改革，积极探索以股权为代表的多元化激励机制。薪酬分配是一项政策性很强的工作，国务院国资委对工资总额的总量及职工平均工资增长幅度有严格的调控条件要求。在符合上级要求的前提下，我们薪酬分配制度改革总体要求是，在努力做大蛋糕的同时，按照市场导向、业绩导向、差异化管理的原则切好蛋糕，薪酬分配坚决不搞大锅饭，坚决不撒胡椒面。

建立薪酬与效益联动机制。效益是薪酬分配的基础，创新薪酬分配手段必须以提升企业效益为目标，这样才能保证激励有来源、分配有依据。在坚持“业绩升、薪酬升，业绩降、薪酬降”的分配原则下，引入市场对标，探索工资总额分类核定的新办法，充分发挥薪酬对企业效益的撬动作用。要科学衡量企业负责人价值贡献，建立体现个人贡献、基于价值创造导向的考核评价和薪酬激励机制。要积极探索实施效益分享机制，我们大力提倡在增量中分享，坚决反对在存量中分配，可以考虑按照“国家和企业拿大头、个人得小头”的原则，让员工在企业效益的增量中按一定比例提取奖励。在去年集团共享中心实行“奖金包”制度的基础上，进一步扩大试点范围，对贡献突出的单位、重大专项、关键岗位实施特别激励，充分发挥单位、个人的创新创造活力。

建立差异化的激励制度。薪酬没有足够的吸引力，我们很难留住核心人才，也很难从市场上招聘到高端人才。去年以来，集团管理的财务干部就有4人提出辞职，这种现象不得不引起我们的深度思考。我们要在部分核心骨干、关键岗位员工中进行试点，探索建立“一人一薪”的谈判工资制，在双方平等协商的基础上，设计满足他们需求的全面薪酬管理制度。这是一种完全市场化的薪酬制度，在欧美企业中广泛采用，在央企海外雇员中也比较普遍，主要依据员工本人在人力资源市场的价值，双方通过谈判确定入职工资，而后每年参照人才市场情况和员工本人的贡献来调薪，调薪比例因人而异。对于市场化引进的职业经理人，就是要参照市场价值标准，通过双方协议约定薪酬。

建立以员工持股等为主要形式的多元化激励制度。目前，我们已经在泛亚公司开展职工持股试点工作，有关部门和单位要加紧推进、确保实效。员工持股目前对国有企业来说，是影响程度最深的一种政策，是一种激励力度最大的一种手段。下一步，我们要充分利用国家政策的红利，按照“成熟一家、推进一家”的原则，推进混合所有制企业员工持股、上市公司股权激励、科技型企业股权和分红激励以及其他创新型的薪酬激励安排，形成多元化的整体薪酬体系。我们要通过制度设计，使企业发展与员工成长捆绑在一起，以充分激发员工动力，焕发企业活力，实现员工与企业“双赢”。

第六，坚持以“三提高一降低”为目标，坚定不移地推进船员管理体制改革。船员船管体制改革是集团今年明确的重点改革任务。之前，集团对多家公司的船员船管情况和数据做了研究，对各家单位进行了调研。这项改革虽有一定难度，但没有哪一项改革不涉及利益调整，没有哪一项改革是可以轻易完成的。改革成功的关键，是要统一认识、统一思想，提出科学合理的改革方案，坚定不移地推进实施。

要切实统一思想认识。集团在船员船管方面与市场相比存在着不小的差距。一是船员、船舶管理的成本远高于市场。以散运为例，即使经营打平还亏 28.8 亿元，这些亏损基本就是船员、船管成本。虽然各家公司情况不同，但整体而言，我们在船员队伍建设上缺乏竞争力。二是由于分散在各家管理，所以船员、船管的资源利用效率非常低下。无论船员资源、船管资源还是教育资源，都不能在集团层面进行统一使用。三是船员船管的规模效应无法体现。比如集运、散运、物流、重工等整合，直接目的都是为了体现规模效应，资源分散在各家公司，规模效应就无从谈起。无论船员、船管还是教育资源，要真正做到围绕航运主业发展，与打造一流航运企业目标相配套，都必须规模化。四是船员用工制度未能有效统一，有的存在一定风险。未来集团需要资源高度统一协调发展，为此船员船管必须建立统一规范、市场化的制度。五是培训教育资源作用有限。每家公司都建立了庞大的教育中心，但相互之间没有很好地相互学习借鉴，资源重复建设也造成了浪费。六是由于分散管理，安全管理的标准化始终不能统一。各家都有一套安全管理的体系，都有好的经验，但不能形成集团强有力、各个船型都能使用、可以大大促进安全管理水平的统一标准。七是多头的劳务外派现状，形成不了市场影响力和品牌形象。因此需要高度集中、统一管理，形成资源平台，强化船员队伍建设，为航运主业做强做大形成支撑。总体上，船员船管整合需要我们高度统一思想、认识存在的问题，目标一致、坚定不移地推进改革。

要始终坚定改革目标。这次船员船管整合的目标是“三提高一降低”。通过改革提高船员素质，提高船舶管理水平，提高船员到手收入，降低船员和船管成本。我们要坚定不移地发展壮大航运事业，而且要成为世界一流的航运企业，就必须建立先进的船员、船舶管理体制，建立与之相匹配的高素质船员队伍。关于降成本，挖潜的能力是非常大的。有些船员不愿意上船，但关系仍然在集团，集团替他支付“七金”，还给他发基本工资，这些人在外面或者开了出租车，或者开了小店铺，这样的人为数不少。其实也很简单，不想上船就别上船，但是劳动关系不能再挂在这里了。一人一年的成本要好几万元，这些成本全是企业支付的。对想上船的保证有船上，而且要提高收入。我们这次改革机会非常好，船员所得税的减免国家有可能要通过了，这对我们改革是非常有利的。

要认真搞好顶层设计。未来，要以中海国际为主，作为全集团统一管理、配置船员的平台，提高规模效益、管理效益、工作效率，提高船员队伍竞争力。船舶管理要充分讨论，听取各家意见，是进行统一管理还是分散在各地区管理，要进行利弊分析，认真研究做出方案报集团决定，总体目标是使船舶管理能够发挥资源优势。在人员安置过程中，一定要以人为本、做细做好。以集团整合为例，制定了到退休年龄五年之内可以提前退休，有偿解除劳动合同等举措，可以借鉴。集团的岗位很多，还有很多方法可以进行人员安置。同时，对外劳务外派业务也要统一起来。

第七，切实加强干部教育培训，以提高干部人才能力素质为抓手提升集团核心竞争软实力。干部教育培训是打造世界一流航运企业的先导性、基础性、战略性工程。“十年树木，百年树人”，集团未来能否实现全球领先的目标，取决于我们现在的人才培育工作做得怎么样。因此，各级单位要把干部教育培训作为事关全局、事关发展的一项紧迫要务来认识、来把握，作为培育核心竞争力的基础工程来谋划、来推进。

高起点筹办企业大学。GE 公司早在 1956 年就建立了美国第一个企业大学——克劳顿村，被誉为“美国企业界的哈佛”“企业高级领导人才制造工厂”，这是 GE 成为百年老店、长盛不衰的秘笈之一。现在很多世界 500 强的企业都组建了企业大学，我们不是为了赶时髦，而是自身发展的迫切需要。当前，集团教育资源高度分散，共有 11 家培训机构，重复建设、低端培训的问题比较突出，远远不能满足集团改革发展对培训高素质人才的需求，整合教育资源、打造统一的培训平台势在必行。下一步，集团要剥离企业办社会职能，退出学历教育，对现有教育资源进行整合，建立一流的中远海运大学。企业大学不是简单的挂牌，而是要发挥在战略落地、文化传播、人才培养等方面的重要作用，努力使企业大学成为集团创新思想的发源地、引领变革的实践地、品牌文化的宣传阵地，高端人才的培育基地，真正能为组织的进步、业务的增长、行业的发展做出贡献。

突出抓好领导力培训。企业大学要坚决停办学历教育，把工作重点从一般的技术、专业培训转移到对集团管理干部及后备队伍的培训上来，着力加强领导力的培训和开发。未来 3 年，企业大学要对现有的集团干部管理全部轮训一遍，这是集团应对严峻形势任务、深化改革发展做出的一项重大的制度性安排。领导力培训不是“蜻蜓点水式”的短期培训，而是有包括脱产在内的长期培训；不是“碎片式”的零散培训，而是要科学设计干部学习地图和成长路径，建立覆盖各层级干部的教育培训体系。集团计划利用 3 年时间，开展“启航、续航、远航、领航”等系列领导力培训项目，培养各层级管理骨干和后备人员，形成合理的干部梯队结构。在以往的培训中，少数同志以“任务重、走不开”为理由不参加培训，每一名干部要懂得“磨刀不误砍柴工”的道理，越是重要岗位、关键岗位的干部越要加强培训。在这方面要形成制度，要把干部教育培训纳入党建工作责任制考核，把干部学习培训纳入年度考核，把学习成效作为干部选拔任用重要依据，形成重视教育、鼓励学习的氛围。

着力研究解决实际问题。学习的目的全在于应用，我们不能为培训而搞培训，而要以推动集团改革发展为目的，提升学习实效。在学习培训过程中，我们除了聘请部分知名专家教授讲课外，更应注重集团内部工作实践的学习与分享，集团的重大经营管理活动、重要改革发展项目就是最好的教材，集团的各级领导和各业务板块的专家就是最好的老师，这些同志拥有丰富的管理经验、出色的业务能力，在探索商业模式、把握市场变化、洞察客户需求等方面都有自己的独到见解，他们积累的知识和经验，既是个人资本，也是中远海运非常宝贵的资源。要让这些智慧资本在集团内部传递、流动，带动更多员工成为优秀的人才。在这里，我倡导各级领导都要以到企业大学讲课为荣，各级干部都要到企业大学学习为荣，通过团队学习、相互研讨、相互交流，就能碰撞出思想火花，在解决很多实际难题的同时，提升个人能力，进而提升整个团队的能力。

第八，各级干部要敢于担当，自觉成为改革发展、价值创造的排头兵和领头羊。去年，集团相继完成了 8 个核心业务板块和 10 个海外区域公司领导班子的调整组建工作，3 月，组建了新的财务公司领导班子。作为集团改革重组后首任二级单位的领导，我们既是历史的见证者、改革的推进者，也是未来的缔造者。没有比首任更高的荣誉，没有比首责更大的责任。未来的成功就在于我们各级领导能否奋发有为、敢于担当，能否按照集团的要求把改革的每项工作都能够落到实处。

形成敢于担当的导向。担当不是挂在嘴边的一句口号，而要看处理大事难事的实际行动。轻轻松松的事不需要担当，一点风险都没有也不叫担当。当前，集团改革发展进入深水区、攻坚期，各种矛盾问题充满风险和挑战，敢于担当就是要攻坚克难、较真碰硬，这正是考验党性觉悟的关键时刻，需要我们各级干部既当改革促进派、又当改革实干家。比如，在船员管理体制改革、建立退出机制等涉及人员利益的藩篱面前，要敢于动奶酪。现在，一些干部面对错误言论和不良现象不去批评反而同情，面对歪风邪气不敢斗争，充当老好人，处处和稀泥，这种现象要引起各级党组织的高度重视。敢于担当就是要在大是大非面前敢于亮剑、矛盾面前敢于迎难而上、危机面前敢于挺身而出、失误面前敢于承担责任、歪风邪气敢于坚决斗争。

完善干部选拔考核机制。选拔、考察干部重点看担当，要把敢于担当作为选人用人的重要导向，贯穿干部选拔任用工作的全过程和各方面。要注重选用那些在重大是非面前敢于坚持原则的人，选用那些在困难矛盾面前敢于担责负责的人，选用那些解决问题有思路有办法的人，选用那些开拓局面卓有成效的人。要完善干部考核制度，建立末位考核调整机制。通过全覆盖的考核，切实把那些群众认可度低、精神缺钙、业绩乏善可陈、碌碌无为的干部，该撤换的及时撤换，该调整的及时调整，切实让那些有锐气、勇作为、敢担当的干部得到重用，让那些不想事、不作为、不担当的人受到警醒。

完善纠错容错机制。这是我在多个会议和场合都强调的问题。领导干部敢于担当，必然触动一些人的“奶酪”，讲一些得罪人的话，做一些得罪人的事，由此有可能受到误解和非议。他们可能在民主测评中分数不是太高，工作中也会有这样那样的失误，如果处理不当，我们的“领头羊”可能成为失误的“替罪羊”。这个时候，如果组织上不撑腰，谁还会做敢于担当的人，谁还敢做需要担当的事？各级组织要挺身而出，按照习近平总书记“三个区分开来”[①]的要求，实事求是地为敢于担当的干部说公道话，旗帜鲜明地支持担当者、鼓励担当者、保护担当者，为那些敢于担当的干部撑腰鼓劲，使敢于担当成为各级干部的自觉追求，使勇担当、敢作为在干部队伍中蔚然成风。

方向已经明确，蓝图已经绘就。我们要认真贯彻落实中央关于深化人才发展体制机制改革的精神，按照集团“十三五”人才发展规划的部署，采取各种有效措施，深入挖掘人才潜力，充分激发人才活力，不断提升人才队伍整体水平，为打造全球领先的综合性物流供应链服务集团提供坚强的人才支撑和不竭动力。

① “三个区分开来”，即“要把干部在推进改革中因缺乏经验、先行先试出现的失误和错误，同明知故犯的违纪违法行为区分开来；把上级尚无明确限制的探索性试验中的失误和错误，同上级明令禁止后依然我行我素的违纪违法行为区分开来；把为推动发展的无意过失，同为谋取私利的违纪违法行为区分开来”。出自《在省部级主要领导干部学习贯彻党的十八届五中全会精神专题研讨班上的讲话》，《人民日报》，2016年05月10日03版。

在中国远洋海运集团党组中心组（扩大）集体学习暨“两优一先”表彰大会上的讲话

中国远洋海运集团党组书记、董事长　许立荣

2017 年 6 月 30 日

同志们：

在建党 96 周年纪念日即将来临之际，我们举办集团“两优一先”表彰大会，回顾峥嵘历史，展望美好未来。对于我们进一步统一思想、深化改革，凝心聚力、提质增效，振奋精神、完成目标任务具有重要意义。首先，我代表集团党组向全系统广大党员致以节日的问候和崇高的敬意！

刚才，我们隆重表彰了集团 2016—2017 年度先进基层党组织、优秀共产党员、优秀党务工作者，我代表集团党组对受到表彰的先进集体和个人表示热烈的祝贺！希望各级党组织、广大党员学习先进、创先争优，为深化改革、提质增效作出新的更大贡献！

同志们！2016—2017 年度是集团改革重组、提质增效的关键时期，我们认真贯彻落实党中央、国务院的决策部署，全面推进改革重组、提质增效和党建各项工作，取得了具有历史意义的改革发展成果。

一年来，我们继往开来，成功推进改革重组。在国家实施海洋强国战略、“一带一路”倡议和区域发展战略的大背景下，在实现中华民族伟大复兴的进程中，我们坚持战略引领、深改快改，先后完成集团总部及集装箱、散货、能源、物流、港口、金融、重工七大核心板块重组，其他板块重组今年也将全面完成。中国远洋海运集团的成立和发展，进一步巩固了我国在世界航运业中的领先地位，成为平衡东西方航运格局的重要力量，承载梦想的航运巨舰在新的历史起点上破浪前行。

一年来，我们开拓进取，战略引领全球发展。我们创新企业发展战略，着力打造“6+1”产业集群，牵头组建全球领先的集装箱运输海洋联盟，国际话语权和影响力显著提升。我们分别和上海、广州等 6 个省（区、市），以及 30 多家跨国企业签订战略合作协议，成功收购上海港、青岛港、新加坡港和西班牙Noatum港口公司等的股权，希腊比雷埃夫斯港成为“一带一路”倡议的重要支点。我们推进航运金融产业发展，建立金融发展平台，成立自保公司，开拓了中远海运事业发展的新领域。

一年来，我们攻坚克难，提质增效成果显著。我们深入贯彻落实新发展理念，全面推进供给侧结构性改革，调整优化船队结构、产业结构、客户结构、市场结构，全力以赴打赢提质增效攻坚战，在航运市场极度低迷的严峻形势下，今年 1–5 月份，实现利润 77 亿元，航运主业全面盈利，扭转了国际金融危机以来的不利局面。

一年来，我们改革创新，激发活力推动发展。我们创新集团管控模式，实行“小总部、大事业”，推进管理变革，提高运行效率；我们规范董事会建设，完善授权管理，提高现代企业公司治理水平；我们压减管理层级，缩短管理链条，提高风险防范和市场应变能力；我们深化干部人事制度改革，推行职业经理人制度和员工持股试点，激发企业内生动力。

一年来，我们高举旗帜，加强党建导航护航。我们认真学习贯彻党的十八届六中全会和全国国有企业党的建设工作会议精神，增强“四个意识”，在改革重组中坚持党的领导，加强党的建设。我们深入开展“两学一做”学习教育，继承发扬“支

部建在船上”的优良传统，认真落实全面从严治党各项要求，积极践行“四个一”理念，着力打造“钻石团队”，各级党委的政治核心作用、党支部的战斗堡垒作用和党员先锋模范作用充分发挥，涌现出一大批先进典型。

集团改革发展取得的重大成果，是党中央、国务院亲切关怀的结果。是广大党员和全体干部员工共同努力的结果。在此，我代表集团党组向广大党员和干部员工表示衷心的感谢！

梦想引领未来，实干创造辉煌。党的十八大以来，以习近平同志为核心的党中央统筹推进“五位一体”总体布局和协调推进“四个全面”战略布局，开辟了治国理政新境界，开创了中国特色社会主义事业新局面，实现了党和国家事业的继往开来。现在，我们中华民族比历史上任何时期都更接近伟大复兴的目标，比历史上任何时期都更有信心、有能力实现这个目标。我们中远海运人也比历史上任何时期都更接近建设世界一流企业的梦想。在新的历史起点上，我们要倍加珍惜来之不易的改革重组成果，倍加珍惜前所未有的发展机遇，倍加珍惜成长发展的广阔舞台，牢记使命、同舟共济、奋勇前行，为打造“6+1”产业集群，建设世界一流的综合物流供应链服务企业而努力奋斗。

——牢记使命、同舟共济、奋勇前行，就是要责无旁贷地把国有企业的使命记在心间，把责任扛在肩上。我们要牢记国有企业是中国特色社会主义的重要物质基础和政治基础，是我们党执政兴国的重要支柱和依靠力量的光荣使命。要牢记作为国家航运骨干企业，为海洋强国战略、“一带一路”倡议、区域发展战略等贡献力量的光荣使命，把中华民族伟大复兴的中国梦与远洋海运梦结合起来，深入推进供给侧结构性改革，着力打造“6+1”产业集群，凝心聚力建设世界一流企业，忠诚履行国有企业的经济责任、政治责任和社会责任。

——牢记使命、同舟共济、奋勇前行，就是要毫不动摇地坚持党的领导，加强党的建设。我们要深入贯彻落实党的十八大和十八届历次全会精神、全国国有企业党的建设工作会议精神，增强“四个意识”，认真落实全面从严治党主体责任，深入推进“两学一做”学习教育常态化制度化，牢固树立党的一切工作到支部的鲜明导向，继承和发扬“支部建在船上”的党建优良传统，抓纲务本，铸魂强基。我们要深入贯彻落实“中央企业党建工作落实年”各项要求，以责任制为抓手，落实党建各项任务。全力推动党建工作在党的十九大前取得明显提升和实质性加强，为改革发展提供坚强政治保证。

——牢记使命、同舟共济、奋勇前行，就是要广泛深入地践行“四个一”理念，促进文化融合。文化融合是根本的融合，文化融合贵在心灵认同。由航运起步的中远海运人有着同舟共济的天然情怀，有着守望相助的切身体会。中远海运人最懂融合、最讲协同、最会团结。在未来的征程上，我们要深入践行“四个一”理念，进一步促进文化融合。以共同的梦想感召人，以共同的目标激励人，以共同的文化凝聚人。党员领导干部要带头“谋融合之计，讲融合之话，做融合之事”。广大党员要带头把促进融合作为一种自觉、一种纪律、一种习惯。广大干部员工要相互关爱、相互学习，相互欣赏，同心同德推进我们光辉的事业。

——牢记使命、同舟共济、奋勇前行，就是要积极主动地做合格党员，发挥党员的先锋模范作用。一个党员一面旗。选择成为中国共产党党员就选择了高尚的人生追求，作为党员就要为党的事业争做更大的贡献。广大党员要深入学习党章党规和习近平总书记系列重要讲话精神，增强“四个意识”，做“讲政治、有信念，讲规矩、有纪律，讲道德、有品行，讲奉献、有作为”的合格党员，在深化改革、提质增效中讲党性、顾大局、做表率，把党员的先进性体现在本职工作中，在平常时候看得出来，关键时刻站得出来，危急关头豁得出来，以过硬的本领创造价值，以榜样的力量感召群众。

——牢记使命、同舟共济、奋勇前行，就是要信心满怀地推进创业、创新、创效，创造一流的业绩。功崇惟志，业广惟勤。我们要以创业为追求，发扬“务实、协调、融合、高效、智慧”

的“钻石团队”精神，深化改革、优化布局、调整结构，积极稳妥完成重组整合任务。我们要以创新为动力，与时俱进创新体制机制、创新商业模式、创新企业管理，提升企业核心竞争力。我们要以创效为目标，攻坚克难、奋力拼搏，打赢提质增效攻坚战，确保航运主业全面扭亏为盈，确保完成 2017 年目标任务，创造无愧于时代的优异业绩，在日新月异的变革时代勇立潮头。

同志们！乘风破浪正当时，砥砺奋进著华章。今年下半年我们党将召开十九次全国代表大会，这是全党全国各族人民政治生活中的一件大事，将为中国特色社会主义事业绘就新的蓝图。让我们进一步振奋精神，加倍努力，聚精会神抓党建，一心一意谋发展，以优异的成绩迎接党的十九大胜利召开！

在集团党组中心组（扩大）学习会暨十九大精神培训班动员会上的讲话

中国远洋海运集团党组书记、董事长　许立荣

2017 年 11 月 23 日

同志们：

今天集团举行党组中心组（扩大）集体学习暨集团首期学习党的十九大精神专题干部培训班开班仪式。刚才，中央党校曹立教授重点就构建现代经济体系，对十九大报告作了很好的专题辅导，对于我们深入学习领会党的十九大精神，特别是结合企业改革发展实际，思考谋划好明年和未来一段时间集团的各项工作有重要的指导意义。希望大家结合实际，认真学习领会。

全面深入学习贯彻党的十九大精神，是集团当前首要政治任务。集团党组高度重视，多次研究部署。10 月 27 日上午，集团近 3000 人视频参加了国务院国资委党委召开的党的十九大精神传达学习动员部署视频会议。会后，随即召开了集团党的十九大精神传达学习大会。集团第 22、24 次党组会专题研究部署学习贯彻党的十九大精神工作；11 月 7 日，集团党组印发了《关于深入学习宣传贯彻党的十九大精神的通知》，党组纪检组、工会、团委也相继发文，对本系统学习贯彻党的十九大精神工作作出安排。集团海内外各单位结合实际、精心组织，通过中心组学习、研讨交流、专题辅导、举办培训班、竞赛答题、征文、撰写理论文章等多种形式把党的十九大精神和中央要求下基层、上船舶，在全集团迅速兴起了学习宣传贯彻的热潮。国务院国资委、上海市有关简报介绍了集团学习贯彻党的十九大精神的做法和成效。11 月 20 日集团第 24 次党组会，对全集团深入学习贯彻党的十九大精神作出了进一步安排部署。集团党组成员近期将深入境内外基层单位进行党的十九大精神宣讲，同时，按照中央关于“各级党委要突出抓好县处级以上领导干部学习”的要求，将在上海、北京、广州举办 5 期学习贯彻党的十九大精神专题干部培训班。

学习贯彻党的十九大精神是全面深入、持续学习的过程，结合中心组学习和集团专题干部培训班开班，我对下一步学习贯彻党的十九大精神工作再强调三点意见：

一、突出重点，全面深入学习领会党的十九大精神

党的十九大是在全面建成小康社会决胜阶段、中国特色社会主义进入新时代的关键时期召开的一次十分重要的大会。学习贯彻党的十九大精神，既要整体把握、全面系统，又要突出重点、抓住关键，深刻学习领会党的十九大精神实质和核心要求。

一是深刻学习领会党的十九大的主题。不忘初心、牢记使命，这是党的十九大的主题，明确回答了我们党在新时代举什么旗、走什么路、以什么样的精神状态、担负什么样的历史使命、实现什么样的奋斗目标的重大问题。中国共产党人的初心和使命，就是为中国人民谋幸福，为中华民族谋复兴。这个初心和使命是激励中国共产党人不断前进的根本动力。中国特色社会主义是改革开放以来党的全部理论和实践的主题，在未来的征程上，要高举中国特色社会主义伟大旗帜，更加自觉地增强道路自信、理论自信、制度自信、文化自信，确保党和国家事业始终沿着正确方向胜利前进。作为中央直接管理的国有大型企业，我们要不忘初心、牢记使命、担当作为，为建设

社会主义现代化强国贡献力量。

二是深刻学习领会习近平新时代中国特色社会主义思想的历史地位和丰富内涵。习近平新时代中国特色社会主义思想，从理论和实践结合上系统回答了新时代坚持和发展什么样的中国特色社会主义、怎样坚持和发展中国特色社会主义这个重大时代课题，回答了新时代坚持和发展中国特色社会主义的总目标、总任务、总体布局、战略布局和发展方向、发展方式、发展动力、战略步骤、外部条件、政治保证等基本问题，党的十九大报告用“八个明确”概括了这一思想的主要内容，并概括为“十四个坚持”。习近平新时代中国特色社会主义思想已写入了党章，实现了党的指导思想的又一次与时俱进。我们要更加自觉地学习习近平新时代中国特色社会主义思想，始终用科学理论武装头脑，强基固本，自觉落实好党中央、国务院对国企国资改革的重大部署，推动企业做强做优做大。

三是深刻学习领会党的十八大以来党和国家事业发生的历史性变革。党的十八大以来的5年，是党和国家发展进程中极不平凡的5年。以习近平同志为核心的党中央科学把握当今世界和当代中国发展大势，顺应实践要求和人民愿望，举旗定向、运筹帷幄，统揽伟大斗争、伟大工程、伟大事业、伟大梦想，统筹推进“五位一体”总体布局、协调推进“四个全面”战略布局，以巨大的政治勇气和强烈的责任担当，提出一系列新理念、新思想、新战略，出台一系列重大方针政策，推出一系列重大举措，推进一系列重大工作，解决了许多长期想解决而没有解决的难题，办成了许多过去想办而没有办成的大事，推动党和国家事业发生历史性变革。集团5年来的成就也是全方位的、开创性的，特别是经过改革重组，为集团今后的发展奠定了重要基础，我们要抓住机遇，乘势而上，推动集团实现新的发展。

四是深刻学习领会中国特色社会主义进入了新时代。中国特色社会主义进入了新时代，这是我国发展新的历史方位。意味着近代以来久经磨难的中华民族迎来了从站起来、富起来到强起来的伟大飞跃，迎来了实现中华民族伟大复兴的光明前景；意味着科学社会主义在21世纪的中国焕发出强大生机活力，在世界上高高举起了中国特色社会主义伟大旗帜；意味着中国特色社会主义道路、理论、制度、文化不断发展，拓展了发展中国家走向现代化的途径，给世界上那些既希望加快发展又希望保持自身独立性的国家和民族提供了全新选择，为解决人类问题贡献了中国智慧和中国方案。集团的改革重组，既为中央企业改革重组提供了“中远海运样本”，也实现了四个“世界第一”和多个“世界前列”，财富500强的排名大幅靠前，在国际航运界的地位作用、影响力大大提升。

五是深刻学习领会我国社会主要矛盾的变化。中国特色社会主义进入新时代，我国社会主要矛盾已经转化为人民日益增长的美好生活需要和不平衡不充分的发展之间的矛盾。我国社会主要矛盾的变化是关系全局的历史性变化，对党和国家工作提出了许多新要求。要在继续推动发展的基础上，着力解决好发展不平衡不充分问题，大力提升发展质量和效益，更好满足人民在经济、政治、文化、社会、生态等方面日益增长的需要，更好推动人的全面发展、社会全面进步。我们要坚持以人为本，全心全意依靠职工群众办企业，实现企业与职工群众同步发展，打造有温度、有幸福感、有凝聚力的现代企业。

六是深刻领会新时代中国共产党的历史使命。实现中华民族伟大复兴是近代以来中华民族最伟大的梦想。今天，我们比历史上任何时期都更接近、更有信心和能力实现中华民族伟大复兴的目标。伟大斗争、伟大工程、伟大事业、伟大梦想，紧密联系、相互贯通、相互作用，其中起决定性作用的是党的建设新的伟大工程。建设伟大工程，要结合伟大斗争、伟大事业、伟大梦想的实践来进行，确保党始终走在时代前列、始终成为全国人民的主心骨、始终成为坚强领导核心。我们中央企业党的建设是伟大工程重要组成部分，是党在经济领域的重要阵地，要以政治建设为统领，从严从实管党治党，不断强“根”固“魂”，为建设伟大工程作表率当先锋，努力成为践行习近平新时代中国特色社会主义思想的坚强堡垒。

七是深刻领会实现第一个百年奋斗目标和向第二个百年奋斗目标进军。党的十九大对第二个百年奋斗目标进行了战略规划，将全面建设社会主义现代化国家的新征程分为两个阶段来安排。第一个阶段，从二〇二〇年到二〇三五年，在全面建成小康社会的基础上，再奋斗十五年，基本实现社会主义现代化。第二个阶段，从二〇三五年到本世纪中叶，在基本实现现代化的基础上，再奋斗十五年，把我国建成富强民主文明和谐美丽的社会主义现代化强国。从全面建成小康社会到基本实现现代化，再到全面建成社会主义现代化强国，是新时代中国特色社会主义发展的战略安排。我们要保持各项战略的连续性和前瞻性，持续推进世界一流企业建设，为实现“两个一百年”奋斗目标和中华民族伟大复兴的中国梦作出应有的贡献。

八是深刻学习领会党的十九大对我国经济社会发展的重大战略部署。在经济建设上，要贯彻新发展理念，建设现代化经济体系，以供给侧结构性改革为主线，推动经济发展质量变革、效率变革、动力变革，不断增强我国经济创新力和竞争力。在政治建设上，要坚持党的领导、人民当家作主、依法治国有机统一，健全人民当家作主制度体系，发展社会主义民主政治，推进社会主义民主政治制度化、规范化、程序化。在文化建设上，要坚定文化自信，推动社会主义文化繁荣兴盛，牢牢掌握意识形态工作领导权，培育和践行社会主义核心价值观。在社会建设上，要提高保障和改善民生水平，不断满足人民日益增长的美好生活需要，让改革发展成果更多更公平惠及全体人民。在生态文明建设上，要践行绿水青山就是金山银山的理念，加快生态文明体制改革，形成节约资源和保护环境的空间格局、产业结构、生产方式、生活方式，建设美丽中国。我们要按照“四个全面”的战略布局和“五位一体”的总体布局，落实好新发展理念，全面履行中央企业的政治责任、经济责任和社会责任。

九是深刻领会坚定不移全面从严治党的重大部署。要坚持和加强党的全面领导，坚持党要管党、全面从严治党，以加强党的长期执政能力建设、先进性和纯洁性建设为主线，以党的政治建设为统领，以坚定理想信念宗旨为根基，以调动全党积极性、主动性、创造性为着力点，全面推进党的政治建设、思想建设、组织建设、作风建设、纪律建设，把制度建设贯穿其中，深入推进反腐败斗争，不断提高党的建设质量，把党建设成为始终走在时代前列、人民衷心拥护、勇于自我革命、经得起各种风浪考验、朝气蓬勃的马克思主义执政党。全面从严治党，是党的十八大以来我们党治国理政最鲜明的特征和最大的工作亮点。我们要全面贯彻落实新时代党的建设总要求，发挥集团党建工作的光荣传统，严字当头，在新形势下不断加强和改进党的建设，为企业稳定健康发展提供坚强保证。

二、以党的十九大精神为指引，坚定不移把集团做强做优做大

学习宣传贯彻党的十九大精神，要始终保持只争朝夕、时不我待的精神状态，聚精会神抓落实，立足集团改革发展、党的建设的实际，真正把学习党的十九大精神成果转化为谋发展、抓改革、促创新的强大动力，把党的十九大精神落实到企业党建和生产经营发展各方面，体现到圆满完成今年任务指标和谋划安排好明年工作之中，推动集团做强做优做大。

一是学出方向，全面加强党的领导、党的建设，为集团改革发展提供坚强的政治保证。各级党组织要准确把握党的十九大对坚持党的领导、加强党的建设、全面从严治党的最新要求，持续推动企业党建工作取得新的实效。要对照党的十九大精神和新党章对集团现有党建规章制度进行修改完善，进一步提高党建制度的时效性和针对性。深入认真贯彻全国国有企业党的建设工作会议精神和国务院国资委党委专项督查反馈意见，持续推进党建进章程、党组织换届选举重点任务的落实。最近，中共中央组织部、财政部、国务院国资委党委、国家税务总局 4 部委下发了《关于国有企业党组织工作经费问题的通知》，集团党组已经转发，请各单位结合实际认真贯彻

落实。要将加强党建工作和企业文化建设结合起来，切实抓好集团《企业文化核心价值理念纲要》的宣传贯彻工作，不断加强企业文化软实力建设。

二是学出目标，全力打造全球领先的综合物流供应链服务集团，推动企业健康可持续发展。全面贯彻新发展理念，既立足当前、又着眼长远，努力实现集团健康可持续发展。要以深化供给侧结构性改革为主线，优化产业结构、船队结构、资产结构，实现国有资产保值增值。落实好“三去一降一补”任务，同时做好减法和加法，减得坚决，减出效益、减出成效，瞄准转型升级和企业创新，加出活力、加出质量，坚决打赢瘦身健体提质增效攻坚战。要把握全力创效、合力创业、大力创新的总体要求，弘扬创新精神，向创新要动力、要活力、要实力，为实现基业长青打下坚实基础。

三是学出智慧，坚定不移推动改革向纵深突破，狠抓改革落地见效。把改革重任扛在肩上、落到实处，切实推动改革不断取得新的成效。要加快推进船员船管体制改革、信息化资源整合、教育资源整合等；深入推进三项制度改革，加快建立市场化选人用人机制，充分调动广大干部职工干事创业积极性；积极发展混合所有制经济，放大国有资本功能，不断提高资源配置效率和经济活力，不断释放改革红利，不断提升企业竞争力，实现企业健康可持续发展。

四是学出眼光，巩固和发展“一带一路”成果，不断完善和优化全球战略布局。要把“一带一路”建设带来的新需求，作为集团业务拓展的重要着力点和主要突破口。进一步完善“一带一路”网络布局，充分研究沿线各国的贸易增长和投资需求，加快在关键节点、区域市场、新兴市场的布局，重点集中在码头、物流园区、仓储、堆场、铁路等重要基础设施上。进一步发挥希腊比雷埃夫斯港引领作用，推进“一带一路”区域的重点投资项目，协同经营好和中欧陆海快线的一体化发展。继续推进东方海外收购等重点项目，确保按照既定时间表完成。借助“一带一路”倡议，继续利用好金砖国家工商理事会、博鳌亚洲论坛等平台，全面提升企业国际影响力，不断增强在国际航运市场中的话语权。

五是学出干劲，全力抓好四季度工作，积极谋划明年工作。要将学习贯彻党的十九大精神与奋力做好四季度工作、冲刺全年目标结合起来，与做好 2017 年的各项收尾工作和 2018 年开局工作结合起来。要增强紧迫感，抢抓四季度，不折不扣完成全年任务目标。要做好安全工作，切实做好冬季防风防冻和安全航行工作，为集团深化改革、加快发展奠定安全基础。集团将于 12 月初召开工作务虚会，总结今年工作，谋划明年战略重点、经营方向，增强各项工作的连续性和前瞻性，并组织参观嘉兴红船，重温入党誓词，不忘初心，砥砺前行，形成拼搏进取的强大动力。

三、结合实际，进一步抓好党的十九大精神的贯彻落实

一是领导干部要带头学习贯彻。各级领导干部先学一步、学深一层、学实一点，原原本本学原文要原原本本、原汁原味研读原文，学问结合，多思多想，联系实际、力求融会贯通。从现在起到明年初，将在集团范围内开展党的十九大精神宣讲活动，各位领导干部要做“实干家”，也要做“宣传家”，结合分管领域、分管单位进行宣讲辅导，注重深入基层、支部、船舶进行宣讲，在学习贯彻上发挥模范表率作用。

二是开展各类培训。紧密结合党中央即将开展的“不忘初心、牢记使命”主题教育，面向集团全体党员开展多形式、分层次、全覆盖的全员培训，组织广大党员干部认真学习党的十九大精神。各级党委理论学习中心组要把学习党的十九大精神作为重点内容，认真开展学习研讨。各党支部小串讲、课题小讨论、体会小交流、疑难小答疑、理论小考核、专题小辨析等多种形式，组织党员进行学习交流。分层分级组织开展集中轮训，各单位要着力抓好本单位中层以上领导干部、基层党组织书记和船舶政委的学习培训。

三是加强宣传引导。充分用好内部新媒体平台，搭建网络通道，开展网上宣讲和交流。要着力增强宣讲的针对性、生动性、思想性，联系职工学习需求和企业工作实际，把党的十九大精神

讲清楚、讲明白，让广大职工深刻领会、主动落实。利用内部报刊、官网官微和新媒体平台，大力宣传党的十九大的重大意义和重要内涵，宣传各单位学习贯彻的具体举措和实际行动，反映基层干部群众学习贯彻的典型事迹和良好风貌，唱响主旋律、振奋精气神。

四是认真组织理论研究。集团党组理论学习中心组将以学习贯彻党的十九大精神为主题，精心选题，认真组织，推出一批有价值、有深度、有分量的研究成果和理论文章。各级党组织要把学习党的十九大精神作为理论学习中心组学习的核心内容，把学习贯彻党的十九大精神作为政研会重大研究课题，积极撰写学习体会和理论文章。提倡领导干部带头写文章、亲自写文章，这也是学习思考和提升的过程。要切实加强理论研究，推出一批有价值、有分量的创新研究成果和理论文章。

五是创新方式方法。要探索和创新学习宣传贯彻党的十九大的方式方法，用职工群众乐于参与、便于参与的方式创造性地开展工作，提升针对性和有效性。要通过选树学习宣传贯彻的先进基层党组织和先进个人，充分发挥典型的示范引领作用。组织开展党的十九大精神主题知识答题、演讲征文、成就展览等多种活动，做到有声有色有气势、出新出彩出成果。

同志们！全面深入学习党的十九大精神，是当前和今后一个时期的重要任务。在年内各项工作任务繁重情况下，集团党组安排大家进行两天的脱产学习，并专门安排时间进行交流研讨。课程安排比较紧凑，希望大家沉下心来，认真钻研、深入思考，做到学习工作两不误、两促进，同时要在学习上发挥表率作用，在本单位营造良好的学习氛围，真正把学习贯彻党的十九大精神成果转化为推动集团改革发展和党建工作的强大动力！

筑牢党建思想政治工作“生命线”以优异成绩迎接党的十九大胜利召开

——在集团党建思想政治工作研究会成立大会暨一届一次会员大会上的讲话

中国远洋海运集团党组书记、董事长　许立荣

2017 年 9 月 27 日

同志们：

今天，我们在革命圣地延安召开集团党建思想政治工作研究会成立大会暨一届一次会议，具有非常重要的意义。

巍巍宝塔山，滔滔延河水。在这里，红军结束二万五千里长征后落脚生根；在这里，毛泽东等老一辈无产阶级革命家运筹帷幄、决胜千里，领导和打赢了中国的抗日战争和解放战争，奠定了中华人民共和国的坚固基石。这里又是习近平总书记治国理政新理念的摇篮。

从 1935 年到 1948 年，以毛泽东为代表的老一辈无产阶级革命家艰苦奋斗 13 个春秋，他们以坚定不移的崇高信念和勇于开拓的创业实践，使延安成为中国革命的大本营和武装斗争的统帅部，并在拯救民族危亡和争取人民解放的血与火的斗争中创造了辉煌业绩，培育和铸造了中华民族的振兴奋进之魂——延安精神。延安精神的灵魂是坚定正确的政治方向，延安精神的精髓是解放思想、实事求是，延安精神的本质是全心全意为人民服务，延安精神的重要特征是自力更生、艰苦奋斗。延安精神也是“四个自信”的基础。

继承和弘扬伟大的延安精神，吸收和借鉴我们党在延安时期积累的宝贵经验，对于集团在新形势下加强和改进党建思想政治工作，进一步团结带领集团 13 万干部员工投身改革发展、走向世界一流具有非常重要的意义。

今天上午的会，内容非常丰富。家康同志代表集团党组作了全面细致的工作报告，回顾总结了一年多来集团思想政治工作的成果，同时从五个方面对下一步工作提出了部署和要求。7 家单位的代表先后做了思想政治工作的经验交流，都非常有特色，从发挥国有企业党建独特优势、廉洁风险防控、通过 4C 模式打造“钻石团队”、“党建 +”提升党建价值、以改革思维推进“两学一做”、职业经理人制度探索、船舶政委队伍建设等不同角度，简洁凝练地分享了他们的研究成果，既有理论性，又有实践性，讲得非常好。另外还有近 100 篇优秀成果编印成册。我觉得今天虽然政研会刚刚成立，但是这一两年我们的党建研究硕果累累。下面，我就结合大家讲的，再讲三个方面的意见。

一、充分认识加强和改进思想政治工作的重要意义

思想政治工作是我们党的最大特色、最大优势，是党的全部工作的生命线。在革命时期、社会主义建设时期和改革开放时期，我们党始终把思想政治工作摆在重要位置，组织、动员、教育、激励广大干部群众为实现党的任务目标而不懈奋斗。党的十八大以来，以习近平同志为核心的党中央高度重视，采取一系列有力举措全面深入推进思想政治工作。就中远海运集团实际情况来看，思想政治工作在提高干部职工素质能力、推动集团改革发展、维护和谐稳定方面发挥着不可替代的重要作用。

加强和改进思想政治工作是深入贯彻落实习近平总书记系列重要讲话精神、加强党的建设的具体体现。在全国国有企业党的建设工作会议

上，习近平总书记强调，“要把思想政治工作作为企业党组织一项经常性、基础性工作来抓，把解决思想问题同解决实际问题结合起来，既讲道理，又办实事，多做得人心、暖人心、稳人心的工作”①。我们必须从讲政治、顾大局的高度，认真学习领会习近平总书记重要讲话精神，以深入开展“两学一做”学习教育常态化制度化和巡视整改为重要契机，不断加强和改进思想政治工作，增强做好思想政治工作的责任感和使命感，为集团改革发展提供思想保证和精神支撑。

加强和改进思想政治工作是凝心聚力、拼搏创效的迫切要求。思想政治工作最核心的要求是围绕中心、服务大局，为企业经营生产服务，保驾护航。集团成立一年多来，取得了丰硕的改革成果，重组规模效应基本显现，整体的经济效益、提质增效工作令人瞩目。最难能可贵的是航运板块全部实现扭亏，原来盈利的继续实现增长，这一点是非常值得自豪的。今年以来，市场总体趋势稳中向好，但依然起伏跌宕，能取得这样的成绩，源自我们高举“四个一”旗帜，上下同欲，同心同德，拼搏市场，使规模化、协同性充分得以体现，源自思想政治工作核心作用的发挥。新形势下，我们要进一步加强和改进思想政治工作，把广大干部职工的思想和行动统一到集团决策和部署上来，增强干部职工攻坚克难、拼搏创效的信心和力量，不断激发和调动干部职工的积极性、主动性、创造性，形成凝心聚力、比学赶超的正能量。

加强和改进思想政治工作是顺应改革、维护稳定的客观需要。集团成立以来，集运、散运、能源、重工、特运、港口、物流七大重要业务板块相继完成重组，而且运营特别顺利，效果特别明显。整个重组，看似过程非常简单、非常平稳，实际上这种成功的整合包含着思想政治工作巨大的付出，包含着各级领导班子的志同道合、团结协作，包含着各级党组织、党务工作人员的心血和努力。今年的改革任务也非常重，财务公司、信息公司、散运股权调整、船贸整合、教育资源整合、船舶管理体制改革、船员体制改革、地区公司未来发展定位等，都在积极推进。我们要继续做好思想政治工作，把握好个人利益与企业利益、集团全局利益之间的平衡，把思想政治工作做到心坎儿上，引导大家正确认识和对待改革，消除认识上的“疑点”，解开思想上的“疙瘩”，为企业改革发展稳定保驾护航。

二、承优创新，准确把握新形势下思想政治工作的新情况新特点

中远海运集团源于中远和中海。两家企业都是历史悠久、积淀深厚的中央企业，在长期工作实践中积累了大量宝贵的经验，形成了思想政治工作的优良传统和优秀的企业文化。刚才播放的集团《企业文化核心价值理念纲要》宣传片，对集团文化纲要进行了诠释和解读。纲要虽然没有最终定稿，但基本反映了集团深厚的文化底蕴，核心就是“同舟共济”的航海精神。大家可以继续提提意见，把核心理念进一步提炼，真正让文化传承历史、对接未来，引领我们实现伟大的梦想。

我们始终坚持“支部建在船上”，构筑起了浮动国土上的生命线。中远、中海最初都是航运企业。几十年来，无论形势怎么变化，改革怎么深化，两家集团都始终坚持“支部建在船上”的传统不动摇，船舶配备政委的制度不改变，船舶思想政治工作“生命线”地位不削弱，使每一块“浮动的国土”上都飘扬着鲜红的党旗。随着集团产业多元化，我们发扬优良传统，把支部建在项目上、建在班组上，业务发展到哪里，党组织就建在哪里，思想政治工作就做到哪里，确保了企业航向不偏移。

我们始终坚持发展依靠职工，凝聚起了强大正能量。回顾集团改革发展历史，中远先后经历了集中经营、分散管理，集中经营、集中管理两次重大改革；中海则由广州、上海、大连三大海

① 《习近平在全国国有企业党的建设工作会议上强调　坚持党对国有企业的领导不动摇　开创国有企业党的建设新局面》，《人民日报》，2016年10月12日01版。

运局和劳务公司重组整合而成。集团每一次改革都困难重重，但我们相信广大干部职工、依靠广大干部职工，把思想政治工作做到职工心里，最大限度地寻求共识，凝聚力量，最终使每一次改革都引领了一个阶段的快速发展。

我们始终坚持求真务实，艰苦奋斗，形成了良好的企业作风。“艰难困苦，玉汝于成”，红军带着这样的信念走完了二万五千里长征来到延安。中远海运创业维艰，原中远、中海最初都是从几艘老旧船起家，历经1997年的东南亚金融危机、2008年的全球金融危机，航运市场跌至谷底。大家可以回想我们是怎么一步步经受磨炼、渡过难关的，没有这样的信念，没有求真务实、艰苦奋斗的作风，我们不可能取得今天的成就。

这些经验和传统启示我们：

思想政治工作必须坚持党的领导——要把党的建设贯穿始终，坚定正确的政治方向，增强“四个意识”，筑牢我们的“根”和“魂”。

思想政治工作必须坚持以人为本——要与解决职工群众的实际问题相结合，切实维护职工群众的利益，寻求企业发展和职工发展的最大公约数。

思想政治工作必须坚持分类指导——针对不同地区不同产业实际情况，分别提出不同要求，不断提高工作的针对性和实效性。

思想政治工作必须坚持与时俱进——分析新形势，解决新问题，应对新挑战，在继承中发扬，在创新中发展。

思想政治工作要求领导干部作风过硬——戒奢以俭，居安思危，以优良作风赢得大家的信任，以优良作风引领职工攻坚克难、干事创业。

集团改革重组以来，我们特别注重传承弘扬这些好的传统和作风，下一步工作中，更应该吸收借鉴这些宝贵的经验和规律，立足做深、做实、做细、做精，把抓好思想政治工作作为推动集团改革重组、提质增效的重要保障和有力支撑。

一是要立足做深，推动改革重组向纵深突破。改革重组期间，集团党组坚持“四同步”“四对接”，系统思考、全面谋划加强和改进党建思想政治工作的思路措施，坚持重大事项及时向员工通报，使广大员工全面认识、深刻理解改革重组；坚持重要问题充分听取员工心声，原两大集团总部职代会均全票通过新集团总部改革方案和员工安置方案；坚持重点对象主动汇报沟通，最大限度地凝聚了方方面面的力量；重要时点强化舆论引导，形成了支持改革、理解改革、拥护改革、共推改革的良好氛围。

二是要立足做实，践行“四个一”引领发展实践。集团改革重组以来，“四个一”理念成为统一思想、凝聚力量、引领改革的文化旗帜。集团以及涉及重组的各单位，千方百计为异地工作的员工解决食宿、就医、子女入学、落户等实际困难，得到了大家的拥护和支持。集团注重发挥典型示范作用，隆重表彰“钻石团队”，引领干部职工崇尚先进、学习先进、争当先进。各单位按照集团党组部署要求，树品牌、抓典型，党建思想政治工作开展得有声有色。中远海运集运围绕“特色党支部建设”，中远海运特运围绕“党建示范工程”和“书记项目”，以点带面，引领示范；中远海运物流、船研所以创建全国文明单位为抓手，深化精神文明建设；中远海运发展围绕建立职业经理人制度做好思想政治工作，确保职工观念的转变；中远海运散运、中远海运能源、中远海运重工以改革重组为契机，积极推动文化融合、文化落地。思想政治工作发挥了提振精气神、凝聚正能量的积极作用，呈现积极健康向上的发展态势。融合不是一件简单的事情，也不是短时期就能全面实现和看到效果的，是一个持之以恒的过程，只有思想、感情上真正融合，才能做到战无不胜。促进融合是思想政治工作重要的内容，我们只有不断加强，彻底推倒心中的“柏林墙”，才能在改革重组的道路上走得更好、更快、更远。

三是要立足做精，打造精品力作提振发展士气。我们要善于提炼文化、宣传文化，在重组过程中，涌现出了很多可歌可泣的事和人，每个故事的背后，都有值得我们弘扬的文化，都有值得我们思想政治工作大力挖掘的精髓，关键看我们能不能讲好故事，提升我们13万职工的士气。集团成立以来，我们在全球的影响力不断加大，除了我们的规模和协同效应产生巨大的作用之外，我们的宣传和文化传播发挥了重要作用。我们的《中国远洋海运报》、《中国远洋海运》月刊、公众微信号等各种宣传平台立足正面宣传，鼓舞了士气。集团启动了文化展厅建设，着手《中远海运发展史》的编纂工作，在全系统征集企业之歌，连续制作推出《We Are Ready》等多部宣传片，开展了一系列职工文体活动，对外树立了良好的形象，对内凝聚了坚定的信心。集团“2·18”成立大会、向全球发布集团新的形象识别系统、首航扩建后的巴拿马运河、在集装箱运输和港口方面的一系列收购、积极参加重要国际组织的重要会议，这些大事、要事接连不断地刷爆微信朋友圈，进一步扩大了集团社会知名度和影响力，凝聚了广大干部职工干事创业的强大正能量。

四是立足做细，聚焦基层一线凝聚发展正能量。创新活力来自基层，平凡岗位蕴含能量。集团隆重表彰劳动模范、先进个人，在《中国远洋海运报》开辟专栏，大力宣传他们爱岗敬业、创新进取的动人故事。围绕改革重组、提质增效、“一带一路”、迎接十九大等主题，策划开展了一系列宣传活动，深入挖掘基层一线干部职工立足岗位、创新创效的感人故事，集团退休职工王颂汤入围第五届“全国道德模范”候选人、获评2016年度全国学雷锋志愿服务“最美志愿者”，这些都进一步提振了信心，鼓舞了士气，丰富了文化。

成绩只能代表过去。我们要清醒地看到，当前，思想政治工作面对的形势环境更加复杂。

一是干部职工思想观念多元化。随着改革逐渐深入，干部职工思想活动的独立性、选择性、差异性、多变性越发明显，如何在多元多样中坚定主心骨，汇聚正能量，任务艰巨而繁重。

二是现实利益错综复杂。改革越深入，触及矛盾和问题就越多，现在干部职工的民主意识、维权意识、利益意识日益增强，如何深刻把握和妥善回应干部职工的利益诉求，做到因势利导，需要我们做大量艰苦细致的工作。

三是信息技术迅猛发展。当前，网络已经成为人们日常工作生活中接受信息、沟通联系的主要渠道，传统的工作手段显得被动和滞后，跟不上信息网络时代的变化节奏，如何不断创新突破，实现网上网下的有效结合，增强工作针对性实效性，是必须抓紧破解的一道难题。

同时还要认识到，我们自身的工作也存在一些问题。

一是责任意识不够强烈。一些党组织和主要负责同志对思想政治工作没有给予足够的重视，只满足于表层的要求，缺乏实质性的举措，日常工作中不热心、不走心，处理矛盾问题不用心、缺耐心。

二是围绕中心不够紧密。少数领导干部不善于把思想政治工作同中心工作、实际工作很好地结合起来，存在开展党建思想政治工作和解决改革发展问题“两条线”“两张皮”的现象，使思想政治工作脱节于中心工作、游离于生产经营，发挥不出实实在在的效果。

三是联系职工不够深入。为职工解决实际问题是党建思想政治工作的根本目标，少数领导干部忽略了这一根本，不能够设身处地为职工考虑冷暖安危，不能够亲力亲为为职工解决根本利益。特别是一些苗头性的问题，本来是小事，但早期不能够敏锐发现、加以重视、施以举措，日积月累长期得不到化解，很容易发酵、扩大。一些员工在本单位解决不了诉求，到集团缠访、闹访，变成大麻烦，造成我们工作上的被动，就是早期的思想政治工作没有做到位。

四是工作作风不够务实。领导干部的作风直接影响思想政治工作的成效。我们还有少数干部依然存在官僚主义，喜欢高高在上、独断专行，脱离群众、缺乏调研，对上级要求不能深入贯彻，敷衍塞责，“上有政策，下有对策”；对职工群众喜欢当“官老爷”，与基层职工面对面沟通少、交流少、解决实际问题少。群众不认可，思想政治工作也无从谈起。

五是工作方法不够创新。思想政治工作是一门科学，是一种智慧，体现在与时俱进，表现在润物无声。我们有些同志还跟不上新形势新任务的要求，不研究规律性，不讲求方法论，习惯于传统的“我讲你听”、单向灌输，满足于开大会、发文件、搞活动，缺乏新思路、新载体、新手段，结果做了大量“无用功”，员工思想状况依然是“老面孔”。

这些问题，有的是多年积累的老问题，有的是在我们改革重组过程中出现的新问题；有的是受外部市场环境以及受体制机制影响造成的，有的是由于我们自身原因以及部分领导干部在思想认识方面不足造成的。这些问题严重影响和削弱了思想政治工作的有效开展，需要下大力气解决。

三、积极发挥思想政治工作“生命线”的优势和作用，为深化改革保驾护航

面对新的形势和任务，思想政治工作只能加强、不能削弱，只能改进提高、不能停滞不前。要充分认识做好思想政治工作的重要性，承优创新、继往开来，准确把握新形势下思想政治工作的新情况新特点，不断开创思想政治工作新局面，让思想政治工作既成为集团深化改革、推动发展的“冲锋号”，又成为集团化解风险、维护稳定的“压舱石”。

一要落实主体责任，学好《党委会的工作方法》，改善领导方法和工作方法。

习近平总书记在中央政治局会议上曾经要求各级领导同志要学好毛泽东同志的《党委会的工作方法》。

抓思想政治工作要讲究方法。毛泽东同志的《党委会的工作方法》一文，就是一篇对领导方法和工作方法的系统化论述。这篇文章我们以前学习过，在这里我请大家结合思想政治工作，再深入学习研究。

首先要抓好班子的思想政治工作。毛主席指出，“书记、副书记如果不注意向自己的‘一班人’作宣传工作和组织工作，不善于处理自己和委员之间的关系，不去研究怎样把会议开好，就很难把这‘一班人’指挥好”[①]。各单位的书记只有做好班子成员的思想政治工作，把班子团结起来，经常交流、互相理解、互相支持，建立“共同语言”，才能带好队伍干成事。

要坚持问题导向。毛主席指出，“要把问题摆到桌面上来”[②]。要摆到桌面加强研究、加以解决，而不是搪塞敷衍，绕着矛盾和问题走。

要坚持基层导向。毛主席指出，“不懂得和不了解的东西要问下级，不要轻易表示赞成或反对”[③]。这就告诉我们，领导干部要身下心下，要善于倾听基层的诉求，要善于吸收基层的智慧。

要掌握落实工作的方法。毛主席指出，“党委对主要工作不但一定要‘抓’，而且一定要‘抓紧’”[④]。什么东西只有抓得很紧，毫不放松，才能抓住。抓而不紧，等于不抓。伸着巴掌，什么也抓不住。当前，集团改革发展已经进入深水区、攻坚期，改革能不能顺利推进，能不能取得实效，就看各位书记以及各单位领导班子成员，能不能担当尽责、真抓实干，对集团的部署要求能不能做到抓紧办、抓紧干。

我们还要把马克思主义哲学作为看家本领，认真学习研究毛泽东同志的《矛盾论》《实践论》等经典著作。我们做的是思想工作，马克思列宁主义、毛泽东思想是我们一切工作的思想来源。我们要通过学习，真正把握基本思想和基本规律，提高领导艺术和工作方法，把我们的责任落实好，把我们的工作做扎实。

二要聚焦中心大局，以有效的思想政治工作推动集团“创业创效创新”主旋律。

思想政治工作一定要围绕中心、融入大局，围绕企业核心生产力的解放和提高，围绕企业改革发展效益的提高来开展，才能取得成效。从来没有一个企业改革不行、发展不行、效益不行，而思想政治工作、党建工作、反腐倡廉工作就能抓得好的，这是不可能的。思想政治工作检验的标准就是看企业是不是得到了发展，企业效益和职工满意度是不是得到了提升。

要找准思想政治工作的切入点。从中心工作的关键环节着手，寻求思想政治工作和中心工作

---

①、② 《毛泽东选集》第四卷，人民出版社2006年版，第1440页。
③ 《毛泽东选集》第四卷，人民出版社2006年版，第1441页。
④ 《毛泽东选集》第四卷，人民出版社2006年版，第1442页。

的结合点，实现思想政治工作的有效融入。在年中工作会上我已经强调，全力创效、合力创业、大力创新，是我们做好下半年及今后工作的理念和总体要求。全力创效，就是全力打好提质增效攻坚战；合力创业，就是要同舟共济，把大家的精气神聚合起来，把我们的企业建设成世界一流的航运企业；大力创新，就是向创新要动力、要活力，推进各项管理创新、模式创新、科技创新。思想政治工作要围绕这个大局，像研究市场形势一样研究思想政治工作的规律，像研究提质增效一样研究思想政治工作的办法，充分发挥党纪工团合力，多做组织群众、宣传群众、教育群众、引导群众的工作，多做统一思想、凝聚人心、化解矛盾、增进感情、激发动力的工作，真正把党建思想政治工作融入中心工作中去。

要加大对发展中存在问题的研究。针对集团党建和深化改革中原有和新增的问题，要花大力气研究，要重点聚焦基层党的领导、党的建设弱化、淡化、虚化、边缘化的问题，聚焦从严治党压力从集团到基层层层递减，存在上热、中温、下冷的问题，聚焦党建领导体制完善的问题，聚焦选人用人体系建设和“三项制度”改革深化的问题，聚焦党风廉政建设责任制的问题，聚焦全球化发展战略下海外党建路径和跨文化管理的问题，聚焦企业文化核心价值理念真正落地，融入战略、融入制度、融入员工行为的问题，等等。各级党组织要把研究解决这些问题作为工作的重中之重，结合实际，选准课题，集中攻关。找到科学方法，拿出切实举措，真正做到把方向、管大局、保落实。

三要密切联系群众，以人为本，强化融合，真正为职工排忧解难，激发企业凝聚力。

思想政治工作是做人的工作，就必须盯着职工群众去做工作。搞一百次无效的工作，不如为职工做一件实事，反过来，职工的利益没有落实，做多少思想政治工作也弥补不了。为职工群众解难题、谋利益，怎么做都不过分。我们党无论在革命战争年代，还是在和平建设时期，始终坚持群众路线，同人民群众结成了密不可分的“鱼水关系”。延安时期，边区精兵简政，开展大生产运动，使得经济发展、民生改善，人民群众发自内心地歌颂党，唱出了《东方红》《绣金匾》。我们的改革，也必须建立在得民心、顺民意、让职工受益的基础上，否则就是一厢情愿、困难重重。

要坚持以人为本，把解决好职工群众的实际问题作为开展思想政治工作的重要前提，真正为职工做好事、解难事、办实事，让大家自觉自愿地和我们同甘共苦、共同发展。

要坚持“从群众中来，到群众中去”。我们所有的干部成长的过程都是一个“从群众中来”的过程，当了领导干部千万不要忘本，要继续“到群众中去”，这样才能真正接地气，了解职工的愿望，定出发展的目标，提出解决矛盾的方案。

要深入推进团队融合、文化融合。坚持“四个一”理念，认真宣贯集团核心价值理念体系，引领干部职工心往一处想、劲往一处使，互相学习、取长补短，真正实现思想上共识、感情上共融、工作上共进，为集团发展壮大创造一个稳定和谐的良好氛围。

四要强化作风建设，以求真务实的干部作风带动思想政治工作有效开展。

作风建设永远在路上。作风建设是党的建设的重要组成部分，领导干部的作风形象是职工心中的镜子，是做好思想政治工作的关键因素。领导干部作风的好与坏、优与劣决定了职工群众对我们的满意度、信任度，决定了他们干事创业的精气神。

今天我们汇聚在延安，延安精神是老一辈革命先行者在延安极其艰苦的环境下体现出来的工作作风的结晶，对于我们加强作风建设具有十分重要的指导意义。延安时期，广泛开展批评与自我批评，有效地净化了党风，及时纠正了问题；延安时期，干部职工是一种“鱼水关系”，同吃同做同劳动，充分依靠人民，获取了坚强的战斗力；延安时期，毛主席创造性地开展了整风运动，树立了理论和实际相统一的作风，诞生了实事求是的思想路线，保证了党的正确路线的贯彻执行。我们要从延安精神中汲取理想信念的力量、追求真理的力量、人民至上的力量、矢志奋斗的力量，在延安精神中深化作风修养。

要坚持真抓实干的作风。艰苦奋斗的实干精神是延安精神的主要内容，也是“中国梦”实现道路上的路标导向，更是一名领导干部必备的政治品质和能力水平。集团成立以来，在战略上一路推进势如破竹，经济效益上达到了预期目标，这就是真抓实干的结果。从航运业历史规律和集团二次创业的历史方位来看，我们踏上了新的航程、新的长征，距离世界一流的目标仍然有距离，实现海洋强国梦依然需要付出艰苦努力，要推动企业持续发展、基业长青，更加离不开真抓实干。要把真抓实干作为一种精神支撑、一种事业准则，长期坚持、同舟共济。

要坚持团结民主的作风。各企业党政主要负责人要善于团结班子、善于集思广益，摒弃独断专行、“一言堂”的作风，要充分发扬民主，凝聚班子智慧，进行正确决策。

要坚持联系群众的作风。延安时期，我们党把“为人民服务”写入党章，形成了“只见公仆不见官”的生动局面。后来的革命实践充分证明，民心所向即是力量所在。我们大力推进各项改革，要坚持密切联系职工，从职工需求中找到工作的方向和重点，充分调动职工群众的积极性、创造性，要始终坚持把职工利益放在第一位。

要坚持严守纪律的作风。增强“四个意识”，从讲政治、讲纪律的高度，带头执行、带头落实集团各类部署，感染和带动职工群众见贤思齐、上行下效。

五要立足政治高度，以全面细致的思想政治工作落实好十九大期间有关部署要求。

党的十九大马上就要召开，迎接党的十九大召开、学习贯彻党的十九大精神，是当前和今后一个时期最大的政治任务。中央和国务院国资委党委都已经作了部署，集团也连续召开两次党组会，对落实部署做出了安排。

要深入学习领会习近平总书记“7·26”重要讲话精神，把宣传贯彻讲话精神作为重要政治任务和当前首要工作，深入宣传以习近平同志为核心的党中央治国理政的新理念新思想新战略，为迎接党的十九大营造良好舆论氛围。

要认真贯彻落实郝鹏书记在中央企业近期重点工作部署视频会议上的讲话精神，扎实做好安全生产、信访维稳和宣传舆论工作，为党的十九大顺利召开营造良好氛围。要围绕全员动员、全神贯注、全力以赴，抓重点、抓关键、抓薄弱环节，始终牢牢绷紧安全这根弦，进一步强化红线意识、责任意识和风险意识，以最坚决的工作态度，采取最严格的防控措施，确保不发生重特大生产安全事故；加大信访维稳风险排查处置力度，把问题想在前面、把工作做在前面，确保不发生群体性上访事件；加强舆情监测监控，大力营造团结奋进的浓厚氛围，确保不发生重大舆情事件。要提前谋划，精心部署，早做准备，确保党的十九大召开后在全集团迅速兴起学习宣传贯彻的热潮。要紧紧围绕党的十九大提出的新理念新思想新战略，结合集团实际，开展理论研究；要组织专家学者解读宣传党的十九大精神，积极组织开展学习贯彻党的十九大精神各类培训，确保党的十九大精神在集团不折不扣贯彻落实。

同志们！思想政治工作永远在路上。我们要认真学习贯彻习近平总书记系列重要讲话精神，把迎接党的十九大、学习宣传贯彻党的十九大精神作为当前和今后一个时期最重要的政治任务，积极进取、开拓创新，不断提升党建思想政治工作水平，为打造全球领先的综合性物流供应链服务集团提供坚强的思想保证和精神支撑。

引领全球航运：新时代航运央企的新作为

中国远洋海运集团党组书记、董事长　许立荣

党的十九大报告是一篇闪耀着马克思主义真理光芒的纲领性文献，是我们党迈进新时代、开启新征程、续写新篇章的政治宣言和行动指南。党的十九大报告提出的新时代、新思想、新征程等一系列论述，对国企改革与发展必然带来重大影响并引起深刻变化。在新的历史方位下，中国远洋海运集团应牢记新的使命，明确新的定位，做实践习近平总书记治党、治国、治企新思想的主力军，做建设世界一流、引领全球航运、推进交通强国的先锋队。

新使命：新时代交通强国的先锋队

党的十九大报告指出："中国特色社会主义进入了新时代，这是我国发展新的历史方位。"这个新时代，是决胜全面建成小康社会、全面建设社会主义现代化强国的时代，是奋力实现中华民族伟大复兴中国梦的时代。这标志着我们从"新时期中国特色社会主义"进入了"新时代中国特色社会主义"。从"新时期"走向"新时代"，这是中国特色社会主义事业一个巨大的历史跨越。新时代核心是现代化强国、民族复兴。现代化强国是对世界这个空间来说的，民族复兴是对中华民族五千年的历史时间来说的，这是百年未有之大变局。

在党的十九大报告中还首次提出"交通强国"的要求。如果说，交通强国是新时代建设现代化强国的重要组成部分，那么，海运强国则是交通强国的重要组成部分。长期以来，海运业承担了我国 90% 以上的外贸货物运输量，对国民经济安全运行具有不可替代的重要作用。尤其是在我国原油对外依存度超过 60%、铁矿石对外依存度超过 80% 的情况下，海运业的重要性更为突出，现已成为关系到国家安全和国民经济命脉的不可或缺的战略性服务产业。党的十八大以来，海运强国建设进展迅速，国民对海洋和海运的认识不断深入，在海运船队结构优化、航运企业战略重组效应、海运业国际影响力等方面均有很大提升，海运业的整体竞争实力进一步增强。2016 年，我国船队综合运力 1.59 亿载重吨，在全球位居第三。不过，与中国作为世界第一大贸易国的地位比较，与提升国民经济和国家安全保障能力的要求比较，我们的海运强国建设依然在路上。例如，我国商船队的规模和质量仍需进一步提高，我们的外贸"国货"依然有近 80% 依靠外籍船承运；我国港口集装箱吞吐量在全球占比已超过 30%，但我们的集装箱船队规模在全球占比却不到 10%。因此可以说，大力加强海运强国建设，既是提升我国航运业综合实力、确保我国经济健康安全发展的关键，也是新时代决胜"两个一百年"、实现中国梦的重要方面。

国企强，则国家强。航运央企强，则国家海运强，国家交通强。新时代到来，中国国有企业依然是中国特色社会主义的支柱，是推进中国进入这个历史新时代的强大推动力。中远海运集团是中国最大的航运央企，同时也是世界最大的航运企业集团，我们的角色和地位，决定我们在中国特色社会主义新时代，必须积极推动国家海运健康发展，积极投入交通强国与海洋强国建设，这是我们义不容辞的责任和义务，是我们的天然使命。而如何在新时代更好地担负起交通强国、海运强国的历史使命，如何为党的十九大报告提出的"两个一百年"奋斗目标、为中华民族复兴作出新的更大的贡献，这是摆在我们面前的重大问题，需要及时作出回答。为此，我们必须深刻理解新时代的新特点、新要求，深刻认识承担新时代历史使命之重要与光荣，学习好、落实好党中央对国企改革与发展的新部署。

2016年2月18日，中国远洋海运集团在上海挂牌运营。甫一成立，集团就将承载国家使命作为改革发展的价值归宿，将发挥交通强国、海运强国的先锋队作用作为自身的基本定位。近两年来，集团围绕“十三五”发展规划确立了“6+1”产业框架体系，在经营规模和竞争能力上，实现了“5个世界第一、6个全球领先”。近年来，尽管受到国际航运市场震荡低迷的严峻挑战，但依靠改革重组的协同效应、产业结构的不断优化，以及广大员工的奋力拼搏，集团依然取得了经济效益稳步上升的好成绩。今年前9个月，集团利润总额154亿元，同比增长15.7%。在2017年世界500强最新排名中，中远海运集团列至366位，与2016年的排位相比上升99位。在福布斯发布的全球最受信赖公司2000强榜中，中远海运集团排名第104位，且成为全球唯一上榜的航运企业，在中国最值得信赖企业中排名第一。

在新的历史方位中，中远海运还需进一步牢记新时代的国家使命，把实现“两个一百年”奋斗目标、实现交通强国梦与海运强国梦作为企业发展的立足点。海运业从来就不是一般的竞争性服务业，而是关系国家安全与国民经济命脉的保障性、战略性产业。历史上崛起的大国，从500年前的葡萄牙、西班牙，到所谓的“日不落帝国”英国，再到今天的美国，它们的崛起均有一个共同特点，即不断提升自己的海洋控制能力，注重发挥海运的经济安全与国防的双重保障作用。为此，中远海运集团必须站在新时代、新方位的高度，真正承担起交通强国与海运强国先锋队的历史使命，真正发挥国家经济建设、国家经济安全的重要保障作用，积极打造现代化商船队，积极打造现代物流供应链，进一步开拓国际化业务，切实履行国家经济、政治、社会“三大责任”；应更加紧密地团结在以习近平同志为核心的党中央周围，按照既定战略目标加强和改进集团各项工作，进一步提升国际竞争力，以时不我待、只争朝夕的精神，与全党全国人民一道，奋力谱写实现“两个一百年”奋斗目标、无愧于新时代的辉煌篇章。

新定位：新格局下全球航运业的引领者

党的十九大报告指出，中国特色社会主义新时代，是“我国日益走近世界舞台中央、不断为人类作出更大贡献”的时代。今天，中国正前所未有地走近世界舞台的中央，前所未有地成为世界关注的中心，这不是作为一个繁华但地理隔绝的古老帝国，也不是积贫积弱而被迫开放国门的过气王朝，而是一个阔步走在民族复兴之路上的现代中国。随着中国日益走近世界舞台中央，中国理念、中国智慧、中国方案、中国机遇也日益受到全球关注。中国故事，为世界上其他国家谋求发展提供借鉴，为各国共同发展提供启示。以党的十九大为起点，中国与世界的互动将呈现崭新气象。在中国共产党领导下，中国实践将在国际舞台上展现更大影响力、感召力、塑造力，在人类文明进步、和平发展的大潮中展现更大作为。目前，西方世界对中国的政治体制、发展方式正刮目相看。我们想办的事情能办成，在全球影响力越来越大，这更加坚定了我们的“四个自信”，即中国特色社会主义道路自信、理论自信、制度自信、文化自信；我们有充分的自信为自己的道路、理论、制度和文化大声喝彩。

当前世界正处于大发展大变革大调整时期，世界多极化、经济全球化、社会信息化、文化多样化不断呈现，全球治理体系和国际秩序变革加速推进。在这样的背景下，我们对参与全球经济建设、促进世界贸易和投资的自由化、便利化，更加自信，更有底气。新时代全方位经济转折业已出现，并将延续几十年。大工业向智能工业走得很快，中国和美国工业竞争能力不断接近。中国目前具有全球最完备的工业体系，其工业产值已经大幅超过日本和德国，与美国规模相当。中国国家竞争力与综合实力的提升，主要来自众多中国企业国际竞争力与综合实力的提升，其中，培养一批具有强劲国际竞争力的大企业大集团尤为关键。因此，我们急需打造一批在国际资源配置中能够逐步占据主导地位的领军企业，在全球行业发展中起到引领作用。

现在，对于我国国有企业特别是外向型大型央企，遇到千载难逢的好机遇。如何积极地运用世界眼光、战略思维，不断加快“走出去”步伐，不断增强企业在全球的竞争能力；如何引领所在国际行业的健康发展，与我们国家走近全球舞台中心的宏大背景、全新格局相匹配，这是我们在新的历史方位下必须明确的新定位。

中国日益走近世界舞台中央、不断为人类作出更大贡献将是一个持续的过程，它离不开各行各业的努力和贡献。尤其是远洋运输业，本身就是一个参与全球竞争的行业。为此，中远海运集团更应该积极把握开放型世界经济的发展规律，积极参与国际规则制定，不断增强国际航运业话语权，成为国际航运业的引领者。目前，集团的国际化经营业务已涉及全球 160 多个国家和地区，远洋航线覆盖全球 1500 多个港口，形成了以中国香港、日本、韩国、澳大利亚、东南亚、西亚、北美、南美、欧洲、非洲等区域为辐射点，以船舶航线为纽带，遍及世界各主要地区的跨国经营网络。2016 年，集团境外总资产约占集团总资产的 56.8%，总收入占集团总收入的 52.4%，利润总额占集团利润总额的 50.0%。

在未来的发展中，中远海运还应进一步发挥“全球公司”的优势，继续提升企业国际影响力与品牌形象，继续提升企业的核心竞争能力。应继续加强海外重点市场的战略性开拓，把海外事业打造成为中远海运集团经济效益增长点、客户营销着眼点、优质资产蓄水池、潜在产业孵化器；加大新兴市场、海外区域市场，以及第三国市场的开发力度；继续提升和改善海外市场特别是各关键区域中的市场份额、客户响应能力、服务网络布局；继续坚持互惠、互利、共赢原则，发挥中远海运全球网络优势和资源优势，与全球客户及合作伙伴共谋发展；继续利用好国际组织、国际论坛等平台，借助“中国走近世界舞台中心”的大背景，顺势而为、乘势而上，勇于发出我们在国际航运业的“中国声音”。

新征程：推进“一带一路”建设的主力军

在党的十九大报告中，5 次提到“一带一路”及相关内容。“一带一路”倡议对于探索全球治理新模式，维护全球自由贸易体系和开放型世界经济，整合亚欧大陆经济，实现世界经济再平衡具有重要的战略意义。在党的十九大通过的《中国共产党章程（修正案）》中，加入了推进人类命运共同体、遵循共商共建共享原则、推进“一带一路”建设的内容。当前，通过“一带一路”建设并加强“五通”，即政策沟通、设施联通、贸易畅通、资金流通和民心相通，业已逐步形成区域大合作格局，赢得了包括联合国在内越来越多的国际组织和国家的响应，改善了亚洲、非洲和欧洲很多国家的经济发展路径，推动了世界经济的增长。“一带一路”建设正逐渐从理念转化为行动，从愿景转变为现实，建设成果丰硕。

作为全球最大的综合航运物流企业，中远海运在“一带一路”建设中，依托庞大的船队运力和全球服务网络，坚持与境内外企业加强合作，实现共同发展。

一是“海上丝绸之路”的船舶运输业务。截至 2017 年年中，中远海运的集装箱班轮运输在“一带一路”沿线投入约 131 艘船舶 /120 万 TEU 运力，占集装箱总营运船队规模的 68%。除了集装箱班轮运输，集团在“一带一路”沿线的油品、干散货海运量每年大约分别在 6500 万吨和 4000 万吨。同时，集团的特种运输船队，也积极助力中国装备走出去，推动“一带一路”建设。

二是“一带一路”沿线的港口码头业务。现集团“一带一路”沿线码头共 15 个，主要涉及新加坡、比利时、荷兰、德国、希腊、西班牙等国家和地区，其中对希腊比雷埃夫斯港的投资项目，已成为中国“一带一路”建设实施的典范。党中央和国务院对希腊比港项目高度重视；在“一带一路”国际合作高峰论坛上，习近平提出，“中希双方应该着力将比雷埃夫斯港打造成地中海地区重要的集装箱中转港、海陆联运桥头堡、国际物流分拨中心，为中欧陆海快线以及‘一带一路’建设发挥重要支点作用”[①]。当前，我们正在统筹规划，加快比雷埃夫斯港重点业务协同

① 《习近平会见希腊总理齐普拉斯》，《人民日报》，2017年05月14日02版。

发展。

三是陆上“丝绸之路”的综合物流业务。在陆路上，先后开通渝深班列、蓉深班列、“连云港—哈萨克斯坦—欧洲”班列、“印度尼西亚—深圳—赣州”海铁联运通道、“西藏号”班列等近 10 条班列。在陆海通道上，大力开展“中欧陆海快线”建设；截至 9 月底，中欧陆海快线已累计完成货量 3 万 TEU，同比增长 150%，客户数量从去年的 3 家增加到 472 家。

在贯彻落实党的十九大精神中，中远海运还应按照党的十九大报告的要求，进一步积极服务“一带一路”建设，把“一带一路”建设带来的新需求，作为我们业务拓展的重要着力点和主要突破口；把“一带一路”建设带来的新机遇，转化为新的动力源和新的增长点。应进一步完善“一带一路”网络布局，为客户提供全程物流解决方案。在航线设计和船舶投入方面，充分研究沿线各国的贸易增长和投资需求，做好航线与船舶规划。在基础设施投资方面，加快在关键节点、区域市场、新兴市场的布局，重点集中在码头、物流园区、仓储、堆场、铁路等重要基础设施上。应进一步发挥希腊比港项目的带动作用，推进“一带一路”区域的重点投资项目，协同经营好比港和中欧陆海快线的一体化发展。

新愿景：打造世界一流航运物流企业的践行者

党的十八大报告对国有企业提出的要求是，加快走出去步伐，增强企业国际化经营能力，培育一批世界水平的跨国公司。而在党的十九大报告中，目标则进一步升级为“培育具有全球竞争力的世界一流企业”。从“世界水平”到“世界一流”，这是两个不同的标准，是对应由“新时期”跨入“新时代”的标准的提升与替换，它指明了国有企业特别是大型央企在新时代伟大斗争的实施途径与新的发展目标。

当前，中远海运集团正面临三个拐点：一是全球经济贸易从高速增长进入低增长、弱复苏状态；二是中国经济从高速增长期进入中高速增长期，呈现“三期叠加”的新常态；三是全球航运市场从全面繁荣期大幅跌入低谷，近期再从谷底逐步震荡反弹。三个拐点叠加，既是机遇也是挑战。如果抓住机遇，就可以在航运业大调整中弯道超越，脱颖而出，快速进入“世界一流”，成为行业翘楚。反之，如果未能抓住机遇，拐点就变成了阻碍，就变成了企业持续发展的一大障碍、一道过不去的坎，则企业就会在行业大洗牌中被淘汰。逆水行舟，拐点行路，不进则退，不优则败，不胜则亡。

如何按照党的十九大报告要求、打造“具有全球竞争力的世界一流企业”，对于大型央企而言，应该在打造世界一流硬实力与软实力上下功夫，特别是要在提升软实力上下功夫，真正达到习近平总书记提出的“促进国有资产保值增值，推动国有资本做强做优做大”①的要求。从新时代建设现代化国家、民族复兴这一背景考虑，我们应更深刻理解习近平总书记提出这一号召的意义。从国有企业的“做强做优做大”目标来讲，“大”是“强”的基础，“强”是“大”的结果；而“优”则是“大”与“强”的有机结合，是“大”与“强”的持续提升。如果按照前述的走近世界舞台中心、成为行业引领者的要求，企业必须具备“大”与“强”的实力；而要让“大”与“强”有机结合且得以持久，真正实现“世界一流”的目标，就必须在“优”字上下功夫，在发展质量上下功夫。

对于中远海运集团而言，在规模上业已实现了前述的“5 个世界第一、6 个全球领先”，在行业引领上不断有新作为。在未来发展中，中远海运要真正实现“世界一流”，还必须在做大做强的基础上，在“优”字上花大力气，下大功夫。一是进一步优化资产结构，按照“有加有减、有进有退”原则，围绕集团“6+1”产业布局，坚持集运、港口、金融、物流四个核心业务优先发展战略，做好“三去一降一补”与供给侧结构性改革的加减法。二是进一步优化船队结构，继续推进老旧船拆解和新造船投资工作，积极打造大

① 《决胜全面建成小康社会 夺取新时代中国特色社会主义伟大胜利》，《人民日报》，2017年10月28日03版。

型化、现代化、符合绿色环保、智能高效的世界一流船队。三是进一步优化经营管理，当前重点是通过加强产业链协同，释放改革重组的协同效应，进一步增强全球化协同营销，进一步健全产融结合等融合发展管控机制，进一步扩展港航、内外贸业务协同的覆盖面，让集团的工作效率递增，经济效益递增，市场竞争力递增，改革红利充分释放。四是进一步优化员工素质，把学习宣传贯彻党的十九大精神与干部员工队伍建设紧密结合起来；当前重点是加快推进“十三五”人才发展规划的落实，把培养优秀年轻干部放在突出位置，采取有效措施解决队伍年龄结构问题，加强青年干部人才培训，加强后备人才库建设，完善市场化遴选机制；按照党的十九大报告要求，确立“青年兴则国家兴、青年强则国家强”的理念，坚持做好“青年接力”，增强中远海运集团的发展后劲。

在中国特色社会主义新时代，我们要以学习贯彻党的十九大精神为契机，不忘初心、牢记使命，勇于担当，不断把中远海运集团做强做优做大，当好新时代交通强国的先锋队、“一带一路”建设的主力军，进一步发挥全球航运业引领者的优势，进一步提升我国的国际话语权和国际影响力，为实现“全球领先的综合性物流供应链服务集团”的企业愿景，为打造“具有全球竞争力的世界一流企业”而不懈努力！

（本文刊发于《中国交通报》2017 年 11 月第 6611 期）

要事特辑

要事特辑

【参加世界经济论坛2017年会】

1月17—18日，中远海运集团总经理万敏赴瑞士达沃斯参加世界经济论坛2017年年会。今年年会的主题为“领导力：应势而为、勇于担当”。国家主席习近平出席了论坛开幕式并发表了重要讲话。近50位国家元首或政府首脑及来自政治、工商、学术、媒体等各界人士约1700人出席。年会期间，万敏参加了开幕式、“全球繁荣与中国角色”分论坛、“中国与世界”招待会等活动，并在中美商业圆桌会议上，以中方企业家代表的身份发言。万敏在发言中分享了对全球经济和中美贸易的看法。他表示，健康的国际贸易体系有利于中美经济增长和两国人民的福祉，稳定的物流供应链是国际贸易持续健康发展的重要保障。中远海运集团对中美两国经济充满信心，对中美贸易的前景充满期待，愿意与更多的美国企业保持密切的沟通与合作。

（马晓静　黄奇萃）

【参加中意企业家委员会系列活动】

2月22日，中远海运集团副总经理孙家康在人民大会堂参加中意企业家委员会第四次会议暨中意经贸合作论坛。在会上，意大利经济发展部副部长伊凡·斯卡尔法罗拖致欢迎词，两国工商界代表共计450余人参加。与会嘉宾分别就“一带一路”和新丝绸之路、意中合作战略、意大利工业4.0对接中国制造2025、促进经贸的科技创新、意中合作之路、意大利和中国、携手走进西部等话题进行了沟通和交流。会后，中意企业家委员会中意双方理事还受到了国家主席习近平和意大利总统马塔雷拉的接见并合影留念。在论坛之前，副总经理孙家康还参加了中意企业家交流会，并就中远海运在意大利业务开展情况向大家做了介绍。

7月5日，中意企业家委员会秘书处组织中方理事单位在上海召开理事单位换届选举大会。会议总结了委员会2014—2017年工作，提出企委会第二届理事会工作计划。会议指出，企委会将积极配合两国领导人互访，促进两国企业界的全面交流与实践；搭建对话和会晤平台，通过市场调研、对话讨论等活动加强两国经济、金融领域的相互了解和互动；通过推动两国企业互访，企委会加强彼此了解。

11月30日，“‘一带一路’倡议：构建中意合作发展路线图会议”在意大利米兰举行，中远海运集团副总经理俞曾港全程参加会议。俞曾港在“重启古代丝绸之路：大型基础设施建设项目进展”的分组讨论中结合中远海运在意大利业务开展和投资，向与会嘉宾介绍了中远海运参与“一带一路”基础设施建设情况。意大利经济发展部国际化司司长法布里奇奥·卢森蒂尼先生、中国商务部欧洲司司长周晓燕女士分别致欢迎辞。两国工商界代表共计200余人参加了会议。

（马晓静　黄奇萃）

【组织及参加金砖工商理事会活动】

1月1日，中国正式接任金砖国家主席国。

3月1日，董事长许立荣在印度举行的金砖国家工商理事会2016—2017年度中期会议上正式接任五国理事会主席，中远海运集团成为理事会轮值主席单位。

9月3—5日，中国于福建省厦门市成功主办金砖国家领导人第九次会晤。中远海运集团于

8月31日—9月4日组织了金砖国家工商理事会年度会议系列活动，主要包括：

9月4日，组织五国工商界共126名代表在厦门参加同五国领导人的对话会。会上，许董事长代表理事会向五国领导人作汇报，五国理事会主席向领导人递交了《理事会2016—2017年度报告》。在五国领导人见证下，董事长许立荣与新开发银行行长瓦曼·卡马特一道，签署了《金砖国家工商理事会与新开发银行关于开展战略合作的谅解备忘录》。

8月31日—9月1日，在上海主办金砖国家工商理事会2017年度会议，来自中国、巴西、俄罗斯、印度、南非工商界，以及新开发银行、联合国工业发展组织等合作机构的340余名代表参加会议。

9月1日下午和9月2日上午，董事长许立荣等五国理事会领导参加与新开发银行对话会，以及新开发银行新大楼奠基仪式。

（马晓静　黄奇萃）

【世界目光再次聚焦博鳌】

以“直面全球化与自由贸易的未来”为主题的博鳌亚洲论坛2017年年会于3月23—26日在海南博鳌召开。

2017年年会是中国在2017年的第一场主场外交，也是中远海运集团成立一年后对外界展示形象的窗口。有2000多名来自世界各国的政府、商界、学术界代表和新闻媒体汇聚博鳌，世界的目光将再次聚焦博鳌。中远海运集团董事长许立荣出席了年会开幕式、中外企业家代表座谈会、博鳌亚洲论坛2017年年会咨询委员会会议等系列活动。

自2016年博鳌亚洲论坛年会结束后，作为论坛核心接待服务单位——中远海运集团即开始着手筹备2017年年会，按照“软件增光、硬件添彩”的总体要求，以年会机制化建设为总抓手，以宣传推广集团品牌形象为着力点，建立健全督查考核工作机制，狠抓环岛路等重点项目攻坚，全力以赴为中外政要做好各项接待服务准备工作，其中包括精心策划海南风情美食园和博鳌美食文化论坛，加强培训演练，美化绿化环境等。通过细化方案，明确责任，加强协作，形成合力，确保把博鳌亚洲论坛2017年年会各项工作落到实处，将本届年会办出特色，办出影响，办出水平。（王庆标　马晓静　黄奇萃）

【参加中国发展高层论坛18届年会】

3月18日，董事长许立荣在北京钓鱼台国宾馆参加由国务院发展研究中心主办，中国发展研究基金会承办的中国发展高层论坛第18届年会，并在“制造业全球布局新趋势”的分论坛环节中发表演讲。在年会期间，董事长许立荣与巴西淡水河谷总裁费慕礼等重要客户进行交流沟通，积极利用国际平台促进集团海外业务发展。

（马晓静　黄奇萃）

【参加首届“一带一路”国际高峰论坛】

5月14日，董事长许立荣、副总经理俞曾港参加首届“一带一路”国际合作高峰论坛开幕式及系列会议，副总经理黄小文做客央视演播室接受央视新闻频道采访，介绍中远海运参与“21世纪海上丝绸之路”建设的总体情况。

（马晓静　黄奇萃）

【参加中哈亚欧跨境运输视频连线活动】

6月8日，中远海运集团董事长许立荣参加了中哈亚欧跨境运输视频连线活动。国家主席习近平与哈萨克斯坦总统纳扎尔巴耶夫共同出席连线活动。仪式上，阿斯塔纳主会场先后连线中哈连云港物流合作基地和“霍尔果斯—东大门”经济特区无水港，视频分别显示两地班列作业、换装和编组场景，许董事长出席了连云港物流合作基地分会场的活动，并向国家元首进行了汇报。

中远海运集团副总经理黄小文出席了在哈萨克斯坦东门无水港分会场的活动并见证了整个活动的过程。本次活动扩大了中远海运集团在当地的品牌形象，促进了陆上“一带”与海上“一路”的无缝衔接和互联互通，为哈萨克斯坦及中亚货物打通中国东部出海口，实现“丝绸之路经济带”与“21 世纪海上丝绸之路”贸易联通提供重要的物流保障。（马晓静　黄奇萃）

【联合上港向东方海外提出收购要约】

7 月 9 日，中远海运控股股份有限公司（简称“中远海控”，股份代号：601919.SS；1919.HK），上海国际港务（集团）股份有限公司（简称“上港集团”，股份代号：600018.SS）及东方海外（国际）有限公司（简称“东方海外”，股份代号：0316.HK）联合公布，中远海控及上港集团将以每股港元 78.67 元向东方海外全体股东发出附先决条件的自愿性全面现金收购要约（简称“要约”）。要约获全数接纳且交易完成，中远海控将持有东方海外 90.1% 的股权，上港集团则持股 9.9%。要约有待先决条件的达成，包括取得所需的监管批准及中远海控股东批准。持有东方海外 68.7% 股份的控股股东已订立不可撤回的承诺，同意接受此次要约。

“十三五”时期，全球集装箱航运公司均面临严峻挑战，并催生行业深度整合浪潮，本次交易是中远海控和东方海外把握航运业发展大型化、规模化和集约化机遇，实现可持续发展的共同选择。东方海外为全球第七大集装箱航运公司，拥有现代化、高效能的集装箱船队，广泛的集装箱航线网络，以精湛的服务水平及经营管理表现在业内享有盛誉。中远海控下属中远海运集运与东方海外两家公司集装箱船队总运力合计超过 290 万 TEU（含订单），经营船队超过 400 艘；同时，航线网络布局更加完善、均衡，在全球集装箱航运业的领先地位得到加强。

交易完成后，中远海运集运和东方海外将继续以各自的品牌提供全球集装箱运输服务，充分发挥各自优势的同时，挖掘协同效应潜力，共同实现营运效率和竞争力的进一步提升，实现长期可持续增长。两家公司均为海洋联盟的成员，并将继续在该联盟框架下合作。

中远海控董事长万敏表示：“中远海控敬重东方海外的管理团队和专业能力，认同东方海外的品牌和企业文化。中远海控致力于香港国际航运中心的建设，收购完成后，公司将加大投入，强化行业领导地位，为东方海外的员工提供更广阔的发展平台。”

东方海外行政总裁董立均指出：“经过多年的辛勤耕耘，东方海外拥有了目前的业务规模和行业地位。能够实现这一成绩，我和与我共同奋斗的管理层和员工们都倍感自豪。此次公布的要约是基于发掘公司未来潜力并加强公司长期行业竞争力的慎重考虑，我们相信中远海控是延续公司成功发展的最佳伙伴。”

联合要约方承诺在交易后至少两年内继续聘用东方海外现有员工并维持现有薪酬及福利体系。除此之外，联合要约方有意保留东方海外在香港的上市地位，并将东方海外的总部及管理职能继续留在香港；中远海控将进一步发挥双方的全球网络优势，为香港的经济繁荣与国际航运中心的建设发挥作用。

东方海外董事会已成立独立董事委员会，为公司股东就要约事宜提供建议，并将委任独立财务顾问。

联合要约方的财务顾问为瑞士银行，中远海控的法律顾问为普衡律师事务所。瑞银证券是中远海控的独立财务顾问。东方海外的财务顾问为摩根大通证券（亚太）有限公司，法律顾问为司力达律师楼。（钟远海）

【参加 APEC 工商理事会】

11 月 9—10 日，中远海运集团董事长许立荣在越南岘港参加了 APEC 工商领导人峰会，并听取了国家主席习近平在会上的主旨演讲。习近平强调，“世界正处在快速变化的历史进程之中，世界经济正在发生更深层次的变化”①。习近平

①　《习近平出席亚太经合组织工商领导人峰会并发表主旨演讲　强调顺应大势，勇于担当，共同开辟亚太发展繁荣的光明未来》，《人民日报》，2017年11月11日01版。

的讲话得到了各国与会代表的一致认可。董事长许立荣同各国与会代表一起就习近平的发言进行了广泛的交流，他表示，习近平的讲话准确地把握了亚太经济的发展方向，习近平倡导的“一带一路”倡议、坚持构建开放型经济等战略为世界开设了一条新的经济增长的快速通道。中远海运集团将继续加大“一带一路”沿线国家的航线、港口网络布局，为各地区或国家的经济发展“牵线搭桥”，为继续落实国家“一带一路”倡议，建设海洋强国、交通大国战略铺砖添瓦。

（马晓静　黄奇萃）

【牵手 16 家企业发布港航博鳌宣言】

11 月 29 日，由中国远洋海运集团主办的中远海运集团暨海洋联盟 2018 年港航交流会——“打造港航命运共同体，共创港航合作新时代”论坛在海南博鳌召开。16 家境内外港口、航运企业的与会代表围绕港航合作的新形势、新模式和新路径展开深入探讨，并就进一步加强港航合作、打造港航合作命运共同体方面形成了共识，共同发布《打造港航命运共同体，共创港航合作新时代：博鳌宣言》，标志着港航合作新时代的开始。

中远海运集团董事长许立荣、上港集团董事长陈戌源、青岛港集团董事长郑明辉、宁波舟山港股份总经理宫黎明、天津港集团董事长张锐钢、广州港集团董事长蔡锦龙、大连港集团总经理徐颂、厦门港务集团董事长陈鼎瑜、营口港务集团董事长李和忠、连云港港口控股集团董事长丁锐、达飞轮船董事会主席兼首席执行官鲁道夫·萨迪（Rodolphe Saadé）、和记港口集团董事总经理叶承智、长荣海运总经理李孟杰、PSA 国际港务集团东南亚区域总裁王金榜、东方海外航运行政总裁及高级董事总经理董立均、迪拜环球港务集团首席运营官马修·利奇（Matthew Leech）等出席了会议。会议由中远海运集团董事、总经理万敏主持，中远海运集运董事总经理王海民、中远海运港口董事总经理张为出席了会议。

会上，许立荣表示，海洋联盟自运营以来服务水平明显提升，联盟信誉得到了全球客户的认同。这一切除了海洋联盟自身的努力还得益于全球港口的支持和港航合作的不断深化；2016 年中远海运在这里达成“博鳌共识”，一年来成效显著，港航合作成果不断涌现，合作关系不断深化，不仅是业务上相互合作支持，还包括更深层次的股权方面的战略合作，航运和港口的全面合作进入了新时期。2017 年，全球经济弱复苏状态仍将持续，航运市场供需矛盾依然突出，站在新时代的发展起点，港航界应携手奋进，积极响应“一带一路”倡议，进一步深化合作，拓宽合作领域。要在加强业务合作和优化服务的基础上，全面加强战略合作，共同提高市场竞争能力；要进一步加强相互之间的服务保障，高效的港口服务将为船公司赢得客户的信赖，同时也将为港口带来更大回报；要在信息化共享方面建立新的合作机制，利用大数据，精准把握客户需求，创新合作方式，提升核心竞争力；要加强物流协作，港航合作的基础在于物流，航运与港口要发挥各自的优势，加强在物流供应链上的合作，为全球客户提供端到端的综合物流解决方案，为客户创造更大价值。

与会代表畅所欲言，就 2017 年港航合作成果和体会，港航业面临的新形势、新趋势和技术发展的新方向，打造港航命运共同体，提升服务全球经济贸易发展能力，以及大数据时代下的数据流、信息流、服务流的共享共建机制等进行了深入讨论。

作为本次交流会重要成果，16 家港航企业共同发布《打造港航命运共同体，共创港航合作新时代：博鳌宣言》，重申致力于共同推动航运与相关产业重回可持续增长的轨道，推动经济全球化、贸易便利化，发挥港航业对全球贸易和经济增长的促进作用；倡导秉承务实、共赢的合作原则，构建长期稳定、平等互利、合作共赢的战略伙伴关系符合各参与方的根本利益；坚持共商、共建、共享的合作理念，持续打造具有全球影响力、开放的港航合作平台，加强交流，对接需求，形成共生共赢的可持续发展业态；鼓励探索以开放谋共赢、以融合促发展的创新合作模式，不断深化业务协同、项目联动、资产纽带等全产业链纵向合作优势和空间，不断拓展信息、人才、技术、资产、管理等横向合作领域；主张积极履行可持续发展的社会责任，广泛采用互联网、大数据、人工智能、节能减排等新技术与产品，发展绿色航运、智慧港口，发挥行业示范引领作用；呼吁欢迎业内更多的合作伙伴加入，凝心聚力、携手共进，不断拓展港航合作的深度和广度，共同谱写港航合作的新篇章。

11 月 30 日下午，“中远海运集团暨海洋联盟 2018 年港航交流会”在博鳌举行。国家口岸管理办公室、中国铁路总公司、海洋联盟成员、国际知名港口运营商和国内各省（区、市）港口集团、集装箱码头公司的代表，以及中远海运下属各港航公司的负责人出席了会议。中远海运集团副总经理黄小文、国家口岸管理办公室副主任蔡青在会上致辞。海洋联盟四方分别向与会代表介绍了“2018 年海洋联盟航线布局及产品”与各自的非联盟航线产品。中国铁路总公司货运部副主任温克学、上港集团总裁严俊、宁波舟山港股份有限公司总经理宫黎明、青岛港集团副总裁张江南、和记港口集团董事总经理叶承智、PSA 国际港务集团东南亚区域总裁王金榜、中远海运港口董事总经理张为分别作了交流发言。

当天上午，还召开了中远海运集团 2018 年航运业务研讨会。中远海运集团副总经理黄小文出席并主持会议。会上，交通运输部水运局副局长杨华雄对新形势下的航运政策、法规进行解读，渣打银行大中华区首席经济学家丁爽作了国内宏观经济与贸易形势展望报告，英国德路里航运咨询公司中国董事、首席代表韩宁对 2018 年国际航运及港口市场形势进行了分析。

会议期间，中远海运物流、中远海运发展与青岛港国际股份、青岛港金融控股分别签署战略合作协议。中远海运港口与新加坡港务集团签署了中远—新港码头新增泊位合作备忘录。

（钟远海）

【海洋联盟发布 2018 年航线产品】

自 2017 年 4 月 1 日海洋联盟正式运营，其航线产品赢得了客户充分的信赖。2017 年 12 月，海洋联盟正式发布了 2018 年航线产品。

2017 年，海洋联盟投入 331 艘船舶 / 运力 335 万 TEU，提供 41 条航线服务、593 个港到港路径。海洋联盟产品优势明显、运营高效有序，以服务快、班期稳、覆盖广、频率高的卓越品质为客户提供值得信赖的服务，为中远海运及合作伙伴赢得良好口碑。

2018 年，海洋联盟将在 2017 年的基础上继续完善与优化航线布局，共投入约 340 艘船舶，合计运力规模达 360 万 TEU，为客户提供更广、更优、更快、更稳的航线产品。海洋联盟 2018 年的航线产品包括 42 条航线服务（预计共 629 组港到港路径），其中有 20 条跨太平洋航线，包含 13 条美西航线、7 条美东及美湾航线（预计 168 组港到港路径）；6 条亚洲往返西北欧航线（预计 118 组港到港路径）；5 条亚洲往返地中海航线（预计 161 组港到港路径）；4 条跨大西洋航线（预计 78 组港到港路径）；5 条远东往返波斯湾航线（预计 61 组港到港路径）；2 条远东往返红海航线（预计 43 组港到港路径）。

2018 年海洋联盟航线产品的确定，标志着海洋联盟进入一个新时代，中远海运集运将继续致力于提供优质的服务和稳定的班期，通过更广的班期选择、更多直达服务、更快的交货期和更高效的船队，满足不同客户需求，在全球供应链中传递价值。

（吉轩）

专记

顶层设计下的文化生长

——中远散运船舶文化建设的四点做法

一直以来，中远散运注重借助文化之力来推动经营管理的大局，从文化视角进行了相关思索与实践。尤其是近年来重点推进的船舶文化建设，收到了不错成效，积累了宝贵经验。在辩证看待文化“自然生长”和“主动建设”之间关系的基础上，中远散运围绕“文化建设路径”“文化的价值”“文化故事”等主题展开了一段探索与收获之旅。

文化建设从普及认知开始

文化是什么？文化与我何干？为什么要搞船舶文化？在2012年中远散运深化推进船舶文化建设时，多数船员包括部分船舶领导被这几个问题一时困扰。也难怪，文化如空气般“重要而不可见”的属性让部分人觉得文化“空”“虚”，或者说是太“高大上”。

非也。文化其实就在我们身边，可以把它说成“氛围”或者“环境”，虽易忽视但不可或缺。如果有一天，文化氛围变了，你所感受到的“不适应感”会告诉你“文化是什么”。在继承原有文化建设成果的基础之上，中远散运考虑到远洋工作的特殊性，把船舶文化建设作为了企业文化实践的先招。

作为基础工作，中远散运首先启动了形式多样、内容丰富的文化普及与引导。2012年，为期8个月的面向普通船员的文化普及培训率先开始，针对“文化是什么”“文化和我的关系”等常识性的问题对拟派船船员进行了交流培训，让船员弟兄在上船之前就能够有意识地感知文化、体会文化。培训累计开展了31期，共有4068名船员先后参加，其中，公司自有船员全部受到了轮训。

除了文化培训，中远散运还通过上船检查、邮件指导、复盘总结等方式帮助各轮进行了特色鲜明的文化建设，尤其是专业化的复盘演绎，已成为文化提炼、精华萃取的重要工具。另外，有意识的船舶文化范围塑造也在潜移默化地进行着。公司内网及杂志上开设有“文化建设在推进”专题，会定期梳理优秀船舶文化建设的心路历程；《中远散运》杂志开设有“平凡人平凡事”策划专栏。这不，第367期杂志以《远安海轮上那些平凡人》《新柳林海轮上的那些平凡事》等数篇稿件讲述了中远散运从文化视角看到的感人故事；中远散运官微“中散在线”是文化宣贯的另一阵地，在平台栏目《干货》中，《德鲁克教你如何发掘下属的“闪光点”》《打造安全高效成长的家园》等文化成果展播及经验共享是常见内容，各轮的文化精粹以图文并茂、生动趣味的形式被推送到船岸员工的手机之中。

培训、督导、内网、杂志、微信，中远散运的船舶文化普及已形成了形式多样、功能互补的宣贯矩阵。正是通过这种高频、多径、有趣的文化内容梳理与传播，中远散运一些典型船舶的优秀文化得以清晰显现：比如秉承精益文化与人本文化，理念为“把事做透、把爱给够”的“新发海”文化；比如核心为“安全、高效、成长、家园”四重奏的“绿色北海”文化；比如鼓励船员贡献智慧，倡导“远大智慧、海纳百川”的“远智海”文化……

在不断的摸索中，中远散运对于“文化”的认知也逐渐清晰，形成了系统成熟的关于“文化”与“文化建设”的相关思考。

——文化是客观存在的。一个群体、一个组织、一艘船舶，都有自身固有的文化基因。

——文化是自然生长的。从根本上讲，文化是自然生长、自然生成的。

——文化是更需要主动建设的。文化与管理

相辅相成，既要承认文化的规律性，更要坚持人们的能动性。

文化要靠故事来传播

在职业生涯最后一个航次结束后，55岁的水手长曹玉玺拎包走下了远信海轮。走在码头上，他倏然停下了脚步，返过身来饱含深情地望着矗立岸边的巨轮，不觉间，他弯下腰去，深鞠了一躬。

夕阳映照下的码头，略显单薄的身影，连同那被赋予情感的远洋货轮，构成一幅令人无限感动的真实画面。终于还是离开了码头，坐在车上，老先生开始抽泣……

水手长曹玉玺退休离船时这个动作，触动了人们心中最柔软的地方，让人泪目。这真实的故事不正是需要我们进行讲述的吗？获此线索后，中远散运决定将受到的这份感动及时传递下去。

次日一早，微信推文《55岁老海员退休离船时的一个动作让大家泪奔》在“中散在线”新鲜出炉。通过笔者细腻的表达，“水头”老曹那令人感动的远洋情怀栩栩呈现，在“朋友圈”里掀起一阵热议，人们纷纷给“老水头”点赞，为远洋人加油。

曹玉玺的故事不大，但是以点带面，这足以反映出广大船员对于事业的热爱，对于远洋的笃诚。中远散运通过给力的故事倾诉，对船员们“爱企爱船”的文化特质进行了深情解读。故事，是传播文化的最佳载体；文化，在故事的讲述中凝练升华。

事实上，在这个碎片化时代，讲故事是一种有效的沟通方式。就像安妮特·西蒙斯在《你的团队需要一个会讲故事的人》中所说：“人们只要学会精心构思一个故事，并且将其分享出来，能让听者和读者都颇有感触的话，各种情形下的沟通都会有所改善。”

中远散运在进行船舶文化解读与渲染时很注重运用“故事”这一媒介，力争通过逼真、简洁、代入感强的故事表达来增强船员对于安全、对于工作、对于事业、对于亲情的理解，以更好地搭建起船员个人及船舶整体的文化认知体系。

——对于安全文化，他们有故事。船上安全管理，除了强化体系执行、规章制度执行等常规方法外，安全故事凭着生动鲜活、让人印象深刻的特点也能发挥助推安全生产的积极作用。中远散运进行了为期一年多的安全故事收集与整理，并于2014年编印《让安全成为习惯——中远散运安全故事百篇》一书。该书以中远散运六大安全信条为纲，精选出“海嫂的一幅画”“五分钟的疏忽”“安全更需要生根”等100余篇安全故事来诠释支撑，以船员讲述的身边故事来赋予安全信条丰富的内涵和鲜活的生命力。

——对于职业文化，他们有故事。中远散运在船员队伍建设上注重“职业、敬业、专业”等素质的培养，强化船员们应该遵循的契约意识和职业态度，树立正确的价值观。通过不断地故事收集与传播引导，船员普遍在“爱岗敬业”等职业素养上有了很大提升。比如“新盛海”轮“一块踏板做三次直到完美”的故事至今仍在弟兄们口中不断相传；比如“远智海”轮以“小班授课、互当教员”为特色的“3T”培训模式趣味满满，而又启发甚深；比如“新发海”轮三副赵进凯“用匠心打磨二氧化碳间”的故事正鼓舞着青年船员不断上进……不难看出，有了这些鲜活的事例存在，“何谓高标准，何谓精品”的答案在船员弟兄们的心中日渐清晰。

——对于亲情文化，他们有故事。故事的鲜活性，是其能发挥多少效力的终极因素，很多情节，尤其是叙写真情、亲情的真实故事最能让人心中泛起波澜。2015年春天，中远散运出品的一组包含图文、视频、微信推送等多种形式的系列报道《三岁女孩的千里探船路》带给人无限温情。该组报道以“新旺海”轮二副李凤腾的3岁女儿李梓嫣为线索，描述了她和妈妈从湖北宜昌辗转奔赴浙江舟山六横岛千里探船的故事，传递出暖心的正能量。该视频推送也成为阅读量突破10万+的作品，系统内外多家转载。

文化要发挥典型示范作用

在文化建设的推进思路上，“英雄”一词被广泛提及，这是一种实质为典型示范、标杆引领的文化建设方法论。自2007年开始，随着所属先进船舶“新盛海”轮逐步成长为系统内科学管理、人本管理的“典范”，中远散运发挥“近水楼台”效应，秉持典型引领思维，从船岸两个维度启动了“学习新盛海”活动，有意识地提炼“新盛海”轮的“高附加值”，提高典型经验的教练价值和普适意义，有效引领了船岸整体工作水平的提高。

为更好地发挥文化在“凝聚精神、变革管理、创造价值、推动发展”方面的价值与作用，2013 年，中远散运启动了船舶文化建设意向船项目——即从船队所有船舶中，筛选文化基础较好、文化氛围较浓的 9 艘船舶，进行船舶文化建设的研究与实践，以发挥“试点”效应，将成熟的、可供参考的文化理念与做法向其他船舶推广。

从实践上来看，意向船对于探索总结船舶文化建设的基本经验，带动其他船舶开展文化建设作用很大。目前在役的“新发海”轮、“新旺海”轮、“远智海”轮、“远安海”轮、“新柳林海”轮、“普陀海”轮 6 艘意向船均已形成了特色鲜明、导向清晰的本船文化体系，对于船舶安全生产和运营管理发挥着不可估量的软作用。

船型一样的姊妹船“远安海”轮、“新柳林海”轮正探索开展“文化共享、船舶共建”结对子的文化建设模式；“新旺海”轮的“安全步步登高”活动，在几任领导班子的传承下不断丰富完善，已提升为“素质步步登高”活动，成为船舶文化乃至船舶管理的核心项目。前文提到的“新发海”轮“把事做透、把爱给够”文化、“远智海”轮“远大智慧、海纳百川”文化，各意向船取得的成绩大大地激发了其他各轮的热情，这个文化“英雄群”使得船舶文化建设在中远散运已渐成趋势。事实显示，各意向船在船舶文化建设与探索过程中，不仅在微观上科学推动了本轮在安全、管理、队伍建设等方面的进程，更在宏观上带动了整个中散船队的文化氛围，整体提升了公司的船舶管理水平。

从“新盛海”轮到意向船，中远散运在船舶文化建设的探索过程中很好地把握与利用了“典型引领”这一方法论，以点连线、以线带面，在科学严谨的宏观设计中，中远散运的船舶文化建设稳步进行着。更可喜的是，船舶文化与船舶管理已开始进行互容、共生，实现了辩证统一。

文化建设有路径可循

文化建设方面，一个比较普遍的问题就是：都知道文化建设很重要，但怎么推进，没有抓手。为进一步清晰文化建设路径、教练文化建设方法，中远散运于 2015 年 5 月编撰推出了《文化建设八步法》，初步解决了“怎么干”的问题。全书 2.5 万字，包含 33 个文化案例，以案例诠释管理理论，以故事注解文化理念，是一本文化建设的工具书。

其中，八步分别是：

第一步：现状的评估与诊断。“八步法”提供了一个四维度评估工具，供船舶领导评估当前船舶文化和管理状况，发现存在的问题和不足并找到着力方向。

第二步：设立目标与理念。根据评估的结果，设定具体的“目标”，可以升华为“理念”，制定初步的建设计划。

第三步：领导的示范和教练。该步界定领导要做好“首倡者”“示范者”和“教练者”三个角色，要将理念贯穿到管理行为中，这样才能使“领导文化”转变为“组织文化”。

第四步：制度的规范与支撑。该步强调要抓好五个方面：强化体系（制度）执行、细化制度、加强制度培训、强化奖惩机制和培育良好习惯。

第五步：对员工的帮扶和支持。该步从价值观的引导、工作帮扶教练、日常生活及心理关注、利益分配、助力成长五个方面提出了如何帮扶和支持员工。

第六步：营造氛围与塑造环境。主要有工作环境和生活环境塑造、先进典型、文化活动、管理案例故事、文化仪式、文化展示六个方面。

第七步：固化和传播文化品牌。此步提出了建立文化档案、推进文化系统化品牌化、对成果观察和思考、总结汇报四种打造品牌的方式。

第八步：传承和创新。优秀文化是积淀出来的，该步要求通过工作交接、与原有人员交流、从管理文件和工作方法中学习等方式，在做好传承的基础上创新发展。

在实操性与指导性上优势突出的“八步法”很快得到了各轮的追捧，其程序式的牵引给了一线船舶很大的文化探索支撑。举例而言，“新发海轮”在“八步法”的指导下，对本轮文化目标与理念进行了思索与研磨，最终将其定格为“新发梦、新标杆”的愿景目标和“把事做透、把爱给够”的核心理念；“远智海”轮在“帮扶和支持员工”方面收获颇丰，轮机长孟海勇组织本部门开展了“在工作中谈管理”活动，有意识地锻炼弟兄们的思维水平与管理能力；“新柳林海”轮致力于文化的“传承与创新”，将多项好习惯、好做法进行了规范梳理，写进船舶规章制度，以保证好经验不流失。

更重要的是，“八步法”的价值还在于它不仅为船舶文化提供参考，还可以为其他组织、其他生态的文化推进提供借鉴。另外，“八步法”又不仅仅是文化建设八步法，它还是管理八步法。从这个角度讲，“八步法”提供了一种管理工具，更提供了一种思维工具。近年来，中远散运各轮你追我赶，文化建设已成百花齐放之良好态势。2016 年，多艘船舶获评“21 世纪优质船舶”“安全诚信船舶”等荣誉称号，以及上级表彰。

（高桂林）

把远航之“舵” 铸强企之“魂”

——中国远洋海运加强党建为改革重组领航护航

中国远洋海运党组认真学习贯彻习近平总书记关于深化国企改革和加强国企党建的重要论述，贯彻落实全国国有企业党的建设工作会议精神，坚持把“舵”铸“魂”，确保核心作用发挥到位、思想认识沟通到位、党建部署同步到位、干部调配精准到位、理念文化融合到位，以党建工作引领、推动和保障改革重组平稳有序高效推进。集团重组后船队规模达到 1083 艘 /8200 万载重吨，排名世界第一。2016 年，在国际航运市场持续低迷的情况下盈利 160 亿元，集团“1+1 ＞ 2”的改革重组效应初步显现。

核心作用发挥到位 班子带头推动改革重组

中国远洋海运 2016 年由原中远集团和中国海运重组成立，改革重组之初面临资产重组规模大、业务重组任务重、改革涉及人员多、航运市场风险大等考验。集团党组清醒认识到，改革重组是党中央、国务院的重大决策，是顺应世界经济潮流和行业发展趋势、做强做优做大国有企业的变革之举，是全面推进供给侧结构性改革的重要契机，必须衷心拥护、科学谋划、坚决推进改革重组，以对党和国家航运事业高度负责的精神担当作为。

一是以上率下推进重组。集团党组切实发挥把方向、管大局、保落实的重要作用，坚持改革正确方向。严格执行“三重一大”制度，先后召开 30 多次党组会研究决策改革重组重大事项。党组自觉加强自身建设，班子成员“约法三章”，在党性修养、责任担当、廉洁从业、团结协作上以身作则、模范带头。

二是战略引领推进重组。贯彻新发展理念，党组提出打造航运、物流、航运金融、装备制造、航运服务、社会化服务，以及“互联网 +”等“6+1”产业集群的发展战略。

三是创新模式推进重组。学习借鉴跨国公司先进经验，在总部组织架构设计上，遵循“小总部、大事业”的理念，推行“职能部门 + 共享中心 + 特设机构”的管控模式，总部人员由 504 人减少到 249 人。

四是深改快改推进重组。全体干部员工只争朝夕、攻坚克难，发扬“崇尚事业、服从大局、融合创新、担当有为”的改革重组精神，一年多来高效率完成上市公司股权交易、新集团总部组建、七大核心板块重组、海外战略布局等，收购控股的希腊比雷埃夫斯港成为“一带一路”重要支点。集团牵头与法国达飞海运集团、香港东方海外货柜航运有限公司和台湾长荣海运股份有限公司成立新的航运联盟——海洋联盟，改变航运竞争格局，在全球航运业变革中赢得了先机。

思想认识沟通到位 凝心聚力支持改革重组

改革重组是一次深刻而广泛的大调整、大变动，业务整合、总部搬迁、机构合并、人员调动等深刻影响干部员工的工作生活，推进改革重组必须统一思想。集团各级党组织继承和发扬“支部建在船上”的党建优良传统，发挥思想政治工作生命线作用，结合“两学一做”学习教育，把做深做细职工思想工作贯穿始终。

一是重要问题充分听取职工意见，谈心谈话到位。集团负责同志与原两大集团总部中层干部逐一谈话，耐心倾听，了解每个人的所思所想，尽量考虑每名干部的需求。机关各部门党支部书记和职工逐一谈心，让职工在岗位调整前想通想透，在岗位调整后安心工作。

二是重大事项及时向职工通报，精神传达到位。集团党组多次召开总部职工大会，集团领导深入一线带头宣讲，及时通报重大事项、讲解政策。设立咨询电话，及时解疑释惑，还通过印发宣传提纲，以及内刊内网、新媒体宣传等方式，传达改革重组的要求部署。

三是重点对象主动汇报，解释沟通到位。集团领导多次拜访交通运输部和原两大集团的老领导、老同志，汇报改革重组情况，及时解答老同志关心的问题，取得理解和支持。

四是重点人员主动关心，服务关怀到位。集团总部和二级公司机关近500名干部需赴异地工作，有的举家南迁，有的两地奔波。集团领导亲力亲为积极争取当地政府政策支持，想方设法解决职工住宿、通勤、落户、就医、探亲和子女上学等实际问题，解除了职工的后顾之忧。

党建部署同步到位　落地见效保障改革重组

改革重组既是业务整合的契机，更是加强党的建设的机遇。集团党组在改革重组前系统思考、全面谋划党建工作，在改革重组中坚持“四同步”“四对接”，特别是在“两学一做”学习教育中，通过“定方案、设机构、配力量、建制度”，以党建工作的全面加强保障改革重组顺利推进。

一是同步研究党建方案。在改革重组方案制定阶段，成立党建组同步研究制订党建工作方案，把党建总体要求纳入新集团《章程》，落实党组织在公司法人治理结构中的法定地位。

二是同步建立工作机构。总部设立党工部、组织部、监审部、巡视组等党务工作机构。设立了直属党委、在京共享中心党委和境外企业党工委，各直属单位均单独设立党委工作部门。改革重组单位同步建立党组织，召开党代会开展换届选举工作，加强各层级组织建设，推动“全覆盖”。

三是同步配强党建力量。选优配强党务干部，集团总部党务干部接近总部职工数的1/4，境外十大区域公司全部委派专职书记，同步加强境内境外党建工作力量。

四是同步加强制度建设。按照“一个制度体系、一个文件清单”的制度建设目标，制定改革重组中加强和改进党建工作指导意见、基层党建三年规划、加强境外企业党建工作实施办法等61项党建制度。建立党建责任考核机制，制定党建责任考核实施办法，签订党建工作责任书，将软任务变成硬指标。

干部调配精准到位　知事择人助力改革重组

干部队伍建设和人才队伍建设是改革重组的重点难点工作，集团党组认真落实习近平总书记提出的好干部标准和“对党忠诚、勇于创新、治企有方、兴企有为、清正廉洁”①的要求，根据打造“6+1”产业集群需要实施“人才强企”战略，把干部人才队伍建设与改革重组同步推进。

一是公开透明，第一时间公布政策。及时把总部和各单位机构设置方案、岗位任职要求、职工安置政策等全部公开，不按人划线，让大家心里透亮有底，接受职工监督。圆满完成集团总部、六大共享中心及重组业务板块干部职工的岗位调整工作，调整集团管理干部400余人次，未发生不稳定因素。

二是择优选聘，着眼发展选用人才。聚焦世界航运业发展趋势和集团发展战略选才用才，干部选聘按照历年绩效考评结果，做到五湖四海、择优选拔，让职工公认信服。

三是尊重意愿，尽力妥善安排人员。履行国有企业社会责任，坚持“不下岗、不裁员”。通过设计问卷调查了解情况，开展谈心谈话分析情况，主动了解每位职工职业发展需求并妥善安置。

四是制度创新，及时推动建章立制。在改革重组的同时，集团党组即着手制订“十三五”人才发展规划，建设五大核心人才库。两次召开年度干部人才工作会议，明确干部年轻化的硬性规定，部分直属单位班子成员转任专职董事，在航运金融板块试点推行职业经理人制度。

理念文化融合到位　同舟共济促进改革重组

改革重组成功的关键在于理念文化融合。集团党组把推进企业文化融合作为战略任务，大力倡导践行“一个团队、一个文化、一个目标、一个梦想”的“四个一”理念，形成了同心同德促改革、齐心协力拼效益的良好局面，为发挥改革

---

① 《习近平在全国国有企业党的建设工作会议上强调　坚持党对国有企业的领导不动摇　开创国有企业党的建设新局面》，《人民日报》，2016年10月12日01版。

重组聚合效应夯实了思想文化基础。

一是倡导“四个一”理念引领融合。强调中远中海职工在祖国的航运事业中同宗同源，要互相尊重、互相学习、互相支持，积极塑造同舟共济的企业文化。各改革重组单位党组织班子带头促进融合，把“谋融合之计，做融合之事，讲融合之话”作为纪律要求，贯穿于日常工作；党员带头践行“四个一”理念，做文化融合的促进者。

二是宣传“钻石团队”精神激励融合。集团党组书记、董事长许立荣形象地指出，石墨和钻石都是由碳元素组成的，但由于组成排列次序不同、结构不同，结果大相径庭。要用科学的方法把两个集团的团队融合起来，调好结构，形成一个“钻石团队”。集团党组大力选树和宣传改革重组中涌现的先进典型，授予“钻石团队”称号并隆重表彰，倡导“务实、协调、融合、高效、智慧”的“钻石团队”精神，形成鲜明导向。

三是传承创新企业文化推动融合。新集团传承原两大集团的企业文化精华，牢记“传递价值、连接梦想”的企业使命，践行“客户为上、人才为本、安全为基、创新为魂”的企业价值观，弘扬“同舟共济”的企业精神，促进思想融合、感情融合、工作融合。

四是完善企业文化体系推广融合。设计推出新集团徽标（Logo）、网站域名、中英文简称等企业视觉识别系统，公开征集中国远洋海运集团歌。制作“四个一”宣传画、企业形象宣传片，举办长期服务集团的船长、船舶政委、轮机长表彰大会，让“四个一”理念深入人心。广泛开展企业文化调研，制定企业文化核心价值理念纲要，引导干部职工达到思想共识、感情共融、工作共进。（集团党组工作部）

狮子山下奋楫舟　谱写不朽香江曲

20年风雨同路，20年砥砺前行。

狮子山是香港的象征，狮子山精神也是中远海运在港公司与香港社会共同坚守的信念。香港回归祖国20年来，中远海运各在港公司与香港同呼吸、共命运，一起度过了亚洲金融危机、“9·11”事件、非典疫情和国际金融海啸等带来的冲击，始终坚守商业准则和企业社会责任，与香港社会共荣。

20年来，中远海运在港公司在发展壮大自身实力的同时，在维护香港繁荣稳定、促进内地改革发展及助力国内企业“走出去”等方面作出了重要贡献。中远海运在港公司已成为驻港中资企业的重要一员，产业遍布航运及航运服务、码头、金融、公路投资、物业管理、信息科技、工业制造、船舶燃油供应等方面，在香港航运界发挥了举足轻重的作用。

中远海运在港营运业务已有60多年的历史，最早可以追溯到1957年，由原外经贸部组建的香港远洋轮船公司。1994年8月28日，中远海运（香港）有限公司在香港成立，从此，中远海运开始了在香港这块热土上潜心耕耘的历程，走过了不平凡的发展道路。

在一代代中远海运人的共同努力下，中远海运在港公司充分发挥香港的区位优势及资金优势，在中远海运集团的全力支持下，脚踏实地，向着打造“更规模化、更全球化、更有竞争力、更具价值”的优秀企业前行，成为中远海运集团开拓境外市场的桥头堡，以及逐鹿国际资本市场的重要平台。

中远海运在港公司坚持把维护香港长期繁荣稳定作为根本原则和重要任务，积极履行企业的社会责任，为香港持续稳定发展贡献力量。

目前，中远海运各在港公司正致力于航运产业集群、航运金融产业集群、航运服务产业集群，以及社会化产业集群等的建设，发扬“狮子山精神”，扎根香港，背靠祖国，放眼世界，在“国家所需、香港所长”结合点上，与香港共谋发展、共创未来，为香港的繁荣稳定作出贡献。

香港中远海运：继承中求创新

1994年8月28日，中远海运（香港）有限公司［注：成立时名为“中远（香港）集团有限公司”］成立，开始了在香港这片土地上潜心耕耘的风雨历程。

作为中远海运集团在境外重要的区域管理公司和经营实体，中远海运（香港）有限公司（简称“香港中远海运”）充分利用香港优势，增强竞争实力，实现规模化经营，企业的市场生存能力和发展能力不断提高。

香港中远海运成立之初便迅速进入快车道，先后成立中远香港航运公司、中远海运（香港）工贸有限公司、中远海运（香港）货运有限公司和中远海运（香港）置业有限公司。中远海运港口有限公司和中远海运国际（香港）有限公司相继在港上市。公司逐渐形成了干散货运输、码头运营、集装箱租赁和制造、房地产四大支柱性产业，涉及船货代理、贸易供应、工业能源、金融保险、信息科技、劳务、旅游、酒店8个行业种类。

香港中远海运在航运主业和上市公司的市场运作上频出大手笔，成为中远海运资本运营、企业融资、资产重组、陆产整合的战略平台。香港中远海运在香港市场“摸爬滚打”多年，摸索出一套在市场经济条件下生存和发展的经营管理模式，为中远海运集团拓展境外事业积累了成功经验，培养了一批国际化经营管理人才。

香港中远海运在香港持续健康地发展，促进了中远海运在香港乃至国际市场的知名度和影响力的提升，成为中远海运“走出去”和打造具有国际竞争力跨国企业的重要桥梁。

2005—2007年，为配合中远海运集团打造上市平台和资本旗舰，香港中远海运彻底剥离航运主业，相继将旗下的中远海运港口、中远（香港）货柜代理有限公司、中远（香港）航运有限公司等航运主业资产转让。在新形势下，香港中远海运开始了二次创业的征程，在继承中求创新，创新中求发展。公司积极进行资产架构调整，逐步剥离非核心业务，加快发展船舶服务业的步伐。通过向上市公司香港中远海运国际注入船舶服务各项相关业务，成功转变为航运服务供应商。

2016 年，香港中远海运按照集团“6+1”产业布局的总体要求，积极推进航运服务产业集群的重组，开始了崭新的发展历程。

如今，香港中远海运的总资产有 400 多亿元人民币，是中远海运集团重要的境外公司之一，拥有 10 家按行业划分、直接投资和管理的公司，业务涉及航运服务、公路投资、物业管理、信息科技、工业制造、船舶运输、船舶燃油供应等方面。

目前，香港中远海运正全力打造航运服务产业集群上市平台，境外不动产的开发、经营平台，中远海运集团现有“6+1”产业集群之外的产业发展孵化器和投资平台。公司将进一步发挥企业的“硬实力”，依托香港国际金融中心、贸易中心及航运中心等“软实力”，抓住国家“一带一路”及“粤港澳大湾区”建设等机遇，不忘初心、砥砺前行，提升企业的核心竞争力，为中远海运集团的发展作出贡献，为香港的繁荣稳定作出贡献，让中远海运在东方之珠的招牌永远闪亮。

中远海运金融：打造一流航运物流金融服务商

中远海运金融控股有限公司（简称“中远海运金控”），自 1998 年成立以来，以“充分发挥境外良好的经营环境和人才优势，创新经营管理理念、模式和机制”，坚持“以一流团队为根本，以科学发展为目的，以经济效益为核心，以精细管理为基础，以优秀文化为保障”的管理思想，坚持做好做优航运主业，积极发展相关陆岸产业，努力开拓国际市场的同时，重点抓好投融资和资本运营，努力实现改革创新，不断推动企业发展迈上新台阶。

经过十多年的不懈努力，公司作为中国海运境外投融资和国际化业务的桥头堡，历经了跨越式发展，形成了以集运香港、中发香港在港船队为核心的航运主业，以及围绕航运主业开展的集装箱租赁业务、集装箱货运代理、船舶代理、船舶备件供应、保险经纪、国际国内贸易及船员管理等陆岸相关的产业格局；同时，作为中国海运的境外投资、融资及资金管理中心，公司充分发挥地处香港的资源优势，积极拓展金融投资及股权投资业务，初步建成了能够平抑航运业周期性影响的主业与相关产业均衡发展的多元化产业结构。

2016 年 2 月 18 日，中远海运集团在上海正式挂牌，提出打造“6+1”产业集群，并确立了金融板块作为集团的支柱产业之一，全力打造中远海运金控平台。中远海运金融控股有限公司和中远海运发展股份有限公司（原中海集装箱运输股份有限公司）两个企业主体通过重大资产重组交易，形成中远海运的金控平台，涵盖三大租赁业务板块，即船舶租赁、集装箱租赁与制造和非航租赁业务，股权投资、集团内部金融服务、银行股权等在内的金融业务，以及上海人寿、海宁保险经纪等相关保险与保险经纪业务在内的保险业务。目前，中远海运金控平台的船舶租赁业务规模居世界前列，集装箱租赁业务规模为世界第二，非航运融资租赁业务前景广阔。

展望未来，作为中远海运的金控平台，中远海运金控将依托香港，致力于金融投资业务的开拓和创新，在未来的 3 ~ 5 年，以中远海运强大实力为后盾，发挥航运物流产业优势，整合产业链资源，打造以租赁、投资、保险、银行为核心的产业集群，实现产融结合、融融结合、多种业务协同发展。到“十三五”末，公司将建成由租赁、投资、保险和银行 4 个支柱型业务构成的金融平台，成为中国领先、国际一流、具有航运物流特色的供应链综合金融服务商。

中远海运港口：全球化时代下的变革发展

中远海运港口有限公司（简称“中远海运港口”），是中远海运集团在香港的第一家上市公司，于 1994 年 7 月成立，同年 12 月 19 日在香港联合交易所挂牌上市。

中远海运港口上市时为单一集装箱租赁业务，1995 年投资首个集装箱码头——中远-国际货柜码头，拉开了成为全球领先港口运营商的序幕。中远-国际货柜码头位于香港 8 号码头东侧，岸线总长 1088 米，包括长 640 米的 2 个主泊位及 448 米的驳船泊位，设计年处理能力 180 万 TEU。

中远海运港口扎根香港，拓展全球码头业务网络的同时，也致力于巩固香港作为区内中转枢纽港的地位。2014 年，公司收购亚洲货柜码头控股有限公司 40% 股权，该码头与中远-国际货柜码头相邻，两个码头形成长达 1380 米的连贯岸线，大大提高了超大型集装箱船舶靠泊的灵活性。

2016 年是中远海运港口具有里程碑意义的一年。3 月，公司完成重组，收购中海港口发展有限公司，并出售了佛罗伦货箱控股有限公司（集装箱租赁、管理及销售业务），成功转型为纯码头营运商，全球业务网络及市场份额进一步扩大，码头组合遍布中国沿海五大港口群、中国香港、中国台湾和海外枢纽港。12 月，公司与和记港口信托签署香港葵青货柜码头的统筹经营协议，加强码头整体泊位及堆场策划的灵活性，提升处理能力，更好地满足航运联盟在服务要求上的提升。这项前瞻性的合作增强了香港作为世界重要港口中心之一的竞争能力，有助于巩固香港作为区内中转枢纽港的地位。

截至 2016 年年底，中远海运港口在全球 30 个港口营运及管理 180 个泊位，其中 158 个集装箱泊位，年处理能力达 9725 万 TEU；码头岸线连接起来近 65 千米。以总吞吐量计算，中远海运港口为全球第一大集装箱码头经营商，占全球市场份额约 13%。以权益吞吐量计算，中远海运港口为全球第五大集装箱码头经营商，占全球市场份额约 4.3%。

中远海运港口不断追求卓越，凭借着企业高透明度和良好的公司管治水平，2012 年纳入恒生可持续发展企业基准指数（HSSUSB）成份股，在行业地位和企业可持续发展方面的成就得到社会各界的肯定。公司曾获得过多项殊荣，2016 年荣获《财资》杂志颁发“最佳企业管治、环境责任及投资者关系金奖”，连续 5 年荣获《亚洲企业管治》杂志颁发“最佳投资者关系企业”奖项，连续 5 年荣获《资本杂志》颁发“中国杰出企业成就奖”，荣获法律界知名杂志 *Asian Legal Business* 颁发的“最佳航运企业法律团队”大奖等。2017 年 2 月 16 日，中远海运港口作为恒生香港中资企业指数成份股，以优异的公司治理水平，与汇丰控股、恒生银行、港铁公司、香港交易所等企业一道，入选香港董事学会发布《香港上市公司企业管治水平报告 2016》“十大得分最高公司”名单，成为航运港口类上市公司中的唯一一家。

中远海运港口致力于通过优化港口营运来保护环境，并且透过开发和实施先进环保的技术，努力提高能源效率，减少码头的碳排放。公司积极打造“绿色港口”，中远-国际码头和亚洲货柜码头已成立环境委员会，审计根据 ISO 14001 标准制定的节能政策。公司已为码头预留了进行任何升级或翻新的专项资金，力争达到每年二氧化碳减排 2% 的目标。2006 年开始，公司积极参与香港总商会及香港商界环保大联盟合办的“商界携手、共享蓝天”大型推广活动，第一时间签署《清新空气约章》，承诺将率先履行“企业简易指引”6 项举措，与各界携手，共同改善珠江三角洲的空气质素。

香港回归祖国 20 周年，中远海运港口也迎来了在港发展的第 23 年。全球化时代机遇与挑战并存，变革发展中的中远海运港口正以“The Ports For ALL”为核心发展理念，致力于与中远海运所有在港公司一道，为香港经济持续增长，以及维持香港作为国际金融中心、航运中心及贸易中心的竞争力作出积极贡献。

香港航运：维护香港经济繁荣的航运排头兵

中远（香港）航运有限公司（简称“香港航运”），是中远海运散货运输有限公司成员企业之一，于 1994 年 11 月 1 日成立。2003 年 7 月 1 日，香港航运与深圳远洋进行了港深重组。2011 年底，香港航运成为中散集团的成员企业之一。2016 年 6 月 16 日，中远海运散货运输有限公司成立，香港航运成为其直属企业。

作为香港地区最大的船公司，香港航运经营

管理的船舶最多时逾百余艘、千万载重吨，包括灵便型船队、巴拿马型船队、好望角型船队和沿海运输船队 4 支主力船队，航行于世界五大洲 21 个航区 500 多个港口。

香港航运始终以确保国有资产保值增值、发展集团在港事业为己任，立足香港，放眼全球，在自身经营创效、安全管理、船队建设等方面取得了令人瞩目的成就。

在经营创效方面，香港航运坚持稳健经营、风险管理，始终保持了持续稳定的盈利能力。面对国际金融危机，2007—2008 年，香港航运连续两年创百亿效益。2014—2015 年，在 BDI 指数持续下跌触底的严峻市场环境下，香港航运更是实现了连续两年盈利。

在管理方面，香港航运管理优秀、诚信可靠，安全形势持续稳定，获得 ABS 和 CCS 双符合认证，并获得国际船舶安全管理（ISM CODE）符合证明和质量管理（ISO 9000）证书，是香港航运界第一家通过双认证的企业。2001 年，香港航运荣膺具有国际权威的终身荣誉“香港优质管理大奖”，成为获此殊荣的第一家香港中资企业和航运企业，还曾多次荣获香港海事处颁发的“港口国监督检查卓越表现奖”。

在船队发展方面，香港航运以成本和技术领先为核心，将买造船与风险管理、生产经营与船舶资产经营结合起来，积极优化船龄和船型结构，采取多种方式科学调整自有船队结构。2009 年 12 月 16 日，第一艘 30 万吨超大型矿石运输船（VLOC）合恒轮的加盟，在中国航运史和造船史上创造了 3 个第一：中国第一艘超大型矿石运输船，也是当时最大的矿石运输船；第一艘航运业和钢铁制造业签署的长期货运合同（COA）支持的大型矿石运输船；第一艘国内具有自主知识产权的超大型矿石运输船，开创国内同型船的建造先河。目前，公司已有 8 艘 VLOC。

致力于船队发展的同时，香港航运把维护香港国际航运中心地位作为当仁不让的责任，以实际行动维护香港的经济繁荣，积极发扬航运排头兵的带头作用，将新造船全部选择香港注册，极大地提高了船队在港注册比例，是香港地区最大的船公司。自 2001 年起，香港航运已 10 次荣获香港海事处颁发的“香港最多船舶注册总吨位奖”。2007 年香港回归祖国 10 周年之际，香港航运获“最支持香港注册船东大奖”，是唯一获奖单位。2009 年，香港航运 30 万吨矿砂船新鞍钢轮为香港船舶注册总吨位突破 4000 万吨作出突出贡献，荣获香港海事处颁发的纪念奖牌。

在庆祝香港回归祖国 20 周年之际，变革发展中的香港航运将继续高举“四个一”理念旗帜，致力于与中远海运所有在港公司一道，为促进香港地区经济的发展和维护香港社会的繁荣稳定持续添砖加瓦。（钟远海）

中国远洋海运集团企业文化核心价值理念纲要

企业文化是企业持续发展的价值理念、思维模式、行为准则的本质特征的总和，是企业的发展之魂和员工的精神之源。

中远海运集团由原中远集团和中海集团重组而成。昨日中远和中海，源自同一个起点，熔铸同一根血脉，在图强报国中风雨兼程，在改革大潮中齐头并进，形成了共同的文化理念和一致的价值追求，并在历史与风浪的洗礼中，彰显出厚重的内涵、雄浑的气度和时代的光华。新成立的中远海运集团是原中远和中海文化的继承者和发展者，必应不忘初心、牢记使命，建立延续历史基因、符合行业特质、引领时代风采的新的企业文化核心价值理念体系，对内让集团员工形成理念共识，对外让企业形象凸显精神标识。

为深入贯彻社会主义核心价值体系，大力弘扬集团优秀历史文化传统，适应市场经济规律、行业发展规划和企业发展战略的需求，满足全系统广大员工的文化诉求，现制定《中国远洋海运集团企业文化核心价值理念纲要》（以下简称《纲要》）。

本《纲要》以中远海运集团“四个一”文化目标为引领，坚持一个团队、一个文化、一个目标、一个梦想。

本《纲要》基于中远海运集团基本价值主张和员工文化主流，顺应并支撑集团“6+1”产业集群战略。

本《纲要》遵循“传承、融合、创新”的原则。

本《纲要》统一指导、规范集团内部子文化，所有成员企业和所有员工都应是企业文化的自觉执行者、建设者、捍卫者和传播者。在集团文化统一性原则下，允许并鼓励子文化的培育、创造和个性发展。海外企业应以《纲要》为遵循，培育具有企业特色，符合驻在国法律、文化和商业背景的子文化。

本《纲要》重在执行和落地，各级领导人员须率先垂范，广大干部员工须深入践行，各级企业文化建设部门要深入宣贯、广泛传播。

本《纲要》将根据企业战略调整和改革发展的需要，注入新的价值要素，并在文化深植过程中与时俱进、持续改进，以永葆生机活力，使文化真正成为中远海运集团的软实力。

“四个一”文化目标

“四个一”是集团党组在实施改革重组初期为统一全员思想、提升融合发展能力而提出的系统工程，更是以文化引领推动集团未来做强做优做大的内生动力。

一个团队　一个文化　一个目标　一个梦想

一个团队：打造一个积极进取的优秀团队

坚持同心同德，相互尊重、相互学习、取长补短、高效沟通、协调一致，打造具有“务实、高效、协调、融合、智慧”精神特质的“钻石团队”。“一个团队”是集团改革重组产生聚集放大效应的核心驱动，更是集团做强做优做大的坚实支撑。

一个文化：建设一个同舟共济的和谐文化

坚持同根同源，传承务实笃行、开拓创新的文化基因，延续航运报国、艰苦奋斗的共同血脉，塑造学习型、创新型、和谐型，具有全球化视野和航海精神特质的共同文化。“一个文化”是集团优良文化传统的深度融合，更是集团核心价值理念的全新再造。

一个目标：确立一个世界一流的奋斗目标

坚持同行同向，树立信心、坚定意志、直面困难、矢志不渝，迈向“打造全球领先的综合性物流供应链服务集团”的目标愿景。“一个目标”是企业立足当前提升硬实力和软实力的精神动力，更是着眼长远打造全球公司、实现全球领先的方向指引。

一个梦想：构筑一个实现卓越的伟大梦想

坚持上下同欲，把复兴梦、强国梦、发展梦、强企梦和个人梦想结合起来，树立伟大卓越的共同理想追求，一起绘制新蓝图，一道成就新梦想，做筑梦圆梦的坚定者、奋进者、搏击者。“一个梦想”是全体员工心中执着的信念，更是企业走向基业长青的风帆。

企业使命

企业使命是集团自我定位的存在意义和在全球经济中承担的责任和义务，也是对自身和社会做出的庄严承诺。

创造价值　连接梦想

作为开创新中国航运历史的航运央企和世界规模最大的航运企业，中远海运集团承接着历史，肩负着未来，将坚守初心、矢志不渝，向着打造“更规模化、更全球化、更有竞争力、更具价值”的优秀企业前行，致力于货通天下、物畅其流，为国家、为社会、为客户、为员工创造价值、连接梦想。

成为世界航运卓越的领航者：打造具有国际竞争力、品牌影响力和客户美誉度的世界一流航运物流企业，形成完整的全球业务链，更优地配置全球资源、服务全球贸易，传递商业文明，促进全球互联互通，为人类生活带来便捷、创造幸福。

成为国家战略坚定的执行者：积极响应国家“一带一路”倡议，打造中国连接世界的重要桥梁和融入经济全球化的战略通道，为中国梦提供有力支撑。坚守政治责任，牢记经济责任，确保国有资产保值增值。

成为社会责任优秀的践行者：致力于守法合规、做强做优，实现企业基业长青，以优秀的发展成果履行社会责任和全球契约，关注全球环境，关爱贫困地区，参与国际援助，做优秀企业公民，推动企业与社会的协调发展。

成为全球客户贴心的服务者：承载客户托付，发挥专业精神，打造全球领先的供应链综合服务平台，为全球客户提供更先进、更优质、更高效的全产业链服务，实现客户价值最大化。

成为员工成长最佳的支撑者：尊重企业员工自我价值的追求，为员工搭建干事创业的成长舞台和广阔的发展平台，创造丰厚的物质基础和体面的人文环境，建设优秀雇主品牌，实现“个人梦”与“企业梦”的统一。

企业广告语

企业广告语是企业用于媒体传播的宣传用语，是企业对外形象、企业态度主张的浓缩。

We are ready

开放合作，我们已做好准备。我们坚持以和为贵，肩负领航者的担当，胸怀全球、心系天下、包容共享，力推航运生态圈建设，切实维护健康可持续发展的行业秩序。

用心服务，我们已做好准备。我们坚持以诚立信，致力产业链整合和模式创新，以世界第一船队规模、1000 余个全球服务机构，承运全球、服务全球，让客户放心托付。

做强做优，我们已做好准备。我们坚持以勤筑基，弘扬艰苦奋斗的传统，发展“共享经济”，主导跨界融合，构筑最强国际竞争优势、打造最优全球资源配置水平，以世界一流助推海洋梦。

我们向世界宣布：We are ready！

企业精神

企业精神是企业的发展之道和力量之源，是全体员工由内而外共同展现出的精神状态、思想境界和理想追求。

同舟共济

“同舟共济”是一种航海精神，是属于航海人的精神特质，更是一代代中远海运员工逆境崛起的精神支撑和开创未来的强大力量。“同舟共济”包含了领航精神、奋斗精神和协同精神。

领航精神：开放的视野、宽广的胸襟，领先的气魄、稳健的前行，勇立潮头、敢为人先，忠于职守、临危不惧，永远坚定目标，永远坚守责任，永不迷失方向。

奋斗精神：坚定的信念、顽强的意志，严明的纪律、务实的作风，脚踏实地、真抓实干，知难而进、不辱使命，全力创效、合力创业、大力创新，敢于打硬战、善于攻难关，不轻言放弃、不屈服失败。

协同精神：以大局为重、以团队为荣，以合作为赢、以和谐为贵，精诚团结、风雨同舟，荣辱与共、众志成城，协同团队攻克难关，协同社会优化资源，协同客户共谋发展。

企业价值观

企业价值观是中远海运集团和全体员工对企业、对事业的共同的价值取向和价值引领。

客户为上　人才为本　安全为基　创新为魂

客户为上：始终注重与客户的合作伙伴关系，以客户为中心，致力于优质服务、延伸服务，努力带给客户最好的服务体验，让客户满意度成为中远海运每一名员工的工作追求和目标。

人才为本：始终坚持“人才是企业第一资源”的理念，依靠人、尊重人、塑造人、成就人，打造企业与员工责任共同体、利益共同体、命运共同体，让员工与企业共担荣辱、共享成果、共同成长。

安全为基：始终强化全面、全员、全过程、全方位安全管理，狠抓生产安全、经营安全、形象安全、廉洁安全，实现企业安全发展、健康发展、稳定发展。

创新为魂：始终保持创新思维，创新管理、创新技术、创新营销、创新服务、创新产业结构、创新商业模式，通过协同创新、持续创新，实现企业自身发展和跨越。

企业作风

企业作风是企业在长期的经营管理行为中形成的风气，是企业和员工队伍内质态度、做事风格、精神风貌的外在表现。

务实　高效　协调　融合　智慧

中远海运集团主张“务实、高效、协调、融合、智慧”的企业作风，并把这种作风所体现的精神称为“钻石团队”精神。

“钻石团队”精神来源于石墨和钻石的对比。石墨和钻石均由碳元素组成，但由于组合不同、结构不同，结果一个成了石墨，一个成了钻石。只有集团上下形成“务实、高效、协调、融合、智慧”的企业作风，才能打造宝贵的“钻石团队”。

务实：脚踏实地、真抓实干，营造“低调务实、严谨求实、做事扎实”的实干型文化。

高效：雷厉风行、快速执行，营造“注重效率、注重效益、注重效能”的执行力文化。

协调：勤于沟通、打通壁垒，营造“坦诚交流、便捷交流、随时交流”的分享型文化。

融合：相互学习、取长补短，营造“无人不学、无事不学、无时不学”的学习型文化。

智慧：以人为本、激发创造，营造“持续改进、持续创新、持续变革”的创新型文化。

企业愿景

企业愿景是企业的发展方向和战略定位，也是一代代企业员工为之努力的坚定信仰和崇高理想。

承载经济全球化使命，整合优势资源，打造以航运、综合物流及相关金融服务为支柱，多产业集群、全球领先的综合性物流供应链服务集团。

中远海运集团愿景的着眼点是全球化，立足点是航运、综合物流及相关金融服务为支柱的产业集群，落脚点是全球领先。

全球视野：以世界航运新航母的姿态，站立全球航运潮头，大力推进全球化战略，整合全球网络，实施全球营销，优化全球航线，开拓全球市场，服务全球客户，为全球经济发展贡献中国智慧，提供中国方案，体现中国价值。

全球布局：围绕“规模增长、盈利能力、抗周期性和全球公司”四个战略维度，在全球优化产业布局，整合航运要素，大力推进航运、物流、金融、装备制造、航运服务、社会化产业和基于商业模式创新的“互联网 +”相关业务“6+1”产业集群发展。

全球领先：通过持续的宽领域、多维度、深层次改革，强化战略管控，优化组织架构，深耕流程再造，提升企业管理，真正实现做强做优做大，真正成为全球领先的、具有高度国际影响力的、受人尊敬的中国企业、世界级企业。

CHINA COSCO SHIPPING
CORPORATION LIMITED
YEARBOOK

中国远洋海运集团有限公司

年鉴

第二篇

概况

集团概述

集团概述

【集团简介】

中国远洋海运集团有限公司（简称“中国远洋海运”或“中远海运”），成立于2016年2月18日，总部设在上海，是国务院国资委直接管理的特大型国有企业。中远海运秉承“一个团队、一个文化、一个目标、一个梦想”的理念，向着打造“更规模化、更全球化、更有竞争力、更具价值”的优秀企业前行，努力成为国家战略更好的践行者，客户更好的服务提供商，供应商更好的合作伙伴，广大员工更好的事业发展平台。围绕“规模增长、盈利能力、抗周期性和全球公司”四个战略维度，集团着力布局航运、物流、金融、装备制造、航运服务、社会化产业和基于商业模式创新的“互联网+”相关业务“6+1”产业集群，进一步促进航运要素的整合。集团完善的全球化服务铸就了网络服务优势与品牌优势，远洋航线已覆盖全球160多个国家和地区的1500多个港口，形成了以中国香港、日本、韩国、澳大利亚、东南亚、西亚、北美、南美、欧洲、非洲等区域为辐射点，以船舶航线为纽带，遍及世界各主要地区的跨国经营网络；同时，在港口、物流、航运金融、修造船等上下游产业上形成了较为完整的产业链体系。在2017年公布的《财富》世界500强排行榜中，中远海运排名第366位。在福布斯全球最受信赖公司2000强榜中，集团排名第104位，是全球唯一上榜的航运企业，位居中国企业第一。2017年，中远海运获得国务院国资委中央企业业绩考核A级。（周家恺）

【历史沿革】

中国远洋海运由原中国远洋运输（集团）总公司和原中国海运（集团）总公司合并重组建立。

原中国远洋运输（集团）总公司（简称“中远集团”）最早前身可追溯到1961年在北京成立的中国远洋运输公司。1961—2015年，在中远50余年的发展进程中，中远集团历经数次变更，反映出新中国海洋运输事业的发展壮大和对外贸易运输的沧桑巨变。企业变化经历了四个阶段，即成立初期的政企一体化——交通部远洋运输局和中国远洋运输公司合署办公阶段（1961—1966年）；“文化大革命”期间的铁、交、邮合并期——交通部水运组主管阶段（1967—1971年）；国营企业转型期——中国远洋运输总公司自主经营阶段（1972—1993年）；改革开放大发展期——中国远洋运输集团市场化经营阶段（1993—2015年）。1993年2月16日，中国远洋运输（集团）总公司成立，由原隶属交通部管理的中国远洋运输总公司、中国外轮代理总公司、中国汽车运输总公司、中国船舶燃料供应总公司4家企业组建。到2015年年末，中远集团拥有船舶577艘/4496万载重吨；货运量3.83亿吨，货物周转量16 485亿吨海里；总收入1 443.2亿元，总资产3 613.2亿元。

原中国海运（集团）总公司（简称“中国海运”）于1997年7月1日在上海成立。中国海运在整合上海海运（集团）公司、广州海运（集团）有限公司、大连海运（集团）公司、中国海员对外技术服务公司、中交船业公司5家公司基础上而成立。其中，上海海运（集团）公司的前身是1872年成立的轮船招商总局，广州海运（集团）有限公司的前身是轮船招商局广州分公司，两家公司在中华人民共和国成立后都经历了军管、公私合营、现代企业制度改革的过程，成为中国沿海的主力航运集团；大连海运（集团）公司的前身是1949年成立的大连轮船公司，在渤海湾航线具有较强的竞争力；中国海员对外技术服务公司成立于1984年，是中国第一家海员劳务外派公司；中交船业公司成立于1993年，主业从事二手船贸易及拆船业务。1997—2015年的18年间，中国海运实现了跨越式发展。到2015年年末，中国海运拥有船舶544艘/4047万载重吨；货运量5.46亿吨，货物周转量11 298亿吨海里；总收入799.41亿元，总资产2 321.59亿元。

（周家恺）

【经营业绩】

截至2017年年底，集团总资产7 158.02亿元，较年初增长8.66%；负债总额4 523.41亿元，较年初增长7.58%；资产负债率63.19%，较年初下降0.64个百分点；控制运力规模为1120艘/8632万载重吨/195.9万TEU（包含特运和客运船队的载箱量），载重吨同比上升5.2%，载箱量同比上升10.36%，实现了综合运力、干散货船队、油轮船队和杂货特种船队规模4个世界第一，以及码头经营、集装箱租赁、集装箱船队、燃油供应、船舶代理、海工制造6个世界前列，成为改变全球航运竞争格局的重要力量。

2017年，中远海运实现营业总收入2 322.94亿元，同比增长17.56%。其中，航运主业实现运输收入1 159.98亿元，同比增长27.99%。集团实现利润总额190.01亿元，同比增长18.22%，超额完成国务院国资委下达的经营责任目标。

（周家恺）

【生产经营】

截至2017年年底，集团全集装箱船队的运力为367艘/2254万载重吨/185.42万TEU，油、气船队运力156艘/2 101.66万载重吨，干散货船队运力422艘/3 812.55万载重吨，特种船队161艘/453.47万载重吨。

截至2017年年底，中远海运集团合并范围内全年货运量累计完成10.84亿吨，同比增长13.13%；货运周转量累计完成29 140.44亿吨海里，同比增长6.13%，其中集装箱重箱运量累计完成2 644.25万TEU，同比增长18.43%。从运营效率指标情况看，2017年船舶营运率98.5%，同比下降0.3个百分点；船舶航行率66.3%，同比上升0.8个百分点；载重量利用率54.7%，同比上升0.4个百分点；吨船产量39 535吨海里/吨船，同比增加1960吨海里/吨船；箱位利用率62.4%，同比下降1.7个百分点。

集团持有权益的全资及合资码头公司共有50家（包括港口公司下属47家、长滩PCT、洛杉矶WBCT和希腊PPA），管理经营共计248个泊位（包括港口公司的185个泊位、长滩PCT的5个泊位、洛杉矶WBCT的4个泊位、PPA的54个泊位）。其中：集装箱泊位167个，非集装箱泊位81个；2017年集装箱吞吐量为10 425万TEU，散杂货吞吐量为8143万吨。2017年新增码头5个，分别为南通码头、意大利瓦多冷箱码头、西班牙瓦伦西亚集装箱码头、西班牙毕尔巴鄂港集装箱码头及武汉阳逻码头。

集团拥有造船产能820万载重吨/年，修船产能1500艘/年，年可完工交付海工产品13个。2017年，根据国务院国资委压减产能统一部署，集团压减造船产能335万载重吨，压减海工产能7个。

（周家恺）

【员工队伍】

截至2017年年底，中远海运共有员工13.28万人，其中陆地员工8.29万人，船员4.99万人。按境内外划分，境内单位员工12.58万人，境外单位员工7019人。按劳务形式划分，劳动合同用工9.82万人，劳务派遣用工3.33万人，其他从业人员1303人。在劳务合同用工中，在岗职工9.21万人，派出职工3066人，其他职工3009人。

（胡柏青）

组织结构

组 织 结 构

【集团领导班子】

中远海运集团实行董事会领导下的总经理负责制。截至2017年年底，领导班子成员共9名，包括：

许立荣：董事长、党组书记

万　敏：董事、总经理、党组副书记（2017年12月调其他中央企业工作）

孙家康：副总经理、党组副书记

孙云飞：副总经理、总会计师、党组成员

叶伟龙：副总经理、党组成员

黄小文：副总经理、党组成员

丁　农：副总经理、党组成员

王宇航：副总经理、党组成员

俞曾港：副总经理、党组成员

徐爱生：党组成员、党组纪检组组长。

（周家恺）

【集团组织机构】

截至2017年年底，中远海运集团共有集团本部15个、共享中心6个，以及北京办事处1个；共有全资二级子公司24家、控股二级子公司12家；另有事业单位1家、非法人机构1家、代管企业2家。

集团本部主要管理职能如下：

董事会办公室/办公厅　负责集团董事会办公室日常管理和董事成员的协调和服务工作；履行对集团领导服务职能，包括对集团领导专职秘书及相关日常事务的管理；负责管理总部工作进程控制及决策控制，以及对公文、印章、档案、办公自动化系统的管理；负责集团工作报告、重要会议、外事活动等文件的撰写、印发、上报；负责系统外事管理相关工作，出国（境）手续办理及证照的管理，以及公务礼品管理；负责总部日常行政事务，以及总部行政经费预算编制和管控；负责集团保密管理及机要保密工作；负责公务用车、办公装修、办公家具等行政性固定资产投资管理工作等。

运营管理本部　负责集团经营计划管理；负责对航运、码头、物流、制造、航运服务运营情况的汇总、分析，以及例会安排和材料准备工作；负责集团生产经营相关数据的统计、分析、上报工作；负责集团燃油纸货（期货）管理；负责集团应收账款工作的管理；负责跨业务运营协调，跨业务大客户管理；负责特资运输业务和交通战备相关业务的管理；负责与货主的战略合作协议的拟定、签署、跟踪等工作。

安全监管本部（应急指挥中心）　负责安全管理规章制度的研究、制定；负责宏观管理、监督、协调、指导集团各单位的安全生产工作；负责指导全系统环境保护和节能降耗工作；负责职业健康、劳动安全和保护，公共卫生应急管理，以及工伤认定、伤残评定等相关工作；负责宏观管理船舶调度工作，监控船舶运营状态，以及船舶安全预警等应急事件的处理工作；负责海务安全监督、航运保卫和船舶通导相关工作；负责系统船舶机务（含润滑油等）、设备（含船舶备件、物料等）的宏观和安全管理工作等。

战略与企业管理本部　负责集团整体战略规划与研究，战略实施跟踪推进；负责与政府战略合作协议、与企业集团全面战略合作协议的拟定、签署、跟踪工作；负责后评估工作的组织工作；负责研究制定投资管理办法，并按照授权，负责海外投资、买造船等项目的投资管理工作；负责规范公司治理结构，企业工商（包括证照、商标等登记、变更等）、外部社团、所属企业董事、和关联交易管理；企业经营目标制定、考核与监督；负责集团拆旧造新补贴申请和新造船国资预算资金计划工作；负责亏损企业专项治理和“僵尸企业”治理工作；负责可持续发展等相关报告的组织编写工作等。

资本运营本部 负责企业改革重组管理、企业改制管理、产业退出管理，对所属单位资本运营工作进行监督、指导；负责制定和落实资产上市计划，并进行上市资产的市值管理；负责研究、制定集团整体并购规划，开拓新业务；负责并购交易审批，主导交易执行和并购后整合工作；负责集团资产评估与管理，资产清查，收集、维护资本运营信息；按照授权，负责重组并购类投资项目的管理等。

财务管理本部 负责财务会计政策的研究、制定与监督执行；财务会计核算、报表编制和审核，以及财务信息统一管理和披露；负责内部会计控制管理，以及总部行政财务业务；负责税收政策研究和内部税收制度的制订执行，以及税务筹划与研究；负责全面预算管理，以及执行情况的统计、分析；负责债务融资管理，资金管理，并按照授权，负责交易性金融资产投资项目的管理；负责财务相关指标的跟踪、统计和上报统计管理；牵头负责企业年度工作报告，人员业务管理，会计档案管理和监事会联络等工作。

人力资源本部/组织部 负责人力资源各项制度的研究、制定；负责人力资源信息系统的建设，以及相关人员、薪酬等数据的统计、分析、上报工作；负责领导人员、总部员工、海外员工的管理，负责后备干部队伍的建设、遴选、考核；负责统筹制定船员发展规划，研究船员管理体制改革工作；负责统筹制定集团人力资源发展规划，指导开展教育培训、职称评审和技能鉴定工作；负责机构编制和岗位管理工作；负责薪酬制度的研究、制定和贯彻实施，以及人工成本预算管理工作；负责离退休政策和离退休人员管理；负责企业社保及年金制度制定工作等。

科技与信息化管理本部 负责集团信息化战略规划与系统设计，数据与信息标准的管理，以及IT系统管理工作；负责信息化项目开发与管理，集团信息化统建项目的关键用户的指导，牵头负责信息系统的商务谈判、开发实施、测试验收；按照授权，负责技术改造、生产设备更新、科技研发、信息化项目的投资管理；牵头新造船、退役船的商务谈判，以及涉及的技术标准工作；负责科技创新研究，船舶技术研究工作等。

公共关系本部 负责集团对外的宣传，与外部媒体的沟通、联系和协作；负责集团网站的管理；负责企业品牌建设与企业形象管理，承担新闻发言人日常工作；负责政府及相关部门关系管理，国际组织关系管理；负责信息披露管理，公司公共关系及形象管理，潜在投资者分析等。

法务与风险管理本部 负责推进集团法治建设，提供日常法律服务，以及重大案件（含海事海商案件）应对处置组织协调和管控工作；负责集团规章制度综合审查，以及反垄断监管的研究、执行和应对工作；负责指导所属单位加强合同基础管理，以及总部对外签署合同的审核、管理工作；负责建立集团风险管理体系和质量管理体系，规范内控管理；负责集团商标和知识产权的管理等。

党组工作部 负责集团党组日常工作的综合协调和组织实施，以及集团党组会议组织及公文管理等工作；承担企业国家安全有关工作；负责落实、推进集团党建工作、党风建设，协调指导集团党的基层组织建设和党员管理工作，以及集团统战、侨务和思想政治工作；负责企业精神文明建设；负责集团内部的宣传，归口对集团内部新闻媒体的业务指导，对上级管理单位的沟通和信息报送，牵头推进企业文化建设；负责青年工作的开展；负责贯彻、落实上级综合治理工作要求，建立综合治理工作制度和体系；负责信访、维稳工作等。

党组纪检组工作部/监察审计本部 负责研究、制定纪检监察和审计规章制度；负责监察遵章守纪、反腐倡廉、廉洁从业执行情况；负责审查、处理、跟踪违纪违法案件；负责对所属单位纪检监察、案件办理，以及各项审计业务进行规范、指导；负责巡视工作的组织协调、政策研究、服务保障；负责组织、实施财务收支、经济责任等各项审计工作；负责审计问题整改的组织落实等。

工会 负责工会组织建设和相关规章制度的研究制定；负责女工工作；负责组织文体活动，组织、开展先进评比、劳动竞赛，服务船员和船员家属；负责企业民主管理和职代会工作，以及员工权益保障、劳动保护监督工作；负责扶贫帮困机制建设，落实扶贫及援藏工作；负责集团捐赠工作的管理等。（周家恺）

集团组织机构图见图 2-1。

中国远洋海运集团有限公司
总部职能部门
董事会办公室/办公厅
战略与企业管理本部
运营管理本部
安全监管本部（应急指挥中心）
财务管理本部
人力资源本部/组织部
资本运营本部
公共关系本部
法务与风险管理本部
科技与信息化管理本部
党组工作部
监察审计本部/党组纪检组工作部
工会
党组巡视组
整合管理办公室（IMO）
共享中心
研究咨询中心
人力资源中心/社会保险管理中心
新闻媒体中心
财务服务中心
集采中心
审计中心
其他
集团北京办事处
控股子企业12家
中远海运控股股份有限公司
中远海运集装箱运输有限公司
中远海运能源运输股份有限公司
中远海运特种运输股份有限公司
中远海运发展股份有限公司
中远海运港口有限公司
中远海运（比雷埃夫斯）港口有限公司
中国船舶燃料有限责任公司
中石化中海船舶燃料供应有限公司
中远财务有限责任公司
中海集团财务有限责任公司
中远海运科技股份有限公司
事业单位1家
青岛远洋船员职业学院
非法人机构1家
中共中国海运（集团）总公司党校
代管企业2家
中波轮船股份公司
中坦联合海运公司
全资子企业24家
中远海运散货运输有限公司
中远海运金融控股有限公司
中远海运物流有限公司
中远海运重工有限公司
中远海运资产经营管理有限公司
中远海运（上海）有限公司
中远海运（广州）有限公司
中远海运（大连）有限公司
中远海运客运有限公司
中远海运船员管理有限公司
中远海运（厦门）有限公司
上海船舶运输科学研究所
中远海运博鳌有限公司
中远海运财产保险自保有限公司
中远海运（香港）有限公司
中远海运（北美）有限公司
中远海运（欧洲）有限公司
中远海运（东南亚）有限公司
中远海运（西亚）有限公司
中远海运（非洲）有限公司
中远海运（南美）有限公司
中远海运（日本）有限公司
中远海运（韩国）有限公司
中远海运（澳洲）有限公司

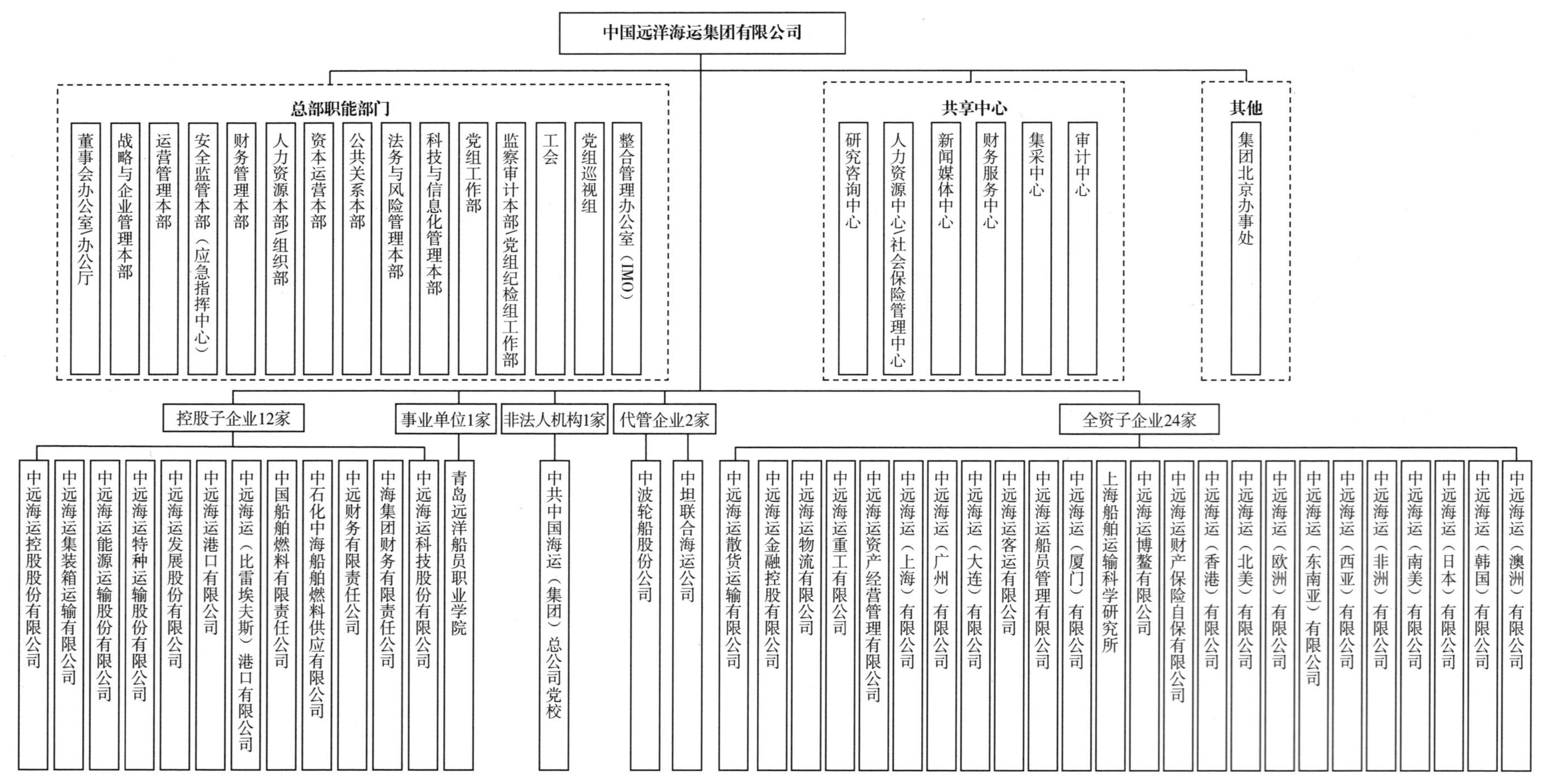

图2-1　集团组织机构图

战略规划

战 略 规 划

【发 展 愿 景】

集团“十三五”期间的发展愿景是：承载国家使命、服务世界贸易、构建全球网络，打造以航运、物流及相关金融服务为基础，多产业集群、世界一流的全球化供应链综合服务平台。集团发展愿景的基本内涵是：①承载国家使命。积极融入国家战略，在中国企业全球化布局过程中，以全球综合供应链服务支持中国资本海外扩张，同时以集团多年植根海外积累的本土化优势积极支撑中国企业海外发展。②塑造世界一流。着重强调“规模增长、盈利能力、抗周期性、全球公司”四个维度均衡发展，努力塑造服务一流、人才一流、管理一流的综合性物流服务企业。③着眼全球化经营。基本完成集团核心业务板块的全球化布局，加大第三国业务开发力度，逐步实现海外经营人才的本土化。④打造供应链综合服务平台。整合集团优势资源，形成航运、物流、航运金融为基础，多产业集群及业务板块的协同互动，借助互联网等先进工具，构建端到端供应链服务能力。（张希南）

【发展四个维度】

第一个维度是规模增长。集团在“十三五”规划期内实现年均收入增速12.5%，至十三五末进入全球企业500强排名前三百位。如不考虑外延式并购因素，则年均收入增速9.1%。

第二个是盈利能力。集团“十三五”规划设定的盈利能力目标为：集团在规划期内实现盈利水平稳步增长，至十三五末实现利润率（当年利润总额/当年总收入）6.2%左右，接近行业领先水平。

第三个是抗周期性。目标为：集团在规划期内实现非周期性业务资产总额占比持续提升，至十三五末非周期性业务资产总额占集团总资产61.8%左右，达到行业领先水平。

第四个是全球公司。目标为：集团在规划期内实现海外收入占比持续提升，至十三五末海外收入占集团总收入40%～45%，达到中国领先企业的全球化水平。（张希南）

【三年滚动规划】

中远海运集团以国务院国资委《中央企业规划编制大纲》为基本框架，以“十三五”发展规划为发展定位和纲领指引，编制完成《中远海运集团2017—2019年发展规划》（以下简称“三年滚动规划”），将“十三五”发展规划确定的各项任务目标，特别是阶段规划任务有效分解、有序落实。三年滚动规划作为“十三五”发展规划的重要组成部分，集团对相关发展指标进行了细化，明确了有关战略实施方案和落地举措，是集团未来三年贯彻国家有关方针政策、实现既定战略任务和目标的重要依据。

依照“十三五”发展规划目标，中远海运集团2019年发展具体目标确定为：

在规模增长方面，规划期内集团年均收入增速有望超过19%。如考虑收购等因素，集团在2019年当年实现总收入超过3900亿元，进入全球企业500强排名前三百位。

在盈利能力方面，集团在规划期内实现盈利水平稳步增长，2019年当年实现利润率（当年利润总额/当年总收入）5.6%左右，接近行业领先水平。

在抗周期性方面，集团在规划期内实现非周

期性业务资产总额占比持续提升，2019 年当年非周期性业务资产总额占集团总资产60% 左右，达到行业领先水平。

在全球公司方面，集团在规划期内实现海外收入占比持续提升，2019 年当年海外收入占集团总收入 40% ~ 45%，接近中国领先企业的全球化水平。

【“6+1”产业集群】

集团“十三五”规划确立了“6+1”产业集群，具体为：航运、航运金融、物流、装备制造、航运服务、社会化产业和基于商业模式创新的“互联网 +”。其中航运产业集群是中远海运核心产业集群，包括集装箱运输、干散货运输、油气运输（油运、液化天然气运输）、客轮运输，以及码头运营等业务；航运金融产业集群是中远海运核心产业集群，包括船舶租赁、集装箱租赁、码头仓储设施租赁为主的航运租赁业务，以及其他非航租赁业务，供应链金融、航运保险、物流基础设施投资，以及金融资产等股权投资业务；物流产业集群是中远海运核心产业集群，包括工程物流、杂货特种船运输、货运代理、仓储网络、多式联运、船舶代理、理货等业务；装备制造产业集群是中远海运重要产业集群，包括船舶制造、修理和改装，海洋工程装备制造等业务；航运服务产业集群是中远海运支持性产业集群，包括船舶燃料供应、船舶管理、船员管理、船舶备件采购等业务；社会化产业集群是集团支持性产业集群，包括地产资源开发、酒店管理、海事院校、医院等社会化服务业务。此外，“6+1”中的“1”是“互联网 +”相关业务。2017 年，中远海运着力开展基于商业模式创新的“互联网 +”相关业务，以更好地推动各业务升级和转型。

（张希南）

【产业集群及业务板块之间的关系】

在“十三五”规划中，集团确立了“6+1”产业集群的资源和业务布局架构，明确了各主要业务板块的产业定位、市场划分、发展侧重，以及相关关系。①集团是基于对市场基础容量、行业发展阶段、业务资源状况，以及客户需求变化的系统分析和综合判断，来划分和界定各业务板块的集群界定和基础职能。②实现集团“6+1”产业集群的均衡健康发展，立足点是创新集团顶层设计和优化业务管理架构，除航运金融和航运服务产业集群主要从资产层面整合集群内各业务板块外，其他产业集群或业务板块之间主要通过业务关系加强协同联动。③各业务板块在集群内部以及集群之间不是隶属关系，而是以产业链、业务链为纽带的协同分工关系，彼此之间是平等的市场主体。对于处于同一产业链条不同环节的业务板块，既可以按照市场化原则互为市场、互为客户，也可以按照集团利益最大化原则，通过联合营销、为客户提供综合服务解决方案，共同开发外部客户，发挥协同优势和效应。对处于不同产业链条的业务板块，业务关联性相对较弱，但同样可以通过资源共享、业务合作和信息互联等手段，共同提升竞争能力。④“有增有减、增量发展”是集团“6+1”产业集群模式的基本特征和着眼点；一方面，对于市场容量有限、扭亏无望且处于资产低效无效状态的业务板块，可通过出售、引入外部投资者等多种模式逐步退出；另一方面，对于发展前景良好、有益于提升集团战略地位和综合竞争能力的业务板块，将赋予更多的目标市场，更丰富的市场容量，更多样的客户资源。

（张希南）

集团董事会

集团董事会

中国远洋海运第一届董事会成员有 7 名，包括董事长、党组书记许立荣，董事总经理万敏，刘章民、何庆源、钟瑞明、徐冬根 4 名外部董事和职工董事王海民。

【董事会及专门委员会会议】

中国远洋海运第一届董事会 2017 年共召开 9 次会议，其中现场会议 4 次，书面通讯表决会议 5 次；共计审议 44 项议案，听取 5 项重大事项报告，主要审议了集团公司章程、董事会和专门委员会议事规则、年度投资及调整计划、财务预算决算、内部控制评价工作报告等重大事项，在集团战略决策、管理监督、风险控制等方面发挥了重要作用。

中国远洋海运第一届董事会设立 5 个专门委员会，分别为战略发展委员会、提名委员会、薪酬与考核委员会、审计委员会和风险管理委员会，委员会由 4 ~ 5 名董事组成。2017 年，各专门委员会围绕董事会重要的决议事项，共召开 6 次会议，评议议题 8 项，听取工作报告 1 项，讨论评议的全部议题形成的专项意见均提交董事会审议。

2017 年度，邀请国务院监事会列席董事会会议合计 3 次，列席专门委员会会议 2 次。按照《支持配合国有企业监事会监督检查工作办法（试行）》，集团配合国务院监事会做好重要会议协调、重大事项报告、信息资料报送，积极组织落实监事会专项检查的各项安排和配合保障工作，确保国务院监事会各项工作顺利开展。（李锦绣）

【投 资 决 策】

中国远洋海运董事会坚持对重大投资项目严格把关，同时鼓励经理层积极开拓市场，强化营销工作，提升风险防控，努力实现增产增收。

2017 年，董事会第 11 次会议审议通过了“2017 年度资本性支出 / 投资计划”“2017 年度预算报告”议案；第 16 次会议审议通过了“年度投资调整计划及资产处置计划”的议案，确定了 2017 年资本性支出计划，要求投资符合集团的战略发展规划要求，聚焦战略核心产业，把控好风险，加强投资管理，包括对项目事前、事中、事后的管理，与资金、投资回报有效结合起来，并高度关注金融投资风险。战略发展委员会在董事会之前评议了年度投资计划和调整计划，并形成专门意见提交董事会。2017 年，全集团完成投资 994 亿元，其中，航运产业集群投资占比 64%。在船队建设方面，董事会第 11 次会议审议通过了关于集团 75 条退役船舶的议案；第 18 次会议审议通过了关于中远海运能源参与投资日本商船三井 Yamal LNG 项目 4 艘常规性船舶的议案，以及新造 14 艘油轮的议案。2017 年，集团共累计拆解 70 艘 /378 万载重吨船舶，适时抓住造船市场有利时机，推进船队更新，集团平均船龄降至 8.01 年，单船载重吨达到 8.31 万吨，船队向专业化更强、竞争力更大、环保性更优方向不断迈进。（李锦绣）

【预决算管理】

中国远洋海运董事会以中央经济工作会议和国务院国资委中央企业负责人会议精神为指导，根据国务院国资委关于 2017 年度预算编制工作指导意见的有关要求，不断加强和完善预算组织工作，进一步强化总部统领和管控作用，以提高发展质量和效益为核心任务，督促指导编制中国远洋海运集团 2017 年度预算报告。集团董事会第 11 次会议和第 12 次会议分别审议通过了 2016 年度财务决算、2017 年度预算报告的议案。审计委员会 2017 年度共召开 3 次会议，先后听取 2016 年度审计总结和 2017 年度审计计划，评议 2016 年度财务决算、2017 年度财务决算审计机构等议题，评议内容全部形成专项意见提交董事会审议。（李锦绣）

【风 险 管 控】

集团董事会第 12 次会议审议通过了“2016 年度内部控制评价工作报告”和“2017 年度全面风险管理工作报告”的议案，对于高风险业务、新型业务、重大改革，以及重大投资并购等事项，建立专项风险评估制度；对各二级单位和海外公司实施法务与风控考核，切实将企业经营管理纳入制度化轨道，确保依法合规经营。（李锦绣）

【推进资本运作】

2017 年，集团董事会第 11 次会议审议通过了关于中国远洋海运入股青岛港国际项目的议案，听取了收购上海农商银行 10% 股权的报告，进一步加快在金融板块关键领域的布局；第 14 次会议审议通过了关于集团收购上港集团 15% 股权的议案；第 15 次会议审议通过了收购东方海外（国际）有限公司议案和上海港宣布联合要约收购 68.7% 的股权；第 18 次会议审议通过了所属相关上市公司非公开发行 A 股股票的议案，非公开发行工作；顺利开展，募集资金 269 亿元。（李锦绣）

【直属公司规范董事会建设】

2017 年，中远海运集团先后批准下发 30 家直属公司的董事会及董事长授权事项清单。相关直属公司共完成董事会“非受限”事项行权 15 项，涉及金额 47.55 亿元；完成董事长授权事项行权 228 项，涉及金额 899.96 亿元；发挥了直属公司经营层的积极性，提高了管理效率。（李锦绣）

国企改革

国 企 改 革

中远海运集团贯彻落实国企改革“1+N”系列文件精神，按国务院国资委部署做好改革试点实施工作，牢牢把握“稳中求进”工作总基调，改革创新精准发力，坚定不移深化国企改革，着力体制机制创新，激发各要素活力。

【重 组 整 合】

在航运服务、社会化产业等领域，集团深入推进船员体制改革、船管体制改革、船员教育培训资源整合及地区公司定位与发展四项改革。2017 年 11 月，船员管理体制改革方案通过了集团总经理办公会的审批；12 月 26 日，中远海运船员管理有限公司正式挂牌成立。

集团扎实推进信息资源整合，启动了上市公司中海海科收购 5 家信息化公司股权工作，所属上海船研所按照国务院国资委统一要求，加快推进股权调整和后续整合等工作。

根据集团理货业务定位，调整中联理货和中外理的股权归属，理顺内部关系，开拓更多第三方检验业务；完成所属中外理公司业务整合方案涉及的总部机构、业务和人员重组整合，积极推进中联理、中外理股权纳入物流体系工作，实现资源优势共享，发挥整合效应。

【试点职业经理人制度】

2016 年以来，集团在所属金控平台试点建立职业经理人制度，通过从市场公开选聘与现有班子成员转换身份相结合的方式选聘职业经理人，实现了干部从“行政任命”到“市场身份”的重大转变，打破了“铁饭碗”，废除了“终身制”。通过建立职业经理人制度，真正起到“引进一个人才、创新一套机制、搞活一家企业”的带动和辐射效应。2016 年以来，面向社会公开招聘 6 名职业经理人，引进急需紧缺、确有真才实学、市场充分认可的高端人才到集团。同时，畅通内部经营班子转换通道，发挥内部人员熟悉企业情况的优势，将金控平台 7 名符合条件的班子成员转换成职业经理人，初步建立一支市场化、职业化、国际化的职业经理人队伍。同时实行契约化管理，按照“一岗一契约，一年一考核”原则，董事会与职业经理人签订岗位聘用合约与绩效合约。集团将金控平台基本经营目标、重点战略任务、风险及管理约束事项有机结合，为每位职业经理人制定专属个性化指标体系，在通用考核指标的基础上，通过对标市场，体现个人岗位特点的个性化差异和市场化水平，更加精确地反映出职业经理人的岗位绩效情况。董事会根据双方签订的契约合同、年度经营目标责任书对职业经理人进行考核，并将考核结果作为薪酬兑现、岗位聘任或解聘的依据。

【市场化用工制度改革】

在金控、租赁、自保、资产等市场化程度较高的单位和上海泛亚航运开展混合所有制试点改革，采取公开遴选、公开招聘、竞聘上岗等方式从市场选聘优秀人才，其中部门中层以上管理人员比例超过 35%。自保公司已有人员 30 人，平均年龄 35 岁，其中具有航运、保险从业经验的专业人才占 92.31% ，硕士研究生及以上学历的员工占 57.69%，具有海外教育及从业背景的国际化人才占 34.6%，通过引进紧缺急需的优秀人才，为集团新兴产业发展提供了人才支撑。积极探索以合同管理为核心、以岗位管理为基础的市场化用工制度，公司与员工建立契约关系，明确聘期、业绩目标以及相应的责权利。坚持契约化考核、对标化薪酬、制度化退出，用业绩说话，用绩效决定资薪水平，根据“同业绩、同薪酬”原则，对标市场化薪酬水平。对绩效不达标或不符合岗位要求的员工解除或终止合同，有效激发动力、传导压力，确保各项生产经营效益指标圆满完成。

【深化混合所有制改革员工持股试点】

2016 年 11 月，中远海运集运所属上海泛亚航运有限公司作为首批混合所有制改革员工持股试点企业获得了国务院国资委批准后，集团全力推进试点工作，制定下发《国有控股混合所有制企业员工持股试点管理办法》等相关制度，精心研究和指导泛亚航运制定员工持股试点方案。自 2017 年 4 月，完成泛亚航运增资项目在上海联合产权交易所正式公开挂牌、外部战略投资者完成摘牌（持股 10%）、引入员工持股（持股 8%）等工作。6 月 29 日，混改后的泛亚航运完成工商变更登记，试点工作顺利完成。

【供给侧结构性改革】

化解过剩产能。集团积极推进船队结构调整，2017 年集团累计拆解 70 艘船舶 /678 万载重吨；同时抓住造船市场有利时机，谨慎推进船队更新。截至 2017 年 12 月底，集团平均船龄已降至 8.01 年，单船载重吨达到 8.31 万吨，船队向专业化更强、竞争力更大、环保性更优方向不断迈进。

处置“僵尸企业”。2016 年，集团提前完成了南通中远重工、厦门远海码头 2 户特困企业的治理任务。2017 年，两家公司各项指标继续维持向好。通过努力，集团 2017 年完成中海工业广州公司、中海工业上海长兴公司、中海工业江苏公司、上海远洋宾馆 4 家公司的治理任务，其中“僵尸企业”中海工业广州公司已完成清算关闭。截至 2017 年年底，集团共完成 6 家僵困企业的治理工作，剩余 1 家中海工业公司，在 2018 年完成治理。

降杠杆减负债。集团深化改革和结构调整，进一步增强企业积累能力和盈利水平；利用改革重组后带来的规模优势，优先内部重组整合，充分发挥内部协调效应，实现资产价值的充分利用，实现存量资源的优化和存量资产效率质量的提升，年内通过优化资金安排，增资中远海运散运，降低了公司的负债率。加强资金和债务预算管理，严格预算执行，确保债务规模控制在年度预算范围内。加大对重点企业和重点业务板块的督导，严控“两金”占用规模。实施分类监管，严防发生重大财务危机和债券兑付风险；加强负债管理和动态监测。加强债务管理，做好债务结构、期限、币种匹配、汇率管理，控制短债长投的风险，防止出现流动性风险。（王易）

CHINA COSCO SHIPPING
CORPORATION LIMITED
YEARBOOK

中国远洋海运集团有限公司

年鉴

第三篇

产业集群

概述

概　述

“十三五”时期，中远海运集团初步形成了有限多元化产业布局，称之为“6+1”产业结构，即以航运、航运金融、物流产业为核心，以装备制造、航运服务、社会化产业为支持，以“互联网 +”为商业模式创新方式。通过打造新的产业布局，大力提升集团的国际竞争力与综合实力。

航运产业集群作为集团核心产业集群，按业务类型划分为集装箱运输、油气运输、干散货运输、码头运营 4 大业务板块，以及对台客货运输业务。截至 2017 年年底，航运产业集群实现收入 1 259.57 亿元、利润总额 87.49 亿元；其中集装箱运输业务收入及利润总额分别为 868.22 亿元、21.61 亿元；油气运输业务收入及利润总额分别为 97.59 亿元、17.18 亿元；散货运输业务收入及利润总额分别为 241.73 亿元、4.8 亿元；码头业务收入及利润总额分别为 52.03 亿元、43.9 亿元。

航运金融产业集群作为集团核心产业集群，按业务类型划分为租赁、金融股权投资、保险和财务公司 4 大业务板块。主要包括中远海运发展、中远海运投资、中海财务、中远财务及中远海运自保等业务主体。截至 2017 年年底，航运金融产业集群实现收入、利润总额分别为 176.57 亿元、111.6 亿元。

物流产业集群作为集团核心产业集群，按业务类型划分为特种货物运输、综合物流、船舶代理、专业物流、液体储运，以及理货检验 6 大业务板块。截至 2017 年年底，物流产业集群实现收入、利润总额分别为 375.42 亿元、14.42 亿元。

装备制造产业集群作为集团重要产业集群，按业务类型划分为船舶修理改装、船舶制造、海洋工程装备制造，以及集装箱制造 4 大业务板块。截至 2017 年年底，装备制造产业集群实现收入、利润总额分别为 154.26 亿元、−17.38 亿元。

航运服务产业集群作为集团支持产业集群，按业务类型划分为船员和船舶管理、船舶燃料供应、船舶物资供应（润物料、水、伙食等物资供应、备件供应、海图销售），以及通信导航（主要以通信导航设备维修业务为主）、油漆生产和贸易 5 大业务板块。截至 2017 年年底，航运服务产业集群实现收入、利润总额分别为 758.01 亿元、19.92 亿元。

社会化产业集群作为集团支持产业集群，承担了服务其他产业集群、孕育新兴产业、进行地区管理等多项综合职能。综合各种历史沿革及资源存续，社会化产业集群呈现出企业众多、业务分散、盈利能力不强的特点。共有不动产投资、高速公路、交通科技、教育、医疗康复养老和酒店邮轮旅游 5 大业务板块。截至 2017 年年底，社会化产业集群实现收入、利润总额分别为 24.63 亿元、−1.21 亿元。

在“互联网 +”业务方面，集团积极开展技术创新和商业模式创新，着力构建集团科技创新支撑平台、大数据应用管理平台和科技信息产业化平台；加强集团信息化建设，支撑集团航运主业发展，努力把企业发展成为智慧交通、智慧航运、智慧物流、智能船舶和环境工程等领域领先的解决方案供应商和平台运营商。

航运产业集群

航运产业集群

【主 要 业 务】

航运产业集群作为集团核心产业集群，其业务范围涵盖了集装箱运输、油气运输、干散货运输、码头经营、对台运输业务和海（境）外业务等。

集装箱运输业务 主要通过中远海运集装箱运输有限公司（以下简称“中远海运集运”）专业经营集装箱运输业务。中国远洋海运集团的集装箱船队的主力船队是全集装箱船队，除此之外，杂货特种船队和客轮船队也提供少量的集装箱运力。截至 2017 年年底，中国远洋海运集团集装箱的总运力为 195.96 万 TEU；集团全集装箱船队自有船舶 156 艘，载箱量为 109.16 万 TEU；租入船舶 211 艘，载箱量为 76.26 万 TEU；控制运力为 367 艘船舶，载箱量为 185.42 万 TEU；占集团集装箱总运力的 94.62%。此外，集团杂货特种船队和客轮船队具有 10.54 万 TEU 的运力；这些船舶集装箱运力占集团集装箱总运力的 5.38%。

油气运输业务 主要通过中远海运能源运输股份有限公司（以下简称“中远海运能源”）专业经营石油、液化天然气（LNG）等液体散货运输业务。按运力规模统计，中远海运能源运输船队是全球第一大能源运输船队。截至 2017 年 12 月 31 日，中远海运能源船队控制油轮船舶运力 135 艘 /19 650 891 载重吨，其中，自有运力 128 艘 /18 069 148 载重吨；租入运力 7 艘 /1 581 743 载重吨。LNG 和 LPG 运输船队拥有船舶 21 艘 /1 365 757 载重吨，总仓容为 2 631 714 立方米，全部是自有船舶。

干散货运输业务 主要通过中远海运散货运输有限公司（以下简称“中远海运散运”）专业经营金属矿石、煤炭、粮食等干散货运输业务。2017 年，中国远洋海运集团旗下的干散货运输船队，拥有和控制各类散货船 422 艘 /39 492 951 载重吨，其中自有船舶 359 艘 /22 566 378 载重吨，租入船舶 63 艘 /5 809 641 载重吨。干散货运输船队主要装载铁矿石、煤炭、粮食、散杂货等全品类散装货物，航线覆盖国内沿海和世界主要港口，服务网络遍布全球。干散货船运力规模位居世界第一。

码头业务 主要通过中远海运港口有限公司（以下简称“中远海运港口”）、中远海运（比雷埃夫斯）港口有限公司、中远海运（北美）有限公司经营码头及相关业务。截至 2017 年年底，集团参与投资并拥有权益的境内外码头 55 个，其中境外 21 个；全年集装箱吞吐量 1.04 亿 TEU，在全球码头运营商中吞吐量排位第一；其中，中远海运港口吞吐量为 1 亿 TEU。从码头布局看，在境内环渤海、长三角、东南沿海、珠三角、西南沿海、长江中下游等主要经济区域均有布局；在境外，有美国、希腊、西班牙、意大利、土耳其、比利时、法国、荷兰、阿联酋、新加坡、韩国、埃及，以及中国香港、中国台湾等地区进行布局，初步构建起以中国市场为主、国际市场持续增长的全球码头经营格局。

对台运输业务 集团主要通过中远海运（厦门）有限公司从事大陆与台湾间的旅客和货物运输业务。集团积极发挥厦门中远海运地处海峡西岸的区位优势，在两岸海上交流实践中做了大量首创性工作，实现了真正意义上的两岸客货直航，先后主导开通和运营泉州—金门、厦门—金门等海上客运航线，厦门—台中、厦门—基隆、厦门—高雄、大麦屿—基隆等闽台、浙台海上客货直航航线，为提升闽台经贸合作水平、加强两岸产业合作和文化交流、方便两岸人民往来、促进两岸互利共赢做出积极贡献。

境外区域公司　“十三五”期间，集团在境外主要区域设立了了中远海运（香港）有限公司、中远海运（北美）有限公司、中远海运（欧洲）有限公司、中远海运（东南亚）有限公司、中远海运（西亚）有限公司、中远海运（非洲）有限公司、中远海运（南美）有限公司、中远海运（澳洲）有限公司、中远海运（日本）株式会社、中远海运（韩国）有限公司 10 家境外区域公司，主要承担起集团的全球业务协同、信息共享、新兴业务孵化、区域服务支持、国际人才培养五大平台作用。

【首批哈国小麦过境连云港运往东南亚】

2 月 5 日下午，由中远海运集装箱运输有限公司青岛分部连云港公司运作的首批在连云港过境的哈萨克斯坦小麦顺利装上“新欧洲”轮，通过海运到达东南亚。

在“一带一路”建设框架下，连云港充分发挥其陆海交汇点的区位优势。来自哈萨克斯坦装载小麦的火车，从阿拉山口口岸入境，如期抵达连云港中哈物流基地。这票小麦货物在连云港口岸换装中远海运集装箱，配载中远海运集运 MD1 航线，在连云港过境，最终到达目的地越南。这是哈国小麦首次从中国过境发往东南亚市场，体现了连云港作为哈萨克斯坦乃至中亚东向唯一出海口的重要地位，此举将有力助推连云港口岸粮食上量，做强“一带一路”过境业务，促进中哈两国贸易往来。由于该批小麦需在 5 日中午才能通关放行，而“新欧洲”轮于当日下午离港，为不影响船期，连云港公司积极主动与码头和中联理货沟通协调，预留积载位置，外勤紧盯放行进度。在放行后第一时间联系码头配载，确保该批小麦及时、顺利装船出运。（陈治国）

【散运签署“快矿”准班轮合作协议】

2 月 23 日，中远海运散运、湛江港集团、上海宝英航运三方在湛江签署《湛江港“快矿”准班轮合作协议》，标志着中远海运散运第一条矿石准班轮正式开通。中远海运散运副总经理（主持工作）杨志坚、湛江港集团总裁刘恩怀、上海宝英航运董事长陈玉宝出席并见证了签约仪式。中远海运散运副总经理黄南、湛江港集团副总裁王越，上海宝英航运总经理王晟代表三方在协议上签字。

签约仪式上，三方公司领导均对“快矿”准班轮模式充满信心、寄予厚望，并表示三方将齐心协力，共同维护，把“快矿”准班轮打造成“运价优惠、班期准时、运输快捷、航线稳定”的品牌产品。

湛江港集团、宝英航运是中远海运散运长期以来的重要战略伙伴。此次“快矿”准班轮合作协议的签署，是三方多年来通力合作的结晶，必将推进三方合作关系的进一步深化，开启三方互利互惠、合作共赢的新篇章。

《湛江港“快矿”准班轮合作协议》是中远海运散运签订的第四个干散货准班轮航线运输协议，是公司积极贯彻集团 2017 年工作会部署，全力拼搏全年任务目标的一项重要举措，也标志着公司在积极推进“三个转变”、强化营销引领、实现业务增量等方面取得新的突破。

当日下午，执行“快矿”运输任务的“安悦山”轮在湛江港顺利装完货，按时开航前往常州港。

（王正）

【欧洲公司 IET 业务在欧洲铺开】

为全面落实集团大力发展第三国航线和区域运输市场的战略，中远海运集运（欧洲）有限公司于 4 月 8 日开辟一条连通西北欧—地中海的区域航线 NET。新的 NET 航线使欧洲公司在欧地区域内自有支线“连线成网”，服务能力全面升级，也标志着中远海运集运 IET 业务（欧洲区域内贸易）在欧洲大陆全方位铺开，是区域市场和第三国市场开发战略的历史性突破，具有里程碑式的深远意义。NET 的开辟也将中远海运在比雷埃夫斯港口提供的干、支线服务频率提高到每周 15 班次，为客户提供最具竞争力的服务，进

一步强化了比港的战略枢纽地位。（吉轩）

【集运开辟西北欧—地中海直达服务】

当地时间4月9日下午，中远海运集运（欧洲）公司全新的欧洲区域航线NET（North Europe Turkey Service）首航仪式在土耳其昆波特码头举行。

NET航线是中远海运集运首次提供更具竞争力的欧地间直达服务。该航线为国家“一带一路”倡议在欧洲的全面落实，以及集团第三国航线和区域市场开发起到至关重要的作用。中国驻伊斯坦布尔总领馆商务领事、昆波特码头CEO，以及当地客户代表近百人应邀参加了此次首航仪式。新华社及多家当地媒体也对首航仪式进行了现场报道。

据悉，NET航线挂靠中远海运在欧洲地区投资的希腊比雷埃夫斯港、比利时安特卫普港和伊斯坦布尔昆波特码头，可有效接转AGT、IAS、TBX、PNX等自有支线，全面连通西北欧主要港口与亚德里亚海、黑海、地中海东部各港口，并通过意大利萨莱诺港提供地中海出口至美国的新路径。本周NET航线北行、南行同时开航，其中北行第一航次达到满载，从西北欧出发的南行航次货量装载也取得了巨大成功。（王修平）

【集运开通海铁“北粮南运”大通道】

4月17日上午9时，“北粮南运”海铁大通道开通仪式在珠海高栏港举行，标志着中远海运与珠海港合作的“营口—珠海—衡阳”海铁联运项目正式开通运营。在中远海运集装箱运输有限公司所属泛亚公司和华南公司延伸业务部的大力推动和协调下，在中远海运集运武汉公司、高栏港及广铁的配合下，中远海运集运华南公司大力开发进口粮食货源，开辟出这条华南进出湖南的快捷海铁联运通道。珠海高栏至湖南衡阳铁路运距近700千米，运输时间2～3天，相比客户原来从营口海运转长江的运输模式，全程运输缩短了近10天，有效提高了货物的运输效率，提升了客户服务质量。（徐诚诚）

【散运20.8万载重吨首制船命名交付】

5月12日，中远海运散货运输有限公司建造的20.8万载重吨系列船首制船“广元海”在上海外高桥船厂顺利交接并投入营运。中远海运散运副总经理陈延、上海外高桥造船有限公司总工程师陶颖、中国船舶工业贸易有限公司副总经理胡凯、上海外高桥造船有限公司副总经理周琦出席交船签字和命名仪式。中远海运散运战企部副总经理王晖女士为“广元海”命名。“广元海”轮长299.88米、船宽50米、型深25米、满载吃水18.5米，共有9个货舱，主要装载矿石、煤炭等货物，可服务全球客户。该轮的投入运营，有助于进一步优化中远海运散运船队结构，推动航运经营创效。（刘艺惠）

【集运C919项目运输再获成功】

5月5日，国产化率50%以上的首款国际主流客机上海首飞成功后，作为中航工业江西洪都商飞的重要合作伙伴，中远海运集装箱运输有限公司武汉分部开始了C919前机身第四架次长途运输。由武汉分部供应链项目部牵头统筹规划、周密设计运输全过程，江西公司和远洋汽运协同配合，经历前后两周时间圆满完成运输和交付任务。

武汉分部多次派员到现场实地察看工作进展，与客户围绕运输和后期的广泛合作充分交换意见；江西公司细致安排运输所需资料，与相关部门沟通和协调；远洋汽运选拔5名最优专业技术人员负责全程运输操作。

此次运输虽然有过往经验，但是这类超大件长途运输是工程运输类风险、难度最大的一种，从南昌到上海这条繁忙的高速线路上，随着逐年增加的车辆，运输难度和风险也逐次增大。为此，项目组系统策划、提前准备，运行前进行全程路勘和线路选择；于4月中旬召开运输协调会议，将运输线路、资质准备、人员分工、工装设备、应急预案等工作逐一落实，难点和风险点进行研讨并制订方案；实操人员到现场对运输车辆进行前期保养，对设备进行维护，所有辅料进行清理和准备，扎扎实实落实每个细节工作。

5月10日为首次运输，对前机身进行整装、损痕检查、绑扎和防护，次日6时，一个长26米、宽4.6米的白色庞然大物及两台辅助车辆浩浩荡荡从基地出发，所有人员精神高度集中、各就其位。整个运输过程按照操作要求执行，对于运行速度严格控制；每次变道和转弯都有规范的操作要领，要与车队相互配合；每个时间节点抵达的卡口、经过的路口和停留的位置都是事先设计稳妥的。这支能打硬仗的项目队伍沿路克服了诸多困难，每到达关键的交接地带都安排当地交通部门进行协调，还包括设定临时通道、高速逆行等措施。为把控好时间节点，所有人员都无法按照正常时间进餐和休息，必须按规程安排好岗位的正常交替。全程770千米、单趟连续运行22小时，两次往返运输历经12天，货物完好地交付上海商飞基地，得到客户的一致好评，也为中远海运集运赢得了口碑和荣誉。（罗德锦）

【厦门远海全自动化码头接卸2万箱巨轮】

5月27日，我国首个全自动化码头——中远海运港口厦门远海码头举行全球第一艘超2.1万TEU级别的集装箱货轮“东方香港”号首航作业启动仪式。厦门远海码头由中远海运集团下属中远海运港口控股运营，是拥有全球领先、中国首个全部自主知识产权的全自动化码头，实现了码头全智能控制，精准高效、低成本、更安全。码头设备全部采用电源驱动，亦为全球首个无内燃机驱动设备作业，是真正的无污染零排放绿色环保码头。本次首航也是目前世界最大级别的集装箱船第一次靠泊厦门港，同步创造了中国首个全自动化码头首次承接全球最大型集装箱船舶首航作业的纪录。（钟远海）

【泉州/晋江至厦门开辟外贸内支线】

7月20日，泉州/晋江太平洋至厦门远海码头外贸内支线船舶“明奋”轮首航挂靠晋江太平洋码头围头港区，这是继2017年开通越南泰国直航航线后，中远海运港口有限公司旗下晋江太平洋围头港区开通的第2条外贸航线。

该航线由厦门/泉州中远海运集装箱有限公司组织货源，中远海运港口旗下泉州/晋江太平洋港口与厦门远海码头联合开辟，是中远海运集团内部协同效应释放的又一成果。首航次装载40英尺集装箱的货物，通过中远海运港口厦门远海码头的澳洲航线，转关后直达澳大利亚悉尼。航线固定周班（周四）运营，依托围头港日臻完善的通关环境，借助中远海运港口厦门远海码头海洋联盟的全球航线网络服务，实现了就近通关，为家门口的企业提供了物流成本更优、通关更便捷的进出口通道。（王士翰　洪春晓）

【能源“中能北海”轮命名交船】

6月1日上午，中远海运能源所属上海LNG在上海长兴岛0号码头举行APLNG项目（澳大利亚太平洋LNG项目）“中能北海”（CESI BEIHAI）轮命名暨交船仪式。国务院国资委监事会05办主任刘珊作为教母为该轮命名砍缆。中远海运集团副总经理、党组副书记孙家康，中石化、中船集团、商船三井等相关合作方领导和嘉宾出席仪式。

“中能北海”轮船长290米，设计吃水11.7米，每航次可装载17.4万立方米液化天然气，是目前全球最先进、最环保的LNG船舶之一。“中能北海”轮作为上海LNG、中石化冠德与日本商船三井APLNG项目的第三艘船舶，交付后将与“中能福石”轮、“中能青岛”轮一起，服务于澳大利亚至我国北海、青岛等港口的航线，为中国石化在广西、山东等地区的天然气用户提供切实有效的能源保障。中远海运能源所属上海LNG共有6艘LNG船舶投入运营，年运输量超过600万吨。随着“中能北海”轮的起航，中远

海运能源将继续为我国能源运输和全球 LNG 运输业书写新的篇章。（余勇　李力）

【集团首艘 2 万 TEU 集装箱船下水】

6 月 16 日，中远海运集团首艘 2 万 TEU 集装箱船在上海外高桥造船有限公司 2 号船坞出坞下水。该船是中远海运集运批量订造的同类型船的首制船，建成交付后有效改善中远海运集运的船队运力结构，进一步提高亚欧航线的竞争力。该船也是中国船厂至今建造的最大箱位集装箱船，完全由国内设计单位自主设计，在装载能力、营运经济性、节能环保和船员关怀等方面较以往船型均有显著提升，总体性能达到国际同类型船的先进水平。（范志勤）

【港口公司收购马士基码头 76% 权益】

9 月 11 日，中远海运港口有限公司旗下全资附属公司中海港口发展有限公司与 APM Terminals B. V.（马士基码头）订立一份具有法律约束力的谅解备忘录，拟收购 APM Terminals Zeebrugge NV（APMTZ）约 76% 权益。本次收购完成后，由 APMTZ 经营的比利时泽布吕赫码头成为中远海运港口在西北欧地区的第一个控股码头。此次收购，进一步促进中远海运港口重要门户港及全球战略支点建设，同时，有利于中远海运集装箱运输有限公司进一步优化西北欧的航线网络布局。

泽布吕赫港是比利时第二大港口，地理位置优越。泽布吕赫码头毗邻汉堡及勒阿弗尔区，接近英国。作为通往各个方向的交通枢纽，泽布吕赫港拥有良好的公路及铁路网络连接欧洲大陆各个国家，及西北欧、中欧地区、东欧地区等沿海港口。此外，泽布吕赫港还是天然深水良港，能够满足大型船舶挂靠的需求。（钟远海）

【VLCC“远旺湖”轮投入运营】

11 月 9 日，中远海运能源所属大连油运 30.8 万吨 VLCC“远旺湖”轮交接船暨命名仪式在大连船舶重工码头隆重举行。中远海运集团总会计师孙月英为新船命名砍缆。“远旺湖”轮是大连船舶重工集团为大连油运量身打造的节能环保型防泥沙系列 VLCC 产品中的第六艘，也是今年大连船舶重工交付的第四条 30 万吨级大型油轮，总长约 332.5 米，型宽 60 米，最大载重量 30.8 万吨。（焦洋）

【大连集装箱码头有限公司揭牌】

11 月 28 日，大连集装箱码头有限公司揭牌仪式在大连举行。自此，经过百余天的运营筹备，大连港 3 家集装箱码头公司的股权整合工作落下帷幕，正式“合三为一”。

整合后的大连集装箱码头有限公司由大连港集团、新加坡港务集团、中远海运集团和日本邮船株式会社四大港航企业经营人共同出资组建，经营范围涵盖原 3 家集装箱码头公司的全部业务类型，总投资 101.9 亿元人民币，注册资本 34.8 亿元人民币。

通过整合，大连集装箱码头有限公司对大连港大窑湾南岸集装箱码头资源实施统一管理和运营，能够最大化地提升码头运营效率，统一服务标准、优化资源配置、发挥规模效应，对加快港口发展新旧动能转换、做强做优港口主业、开创对外开放发展新格局具有重要而深远的意义。而此次采用的股权整合模式也开创了全国港口股权整合之先河。

整合后的大连集装箱码头有限公司岸线总长度为 5759 米，最大水深 17.8 米，顺岸布置 18 个专业集装箱泊位（目前 14 个已投入使用），其中可挂靠 20 万吨级集装箱船舶的深水泊位 5 个；拥有集装箱岸桥 35 台，堆场面积 293.5 万平方米，成为中国北方规模最大的专业集装箱码头之一，肩负起口岸超大型集装箱船舶靠泊接卸使命，码头硬件实力优势明显。

中远海运港口董事副总经理方萌受邀参加揭牌仪式，并接受了辽宁电视台采访，介绍了中远海运港口“The Ports For ALL”的发展理念，

以及致力于打造价值共创共赢的商业平台、与全球客户伙伴共荣共享的理想和信念。（远海港）

【冰区首制船“VLADIMIR RUSANOV”命名】

12月21日上午，中远海运能源运输股份有限公司所属上海LNG与商船三井合作的亚马尔项目冰区首制LNG船“VLADIMIR RUSANOV”命名仪式，在韩国大宇玉浦船厂码头隆重举行。俄罗斯诺瓦泰克公司董事会副主席兼商务总监Lev Feodosyev、商船三井社长池田润一郎、中石油中俄项目部总会计师杨桂荣、上海LNG总经理庄德平，以及韩国大宇船厂等各界嘉宾共计120余人，共同见证新船命名。诺瓦泰克公司政府合作部部长Veronika Alekseevna Makeeva女士为新船命名砍缆。

“VLADIMIR RUSANOV”轮取名前苏联北极探险家、地质学家弗拉基米尔·鲁诺夫，是中远海运能源与商船三井为亚马尔项目订造的3艘冰区加强型LNG船中的首制船。该轮长299米、宽50米，能够装载17.2万立方米LNG，拥有Arc7级双向破冰能力，为目前全球商船最高破冰级别，可在−52℃的极低温环境下连续攻破厚度达2.1米的北极冰而自由航行。

“VLADIMIR RUSANOV”轮体现了中远海运能源“北极破冰航线”定制服务的高标准和严要求，标志着中远海运能源极地破冰LNG船项目建造取得了重大进展，对践行“一带一路”倡议、开启北极海域LNG运输航线，具有重要意义。

据悉，该轮将于2018年2—3月在北极海域进行破冰试航，于3月底在北极萨别塔港口最终交付投入营运，开始正式承担亚马尔项目LNG进入中国的光荣使命，为开辟北极东北航道的“冰上丝绸之路”，加快中国能源结构调整、保障能源安全建设，助力改善世界能源运输格局作出应有的贡献。

亚马尔项目是中国提出“一带一路”倡议后实施的首个海外特大型项目，也是中俄两国最大经济合作项目，得到两国元首的大力支持，投资总额约270亿美元，项目每年将有超过300万吨LNG运往中国。亚马尔项目位于北纬71°北极圈以内、濒临北冰洋的极寒地带，其航道被称为“冰上丝绸之路”。（余勇）

【集运开通“蓉钦”大通道】

12月10日凌晨5点，一列满载神龙汽车的中远海运集装箱专列从成都城厢火车站顺利发出，班列运行50小时后抵达钦州市钦州港东火车站，然后通过钦州港出运海船到越南胡志明市。此班列的发出，标志着中远海运集运新添一条西南出海的海铁联运大通道，大大节省四川地区出口到东南亚、中东航线，以及欧洲航线的物流时间。

成都—钦州铁海联运通道的开通，是中远海运集运响应国家“一带一路”建设，解决四川地区三峡航道拥堵的瓶颈问题而量身定制的物流方案。项目前期，在中远海运集运供应链部牵头下，中远海运集运武汉分部、华南分部和重庆中远海运物流成都公司等积极配合，在广西召开专题会议研讨、现场逐一解决实际问题，从而顺利开通“蓉钦”铁海联运大通道，在提升了中远海运品牌服务的同时，丰富了中远海运在四川地区的物流服务。（谢颖治）

【打造VLCC“准班轮”航线】

12月23日，在中远海运能源运输股份有限公司总经理刘汉波、中石油云南石化总经理金彦江的共同见证下，中远海运能源副总经理孙晓艳和中石油云南石化副总经理吴凯、中石油国际事业有限公司副总裁郑骏代表三方共同签署了《关于开展原油包运及其他合作的备忘录》。至此，三方就中缅原油管道项目达成全方位战略合作，中远海运能源成为该项目唯一海上运输包运合作方。备忘录的签署，从国家能源战略考虑，是中远海运能源履行国家骨干船队使命、服务国家“一带一路”倡议在油轮运输领域具有标志性意义的责任担当；从企业发展考虑，是中远海运能源多年来在“四个全球领先”目标下，致力于为战略客户提供全程能源运输定制服务的又一里程碑意义的重大成果。

马德岛港是缅甸第一座现代化的大型国际原油港口，位于缅甸诺开邦孟家湾，是一个可以停靠30万吨级和15万吨级油轮的天然良港。可是，该港从无任何VLCC靠泊过，在此靠泊至少面临着三大难题：一是没有有效的港图。该港目前无英版港图，电子海图中没有引水站至12号浮筒的详细资料，海图水深也不准确，缅甸版的当地港图是1991年出版的，信息严重滞后，这都给船舶进出港航行带来安全隐患。二是航道航线方面困难。马德岛港航道是人工开凿挖掘而成，呈“Z”字形，口窄内宽，大型船舶航行极其困难。而且航道中的24号浮筒附近，由于淤泥沉积，水深已由原来的22.8米减少到21.1米，这进一步增加了航行难度。三是靠泊有相当难度。由于码头输油臂管的1、2号与3号管方向不一致，在水流的影响下，要保证船上3个货油管出口处与码头输油臂3个接口管对正，极其不容易。

在重重困难面前，中远海运能源敢为天下先，展现了责任和担当，用自信和专业帮助客户一起克服困难，确保项目顺利运营。在开港之前，原中海油运、大连远洋多次派遣资深船长前往马德岛港进行现场勘探、测量，制定靠港方案。在前期大量细致专业工作的基础上，2015年2月2日，中远海运能源所属“新润洋”轮，半载稳稳停靠马德岛港，成为首艘靠泊该港的VLCC，为马德岛港的正式开港运营、中缅原油管道项目境外段试投产立下了汗马功劳。2017年7月13日，在两年的等待之后，中远海运能源所属“远秋湖”轮满载稳稳停靠马德岛港，成为首艘满载靠泊该港的VLCC，为马德岛港的全面开港运营、中缅原油管道项目境外段全面投产铺平了道路。正是多年来中远海运能源人对国家使命的承诺、对梦想的坚守，以及全心全意服务客户的作为，为中远海运能源与客户进一步深度合作奠定了基础，也有了三方合作备忘录和包运合同的签署。

研究表明，“一带一路”沿线国家油气资源丰富，已发现石油可采储量占全球的66%，天然气可采储量占65.5%，能源合作是“一带一路”建设的重要内容。截至2017年年底，沿线开工的能源项目达到65项，其中油气项目25项，为中国能源运输企业实施全球化战略提供了历史性机遇。（李力）

【“中远海运乞力马扎罗”轮命名交付】

12月22日上午，由上海江南长兴造船有限公司为集团建造的14566TEU集装箱船——“中远海运乞力马扎罗”轮命名交付。“中远海运乞力马扎罗”轮总长366米，船宽51.2米。与上一代同类型船相比，在装载能力、适货性、燃油经济性、节能环保和生活舒适性等方面均有显著提升。值得一提的是，该船被CCS船级社授予i-Ship（E）智能能效管理符号，标志着中远海运集装箱船队在智能化建设上取得了实质性突破。（王增浩）

物流产业集群

物流产业集群

【主 要 业 务】

物流产业集群作为集团核心产业集群，按业务类型划分为特种货物运输、综合物流、船舶代理、专业物流、液体储运，以及理货检验 6 大业务板块。

特种货物运输业务　主要通过中远海运特种运输有限公司（以下简称“中远海运特运”）专业经营特种货及杂货运输业务。2017 年，中远海运特运共新增 9 艘船舶计 24.8 万载重吨，包括 4 艘 2.8 万吨重吊船、2 艘 3.6 万吨冰级多用途船、2 艘 1.3 万吨沥青船，竞拍购入 1 艘 4 万吨级半潜船；退役 2 艘老旧船舶；同时新签订了 3 艘 6.2 万吨多用途纸浆船。截至 2017 年年底，中远海运特运自有船舶 101 艘计 258.67 万载重吨，同比增加 7 艘计 19.76 万载重吨，自有船队平均船龄 9.2 年。同时还有纸浆船、沥青船等 8 艘在建船舶。2017 年，中远海运特运的半潜船顺利完成了 Bergading 和 Baronia 两个“运输 + 安装”项目，创造了全球DP浮托安装的最重纪录；完成了巴基斯坦 C3C4 核电全程物流项目，该项目历时 7 年；成功中标哈电哈翔二期项目等 3 个全程物流项目，在全程物流领域的能力和影响力进一步提升。

综合物流业务　主要通过中远海运集运和中远海运物流有限公司（简称“中远海运物流”）专业经营货代、仓储等综合物流业务。其中，货代业务方面，集团从事的货代业务主要包括无船承运人（NVOCC）、海运货代、陆运代理、航空货代等，拥有境内外网点 600 余家，在境外 60 多个国家和地区设立了业务机构，与 88 个海外的货运代理企业签订了长期合作。综合货运业务结构复杂，基本涵盖所有业务类型，在集装箱业务上一直处于国内领先水平，拥有大批专业的操作人员，与港口、海关、商检等政府机构保持了多年的稳定合作，并能根据客户需求，提供定制的综合货运解决方案，涵盖整箱、拼箱、散杂货、大宗货等货物的海运、陆运仓储、关务检务、方案策划为核心的全程物流服务。2017 年全年实现集装箱揽货量 346.51 万 TEU，同比增加 10.46%；完成散杂货业务量 3.34 万吨，同比增加 19.7%；实现营业收入 147.51 亿元，同比增加 20.5%；实现营业毛利 4.61 亿元，同比增加 7.3%。在仓储物流业务方面，2017 年全年实现仓储面积 192.9 万平方米，同比增加 8%；非家电业务 4652 万吨，同比增加 47%；家电业务 6396 万台 / 套，同比减少 24%；实现营业收入 11.32 亿元，同比减少 12.1%；实现营业毛利 1.88 亿元，同比减少 4%。

船舶代理业务　主要通过中远海运物流所属中国外轮代理有限公司（简称“中国外代”）、中海船务代理有限公司（简称“中海船务”）专业经营船舶代理业务。2017 年，中国外代系统代理船舶 75 761 艘次，同比基本持平；代理集装箱箱量 3114 万 TEU，同比上升 1.25%；代理货量 5 亿吨，同比上升 5.77%；中远海运船务系统代理船舶 36 943 艘次，同比增加 20.12%，累计代理货运量 9.04 亿吨，同比增加 2.34%，代理净吨 4.35 亿吨，承揽集装箱箱量 25.45 万 TEU，同比减少 15%。2017 年，船代业务板块实现营业收入 95.79 亿元，同比增加 13.2%；实现营业毛利7.63亿元，同比增加20.5%。“十三五”时期，船代业务在保持稳定基础上，延伸服务和盈利模式创新方面也迈上新台阶，2017 年全系统延伸服务占船代总收入的比例达到 49.45%，延伸、创新服务成为船代业务创新的重要举措。

专业物流业务 集团主要通过中远海运物流专业经营工程物流、合同物流、项目物流等专业物流业务。其中，工程物流业务方面，紧随国家战略，不断增强参与"一带一路"建设的自觉性和主动性，聚焦十大战略核心行业，抢抓机遇、凝心聚力、乘势而上；抓住双循环新格局构建机遇，拓展国内工程物流市场，抢抓跨境工程物流业务，提升全球物流整体解决方案服务能力，深入挖掘客户全周期物流需求，为综合货运、仓干配物流等创造交叉销售。2017 年，工程物流业务实现操作货量 147 万计费吨，同比减少 7.86%；实现营业收入 13.59 亿元，同比减少 26.2%；实现营业毛利 1.66 亿元，同比减少 23.8%。工程物流操作量出现负增长，其原因是几个重要且发货量大的项目在 2017 年相继收尾或结束（如俄罗斯亚马尔 LNG 项目、天顺南非风电设备出口项目、华能巴基斯坦萨斯瓦尔项目等）；同时市场运力过剩，竞争更加激烈，导致出现压价竞标过低的现象。在项目物流业务方面，2017 年全年操作货量 4 794.35 万计费吨，同比增加 7.6%；完成箱量 9.07 万 TEU，同比减少 15.15%；实现营业收入 20.83 亿元，同比增加 8.2%；实现营业毛利 1.26 亿元，同比减少 3.5%。

液体储运业务 集团主要通过上海中远海运专业经营液体仓储、码头接卸、油污水处理及环保等液体储运业务。2017 年，上海中远海运总投资 10 亿的福州建滔液化码头仓储一期项目正式投产；截至 2017 年年底，福州建滔拥有储罐 38 只，总罐容 18.1 万立方米。集团积极支持福州建滔打造液体危化品储运产业，启动对公司整体运营及收益有较大帮助的项目，推进经营效益与业务规模同步增长。同年，集团唯一化学品运输企业中海化工运输有限公司整建制移交上海中远海运经营管理。

理货检验业务 集团主要通过中远海运物流专业经营理货及检验业务。该项业务发展依照"服务产品化"理念，加强鞍钢、沙钢合作，开发驳船监控、新船理货、资产盘点、加固绑扎等理货产品；开发智能理货项目，推进模板协助口岸公司加快智能理货推进。2017 年，全年完成理货船舶 43.1 万艘次，完成理箱量 1.36 亿 TEU；完成理货量 17.08 亿吨，完成装拆箱理货 634.78 万 TEU；实现理货收入 25.37 亿元，同比增加 0.39%；实现检验收入 4936 万元，同比增长 73.48%。

【开辟江铜集团进口阳极板货运专列】

3 月 10 日，由宁波中远海运物流有限公司全权代理操作、宁波港铁承运的满载 50 节车皮江铜集团进口阳极板的首列货运专列由宁波北仑港站成功发车，在经历两天的行程后顺利抵达江西鹰潭贵溪北站。江铜进口阳极板业务是宁波中远海运物流重点营销项目。在经过一年多营销及与宁波港铁的多次协调后，江铜集团同意在宁波口岸进行该业务的试操作。货运专列的成功运营将有效改善以前成组发运中的弱点，缩短客户的供货周期，降低物流成本。此举也为宁波中远海运物流增加了与江铜集团合作的进口业务种类，填补了江铜项目货运专列业务的空白，积累了铁路货运专列业务经验。（管剑一）

【成功中标巴基斯坦风电项目物流服务】

3 月 17 日，中远海运集装箱运输有限公司武汉分部收到华东院巴基斯坦特里肯波斯顿（Tricon boston）风电项目全程物流服务项目的中标通知书，这是武汉分部 2017 年中标的第二个在巴基斯坦的项目，该风电项目是目前为止巴基斯坦单体最大的风电项目。在收到招标邀请之后，武汉分部立即成立了投标小组，并针对发货批次密集、单批次货量大等特点，以及客户要求设计详细的运输方案，进行反复推敲和论证研究。面对激烈竞争，经过多个回合努力，最终凭借合理的技术方案设计和价格优势成功中标。这是武汉分部贯彻落实中远海运集运要求，布局全程物流供应链项目取得的又一成果。

3 月 24 日，该项目第一批风机预埋件、接地材料和配件开始起运，全部采用集装箱发运，厂家陆续送货至上海港指定仓库，武汉分部项目部分工协作，在港口派人现场全程监督仓库接货、装箱，境外项目部及时落实项目的免税办理，以及巴基斯坦清关要求，确保第一批次货物于清明小长假前完成发运。（张辉辉）

【AP1000 核燃料运输在海阳收官】

3 月 27 日，由 15 辆集卡车编组进行全程公路运输的海阳核电 2 号机组首炉核燃料第二批次 27 个框架箱共 157 根燃料棒，由烟台港顺利运抵海阳核电项目现场，标志着中远海运物流有限公司所属中远海运工程物流 AP1000 进口核燃料运输项目历时 5 年完美收官。该项目的顺利完成为我国国内 AP1000 三代核电事业的顺利发展提供了根本保障。

核燃料运输具有货量大、协调环节多、运输要求高等特点，该批燃料组件由美国西屋公司制造，用于海阳核电 2 号机组的发电工作，也是燃料运输过程中最关键的运输部分。

本次运输由中远海运工程物流公司核能物流部、青岛分部精心组织，以中远核能公司和上海大件天津公司合力打造的七类放射性货物运输专业平台为运输主体，经过长达半年的研究、策划和多方协调，通过反复模拟，执行严谨、科学的运输方案，确保了运输任务的圆满完成。

中远海运工程海阳燃料运输项目部以高度的社会责任感和使命感对待项目操作，克服重重困难，精益求精，在多次燃料运输中展现出高超专业的技术水平和万无一失的运输实力，同时也推动了中远海运工程物流专业平台建设向专业化发展的道路迈出了更加坚实的一步。完美的服务得到了 AP1000 核电业主的高度赞扬，也为后续国产 AP1000 燃料的运输积累了宝贵的操作经验，奠定了扎实的营销基础。（卢洁）

【日三菱机电设备运输项目圆满完成】

3 月 29 日，随着最后一个大件设备顺利运抵工厂，中远海运工程物流有限公司日本三菱进口机电设备项目圆满完成。该项目操作历时 4 个月，总计 119 件设备，其中大件设备 24 件，由中远海运物流有限公司所属中远海运工程物流青岛分部承揽并操作，从日照港分批次发运至山钢集团日照公司基地。

该项目机电设备运输超限货物数量多、货值高，业主对装卸、存储、运输每一环节要求都非常高。青岛分部专门成立项目组，在运输前反复路勘、验算，请工程物流总部专家组论证桥梁通行方案，最终确定了运输方案。项目操作期间恰逢交通运输部出台《超限运输车辆行驶公路管理规定》，青岛分部经过多方协调和制定方案，顺利取得了日照地区相关部门的道路通行批准。该项目由中远海运物流（日本）株式会社牵头中标，中远海运工程物流提供重大件运输和技术支持，由日照中远海运物流提供日照地区协同物流服务。（齐艳）

【奇瑞整车集装箱全程物流项目起运】

4 月 18 日，安徽中远海运国际货运有限公司顺利完成了 20 辆奇瑞汽车的装箱作业，标志着中远海运奇瑞汽车整车集装箱全程物流项目正式起运。

2 月 24 日，中远海运集团与奇瑞汽车签署战略合作协议，双方一致决定建立全面战略合作伙伴关系，推动在整车运输、零部件运输、航空、海外业务、仓储和物流等领域的战略合作。中远海运集团旗下新泛亚大客户中心和上海集运内贸部迅速推进与奇瑞汽车在整车内贸集装箱运输上的合作。2 月底，上海集运苏皖销售片区和安徽中远海运国际货运有限公司成功试运作了芜湖到东莞的 12 辆奇瑞汽车的集装箱运输。后经双方反复细致地磋商，于 3 月底正式签署了整车内贸集装箱运输合作协议，奇瑞汽车将其销售管理软件系统对中远海运开放接口。

4 月 18 日，奇瑞汽车通过管理软件系统下达了协议签署后的第一批整车发运计划。安徽中远海运货运于提车当天顺利完成了首批汽车的装箱作业，20 辆奇瑞汽车依次“登上”配有由中远海运集团拥有 100 多项专利技术的汽车专用支架的专属集装箱，它们经过海路抵达营口港后“转乘”汽车前往目的地沈阳。该物流方式可以为奇瑞汽车提供大运量、安全便捷、性价比极高的门到门全程物流服务，奇瑞汽车相关人士对集装箱汽车专用支架的安全性和装箱的便捷性表示充分肯定，并加大对中远海运集团首创的汽车物流第四种模式的后续合作力度。

（侯冠竹）

【拼箱服务海陆并进直通欧洲】

4月26日，中远海运集装箱运输有限公司所属中远海运国际货运有限公司上海—比雷埃夫斯自拼箱货物装载于中海木星轮出运。这是该公司在4月11日开通上海—比雷埃夫斯自拼箱首航后的第二班。

比港是“一带一路”的重要支点和中欧陆海快线的起点。为了配合集团立足比港接轨“一带一路”部署，中远海运货运公司拼箱事业部成立了希腊比雷埃夫斯港业务推进工作小组，通过一段时间的客户排摸、市场调研、目的港拼箱代理筛选、同行交流，以及市场营销，开通上海—比雷埃夫斯自拼箱直航服务，丰富了中远海运集运希腊航线产品线的同时，也提供了有效的货源补充。首航开通后市场反应强烈，中远海运货运公司陆续接到新老客户询价和配货，综合市场货源和客户需求，第二班上海—比雷埃夫斯自拼箱业务顺利装载，且装载率和收益比首航有了明显提高。

中远海运货运公司在推进海运拼箱服务的同时，坚持不懈推广铁路业务，近期又有两家直接客户分别向公司拼箱部深圳分部订舱，运往荷兰鹿特丹和英国伦敦。深圳分部通过操作第一票货物积累的经验，迅速地掌握了铁路运输的关键环节，有效解决了客户遇到的各种问题，确保了货物按时出运，得到了客户的一致好评。公司拼箱部也顺利揽取武汉至欧洲铁路运输拼箱货物，海陆并进，助力国家“一带一路”倡议的推进。

（周怡灵）

【空运（筹）中标宝马中国物流项目】

4月底，中远海运空运（筹）成功中标宝马中国汽车售后零部件国内物流业务，服务范围覆盖北京、上海、广州、成都和沈阳等国内主要口岸，签约业务量巨大，合作期将达6年。本次中标，中远海运空运（筹）将与宝马的IT业务系统实现对接，全面实现业务操作和项目管理的数据化和可视化，真正融入客户的供应链体系，成功跻身国际顶级豪华汽车集团供应商体系。该项目经历了长达两年的艰苦营销及严格评估，客户在此过程中对中远海运空运（筹）形成了全面的了解和认知。在历时半年的投标过程中，中远海运空运（筹）组织集中编标，参加了3轮投标，成功击败众多国内外竞争对手，获得了与宝马中国深入合作的机会。“十三五”时期，中远海运空运（筹）不断深化与知名汽车企业的合作，在汽车零部件航空运输领域树立了良好的口碑和形象。

（东彤）

【宁波中东欧贸易物流园基地开业】

6月9日，由中远海运物流、宁波保税区共同打造，由中远海运物流运营管理的中东欧贸易物流园基地（一期）开业仪式在宁波保税区举行。宁波市有关领导，中远海运集团总经理助理、中远海运物流总经理韩骏等出席仪式。开业仪式上，中远海运物流有限公司与宁波保税区管委会还共同签署了《深化战略合作框架协议》。双方将深化合作，全力打造依托宁波保税区、宁波舟山港，辐射和服务“一带一路”沿线，尤其是中东欧国家贸易的大型综合物流服务企业，使中东欧贸易物流园基地成为宁波保税区最为重要的国际物流供应链服务和贸易平台之一。

2015年6月，中东欧（宁波）贸易物流园落户宁波保税区，园区集聚了一批中东欧贸易企业，成为宁波与中东欧经贸往来的主通道。作为中东欧（宁波）贸易物流园重要的组成部分，中东欧贸易物流园基地由中远海运物流和宁波保税区共同打造，主要为中东欧贸易商及电商企业提供包括“海外仓”运营、货运代理、保税及食品仓储、进口分拨、物流配送、贸易执行等业务于一体的全程供应链服务。基地分三期建设，首期12 000平方米恒温食品仓于2017年6月9日正式启用，二期8200平方米的恒温食品仓在2017年7月启动设计和建设，三期则根据后续中东欧产品的需求建设冷链仓库。（黎进）

【“天祺”轮首航巴西—中国新航线】

当地时间6月29日，中远海运特种运输股份有限公司“天祺”轮作为首航船舶，参加了巴西维多利亚港至珠海高栏港新航线的开通仪式，该轮船长戴菊香受邀在仪式上致辞，并获颁首航纪念章。这是维多利亚港新开辟的一条航线，当地政府十分重视，为此举行了盛大的仪式，当地媒体也对这一事件给予了热切的关注和报道。举行仪式前，巴西圣埃斯皮里图州州长保罗·阿通带领该州发展厅厅长等政府官员、媒体工作人员、侨商代表一行20余人登上“天祺”轮参观，并在船上进行了座谈交流。

“天祺”轮船长、政委对州长一行的来访表示热烈欢迎，并向客人介绍了“天祺”轮的基本情况和中远海运特运近年来在航运经营方面取得的成绩。保罗·阿通州长对“天祺”轮的到来表示热烈欢迎，感谢中国的远洋船舶为巴西圣埃斯皮里图州的经济发展带来了新的机遇，并预祝“天祺”轮首航成功。（李硕）

【中远海运工程物流被授予功勋单位】

8月1日，中远海运工程物流有限公司被华能集团授予“萨希瓦尔电站工程建设功勋单位”，以表彰中远海运工程物流在巴基斯坦萨希瓦尔燃煤电站建设中所提供的优质物流服务。

巴基斯坦萨希瓦尔燃煤电站项目是2015年4月国家主席习近平出访巴基斯坦时签署的中巴51项合作协议内容之一，是“一带一路”建设重点项目，建成后将是巴基斯坦最大的燃煤发电厂。中远海运工程物流作为该项目的物流总承包商，为该项目提供了优质的“海—陆—空”多式联运全程物流运输服务和专业增值服务，始自2015年7月，两年累计完成操作空运货物53批次，集装箱货物138批次，件杂货货物37船次，第三国发运货物19批次；累计完成货量约38万立方米，同时也安全顺利操作了2台345吨定子、13台变压器等典型大件运输任务。（刁妮）

【汽车滚装船南美航线成功首航】

8月上旬，装载着210台东风汽车的滚装船在上海海通码头鸣笛起锚，标志着深圳中远海运物流有限公司与东风南方汽车公司联手打造的汽车滚装船南美航线成功首航。

伴随东风汽车出口南美市场的快速发展，深圳中远海运物流紧抓机遇，以满足客户需求为目的，组织人员深入调研和分析南美汽车市场，针对客户出口南美大批量、多批次、连续性出口的特点，设计出滚装船物流运输最优化方案，并为客户整合优势滚装船公司南美航线资源，可为客户节约18%的运输费用，缩短10天的运输时间，助力其赢得海外市场先机。

此次首航，汽车滚装船出口时间紧、批量大、车辆到达时间分散，且中间环节较多。为顺利完成汽车滚装船的订舱排期、集港、报关报检、装船等一系列工作，相关业务人员前期进行了大量的沟通、协调和现场考核等准备工作；专程拜访中远海运特运，并到汽车滚装船上参观学习，详细了解滚装船的特殊结构和各型汽车在船上装卸绑扎固定的国际化标准流程。充足的准备保障了该项目的圆满完成，得到了客户的充分肯定和赞扬。（吴景辉）

【中欧、中亚班列服务再升级】

9月29日，两个满载高价值药品的冷冻集装箱柜从比利时“乘坐”中欧班列，经重庆顺利转关进入广州机场保税区。中远海运物流有限公司所属广州中远海运航空货运代理有限公司为此次中欧班列运输提供了全程服务，相比较以往直接海运至广州节省15天运输时间，比空运节省70%的成本。此次操作在广州中远海运空运的周密部署、有效协调下，整个运输操作过程进展顺利。这是广州中远海运空运首次操作中欧班列全程业务，也是广州机场口岸首例中欧班列集装箱业务，"比空运价格低、比海运速度快"的服务新模式也得到了客户的高度认可，受到各方好评，在市场上引起强烈反响。

翌日8时56分，山西太原中鼎物流园内，一列满载着中国通用技术（集团）控股公司钢管成套生产线设备的75022/1次中亚班列徐徐启动，踏上前往中亚哈萨克斯坦的"远嫁"之旅。这是青岛中远物流国际多式联运有限公司与大秦铁路、太原铁路局、中铁集装箱公司等企业通力协作的又一重要成果。本趟班列共编组41辆，装载38个40英尺集装箱和6个20英尺集装箱。按计划，列车将从阿拉山口出境，最终抵达巴甫洛达尔南站，全程运行3705千米，总共经过约7天时间。相比以往运输方式，中亚班列的开通将缩短15天左右运输时间，有效降低口岸滞车费风险，加速企业资金周转，同时为客户后续俄罗斯西伯利亚、远东地区，以及哈萨克斯坦等地区的工程项目业务合作，奠定了良好合作基础。中亚地区是中国"一带一路"的重要节点区域，该班列成功发运对建设陆上"丝绸之路"具有重大意义。（王炯熙　陈浩）

【2017北极航行船舶凯旋祖国】

10月4日，从欧洲取道北极东北航道回国的中远海运特种运输股份有限公司"天乐"轮顺利抵靠广州南沙港，为该轮的北极之旅画上了一个圆满的句号。而就在前一日，公司另一艘满载纸浆、模块等货物从欧洲出发取道北极回国的船舶"天福"轮也平安抵靠国内首个卸港上海。最后2艘东行船舶顺利完成北极航行任务回到国内，标志着中远海运特运2017北极项目化、常态化航行取得圆满成功。

北京时间9月2日下午，"天乐"轮装载着1万多吨农产品和2艘双体客轮，自挪威惠峡湾港出发，东行取道北极东北航道到日本港口和广州南沙。这是公司今年北极航行项目中第一艘东行穿越北极东北航道的船舶。10月5日，广州港为该轮举行了简短而隆重的欢迎仪式，热烈欢迎该轮凯旋。广州港股份有限公司副总经理苏兴旺，中远海运特运公司多用途及重吊船经营部总经理顾卫东、工会副主席方少彪参加仪式并登轮看望慰问了船员。"天乐"轮此次在南沙港卸2条碳纤维高速客船，最终，该轮以约5小时高效高质完成了卸货工作。

作为国内最早探索极地航行、极地航行经验最丰富的航运企业，中远海运特运的船舶曾经在2013年、2015年、2016年3次航行北极东北航道。2017年，中远海运特运共派出5艘船舶利用窗口期往返北极，继续探索和扩大中国商船项目化、常态化航行北极的规模。中远海运特运对"冰上丝绸之路"的探索实践，拓展了"一带一路"建设的内涵，对于中国制造和中国装备走出去、欧洲货物出口远东、繁荣亚欧贸易，起到了十分积极的促进作用。（王雷）

【开通台厦欧物流新通道】

11月6日下午，两个满载液晶模组的40英尺集装箱，从两岸客货滚装航线船舶"中远之星"轮上卸下，当日下午再换乘从厦门发出的中欧班列运往匈牙利，标志着台湾货物至欧洲的物流新通道就此开启。

中远海运（厦门）有限公司"中远之星"轮执行的两岸客货滚装航线已成为海峡两岸经贸往来的重要纽带。与此同时，厦门作为"一带一路"陆海枢纽城市，中欧班列稳定运作。两岸物流业者敏锐发现，无论是两岸客货滚装航线，还是中欧班列，在时效性与经济性上都拥有得天独厚的优势，已经具备"台厦欧"海铁联运物流通道的运作基础。

2017年7月，厦门中远海运与裕高运通积极在台湾推广"台厦欧"海铁联运物流通道，增进台湾货主对两岸客货滚装航线和中欧班列的了解，相比传统台湾海运到匈牙利全程时效在38

天左右，“台厦欧”方案全程可压缩至24天左右，时间为传统海运的三分之二，运费增加不多，这引起了台湾货主极大的兴趣。

据悉，此次台湾货主发送到匈牙利的两个集装箱液晶模组，收货方是当地知名电视品牌商，对货物运输的安全性和时效性有很高的要求。另一方面，此次联运方案涉及海运、陆运、铁路多种物流方式运作，且货物运抵厦门后，需迅速转运至厦门海沧自贸片区进行进出关区操作后方能移入铁路场站，海运出运也需要配合班列时刻表，任何一个环节产生差错都将导致接驳失败。因此，承担、配合此次物流服务的厦门中远海运、裕高运通、港务控股集团各方团结一致、精诚合作，确保流程顺畅无虞。此次运输也是厦门中远海运主动对接“一带一路”倡议下的运营模式创新。首单运作成功后，“台厦欧”海铁联运物流通道逐步进入常态化运行，各方在台湾地区进一步加强推广，并进一步优化全程时效与成本，让更多台湾货主享受到“一带一路”倡议的红利。

（姚兆羽）

【进军单件900吨超重大件运输市场】

11月27日，一艘“特别”的重吊船正式进入中远海运特种运输股份有限公司运力名单。这艘名为“蔚蓝”的重吊船2.5万载重吨，单吊起吊能力450吨、并吊能力900吨，是市场上在营运的唯一一艘载重吨超过2.5万吨同时起吊能力超过700吨的重吊船。“蔚蓝”轮的加盟，使重吊船单件货物最大起吊能力从原来的700吨一跃升至900吨，标志着中远海运特运重吊船队迈上了超重大件货运服务新征程。

在“一带一路”建设中，中远海运特运针对客户重大件运输方面日趋增长的需求，经过认真研究和细致筛选，决定租入最大可吊装单件900吨超重大件货物的重吊船“蔚蓝”轮。在此之前，中远海运特运重吊船最大并吊能力为700吨。“十三五”时期，中远海运特运结合自身发展战略和经营特点，有的放矢、不断改善重吊船队结构，船舶适货能力不断增强，特别是项目货、甲板货、特种货的承运能力不断提升。中远海运特运的重吊船队形成了并吊能力分别为400吨、500吨和700吨的3种船型，共24艘总载重吨达63万吨的实力，已成为全球重大件海上运输的重要力量。从顺利运输最大单件体积1.6万立方米的巴西渡轮，到成功起吊最重单件650吨的拖轮，中远海运特运重吊船队创造了诸多纪录。

（康茜）

航运金融产业集群

航运金融产业集群

【主 要 业 务】

航运金融产业集群作为集团核心产业集群，主要有中远海运发展股份有限公司（以下简称“中远海运发展”）、中远海运投资控股有限公司（以下简称“中远海运投资”）、中远海运集团财务有限责任公司(以下简称“中远海运财务”)和中远海运财产保险自保有限公司(以下简称“中远海运自保”）等业务主体，以及由集团持有的部分金融股权。主要涉及租赁、金融股权投资、保险和财务公司 4 大业务板块。

租赁业务 集团租赁业务包括船舶租赁、集装箱租赁、非航租赁 3 个业务领域，主要通过中远海运发展及旗下的专业公司经营。在船舶租赁方面，截至 2020 年年末，中远海运发展经营租赁租出船舶共 84 艘，包括 81 艘自有船舶和 3 艘期租转租船舶,较2019年末自有船舶增加了3艘，期租转租船舶减少了 10 艘；融资租赁租出船舶共 94 艘，较 2019 年末增加了 5 艘。在集装箱租赁业务方面，中远海运发展坚持创新经营模式，拓展新箱贸易和流动仓储业务，于剧烈波动的市场环境中实现良好收益，营业收入达人民币 43.63 亿元，较上年同期较大幅度增长 28.12%。截至 2020 年年末，箱队规模为 378 万 TEU，较 2019 年末增加了 12 万 TEU，继续保持全球租箱公司规模第二大的地位，市场份额 17%。在其他产业租赁业务方面，中远海运发展主要从事医疗健康、教育、清洁能源、工业装备、建设和商业保理等领域的融资租赁业务。中远海运发展当年度累计投放金额为 221.27 亿元，较 2019 年全年累计投放金额增加 38.65 亿元。

投资业务 从事投资业务的经营主体较多，除原中远（集团）总公司直接投资持有金融股权以外，中远海运发展、中远海运投资、中远海运(广州）有限公司（简称“广州中远海运”）、中远海运（上海）有限公司（简称“上海中远海运”）等均持有一定规模的金融股权，主要投资参股了招商银行、招商证券、光大银行和渤海银行等股权。

保险业务 主要通过中远海运自保开展各类保险业务。2020 年，中远海运自保实现保险业务收入 6.32 亿元，其中船舶保险（含远洋船舶险和增值险、战争保险、集装箱保险等）5.73 亿元，占总保费收入的 90.6%。责任保险保费收入 2317 万元，企业财产险保费收入 1908 万元。全险种整体保费分出比例为 91%。当年投资收益 1.05 亿元，净利润 1.12 亿元。截至 2020 年 12 月，公司连续 13 个季度获得监管机构风险综合评级 A 级评定，贝氏国际信用评级第 3 个年度保持 A 级卓越。

财务公司 集团主要通过中远海运财务从事财资管理业务，负责为集团成员单位提供资金管理、交易结算、内部贷款、承兑汇票、开具保函等金融服务，发挥“集团资金归集平台、集团资金结算平台、集团资金监控平台、集团金融服务平台”四项功能。截至 2020 年年末，集团财务公司总资产 821.12 亿元，总负债 733.68 亿元，所有者权益 87.43 亿元；全年营业总收入（含投资收益）19.32 亿元，实现利润总额累计 6.52 亿元，净利润 5 亿元。

【中远海运自保公司成立】

2 月 17 日上午，中远海运自保公司在上海正式宣告成立。国务院国资委监事会主席潘良、中国交通运输部水运局局长李天碧、上海市交通委主任谢峰等出席成立大会，并与中远海运集团董事长、党组书记许立荣，董事、总经理、党组副书记万敏等共同为中远海运自保公司揭牌。

万敏、上海市交通委副主任张林、中远海运自保公司总经理郑晓哲分别在大会上致辞。中国保险协会、中国保险学会等发来贺信。中国交通运输部、上海市有关部门领导，部分中外重要客户代表，合作伙伴、行业协会代表、海事院校代表、律师代表，以及集团内各兄弟单位代表等共计 300 余人应邀参加了成立大会暨战略客户签约仪式。中远海运自保公司董事长王大雄主持成立大会及战略客户签约仪式。

万敏表示，作为集团航运金融战略板块的第一张真正意义上的金融牌照，中远海运自保公司的成立标志着中远海运集团在布局“6+1”产业集群的横向和纵深化改革更具成效。这是集团战略蓝图中极为重要的金融战略布局，对助力集团打造以航运、综合物流及相关金融服务为支柱，多产业集群、全球领先的综合性物流供应链服务集团具有里程碑式的意义。中远海运自保公司作为上海市第一家自保公司，也是国内第一家航运自保公司，对上海市乃至全国航运业和保险业都具有深远影响。自保公司作为中远海运集团的保险管理平台、风险管理工具和成本管理中心，将充分利用和整合集团内保险资源，为集团风险管理能力与水平的升级提供保障，为国家的战略安全和资产安全保驾护航，为国家“一带一路”倡议和海洋强国战略保驾护航。

张林表示，国内保险业需要并正积极推动拓展新的保险业态，中远海运自保公司的成立，不仅为中远海运集团及其成员单位提供多样化、定制化的保险保障，也契合了中国保险业在经济新常态下的创新发展需求，为我国保险领域的发展做出了积极尝试。

在随后的战略客户签约仪式上，中远海运自保公司与中远海运集团内各成员单位、外部合作伙伴代表签署了全面保险合作协议，国务院国资委监事会主席潘良，交通运输部水运局局长李天碧，中远海运集团董事长、党组书记许立荣，董事、总经理万敏，国务院国资委监事会 05 办刘珊主任，中远海运集团总会计师孙月英，以及副总经理黄小文共同见证了签约。（钟远海）

【2017 首期资产支持专项计划发行】

5 月 31 日，“嘉实资本中远海运租赁 2017 年第一期资产支持专项计划”公告成立，并将于近日在上海证券交易所挂牌转让。

中远海运租赁有限公司为本次专项计划的原始权益人，计划管理人为嘉实资本管理有限公司，招商银行上海市分行作为该专项计划财务顾问。基础资产为原始权益人对 40 个承租人的 40 笔租赁合同所对应 15.8 亿元租赁租金。项目发行总规模 12.0 亿元。

中远海运租赁作为央企背景融资租赁公司，成立以来致力打造专业业务团队、大胆创新管理体制，在医疗、教育、能源、建设、工业与信息等多个产业强势发力占领市场，并持续深化和拓宽视野疆域，创新服务体系，在拓宽中小企业融资渠道、推动产业创新升级和促进经济结构调整等方面发挥着重要作用。在近一段时间的市场环境下，本项目优先档发行利率对标行业龙头，充分体现了市场投资者对中远海运租赁的租赁资产及公司治理能力的信心与认可。

国务院 2016 年 10 月发布《关于积极稳妥降低企业杠杆率的意见》，明确提出“积极开展以企业应收账款、租赁债权等财产权利和基础设施、商业物业等不动产财产或财产权益为基础资产的资产证券化业务”。此次资产支持计划的发行展现了中远海运租赁布局租赁租金证券化领域的信心，对盘活公司存量资产、优化财务结构及扩大经营规模具有积极意义。（郭澜）

【联合上港向东方海外提出收购要约】

7 月 9 日，中远海运控股股份有限公司（简称“中远海控”，股份代号：601919.SS；1919.HK），上海国际港务（集团）股份有限公司（简称“上港集团”，股份代号：600018.SS）及东方海外（国际）有限公司（简称“东方海外”，股份代号：0316.HK）联合公布，中远海控及上港集团将以每股港元 78.67 元向东方海外全体股东发出附先决条件的自愿性全面现金收购要约（简称“要约”）。假设要约获全数接纳且交易完成，中远海控将持有东方海外 90.1% 的股权，上港集团则持股 9.9%。要约有待先决条件的达成，包括取得所需的监管批准及中远海控股东批准。持有东方海外 68.7% 股份的控股股东已订立不可撤回的承诺，同意接受此次要约。

“十三五”时期，全球集装箱航运公司均面临严峻挑战，并催生行业深度整合浪潮，本次交易是中远海控和东方海外把握航运业发展大型化、规模化和集约化机遇，实现可持续发展的共同选择。东方海外为全球第七大集装箱航运公司，拥有现代化、高效能的集装箱船队，广泛的集装箱航线网络，以精湛的服务水平及经营管理表现在业内享有盛誉。中远海控下属中远海运集运与东方海外两家公司集装箱船队总运力合计超过 290 万 TEU（含订单），经营船队超过 400 艘；同时，航线网络布局更加完善、均衡，在全球集装箱航运业的领先地位得到加强。

交易完成后，中远海运集运和东方海外将继续以各自的品牌提供全球集装箱运输服务，充分发挥各自优势的同时，挖掘协同效应潜力，共同实现营运效率和竞争力的进一步提升，实现长期可持续增长。两家公司均为海洋联盟的成员，并将继续在该联盟框架下合作。

中远海控董事长万敏表示：“中远海控敬重东方海外的管理团队和专业能力，认同东方海外的品牌和企业文化。中远海控致力于香港国际航运中心的建设，收购完成后，公司将加大投入，强化行业领导地位，为东方海外的员工提供更广阔的发展平台。”

东方海外行政总裁董立均指出：“经过多年的辛勤耕耘，东方海外拥有了目前的业务规模和行业地位。能够实现这一成绩，我和与我共同奋斗的管理层和员工们都倍感自豪。此次公布的要约是基于发掘公司未来潜力并加强公司长期行业竞争力的慎重考虑，我们相信中远海控是延续公司成功发展的最佳伙伴。”

联合要约方承诺在交易后至少两年内继续聘用东方海外现有员工并维持现有薪酬及福利体系。除此之外，联合要约方有意保留东方海外在香港的上市地位，并将东方海外的总部及管理职能继续留在香港；中远海控将进一步发挥双方的全球网络优势，为香港的经济繁荣与国际航运中心的建设发挥作用。

东方海外董事会已成立独立董事委员会，为公司股东就要约事宜提供建议，并将委任独立财务顾问。

联合要约方的财务顾问为瑞士银行，中远海控的法律顾问为普衡律师事务所。瑞银证券是中远海控的独立财务顾问。东方海外的财务顾问为摩根大通证券（亚太）有限公司，法律顾问为司力达律师楼。（钟远海）

【中海财务荣获诚信创建单位称号】

据《中远海运报》8 月 25 日报道，中海财务公司荣获上海市企业诚信创建活动组委会颁发的五星诚信创建单位称号。

“十三五”时期，公司以创建“运作规范、管控有效、客户信赖、员工敬业的一流财务公司”为愿景，坚持服务实体经济、防控金融风险、深化金融改革，努力为成员单位提供优质、高效、便捷的金融服务。同时不断加强企业文化与精神文明建设，积极履行企业社会责任，得到了成员单位及社会的认可。（曹晓乐）

【香港中远海国际获企业管治大奖】

据《中远海运报》12 月 15 日报道，中远海运国际（香港）有限公司（简称“香港中远海国际”）在香港会计师公会举办的 2017 年度最佳企业管治大奖颁奖典礼中，首次荣获主办单位颁发的网上传递管治资讯嘉许奖，充分显示了香港中远海国际的信息披露工作不断追求卓越，得到业内专业人士的高度认同。

香港中远海国际的网站设立独立的企业管治栏目，内含公司企业管治政策、风险管理及内部监控，以及与股东的通讯沟通。同时，公司在网站上介绍企业社会责任工作，涵盖安全、环境、员工及小区等方面。为提升与利益相关者的互动，公司在网站上设有企业宣传片介绍、互动的股价图，以及设有工具箱，方便用户通过社交媒体分享相关信息。评审团表彰香港中远海国际的信息丰富且易于查阅，例如载列公司历年年报和中期报告、财务摘要及派息记录等。

香港会计师公会的最佳企业管治大奖自2000年起举办，旨在鼓励和推广良好的企业信息披露和管理，并嘉许在年报中展现优秀企业管治标准的上市公司和公共部门或非牟利机构。2017年，逾700家上市公司及公营机构参加本次评奖活动，评审团根据公司年报和网站信息披露进行初步审核，并通过合规检查和讨论后，再甄选出表现最优秀的企业，香港中远海国际是20家获奖企业之一。（张家仪）

装备制造产业集群

装备制造产业集群

【主 要 业 务】

装备制造产业集群作为集团重要产业集群，按业务类型划分为船舶修理改装、船舶制造、海洋工程装备制造，以及集装箱制造4大业务板块。

船舶修理改装业务 主要通过中远海运重工有限公司（简称“中远海运重工”）专业经营船舶修理改装业务。集团以船舶修理为起点，快速实现从常规修船产品向高附加值、高技术含量特种船、大型改装船等高端产品的升级，具备改装世界各类复杂船型的能力。2017年，加大高附加值船舶修理和大工程项目的竞标力度，首次承修的皇家加勒比豪华邮轮，实现历史性突破；年内完工修理改装项目1318个。

船舶制造业务 主要通过中远海运重工专业经营船舶制造业务，坚持“引进－消化－吸收－再创新”的发展道路，全面提升高效造船和信息化总装造船能力，在技术上确立了国内领先地位。集团在大连、南通、扬州等地建有大型船厂。截至2017年年底，完工交付造船项目41艘，共计401万载重吨；手持造船订单95艘，共计1190万载重吨，其中在建船舶58艘，共计764万载重吨。

海洋工程装备制造业务 主要通过中远海运重工专业经营海洋工程装备制造业务。集团海工业务已跻身国际高端市场，产品几乎覆盖从近海到深海的全部类型，并向系列化、规模化发展，自主设计并交付世界首座超深水海洋石油钻井平台Sevan Driller、半潜式海洋钻井平台GM4000、海洋铺缆船改装超深水海洋铺管船“凯撒号”等多个世界首制和国际尖端产品，成为中国海工装备建造行业的领军企业。2017年，完工交付海工项目10个；手持海工项目订单52个，其中新承接项目8个，在建项目45个（包括1艘上年延续项目）。

集装箱制造业务 主要通过中远海运发展所属上海寰宇物流装备有限公司专业经营集装箱制造业务。2017年，集装箱制造业务板块抓住航运市场复苏、集装箱订单大量释放的机遇，在市场上率先恢复双班生产提高产能。截至2017年年底，共生产集装箱50.4万TEU，同比上涨131%；销售集装箱48.2万TEU，同比上涨43.2%；实现销售收入60亿元，同比增长90%。

【中远船务研发产品获金桥奖】

据《中远海运报》1月6日报道，在北京人民大会堂召开的第八届中国技术市场颁奖大会上，由南通中远船务工程有限公司主研的“超大型自航自升式海上风电安装船研制与工程应用”获中国技术市场金桥奖，表彰该技术在工程领域的科技成果转化和推广应用。该项目研发的超大型海上风电安装船集装载运输、自航自升、重型起重、动力定位、海上作业等多种功能于一身，可适应世界主要沿海风电场建设需求；项目产品处于海上风电安装船最高端，带有DP-2定位系统，技术含量高，可满足海上风电的吊装、运输和维修等需求，处于海上风电产业链中重要环节，其发展可以推动绿色能源——海上风电场建设和应用，进而推动海上风电产业链的发展，同时促进相关海工装备的研发和国产化，带动上游原材料和关键零部件供应产业的技术进步。

（王振刚）

【大连中远川崎两艘新船顺利下水】

2月22日，大连中远川崎船舶工程有限公司建造的1艘6.1万载重吨散货船和1艘30.8万载重吨原油船下水。

6.1万载重吨散货船长199.90米，型宽32.24米，型深18.60米，设计航速15.8节。该船型油耗低，经济性高，能效设计指数满足Phase2标准，是市场上最受欢迎的节能环保船型之一。

30.8万载重吨原油船长333米，型宽60米，型深30米，设计航速15.5节，是公司为某国内船东建造的第三艘新一代经济型、节能型、安全型、环境友好型船舶。（王鑫）

【重工牵头开展工业和信息化部委托项目】

据《中远海运报》3月10日报道，应工业和信息化部委托，中远海运重工承研牵头开展“船舶修理质量控制标准研究”项目。“船舶修理质量控制标准研究”任务书编制工作研讨会在中远海运重工技术研发中心举行。

“船舶修理质量控制标准研究”项目是工业和信息化部高技术船舶科研计划项目指南（2016年版）当中所列的船舶技术标准专项中的项目，于2017年1月由工业和信息化部立项批准，项目周期从2017年1月至2018年12月。

在“船舶修理质量控制标准研究”任务书编制工作研讨会上，中远海运重工技术研发中心负责人介绍了本次牵头承研“船舶修理质量控制标准研究”项目任务书编制情况。与会代表们共同审阅了“船舶修理质量控制标准研究”项目任务书编制工作情况，对任务书内容、项目组工作机制、方法提出了意见和建议，并对各单位所关注的问题进行了深入讨论。（孙琦）

【中远海运“制造+运输”门机赴俄】

3月9日，南通中远重工有限公司为俄罗斯红星船厂建造的2台100吨门座式起重机，在中远海运工程物流广州重大件公司“远景”轮的拖载下顺利整机发运。这是继2016年8月8日发运2台320吨龙门式起重机之后，该公司向俄罗斯红星船厂发运的第二批起重机产品，也是中远海运重工与中远海运集团兄弟单位间的再一次协同作业。

本次发运的门座机采用桁架式单臂架结构，最大起重量100吨，最大起升高度145米，自重1300吨，轨距10.5米，满足–40℃的使用要求。在结构设计方面，通过研发折线绳槽卷筒，使得卷筒长度和直径尺寸大幅度缩减，节省了空间；通过采用双速比行星传动方案，满足了客户的“4倍速起升”要求。

此次运输是目前全球最高的门座机整机发运。为确保发运安全，中远海运工程物流、红星船厂和南通中远重工通力合作，反复对方案进行核算与完善；南通中远重工与中远海运工程物流在现场装货等各个环节密切沟通、倾力协作，充分展示了中远海运集团为全球客户提供“一揽子”综合服务的水平和实力。

据悉，在国家“一带一路”倡议的影响和带动下，2016年3月18日，南通中远重工与红星船厂签订了系列吊机建造合同，包含1台1200吨龙门式起重机、2台320吨龙门式起重机和4台100吨门座机建造订单。该套吊机订单是南通中远重工承接的首个海外起重机总承包项目，对该公司的转型升级发展以及产品“走出去”具有重大意义。同年8月，南通中远重工采用整机形式向红星船厂同时发运2台320吨龙门式起重机。（杜峰）

【2万吨成品油轮“巴比伦”命名交付】

3月8日，中远海运重工所属大连中远船务工程有限公司为新加坡海岸物流运输建造的2.2万吨成品油轮“巴比伦”命名交付。

“巴比伦”长155米、宽36米，型深12.5米，设计吃水5.8米，是一艘具有加油功能的成品油轮，是目前世界上最大的加油船。该船配有双主机、双螺旋桨，艏艉底部安装世界先进的SPJ全回转喷水推进器，可以从静止状态在4分钟内回转180°，在主机完全瘫痪状态下，船舶仍可以继续航行。船舶配备压载水处理装置，每个油舱都可独立循环。该船是大连中远船务为海岸物流运输建造的第二艘同类型产品，第一艘“阿塔兰塔”轮于2015年年初交付。鉴于双方的友好合作关系和“阿塔兰塔”轮在运行中的优良表现，海岸物流运输于2015年下半年与大连中远船务又签订了第二艘船建造合同。“巴比伦”的成功交付，进一步提升了大连中远船务在成品油轮/加油船建造市场的品牌形象。

（宁晓光　张善殊）

【极地破冰LNG船项目取得新进展】

4月3日上午，中远海运能源运输股份有限公司所属上海中远海运LNG Yamal项目首艘破冰船顺利出坞，标志着集团首次参与开发设计及建造的极地破冰LNG船项目取得突破性进展。该系列船舶单船造价及设计难度远高于常规LNG船，除具有LNG运输船常规技术以外，其破冰等级为目前世界货船建造所能达到的最高破冰级别——俄罗斯船级社Arc7冰级，比人们熟知的中国科考船“雪龙”号还要高出两个破冰等级。

（孙超）

【“海洋赞礼”号5天完成保养】

4月28日，浙江舟山六横，舟山中远船务工程有限公司二号船坞，“海洋赞礼”号豪华邮轮徐徐入坞。该轮在此进行了5天的保养。“海洋赞礼”号（OVATION OF THE SEAS）是一艘超大型豪华邮轮，由世界第二大豪华邮轮运营实体——英国皇家加勒比国际邮轮公司运营。该轮全长348米，型宽48.9米，总高度71米（含生活区），船籍港为巴哈马，总吨位16.87万吨，载客容量4188位。该轮的船型结构十分特殊，对船坞的硬件和技术人员的水平要求极高。

对于舟山中远船务来说，此次保养的最大挑战还不是各项工程的实施，而是近2000名随船工作人员的后勤保障及服务工作，这对舟山中远船务的系统反应能力和服务业水平是很大的挑战。“海洋赞礼”号此次在舟山中远船务保养，是国内首例超豪华邮轮修理项目，而且合作对象为世界一流的邮轮运营商，因此，可以视为企业在该领域的一次成功试水，对后续承接类似工程，拓宽业务产品线，构建产品阵营，提升技术实力和综合管理水平意义重大。

（孙永登）

【马赛房屋箱项目首套产品下线】

2017年2月，马赛国际商贸城在法国马赛举行开工仪式，商贸城由彩色集装箱组合搭建而成，7月落成。该商贸城为地中海周边最大的贸易批发商城。上海寰宇物流装备有限公司下属东方国际集装箱（锦州）有限公司承接此次房屋箱的生产任务。该项目不仅是当地政府的重点扶持项目、全法第二大商贸平台，也是“一带一路”倡议下中法互联互通结下的硕果，更是上海寰宇房屋箱产品正式进军欧洲市场的里程碑式的项目。

5月17日，马赛房屋箱项目首套集装箱在东方国际锦州箱厂成功下线并组装完成，这意味着中远海运集团集装箱制造板块的房屋箱研发制造开启了一个崭新的时代。与标准集装箱产品相比，房屋箱产品生产工艺复杂，种类结构多样，加之此次批量生产流水线作业，施工难度更高。为此，上海寰宇的产品研发及市场服务人员与客户实时沟通，积极满足客户提出的细节要求，并反馈诸多改良建议，总部与工厂各部门通力合作，确保了马赛房屋箱顺利下线。“一带一路”上马赛港畔，这座充满着异域风情的地中海城市，东西方贸易交流的中枢，从此有了“中远海运制造”的身影。

（陈晨）

【智能船厂项目获工业和信息化部示范项目】

据《中远海运报》7月21日报道，工业和信息化部发布了《2017年制造业与互联网融合发展试点示范项目名单》，南通中远川崎“基于两化深度融合的智能船厂建设”项目成功入选，成为船舶行业唯一一家智能工厂解决方案试点示范项目企业。这是继 2015 年船舶制造智能车间被工业和信息化部认定为船舶行业唯一智能制造试点示范项目之后，在智能制造、智能船厂建设方面获得的又一国家级荣誉。

“十三五”时期，面对持续低迷的船舶市场，南通中远川崎积极寻求突破，将两化融合、智能制造作为转型升级、提质增效的主攻方向和制造方式转型的重要途径；以数字化精益设计为源头、集成化系统为支撑、自动化 / 智能化设备为手段，形成智能化生产线的研发和定制能力。通过不懈的努力和不断投入，公司已构建了一套智能高效的制造执行系统，在自动化 / 智能化生产线、流水线的基础上，持续推进智能车间、智能工厂建设。先后投产了型钢自动生产线、条材机器人生产线、先行小组立机器人焊接线、小组材机器人焊接线等智能化和自动化生产线，建成了工业和信息化部的船舶制造示范智能车间。通过中一径和中二径智能化管加工生产线等智能化改造项目的投产，建成了船舶管路加工智能车间。船舶智能制造的不断推进，让相应工序的生产效率提高了七成左右，大幅度提高了生产效率、降低了产品不良品率、改善了作业环境、减轻了劳动强度、减少了人工成本、节约了场地资源，在国内率先开辟了具有中国特色的“智能船厂”建设之路。

在两化融合和智能制造方面，南通中远川崎的建设方向完全契合国家两化融合和《中国制造 2025》战略，于 2012 年获得江苏省两化融合示范企业，2015 年获评工业和信息化部的船舶制造智能车间试点示范，2016 年成功举办工业和信息化部的船舶行业推进智能制造现场经验交流会和两化融合体系贯标，2017 年荣获江苏省制造突出贡献奖智能制造优秀企业，得到政府及行业的认可和肯定。此次智能船厂建设入选工业和信息化部 2017 年制造业与互联网融合发展试点示范项目，充分展示南通中远川崎在推进两化融合、智能船厂建设方面取得的成就。（马誉贤）

【铝合金双体高速客船首航】

8 月 9 日，中远海运重工所属英辉南方造船（广州番禺）有限公司为三亚蜈支洲岛旅游区建造的铝合金双体高速客船——“海棠之星 1 号”首航仪式在蜈支洲岛基地码头举行。“海棠之星 1 号”整个客舱窗户十分宽敞，游客坐在座位上视野宽阔，船外美景一览无余。客舱内部空调、吧台、行李架和洗手间一应俱全，乘坐的便利性、空间的私密性、座位的舒适性都得到了体验嘉宾的一致好评。“海棠之星 1 号”是海南省第一艘全新铝合金双体高速客船，该船的正式投入运营将进一步提升蜈支洲海上客运的船舶档次和市场竞争力，给广大游客提供更加安全、舒适、快捷的海上运输服务。（赵楚欣）

【江苏公司两艘油轮同日下水】

10 月 9 日上午，中远海运重工所属中海工业（江苏）有限公司（以下简称“江苏公司”）三号坞喜迎出坞节点，该坞次建造的 30.8 万吨 VLCC-01 船和 15.8 万吨苏伊士油轮-01 船顺利下水；同时，在该坞建造的 15.8 万吨油轮-02 船实现半船起浮。

同日下水的两艘船舶均为江苏公司首制船型。公司把在建项目打造成为精品工程，树立公司造船品牌；多次组织生产骨干人员前往南通中远川崎取经，学习大型油轮建造技术和精益管理理念，不断改进和提升设计能力，攻克技术难题，提升总组和搭载效率，提高出坞完整性。为确保按期安全实现下水节点，江苏公司各部门严格生产计划，强化项目跟踪管理，狠抓施工进度和质量，利用国庆中秋放假，结合天气变化合理安排施工，快速沟通协调船东、船检意见，周密策划起浮和出坞方案，最终确保该节点的顺利实现。

（周晓雨）

【重工成功交付超深水海工作业船】

10 月 16 日，中远海运重工旗下大连中远船务为丹麦马士基建造的系列超深水海工作业船首制船“马士基安装者”（Maersk Installer）成功交付。该船长137.6米，型宽27米，型深11米，吃水8米，载员120人，载重量9788吨，为世界最新型超深水海工作业船，作业深度可达3000米，是中国船厂出口的首艘同类型船舶。此次交付，进一步提高了中国海工装备制造业在国际市场的知名度和品牌形象，对中国船厂持续开拓国际主流超深水海工作业船舶市场，具有重要意义和推动作用。

该船专门用于海底工程模块安装和维护、工作级机器人施工、船对船大型物件吊装、海底软管铺设、平台供应、海上火灾救援等作业，能满足除南极、北极以外的全球任何海域3000米水深以内365天无间断作业需求，各项性能指标和技术难度均为同类型船舶国际顶尖水平。船舶具有优秀的耐波性、操纵性和超强的冗余安全性。船舶节能、环保优势突出，满足英国劳氏船级社ECO、挪威船级社CLEAN DESIGN双重最高环保标准。（官雄杰）

航运服务产业集群

航运服务产业集群

【主要业务】

航运服务产业集群作为集团支持产业集群，按业务类型划分为船员与船舶管理、船舶燃料供应、船舶物资供应（润物料、水、伙食等物资供应、备件供应、海图销售），以及通信导航（主要以通信导航设备维修业务为主）、油漆生产和贸易5大业务板块。

船员管理业务 集团所属的中远海运船员管理有限公司（以下简称“中远海运船员”），是集团内从事船员管理、船员劳务派遣的专业公司。公司管理船员近5万名，配员船舶超过1100艘，服务船型覆盖集装箱船、油船、干散货船、特种船、客船、液化气船等各类型船舶，是世界规模第一的船员管理公司，也是国内最大的船员劳务外派公司。公司兼营船舶引航试航业务，主要为集团内部各主营船公司，以及合资合营公司船舶提供海事技术服务和移泊作业业务，同时为多家造船厂新建船舶提供试航业务。截至2017年年底，公司拥有和管理船员49 903人，其中高级船员占比51.53%，普通船员占比48.47%；自有船员占比60%，劳务、外聘船员占比40%。

船舶燃料供应业务 集团主要通过中国船舶燃料有限责任公司（简称“中国船燃”）、中石化中海船舶燃料供应有限公司（简称“中石化中海燃供”）专业经营船舶燃料供应业务，中远海运日本、中远石油有限公司、远华（新）私人有限公司、新峰航运服务有限公司、中海新加坡公司5家公司也从事境外燃油加注业务。截至2017年年底，集团各级业务主体共完成船舶燃料销售量2770万吨。其中，中国船燃供油1954万吨，中石化中海燃供供油249万吨。

船舶物料供应、通信导航、油漆生产和贸易、一般贸易业务 中远海运（香港）有限公司（以下简称“香港中远海运”）所属的中远海运国际（香港）有限公司（以下简称“中远海运国际香港”）构建了包括船舶贸易代理、船舶保险代理、船舶设备及备件供应、涂料生产和销售，以及相关产品贸易及供应等综合服务的航运服务产业集群，为航运企业、修造船企业，以及集装箱制造商等客户提供多元化及专业化的航运相关服务和产品，业务网络遍及中国内地、中国香港、新加坡、日本、德国及美国等地。2017年，香港中远海运航运服务产业集群保持稳步发展势头，其中船舶备件供应业务营业收入达1.7亿美元，比2016年增加24%；船舶代理营业收入3048万美元，同比增加22%；船舶保险营业收入1239万美元，同比增加1.1%；船舶涂料营业收入17.55亿元人民币，同比持平。中石化中海燃供，除供应船舶燃油外，还为国内船舶提供润料、物料、备件供应，以及救生筏检测、舱容检测等服务，2017年船舶物资营业收入3.6亿元。

【连云港公司完成首次海工船供油任务】

2月14日，中国船舶燃料连云港有限公司顺利完成烟台海上钻井平台711吨供油任务，这也是公司第一次为海上钻井平台供油。上午，“中燃16”轮安全抵达烟台港，进港靠泊、供油，所有动作一气呵成，至2月15日上午计量顺利结束首供的成功，进一步验证了公司客户服务的水平，也为公司全年任务目标的完成开了好头。此次为钻井平台供油在公司历史上尚属首次。由于时间紧迫、路程较远，经过周密考虑后，公司决定迎难而上，用最优质的服务展现中国船燃的实力。任务确定后，各部门分工协作，经营部负责联系办理“中燃 16”轮到大连港装货的靠泊手续，落实整个业务流程和成本费用等；安技部先派人赶往烟台，在船舶抵达之前到达钻井平台实地了解情况，协同船舶研究靠泊供油方案，争取把工作做在前面，把隐患降到最小。

（蓝庆飞）

【大连公司开展车船直取中转业务】

2017 年初，中国船舶燃料大连有限公司为了应对激烈的船供燃油市场竞争，多措并举，积极开展车船直取中转业务。截至 2 月，车船直取业务量达 2.5 万多吨，同期比较大幅上升，成为公司新的利润增长点。

车船直取就是利用油库地罐、管线、码头等设施，实现燃油从油罐车到船的中转模式。该项业务耗时长、强度大。一次直取 3000 吨就需近 70 多车次。由于客户运油车辆少，需往返几次装卸，导致卸供时间更长，一次作业往往需要几天几夜才能完成。为了实现 24 小时服务承诺，油库每次作业前都精心准备、克服困难，尽一切可能满足客户要求，做到车辆随到随卸，减少客户滞港时间，实现服务质量零投诉。

（谷雨　赵进昌）

【湛江公司首次为南海科考船供油】

据《中远海运报》3 月 10 日报道，在海南三亚湾锚地，中国船燃湛江公司海南办事处顺利完成南海科考船首单燃油供应任务，成功为南海科考作业的多功能船舶供应 0# 柴油。首供成功，进一步扩大了“中国船燃”的品牌影响力，公司的快速响应能力及专业服务水平得到客户认可，为后续再度合作打下了良好基础。

2016 年 10 月，该轮抵达三亚，湛江公司海南办事处紧密跟踪船舶用油动态，主动沟通联系，获悉需求 200 吨 0# 柴油。业务人员提前筹划，综合市场情况向船东作了书面报价，最终与船东签订买卖合同。2017 年 2 月 24 日，业务人员收到加油通知，要求次日完成供油任务。时间紧急，业务人员连夜赶往供油现场。25 日上午 10 时许，受油船舶抵达三亚湾锚地，进港靠泊、接管供油、计量签单，一切按既定流程有条不紊地进行。傍晚时分，首单供油任务顺利完成。　（张君伟）

【船用脱硝设备在大型船舶上应用】

由中远海运重工所属威海中远造船科技有限公司、中船重工第七一一研究所和武汉赛林德船舶科技公司联合开发的船用脱硝（SCR）设备将在中远海运特种运输股份有限公司 4 艘 7500 吨沥青船上应用。这是我国自主研发的 SCR 设备首次在大型远洋船舶上应用。

3 月 22 日上午，威海中远科技、七一一所与赛林德，中远海运特运与上海瓦锡兰齐耀柴油机厂、宜昌船舶柴油机厂在上海分别签署合同。根据合同，4 台 SCR 设备于 5 月起陆续交付两家柴油机厂，并随柴油机安装在中远海运特运的 7500 吨沥青船上。

根据国际海事组织（IMO）对船舶 NO_x 排放标准规定，2016 年 1 月 1 日或以后建造并且在排放控制区内航行的船舶，其柴油机排气必须满足 Tier Ⅲ法规。相比可利用机内控制技术满足 2011 年起实施的 Tier Ⅱ法规而言，Tier Ⅲ法规要求 NO_x 排放比 Tier Ⅱ法规降低 75%，船用柴油机则需要采用机外控制措施以满足该法规要求。在诸多技术方案中，选择性催化还原技术适用范围广，对发动机的安全影响较小，可以有效减少 80% ~ 90% 的 NO_x 排放量，获得了业界的广泛认可。

威海中远科技、中船重工七一一所和武汉赛林德于 2016 年 3 月达成合作开发 SCR 装置的协议。这款 SCR 设备具有体积小、低耗能、智能化程度高、运行可靠和兼备消声功能的特点，达到国内领先、国际一流水平，已取得中国船级社（CCS）原理认可及型式认可。

即将安装 SCR 设备的 4 艘中远海运特运沥青船按最新国际油轮标准和大油公司检查新要求建造，节能环保，符合《国际防止船舶造成污染公约》(MARPOL)标准，满足 Tier Ⅲ排放要求，具有船级社授予的绿色船舶的附加标志。

(魏敬民　孙平霞)

【大连公司新增 DN400 输油管线】

6 月 30 日，装载中国船燃保税 F380 船用燃料油的百慕大籍“Gener8 Companion”号油轮顺利靠泊大连港油品公司 1 号泊位。7 月 1 日凌晨 5 点，一切准备工作就绪，岸线阀门、船泵陆续开启，油品通过储供油基地新增的 DN400 输油管线进入中国船燃大连公司油库。到翌日 14 时 10 分止，计划油品全部安全接卸完毕，标志着“DN400 输油管线项目”顺利投产并实现首次成功入油。

(周佳强)

【广州燃供保税油供应实现新突破】

7 月 11 日上午，中石化中海燃供广州燃料分公司受船东委托，在深圳蛇口太子港邮轮中心码头成功为意大利籍邮轮“COSTA ATLANTICA”供应保税 MGO(船用轻柴油)，顺利完成蛇口邮轮码头保税 MGO 的首次供应。同时，拓展了从广州海关跨关至深圳蛇口海关供应保税 MGO 的业务模式。此次供油任务的圆满完成，标志着公司保税油供应能力获得国际大型航运公司的进一步认可。

歌诗达是欧洲最大的邮轮公司，其所属“COSTA ATLANTICA”邮轮首航至深圳蛇口港前，广州燃供经过多方沟通协调和周密筹备，成功解决了蛇口海关邮轮码头区域长期以来供应保税 MGO 的难题，并在取得蛇口海关的批复后，紧锣密鼓地办理了邮轮码头供油许可、外轮搭靠证、登轮证等各项手续。

(李臻)

【船舶智能监控系统首次用于风电项目】

据《中远海运报》7 月 14 日报道，上海船研所所属中海电信广州公司研发的船舶智能监控管理系统在“福船三峡”号交付使用。

“福船三峡”号是由厦门船舶重工建造的首艘海上风电一体化作业移动平台，是最新一代海上风电专用安装船，具有国内领先技术水平，是厦船重工也是福建省建造的第一批新型海洋专业工程特种船舶。

在厦船重工“海上风电一体化作业移动平台智能监控管理项目”招标过程中，中海电信广州公司凭借多年在海上通信、电子信息综合服务与电信业务运营的实践经验，以全项目系统集成和全业务解决方案提供商的优势，以及方案的先进性，在与国内多个知名航海智能化领域高科技公司的竞争中脱颖而出，成功中标。中海电信广州公司开发的船舶智能监控管理系统一体化平台在“福船三峡”号的成功运用，是在船舶智能化管理业务中的又一技术创新，将极大地提升中海电信在航海智能化领域和海洋信息化领域的地位。

(余笑华)

【海南、湛江实现保税油跨关供应】

据《中远海运报》7 月 28 日报道，“海宝油 36”顺利供应香港海宝航运有限公司港籍仁达轮保税油 380# 燃料油 788.271 吨。海南省人民政府、《海口晚报》、湛江新闻、参考消息、人民网和 CCTV 新闻网站等众多媒体，对中石化中海燃供和海南国盛开展的本项跨关供应保税油业务进行了报道，认为此举将有力保障国际船舶在湛江港方便、快捷地享受保税油政策，而无须再绕航新加坡、中国香港，这是海关落实琼州海峡经济带建设的重要举措。

2007 年，中石化中海燃供充分发挥海南国盛马村油库基地库的作用，经审批后取得了海南区域的保税油供应资质，确保了途经海南船舶的保税油供应，结束了海南省建省以来无保税油供应的历史。10 年之后，中石化中海燃供和海南国盛锐意开拓进取，正式将保税油从海南跨关供应到湛江，再次创造新的历史。

7 月 13 日，中石化中海燃供副总经理赵汉顺率队到海南老城综合保税区参加了海口、湛江两地海关《跨关区供油联系配合办法》签约仪式，见证了新区域业务开拓的重要时刻。随后，在海关现场监管人员核验后，保税油从马村油库保税油罐缓缓注入“海宝油 36”油舱。7 月 15 日，装载保税油的“海宝油 36”到达湛江宝钢码头，并于 7 月 17 日对“仁达”轮完成保税油供应。

（叶胜特　张露）

【广西公司助力“中华泰山”号邮轮首航】

据《中远海运报》9 月 8 日报道，中国船燃广西公司圆满完成“中华泰山”号邮轮 400 吨保税 IF380 燃料油和 288 吨淡水供应任务，助力其顺利首航。中国船燃广西公司接到“中华泰山”号邮轮的订单：加注 400 吨 380# 燃料油和 288 吨淡水。接到订单后公司高度重视，立即与船东联系，并安排业务员办理海关出库报关手续，提前提油为供油做好准备。同时，提前做好淡水水质检验工作，确保淡水质量合格。公司优质高效的供应服务得到客户的高度肯定，确保了邮轮顺利首航。“中华泰山”号是广西第一艘豪华邮轮，有“海上城堡”之称，邮轮由防城港始发，停靠越南下龙湾、岘港、芽庄，此航线被誉为“最美海上东南亚之旅”。

（覃东仁　苏明）

【湛江公司接卸 2.6 万吨保税燃料油】

10 月 14 日，中国船燃湛江有限公司安全顺利接卸“国平泰 2”轮 2.6 万吨 380CST 入库，及时补充库存，确保外轮在 1720 号强台风“卡努”登陆前按计划安全离港。

9 月，中国船燃湛江公司保税油供应出现较好势头，单月供油超过 1 万吨，创历史新高。由于供应量大增，湛江公司库存油品已显不足，为抓住这个良好的市场机遇，在中国船燃总部统筹安排下，安排巴拿马籍“国平泰 2”轮从新加坡装油至湛江。为做好本次接卸油任务，公司在国庆节前与海关、边防、海事等政府部门做好沟通，及时安排办理申报手续，协调好泊位安排；油库抓好细节落实，精心组织准备。油库高度重视做好安全接卸工作，认真开展卸船作业风险评估，制定较详细的卸船方案、应急处置预案，全面排查消除安全隐患，备足应急物资，加强作业指导培训，明确岗位分工，落实好各项安全措施；业务人员 24 小时驻船值班，及时沟通协调。

“国平泰 2”轮靠泊 200# 码头联检后，油库抽调增加班组作业人员，在关键部位、关键操作岗位安排足够人手。面对即将来临的 20 号强台风“卡努”正面袭击的严重威胁，为确保台风来临前大船顺利完货安全离泊，在保障安全前提下，公司及时与石化码头及船方沟通协调，在确保安全的情况下，采取最具效率的接卸方案，经过 48 小时连续奋战，安全完成卸任务。该轮在 14 日安全离港，避免船舶滞港，遭受强台风袭击危险。湛江公司的此次接卸油任务，受到印度籍船长高度肯定与赞扬。

（林隽）

【中远海运船员管理公司成立】

12 月 26 日，中远海运船员管理有限公司在上海宣告成立。中远海运集团董事长、党组书记许立荣，总会计师孙月英出席成立大会并为新公司揭牌，中远海运集团副总经理丁农等出席会议并致辞。

丁农表示，船员队伍是中远海运集团航运主业发展的重要基础和宝贵资源，也是我国远洋运输业最宝贵的人力资源。中远海运船员公司的成立是中远海运集团深入贯彻落实党的十九大精神、实施海洋强国战略、推进“一带一路”倡议建设的重要举措，是推进“6+1”产业布局、进一步深化改革发展的重要举措，是提高集团航运主业市场核心竞争力，建设一支与集团发展战略相匹配、具有国际竞争力的全球领先船员队伍的重要举措。通过“提高船员素质、提高船员实际收入、提高船舶管理水平、降低船舶管理和船员费用”，即“三提高一降低”，构建“专业化、集约化、市场化、国际化”的现代航运集团船员管理体制，更好地为船公司提供服务。

新成立的中远海运船员公司，是世界上规模最大的专业化船员管理公司，拥有服务世界一流航运企业、遍布全球航线、适任各种类型船舶的各职船员共计4.88万余人，为集团内船舶配员730余艘，为集团外船舶派员450余艘。未来，新公司将坚持集团战略引领，“管理好、使用好、服务好、发展好”船员这一战略资源，搭建新平台、实现新融合、体现新价值、追求新目标、打造新优势，建设一支素质一流、结构合理、配置全球化的具有国际竞争力的全球领先船员队伍，以更好地为各船公司提供保障，为集团建设具有全球竞争力的世界一流企业发挥作用。

成立大会上还举行了服务协议签订仪式，中远海运船员公司总经理黄建平分别与中远海运集运总经理王海民、中远海运散运总经理杨志坚、中远海运能源总经理刘汉波、中远海运特运副总经理蔡梅江签订了《船员管理服务协议》。

集团工会主席张善民、安全总监翁羿，集团总部有关部门负责人，相关单位主要领导等130余人参加了会议。（钟远海）

社会化产业集群

社会化产业集群

【主要业务】

社会化产业集群作为集团支持产业集群，承担了服务其他产业集群、孕育新兴产业、进行地区管理等多项综合职能。2017 年共有不动产投资、高速公路、交通科技、教育、医疗康复养老、旅游会展和地区公司 7 大业务板块。

不动产投资管理业务 不动产投资管理业务，特指从事不动产开发及物业投资的公司，目前集团内从事该项业务的公司有中远海运资产经营管理有限公司（以下简称“中远海运资产”）及香港中远海运旗下的中远（香港）置业有限公司。其中，中远海运资产主要从事集团境内存量土地的开发和建设，以及存量资产的经营等业务。2017 年，公司积极推进集团内存量土地、物业的盘活和开发，全力以赴推进项目建设；重点推进广州城安围船厂改造项目，以及上海浦东商城路、栖山路项目开发建设，新增上海海璟置业有限公司和上海海瑄置业有限公司两家项目公司。截至 2017 年年底，中远海运资产总额 90.72 亿元，所有者权益 77.02 亿元，利润总额 7223 万元。

高速公路业务 香港中远海运共参股四家高速公路公司，拥有京石高速、京哈高速天津段、津沧高速和济菏高速的经营权，四条高速公路共计全长 457.209 千米。2017 年通行费收入 35.21 亿元人民币，同比增加 18.67%，主要是京石高速车流量有大幅增长；济菏高速车流量增长较快，京石高速改扩建后经营条件日益完善，车流量增幅扩大显著，带动整体板块实现较好增长。

交通科技业务 上海船舶运输科学研究所（以下简称“上海船研所”）所属中远海运科技股份有限公司（以下简称“中远海运科技”），是国内最早进入智能交通系统集成领域的企业之一，主要从事智能交通、智能交通产品、工业及港航电气自动化、智慧城市和安防、软硬件系统运营维护等领域技术研发和系统集成。除此之外，船研所长期从事国内交通运输和造船行业的共性技术、前瞻性技术的开发研究，作为国内唯一面向航运业的综合应用研究机构，在船舶水动力、船舶运输控制系统等航运技术领域及环境工程领域均有特殊的行业地位。2017 年，上海船研所实现营业收入 12.89 亿元，同比增长 4.54%；利润总额 1.55 亿元，同比增长 6.89%；科技创新收入 2.73 亿元，同比增长 3%；技术投入比例 6.36%，科技投入同比增长 28.67%。

医疗康复养老业务 集团从事医疗康复养老业务的机构为广州中远海运所属广州新海医院和广州中远海运健康管理有限公司（以下简称“远海健康”）。广州新海医院为一所集医疗、教学、保健为一体的综合性国家二级甲等医院，2017 年实现营业收入 2.57 亿元；该医院大力开展航海疾病诊治、船员健康体检、船员医学培训、船舶防疫检疫和船舶配药上船等业务，与解放军 254 医院、清华大学等单位共同研发远程医疗控制平台及船上医用数字化设备，与中远海运科技合作开发远程医疗网络传输系统。远海健康是广州中远海运依托自身医疗资源优势、突出医养结合特色而设立的健康养老专业公司，该公司管理的新海颐养苑实施“医养结合”，赢得经济和社会双效益，2017 年保持 100% 的床位利用率，在《2016 年中国医院竞争力·医养结合机构 50 强》中排名第 13 位、广东省第 1 位。

教育业务 2017 年，集团拥有 11 家以实体方式运行的教育培训机构，主要承担全集团的党校教育、干部人才培训、船员培训和航海学历教育职能，具体包括 2 家集团直属院校青岛远洋船员职业学院（含中远党校）、中海党校，9 家二级单位所属以船员培训为主的机构；人员近千人。11 家教培机构年均线下培训集团各类干部人才和船员 5.5 万人次，集团外船员及其他技术技能人才 7.5 万人次。2017 年，青岛远洋船员职业学院完成在职培训 432 期，16 184 人次；在学历教育方面，2017 年学院有全日制在校学生 4329 人，毕业生 1568 人，毕业生就业率达到 95%。2017 年，中海党校共完成干部培训 4472 人次、15 608 人天，其中面授培训 58 期 3318 人次、15 608 人天，在线培训 17 期 1154 人次，培训满意率为 98.2%；此外，中海党校还辅助集团职能部门、各单位组织培训及会议 58 期 4381 人次。

旅游会展业务　中远海运博鳌有限公司（以下简称“中远海运博鳌”），是中远海运集团为服务博鳌亚洲论坛专门设立的公司，是博鳌亚洲论坛年会的核心服务单位；年均接待会议 200 多场、千人以上会议 30 余次，接待酒店住客 14 万人次、接待景区游客 80 万人次。2017 年 3 月 23—26 日，以“直面全球化与自由贸易的未来”为主题的博鳌亚洲论坛 2017 年年会在海南博鳌成功召开；来自世界 48 个国家和地区的政要、32 家世界 500 强企业精英、政商学界巨子及媒体人士共计 1823 名代表参会。2017 年，博鳌公司聚焦“会议 + 度假”两大主业，收入持续增长，实现营业总收入 21 111 万元，增幅 19%。

中远海运客运有限公司（以下简称“中远海运客运”），主要经营渤海湾客滚运输业务。2017 年，中远海运客运努力夯实渤海湾客滚运输业务，强化旅顺至东营独家航线的培育，加大车运营销力度，东营航线经营效益稳中有增。截至 2017 年年底，中远海运客运经营客滚船 9 艘（其中光租 2 艘），客位 12 182 个，载车线 12 033 米，分别占渤海湾营运船舶总艘数的 39.13%、总客位的 37.88%、总载车线的 34.01%。

地区公司　地区公司主要包括中远海运（上海）有限公司（简称“上海中远海运”），中远海运（广州）有限公司（简称“广州中远海运”），中远海运（大连）有限公司（简称“大连中远海运”）。2017 年，上海中远海运以“整合资源、盘活存量”为主线，优先大力培育发展液化储运板块，坚持以仓储服务为核心、以运输和贸易等为上下游配套服务，构建安全、高效、绿色的综合性液体化工品储运贸产业链和生态圈的发展目标，同时加强海事技术、物业管理、资产经营管理、海运服务等业务发展；上海中远海运 2017 年资产总额 73.3 亿元，实现营业收入 3.12 亿元、利润总额 3 654.3 万元。广州中远海运下设旅业公司、新海医院、物业公司、船舶工程公司、海宁公司、海建公司、健康公司 7 个管理主体，另设社会保障服务中心、财务核算中心、档案管理中心 3 个后勤保障中心；截至 2017 年年底，广州中远海运总资产 350.31 亿元，资产负债率为 19.16%，实现营业收入 11.88 亿元，利润总额 6.74 亿元。大连中远海运与中远海运客运实行“两块牌子、一套人马”管理模式，公司以“提升客运配套服务职能、提升投资管理职能”为发展思路，打造成为集客运配套服务、项目投资运营等业务为主体的实力企业，主要业务收入为船舶租赁、房租租赁、船舶多种经营、投资收益，档案管理等。截至 2017 年年底，大连中远海运 / 中远海运客运资产总额 31.16 亿元，所有者权益 16.65 亿元，实现营业收入 8.79 亿元。

【科技园打造国际化创新服务平台】

3 月 24 日，广州启迪中海科技园成功举办 2017 启迪中加国际项目对接广州交流会。在交流会上，中加商业加速网络华南创新中心签约并揭牌，广州启迪中海科技园宣布联合 C2CAN 中加加速网络共建中加商业加速网络华南创新中心，这是继“广州海洋与智能科技技术创新联盟”备案正式通过后，园区响应广州市建设国际科技创新枢纽号召的又一重大举措，标志着园区国际化创新服务平台的正式启航。来自加拿大的 13 个项目负责人以其极大的热情和创新的思维充分展示了各自项目的优势和创新点、并提出了需求。项目领域涵盖了信息软件、清洁技术、生物医药等高新领域，与会的投资方、对接企业代表在认真听取项目介绍的同时也和相应的项目负责人就投资需求、产品研发、渠道开拓、市场预期、合作模式等方面进行了深入的交流。（黎若菲）

【中远海运博鳌龙潭岭项目启动】

据《中远海运报》4月7日报道，中远海运博鳌龙潭岭项目正式启动。中远海运集团副总经理俞曾港发去贺信，中远海运博鳌和中远海运资产的领导为项目部揭牌并参加项目启动会议。龙潭岭项目作为集团完善博鳌亚洲论坛会议设施及配套功能的项目，得到了国家和海南当地政府、集团的高度关注。该项目由中远海运博鳌与中远海运资产共同合作开发。项目部的成立，标志着两家公司按照集团“6 + 1”产业集群盘活存量地产、提升资产价值、整合发展社会化产业的总体战略部署，在积极推进转型升级，优化资源配置，实现集团利益最大化方面又迈出了坚实的一步。

启动会上，中远海运博鳌与中远海运资产签署了双方合作框架协议，并认真研究了项目年度预算和年度工作的计划。（石红松）

【船院研发《轮机模拟器使用要求》】

据《中远海运报》6月23日报道，由青岛远洋船员职业学院研发的《轮机模拟器使用要求》行业标准通过交通运输部海事局专家组的全面审查。

该课题根据交通运输部相关文件要求，由山东海事局和青岛船院负责牵头研究，该院机电系相关老师组成课题组进行具体研究工作。课题组经过广泛调研、深入研究，接受专家的质询并不断修改，十易其稿，并由交通运输部在全国范围内开展网上征求意见，最终形成《轮机模拟器使用要求》行业标准。

该行业标准的制定填补了我国在轮机模拟器使用标准方面的空白，满足了STCW公约关于模拟器培训和评估的要求，充分发挥标准对模拟器教学和评估的规范和促进作用，对提高船员培训质量和提升中国海员的国际认可度都将产生积极影响。该标准通过交通运输部审查，彰显了青岛船院在参与制定行业标准、发挥专家作用方面的水平进一步提高，巩固了青岛远洋船员职业学院在行业中的地位。（陈爱玲）

【中远关西再次荣获防腐涂料品牌奖】

据《中远海运报》7月7日报道，2017年中国涂料品牌盛会暨中国涂料高峰论坛、中国涂料“华彩奖”影响力品牌颁奖盛典在上海举行，香港中远海运所属中远关西涂料化工有限公司再度荣获“2016年度防腐涂料影响力品牌”奖项。中国涂料品牌盛会是全行业最具行业成长价值与市场影响力的活动。经过长达3个多月的网络、微信、专业评审团打分等层层评选，中远关西凭借强劲的品牌实力和影响力，在众多涂料生产企业中脱颖而出。（焦婷）

【“南海之梦”轮西沙旅游航线开通】

据《中远海运报》8月18日报道，由中远海运客运与港中旅邮轮投资（深圳）有限公司等共同出资成立的合资公司“三沙南海梦之旅邮轮有限公司”已正式运营，并以“南海之梦”轮开通了三亚至西沙岛屿（鸭公岛、银屿岛、全富岛）四天三晚的旅游航线。“南海之梦”轮全长169.5米，宽25.2米，高37.2米，总吨位24 629吨，共有10层甲板，目前最大载客量721人，拥有各类客房168间，其中海景房99间、内舱房69间。该航程包含乘坐冲锋艇登岛观光，参加祖国最南端升国旗仪式，感受渔民生活，体验珊瑚堆积岛的神奇等内容，旅客可以在清澈的海面上畅游，在蓝天白云间踩踩沙滩、踏踏礁盘，感受洁净空气与“玻璃海”的魅力。乘坐该轮去西沙，可得到全程用餐、住宿、度假助理陪伴、岛屿观光、接驳艇服务、海洋欢乐颂主题活动等一价全包服务。（钟远海）

【新海医院共建康复项目及培训基地】

9 月 6 日下午，广东省至善妇儿健康关爱基金会向广州新海医院捐赠医疗设备暨培训基地开业仪式在新海医院礼堂举行。中远海运（广州）有限公司副总经理黄彪，原广东省卫生厅副厅长、广东省医师协会终身名誉会长王智琼，广东省至善妇儿健康关爱基金会理事长肖南方及医院领导出席活动。肖南方与新海医院院长张明共同签署了捐赠协议书，与会领导共同为广东省至善妇儿健康关爱基金会培训基地揭牌。

此次由广东省至善妇儿健康关爱基金会向广州新海医院捐赠的医疗设备用于医院康复医学科、神经内科、妇产科等科室的康复诊断、评估和治疗项目。广东省至善妇儿健康关爱基金会培训基地每年将为约 50 名贫困患者的治疗、部分贫困地区医护人员的进修学习给予费用减免，为广大患者的康复评估、疾病治疗、医学康复、健康教育、科普宣传等贡献力量。（马海雁）

“互联网+”产业

“互联网 +”产业

【主 要 业 务】

“互联网 +”业务集中于上海船研所、中远海运科技。除此之外，集团内各板块、各公司也广泛建立、使用“互联网 +”的业务平台，如中远泛亚电商、一海通公司、中远 e 环球、无界电子商务等平台。2017 年，上海船研所及中远海运科技大力推进“互联网 +”战略，以数据应用和智能科技助力技术和管理升级，投身新商业模式和产业生态系统建设，推动中远海运集团“数字化转型”，智慧交通、智慧航运、智慧物流、智能船舶和环境工程等业务板块实现协调发展，与行业领先企业的产业战略合作不断加强。2017 年重点推进的项目包括：供应链电商平台项目、一海通公司数据中心项目、智能船舶顶层设计及部分智能系统应用示范项目、上海陆家嘴航运互联网电商产业基地建设项目等。此外，上海船研所及中远海运科技还承建了集团综合管理平台、集团辅助决策系统（DSS）、SAP 财务系统、船东 IMIS 系统、集装箱代理系统、全球资金管理系统、集中采购管理平台、海员管理系统等建设项目。

【六成受访者信赖泛亚首创 PDCI 指数】

据《中远海运报》2 月 10 日报道，2016 年，上海泛亚航运有限公司自主创新研发了首款基于 100% 真实运价的泛亚内贸集装箱航运指数——PDCI，并通过电商平台及行业内专业刊物等渠道进行宣传。2017 年伊始，泛亚公司将前期为期一个月的专项调研活动情况进行了统计和分析。经统计发现，近六成受访者对 PDCI 具有基本的认识，超过 95% 的受访者对目前指数的发布形式表示满意，有六成客户希望增加更多地区的运价指数。分析指出，通过前期的宣传和推广，PDCI 指数在客户群中已经产生一定的影响，部分客户更提出了“希望能够增加西南指数和长江内河指数”“可以相应推出海铁联运、陆海联运指数等系列指数”等明确的建议，这充分反映了客户的需求，以及对泛亚公司的信赖。PDCI 指数客观反映了泛亚公司内贸市场实际成交运价波动趋势，为用户提供最直观、最及时、最具权威的泛亚内贸沿海集装箱物流成本走势，帮助用户实时了解掌控内贸海运物流成本变化动态。

（徐铖　徐一卉）

【“泛亚纵横”正式上线】

2 月 15 日，中远海运集装箱运输有限公司所属上海泛亚航运有限公司主导研发的“泛亚纵横”货物跟踪系统正式上线使用。该系统以客户需求为导向，以解决船货动态跟踪为目的，填补了船货动态在长江内的空白。客户在微信公众号中输入“船名”“单证号”即可查询到对应货物在长江内的动态，所跟踪船、货在动态变化时，微信将自动为客户推送货物动态变化。系统同时提供了船舶的 GPS 动态，并在地图上显示；提供货物多程中转动态、预计和实际到达时间，确保长江进出口货物在出口接转大船和进口接转小船都能全覆盖、全监控、全显示。系统一期开发覆盖全长江，后续开发还将继续扩大至珠江、沿海等区域，同时增加更多服务项目。（朱一麟）

【中远川崎引入 3D 可视化系统】

据《中远海运报》4 月 14 日报道，南通中远川崎船舶工程有限公司（NACKS）一直着力于提高船舶精益设计和建造能力，继成功应用AVEVA MARINE设计系统进行实船设计后，近日又在生产现场应用3D图纸系统辅助船舶建造，实现船舶建造可视化。

一直以来，南通中远川崎都依赖精细的二维布置图来指导现场施工作业，但对于结构复杂、布置紧凑的区域，图面中标注的信息量巨大，对作业者的识图效率和准确率仍有较大影响。南通中远川崎技术本部研发的“3D图纸系统”，将CAD系统中的3D模型和CAPP系统中的生产信息，以及ERP系统的数据通过技术手段进行融合。通过该系统，现场作业者可根据需要查看详细结构和舾装件、测量安装尺寸等，让作业者能快速进行定位和安装。目前，该系统已经在1号坞和2号坞进行应用，并已初见成效，后续还计划将该系统导入到大连中远川崎。

该系统具有自主知识产权，打破了传统的制造看图模式，实现向智能制造的可视化转型。3D图纸系统的应用改变了原有以平面图为指导的作业模式，有效提高了现场施工的效率和精度。一方面让空间密集区划的识图过程变得更简单、更直观，提高了现场施工效率和质量；另一方面迈出了由纯二维图纸向三维电子图纸转变的重要一步，降低了资源消耗。（徐宏伟）

【中国理货大数据平台南京项目启动】

4月13日，中国理货大数据平台南京项目正式启动。为全面落实“互联网＋理货”发展战略，发挥理货行业网络优势，挖掘理货数据价值，提升理货服务质量，推动理货行业转型升级，南京中理积极响应中国理货大数据平台建设，将南京口岸理货数据融入中国理货大数据平台，共同推动理货行业数据整合，提升理货服务价值。中国理货大数据平台致力于为口岸理货公司提升理货服务价值，提供产品支持，助力口岸公司乃至理货行业升级转型。随着南京项目启动，中国理货大数据平台已完成江苏、辽宁两大区域数据的整合，为进一步开展区域大数据产品试点奠定了基础。中国理货大数据平台将最终成为以“口岸大数据产品”为基础、以“区域大数据产品”为重点、以“全国全行业大数据产品”为特色的综合数据服务平台。（严超峰）

CHINA COSCO SHIPPING
CORPORATION LIMITED
YEARBOOK

中国远洋海运集团有限公司

年鉴

第四篇

船队建设

概述

概　　述

船舶运力是中远海运集团的核心资产，是集团保障国家基础物资海上运输、打造中国企业全球化经营品牌的硬实力体现。2017 年，中远海运继续保持综合运力，油、气运输船队，干散货船队，杂货特种船队四个“世界第一”的优势，继续保持集装箱船队规模领先、技术领先、发展领先的优势。

【船 队 综 述】

中国远洋海运集团拥有种类齐全的运输船队，船队由集装箱船队、干散货船队、油、气运输船队、杂货特种船队和客轮船队五大专业化运输船队构成。截至 2017 年 12 月 31 日，集团经营船队营运船舶 1120 艘，综合运力 8 631.66 万载重吨，排名世界第一。其中船队的自有运力规模为 6 822.83 万载重吨 /809 艘，租入运力规模为 1 808.83 万载重吨 /311 艘。

在五大专业化运输船队中，全集装箱船队营运船舶 367 艘，运力为 2 254.34 万载重吨 / 185.42 万 TEU，另外特种运输船舶及客箱船的集装箱运力为 10.48 万 TEU，集装箱的总运力达 195.90 万 TEU，居世界第三。干散货船队营运船舶 422 艘，运力 3 812.55 万载重吨；油、气运输船队营运船舶 156 艘，运力为 2 101.66 万载重吨；杂货特种船队营运船舶 161 艘，运力 453.47 万载重吨；均居世界第一。除此之外，客轮船队经营船舶 14 艘，运力为 9.58 万载重吨。集团船队运力基本情况见表 4-1。

（徐帮林　于炯）

中国远洋海运集团船队运力基本情况统计表（截至 2017 年 12 月 31 日）　　表 4-1

船队		自有运力		租入运力		控制运力	
		艘数（艘）	载重吨	艘数(艘）	载重吨	艘数(艘）	载重吨
集装箱船队		156	12 883 566	211	9 659 800	367	22 543 366
油、气船队	油轮船队	128	18 069 148	7	1 581 743	135	19 650 891
	LNG 船队	16	1 350 895	—	—	16	1 350 895
	LPG 船队	5	14 862	—	—	5	14 862
干散货船队		359	32 315 855	63	5 809 641	422	38 125 496
杂货特种船队		133	3 508 294	28	1 026 420	161	4 534 714
客轮船队	客船	1	47	—	—	1	47
	客滚、客箱船	11	85 198	2	10 699	13	95 897
合计		809	68 227 865	311	18 088 303	1120	86 316 068

【新造船接收】

2017 年，集团新交付船舶 55 艘 /574 万载重吨，其中，集装箱船 6 艘 /75 万载重吨，散货船 20 艘 /186 万载重吨，油、气船（含 LNG 船）18 艘 /279 万载重吨，特种船 11 艘 /33 万载重吨。2017 年中远海运集团接收新船的基本情况见表4-2。

（杨煜）

2017 年中国远洋海运集团接收新船情况表

表 4-2

序号	船　　名	船型	船舶性质	交付时间	建造国家或地区	船旗	载重吨
1	中能青岛	LNG	自有	2017-01-06	中国	中国香港	84 064
2	大吉	特种	自有	2017-01-13	中国	中国	28 621
3	连欢湖	油轮	自有	2017-01-16	中国	中国	50 239
4	中远海运伏尔加河	集装箱	自有	2017-01-18	中国	中国香港	111 290
5	平安城	特种	自有	2017-03-19	中国	中国	37 899
6	中远海运泰晤士河	集装箱	自有	2017-04-11	中国	中国香港	111 290
7	宁静海	干散货	自有	2017-04-11	中国	中国香港	63 573
8	宁悦海	干散货	自有	2017-04-20	中国	中国香港	63 562
9	天鹤座	油轮	自有	2017-04-25	中国	中国	64 982
10	华盛海	干散货	自有	2017-04-26	中国	中国香港	81 233
11	楠林湾	油轮	自有	2017-04-28	中国	新加坡	109 699
12	远尊湖	油轮	自有	2017-05-02	中国	中国香港	308 084
13	新丽海	干散货	自有	2017-05-05	中国	中国香港	178 302
14	广州湾	特种	自有	2017-05-10	中国	中国	13 307
15	广元海	干散货	自有	2017-05-12	中国	中国香港	207 392
16	安定海	干散货	自有	2017-05-16	中国	中国香港	38 801
17	德胜海	干散货	自有	2017-05-16	中国	中国香港	38 822
18	大庆	特种	自有	2017-05-18	中国	中国	28 604
19	连喜湖	油轮	自有	2017-05-25	中国	中国香港	50 239
20	中能北海	LNG	自有	2017-06-01	中国	中国香港	84 064
21	新龙洋	油轮	自有	2017-06-05	中国	新加坡	308 375
22	广亨海	干散货	自有	2017-06-06	中国	中国香港	207 389
23	中远海运塞纳河	集装箱	自有	2017-06-13	中国	中国香港	111 401
24	丰惠海	干散货	自有	2017-06-16	中国	中国香港	63 261
25	丰茂海	干散货	自有	2017-06-28	中国	中国香港	63 413
26	广利海	干散货	自有	2017-06-30	中国	中国香港	207 241
27	金州湾	特种	自有	2017-07-05	中国	中国	13 265
28	宁泰海	干散货	自有	2017-07-11	中国	中国香港	63 475
29	广安城	特种	自有	2017-07-19	中国	中国	37 917
30	中远海运喜马拉雅	集装箱	自有	2017-07-25	中国	中国香港	153 812
31	大祥	特种	自有	2017-07-28	中国	中国	28 577
32	华兴海	干散货	自有	2017-07-28	中国	中国香港	81 108
33	榕林湾	油轮	自有	2017-07-28	中国	新加坡	109 699
34	新威洋	油轮	自有	2017-08-01	中国	新加坡	308 313
35	连乐湖	油轮	自有	2017-08-01	中国	中国香港	50 239
36	远喜湖	油轮	自有	2017-08-10	中国	中国香港	310 574

续上表

序号	船　名	船型	船舶性质	交付时间	建造国家或地区	船旗	载重吨
37	丰丽海	干散货	自有	2017-08-29	中国	中国香港	63 424
38	中远海运莱茵河	集装箱	自有	2017-09-04	中国	中国香港	111 244
39	京海兴	干散货	自有	2017-09-06	中国	中国	6588
40	京海旺	干散货	自有	2017-09-06	中国	中国	6588
41	新昌海	干散货	自有	2017-09-12	中国	中国香港	178 361
42	远誉湖	油轮	自有	2017-09-12	中国	中国香港	307 953
43	中能天津	LNG	自有	2017-09-26	中国	中国香港	84 064
44	京海盛	干散货	自有	2017-10-13	中国	中国	6574
45	泛亚	LNG	自有	2017-10-13	中国	中国香港	83 312
46	远旺湖	油轮	自有	2017-11-09	中国	中国香港	308 152
47	长安城	特种	自有	2017-11-23	中国	中国	37 971
48	天恩	特种	自有	2017-11-28	中国	中国	37 125
49	丰收海	干散货	自有	2017-11-28	中国	中国香港	63 366
50	连松湖	油轮	自有	2017-12-04	中国	中国	72 746
51	大贵	特种	自有	2017-12-07	中国	中国	28 621
52	中远海运乞力马扎罗	集装箱	自有	2017-12-22	中国	中国香港	153 812
53	Boris Vilkitsky	LNG	自有	2017-12-26	韩国	塞浦路斯	98 000
54	新达海	干散货	自有	2017-12-28	中国	中国香港	178 438
55	天惠	特种	自有	2017-12-29	中国	中国	37 130
合计							5 735 592

【新造船投资计划】

2017 年，集团计划投资新造船 60 艘，实际履行集团决策程序后下单订造船舶 24 艘，分别是中远海运能源新造 16 艘油船，青岛远洋新造 1 艘五星旗客滚船，中远海运特运新造 3 艘 6.2 万载重吨纸浆船，以及中国矿运新造 4 艘 32.5 万载重吨矿砂船。上述 24 艘船舶计划 2019—2021 年陆续交付营运。（杨煜）

【淘汰老旧运力】

2017 年，集团报废处置船舶 73 艘，淘汰老旧运力约 397 万载重吨。（吴罡）

集装箱船队

集装箱船队

【中远海运集装箱船队概述】

中国远洋海运集团集装箱船队的主力是全集装箱船队；除此之外，杂货特种船队和客轮船队也提供少量的集装箱运力；全集团集装箱总运力为 1 959 558TEU。

中国远洋海运集团全集装箱船队主要包括中远海运集运、中远海运发展（集装箱）、中远海运英国拥有和租入的船舶。截至 2017 年 12 月 31 日，集团全集装箱船队自有船舶 156 艘，载箱量为 1 091 607TEU，总载重吨为 12 883 566 吨。租入船舶 211 艘，载箱量为 762 568TEU，载重吨为 9 659 800 吨。控制运力为 367 艘船舶、载箱量为 1 854 175TEU、22 543 366 载重吨。集团杂货特种船队和客轮船队拥有 105 383TEU 的集装箱运力，其中包括租入运力 1497TEU。中国远洋海运集团全集装箱船队的组成见表4-3。

中国远洋海运集团全集装箱运输船队运力表（截至 2017 年 12 月 31 日） 表 4-3

公司	自有运力			租入运力			控制运力		
	艘数	载重吨	载箱量（TEU）	艘数	载重吨	载箱量（TEU）	艘数	载重吨	载箱量（TEU）
中远海运集运	75	5 626 258	471 882	211	9 659 800	762 568	286	15 286 058	1 234 450
中远海运发展（集装箱）	74	6 773 881	581 603	—	—	—	74	6 773 881	581 603
中远海运英国	7	483 417	38 122	—	—	—	7	483 417	38 122
小计	156	12 883 556	1 091 607	211	9 659 800	762 568	367	22 543 356	1 854 175

【中远海运集装箱运输有限公司】

中远海运集装箱运输有限公司（以下简称“中远海运集运”），是中国远洋海运集团最大的全集装箱专业运输公司。

1. 中远海运集运船队现状

截至 2017 年 12 月 31 日，公司拥有和控制船舶 367 艘，总运力 1 854 175TEU。其中，自有船 75 艘，运力 471 882 TEU；租入船 292 艘（包括租入中远海运发展和中远海运英国等集团内部单位的船舶），运力 1 382 293 TEU；扣除出租在外的船舶 7 艘，运力 35 084TEU，中远海运集运实际营运船舶 360 艘，运力 1 819 091TEU。船队自营运力包括 10 000TEU 型以上船舶 48 艘，共计 622 720TEU；8000 ~ 10 000TEU 型船舶 42 艘，共计 376 811TEU；4000 ~ 8000TEU 型船舶 131 艘，共计 613 825TEU；4000TEU 以下型船舶 139 艘，共计 205 735TEU。船队中有 104 艘 /301 796TEU 船舶运力在内贸航线服务。

中远海运集运在 2017 年营运船舶与 2016 年底的 312 艘船舶 /1 648 790TEU 运力相比，增加船舶 48 艘 /170 301TEU，运力增幅 10.3%。

2017 年交付 6 艘新船，新增 65 500TEU 运力。退役拆解老旧船舶 1 艘，涉及运力 5446 TEU。新增加的 6 艘船舶中，包括 4 艘宽体型 9092TEU 的船舶，分别是“中远海运伏尔加河”轮、“中远海运泰晤士河”轮、“中远海运塞纳河”轮、“中远海运莱茵河”轮；2 艘新巴拿马型 14 566TEU 的船舶，分别是“中远海运喜马拉雅”轮和“中远海运乞力马扎罗”轮。

中远海运集运通过造新船和退役拆解老旧船舶，2017 年公司的船队结构得到进一步优化。公司控制自有船舶单船平均箱位已达 5940TEU；自有船舶平均船龄降至 7 年，单船平均箱位及平均船龄方面均在同业中处于中上水平。2017 年，公司船队结构特点是：7500TEU 以上船舶约占 60%，船舶大型化走在行业前列；新船订单绝对值居行业第一；规模扩张能力强，租船比重超过 70%，高于行业平均水平约 20 个百分点；平均船龄不足 9 年，比较年轻。

2. 船队建设规划

根据集团航运产业集群的总体战略部署，中远海运集运继续通过合理租造船和有效并购，稳健扩大运力规模。

中远海运集运在 2017 年除了新接收 6 艘新船之外，还持有新船订单 28 艘/49.8 万 TEU 运力。船舶包括 8 艘 13 800TEU 型、3 艘 14 566TEU 型、6 艘 19 273TEU 型、5 艘 20 119TEU 型及 6 艘 21 237TEU 型。按计划所有新船将于 2019 年底之前全部交付，2018—2019 年新船交付计划见表 4-4。

中远海运集运 2018—2019 年新船交付计划 表 4-4

交付年份	序号	中文船名	英文船名	载箱量（TEU）	建造厂	计划交船时间
2018	1	中远海运阿尔卑斯	COSCO SHIPPING ALPS	14 566	上海江南长兴造船	2018 年 1 月
	2	中远海运白羊座	COSCO SHIPPING ARIES	19 273	南通中远川崎	2018 年 1 月
	3	中远海运金牛座	COSCO SHIPPING TAURUS	20 119	上海外高桥造船有限公司	2018 年 2 月
	4	中远海运双子座	COSCO SHIPPING GEMINI	20 119	大连船舶重工集团	2018 年 4 月
	5	中远海运狮子座	COSCO SHIPPING LEO	19 273	南通中远川崎	2018 年 4 月
	6	中远海运牡丹	COSCO SHIPPING PEONY	13 800	上海江南长兴造船	2018 年 5 月
	7	中远海运室女座	COSCO SHIPPING VIRGO	20 119	上海外高桥造船有限公司	2018 年 5 月
	8	中远海运宇宙	COSCO SHIPPING UNIVERSE	21 237	上海外高桥造船有限公司	2018 年 6 月
	9	中远海运德纳里	COSCO SHIPPING DENALI	14 566	上海江南长兴造船	2018 年 6 月
	10	中远海运天秤座	COSCO SHIPPING LIBRA	20 119	大连船舶重工集团	2018 年 7 月
	11	中远海运摩羯座	COSCO SHIPPING CAPRICORN	19 273	南通中远川崎	2018 年 7 月
	12	中远海运茉莉	COSCO SHIPPING JASMINE	13 800	上海江南长兴造船	2018 年 8 月
	13	中远海运天蝎座	COSCO SHIPPING SCORPIO	19 273	大连中远川崎	2018 年 8 月
	14	中远海运安第斯	COSCO SHIPPING ANDES	14 566	上海江南长兴造船	2018 年 9 月
	15	中远海运玫瑰	COSCO SHIPPING ROSE	13 800	上海江南长兴造船	2018 年 9 月
	16	中远海运人马座	COSCO SHIPPING SAGITTARIUS	20 119	上海外高桥造船有限公司	2018 年 10 月
	17	中远海运星云	COSCO SHIPPING NEBULA	21 237	上海外高桥造船有限公司	2018 年 10 月
	18	中远海运樱花	COSCO SHIPPING SAKURA	13 800	上海江南长兴造船	2018 年 12 月
2019	1	中远海运双鱼座	COSCO SHIPPING PISCES	19 273	大连中远川崎	2019 年 1 月
	2	中远海运银河	COSCO SHIPPING GALAXY	21 237	上海江南造船长兴重工	2019 年 4 月
	3	中远海运太阳	COSCO SHIPPING SOLAR	21 237	上海江南造船长兴重工	2019 年 4 月
	4	中远海运杜鹃	COSCO SHIPPING AZALEA	13 800	上海江南长兴造船	2019 年 4 月
	5	中远海运荷花	COSCO SHIPPING LOTUS	13 800	上海江南长兴造船	2019 年 5 月

续上表

交付年份	序号	中文船名	英文船名	载箱量（TEU）	建造厂	计划交船时间
2019	6	中远海运山茶	COSCO SHIPPING CAMELLIA	13 800	上海江南长兴造船	2019 年 5 月
	7	中远海运宝瓶座	COSCO SHIPPING AQUARIUS	19 273	南通中远川崎	2019 年 6 月
	8	中远海运恒星	COSCO SHIPPING STAR	21 237	上海江南造船长兴重工	2019 年 6 月
	9	中远海运兰花	COSCO SHIPPING ORCHID	13 800	上海江南长兴造船	2019 年 8 月
	10	中远海运行星	COSCO SHIPPING PLANET	21 237	上海江南造船长兴重工	2019 年 9 月

3. 船舶租赁情况

2017 年，中远海运集运与太平船务（PIL）进行船舶互租合作，从太平船务租入 1 艘 6500TEU 型船舶（带岸电）和 5 艘 4250TEU 型船舶并转租 6 艘 5600TEU 型船舶给太平船务。通过船舶互租，公司获取了急需的带岸电的 6500TEU 型船舶，能运营非洲、印度等特定航线的 4250TEU 型船舶运力，消化了富余的 5600TEU 型船舶运力，进一步降低航线的运营成本，有助于新兴市场的进一步开发。

同时，通过密切跟踪租船市场，结合航线需求，充分利用租船市场水平处于历史低位的有利时机租入和续租船舶。截至 2017 年底，公司本部从集团外租入船舶洽谈 53 艘次，涉及运力约 25.1 万 TEU。其中，退租船舶 17 艘 /8.8 万 TEU 运力。租入、续租 3 艘 8500 ~ 9000TEU 宽体型船舶，包括新租入 1 艘 9000 宽体船舶“HUNGARY”轮；在续租 1 艘 8500TEU 船舶的基础上又新租入 1 艘 8500TEU 船舶；充分利用租船市场水平处于历史低位及市场波动相对低谷的有利时机租入质优价廉船舶，将最优资源揽入旗下，既保证了公司航线的正常服务，又降低了公司船队船舶成本，为各航线经营创造了良好条件。

4. 联营公司船队建设情况

2017 年 4 月，中远海运集运与达飞轮船、长荣海运、东方海外共同组建的海洋联盟（英文名称为 Ocean Alliance）正式投入运营。

截至 2017 年 12 月 31 日，联盟各家船公司运力情况如下：

达飞轮船：504 艘 /2 514 170TEU（不包括订单 24 艘 /325 834TEU）；

长荣海运：193 艘 /1 060 224TEU（不包括订单 28 艘 /270 132TEU）；

东方海外：100 艘 /689 118TEU（不包括订单 1 艘 /21 413TEU）。

5. 中远海运集运几个典型船型介绍

9092TEU 系列船　2014 年 1 月 28 日，中远海运集运与上海江南长兴造船有限公司签订 5 艘 9092TEU 船建造合同。该型船总长 299.9 米，船宽 48.6 米，型深 24.8 米，载重量 110 500 吨，载箱量 9092TEU，主机最大持续功率 48 800 千瓦，设计航速 22.2 节，船籍港中国香港，入 CCS 船级。首制船 COSCO SHIPPING DANUBE 轮于 2015 年 7 月 10 日开工，2016 年 11 月 29 日交付。

14 566TEU 系列船　2014 年 9 月 17 日，中远海运集运与上海江南长兴造船有限公司签订 5 艘 14 566TEU 船建造合同。该型船总长 366 米，船宽 51.2 米，型深 30.2 米，载重量 153 500 吨，载箱量 14 566TEU，主机最大持续功率 49 000 千瓦，设计航速 22.5 节，船籍港中国香港，入 CCS 和 DNV 双船级。首制船 COSCO SHIPPING HIMALAYAS 轮于 2015 年 11 月 9 日开工，2017 年 7 月 25 日交付。（刘清卿）

油、气船队

油、气船队

【中远海运油、气船队概况】

中远海运油、气船队主营业务为从事国际和中国沿海原油及成品油运输、国际液化天然气运输以及国际化学品运输。中远海运油、气船队由油轮运输船队和LNG/LPG运输船队组成，按运力规模统计，中远海运油、气船队是全球第一大能源运输船队；截至2017年12月31日，中远海运油、气船队控制油轮船舶运力135艘/19 650 891载重吨；其中，自有运力128艘/18 069 148载重吨；租入运力7艘/1 581 743载重吨。LNG和LPG运输船队拥有船舶21艘/1 365 757载重吨，总舱容为2 631 714立方米，均为自有船舶。中远海运油、气船队也是中国沿海原油和成品油运输领域的龙头企业。在沿海原油运输领域，船队一直保持着行业龙头地位。中远海运油、气船队的组成情况见表4-5。

中国远洋海运集团能源运输船队运力表（截至2017年12月31日） 表4-5

船队	公司	自有运力			租入运力		控制运力		
		艘数（艘）	载重吨	容积（立方米）	艘数（艘）	载重吨	艘数（艘）	载重吨	容积（立方米）
油品	中远海运能源本部	111	16 871 944	0	6	1 572 217	117	18 449 161	0
	洋浦公司	2	133 919	0	—	—	2	133 919	0
	华洋公司	1	61 957	0	—	—	1	61 957	0
	三鼎公司	2	150 968	0	—	—	2	150 968	0
	华海公司	3	129 884	0	—	—	3	129 884	0
	北海船务	9	720 476	0	1	4526	10	725 002	0
	油船小计	128	18 069 148	0	7	1 581 743	135	19 650 891	0
LNG/LPG	CLNG	8	677 017	1 229 826	—	—	8	677 017	1 229 826
	中海LNG	8	673 878	1 383 675	—	—	8	673 878	1 383 675
	深圳中远龙鹏	5	14 862	18 213	—	—	5	14 862	18 213
	LNG/LPG船小计	21	1 365 757	2 631 714	—	—	21	1 365 757	2 631 714
合计		149	19 434 905	2 631 714	7	1 581 743	156	21 016 648	2 631 714

注：中国液化天然气运输（控股）有限公司简称CLNG，上海中远海运液化天然气投资有限公司简称“中海LNG”。

【中远海运能源运输股份有限公司】

中远海运油、气运输船队主要由中远海运能源运输股份有限公司（以下简称“中远海运能源”）所经营管理的船队组成。该公司是中国远洋海运集团有限公司旗下从事油品、液化天然气等能源运输及化学品运输的专业化公司。中远海运能源主要经营油轮运输和LNG运输两大核心主业，拥有多年丰富的经验，以及较高的品牌知名度，在业界树立了良好的公司形象。

中远海运油、气船队运力规模世界第一，覆盖全球主流的油轮船型，是全球油轮船队中船型最齐全的航运公司。截至2017年年底，中远海能经营油轮船舶122艘/1873万载重吨。

中远海运能源是中国LNG运输业务的引领者，是世界LNG运输市场的重要参与者。截至2017年年底，中远海运能源参与投资并运营的LNG船舶16艘/261万立方米。公司所属全资的中海LNG和持有50%股权的CLNG是中国目前仅有的两家大型LNG运输公司，主要服务于中国从澳大利亚、巴布亚新几内亚和俄罗斯进口LNG的项目，已经成为影响世界LNG运输市场的重要力量。

1. 船队规划与建设

中远海运能源努力打造一支规模领先、结构合理、竞争力强的油轮船队，力争成为全球最具影响力和竞争实力的油轮运输服务商，成为服务于国家“一带一路”建设，为国家能源运输安全提供有力保障的国有骨干船队。

2017年，中远海运能源抓住新船造价处于历史低点的窗口期，抓住低成本发展机遇实现了高质量的规模增长。订造了包括6艘VLCC在内的16艘低船价、高标准、低能耗的油轮，共计305.8万载重吨；该批新造船投入运营后，公司运力规模达到2450万载重吨，进一步巩固运力规模世界第一的市场地位，同时也大幅提升公司的成本竞争力和盈利能力。

在建油轮项目按计划推进。2017年，中远海运能源交付油轮13艘，共计235.9万载重吨；其中VLCC油轮6艘，LR2油轮2艘，LR1油轮2艘，MR油轮3艘。①

2017年，在进一步巩固内贸和外贸原油运输核心业务的基础上，中远海运能源在绿色能源业务方面取得积极进展。通过与合作方MOL、中石油、沪东船厂积极协调，公司争取到了Yamal常规船项目，成功收购了MOL4艘17.4万立方常规LNG船项目50%的股权，在LNG船队发展方面又迈出了坚实的一步，进一步巩固LNG业务作为公司第二大核心业务的地位。2017年，LNG板块在能源系统中的资产比重已上升到18.4%、达111亿元。

中远海运能源按计划推进Yamal冰区船项目、AP项目、QC项目等在建项目，2017年交付5艘LNG船舶，共计86.9万立方米。截至2017年12月31日，公司参与和投资的LNG船舶38艘，已投入运营16艘，共计260万立方米，在建22艘，共计380.56万立方米。

2017年，中远海运能源收购中石油海运大连公司股权项目顺利完成，标志着公司在整合内贸成品油战略业务取得重要突破。该项目的顺利实施，对加深能源与中石油合作、拓展内贸业务、开拓外贸成品油市场等方面意义深远。

2. 船队运力规模与新造船订单

截至2017年12月31日，公司拥有和控制油轮运力122艘/1 872.9万载重吨。其中，自有运力116艘/1 715.2万载重吨；租入运力6艘/157.22万载重吨。中远海运能源油轮船队运力规模排名继续保持“全球第一”。

截至2017年年底，中远海运能源油轮船队持有新造船订单24艘/460万载重吨；LNG船队持有新造船订单22艘/381万立方米。

3. 主要船型

超大型油船（VLCC） 截至2017年年底，中远海运能源油轮船队拥有超大型油船（Very Large Crude oil Carrier，VLCC）39艘、合计1 185.4万载重吨。该船型船舶的载重吨通常在20万～32万载重吨，服务航速一般在15节左右。

苏伊士型油船（SUEZMAX） 截至2017年年底，中远海运能源油轮船队拥有苏伊士型油船3艘，合计47.8万载重吨。该船型以苏伊士运河通航条件为上限，载重吨在12万～20万吨。

阿芙拉型油船（Aframax） 截至2017年年底，中远海运能源油轮船队拥有阿芙拉型油船12艘，合计131.5万载重吨。该船型平均运费指

① MR一般为3万～5万DWT成品油船，LR1一般为5万～10万DWT成品油船，LR2一般为10万DWT以上成品油船。

数 AFRA（Average Freight Rate Assessment）最高、经济性最佳，是适合白令海（Bering Sea）冰区航行油船的最佳船型，载重吨通常在8万～12万吨。

巴拿马型油船（Panamax） 截至2017年年底，中远海运能源油轮船队拥有巴拿马型油船23艘，合计169.5万载重吨。该船型以巴拿马运河通航条件为上限，载重吨通常在5.5万～8万吨。2017年12月4日新造的“连松湖”就是1艘典型的Panamax船舶。该轮总长220米，型宽36米，型深20米，载重吨为72 745.4吨，夏季吃水13.5米，设计航速15节，主机推进功率8820千瓦。

灵便型油船 截至2017年年底，中远海运能源油轮船队拥有灵便型油船33艘，合计152.3万载重吨。该船型特点是灵活性强，吃水浅，载重吨通常在1万～5万吨。2013年12月4日新造的“荣池”就是1艘典型的灵便型船舶。该轮总长185米，型宽32.2米，型深18.6米，载重吨为48 698吨，夏季吃水12.4米，设计航速14.8节，主机推进功率9960千瓦。

通用型油船（COASTAL） 截至2017年年底，中远海运能源油轮船队拥有灵便型油船1艘，合计0.6万载重吨。COASTAL油船一般是指3000～10 000吨的沿海油船，通常用于沿海水域的油品运输并能在较浅水域靠泊，主要运输煤油、加热油、燃料油和化学品等。2013年1月8日建造的“华川”轮就是一艘典型的COASTAL型油船。该轮总长110米，型宽17.6米，型深10.1米，载重吨为6323吨，夏季吃水6.5米，设计航速14.3节，主机推进功率4440千瓦。

液化天然气（Liquefied Natural Gas，LNG）**运输船** 该型船舶是在－162℃的低温环境下运输LNG的专用船舶，按舱容分为四大类。小型：舱容在10万立方米及以下；中型：舱容10万～14.999 9万立方米；大型：舱容15万～20万立方米；超大型：包括Q-Flex型和Q-Max型，为满足卡塔尔LNG出口而开发的船型，因此船型冠以“Q”（卡塔尔Qatar）。Q-Flex型舱容20万～25万立方米；Q-Max舱容25万～30万立方米。

液化石油气（Liquefied petroleum gas，LPG）**运输船** 主要运输以丙烷和丁烷为主要成分的石油碳氢化合物或两者混合气，包括丙烯和丁烯，还有一些化工产品；乙烯也被列入其运输范围。依据载运各种气体的不同液化条件而分为全压式（装载量较小）、半冷半压式（装载量较大）和全冷式（装载量大）。液化石油气船因其特殊用途而产生了各方面的特殊要求，其技术难度大，代表当今世界的造船技术水平，船价为同吨位常规运输船的2～3倍，是一种高技术、高附加值的船舶。深圳中远龙鹏所属的6艘船舶就是液化石油气运输船舶。（傅源源）

干散货船队

干散货船队

【中远海运干散货船队概述】

2017 年，中国远洋海运集团旗下的干散货船队，拥有和控制各类散货船 422 艘 /39 492 951 载重吨，其中自有船舶 359 艘 /22 566 378 载重吨，租入船舶 63 艘、5 809 641 载重吨；干散货船队规模位居世界第一。集团的干散货运力主要装载铁矿石、煤炭、粮食、散杂货等全品类散装货物，航线覆盖国内沿海和世界主要港口，服务网络遍布全球。船队的骨干企业为中远海运散货运输有限公司。2017 年中国远洋海运集团干散货船队的运力情况见表 4-6。

中国远洋海运集团干散货船队运力表（截至 2017 年 12 月 31 日） 表 4-6

公　司	自有运力		租入运力		控制运力	
	艘数(艘)	载重吨	艘数(艘)	载重吨	艘数(艘)	载重吨
中远海运散运本部	227	24 109 530	59	5 472 429	283	29 581 959
中远海运发展	4	253 845	—	—	4	253 845
天津远华	2	74 294	—	—	2	74 294
中远发展	1	67 681	—	—	1	67 681
中远新加坡	3	163 484	—	—	3	163 484
湖南远洋	1	74 009	2	150 632	3	224 641
上海时代航运	28	1 663 834	—	—	28	1 663 834
友好航运	3	140 351	—	—	3	140 351
上海银桦	2	96 500	—	—	2	96 500
广州京海	4	34 784	—	—	4	34 784
广州振华	1	57 108	—	—	1	57 108
中海华润	9	439 120	—	—	9	439 120
嘉禾航运	3	126 811	—	—	3	126 811
广发航运	5	286 540	—	—	5	286 540
海宝公司	8	1 444 000	—	—	8	1 444 000
神华中海	40	2 154 636	—	—	40	2 154 636
国投海运（物流）	9	512 909	—	—	9	512 909
上海远望	2	151 844	—	—	2	151 844
广东海电	4	257 113	—	—	4	257 113
中远海运（广州）公司	1	56 082	—	—	1	56 082
广东省远洋运输有限公司	2	151 380	—	—	2	151 380
大连中远海运油运	—	—	2	186 580	2	186 580
小计	359	32 315 855	63	5 809 641	422	38 125 496

【中远海运散货运输有限公司】

中远海运散货运输有限公司（简称“中远海运散运”），隶属于中国远洋海运集团有限公司，是一家主营干散货运输的国有大型航运企业；运输货物覆盖铁矿石、煤炭、粮食、散杂货等品类，经营航线覆盖全球100多个国家和地区的1000多个港口。

截至2017年年底，中远海运散运拥有和控制干散货船舶422艘/3 812.54万载重吨；其中自有运力359艘/3 231.89万载重吨；租赁船舶63艘/580.96万载重吨。

1. 中远海运散运自有运力情况

截至2017年年底，中远海运散运本部（不含合资船队）自有运力227艘/2 410.95万载重吨。其中，4.5万吨级以下小灵便型散货船16艘/60.4万载重吨；4.5万～6.5万吨级大灵便型散货船105艘/587.9万载重吨；6.5万～12万吨级巴拿马型散货船49艘/406.8万载重吨；12万～22万吨级好望角型散货船33艘/617.1万载重吨；22万吨级以上超大型矿砂船20艘/738.4万载重吨。

2. 中远海运散运租入运力情况

截至2017年底，中远海运散运租入船舶59艘，547.27万载重吨；光租租入船舶8艘，45.1万载重吨，在光租船中租入集团内其他兄弟公司持有的船舶4艘，25.4万载重吨。公司船舶租赁情况见表4-7、表4-8。

船舶租赁情况表 表4-7

租赁方式	2016年底	2017年底
期租	16艘/89.7万载重吨	55艘/527.53万载重吨
光租	53艘/463.4万载重吨	8艘/45.1万载重吨
合计	69艘/553.1万载重吨	63艘/572.63万载重吨

光租租入船情况表 表4-8

序号	船名	载重吨	建造日期	船龄	船东
1	如意海	52 471.0	2004-11-25	13.11	集团外单位
2	恒越时代	32 686.0	2010-10-12	7.22	
3	新瑞海	56 092.0	2012-10-10	5.23	
4	新祥海	56 111.0	2012-07-24	5.44	
5	清平山	63 473.0	2015-10-01	2.25	中远海运发展（干散货）
6	清云山	63 442.0	2016-03-01	1.84	
7	清华山	63 457.0	2016-08-18	1.37	
8	清泉山	63 473.0	2016-12-02	1.08	

3. 合资航运公司船队建设情况

截至2017年年底，中远海运散运有下属合资航运公司12家，自有运力共109艘/685.3万载重吨，合资公司情况见表4-9。

合资航运公司自有运力按船型分类情况表 表4-9

所属公司	2016年底	2017年底
时代航运	36艘/211万载重吨	28艘/166.4万载重吨
友好航运	4艘/16万载重吨	3艘/14.0万载重吨
银桦航运	2艘/9.6万载重吨	2艘/9.7万载重吨

续上表

所属公司	2016 年底	2017 年底
嘉禾航运	4 艘 /15 万载重吨	3 艘 /12.7 万载重吨
中海华润	11 艘 /53 万载重吨	9 艘 /43.9 万载重吨
京海航运	1 艘 /1.5 万载重吨	4 艘 /3.5 万载重吨
广发航运	5 艘 /29 万载重吨	5 艘 /28.7 万载重吨
香港海宝	8 艘 /144 万载重吨	8 艘 /144.4 万载重吨
神华中海	40 艘 /215 万载重吨	40 艘 /215.5 万载重吨
广州振华	1 艘 /4.8 万载重吨	1 艘 /5.7 万载重吨
海电公司	5 艘 /30 万载重吨	4 艘 /25.7 万载重吨
上海远望	4 艘 /27 万载重吨	2 艘 /15.8 万载重吨
合计	122 艘 /756.6 万载重吨	109 艘 /685.3 万载重吨

4. 散运船队主要船型

2017 年，中远海运散货船队典型船型主要有小灵便型散货船、大灵便型散货船、巴拿马型散货船、好望角型散货船，以及超大型矿砂船 5 种船型。

小灵便型散货船 主要为 4.5 万吨以下船舶，船舶型深较小，配有船吊，对港口适应性强，代表性船舶有：

3.5 万吨散货船。包括 2012 年 6 月 15 日—2013 年 12 月 27 日山海关造船重工有限责任公司建造的“七仙岭”等 3 艘船舶。该型船舶总长 179.9 米，型宽 28.8 米，型深 14.6 米，载重量 3.46 万吨，航速 13.6 节，主机功率 6480 千瓦，配有 4 台 30 吨起重机。

4.0 万吨散货船。包括 2015 年 9 月 2 日—12 月 29 日天津新港船舶重工有限责任公司建造的“珍珠海”等 4 艘船舶。该型船舶总长 179.99 米，型宽 30 米，型深 15 米，载重量 4.0 万吨，航速 14 节，主机功率 6050 千瓦，配有 4 台 30 吨起重机。

大灵便型散货船 主要为 4.5 万 ~ 6.5 万吨船舶，对港口适应性较强，代表性船舶有：

4.8 万吨散货船。包括 2013 年 11 月 1 日—2015 年 10 月 29 日中海工业（江苏）有限公司建造的“宝月岭”等 13 艘船舶。该型船舶总长 189.9 米，型宽 32.26 米，型深 15.7 米，载重量 4.77 万吨，航速 13.7 节，主机功率 7948 千瓦。

5.6 万吨散货船。包括 2004 年 3 月 28 日—2009 年 4 月 30 日南通中远川崎船舶工程有限公司建造的“远宁海”等 9 艘船舶。该型船舶总长 189.9 米，型宽 32.26 米，型深 17.8 米，载重量 5.56 万吨，航速 13.5 节，主机功率 6970 千瓦，配有 4 台 30.5 吨起重机。

5.7 万吨散货船。包括 2009 年 1 月 10 日—2012 年 7 月 5 日中海工业（江苏）有限公司建造的“中海昌运 1”等 22 艘船舶。该型船舶总长 199.82 米，型宽 32.26 米，型深 18 米，载重量 5.78 万吨，航速 14.27 节，主机功率 8510 千瓦。

6.4 万吨散货船。包括 2015 年 11 月 30 日—2016 年 11 月 28 日中船黄埔文冲船舶有限公司建造的“丰德海”等 13 艘船舶。该型船舶总长 199.9 米，型宽 32.26 米，型深 18.5 米，载重量 6.38 万吨，航速 14.4 节，主机功率 8050 千瓦，配有 4 台 30 吨起重机。该船型是市场主推的优秀船型之一，可满足当今市场的最新需求，绿色环保，并具有超低油耗、适港性强、适货性广、运营灵便等特点。

巴拿马型散货船 主要为 6.5 万 ~ 12 万吨船舶，多数是通用型船舶，代表性船舶有：

6.5 万吨散货船。包括 2013 年 1 月 18 日—2014 年 1 月 18 日广州黄埔船厂建造交付的 6.5 万吨散货船“鹏锦”“鹏利”等 4 艘船舶。总长

225米，型宽32.96米，型深17.5米，载重量6.5万吨，航速15节，主机功率12 730千瓦，是根据国内港口特点建造的内贸船舶。

7.6万吨巴拿马型散货船。包括2010年8月18日—2013年3月13日江南造船(集团)有限责任公司建造的巴拿马型船“日观峰”等11艘船舶。该型船舶总长225米，型宽32.26米，型深19.6米，载重量7.56万吨，航速13.82节，主机功率8833千瓦。

8.2万吨巴拿马型散货船。包括2014年1月23日—2月18日广州中船龙穴造船有限公司建造的巴拿马型船“中粮1”等2艘船舶。该型船舶总长229米，型宽32.26米，型深20.2米，载重量8.2万吨，航速15.13节，主机功率10 260千瓦。

11.5万吨巴拿马型散货船。包括2012年5月25日—2014年6月19日上海江南长兴重工建造的巴拿马型船“桃花海”等8艘船舶。该型船舶总长254米，型宽43米，型深20.8米，载重量11.5万吨，航速14.92节，主机功率13 080千瓦。

好望角型散货船 主要为12万~22万吨船舶，代表性船舶有：

17.5万吨散货船。包括2003年10月28日—2006年9月28日上海外高桥造船有限公司建造的17.5万吨好望角型船“新旺海”等7艘船舶。该型船舶总长289米，型宽45米，型深24.5米，载重量17.5万吨，航速16.5节，主机功率16 850千瓦。

17.8万吨散货船。包括2008年9月19日—2009年9月2日上海外高桥造船有限公司建造的17.7万吨好望角型船“百安海”等4艘船舶。该型船舶总长292米，型宽45米，型深24.8米，载重量17.8万吨，航速14.36节，主机功率16 860千瓦。

20.8万吨散货船。包括2011年1月18日—11月18日南通中远川崎船舶工程有限公司和大连中远川崎船舶工程有限公司各建造和交付了的4艘20.8万吨好望角型船，其中“中兴海”“天发海”2艘船舶，该船型总长300米，型宽50米，型深24.7米，载重量20.80万吨，航速14.8节，主机功率17 950千瓦；“恒盛”“恒顺”2艘船舶，该船型总长295米，型宽50米，型深24.7米，载重量20.80万吨，航速14.2节，主机功率17 950千瓦。

18万吨散货船。包括2014年3月18日—2015年7月7日上海江南长兴重工有限责任公司建造的18万吨好望角型船“中海祥和”等4艘船舶。该型船舶总长295米，型宽45米，型深24.8米，载重量18.04万吨，航速15.53节，主机功率17 880千瓦。

大型矿砂船 主要为22万吨以上船舶，代表性船舶有：

23万吨矿砂船。包括2010年2月5日—2011年11月11日广州中船龙穴造船有限公司建造的23万吨矿砂船“中海兴旺”等4艘船舶。该型船舶总长324.99米，型宽52.5米，型深24.3米，载重量22.90万吨，航速15.61节，主机功率22 500千瓦。

29.7万吨矿砂船。包括2008年12月16日—2010年4月9日南通中远川崎船舶工程有限公司建造的29.7万吨矿砂船“合恒”等6艘船舶。该型船舶总长327米，型宽55米，型深29米，载重量29.75万吨，航速14.5节，主机功率16 680千瓦。2009年2月13日—2010年12月20日日本船厂Universal Shipbuilding Corporation，Ariake Shipyard建造的29.7万吨矿砂船“新鞍钢”等4艘船舶交付。该型船舶总长327米，型宽55米，型深29.25米，载重量29.75万吨，航速15节，主机功率16 934千瓦。

30万吨矿砂船。2011年12月27日—2013年8月10日大连船舶重工集团有限公司建造的“中海荣华”等6艘依次交付。该型船舶总长330米，型宽57米，型深28.6米，载重量31.5万吨，航速14.89节，主机功率25 200千瓦。

（李晓燕　李馨）

杂货特种船队

杂货特种船队

【中国远洋海运杂货特种船队概述】

中远海运杂货特种船队主要经营管理半潜船、多用途重吊船、汽车船、木材船和沥青船等各类型特种船舶。截至 2017 年年底，集团拥有和控制特种运输船舶 161 艘 /453.47 万载重吨；船队规模和综合实力居世界第一。其中，自有船 133 艘 /35 083 万载重吨，载箱量 10.29 万 TEU，载车量 30 592 个；租入运力 28 艘 /102.64 万载重吨，载箱量为 1497TEU，载车量为 22 600 个车位。中远海运杂货特种船队总体情况见表 4-10。

中远海运杂货特种船队运力表（截至 2017 年 12 月 31 日） 表 4-10

公司	自有运力				租入运力				控制运力			
	艘数（艘）	载重吨	载箱量（TEU）	载车量（个）	艘数（艘）	载重吨	载箱量（TEU）	载车量（个）	艘数（艘）	载重吨	载箱量（TEU）	载车量（个）
中远海运特运本部	102	2 597 339	65 114	30 592	26	971 669	0	22 600	128	3 569 008	65 114	53 192
中波公司本部	15	452 509	27 810	0	—	—	—	—	15	452 509	27 810	0
弘发公司（中波）	5	169 751	8614	0	1	29 774	0	—	6	199 525	8614	0
厦门远洋本部（特种）	7	253 755	1320	0	1	24 976	1497	—	8	278 732	2187	0
中远海运物流	2	19 126	0	0	—	—	—	—	2	19 126	0	0
上海海运 / 中海化工	2	15 814	0	0	—	—	—	—	2	15 814	0	0
合计	133	3 508 294	102 858	30 592	28	1 026 419	1 497	22 600	161	4 534 714	103 725	53 192

【中远海运特种运输股份有限公司船队】

截至 2017 年年底，中远海运特运拥有和控制船舶 128 艘 /357 万载重吨的运力。其中，自有特种船 102 艘 /260 万载重吨，平均船龄 9.5 年。2017 年，中远海运特运共接入 9 艘船舶计 25.3 万载重吨，退役 2 艘老旧船舶计 5.7 万载重吨。 （张朝辉）

1. 多用途重吊船队

中远海运特运的多用途及重吊船在全球设备运输市场举足轻重。以“大”字系列、“松”字系列、“天”字系列为代表的多用途及重吊船，具有舱口大、抬吊能力强、箱型货舱、多层甲板、装载能力多样化等特点，充分满足各类型机械设备、项目货、纸浆运输的需要。截至2017年年底，公司拥有多用途船共40艘计110.9万载重吨，重吊船24艘计64万载重吨。2017年，公司共接入2艘7.4万载重吨多用途船，4艘11.4万载重吨重吊船。

2017年，中远海运特运新接入上海船厂建造的4艘2.8万吨“大三”系列重吊船“大吉”“大庆”“大祥”“大贵”，使公司该型船舶达到12艘。

“大三”系列重吊船是中远海运特运多用途重吊船队中最年轻也是“本领最高强”的成员。该型船长179.5米，型宽28米，型深14.8米，舱容约3.7万立方米，最大货舱舱口围尺寸为45米×23.2米，货舱设置三层可吊离式二层甲板，最大航速15.2节，甲板安装2台单吊能力350吨、抬吊起重能力达700吨的起重机，是公司起吊能力最大的重吊船。该型船采用艏驾驶台、大舱口围、起重机边置、机舱烟囱边置、连续甲板等设计方式，相比市场上的同类船型，具有起吊能力强、装载能力多样化、航行速度快和环保、安全性能好等特点，适合装载特种运输市场中的超长、超大、超重型货物，同时还可至少装载1000标准集装箱，适货性非常强。与此同时，该系列船舶还采用了水润滑轴系设计、辅机废气预热回收利用、独立的油渣分油系统等先进环保措施，各项指标满足所有已生效和即将生效的新规范要求，达到国际同类型船领先水平。其主要科技创新亮点包括：通过对船舶主尺度、船体线型、高效推进器和水动力节能装置进行综合优化设计，使船舶能效设计指数（EEDI）达到-36.1%，比MARPOL附则VI参考线低36%，提前达到IMO决议MEPC.251(66)第III阶段标准（该标准2025年生效）；通过采用螺旋桨后加装毂帽鳍（HVAF），结合船舶线型的优化结果，使船舶主机油耗大大降低，仅约23.0吨/天；轴系设计采用水润滑系统，具有零污染、免除艉轴后密封及综合维护保养、避免滑油变质、避免艉管油取样、防止灾难性轴损毁，以及耐磨性强、轴承磨损寿命可预见等优点，满足美国权威环保组织（EPA）提出的“抵港船舶必须使用可降解的生物油”的要求。

该系列船舶的船型科研项目——“新一代中远海特型2.8万DWT重吊多用途船研制”项目荣获2017年度中国航海科技奖一等奖。该型船具有完全自主知识产权，且装船设备国产化率达到91.98%。

该型船同时也深受市场青睐，12艘船舶投入运营后，经济、社会效益显著，受到客户广泛好评。其中，“大安”轮成功吊装650吨拖轮；“大泰”轮成功“运输+安装”566吨LPG液化船罐体；“大昌”轮单航次装载8.5万立方米风电设备；“大德”轮一次性装载7台RTG整机；“大良”轮成功吊装体积超过1.6万立方米的巴西奥运渡轮；“大吉”轮依靠船舶良好的操纵性能在地中海成功救起遇难船ANNA号的全部10名船员，入选英国皇家造船师学会的《Significant Ships 2017》。

2017年11月和12月，中远海运特运先后接入两艘3.6万吨多用途冰级船“天恩”轮和“天惠”轮。两轮为中远海运特运于2016年6月与上海船厂签约建造的3艘冰级3.6万吨多用途船中的前两艘。两轮属加强版的“天”字号系列多用途船。“天”字号系列3.6万吨多用途船是中远海运特运最大吨位的多用途船，此前公司拥有该类型船共计8艘，包括在南通中远川崎建造的“天福”“天禄”“天寿”“天禧”和在中船黄埔文冲建造的“天真”“天乐”“天祺”“天健”。该船总长189.99米，型宽28.50米，型深15.8米，结构吃水11米；配备4台起重机，最大并吊能力200吨；设计有4个货舱，大舱口、箱型舱底，货舱内为吊离式甲板；全船装货面积达1.4万多平方米，散装货舱容3.1万多立方米，为中远海运特运多用途船之最，适货性强，普遍覆盖各类特种货物。

新接入的“天恩”“天惠”为CCS Ice Class B1冰级，相当于劳氏船级社LR Ice Class 1A，该冰级船可通行0.8米厚的当年冰航区。冰级船是根据船级社规则进行不同程度的加固、适应不同程度的冰情、可在冰区航行的船舶。有冰区加强附加标志的船舶，其外板、甲板、舷侧骨架、首尾结构和拖带、操纵设备，均得到相应加强；

其轮机装置能在环境空气温度低于0℃的情况下安全和正常运行，并特别考虑低温下液压系统的功能、水管和水箱的防冻措施，以及应急柴油机低温起动性能等；主机、轴系、减速齿轮装置、螺旋桨、起动装置及冷却水系统等设备的性能也得到相应加强。

冰级船主要用于满足芬兰纸浆客户需求，配合每年三个月左右的冬季冰区运输，同时也更有利于中远海运特运北极航线的常态化项目化运营，为“一带一路”特别是“冰上丝绸之路”建设提供更好的运输和物流服务。（张朝辉）

2. 半潜船队

中远海运特运在半潜船运输和海工安装领域实力雄厚，是全球平均船龄最低、船舶安全记录最好的经营人。船队载货能力实现从2万～10万吨级的普遍覆盖，可为全球客户提供各个层级的“运输＋安装”高端服务。截至2017年年底，公司拥有7艘半潜船，计32万载重吨，包括：“泰安口”“康盛口”“祥云口”“祥瑞口”“祥和口”“新光华”“致远口”等轮。2017年，公司接入1艘二手半潜船“致远口”轮，3.8万载重吨。

“致远口”轮原名“夏之远6”，总长195.2米，型宽41.5米，型深12米，航速12.5节，由浙江舟山半岛船厂建造，于2012年出厂。

（张朝辉　王晓华）

3. 汽车船队

中远海运特运汽车船队拥有和控制53 192个车位的运输能力，船型覆盖2950～5380车位；提供中国内贸沿海汽车船班轮运输服务，以及外贸出口不定期航线船舶服务及舱位服务，已形成整车海运、仓储、集港、分拨配送一条龙的全程整车物流服务。截至2017年年底，公司拥有和管理7艘汽车船，计9.2万载重吨，包括：“常发口”“中远盛世”“中远腾飞”“玉衡先锋”“常安口”“常荣口”“中海高速”轮（代管）。（张朝辉）

4. 木材船队

中远海运特运拥有国内最大的木材船队，船型主要为2.8万载重吨与3.2万载重吨木材船，航线遍及全球各主要木材运输区域，在非洲至中国原木运输航线上占据领先地位，澳洲、北美至中国木材航线也不断拓展。截至2017年年底，公司拥有11艘木材船，计33.8万载重吨，包括：“西昌海”“瑞昌海”“金达岭”“金广岭”“金远岭”“金兴岭”“金旺岭”“中远武夷山”“中远井冈山”“中远太行山”“中远昆仑山”轮。2017年，公司退役2艘木材船“金沙岭”轮和“金牛岭”轮，计5.7万载重吨。（张朝辉）

5. 沥青船队

中远海运特运致力发展国际国内沿海液态沥青海上运输业务，大部分TMSA（国际油轮管理行业标准）评估要素达到3级，管理能力达到亚洲领先水平，与Shell、Exxon Mobil、SK、中石化、中石油等国际顶级石油公司建立了良好的战略合作伙伴关系。公司沥青船队包括6000载重吨级、7500载重吨级和13 000载重吨级三个主力级别船型。截至2017年年底，中远海运特运拥有13艘沥青船，计9.9万载重吨，包括：“亚龙湾”“木兰湾”“大鹏湾”“福宁湾”“珍珠湾”“澎湖湾”“月亮湾”“平海湾”“安海湾”“星海湾”“宁海湾”“广州湾”“金州湾”。2017年，公司接入2艘沥青船“广州湾”和“金州湾”，计2.7万载重吨。

“广州湾”和“金州湾”是公司目前最大吨位的沥青船，设计总长145.0米，型宽22.6米，型深11.8米，吃水7.9米，载重量为13 307吨，航速14节，续航能力达到1.3万海里。每艘船有4个独立罐体，分为左右8个液货舱，这样的液货舱设计可以充分减少自由液面的影响。

“广州湾”轮是中远海运特运与青岛武船船厂合作的首艘新型沥青船，按照最新国际油轮标准和大油公司检查新要求建造，节能环保，符合MARPOL公约标准。随着其姊妹船“金州湾”轮的交付使用，中远海运特运沥青船队总运力由9万多载重吨增至12万载重吨，船队结构进一步优化，船队整体竞争力进一步增强，能够更好地满足客户运输需求。（张朝辉）

6. 散装船

中远海运特运还拥有“毓鹏海”“毓麟海”2

艘散装船，由广东省远洋运输公司经营。该公司是广远和粤电集团强强联合的电煤专业运输企业，通过两大公司的战略联盟，发挥各自的行业优势，为广东省各大电厂电力煤炭提供运输服务，以满足新增机组的电煤运输需求。2010 年接入的广东省远洋运输有限公司首制 7.6 万吨新型巴拿马型散装船“毓鹏海”轮长 225 米，宽 32.26 米，主机为 B&W5S60MC 型，配置 3 台副机，服务航速 14.5 节，适装煤、矿物、散装水泥、谷物等各种干散货。（柳芳）

【中波轮船股份公司船队】

中波轮船股份公司（简称“中波公司”）船队主要包括多用途重吊船。截至 2017 年年底，中波公司及其所属的上海弘发航运有限公司拥有自有船舶 20 艘 /622 260 载重吨，载箱量为 36 424 箱；租入船舶 1 艘 /29 774 载重吨。

（陈晓波）

客轮船队

客轮船队

2017 年年底，中国远洋海客轮船队运营船舶 14 艘 195 944 载重吨，客位数为 14 240 个车位数为 1587 个，载箱量为 1028TEU；其中自有运力 12 艘 /85 668 载重吨；租入运力 2 艘 / 10 699 载重吨。另外，中远海运客运和三沙南海梦之旅邮轮有限公司共同经营邮轮“南海之梦”1 艘，该轮由中国制造，2011 年 12 月 5 日接船，挂五星旗，总载重吨为 16 535 吨，载客量为 1400 人，载车线为 2000 米 车位 197 个；中远海运客运占 34% 的股份，经营管理权归属三沙南海梦之旅邮轮有限公司。中国远洋海运集团客运船队运力情况见表 4-11。

中国远洋海运集团客轮船队运力表（截至 2017 年 12 月 31 日） 表 4-11

公司	自有运力					租入运力					控制运力				
	艘数（艘）	载重吨	载箱量（TEU）	载客量（人）	车位数（个）	艘数（艘）	载重吨	载箱量（TEU）	载客量（人）	车位数（个）	艘数（艘）	载重吨	载箱量（TEU）	客位数（个）	车位数（个）
中远海运客运本部	7	64 586	0	9456	1001	2	10 699	0	2726	329	9	75 285	0	12 182	1330
闽台轮渡	1	6044	256	683	136						1	6044	256	683	136
厦门远洋本部	1	47	0	322	0						1	47	0	322	0
烟台中韩轮渡	1	6526	293	392	0						1	6526	293	392	0
中日国际轮渡	1	4321	250	345	121						1	4321	250	345	121
上海国际轮渡	1	3721	229	316	0						1	3721	229	316	0
合计	12	85 245	1028	11 514	1258	2	10 699	0	2726	329	14	95 944	1028	14 240	1587

【中远海运客运有限公司】

中远海运客运有限公司（简称“中远海运客运”）为中远海运（大连）有限公司（简称“大连中远海运”）全资子公司，主要经营大连至烟台、大连至威海、旅顺至东营（独家经营）航线。

2017 年，中远海运客运经营客滚船 9 艘（其中光租 2 艘），客位 12 182 个，载车线 12 033 米，分别占渤海湾营运船舶总艘数的 39.13%、总客位的 37.88%、总载车线的 34.01%。 （刘福阁）

【客运合营公司船队】

1. 中日国际轮渡有限公司

中远海运集运所属的中日国际轮渡有限公司（简称“中日轮渡公司”），是原中远集团与日本日中国际轮渡株式会社创办的合资企业，成立于 1985 年 5 月 30 日。中日双方各占 50% 股份，在中日航线投入客货轮渡“鉴真”轮，从事国际客货运输及相关业务。随着改革开放的深入发展和中日两国之间人员交往及贸易的迅速增长，经交通部、外经贸委、中远集团批准，1993 年公司建造“新鉴真”轮。“新鉴真”轮 1994 年 4 月取代“鉴真”轮，投入中日航线营运。“新鉴真”轮可载集装箱 250TEU（其中冷藏箱 100TEU），旅客 345 人。

2017 年“新鉴真”轮共完成 102 个航次，其中进口 51 航次，出口 51 个航次；完成集装箱重箱运量 9 753.5TEU；完成旅客运量 3826 人次；完成散货 856.8 立方吨。公司实现全年利润总额 2275 万元。

2. 上海国际轮渡有限公司

上海国际轮渡有限公司（简称“国际轮渡”），成立于 1992 年 10 月 29 日，由上海远洋运输有限公司与日本上海货客船株式会社合资组建，出资比例各占 50%。当时的中方股东为中国远洋运输（集团）总公司。1992 年 4 月，在公司成立之前，从日本购入新造客货轮“苏州号”，该轮总吨位 14 410 吨，全长 154.73 米，营运航速 22 节，可装载集装箱 229TEU，旅客定员 316 人。根据股东之间的协议，“苏州号”项目下设国际轮渡和日本上海轮渡株式会社两家公司，国际轮渡作为船东公司，将“苏州号”轮租赁给上海轮渡株式会社，由其负责经营。同时，国际轮渡受其委托担任“苏州号”轮在上海港的船舶代理并协助开展中国境内的经营活动。

2017 年，国际轮渡完成货运量 7 857.0TEU，客运量 3373 人次，实现税后利润 256.6 万人民币。

3. 烟台中韩轮渡有限公司船队

中远海运（青岛）有限公司管理的烟台中韩轮渡有限公司（简称“中韩轮渡”），成立于 1995 年 10 月，是经营中国烟台至韩国仁川海上客货集装箱班轮航线的中韩合资企业，中韩双方出资比例各为 50%。公司具体股东及投资构成包括：中远海运（青岛）有限公司 45%、中国烟台外轮代理有限公司 5%、韩国株式会社鲜光 17%、韩国现代海运株式会社 9%、韩国株式会社国宝 9%、韩国林光开发株式会社 9%、韩国金永润 6%。

中韩轮渡主要经营中国烟台至韩国釜山和群山航线，用于航线运营的“香雪兰”轮，集装箱舱位 293TEU，载客定员 392 人，是 1996 年由德国建造的现代化客箱船。

2017 年，中韩轮渡完成国际班轮运输 575 个航次，运送旅客 50 181 人次，完成重箱运输 32 750TEU，完成利润总额为 1191 万元人民币。烟台中韩轮渡不但创造了良好的经济效益，也日益成为烟台市与韩国各地加强联系的重要桥梁和纽带，成为烟台市重要的对外开放窗口，为促进中韩两国的交流作出了积极的贡献。

4. 厦门远洋运输公司 / 中远海运（厦门）有限公司

2017 年，厦门远洋运输公司直接经营的“新五缘”轮主要航行于厦金航线，以其船型新、服务好、安全平稳、效益突出逐渐成为该航线无可争议的航线标杆船舶。2017 年，该轮运载旅客 177 084 人次，日载运旅客最高达 1221 人次，航线客票收入首次突破 2000 万元。

5. 厦门闽台轮渡有限公司

厦门闽台轮渡有限公司（以下简称“闽台轮渡”），是厦门市首家直航台湾海峡两岸的国有航运企业，总部设在厦门，浙江台州玉环设有分公司；经营海峡两岸间唯一一条以厦门为母港往返于海峡两岸之间的滚装班轮航线，投入船舶为“中远之星”轮。“中远之星”轮全长 186 米，宽 25.5 米，航速 22.85 节，26 847 总吨，8054 净吨，载客配员 683 名。船舱自下而上共计 8 层，1 ～ 3 层可同时容纳 150 辆小汽车，4 ～ 5 层是 256 个标准集装箱舱容设计的货舱层（其中包含有 80 个冷藏箱插位），6 ～ 7 层是经改装后拥有 640 个旅客卧铺的客舱层，第 8 层则是供旅客活动的公共区域。

2017 年，“中远之星”轮运载旅客 41 432 人次；集装箱货量 12 241TEU，较 2016 年增长 31.33%；贸易车辆 359 辆，同比增长 13.61%。

（王琳　高原　姚兆羽）

CHINA COSCO SHIPPING CORPORATION LIMITED YEARBOOK

中国远洋海运集团有限公司

年鉴

第五篇

国际化经营

概述

概　　述

2017 年度，中远海运集团国际化已具有相当规模和国际竞争力，在中国香港、欧洲、北美、东南亚、澳洲、日本、韩国、西亚、南美和非洲设有 10 大区域公司，形成了以船舶航线为纽带，遍及世界各主要地区的跨国经营网络。

截至 2017 年年底，集团在 70 多个国家和地区设有境外公司约 1050 家，其中境外上市公司 8 家；境外员工总人数约 19 700 人，其中外派中方员工 503 人。截至 2017 年年底，中远海运集团合计总资产达 7753 亿元、营业收入 2752 亿元，合计境外总资产 4 101.73 亿元，占合计总资产的 52.9%；合计纯境外总收入 1 608.53 亿元，占合计总收入的 58.4%；纯境外利润总额 128.23 亿元，占集团利润总额的 63.2%。

截至 2017 年年底，中远海运集团在全球布局了 55 个码头，其中境外码头 21 个，包括美国、希腊、西班牙、意大利、土耳其、比利时、法国、荷兰、阿联酋、中国香港、新加坡、中国台湾、韩国、埃及等都投资了码头项目，在“一带一路”沿线的项目共 17 个，为国家“一带一路”倡议落地提供了互联互通的便利设施。

“一带一路”建设

“一带一路”建设

中远海运集团积极服务“一带一路”建设，为沿线国家及地区间的贸易往来、商品流通、基础设施建设等提供全方位的综合物流供应链服务。一是突出纽带连接，加快推动“一带一路”建设海上互联互通，深化海上运输合作。持续优化全球航线布局，牵头组建全球最大班轮联盟即海洋联盟，为“一带一路”沿线地区提供优质高效稳定的班轮服务，进一步提升了市场地位和影响力。二是突出全程物流，夯实“陆上丝路”物流服务基础。大力推进“中欧陆海快线”建设，加大对亚欧海铁联运、亚欧国际班列业务的投入，先后投资哈萨克斯坦霍尔果斯东门无水港项目，在阿联酋阿布扎比码头开工建设 27 万平方米的集装箱拆装箱场站，在埃及苏伊士运河经济区投资筹建 13 万平方米的保税物流园区。三是突出支点作用，强化“一带一路”沿线港口布局。重点把比雷埃夫斯港打造成地中海地区重要的集装箱中转港、海陆联运桥头堡、国际物流分拨中心，成为中欧陆海快线，以及“一带一路”建设的重要支点。

【投资西班牙港口】

Noatum 港口控股公司(Noatum Port Holdings，NPH)，是西班牙领先的码头运营商。2017 年 6 月 12 日，中远海运港口与西班牙 TPIH 公司签署购买协议，以 2.04 亿欧元收购 NPH 51% 的股权，成为港口的实际经营者。NPH 在西班牙主要资产包括 Noatum 瓦伦西亚港集装箱码头公司、Noatum 毕尔巴鄂港集装箱码头公司，以及位于萨拉戈萨、马德里的两家铁路场站。

瓦伦西亚港是西班牙伊比利亚半岛上的重要枢纽港及门户港，2017 年吞吐量达到 483 万 TEU，是地中海第一大、欧洲第五大、全球排名第 29 位的集装箱港口。Noatum 瓦伦西亚港集装箱码头是瓦伦西亚港的最大集装箱码头，码头岸线长 2310 米，水深 16 米，面积 117 万平方米，设计能力为 357 万 TEU，2017 年吞吐量 247.3 万 TEU，占整个瓦伦西亚港一半以上的份额。Noatum 毕尔巴鄂港集装箱码头位于西班牙北部大西洋沿岸毕尔巴鄂港，主要服务于包括西班牙伊比利亚半岛、巴斯克地区，以及法国西南部等腹地的当地市场。NPH 是该港唯一的集装箱码头运营商，以处理本地货为主，没有其他竞争者。码头总面积 43.8 万平方米，岸线长 1,155 米，水深 21 米，有专用的铁路与西班牙全国各地连接。码头设计能力为 100 万 TEU ，2017 年吞吐量为 57.1 万 TEU。

【投资新加坡高昇控股】

高昇控股有限公司 1960 年在新加坡成立，2010 年在新加坡主板上市。截至 2017 年 8 月 31 日，项目市值约为 3.84 亿新加坡元。公司主营仓储及物业管理、集装箱堆场、汽车物流和陆路运输业务，主要营业地点在新加坡，同时在马来西亚拥有部分仓储和堆场业务。2017 年 11 月，中远海运以每股 1.02 元收购高昇控股，项目总投资 4.9 亿新加坡元。

新加坡是亚洲区域内的物流中心和金融中心，是“海上丝绸之路”第一个关键落脚点。高昇控股是新加坡最大的物流公司。根据中远海运集团未来对高昇公司的发展战略，一是高昇控股未来将在新加坡，以及马来西亚地区为客户提供“岸到门”和“门到门”的陆地运输服务；二是将发挥企业现有经营优势，实现外延式增长，增强资源控制能力，拓宽辐射范围，增加服务渠道，发展冷库冷链物流；三是通过裕廊岛新项目，进一步巩固集团在新加坡的物流服务和市场竞争力；四是将充分发挥上市公司融资平台作用，布局东南亚区域物流业务，在新加坡以外高速发展的市场寻求机会，把高昇控股打造成为东南亚物流行业的整合者和领军者。

【发展希腊比雷埃夫斯港】

比雷埃夫斯港位于雅典西南，岸线总长 24 千米，陆地面积 272.5 万平方米，年吞吐能力达 650 万 TEU，是欧洲前十、世界排名第 36 位的港口。比港港口条件和地理位置优越，是地中海地区重要的交通枢纽。

中远海运在比港共有两家公司，分别是中远海运比雷埃夫斯集装箱码头有限公司（简称 PCT）和中远海运（比雷埃夫斯）港口有限公司（简称 PPA）。其中 PPA 是希腊上市公司，现有六大业务板块，包括：集装箱码头业务、物流仓储业务、修造船业务、邮轮码头业务、汽车码头业务、渡轮码头业务，与中远海运集团现有产业高度协同。

中远海运参与比港私有化至今，通过充分发挥集团各业务板块和比港的协同作用，在效益和管理两方面都取得了显著的成效。比港集装箱码头吞吐量，从接管之初的 68 万 TEU 提升至 2017 年 415 万 TEU，公司利润从收购之初的亏损 621 万欧元，到 2017 年实现盈利 4700 万欧元。比港在全球港口中的排名由最初的第 93 位跃升至第 36 位，且在 2011 年、2012 年连续两年成为全球集装箱吞吐量增速最快的港口。在取得良好经营效益的过程中，中远海运不仅坚持依法诚信经营，同时注重践行社会责任，自 2009 年参与比港私有化至 2017 年年底，为当地直接创造工作岗位 2600 个，间接创造岗位 8000 多个；直接经济贡献 7 亿欧元。

【发展中欧陆海快线业务】

2014 年 12 月，国务院总理李克强在贝尔格莱德会见塞尔维亚、匈牙利和马其顿三国总理，各方一致同意共同打造中欧陆海快线。中欧陆海快线是匈塞铁路的延长线和升级版，南起比雷埃夫斯港，北至匈牙利布达佩斯，中途经过马其顿斯科普里和塞尔维亚贝尔格莱德，直接辐射人口 3200 多万。与传统西北欧海铁联运通道相比，采用“中欧陆海快线”海铁联运通道可将整体运输周期缩短 7 ~ 11 天。

有别于传统海运路线和货运班列的新型大通道，中欧陆海快线是“海上丝绸之路”的欧洲内陆延伸段，也是匈塞铁路的升级版，是中国对欧洲商品流通继传统海运和铁路大陆桥后又一条新的便捷联运航线；它实现了海陆联运，即海运集装箱抵达希腊比雷埃夫斯港后，可以马上换上铁路，通过中欧陆海快线抵达奥地利、捷克、波兰等中东欧国家；发展中欧陆海快线，既能带动沿线国家各项产业的发展，拉动区域经济，使中国装备、中国技术能利用这个机会深耕中东欧乃至整个欧洲市场；同时也能丰富“海上丝绸之路”的发展，为更多中国出口至中东欧腹地的货源提供便捷、低成本的通道。这一通道无论从它的时间效益还是腹地规模上来说，都具有独特的优势，是目前需要给予高度关注和重视的一条横贯亚欧的贸易大通道。

在中远海运集团的努力下，2014 年 4 月 26 日中远集运大客户“索尼匈牙利”专列发车，标志着欧洲铁路南通道的正式启用。经过 4 年多的运营，中欧陆海快线业务量呈现跨越式的增长，运输量大幅增长。2017 年全年，中欧陆海快线累计完成货运量 4 万 TEU，同比增加 135%。客户数大幅增长。2017 年年底，客户数量从 2016 年的 3 家增加到 635 家；客户属性从单一的全球性 BCO 扩大到中小型客户、NVO 客户；客户流向从单纯北行客户，发展到南北逐渐平衡。发班率大幅增长。从 2016 年的每周 5 班次增加到目前每周 12 班次。覆盖面大幅增长。从最初的比港到捷克单一服务产品扩大到多元化铁路服务产品，覆盖希腊、马其顿、塞尔维亚、匈牙利、保加利亚、罗马尼亚、奥地利、斯洛伐克、捷克在内 9 个国家，并通过拖车覆盖 1500 个内陆点。

（曲胜斌）

国际及中国香港业务开发

国际及中国香港业务开发

【拓展班轮市场】

中远海运集团注重开发新兴市场、第三国市场、区域内市场，取得明显效果。从货量增幅来看，2017 年，新兴市场同比增幅 39%；区域市场同比增幅 18%，货量增幅明显高于东西干线的 6%。其中，实现箱量规模增长且增幅超过 50% 的 24 个国家和地区，都位于新兴市场。与此同时，集团还注重在区域市场开拓上持续发力。在中远海运集运这一全球班轮承运人的主品牌下，初步形成了泛亚、新鑫海、欧洲区域、中美洲区域等区域航线子品牌，取得了高速发展的成果，2017 年箱量同比涨幅分别为 14%、43%、81%、270%。

【提升全球供应链综合服务能力】

中远海运注重在海外集装箱供应链延伸服务、客户端到端服务上下功夫。密切关注非洲、南亚、拉美地区的市场变化，及早做好布局，加快进行业务开拓。强化国际的支线建设，境外公司认真开拓支线市场，与中远海运集运共同协调开发国际区域支线业务。同时关注中国进口贸易形势变化，牢牢把握机遇，更多揽取回程货物，提升创收创利能力。2017 年，海外 local 出口箱量同比增长 24%。其中，中美、西亚、东南亚、非洲、南美同比增速显著，欧美等地也在总量较大基础上有超过两位数增长。

【收购东方海外】

东方海外由香港特别行政区第一任行政长官董建华之父董浩云创立，是世界排名第七的集装箱班轮公司。2017 年，东方海外船队规模为 102 艘，集装箱运输及物流业务总载货量 630 万 TEU，航线覆盖亚洲 、欧洲、北美、 地中海、印度次大陆、中东及大洋洲等地。

2017 年，东方海外营业收入 61.08 亿美元，净利润 1.38 亿美元；2017 年营业收入同比上涨 15%，全年运输量同比上升 3.6%。截至 2017 年 12 月 31 日，东方海外总资产为 100.69 亿美元，净资产为 46.83 亿美元。2017 年 7 月，中远海运集团和上港集团以 78.67 港元 / 股的对价共同收购东方海外国际，交易额约 63 亿美元。

随着航运业规模化经营成为大势所趋，中远海运集团收购东方海外后，超越达飞，成为全球第三大集装箱班轮公司。中远海运收购东方海外不仅是提升竞争力的举措，同时也有利于巩固香港国际航运中心的重要战略地位，进一步把握“一带一路”倡议的历史机遇，为促进各国共商共建共享作出积极的贡献。 （曲胜斌）

境外业务管理

境外业务管理

【战略管理】

中远海运的“十三五”发展规划中，对集团的国际化业务进行了重点的论述，并单独编制了《中远海运集团海外事业“十三五”发展规划》。集团提出，海（境）外事业是落实“一带一路”倡议、国际产能合作等的载体，是集团拓展国际新市场、抓住新机遇、向跨国公司转型的关键着力点。应充分利用集团海（境）外网络整合的契机，把握东道国市场机遇，挖掘自身资源创效潜力，着眼持续成长，推进国际化管控模式变革，努力把国际化事业打造成为中远海运集团经济效益增长点、客户营销着眼点、优质资产蓄水池、潜在产业孵化器，推动中远海运全面参与全球产业分工，成长为世界经济活动的积极参与者、全球航运物流市场的有力主导者、国家海（境）外战略的重要践行者。同时提出，“十三五”期间，集团应努力把握“一带一路”倡议、国际产能合作等带来的机遇，实现集团海（境）外事业收入的快速增长。同时在管理能力、国际化程度上也需要不断提升，成为具备国际竞争力的业务主体。以《中远海运集团海外事业“十三五”发展规划》为纲领，中远海运旗下的境外公司均结合所在地区实际情况，编制各区域公司的“十三五”发展规划，以此明确各公司中期转型发展的路径及依据。

【境外管控架构】

中远海运集团对境外企业进行分类管理，包括：

境外区域公司。境外区域公司作为集团在境外区域经营管理的“五大平台”，即“全球业务协同平台、信息共享平台、新兴业务孵化平台、管理服务支持平台、国际人才培养平台”，由集团总部采取类似境内二级公司的管理模式。对于境外区域公司投资企业，由境外区域公司按照股权比例，通过董事会行使出资人管理。

境外上市公司。集团严格遵守当地上市规则和法律法规，主要通过股东会、董事会，以及委派管理人员等方式，协调和参与上市公司的生产经营、日常管理等各方面工作，维护股东权益。

境内专业公司在境外设立的控股 / 参股公司。由境外区域公司和境内专业公司共同对其行使矩阵式管理。其中，境内专业公司对其境外公司履行出资人职责，主要侧重于战略规划、生产经营与业务管理、投资管理、财务管理、安全管理等职能，境外区域公司作为“管理服务支持平台”，提供相应的现场协调、监督和支持，主要侧重于人力资源管理、内部监督管理、法律管理、行政管理、企业文化、公共关系及品牌管理、党务管理等职能。（曲胜斌）

国际交流与合作

国际交流与合作

【重要外事会见】

巴拿马共和国总统巴雷拉到访中远海运集团

11 月 21 日，正在中国进行国事访问的巴拿马共和国总统胡安·卡洛斯·巴雷拉·罗德里格斯一行在上海到访中远海运集团总部，与集团董事长许立荣举行会谈。本次会谈进一步推动集团在巴拿马和中美洲和加勒比地区的业务发展，有利于落实两国海运协定，对推动两国经贸往来、互联互通和“一带一路”向拉美地区的自然延伸起到积极作用。

巴拿马运河管理局代表团到访中远海运集团

3 月 28 日，巴拿马运河事务部部长、运河管理局董事会主席罗伯托·罗伊，巴拿马运河管理局局长乔治·吉哈诺率运河管理局董事会成员到访中远海运集团总部。集团董事长许立荣与代表团进行了会见，双方就共同关心的话题进行了广泛交流。会见结束后，许立荣代表中远海运集团将参加巴拿马运河拓宽首航仪式的“中远海运巴拿马”轮船模通过运河局转赠巴拿马万花船闸博物馆收藏。当天下午，中远海运董事长许立荣、总经理万敏会见了巴拿马海事事务部部长豪尔赫·巴拉卡特一行。双方回顾了过去良好的合作，一致认为将不断加深在航运、码头、劳务等各领域合作。

国外政府、党派领导人到访中远海运集团

4 月 12 日，集团董事长许立荣、总经理万敏会见新加坡交通部及外交部高级政务部长杨莉明；

4 月 13 日，集团董事长许立荣、总经理万敏会见马来西亚交通部部长拿督斯里·廖中莱；

7 月 27 日，集团董事长许立荣会见希腊前总理萨马拉斯；

10 月 11 日，集团副总经理、党组副书记孙家康会见美国佛罗里达州前州长杰布·布什；

11 月 28 日，集团副总经理叶伟龙会见希腊左联党总书记帕诺斯·里加斯。

通过会见，加强相关国家政府、党派对中远海运的了解，拓展海外发展领域，为集团海外业务开展营造良好的环境。

欧洲三大铁路公司高层到访中远海运集团

3 月 22 日，集团副总经理、党组副书记孙家康会见俄罗斯铁路公司第一副总裁米沙林；

5 月 17 日，集团副总经理叶伟龙会见奥地利铁路货运公司总经理艾瑞克；

10 月 30 日，集团副总经理叶伟龙会见奥地利铁路集团下属 Rail Cargo 公司代表。

通过会见，为集团在海外开展海铁联运业务打下基础，推动提升为客户提供全程物流服务的能力。（胡彧）

【重 要 出 访】

集团董事长许立荣赴日参加第三轮中日企业家和前高官对话会

12 月 4—5 日，第三轮中日企业家和前高官对话在日本东京举行，中国国际经济交流中心理事长曾培炎特邀董事长许立荣作为中方代表出席本轮对话，并在对话会全体会议中做发言。日本首相安倍、重要央企负责人等也出席了此次前高官对话会。

集团董事长许立荣陪同上海市委书记韩正访问希腊调研比港

6 月 11—13 日，集团董事长许立荣陪同上海市委书记韩正访问希腊。其间，韩正书记慰问“中远意大利”轮全体船员；在考察比雷埃夫斯港期间，韩正会见了比雷埃夫斯市市长莫拉利斯，并共同见证上海港与比雷埃夫斯港缔结姐妹港协议的签署、中远海运集团与上海国际港务集团战略合作协议的签署。此次出访进一步提升了集团在当地的影响力，促进了上海与希腊等“一带一路”沿线国家之间的务实合作。

（胡彧）

【重要签约活动】

中国远洋海运集团与古野电气株式会社、平成商事株式会社签署战略合作协议

3 月 20 日，中远海运集团与古野电气株式会社、平成商事株式会社在上海签署战略合作协议，三方一致决定建立全面战略合作伙伴关系。中远海运集团董事长、党组书记许立荣和古野电气、平成商事相关领导出席并见证签约。中远海运集团副总经理王宇航和古野电气社长古野幸男、平成商事社长今江友博代表三方签约。

中国远洋海运集团与哈萨克斯坦霍尔果斯东门无水港合作项目签约仪式

5 月 15 日，集团董事长许立荣在北京出席中远海运、连云港港口、哈国铁共同参与的哈萨克斯坦霍尔果斯东门无水港合作项目签约仪式并致辞。该项目处于“丝绸之路经济带”的战略要地，是连接中欧和中亚班列的关键节点，将为哈萨克斯坦及中亚货物打通中国东部出海口提供物流保障。

中远海运港口公司与阿布扎比码头签署项目协议

11 月 5 日，中远海运港口公司在阿联酋安排阿布扎比码头动工暨场站租赁签约仪式。阿布扎比交通局主席兼阿布扎比执行委员会委员迪亚布·本·穆罕默德、国家发展改革委副主任兼国家统计局局长宁吉喆、阿联酋国务部部长兼阿布扎比港务局主席苏尔坦·贾比尔、中国驻阿联酋大使倪坚、阿联酋驻中国大使阿里·扎希里、中远海运集团董事长许立荣、中远海运港口副主席兼董事总经理张为和阿布扎比港务局总裁穆罕默德·夏米西等共同启动了动工仪式。动工仪式前，中远海运港口副主席兼董事总经理张为和阿布扎比港务局总裁穆罕默德·夏米西作为双方代表，签署了有关场站租赁的协议。

中远海运重工与比利时 DEME 集团签署项目协议

2017 年 2 月，中远海运重工与比利时德米集团（DEME）旗下的 GeoSea 公司就 5000 吨风电安装船“ORION”号项目达成协议，并于 2 月 13 日在集团总部大楼签约。此前在 2016 年 10 月 31 日，在我国国务院总理李克强与比利时首相米歇尔的共同见证下，中远海运集团与 DEME 集团在北京人民大会堂签署战略合作框架协议。签约前，中远海运集团董事长许立荣与 DEME 集团首席执行官进行会见，双方就签约相关问题深入交换意见并最终促成签约的顺利进行。

（胡彧）

CHINA COSCO SHIPPING
CORPORATION LIMITED
YEARBOOK

中国远洋海运集团有限公司

年鉴

第六篇

安全生产

概述

概　述

2017 年，集团深入学习贯彻落实习近平总书记和党中央、国务院领导同志对安全生产工作的重要指示和批示精神，按照“明确一个目标，坚持两个导向、抓好八项重点”的总体思路，主动适应企业改革发展对安全工作提出的新要求；明确“杜绝责任性重、特大事故，避免责任性较大事故，减少一般及以下事故”的目标，坚持“目标导向”和“问题导向”，积极为集团打造“全球领先的综合性物流供应链服务平台”的大局助力；抓好“责任落实、体系建设、重点监控、人员管理、隐患排查、教育培训、机务管理、信息化建设”等重点工作，抓严、抓细、抓实安全工作，保持安全生产形势的总体稳定，为集团深化改革提供有力的安全保障。

安全制度体系

安全制度体系

2017 年，集团按照规章制度编写计划，编制、印发《安全生产监管办法》《安全管理职责规定》《安全生产责任追究规定》《境外公司安全管理规定》《安全生产绩效考核管理细则》《危险化学品重大危险源监督管理规定》和《职业健康安全管理规定》7 项制度文件。截至 2017 年年底，集团发布 11 个安全管理制度文件，主要安全制度框架基本建立。

2017 年，集团按照安全制度体系的总体设计和专项工作需要，编制、印发《分承包方安全管理指导意见》《陆岸安全检查指导意见》《船舶备件、润物料管理指导意见》《船舶北极航道航行指导意见》和《安全生产费用提取和使用指导意见》5 个指导文件，对相关工作加以规范，作为集团安全制度的有效补充。

安全工作重点

安全工作重点

【重 点 管 控】

2017 年，集团持续加强重点船舶跟踪、监控，每天对重点船舶包括客滚船、实习船、镍矿、重大件等特殊货载船舶、液货船、大型船舶、新接船和南、北极航行船舶进行重点跟踪、监控，共重点跟踪船舶 25 786 艘次。集团所属客滚船顺利完成春运、暑运任务；加强关键时段的值班、监控，认真做好国家法定节假日及重大活动期间安全工作的布置、提醒及值班工作，其中国庆、中秋假期和党的十九大期间，集团公司接受上级 3 次电话检查值班情况，集团及各单位值班总体平稳有序。

2017 年，集团响应国家“一带一路”倡议，积极开拓“冰上丝绸之路”，重点监控冰况、气象信息，圆满完成“莲花松”轮等 5 艘船舶北极东北航道的航行任务，进一步积累了北极航行经验。与传统航线相比，5 个航次共节省里程约 25 313 海里，节省时间约 80.6 天，节省燃油约 2018 吨。

【安 全 活 动】

2017 年 4 月，集团启动“驾驶台班组和现场工班组专项整治活动”，以安全检查和班组建设为抓手，与集团安全工作重点相结合，将安全压力有效传导到船舶、班组一线；以“岗位有职责、作业有程序、操作有标准、过程有记录、监督有保障、责任有追究”为导向，规范班组安全行为，强化一线安全监管，全面推进主动监管，重点防范船舶碰撞事故和工伤事故的工作。

6 月，集团以“全面落实企业安全生产主体责任”为主题，组织各单位、船舶开展“安全生产月”活动。活动期间，集团及各单位、船舶利用网站、微信、展板等方式，大力宣传党中央、国务院关于安全生产的重要决策部署和指示批示精神，推动安全责任意识树立、安全理念普及和安全素质提升；通过“6·16”宣传咨询日、播放事故案例录像、开展事故现场情景再现、事故案例反思 / 讨论、整改回头看等活动，举一反三，吸取教训，引导员工提高防范意识；按照“坚持贴近实战、注重实效”的原则，组织船岸员工开展应急演练 277 次、9452 人次参加，其中综合演练 121 次、单项演练 122 次、其他类型演练 34 次，达到了“以演练培训应急意识、以演练理顺应急程序、以演练检验应急预案”的目的。

2017 年 12 月 1—7 日，集团在全系统组织开展“《中华人民共和国安全生产法》宣传周”活动。集团及各单位以“《中华人民共和国安全生产法》宣传周”活动为载体，多方位、多渠道开展形式多样的宣传活动，通过橱窗板报、微信平台及电梯间广告机等方式，大力宣讲《中华人民共和国安全生产法》有关“依法治企”“依法治安”的总要求，普及安全生产法相关法律法规知识，促进全体船岸干部员工学法、守法，以及安全意识的提高。

2017 年5—12 月，按照交通运输部统一部署，集团组织所属交通运输单位开展“平安交通专项整治行动”。活动分为动员部署、实施整治和总结提升三个阶段，集团及各单位严格落实“党政同责、一岗双责、失职追责”的要求，狠抓安全生产责任制落实；按照“标本兼治、综合治理、系统建设”的总要求，以“关键设备、关键操作、关键场所、关键人员”为检查重点，针对教训查、突出重点查、抓住问题查，深入开展隐患排查整治；加强对重点船舶的跟踪、监控，积极推进船舶生产运输全过程安全风险评估，充分利用“CCTV”动态检查、安全督查等多种手段，加强船舶航行安全管理；坚持早部署、早防范、早预警、早应对的“四早”原则，持续保持对台风、暴雨、洪水等灾害性天气的跟踪，提前做出预警、提示、跟踪，认真做好季节性安全生产工作。

【防 台 工 作】

2017 年，全球总体灾害性天气偏多，西北太平洋有 27 个台风生成，集团有 687 艘次航行船舶和广东、福建、海南、浙江等多地陆岸单位受到影响；北大西洋有 17 个飓风生成，集团有 63 艘次航行船舶和部分境外单位受到影响。集团及各单位、船舶按照“以防为主，适时早避，留足余地”的防台要求，密切跟踪台风动态，提前安排避离措施；船岸单位防台工作平稳有序；结合集团所属中国船燃、中石化中海燃供船舶特点，组织召开加油船、港作船等小型船舶防台交流会，明确小型船舶“防避台”指导原则及要求，进一步完善相关应急措施，确保安全。

【防海盗工作】

2017 年，集团持续重视加强防海盗工作，将“拒海盗于船舷之外”的原则落实到思想认识、体制机制建设、日常管理等工作中；密切关注全球水域海盗活动动向，及时发出警示信息；组织召开防海盗工作专题会和西非防海盗工作研讨会，针对性地及时调整、细化不同海区的防海盗工作要求；加强船舶防海盗工作检查，强化岸基支持、指导和监督。

2017 年，集团共有 1841 艘次船舶航行于印度洋亚丁湾、西非几内亚湾、菲律宾南部等防海盗重点区域，其中航经印度洋海区船舶 1182 艘次，航经菲律宾南部海区船舶 482 艘次，航经西非几内亚湾海区船舶 177 艘次，船舶防海盗工作平稳而有效。

【安 全 检 查】

2017 年，集团以安全检查为平台，推动集团重点安全工作落地，修改完善《船舶安全检查指导意见》。同时，对陆岸单位的安全检查程序及标准进行梳理，制定《陆岸安全检查指导意见》，更加突出安全检查的有效性和对安全隐患的分析排除工作；在开展安全检查时，结合集团重点安全工作要求，有针对性地进行船舶防海盗、船舶油污水接收及处理、分承包方管理等专项检查，以检查重点推动监管重点，将压力有效传导到船舶、班组一线。

2017 年 7—10 月，按照国务院安委会统一部署，集团组织开展“全系统安全大检查”活动。活动期间，集团总部共安全检查陆岸单位 23 家、检查船舶 173 艘次，其中集团主要领导、分管领导等亲自带队检查 19 次；集团各单位、船舶按要求开展自查自改，共检查船舶 739 艘次，发现隐患、问题 10 412 项；检查陆岸单位 1193 次，发现隐患、问题 9178 项，及时予以解决和整改。

2017 年，集团总部共检查船舶 618 艘，缺陷总数 6184 项，单船平均缺陷数 10.01，有 26 艘船舶被列入集团重点督查船舶，重点督查船舶比例为 4.2%；集团总部共督查陆岸单位 70 家 / 次，其中督查危化生产储运单位 20 家 / 次、物流仓储单位 13 家 / 次、医疗机构单位 2 家 / 次、工程构建与集装箱制造单位 9 家 / 次、酒店旅馆业单位 3 家 / 次、船舶修造单位 14 家 / 次、码头储运单位 5 家 / 次、学院培训单位 1 家 / 次，其他单位 2 家 / 次，共发现隐患 257 项，提出工作建议 213 项。

【职 业 健 康】

2017 年，集团严格执行国际劳工公约及《职业病防治法》相关要求，坚持“安全发展、和谐发展”理念，以“预防职业病，保护劳动者身心健康”宗旨，履行法定职责；积极完善责任体系建设，建立健全规章制度及管理机构，制定颁布了《中国远洋海运集团有限公司职业健康安全管理规定》，对集团职业健康管理和职业病防治工作作出规定，监督各企业落实主体责任。

2017 年，各单位把强化职业卫生基础建设作为工作重点，与工会签订的集体合同及职工劳动合同中均涵盖有劳动保护、保险和福利等条款，以保障职工的健康和劳动安全权益；对职业危害场所每年至少一次职业病危害因素检测，并向职工公示检测结果；有职业危害因素的企业积极组织开展健康体检，建立职业健康档案，并全面做好接触职业危害职工的岗前、岗中和离岗的体检工作。

安全文化与科技

安全文化与科技

【安全文化建设】

2017 年，集团积极响应建设海洋强国的号召，依托中国航海学会海洋船舶驾驶专业委员会和《中远海运安全》杂志等平台，组织召开极地航行安全、船舶防抗台风技术等专题研讨，总结、推广船舶安全管理理念和经验；组织专人收集、整理中远和中海两大集团历年船舶防避台风论文，总结防避台风理论、操作、岸基管理与支持等方面的实践经验，逐一筛选、评估，整理、编制了《船舶防避台风论文集》，共包含理论篇、实践篇和综合篇，收录论文 45 篇、近 20 万字，逐步积淀集团航海经验，为建设海洋强国提供安全支持。

2017 年，《中远海运安全》杂志共出刊 12 期，刊载文章 330 篇。刊物紧紧围绕“安全”主题，版面内容专业、形式多样，有“航海技术”“机电管理”“船舶管理”等方面的理论与技术探讨栏目，有“亲人寄语”“安全杂谈”“劳动安全警示录”等方面的管理启示探究栏目，增加了“压载水管理”“防避台风”“极地航行”等专栏。在组稿方式上，采取每期由一个二级单位为主供稿、其他单位辅之的模式，突出重点，取得良好的宣传、学习效果。

【安全信息化建设】

2017 年，集团全面推进航运管理信息标准化平台项目（简称“航标平台”），成立航标平台项目推进技术委员会和工作小组；制定《航标平台项目推进指导意见》，明确在各公司推行“标杆船”的工作方案，积极做好顶层设计，合理制定目标任务，按计划实现应装船舶 100% 完成的目标；从 2017 年第四季度开始，工作重点从项目推进转向项目应用，努力实现船舶、航区、航线安全监管的全覆盖。（裴凯）

CHINA COSCO SHIPPING
CORPORATION LIMITED
YEARBOOK

中国远洋海运集团有限公司

年鉴

第七篇

企业管理

概述

概　述

2017 年，中远海运集团坚持稳中求进的工作总基调，围绕年初工作会议的各项部署和要求，不断提高财务、资本运营、人力资源、法务和风险、内部审计、集中采购等方面的管理水平，为企业深化改革重组，大力提质增效，圆满完成全年工作任务，奠定了扎实的基础。

财务管理方面，根据集团深化改革要求，坚持从强化管理入手，狠抓制度、流程、系统建设等改革重组关键环节，不断加强资金管理、预算管理、财税管理，以及会计管理。年内，集团财务决算工作获得财政部、国务院国资委通报表扬；财务快报、企业年度工作报告等项工作被国务院国资委评为先进。

人力资源管理方面，以集团 2017 年务虚会、工作会和干部人才工作会议精神为指导，深化干部人事制度改革，着力在人力资源的全球化战略、市场化机制、科学化培养、规范化管理等方面改革创新、攻坚克难；认真做好团队融合提升工作，使干部人才队伍建设在各方面取得新的成效。年内，集团还通过上线人才招聘平台，开设网络学习课程，总部和海外公司中方员工近 1000 人开展了在线学习和考试。

资本运营管理方面，围绕打造“6+1”产业集群目标锐意进取，突出“全面深化改革、狠抓战略落地和努力做强做优”三条主线，积极推进战略性资产并购整合，开展与地方企业战略合作，进一步完善金融产业布局，推动上市公司资本运作和国有产权管理，集团的改革红利初步显现。

采购管理方面，紧紧围绕控制成本、提高效率、保证质量、防范风险、发挥协同效应 5 个维度，全力推进数字化采购、标准化产品、信息化平台、复合型团队、专业化人才等工作，采购管理专项提升取得长足进步。在 2017 年 6 月举行的国务院国资委采购管理对标评估工作中，集团总分排名实现了新的突破。

内部审计管理方面，按照集团党组工作部署，紧扣提质增效的中心任务，坚持防控风险、提升管理和反腐倡廉的工作目标，切实履行审计监督职责，为集团改革重组和健康发展提供坚实保障。

内部巡视方面，2017 年，集团内部巡视工作按照集团巡视工作领导小组部署，切实提高政治站位、增强政治意识、强化责任担当，认真总结经验，创新开展巡视巡察上下联动机制探索，突出巡视监督政治作用，推动集团管党治党迈向标本兼治。

法务与风险管理方面，以保重点、促改革、防风险、强基础为抓手，深入贯彻国务院国资委法治工作会议精神，全面推进法治央企建设，坚持依法治理、合规经营，不断推进构筑集团法务风控工作管理体系，对高风险业务、新型业务、重大改革以及重大投资并购等事项，建立专项风险评估制度，各类风险得到有效防控。

财务管理

财务管理

【资金管理】

（一）资金管理基础工作

加强资金管理制度建设，集团制定并下发《中国远洋海运集团有限公司大额资金调动和支付审批管理细则》，明确审批权限和流程，强化内部控制力度。加强资金预算管理，对二级公司下达年度融资预算指标，通过月度资金计划、季度滚动预算等方式，强化资金运行监测和资金风险预警，有效控制集团总体债务规模。年内，完成《中国远洋海运集团全球资金管理模式顶层设计方案》，确定集团全球资金管理构架“司库”管理模式；围绕“一套体系、一个中心、两个平台”进行定位和布局，对集团资金业务实行集中、统一管理。（赵丰年）

（二）债务风险管控

从债务期限、币种、偿债能力等角度全面梳理集团债务情况，排查债务风险敞口，加强债务风险预警。对个别信用资质欠佳的下属企业，建立资产负债率、利息保障倍数、权益比率、债务覆盖率等指标的监控机制，避免财务违约行为的发生。对于债务规模大、融资任务重的公司，指定专人负责其融资工作，加强指导和监督力度。监控公司现金流，从融资意向着手，介入融资方案谈判、落实全过程，指导、帮助所属单位做好融资各项工作。根据集团总体债务结构和各单位需求，坚持自然对冲的中性管理策略，制定利率、汇率风险的控制策略。（赵丰年）

（三）拓宽融资渠道

加大与政策性银行的合作力度；与中国进出口银行签署53条船舶融资合同，融资利率低于市场成本；其中，10艘40万吨矿砂船20年船舶贷款，较市场成本比，贷款期内可降低财务费用1.2亿美元；通过中国进出口银行，完成希腊PPA港口欧洲开发银行（EIB）低息贷款保函置换的工作；与国开行签署战略合作，为中远海运散运落实8亿元并购贷款融资安排。充分发挥自贸区企业融资优势；通过自贸区企业贷款融资超过50亿元，贷款期内节约财务费用2.38亿元。积极配合集团重大投资项目实施；全年共落实集团重大投资项目资金需求约285亿元，归还到期债务约120亿元，包括收购上海港、上海农商行、中远船务股权245亿元，增资下属子公司39.4亿元；积极配合银行与银监会沟通，保证项目进度；存续期内节约财务费用3.59亿元。积极推进资本市场直接融资；与各类金融机构探讨权益性融资方案，积极探索降低集团及下属公司负债率的有效途径；年内完成集团总部永续债券、中远海运租赁资产支持债券发行及集团公司债发行准备；积极探讨境外可交换债、美元永续债、美元信用债等产品方案，为集团境外资本市场直接融资做好准备。

2017年，集团累计提取外部融资合计人民币数百亿，整体融资成本低于市场水平，进一步提高资金使用效率。（赵丰年）

【预算管理】

（一）推动预算与战略衔接

强化总部战略管控职能，早启动、早布置集团2018年度预算编制组织工作。按照集团产业集群业务板块战略目标，对所属单位初步预算目标、经营措施进行审核，推动预算与战略对接。做好集团重点单位预算约谈，从集团战略实施高度，提出修改完善要求。根据产业集群的战略定位和重点工作，确定关键考核指标。监测效益与薪酬联动，加强业绩考核、薪酬兑现管理，完善预算管理闭环体系。（陈史奇）

（二）加强预算执行监控

不断完善月度重大事项报告制度，在月度经济活动分析报告的基础上，增加预算执行情况专题，监测集团及所属公司预算执行情况，细化分析影响损益重要事项的执行进度。加强滚动预测工作，按季度编制集团效益滚动预测，四季度起按月监测跟踪各单位效益完成情况，及时掌握不确定事项的影响。通过细化常规措施，优化专项监测，强化重点监控，全力保障实现集团年度效益目标。（陈史奇）

（三）优化完善分析体系

定期编制《月度财务快报和生产统计简报》《月度财务情况通报》《月度经济效益执行情况通报》《月度经济活动分析报告》，完善快月报分析体系，进一步拓展分析的深度和维度。对集运、能源、散运、特运等主要航运单位开展运输收入的量价分析，监测影响运输收入变化的量价因素。完善航运单位的单位收入、期租水平、日租金等对标指标，按月跟踪指标完成情况。跟踪企业关闭、压减工作进展，分析清算企业关闭费用，按月分析减值拨备对企业效益影响，对效益波动较大的重点企业，开展现场调研和督导。

（陈史奇）

（四）优化工作方法

完善久其报表系统应用，增设国务院国资委预算报告从久其报表系统自动取数转换功能，确保数据贯通，减少人工干预，提高数据质量。开发财务类业绩考核指标模块，在久其系统中实现预算、决算、业绩考核数据互联互通。增设集团总部行政费用预算控制功能，强化预算事前、事中控制。对所属单位预算管理工作，实行联系人制度，做到职责明确、管理到位。（陈史奇）

【财 税 管 理】

（一）积极争取改革重组财税政策

年内，上缴国家国有资本收益 13.35 亿元。组织直属各单位向集团上缴利润 13 亿元，统筹、配置资金并将其注入重点和优先发展的产业、单位，推进集团“6+1”产业集群发展，实现集团产业结构的优化与升级。

（二）建立增值税管理长效机制

积极应对“营改增”税制改革全面实施工作，提早部署相关工作，主动适应税制变化，组织转制单位培训和交流，优化运营模式，完善业务流程，建立增值税管理长效机制，提前做好资质认定、系统部署、发票管理等准备工作，确保转制工作平稳过渡。根据 2017 年 4 月上海市政府出台的港口相关配套政策，积极争取洋山港“即征即退”优惠政策延期。（赵杰）

【会 计 管 理】

（一）统一规范集团会计政策

认真学习、研究财政部《企业会计准则第 42 号——持有待售的非流动资产、处置组和终止经营》《企业会计准则第 16 号——政府补助》等新会计准则，制定集团统一的执行新准则会计政策。针对 2018 年 1 月 1 日起境外上市公司及境外单位率先执行的《企业会计准则第 14 号——收入》《企业会计准则第 22 号——金融工具确认和计量》等准则，组织集团各单位评估影响，制定执行方案，做好执行准则的充足准备。对年内重组的物流、重工等企业主要会计政策、会计估计，进行审核把关，履行集团审批程序。对年内新设的自保、重组的财务公司，从会计科目源头参与制定、审核工作，确保核算基础规范、统一。

（杨新远）

（二）统一财务报表体系

在 2016 年统一财务快报的基础上，9 月实现了财务月报的上线工作，快月报质量和实效性进一步提高，更好地满足了集团月度效益分析需要。提前做好 2017 年财务决算准备工作，统一财务决算报表并于 11 月完成开发并启用，进一步提升年度决算的质量，为集团下一步统一会计科目，开发报表自动取数打好基础。集团快报、决算工作得到上级部委先进表彰。（杨新远）

【其他财务工作】

（一）降杠杆减负债工作

召开降杠杆减负债工作启动会，传达国务院及国资委对此项工作的要求。结合集团实际情况，制定降杠杆减负债工作方案。对下属企业进行全面债务风险排查，起草集团 2006—2016 年债务情况分析报告。对集团降标杆减负债工作方案任务进行分解，明确集团各部门在此项工作中的具体职责分工。（赵丰年）

（二）提质增效“两金”压降专项工作

定期跟踪检查各单位压控工作进展情况，重点督导进度落后单位，建立通报制度，加强单位负责人经营业绩考核机制，细化考核指标，加大问责力度，明确应收账款、存货存量及增量等 6 项压控指标，分解压控任务，进一步完善“两金”压控工作考核、奖惩制度，将“两金”压控与企业绩效、员工绩效相挂钩，加大考核力度，从业务源头强化“两金”压控意识。（王易）

（三）配合监事会监督检查工作

积极做好监事会对集团所属境内外的中远海运能源、散运、特运、重工、大连地区公司，以及澳新等企业现场监督检查配合工作；针对监事会对集团总部、中心及直属企业发现的问题，做好年度整改工作，督导相关单位切实落实整改；做好集团企业年度工作报告填报工作；集团 2016 年度企业年度报告被国务院国资委评选为“填报工作优秀企业”。（王易）

（四）全力配合审计署的审计工作

制定工作机制和工作流程，统一组织、部署配合审计署经济责任审计的各项工作，明确工作职责和工作原则，建立沟通联系机制，指定专人负责对接，全力做好各项配合。积极做好组织和沟通工作；及时完整提供审计资料，现场配合审计组累计 322 余份审计需求和 260 份审计取证单的相关材料整理和反馈工作。围绕现场审计指出的问题，坚持“边审边改”原则，明确各项问题的整改措施及完成时限，确保整改工作如期完成。（王易）

（五）推进财务信息化建设

以集团战略为引领，以“业财融合”为导向，按照“横向标准统一、纵向数据穿透”的思路，确定以 SAP 为平台，统一规划，分步实施信息化建设。推进自保公司、财务公司（筹）、物流、香港区域等公司的财务信息系统建设项目。加强各业务板块财务系统的团队建设，组织 SAP 信息系统 5 期关键用户培训班，航运、物流、码头、重工、酒店、理货、财务公司等各大业务板块业务骨干 180 人参加培训；培训达到了预期的效果，为提升财务信息系统的应用水平起到了积极作用。（王易）

人力资源管理

人力资源管理

【领导班子和干部队伍建设】

（一）集团党组管理干部基本情况

截至 2017 年 12 月，集团党组管理干部共计 279 人。按所在单位划分，总部部门（中心）与特设机构负责人及以上干部 63 人，直属单位领导班子成员 206 人，直属单位专职外部董事 4 人，推荐到社团任职 6 人。按政治面貌划分，中共党员 269 人，民主党派 3 人，群众 7 人。从年龄结构看，平均年龄 51 岁，40 岁及以下 8 人，占 2.87%；41 ～ 50 岁 127 人，占 45.52%；51 岁以上 144 人，占 51.61%。从学历结构看，研究生以上学历 85 人，占 30.47%；本科学历 171 人，占 61.29%；大专及以下学历 23 人，占 8.24%。从职称结构看，高级职称 155 人，占 55.56%；中级职称 92 人，占 32.97%；初级及以下职称 32 人，占 11.47%。（张铁程）

（二）选优配强领导班子及干部队伍

年内，坚持以新时期好干部标准，深入贯彻“四个一”理念，本着公平公正、兼顾平衡、人岗相适等原则，组建中远海运船员、中远海运财务、中远海运科技 3 家单位领导班子，完成理货业务板块领导班子整合工作，为各业务板块平稳、有序重组提供有力的组织保证。加大干部轮岗交流力度，将多岗位锻炼作为选拔培养干部的重要途径，选拔任用和交流调整集团管理干部 88 人次，推动总部机关与基层单位之间、不同产业集群之间、海内外单位之间干部轮岗交流。对集团总部 7 个职能部门、4 个共享中心共 13 个负责人岗位，在全系统范围内进行公开竞聘。

（张铁程）

（三）加强领导班子与干部队伍综合分析

根据 2016 年直属单位领导班子综合考评掌握的情况，对 39 家直属单位领导班子的主要成绩、存在问题、成员特点进行系统分析。同时，对集团管理干部队伍的整体情况，从年龄、学历、性别、职务层级，以及来源等多维度进行研究，更加全面、直观地了解掌握干部队伍的情况。

（张铁程）

（四）培养年轻干部

年内举办处级干部进修班暨第一期优秀年轻干部培训班（启航班），择优录取 39 名 40 岁以下优秀年轻干部到集团党校进行为期 3 个月的脱产学习，重点加强党性修养，提升领导能力，跟踪培养一批优秀后备干部。与中央党校合作举办中青年高级管理人员培训班（远航班），选调 42 名优秀中青年干部进行为期 3 个月的集中培训，围绕“基层理论、宏观视野、党性修养、企业管理、领导素养”5 个专题，开设 56 门培训课程。组织学员到大庆油田现场考察和教学，学习感悟铁人精神。根据学员管理素质测评结果，结合学员所在岗位、工作经历和职业生涯规划，安排学员进行为期一个半月的跨单位、跨层级挂职锻炼。（张铁程）

（五）加强直属单位董事队伍建设

根据集团直属单位规范董事会建设总体规划，研究中远海运科技、中远海运船员、中远海运发展等单位的董事会组建和调整方案，为上海船研所和集团 9 家境外直属单位配备董事。研究制定集团专职外部董事任职条件、权利义务、选拔聘用、薪酬评价、管理方式等一揽子方案。印发《直属单位职工董事管理办法（试行）》，为

进一步加强规范董事会建设，充分发挥职工董事的作用提供了制度依据。（张轶程）

（六）探索市场化选人用人机制

按照“市场化选聘、契约化管理、差异化薪酬”的原则，研究制订《集团金控平台职业经理人试点工作方案》。召开金控平台职业经理人启动会议，面向境内外招聘中远海运金控副总经理和首席风控官各1名，将符合条件的中远海运金控、中远海运发展7名班子成员转为职业经理人。指导金控平台按照“一岗一契约，一年一考核”原则，与职业经理人签订岗位聘用合约和绩效合约，明确责权利。以绩效市场化对标为主要依据，按照“依岗议薪、一人一薪”的原则确定职业经理人薪酬标准，结合绩效目标及绩效考核办法，强化考核结果与薪酬水平的关联度。（张轶程）

（七）干部监督和日常管理

认真学习贯彻中央关于《领导干部报告个人有关事项规定》和《领导干部个人有关事项报告查核结果处理办法》，组织265名集团管理干部填报个人有关事项。制定《直属单位领导人员选拔任用工作一报告两评议实施办法》，规范选人用人工作，加强选人用人工作民主监督。研究制订集团管理干部出差、休假、因私出国（境）等日常管理制度，规范管理工作。（张轶程）

（八）扶贫和干部挂职

根据中央有关部委及集团扶贫挂职工作的总体安排，接收2名西部地区挂职干部到集团总部挂职锻炼。选派2名直属单位干部赴湖南挂职担任定点扶贫县副县长。选派1名直属单位干部赴云南永德县挂职担任村第一书记；接收2名西藏昌都地区干部到中远海运物流所属重庆公司挂职锻炼。（张轶程）

【人才队伍建设】

（一）干部人才工作专题会

3月17日，集团召开2017年干部人才工作专题会议。集团董事长、党组书记许立荣在会上作重要讲话，董事、总经理、党组副书记万敏主持会议并作总结讲话。会议传达了全国组织部长会议等重要会议精神，解读了集团“十三五”人才规划等有关文件。（陈晶星）

（二）人才发展规划

编制印发《中远海运集团“十三五”人才发展规划》（以下简称《规划》），明确了围绕“6+1”产业集群战略布局，重点抓好领导人员及后备人才队伍、产业集群及通用型专业人才队伍、国际化人才队伍、董监事管理人才队伍、船员人才队伍和党群工作人才队伍6支关键人才队伍建设的总体目标。通过建立人才管理体系，围绕人才规划、招聘、培养、绩效、激励等方面进行统筹规划，建立招聘配置、岗位管理、职业发展、绩效管理、教育培训、薪酬激励6大人力资源战略管理体系，推进人才战略的整体转型。同时，创新人才发展机制，提出了人才发展市场化配置、差异化激励和科学化培养3大机制，使《规划》成为实施人才强企战略的行动纲领。（陈晶星）

（三）人才工程

全年累计推荐11批51人次申报国家及省部级各类领军人才工程，新入选交通运输部“交通运输青年科技英才”3人，入选省部级百千万人才工程人选3人，荣获省部级创新争先奖牌1个。（陈晶星）

（四）干部教育培训

编制印发《集团2017年干部教育工作要点》；根据集团“6+1”总体发展战略和改革发展实际需要，结合企业自身特点，围绕党的理论教育和党性教育，统筹推进各级各类干部教育培训，优化教育培训工作机制，开发利用教育培训资源。

分层分类推进全员培训工作，认真落实上级单位选学调训要求，组织推荐集团领导和党组管理干部60人次参加中央党校等“一校五院”及其他干部培训院校举办的50个专题选调培训。

聚焦领导干部能力提升的重点任务，着力打造“启航计划”“远航计划”“领航计划”等品牌培养项目。依托中海党校在线学习平台，以移动学习方式举办为期两个月的 2017 年领导干部能力提升专题在线培训班，覆盖 274 名集团党组管理干部，着力提升其党性修养、领导力、经营力和创新力。（陈晶星）

（五）网络学习平台

精心建设网络学习平台，中远海运集团网络学习平台于 2017 年 9 月正式上线，实现对总部与海外员工 1000 余人的学习全覆盖。升级优化了学习支撑功能，推广应用移动学习、碎片学习方式，实现员工全球跨区域大批量同步在线学习。（陈晶星）

【总部员工管理】

（一）总部员工基本情况

截至 2017 年 12 月，集团总部职能部门 244 人。按职级划分，总部部门负责人及以上干部 35 人，处室负责人 80 人，员工 129 人，平均年龄 42.34 岁。其中，中共党员 211 人，占 86.48%；本科以上学历 238 人，占 97.54%；高级职称 59 人，占 24.18%。（陈坤）

（二）总部及海外员工管理制度建设

制定《中国远洋海运集团有限公司职能部门、共享中心员工绩效考核管理细则》及《中国远洋海运集团有限公司海外员工绩效考核管理细则》，在坚持多维度考核的基础上，突出业绩导向，将员工的工作绩效与完成集团战略目标、年度重点任务及个人职业生涯发展紧密联系，考核结果运用于员工职务晋升、薪酬调整。制定《总部员工职务管理规定》，明确了集团总部领导职务和非领导职务的相关资格条件及晋升、调整程序，规范了相关工作程序。印发《中国远洋海运集团有限公司总部员工请假管理规程》，明确规定各类常用假期的休假原则、休假条件及休假天数。完善员工管理工作程序，包括涉及海外员工回国安排事项请示上报方式的规定、海外员工述职程序、海外员工职务晋升操作规程、海外企业招录中国籍雇员工作程序等。（陈坤）

【派驻境外员工管理】

（一）境外员工基本情况

截至 2017 年 12 月底，集团境外中方员工共计 503 人，其中中共党员 407 人。从年龄结构看，平均年龄 45 岁；30 岁及以下 7 人，占 1.4%；31 ~ 40 岁 137 人，占 27.2%；41 ~ 50 岁 228 人，占 45.3%；51 岁以上 131 人，占 26%。从学历结构看，研究生以上学历 80 人，占 15.9%；本科学历 349 人，占 69.4%；大专学历 68 人，占 13.5%；中专学历 6 人，占 1.2%。从职称结构看，高级职称 91 人，占 18.1%；中级职称 250 人，占 49.7%；初级及以下职称 162 人，占 32.2%。（陈坤）

（二）境外后备人才库建设

持续做好 境外后备人才入库测试；结合境外企业岗位需求，会同相关专业公司，共开展外语测试及素质能力测评 3 次，共 971 人报名参加，共有 136 人通过测试纳入境外后备人才入库管理。不断优化境外后备选拔测试程序；探索尝试将测试顺序调整为先素质能力测评后英语测试，满足了大多数应试人员的需求。在外语能力测试方面，对持有符合要求的外语能力证书人员，给予外语免试；在素质能力测评方面，与第三方面机构协商优化，将以往面试环节调整为在线测试，保证了测评质量，提升了测评工作效率。探索境外后备强化培训新模式；组织举办境外后备英语强化班；通过 2 个月左右的集中脱产培训，使学员英语能力有较大的提升，能够符合集团外派工作的需要；年内共有来自集团各系统的 55 名优秀业务干部参加培训。（陈坤）

（三）境外重点项目人员配备

优先配备集团新设阿布扎比码头公司、西班牙 Noatuma 码头公司、意大利瓦多码头公司、荷兰鹿特丹码头公司、特运 TOC 油气开发项目、能源英国公司、集运哈萨克斯坦无水港等项目的中方境外员工，全年共选派 19 名 境外员工赴集团 境外新兴业务、重点项目工作。（陈坤）

（四）确定境外企业员工编制

配合做好香港中远海运机构和业务整合、中远海运比雷埃夫斯港员工总则及集体合同修订、集团非洲区域业务网点管理框架规划、中欧陆海快线平台公司设立等工作，采用现场会议、视频会议、实地调研等形式，与相关职能部门和直属单位一起，研究制订工作方案，指导确定境外企业员工编制及中方境外员工岗位安排，有力加快了境外业务整合进度。（陈坤）

【薪酬与绩效管理】

（一）工资总额管理

2017 年，根据国务院国资委收入分配和工资总额调控要求，明确集团工资总额核定原则，即以经济效益为中心，强化业绩导向，工资总额分配向经济效益好的单位倾斜，增强工资分配导向作用；对完成集团下达奋斗目标的单位，继续实施工资总额特别奖励，进一步鼓励先进；以部分单位为试点对象，探索实施一次性对标奖励，进一步完善激励机制，发挥市场化对标在薪酬分配中的有效作用。（刘飞）

（二）领导人员薪酬管理

认真贯彻上级有关中央企业负责人薪酬管理规定，做好集团领导班子薪酬日常管理工作。按照国务院国资委相关通知要求，认真编制中远海运集团企业负责人 2016 年度薪酬兑现方案，并做好兑现工作。（刘飞）

（三）推进上市公司股权激励

2017 年，集团按照“成熟一家、推进一家”的原则，组织中远海运港口、中远海运能源等符合条件的上市公司结合自身实际，研究制订股权激励方案。2017 年 12 月 22 日，中远海运港口、能源股权激励计划草案经履行集团审批程序后，行文报送上级有关部门。（刘飞）

【船 员 管 理】

（一）制定船员管理体制改革方案

为做好船员管理体制改革相关工作，集团成立船员管理体制改革工作组，制定船员管理体制改革方案，并经集团 2017 年第 48 次总经理办公会审议通过。方案紧密围绕集团船员发展战略，明确了船员管理体制，将分散在 16 家单位的船员集中管理。同时，方案在船公司和船员公司协商合作机制、船员培训管理机制、船岸“双栖制”人才培育机制等方面也做出了原则性、针对性设计安排，为集团全力推进船员管理体制改革夯实了基础。（傅敏）

（二）制定《中远海运集团海船船员职务规则》

为进一步加强船员管理制度建设，制定印发了《中远海运集团海船船员职务规则》，明确了集团海船船舶岗位职责，以保障船舶正常安全运输生产和工作秩序。（傅敏）

【离退休人员管理】

（一）离退休人员基本情况

截至 2017 年年底，集团共有离退休人员 65 052 人，其中离休干部 522 人，退休干部 64 530 人。离退休人员党员 26 720 人，其中离休人员党员 482 人，退休人员党员 26 238 人。设有离退休干部党委 1 个，离退休干部党支部 33 个；其中离休干部党支部 20 个，退休干部党

支部 13 个。（张华）

（二）加强和改进离退休干部工作

根据集团离退休干部服务管理工作实际，从加强离退休干部政治思想工作、党支部建设工作、发挥独特优势、创新服务管理、加强组织领导 5 个方面，研究起草《中国远洋海运集团关于进一步加强和改进离退休干部工作的实施意见》。组织开展“畅谈十八大以来变化、展望十九大胜利召开”和“建言十九大”主题活动，各单位通过离退休党支部组织生活会、座谈会、研讨会，运用网络平台、微信公众号、报纸杂志等手段，引导广大离退休干部参与“畅谈　建言”主题活动。关心关爱离退休老同志，元旦春节和夏季高温时节，集团领导亲自带队走访慰问离退休老同志。加强活动中心建设，丰富离退休干部精神生活。

（张华）

资本运营管理

资本运营管理

【与地方国企战略合作】

为增强集团航运主业的核心竞争力，年内进一步加强与地方优质国有企业的股权合作，积极推进重大上市公司股权并购项目并取得进展，推进以股权关系为纽带的与地方国有企业的战略合作。

（一）全面要约收购东方海外国际

2017年7月9日，中远海控与上港集团发出联合公告，以每股78.67港元价格，全面要约收购全球第七大集装箱航运公司——东方海外国际。此次收购完成后，中远海运控股运力将超过290万TEU，从规模上跻身全球领先集装箱运输公司。本次交易在航线网络及运力布局、供应商相关成本优化、收益管理能力提升、集装箱箱队整合、运营标准化和低成本化等方面带来明显的协同效应。同时，在码头业务方面，可以更大规模的船队力量推动码头业务成长，实现运输线路与码头布局的战略呼应，有效提升中远海运控股在大航运服务上的整体实力及盈利能力。截至年底，该项目获得国务院国资委投资备案和美国反垄断、欧盟反垄断审查，于2018年初完成股权交割。

（二）深化与上海市、上港集团的全面战略合作

为进一步深化集团与上海市的全面战略合作关系，充分发挥集团航运和全球网络资源以及上海港区位优势，经过充分沟通与交流，集团与上海市、上港集团分别达成了全面战略合作协议。

2017年6月9日，集团与上海市政府签署全面战略合作协议；通过签署《关于上港集团股权转让协议》，以协议受让的方式战略入股上港集团15%股权。12月26日，集团正式完成上述股权受让工作，成为上港集团第三大股东，将与上港集团加快推进在港口股权、航运企业、航运服务产业、港航金融产业4个方面的战略合作。

（三）战略入股青岛港国际

2017年1月，经集团总经理办公会、党组会、董事会审议，中远海运港口战略入股青岛港国际。以持有的QQCT20%股权（评估价32亿元人民币）和不超过26亿元人民币现金，合计总对价58亿元人民币，认购青岛港国际发行的约10.156亿股内资股。同年5月22日，中远海运港口完成上述战略入股的全部股权交割程序。截至年底，中远海运港口持有青岛港国际内资股18.41%，青岛远洋持有青岛港国际内资股1.59%，集团合计持有青岛港国际20%股权。　（邵伟）

【金融业务布局】

（一）集团自保公司开业运营

在保监会、交通运输部及上海市政府的大力支持下，2017年1月25日保监会正式向集团下发《关于中远海运财产保险自保有限公司开业的批复》，并于同年2月3日正式向集团颁发了《保险公司法人许可证》。2017年2月17日，集团自保公司正式开业运营。

集团自保公司作为国内第一家航运自保公司、上海市第一家自保公司、集团第一块金融牌照，开业首年实现集团自有船舶100%自保。截至年底，公司在保船舶合计682艘，开业首年实现盈利。

（二）股权收购和转让

2017年4月，经集团总经理办公会、党组会、董事会审议，中远海运重工收购中远海运国际（新加坡）所持中远船务等相关股权，12月8日，股权交割正式完成；同时，中远海运国际（新加坡）11月3日对外公告，利用上述股权转让获得的现金，全面要约收购新加坡上市公司cogent，实现战略转型。（邵伟）

（三）受让上海农商银行部分股权

为落实金融板块发展规划，优化布局银行业等关键领域，促进产融结合创新发展模式，2017年集团积极推进实施收购上海农商银行股权项目。其间，历经联合收购主体调整变化、重新谈判签署股份买卖协议及商讨代扣代缴税收模式等相关事宜，解决了收购过程中出现的各种困难和问题。10月30日，上海银监局下发《上海银监局关于同意上海农村商业银行股权变更暨中国远洋海运集团有限公司和宝山钢铁股份有限公司股东资格的批复》，同意集团与宝钢股份分别受让澳新银行持有的上海农商银行10%股份，12月15日完成股权交割。（薛珊珊）

（四）改善集团控股上市公司资本结构

为进一步改善集团控股上市公司资本结构，满足主业发展需求，年内中远海控、中远海发、中远海能分别启动A股非公开发行工作：

中远海发募集86亿元，用于增资佛罗伦，偿还到期债券；其中集团认购50%，约43亿元。中远海控募集129亿元，用于集装箱船舶建造，其中约46.9亿元为财政部拨付的造船资本金；集团认购50%，约64.5亿元。

中远海能计划募集54亿元，用于新造14艘油轮项目、支付2艘在建油轮船舶进度款，其中约42亿元为财政部拨付的造船资本金；集团认购约42亿元。

（五）加快金融产业集群战略布局

2017年，集团金控平台进行了一系列股权投资，如投资远海明华成长FOF基金等。通过有效运作，培养和提升集团投资板块的股权投资管理能力，以低成本方式完善金控平台投资板块；联合中国信达发起设立远海信达投资管理公司及基金，利用双方股东的协作优势，布局船舶、海工类资产的融资租赁业务；联合华能投资、南方工业资产管理有限责任公司、国机资本等多家央企，在雄安新区共同发起设立大象金服，以及雄安央企联合金融资产交易中心；投资参股银联商务公司等。上述股权投资契合了集团金控发展战略和产融结合理念，有助于集团“6+1”产业集群的综合布局。（邵伟）

【资产盘活与处置】

（一）盘活存量土地与房产

集团于2017年1月下发《关于开展集团内相关资产核查盘活工作的通知》，要求各单位上报资产核查情况及盘活方案。5月初召开集团存量资产盘活及处置专题会，成立了存量资产盘活及处置领导小组和华北、华东、华南三个专项工作小组。6月初对中远海运特运、广州中远海运、中远海运散运等公司资产盘活工作进行现场调研，拟定了盘活清单，并通过中介机构力量进一步扩大盘活范围。11月10日，再次对上述公司进展情况进行调研，进一步明确工作范围与盘活方案。

（二）船舶资产处置

2月底，集团召开由中远海运集运、上远实业、中远海运散运、青岛远洋、广州中远海运、中远海运物流、国投海运、集团运营部、战企部、财务部参加的专题会议，研究讨论上远实业、国投海运所属散货船舶划转中远海运散运等事宜。8月15日，上远实业2艘船舶按照市场评估值出售给中远海运散运。

（三）低效无效股权、资产处置

2017年，集团共完成11项低效无效资产的处置任务，涉及净资产5 877.81万元，处置收益

6 684.80 万元。其中，原中远集团完成 7 项，分别是青岛市国际货运代理有限公司等 6 家公司的清算关闭和青岛远洋装饰工程有限公司 49% 股权的对外处置。原中海集团完成 4 项，分别是金海湖公司等 2 家公司的清算关闭，以及珠海船务企业有限公司 100% 股权、广东紫荆实业（集团）有限公司 10% 股权的转让。年内，集团成立上海远望清算关闭工作小组，启动上海远望清算关闭工作。（陆学领）

【资本运作和资产管理】

（一）国有产权流转管理

2017 年，集团共完成下属公司包括“压减”工作在内的各类审批项目 230 项。按照国务院国资委要求，统计了 2016 年集团内部协议转让、公司制改革、房地产业务退出工作进展，以及 2016 年度境外产权项目等情况。（龚诗媛）

（二）资产评估管理

在完善资产评估制度建设、优化审批流程的基础上，全力做好集团资本运作、产权及管理结构优化、船舶退役处置，以及低效无效资产处置等事项所涉及的资产评估报告的审核、备案工作，确保相关经济事项后续工作的顺利开展。全年共审核资产评估项目 178 个，完成备案项目 175 个，全部为集团备案项目。其中，废钢船退役处置评估备案项目 71 个 71 艘次。（戴成）

（三）产权登记管理

因内部业务整合及“压减”工作，带来一系列产权登记事项，对此，以《集团公司产权登记管理办法》为基础，集团相关部门紧密配合，抓紧时间开展产权登记管理工作，确保办理进度；针对新产权管理信息系统上线的实际情况，开展统一业务培训，组织实施系统测试，同时开展重组后数据及架构核对，把新系统上线对集团产权登记工作的影响降至最低，力保日常业务的正常办理。（戴成）

【完善制度建设】

为加强对资本运作、产权管理等活动的管控，集团在 2016 年印发施行《集团公司产权登记管理办法》的基础上，对《集团公司资产评估管理办法》及所配套的《集团公司废钢船退役处置资产评估管理细则》和《集团公司资产评估项目公示管理细则》做了进一步修改完善；修改完善《集团公司产权流转管理办法》，制定《集团公司评估机构选聘管理细则》。（戴成）

采购管理

采 购 管 理

【采购管理专项提升】

2017 年，集团采购管理专项提升工作迈上新台阶。在 6 月举行的国务院国资委 2017 年采购管理对标评估工作中，集团在第四组的排名由上年第七名晋升为第五名，标志着集团采购管理提升工作得到国务院国资委和本次评审组专家的肯定。（王璐）

【供应商管理】

为加强供应商注册及资质审查工作，要求意向供应商在集团招标采购网进行注册；对此，集采中心供应商管理人员会同相关公司进行真实性审核。截至 12 月初，在集团招标采购网注册的供应商超过 1400 个。其间，开展了集团境内资产评估机构备选库建库工作，以及集团船舶油污水接收单位年度准入与评价工作。

【搭建采购评审专家库】

上半年，对各单位推荐的集团内部采购专家名单进行分类整理，并形成了首批集团内部采购专家库。为方便集团成员企业使用，在集团 OA 集采专栏对内部采购专家名单进行公布。（王璐）

【燃油集中采购】

（一）所有境内燃油订单实现线上交易

为了满足集团燃油集采的需要，提升燃油绩效管理，集团开发了小型订单管理系统，所有集团下属单位境内燃油（保税和完税）订单在 2017 年实现线上交易；逐步替代了原手工方式，工作效率和管理深度均得到提升，实现所有境内燃油订单全覆盖，各环节公开透明可追溯。

（二）进一步完善境内完税燃油定价机制

按照“集中采购只能明确集中，不能消除竞争”的原则，持续督促中国船燃和中石化中海燃供两家供应公司提高价格竞争力和供应服务水平，在保质保量基础上，实现内部市场环境下的充分竞争，从而达到保障航运公司竞争能力、降低和控制成本的目的。自 5 月 22 日起，由集采中心取供应公司的报价低值定价并发布当日集团内完税燃油供应指导价。航运公司将单船订单提交到燃油采购信息系统，供应公司在不高于集团内完税燃油供应指导价的原则下，在系统上逐笔一次性竞争报价，价低者得。

自 2016 年 8 月境内燃油集中采购正式实施之后，中国船燃和中石化中海燃供参照历史比例进行境内燃油的分配供应。自 2017 年 5 月起，境内燃油集中采购在继续坚持使用内部资源原则不变的情况下，打破中国船燃和中石化中海燃供的内部份额（30%、70%）比例，由两家燃供在内部市场环境下充分自由竞争。

（三）继续推行燃油集中采购体系

集团进一步明确并推行燃油集中采购体系：集团所属船公司的燃油采购全部交由 4 家平台公司操作，即集团各用油单位的境内燃油采购交由中国船燃和中石化中海燃供进行供应；境外燃油采购全部交给中远石油和中海石油进行操作。

为加强集团船舶燃油集中采购管理，控制采购成本、提高采购效率，根据《集团公司采购管理办法》《集团公司供应商管理办法》《集团公司集中采购管理规定》等规定，制定出台集团船用燃油集中采购管理细则。该细则适用于集团公司及所属单位的燃油采购管理，所属单位包括集团公司各级全资、控股子公司，以及其他有实际管理权的联营单位。境外国家或地区对燃油采购业务有特殊法律规定的，从其当地规定。（王璐）

【润滑油范式采购】

通过与外资供应商谈判，由集团方面草拟的润滑油采购系列协议文本被各家供应商接受。标准协议文本维护了船东利益，有效防范了润滑油采购及供给过程中存在的风险。润滑油采购系列协议的拟订改变了在润滑油采购法律协议方面由外资供应商主导的局面，也为此后其他生产物资集中采购项目标准协议文本谈判积累了经验。

（王璐）

【保险服务采购】

（一）集团船舶保赔险供应商优化整合

从集团战略及集中采购的角度，在集团确定的优化压减船舶保赔险供应商的总体原则下，经过集团运营部、集采中心、航运公司、经纪公司的集体讨论研究，并经集团领导批准同意，集团将原有使用的11家保赔险供应商压降为5家，完成了集团保赔险供应商的优化整合。

（二）制定《集团保险服务集中采购管理细则》

为加强对各类保险服务集中采购工作的管理，充分发挥集团资源优势，维护集团整体利益，集团制定了《集团保险服务集中采购管理细则》，于10月18日正式下发执行。（史海鹰）

【采购信息门户网站】

自2016年年底，集团的海洋慧采网站测试上线，网站注册供应商1369名，注册内部企业用户1600多家，涉及下属单位311家，基本覆盖所有国内招标需求单位，基本实现集团对所属单位招标采购工作的统一管理，确保集团招标采购工作的合规高效。（卢向峰）

【一般通用物资商城化采购】

集团内部商城初步实现了集团一般通用物资电子化采购及对应的流程管控，实现了一般通用物资采购的公开透明、有效监督和持续竞争，扩大了电子采购适用品类，完成了年度工作目标。2017年内，共计有700多家单位在集采平台开立账户，累计订单9万张，金额逾4000万元。

（汪家茶）

内部审计管理

内部审计管理

【强化审计集中管控】

集团按照“垂直管理、统筹规划、集中调配”的原则，不断完善“三位一体”的审计管理模式。召开专题会议，向全系统审计干部宣传集团审计管理的新体制、新模式、新理念和新制度，统一思想、明确任务，部署全年工作。集团编制了《审计工作手册》，梳理汇编国家法规、集团审计制度，编写了4个工作流、11项审计工作指引及15个文书模板，将集团对审计工作的要求固化到工作模板中，促进了集团审计工作标准化。

【内部审计项目】

2017年，全集团各级审计机构共完成各类审计项目746项，超年初计划98项。审计覆盖资产占集团总资产的53%，审计发现问题3847个，提出并被采纳审计意见和建议2993条。基建审计、机务账单审核等共促进增收节支1.72亿元。审计移送问题线索27件，协助核实信访举报线索12件，建议和实际给予党政纪处分8人，移送司法机关1人。（徐飞）

【境外审计工作】

2017年4月，集团下发《关于规范和加强集团境外审计分部审计工作的通知》，明确和规范境外审计分部的审计范围及工作职责，优化工作流程，为境外审计分部独立开展工作提供保障。年内，集团境外审计分部累计完成审计项目70项，是2016年全年完成项目数的167%。审计涉及资产总额646亿元人民币，重点关注了资金管理、关闭清算、职工薪酬、财务管理等方面，发现各类问题240个，被审单位采纳审计意见和建议266条。（徐飞）

【扶贫资金和项目专项审计】

2017年下半年，集团组织开展了扶贫（援藏）资金和项目专项审计，派员赴西藏、湖南、云南定点扶贫（援藏）县开展现场审计检查。2017年12月，为推进扶贫领域监督工作的常态化，集团下发了《中共中国远洋海运集团有限公司党组纪检组关于进一步加强扶贫（援藏）资金和项目监督检查工作的指导意见》，实现定期监督检查制度化，促进集团扶贫政策有效落实、扶贫资金规范使用和扶贫项目规范管理。（张晖）

【扩大联网审计范围】

2017年上半年，联网审计系统实现对集团境内外45家直属和合资企业财务系统的联网，下半年下发了《关于做好联网审计项目二期实施相关工作的通知》和《关于做好境外公司联网审计项目二期实施相关准备工作的通知》，年底实现对集团境内214家三级单位财务系统的联网，联网审计与现场审计形成良性互动和相互促进的协作机制。全年上报了12期联网审计快报，发现问题40余个，累计提供审计线索50余条，下发了11份整改通知书，及时反映了部分企业违规投资、违规资金拆借、与特殊关联企业违规持续发生业务往来等问题。（沈熙）

【审计业务培训】

2017年6月20—23日，集团在南京审计大学举办 2017 年审计业务培训班。本次培训分别开办审计领导人员（骨干）高级培训班和审计人员基础培训班，共计 138 人参加培训，占集团专职审计人员的 60%。全年集团共选派 328 人次参加国务院国资委等单位组织的各类业务培训。

（徐飞）

【参加中国内部审计协会评优评先工作】

2017 年，集团 1 人获中国内部审计协会理论研讨论文三等奖，6 人获优秀论文奖。集团监审部审计室被中国内部审计协会评为 2014—2016 年度全国内部审计先进集体，审计中心审计一室赵平被评为先进个人。（徐飞）

内部巡视管理

内部巡视管理

【按计划实施内部巡视项目】

2017 年，集团党组巡视组探索运用“一带一点穴式”“回访式”“机动式”等方式，在巡视新成立的二级公司的同时，有针对性地选择一个下属单位以点带面进行巡视。巡视项目开展过程中，首次提出了巡视底稿的工作方式，让问题可追溯、可量化、可问责；探索形成了捕捉问题、印证问题、论证问题的现场工作“三步曲”；把握被巡视党组织的特点，从“量身定做”调研问卷、谈话“五必谈”、整改方案审核把关“五必看”、整改回访“五必查”等方面着手，做实做细巡视工作。2017 年共移交线索 68 个，组织处理各级领导干部 67 名(其中，免职 8 人、诫勉谈话 22 人、提醒谈话 37 人)，移交 1 名干部线索至司法机关。

（卢翔）

【推动巡视发现问题整改】

2017 年，集团党组巡视组开展了青岛船院、上海寰宇暨连云港箱厂、中远海运重工，以及启东中远海运海工的整改回访工作，至年底巡视发现问题的整改率达到 85% 以上。推动被巡视党组织制定整改措施 125 项，完成 103 项，挽回经济损失 119.14 万元，修订完善制度 48 项。

（卢翔）

法务与风险管理

法务与风险管理

【重大项目法律服务】

（一）为集团重大项目提供法律服务

年内，开展集团珊瑚、哈铁、爱琴海、KEY等重点项目的尽职调查、商务谈判、协议拟定等工作。面对经营环境复杂、法律体系庞杂、风险挑战众多等情况，从依法合规、风险防控等角度提出审核意见，为集团战略项目的实施和业务开展提供法律支持和保障。

（二）确保专项工作依法合规开展

在集团所属全民所有制企业实施公司制改制和部分企业清算关闭工作中，将企业改制与完善法人治理结构相结合，审核改制方案和公司章程，指导改制企业细化议事规则、健全决策机制、依法行权，先后出具改制法律意见书23份，为打造符合现代企业制度的国有企业法人治理结构提供法律服务保障。（黄渊康）

【合同管理】

发布实施《中国远洋海运集团有限公司合同管理规定》，明确集团合同管理的体制、机制、流程等，对集团合同管理的组织运行体系做了系统性规范。（徐步）

【重大纠纷案件处理】

（一）韩进海运破产案件处置

韩进海运破产事件给集团十余家企业带来资金、资产、商务，以及合同等方面的巨大风险敞口。在集团专项小组指挥下，由集团法务部组织排查了韩进海运在国内的资产，成功保全其对某船厂的投资股权，并同步推进相关案件的诉讼，在较短时间内赢得胜诉。韩进海运破产事件引发的整体风险敞口从期初约15亿元人民币下降至不到1.5亿元人民币。

（二）挂牌督办大案要案

跟踪指导重大案件和重点单位，督导相关单位完善管控流程，做好重组前后案件管理工作的安排，推进未决存案的有效处置。组织相关单位做好质押监管类案件的处置和存续业务的风险管控，在青塑案、北方风驰案、中信龙翔案等重大案件的处置中，取得了对集团有利的裁决，维护了企业权益。

建立了老旧案件的跟踪管理台账，督促相关单位落实案件管理职责，根据进展情况及时更新案件信息，分析老旧案件久拖不决的具体原因，并提出有针对性的解决方案。所属单位2013年及以前的老旧存案较2016年底减少了五成，成效明显。

（三）搭建案件信息平台

为加强集团法律纠纷案件管理，提高对案件的管控效率和力度，实现法律纠纷案件管理模式统一，集团启动了法律纠纷案件管理系统建设，促进管理便捷性和工作效率提高，确保数据的准确性、实时性和完整性，保障管理要求的有效执行。

以信息化平台的推广使用为抓手，狠抓法律纠纷的流程化管理，规范集团下属公司案件处置流程、重大案件报送流程和档案管理，系统梳理了老旧存案，督促下属单位推动案件的执行工作，提升案件管理效率。系统分析引发法律纠纷产生的内外部原因和管理中暴露出来的薄弱环节，提出管理提升建议，提升基础管理水平。（黄渊康）

【法律研究与规章制度梳理】

（一）完善管理制度

修订《集团公司规章制度管理办法》，以统分结合、分类管理为目标，按照强化体系管理、细化制度分类、调整职责分工、规范意见征求、加强实施监管的思路，对集团制度管理模式进行调整、优化，既确保集团规章制度的统一管理、统一决策，也充分发挥业务部门的专业职能优势。发布《规章制度工作手册》，对制度办法涉及主要管理环节进行全面梳理，促进制度管理办法相关要求的有效落实，提高工作效率，加强服务保障。

（二）加强制度体系规划管理

以集团年度制度计划为抓手，围绕强化战略管控、加强风险防控、确保监管合规的要求，全面梳理集团制度体系，补齐各职能领域关键制度：强化投资全流程监管，组织拟定国有资产评估管理基本制度及配套细则；规范各单位对外捐赠管理，推进安全监管体系建设，组织修订安全生产监管领域的基础性制度。

组织直属单位开展制度体系规划，同步推进内部所属单位制度体系梳理，纳入本单位制度体系架构中统一考虑。组织集团各部门对直属单位2017年制度计划进行审查，从推进集团集中采购管理、防范客户信用风险、严格内部投资管理、落实监督检查和经营风险事件整改等方面，共提出了175项改进意见，按照“一企一策”原则进行针对性指导。

（三）提高制度建设整体水平

针对前期制度审查工作中发现的带有共性和普遍性，急需解决的问题进行梳理，本着“实用、管用、好用”的原则，编制《集团公司规章制度规范指引》，从制度起草总体要求、层级规范、结构规范、用词规范四方面进行规定，对如何把握制度内容设计与公司治理的关系、实现责权利统一也做了进一步提示。

（四）严格制度执行监督管理

组织所属单位加强制度执行责任机制建设，将监督管理与问责条款纳入各单位业务制度；加强制度执行考核评价机制建设，积极探索开展制度监督，督导所属单位规章制度管理工作，对普遍性存在的制度问题进行研究、指导和督办。

（五）开展航运法规研究

为提高系统内部对于航运规则的运用能力，充分发挥集团在行业规则制定中的促进作用，集团于2017年启动法规专题研究工作，组织所属单位围绕近年来国际海事公约的关注热点、实施进展和问题研究情况，以及国内航运相关经营热点问题，如反不正当竞争、班轮公会和运营协议、沿海捎带、航道费用、船员管理等进行法律分析和研究。

（六）加强船舶吨税立法研究

集团以全国人大常委会预算工作委员会关于船舶吨税立法调研为契机，结合所属单位船舶吨税缴纳实际，从对接国家的战略目标，保障“一带一路”建设，促进航运产业发展角度提出立法诉求，建议取消对中国籍船舶征收船舶吨税；考虑选择有条件的地区，如上海自由贸易试验区，就现代吨税税制改革进行探索，对标全球最高标准、最好水平，先行先试，全面评估实施效果与总结经验，为下一步推进现代吨税立法创造良好的条件。（邱晨）

【开展普法培训】

（一）普法宣传

利用多种媒体开展普法宣传活动，推动法治风险管理宣传教育，营造企业法治风控文化。在

“12·4”国家宪法日期间，组织开展集团法治宣传月活动，集中展现集团重组以来的法务风控工作阶段性成果，编辑发放《规章制度汇编》《风险内控手册》《合同管理工作手册》《以案说法》《依法治企资料摘编》等文件资料；创立“法险讲堂”，利用“法治远航”微信公众号开展学习和依法治企宣传，发布原创文章47篇，组织举办“公司治理法律热点研讨”活动，全系统合计26 490人次参与，投票评选出优秀论文6篇。

组织召开风控专项工作研讨交流会，加强内外部风控专项交流。开展内控评价相关问卷调查、质量体系知识竞赛；与东航集团、中国铁路等外部企业交流风控工作经验。

（二）法律风控培训

开展多层级培训工作，以体系化的培训思维为指导，组织系统内企业总法律顾问/首席风险官、法务风控机构负责人、法务风控业务人员等分层级开展培训。邀请国务院国资委政策法规局领导开展依法治国、法治央企讲座，集团总法律顾问讲授集团法治风控工作核心要求。集团本部、直属单位和部分三级单位200余人参加培训，进一步统一企业法治工作思想认识和工作要求。（孙津生）

【风险管理工作】

（一）落实年度重大风险管理

开展年度重大风险评估，完成《中国远洋海运集团2017年度全面风险管理报告》。分解落实重大风险管理责任，组织总部各部门、各单位制定风险应对措施，确保重大风险得到有效控制。2017年，集团排名前列的风险为市场供求失衡风险、宏观政治经济形势风险、装备制造产业运营风险、行业周期性波动风险、航运金融产业运营风险、战略规划实施风险、投资立项与决策风险、物流产业运营风险、客户信用风险、健康安全环保风险。

（二）发布风险管理配套制度

在集团风控基本制度基础上，2017年6月，集团发布《集团风险评估管理规定》，对风险评估的工作要求、工作程序、责任分工等方面进一步规范和明确，有效指导总部及所属单位开展风险评估工作；同年8月，发布《集团贸易业务风险管理规定》，明确集团贸易业务负面清单和对高风险贸易业务的管控要求，为完善集团贸易业务风险管控体系，提升全员风险防控意识奠定了基础。同年，为统筹推进集团2017年度风控体系建设，提高集团经营风险防控能力，发布《集团2017年风控工作要点》，并指导所属各单位落实风控各项工作。

（三）推动风险管理专项试点工作

在全集团范围内开展风险管理专项工作试点，涉及13家二级单位8大类课题，涵盖船舶租赁、资金管理、投资管理、客户信用管理、体系建设等领域。试点工作的推进，是“风控创造价值”工作理念落地的有益尝试。

（四）贸易业务专项风险管理

进一步强化贸易业务风险管控，通过对所属各单位开展贸易的主体、类型、规模、商业模式等全面排查，形成集团融资性贸易负面清单，并将集团贸易业务风险管控要求以制度的形式固化。明确以“风险管理”为导向的集团贸易业务政策，指导所属相关单位树立正确的“业绩观”，严禁开展融资性贸易业务，严控高风险贸易业务，密切跟进和指导相关单位贸易业务风险处置工作。全年累计减少贸易风险敞口金额2.79亿元，保障了企业持续健康发展。

（五）创新集团内控评价工作机制

为强化风控实效，突出集团所属各单位对风控工作的主体责任，从2017年开始，集团将内控评价工作的组织实施下放给所属单位，集团总部负责制定内控评价的相关要求和标准，并组织实施评价后的检查复核。年内，集团范围内共发现内控缺陷271项、管理提升建议230项；内控缺陷主要集中在生产与安全管理、采购与供应商管理、客户信用管理、组织机构管理、信息系统管理、合同管理，以及人力资源管理等方面。

（袁帅）

CHINA COSCO SHIPPING CORPORATION LIMITED YEARBOOK

中国远洋海运集团有限公司

年鉴

第八篇

投资者关系

概述

概　　述

截至 2017 年年底，中远海运集团在境内外共有 9 家控股上市公司，包括：中远海控、中远海能、中远海发、中远海特、中远海科、中远海运港口、中远海运国际香港、中远海运国际新加坡、中远海运比雷埃夫斯港（PPA）。集团控股上市公司秉持最大程度回报股东、社会和环境的理念，持续完善与市场投资者等利益相关方多层次、多方位的沟通渠道，优化合规、诚信的对话机制，打造资本市场良好形象。

集团控股上市公司股票代码及上市地

集团控股上市公司股票代码及上市地

集团控股上市公司股票代码及上市地　　表8-1

上市公司	股票代码	上 市 地
中远海控A股 中远海控H股	601919.SH 1919.HK	上海 香港
中远海能A股 中远海能H股	600026.SH 1138.HK	上海 香港
中远海发A股 中远海发H股	601866.SH 2866.HK	上海 香港
中远海特	600428.SH	上海
中远海科	002401.SZ	深圳
中远海运港口	1199.HK	香港
中远海运国际香港	0517.HK	香港
中远海运国际新加坡	F83	新加坡
中远海运比港（PPA）	PPA（英文代码）/OLP（希腊语代码）	希腊雅典

上市公司大事记

上市公司大事记

【中 远 海 控】

2017 年 7 月 7 日，中远海控通过境外全资下属公司 Faulkner Global 与上港 BVI 联合向香港联交所主板上市公司东方海外国际的全体股东发出购买其持有的已发行的标的公司股份的现金收购要约。本次要约收购为附条件的自愿性全面现金要约收购。Faulkner Global 与上港 BVI 联合收购东方海外国际至少 429 950 088 股（即东方海外国际全部已发行股份的 68.7%）的股份，至多为东方海外国际全部已发行股份 625 793 297 股。本次要约收购的对价将以现金支付，要约收购价格为每股 78.67 港元。

2017 年 10 月 30 日，公司披露非公开发行 A 股股票预案，拟向包括公司间接控股股东中远海运集团在内的符合中国证监会规定条件的不超过十名特定对象发行不超过 2 043 254 870 股境内上市人民币普通股，其中中远海运集团拟认购本次非公开发行股票发行数量的 50%。

2017 年 6 月 21 日，公司召开股东大会，审议通过《关于受让中远海运发展十四艘大型集装箱船舶建造合同》之议案。（杨玲）

【中 远 海 能】

2017 年 10 月，中远海能正式启动非公开发行 A 股股票事项，发布非公开发行 A 股股票的预案。2017 年 12 月，公司非公开发行 A 股股票获得国务院国资委批准，并获得中国证监会正式受理。

2017 年 12 月，公司董事会审议通过启动股权激励计划，发布股权激励计划（草案）。

（杨玲）

【中 远 海 发】

2017 年 12 月 28 日，中远海发召开股东大会，审议通过“关于控股子公司中海集团财务有限责任公司进行吸收合并”的相关议案，中海财务按照集团同一控制下企业合并方式吸收合并中远财务，吸并方中海财务作为合并后的财务公司“中远海运集团财务有限责任公司”，由中远海运发展的控股子公司变为参股子公司。（杨玲）

【中 远 海 特】

2017 年 11 月，为整合资源，优化公司管理架构，提高运营效率，降低整体管理成本，实现降本增效，中远海特购买 NYK 持有的中远日邮公司 49% 股权，该公司由中外合资企业转为内资企业，成为公司的全资子公司。（杨玲）

【中 远 海 科】

2017 年 12 月 29 日，中远海科召开股东大会，审议通过以现金方式收购中远网络（北京）有限公司 100% 股权、中远网络物流信息科技有限公司 100% 股权、北京数字中远网络技术服务有限公司 100% 股权、中远网络航海科技有限公司 100% 股权、上海中远资讯科技有限公司 40% 股权。

2017 年 4 月 21 日，公司召开 2016 年度股东大会，审议通过公司更名为中远海运科技股份有限公司，股票简称变更为中远海科。（杨玲）

【中远海运港口】

2017 年 1 月，中远海运港口与青岛港国际宣布达成交易协议，公司将战略入股青岛港国际约16.82%的股份，同时将其持有的青岛前湾码头20%股权出售予青岛港国际。5月交易完成后，中远海运港口持有青岛港国际约18.41%的权益。

2017年6月，公司与西班牙TPIH订立买卖协议，收购NPH集团之51%股权。NPH集团主要经营西班牙华伦西亚码头和毕尔包码头两家集装箱码头公司，以及Conte-Rail，S.A.和Noatum Rail Terminal Zaragoza，S.L.两家辅助性铁路场站公司。

2017年7月，公司与江苏长江口开发集团有限公司、南通综合保税区发展有限公司签署股权转让协议，收购南通通海码头51%股权。

2017年9月，公司与APM Terminals B.V.订立一份谅解备忘录，增持比利时泽布吕赫码头约76%的已发行股本。

2017年12月，公司完成收购武汉钢铁集团物流有限公司旗下的武汉阳逻码头70%股权，运营武汉阳逻码头及铁水联运项目。（杨玲）

【中远海运国际新加坡】

2017年5月5日，公司与中远海运重工有限公司签订买卖协议，将持有的船务集团股份转让给新组建的中远海运重工有限公司，此项交易为上市公司主营业务的整体出售，涉及金额14.66亿人民币，且为重大关联交易，在8月30日举行的特别股东大会上，议案以98.42%高票通过，于2017年12月22日完成股权转让。新加坡资本市场和公司小股东对此项交易给予好评，认为这是中国国有企业切实履行大股东责任、发挥大股东作用，促进上市公司健康发展的具体实践，并对公司的未来发展充满期待。

2017年11月3日，公司发布收购新加坡高昇控股有限公司（Cogent）的交易公告，并于2017年11月24日，正式向Cogent物流公司所有股东发出要约文件。该收购项目于2018年4月27日获公司特别股东大会审议通过。海外公司在新加坡上市，主要是利用其资本市场，而主营业务大多在原有国家，但中远海运国际（新加坡）通过本次收购，真正成为在新加坡上市，并且在新加坡经营的本土企业。新加坡资本市场对本次收购给予积极评价，认为在较短时间内完成尽职调查、谈判和内部审批，并以有利的价格成交，这是“高效的决策、划算的交易”，充分体现了专业性和决断力，这令新加坡资本市场对中国国企、对中远海运刮目相看。

2017年4月20日，公司召开特别股东大会审议通过中远投资（新加坡）有限公司更名为中远海运国际（新加坡）有限公司的议案。

2017年8月4日，中远海运（东南亚）有限公司与中远海运国际（新加坡）有限公司签订备忘录，将中远海运（印尼）远球公司40%股权转让给上市公司，并于2017年11月3日正式签署转股协议。（杨玲）

【中远海运比港（PPA）】

2017年6月28日，中远海运比港召开2016年度股东大会，审议并通过公司年度财务报告和分红方案。这次股东大会具有里程碑意义，是中远海运集团收购比港后召开的第一次年度股东大会，中远海运比港管理团队从2016年8月开始接管比港，实现了经营管理和业务生产的平稳过渡。2017年实现营业收入1.035亿欧元，同比增长3.6%，集装箱箱量达到367万TEU，同比增长21%，体现了中远海运集团对比港建设发展的专业能力和显著作用。

2017年9月25日，中远海运比港发布收购比港后的首份半年报，2017年上半年比港实现营业收入5200万欧元，同比增长12.6%，净利润440万欧元，同比增长275%，彰显了中远海运专业团队在实现收入增长、合理控制成本、显著提升利润的综合管理能力。

2017年7月7日，希腊雅典证券交易所董事长Iakovos Georganas先生率队访问比港，就中远海运集团比港项目重要性和发挥比港并购项目示范作用吸引更多投资者等话题进行了建设性交流，并对港区进行实地参观。这次会议是2016年8月中远海运集团收购比雷埃夫斯港务局后，雅典证券交易所对比港的首次访问。

（杨玲）

资本市场荣誉

资本市场荣誉

【中 远 海 控】

2017年10月，中远海控入选《福布斯》“2017年世界最受信赖公司”榜单（Top Regarded Companies list），排名第104位，在17家上榜的中国（含港澳台地区）公司中排名第3，是全球唯一一家上榜的航运企业；获得上海证券交易所2016—2017年度信息披露综合考评A级。

（杨玲）

【中 远 海 能】

中远海能获上海上市公司协会、第一财经和上海市经济团体联合会联合主办“企业社会责任绿色发展奖”；获人民网主办第十二届人民企业社会责任奖年度环保奖；获中国社科院中国企业管理研究会社会责任专业委员会、北京融智企业社会责任研究院联合主办“环境可持续实践卓越企业奖”；获第二届香港上市公司发展高峰论坛颁发“港股100强——最具投资价值奖”；2017年6月，入选富时社会责任新兴市场指数（FTSE4Good Emerging Index）；2017年6月21日，作为A股成份股之一成功纳入MSCI新兴市场指数；获得上海证券交易所2016—2017年度信息披露综合考评A级。（杨玲）

【中 远 海 发】

2017年6月7日，中远海发获第十二届中国企业社会责任国际论坛“金蜜蜂企业社会责任·中国榜”颁发“2016金蜜蜂企业社会责任·中国榜”成长型企业称号；获得上海证券交易所2016—2017年度信息披露综合考评A级。（杨玲）

【中 远 海 特】

在《证券时报》《中国基金报》联合主办、中国上市公司发展联盟承办的“天马奖·第八届中国上市公司投资者关系评选”活动中，中远海特董事会荣获“中国主板上市公司投资者关系最佳董事会”称号；中远海特副总经理、董事会秘书李建雄被评为“中国主板上市公司投资者关系优秀董秘”；获得上海证券交易所2016—2017年度信息披露综合考评A级。（杨玲）

【中远海运港口】

中远海运港口获《财资》杂志颁发“最佳环保、社会责任及企业管治金奖”；在香港会计师公会举办的“2017年最佳企业管治大奖”的活动中，获颁发H股公司与其他中国内地企业组别的“最佳企业管治金奖”；连续六年荣获《资本杂志》颁发“中国杰出企业成就奖”；连续六年荣获《亚洲企业管治》杂志颁发“最佳投资者关系企业”奖项；连续六年荣获法律界知名杂志*Asian Legal Business*颁发“最佳航运企业法律团队”大奖；获*IR Magazine*颁发“投资者关系优异奖”。

（杨玲）

【中远海运国际香港】

公司网站荣获第十七届国际iNOVA Awards网站设计比赛“投资者/股东关系：亚太区”组别银奖及“重新设计/重新启用：与利益相关者沟通”组别铜奖殊荣；2016年年报于香港管理专业协会举办的最佳年报比赛中夺得“优秀环境、社会及管治数据披露奖”及“优秀H股及红筹股公司奖”；2016 年年报荣获第二十八届国际 Galaxy Awards 评选“年报—印刷：航运服务”组别荣誉奖；2016 年年报荣获第三十一届国际 ARC 年报大奖“主席报告：航运服务”金奖、“财务数据：航运服务”金奖、“封面设计：航运服务”银奖及“内页设计：航运服务”银奖殊荣；获香港会计师公会颁发 2017 年度最佳企业管治大奖“网上传递管治信息嘉许奖”殊荣；获《财资》（*The Asset*）杂志颁发“2017 年度财资最佳公司治理”金奖（企业管治、社会责任及投资者关系）殊荣。

（杨玲）

集团控股上市公司业绩

集团控股上市公司业绩

集团控股上市公司业绩

表 8-2

上市公司	货币	2016 年净利润（调整后）	2017 年净利润	同比变化
中远海控	人民币（元）	−99.06 亿	26.62 亿	–
中远海能	人民币（元）	19.23 亿	17.66 亿	−8.1%
中远海发	人民币（元）	3.69 亿	14.6 亿	296.6%
中远海特	人民币（元）	5026 万	2.38 亿	372.65%
中远海科	人民币（元）	5998 万	7595 万	+26.64%
中远海运港口	美元	2.47 亿	5.13 亿	+107.45%
中远海运国际香港	港元	2.37 亿	3.57 亿	50.63%
中远海运国际新加坡	新元	−4.66 亿	2.64 亿	–
中远海运比港（PPA）	欧元	670 万	1130 万	68.6%

集团控股上市公司股价表现

表 8-3

上市地	上市公司	货币	2017 年 12 月末收市价	市账率（P/B 倍数）	股价较上年末变化
中国境内	中远海控 -A	人民币（元）	6.77	3.29	+29.2%
	中远海能 -A	人民币（元）	6.12	0.90	−10.1%
	中远海发 -A	人民币（元）	3.41	2.77	−16.4%
	中远海特	人民币（元）	5.61	1.28	−8.3%
	中远海科	人民币（元）	11.98	4.54	−23.5%
	上证指数	–	3307	–	+6.6%
中国香港	中远海控 -H	港元	4.03	1.64	+48.7%
	中远海能 -H	港元	4.27	0.52	−1.4%
	中远海发 -H	港元	1.60	1.09	+0.0%
	中远海运港口	港元	8.13	0.63	+4.4%
	中远海运国际香港	港元	3.03	0.60	−14.6%
	恒生指数	–	29 919	–	+36.0%
新加坡	中远海运国际新加坡	新加坡元	0.375	3.13	+33.9%
	海峡指数	–	3403	–	+18.1%
希腊	中远海运比港 (PPA)	欧元	15.50	2.16	+16.5%
	雅典证券指数	–	802	–	+24.7%

注：市账率：指的是每股现价除以每股账面值（即净资产）所得的比率，又称市净率。由于航运股的盈利波动性较大，航运股的估值水平通常以市账率来衡量，而不是市盈率。

集团控股上市公司市值

集团控股上市公司市值

截至 2017 年 12 月末，集团控股上市公司的市值规模合计约 1612 亿元人民币，较上年末上升 2.8%（见表 8-4、图 8-1）。（杨玲）

集团控股上市公司市值　　表 8-4

上市公司	A 股市值（人民币，元）	港股市值（港元）	新加坡市值（新加坡元）	希腊市值（欧元）	市值合计（人民币，元）	较上年末变化（%）*
中远海控	516.94 亿	104 亿	—	—	603.16 亿	+30.4%
中远海能	167.44 亿	55.34 亿	—	—	213.70 亿	–9.5%
中远海发	270.49 亿	60.02 亿	—	—	320.41 亿	–15.0%
中远海特	120.43 亿	—	—	—	120.43 亿	–8.3%
中远海科	36.33 亿	—	—	—	36.33 亿	–23.5%
中远海运港口	—	248.5 亿	—	—	207.72 亿	–1.1%
中远海运国际香港	—	46.4 亿	—	—	38.79 亿	–20.4%
中远海运国际新加坡	—	—	8.4 亿	—	41.02 亿	+36.3%
中远海运比港（PPA）	—	—	—	3.88 亿	30.23 亿	+24.6%
合计					1612 亿	+2.8%

注：以按期末汇率折合为人民币的市值计算。

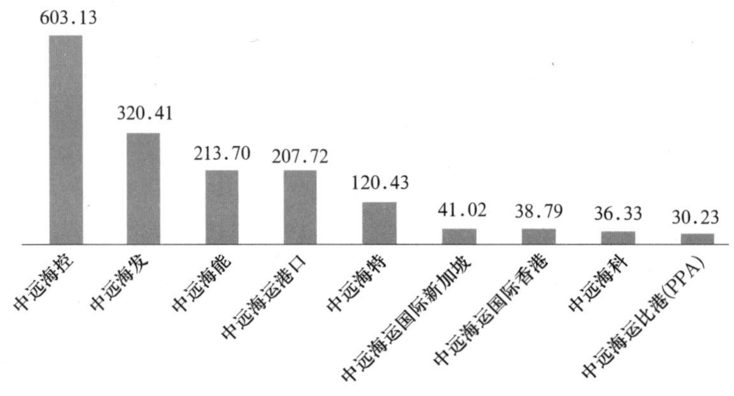

图8-1　上市公司市值

CHINA COSCO SHIPPING CORPORATION LIMITED YEARBOOK

中国远洋海运集团有限公司

年鉴

第九篇

科技信息

概述

概　　述

2017 年，中远海运集团坚持“自主创新、重点跨越、支撑发展、引领未来”的方针，以“编制一部规划”为指引，以“搭建一个平台”为基础，以“建设一支队伍”为依托，以“落实一批项目”为切入点，大力实施科技创新战略。

在信息化工作方面，全面开展系统建设。2017 年集团以“集团规划 + 专项子规划 + 各单位总体方案”为信息化规划设计框架，发布集团“十三五”信息化规划。从 IT 组织、系统和基础设施资源等方面，为集团在“十三五”期间加快推进信息化改革、整合和系统建设等工作提供方向和依据；编制《集团“十三五”财务信息化专项规划》和《集团数据中心整合专项规划》，明确财务管理信息化、数据中心整合等重要统建工作的具体方向和工作步骤。

在科技创新制度建设方面，以集团整体战略规划为纲，加强科技创新顶层设计。启动集团科技发展规划编制工作，明确科技发展工作思路。根据集团整体部署，制定《科技创新工作制度建设工作计划》，制定集团科技创新工作、科研项目、科技创新成果奖励等制度；规范集团买造船投资工作和船舶监造工作，明确监造工作管理、买造船技术标准管理、买造船商务实施管理等规程。

在技术创新体系建设方面，做好资源整合，打造集团科创发展平台；组建海工创新中心，明确海工创新中心定位、运作模式、核心业务；利用已有国家重点实验室、工程研究中心和技术中心等资源，搭建集团科技创新平台；加快科技创新步伐，提高集团整体科技创新能力，充分发挥科技对产业发展的价值贡献。

在重大科技任务攻关方面，围绕“智能制造智慧航运”，积极开展包括“智能船”在内的科研项目研究和成果示范应用，关键技术研发和成果产业化推进效果显著；以“学川崎”项目为抓手，通过“精益管理”促进重工提质增效；通过“智能制造”，推动重工产业升级；积极推动船研所和古野电器、平成商社战略合作协议的签订，提升现科技创新能力，促进产业转型升级。

（卢艳雯）

科技创新

科 技 创 新

【科技发展战略】

2017 年，中远海运集团以践“全球化供应链综合服务集团”的新目标、新愿景为导向，加快从传统行业向以现代供应链为代表的新业态、新技术转变；以“编制一部规划、搭建一个平台、组建一支队伍、形成一套机制、落地一批项目”为抓手，推动集团科技创新向“智慧航运与智能制造”发展，推动企业转型升级，在国家建设中发挥骨干带头作用，实现创新驱动发展，努力成为全球航运业“领航人”。（吴罡）

【重大科技攻关】

2017 年，智能船舶作为智慧航运重要载体，已由概念转化为示范应用。由上海船研所牵头承担国内首个“智能船舶顶层设计及部分智能系统应用示范”项目，综合应用工信部“智能船舶 1.0 专项”中“船舶综合能效智能管理系统开发”项目、“超大型船舶结构安全监测系统研制”和“智能船舶国际海事公约规则适用性及标准需求分析研究”等多个国家科研项目研究成果，研发形成“一个平台 + 四个应用”的智能船舶解决方案，并于 2017 年 8 月在集团 13 500TEU 集装箱船上落地示范应用。

年内，由上海船研所 / 中远海科承担的国家发展改革委重大工程项目“中国远洋海运集团电商供应链平台”，整合集团所拥有的全程物流各环节信息、全球化服务网点等各方面资源，形成服务船员、服务船舶、服务客户、服务管理的全方位服务能力，进一步提升集团航运服务的标准化和智能化。至年底，项目基础功能及各产品功能按照计划基本完成 70%，2018 年年中全部完成。

年内，上海船研所牵头承担的工业和信息化部高技术船舶计划项目“20 000 箱级以上超大型集装箱船创新专项——中压大容量交流岸电系统国产化研制与应用系统样机”，完成中压电缆卷车及电缆管理系统、船载岸电配电装置等关键设备的研制，4 月在“中海天王星”上进行设备加装及调试，并在洋山港进行船岸供电试验，船端自动、手动岸电并网和船、岸电分离试验均一次成功。

年内，连云港远洋流体公司与中科院合肥物质科学研究院合作开展了智能装卸臂技术开发研究，项目的成功研制可填补行业空白，抢先占领智能装卸臂的市场，提升企业知名度，为产品跻身国际市场打好基础。截至年底，已成功开发出样机且在检测调试中，于 2018 年进行项目验收和产品鉴定。（赵科）

【科技创新管理】

启动科技信息资源整合。2017 年 8 月 8 日，集团召开科技信息板块整合大会，正式启动科技信息化资源整合；12 月，中远海运科技股份有限公司召开临时股东大会，审议通过了股权收购方案。翌年 2 月，中远海运集团科技与信息化平台正式宣告启航。该平台是集团整合旗下主要的科技和信息化公司，是集团迎接“大数据”时代变革的重大决策，对于集团实现长远发展、推动“互联网 +”战略落地、推动中远海运集团“数字化转型”具有十分重要的现实意义和深远的历史意义。

规范科技管理，完善规章制度。2017 年 2 月，制定了“开展科技创新工作制度建设”的工作计划，组织下属单位在科技管理方面富有经验的同志参加制度起草工作，使制度既能从战略引领出发，又能可实操、接地气。5月先后完成《集团科技创新工作管理办法》《集团科研项目管理规定》和《集团科技创新成果奖励规程》三份制度草案，并分别于5月和9月征求集团各部门、各单位反馈意见。截至12月底，《集团科技创新工作管理办法（草案）》已完成法务部审查，于2018年初颁布。（吴罡）

【科技创新成果】

中远海运集团充分发挥所属企业的技术研发优势，加大应用技术创新和共性技术研究，取得了一批科技创新成果。

2017年，集团所属单位荣获省部级科技进步奖3项，其他省市级奖项等4项。其中：中远海特“新一代中远海特型2.8万吨重吊多用途船研制”项目获得中国航海科技奖一等奖；上海中远海运重工的“大型多点系泊FPSO设计与建造技术”（巴西石油项目）荣获中国航海学会科学技术奖二等奖；上海船研所自主研发的“SRI-VC2110船舶主动力监控系统”项目成果荣获中国航海学会科技进步三等奖；南通中远川崎“3800车位LNG双燃料汽车滚装船”项目荣获“2017年南通市科技进步奖二等奖”；南通中远船务“浮式生产储卸油平台（FPSO）团队”荣获“江苏省创新争先奖牌”；舟山中远海运重工的“15.2万吨超大型动力定位穿梭油轮”项目荣获中国设计智造大奖组委会“智造奖”；南通中远海运川崎的“船舶制造智能化车间”荣获中国科协智能制造学会联合体组织评选的“中国智能制造十大科技进展”奖。

2017年，集团所属单位共申请专利220件，其中发明专利101件、实用新型80件；获得授权专利149件，其中发明专利55件、实用新型63件；荣获省部级科技进步奖3项。南通中远船务“浮式生产储卸油平台（FPSO）团队”荣获“江苏省创新争先奖牌”。（吴罡）

【新技术推广应用】

2017年7月，南通中远海运川崎的《基于两化深度融合的智能船厂建设》作为智能船厂解决方案，被工业和信息化部认定为船舶行业唯一制造业与互联网融合试点示范项目，智能化车间项目在2017年世界智能制造大会上入选“中国智能制造十大科技进展”。集团投入8735万用于南通中远海运川崎智能船厂一期建设项目，预计2019年完成建设。

2017年，中远海运科技顺利实施智慧交通技术和产品创新及成果转化，高速公路联网收费软件开发了“营改增”和电子发票系统，并成功应用到宁夏、青海、贵州等市场；违章停车自动抓拍、高速公路车载移动违法抓拍等多款视频分析产品在上海、湖南、重庆、云南等省份得到批量应用，进入国内领先行列。

2017年，南京国际船配将“船用低速柴油机排气阀阀杆关键技术研究”项目的研究成果成功在集团内低速柴油机排气阀上推广应用，取得了MAN公司全系列DuraSpindle排气阀生产和翻新的FTA认可，打破了低速机气阀长期被国外柴油机气阀制造商垄断的局面。

年内，威海中远科技成功完成了压载水快速检测设备样机设计与制造。该产品参加了中国海事局政府采购招投标第三方实验室产品验证实验，在参加试验的国内外四家产品中，该公司的产品在精确度、全面性方面表现最为突出，具备了推向市场的条件。

年内，上海中远海运重工基于巴西石油P70 FPSO项目结合自身已具备ASME压力容器设计与制造资质的条件，开展了NR13压力容器的自行设计与制造，最终获得了巴西NR13注册及ABS产品检验证书，该产品填补了国内海工配套设备本土化压力容器产品NR13认证的空白。2017年，该公司已自主设计制造3型5台/套。

年内，中远关西瞄准重点工业领域市场，先后开发了用于机器人机械手臂防腐涂层，专用车及工程机械用防腐涂层，紧跟市场需求，当年即实现了涂层水性化改进，逐步在机械工程、机器人、特种机床设备等领域占领水性涂层市场。中远关西为专用车领域开发了 3 个系列的产品，2017 年在该领域进行“市场 + 技术”的模式市场开拓，并在最大的机器人生产基地获得了水性和溶剂型产品的订单。该领域未来市场非常可观。

2017 年，中远海运重工与国际知名的牲畜船设计公司荷兰 Groot Ship Design B.V. 设计公司签订合作协议，联合开发 5000 头牲畜运输船方案设计。南通远洋船配与日本流体技术公司 FTC 就绿色船舶解决方案、与德国贝克和荷兰 VDV 两家知名船舶设备供应商就舵系研究、与芬兰 FCR 公司就邮轮内装等技术积极开展日益广泛和深入的合作与学术交流。

2017 年 12 月，中远海运重工作为中国海工联盟首届理事长单位，组织中国海洋工程领域 26 家成员单位，共同发起成立“海洋工程国家制造业创新中心”，协同各单位科技力量，加强产学研合作，共同提升成员单位协同创新能力和创新水平，并于国际海事展上举投资签约仪式。

（胡冰）

【科技人才队伍】

集团 2017 年，围绕“6+1”产业集群布局，集团将科技人才队伍纳入集团“十三五”人才规划，明确未来五年科技人才队伍建设方向和目标。开辟高端人才引进绿色通道，加速高科技人才的引进工作，由招录审批改为备案制，依托装备制造板块“全球引智”工程等项目，以市场化运作方式面向全球招引海外人才，迅速集聚一批海洋工程与高科技船舶领域的优秀外籍专家和团队，有力支撑了集团装备制造与科技板块的转型升级。通过“走出去、请进来”，加强科技领军人才选拔培养，加大青年科技人才和高技能人才的培训，全年累计推荐 11 批 51 人次申报国家及省部级各类领军人才工程。按照“兼顾公平、效率优先”原则创新科技人才评价激励机制，逐步提高核心骨干员工薪酬的市场竞争力，适当倾斜科技人才队伍尤其核心骨干队伍。

2017 年，上海船研所员工季盛被录入“上海市人才资助计划”；扬州中远海运重工焊接试验中心员工马上录入选“扬州英才培育计划”；中远海运重工技术研发中心 6 人入选辽宁省“百千万人才工程”，其中赵志坚入选百层次人才工程。2017 年 2 月，在南通市第五期“226 高层次人才培养工程”评审中，南通中远船务海工研发中心 5 人入选高层次人才培养对象，其中顾翔入选第一层次中青年首席专家名单。

（吴罡）

信息化建设

信息化建设

【编制信息化建设规划】

2017年，中远海运集团以“集团规划＋专项子规划＋各单位总体方案”为信息化规划设计框架，进一步完善集团信息化顶层设计体系。

发布“十三五”信息化规划。2017年3月，集团2017年第13次总经理办公会审议通过《集团“十三五”信息化规划》，4月初正式发布，作为集团战略规划的专项之一。该规划从IT组织、系统和基础设施资源等方面，为集团在“十三五”期间加快推进信息化改革、整合和系统建设等工作提供方向和依据。

制定专项子规划。为进一步明确财务管理信息化、数据中心整合等重要统建工作的具体方向和工作步骤，主要推进两项子规划编制工作：

财务信息化专项规划。编制《集团“十三五”财务信息化专项规划》，于2017年8月28日通过第40次总经理办公会审议，并于2017年9月6日正式印发。

数据中心整合专项规划。自年初开始，配合信息化资源整合小组，编制《集团数据中心整合专项规划》，于2017年10月13日正式印发。

编制信息化总体方案。为督促各单位做好本单位信息化总体设计，厘清并确保未来建设任务与集团总体规划方向一致，组织各直属单位分别编制本单位的《信息化总体方案》。截至2017年年底，共有28家下属单位根据审核意见完善了总体方案。（何峰）

【集团总部信息化系统建设】

为加强集团管控和内部单位协同，提升数字化管理水平，根据信息化规划，有序推进投资与项目管理、人力资源管理等统建项目的启动和建设工作。大力推进集团OA的使用，实现了集团国内下属二级单位23家上线使用，用户达到1.9万人。全力推进航运标准化管理平台船舶管理模块的使用，累计700多艘船舶使用，统一了集团内船舶管理软件。完成了集团主数据项目（一期）实施工作，为系统间数据共享、大数据分析打下了基础。年内，签订了新集团SAP用户UDD协议。（高伟燔）

【机房网络及硬件运维】

数据中心整合。按照正式印发的专项规划，组织相关公司召开多次讨论推进会，梳理集团数据中心整合推进思路；截至2017年11月28日，共有23家直属单位完成机房“关停并转”方案。调研汇总集团数据中心机房资产信息；截至年底，第一类数据中心6个，第二类数据中心23个，第三类数据中心173个，第四类数据中心96个。实施部分资源的“关停并转”；关停集团公司部分服务器，针对上海全华和北京远洋大厦数据中心应用系统和业务需求的整合及变化，研究上海全华和北京远洋大厦数据中心的服务器关停计划，共涉及121台；与此同时，协调推进部分机房的关停搬迁工作，协调关闭了香港原东方国际大埔灾备机房（每年节约费用约60万元），广州中海电信机房（预计每年节约费用约160万元）；推进5个机房的关闭和搬迁工作（含原中海物流2个三类机房、中海财务1个三类机房、厦门远洋机房，以及全华数据中心机房）。

网络线路优化。编制专线整合优化方案，组织中远海运科技、上海中远资讯、中远网络北京等相关单位，结合数据中心整合工作，摸清集团网络线路现状，形成专项整合方案，将集团广域网整合形成“一张网”，集团数据中心成为集团专线网络中心，上海、北京两地的三个数据中心担任集团网络核心节点，互为灾备入口。

云计算资源共享。结合数据中心整合和系统统建整合需求，梳理集团云建设思路，编制《集团云计算专项工作方案（初稿）》，遵循数据中心布局方向，明确集团各数据中心的云平台部署策略。（何峰）

【完善网络安全保障体系】

2017 年是集团网信安全的“起步”年，为逐步形成集团网信安全的统一管控模式，补齐集团网信安全短板，年初集团网安办正式印发了《集团 2017 年网信安全工作要点》；至年底，各项工作取得良好效果。

完善网信安全管控体系。集团总部信息安全管理体系于 2016 年建立，2017 年 2 月正式颁布并有效运行；年内出台了《集团网络与信息系统安全管理规定》，将其作为集团网信安全管理体系的“基本法”。配套细化完善形成了相应管理规范，涉及监督检查、信息通报和应急处置等内容。同时，组织下属公司推进信息安全管理体系建设，中远海运集运、中远海运科技、中远海运财务、中远网络北京、南通中远川崎 5 家单位完成体系实施和外审。

开发网信安全管理平台。基于航运管理平台技术框架，通过“系统配置 + 定制开发”方式，自主研发网信安全管理平台，改变传统的表格、word 报送形式，方便信息积累，提高管理效率。2017 年，基本完成 8 大类 27 个子模块的初步开发， 36 家下属单位的 77 名网信安全员开始试用平台。通过平台，形成网信安全管理分级分权、信息共享、闭环跟踪的机制。后续优化正式启用后，逐步实现集团内网信安全的集中统一管理。

研究安全技术解决方案。针对配置核查设备、堡垒机、入侵检测、防病毒网关、数据库审计、消磁机等管控短板，研究网信安全工具采购需求。通过各类日常扫描加固和重大活动保障，督促下属单位一批旧网站、旧系统进行关停或关闭公网映射，集中到集团统建系统中进行统一防护，并借助数据中心整合网络专线整合等专项工作，进一步减少互联网出口，加强内网区域间的网络隔离和防护，降低集团外网暴露和内网被快速攻陷的风险。

实施网信安全检查。在终端安全检查方面，制定《2017 年保密检查和信息安全检查计划》，组织专业人员每季度定期对办公电脑进行安全检查。在业务连续性检查方面，7 月 10—14 日，组织对集团 6 个重点机房进行现场检查，梳理重点机房的业务连续性管理情况。在系统安全测试方面，8 月底 9 月初，委托中国网安对集团总部 6 个重要系统开展渗透测试，深入挖掘系统漏洞风险，加强重要系统防护加固；同时，对部分重要下属单位的 5 个核心 ERP 系统组织开展第二批渗透测试检查工作。

整改网信安全技术缺陷。2017 年，集团已初步形成网信安全技术缺陷的收集、分发、整改、复测的闭环处置机制，从国家监管机构、外部专业公司、内部自查等多种渠道收集安全缺陷并跟踪加固。6 月，根据国务院国资委关于渗透测试所反馈的技术缺陷，组织 10 家下属单位对所涉及 16 个系统的 34 个高危漏洞进行整改；10 月，根据国家有关部门组织的央企系统漏洞解决对策研判会要求，继续组织 8 家下属单位对 14 个系统的 23 个漏洞进行整改，并专项汇报。此外，全年共组织技术团队进行了 2000 余次漏洞查扫任务，对集团统建公网系统定期扫描，及时加固。截至 11 月底，共监测各类网络试图攻击 395.67 万次，未发生重大安全事件。

开展网信安全宣传活动。年内，通过在《中国远洋海运报》设立网信安全意识专版专栏、在党校在线学习系统挂载视频课件在线培训、向员工分发信息安全意识手册、为办公电脑设置网信安全宣传屏保等方式，全方位开展了网信安全宣传活动。10 月 12—20 日，组织开展了主题为“重视网信安全，共建网信安全”的宣传周活动，通过现场布展、动画宣贯、分发便利贴、视频培训、媒体报道等活动，集中宣贯网信安全意识。

10 月 17 日，组织召开了集团网信安全意识宣贯视频培训会，组织 50 家下属单位的 211 名网信安全人员共同参加视频培训。此外，10 月起，每月初定期编制《集团网信安全工作月报》，及时通报传达，起到良好的宣贯作用。（张琪）

CHINA COSCO SHIPPING CORPORATION LIMITED YEARBOOK

中国远洋海运集团有限公司

年鉴

第十篇

企业党建

综述

综　　述

2017 年，在党中央的坚强领导和国务院国资委党委的正确指导下，集团党组积极践行习近平新时代中国特色社会主义思想，贯彻落实党的十九大精神和全国国企党建工作会议精神，把党的政治建设摆在首位，坚持把方向、管大局、保落实，层层推动落实党建主体责任，全面加强党的建设。各级党组织提高政治站位，不断增强“四个意识”；紧贴中心工作，充分发挥党组领导作用；紧盯重点任务，深入落实管党治党主体责任；着眼长远规划，着力推进干部人才队伍建设；夯实“两个责任”，持续深化全面从严治党；高举“四个一”旗帜，深入推动宣传和企业文化建设；加强群团建设，切实维护和谐稳定大局，凝聚干部职工全力推进创效、创业、创新，为集团深化提质增效、改革重组提供了坚强政治保证。

党建工作

党 建 工 作

【坚决贯彻落实中央决策部署】

集团党组把落实中央决策部署作为重要政治任务。坚持正确政治方向，积极履行中央企业经济责任、政治责任、社会责任。收购东方海外和海外港口，加快全球布局，积极服务“一带一路”倡议，推进重要支点和重点项目建设。配合国家外交大局，协办博鳌亚洲论坛，主办金砖国家工商理事会年会系列活动。深化供给侧结构性改革，落实“三去一降一补”，瘦身健体、节能减排、调整结构、防范风险，压减工作走在央企前列。坚决贯彻中央脱贫攻坚决策部署，强化责任担当，切实做好定点扶贫工作，积极落实对口援藏。2017 年，集团共投入帮扶资金 3 899.71 万元，实施项目 93 项，购买当地农产品 1 592.6 万元，扶持贫困人口 9005 人。持续开展“浪花心愿”爱心助学活动，捐赠助学款 53.78 万元，资助贫困学生 324 名。集团驻港企业为维护香港繁荣稳定发挥了积极作用。（窦文金）

【党建工作规划】

2017 年，在党中央的坚强领导和国务院国资委党委的正确指导下，集团党组积极践行习近平新时代中国特色社会主义思想，贯彻落实党的十九大精神和全国国企党建工作会议精神，把党的政治建设摆在首位，坚持把方向、管大局、保落实，层层推动落实党建主体责任，全面加强党的建设，全力推进创效、创业、创新，为集团深化提质增效、改革重组提供了坚强政治保证。结合集团基层党建工作实际，集团党组制定印发了《中国远洋海运集团有限公司 2017—2019 年基层党建工作规划》，明确了 2017—2019 年集团基层党建工作的指导思想、工作原则、主要目标，明晰了完善党建工作领导体制、加强基层党组织建设、加强党务干部队伍建设、加强党员教育管理、规范党的政治生活、加强党建品牌建设、加强党建平台建设、强化党建工作机制建设 8 个方面 24 项基层党建重点工作，着力加强顶层设计和整体谋划，推动集团各级党组织落实党建重点工作，提高基层党建科学化水平。

（陶广昭　郭燕萍）

【党 组 会 议】

2017 年，集团党组坚持统筹全局、协调各方，充分发挥把方向、管大局、促落实的领导作用。坚持完善议事决策机制，依法决策、科学决策、民主决策，坚持把党组研究讨论作为董事会、经理层决策重大问题的前置程序。全年召开 28 次党组会，讨论 99 项议题，其中前置重大经营管理事项 67 项，推动改革重组向纵深发展，提质增效实现新突破。（窦文金）

【民主生活会】

根据中央纪委机关、中央组织部《关于开好 2017 年度县以上党和国家机关党员领导干部民主生活会的通知》精神，经报上级同意，2018 年 2 月 7 日，中国远洋海运集团召开 2017 年度党员领导干部“两学一做”专题民主生活会。集团领导班子全体成员参加会议，党组书记、董事长许立荣同志主持会议。中央第四十四督导组组长于中城及督导组成员冉红军、陈美、李劲，中央纪委国家监委驻国资委纪检监察组副组长胡贤政，国有大型企业监事会 05 办副主任苏慧娟，上海市委组织部顾永波等有关领导同志到会指导并作点评。

许立荣同志代表集团领导班子，围绕“认真学习领会习近平新时代中国特色社会主义思想，坚定维护以习近平同志为核心的党中央权威和集中统一领导，全面贯彻落实党的十九大各项决策部署”这一主题，深刻剖析了在学习贯彻习近平新时代中国特色社会主义思想、执行党中央决策部署和上级党委决议决定、对党忠诚老实、担当负责和攻坚克难、持续纠正“四风”、执行廉洁自律准则6个方面存在的问题，剖析了原因，提出了整改方向和措施。党组班子其他成员逐一进行深刻的检视剖析，班子成员之间严肃认真地开展了批评和自我批评，达到了统一思想、增进团结、互相提醒、强化监督、共同提高的目的。

于中城组长充分肯定了集团领导班子民主生活会的各项工作：一是思想高度重视。集团党组认真学习贯彻党的十九大精神和习近平新时代中国特色社会主义思想，对会议意义认识到位。二是准备工作充分。集团党组周密部署、精心安排，认真做好征求意见、谈心交心等会前准备，为开好民主生活会奠定了良好的思想基础。三是认真撰写对照检查材料。领导班子和班子成员坚持问题导向，联系实际查摆问题，深刻自我剖析，并报告了上年度整改落实情况和个人、家庭、亲属等重大事项情况。四是严肃认真开展批评和自我批评。自我批评把自己摆进去，把思想进去，提出批评意见出于公心、实事求是，帮助查找不足，提高思想认识，被批评的同志都作出了正面回应，明确了整改措施和努力方向。

围绕巩固和深化本次民主生活会成果，认真做好集团党组下一步工作，于中城提出三个方面要求：一是立足企业实际，认真做好党的十九大精神的学习宣传和贯彻落实，坚决用党的十九大精神提高思想、统一认识、凝聚力量；坚决用习近平新时代中国特色社会主义思想武装头脑、指导实践、推动工作。二是增强党内政治生活的政治性、时代性、原则性、战斗性，把政治建设放在首位，认真落实党章和《关于新形势下党内政治生活的若干准则》等要求，在全集团营造风清气正的良好政治生态。三是要在整改落实中见实效，认真梳理相互批评意见和干部职工提出的意见建议，要深入思考、消化吸收，制定整改措施，形成整改清单，在一定范围内公开，自觉接受党员、群众的监督。中央纪委国家监委驻国资委纪检监察组副组长胡贤政在点评中指出：一年来，中远海运集团领导班子面对困难和挑战，思路更加明晰，带领干部职工攻坚克难、开拓创新，在改革发展、党的建设各方面交出了亮丽的答卷。这次民主生活会准备工作充分，大家严肃认真，深刻剖析问题，相互批评坦诚相见，见人见事见思想，取得了良好成效。希望集团下一步要高度重视、认真配合，落实好中央的决策部署，进一步加强政治建设，推进全面从严治党。

（陶广昭　郭燕萍）

【“两学一做”学习教育】

集团党组认真贯彻落实中央关于推进“两学一做”学习教育常态化制度化部署，树立基层导向，扎实推进集团全系统“两学一做”学习教育。

一是结合中心工作推进学习教育。集团党组召开推进“两学一做”学习教育常态化制度化工作动员部署会，印发实施方案，强调要在“学”和“做”上深化拓展，把党组织建设好，把党员队伍建设好。结合深化改革和提质增效，组织深入学习党章党规和习近平总书记系列重要讲话精神，特别是习近平总书记关于国企改革和国企党建的重要论述，确保改革重组稳步推进。把“两学一做”纳入“三会一课”和党校干部培训基本内容固定下来、坚持下去。对照党章党规和习近平总书记系列重要讲话，督促基层党组织和党员干部建立经常性“党性体检”机制。各单位根据实际组织开展多种形式的基层党务干部培训，全系统举办各类党员培训142班次28 690人次，党员教育管理得到有效加强。

二是开展主题活动激发组织活力。集团党组在全系统开展“迎接十九大、做合格党员、建规范支部”主题活动，基层单位结合实际积极开展“特色支部”创建、“党建示范工程”、“书记项目”、“抓党建、强基础、促改革、增效益”等实践活动，着力打造“一支部一品牌一亮点”，引领党员增强“四个意识”、做到“四个合格”，更好地发挥党支部战斗堡垒作用和党员先锋模范作用。

三是加强党员教育培训管理。严格落实基层党支部的学习教育、组织生活会、“三会一课”、谈心谈话、民主评议党员、党员领导干部双重组织生活等基本制度，规范党内政治生活，扎实开展主题党日，发挥重温入党誓词、入党志愿书，以及党员过“政治生日”等政治仪式浸润作用，依规稳妥处置不合格党员。举办陆岸党支部书记、党务工作者示范培训班，组织党支部书记参加国务院国资委党校在线培训班；推动加强基层党支部书记集中轮训工作，直属单位负责党支部书记兜底培训。加强基层联系点制度建设，集团各级党员领导干部建立基层联系点 1706 个。

（陶广昭　郭燕萍）

【党建入章程和“四个同步”“四个对接”】

集团认真贯彻中共中央《关于加强党内法规制度建设的意见》，加强基层党建工作制度顶层设计。在集团各产业板块改革重组中坚持“四个同步”“四个对接”，推动党的建设与生产经营深度融合。

一是加强党组织机构建设的制度建设。坚持“四个同步”“四个对接”，在推进集团各产业板块改革重组中，要求党组织机构建设同步加强，确保组织全覆盖，工作机构、人员选配、能力培训和经费保障到位。制定《关于加强境外企业党的建设和纪检监察审计监督工作的实施办法》，对境外企业党建和纪检监察审计工作作出制度性安排。

二是扎实做好党建入章程工作。集团加强研究指导，印发了《关于推进党建工作总体要求纳入国有企业公司章程工作的通知》，根据基层单位控股与非控股、上市与非上市、境内与境外、是否改革重组等不同情况加强分类指导，推进二、三级单位年内完成党建工作入章程工作，进一步明确党组织在公司法人治理结构中的法定地位。分层分类指导 111 家二、三级企业完成党建入章程工作。推动 133 家企业建立党组织研究讨论作为董事会、经理层决策重大问题前置程序的制度机制。

三是按计划推进换届选举工作。研究制定《中国远洋海运集团有限公司基层党组织换届选举工作有关规定》，对基层党组织换届选举工作提出总体目标和具体要求，建立完善换届选举工作提醒督促机制，全面推进基层党组织换届选举工作。2017 年，任期届满的党组织 573 个，已按期换届的党组织 521 个，应换必换工作基本完成。推进基层单位党的机构设置、党务人员配备、党建工作经费、党建制度落实到位。

（陶广昭　郭燕萍）

【基层党建、船舶党建】

2017 年，在党中央的坚强领导和国务院国资委党委的正确指导下，集团党组积极践行习近平新时代中国特色社会主义思想，把党的政治建设摆在首位，坚持把方向、管大局、保落实，特别是以推动落实中央组织部、国务院国资委党委印发的 30 项重点任务和国务院国资委党委办公室印发的 23 项重点工作为抓手，落实集团党建工作会、基层党建三年规划和各项工作部署要求，全面加强党的建设，为集团深化提质增效、改革重组提供了坚强政治保证。

一是坚持不懈抓好重点任务落实。认真落实中央组织部 30 项重点任务和国务院国资委党委 23 项重点要求。党组成员和职能部门组成工作组，先后 21 次深入基层检查指导，督促基层着力解决“四化”问题。认真落实“四同步”“四对接”要求，加快推进党建入章程，以及基层组织应建尽建、应换尽换工作。坚持“支部建在船上”，结合船员船管体制改革，理顺船舶党建管理体制，加强新形势下船舶党建工作。起草船员管理体制改革宣传提纲，深入船公司和船员公司开展船舶党建调研，在改革中做好思想引领、党建方案制定等工作。开展集团党建基础工作检查并跟踪整改提升。研究制定《关于党费收缴、使用和管理的规定》，加强党费管理，完成党费补缴工作，规范党费使用。开展党员组织关系专项排查，积极稳妥做好长期失联党员的组织处置工作。

二是着力夯实党建基层基础工作。截至2017年年底，集团共有党组织3348个，其中党组1个、党委189个、党总支158个、党支部3000个；党员46 847名，新发展党员1175名。继承发扬“支部建在船上”优良传统，树立党的一切工作到支部的鲜明导向。指导直属单位建立相应的基层党支部工作规范，管船单位将党支部工作制度纳入公司管理体系文件，推进船舶党支部工作标准化建设。建立“党支部建设示范点”，各单位通过开展创建“特色党支部”、“支部基本建设年”等活动，打基础、立标杆、搭平台，着力打造“一支部一品牌一亮点”，全面提升支部工作水平。加强支部带头人队伍建设，举办陆岸党支部书记、党务工作者示范培训班，推动加强基层党支部书记集中轮训工作。按照“一个体系、一个清单”的制度建设目标，制定党建制度21项。召开集团直属党委第一次代表大会选举产生集团直属党委、纪委班子。成立境外企业党工委，制定《关于加强境外企业党的建设和纪检监察审计监督工作实施办法》，对境外企业党建和纪检监察审计工作作出制度性安排，指导境外单位加强党组织和党员队伍建设。

三是涌现一批先进典型。开展“两优一先”评选表彰工作，选树先进典型。5位同志作为党代表参加上海市第十一次党代会，许立荣同志光荣当选上海市委委员和出席党的十九大代表。中远亚洲轮党支部成为中央企业第一批基层示范党支部。中远意大利轮、上海中远海运重工技术党支部成为上海市支部建设示范点。中央组织部、国务院国资委对集团党建工作给予充分肯定，在国务院国资委党建会上，集团党组作了重点经验交流。中央组织部《央企情况》第6期专题刊登集团在改革重组中坚持党的领导、加强党的建设的经验文章。（陶广昭　郭燕萍）

【党建述职考核】

集团党组与直属各单位党组织负责人签订《2017年度党建工作责任书》，把集团全年党建重点工作细化为38个重点任务和650分的量化指标，作为党组织书记年度述职考评、党建责任制考核和各单位年度工作目标考核的重要内容，把完成情况与直属单位领导班子年度绩效、干部奖惩和选拔任用挂钩。按照中央组织部、国务院国资委党委的部署和集团“现场述职评议三年全覆盖”的要求，2018年2月28日，集团召开2017年度直属单位党组织书记基层党建现场述职评议会议。中远海运能源、中远海运特运、中远海运物流、中远海运重工、中远海运发展、上海中远海运、中石化中海燃供7家直属单位党委书记围绕2017年度抓基层党建工作分别进行了述职。大家既汇报了重点工作开展情况，又查摆了基层党建问题短板，明确了下一步努力方向。在认真听取与会各单位党委书记述职后，党组书记、董事长许立荣逐一进行了点评，指出了各单位党建工作中存在的共性问题和不足，并就下一步各直属单位党组织书记如何提高党建工作本领、扎实抓好基层党建工作提出六个方面具体要求。会议指出：2018年是全面贯彻党的十九大精神的开局之年，是“中央企业党建质量提升年”，集团各单位党组织要全面贯彻落实全国国企党建工作会部署和要求，树立问题导向，从突出问题抓起，从薄弱环节抓起，从基层基础抓起，着力在抓重点、补短板、提质量、强效果上下功夫，查漏补缺、以点带面，全面提升基层党建工作水平，推动企业全面从严治党向纵深发展。会议还对参加述职的7位直属单位党委书记开展了民主测评。（陶广昭　郭燕萍）

【统战工作】

集团积极探索新形势下加强统战工作的制度机制、队伍建设等各项工作。支持民主党派基层组织、统战团体加强自身建设。加强党外干部人才队伍建设，完善党外代表人士数据库，统筹安排一定数量的党外人士参加上级和集团党组举办的各类培训。支持统战成员在企业民主管理、民主监督和民主决策中发挥积极作用，在企业改革重组、提质增效中立足岗位、主动作为，为完成各项目标任务贡献智慧和力量。

（陶广昭　郭燕萍）

【党建工作会】

集团党组于 2018 年 5 月 5 日在海南博鳌召开 2018 年集团党建工作会议、境外企业党建工作会议，深入学习贯彻习近平新时代中国特色社会主义思想和党的十九大精神，总结 2017 年工作，研究部署 2018 年工作。会议发布《贯彻落实党的十九大精神　深入推进全面从严治党为集团建设世界一流企业提供坚强政治保证——中国远洋海运集团 2018 年党组工作报告》，对 2017 年集团党的建设工作从七个方面进行了全面总结，明确了 2018 年集团党建工作总体思路，并对 2018 年党建工作作出七个方面工作部署。一是以党的政治建设为统领，全面贯彻落实党的十九大精神；二是以高度的政治自觉，全力配合中央巡视工作；三是以提升组织力为重点，全面加强基层党组织建设；四是以落实人才发展规划为依托，建设高素质专业化干部人才队伍；五是以压实“两个责任”为抓手，推动全面从严治党向纵深发展；六是以内聚人心、外塑形象为目标，加强宣传和企业文化建设；七是以服务职工群众为宗旨，凝心聚力共谋发展。

会上，集团党组与集团各直属单位党委书记签订了 2018 年党建工作责任书，推动各单位一级抓一级、一级带一级，层层压实党建工作责任。

（陶广昭　郭燕萍）

【直属党委工作】

组织召开直属第一次党代会

4 月 5 日，按照中央和上级领导部门关于做好基层党组织换届选举工作的部署，严格履行选举程序及向上海市委、市委组织部报告审批程序，召开中共中国远洋海运集团有限公司直属第一次代表大会及直属党委、直属纪委第一次全体会议，选举产生了集团直属党委第一届委员会、直属纪律检查委员会，以及出席上海市第十一次党代会代表，直属党委组织机构进一步完善，核心作用进一步发挥。

加强党费收缴使用管理

开通党费账户网上资金使用平台，做到了每笔支出都有请示和批示、都实现经办和审批分开。认真学习传达全国党费工作培训班和中央组织部关于清理收缴党费以及进一步规范党费工作通知精神，研究制定了集团总部党费收取的具体措施和标准，对前期起草的《关于党费收缴、使用和管理的规定》作进一步修改完善。根据中央统一部署，完成党费补缴工作，并按照上海市委组织部要求，于 6 月 23 日将清理收缴党费的 30% 上缴至上海市委组织部党费账户。

做好发展党员工作

在发展党员工作中坚持“控制总量、优化结构、提高质量、发挥作用”的总要求，把政治标准放在发展党员的首位，严格发展程序，强化各级党组织在发展党员工作中的领导作用，向直属党委所属上海及北京地区党组织分解下发 2017 年度发展指标。2017 年共计发展党员 362 人，较好完成了年初制定的发展指标。

完成 2017 年度党内统计工作

组织上海和北京地区各单位，分别在 1 月、6 月和 12 月开展了 2016 年党内统计年报工作、2017 年党内统计半年报工作、2017 年党内统计年报工作，克服上海市党统系统从 2016 年 4 月起即停用、各单位党组织和党员情况变化大且频繁、党统人员少且多为新接手人员等不利因素，按时、保质完成党统工作。按照中央组织部统一部署，组织开展了上海地区党组织和党员信息采集工作，并将此作为摸清底数、理顺关系的机遇，确保责任落实、培训到位，以及信息质量和安全。截至 2017 年 12 月 31 日，集团挂靠上海地区的党组织共有 1101 个，其中党委 97 个、党总支 46 个、党支部 958 个、党员 13 333 人。

组织开展生活困难党员和老党员慰问工作

春节期间和七一前后，分别组织上海和北京地区各单位开展了慰问生活困难党员和老党员工作。经统计，春节期间，上海和北京地区各单位党组织慰问的人数达到 834 人，包括生活困难党员 282 人，中华人民共和国成立前入党的老党员 30 人，受灾党员群众 1 人，其他人员 521 人，共使用党费 36.79 万元，使用其他行政费用 22.72 万元。（赵中博）

【总部机关党委工作】

加强总部机关基层党组织和党员队伍建设

将总部机关党的建设提上重要日程，防止“灯下黑”。组建总部机关党支部微信群，及时传达中央和上级精神，对各支部工作进行指导。根据集团领导分工调整情况，及时调整集团领导参加双重组织生活所在党支部。根据集团党组关于推进“两学一做”学习教育常态化制度化实施方案的要求，指导各支部严肃组织生活，严格执行“三会一课”制度，广泛开展主题党日活动，认真制定学习计划，教育引导全体党员紧紧围绕提质增效、改革重组任务目标，立足本职岗位，按照“四讲四有”标准，着眼企业改革发展对党员的新要求，坚持以知促行，做到政治合格、执行纪律合格、品德合格、发挥作用合格，并为此专门划拨部分党费给各支部，用以党支部活动必要开支。在七一前组织总部机关全体党员开展了纪念建党 96 周年、加强“两学一做” 学习教育常态化制度化建设知识问卷答题活动，在党的十九大胜利召开后组织开展了学习贯彻党的十九大精神知识问卷答题活动，督促总部各支部和全体党员进一步增强“四个意识”，提高大家立足本职岗位建功立业的积极性和主动性。（赵中博）

【境外企业党建】

制定印发《中共中国远洋海运集团有限公司党组关于加强境外企业党的建设和纪检监察审计监督工作的实施办法》。发文成立中国远洋海运集团有限公司境外企业党工委，任命党工委书记、副书记和委员。参加中央组织部召开的境外企业党建座谈会、国务院国资委党建工作局召开的中央企业境外单位党的建设与风险管控座谈会，并作交流发言。根据国务院国资委课题组要求，布置各单位开展网络问卷调查，起草提供集团境外党建典型案例。指导境外单位党组织加强党组织建设和党员队伍建设，指导南美公司加强与驻地使领馆沟通设立阿根廷和智利党小组。

（赵中博）

【党 务 信 息】

2017 年，集团编发 21 期《中国远洋海运党建要情》，作为集团党建工作信息发布和工作交流重要平台，设立了领导讲话、党组月度大事记、党组月度工作小结、理论学习、基层动态、反腐倡廉、群团工作等栏目，并编发学习贯彻党的十九大精神专刊。（窦文金）

宣传思想工作

宣传思想工作

【学习宣传贯彻党的十九大精神】

集团将深入学习宣传贯彻党的十九大精神作为各级党组织和广大党员干部的首要政治任务，根据党中央和国务院国资委党委有关要求，深刻理解把握学习宣传贯彻党的十九大精神的重大意义，紧紧围绕习近平新时代中国特色社会主义思想主线，紧密联系集团深化改革、提质增效、全球发展实际，在学懂弄通做实上下功夫，推动学习宣传贯彻往实里走、往深里走。

1. 迅速开展动员部署。广大船岸员工认真收听收看党的十九大开幕会盛况。集团党组书记、董事长许立荣作为党的十九大代表在北京人民大会堂出席大会，集团董事总经理、党组副书记万敏列席大会。集团其他领导，以及各单位领导班子、全球中远海运人同时收听收看开幕会实况转播。党的十九大胜利召开以来，集团党组加强组织领导，精心安排部署，全系统迅速兴起学习宣传贯彻党的十九大精神热潮。10 月 27 日上午，集团近 3000 人视频参加了国务院国资委党委召开的党的十九大精神传达学习动员部署视频会议。会后，集团随即召开党的十九大精神传达学习大会。许立荣畅谈学习领会会议精神的体会和感受，同时代表集团党组对全面、迅速推动全系统开展学习贯彻党的十九大精神工作提出要求。27 日下午，集团党组召开党组会，专题学习党的十九大精神，并对抓好贯彻落实作出具体安排。11 月 5 日，集团党组印发《关于深入学习宣传贯彻党的十九大精神的通知》和《关于认真学习宣传贯彻党的十九大精神的方案》。随后，集团纪检监察系统、集团工会、集团团委分别印发认真学习宣传贯彻党的十九大精神的通知，对各自条线的学习宣传贯彻工作进行安排部署。按照集团党组要求，各单位迅速行动起来，召开学习贯彻党的十九大精神动员会、专题会，积极研究制定学习贯彻党的十九大精神工作方案，统筹谋划、狠抓落实，切实把全体干部职工思想统一到党的十九大精神上来。

2. 切实抓好学习培训。集团各级党委理论学习中心组把学习党的十九大精神作为重点内容，党员领导干部带头学，先学一步、学深一层，原原本本学原文，认认真真研读《党的十九大报告辅导读本》《党的十九大报告学习辅导百问》《十九大党章修正案学习问答》《党的十九大文件汇编》等学习资料。按照中央关于“各级党委要突出抓好县处级以上领导干部学习”的要求，集团党组面向集团全体党员开展多形式、分层次、全覆盖的全员培训，在上海、北京、广州连续举办 5 期学习贯彻党的十九大精神专题培训班。集团各直属单位领导班子成员及党工部、组织部、监审部主要负责人，集团总部机关各部门、特设机构、共享中心室经理（副主任）以上干部参加培训。集团举行党组中心组（扩大）集体学习，邀请中央党校经济学部副主任曹立教授作辅导报告，党组书记、董事长许立荣作重要讲话并对集团学习贯彻党的十九大精神专题培训班进行动员部署。各级党组织把学习党的十九大精神摆在突出位置，以更加坚决的态度、更有力的举措、更科学的方法，切实抓好组织领导到位、学习培训到位、宣传引导到位、督查指导到位、推动工作到位“五个到位”，确保集中宣讲二级单位全覆盖、专题研讨三级单位领导班子全覆盖、以党的十九大精神为主题的讲党课所有基层组织和党支部全覆盖、以学习培训轮训县处级以上干部全覆盖、学习宣传贯彻活动广大职工全覆盖“五个全覆盖”。

3. 集中开展宣讲活动。集团党组成员带头分赴各地，深入基层，结合工作实际，对党的十九大精神作集中宣讲。各级党组织坚持领导带头，深入基层、支部、船舶进行宣讲，以实际行动带动广大干部群众的学习。各企业采取观点小串讲、课题小讨论、体会小交流、疑难小答疑、理论小考核、专题小辨析等多种方式，丰富宣讲内容，创新宣讲形式。各企业宣传部门充分用好内部媒体平台，搭建网络通道，开展网上宣讲和交流，着力增强宣讲的针对性、生动性、思想性，联系职工学习需求和企业工作实际，把党的十九大精神讲清楚、讲明白，让广大职工深刻领会、主动落实。

4. 精心组织宣传引导。集团一报一刊、官网官微和各企业报刊、新媒体平台整体联动、精心策划、创新形式、集中报道，大力宣传党的十九大的重大意义；宣传把习近平新时代中国特色社会主义思想确立为党必须长期坚持的指导思想的重大意义；宣传 5 年来党和国家事业发生的历史性变革；宣传党的十九大提出的一系列新的重要思想、重要观点、重大论断、重大举措；宣传全党全社会对党的十九大的热烈反响和积极评价；宣传集团改革发展取得的显著成就，引导广大干部职工坚定“四个自信”，进一步激发创新创造活力，点燃干事创业激情，为打造具有全球竞争力的世界一流企业作出新贡献；宣传各单位学习贯彻的具体举措和实际行动，反映基层干部群众学习贯彻的典型事迹和良好风貌，唱响主旋律、振奋精气神，用正能量鼓舞人心、凝聚力量，为集团改革发展营造良好的舆论环境。积极配合中央网信办网络新闻信息传播局、国务院国资委宣传局、国资委新闻中心联合组织开展的“十九大精神进央企”网络主题活动，把集团深入学习贯彻党的十九大精神，满怀豪情、昂扬奋进的学习氛围和干事创业的热情传递给广大网友，进一步激发央企推进全面深化改革，促进提质增效，砥砺奋进、再展宏图。

5. 认真组织理论研究。发挥集团政研会理论与实践研究平台作用，集团政研会围绕党的十九大精神，结合集团深化改革实际，确定一批重大研究选题，提前印发 2018 年党建思想政治工作课题研究通知，开展学习贯彻党的十九大优秀政研成果评选，推出一批有价值、有深度、有分量的研究成果和理论文章。集团党组书记、董事长许立荣结合集团实际撰写的学习党的十九大精神的署名文章《引领全球航运：新时代航运央企的新作为》在《中国交通报》（2017 年 11 月第 6611 期）刊发。各级党组织把学习党的十九大精神作为理论学习中心组学习的核心内容，把学习贯彻党的十九大精神作为政研会重大研究课题，专题学习研讨，积极撰写学习体会和理论文章，力求学深学透、融会贯通。对照党的十九大精神和新党章对公司现有党建规章制度进行修改完善，进一步提高党建制度的时效性和针对性。

6. 创新开展文化活动。集团各级党工团组织发挥合力，采取职工喜闻乐见的形式，创新开展各类文化活动，充分展示贯彻落实党的十九大精神的新实践、新成效、新风貌，唱响主旋律、振奋精气神，用正能量鼓舞人心、凝聚力量。集团直属党委组织总部机关开展学习贯彻党的十九大精神知识答题活动，督促引导党员在认认真真学、原原本本学的基础上，深入学习领会党的十九大精神。集团举办“挥毫十九大——十九大报告金句书法展”活动，围绕党的十九大报告和习近平总书记系列讲话中的“金句”，创作 100 多幅优秀书法作品，利用新媒体进行集中展示。面向全系统，正式发布《中国远洋海运集团企业文化核心价值理念纲要》，同时，结合党的十九大宣传工作，开展企业歌展演、文化案例征集等系列活动，为党的十九大营造氛围。集团工会将在上海美琪大戏院举办“新时代、新征程”为主题的庆祝党的十九大职工文艺汇演活动，充分展现中远海运广大职工“昂首迈向新时代、砥砺奋进航海梦”良好精神风貌。集团团委与上海虹口团区委在中共四大纪念馆国旗广场隆重举行“学习十九大、共筑航运梦”上海青少年升国旗暨爱国宣讲主题活动。各单位结合实际，组织开展党的十九大精神主题知识答题、演讲征文、成就展览等多种活动，做到有声有色有气势、出新出

彩出成果。（朱雪峰）

【党组理论学习中心组学习】

为进一步抓好集团党组、各直属单位党组织理论学习中心组学习，按照国务院国资委党委总体工作部署，集团党组研究制定了《2017年中国远洋海运集团党组、各直属单位党组织理论学习中心组重点内容安排》，明确四大重点内容和四种学习方式，同时印发了《2017年集团党组理论学习中心组学习计划表》。

2017年，集团党组以深入学习贯彻习近平新时代中国特色社会主义思想为引领，坚持“学理论、提素养、明思路、建班子”，着力抓好党组中心组学习这一“龙头工程”“示范工程”，组织党组中心组学习15次（其中扩大集体学习5次），为企业把握大局、科学决策、决胜市场提供了坚强有力保证。

1.加强领导，落实学习责任。集团党组把中心组学习纳入年度党建工作考核。年初，集团党组对中心组学习内容进行了认真研究，精心制定了全年学习计划，科学设置了讨论专题，并对学习内容、时间、主题、形式和要求作出全面安排，确保重点内容和学习节奏。

2.主题突出，明确学习内容。集团党组将学习贯彻习近平新时代中国特色社会主义思想作为理论武装的重中之重，把《习近平谈治国理政》第一卷、第二卷）、《习近平总书记系列重要讲话读本》、《党的十八届六中全会新思想新观点新举措》、《习近平关于国有企业改革发展和党建论述摘编》等作为中心组学习必读书目，推动领导人员在领会精神实质上下功夫，在入脑入心上下功夫，做到学而信、学而用、学而行。七一前夕，集团党组邀请中央党校陈宇飞教授就中国文化发展道路与文化自信作专题辅导报告。为深入做好党员领导干部国家安全和保密教育工作，集团党组按照要求组织有关人员集中学习观看警示教育片《无声的较量》。党的十九大召开后，集团党组邀请中央党校经济学部副主任曹立教授作学习贯彻党的十九大精神辅导报告。党组成员认真学习《中国共产党章程》《党的十九大文件汇编》《党的十九大报告学习辅导百问》《十九大党政修正案学习问答》等，在学懂弄通做实上下功夫，切实把思想和行动统一到党的十九大精神上来，把力量凝聚到党的十九大确定的各项任务上来。

3.创新形式，提高学习质量。坚持内容与形式相结合，集团党组成员将阅读学习材料、集中研讨、听专题辅导、收看影像资料、参观考察、撰写心得体会等形式有机结合起来，变单纯的政治理论学习为学习理论与学习新知识相结合；变被动地接受理论、武装头脑为主动地转变思维模式、树立创新意识，使中心组理论学习针对性更强、内容上更新颖、方法上更科学。坚持理论与实际相结合，集团党组高度重视对形势任务的跟踪了解。党和国家、有关部委一系列重要会议结束后，集团党组都第一时间组织中心组进行主题学习，传达会议精神，开展专题研讨，把思想和行动统一到中央对形势的分析判断和决策部署上来，不断增强领导人员把握全局大势、明德修身的眼光和能力。同时紧密结合企业实际，坚持学以致用，把干部职工的认识统一到集团改革发展的任务部署上来，指导解决集团改革发展中的深层次问题、干部职工和社会公众关注的热点难点问题。坚持个人自学与集中学习相结合，集团党组成员根据学习专题，形成学习笔记，学习中围绕主要议题各抒己见，做到学习有专题，讨论有重点，发言有质量。在集中学习之外，每位党组成员根据工作实际制定自学计划，利用工作之余阅读和撰写文章。

4.注重实践，推动改革发展。集团党组坚持学以致用、学用相长，积极探索理论学习与实践工作的结合点，着力通过中心组学习，统一思想认识，科学研判市场，强化内部管理，促进自身成长，以学习带动领导人员真抓实干、干事创业，将学习成果转化为谋划工作的思路和措施。一年来，集团经济效益显著增长，生产经营指标大幅提升；航运主业扭亏为盈成为最大亮点，各产业集群发展势头良好，各重大项目取得重要成果。

（朱雪峰）

【形势任务教育】

2017 年，集团党组将学习宣传贯彻党的十九大精神和习近平总书记系列重要讲话精神、行业发展趋势宣传、企业面临的国内外政治经济形势和意识形态宣传、企业党政中心工作任务宣传、企业取得的重大改革发展成就宣传等为主要内容，大力开展形势任务教育。

1. 开展系统传达。召开年度和年中工作会、党建会、职代会，对中央精神和上级任务部署进行学习传达，对企业面临形势进行系统分析；召开务虚会，对企业面临形势进行全面分析研判，制定对策；召开宣传思想工作会和党建思想政治工作研究会，对重大宣传任务和重大思想政治课题进行部署。

2. 开展专题宣传。集团党组充分利用中心组学习、党组会、党组碰头会、各项专题会，对最新政治热点和突发国际形势问题，结合集团业务进行专题研究，并请专家作深入解读。七一期间，党组书记许立荣带头讲党课。

3. 开展媒体传播。运用集团报刊网微全媒体宣传平台实时进行形势任务宣传和教育。集团注重外部媒体宣传，集团领导亲自撰文，解读形势任务。

4. 组织大型活动。通过全面参与航海日、海员日活动，参加国务院国资委“新时代、新气象、新作为”网络主题活动，参展上海国际航运中心建设成果展等各类展览，加强航海知识普及，激发全社会海洋意识。（朱雪峰）

【宣 传 工 作】

2017 年，中远海运集团紧紧围绕迎接党的十九大胜利召开和学习宣传贯彻党的十九大精神这条主线，高举中国特色社会主义伟大旗帜，全面贯彻党的十八大和十八届历次全会、全国国企党建工作会议精神特别是习近平总书记系列重要讲话精神，贯彻落实全国宣传部长会议、中央企业和地方国资委负责人会议、中央企业宣传思想工作会议各项部署和要求，紧紧围绕“打造全球领先的综合性物流供应链服务集团”的目标，聚焦改革重组和提质增效，统筹推进宣传思想文化工作，不断创新宣传工作理念、思路、内容、载体，切实发挥宣传工作“武装人、引导人、塑造人、鼓舞人”的作用，为企业改革发展营造了良好舆论氛围。

1. 开展喜迎十九大主题宣传。提高思想认识和政治站位，部署开展“喜迎十九大、共筑航海梦”主题宣传活动，推出 8 个方面宣传重点，引导干部职工以良好的精神状态和集团改革发展的新成就迎接党的十九大。《中国远洋海运报》推出系列评论文章，开辟“‘喜迎十九大、共筑航海梦’中远海运重大改革成果巡礼”专栏。各企业充分发挥自有媒体作用，有序开展集中宣传、主题宣传，同时推出一批重点新闻产品、通讯报道、综述文章，全面展示企业改革发展新成就。充分利用网络专题、微博话题、微信 H5 页面、小视频等多种传播形式，扩大宣传的覆盖面和影响力，增强吸引力和感染力。

2. 做好全面深化改革宣传教育。聚焦改革重组、提质增效，通过组织开展各类主题宣传活动、重大事件重要节点重点推介活动等，对内加油鼓劲凝聚人心，对外展示风采提升形象，为企业改革发展营造良好舆论氛围。围绕“创业、创效、创新”推出系列报道，宣传集团全面深化改革的新成就、推进创新驱动发展战略的新突破，履行社会责任的新实践、参与国际竞争的新进展，激发广大干部职工的自豪感。深度关注和研究职工思想状况和苗头性、倾向性问题，及时掌握干部职工思想动态，有针对性地开展正面宣传活动，提前介入、因势利导、理顺情绪、化解矛盾，形成支持改革、理解改革、拥护改革、共推改革的良好氛围。

3. 开展对外宣传展示企业形象。围绕集团中心工作，配合国家重大主题宣传活动，积极开展对外宣传，讲好集团故事，唱响改革发展主旋律。包括集团成立一周年主题宣传、央媒改革重组主题宣传、交通运输成就主题宣传、长江经济带建设主题调研、“十九大精神进央企”网络主题活动等。结合集团重大活动、重大业务进展，利用集团官网、官微等公众平台，及时发布集团新闻。响应国家“一带一路”倡议号召，认真总结集团“一带一路”建设成果，开展“一带一路”建设及海外发展宣传，央视、新华社记者随中远荷兰轮船采访报道，组织各大媒体记者对比港进行集中宣传，新华社资深记者随船采访中远海特北极航线。2017年，境内外媒体共刊发集团相关报道4002条，网络新闻转载近4万条。其中，新华社报道155次，人民日报报道40余次，中央电视台播出报道110余次，新闻联播（CCTV-13《新闻直播间》）报道48次，焦点访谈专题节目1次，对话专题节目1次，参与央视、新华社等直播节目4次。“比雷埃夫斯港”“希望6号”“中远荷兰轮”“金砖工商理事会”等成为央视热搜词。

4. 有效整合宣传资源。充分利用集团内部新闻宣传资源，办好一报一刊、集团官网、微信，构建宣传工作联动机制，推动各企业内部平台，特别是新媒体集群化、品质化运作，强化“互联网+宣传”模式；协调集团领导积极参加国内外知名论坛等有影响力的活动，主动发声；加强与社会公众的交流，探索开展“企业开放日”“企业公众日”等活动；充分利用集团领导出访、参加国际论坛、会议等多种平台，做好形象公关工作，提升中远海运集团海外形象；积极参加国务院国资委宣传局、新闻中心组织开展的“走进新国企”“对话新国企”等主题活动。

5. 做好舆论引导和舆情研判。认真梳理热点焦点问题，加强舆情分析与预判，提前做好重点敏感问题舆情处置预案，尽可能将舆情控制在萌芽阶段。同时，积极保持与主流媒体、行业媒体、财经媒体的沟通，建立通畅的沟通渠道。强化舆情监测研判工作，建立健全突发舆情处置机制，妥善处置有关舆情，不断提高管控水平，为企业发展营造良好舆论环境。

6. 加强宣传思想工作队伍建设。加大调研力度，针对宣传思想工作队伍素质能力短板提出改进措施。初步形成一支政治强、业务精、作风正、守纪律、敢担当的宣传思想工作队伍，发展壮大宣传通讯员队伍、特约撰稿人队伍、企业文化工作队伍、专业理论研究队伍。鼓励工作创新，引导宣传思想工作人员在探索实践“互联网+宣传”、推进宣传思想工作信息化、增强针对性实效性时代感上下功夫，不断提升专业化素质。

（朱雪峰　马晓静）

【意识形态工作】

2017年，集团党组认真贯彻落实党中央关于落实党委（党组）意识形态工作责任制的部署和要求，党组书记、董事长许立荣是第一责任人，分管领导是直接责任人，班子成员按照“一岗双责”要求，对职责范围内的意识形态工作负领导责任。集团党组及时分析研判形势，履行工作责任，掌握工作主动权。

1. 强化理论武装，加强思想建设。集团党组深入学习贯彻习近平新时代中国特色社会主义思想和党的十九大精神，坚定理想信念，严格履行把握正确方向、部署指导工作、加强督促检查、抓好队伍建设等重要责任。党的十九大召开前，集团党组召开专题会议，研究部署意识形态工作。集团党组第19次党组会专题传达贯彻落实9月18日郝鹏书记在中央企业重点工作部署视频会议上的讲话，并对十九大期间做好意识形态、信访维稳、舆情监测、安全生产等工作作出了系统部署，提出了具体要求。集团党组召开信访维稳工作专题会，举办信访维稳工作培训班，对做好党的十九大期间信访维稳工作作了全面部署。党的十九大召开后，集团党组迅速部署兴起学习宣传贯彻党的十九大精神的高潮，引导党员干部职工切实在学懂弄通做实上下功夫。年内集团党组组织开展15次中心组学习，传达中央企业负责人会议、中央经济工作会议等上级重要会议精神，及时对抓好贯彻落实会议作出部署和安排。集团在革命圣地延安正式成立党建思想政治工作研究会，表彰优秀政研成果，部署后期工作，明确把学习贯彻党的十九大精神作为政研会重大研究课题，组织开展学习贯彻十九大精神优秀政研成果评选。

2. 开展形势教育，凝聚发展正能量。集团聚焦改革重组、提质增效等核心议题，对内加油鼓劲凝聚人心，为企业改革发展营造了良好舆论氛围。年初，隆重表彰 2016 年度各类先进典型，对“钻石团队”、劳模进行集中采访，广泛宣传在深化改革、效益攻坚过程中涌现出来的典型事例、优秀团队，着力宣传航运主业提质增效突出成效，进一步提振信心、鼓舞士气。部署开展“喜迎十九大、共筑航海梦”主题宣传活动，在《中国远洋海运报》开辟重大改革成果巡礼专栏，推出系列文章，引导干部职工以良好的精神状态和集团改革发展的新成就迎接党的十九大，引领干部职工增强“四个意识”，听党话、跟党走，在事关政治方向和原则性问题上立场坚定、旗帜鲜明。党的十九大召开后，迅速在集团官网开设“昂首迈向新时代　砥砺奋进航海梦”学习宣传贯彻党的十九大精神专栏。围绕“创业、创效、创新”推出聚焦改革成果系列报道，宣传集团全面深化改革的新成就、推进创新驱动发展战略的新突破，履行社会责任的新实践、参与国际竞争的新进展，激发广大干部职工的自豪感。充分发挥官网、内部报刊、微信公众号等宣传平台作用，做好混改、船员船管体制改革等相关政策制度的宣贯和释疑解惑等，确保船员船管体制改革、教育资源整合等改革筹备工作的平稳有序。

3. 开展主题宣传，强化舆论引导。集团党组认真研究年度重点宣传工作，积极开展对外宣传，讲好集团故事，唱响改革发展主旋律。包括集团成立一周年主题宣传、央媒改革重组主题宣传、交通运输成就主题宣传、长江经济带建设主题调研、“十九大精神进央企”网络主题活动等。结合集团重大活动、重大业务进展，利用集团官网、官微等公众平台，及时发布集团新闻。响应国家“一带一路”倡议号召，认真总结集团“一带一路”建设成果，开展“一带一路”建设及海外发展宣传，央视、新华社记者随中远荷兰轮船采访报道，组织各大媒体记者对比港进行集中宣传，新华社资深记者随船采访中远海特北极航线。

4. 加强舆情管理，营造良好环境。根据国务院国资委有关通知精神，集团印发《关于开展自查自纠宣传报道工作的通知》，全面清查所属各单位及下属单位官网、报刊、微博、微信等公开及内部宣传平台，规范信息发布审核制度和流程，并形成杜绝错误宣传报道相关情况的报告。集团加强舆情监测，认真梳理热点焦点问题，加强分析与预判，做好重点敏感问题舆情处置预案，及时发现问题、加强主动引导，尽可能将舆情控制在萌芽阶段。在发现舆情后，立即协调各有关方面了解情况，并迅速制定应对方案，加强与部委、智库、媒体、专家的沟通，并巧妙利用第三方发声的形式，加强舆论引导。同时，积极保持与新华社、中新社等主流媒体，中国交通报、中国水运报等行业媒体的沟通，尽可能在第一时间将集团新闻提供他们发布，以建立相对通畅的沟通渠道，以备在必要时刊发与权威媒体或专业媒体，沟通稿件。有针对性地加大对财经媒体以及行业新媒体的沟通，通过与之建立起正常、友善的沟通关系，从而规避当前新媒体未经核实误发、误传有关敏感报道的舆情风险，为集团营造稳定的舆论环境。（吴腾）

【思想政治工作】

2017 年，集团以迎接宣传贯彻党的十九大精神为主线，深入贯彻落实全国国有企业党的建设工作会议精神，聚焦打赢提质增效攻坚战、实现改革重组总目标，以“四个一”理念为引领，扎实开展思想政治工作，进一步统一思想、凝聚人心、增进感情、激发动力，唱响主旋律，提振精气神。

1. 立足做实，突出思想政治工作引领力。部署开展“喜迎十九大、共筑航海梦”主题宣传活动，引导干部职工以良好的精神状态和集团改革发展的新成就迎接党的十九大胜利召开。大力倡导“一个团队、一个文化、一个目标、一个梦想”的“四个一”理念，在各业务板块陆续推进改革重组，以及船员管理体制改革、混合所有制改革等深入推进过程中，“四个一”理念成为统一思想、凝聚力量、引领改革的文化旗帜。不断加强形势任务教育，开展“经营、改革、发展献计献策大讨论”等，有效提振了干部职工干事创业的热情。

2. 立足做细，提升思想政治工作凝聚力。积极挖掘基层一线爱岗敬业、创新进取的动人故事，创作《北极光下的冰雪传奇》获国务院国资委“一线故事”优秀作品奖。参加“一带一路”国际合作高峰论坛、推进哈萨克斯坦东门无水港项目，卡通形象“熊猫船长”获评人气最高的央企卡通形象，集团领导接受央视访谈，国家领导人视察集团海外企业，参加国家军民融合创新成果展、上海国际航运中心建设成果展等活动，进一步扩大了集团社会知名度和影响力，凝聚了干事创业的强大正能量。

3. 立足做深，增强思想政治工作推动力。集团党组研究确定了集团年度荣誉表彰体系，制定了《中国远洋海运集团年度先进典型评选表彰管理办法》，将七类荣誉固化下来，与制度的规范、激励结合起来，推动形成见贤思齐、争做先锋的良好氛围。隆重表彰2016年度各类先进典型，对“钻石团队”、劳模进行集中采访，广泛宣传在深化改革、效益攻坚过程中涌现出来的典型事例、优秀团队，着力宣传航运主业提质增效突出成效，进一步提振信心，鼓舞士气。

4. 坚持做新，焕发思想政治工作生命力。坚持多维推广，积极运用微博、微信等新媒体，开通“中远海运”头条号，开通微信公众号语音发布，丰富新媒体发布形式，以新形式弘扬主旋律，传播正能量。积极推动“互联网 + 党建、宣传、企业文化”平台建设。

5. 坚持做活，提升思想政治工作亲和力。整合内外部资源，通过职工喜闻乐见的形式，组织开展各类接地气的文化活动，提升思想政治工作的向心力、凝聚力和辐射力。开展《中远海运之歌》群众性创作，征集30首歌曲。开展企业文化核心价值理念宣贯活动，请集团各类先进典型为集团文化代言，唱响中远海运价值观。开展文化体育系列活动、职工优秀文艺作品展演，展示中远海运职工良好精神风貌，增强企业文化凝聚力，增进各兄弟单位和员工间的感情交流和文化融合。

6. 坚持做长，保持思想政治工作渗透力。以企业文化融合为目标，深入推进“四个一”文化理念和文化融合在基层、在具体工作中落地生根。制定《企业文化核心价值理念纲要》，构建适应全球化发展趋势、符合先进文化发展规律、具有鲜明时代特征和企业特质的文化体系。启动开展《中国水运史（1949—2015）》《中国水运工程建设实录（1978—2015）》中远海运部分研究编纂工作和中远海运史志资料编纂工作，推动集团新展厅、航海历史博物馆等文化载体建设，以强烈的历史责任感梳理总结一代代中远海运人锲而不舍、改革创新、风雨兼程的创业史、奋斗史和发展史，为新时期中远海运人提供长久强大的精神动力。

（朱雪峰）

【党建思想政治工作研究会】

为推动集团党建思想政治工作开创新局面，迎接党的十九大胜利召开，集团党建思想政治工作研究会于9月27日在延安成立，并召开一届一次会员大会。

集团党组书记、董事长许立荣，党组副书记、副总经理孙家康，工会主席张善民出席成立大会。集团境内直属单位党组织负责人，集团总部有关部门、中心负责人，部分三级单位党组织负责人，境内直属单位党群部门负责人，以及2016年度优秀政研论文的部分获奖代表等近百人参加会议。会议由张善民主持。

党建思想政治工作研究会（简称“政研会”）是集团组织推动党建和思想政治工作理论与实践问题研究的重要平台，中远海运集团政研会的成立标志着集团政研工作机构、机制、队伍的全面完善，为加强和改进集团思想政治工作奠定了基础。集团政研会成立大会表决通过了《中国远洋海运集团党建思想政治工作研究会章程》《中国远洋海运集团党建思想政治工作研究会会费管理办法》《中国远洋海运集团党建思想政治工作研究会会员建议名单》三个文件，许立荣任集团政研会会长，孙家康任常务副会长，万敏、徐爱生、张善民任副会长，首届会员单位共有30家。

许立荣在成立大会上发表讲话强调，要充分认识到加强和改进思想政治工作是深入贯彻落实习近平总书记系列重要讲话精神、加强党的建设的具体体现，是凝心聚力、拼搏创效的迫切要求，是顺应改革、维护稳定的客观需要。许立荣指出，要承优创新，准确把握新形势下思想政治工作的新情况、新特点；要继承发扬原中远、中海始终坚持支部建在船上，始终坚持发展依靠职工，始终坚持求真务实、艰苦奋斗等优良传统和宝贵经验；要创新开展思想政治工作，坚持党的领导，坚持以人为本，坚持分类指导，坚持与时俱进，注重作风建设。思想政治工作要立足做深，推动改革重组向纵深发展；要立足做实，践行“四个一”引领发展；要立足做精，打造精品力作提振士气；要立足做细，聚焦基层一线凝聚发展正能量。

许立荣分析了集团思想政治工作面临的形势和存在的问题，并就积极发挥思想政治工作“生命线”的优势和作用，为深化改革保驾护航提出五方面具体要求：一要落实主体责任，学好《党委会的工作方法》，改善领导方法和工作方法；二要聚焦中心大局，以有效的思想政治工作推动集团“创业、创效、创新”主旋律；三要密切联系群众，以人为本，强化融合，真正为职工排忧解难，激发企业凝聚力；四要强化作风建设，以求真务实的干部作风带动思想政治工作有效开展；五要立足政治高度，以全面细致的思想政治工作落实好党的十九大前后有关部署要求。

许立荣强调，要认真学习贯彻习近平总书记系列重要讲话精神，把迎接党的十九大、学习宣传贯彻党的十九大精神作为当前和今后一个时期最重要的政治任务，不断提升党建思想政治工作水平，为打造全球领先的综合性物流供应链服务集团提供坚强的思想保证和精神支撑。

孙家康作了题为《把握改革大势，统一思想行动，凝聚奋进力量》的政研会工作报告，从强化理论武装、聚焦思想引领、推动重组整合、加强新闻宣传、促进文化融合、打造工作平台等方面回顾了集团成立以来党建思想政治工作情况，并强调了下一步工作的五项重点任务：一要落实重大政治责任，护航十九大；二要加强宣传舆论引导，唱响主旋律；三要促进文化深度融合，传播正能量；四要创新工作形式载体，推进系统化；五要强化政研平台建设，打造智囊团。

张善民就贯彻落实会议精神提出三点要求：一要紧扣党的十九大主题开展工作，营造企业改革良好氛围；二要加强政研会自身建设，切实发挥高端平台的作用；三要注重理论研究实效，推动政研成果转化应用。

7 位政研论文获奖代表分别围绕落实习近平总书记系列重要讲话精神、廉洁风险防控、典型培育、“党建 +”、“两学一做”、职业经理人选聘及船舶政委队伍建设等主题作了精彩的交流发言。会议还播放了《集团企业文化核心价值理念纲要（讨论稿）》解读短片，再次广泛征求各单位意见建议。

会后，与会人员集体参加了延安革命旧址、梁家河村现场教学。（吴腾）

【典型培育和选树】

集团党组将培育选树先进典型作为宣传思想文化工作的重要抓手，注重发挥先进典型的感召力和示范激励作用，建立集团年度先进典型评选表彰体系，设立“钻石团队”、劳动模范、先进集体、先进个人、先进基层党组织、优秀共产党员、优秀党务工作者七项荣誉，明确各项荣誉的评选周期、评选数量、评选范围、表彰时间和奖励内容，为先进典型选树培育工作奠定基础。注重培育树立先进典型，2017 年，共评选表彰 5 个“钻石团队”、37 名劳动模范、99 个先进集体和 99 名先进个人，在《中国远洋海运报》开设“航标·集团年度典型风采录”专栏，大力宣传报道先进典型立足岗位，创业、创效、创新的感人事迹，激励广大干部职工比学赶超。年内，集团董事长、党组书记许立荣获评“2016 年度海洋人物”；集团所属中远海运特运退休职工王颂汤获得第六届全国道德模范提名奖，并获评 2016 年全国学雷锋志愿服务“四个 100”活动“最美志愿者”；集团所属中远海运集运中远亚洲轮党支部获评中央企业第一批基层示范党支部，这些先进典型成为广大干部职工学习的榜样、奋进的方向。

（朱雪峰）

党风廉政建设

党风廉政建设

2017年，中远海运党组纪检组深入学习贯彻党的十九大精神，全面落实十八届中央纪委七次全会和全国国有企业党的建设工作会议部署，围绕集团改革发展中心任务，聚焦监督执纪问责，扎实做好各项工作。抓好全面从严治党责任落实，推动压力层层传导。开展专项治理，坚决防止“四风”问题反弹回潮。强化重点领域监督，营造企业良好发展环境。加大案件查处力度，强化不敢腐的震慑；不断健全党风廉政建设规章制度，扎牢不能腐的笼子；组织开展廉洁从业主题教育和警示教育，用积极有效的纪律教育，增强不想腐的自觉。

【反腐倡廉会议】

2017年2月9日，中远海运党组召开2017年反腐倡廉建设工作会议，传达学习十八届中央纪委七次全会、中央企业党风廉政建设和反腐败工作会议精神，总结集团2016年反腐倡廉建设工作，部署2017年任务。集团党组书记、董事长许立荣出席会议并讲话。集团董事总经理、党组副书记万敏主持会议。集团党组副书记、副总经理孙家康，党组成员、总会计师孙月英，党组成员、副总经理叶伟龙、黄小文、丁农、王宇航、俞曾港参加会议。集团党组成员、党组纪检组组长徐爱生作反腐倡廉工作报告。许立荣充分肯定集团2016年反腐倡廉建设所取得的成效，并就2017年进一步落实全面从严治党，提出八个方面的要求：一是认真学习贯彻落实十八届中央纪委七次全会精神，同以习近平同志为核心的党中央保持高度一致；二是深入落实管党治党责任，为集团改革发展保驾护航；三是坚持把纪律挺在前面，始终保持反腐高压态势；四是坚持标本兼治，多措并举提升廉洁风险防控水平；五是坚持抓住“关键少数”，强化领导干部思想政治建设和监督管理；六是加强巡视和监督，坚持不懈执行中央八项规定精神；七是坚持“三个区分开来”，把握“四种形态”，营造良好干事创业环境；八是努力建设好忠诚、干净、担当的纪检监察干部队伍。徐爱生作了题为《加强纪律建设，深化标本兼治，推动全面从严治党向纵深发展》的工作报告，总结了2016年集团反腐倡廉建设取得的成效和存在的不足，部署了2017年的工作。会上，集团与直属单位代表中远海运能源、中海国际、中远海运发展签订全面从严治党《主体责任书》《“一岗双责”责任书》和《监督责任书》。上海主会场与会人员签署了《2017年领导人员廉洁承诺书》。会议以视频形式进行，在集团总部设立主会场，在境内外设立37个分会场，共计2100多人参加会议。

【落实责任制】

一是签订责任书。中远海运党组书记、总经理、党组纪检组组长分别与直属单位党政纪主要领导签署《主体责任书》《“一岗双责”责任书》和《监督责任书》117份；组织集团党组管理干部及总部处级以上干部签订《廉洁从业承诺书》397份。二是组织召开纪委书记会议。组织直属单位纪委交流工作经验和做法，分析形势任务，部署阶段性重点工作，有效传导责任压力。2月27日—3月1日，集团党组纪检组组织召开2017年纪委书记会议暨审计工作会议，对2月9日集团反腐倡廉建设工作会议的部署要求进行再动员、再部署、再落实。会议还邀请中央纪委法规室、国务院国资委财务监管局等有关上级领导作专题辅导培训。7月18日，党组纪检组组织召开2017年三季度直属单位纪委书记会议，总结上半年工作，部署下半年任务。三是持续加大问责力度。对履行职责不到位，出现管党治党不力和党风廉政建设存在问题的单位党政主要领导及时约谈提醒、进行诫勉谈话，严肃追究责任，让失责必问成为常态化，强化责任落实。2017年，集团全系统对3个直属单位党组织和66名党员领导干部进行问责。四是督促主体责任落实。有效传导责任压力，督促各直属单位纪委书记按要求为本单位主要领导进行“画像”，就履行全面从严治党主体责任情况和党风廉政状况作出评价。

【作风建设】

2017年，集团各级党组织、纪检监察组织严明纪律要求，不断巩固作风建设成果，坚决防止“四风”问题反弹回潮。在元旦、春节、五一、端午、中秋、国庆等重要节假日之前，及时转发中央纪委驻国资委纪检组下发的相关通知，结合集团实际，提出廉洁要求，划出纪律红线，营造崇廉尚俭过节的良好氛围。严肃查处违反中央八项规定精神的问题，典型问题一律通报曝光，持续释放驰而不息纠“四风”的强烈信号。2017年，全集团查处违反中央八项规定精神问题17件，处理30人，通报曝光27人。

开展监督中央八项规定精神落实和纠正“四风”问题调研。2017年4—5月，集团党组纪检组根据中央纪委驻国资委纪检组的工作要求，印发《关于对相关企业监督中央八项规定精神落实，纠正“四风”工作开展调研的通知》，随后组成调研组，赴上海船研所、中海国际、中远海运集运和部分三级单位开展现场调研。为准确了解集团落实中央八项规定精神、纠正“四风”的基本情况，党组纪检组在全系统组织开展问卷调查活动，参与人数达14 534人。根据调研及问卷调查分析情况，形成相关报告及时上报。开展违规公款购买消费高档白酒集中排查整治工作。2017年8月，集团党组纪检组根据中央纪委有关工作要求，在集团全系统组织开展了违规公款购买消费高档白酒问题集中排查整治工作，专门印发通知，明确责任要求，准确把握政策规定，在总部各部门、中心及所属各级单位开展自查自纠，对发现的问题进行严肃处理。

【纪律审查】

2017年，集团各级纪检监察机构针对集团内部不敢腐的“小生态”还比较脆弱，基层企业“微环境”更加不容乐观的实际情况，持续加大案件查办力度，不断严明纪律规矩，进一步巩固和发展反腐败工作压倒性态势。全集团纪检监察机构共受理信访举报447件，其中集团党组纪检组受理279件，下属单位纪委受理168件；处置问题线索362件，其中初步核实205件次，谈话函询82件次，诫勉谈话36人，提醒谈话21人，彻底清理了历史遗留问题线索；立案审查调查58人，处分56人，特别是立案查处了6名直属单位党政主要领导和1名直属单位纪委书记，有力彰显了执纪审查的严肃性。

坚持惩前毖后、治病救人的方针，坚决支持改革者、鼓励创新者、帮助失误者、严惩腐败者，坚持实践运用监督执纪“四种形态”。2017年，集团全系统实践运用“四种形态”308人次，其中第一种形态241人次，第二种形态28人次，第三种形态25人次，第四种形态14人次，第一种形态和第二种形态处置率87.34%，达到了“惩处极少数、教育大多数”的政治效果，进一步在集团上下营造出既纪律严明、风清气正，又激励改革、干事创业的良好氛围。

【监督检查】

2017年，集团各级纪检监察组织强化重点领域监督，持续营造良好企业经营环境。

加强选人用人监督。印发《关于深入落实直属单位纪委书记不得兼职和分管其他业务并必须参与人事选拔任用初始酝酿的通知》，集团党组纪检组对24名干部做好廉洁意见回复工作，严把干部选拔任用党风廉政意见回复关。组织开展直属单位选人用人和人员招聘情况专项监督检查，指出存在问题，推动整改落实。建立集团党组管理干部廉政档案 265 份，指导推动各直属单位纪委开展建立司管干部廉政档案工作，及时分析和掌握“树木”与“森林”的情况，对政治生态做到心中有数。

全面清理特殊关联企业。加强对特殊关联企业动态管理、定期发布的监督，2017 年督促职能部门公布 568 家禁止与其发生业务往来的特殊关联企业名单，明确要求各单位不得与其进行经济业务往来。通过专项检查、经常性的日常联网审计、巡视监督等多种渠道，实现对治理特殊关联企业情况监督的常态化，坚决斩断利益输送链条。

加大扶贫资金和项目监督力度。坚决落实中央精神和上级纪委要求，组成三个监督组，通过内部检查、实地检查、专项检查等形式，重点对集团三个扶贫点进行实地抽查，发现 6 个方面问题，提出 4 个方面整改建议，确保党中央精准扶贫的精神落实到位。

全方位加强境外企业和“一带一路”项目监督。推动全面从严治党向境外延伸，实现监督无盲区、全覆盖。一是建立健全境外企业党建和纪检监察制度机制，制定《关于加强境外企业党的建设和纪检监察审计监督工作的实施办法》，从组织体系、机构设置、工作职责、工作任务和考核等方面对加强境外企业纪检工作提出具体要求。针对境外企业特点，明确境外企业干部员工须严格遵守的 13 项纪律要求。二是建立完善境外企业党建和纪检监察组织机构。推动集团层面成立了境外企业党工委和纪工委。同时，在欧洲、东南亚、美洲、中国香港 4 个区域公司设立纪检监察审计分部；在境外区域公司和规模较大的境外直属二级企业成立党委，配备党委书记和纪委书记；业务规模较小、党员人数较少的境外企业成立党总支或党支部，配备党总支（党支部）书记和纪检委员。三是对境外企业开展监督检查。2017 年 11—12 月，集团党组纪检组成立 4 个检查组，对中国香港、日本、北美、西亚、南非等地区所属 20 多家境外企业开展党建和党风廉政建设专项监督检查，进一步督促境外企业落实“两个责任”，有效防范经营和廉洁风险，维护境外国有资产安全。同时，通过联网审计加强对境外企业实时监督，既解决监督人员不够的问题，也提升了监督实效。四是加强对境外企业纪检监察审计人员的培训和管理。2017 年 9 月，集团组织党风廉政建设辅导报告会，邀请中央纪委党风政风监督室专家作专题讲座，组织各境外企业全体党员干部以视频形式同步收看，同步培训。2017 年 11 月，组织了集团境外企业纪工委委员、各境外企业纪委书记、纪检委员集中业务学习和培训，并结合党的十九大对党风廉政建设的新形势、新要求，组织开展学习党的十九大精神专题研讨活动。组织境外企业纪委书记、纪检委员和派驻 4 个纪检监察审计分部的境外纪检监察审计人员“述责述廉”和考核工作，重点考核履行监督责任的情况，并在一定范围内予以通报。其考核结果作为培养、使用、奖惩的重要依据。

【制度建设】

2017 年，集团党组纪检组不断健全党风廉政建设的规章制度，规范工作流程，严明纪律规矩，扎紧编牢“不能腐”的制度笼子。印发《中国远洋海运集团党组纪检组关于构建不能腐的体制机制的实施办法》，对逐步构建集团“不能腐”体制机制进行总体规划。制定《中共中国远洋海运集团有限公司党组纪检组关于开展党风廉政谈话工作的实施办法（试行）》《中国远洋海运集团有限公司集团管理干部任职前组织部门听取纪检部门意见试行办法》《中共中国远洋海运集团有限公司党组关于加强境外企业党的建设和纪检监察审计监督工作的实施办法》《关于深入落实直属单位纪委书记不得兼职和分管其他业务并必须参与人事选拔任用初始酝酿的通知》《中共中国远洋海运集团有限公司党组纪检组关于进一步加强扶贫（援藏）资金和项目监督检查工作的指导意见》5 项制度，推动集团党风廉政建设和反腐败工作制度化规范化。

编制《纪检监察工作手册》。2017年，为推动各级纪检监察组织和广大党员深入学习贯彻各项党纪条规，使广大党员牢记各项纪律要求，让纪检监察人员便捷、全面掌握新法规和集团有关制度，集团党组纪检组组织编制了《纪检监察工作手册》。《纪检监察工作手册》分为上、下两册，共收集上级制度43项，集团内部制度32项，汇编纪检监察工作流程6项，工作文书及表单48个，整理对政策解读3项，汇总常见问题解答33个。集团党组纪检组向境内外直属单位共发放近800册。

【廉洁教育】

集中开展廉洁从业主题教育。2017年9月，集团党组、党组纪检组在全系统组织开展“打造作风名片，崇尚廉洁从业”主题教育月活动。通过邀请中央纪委党风政风监督室专家作专题辅导报告、开展党建思想政治工作研讨活动、举办“海天廉韵·中远海运廉洁清风作品展”、观看廉洁题材新型京剧《廉吏于成龙》、组织开展廉洁从业知识答题、讲述“廉洁家风故事”、集中观看警示教育片、循环播放廉洁宣传片等活动，吸引近12万人次直接参与活动，在全集团凝聚起崇尚廉洁从业的巨大正能量。

大力开展警示教育，坚持用身边事教育身边人。2017年，党组纪检组通报曝光典型案件44起，涉及55人次，先后对3家直属单位的10家所属公司违规与特殊关联企业发生业务往来的行为，在集团范围内进行通报批评，并对相关责任人员进行诫勉谈话。对有关典型案例进行深入剖析，分析原因，举一反三，让广大党员干部知敬畏，明底线、存戒惧。

积极做好“中远海运反腐倡廉网”的宣传和维护工作。及时发布上级纪委的工作要求，党组纪检组上传集团有关党风廉政建设的制度和规定，累计编发工作动态133篇，扩大了社会影响力，提高了宣传效果。

【队伍建设】

2017年，集团各级纪检监察组织坚持高标准、严要求，把学习贯彻党的十九大精神作为首要政治任务抓实抓好，印发党的十九大精神学习通知、学习方案，发放学习辅导材料。集团党组纪检组组长徐爱生带头宣讲，先后在境内二、三级单位纪委书记学习党的十九大精神宣讲报告会暨工作务虚会和境外企业纪工委委员、纪检干部学习党的十九大精神暨业务培训班上进行宣讲。将宣传贯彻党的十九大精神作为政治监督的重要内容，对违反政治纪律和政治规矩的行为严肃处理，持续加大管党治党宽松软问题的问责力度。不断深化“三转”，推动境内直属单位纪委书记全部专职配备，部分三级单位纪委书记也按要求对工作职责和分管工作进行调整，及时补充纪检监察审计人员。加强业务培训，选派110人参加中央纪委、国务院国资委等上级单位组织的专题培训班，分别组织纪委书记、纪检监察业务骨干及审计骨干培训班。建立监督执纪人才库，在全集团选拔42名监督执纪人才。对纪检干部严格要求，查处5名违纪违法的纪检监察干部，有效防止“灯下黑”。（蔡萍）

综治、信访、维稳工作

综治、信访、维稳工作

2017年，集团信访维稳工作认真贯彻落实中央和集团党组有关要求，紧紧围绕确保党的十九大胜利召开这条主线，坚持以人民为中心的发展理念，紧贴集团改革重组实际，进一步健全工作机制，改进工作作风，化解矛盾纠纷，确保了党的十九大胜利召开，确保了集团改革重组顺利推进，实现了不发生重大稳定事件、不发生极端上访事件的年度工作目标。

全年集团总部共接待职工群众上访163批258人次，比2016同期增加了35批49人次，其中闹访缠访110起，比2016年增加了27起；群访事件6批74人次，比2016年增加了3起；办理职工来信50件次，处理化解矛盾纠纷120余件次，落实领导包案41件次，排查治理稳定隐患30余件次。全年无进京群访事件，无治安刑事案件。

1. 健全了工作机制，信访维稳工作进一步得到规范。结合集团领导分工，及时调整了集团维稳工作领导机构。年内，修订印发了《集团处置不稳定事件应急预案（试行）》，对集团系统处置不稳定事件的类型、等级、程序、方法、保障等方面作出了明确规范。以直属党委名义下发了《关于印发〈中国远洋海运集团上海地区“平安单位”创建活动实施方案〉的通知》，明确以落实集团综治维稳信访工作目标为主导，以三级以下单位为重点，以建立长效机制为核心，坚持预防为主，加强源头治理，强化组织领导，扎实筑牢企业改革发展的稳定基础。年内共评出了43家平安单位，推荐9家单位申报上海市平安示范单位。健全了总部机关重大活动通报机制，规定总部机关接待重要客人、举办重要外事活动、重要会议或组织100人以上的大型活动等，主办部门须提前通报集团维稳办，严格落实外来人员问询、验证、登记制度，进一步规范了总部机关内保工作。

2. 加强了队伍建设，工作人员的能力素质进一步得到提升。认真贯彻落实中央综治工作会议和国家信访工作会议精神，年内集团举办了一期信访维稳工作培训班，邀请了国家信访局，上海市综治办、信访办，国防大学的领导和专家作辅导授课，进一步拓宽视野、启发思维，参加培训的70余人一致感到受益匪浅。组织开展了岗位实践活动，依托上海市信访办和集团信访接待中心，分期分批组织信访维稳工作人员到信访接待中心岗位实践，到上海市信访办观摩见习。年内共组织了26批47人次，受到了基层单位和参与者的积极好评。集团将作为一项长效机制，持续开展下去。积极参与了国务院国资委举办的信访维稳、反邪教工作培训班，拓展了工作思路。

3. 强化了源头治理，稳定风险排查进一步得到落实。认真执行集团《维护稳定工作暂行办法》要求，坚持每季度开展一次稳定风险排查工作，及时抓好隐患治理。在党的十九大召开前，集团共排查各类稳定风险110余件，在全面梳理的基础上，确定了40件作为集团维稳办跟踪督办，同时落实领导包案制，将稳定责任落实到各直属单位班子成员。积极落实“四知一跟”要求，加强对重点对象稳控。缠访闹访对象逐步减少。密切关注企业改革重组对职工队伍的影响，先后到中远海运集运、中远海运发展、中远海运重工、中远海运能源、中海国际、上海中远海运、中波公司等多家单位调研，了解掌握不稳定信息及隐患，努力将矛盾化解在萌芽状态。加大信访维稳工作检查力度，及时指出存在问题，坚持每季度通报有关情况。

4. 坚持法理情相统一，信访积案化解工作得到有效推进。积极贯彻以人民为中心的发展理念，认真落实“三到位一处理要求”，先后依法办结了原广东中远船务与承包商代长伍经济纠纷问题，虽然目前仍在北京缠访，但法律途径已依法终结。原舟山船务承包商郑新建假借为农民工讨薪索要公司补偿问题，在南通市信访办出面调停下，暂时得到缓解。中远海运物流公司员工孙元林长期闹访问题，在部领导出面接访后，矛盾得到缓解。上海中远海运退休船员要求增加退休福利、广州中远海运退休船员要求发放住房补贴等问题，在责任单位领导重视、积极开展走访慰问下，继续保持了稳定。坚持动之以情，晓之以理，有效处置并及时劝返了中远海运物流上海格劳瑞公司（4次）、中空公司员工（1次）、中远海运重工承包商（1次）6起集体上访事件。对国务院国资委信访办督办的2起信访事项（代长伍、郝玉龙），坚持依法处理、尊重事实、耐心接谈，防止了矛盾激化。

5. 积极发挥协调指导职能，重大活动安保工作万无一失。在党的十九大召开前，组织召开集团信访维稳工作专题会议，集团党组副书记、副总经理孙家康到会讲话，总结分析了集团重组以来信访稳定工作，指出存在的问题，部署党的十九大期间及下一阶段工作任务。进一步强化了各级责任，明确了责任清单，严格落实了24小时值班、信访维稳信息“零报告”、领导接访等制度，确保了党的十九大召开期间集团系统稳定，未发生进京群访和极端上访事件。加强与上级业务部门和上海市综治办、信访办，市水上公安局等职能机构联系沟通，及时通报有关信息。认真落实重大活动报备制度，精心准备应急处置预案，确保重大活动现场安保工作落实到位。2017年还先后圆满完成了全国两会、巴拿马总统来集团访问、重要客户来访、集团职工文艺汇演等多起重大活动安保工作，得到了上海市有关部门和领导的充分肯定。集团党组工作部被评为上海市治安保卫先进单位。（刘辉华）

2018

CHINA COSCO SHIPPING CORPORATION LIMITED YEARBOOK

中国远洋海运集团有限公司

年鉴

第十一篇

企业文化和精神文明建设

企业文化建设

企业文化建设

集团党组高度重视企业文化建设，积极践行社会主义核心价值观，构建中远海运企业文化体系，加强品牌传播，提升企业形象。

【企业文化建设】

1. 加强顶层设计。萃取最核心、最简洁的企业文化理念价值要素，形成以“一个团队、一个文化、一个目标、一个梦想”为统领，以企业使命、企业愿景、企业价值观、企业精神、企业作风、企业广告语为主元素的“1+6”企业文化核心价值理念体系。同时持续推进集团新标识及视觉识别系统的落地与推广。

2. 加强品牌传播。充分利用国内外高端平台，积极策划开展一系列品牌推广活动，如策划开展博鳌亚洲论坛举办期间的品牌宣传，策划开展国家主席习近平和哈萨克斯坦总统纳扎尔巴耶夫共同出席的中哈亚欧跨境运输视频连线仪式，利用“一带一路”国际合作高峰论坛、金砖国家工商理事会系列活动推介集团品牌及“一带一路”建设成就，统筹策划集团及所属企业参加双创工作成就展、第二十届中国（重庆）国际投资暨全球采购会、第 82 届希腊萨洛尼卡国际博览会、第 19 届中国国际海事会展、上海国际航运中心建设成果展等大型展会展览。

3. 丰富文化载体。开展《中国水运史（1949—2015）》《中国水运工程建设实录（1978—2015）》中远海运部分研究编纂工作，同期启动中远海运史志资料编纂工作，持续推进集团企业文化展厅设计建设，以强烈的历史责任感梳理总结中远海运创业史、奋斗史和发展史，为新时期中远海运人提供长久强大的精神动力。

2017 年，集团许立荣同志获评中国企业文化研究会“2012—2017 年度品牌文化建设十大典范人物”称号，中远海运发展获评“2012—2017 年度品牌文化建设三十标杆企业”称号。集团吴腾同志获评中国文化管理协会企业文化管理专业委员会“最美企业文宣工作者”称号，集团党组工作部微视频作品《在海上》获评“最美责任之声”金奖作品，集团宣传片《We are ready》获评“最美形象之声”代言作品。

（朱雪峰）

【跨文化建设】

认真组织开展春节文化走出去活动，结合集团境外单位多、全球业务分布广、境内外文化融合等特点，积极参加中央统战部、文化和旅游部、教育部、广电总局、中国侨联、驻外使领馆、国家汉办及中央和地方主要媒体策划的系列春节文化走出去重要项目和活动，为员工、为客户送上最诚挚的祝福，助力春节文化走出去。

中远海运（香港）有限公司所属中远海运（香港）置业有限公司邀请醒狮团在中远大厦楼下广场表演醒狮，邀请大小业主和客户前来观赏，恭祝大家开工大吉，新年有个好彩头，获得业主及租户的欢迎。中远海运乌拉圭公司为全体员工准备了春卷、炒饭、米粉、叉烧、豆腐等传统中华美食，感谢所有员工在农历猴年的努力工作，祝福大家鸡年吉祥、万事如意。欧洲区域公司组织当地员工观看中国舞剧《大梦敦煌》，向当地员工展示中华文化经典，增进当地员工对于中国文化的了解。欧洲各国家公司通过组织贴对联、挂中国节、互致春节祝福等，积极传播中国独特的传统春节民俗文化，许多“老外”已经能够熟练掌握“新年好”“恭喜发财”等祝福语。中远海运比雷埃夫斯港（PCT）码头在客户俱乐部张灯结彩，举行一年一度的客户答谢会，并诚挚邀请长荣、阳明、马士基、CMA、NYK、Hapag-Lloyd 等船公司在希腊航运代表和 PCT 领导班子、中希方经理，以及正在码头培训的五位总部学员一起欢度佳节。在招待会午宴上，公司还特意为客户准备了热气腾腾的汤圆。春节期间，中远海运韩国公司领导拜访了釜山港湾公社（BPA）和釜山老港码头公司，代表中远海运集团向 BPA 拜年，并祝双方合作在新的一年取得长足进步。英国 48 家集团举行年度中国新年晚宴。中远英国公司邀请了公司重要客户参加中国新年晚宴，与包括中国大使刘晓明先生、亚洲基础设施投资银行金立群先生、英国前财政大臣奥斯邦在内的中英各界代表 400 多人共同庆祝中国新年。在中希建立全面战略伙伴关系 10 周年之际，北京市政府、北京市文化局主办，中远海运集团襄助的"北京之夜"文化交流演出在希腊首都雅典举行。来自北京的艺术家们为 2000 多名中希观众奉献上了精彩的京剧、歌舞、杂技、民乐等节目，希腊人在中国文化中感到了东方的善意和兼容，中国人来到西方文明的发源地，带来的是和平和友善的信息。在悉尼、奥克兰、墨尔本、珀斯等地，澳洲公司组织员工参加了当地领馆和商会组织的春节联欢活动，让员工感受节日的喜庆氛围。

（吴腾）

【文明单位创建】

2017 年，集团坚持文化建设和文明创建两手抓，广泛开展群众性文明创建活动，组织好文明单位评选申报工作。中远海运发展、上海船研所荣获"第五届全国文明单位"，中远海运集运、中远海运物流、上海中远海运油运保持"全国文明单位"。各单位将文明创建工作融入生产经营、企业党建、人才培养、志愿服务等各环节，有效促进了企业健康可持续发展。（郭庆东）

文化传媒

文化传媒

【报　纸】

2017 年，集团共有两份公开发行的报纸，分别是《中国远洋海运报》和《广州海运报》。

1.《中国远洋海运报》

《中国远洋海运报》由《中国远洋报》和《海运报》两家报纸重组整合而成，国内统一连续出版物号 CN 31–0116。《中国远洋海运报》出版内容分纸媒和新媒体两大部分。纸媒部分《中国远洋海运报》对开 8 版，逢周五出版，每期印刷基本数 2.3 万份；新媒体部分《中国远洋海运报》微信公众号为工作日每天更新，每天发文 4 ~ 6 篇。

2016 年 2 月 18 日，中国远洋海运集团成立后，按照集团改革重组相关工作的推进，集团新闻媒体中心迅速启动了一系列更名、变更工作。2016 年 3 月，经上级主管部门批准，原《中国远洋报》更名为《中国远洋海运报》。2016 年 10 月，《中国远洋海运报》注册地由北京转至上海，国内统一连续出版物号 CN 31–0116。更名后的《中国远洋海运报》以崭新形象在博鳌亚洲论坛 2016 年年会上亮相，得到了参会的集团领导、中外嘉宾的认可和赞赏。随后，集团新闻媒体中心完成了《中国远洋海运报》更改主管主办单位、《中国远洋海运报》社的工商变更等工作。2016 年 4 月，经上海市新闻出版局批准，《海运报》正式休刊。

2017 年，按照国家新闻出版广电总局和上海市新闻出版局的相关要求，完成《中国远洋海运报》社工商注册上海以及改制工作，报社更名为《中国远洋海运报》社有限公司；进行报刊及新媒体平台的审核、换证工作，以及新版记者证的申领工作。按照媒体中心培训工作计划，举办集团新闻媒体通讯员表彰会暨新闻研讨会、新闻宣传骨干全媒体业务培训；为集团广州地区、上海船研所、中海电信等公司的通讯员开办新媒体业务培训班；派记者参加中国记协组织的“马克思主义新闻观”集中培训，国务院国资委新闻中心等部门组织的专业培训，通过专家授课、内部交流、实践锻炼等，进一步提升系统宣传队伍的素质和水平。

新闻宣传工作。立足集团提质增效、改革发展和党的建设的实际，重点推出了四个贯穿全年的创新系列报道。

“一带一路”采访系列报道。2017 年，媒体中心启动“一带一路”中远海运印记采访活动。4 月赴迪拜、比雷埃夫斯、汉堡等地，10 月赴新加坡、泰国、印度尼西亚、马来西亚等地区，深入当地港口，走访了 12 家公司网点，采集一手素材，在报纸及微信开辟“‘一带一路’中远海运印记”专栏，发表了数篇鲜活的通讯报道。

创业、创效、创新——“聚焦改革成果”系列报道。报纸着重宣传集团全面深化改革的新成就、推进创新驱动发展战略的新突破，履行社会责任的新实践、参与国际竞争的新进展。

“喜迎十九大，共筑航海梦”系列宣传报道。配合党工部组织开展“喜迎十九大、共筑航海梦”主题宣传活动。宣传和展示中远海运集团改革重组、全球发展的重大成果、企业文化、突出典型、亮点，为党的十九大胜利召开营造良好氛围。在集团党组工作部的统一安排下，聚焦集团基层一线职工同心协力践行“四个一”理念，立足岗位、创新创效的具体事迹，派出记者完成了反映基层一线典型人物、事件的新闻报道，共计 80 余篇 12 万字。

学习贯彻党的十九大精神宣传报道。按照集

团党组和党工部统一部署，重点把全集团学习贯彻党的十九大精神的情况反映好、宣传好、引导好。报刊、新媒体纷纷开辟专栏报道集团学习宣传贯彻党的十九大精神的情况。精心策划、集中报道党的十九大的重要意义和丰富内涵。开设“砥砺奋进这5年”“我的航运强国梦”“党委书记谈十九大”“说说心里话”“十九大时光”等专栏及选登“挥毫十九大”书法作品，展示集团学习贯彻落实党的十九大精神的热潮。同时继续开展推进“两学一做”学习教育常态化制度化系列报道；做好重大节点的宣传策划、突出亮点，产生良好效果。

协助做好集团品牌形象的宣传及维护工作。做好2017年金砖年会的相关新闻报道工作。

按照集团公关部的要求，利用报刊、微信、网站等平台对本次活动进行了全方位报道；同时以集团作为金砖国家工商理事会中方主席为契机，专访了五位金砖国家工商理事会成员代表，受到广泛关注，有效宣传了集团全球最受信赖公司的品牌形象。参加央企卡通之夜评选活动，熊猫船长获得“最受欢迎央企卡通形象”大奖。加大对集团履行企业社会责任宣传力度，将慈善基金会援助中巴走廊运输项目推上新浪央企头条；协助慈善基金会，做好集团定点支援、扶贫工作进展情况的宣传报道，以及扶贫项目的推广工作，取得良好的社会效应。

与公关部共同编撰《共赢新丝路——中远海运集团“一带一路”印迹》一书，共十一章节约18万字，全面展现中远海运集团积极“走出去”参与“一带一路”建设过程中的亮点、阶段性成果，既是阶段性的汇总，也是作为经验留存和传承的历史参考。

2.《广州海运报》

《广州海运报》，1966年5月7日由广州海运局创刊，1967年8月18日因“文化大革命”停刊，1985年9月25日复刊。广东省画院院长、广东美术家协会主席、著名老画家关山月，闻《广州海运报》复刊的消息，欣然命笔，为《广州海运报》题名。1987年8月31日，《广州海运报》获新闻出版署发的报刊登记证，国内统一连续出版物号CN 44-0093，获批准刊期、发行范围和主编人选，该证由广东省新闻出版局颁发。1992年7月，经新闻出版署批准，国内统一连续出版物号CN 44-0128。《广州海运报》随着企业的改革发展，不断进步和成熟，报纸由原来的旬刊发展为周报，4开4版，周三出版。进入21世纪后，亚丁湾海域和印度洋海域事件是全球性新闻热点，企业船舶常年在此海域执行生产任务，在防抗海盗的工作中，广大海员作出积极的贡献，涌现出许多先进人物和可歌可泣的英雄事迹。为此，《广州海运报》动员组织一批通讯员开展新闻报道，刊发一系列的消息、通讯、图片等不同新闻体裁的稿件。如“嘉宁山”轮击退海盗的武装袭击后，《广州海运报》及时开展报道，推荐在该事件中涌现出的先进人物参加广东省、广州市先进人物评选。行业特色鲜明的报道在读者和同行中受到广泛关注，《广州海运报》的多篇新闻报道在全国企业报好新闻评比中获奖。1997年，《广州海运报》荣获全国企业报晋京展一等奖。《广州海运报》是广州地区出版物新闻工作者协会副会长单位，2017年有27篇作品被协会评为好新闻。2017年，《广州海运报》开设“党建工作巡礼”“两学一做征文”“学习十九大”“身边好党员”“海嫂的故事”“身边的雷锋”“我的青春我的梦”等多个专栏，鼓励和动员广大通讯员围绕企业转型发展、提质增效和学习党的十九大精神、全面从严治党、企业文化建设等各项工作，及时发现、挖掘、采写工作中的新举措、新方法、新成效和先进典型事迹材料，抓宣传树典型，塑造一线英雄群像，报道转型发展亮点，为企业转型发展营造了良好的舆论氛围。

（严妙群　陈晓艳）

【杂　　志】

2017年，集团有《中国远洋海运》《上海船舶运输科学研究所学报》《青岛远洋船员职业学院学报》《中国海员》和《航海》5本正式出版的杂志。

1.《中国远洋海运》

《中国远洋海运》于1995年1月创刊，原名为《中国远洋航务》，2016年3月更名为《中国远洋海运》。该杂志由中国远洋海运集团有限公司主管主办，国内统一连续出版物号为CN 31-2140/U，国际标准连续出版物号为ISSN 2096-3890，国内外公开发行。

《中国远洋海运》创刊20多年来，杂志始终坚持创刊理念，即关注全球航运业热点，发布行业前沿信息；搭建与国际航运业界良性互动与交流的平台，提升中国企业品牌形象；引导舆论导向，提升中国航运业的国际话语权；反映中远海运集团各业务板块关切，为航运企业提供资讯服务。在办刊实践中，杂志依托集团雄厚的品牌和资源优势，瞄准航运市场及相关产业链，以行业视角，及时捕捉航运、物流、经贸、港口、修造船、海事服务等业务资讯；通过与国际行业组织、知名咨询机构及国际媒体合办栏目，广交四海朋友，服务八方客商，努力成为有影响力和美誉度的行业主流媒体；紧密围绕集团发展思路、工作部署和各阶段的重点工作，不断提高新闻舆论传播力、引导力、影响力、公信力，助力集团品牌形象宣传；策划组织行业会议并积极参与国际论坛展会，整合产业链智库资源，促进集团系统内外的思想交流，为行业发展提供智力支持。杂志已成为政府和业界相关机构的案头参考资料。中央政策研究室、社科院、国务院发展研究中心、中国贸促会、国家发展改革委宏观经济研究院、商务部研究院、交通运输部水科院等研究员主动索取每期杂志；杂志应邀每期寄送联合国国际海事组织，作为中文资料供相关处室参考；杂志定期为新华社、央视、第一财经等社会主流媒体的专业记者提供所需的行业信息；杂志赠送各大院校图书馆，受到广大师生的热烈欢迎。

2017年，立足集团提质增效、改革发展和党的建设的实际，利用杂志深度报道的优势，邀请到国家“一带一路”工作领导小组办公室主任欧晓理撰文，从专家视角提出海上丝绸之路在“一带一路”建设中的战略先导地位与作用，为北京“一带一路”国际高峰论坛营造良好的舆论氛围。在“聚焦改革成果”宣传报道中，重点关注中远海运改革重组一周年节点的各个板块业务开拓进展情况，反映集团提质增效新局面，受到了业内外读者的关注肯定。

2.《上海船舶运输科学研究所学报》

《上海船舶运输科学研究所学报》创刊于1978年，是船舶科学和船舶运输领域的综合性学术期刊，国内统一连续出版物号为CN 31-2023/U，由上海船舶运输科学研究所主管主办，国内外公开发行。该刊曾用名《交通部上海船舶运输科学研究所学报》，2005年更名为《上海船舶运输科学研究所学报》，2012年由半年刊改为季刊，国际标准连续出版物号为ISSN 1674-5949。

该刊自创刊以来，始终坚持党的基本路线，坚持“百花齐放、百家争鸣”和“理论联系实际”的办刊方针，突出理论与学术服务于丰富的实践，充分发挥科技期刊在成果转化方面的交流和传播作用，助推行业科技进步。刊登的内容主要反映船舶运输系统、船舶设计、船舶控制、交通工程、环保工程、港口工程、工业自动化、电子信息、船舶动力机械和水运经济等方面的科研成果，同时刊登具有一定学术水平的试验报告和科研管理研究报告。经过数十年的办刊历程，期刊的影响力指数逐年提升，现已成为船舶工业和交通运输行业知名的专业学术刊物，是中国核心期刊（遴选）数据库来源期刊、中国学术期刊（光盘版）全文入编期刊、中国学术期刊综合评价数据库来源期刊，同时被国家图书馆、上海图书馆、中国知网、万方数据库和维普数据库等数据库收录。该刊刊登的论文质量较高，曾多次在中国航海学会、上海市船舶与海洋工程学会等专业学术机构的论文评比中获奖，具有较强的学术推广价值。除了收录行业内各高校、科研院所及其他企事业单位科研人员的论文以外，集团航运板块每年都会依托该平台刊登高质量的科技论文，为集团相关科研成果的推广起到了较强的支撑作用，有效提升了集团相关业务在行业内的影响力。

2017年，该刊共刊登66篇论文，其中：船舶工业领域、水路运输领域的科技论文占比分别约为 37% 和 33%，充分体现了该刊的行业特色；具有国家级、省部级和市级基金支持的项目论文占比约为 12%，为船舶工业行业和交通运输行业的科技成果转化与传播作出了重要贡献。本年度，该刊的办刊质量和行业影响力稳步提升，有多篇科技论文在中国航海学会组织的中国航海科技期刊优秀论文评选中获奖，其中，二等奖 1 篇，三等奖 2 篇，优秀奖 5 篇。

3.《青岛远洋船员职业学院学报》

《青岛远洋船员职业学院学报》创刊于 1980 年 7 月，原名《远洋科技》，由中国远洋海运集团直属的青岛远洋船员职业学院主办。

1980 年 7 月，青岛远洋船员进修学院刊物《远洋科技》创刊。1986 年 10 月，青岛远洋船员学院刊物《远洋教育研究》创刊。1996 年 1 月，经中国远洋运输（集团）总公司报交通部同意，并经山东省新闻出版局批准，决定自 1996 年起，青岛远洋船员学院原来主办的《远洋教育研究》和《远洋科技》并刊，改为综合性学报《青岛远洋船员学院学报》。从 1999 年第 1 期起，《青岛远洋船员学院学报》公开发行。2012 年 2 月，经国家新闻出版总署批准，更名为《青岛远洋船员职业学院学报》，国内统一连续出版物号为 CN 37–1489/U，国际标准连续出版物号为 ISSN 2095–3747。2014 年 12 月，《青岛远洋船员职业学院学报》入选原国家新闻出版广电总局第一批认定学术期刊。该刊每 3 个月出版 1 期，为季刊。

自学报创刊以来，始终坚持编辑刊载学术论文和科研报告，为发展我国远洋科研事业服务的办刊宗旨，面向远洋，突出航运特色，主要设置航海技术、船舶通信与信息工程、轮机管理与船舶工程、船舶电子电气、海事法律管理与公约、航运物流、航海（高职）教育等栏目。中远海运集团成立后，《青岛远洋船员职业学院学报》密切关注集团航运各大业务板块，充分发挥科技期刊的媒介作用，架起行业产业和高校科研之间沟通的渠道和桥梁。

经过 40 余年的发展，学报办刊质量不断提高，社会影响力不断扩大，目前已被重庆维普《中文科技期刊数据库》、清华知网《中国学术期刊（光盘版）》、《中国学术期刊综合评价数据库》、万方数据库《中国核心期刊（遴选）数据库》全文收录。2008 年，学报被评为“全国高职高专优秀学报”。

2017 年，学报共组稿 145 篇，发文 82 篇，自然科学论文 33 篇，社会科学论文 49 篇，航海技术、轮机管理与船舶工程、船舶信息工程、航运物流和航海（高职）教育五大栏目载文 78 篇，占比约 96%，充分体现了学报航运特色。2017 年，学报办刊质量和社会影响力进一步提高，刊载基金论文 22 篇，保持平稳，国内外机构用户达 5200 多个，期刊综合影响因子学科平均值 0.294，平稳增长，全年文献下载量 1.3 万多次，增长 20%。（孙宸）

4.《中国海员》

《中国海员》杂志创刊于 1926 年，创办者是成立于 1921 年 4 月 6 日的中华海员工业联合总会。在不同的历史时期，中国海员工会曾四次出版《中国海员》杂志。在改革开放的新时期，中国海员工会全国委员会决定第四次出版《中国海员》杂志。经过半年筹备，《中国海员》杂志于 1985 年 6 月正式出版。1986 年起，又与交通部合办，主管单位为交通部，主办单位为上海（海运）集团公司。

《中国海员》杂志面向交通职工、面向社会、面向海内外，讲述海运、远洋、内河、港口、筑港等广大航运企业职工身边的事情，讲述交通系统职工海内外的见闻，报道全国交通系统发生的重大事件，交流工会工作的经验，发表工会领导人的重要文章。

2017 年，《中国海员》继续为广大港航员工“鼓与呼”，宣传中国海员建设工会工作方针，让社会了解海员，让社会关爱海员。同时弘扬海员不畏风险无私奉献的精神，推出了全国劳模沙夕兰、杨怀远等一批典型事迹文章；全程报道第四届全国中国海员技能大比武，向社会展现海员的风采。杂志把视角延伸到海员工作之外的生活和家庭，专题报道中远海运船员家属工作站为船员解忧，互帮互助的动人故事，向社会披露了“海嫂”这一特殊社会角色群体的生活风貌。另外，还专题报道了百岁老人刘维英船长起义回归祖国故事，报道航海前辈陈干青的为中国航海呕心沥血事迹，让人们了解中国航海事业的那段曲折发展历史。《中国海员》杂志全方位地报道港航系统的身边事，受到水运职工的欢迎，杂志在全国水运系统进一步扩大了影响力。（朱文樵）

5.《航海》

创刊于 1979 年的《航海》杂志，国内统一连续出版物号为 CN 31–1121/U，国际标准连续出版物号为 ISSN 1000–0356，是中国航海界向国内外公开发行的综合性科技期刊，由上海市航海学会主办，上海市科学技术协会主管。该杂志是中国学术期刊综合评价数据库统计源期刊，被中国核心期刊（遴选）数据库全文收录。

《航海》杂志融航海学术交流、科技信息传播、航海文化发掘、航海知识普及、航海生活展示等为一体，成为社会各界朋友了解航运发展态势，开拓航海科技视野的窗口；航海爱好者的文化园地；中外航运界同仁交流信息、情感的渠道。

《航海》杂志开本为大 16 开，全彩印，国内邮发代号 4-272，国外发行代号 BM517。

2017 年，上海市航海学会在第十届理事会领导下，贯彻党的十九大精神，不忘初心、继续前进。在航运资源整合初见成效的形势下，学会科技服务能力再上新台阶，为上海国际航运中心的转型升级贡献智慧和力量，迎接建会 40 周年。3 月 28 日，学会顺利召开第十次会员代表大会暨十届一次理事会，为可持续发展提供组织保障。学会积极参与主办 2017 年“苏浙闽粤桂沪”五省（区）一市航海学会学术研讨会，以及上海城市与交通科学学会联盟学术活动。参与编写上海市关于国际航运中心建设 2016 年运行报告，参与编辑出版发行《船舶导航技术手册》大型专业工具书。学会协办第二届“21 世纪海上丝绸之路”建设高峰论坛，承办庆祝“中国航海日”航海知识进轻轨列车项目，助力保德路小学举办航海科技文化节系列活动。综合性科技期刊《航海》征集、发表专业论文近 160 篇。学会完成工程评审、事故鉴定等咨询项目 10 项，合同金额累计 140.6 万元。学会承接上海地区海洋船舶系列高级专业技术职务任职资格评审申报服务工作，为 14 位船舶技术人员提供形式审核，办理申报程序。通过复审，学会连续三次获评上海市科协科技评价机构资质。2017 年 1—12 月，磁罗经技术服务部上海分部共为 2246 艘次船舶校正磁罗经 2260 台次。（罗斌）

新媒体

新 媒 体

集团新媒体主要包括集团网站和中远海运新媒体平台等。

【集团网站】

中国远洋海运集团有限公司网站设立于2016年，域名为http:// www.coscoshipping.com，是中远海运集团官方主办的网络平台。网站分中文、英文两个版本，主要承担对外发布集团信息、宣传集团业务情况、传播集团价值理念等功能，是集团面向社会和公众展示企业品牌形象的重要窗口。

网站成立以来，遵从“服务企业价值创造”核心理念，坚持易用性、安全性原则，注重从航运业特色和企业特点出发，结合当下网站发展流行趋势和新媒体环境下网民阅读习惯，推进版式、内容和功能等方面与时俱进、持续创新。网站设有“关于我们、新闻中心、业务领域、社会责任、人才招聘、信息公开、订舱平台”等常备栏目，可系统展示集团核心业务和主要工作；同时，可通过飘窗、临时栏目和链接等，实现重要内容的临时性展示。经过近年来的持续运营和维护，网站包括客户、投资者、业务伙伴、内部职工等在内的受众群体不断扩大，已经发展成为业内知名、社会关注的企业网站。

网站围绕集团生产经营主线，积极推进对外宣传主题策划和实施。全年主要策划了集团产业链协同，集团成立一周年改革发展，央视、新华社记者随“中远荷兰”轮采访报道集团“一带一路”建设，集团交通运输成就、集团长江经济带建设等外宣主题，积极与中央媒体、财经媒体、行业媒体、地方媒体联系互动，协助或安排相关采访报道，积极对外传播集团全球化品牌形象。

特别是策划安排央视、新华社三名记者跟随集运“中远荷兰”轮进行沿线采访报道，取得了重要的外宣成果。央视经济新闻部、新闻编辑部、国际部等众多部门通力合作，通过电视、新媒体视频直播等多个平台进行报道，共计播出相关新闻报道50余条，除每天在新闻直播间进行报道外，在新闻联播播出4次，还在5月14日“一带一路”国际合作高峰论坛召开当天的特别节目中，邀请集团相关领导在演播室，介绍中远海运情况，并视频连线正在荷兰鹿特丹港停泊作业的“中远荷兰”轮。新华社国际部在“新华国际”客户端开设“海丝”航海日志专题，在新华网“一带一路”频道开设“新华社记者‘海丝’行”专栏，在新华社海外社交平台Facebook、Youtube和Twitter同步直播。截至活动结束，新华社记者共刊发中、英文报道30余篇。本次宣传报道，对集团“一带一路”建设成果、品牌实力，以及船员的工作和生活等进行了很好的宣传和传播，对提升集团的社会影响力发挥了积极作用。

网站积极做好集团新闻日常发布工作，包括集团官网中英文新闻发布和集团官微新闻发布工作。2017年全年，官网发布中文新闻230余条，英文新闻155条；官微发布新闻117篇。发布内容涉及集团内外往来、经营活动、社会责任等各个方面，较为系统地展现了集团改革发展、服务客户、创新创业等各方面工作成效。

（马晓静　黄奇萃）

【中远海运新媒体平台】

中远海运新媒体平台包括集团官方微信公众号“中远海运”，以及以集团名义开办的“COSCO SHIPPING”英文脸书账号和推特账号。三者均于 2016 年设立，是集团在新媒体发展形势下，结合业务拓展需要和品牌传播需求设立的新型网络传播平台。集团新媒体平台包含“最新动态”“走近我们”等栏目，内容涵盖集团业务介绍、新闻信息、品牌标识、船海知识、人才招聘等，是集团对外推广品牌、传播行业知识的重要窗口。

集团新媒体平台设立以来，以“服务企业价值创造、紧跟媒体发展潮流”为工作方针，坚持在版式设计上突出活泼性、在内容编排上突出时新性、在运营维护上突出互动性，持续打造全媒体时代下，能够展现集团品牌、适应受众需求的新型对外传播窗口。

2017 年，集团新媒体平台聚焦党的十九大、“一带一路”国际合作高峰论坛、金砖国家领导人厦门会晤、博鳌亚洲论坛、香港回归 20 周年、港航交流会等热点事件，推出了“海丝传奇”系列、冰上丝绸之路、中国制造等专题系列报道 57 篇。

2017 年，集团官方微信公众号在保证集团重大新闻消息及时报道的同时，重点提升推文的可读性、趣味性，推出了《比〈战狼 2〉更险更燃的，是我们经历过的那些真实的惊心动魄》《中远海运与香港的故事，一定要有最棒的粤语金曲 BGM》《来自中国、连续创造历史、震惊老外的她，芳名“中远发展”》《当“新光华”遇到新“希望”》《那年那天，我和你去看周杰伦演唱会》等具有较高趣味性、可读性的内容，对读者具有较高的吸引力，社会传播效果较广。其中，《比〈战狼 2〉更险更燃的，是我们经历过的那些真实的惊心动魄》获得了由国务院国资委主办的第六届国企好新闻评选微信类二等奖。

集团官方微信公众号配合国务院国资委国资小新五周年活动，积极参与央企开通之夜的内容策划、微信联动、内容选送等工作，得到了国务院国资委新闻中心的好评，全面展示了集团“熊猫船长”的形象，对集团的品牌宣传起到了较好的推广作用。

2017 年，集团官方微信公众号共推出作品 173 篇，总阅读量超过 40 万。集团官微关注用户近 3 万人，比 2016 同期增长近 1 万人。

（马晓静　侯雨佳　朱江）

2018

CHINA COSCO SHIPPING CORPORATION LIMITED YEARBOOK

中国远洋海运集团有限公司

年鉴

第十二篇

群团工作

工会工作

工 会 工 作

【概　　述】

2017 年，中远海运集团工会认真学习贯彻党的十九大精神，按照集团工作会议和上级工会的部署，坚持“维护核心、服务中心、凝聚人心”的工作原则，紧紧围绕集团改革发展、提质增效的中心工作，认真履行职责，积极发挥作用。

【开展民主管理】

一是召开一届一次职代会，审议了集团党政工工作报告，表决通过了《关于确认中国远洋海运集团董事会职工董事、监事会兼职监事选举结果的决议》和《中国远洋海运集团职工代表大会实施细则》。

二是高度重视职代会提案工作，总部各职能部门、特设机构、共享中心、各直属单位等工会组织充分调动职工代表参与企业民主管理的积极性，开展调查研究，在广泛征集职工意见的基础上，共向职代会提交了 38 份合格提案。其中，涉及集团机制创新的有 4 份、集团内部协同 6 份、海外员工管理 4 份，船员队伍建设 9 份，员工关心关爱 2 份，资源整合 3 份，管理提升 3 份，装备制造业扶持 2 份，企业文化培育 2 份，党建群团工作 3 份。集团工会牵头对提案进行整理、分类，并分别交由总部相关职能部门研究和承办。在办理过程中，各承办部门与职工代表进行认真、深入地沟通，共同拟定承办处理方案，并跟踪落实推进情况。经反馈测评，职工代表对提案承办处理得表示“满意”的 35 份，占 92%；表示“基本满意”的 3 份，占 8%。

三是认真配合公司制改制和船员管理体制改革。7 月，国务院办公厅下发中央企业公司制改制工作实施方案，要求所有中央企业及其所属企业都要在当年底前全部完成公司制改制。集团工会在领会吃透上级文件精神之后，对各相关企业如何在公司制改制中依法履行相关民主程序作了统一规范要求，并牵头召开了原中远和中海两大集团的职工代表联席会议，确保了改制过程的平稳有序。在集团船员管理体制改革过程中，为认真落实董事长、党组书记许立荣所提出的“改革过程中所有工作要按程序去做，一定要依法合规”要求，集团工会配合集团深改办召集各相关单位工会，就改革中召开职代会的事宜进行了部署。在一届四次全会上，工会领导再次强调，各单位工会一定要树立强烈的政治意识、大局意识和责任意识，从贯彻落实党的十九大精神的高度，从推动集团总体发展战略落地的深度来履行好自己应有的职责，积极主动配合党政开好职代会，力保各项方案全部通过。

四是召开集团《集体合同》协商会。为了依法保障企业和职工的合法权益，维护稳定和谐的劳动关系，按照有关法律、法规和相关规定，根据上级有关文件精神和集团领导的指示要求，集团工会商集团人力资源本部起草制定了《集体合同》，在广泛征求集团各单位及相关职能部门意见的基础上，进行了认真修订。11 月下旬，集团工会、人力资源部召集职工方代表和企业方代表就《集体合同》开展了协商，全体代表从集团和职工的切身利益出发，实事求是地发表了很好的意见和建议，经过双方协商代表的充分讨论协商，形成了一致意见。（陈珺）

【助力提质增效】

一是围绕提质增效主题，广泛开展劳动竞

赛。全年集团共开展各类劳动竞赛703次，共42 698人次参加，收到职工合理化建议3427条，开展各类技术比武454次，共17 653人次参加。在“第四届中国海员技能大比武”活动中，集团选派的两支代表队分别获得企业组团体总分冠、亚军，囊括了7个单项比赛中的6项第一名、3项第二名和1项第三名的好成绩。青岛远洋船员学院在此项大比武活动中也获得了院校组团体总分亚军和两个单项冠军的好成绩。在6月举行的“金砖国家技能发展与技术创新2017国际焊接大赛”中，中远海运重工代表集团参赛，取得了团体铜奖，全部5名参赛选手在各单项竞赛中均进入前六名。集团工会在10月中旬和11月上旬分别举办船舶厨师厨艺竞赛和钳工、电工技能比赛，共有28家单位、113名选手参加竞赛。通过组织全系统的职工技能竞赛活动，大力营造立足岗位钻研技艺、交流技术、提高技能的良好工作氛围，以点带面，推动职工队伍整体业务素质的提升。

二是组织参加全国“安康杯”竞赛，进一步发挥集团广大职工安全生产主力军作用。按照上级工会部署，向上海地区直属单位印发《关于开展2017年“安康杯”竞赛活动的通知》，集团所属的39家二级、三级及以下基层单位报名参加。认真开展“安康杯”竞赛中途检查自查有关工作，围绕责任落实、加强宣贯、班组建设、检查演习等方面，融入季节性防台防汛、防暑降温、防火防爆、防工伤事故、防车辆交通事故等各项工作。落实“安康杯”竞赛典型案例推荐评选工作，上报中远海运发展“操安全之舵、扬发展之帆”、中远海运重工“防工伤管理”和“农民工自主安全管理”3个典型案例。向各单位转发全国“安康杯”竞赛组委办《关于开展查隐患防事故群众性安全生产活动的通知》，积极推进竞赛活动，提高隐患排查能力，防治职业危害，改进班组建设。上报“中远海法”轮保持全国“安康杯”竞赛优胜单位荣誉申报材料。积极组织2016—2017年度“安康杯”竞赛检查评选工作，共向上海市“安康杯”组委会推荐优胜单位2家、优秀班组3个和先进个人2名。

三是加强劳动保护，确保职工生命安全。各单位共组织职工开展安全巡视检查15 246次，34 137人次参加，提出并整改安全隐患15 896项。集团工会于4月举办了2017年工会劳动保护干部业务培训班，来自集团总部、直属单位、部分二级单位和基层单位的工会主席及劳动保护干部共85人参加了培训，并取得了集团工会颁发的《工会劳动保护监督员证书》和《上海市工会劳动保护干部业务知识培训合格证》。本次培训提高了工会劳动保护干部的思想认识、理论水平和业务能力。在推进夏季劳动保护和防暑降温工作中，坚持入户到人、进港到船。集团工会领导23次赴各地进行高温慰问，对30家单位的夏季劳动保护和防暑降温工作进行检查和指导；组织职工参加防暑降温劳动保护培训近3万人次，开展事故隐患和职业危害排查1600余次，查实问题2700余个，督促整改问题2500余个，涉及职工近2.1万人；高温期间组织职工代表进行专项防暑降温检查540余次。走访慰问940余家企业和工地；慰问职工近8.5万人次，发放和赠送防暑降温用品计1351万元；督促企业发放高温津贴1983万元；组织专项健康体检375次，涉及职工15 305人次，建立职工健康档案14 554份。（陈珺）

【构建和谐企业】

一是加强帮困送温暖工作。集团结合2017年元旦春节送温暖活动的整体安排，及时布置具体工作，围绕计划制订、对象梳理、措施落实、会员关爱等重点方面，将上级和企业的关心送达困难职工；以上海市总工会开展“建档困难职工一次性帮扶”工作为契机，重点加强直属单位在“全总帮扶管理信息系统”中千余条受助对象信息的梳理、退出、更新等细致工作，严格落实资金发放、凭证反馈等工作要求。国庆前，申报近500名困难职工帮扶申请，获得上海市总工会全额拨付的24.95万元帮扶资金。认真落实定向帮扶工作，组织“五一大病”“助学帮扶”和“国庆定帮”，对上海中远海运、中海国际、中远海运重工和上海船研所所属的 29 名各类受助对象分别做好帮扶救助。积极争取上海市总工会档案中新增 8 名病困职工的定向帮扶名额。在新学期到来之际，集团各级工会多渠道筹措帮扶资金，向 636 名困难职工子女发放助学款 102 余万元，其中大专以上学生 319 人，发放助学款 62.47 万元。全年各级工会共帮扶困难职工 12 635 人次，发放帮困金 1 418.5 万元；慰问一线职工 159 243 人次，发放慰问金 3 604.1 万元。

二是做好劳模先进评选表彰和关心关爱工作。在年初集团工作会上，表彰 37 名同志为中国远洋海运集团 2016 年度劳动模范；推荐并申报中远海运能源为2017年上海市五一劳动奖状，上海外代浦东公司徐家骏、中波公司张建华、中海国际上海分公司蒋雨雷为 2017 年上海市五一劳动奖章，上海远洋运输有限公司“中远海法”轮、上海中远川崎重工钢结构公司生产部小料班组为 2017 年上海市工人先锋号。另外，中远海运集运荣获全国五一劳动奖状，中远海运散运荣获广东省五一劳动奖状，中远海运港口柯亦文、中海国际刘大勇、中波公司顾向军荣获全国五一劳动奖章，广州中远海运严志冲、广东中远船务谭剑锋荣获广东省五一劳动奖章，南通中远川崎水野雅方荣获江苏省五一荣誉奖章。协助发放上海地区劳模、中央企业在京全国劳模春节慰问金；五一劳动节前夕，下发了《关于做好中远海运集团 2017 年“五一”关爱劳模活动的通知》，起草了慰问信并发放慰问金；协助组织全国劳模体检，组织集团内省部级以上劳模分两批前往青岛开展疗休养。及时做好劳模关系转接工作，将中远集运 54 名劳模、中波公司 8 名劳模信息迁至集团劳模库，实行统一管理。制定并印发了《中远海运劳模创新工作室管理办法》，起草完成了《中远海运集团劳动模范管理办法》，为集团内劳模及劳模创新工作室的规范管理提供了依据。

三是在全系统开展了以“加强集团船岸食堂食品安全监督管理和推进放心职工食堂建设”为主题的专项活动。10 家直属单位结合夏季劳动保护、防暑降温和高温慰问等工作的计划，对照《食品安全法》和所在地政府有关食品安全条例等法律法规的规定，指导所属的船岸各单位食堂落实全面开展食品安全知识培训、全面宣传发动、全面实施食品安全告知与承诺、全面组织自查自纠等措施，组成以职工代表、工会积极分子、主管人员参加的联合检查组，对修造船厂、大型办公楼宇、学校等就餐人数在 500 人以上的食堂进行了认真检查。共出动检查 80 次，检查人员近 600 人次，检查职工食堂 56 户，培训食堂 54 户、700 余人次。发放《职工食堂食品安全告知书》70 份、《自查表》200 余份。所有食堂整体状况均达到良好，基本符合规定标准，问题与缺陷得到了及时整改，获得了广大职工的认可。

四是做好女职工工作。扎实推进“爱心妈咪小屋”计划，为新成立的中远海运租赁“爱心妈咪小屋”、中远海运集运机关小屋等 4 家“爱心妈咪小屋”申报了上海市总工会补贴，为特殊时期女职工提供更多关爱。深入做好评优表彰工作。2017 年，推荐中远海运集运唐昀为 2016 年度全国三八红旗手、上海中远船务工程海工 FPSO 系列项目巾帼设计师团队为全国巾帼文明岗，评选表彰并授予顾琪等 50 名同志为中国远洋海运集团 2016 年度三八红旗手，授予集团财务服务中心等 26 个集体为中国远洋海运集团 2016 年度三八红旗集体。组织召开集团工会女工委一届二次会议和女工干部履职培训班，对 71 名女工干部进行了培训，并补选 4 名同志为集团工会第一届女职工委员会委员。组织召开新集团成立后的第一次船员家属工作交流会，总结交流各单位的工作特色和亮点，对下一步工作进行部署，为促进船员队伍稳定和企业安全生产提供了坚强保障。

五是开展职工文体活动，丰富职工业余文化生活。认真落实上海市总工会《关于举办第三届上海职工网络文化艺术节的通知》《关于举办“中国梦·劳动美——我要上五一晚会”职工文艺节目征集与汇演的通知》《上海市职工趣味运动会通知》，以及上海市交通委员会《关于邀请报送第 13 届中国航海日——上海航运人文艺展演活动节目的函》，积极组织在沪单位参加各项文体活动，建设健康向上的职工文化。成功举办了“中远海运庆祝十九大职工文艺汇演”。这项工作从7月底开始启动，历经3个多月的筹备，广大工会干部和参演职工倾注了大量的心血和精力，呈现了一台高水平、高质量、立意高远、内涵丰富、感人肺腑的演出，得到集团上下广泛好评。集团直属工会在征求广大职工意见的基础上，完善篮球、羽毛球、乒乓球、足球、瑜伽、太极拳等各类文体协会活动制度；配合办公厅，每月举办集体生日会。（陈珺）

【工会自身建设】

一是召开集团工会一届三次、四次全委扩大会，传达党的十九大精神和上级工会重要会议精神。通报了2016年度集团工会财务和经审工作情况，增补了集团工会常委、委员、经审委员，审议通过了关于收取工会专项工作经费的意见，并对全年的重点工作进行了布置；协助指导中远海运控股、中远海运重工、中远海运物流等公司做好企业改革重组期间工会组织机构的设立和中远海运博鳌换届选举，理顺重工系统和物流系统的工会组织管理体系，将海南海盛工会关系归并到中远海运散运；指导中远海运能源、中远海运发展、厦门远洋等单位完成工会负责人和经审委主任调整。完成上海地区17家所属单位工会法人变更批复和证书申领工作；为54家单位办理新版工会法人证书的申换工作。安排部分单位工会主席参加中国海员建设工会和上海市总工会主席培训班。组织工会干部参加了上海市总工会各类业务培训班。以学习贯彻党的十九大精神为主题，举办集团工会主席培训班，邀请华南师范大学和广东省总工会干部学校专家教授以《新时代中国特色社会主义的理论指南和行动纲领——学习党的十九大精神》和《用习近平思想开创工会工作新局面》为题作了专题讲授，共有80余人参加了培训。

二是印发《关于深入开展中远海运集团职工之家建设活动的通知》，旨在通过建家活动，把集团各级工会建设成为组织健全、维权到位、工作规范、作用明显、职工信赖的职工之家。

三是认真做好工会财务和经审工作。加强经费预决算工作，以服务大局、服务基层、服务职工为重点，合理安排经费支出，优化工会经费支出结构，确保经费使用向基层、向一线职工倾斜。为确保集团全系统工会工作的正常开展，把“四个一”要求落实到各级工会，集团工会印发关于收取工会专项工作经费的通知，决定除常规工会经费缴纳外，在各三级及以上工会中集中收缴“专项工会经费”，用于集团工会和直属各单位工会统一组织的全系统工会活动；按上级工会的要求，以自查和抽查相结合的方式，开展了工会财务大检查。完成10家单位工会主席的离任审计，对审查审计中发现的问题如实反映，认真梳理，分析原因，提出整改意见和建议。举办工会财务经审干部培训班，来自集团25家直属单位87名工会财务和经审干部接受了专业培训。（陈珺）

共青团和青年工作

共青团和青年工作

【概　　述】

2017年，在集团党组和上级团组织的正确领导和大力支持下，集团团委紧紧围绕企业改革发展中心工作，深入学习宣传贯彻党的十九大精神，扎实开展“一学一做”教育实践，团结带领广大青年为企业改革发展作出积极贡献。

【共青团组织建设】

2017年5月3日，共青团中国远洋海运集团有限公司第一次代表大会在上海召开。集团党组书记、董事长许立荣出席会议并讲话，集团党组副书记、副总经理孙家康主持会议。上海团市委党组成员、市青少年服务和权益保护办公室主任周建军、组织部/基层工作部部长王昊，以及中央企业团工委赵一敬应邀出席会议。

会议听取题为《青春助力远海梦，青年担当启航程，为中国远洋海运改革发展贡献青春力量》的共青团第一次代表大会工作报告；表彰了2015—2016年度中国远洋海运集团青年文明号、青年安全生产示范岗和青年岗位能手；选举产生了第一届集团团委委员。会后召开集团第一届团委第一次全体会议，选举产生第一届集团团委常委、书记、副书记。

许立荣指出，集团召开共青团第一次代表大会，选举成立中国远洋海运集团团委，不仅是团员青年政治生活中的一件大事，也是新集团成立后的一件大事，必将进一步激发团员青年爱岗敬业、积极参与企业改革发展的热情，增强企业新的活力。许立荣强调，当前正处于经济发展机遇期，集团各级团组织和广大团员青年要始终与企业同呼吸、共命运、勇创新、敢担当，因势而谋、应势而动、顺势而进，在集团改革发展的征程中再立新功。

许立荣对全系统广大团干部和团员青年提出五点要求和希望：一要志存高远，坚定理想信念。各级团组织要坚持不懈抓好党的理论武装，抓好理想信念教育。团干部要率先垂范，深入学习贯彻习近平总书记系列重要讲话精神和治国理政新理念新思想新战略，认真学习党的理论和路线方针政策，努力成为新时期坚定的青年马克思主义者。二要融入中心，努力建功立业。各级团组织要主动适应企业改革发展需要，团结凝聚、挖掘激发团员青年的智慧和活力，在企业改革发展大潮中留下共青团的深刻印记。三要勇于创新，以学习促成长。共青团工作要解决好两个“活”的问题，即个人思维的“活跃”和整个队伍的“活力”。团员青年要不断解放思想，敢为人先，走在创新创效创业的前列。要向书本学习，向实践学习，尽快成长为推动企业改革发展的骨干力量。四要改革攻坚，提升工作成效。集团共青团工作要主动适应改革形势和时代变化，着力转变工作理念，创新运行机制，使共青团更贴近企业中心工作、贴近青年，更加有活力、有战斗力。五要从严治团，强化组织保障。这是落实全面从严治党的必然要求，也是共青团适应时代变革、破解自身存在问题的迫切需要。集团各级党组织要关注关心团的工作、青年工作，大力支持共青团独立自主、创造性地开展工作。

中国宝武、东航集团，以及中国商飞3家在沪央企团委发来贺信，向集团顺利召开共青团第一次代表大会表示热烈祝贺，并期待今后能够携手合作。

集团总部相关部门的负责人，以及全系统船岸团员青年代表90余人参加了会议。（马洪进）

【青年理想信念教育】

集团团委始终把加强青年员工思想引导，为党凝聚青年作为首要工作任务。围绕学习宣传贯彻党的十九大会议精神，制定了工作方案，下发《集团团委关于认真学习宣传贯彻党的十九大精神的通知》，要求各级团组织切实抓好学习宣传贯彻工作，充分运用网络新媒体，确保学习宣传贯彻实现团干部培训、支部学习、学习宣讲、网络平台宣传四个“全覆盖”。集团团委与虹口团区委在中共四大纪念馆前的国旗广场共同主办主题为“学习十九大　共筑航运梦”的上海青少年升国旗暨爱国宣讲主题活动，组织在沪单位青年员工、职工子女代表、社区居民共50余人参加。集团团委在11月开展以“不忘初心跟党走”为主题的深入学习贯彻党的十九大精神主题征文活动；12月开展以“新时代、新青年、新征程”为主题的深入学习贯彻党的十九大精神青年演讲比赛，各直属团委组织开展本单位演讲比赛初赛，推报选手参加集团团委的决赛，在广大团员青年中营造学习贯彻党的十九大精神的浓厚氛围。各级团组织在五四期间举办“不忘初心跟党走，青春奋斗勇担当”纪念五四运动98周年、建团95周年优秀青年表彰会，激励广大青年员工深刻把握深化改革的发展方向和生产经营的中心工作，进一步明确任务、坚定信心。（马洪进）

【“一学一做”教育实践】

深入贯彻落实共青团中央“学习总书记讲话、做合格共青团员”教育实践动员部署电视电话会议精神和中央企业团工委的相关工作要求，集团团委以视频形式召开部署动员会，印发《关于在中远海运集团集中开展“学习总书记讲话　做合格共青团员”教育实践的通知》。3月底前，各直属单位团组织按要求，采取以团委、团总支和团支部为单位，召开团员大会、支部团员大会等形式全面部署推进“一学一做”教育实践工作。集团团委组织各直属团组织、团干部以读书班、学习会、研讨会、座谈会等形式集中学习《习近平关于青少年和共青团工作论述摘编》《习近平关于社会主义政治建设论述摘编》《习近平的七年知青岁月》等重要文献，召开集团团委委员（扩大）集体学习会议，传达学习了中央企业共青团工作会议暨中央企业青联四届一次全委会精神。中远海运散运、中远海运物流、中远海运重工、上海船研所、上海中远海运5家直属团委作交流发言，并在青春央企微信、《中国远洋海运报》、中远海运青年之声网站进行宣传报道；各级团组织开展形式多样的宣讲会、培训班和现场学习，撰写学习心得，及时将全系统学习教育开展情况通过上海团市委网站、中央企业青年网、“中国远洋海运・青年之声”进行宣传报道；集团团委委员及全系统全体二级单位团组织负责人及大多数基层团组织负责人均亲自讲授了团课；开展了“我的青春我的梦——学习总书记讲话　做合格共青团员”主题征文活动，选拔推荐上海船研所魏思菁的《一学一做　厚积薄发》征文参加上海共青团主题征文暨演讲大赛初赛，荣获三等奖；全系统1100个团总支及团支部均已按时召开了基层专题组织生活会，覆盖率达75%；在全系统开展“不忘初心跟党走”网络主题团日活动，通过微信平台等方式，宣传网络正能量，共推送微信近千篇，覆盖青年近万人次，持续表达喜迎党的十九大的喜悦心情，为党的十九大的胜利召开营造良好氛围。

（马洪进）

【青年创新实践活动】

集团团委以参加第三届中央企业青年创新奖评选为契机，下发关于报送第三届中央企业青年创新奖暨首届集团青年创新创效竞赛项目的通知，组织各单位通过航天云网报送青年创新创效项目；会同科信部对各单位报送的科技类项目进行初评，评出25个项目，连同48个管理创新项目、18个商业模式创新项目推荐参加第三届中央企业青年创新奖评选；推荐中远海运集运、中远海运重工、上海船研所等单位5名专家作为评委，参与项目网上评审；汇总各单位团组织2017年度“创新发展·青年担当”主题实践活动开展情况，向央企团工委报送“双创”工作情况报告和信息统计表；中远海运重工团委报送的“超大型自航自升式海上风电安装船研制与工程应用”获得金奖，中远海运重工团委报送的“15.2 万吨动力定位穿梭油轮”和中远海运特运团委报送的“创建半潜船 POOL 提升经营效益”获得优秀奖，集团团委被授予“优秀组织奖”。各级团组织通过参与中央企业青年创新奖评选，引领广大团员青年立足岗位创新创效，在全系统营造了青年创新创效的浓厚氛围。（马洪进）

【青年先进典型选树】

集团团委印发《关于开展 2015—2016 年度中远海运集团青年文明号、青年岗位能手、青年安全生产示范岗评选活动的通知》，在集团第一次团代会上命名“天津中远海运集装箱运输有限公司外贸客户销售先锋队”等 49 个集团青年文明号；“上海奥吉实业有限公司浦东分公司”等 20 个集团青年安全生产示范岗；授予钱军等 70 名同志集团青年岗位能手称号；中远海运集运单证公司审核业务部运费审核组、大连中远海运油运“远惠湖”轮、上海船研所运输部船舶水动力性能组、中远海运客运“葫芦岛”轮客运部、中远海运物流电子产品物流项目部 5 个青年集体被命名为 2015—2016 年度全国青年文明号，“中远亚洲”轮被评为 2016 年度全国青年安全生产示范岗；一批青年集体和个人获得 2015—2016 年度上海市青年文明号、第十四届上海市青年岗位能手、2016 年度上海市青年五四奖章、优秀共青团员、优秀共青团干部荣誉称号；在全系统选拔推荐参评 2015—2016 年度中央企业青年文明号、中央企业青年岗位能手、五四红旗团委、五四红旗团支部、优秀共青团干部、优秀共青团员的集体和个人，并在中央企业共青团工作会议暨中央企业青联四届一次全委会上获得表彰。

（马洪进）

【青年岗位建功活动】

围绕企业改革重组、提质增效、安全生产等方面，坚持抓活动、抓典型、抓阵地的工作方法，引导广大青年立足本职、岗位建功。在全系统开展“青年文明号”开放周活动，开展团员先锋岗创建活动，以“学习理论走在前、立足岗位干在前、急难险重冲在前”为基本标准，将创建工作与实际工作紧密结合，带动青年立足岗位作贡献。各级团组织充分发挥“号手岗队”青年先锋队的引领和带动作用，积极组织开展各类技术比武、技能培训、导师带徒、论坛交流活动，主动承担上级交办的各项艰巨任务。通过开展“青”字号品牌建设，进一步增强了青年岗位意识、实干意识和奋斗意识，激发青年岗位建功热情。

（马洪进）

【青年志愿服务活动】

全系统各级团组织积极开展青年志愿公益活动，让青年员工得以用爱心回馈社会，展现良好的企业文化和公司形象。集团团委为贯彻落实集团党组扶贫工作总体部署，完善组织助学与个人助学相结合的结对助学长效机制，从 2017 年 9 月 1 日起至 2020 年 8 月 31 日在集团对口帮扶的云南永德县开展新一轮“浪花・心愿”结对助学活动，扩大资助贫困学生的规模，下发《关于“浪花・心愿”爱心助学活动资助款支付安排的通知》。全系统广大青年员工积极响应和热情参与爱心助学活动，永德县团委提供的需结对的第五批 200 名贫困学生名单一经公布，短短几天时间，就全部结对完成，甚至有集团系统外爱心人士来电咨询是否可以参与活动。全系统共资助永德贫困学生 324 名，汇总各资助集体和个人爱心助学款 53.78 万元，集团团委已将年度助学金委托云南永德希望工程办代为按月发放到学生手中。集团领导、各单位领导班子成员、离退休老干部、党支部、团支部也积极加入到爱心助学队伍中来，形成了全系统勇于履责、服务社会、奉献爱心的良好风尚。（马洪进）

【青年文化交流活动】

集团团委加强对青年的人文关怀和心理疏导，积极在青年婚恋、住房、心理疏导等方面开展工作，发挥组织优势，积极协调企业和社会资源，努力帮助青年解决思想和实际问题，服务青年需求。集团团委组织在沪青年参加陆家嘴金融城发展局、人才金港、张江园区管委会组织的趣味主题跑步活动，与招商银行上海分行、上海银监局、上飞院等单位团组织联合组织“十里桃花，菁采有约”游园联谊活动；协助推进落实集团与奇瑞汽车签订的战略合作协议，与奇瑞汽车在上海、天津、青岛等地举办青年员工优惠购车现场推广活动；各级团组织为进一步加强重组整合后青年的融合交流，以青年喜爱为导向开展了丰富的文化活动，提升青年员工的综合素质，同时为青年提供了展示风采的舞台。　　（马洪进）

第十三篇

企业社会责任

概述

概　　述

中国远洋海运集团始终注重履行社会责任，不忘初心、牢记使命，将企业自身发展与航运业发展、国家命运和中华民族的伟大复兴紧密联系在一起，坚定不移地承担经济、社会、环境责任，努力实现可持续健康发展，致力成为国家战略更好的践行者、客户更好的服务提供商、供应商更好的合作伙伴、广大员工更好的事业发展平台，塑造航运产业链新生态、新格局。2017 年，在企业重组的第二个年头，中远海运在加快打造“6+1”产业集群，挖掘全产业链优势，发挥各业务板块规模效应、协同效应和产业集群优势的同时，持续践行“创新、协调、绿色、开放、共享”新发展理念，重视安全生产和客户服务能力的提升，追求绿色健康生态家园，践行节能减排和环境保护，保护海洋生物多样性，努力打造绿色航运。秉持开放的心态，勇当“一带一路”建设主力军，积极服务国家需要，完善和优化全球业务布局，提升国际话语权和影响力，并始终关注人民日益增长的美好生活需要，致力于促进员工成长、社会和谐。

扶贫工作

扶贫工作

作为国家央企骨干的中国远洋海运集团，始终将帮助贫困地区脱贫致富作为一种神圣使命和政治责任，积极完善扶贫制度、优化资金管理、培养扶贫队伍，系统性地加强扶贫工作的各项管理，保障扶贫项目高效有序开展。

扶贫工作，规划在前。集团编制 2017 年度援藏扶贫资金及项目计划，制定《中远海运集团定点帮扶工作管理规定》，拟定印发《中共中国远洋海运集团有限公司党组纪检组关于进一步加强扶贫（援藏）资金和项目监督检查工作的指导意见》，做到职能清晰、责任明确、效率优先、合法依规，为扶贫开发工作打好坚实的制度基础；起草印发《中国远洋海运集团有限公司对外捐赠管理办法》，审议通过“2017—2020 年援藏扶贫资金计划”“2017—2020 年援藏扶贫资金募集方案”“2017 年度对口支援洛隆县项目资金计划”等资金计划，并协调对口帮扶地区明确配套资金及政策支持，向民生项目倾斜。一系列的制度规划，为全年的扶贫工作打下扎实基础。

集团在全系统范围内择优选拔挂职干部，分别对永德县、安化县、沅陵县共 5 名挂职干部进行轮换，对上一批挂职干部实施考核，对赴任干部进行培训和任前谈话，保证挂职干部全身心投入扶贫工作，与当地干部群众同甘共苦、共患难，为群众解决实际困难。

2017 年，集团精准扶贫投入 3 899.7 万元，比上年增加 357.65 万元。（刘悦）

【慈善基金会工作】

中远海运慈善基金会（前身为中远慈善基金会，2017 年 1 月 20 日经民政部批准正式更名），由中国远洋海运集团有限公司及成员单位捐资 1 亿元人民币作为原始基金发起，经国务院批准、民政部注册登记，于 2005 年 12 月 20 日正式设立，是全国性的慈善基金会。2017 年 2 月，该基金会被民政部认定为慈善组织，是我国首批由中央企业发起设立的非公募、非营利性慈善机构，是中远海运集团履行企业社会责任的重要平台。

2017 年 2 月 20 日，中国红十字会发起设立的中国红十字基金会“丝路博爱基金”在北京宣告成立，同时宣布启动中巴急救走廊及阿富汗先心病患儿救助项目。中远海运慈善基金会是共同发起创建“丝路博爱基金”之一，为中巴急救走廊提供运输支持。全国人大常委会副委员长、中国红十字会会长陈竺向中远海运慈善基金会代表颁发“丝路博爱基金”发起方证书。中巴急救走廊作为重点资助开展的示范项目，第一站将落地中巴铁路南端终点瓜达尔港，并建设首个中巴博爱医疗急救中心。作为国际大型航运企业设立的基金会，中远海运慈善基金会将为该项目建设提供中国天津港至巴基斯坦瓜达尔港的运输支持。此次捐助善举将为改善最易受损群体生存和发展境遇提供有力支持，同时，对树立中国远洋海运集团履行企业社会责任的央企形象及拓展基金会公益慈善项目的海外延伸具有深远意义。

截至 2017 年年底，中远海运慈善基金会运作和实施的慈善项目超过 400 个，累计捐资超过 5 亿元，打造出“远航 · 家园”“远航 · 追梦”“远航 · 丝路”“远航 · 健康”“远航 · 绿色”“远航 · 赈灾”等具有行业特色的“远航”系列慈善品牌项目。慈善基金会获得 2016 年度中国最透明慈善公益基金会 50 强排行榜。截至 2017 年年底，中远海运慈善基金会资产总额为 39 718.69 万元，捐赠收入 3 151.43 万元，投资收入 955.97 万元，捐赠支出 4 838.47 万元，组织实施公益慈善项目 58 项。（刘悦）

【云南定点扶贫】

8 月 2—4 日，中远海运集团董事长、党组书记，中远海运慈善基金会名誉理事长许立荣赴集团对口扶贫的云南省临沧市永德县开展扶贫考察。许立荣一行先后考察了集团教育扶贫项目并到永德县第一完全中学，看望第四届“中远海运希望班”的全体同学和部分教师，代表集团领导班子向老师和同学们表示慰问，向永德县广大教育工作者表示感谢，并寄语同学们努力学习知识，树立远大的理想和坚定的信念，为建设家乡而刻苦学习。

在永德县召开的定点扶贫工作座谈会上，临沧市和永德县领导分别介绍当地社会经济发展情况和集团定点帮扶情况。会上，举行了“10・17 牵手号”扶贫茶认购、“浪花心愿”结对助学、援助永德县村民小组党员活动室、慈善基金会援助电脑及村干部培训项目，以及临沧市政府与中远海运（广州）有限公司战略合作框架协议等签约仪式。2017 年，与永德县团委签订了助学协议，开展新一轮“浪花・心愿”结对助学活动，扩大资助贫困学生的规模。全系统共资助永德贫困学生 324 名，汇总各资助集体和个人爱心助学款 53.78 万元。

投入资金 183 万元，用于开展教育扶持。其中，15 万元用于资助第四届“中远海运希望班”及奖励 50 名优秀学生；138 万元用于建设乌木龙乡小村完小教学楼 1400 平方米，学生宿舍 938 平方米，食堂 676 平方米，厕所及浴室 138 平方米等附属工程；20 万元专项用于特困老师、学生救助，因灾因祸因病救助、节假日慰问、“挂包帮”建档立卡贫困户产业扶贫帮困；10 万元帮扶永德二中、明朗中学建设 3 个多媒体教室。项目的实施有效改善了当地的办学条件，优化了育人环境，帮助成绩优异的贫困学生圆了上学梦，促进了当地教育事业的发展。投入资金 75 万元（总投资 156 万元），在班卡乡鱼塘村，德党镇忙海村、明信坝村，勐板乡怕掌村，大雪山乡大炉场村，亚练乡文化村 6 个村各配套建设一间 120 平方米的卫生室（一层），提升了这些村医疗卫生服务能力，有效地解决了当地村民看病难的根本问题。

投入配套资金 40 万元(总投资 125.84 万元)，参与建设新文化活动广场。其中，建成永康镇永康村新建文化活动广场 1000 平方米，大雪山乡大岩房村、大炉厂村新建文化活动广场各 300 平方米，大雪山乡曼来村新建文化活动广场 260 平方米，以丰富当地村民的休闲娱乐生活，为其开展文化学习及休闲娱乐提供场所。投入配套资金 90 万元(总投资 1 972.6 万元)，开展硬板路建设。其中，乌木龙乡菖蒲塘村磨刀河自然村 1.8 千米，乌木龙乡扎摸村 1 千米，崇岗乡龙竹棚村 22.84 千米，以改善当地群众的生产生活、交通出行环境，促进了当地产业发展。龙竹棚村的道路建设已经竣工，其余两村的道路建设正在进行中。

此外，还投入资金 12 万元，拟在大雪山野生动物自然保护区购置、安装红外线相机 40 台（3000 元 / 台），对野生动物活动情况及人为外部涉扰进行监测。

中远海运发展结合当地茶产业销售需求，对云南永德地区实施产业相关精准扶贫工作，带动当地产业发展，促进当地农民增收。2017 年，公司共认购永德“爱心茶”31.41 万元。

（刘悦　张希南）

【湖南定点扶贫】

6 月 5—9 日，集团副总经理、党组副书记孙家康率队赴集团定点帮扶湖南省安化县、沅陵县考察。考察团分别与两个县的主要领导及相关部门负责人进行了会谈，主要围绕落实中央关于打赢脱贫攻坚战有关精神，如何进一步扩大合作，创新扶贫开发思路，实现精准扶贫、精准脱贫，并实地考察了集团的帮扶项目。

湖南安化扶贫

中远海运慈善基金会投入资金 350 万元，在集团派驻当地扶贫干部的组织下，在基础建设、茶产业扶持、助学等领域进行项目实施，改善当地生产、生活环境。

产业帮扶项目。投入资金 70 万元，在天茶村、芙蓉村开展产业帮扶，用于扶持扩大当地茶园种植面积，主要采取与当地农户或农户合作社组织共同出资合作开发，收益全部归属当地农民的形式。鼓励带动当地农民扩大茶园、茶树苗圃种植面积，为村民拓宽增收渠道，为安化茶产业发展提供支持。全年新增茶园、茶叶苗圃面积超过 26 万平方米，惠及当地农户超过 200 户。

村村通公路及桥梁建设项目。投入配套资金 80 万元，用于 2017 年扶持安化县村村通公路和部分公路桥建设，包括江南镇马路新村、烟溪镇通桥村艾家寨、南金乡宝塔村、仙溪镇芙蓉村等农村公路，总里程约 20 千米。

农村水利工程建设项目。投入配套资金 150 万元，用于马路镇严家庄村河堤等基础设施及附属设施建设，以改善当地群众防洪、抗旱、灌溉等条件。严家庄村是三村合并的一个大村，也是马路镇重点贫困村。全村共 472 户，13 个村民小组，总人口 1718 人，人畜饮水问题一直是该村的难题。2016 年 8 月，在得知严家庄村饮水难问题后，中远海运慈善基金会立即拨款 26 万元专项资金用于援建蓄水池和饮水工程改造。2017 年 6 月 7 日，由中远海运集团援建的湖南安化县马路镇严家庄村饮水改造工程举行竣工揭牌仪式，中国远洋海运集团党组副书记、副总经理孙家康，县委常委蔡华建为其揭牌。饮水改造工程的顺利竣工，让全村村民喝上了干净清洁的放心水。

教育扶持项目。投入资金 35 万元，其中 30 万元用于古楼乡中学教学设施配套建设；5 万元用于资助安化二中“远航・追梦”自强班 50 名优秀学生。

人才培训项目。投入资金 15 万元，拟用于支持安化县人才培训项目，提高人员综合素质和专业技能。

湖南沅陵扶贫

投入资金 350 万元，在集团派驻当地扶贫干部的组织下，在旅游开发、特色产业扶持、助学、人才培训等领域进行项目实施，带动当地群众走上脱贫致富之路。

生态农庄项目。投入资金 260 万元，进行生态农庄建设。具体项目包括观光园的游客接待中心、风雨长廊、风雨桥、生态停车场、吊桥、漫步道及平台、亲水平台及码头、葡萄架、科技采摘园大棚内种植等，发展壮大了借母溪乡集体经济－旅游产业发展的配套服务设施建设，完善其旅游接待功能，建立可持续增收的扶贫机制。同时，进一步对景区内和周边村庄进行环境整治，提质升级景区的配套服务设施，吸引了更多的游客来借母溪景区旅游，进一步增加了当地群众的增收渠道。11 月 8 日上午，在京举办的“中国企业社会责任百人论坛——企业精准扶贫高峰论坛暨《企业扶贫蓝皮书（2017）》发布会”上，中远海运集团湖南沅陵借母溪扶贫案例入选其颁布的《企业扶贫蓝皮书（2017）》，并获举办方颁发证书。本次论坛由国务院扶贫办社会扶贫司和中国社科院企业社会责任研究中心指导，中国社会责任百人论坛、责任云主办，承担定点帮扶任务的中央企业，民企及外企代表等参与。按照党中央、国务院统一部署，中远海运集团自 2010 年开始定点帮扶国家级贫困县——湖南省沅陵县，驻借母溪乡借母溪村开展建设扶贫工作，至 2017 年年底已连续 8 年。集团按照“扶持一个村，带动一个乡，扩展一个县”的工作思路，突出“强基础、壮产业、兴教育”，积极投身于借母溪的脱贫致富，形成独特的可资借鉴与复制的中远海运集团借母溪旅游扶贫模式，借母溪“农家乐合作社＋农户”项目被列为全国旅游扶贫示范项目。

教育扶持项目。投入资金 35 万元，进行教育扶持。其中 20 万元用于改善明溪口九校的教学环境，包括实施亮化工程，配备多媒体、电脑、办公桌椅、厨房用品等设施；9 万元用于资助借母溪乡小学、初中、高中及考上本科以上的 30 名贫困学生助学金；6 万元用于对其他镇考上本科的 20 名贫困学生发放助学金。另动用上年度结余资金 3 万元，用于借母溪乡 10 名本科生的励志奖励。项目的实施有效地改善了沅陵县的教育基础设施环境，帮助成绩优秀的贫困学生继续深造圆上学梦，减轻贫困家庭的负担。

旅游基础设施建设项目。投入资金 30 万元，在借母溪西大门的明溪口镇陈家溪组和黑木崖组实施亮化工程，安装太阳能路灯 81 盏。项目的实施有效地改善了借母溪自然保护区群众的生活基础设施环境，受益人数 1235 人。

农民技能培训。投入资金 10 万元，通过拍摄中远海运集团扶贫工作宣传专题片、组织借母溪乡村民外出考察学习旅游扶贫先进经验、电商培训，以及制作宣传借母溪景区宣传片等形式的农民技能素质培训，让村民掌握了创业技能，激发了群众脱贫致富的内生动力；转移培训剩余劳动力，提供劳务输出，从而增加了村民劳务收入。同时，通过宣传片的影响，一定程度促进了农业现代化发展的步伐，提升了现代农业的发展水平。

特色产业帮扶。投入资金 10 万元，采取以奖代补的方式，鼓励扶持村民发展农家乐、支持借母溪千塘湾实景节目演员排练、大力推进旅游产业。该项目的实施通过优选产业范围、改进扶持方式、优化管理机制，培育和壮大新型农业经营主体，推进农业适度规模经营，实现了精准扶贫的既定目标，确保群众增收致富，获得实实在在的利益。

救济帮扶项目。投入资金 5 万元，在七一、春节等节日对特殊贫困户及老党员、五保户、留守儿童及沅陵“为中国而教”支教老师进行慰问并进行建档立卡。该项目的实施让广大群众干部感受到党委、政府以及援助单位的关怀，并帮助他们解决了实际生活的困难。

（刘悦　张希南）

【新疆助学项目】

5 月 22—26 日，中远海运慈善基金会副秘书长侯景妙及有关人员赴新疆维吾尔自治区，对乌鲁木齐、吐鲁番、喀什等地部分助学项目进行考察、验收，并与新疆维吾尔自治区资助教育基金会就进一步合作实施教育捐助项目进行了广泛而深入的探讨。

新疆是我国向西开拓亚欧市场的重要通道和国家“一带一路”倡议的桥头堡，地缘优势非常突出。同时，新疆又是一个经济欠发达，教育发展相对落后的地区。中远海运慈善基金会于 2016 年开始，对贫困地区学校进行深入调研，经科学论证后，决定与新疆资助教育基金会合作，由中远海运慈善基金会捐资，在新疆吐鲁番、阜康、喀什等地条件较为艰苦的维吾尔族等少数民族中、小学实施“远航 · 追梦”健康饮水项目和快乐体育园地项目。其中，2016 年捐资 88 万元实施项目一期，为吐鲁番、阜康等地 11 所条件较为艰苦的维吾尔族、哈萨克族中小学实施了健康饮水项目和快乐体育园地项目各 10 项。2017 年捐资 100 万元，在喀什市巴楚县 20 所中小学实施健康饮水项目。中远海运慈善基金会捐助的健康饮水设施采用反渗透净水技术，为维吾尔族等少数民族师生提供健康达标的冷热直饮水，有效改善了当地师生饮用水水质。与此同时，按照教育部标准配置同步援建的快乐体育园地项目，为吐鲁番、阜康等项目学校改善体育教学条件起到了积极的促进作用。

（刘悦　张希南）

【洛隆援助项目】

6 月 12—13 日，集团董事、总经理、党组副书记万敏赴拉萨参加了由西藏自治区人民政府和国务院国有资产管理委员会联合主办的“央企助力，富民兴藏”活动。集团与西藏自治区签署了“中央企业参与西藏国有企业改革发展战略合作协议”和“‘十三五’中央企业对口援藏合作协议”。万敏赴昌都市进行了现场调研，慰问了集团派出援藏干部，分别与昌都市和洛隆县、类乌齐县领导会谈，听取了昌都市受援情况介绍，与昌都市签署了“2017 年援藏项目捐赠协议”，并明确了 2017 年度对洛隆县和类乌齐县共 200 万元新增援助项目。

编制扶贫计划

编制 2017 年度援藏扶贫资金及项目计划，印发《中国远洋海运集团有限公司对外捐赠管理办法》。指导现场挂职干部做好 2017 年度资金及项目计划，并协调对口帮扶地区明确配套资金及政策支持，重点向派驻村第一书记的村倾斜，向民生项目倾斜，确保帮扶资金用于精准扶贫。先后编制了《“十三五”中央企业对口援藏合作协议》《中国远洋海运集团 2017—2020 援藏扶贫资金计划》《中国远洋海运集团 2017—2020 年援藏扶贫资金募集方案》《中国远洋海运集团 2017 年度对口支援洛隆县项目资金计划》《中国远洋海运集团 2017 年度对口支援类乌齐县项目资金计划》《中国远洋海运集团 2017 年度帮扶永德县项目资金计划》《中国远洋海运集团 2017 年度帮扶安化县项目资金计划》《中国远洋海运集团 2017 年度帮扶沅陵县项目资金计划》《中国远洋海运集团有限公司对外捐赠管理办法》《中国远洋海运集团有限公司定点帮扶管理规定》等。

西藏洛隆援助

慈善基金会 2017 年投入资金 650 万元，在集团派驻当地扶贫干部的组织下，对西藏洛隆有效开展易地搬迁、困难帮扶、人才培训等项目，为改善当地群众的生活、培训等条件发挥了积极作用。

投入配套资金 600 万元（总投资 2200 万元），在康沙镇康沙村进行易地扶贫搬迁，新建扶贫安置房 64 套，建筑面积 7443 平方米，以及附属配套设施。该项目的实施对洛隆县早日脱贫摘帽奠定了基础，同时为建档立卡贫困异地搬迁户改善了人居环境。投入资金 25 万元，设立帮扶基金，开展了一系列帮扶工作，包括：为三个乡镇工会改善办公条件，进一步拓展了服务功能；对康沙镇也堆村农牧民建筑施工队开展技能培训，进一步提升农民素质；举办中远海运杯足球赛、篮球赛，丰富了洛隆县广大群众的业余文化生活，进一步扩大了中远海运集团的口碑和影响力；建造职工书屋，进一步加强乡镇干部职工的思想文化建设；实施马利镇久修村至丁青便民道路修复工程，改善村民群众出行条件；对洛隆县教育系统低收入职工进行慰问和帮扶项目等。投入资金 25 万元，为洛隆县干部、专业技术人员提供业务和技能培训。重点学习包括党的十九大精神和习近平新时代中国特色社会主义思想、党风廉政建设、政府管理职能改革等。通过学习培训的开展，不仅开阔了学员眼界、增长了其见识，而且对于进一步创新思维思路、改进方式方法、提高工作效率和水平具有积极意义。

类乌齐援助

投入资金 650 万元，在集团派驻当地扶贫干部的组织下，有效开展易地搬迁、困难帮扶、人才培训等项目，为改善当地群众的生活、培训等条件发挥了积极作用。投入配套资金 600 万元（总投资 1380 万元），在长毛岭乡协塘村进行易地扶贫搬迁，建设扶贫安置房 50 套，受益人数 50 户。投入资金 20 万元，设立帮扶资金，开展了一系列帮扶工作，包括：帮扶甲桑卡乡 51 名贫困学生顺利完成学业，转变农牧民的教育观念，营造良好的教育氛围，鼓励农牧民子女积极就学；援助工会组织全县篮球赛，丰富了基层干部精神生活，推动全民健康；援助卡玛多乡笔记本电脑 10 台，有效促进了基层组织办公效率；配合县人民医院在卡玛多乡开展“送药送医下乡”活动；发放驻乡督导金，为驻乡工作人员送去温暖等。投入配套资金 25 万元（总投资 100 万元），对类乌齐县中青年干部进行培训，有效提高了中青年干部的综合素质和专业能力。该项目受益人数 22 人，项目周期为 10 天。（刘悦　张希南）

【其他救援扶助】

2017 年 8 月 8 日 21 时 19 分，四川阿坝州九寨沟县发生 7.0 级地震，震源深度约 20 千米，给九寨沟景区及周边设施造成了严重破坏，造成了一定人员伤亡，大量旅客滞留当地。为贯彻我会扶危济困的宗旨，展现中远海运的大爱精神，中远海运慈善基金会通过中国红十字基金会向灾区实施紧急救援，捐赠赈济家庭箱 5000 只（价值 150 万元）。救济箱中包括蚊帐、雨伞、手电筒、被子、卫生纸、饮用水、食品等生活必需品，可供一个家庭使用一周。善款已于 8 月 9 日下午汇出，物品由中国红基会负责定点采购及配送，基金会全程跟踪实施工作，及时将款项送达灾民手中。

投入资金 450.5 万元，在教育领域进行扶持捐助工作，帮助学子实现求学成才之梦。投入资金 61.64 万元，助力中国红十字基金会“丝路博爱基金”项目，共分两批次捐赠了从国内到巴基斯坦瓜达尔港的医疗物资运输服务。项目实施过程中，集团成员单位、职能部门通力合作，提供了从装箱、陆运、海运、报关等一条龙服务，在捐赠运输服务的同时，也展示了中远海运集团勠力同心、优质服务的良好形象。

协助接待云南临沧市、永德县代表团，西藏昌都市代表团到访集团，就对口帮扶工作进行会谈和沟通，并协助做好西藏洛隆和云南永德中青年干部培训班接待相关事宜。指导直属单位做好扶贫（援藏）资金管理及预留工作，并将基金会自管项目向集团对口帮扶地区倾斜；指导中远海运特运和中远海运（广州）有限公司做好对口帮扶村资金及项目审批工作；指导中远海运博鳌公司、中远海运香港有限公司做好对口扶贫及对外捐赠有关事宜。

按集团党组要求，组织发动各级工会采购定点扶贫县茶叶用于发放职工慰问品，得到了各单位的积极响应和层层发动，432 家工会采购 76 803 份茶叶，合计 1544 万余元，超额完成了集团党组书记、董事长许立荣前往云南永德考察时与当地签订的订购协议任务，体现了上下一心支持扶贫工作和落实集团工会要求的责任心和使命感。（刘悦　张希南）

低碳环保

低碳环保

中远海运坚持绿色发展，不断完善环境管理体系，将环境保护观念融于企业经营管理之中。2017年，集团认真履行社会责任和全球契约，关注全球环境，推动企业与社会、环境的协调、和谐发展。

在低碳环保、节能减排方面，积极与国务院国资委、交通运输部及上海市各有关部门进行联系、沟通，开展“全国节能宣传周和全国低碳日活动”，认真做好各项节能减排技术研究和措施落实工作。2017年，集团航运单位燃油单耗、万元营业收入能耗强度等均低于国务院国资委下达的指标。为打赢大气污染防治攻坚战，促进船舶污染防治，2016—2017年度集团所属12家航运、修造船、港口企业参与靠港船舶使用岸电改造工作，取得了良好的社会效益和经济效益。集团推动中远海运特运2017年订造的4艘7500吨沥青船签约安装威海科技脱硝设备，标志着我国自主研制的SCR在大型远洋船舶上首次得到实船应用，也是国内船舶配套企业首次实现SCR装置批量供货。（胡冰）

【参与国际规则研究】

2017年，集团公司联合中国船级社，研究、编写了《压载水公约》推迟两年实施的提案，作为我国在IMO环保大会上的基本立场，成功实现了现有船推迟两年实施的公约政策，努力从公约的执行者逐步转向公约制定的参与者和引导者，这既为集团船队履约争取了时间，也为我国制造业产品升级争取了空间。（裴凯）

【节能减排】

2017年，集团公司开展“全国节能宣传周和全国低碳日活动”，认真做好各项节能减排技术研究和措施落实工作；通过宣传学习、建立监控系统和加强指标考核等手段，稳步推进能源总量及强度的控制。

2017年，集团公司加快推广船舶能效管理系统安装、船舶球鼻艏线型的优化和船舶最佳纵倾优化等成熟型节能技术的应用，不断探索和尝试采用新技术、新产品和新工艺来实施船舶节能技改；大力推进船舶岸电设备技术改造，减少在港期间船舶废气排放；投资建造17.4万立方米双燃料电力推进液化天然气专用运输船，推进LNG清洁能源的技术研究和利用，获得了船级社颁发的IMO Tier Ⅲ排放符合证明；加装MARORKA船舶能效系统，通过技术手段加大船舶能效管理力度；同时，采用加强对口岸船舶直靠率跟踪和考核、加强集团船舶能效管理系统应用等多种方式，从经营和管理入手，不断推进节能减排工作。（安管部）

响应“冰上丝绸之路”倡议，加快商船利用北极航道步伐。2017年，集团所属中远海运特种运输有限公司5艘船5个航次通过北极东北航道，总计：节省里程约25 313海里，节省时间约80.6天，节省燃油约2018吨。（胡冰）

【绿色航行】

中远海运全力推进绿色航行，通过管理和技术创新手段，提高能耗效率，减少运输过程中废水、废气、固体废弃物的排放。

绿色船舶

2017 年，中远海运从船舶设计到废弃船舶拆解都践行绿色船舶的理念，大力开展环保技术创新研究，推广绿色技术设备应用，打造节能环保型船队，树立了绿色船舶新标准，从根本上保证中远海运的绿色低碳航运。拆船业是船舶工业循环发展全产业链条上的重要一环，老旧船舶淘汰拆解对于废钢资源循环利用、减少海洋环境污染具有重要意义。中远海运始终坚持选择行业内领先的绿色拆船供应商，以保护海洋的清洁和拆船厂周边的生活环境。

2017 年，集团将一艘达到使用年限的船舶交付给一家专门从事绿色船舶拆解的供应商，保证拆船业务符合《2009 年香港国际安全与无害环境拆船公约》（简称《香港公约》）和欧盟关于安全无污染的拆船法规，并严格遵守我国国家发展改革委等部门颁布的《绿色拆船通用规范》，积极推行“安全环保，绿色拆船”的理念，在拆船过程中绝不将未经处理的废水和固体废物等投入水体中；严格控制环境噪声污染；用水充分湿润需拆除的石棉制品防止其粉尘污染环境等。

再创中国绿色造船业新纪录

2017 年，由中远海运集运订造的“中远海运白羊座”轮，是当时世界上尺度最长的船舶之一。作为新一代超大型集装箱船的典型代表，该船搭载了智能船舶能效系统，具有油耗低、装箱量大、智能化程度高、适港性强等优势，能耗水平远低于市场上同级别集装箱船，能效指数低于基准值 50% 左右，满足十年之后的国际排放标准。船上还预留有使用 LNG（液化天然气）燃料的装置系统，以满足特定航线大容量 LNG 燃料舱未来的改装需要。

该船具有绿色船舶入级符号和特定航线绑扎力计算入级符号，满足 CSS CODE（《货物积载和系固安全操作规则》）、《香港公约》、《压载水管理公约》。该船在设计中充分贯彻了绿色环保理念，展现出中远海运对海洋生态环境高度负责的态度。

绿色航行

中远海运全力推进绿色航行，通过管理和技术创新手段，提高能耗效率，减少运输过程中废水、废气、固体废弃物的排放。

中远海控制定《能源评审》和《环境评审》等制度对能源与环境的情况进行评估；建立和实施能源管理体系；将节能措施分为三块：技术节能、管理节能和经营节能。中远海能源依托信息化管理手段，积极推进集团航运管理平台、能效模块的建设和使用，不断提升船舶的运行效率。

中远海运特运规范理顺船舶能效管理工作，有效执行《船舶能效管理计划》；营运船舶实行燃油消耗定额标准管理，船舶燃油管理细化到每一个航次，实施航次效益考核制度。加强绿色航行管理，船舶排放的洗舱水、压载水、生活污水等有害物质及船舶在发生事故后流入海水中的油污、有毒液体及废气会严重影响海洋生态环境。中远海运所属船公司通过加强燃油加装、燃油使用、油污水处理等全流程管控，研制船用生活污水处理及垃圾焚烧系统，做好船体污染物清刮，对船舶主要污染物实行定额管理和日常监控等途径对船舶废污进行环保处理。（张希南）

【建设绿色港口】

中远海运不遗余力推进低碳港口的打造，坚持从人员、技术和管理等方面开展节能减排工作。2017 年，中远海运港口加大对低碳码头运营的投入，推行了“油改电”、港口自动化升级，以及岸电改造等项目，努力打造“绿色码头”。

全自动化码头实现绿色环保零排放。厦门远海码头是中远海运控股在东南国际航运中心核心港区推动打造的王牌码头，也是中国第一个全智能、零排放、安全、环保的全自动化集装箱码头，可完全实现无人作业，被业界称为“魔鬼码头”。厦门远海码头以电力为驱动，作业全程自动化，总碳排放量将下降 15% 左右，较传统码头大幅降低能耗和排放，改善了传统码头因产生大量二氧化碳和废气对可持续发展造成的负面影响；同时又提升了装卸效率，减少人工成本，是一个真正意义上的绿色环保零排放码头。

土耳其昆波特港（Kumport）码头：绿色

理念成就“绿色码头”。Kumport 码头链接亚欧大陆，是黑海和地中海之间的战略要地。自 2015 年被中远海运与招商局、中投三方联合体收购以来，码头经营业绩不断提升，成为“一带一路”通道上的重要物流节点。码头通过 ISO 14001 环境管理体系和 OHSAS 18001 职业健康安全管理体系的证书审核，并保证在燃油排放、碳排放、水资源使用和机械设备节能等方面符合“绿色港口”等级评价体系要求。2017 年 4 月，码头成为首批获土耳其交通海事通讯部颁发“绿色港口”证书的企业，也是土耳其第三家获此证书的集装箱码头。（张希南）

【支持清洁能源发展】

助力推动清洁、高效、安全、可持续的能源发展，是降低能源消耗、促进大气质量改善的重要内容。中远海运加强技术研发与多边合作，积极开发风电、甲醇等清洁能源，在拓展业务的同时保障环境的可持续发展。2017 年，中远海运积极推动清洁能源的应用与发展，响应和参与交通运输部等部门岸电推广等试点示范项目，根据交通运输部《靠港船舶使用岸电 2016—2018 年度项目奖励资金申请指南》要求，牵头申报，获得国家靠港船舶使用岸电奖励资金共计 4074 万元。协调中远海特与重工签订了 4 艘 7500 吨沥青船的安装威海科技脱销设备的合同，降低燃油限排成本，提高集团船舶设备配套能力。

（吴罡）

超大型海上风电安装船助力发展海上风电。为适应世界主要沿海风电场建设需求，南通中远船务研发了集装载运输、自航自升、重型起重、动力定位、海上作业等多种功能于一身的超大型海上风电安装船。该船带有 DP2 定位系统，可满足海上风电的吊装、运输和维修等需求。该船技术含量高，处于海上风电安装船最高端，是海上风电产业链中重要的一环，其发展有助于海上风电场建设和应用，进而推动海上风电产业链的发展，同时促进相关海工装备的研发和国产化，带动上游原材料和关键零部件供应产业的技术进步。

随着国际限硫政策的深入实施，以及绿色船舶开发、研制和使用的日臻成熟，绿色能源逐渐成为海运市场的必然选择。中远海运能源不断推动 LNG 运输业务，助力清洁能运发展。

“中能北海”轮继续书写 LNG 运输新篇章。中远海运能源“中能北海”轮每航次可装载 17.4 万立方米液化天然气，是目前全球最先进、最环保的 LNG 船舶之一。

“中能北海”轮与“中能福石”“中能青岛”号一起，服务于澳大利亚至我国北海、青岛等港口的航线，为中国石化在广西、山东等地区的天然气用户提供切实有效的能源保障。

目前，中远海运能源所属上海 LNG 共有 6 艘 LNG 船舶投入运营，年运输量超过 600 万吨。随着“中能北海”轮的顺利扬帆起航，中远海运能源将继续为我国能源运输和全球 LNG 运输书写新的篇章。

中远海运发展深耕光伏、水电、风电等清洁能源领域，以专业的融资租赁服务支持企业进行绿色技术升级、设备更新、能源项目建设，促进清洁能源产业不断发展壮大。

让绿色能量更有效传递。甘肃敦煌拥有较为丰富的太阳能资源和土地资源，是设立地面光伏电站的黄金地带。中远海运租赁为当地企业提供融资租赁服务支持，助力当地建设地面光伏电站。光伏电站充分利用太阳能资源发电后可通过甘肃酒泉特高压向湖南韶山输送清洁电能，不仅有效提升甘肃的清洁能源利用水平，也为湖南的电力需求及经济发展提供充足支持，促进区域电力资源的有效配置。（张希南）

海上救助

海 上 救 助

中远海运以领航安全航行为己任，参与全球海上救援行动，维护海洋航行安全。2017 年，中远海运克服天气等不利的海洋作业条件，共参与 38 起海上搜寻和协助救助任务，其中 6 次成功救助遇险船员，救起或协助救起遇险船员共计 29 位，充分展现了集团的专业性和国际人道主义精神。（裴凯）

【“芙蓉峰”轮在澳大利亚东部海域挽救了遇险巴拿马籍轮上14 名外籍船员】

2017 年 2 月 11 日，中远海运散运“芙蓉峰”轮航行在澳大利亚东北部海域时，接到澳大利亚联合搜救中心通报：一艘载有 14 人的巴拿马籍货轮在大堡礁北面珊瑚海的长礁南侧 8 海里处发生主机故障，受风流压影响以 3.5 节的速度向长礁漂移，随时有触礁危险，急需紧急救助。18 时 25 分，“芙蓉峰”轮调整航向，驶向遇险船所在海域，并与联合搜救中心共同挽救了遇险的巴拿马籍货轮上的 14 名外籍船员。澳大利亚联合搜救中心书面通报了“芙蓉峰”轮的救助行为，对全船和中远海运散运积极配合施救给予了高度赞赏。（张志强　方林坤）

【“大吉”轮在地中海成功救助遇险船舶“ANNA”号 10 名外籍船员】

2017 年 2 月 28 日 4 时 09 分，正在地中海海域航行的中远海运特运“大吉”轮收到 12 海里外“ANNA”号货船的高频求救信号，声称船舶货舱进水，请“大吉”轮驰援前往救助船员。接到求救信号后，“大吉”轮改向全速驶往事发海域，经过 1 个多小时施救，成功救助船舱进水的“ANNA”号上的 10 名外籍船员。就在救援期间，7 时 43 分，“ANNA”号整个船体坍塌，并迅速沉没。“大吉”轮的无私救援获得多国大使馆和海事局、港务局负责人的称赞与肯定。（张国良　李朝良）

【“远东水星”轮南极洲救助一艘遇险“CLIMATE ACTION NOW”游艇】

2017 年 4 月 3 日，天津中散船管公司“远东水星”轮克服海上恶劣天气，救助了一艘独自环南极洲航行遇险的游艇“CLIMATE ACTION NOW”，并解救了游艇上的一名外籍女船员。（芦正）

【“天发海”轮长江口水域救起 2 名落水船员】

2017 年 4 月 6 日，锚泊在长江口 2 号锚地的中远散运“天发海”轮，在值班人员听到隐约有人在水中呼救时，立即启动救助程序。参与救助的 5 名船员克服涌浪颠簸等困难，成功将 2 名落水船员拉上救生艇。据悉，遇险的是台州一艘 5000 吨级货轮，5 日 23 时左右，船舱大量进水，2 人爬上驾驶台跳海逃生。（钟远海）

【“中海印度洋”轮大西洋解救 3 名遇险船员】

2017 年 12 月 3 日凌晨 4 时 15 分，航行在大西洋的“中海印度洋”轮值班驾驶员突然在 VHF16 频道收到西班牙塔里法海上搜救协调中心（TARIFA MRCC）发出的信息，要求协助搜救一条失去动力的小船，由于“中海印度洋”轮及时赶到搜救海域，并很快找到求助小船，使得本次救援相当顺利，遇险船上 3 人得到及时救援。TARIFA MRCC 及随后赶来救助的官方救助船通过 VHF 及邮件对“中海印度洋”轮本次协助海上搜救表示感谢，同时对船长及船员在救助中展现的专业素养表示赞赏。（张卫）

【“宇中海”轮成山头水域救起一名遇险外籍船员】

2017 年 12 月 4 日，由鲅鱼圈驶往新加坡途中的中远海运散货运输有限公司所属青岛远洋“宇中海”轮船员充分发扬国际人道主义精神，不顾隆冬时节的刺骨寒风，在海涛翻腾、水流湍急、素有“中国的好望角”之称的成山头水域成功地救起多哥籍遇险海轮上的一名缅甸船员，挽救了一条宝贵的生命，并获得威海搜救中心、北海救 111 轮和海军军舰的高度赞扬。

“宇中海”轮船员用实际行动唱响了一曲国际人道主义的赞歌。（梁明）

CHINA COSCO SHIPPING
CORPORATION LIMITED
YEARBOOK

中国远洋海运集团有限公司

年鉴

第十四篇

直属单位概览

中远海运控股股份有限公司

中远海运控股股份有限公司

中远海运控股股份有限公司（简称“中远海控”，英文简称 COSCO SHIPPING Holdings），原中国远洋控股股份有限公司，成立于 2005 年 3 月 3 日，2005 年 6 月 30 日在香港联交所主板成功上市（股票编号：01919.HK），2007 年 6 月 26 日在上海证券交易所成功上市（股票编号：601919）。公司注册资本人民币 12 259 529 227 元，注册地：天津空港经济区，法定代表人：万敏。截至 2017 年 12 月 31 日，中国远洋海运集团有限公司及其所属公司合并持有本公司股份共计 45.47%。

【主 营 业 务】

公司主要从事集装箱航运和码头业务。

1. 集装箱航运业务

①主要业务

集装箱航运业务板块主要经营国际国内海上集装箱运输服务及相关业务。

②经营模式

公司全资子公司中远海运集运，主要经营国际国内海上集装箱运输服务及相关业务。中远海运集运共经营 225 条国际航线（含国际支线）、44 条中国沿海航线及 86 条珠江三角洲和长江支线，在全球约 90 个国家和地区的 289 个港口均有挂靠。

2. 码头业务

①主要业务

中远海运港口主要从事集装箱和散杂货码头的装卸和堆存业务。中远海运港口的码头组合遍布中国沿海的五大港口群，中国香港、中国台湾，以及欧洲地中海等主要枢纽港。

②经营模式

中远海控主要通过中远海运港口从事集装箱和散杂货码头的装卸和堆存业务。中远海运港口以参、控股或独资的形式成立码头公司，组织开展相关业务的建设、营销、生产和管理工作，获取经营收益。根据德鲁里《2017 年全球集装箱码头运营商回顾与预测》报告中公布的数据计算，业务重组后，中远海运港口市场地位与竞争优势全面提升，以总吞吐量计算，2016 年占全球码头市场总份额约 12.2%，排名世界第一位；以权益吞吐量计算，占全球市场份额约 4.2%，排名世界第五位。

【发 展 战 略】

2017 年是中远海控战略落地的关键年。控股本部持续深化“四个平台”建设，中远海运集运和中远海运港口分别围绕各自的经营战略，积极推进落实，取得实效。

1. 整体规模优势：各业务板块实力大幅提升

2017 年，全球经济广泛复苏，带动集装箱运输需求增长，集运行业格局重塑，班轮公司服务质量和稳定性显著改善。根据多家航运研究机构的数据，全球集装箱货运需求增速连续两年快于运力增速，供需矛盾有所改善，市场运价触底回升。2017 年，中国出口集装箱运价综合指数（CCFI）全年均值 820 点，同比增长 15.4%。

2017 年，中远海控在积极把握市场回暖机遇的同时，聚焦“增长”主题，全力创效、合力创业、大力创新，在内外部积极因素共同作用下，公司改革进程不断深化，协同效应继续显现。报告期内，公司扭亏为盈，经营效益大幅改善，2017 年实现归属于上市公司股东的净利润 26.6 亿元。

全资子公司中远海运集运和控股子公司中远海运港口在2017年均取得较好的经营业绩。其中，中远海运集运实现量价齐升，完成货运量20 913 746TEU，同比增长23.7%；平均单箱收入3723元，同比增长11.1%。同时公司继续挖掘协同效应潜力，取得明显成效，在油价大幅上升的情况下，平均单箱成本同比下降0.9%。中远海运港口2017年的码头总吞吐量为100 202 185TEU，其中海外地区码头总吞吐量为18 840 664TEU，同比增幅高达38.7%。

2. 重大资产重组

经中远海控第五届董事会第三次会议于2017年7月7日决议通过，本公司拟通过其境外全资下属公司Faulkner Global Holdings Limited与作为联合要约人的上港集团BVI发展有限公司联合向香港联合交易所有限公司上市公司东方海外（国际）有限公司（以下简称“标的公司”）的全体股东发出购买其持有的已发行的标的公司股份的现金收购要约。

上述要约收购假设全部标的公司股东就其股份接受要约，应支付的现金代价总额将约为492.31亿港元，合计人民币428.70亿元。

2017年10月16日，公司2017年第二次临时股东大会审议通过了本次重大资产重组相关的议案。

公司已经完成国务院国资委备案、美国反垄断审查、欧盟反垄断审查等相关程序，截至财务报告批准报出日，本次要约收购尚需通过商务部反垄断审查，并需取得国家发展改革委备案等，以满足本次要约收购的先决条件。后续公司将持续推进相关审批工作。

3. 战略协同优势：全球化布局持续加速推进

控股本部是中远海控的战略引领平台、资本运作平台、合规管理平台和协同服务平台。2017年，按照中国远洋海运集团“6+1”战略布局要求，公司2020战略规划制定出台，发展路径更加清晰，一系列重大资产收购和资本运作项目接连落地，集运和港口业务全球化布局逐步到位，上市公司业绩和市值水平大幅提升，为后续创效发展奠定了坚实基础。

中远海运集运坚持以“规模化和全球化，以客户为中心，低成本，提升为客户提供全程运输解决方案的能力”为核心战略，致力于进一步增强收益管理能力，持续打造具有国际竞争力的世界一流班轮公司。报告期内，中远海运集运经营规模进一步扩大，行业地位稳步提升，全球航线布局不断优化。截至2017年年底，公司拥有自营集装箱船队360艘，运力达1 819 091TEU，运力同比增加10.3%，运力规模排名全球第四位。海洋联盟于2017年4月1日正式投入运营。作为海洋联盟的重要成员，公司为客户提供频率更高、规模更大、覆盖更广、效率更优的服务。公司顺应全球经贸格局变化，巩固东西干线市场，加大新兴市场和区域内市场的运力投入，航线网络布局进一步优化；持续推进全球标准化客服流程建设，提升数字化客户服务能力，提升服务便利性和效率；通过不断优化航线网络和船队结构，提升集装箱管理水平，加强供应商采购管理，持续释放协同效应，践行低成本战略；着力提升“端到端”全程运输服务能力，努力满足客户更高要求，全球供应链运营服务能力不断增强。

中远海运港口坚持“全球化布局、强化与集装箱船队协同、强化港口及码头业务的控制力和管理能力”三大战略，积极推进全球码头布局，不断增强对码头资产的控制力，努力提升码头运营效率。公司码头网络布点遍及中国沿海五大港口群，中国香港、中国台湾，以及东南亚、欧洲、地中海、中东等地区。截至2017年年底，公司在全球35个港口运营及管理集装箱码头泊位合共179个，年总处理能力达102 720 000TEU；营运中的散杂货码头泊位合共86个，年总处理能力达262 670 000吨。

4. 深入践行国家“一带一路”倡议

公司“一带一路”沿线物流通道建设取得积极成效。“一带一路”沿线投入约180艘集装箱船舶、115万TEU运力，约占公司总经营集装箱船队规模的62%。公司通过全球航线网络的整合，不仅加密了21世纪海上丝绸之路上的航线服务频率，提升了服务效率，更把21世纪海上丝绸之路上的航线与美洲、西非、加勒比、北欧等其他重要的、新兴的区域市场连接起来，形成更加完整、均衡的全球化网络布局。公司积极投身丝绸之路经济带建设，2017 年已开行的 150 多条集装箱海铁线路，在国内覆盖了沿线 27 个省、自治区、直辖市，100 多个主要港口和内陆站点。公司不断强化希腊比雷埃夫斯港的枢纽地位，加快推进中欧陆海快线业务，2017 年中欧陆海快线的货运量同比增加 134%。2018 年 1 月 5 日，中远海运集运首列中俄班列从天津启程至莫斯科，这是公司首趟自主运营的国际班列，标志着公司有能力依托海内外丰富的集装箱班轮航线网络及多式联运服务，打造更加完善的综合物流体系，为全球客户提供端到端供应链服务解决方案，为对外贸易发展和“一带一路”建设发挥积极作用。

公司“一带一路”沿线物流节点建设成果丰硕。2017 年 1 月 20 日，中远海运港口参股青岛港国际并签订战略合作协议，持有青岛港国际 18.41% 股权；5 月 15 日，中远海运集运收购哈萨克斯坦霍尔果斯东门无水港公司 24.5% 股权；10 月 31 日，中远海运港口完成收购西班牙 Noatum 港口公司 51% 股权；11 月 5 日，中远海运港口阿布扎比码头正式动工；11 月 30 日，中远海运港口完成增持位于比利时的马士基泽布吕赫码头公司，并全面接管经营。

5. 牢牢把握“规模化、大型化、集约化”发展大趋势开展资本运作项目

2017 年 7 月 9 日，公司联合上港集团，以每股 78.67 港元向东方海外全体股东发出附先决条件的自愿性全面现金收购要约。如果收购顺利完成，中远海控旗下的集装箱船队运力规模（含订单）将超过 290 万 TEU，在全球集装箱航运业的领先地位将得到加强。中远海运集运和东方海外将继续以各自的品牌提供全球集装箱运输服务，在充分发挥各自优势的同时，挖掘协同效应潜力，双方的运力资源与航线网络，管理经验与信息技术，都将形成有效的补充和完善，共同实现营运效率和竞争力的进一步提升，实现长期可持续增长。

2017 年 10 月 30 日，公司发布 A 股非公开发行预案，依托资本市场助力主业提升核心竞争力。公司拟非公开发行不超过发行前总股本的 20% 或约 20.43 亿股的 A 股股票，募集资金不超过 129 亿元，用于支付已经在建的 20 艘集装箱船舶造船款。此批超大型集装箱船舶运用了先进、环保的设计理念和造船技术，是公司提升客户服务能力、丰富服务产品的重要载体，对于提升公司整体竞争实力具有重要意义。待全部交付后，这批集装箱船舶可以有效提升公司自有船运力比重，进一步降低船队平均船龄，优化公司船队布局，改善船舶资产结构，能够推动公司以更大的船队规模和更优的船队结构参与到“一带一路”建设中，为推动全球贸易流动发挥更好的作用。

【经营效益】

中远海控利润表及现金流量表见表 14-1。

利润表及现金流量表相关科目变动分析表 表 14-1

（单位：元　币种：人民币）

科　　目	本　期　数	上年同期数	变动比例（%）
营业收入	90 463 957 861.05	71 160 180 860.47	27.13
营业成本	82 604 636 637.88	71 865 800 353.29	14.94
销售费用	53 086 523.02	65 459 938.34	−18.90
管理费用	5 179 220 485.72	4 130 016 724.40	25.40
财务费用	1 729 943 937.16	1 815 561 605.69	−4.72
经营活动产生的现金流量净额	7 092 039 383.86	1 519 532 177.96	366.73
投资活动产生的现金流量净额	−15 233 053 673.35	4 986 406 299.84	−405.49
筹资活动产生的现金流量净额	2 796 965 899.00	−9 497 916 872.90	129.45
研发支出	15 018 682.48	16 602 483.28	−9.54%

【内部控制】

中远海控按照企业内部控制规范体系的规定，建立健全和有效实施内部控制，评价其有效性，并如实披露内部控制评价报告是公司董事会的责任。监事会对董事会建立和实施内部控制进行监督。经理层负责组织领导企业内部控制的日常运行。公司董事会、监事会及董事、监事、高级管理人员保证本报告内容不存在任何虚假记载、误导性陈述或重大遗漏，并对报告内容的真实性、准确性和完整性承担个别及连带法律责任。

内部控制的目标是合理保证经营管理合法合规、资产安全、财务报告及相关信息真实完整，提高经营效率和效果，促进实现发展战略。由于内部控制存在的固有局限性，故仅能为实现上述目标提供合理保证。此外，由于情况的变化可能导致内部控制变得不恰当，或对控制政策和程序遵循的程度降低，根据内部控制评价结果推测未来内部控制的有效性具有一定的风险。

公司 2017 年度内部控制自我评价：

1. 公司于内部控制评价报告基准日，不存在财务报告内部控制重大缺陷。

2. 内部控制评价工作情况：公司按照总部抽样评价和各单位自我评价相结合的方式完成了年度内控自我评价工作，纳入评价的单位属于总部抽样评价，所有其他单位均按照总部要求，完成了自我评价，故从总体来看，评价范围涵盖了上市主体范围内的大多数单位。纳入评价的主要业务和事项包括治理结构、组织机构、发展战略、内部审计、内部监督、企业文化、风险管理、信息与沟通、资产管理、投资管理、资金管理、采购管理、关联交易、货代业务管理（含外贸和内贸）、船代业务管理、集装箱管理、营销管理、法律事务管理、生产运营管理、合同管理、全面预算管理、财务报告管理、人力资源管理、信息系统管理、内部制度管理等方面。

3. 内部控制缺陷及整改情况：公司上年度内部控制缺陷均已完成整改。本年度内部控制运行情况良好，下一年度将继续加强内部控制日常监督和年度评价，保证内部控制有效性，并通过内部控制体系建设、内控评价等工作，促进公司管理水平的持续提升。

【社会责任】

2017 年，中远海控践行可持续发展理念，积极履行社会责任，树立积极正面的企业品牌和公众形象。在环境方面，履行联合国全球契约中对于保护环境的要求；在人权员工方面，按照《中华人民共和国劳动法》《禁止使用童工规定》《妇女权益保障法》《工会法》的规定建立了完善的劳动用工制度，通过《员工管理程序》和《机关人员招聘程序》等制度，全面履行全球契约和企业社会责任，坚决拥护《世界人权宣言》，严格遵守与人权有关的国际公约和权利，严禁使用童工歧视员工和强迫劳动的情况发生；企业对于社会的反馈，也是一个企业责任心的体现，在推进中远海控“全球化”的发展过程中，不仅注重经济效益的发展，对地方社会的回馈也是尽心尽责。公司在 2017 年度“金港股”评选中，荣获最具社会责任上市公司大奖。

【公司治理】

2017 年，中远海控严格按照《中华人民共和国公司法》《上市公司治理准则》《关于在上市公司建立独立董事制度的指导意见》《上市公司股东大会规则》《上市公司章程指引》等法律法规的要求，不断完善公司治理，提升规范运作水平。公司结合改革发展现状，对《关联交易管理办法》《信息披露管理办法》《董事会薪酬委员会工作细则》《董事会风险控制委员会议事规则》《董事会提名委员会工作细则》等公司治理规章制度进行修订，注重发挥董事会及专业委员会作用，确保股东大会、董事会、监事会的职能和责任得以充分履行，维护股东和公司利益。

2017 年，公司按照最佳治理标准，做好内部治理，通过健全公司治理结构，推进合规管理长效机制建设，规范“三会运作”，提升运作效率；通过搭建沟通平台机制，建立协同配合的工作流程和运行机制，提高各项工作的计划性和前瞻性；通过内控管理体系建设，完善内控制度和风险管理流程，清晰主体责任，明确管理责任，做到职责分清、措施到位；通过加强任职培训、监管法规推送、权益信息管理、定期信息报告、现场调研考察、发挥独立董事及中介机构作用等多种措施，有效促进了董监高履职尽责。

2017 年，公司严格执行两地上市规则，通过优化内部工作流程、理顺重点决策事项审批程序、聚公司治理关键环节等多措并举，确保了依法合规运作，公司治理水平稳步提升。

【员 工 队 伍】

1. 薪酬政策

为使全体员工共享企业发展成果，公司结合企业实际和内外部环境，不断改革和完善薪酬分配、福利和保险制度，以满足企业自身的经营发展和人才队伍建设需要。

同时，公司严格遵守国家相关法律法规，切实保障弱势劳动群体的基本合法权益。境内企业方面，我公司按照不低于所在省区市标准的原则，制定了员工最低工资标准，使所有员工参加了养老保险、医疗保险、工伤保险、生育保险、失业保险社会统筹，建立了住房公积金制度。境外企业方面，严格遵守驻在国或地区的薪酬有关法律法规和政策。

2. 培训计划

公司围绕企业中心工作和改革发展稳定大局，坚持以人为本，增强教育培训工作的系统性、针对性和有效性，加快推进教育培训工作的改革创新，不断提高教育培训的科学化水平，为企业健康稳定可持续发展提供保障。2017 年公司培训工作主要从以下两方面开展：一是抓好重点岗位、关键领域人员培训，统筹开展好各级各类人员培训；二是不断创新改进培训工作的体制机制，进一步提高培训工作的科学化水平。

【企 业 文 化】

公司党委高度重视企业文化建设工作，按照集团提出的“一个团队、一个文化、一个目标、一个梦想”的“四个一”目标为引领，切实加强企业文化建设。通过创立“中远海控创智”微信公众号，及时宣传深化改革、效益攻坚和企业党建工作的亮点和热点，搭建平台增进员工沟通交流，大力推进文化和团队融合；通过举办媒体座谈会、媒体说明会，组织主流媒体参观活动，树立了良好的企业外部形象；根据集团企业文化纲要，研究探索具有行业特点、时代特征、企业特色的中远海控企业文化“十三五”规划，推动建立中远海控子文化体系。

【党 群 工 作】

中远海控党委班子由 8 人组成。公司党委直属党支部 2 个，共有党员 23 人。2017 年，中远海控党委根据集团党组的统一部署，结合自身实际，坚持围绕中心，服务大局，抓基层，打基础，重实效，切实履行全面从严治党主体责任，为公司深化改革、提质增效提供了强有力的保障。

一是持续加强政治建设。按照中央和集团党组部署，通过召开中心组集体学习、组织员工收听收看、及时制定学习贯彻文件、开辟学习专栏等方式抓好学习贯彻落实党的十九大精神工作；根据集团党组要求，持续推进“两学一做”学习教育常态化制度化，制定《推进“两学一做”学习教育常态化制度化实施方案》，并采取随机抽查、参加学习讨论等方式查核各支部学习教育实际效果。

二是持续加强班子建设。制定全面从严治党具体措施，并抓好推进落实。班子成员积极践行集团《关于进一步改进工作作风、密切联系群众的若干规定》，坚持加强一线调研，共到基层调研 10 余次，召开座谈会 9 次，持之以恒加强作风建设。贯彻落实民主集中制原则，坚持集体领导和个人分工相结合，严格执行党委议事决策规则，为公司改革发展把方向、管大局、保落实。

2017年共召开13次党委会，针对重大问题决策、重要干部任免、健全党建制度规范等进行深入讨论，确保了民主、科学决策。

三是持续加强干部人才队伍建设。研究制定中远海控“十三五”人才发展规划，调整公司本部干部8人次，共享部门干部和非领导职务8人次。推动开展多渠道人才交流，形成了立体大交流格局。制定《干部管理办法》《干部任前公示制度》等5项制度。加强干部日常监督，严格执行个人事项报告等制度。推动开展业务技能培训，全年共计组织“请进来”培训9场，参训人员246人次，“送出去”培训65人次，进一步提升了员工的业务素养。结合公司定位研究完善公司组织架构，优化共享部门运作机制。推动建立覆盖共享部门的考核激励机制，优化考核指标，调整薪酬分配结构，严肃考核结果运用，强化考核督导作用。研究开展股权激励计划，积极探索适合企业发展的管理体制机制。

四是持续强化基层党建。健全党建工作推进机制，建立了季度党群工作例会制度。制定下发《中远海控党支部工作规范》《党费收缴、使用和管理办法等制度》，制定出台《中远海控党建责任制实施办法》，将支部党建工作纳入公司综合考评体系；开展支部书记抓党建述职评议，进一步压实党建责任。各支部围绕企业中心任务，组织开展“岗位当先锋，工作创一流”主题活动，推进“三化”党支部和“三优”特色党小组创建，在全体党员中开展“三比”活动，营造“比学习，比业绩，比贡献”的良好氛围。

五是持续深化党风廉政建设。公司党委通过签署“责任书”“廉洁承诺书”，廉洁从业谈话，层层压实责任。深入开展“打造作风名片、崇尚廉洁从业”廉洁从业主题教育月活动，营造清风正气。制定纪委书记参与人事选拔任用初始酝酿的相关规定，完善公司管理干部任前组织部门听取纪检部门意见试行办法；建立任职谈话和廉洁谈话制度；2017年，班子成员及相关职能部门开展考核干部谈话30人次。制定《企业负责人履职待遇、业务支出管理办法》，将落实中央八项规定精神作为内部审计必审项目，做到抓早抓小、防微杜渐。制定《中远海控“三重一大”决策制度实施办法》，结合公司改革重组实际，重点关注集装箱和码头业务板块的关键领域经营风险，加大对廉洁风险易发领域的审计监督力度。

六是持续抓实群团维稳工作。召开公司工会会员大会和一届一次职代会，进一步健全组织体系；制定公司职工大会实施细则、公司集体合同，建立健全维护职工权益的规章制度；成立爱心基金会，做好冬送温暖、夏送清凉、金秋助学等工作，落实各项关心关爱举措。开展合理化建议活动，为公司改革发展建言献策。坚持党政工团协同发力，联合组织徒步、摄影、健身课堂、“庆祝十九大，共赴新征程”主题拓展、“畅谈下午茶”活动，促进团队深度融合。进一步规范公司重大事项社会稳定风险评估工作，有力确保公司股东大会、年报发布前后等重大敏感时间节点的平稳过渡。（王振波　沈小霞　黄奉洁）

中远海运集装箱运输有限公司

中远海运集装箱运输有限公司

中远海运集装箱运输有限公司（简称“中远海运集运”，英文简称COSCO SHIPPING Lines，过渡期2016年3—12月亦称“新集运”），由中远集团旗下中远集装箱运输有限公司（简称“中远集运”）与中海集团旗下中海集装箱运输有限公司（简称“中海集运”）集装箱业务及其服务网络整合而成，于2016年3月1日正式运营。

【公司沿革】

20世纪90年代，原中远集团根据世界航运业普遍由专业化分工向集约化经营发展新趋势，对远洋船队经营管理体制实施改革，组建了专业化船队。1993年4月底，中远集团对集装箱船队实施改革，将原来分散在广州、上海、天津等几大远洋运输公司的集装箱船实施“集中经营、分散管理”。1997年10月21日，经原交通部批复同意，由中远（集团）总公司和中远对外劳务合作公司共同出资，组建中远集装箱运输有限公司；同时上海市人民政府函复中远集团，同意在上海市浦东新区注册成立中远集运。同年11月11日，中远集运在北京成立；12月29日，中远集运搬迁至上海试营业，地点为长阳路1555号。1998年1月27日，中远集运在上海浦东外高桥保税区举行成立揭牌仪式，时任中共中央政治局委员、国务院副总理吴邦国为中远集运揭牌。2001年10月10日，中远集运完成“债转股”工商变更，并领取新营业执照；注册资本由原来的10亿元增至61亿元；股东在中远（集团）总公司、中远对外劳务合作公司基础上，增加中国东方资产管理公司。2002年1月28日，位于上海市东大名路378号的远洋大厦落成，中远集运搬迁至此。2004年9月，上海远洋实施重组，以船员和船舶管理为重心，拓展多元化产业经营。该公司由中远集团授权中远集运管理。2005年6月30日，中国远洋控股有限公司（2005年3月3日注册成立）在香港联交所主板成功上市（股票代码：1919.HK），继而于2007年6月26日在上海证券交易所成功上市（股票代码：601919.SH）。作为中远集团上市的资本平台，拥有中远集运100%权益。中远集运由此进入境外和境内两个资本市场。2010年，中远集运作为中远集团所属专门从事国际国内海上集装箱运输的核心企业，亦为上市公司——中国远洋控股股份有限公司的重要组成部分。公司主要经营国际国内海上集装箱运输，接受订舱、船舶租赁、船舶买卖、船舶物料备件、伙食燃油供应及与海运有关的其他业务，以及陆上产业、国内沿海货物运输及船舶代理、通信服务、船员劳务外派业务、仓储及货物多式联运。截至2015年年底，中远集运拥有集装箱船舶174艘/88.28万TEU。

中海集运成立于1997年8月28日，是中国海运所属从事集装箱运输及相关业务的多元化经营企业，经营业务以国内外海洋集装箱运输为主，同时涉及船舶代理、揽货订舱、运输报关、仓储、集装箱堆场、集装箱制造修理销售等多个相关行业。公司总部设在上海，成立初期注册资金总计18.01亿元，其中中国海运持有40.06%股份，中海发展持有25%股份，广州海运持有15.44%股份，上海海运持有19.5%股份。2002年9月，中海发展将其持有的该公司25%股权转让给中国海运；2004年1月，上海海运和广州海运亦将所持有的该公司股权全部转让给中国海运。至此，中国海运成为中海集运的唯一股东，持有该公司100%股权。2004年6月16日，中海集运在香港联交所主板上市；2007 年 12 月 12 日，中海集运 A 股在上海证券交易所成功上市（股票代码：601866.SH）。中海集运业务涉及集装箱运输、码头经营、仓储物流等领域，而船队、码头、集卡、仓储、铁路、空运等供应链资源整合，更产生了 1+1>2 的集群效应；海铁联运、海空联运、水水联运、水陆联运等综合物流供应链经营，极大地增强了集装箱运输以及集团整体市场竞争力。截至 2015 年年底，中海集运拥有集装箱船舶 172 艘 /90 万 TEU。

2016 年 3 月新成立的中远海运集装箱运输有限公司（亦称“新集运”）系中远海运控股股份有限公司（简称“中远海控”）全资子公司，注册资本 2 366 433.716 5 万元，注册地：中国上海自由贸易区。公司主要经营国际国内海上集装箱运输服务及相关业务，是中远海运集团核心业务板块。截至 2016 年年底，新集运共有集装箱船舶 346 艘（包括非营运及计划处理船舶）、178.18 万 TEU。

新集运组建之初，在本部设立整合管理办公室 / 流程优化部、总经理办公室、美洲贸易区、欧洲贸易区、亚太贸易区、拉美 / 非洲贸易区、航线网络规划部、全球销售部、全球海运操作中心、战略发展部、收益管理部、供应链发展部、箱管中心、采购管理部、法务及风险管理部、企业资讯发展部、客户服务部、财务部、财务共享中心、安全技术管理部、党委工作部、组织 / 人力资源部、人力资源服务中心、纪委工作部 / 审计监督部、工会和陆上产业事业部 26 个职能部门。在全国设立大连、天津、青岛、上海、宁波、厦门、华南、海南和武汉 9 个口岸分部，以及中货公司和中远海运货柜从事货运和船舶代理业务。拥有上海泛亚航运有限公司、上海远洋运输有限公司、上海中远资讯科技有限公司和中远海运集装箱运输信息服务有限公司等。并在美洲地区、欧洲地区、东南亚地区、澳洲地区、日本地区、韩国地区和非洲地区设立区域公司或区域分部。

2017 年，中远海运集运领导班子成员为：总经理、党委副书记王海民，党委书记、副总经理钱卫忠，副总经理陈翔，副总经理俣立平，副总经理隋军，副总经理朱建东，副总经理陈威，副总经理辜忠东，副总经理陈帅，副总经理于涛，纪委书记袁健，总会计师郑琦，副总经理陶卫东。

【改 革 重 组】

2017 年，中远海运集运着力创新求变，推进深化改革各项工作。

顺利完成泛亚公司“混改”和员工持股工作。作为国务院国资委和集团要求的 10 家试点企业之一，泛亚公司初步完成了混合所有制和员工持股改革。“混改”后的泛亚公司，中远海运集运持股比例从 100% 降为 82%，民企战略投资人上海复星产业投资有限公司持股 10%，员工持股平台持股 8%。8 月，公司召开了“混改”后的一届一次股东会、董事会、监事会会议。同时，按照“强激励、硬约束”原则，泛亚公司正式实施公司职业经理人和三项人事制度改革，为未来集团及系统内继续深化改革积累了宝贵经验。泛亚公司“混改”后，员工增收节支意识明显增强，2017 年 8—12 月泛亚公司实现利润总额高于预期，取得了明显成效。

配合推进船员管理体制改革。中远海运集运在集团统一领导和指挥下，遵照《集团船员管理体制改革方案》《集团船员管理体制改革期间员工划转及岗位安排工作方案》要求，与中远海运船员密切联系、深度对接，积极稳妥推进船员管理体制改革。2017 年 12 月 26 日，中远海运集运与中远海运船员签订了《船员管理服务协议》。2018 年 1 月 1 日起，中远海运集运船员队伍整体划转至中远海运船员，同时按照“人随业务走”原则，安排上远公司机关部分船员管理与支持人员同步划转至中远海运船员，并确保改革过程工作不断、队伍不乱，船员管理和服务工作无缝衔接。

持续开展“压减”工作。围绕“压减”试点，继续清理低效无效资产，重点关闭同城同业法人企业、空壳公司，2017 年共关闭注销 28 家企业，超额完成集团下达的指标。企业管理层级、法人层级分别达到集团要求的 4 级、5 级要求。截至

2017年年底，中远海运集运共有投资企业283家，其中境内129家，境外154家。

继续加快新兴市场海外网点布局。公司设立伊朗、沙特阿拉伯、约旦、肯尼亚等国家公司方案已获集团通过。其中，中远海运集运肯尼亚公司于11月16日与外方股东签署合资协议，同时加紧推进加纳、哥伦比亚、哈萨克斯坦、吉布提等新设国家公司工作。

【发展战略　经营创效】

2017年，中远海运集运坚持战略引领，全力推进规模化和全球化。

规模化方面。2016年整合之初，公司船队规模为310艘/161万TEU。通过持续低成本增长，到2017年年底共经营374艘船舶/191万TEU，排名全球第四。经过近一年的精心筹划，2017年4月1日，海洋联盟DAY1航线产品正式上线，共运营41条航线，投入350艘船舶、350万TEU运力，为客户提供了频率更高、规模更大、覆盖更广、效率更优的优质服务。自公司航线正式运营以来，服务得到了客户的高度认可，货量持续保持稳定。中远海运集运自身航线服务覆盖面也不断扩大，真正体现了船队大型化、航线布局规模化的优势。

全球化方面。为顺应宏观经贸格局变化，坚定不移地加大新兴、区域市场运力投入力度，实施大规模航线结构调整。截至2017年年底，公司整合以来所增加的运力，基本都被投入到新兴和区域市场，运力布局得到有效改善。特别是公司积极响应“一带一路”倡议，为国家“一带一路”倡议做好航运服务保障。从货量增幅看，公司货量增长主要来自新兴和区域市场；从单箱效益看，公司在新兴市场单箱贡献值改善幅度最大；从海外来看，进出口箱量增幅基本都在新兴市场地区，这都充分体现出公司坚决执行全球化战略的效果。发展新兴市场是公司重要的竞争战略，既改善了网络布局，又获得了丰厚收益，进一步提升了公司的竞争力和话语权。

同时，在规模化和全球化进程中，不断加强与各兄弟公司的协同。为适应发达国家制造业回流和近程采购趋势，在海外区域公司支持下，中远海运集运大力打造新鑫海、欧洲区域、中美洲和泛亚内贸等区域航线品牌，并实现了快速发展。在拉美区域成立了中美洲区域公司，重点加大了中美洲区域支线和区域市场开拓力度。

经营创效方面。2017年，中远海运集运共完成提单箱量1 594.6万TEU，比上年增长15.5%；实现单箱收入675.3美元，比上年增长13.8%；单箱成本628.5美元，比上年下降2.2%；实现总收入868.2亿元人民币，比上年增长30.4%；实现利润总额21.6亿元人民币，比上年大幅扭亏为盈。

【服务客户】

2017年，中远海运集运在开展客户调研基础上，查找客户痛点，持续改进服务流程，提升客户体验。继在国内口岸先行实施后，重点向海外推广九项服务标准。各项关键指标完成情况均大幅提升：准班率方面，4—12月公司平均准班率高于海洋联盟内部和三大联盟平均准班率；订舱确认方面，国内平均确认时间、海外订舱响应时间和超14天中转占比均大幅度下降。

推进全球标准化客服流程建设。完成国内口岸、大部分海外国家公司出口标准流程的制定与实施。初步形成国内进口客服标准流程，清晰界定船东、船代类业务，为下一步职能分离打下基础。完善退运、电放等多项业务流程，对BPMP平台不断实施功能优化，确保流程标准化、数据信息化，提升客户满意度。

完善中国地区客服虚拟中心机制。继参考泛亚电商航线产品价格，对客户来电询价作出报价、答疑后，在中国地区推出微信移动客户端Online Chat功能，进一步拓展服务渠道，为客户提供多元化服务。

继续推进海外操作转移。成立全球信息武汉分公司，推进整体服务职能集中化、中心化。启动欧洲单证业务深化转移，年内完成欧洲21国出口单证转移工作，大幅提高了工作效率，为后续海外订舱业务承接积累了经验。

丰富公共服务平台功能。全年公司网站“货物跟踪”功能查询量1.24亿次；微信平台增加了“船舶资料查询”与“截止时间查询”功能，提升了服务便利性，全年平台累计关注用户较2016年增长60.8%。在北美地区开通了Facebook和Twitter服务账号。

提升数字化客户服务能力。围绕将系统应用能力转化成客服能力提升的目标，充分挖掘IRIS-2系统大数据集成优势，优化计算引擎，推出可定制、全自动的货物运输信息推送服务，对客户关注的交货日期、运输路径、操作时间节点等信息变动，提供实时通知。每周自动推送通知6.5万份，大大提高了信息跟踪效率；为客户提供货运文件夹功能，帮助其在线存储和递交运输文件，提升交互效率；开放电子商务平台数据，让客户根据需求定制个性化报表，也得到了客户好评。在此基础上，在集团与上海海关、上港集团战略合作协议框架内，主动对接，积极探索运用大数据、区块链等技术，共同推进跨境贸易智慧通关新模式的试点启动。

【企业管理】

2017年，是中远海运集运深化协同效应，充分释放改革红利的一年，更是创效的一年。

企业管理方面，重点完成以下工作：一是制定公司海外网点铺设、调整方案，监控海外网点投资项目的实施、评估。建立、完善、实施和监督公司企业管理、投资管理、海外管理等制度。二是梳理和优化流程。以提升客户体验、提高效率、控制风险为原则，优先对舱位管理、改港改单等重要业务流程实施优化，并推进BPMP项目。三是全年共发布公司层面规章制度79个，至年底，在管公司层面规章制度190个；发布了公司规章制度名录（2016—2017）。四是服务公司战略实施、提质增效，围绕“压减”试点，继续清理低效无效资产，重点关闭同城同业法人企业、空壳公司，全年共关闭注销28家企业。五是建立健全财务管理体系架构，在海外国家分批实施财务双集中系统建设推进工作，指导并协调境内外新收购并表单位日常财务工作，进一步提高整体财务报告和会计信息报送质量，提升整体财务管理水平。六是开展专项审计，围绕公司经营管理中心任务，关注公司重点业务领域和管理控制的关键环节，组织部署专项审计20项，其中7个为公司级综合类审计项目，有效促进公司管理的提升。七是围绕公司改革发展目标，制定完善公司法律类规章制度，加强合同管理，有效控制公司经营管理过程中的法律风险。

践行低成本战略，持续释放协同效应。组织开展协同效应活动，全年申报项目共计227个，带来显著成本降幅。从各家班轮公司披露的三季度业绩看，外贸单箱成本同比降幅远好于业内竞争对手。其中：航线网络重组整合方面，采取优化联盟内外航线、退租船舶、优化加油港等措施；箱管成本管控方面，进一步加快箱体周转，保障用箱需求，同时降低租金水平和调箱成本；燃油成本管控方面，通过24小时燃油监控、等功率航行、实时纵倾、节约在港时间、技术改造等手段，强化燃油使用监管，密切跟踪国际燃油市场走势，科学操作采购，全年燃油实际采购均价和涨幅均低于市场；供应商费率方面，继续利用好规模优势，争取各类优惠，供应商成本总体实现目标；财务税收管理方面，灵活运用应收账款优化管理、业务激励、全球税务管理等途径；运营操作方面，不断优化中转路径和操作流程等手段；在盘活存量资产、处置低效资产方面，进行合署办公，加强备件盘存管理，压缩非生产用车保有量。

【安全生产】

2017年，中远海运集运认真贯彻执行上级部门和集团安委会工作部署，坚持“安全第一、预防为主、综合治理”的安全生产方针，不断强化安全生产责任意识和“红线”意识，把落实安全生产责任作为公司安全生产长效管理的重要手段，全面推行安全责任网格化管理，把安全责任落实到每个岗位。

在安全管理上，公司以“零事故、零伤害、

零污染”为目标，强化预防为主的管理理念，不断完善各项安全管理制度，落实各项安全措施。根据公司点多、面广、人员分散的特点，把安全生产管理队伍建设作为重点，全面提高公司安全管理水平，保持安全管理全面均衡发展。通过开展互相交流、组织专项培训、联合检查和交叉检查等手段，不断提高安全管理人员专业能力和实际工作能力。把安全培训作为公司安全管理工作的重要基础，全年共安排上船前安全培训38期，受训人员2933人次；船员在船培训952期，3952人次；陆岸单位培训517期，近3万人次。

在隐患排查治理上，始终坚持以“不放过任何一处盲点、不遗漏任何一个隐患”的标准和要求，组织开展隐患排查治理工作。全年共组织船舶检查272艘次，发现缺陷1213项，组织陆地单位专项检查901次，发现缺陷2361项，积极组织落实全面整改，确保隐患排查治理工作有效开展。开展危险源的收集和初步辨识工作，采集、汇总船舶危险源67项、机关危险源11项，经梳理辨识，整理出船舶新危险源13项，机关职业健康新危险源8项，并纳入体系管理。2017年，公司未发生人员重大伤害和工伤死亡事故，各项安全生产指标全面达到中远海运集团要求。

在航行安全方面，2017年全年船队安全面达100%。充分发挥船舶一线船员和岸基人员的积极性，发挥岸基大数据、网络化和专家团队优势，全力做好航行安全保障工作。全年跟踪高风险水域航行船舶220艘次，雇佣武装护卫74艘次；跟踪雾航船舶202艘次，大风浪航行船舶93艘次；跟踪西北太平洋台风27个，指导船舶149艘次做好防避台工作，达到集团船舶防避台风成功率100%的要求。2017年，根据上级部门和集团部署和要求，公司组织开展各类专项活动：驾驶台班组和现场工班组安全管理专项整治、安全生产月、电气火灾综合治理、防止危险货物瞒报、安全大检查等。

【风险管理】

2017年，中远海运集运结合综合管理体系改版，筹划风险和内控管理推进方案。6月起，本部机关各部门内控专员/管理员在咨询机构协助下，启动公司总部内部控制流程管理手册编写项目。9—12月，组织第三方咨询机构完成对公司本部、上海分部、大连分部和海南分部开展内部控制年度评价工作。协助瑞华会计师事务所对公司本部、泛亚公司、天津分部进行内部控制审计。组织相关部门和下属单位对上述内控评价和专项审计过程中发现的问题制定措施，并加以整改落实。利用体系专员和体系管理员会议，以及内审员知识更新等机会，开展风险和内控知识培训。10月，组织本部各部门开展年度风险评估，更新公司风险事件库。

积极防范财务资金风险。面对贷款收紧、利率上调、汇率大幅变化等不利因素，早筹划、早落实，降低利息成本。密切关注汇率走势，适时调整公司债务结构，在推进各主要货币资产债务平衡的同时，降低汇兑损失，抓住时机提升收益。完善客户信用管理制度建设，通过系统自动管控，加强应收账款管理。以防范财税风险，加强税务管理为主线，依托信息化建设，提升基础管理手段与措施，深化税收政策研究、防范化解税务风险。2017年，公司财务管理能力有所提升。

落实“两个责任”，防控廉洁风险。公司党委传达落实中央和集团党组关于党风廉政建设新形势、新任务、新要求，分别与18家直属单位党政纪负责人签订“主体责任”“一岗双责”“监督责任”责任书。开展“廉洁从业主题教育月”活动，通过观看警示教育片、参观廉洁教育基地、组织廉洁文化作品展示活动等形式，加强宣传教育引导，做到警钟长鸣，常抓不懈。开展经营纪律检查和审计监督，2017年在天津、大连、青岛等口岸分部重点抽查运价执行、采购、箱管费收、拖车安排等情况，及时发现风险点和薄弱环节35项，提出改进建议42条。聚焦关键部门、关键领域、关键环节开展重点审计，2017年，共完成审计项目209项，提出整改意见和建议902条。通过纪律审查，给予党政纪处分、组织处理7人，函询谈话27人次，诫勉谈话21人次，提醒谈话20人次，解除劳动合同5人，免职2人，降职 5 人，岗位调整 3 人，通报批评 6 人，强化了“底线”“红线”意识。

【境外业务】

2017 年，中远海运集运做好海外股权交易项目收尾工作，通过对马来西亚 3 家代理公司实施进一步整合的框架方案，将中远海运集运（新加坡）公司持有的中远海运集运（马来西亚）有限公司 18% 股权转让给新鑫海公司；完成集运欧洲公司收购 PKP 持有的集运波兰公司 20% 股权交易方案内部审批程序；推进新鑫海收购外方持有的印度公司 15% 股权以及拟收购外方持有土耳其公司 9% 的股权等。督促 53 家海外区域公司完成企业更名，并将更名情况及时向商务部报备。跟踪已批准的 36 项海外股权交易的注册，并及时向商务部报备。

加快新兴市场海外网点布局。公司设立伊朗、沙特阿拉伯、约旦、肯尼亚等国家公司方案已获集团通过，后续工作正有序推进。其中，集运肯尼亚公司于 11 月 16 日与外方股东签署了合资协议，同时加紧推进加纳、哥伦比亚、哈萨克斯坦、吉布提等新设国家公司工作。

推进海外延伸服务项目。参与公司投资参股的哈国铁“霍尔果斯—东门经济特区”无水港项目的前期研究、参股谈判、股权交易方案拟订及协议修订、签约等工作。设立陆海快线有限公司，参与推进埃及苏伊士国际保税物流园区、达曼集装箱堆场等项目。

遵照集团关于海外地区“压减”工作总体要求，2017 年已完成 Starlink、宾氏菲利公司关闭工作。结合集团 IMO 对马来西亚地区在第一阶段海外网络整合结束后的进一步整合规划，关闭注销中远海运集运（柔佛）有限公司、富华（马）货运有限公司，由中远海运集运（马来西亚）有限公司分别在柔佛和东马设立分支机构，实施统一管理，同时将中远海运集运（新加坡）公司将所持有的中远海运集运（马来西亚）有限公司 18% 股权转让给新鑫海公司。指导中远海运集运欧洲公司收购俄罗斯公司下属新罗西斯克有限公司 60% 股权，要求欧洲公司缩短管理链条。

【陆上产业】

中远海运集运陆上产业以安全、增长、创效为主线，贯彻保障中远海运集运主船队、创效提升服务水平经营理念，深化改革、效益攻坚任务，合力协同发展、砥砺拼搏、提质增效。2017 年，陆产各职能部门和直属单位大胆创新、全力协同、提质创效，呈现诸多工作特色和亮点。陆上产业事业部与直属单位倾力合作圆满完成了海事培训中心清场搬迁任务；牵头中远物资公司，依法合规完成“远服六号”“远服八号”两艘退废油作业船舶的处置；按照中远海运集运“压减”工作要求，完成上海悦洋钻石有限公司清算关闭工作。陆上产业事业部在 2016 年延续项目基础上，挖掘 2017 年新增项目，积极落实开展《船舶主副机油泵技术改造项目》等 7 项协同效应项目，均取得显著效益。

陆产直属各企业牢记初心使命，永葆奋斗精神，加强航运主业保障与服务职责。供应公司积极做好船队后勤保障工作，保障航行和船员人身安全，并成功完成首艘船舶救生艇检验任务；通导公司全力配合中远海运集运 IT 部门，顺利完成远洋大厦电话系统整体更新任务；通导、越洋和海图 3 家公司为船舶提供日常维修保养，为船舶安全准班提供了支持保障，赢得国内外客户的高度信任；国贸公司实现多企业合作与发展，通过携手中国银行、东方航空等著名品牌提升跨境电商市场渗透率和品牌知名度，使线上营销有了新的突破；同时贯彻落实集团精准扶贫指示精神，所属电商平台“远洋壹号”与云南永德县签署电商业务发展战略框架协议，利用“互联网 + 农业”模式助力永德特色农产品“走出去”，以实际行动帮助集团定点扶贫对口永德县打赢脱贫攻坚战。实业公司为实现中远海运集团散货运输资源进一步整合的目标，根据中远海运集团《关于将上远实业所属 2 艘散货船转让给中远海运散运有关事项的通知》文件精神，加强与相关方协商，于 9 月顺利完成船舶转让。

【队伍建设】

2017 年，中远海运集运继续坚持德才兼备、以德为先、五湖四海、任人唯贤，紧紧围绕提质增效和深化改革中心工作，强化培养、激励和管理机制，加强干部、人才队伍建设。

加强对公司干部管理考核，根据考核结果实施干部调整，年内共涉及 104 人，其中提拔 43 人，平级交流 31 人。

按照中远海运集团对青年人才培养要求，建立总数 585 人的年轻干部后备人才库，全面启动“菁英计划”，选出 69 位“菁英”开展境内与境外、本部与基层的多岗位、全方面培训，推进国际化、专业化、年轻化干部队伍建设。加强外派后备管理，向中远海运集团推荐外派后备人员 224 人次，其中 65 人进入中远海运集团外派后备库。持续推进全球范围人才交流，加拿大、欧洲、阿联酋公司各有 1 名当地外籍员工来本部任职；日本分部 2 名骨干员工分赴上海、华南分部交流工作。

紧贴经营实际，开展员工能力提升培训。中远海运集运先后开展“提升上船货收益”口岸系列宣讲、推进新客户开发、专业化板块营销、客服能力提升、供应链业务、海洋联盟航线产品等专项培训，实现了内外部优势资源的最大化利用。借助公司在线培训平台，将业务培训资料分享至海外员工。年内共组织本部培训 78 场、3416 人次，口岸 865 场、21 376 人次，海外（视频连线）5 场、482 人次。公司在线学习平台（集智荟）发布课程 249 门，专业课件 738 个，目前用户 8605 人，课件学习 46 717 人次。

【党群工作】

中远海运集运党委班子由 12 人组成。公司直属党委 16 个、党总支 1 个，挂靠党组织 1 个，所属各级基层党组织共计 532 个。其中党委 38 个、党总支 34 个、党支部 460 个，共有党员 7146 人，包括船舶政委在内的专职党务干部 447 名。中远海运集运党委认真贯彻落实党的十八大、十八届三中、四中、五中、六中全会和党的十九大精神，在中远海运集团党组正确领导下，全面加强党建各项工作，落实全面从严治党各项要求，为中远海运集运改革重组、提质增效提供坚强政治保障。

公司党委、各级党组织推进“两学一做”学习教育常态化制度化与深入学习党的十九大精神有机结合，开展多形式、多层次、全覆盖的全员培训，以集中学习研讨、编发解读专刊、外请专家辅导、领导干部讲党课、参观一大会址等红色基地、观看专题政论片等形式，深入学习宣传贯彻党的十九大精神。全系统共召开 80 次专题中心组扩大学习，组织 108 场专题培训，各级班子成员、党组织负责人讲授专题党课 235 场，参观红色基地 3580 人次，强化对党的十九大精神全面理解，特别是习近平新时代中国特色社会主义思想的深刻认识，进一步增强“四个意识”、坚定“四个自信”，坚定建设海洋强国、交通强国，建设具有国际竞争力的世界一流航运企业的信心和决心。

公司党委认真制定并严格执行党组织理论学习中心组学习重点安排。公司党委共开展 12 次党委中心组（扩大）学习，第一时间传达学习习近平总书记系列重要讲话精神，全国两会、党的十九大、习近平总书记关于进一步纠正“四风”，加强作风建设重要批示、《习近平谈治国理政》第二卷等文件精神，用习近平新时代中国特色社会主义思想武装头脑，进一步提高各级领导班子和党员领导干部的政治觉悟与党性修养。

弘扬“四个一”理念和“同舟共济”的企业精神。公司党委牵头组织基层党组织融入中心，服务大局，广泛搭台，与港口、边检、大客户、社区街道等单位开展文明共建，建立定期互访机制，推动合作共赢。做好党内激励关怀帮扶工作，2017 年，全系统慰问老干部、老党员和困难党员共计 130 余人次，发放慰问金 20.3 万，进一步增强党组织的凝聚力、向心力。各级党组织积极开展“保增长、促效益”主题实践活动，组织广大党员比业绩、比作风、比贡献。组织开展庆祝十九大“不忘初心跟党走，岗位建功新时代”主题演讲比赛和“比技能、亮智慧，助力集运扭亏增盈”主题活动，进一步凝聚员工思想，助力中心工作，服务岗位成才。2017 年，公司领导班子成员走访慰问 52 个一线网点、14 艘船舶和 14 个重点工程项目组，向基层工会回拨经费 310.4 万元，发放慰问金 48.05 万元。

公司工会组织开展“比技能、亮智慧，助力集运扭亏增盈”主题活动，各基层工会切实融入本单位扭亏为盈中心工作，以成果展示大赛的形式亮出劳动竞赛实际成果、众志成城的精气神，以及一线员工的智慧、价值和贡献。做好困难职工、一线职工、劳模、离退休职工，以及基层单位和船舶慰问工作，全年共发放慰问金 342.26 万元。用好爱心基金，重点对患大病职工进行爱心帮扶，继续做好对崇明三星镇北桥村的对口扶贫工作。

公司团委联合虹口区青年联合会、上海建工集团共同举办“领跑”虹口青年主题讲座，以航运业成长发展为线索，结合中远海运集团发展史，分享新中国海洋强国梦的伟大实践史，激励青年人始终铭记近百年来航海人为中华民族伟大复兴所做出的不懈努力，铭记航海人勇于担当、艰苦奋斗的不屈精神。党政工团齐心协力，同心合力，形成中远海运集运上下团结奋进的良好氛围。

【企 业 文 化】

2017 年，中远海运集运全系统牢固树立“创业、创效、创新”的共同理念，持续推进文化融合。

根据集团企业文化核心价值理念纲要的总体框架，根据改革发展不同阶段任务要求，进一步深化“A Better ONE、We Are Ready、We Deliver Value 价值 · 因运而生”等 3 个宣传主题内涵，集运本部和各直属单位通过形式多样的宣传平台和宣传方式，进一步弘扬“四个一”理念和“同舟共济”企业精神。大连分部通过电子期刊、公众号和广播站播音传递改革创效正能量；宁波分部围绕“融合、创效”，积极培塑“不断超越创造价值”企业文化；武汉分部积极推广“同舟共济”文化理念和“以奋斗者为本”的管理理念，通过公司内部新闻播报等平台，生动实时展现改革新发展新气象。

在新集运成立一周年展示活动、“北外滩之夜”文化展演、集团“中远海运歌”展演、集团庆祝十九大职工文艺汇演的舞台上，始终活跃着中远海运集运人的靓丽身姿。公司组织“16 走来，17 向前”等文化融合活动，由员工创作并唱响的《We are ready》《一路拼搏》《拥抱此刻》《远海东方》等原创歌曲，展现了员工与企业同呼吸共命运、同进步共发展的良好精神风貌。

（金佳慧　林欣　范祝莲）

2016—2017 年中远海运集运主要情况表见表 14-2。

2016—2017 年中远海运集运主要情况表　　表 14-2

类别	项　目	2016 年	2017 年	备注
船队	艘数（艘）	312	360	扣除出租
	箱量（万 TEU）	164.8	181.9	扣除出租
	船舶租赁（万 TEU）	128.3	134.8	—
	新船订单（万 TEU）	56.2	49.6	—
运量	货运（万 TEU）	2445	2139	—
	周转量（亿箱海里）	823	779	—
财务状况	总资产（亿元）	629.25	680.26	—
	净资产（亿元）	48.49	78.58	—
	总收入（亿元）	665.69	867.51	—
员工队伍	年末员工总数（人）	2.48 万（含船员）	2.41 万（含船员）	—

中远海运散货运输有限公司

中远海运散货运输有限公司

中远海运散货运输有限公司（简称“中远海运散运”，英文简称 COSCO SHIPPING Bulk），是中远海运集团旗下的全资子公司，由原中远集团旗下的中远散货运输（集团）有限公司（简称“中散集团”）和原中国海运旗下的中海散货运输有限公司（简称“中海散运”）整合而成，于 2016 年 6 月 2 日在广州南沙自贸区注册成立，6 月 16 日正式挂牌运营。

【公司沿革】

2011 年 6 月 7 日，中远集团的控股子公司——中国远洋控股股份有限公司（以下简称“中国远洋”，H 股代码：1919，A 股代码：601919）董事会执行委员会批准通过进一步推进散货体制改革基本原则和基本框架。根据中国远洋第三届董事会第二次会议决议，决定独家出资设立中散集团，实现对中国远洋旗下中远散货运输有限公司（中远散运）、青岛远洋运输有限公司（青岛远洋）、中远（香港）航运有限公司 / 深圳远洋运输股份有限公司（中远香港航运 / 深圳远洋）3 家散货公司生产经营、企业管理、人力资源、财务策划、发展战略等全方位的整合。中散集团于 2011 年 10 月 26 日取得企业法人营业执照，注册资本为人民币 10 亿元，注册地为天津市东疆保税区，中国远洋持有其 100% 的股权。2011 年 12 月 13 日，中国远洋以其持有的中远散运 100% 股权、青岛远洋 100% 的股权，以及深圳远洋 51.72% 的股权对中散集团增资，金额为 106.97 亿元。增资后中散集团注册资本变更为 116.97 亿元。2012 年 3 月 31 日，中国远洋以其持有的对中散集团的债权对中散集团增资，金额为 142.71 亿元，增资后其注册资本变更为人民币 259.68 亿元。中散集团的经营范围包括：国际船舶普通货物运输；国内沿海及长江中下游普通货船运输；船舶租赁、买卖、管理及相关信息咨询；货运代理；企业管理。截至 2015 年年底，中散集团拥有和控制干散货船舶 225 艘 /2 199.6 万载重吨。其中包括自有船 176 艘 /1 748.16 万载重吨，光租船 4 艘 /19.73 万载重吨，期租船 45 艘 /431.71 万载重吨。

1998 年 4 月 22 日，中海集团的控股子公司——中海发展股份有限公司（以下简称“中海发展”，H 股代码：01138，A 股代码：600026），在广州市南沙区成立中海发展股份有限公司货轮公司（以下简称“中海货运”）。中海货运拥有中海集团下属的中国沿海最大的货轮运输船队，由上海海运集团公司（简称“上海海运”）、广州海运（集团）有限公司（广州海运）、大连海运集团公司（大连海运）所属的 3 家专业货运公司组建而成。2011 年 11 月，中海集团着手进行干散货运输资源的再次整合，决定设立新的独立法人——中海散运，将其作为中海集团干散货船队统一经营管理平台，逐步将中海集团所属的干散货船舶的资产、业务（含中海货运）及中海发展所属散货联营公司的股权划转到中海散运。中海散运于 2012 年 6 月 12 日取得企业法人营业执照，注册地为广州市南沙区，注册资本 5 亿元，中海发展持有其 100% 股权。2012 年 6 月 30 日，中海发展以其持有的对中海散运的债权对中海散运增资，金额为 11.67 亿元，增资后其注册资本变更为 16.67 亿元。2012 年 9 月 28 日，中海发展向中海散运增资 26.33 亿元，其中货币资金出资 797 240 200.00 元，以其所持有的中海散货运输（上海）有限公司 100% 股权和天津中海华润航运有限公司 51% 股权出资 1 835 759 800.00 元，变更后中海散运注册资本为 43 亿元。中海散运的经营范围包括：国际船舶管理；国内船舶管理；国际船舶运输；内贸普通货物运输；水上运输设备租赁服务；水上货物运输代理；国际货运代理；水上运输设备批发；船舶修理；船舶零配件销售；船舶、海上设施、岸上工程的技术检验；煤炭及制品批发；谷物、豆及薯类批发；金属及金属矿批发（国家专营专控类除外）；钢材批发；钢材零售；非金属矿及制品批发（国家专营专控除外）；货物进出口（专营专控商品除外）；建材、装饰材料批发。截至 2015 年年底，中海集团控制和拥有干散货船舶 265 艘 /2 053.68 万载重吨，其中自有船舶 248 艘 /1 921.65 万载重吨，租船 11 艘 /132.03 万载重吨。中海集团旗下的中海散运拥有和控制船舶 106 艘 /927.35 万载重吨，其中自有船舶 95 艘 /835.43 万载重吨，租入船舶 11 艘 /91.92 万载重吨。其余船舶为中海集团下属的其他公司或合营公司的船舶。

2015 年下半年，为了加快推进中远集团和中海集团散运板块业务的整合工作，中散集团、中海散运分别派人参加筹备工作，进行深入调研，拟写整合重组方案，并协助散运资产从上市公司剥离，为后续改革重组做好前期准备。2016 年 2 月 18 日，中远海运集团成立。2 月 24 日，集团召开了散运整合工作会，宣布集团散运改革重组工作组成立。会上介绍了整合背景、宣布整合基本原则及分工、整合方案内容及时间表等。重新组建的散运改革重组工作小组在前期方案的基础上，结合集团成立后的新形势和新要求，在经营体制上深度创新，在方案论证上精雕细琢，前后修改 83 稿，最终完成《中国远洋海运集团散货运输板块业务整合总体建议方案》，并经集团 4 月 18 日第 11 次总经理办公会审议通过。3 月 30 日，集团召开大会，宣布任命公司领导班子。4 月 20 日，公司召开第 2 次总经理办公会，决定成立筹备工作领导小组和 13 个专项筹备组。筹备工作领导小组和专项筹备组成立后，制定工作计划及进度表，严抓工作进度，严格时间节点，严控质量效率，按照倒排时间进度的要求，确定十项重点任务，包括新公司工商注册、总部“三定”（定岗、定责、定编）、总部人员选配、业务切换方案、基本规章制度、信息系统切换和上线、办公及后勤保障、新公司总部开业仪式、方案宣贯、履行民主程序等，每项工作均指定分管领导负责推进。重点工作的按时完成到位，确保重组筹备工作的整体推进，保证公司按期注册、挂牌成立并平稳运行。6 月 30 日，公司获得水路运输许可证、国际船舶运输经营许可证，并成功启动业务切换工作。11 月 19 日，公司完成海南海盛 100% 股权的收购工作。12 月 28 日，公司在完成自身增资 66.12 亿元的同时，通过对中散集团增资扩股，成为其股东并拥有 56.5% 表决权。

2017 年，是散运公司改革重组后转型发展之年，也是实现低谷崛起之年。公司紧扣“深化改革、提质增效”这一主线，众志成城、迎难而上，勇于变革、锐意进取，践行“以营销为引领、以货源为中心、以高效运营为保障”的转型理念，有力推动了散运增长驱动从外延式粗放发展到内涵式精实发展的进阶，商业模式从低层次同质化竞争向高层次协作创新演变，市场竞争能力从船队资源控制到多要素叠加应用的提升。在多业态交融、多元势力博弈的新业态中，实现了服务模式从单一到多元、从多元到领先的发展，在国际市场中闯出了属于中国船东的新天地，成功扭转了多年亏损局面，走出了绝大部分散货同行面临的困境，打开了新的经营局面。

图 14-1 为中远海运散运组织结构图。

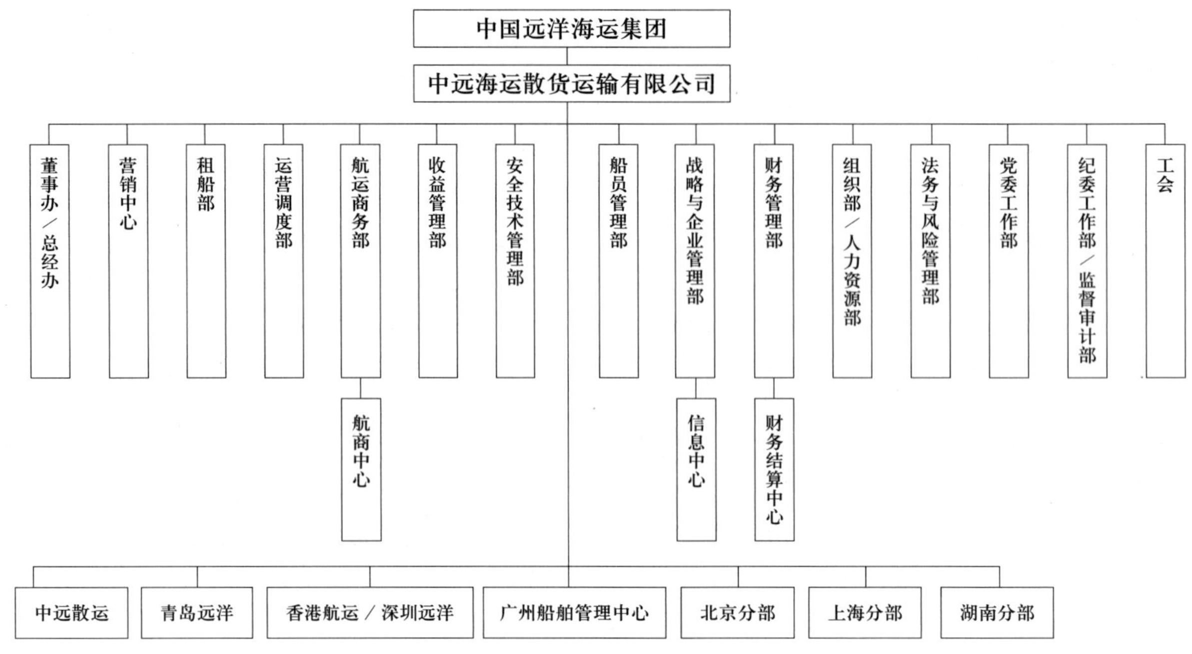

图14-1　中远海运散运组织结构图

【经营效益】

2017 年，全球经济复苏超预期，干散货航运市场表现大幅好转，但新业态下竞争格局较为激烈。BDI 全年均值 1145 点，同比上涨 70.1%；CBCFI 指数均值 944 点，同比上涨 52.9%。这一年，散运公司依托改革重组后全新的经营架构，践行大客户合作战略、创新差异化服务、深化结构革新，积极向市场引领者和规则制定者转变，闯出了属于中国船东的新天地，扭转了多年亏损困境，成功实现了低谷崛起。2017 年，公司实现总营业收入 237.46 亿元，利润总额 5.42 亿元，圆满完成了集团下达的奋斗目标。

【风险管控】

为全面提升公司应对内外部各项风险的能力，中远海运散运全面推进公司综合管理体系建设，初步搭建了纵向一体化的风险防控体系，制定了《全面风险管理和内部控制手册》《质量、环境、职业健康安全管理手册》《安全生产标准化手册》和《能源管理手册》及相应配套程序文件、工作职责和工作标准。公司综合管理体系通过中国船级社质量认证公司的认证审核并取得质量、环境、职业健康安全、能源管理和安全生产标准化的认证证书。制定《安全风险评估操作规程》《安全风险评估控制程序》《环境因素识别、评价和控制程序》《职业健康安全危险源识别、评估和控制程序》等相关风险评估流程，并开展年度风险评估和贸易类业务风险排查工作，落实风险管理责任。大力推进“以案为鉴”工作，在对已结案件深入分析的基础上，发布法律信息及法律风险提示 21 篇，有效提升公司管理。

中远海运散运党委紧紧围绕新散运中心工作任务，着力发挥职能和作用，充分用好宣传教育这个手段，把握责任追究这个利器，扭紧压力传导这个抓手，完善制度建设这个基本保障，深入持续推进党风建设和反腐倡廉各项工作，为公司改革发展和提质增效提供了有力支持和保障。量化分解年度党风廉政建设和反腐败工作任务，坚持监督季度例会、全面从严治党主体责任落实情况考核、中层干部述廉议廉，巩固发展良好管党治党局面。深入推进中央八项规定精神的贯彻落实，组织开展履职待遇支出及“五项费用”专项监督检查、违规公款购买消费高档白酒问题集中排查整治和纠正“四风”工作专题调研，对发现的有关问题，加强整改落实。汇编《中远海运散货运输有限公司关键业务廉洁风险防控手册》，制定《中远海运散货运输有限公司纪委书记参与人事选拔任用初始酝酿实施办法》《中远海运散运中层副职以上干部廉洁档案工作规范》等3项纪检制度，提高纪检工作制度化、规范化水平。严格监督执纪问责，立案案件11起，结案10起，给予党纪处分10人。强化廉洁教育，组织总部经营管理关键岗位78人召开警示教育专题会；区分新入司员工、新提拔经理级干部、新提拔中层干部，同70人次开展针对性岗前廉洁谈话；组织开展“打造作风名片，崇尚廉洁从业”主题教育，共收到廉洁家风故事282篇，漫画作品128幅，摄影作品456幅，廉洁誓言786条。

【企业管理】

2017年，中远海运散运通过不断深化“去产能、调结构”的改革任务，公司治理结构更趋合理，产能动力不断加强。在集团统一部署和IMO大力指导下，公司经过深入调研和严谨推演，形成了船舶管理体制改革方案。加快船队更新，其中退役船型差、高能耗、不适货等老旧船舶62艘338万载重吨；收购集团系统内散货船8艘45万载重吨；新接低耗能、环保型船舶20艘186万载重吨；船队平均船龄下降至6.5年，自压减工作开展以来，截至2017年年底，共关闭低效无效公司139家，其中2017年关闭57家，总数位居集团第一。同时，完成中散集团等21家境内外公司股权划转，法人层级已压缩至5级，管理层级已压缩至4级，理顺了散运系统内的股权关系和管理关系，顺利完成集团下达目标。在公司数量得到精简的同时，资产质量得到进一步提升。各合资航运公司依托双方股东船货优势，创新经营模式，深入对标挖潜，创效能力显著增强，2017年实现利润总额同比增长53.9%，有力增强了散运经营整体实力。

中远海运散运不断完善绩效考核制度，优化公司2017年考核方案，对海外营销机构的考核机制作了重大调整，改变了以往只考核揽货量指标的情况，增加对效益指标、新增客户揽货量、专项营销指标、大客户开发、客户维护等指标的考核，为进一步发挥海外机构在公司全球布局的桥头堡作用打下基础。2017年，与中信集团、厦门国贸、必和必拓、淡水河谷等众多国内外知名货主建立了互通互访机制，巩固了与宝武、中粮、中储粮、五矿、大唐等多家央企大客户的合作，培育了中建材、中化、中成套、嘉吉等一批有价值的央企客户和海外客户。同时，积极参与VALE325K全球招标项目，以最高价格达成了27年的COA合同，并签订了配套的4艘325K新造船合同，在引领合作新趋势的同时，有效改善自身货源结构性短板。除此以外，还与Drummond、Enel、Glencore等欧美重要战略客户达成新航线的稳定合作，实现第三国货量开发的新突破，打破国外船东在传统优势航线上的垄断局面。公司与中远海运资产联合成功竞买广州琶洲AH040112地块，并签订地块出让合同，为推动公司可持续发展奠定基础。提升信息流转化率，紧跟营销理念的转换，对BMS系统、航标系统等进行改造完善，实现了核心经营管理业务操作的高效化、流程化、数据化，并逐步向智能化推进，为经营提供了有力支撑。

2017年，中远海运散运通过资金流、业务流、信息流的精益化管理，使得公司效率得到进一步提升。通过加强资金筹集、存量管理与统一调度，充分发挥香港境外融资优势，融入低息资金，改善了公司债务结构，短期借款减幅50%，负债率较2017年初下降4个百分点。通过现场催收、强化监控考核等多重手段，公司主业超期应收账款总额同比大幅下降。其中与武钢签订合作框架协议，突破性收回款项。围绕内部协同效应、预算精益管理，全业务流程的成本管控力度得到进一步加强。散运公司与CCS共同研发的“船舶能效智能管理系统”，荣获中国航海学会2016年度科学技术一等奖。

【创新发展、市场引领】

2017年，中远海运散运在做大货源规模的基础上，以客户需求为导向、以商业模式的不断创新、价值链的重构优化，强化价值服务转化层的“乘数效应”。以“准班轮”为代表的新产品研发项目，2017 年成功铺设 12 条内贸“准班轮”航线，在内贸市场初具规模优势和影响力，完成航次整体效益高出同类传统运输模式 10%，成为公司稳定的效益增长点。以“中粮国际”为代表的新模式创设项目，在战略合作框架协议下，进一步推动公司与其在航运、物流等领域进行多渠道、多形式合作，并积极推动海外合署办公模式。以“中铝、中交产投、国电投”等为代表的全程物流项目，为公司积累了海外项目的运作经验。特别是在集团与中铝的战略合作框架协议下，散运协同兄弟单位，依托中铝几内亚铝土矿项目，探索建立了矿山－港口－海运的新型合作模式，参与了项目全流程设计，凝聚了双方合作共同体、利益共同体的纽带关系。这些项目的成功实践，不仅加强了散运与核心客户群的合作关系，而且在开拓高附加值服务、扩大货量规模上获取了新的空间。

公司不仅主动适应新业态变化，而且积极向改善业态环境的市场引领者和规则制定者转变。先后召集内、外贸船东峰会，提出“维护生态、合作共赢”的市场理念，得到与会同业的积极支持和响应，市场信心得以提振，航运生态得以修复。通过主动与波交所、上交所等机构沟通，积极参与构建指数新规则。权重调整后的新 BPI（BDI 中的巴拿马船型指数）于 2018 年 1 月 2 日正式发布；上交所新编 FDI（远东干散货指数）已于 2017 年 11 月 28 日正式发布，得到业界广泛拥护。此外，还带头成功阻止了大幅增加船东风险的 2017 BIMCO 燃油标准合同通过，得到与会多数国家代表的支持。通过进一步深化与中铝、马钢等国内大型进口商合作，散运以贸易条款的转变，初步打破了大矿商、大货主长期以来对干散货市场定价权的操纵。同时，以 CDFI 指数挂钩的形式与广州粤和签订了 100 万吨煤炭 COA，为后续定价模式的多样化提供了里程碑式的范本。

【安全管理】

2017 年，中远海运散运深入贯彻落实集团各项安全工作部署，全面落实安全生产主体责任，以年度安全目标和事故问题为导向，以安全专项活动和隐患排查治理为抓手，完善安全管理制度体系，不断夯实安全基础，强化预防预控措施。各类事故严格控制在集团下达的指标范围之内，船舶 PSC 检查无缺陷通过率 81.02%，FSC 检查无缺陷通过率为 39.77%，安全管理形势持续稳定并向好发展，为公司改革发展和提质增效营造了良好的安全氛围和安全保障。

公司以强化“双基（基层、基础）”建设为切入点，按照集团监管要求，结合公司实际，优化顶层设计，严格考核监管，强化各级领导履职尽责。公司组织编制了 2017 年安全管理制度清单和制定计划表，制定并印发《安全监管办法》等公司总部层面的安全制度 26 项；根据集团“一个标准、一个体系、一个 DOC”管理理念要求，统一《船舶操作须知》文件，为落实集中统一管理奠定基础。公司认真研究不同时期安全生产的客观规律，强化各项预防预控措施的落实和全过程监管，实现安全效益“双赢”；加大对各管船单位及船舶的安全督查和动态检查力度，加大对事故的调查和处理力度，切实做到问题导向、以案为鉴，强化各级履职尽责的意识；通过加大技术信息、成本管控、管理节能等方面举措，积极推进安全信息化、成本控制、节能减排等措施，为公司提质增效夯实基础。公司加强新造船和运营船舶管理工作，2017 年共接入新船共 17 艘 /185 万载重吨，运营情况良好；共退役船舶 62 艘 /338 万载重吨（含合资合营公司 12 艘），认真落实各项技术保障、物资保障和安全保障措施，确保船舶安全。

【队伍建设】

中远海运散运紧紧围绕深化改革、提质增效中心任务，始终把人才资源作为支撑企业发展的“第一资源”，以“四个一”理念为引领，以育人才、搭平台、强管理、建机制为重点，统筹推进各类干部人才培养。深入贯彻落实集团《“十三五”人才发展规划纲要》，制定完善公司人才发展规划，着力加强领导人才、高级业务专家、后备人才、国际化人才和年轻干部5类关键人才队伍建设。坚持党管干部、党管人才，树立正确选人用人导向，丰富拓展干部选用机制，组织岗位竞聘，既“伯乐相马”又“赛场选马”，不拘一格选拔优秀年轻干部。建立干部选拔任用纪实等制度，坚持在干部选拔任用过程中，纪委书记从初始酝酿阶段参与研究并实施全程监督。共任免干部77人次，其中提拔任用25人次。构建“大培训”格局，在华南理工大学、江西干部学院和国家行政学院举办营销高级研修班、“领导力提升”专题培训和年轻后备干部培训班。打造“国际人才训练营”“致善大学塾”等学习品牌，培训员工3600多人次。制定完善员工绩效考核办法，强化激励约束，逐步形成了薪酬激励有抓手、个人奋斗有方向、干事创业有激情的良好局面。坚持以问题为导向，不断规范理顺各项工作流程。按照集团有关船员船管整合工作部署，提早做好人员情况梳理，提前思考有关人员选聘、安置以及薪酬配套制度等，确保干部人才队伍稳定、各项工作不断不乱。

【党 群 工 作】

2017年，中远海运散运党委以党的十九大精神为指引，认真落实全国国企党建工作会议精神和集团党组工作部署，全面加强党的建设，积极践行集团“三创”理念，为成功打赢扭亏为盈攻坚战，超额完成集团下达的奋斗目标，开创转型发展新局面提供了坚强政治保证。印发《关于深入学习宣传贯彻党的十九大精神的通知》，利用党委中心组集体（扩大）学习会、党群月度工作例会、纪检监察系统学习贯彻党的十九大精神专题会等，开展集中深入学习。邀请十九大代表钟松民到一线船舶宣讲党的十九大精神，产生强烈反响。各级班子成员深入基层单位和船舶开展宣讲30多场次，实现基层党组织和党员干部全覆盖。组织党员干部参加国务院国资委、集团党组和地方举办的各类专题培训，800多人次参加了“学省党代会精神 迎党的十九大召开”和“学报告、学党章”考学活动。严格落实中心组学习制度，举办党委中心组集体（扩大）学习会12次。严格落实民主集中制原则，制定公司《“三重一大”决策制度实施办法》，将“党组织研究讨论作为董事会、经理层决策重大问题的前置程序”明确写入“三重一大”决策制度。班子成员带头践行《公司党委关于进一步改进工作作风、密切联系群众实施细则》，创新谋划船员船管体制改革，同步谋划中远散运、青岛远洋、深圳远洋的转型发展，得到集团领导和IMO的充分肯定。公司领导班子被集团授予2017年度“钻石团队”。制定《落实集团基层党建三年工作规划实施细则》《党建工作责任制实施细则（试行）》等制度；召开党组织书记抓基层党建述职考核评议会，达到了述出责任、评出压力、考出动力的目的。召开公司第一次党代会，选举产生了新一届两委班子。指导250多个基层党组织按要求完成换届选举。统筹推进公司、各直属单位及合资合营公司党建工作总体要求纳入公司章程工作。修订《党费收缴、使用和管理暂行办法》，严格做好党费收缴管理工作。在船员船管体制改革中，坚持“四同步”“四对接”和“支部建在船上”，研究谋划加强船舶党建工作的思路措施，做好与新船员公司工作对接，确保船舶党建工作不断不乱，有序衔接。以“两学一做”学习教育常态化制度化为抓手，发挥支部主体作用，把“两学一做”纳入“三会一课”等基本制度，深入开展“迎接十九大、做合格党员、建规范支部”主题活动。落实广东省直工委要求，积极打造基层党建书记项目，总结提炼支部工作法，得到省直工委的充分肯定。

公司工会做好节日和高温慰问，策划开展“进百家门，暖百家心”活动，公司领导亲自带队，深入基层和船舶慰问调研。组织参加广东省“扶贫济困日”爱心捐款活动。公司团委积极组织开展“一学一做”教育实践，举办“我的青春我的梦”征文展演、“我为奋斗的青春代言”等活动。

召开共青团及青年工作会议暨五四表彰大会，举办 2017 年基层团干部履职力培训班，夯实团建基础。举办三期“青年大讲堂”，激励引导团员青年为企业发展贡献聪明才智。制定《公司综治维稳内保信访工作责任考评细则》等制度，以《治安综合治理目标责任书》为抓手，加强监督考核，发挥思想政治工作优势，对改革期间员工思想状况进行深入调研和全面分析，多措并举做好思想疏导、解疑释惑，上下协同做好综治维稳工作，特别是做好党的十九大召开期间及重要节点的安全稳定工作，确保了一方平安。

【宣传文化工作】

2017 年，中远海运散运聚焦形势任务，发挥公司“一刊一机一网一微”立体化宣传平台作用，广泛宣传深化改革、攻坚创效取得的突出成效和基层一线涌现出的好人好事，提振信心、鼓舞士气。主动拓展对外发声渠道，塑造企业形象。公司成立一周年之际，在《广州日报》头版刊发报道；在《中国远洋海运报》策划多期专版宣传。配合集团做好参加中国国际海事展、萨博会等大型展会，以及国家“一带一路”相关宣传、央视《金砖十年》纪录片拍摄工作。公司荣获集团 2016 年度新闻报道优秀组织奖，5 人获评优秀通讯员，9 篇作品分别获得好新闻奖和好作品奖。认真落实集团政研会成立大会精神，重视政研工作，编印《党建思想政治工作研究优秀论文集》，22 篇政研论文在集团 2016 年度党建思想政治工作优秀研究成果评选中获评一、二、三等奖，在集团直属单位中名列前茅。

2017 年，中远海运散运深入宣贯集团《企业文化核心价值理念纲要》，制定公司《企业文化“十三五”规划》。积极组织参加集团庆祝党的十九大职工文艺汇演和中远海运集团之歌优秀作品展演，选送节目广受好评。举行首届“企业文化月”活动，精心建造企业文化展厅，开展职工书画摄影大赛、十大歌手大赛、气排球比赛、羽毛球比赛等文体活动，增强了企业的向心力和凝聚力。公司代表队在第四届全国海员大比武中夺得团体冠军，隆重召开表彰大会，授予参赛队员“中远海运散运技能标兵”荣誉称号，大力弘扬“大比武”精神。七一前夕，40 个集体和 48 名个人分别获评集团和公司级先进基层党组织、优秀党务工作者和优秀共产党员称号。在集团工作会上，散运系统共有 12 个集体和 10 名员工获评集团 2017 年度先进集体和先进个人。公司表彰了 2017 年度 61 个先进集体、61 名先进个人和 46 名安全管理标兵，激励干部员工比学赶帮、创先争优。

中远海运散运 2017 年主要情况见表 14-3。

2017 年中远海运散运主要情况表 表 14-3

类　别	项　目	2017 年
运力	艘数（艘 / 万吨）	420/4191
	自有船舶（艘 / 万吨）	245/2884
	其他船舶（艘 / 万吨）	175/1307
	新船订单（艘 / 万吨）	3/93
运量	货运（亿吨）	3.65
	周转量（亿吨海里）	1.19 万
财务状况	总资产（亿元）	856.45
	净资产（亿元）	119.38
	总收入（亿元）	237.46
	利润总额（亿元）	5.42
员工队伍	年末员工总数（人）	4017

（李晓燕　缪易　刘烨　黄天翔）

中远散货运输有限公司

中远散货运输有限公司

【公司概况】

中远散货运输有限公司（简称“中远散运”，英文简称 COSCO Bulk），是中远散货运输（集团）有限公司骨干成员企业。公司自有好望角型、巴拿马型和灵便型等各类大型散货船舶 59 艘 /400 余万载重吨，由中远散货运输（集团）有限公司统一经营，为海内外客户提供干散货海上运输服务。中远散运以“创造卓越、服务全球”为宗旨，提供专业化的船舶机务管理、海务管理，以及船员管理服务。公司拥有全资、合资合营企业 20 余家，作为公司服务范围的延伸和补充，形成了独特的陆上产业。

公司建立了严格的综合管理体系，实施并保持符合 ISM 规则、ISO 9001：2008 质量管理体系标准、ISO 14001：2004 环境管理体系标准、OHSAS 18001：2007 职业健康安全管理体系标准的综合管理体系（Integrated Management System），所有船舶都遵循《国际船舶和港口设施保安规则》（ISPS），致力于安全、质量、环境、职业健康安全的和谐发展。

2017 年，公司主要机构设置：总经理办公室（下设数据档案管理中心）、船管部、安监部、财金部、企业管理部、人力资源部 / 组织部、党委工作部 / 企业文化部、纪委 / 监督部、工会、信息技术中心、离退中心、安全督查室、产业管理部、船员管理中心、航运协会 / 航海协会（协会组织）。截至 2017 年年底，公司在册总人数 4180 人。其中本部员工 378 人，陆地 487 人（公司本部以外的所属单位在册员工数），自有船员 3144 人；公司本部内退 72 人，离退休人员 5583 人。

2017 年，公司按照“与改革对接、为改革铺路”的工作主线，围绕“安全、改革、发展”三个关键词部署全年工作，成立改革领导小组和工作小组，为改革推进做好组织保障。通过会议、宣传、巡察等多种方式，强化广大员工对改革发展的思想认识，引导广大员工积极参与改革、支持改革。持续做好对重要案件、重点人员的关注和管控，确保深化改革期间的安全稳定局面。

2017 年，公司总资产 77.3 亿元，净资产 47.3 亿元，营业收入 18 亿元，利润总额 –1 亿元，净利润 –0.96 亿元。

【改革重组】

2017 年 2 月 24 日，中远海运集团党组副书记、副总经理孙家康率中远海运集团调研组来公司开展船员管理体制改革专题调研。孙家康一行听取了公司船员管理中心负责人所作的工作汇报，了解了中远散运船员队伍及船员管理中心的总体情况，听取了公司对于船员管理体制改革的想法和建议。孙家康充分肯定了中远散运（天津远洋）的发展历史和为集团改革发展作出的贡献，对即将开展的船员管理体制改革提出明确要求。

一年来，公司通过研究改革发展顶层设计，配合做好船员管理体制改革的推进实施。公司企管部牵头研究制定区域公司改革发展方案，形成报告提交上级公司；相关部门协同配合，做好相关改革方案调研论证；公司成立改革专项小组，加强组织协调；协同推进船员管理体制改革，汇总起草公司改革实施方案。同时，公司以改革为目标，对资产、股权、人员、业务等进行深入盘点；加快对低效、无效资产的清理力度。

按照集团部署优化运力资源配置，公司配合做好 2017 年退役的 8 艘船舶的出售拆解和 12

艘新接船的交付工作。此外，进一步调整船队结构，积极配合财政部拆旧造新政策，持续做好散货船队瘦身工作，加大老旧船舶拆解力度。2017年，公司共计拆解老旧船 8 艘，顺利完成了公司老旧船退役阶段性任务。拆船工作从出售处置至后期监拆形成了有效的闭环管理，强化每艘船舶从出售批复到补贴到位的全流程专人跟踪，并结合各拆船厂所在辖区海事局要求特点，有侧重加强沟通反馈，力争拆船工作不受政策变化的影响。同时，在处置环节针对特案免税进口船舶特殊性，协调海关采取绿色通道快捷处理，极大缩短船舶停航时间及尽可能减少补缴税赋，大大降低了不必要成本支出。在散运总部关于船舶报废处置专项审计的报告中，未出现一项关于公司船舶的审计问题。通过精心筹划，本着善始善终的原则，公司圆满完成老旧船退役相关各项工作。

11 月 6 日，中远散运召开 11 月大调度会。总经理王国荣、党委书记吕佐汉传达集团 11 月 3 日船员管理体制改革实施启动会精神，并就认真学习贯彻党的十九大精神、做好改革对接等工作提出了具体要求。12 月 15 日，公司召开船员管理体制改革专题职工代表大会，参加会议正式代表共 107 人。会上，代表们对《中远散货运输有限公司船员管理体制改革相关人员划转实施方案》进行了表决，并以 105 票赞成、2 票弃权通过了该方案。

【发 展 战 略】

2017 年，中远散运积极落实中远海运集团压减工作部署，持续开展好瘦身健体、“压减”和提质增效工作，继续做好无船空壳单船公司清理工作。公司借鉴前期成功经验，顺利完成了中南北等 6 家单船公司注销工作，累计完成了开曼公司 24 家单船公司注销工作，为中远海运集团整体压减达标工作完成作出贡献，并着力解决船务联合公司清算历史遗留问题，清算方案征得各方股东同意并获得上级批准，按照方案推动清算工作。

中远散运推进产业结构优化调整，探索创新创效项目。公司收集产业发展政策，研究与公司业务契合点并争取用足用好。对公司资产、股权、人员、业务等进行深入盘点，努力盘活资源，提前动手做好准备。依据集团《关于深入开展华北区资产盘活工作的通知》精神，公司配合集团调研组，做好天津地区土地、房产盘活方案的研究制定。公司加快低效、无效资产的清理力度，研究南疆码头开发、天惠公司发展、远华公司定位、供应公司减亏情况，形成具体报告以供决策。与天津高新区等各方洽谈北斗导航海洋应用项目，争取后续合作开发。稳妥推进二期项目，做好施工前各项工作准备。加大推进三供一业分离移交工作力度，在规定时间内全部提前完成正式协议签订工作。积极推进原 L 项目剥离的股权、土地及房产等资产的回拨工作，有关内容列入项目报告。

在公司面临改革转型，总体方案趋于明朗的时期，密切跟踪改革动态，加强企划研发工作，加强对相关改革政策、方案的调研论证，按照公司发展定位，积极调整业务定位以适应公司下一步发展节奏，加强新项目研发，在集团总体产业政策框架内，捕捉发展机遇，调动一切可以调动的力量，为公司改革发展大计作出贡献。

【企 业 管 理】

2017 年，中远散运按照“与改革对接、为改革铺路”的工作主线，围绕“安全、改革、发展”三个关键词加强企业管理。

一是全力推进改革，落实船员管理体制改革方案。按照集团整体部署和新散运要求，成立改革小组沟通各方协调推进改革工作，制定船员管理体制改革实施方案、研讨工作风险并制定应对预案。与新船员公司等沟通制定人员划转实施方案，获船员管理体制改革专题职工代表大会表决通过。密切跟踪新船员公司天津分公司设立工作进展，稳妥做好船员综合管理职能承接等工作，确保 2018 年 1 月 1 日业务切换各项工作交接平稳有序、不断不乱。

二是推进依法治企，提升公司制度体系的有

效性。参照上级规定修订规章制度管理办法，适时发布实施。持续规范、完善审计管理制度，修订并印发经济责任审计管理规定等 4 项制度。对 11 个拟发布制度进行规范性审核，确保公司规章制度符合体系规定和管理实际。修订完善综合体系文件 226 个，不断提升体系适宜性、符合性。在完成体系内审基础上组织开展年度体系管理评审，持续强化执行体系的规矩意识。以零不符合项通过中国船级社（CCS）的方便旗 DOC 年度审核等。顺利通过天津海事局的中国旗 DOC 年度审核。代表新散运接受中国船级社能源管理体系现场认证考核并顺利通过。

三是扎实推进内控和风险管理，有效防范各类风险。根据《中远海运散货运输有限公司风险评估管理规定》，修订完善公司全面风险管理办法。编制公司 2017 年度全面风险管理报告，做好重大风险的日常跟进。开展重要业务合同执行情况效能监察，防范合同执行过程中的法律与资金风险。推广集采商务平台应用，组织评价并更新供应商，保持公司供应商库的质量和竞争性。落实集团要求，编报中远散运 2016 年度内控评价缺陷整改情况报告、中远散运贸易类相关规章制度及风控体系建设情况报告。

四是完善全员绩效管理，全面开展绩效考核工作。做好公司 2016 年经营业绩责任书的自查上报，及时向上级单位就有关指标完成情况作出解释说明。协助新散运研究制定下达本年度任务指标。尽管面临改革不确定性，从企业大局出发，坚持以目标为导向，结合新散运下达的 2017 年经营业绩责任书和公司职代会要求，做好各部室、中心任务指标分解，下达各部门 2017 年任务书。继续加强信息化建设，根据实际业务需求完善了全员绩效管理系统相关功能。

五是开展社团协会管理。做好中国交通教育研究会退会备案工作，做好《天津航海》杂志 2014—2016 年度期刊优秀论文评选工作。按照新散运统一部署，组织公司全体人员参加中央企业全面质量管理知识竞赛等，推进开展社团协会管理各项工作。

【财务管理】

中远散运高质量完成 2016 年度会计决算和审计工作。根据中远海控要求，组织本部和所属单位编报 2016 年特别户决算报表，并按时上报中远海运散运。

积极配合审计署认真做好中远海运集团对于原中散集团的总经理离任审计。按照中远海运散运监察审计要求，做好船舶报废处置专项审计工作，完成“北海”“南海”“中海”“桐海”“武昌海”“松海”“栌海”“枫海”轮等船舶的资产评估备案、退役还船油，以及库存物资清理工作；根据贷款期后评估工作需要，组织完成“桃花海”轮等 5 艘抵押船的资产评估工作。

认真做好公司 2017 年预算分解下达，做好预算执行管控。做好公司 2018 年度初步预算的编制、上报工作，并按照中远海运散运审核意见修改、完善公司 2018 年度预算上报方案，时刻秉持加强现金流管控，保障资金链安全的理念，动态跟进中散本部和中散开曼的现金流滚动测算，确保 2017 年资金链安全。在债务置换方面，优化债务结构，按照贷款合同约定，确保各外部金融机构还本付息资金的及时准确到账，并提前收回中散开曼公司境外放款，提前偿还中散集团委托贷款 1.478 亿美元和天津远洋委托贷款 19 850 万元人民币。

积极投身公司改革转型。公司抽调骨干力量，深入研究和推进航标业务管理系统与 SAP 系统的对接改造。通过财务业务协调配合，积极做好航标系统与 SAP 系统接口工作。

坚持问题导向，持续深化对所属单位的财务管控。跟踪所属单位 2016 年财务基础工作检查所发现的各类问题，结合公司开展的“主动融入、主动对接、助力改革安全稳定”专项巡察工作，对存在问题逐项督导所属单位加以解决，已全部完成。

认真落实集团船员管理体制改革实施方案，按照中远海运散运要求，及时梳理船员体制改革涉及相关问题并上报中远海运散运船员费用工作小组，及时与船员中心财务部进行方案商讨、业务和数据对接，一并协调船员中心对船员费用和陆地职工费用预计跨期至2018年支付的项目、金额进行梳理汇总，主动与相关业务部门就备用金支付等工作的衔接进行讨论与征求意见，对船员中心在用资产进行梳理。

【陆 上 产 业】

2017年，公司所属合并单位实现利润总额1 378.12万元，确认投资收益3 161.86万元，均超额完成相应年初预算批复指标。公司研究收集并争取用足用好与公司业务契合的产业发展政策。根据集团通知要求，研究制定天津地区土地、房产盘活方案。研究南疆码头开发、天惠公司发展、远华公司定位、供应公司减亏情况，形成具体报告以供决策。与天津高新区等各方洽谈北斗导航海洋应用项目，争取后续合作开发。稳妥推进二期项目，做好施工前各项工作准备。加大推进三供一业分离移交工作力度，在规定时间内全部提前完成正式协议签订工作。

【安 全 管 理】

2017年，中远散运积极推进和落实各项安全工作部署，全年未发生上报等级事故，综合管理体系运行正常。

强化重点跟踪指导，确保船舶航行安全。严密监测全年形成的108个热气气旋，指挥40艘船舶采取正确措施避离，防抗台风成功率100%；监控指导航经北半球高寒海区和大范围大强度的温带气旋控制的海域船舶100艘次，监控指导113艘次船舶安全通过土耳其海峡、麦哲伦海峡、丹麦水域、拉普拉塔河等复杂水域。监控指导10艘次船舶在急流港口孟加拉国吉大港的锚泊作业，5艘次船舶安全进出冰封港口；指导监控72艘次船舶安全装运A类易流化态货物和50艘次船舶安全装运钢材拼货。对主机故障无法正常航行的“丰秀海”轮进行连续监控指导，成功指导“丰和海”轮在开敞洋面上通过救生筏、大榄传递主机备件，使其恢复航行能力，顺利抵达夏威夷。对航经亚丁湾海域的16艘船舶，航抵西非几内亚湾和挂靠西非国家港口的船舶16艘次，航经菲律宾南部海域船舶77艘次，航经印度洋船舶53艘次，航经印度尼西亚、新加坡等东南亚海域船舶62艘次，进行防海盗专项指导，保证了船舶安全。

提前筹划，确保船舶履约。紧密跟踪船旗国落实海事劳工公约MLC2014修正案的具体要求，及时向相关海事局/处报备财务担保书。更换全部21艘中国旗船舶海事劳工证书，修订中国旗21艘船舶、巴拿马旗17艘船舶海事劳工符合声明PART Ⅱ，向CCS报批。

强化海务现场检查力度和能力。以“驾驶台规范管理、驾驶台班组和现场工班组专项整治”活动为契机，加强驾驶台管理专项检查，全年共登轮采集98艘次值班视频录像。对100艘次船舶进行安全监督检查，累计发现各类缺陷578项；对60艘次船舶进行综合管理体系与保安体系内审，发现不符合项65项，并逐条跟踪，指导船舶及时采取有效措施整改关闭。

提升对船长、驾驶员、政委的培训效果。自5月起，每月安排2～3名休假船长进行挂职培训。完成上船接班船长82人、接班驾驶员258人、接班政委62人的岗前谈话。

持续完善体系建设，提高体系适用性和科学性。全年修订完善体系文件226个。为船舶安装体系平台54艘次，运行效果良好。持续关注各港口国、船旗国对ECDIS设备的最新要求，向船舶发送15期使用提示，并对相关体系文件进行修订。完成40艘次船舶的SMC、ISSC、MLC各类外部审核。完成9艘新接船证书发船和8艘退役船舶证书注销事宜。5艘船舶申报2017年度安全诚信船舶并获得评审通过。顺利通过中国船级社的方便旗DOC年度审核、质量管理体系、环境管理体系及职业健康安全管理体系监督审核，没有发现不符合项。顺利通过天津海事局的中国旗DOC年度审核，发现4个一般不符合项，没有发现严重不符合项。

强化安全检查，完善综合安全管理。全年共组织了驾驶台规范管理整治活动、消防安全大检查、安全生产月等 11 项范围较大的安全生产活动。对陆产单位进行 13 次定期检查和 36 次不定期检查，共发现隐患 63 项。组织督导陆产单位开展 31 次应急演练活动，提升应急处置能力。

【党 群 工 作】

2017 年，中远散运党委以落实全面从严治党主体责任为核心，以党建工作责任书为抓手，深入贯彻落实中远海运集团、中远散运公司年初工作会、安全会精神，以及公司“三会”部署要求，坚定不移“与改革对接、为改革铺路”，扎实做好“深化改革、强化队伍、健全机制、确保稳定”等中心工作，保证了改革任务的高效推进和企业总体的和谐稳定。公司党委深入贯彻落实上级部署要求，围绕深化改革、提质增效中心任务，做到了“四个确保，四个着力”。一是确保安全稳定良好局面，着力为深化改革保驾护航；二是确保从严治党责任落实，着力为转型发展强基固本；三是确保队伍建设持续加强，着力为干事创业营造氛围；四是确保群团组织纽带作用，着力为构建和谐凝心聚智。

2017 年，公司纪委紧紧围绕公司“改革、安全、稳定”中心工作，以“与改革对接、为改革铺路”为年度工作主线，聚焦监督、执纪、问责，严明纪律规矩，深入贯彻落实上级各项任务要求，努力构建“不敢腐、不能腐、不想腐”的制度机制，有效推动党风廉政建设和反腐败工作的责任落实。

公司工会积极协同新散运承办海员技能大比武参赛工作；组织开展走访慰问船舶、困难职工等活动；组织健步行等系列活动，营造积极和谐氛围；加强规范管理，扎实推进厂务公开民主管理。

公司各级团组织助力青年成长。公司所属 16 个团组织，以及 56 个船舶团支部积极推进落实“一学一做”教育实践、“创新发展·青年担当”主题实践、“温暖洛隆”等系列活动。（张磊）

青岛远洋运输有限公司

青岛远洋运输有限公司

【概　　述】

青岛远洋运输有限公司（简称“青岛远洋”，英文简称 COSCO Qingdao），成立于 1976 年 7 月 1 日。1975 年 5 月 20 日，交通部向国务院呈送了《关于成立中国远洋运输总公司大连、青岛分公司的请示》。同年 6 月 28 日，交通部正式通知中远总公司：关于成立中国远洋运输总公司大连、青岛分公司，已经国务院批准。自此，中国远洋运输总公司青岛分公司（简称“中远青岛分公司”）开始了筹建工作。1976 年 7 月 1 日，中远青岛分公司正式宣告成立。1977 年 6—10 月，中远广州分公司根据中远总公司的决定，先后将 10 艘散货船交由中远青岛分公司营运管理。中远青岛分公司成为我国首家专门经营干散货远洋运输船舶的专业公司。之后，为适应远洋运输事业发展的需要，便于对内、对外更好地开展工作，交通部于 1979 年 3 月 7 日下发《关于更改各远洋公司名称的通知》，明确 5 月 1 日起，中国远洋运输总公司青岛分公司更名为青岛远洋运输公司。2007 年 6 月 27 日，青岛远洋运输公司正式更名为青岛远洋运输有限公司，12 月 29 日，成功注入中国远洋，正式进入资本市场，公司的发展进入了一个新的历史阶段。2016 年 2 月，中远、中海两大集团改革重组，成立中远海运集团，“6+1”产业布局渐次铺开。同年 6 月，中远海运散货运输有限公司在广州成立，青岛远洋成为其全资子公司，主要经营国际船舶普通货物运输。

2017 年是集团效益攻坚、深化改革的一年，也是青岛远洋推进结构调整、转型升级的关键一年。面对复杂多变的经济形势和艰巨繁重的改革发展任务，青岛远洋坚决贯彻落实中远海运集团和中远海运散运决策部署，紧紧围绕年初制定的“改革创新、转型升级、提质增效、安全稳定”的核心任务，拼搏进取、奋发图强、砥砺前行，完成了上级下达的各项生产任务指标。

【公 司 机 构】

2017 年，青岛远洋共设 13 个部门 / 中心，分别为：总经理办公室、安技部、安质部、财务部、战略发展部、人力资源部、监督部 / 纪委、企业文化部 / 党工部、工会、法律事务部、信息中心、船员管理中心和陆产管理中心。

【生 产 经 营】

2017 年，公司合并账面口径盈利 26 132 万元（其中陆产企业利润 3514 万元，劳务公司利润 151 万元）。累计发生成本费用 47 697 万元，完成中远海运散运下达的任务目标。截至 2017 年年底，公司合并口径资产总额 36.47 亿元，债务总额 13.3 亿元，资产负债率 36.46%。

【安 全 管 理】

2017 年，青岛远洋认真落实上级的各项部署要求，坚持目标导向和问题导向，认真落实“党政同责、一岗双责、齐抓共管、失职追责”的要求，严格“三个必须”，不断创新管理手段，提升船舶管理实效，强化陆产安全监管，保证了青岛远洋安全生产总体稳定的局面。2017 年未发生机损、海损及其他上报等级事故，保持了防抗台和寒潮大风成功率 100%，但发生船舶滞留 1 起和船员轻伤 1 起。

一年来，公司以“深化船舶管理改革，打造

一流船管品牌”作为管理提升战略目标引领，把船员体制改革和船舶管理体制改革的关键时期安全稳定作为头等大事，持续推动抓好“安全人人有责，安全从我做起”“驾驶台规范管理”等专项活动，把安全意识和保障安全贯穿于公司生产经营和管理始终。认真贯彻船舶“五防”工作落实，加强船舶航行安全、载运特殊货物，以及防海盗防偷渡工作的监督跟管，强化岸基和船员两支队伍建设，动态识别筑牢风险防范的根基。落实“持续培训，持续提高”的原则，创新培训模式和内容，持续推进船员培训工作向系统化、专业化方向迈进。

【人 事 管 理】

2017 年，青岛远洋认真学习宣传贯彻党的十九大精神，把人才作为支撑企业发展的“第一资源”，围绕“改革创新、转型升级、提质增效、安全稳定”的核心任务，精练队伍、盘活资源、提升素质，以强有力的组织人才保障为转型发展提供有力支撑。

积极配合集团船员管理、船舶管理体制改革，统筹分析公司人力资源现状，稳妥做好改革期间干部人事相关工作，高效有序推进改革方案的实施。深化契约制竞聘，结合青岛远洋国际旅行社的改制，以市场化选人用人模式开展国旅总经理的公开竞聘工作，人才活力充分释放。

建立全员考核体系，形成“三测两考一结合”考核机制，进一步细化完善 2017 年组织及员工考核计划、考核细则，分层次、有针对性地进行考核反馈，形成工作闭环。强化薪酬管理，认真评估现有薪酬体系运行情况，明确改进方向，为改革后薪酬办法不断优化做好准备。以业务发生为源头，以业务驱动为基础，逐月做好分析管控，实现预算工作的全过程控制，挖掘增收节支潜力。

根据集团“十三五”人才发展规划与公司职能转变，完善公司后备人才队伍选拔及培养方案，打造知识技能全面、专业素质突出、开拓创新意识强、综合管理能力出众的高素质人才队伍。打造新型员工培养体系，加入培训需求访谈、计划督导、量化评估等环节，优化培训管理机制，引入“互联网 +”培训管理工具，培训覆盖面不断扩大。

【企 业 管 理】

2017 年，公司围绕改革创新目标，顺应发展大势，激发内生动力，积极推动内部改革和机制创新，为持续发展奠定了坚实基础。

落实深化改革总体部署。按照上级关于船员管理体制、船舶管理体制、区域公司改革的总体安排及要求，成立了船员管理体制、船舶管理体制改革及发展改革领导小组和三个工作小组，全面负责改革发展工作的统一领导、整体部署、实施推进等各项具体工作。

深入推进内部改革创新。顺利完成了连远公司和连远流体管理体制调整，压缩了管理层级，激发了两家企业的内生发展动力，改革效果初步显现。实施了远洋国旅的转型升级工作，从企业发展战略、组织人员选聘、拓展业务方向等方面推进改革，争取打造新的利润增长点。连远流体加快产品和技术研发创新，完成了智能装卸臂、智能立体车库和船用阀门等新产品研制和取证，积极探索产、学、研一体化发展道路。

创新创效工作成效明显。修订发布了创新创效工作管理办法，启用创新创效项目在线申请、预审和评审系统，促进了创新创效工作的信息化、常态化、长效化。经过公正、公平、公开评选，码头油气回收船岸界面安全装置等 9 个创新创效项目获得奖励，远洋广场能耗管理系统方案和实施等 11 创新创效获得通报表扬。尤其多部门联合共同开发预算管理系统和资金管理系统、客户信息管理平台、船信通二期、青岛远洋移动平台等项目，为公司打造信息化、数字化、智能化的运营保障体系做出了有益探索。

重点项目实施取得突破。成立了青岛远洋客滚船项目工作小组，推动中韩轮渡运力更新项目，获得集团审批，与船厂签订了造船合同；积极推进大厦一期续建工程项目，取得集团同意立项文件，已陆续开展国家发展改革委投资备案、征求业主意见、详细设计、规划等项目前期工作；连远与连云区政府签订战略协议，积极调研论证业务投资新项目；完成科苑路土地盘活方案立项工作，进行可行性报告编制并报上级审批。

瘦身强体减负成效明显。关闭单船公司 3 家，完成 9 家单船公司股权从明海转移至珍海的工作，提前完成上级部署的 2017 年压减任务，获得集团有关压减工作突出的表彰。妥善完成了装饰公司 49% 股权出售工作，低效无效资产得到了盘活。完成了 3 艘船舶的退役拆解工作，并接入了新散运 2 艘船舶实施管理。

优化风控体系与管理体系融合。2017 年上半年，公司从兼容性和互补性角度出发，重新编制《青岛远洋全面风险与内部控制管理手册》，明确了全面风险管理与内部控制的关系，建立了以风险为导向，以内部控制为手段的全面风险与内部控制管理体系，实现了与公司现有管理体系、规章制度等良好衔接、融合。

【财 务 管 理】

资金管理方面，优化资金统筹管理模式，确保资金流畅通。通过合理统筹规划，确保资金流畅通；加强日常资金滚动测算，在综合平衡的基础上合理安排资金开支；加大对所属单位资金的集中管理力度，尤其是加强对重点单位的资金和债务检查及管控力度；主动与上级沟通，提前归还部分贷款，优化债务结构，不断提升资金债务管理水平，实现了资金管理的精细化效益。

预算管理方面，严格预算监督考核，努力实现降本增效。细化分解各项指标，落实到具体责任部门和责任人；落实上级要求，召开专题座谈会，推进实施预算监控并进行准确性考核、评价工作；完善并实施了《青岛远洋全面预算管理工作考核暂行办法》，逐步实现以业务动因为基础的科学评价考核制度；通过从严预算，严格管控，2017 年公司成本控制工作取得显著成效。

会计核算方面，夯实基础工作，组织落实上级《关于统一船舶、集装箱以外的其他固定资产折旧年限及净残值率的通知》《关于调整相关税费会计处理规定的通知》《关于统一坞修支出会计核算事项的通知》和《关于统一中远海运散运所属境内企业职工教育经费计提比例的通知》的要求，规范会计核算行为；落实集团《关于加强中远海运散运内部往来财务管理的通知》要求，加强内部往来管理。

税务工作方面，扎实推进税务工作开展，圆满完成各月各项税费的纳税申报和税款缴纳工作；完成船员 2016 年度个人所得税汇算清缴工作；组织完成公司年所得 12 万元以上员工个人所得税自行申报工作。开展税法宣传活动，邀请税务专家向船长 / 轮机长开展船员个税知识现场培训，取得圆满效果。

“两金”管理方面，加强“两金”压控，努力完成“两金”压降目标。紧盯压降要求，坚持动态考核。采用超期债权扣减坏账准备后抵减利润、超期扣罚绩效工资等方式，进一步强化催收责任。盯住重点企业的资金周转管理，最大限度降低资金风险。

员工培训方面，积极组织公司财务人员参加内、外部不同层次的业务培训和学习，不断提高员工职业素养和业务水平。坚持委派财务负责人工作报告制度，加强业务沟通和交流，提高财务问题的解决效率。建立财务测试题库，为财务知识培训、培养选拔人才、提升业务素质发挥重要作用。

【党 群 工 作】

精心组织、周密安排，迅速兴起学习宣传贯彻党的十九大精神的热潮。一是认真组织广大党员干部职工做好党的十九大会议盛况的收听收看、学习讨论等活动。公司领导班子带头，全程收听收看了十九大开幕盛况直播和习近平总书记所作的报告。有 55 个基层党组织组织 765 名党员集中收听收看大会现场直播，并就学习领会习近平总书记所作的大会报告精神，开展了学习研讨。二是及时制定公司学习宣传贯彻党的十九大精神方案，并召开学习宣传贯彻党的十九大精神专题部署会，要求各基层党组织和广大党员干部职工充分认识学习宣传贯彻党的十九大精神的重大意义，全面准确学习领会党的十九大精神。三是公司党委理论学习中心组把学习党的十九大精神作为重点内容带头抓好学习，通过及时征订发放《党的十九大报告学习辅导百问》《十九大党章修正案学习问答》和新修订的《中国共产党章程》等，在公司全体党员中开展多形式、分层次、全覆盖的全员培训，组织广大党员干部认真学习党的十九大精神。

融入日常、抓在经常，扎实推进“两学一做”学习教育常态化制度化。各基层党组织以“三会一课”为基本制度，把“两学一做”作为党员教育的基本内容，认真抓好党员学习教育，引导广大党员用党章党规规范党组织和党员行为。广大党员通过践行“学思践悟、管好自己、带好家庭、联好群众”，以及建立党员示范岗、党员先锋岗、党员责任区和开展创新创效竞赛等，在工作实践中创造价值、建功立业。按照党章和《关于新形势下党内政治生活的若干准则》《中国共产党党内监督条例》要求，严格执行组织生活制度，认真组织基层党支部召开专题组织生活会和开展民主评议党员，切实抓好“三会一课”制度落实，确保党的组织生活经常、认真、严肃。按照“四同步”“四对接”要求，及时健全调整基层党组织的设置和组成，确保党的组织和党的工作全面覆盖、有效覆盖。落实党组织换届选举工作责任，建立公司各级党组织换届情况工作台账，进行动态管理，建立健全了公司各基层党组织按期换届提醒督促机制。完善党建工作责任考核机制，制定下发2017年度党建工作责任书和重点工作考核表，从六个方面、38个重点任务目标，细化党建工作考核标准，量化党建工作考核内容，提高了考核的科学性、导向性和权威性，推动各级党组织切实担负起党建主体责任。

扭住“龙头”、强化引领，持续加强领导班子自身建设。努力提升引领发展能力。利用11次中心组学习（学习交流＋研讨）、网络学习培训等形式，深入领会中央和上级精神要求，不断提高领导班子的政治理论素养、科学决策水平和引领企业改革发展能力。着力增强班子的整体合力。各级领导班子注重用好民主生活会这个平台和谈心谈话这一手段，敢于揭短亮丑，进一步达到了团结、化解矛盾、形成共识的目的。在问题整改上，各级领导班子及成员结合思想和工作实际制定了具体实在、切实可行的整改措施，明确努力方向，不断推动工作开展。严格落实“三重一大”决策机制。认真执行《党委议事规则》和《党委会会议制度》等各项制度，在充分调研、讨论的基础上，调动班子集体智慧，研究问题、解决问题、破解难题。加大调研工作力度。班子成员按照联系点分工，持续增加工作调研的内容和频次，全面了解基层和船舶情况，直接倾听一线声音，帮助解决安全生产和经营管理工作中的实际问题。

创新方式、突出重点，做好关键时期的思想引领和稳定工作。以认真践行集团“四个一”理念为重点，积极做好集团改革重组精神宣贯，引导全体船岸职工以“钻石团队”为标杆，维护大局、融入改革、岗位建功、创优奉献，形成推进改革发展的强大合力。加强重要节点不稳定因素的排查，提前制定预控措施，加强值班，及时妥善处理有关突发情况，有力维护了党的十九大召开期间和公司改革发展期间船岸员工的思想稳定。重点突出全媒体宣传阵地的立体化和重要时点宣传效果的倍增化，利用公司“两网、两刊、两微”，重点开辟了公司党代会、职代会、创新创效、安全生产、学习宣传贯彻党的十九大精神等内容的专题化宣传。创新形式版式，对内刊、“发船新闻”、微信公众号进行重新设计调整，持续丰富宣传维度和广度。利用集团、新散运公司等媒体平台，在集团内部媒体发稿近90篇，唱响主旋律，激发正能量。公司党建思想政研工作获得了诸多殊荣，郭宗强等10名同志被评为交通政研会工作满20年荣誉奖，15篇政研论文获集团和新散运表彰。运用公司内部媒体平台，大力宣传“四个一”理念和“钻石团队”精神，做好文化形象导入工作。在各类办公场所、船舶、车间、网站、内刊，以及宣传资料的醒目位置展示集团“四个一”理念、核心价值理念，不断挖掘、提炼、总结在经营管理和安全生产中的文化案例，着力营造有利于企业改革发展的舆论氛围。

强化教育、标本兼治，深入推进反腐倡廉建设。制定下发公司《纪律检查委员会议事规则》和《关于加强纪检监察审计工作事项报告的意见》等制度，加强自身建设，规范议事规则，健全完善纪检监察审计工作程序，努力打造严密完备、高效运行的纪检监察审计制度体系。组织船员中心、陆产中心签订全面从严治党主体责任书、监督责任书和“一岗双责”责任书，组织各级领导人员和关键岗位人员 683 人签订廉洁从业承诺书，开展廉洁从业教育集体谈话七场次 299 人次。实施年度综合监督检查，对落实党风廉政建设、落实中央八项规定精神、落实“三重一大”决策制度、企业领导人员履职待遇和业务支出管理、特殊关联企业管控实施等方面内容开展了检查，加强对案件信访管理工作督导检查，不断提高自我查找风险、自我防范风险的主动性。对党员干部身上发现的问题，努力做到早发现、早提醒、早纠正、早查处，对苗头性问题及时约谈、函询，加强诫勉谈话工作，防止小问题演变成大问题。严格按照信访举报工作程序，对纪检监察信访举报和反映问题线索分析研究，依法依规开展纪检监察信访举报问题核实和案件查办审核工作。青岛远洋纪委共收到来信、来电等 9 件次，其中属于纪检监察受理范围的信访件 7 件次，目前正在调查核实中 2 件次，已了结 5 件次；属于业务范围外的信访件 2 件次，已按程序转职能部门。立案查处 1 件次，取消中共预备党员资格 1 人。

群团助力、和谐共建，积极营造企业良好发展环境。工会以“引导职工，凝聚职工，活跃职工，服务职工”为主线，开展了“面心实”“送温暖”和征集合理化建议、职工文体健身等系列活动；牵头组织、协助集团工会顺利举办两期省部级劳模及家属疗休养活动，并获肯定和好评；针对性地开展全员劳动竞赛，在“第四届中国海员技能大比武”活动中，由公司 5 名船员参加的中远海运散运代表队取得了企业团体总分冠军和四个单项第一名的优异成绩；组织参加中远海运集团船舶厨师厨艺竞赛荣获团体第一名。另外，充分发挥两项基金的扶贫帮困作用，共帮扶职工 334 人，总支出约 78 万元，及时有效地帮助困难职工和家庭摆脱困境、渡过难关。公司被评为“青岛市 2016 年度工会工作优秀单位”和“青岛市模范职工之家”，并获得 12 万元的工会经费奖励。团委深入开展“四信”青年主题教育实践活动，通过理论学习、征文比赛、政策宣讲、座谈交流、现场观摩等方式，引领广大船岸青年“强信念、讲信用、重信任、树信心”；积极参加中远海运散运团委组织的“我的青春我的梦”主题征文展演和“我为奋斗的青春代言”等活动，组织开展了“学习总书记讲话做合格共青团员”教育实践、“一学一做当先锋，不忘初心跟党走”五四主题系列团日、“大洋上的雷锋班”志愿服务、“月圆中秋　情满青远”青年联谊、“青年文明号开放周”等活动，承办了中远海运散运团干部培训班，激发青年职工的活力和智慧，涌现出“青岛市最美青年”唐海青等先进青年典型。

【陆上产业】

2017 年，公司围绕提质增效的目标，坚持目标导向和市场导向，以巩固发展陆产现有产业为着力点，不断创新管理模式、完善运营机制，陆产企业经营绩效、管理质量稳步提升。

优化指标体系，目标导向更加突出。以管理提升为目标，以重点工作精品项目化为途径，推进陆产管理体制机制创新，优化陆产中心职能定位，着力构建“钻石团队”文化，提升了对基层企业的服务支持水平。创新改进了指标体系，首次增加了个性化指标，突出了经营业务拓展、转型升级方向、历史遗留问题解决等维度的考核权重。进一步强化了陆产企业经济活动分析，形成了相对科学的管理模板和数据分析体系。进一步落实陆产企业成本清单式管理，坚持月度滚动考核和年度考核相结合，强化了陆产企业成本管控能力。

全力拼搏创效，发展活力不断提升。青岛远洋所属连远公司加大成本控制和创效激励力度，坚持向管理要效益，同比减亏 98 万元，各业务板块经营绩效均好于上一年同期；流体公司实施产品的转型升级战略，加强新产品研发和石化产品营销工作，利润同比增加795万元，订单同比增加5300万元；烟台中韩轮渡确保船舶安全运营，稳定老客户、争揽新客源，努力应对市场不利影响，取得积极成效；船务公司抢抓市场机遇，积极营销增加订单，完成厂修船舶19艘次，同比增加3艘次，利润同比增加36.8万元；通导公司努力开拓市场，持续在电子海图销售、远程海洋视频监控项目上发力；船贸公司全力推进系统内船舶监造工作，目前已顺利完成14艘船舶的监造工作；远洋华林继续深化客户差异化管理，竞标续签深能源3艘船舶，获得油轮管理资质，涌现出荣思克等优秀管船小组，得到了客户认可；物业公司努力提高服务质量，积极开拓经营项目，远洋广场节能改造项目获得政府实物补贴260万元；房地产/大酒店灵活调整销售策略，客房收入同比增长明显，并解决了会展三期工程结算所得税问题。

（缪易　李晓燕　李冰峰　黄天祥
刘烨　高原　张磊）

中远海运能源运输股份有限公司

中远海运能源运输股份有限公司

【概　　述】

中远海运能源运输股份有限公司（简称“中远海运能源”，英文简称COSCO SHIPPING Energy），成立于2016年6月6日，依托原中海发展股份有限公司上市平台，由中海油轮运输有限公司、大连远洋运输有限公司和中海集团液化天然气投资有限公司等组建而成，总部设在上海。中远海运能源注册资本403 203.286 1万元，注册地中国上海自贸区。公司主要从事油品、液化天然气等能源运输及化学品运输，是集团核心业务板块。

2017年，国际油运市场持续下行。面对不利市场形势，在集团和董事会的领导下，公司认真贯彻落实集团年初、年中工作会议精神，以“四个全球领先”为战略目标，狠抓提质增效，加快发展步伐，经营效益取得预期效果，安全形势保持平稳，深化改革稳步推进，重点项目相继落地，较好地完成了集团部署的工作任务。全年完成总货量14 339万吨，同比增长3.5%，其中内贸完成货量5439万吨，外贸完成货量8900万吨；全年完成周转量5395亿吨海里，同比增长1.1%；其中内贸203亿吨海里，外贸5192亿吨海里。

公司布局多元化战略，实现均衡发展，在进一步巩固内贸和外贸原油运输核心业务的基础上，在绿色能源和成品油运输战略业务方面取得积极进展。通过与MOL、中石油、沪东船厂等合作方积极协调，争取到了Yamal常规船项目；成功收购了MOL的4艘17.4万立方米常规LNG船项目50%的股权，在LNG船队发展方面又迈出了坚实的一步，进一步巩固LNG业务作为公司第二大核心业务的地位。目前LNG板块在能源系统中的资产比重已上升到18.4%、达111亿元，2017年贡献利润2.5亿元，占公司整体效益的12%。年内，收购中石油海运大连公司股权项目顺利完成；经过不懈努力，已于2月28日顺利签订合作协议，标志着公司在整合内贸成品油战略业务上取得重要突破。该项目的顺利实施，对加深公司与中石油合作、拓展内贸业务、开拓外贸成品油市场等方面具有深远意义。

在战略指标方面，全年能源（含全资、控股）口径实现主营业务收入97.5亿元，LNG板块实现主营业务收入10.4亿元，合计107.9亿，完成全年指标的105.4%；运力规模至年底共拥有和控制油轮运力122艘/1 872.9万载重吨。其中，自有运力116艘/1 715.2万载重吨；租入运力6艘/157.7万载重吨，实现了运力规模全球领先的战略目标。

【运力情况】

2017年，公司抓住新船造价处于历史低点的窗口期、国家造船政策最后一年的关键期，抓住低成本发展机遇实现了高质量的规模增长。订造了包括6艘VLCC在内的16艘低船价、高标准、低能耗的油轮，共计305.8万载重吨。该批新造船投入运营后，公司运力规模达到2450万载重吨；进一步巩固了运力规模世界第一的市场地位，同时也大幅提升公司的成本竞争力和盈利能力。

在建油轮项目按计划推进。2017年，交付油轮13艘，共计235.9万载重吨。其中VLCC油轮6艘，LR2油轮2艘，LR1油轮2艘，MR油轮3艘。截至2017年12月31日，公司拥有和控制油轮运力达122艘/1 872.9万载重吨（自有运力116艘/1 715.2万载重吨；租入运力6艘/157.7万载重吨）。年内交付5艘LNG船舶，共计 86.9 万立方米。截至 2017 年 12 月 31 日，公司参与和投资的 LNG 船舶 38 艘，已投入运营 16 艘，共计 260 万立方米，在建 22 艘，共计 380.56 万立方米。

2017 年，公司自有船计划修理共 42 艘，因经营需要 2 艘（“远大湖”“远荣湖”）推迟至年底跨年修理、2 艘（“新宁洋”“洋美湖”）推迟至 2018 年年初修理。全年计划修理船舶实际完成 38 艘，完成率 90.5%。同时根据航运市场波动情况和经营需求，2 艘（“河池”“山池”）2018 年计划修理船舶提前至 2017 年进厂修理。全年发生计划外修理（航修）5 艘次。

2017 年，公司船舶技改投资项目共计 73 项。截至年底项目进度为 83.89%；其中船舶节能减排项目 15 项，预算计划投入 2192 万元，实际完成约 1 509.49 万元。未按期完成主要原因为船舶修理计划的调整。

加强船舶能效管理，降低船舶能耗，是提升公司市场竞争力的有效手段之一。公司节能降耗工作重点从管理节能和技术节能两方面着手，通过全面梳理节能降耗工作的各个主要质量管理点，融合两家公司的最佳做法，如经济航速、货油加温、洗舱、充惰、压载水置换、加装燃油、技术改造等，确立了公司的最佳管理实践，全面推广并持续改进。

【运 输 生 产】

2017 年，公司克服多重困难，圆满完成了全年的运输生产任务。货运量和货物周转量同比均有所增长。而且在国家运输保障、“一带一路”沿线运输、LNG 运输、内贸原油准班轮运输等方面，都取得了新的明显进展。

公司与中石油合资成立的中石油大连海运公司完成了增资挂牌前的各项审批工作，为 2018 年挂牌成立奠定了坚实基础。内贸原油准班轮运输项目已完成，全年共与 9 家客户开展定船定线班轮运输模式。在收入指标方面，在提高船舶货运质量、运营效率和船舶收益水平的同时，为客户提供贴身服务，形成公司的优质品牌。

在践行国家战略方面，进一步落实国家有关航运政策，全年“航运战略”货量占公司总货量的 61.35%；涉及经营约 24 条“一带一路”沿线国家航线，承运量占公司外贸第三国航线总货量的 90%。7 月，首次实现 VLCC 挂靠缅甸马德岛港卸货，为中巴、孟中印缅两个经济走廊，以及建设中缅、中巴石油管道发挥了重要的保障服务作用。

2017 年 12 月 21 日，中远海运能源所属上海 LNG 与商船三井共同合作的亚马尔项目冰区首制 LNG 船——“VLADIMIR RUSANOV”轮命名仪式，在韩国大宇玉浦船厂码头隆重举行。“VLADIMIR RUSANOV”轮取名前苏联北极探险家、地质学家弗拉基米尔·鲁诺夫，是中远海运能源与商船三井为亚马尔项目订造的 3 艘冰区加强型 LNG 船中的首制船。该轮长 299 米、宽 50 米，能够装载 17.2 万立方米 LNG，拥有 Arc7 级双向破冰能力，为全球商船最高破冰级别，可在 −52℃的极低温环境下连续攻破厚度达 2.1m 的北极冰而自由航行。该轮的建成体现了中远海运能源“北极破冰航线”定制服务的高标准和严要求，标志着中远海运能源极地破冰 LNG 船项目建造取得了重大进展，对践行“一带一路”倡议、开启北极海域 LNG 运输航线，具有重要的战略性意义。

亚马尔项目是中国提出“一带一路”倡议后实施的首个海外特大型项目，也是中俄两国最大经济合作项目。该项目得到两国元首的大力支持，投资总额约 270 亿美元，每年有超过 300 万吨 LNG 运往中国。亚马尔项目位于北纬 71 度北极圈以内、濒临北冰洋的极寒地带，其航道被称为“冰上丝绸之路”。

同年 12 月 23 日，公司与中石油云南石化、中石油国际事业有限公司三方共同签署了《关于开展原油包运及其他合作的备忘录》。至此，三方就中缅原油管道项目达成全方位战略合作，中远海运能源成为该项目唯一海上运输包运合作方。

备忘录的签署，从国家能源战略考虑，是中远海运能源履行国家骨干船队使命、服务国家“一带一路”倡议在油轮运输领域具有标志性意义的责任担当；从企业发展考虑，是中远海运能源多年来致力于为战略客户提供全程能源运输定制服务的又一里程碑意义的重大成果。

马德岛港是“一带一路”国家重点项目中缅原油管道项目的起点，位于缅甸诺开邦孟家湾，是一个可以停靠30万吨级和15万吨级油轮的天然良港。研究表明，“一带一路”沿线国家油气资源丰富，已发现石油可采储量占全球的66%，天然气可采储量占65.5%，能源合作是“一带一路”建设的重要内容。沿线已开工的能源项目达到65项，其中油气项目25项。上述项目开发为中国能源运输企业实施全球化战略提供了历史性机遇。2016—2017年中远海运能源货运量、周转量完成情况见表14-4。

2016—2017年中远海运能源货运量、周转量完成情况 表14-4

项　目	2016年		2017年		同比
货运量（万吨）	13 858		14 339		3.5%
	内贸	外贸	内贸	外贸	—
	5378	8480	5439	8900	—
周转量（亿吨海里）	5138		5192		1.1%
	内贸	外贸	内贸	外贸	—
	339	4798	5395	203	—

【财务状况】

2017年末，公司总资产603.85亿元。其中流动资产72.49亿元，占资产总量的12.0%；非流动负债531.4亿元，占资产总量的88.0%。负债总额321.23亿元。其中，流动负债88.20亿元，占负债总额27.5%；非流动负债233.03亿元，占负债总额72.5%。资产负债率53.2%。

全年实现营业总收入97.59亿元，营业成本75.40亿元，管理（销售）费用全年支出6.71亿元，财务费用5.98亿元，实现营业利润14.88亿元，营业外收入3.74亿元，营业外支出1.84亿元，实现利润总额20.47亿元，其中归属于母公司股东的净利润17.66亿元。

2017年，公司现金流入207.27亿元，现金流出220.19亿元，现金及现金等价物的净流出12.92亿元。其中，经营活动现金净流入35.57亿元，投资活动现金净流出71.73亿元，筹资活动现金净流入23.24亿元，期末现金余额为50.08亿元。

【人事管理】

2017年末，公司全部职工人数3157人。其中总部机关123人；大连油运415人，上海油运200人；上海LNG36人；船员人数2285人。

公司人才和教育培训工作以党的十九大精神为指导，紧跟深化改革中企业对人才的实际需要，认真学习贯彻集团的“十三五”人才发展规划，扎实落实集团干部人才大会精神，紧密围绕公司发展战略、生产经营和人才队伍建设的需要，全面持续推进人才强企战略，按计划开展船岸员工业务知识和技能培训，取得了明显成效，为公司的可持续发展提供了重要的人力资源保障。全年陆地员工共完成各类培训项目231项，培训员工1522人次。公司船员培训工作有序开展，全年完成船员培训199期，共培训各职船员3758人次；其中船员证书培训128期，培训船员2695人次；船东培训71期，培训船员1063人次。通过培训，有效提高了船员综合能力及业务水平，为公司船舶的运营提供了有力保障。党的十九大胜利召开后，公司党委按照集团党组的要求，制定了学习方案，采取一系列措施，大力学习宣传贯彻党的十九大精神。利用各种媒体开辟专题网页和专栏，编发中心组学习专刊，在会议室、餐厅等场所，悬挂横幅和宣传解读展板，方便广大员工深入学习；组织开展了读书学习活动，旨在促进广大党员切实学懂弄通党的十九大精神，从源头上了解习近平总书记治国理政新理念新思想新战略，领会习近平新时代中国特色社会主义思想的内涵。

2017 年是公司改革重组后第一年，重组前各家公司薪酬水平不一，历史问题多，情况复杂。为体现国际化企业激励约束价值导向和公平合理的原则，公司积极与集团沟通协调做好工资总额预算分配，反复测算年终奖励方案和工资总额预算分配方案，并组织开展总部干部 360 度考核，较为顺利地完成改革重组后第一年的绩效奖励发放和工资总配分配工作。积极协同中介机构推进能源股权激励方案的实施，方案经多次修改完善。

【安 全 管 理】

2017 年，公司认真贯彻落实集团工作会议的精神，坚持“安全营销世界领先”的战略，秉承“实施高标准管理、订造高标准船舶、配备高标准船员”的安全管理理念，贯彻“安全第一、预防为主、综合治理”的安全生产方针，坚持“党政同责、一岗双责、齐抓共管、失职追责”的基本原则，充分发挥融合与协同优势，确保了全年安全管理的平稳局面。

10 月 26 日，由中国船级社、中国远洋海运集团有限公司、中国石油化工集团公司联合主办的主题为“安全、智能、共享”的中国油运安全论坛（2017）在上海召开。来自海内外能源公司、油码头、油运公司、船厂、高校、金融机构和新闻媒体的 160 余位代表参加论坛。中远海运能源承办了该次论坛。中国油运安全论坛于 2010 年经交通运输部批准创办，至 2017 年已成功举办八届。七年时间，中国油运安全论坛为推动我国油运政策、安全标准的研究与制定，为共同保障中国乃至世界油运安全发展和防止海洋环境污染发挥了积极作用。

2017 年，公司系统未发生责任性一般及以上等级的安全生产事故，未发生因工重伤和工亡事故；防台防汛成功率 100%；防海盗成功率 100 %。PSC、ISPS 检查通过率 100%；石油公司检查通过率 100%；社会管理综合治理全面达标。船舶单位共发生人身伤害小事故 4 起，同比持平，陆业单位没有发生任何生产安全事故。

按照能源总部年度督查计划，结合集团下发的多项专项整治活动及 2017 年“安全生产月”活动内容，能源安全管理督查小组对大连油运、上海油运、上海油运广州分公司、三鼎公司、北海船务及华海公司实施了安全管理督查。督查结果令人满意。大连油运每周五下午组织海务监督员召开海务管理交流研讨会，总结本周海务管理及重点船舶跟踪情况，分析当前船舶管理存在的问题，总结管理心得；上海油运建立船长微信群，在安全管理、信息交流上起到了积极作用；广州分公司推广船岸教育培训可视化，提升了安全管理水平。

能源系统安全大检查从 2017 年 6 月 18 日拉开序幕至 2017 年 12 月 29 日结束，共历时 6 个半月，完成了对船舶全覆盖的现场督查。共检查船舶 129 艘，其中检查大连油运所属船舶 37 艘，上海油运所属船舶 70 艘，控股及合资公司 22 艘，共开列缺陷 2791 条，平均缺陷 21.6 条 / 艘，其中暂时列为高风缺陷 110 条，平均 0.84 条 / 艘。通过大检查，公司各级领导全面掌握了自己管理船队和不同公司管理船队的现状，发现了各自的管理亮点、最佳实践和存在的管理短板和薄弱环节，为后续有的放矢改进提升安全管理提供了充分的依据。通过大检查，推动和促进了安全管理团队的协同融合，为后续深化船管改革打下了良好的基础。

公司的机务管理坚持船舶全生命周期计划保养管理理念，以安全投入合理度评估为手段，强化船舶维修保养力度，确保船舶适航、适货。在确保安全的前提下，努力降控各项机务成本，深挖潜力，落实各项有效管控措施；积极推进机务管理信息化建设，加快推进集团航运管理平台在所属船舶的推广使用；成立了由公司及直属公司主管领导、相关部门领导和员工组成的推广应用工作小组，实现公司系统内资源共享和信息共享，积极打造能源系统安全管理标准和信息数据库。

【法务与风险管理】

2017 年，公司以依法合规为前提，以合同管理、案件管理为重点，坚持法务风险管理与业务工作深度融合，努力为公司持续健康发展提供法律支持和保障。一是加强法务工作与生产运营的深度融合，以“服务公司主业、服务生产经营”为根本宗旨，积极主动前移法律关口，强化法务工作与生产运营的深度融合，为公司生产经营提供法律支持。二是加强法务工作参与重大项目的广度和深度。全面参与、全程跟踪公司重大项目如嘉能可、上海碧科、中石油大连海运、海外并购等项目的推进。在参与项目的过程中，一方面对项目随时遇到的问题参与制订解决方案，另一方面参与项目法律文件的起草、谈判、审核，力求公司利益最大化。三是加强合同管理，严把合同审核关。落实集团和公司合同管理办法，对加强合同，管理提出要求，进一步加强合同审核会签、印章管理、重大合同条款变更管理、合同台账管理和档案管理。严把合同审核关。将法律风险防范关口前移，协助业务部门、财务部门、管理部门审核各类租船合同、造船合同、借款合同、采购合同，以及各类合作协议，提出法律意见和建议。年内公司内外贸期租合同、COA 合同等重大业务合同法律审核率 100%，公司重大项目所涉及的合同、决议等法律文件法律审核率 100%，以总部名义对外签署的其他类合同审核率 100%。同时开展合同关系梳理和合同范本编制，为改革后合同变更和签署做好前期准备。四是加强对所属企业案件管理和指导，坚持把案件预防工作作为案件管理的重点，对总部各部门、直属公司出现的争议、纠纷苗头加强监控和指导，落实防范和处置措施。2017 年，能源板块未发生新涉诉案件，存量案件由年初的 8 件下降到 3 件。

2017 年，公司风险管理工作认真贯彻落实集团和公司工作会精神，紧紧围绕深化改革和提质增效中心工作，以全面风险管理为基础，以规章制度建设为抓手，以年度 10 大风险和 5 项专项风险为重点，坚持风险管理与业务深度融合，为公司持续健康发展提供支持和保障。

加强规章制度顶层设计。将规章制度建设作为全年工作的重中之重，结合深化改革实际，研究制定规章制度总体框架和建设计划。初步构建了公司规章制度框架体系。对公司成立以来发布的 56 项规章制度进行全面梳理，配合各部门新制定 16 项规章制度。根据规章制度的重要性和覆盖范围，将规章制度分为 4 大类 17 个管控领域，加强对制度的分级分层次管理。

加大全面风险管理力度。开展年度风险评估，就 2017 年公司 10 大风险和公司管理层重点关注的 5 个专项风险，对提出的风险应对措施进行任务分解和跟踪落实。召开 2018 年风险策略研讨会，以头脑风暴形式识别了 39 项风险；在此基础上通过对内外部环境的分析，采用专家评选的方式选出 2018 年 10 大风险，进行风险评估，制定风险应对措施。开展项目专项风险评估。为保证改革稳步推进，识别了深化改革 20 项风险、船员管理体制改革 12 项风险，在具体实施方案中制定应对措施；以投资项目、长期租船业务为重点，牵头开展了 16 艘新造油轮投资项目、4 艘 Yamal LNG 常规船项目、中化 5 艘 VLCC 期租合作项目、远翔湖与 Exxon 期租项目、LR1 船队与 Shell 期租项目等专项风险评估。风险评估报告为公司决策提供了参考，并实现了长期租船业务风险评估的突破。

加强风险管理与内控体系建设。开展了年度内控自评价工作，并抓好内控缺陷整改。根据公司重组后管控模式编制完成了能源总部内控手册（初稿），包括概要流程图、风险说明、关键控制、关键审批环节、不相容职责五部分内容，初步梳理了 5 个一级流程、35 个二级流程、158 个三级流程，识别了 4 项一级风险、74 项二级风险、123 项三级风险，并制定了相应的风险应对措施。

【制度建设】

2017年，公司根据“加强规章制度顶层设计、规章制度建设与深化改革同步推进”的要求，结合深化改革实际、注重内控全覆盖，以及业务运行中亟需解决的关键控制，研究制定规章制度总体框架和建设计划，起草新增制度编写要点和修订制度的修订要点。对公司成立以来发布的各项规章制度进行全面梳理，配合各部门新制定16项规章制度、修订1项规章制度。根据规章制度的重要性和覆盖范围，将规章制度分为4大类17个管控领域，加强对制度的分级分层次管理。

在上市公司运作方面，公司按照中国证券监督管理委员会《上市公司治理准则》《上海证券交易所上市公司治理指引》，香港联合交易所有限公司《企业管治常规守则》等法规，完善由股东大会、董事会，以及相应的专门委员会、监事会和总经理负责的管理层相互分设的公司治理结构，保证各治理主体协调运转、有效制衡，保持公司运作的连续性、稳定性、科学性和有效性。

为完善制度、加强治理，年内公司修订了《募集资金专项存储及使用管理制度》，以符合现行法律法规的监管要求；修订了本公司的《公司章程》，并根据中国证监会最新规定对相关分红条款进行调整。通过股东大会、董事会，以及相应的专门委员会、监事会和总经理负责的管理层协调运转，有效制衡，加之实施有效的内部控制管理体系，公司内部管理运作进一步规范，管理水平不断提升。

【党群工作】

2017年，中远海运能源党委深入贯彻落实党的十九大精神、全国国企党建工作会议精神和集团党建工作会议精神，坚持把方向、管大局、保落实，团结带领各级党组织和广大党员干部职工创效、创业、创新，取得积极成效。

公司坚持“四个同步”“四个对接”，在总部机关设立了党委工作部、人力资源/组织部、监审部、工会办、团委，配备相应的专职党务工作人员。同时，依据中央有关规定，按照上年度职工工资总额的一定比例安排党建工作经费，纳入企业管理费用税前列支。

公司制定了《党委会议事规则》《董事会议事规则》《总经理办公会议事决策规则》三项制度，严格落实党委议事前置程序，把加强党的领导与完善公司治理统一起来。

公司所属基层党组织基本做到“应换必换”，除大连油运、上海油运正在改革进行中，其公司党委尚未进行换届选举外，其余均完成换届选举工作。按照集团要求，公司坚持“支部建在船上”的光荣传统，每艘自有船舶均建立党支部，并设船舶政委负责船舶党建工作。

2017年，公司党建工作的重点体现在以下八个方面：

一是认真学习贯彻党的十九大精神，将“学懂、弄通、做实”党的十九大精神作为一项重大政治任务。组织干部职工参加集团举办的系列活动，组织员工收听收看党的十九大盛况，及时召开专题学习座谈会，领导干部带头谈学习体会，并就下一步在工作中如何贯彻党的十九大精神提出意见建议。以“研习会”读书活动为平台，组织公司领导班子及机关党支部书记定期开展研读原文原著活动，力求全面准确地学习领会习近平新时代中国特色社会主义思想，学以致用，指导工作实践。公司领导班子成员分别到各直属单位、一线船舶和分管部门，面对面地开展党的十九大精神宣讲活动。公司总部及所属单位把宣传党的十九大精神与服务职工群众实际需求结合起来，先后举办学习党的十九大精神主题征文比赛、演讲比赛、团队融合活动等。

二是打造坚强有力领导班子。公司党委紧跟党的理论创新步伐，紧跟集团党组的工作部署，紧贴公司中心任务，以党委中心组学习和领导干部讲党课为主要抓手，定期组织开展集体学习。按照“党组织研究讨论作为董事会、经理层决策重大问题前置程序”的要求，修改了党委议事决策规则；全年召开党委会26次，研究决策重大事项41项。建立党政领导班子每日碰头沟通制度，认真落实民主集中制、民主生活会和双重组织生活会等制度，开展严肃认真的批评和自我批评，营造健康的党内政治生活氛围，促进了班子作风转变、能力提升。公司党建工作坚持走出去，与联合石化、宁波舟山港、山东海运等能源运输上下游企业，开展党建共建活动，为改善企业外部合作环境，助力企业发展积极探索新思路、新办法。

三是积极稳妥推进各项改革。按照集团深化改革的整体部署，公司党委努力把握好改革力度、发展速度和职工承受度关系，积极稳步推进。召开全面深化改革推进会，引导全体党员干部正确理解深化改革的重大意义，明确指导思想、总体目标、基本原则和重大部署。通过开展“经营、改革、发展献计献策大讨论”等活动、召开职工代表座谈会和个别谈心等多种方式，及时了解员工的关切和诉求，把职工意见充分吸纳到改革方案中。成立职工思想宣传工作小组，及时研究员工思想动向，制定宣传提纲，为深化改革的组织机构、岗位编制、干部竞聘、人员安置等配套方案的出台，提前做好思想舆论铺垫。大连油运按时召开职代会，顺利通过了船员体制改革相关方案。

四是加强干部人才队伍建设。公司党委把服务公司“四个全球领先”战略，作为干部人才工作的根本出发点和落脚点。坚持党管干部原则，向合资合营企业推荐董事 23 人次。严格规范干部选拔动议提名、组织考察、讨论决定等民主集中制程序。全年共选拔调整 26 名干部到关键岗位任职，选派 1 名扶贫干部到湖南省沅陵县任职锻炼，选派 6 名年轻干部参加集团中青年高级干部培训班和党校进修培训班。完善干部外派程序，为英国公司、美国公司、中国香港公司等及时选派优秀干部。组织 104 名干部参加集团外派英语考试，完成 16 批次、380 人参加航运业务英语培训。起草完善干部公开竞聘工作试点方案，为下一步的机构重组改革，提前做好准备。

五是努力创新基层党建工作。成功召开公司第一次党代会。落实“两学一做”常态化制度化。按照“四个同步”的要求，对船员管理体制改革后的船舶党建工作积极建言献策，共向集团提出意见建议 15 条，并拟定了适应船管体制改革后的工作方案。认真落实党建工作考核评价机制，抓好基层党组织书记抓党建述职评议工作。在总部机关党支部，试点《党支部工作手册》，实行“季度考核、标准量化、听看问谈、结果应用”的考核办法，将考核结果及时进行通报，并与年终考核挂钩，有效激发了支部书记抓党建的积极性。大连油运创新推出“3+X”主题党日；上海油运发挥政委在船舶管理中的作用，试点推行 BBS（行为安全观察法）；上海 LNG 坚持月度主题研讨，丰富了基层支部活动形式。海外网点因地制宜、灵活开展境外单位党建活动；油运美国公司率先尝试与联化美洲公司开展“嵌入式”联合支部创建模式。公司组织召开七一大会，对 14 个先进集体和 46 个优秀党员进行表彰奖励，并将“两优一先”事迹汇编成《榜样》一书，供船岸员工学习。

六是反腐倡廉不放松。坚持党要管党、从严治党，把纪律和规矩挺在前面，落实党建工作主体责任和监督责任。组织召开反腐倡廉工作会，与各单位签订《党风廉政建设责任书》，将主体责任细化、硬化、具体化到单位、到人头，做到全覆盖。组织开展中央巡视整改自查自纠工作，开展公司和所属单位领导班子履职待遇、业务支出情况专项检查。督促建立船舶廉洁风险动态排查机制。公司纪委扎实推进船舶廉洁风险防控工作，分析防控短板，开展广泛调研；针对规章制度不健全，操作流程不统一，业务工作与廉洁风险防控工作脱节，部分船员纪律和法律意识淡薄，岸基监管不到位等问题，采取有效措施，认真加以解决。梳理完善了九大船舶廉洁风险的相关制度，对操作流程进行再造，确保将廉洁风险防控措施融入制度流程，共完成流程图、风险控制图 13 幅。在“新金洋”“连盛湖”等船舶一线，就船舶廉洁风险防控措施，广泛征求船员意见，收到反馈 31 条。建立廉洁风险动态排查机制。针对船员法纪意识淡薄，岸基监管不到位等问题，要求各直属公司通过月度报告、访船、谈心等途径，掌握船员思想动态，及时发现违纪违法的苗头性、倾向性问题，并采取应对措施。

公司纪委切实履行专责监督职能，开展船舶监造工作专项检查。对驻在 5 家船厂的 8 个监造组开展现场检查，覆盖率达 100%。在制度建设、现场管理、监造人员培训、考核、储备五个方面查找问题，为公司建造高标准船舶献计献策。开展特殊关联企业自查和船舶监造工作专项检查；对公司中介机构选聘、内贸投标业务、新造船项目开展监督。持续加大内部审计监督力度，坚持监督执纪问责。2017 年共完成 14 项审计项目，发现问题 91 个，提出审计意见 71 条，促进增收节支 1 083.66 万元。查出管理不善资金 3347 万元；处置问题线索 11 件，处置率 100%；诫勉谈话 6 人，提醒谈话 1 人，留党察看 1 人，开除党籍 1 人。积极开展多层面廉洁教育，精心策划教育月活动。组织船舶开展廉洁风险防控措施大讨论，举办反商业贿赂专题讲座，参观“南京路上好八连”事迹展览馆，开展“廉花盛开护远航”廉洁小故事征集活动，以进一步提高员工反腐倡廉的自觉性。

七是提升宣传文化工作质量。加强政研会工作，推出一批有价值有影响的政研论文，为公司改革发展提供新思路、新观念。围绕“四个全球领先”目标、服务国家“一带一路”倡议，借助集团内外媒体资源平台，策划系列品牌宣传活动，提高公司品牌影响力；处好与资本市场投资者的密切关系，发挥宣传文化工作的积极作用。配合集团对“钻石团队”、先进集体、劳动模范进行集中报道；实施“‘能’人故事”主题宣传计划，讲好能源人改革发展爱岗敬业的故事，以身边榜样力量激励、引导全体员工支持改革，参与改革，追求卓越。

八是不断增强企业凝聚力。工会持续改进民主管理，畅通合理化建议渠道；积极开展岗位练兵、知识竞赛、走访慰问、家属站和送温暖活动；推动落实异地来沪员工安居优惠政策、子女就学等工作。团委组织青年员工开展英文演讲比赛，评选表彰五四先进，引导青年职工岗位建功，激发青年人干事创业的热情。公司完善信访综治维稳工作办法，做好重要节点风险隐患排查，努力把矛盾化解在基层。2017 年，公司荣获上海市五一劳动奖状和中国企业文化研究会 2012—2017 年度企业文化优秀单位称号，连续三届获得中国上市公司企业社会责任奖。上海油运继续保持全国文明单位称号。

（孙正阳　李承涛　陈筱薇　傅源源
张蕾　林鸥　张帆　赵更龙　李叙华）

中远海运特种运输股份有限公司

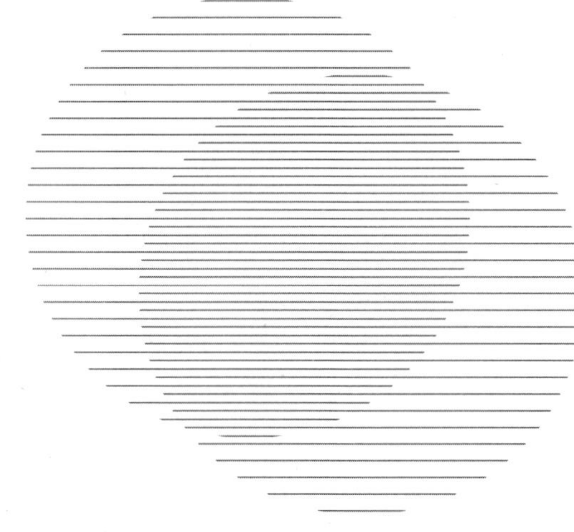

中远海运特种运输股份有限公司

中远海运特种运输股份有限公司（简称“中远海运特运”，英文简称 COSCO SHIPPING Specialized），是中国远洋海运集团有限公司控股子公司，为上交所上市公司（股票代码：600428）。公司前身为新中国第一家国有远洋运输企业广州远洋运输公司，成立于 1961 年 4 月 27 日，被誉为新中国远洋运输事业的摇篮和发源地。公司前称为中远航运股份有限公司，于 2016 年 12 月 7 日正式更名为中远海运特种运输股份有限公司。

公司主营特种船运输业务，拥有规模和综合实力居世界前列的特种运输船队。2017 年，公司经营和管理半潜船、多用途重吊船、汽车船、木材船和沥青船等各类型船舶 100 多艘、近 260 万载重吨。

【概　　述】

2017 年，面对复杂多变的航运市场，中远海运特运全体船岸员工在中远海运集团和公司董事会的正确领导下，坚定不移推进发展战略，全面促进提质增效，各项工作取得良好成效。公司经营效益同比增长 10.63%，实现利润总额同比增长 228%，超额完成集团下达的效益奋斗目标；Yamal 项目出色完成，TCO 项目全面启动，10 吨半潜船“新光华”轮屡创佳绩，先后完成五次北极航行任务和一个南极运输项目，全面进军国际纸浆运输市场，成功开启风电安装业务，公司综合竞争力和国际市场影响力得到大幅提升。

2017 年，公司共新增 9 艘船舶计 24.8 万载重吨，退役 2 艘老旧船舶，同时新签订 3 艘 6.2 万吨多用途纸浆船。截至 2017 年年底，公司自有船舶 101 艘，计 258.67 万载重吨，同比增加 7 艘，计 19.76 万载重吨，自有船队平均船龄 9.2 年。

【经 营 效 益】

2017 年，中远海运特运成功实现航运主业的整体盈利和经营效益良好增长。其中，半潜船利润同比增长 42.76%，固定航线大幅减亏，多用途船和木材船同比减亏 60.6%，并在租船经营上实现盈利；六家岸产企业全部实现效益增长。整体经营指标上升明显，成本费用占收入比降至 94.94%，资产负债率下降近 1 个百分点。

2017 年，公司全年共完成货运量 1 341.2 万吨，周转量 846.9 亿吨海里，实现营业收入 6 508 692 188.32 元，同比增长 10.63%；归属于上市公司股东的净利润 237 560 541.70 元，同比增长 372.65 %。其中，半潜船共实现船队营业收入 1 281 519 424.74 元，同比增长 47.62%，占船队营业收入 21.30%；实现船队营业利润 448 643 434.32 元，同比增长 42.76%。多用途船及租入经营的杂货船等共实现船队营业收入 2 394 678 602.27 元，同比上升 4.85%，占公司船队营业收入 39.80%；实现船队营业利润 –67 993 538.60 元。重吊船共实现船队营业收入 1 145 209 273.24 元，同比上升 12.89%，占船队营业收入 19.04%；实现船队营业利润 –9 199 218.23 元。

【战 略 调 整】

2017 年，公司延续“三调整”“两拓展”战略规划，继续推进航运主业业务拓展和转型升级，取得良好成效。一是船队结构不断优化。

2017 年，公司接收 4 艘 2.8 万吨重吊船、2 艘 3.6 万吨冰级多用途船、2 艘 1.3 万吨沥青船，竞拍购入 1 艘 4 万吨级半潜船，共 9 艘船舶加盟船队。同时，退役 2 艘老旧木材船。公司自有船舶数量再次突破 100 艘，平均单船载重量达到 2.56 万吨，平均船龄降至 9.2 年，尚有纸浆船、沥青船等 8 艘在建船舶，公司船队整体实力和单船实力显著提升。二是货源结构持续改善。公司以大项目为抓手，加强基础货源营销，全年新签 COA 合同同比增加 10%；加大高端货源揽取力度，机械设备货占总货量比重持续上升，2017 年占比 32%，稳居第一大货种；2017 年公司承运 100 吨以上重件货同比增长近一倍。三是客户结构进一步优化升级。2017 年，公司响应集团号召，落实国家有关航运政策，与央企客户签署 COA 合同 30 个，与通用技术、苏美达集团等 5 家央企客户签署战略合作协议，与东风日产签署了三年内贸运输合作协议，营销额不断提升。四是海上安装业务优势不断巩固。2017 年，公司半潜船顺利完成了 Bergading 和 Baronia 两个“运输 + 安装”项目，创造了全球 DP 浮托安装的最重纪录。截至目前，公司已经完成全球 14 个 DP 浮托安装项目中的 12 个，并新中标 6 个，几乎垄断了这个高端市场。另一方面，公司 2017 年完成了“力雅”轮的光租进口手续，年内开始作业并完成国电投滨海 H2 项目的首台风机安装任务，标志着公司进入海上风电安装市场。五是积极推进全程物流业务。2017 年，公司顺利完成巴基斯坦 C3C4 核电全程物流项目，该项目历时 7 年，公司克服了各种困难，积累了宝贵的经验，以优质服务获得客户高度肯定。同时，公司加大开拓力度，成功中标哈翔二期项目等 3 个全程物流项目，进一步提升在全程物流领域的能力和影响力。

【公 司 治 理】

2017 年，中远海运对中远海运特运董事会进行调整，推荐丁农为中远海运特运董事长，不再推荐邱国宣为中远海运特运副董事长。经股东大会批准，调整后的中远海运特运董事会成员为：丁农、韩国敏、张莉、张炜、陈冬、刘峰、苏子孟、郑伟，其中丁农为董事长，韩国敏为副董事长，刘峰、苏子孟、郑伟为独立董事。2017 年 7 月经董事会批准，董宇航任公司董事会秘书。2017 年，公司保持入选上海证券交易所“公司治理指数”和“上证红利指数”样本股。

2017 年，公司着力精益管理，绩效管理和成本控制水平不断提升。一是推进实施航次效益考核，将航次效益与每个岗位的绩效密切挂钩，并逐步将航运保障责任、运费回收等指标纳入航次考核，坚持做到按月兑现奖励和惩罚，该方案的实施有效激发经营人员积极性，促进航次效益的提升。二是以预算管理为抓手，坚持“全员参与，全面覆盖”，狠抓成本控制工作，全年在营业收入增长超过 10%、平均船用燃油市场价格上涨 40% 的情况下，公司营业总成本仅上升 2.92%，多项成本得到有效控制：细化燃油管理，平均燃油单耗同比下降 0.73%；加强使费控制，与多个基本港签署优惠费率协议，港口使费同比下降 14.35%；提高营运效率，优化挂港安排，加大疏港力度，平均在港停时同比下降 0.35 天，平均单航次挂港数减少 0.52 个。三是应收账款回收和“两金”清理工作取得成效。公司将运费回收纳入考核，加强客户信用管理，严格执行合同条款，每周两次通报运费回收进展情况，责任落实到人，确保颗粒归仓，年末运费回收率达到 97%，应收账款余额同比下降 21.9%，完成了集团下达的指标，减少了坏账风险。

2017 年，公司积极推进改革发展和体制创新。一是按照集团总体部署，全力以赴推进船员管理体制改革，在短时间内顺利完成方案拟订、职代会审议、董事会和股东大会批准等一系列工作，并对未来特种船船员管理提出建设性意见，有效保障改革工作得到高效、高质量落实，为实现“三提高一降低”目标打牢基础。二是促进组织机构的科学和优化。2017 年 6 月，公司对 2016 年实施的本部组织机构优化工作进行全面后评估，并根据后评估情况，对部分机构做了调整：增设货运技术中心半潜船港口船长单元，实施航运保障部与半潜船经营部的双重管理；撤销战略发展部岸产管理单元，对相应的职能进行调整；明确应收账款和客户信用管理的职能部门；决定上海地区分支机构行政集中管理，相应调整部门的编制。同时，完成岸产企业第一批会计集中核算工作，推进研究了半潜船全球经营一体化方案，通过一系列的改革使机构设置更加科学高效。三是按计划推进信息化建设工作。认真做好非班轮管理信息系统的维护，推动决策支持功能的开发；积极推进航标系统上线工作，公司航标系统装船计划内98艘船舶全部完成实船安装工作，提高了船舶管理的数据化和系统化水平；顺利上线集团OA办公系统，提升管理效率。四是扎实开展股权清理和房产处置。根据集团要求，公司结合自身实际，全面梳理存量资源，完成了鹏业、达信两个公司的注销，以及中远日邮股权回购工作，顺利完成了两家全民所有制企业改制工作，积极与合作方商议部分合资公司的股权处置，推进部分航运企业注册地搬迁工作。同时，有序推进低效房产的处置，加快盘活闲置资源。

2017年，公司6家岸产企业经济效益全部实现增长，为公司整体效益作出重要贡献。同时，建设实业顺利接管包括远洋大厦在内的多个物业管理，有序开展"三供一业"退出工作，实现对房产物业的统一专业化经营；资源盘活和土地开发取得可喜进展：港湾路"三旧"改造项目"中远海运大厦"年内正式启动；与中山大学签署战略合作协议，携手盘活新港西路25号地块，共同打造高端产业孵化基地；携手地区龙头企业越秀地产集团，共同研究"华坑路地块"的开发利用。

截至2017年年底，中远海运特运所属全资及参股企业共有9家：上海公司、天津公司、滚装公司、特运欧洲公司、特运美洲公司、香港公司、中远远达、中远日邮、德利新能源公司。同时还管理广州远洋运输有限公司，代管广州远洋投资有限公司。公司通过广州远洋运输有限公司出资管理全资及参股企业7家：沥青公司、天星船务、远洋宾馆、东海大厦、船技工程、供应公司、船电科技。通过广州远洋投资有限公司出资管理全资及参股企业5家：建设实业、物业公司、广远职校（金桥学院、海员学校）、湛江供应公司、广东省远洋。通过滚装公司代管的公司4家：中海汽车船运输有限公司、中海汽车船（香港）有限公司、大连中海汽车船运输有限公司、中海川崎汽车船运输有限公司。

【项 目 建 设】

2017年，公司多个大项目取得重要进展，获得良好经济效益。备受瞩目的Yamal项目提前顺利完成。公司2015—2017年累计完成该项目模块运输16个航次，共运输53个模块，公司高质量的服务得到客户高度称赞，客户专程来到广州，赠予公司项目杰出成就奖章。

2017年，全球最大油气工程项目之一的TCO项目全面启动，各项工作稳步推进。公司与合作方签署了分包协议。该项目由雪佛龙等石油公司作为业主，Flour作为EPC公司，公司作为该项目的海运总包商，整合外部运力资源，控制的半潜船和甲板船将达到25艘，超越Dockwise成为全球第一。10万吨半潜船"新光华"轮在2017年成功完成了承运"希望6号"储卸油平台、壳牌APPO项目等重大任务。"永盛"轮首次执行南极航行项目，获得圆满成功；"莲花松"轮等5艘船舶顺利完成2017年"项目化、常态化"北极航行项目，极地航线开拓获得新成果。这些大项目的顺利推进，使公司在国际市场和特种船业界的影响力大幅提升。公司积极推进对外并购和资本合作项目。公司把握特种船市场低位的有利时机，从2016年底就着手开展对全球特种船公司的研究，全面布局、重点跟踪，积极推进了有关项目。公司与广汽、北汽等大客户达成合作共识，在汽车船运输领域开展深层次资本合作。

【航 运 经 营】

2017年，航运业走出低谷，集装箱、散货市场出现回暖，对特种船市场的跨界竞争压力有所减少。公司把握机遇、精准发力、创新举措，航运主业经营成效不断提升，效益实现大幅增长。

航运主业成功实现整体盈利。其中，半潜船克服市场低迷，抓住大项目和高端市场机遇，全年实现利润同比增加40.3%；固定航线大幅减亏，租入船经营成效显著，为公司效益增长作出重要贡献。

创新经营思路，新市场新货源开发实现突破。公司全面进军纸浆运输市场，成功与巴西金鱼公司签署了150万吨纸浆运输COA合同，并以此为基础趁势而上、积极营销，与全球主要纸浆客户建立联系，全年承运纸浆27.1万计费吨，有效提高了回程航次效益；大力拓展沿海内贸市场，为包括“小乐字号”在内的14艘船舶办理了内贸营运资质，全面开展市场营销，全年共完成28个多用途船内贸航次，货运量60.2万吨，取得了同船型优于外贸航线的效益；进一步巩固极地市场优势，全年共完成5个北极航次，北极航行趋于常态化，同时完成了南极运输任务，不仅取得良好经济效益，也进一步提升了公司的品牌效应；持续跟踪活牲畜运输市场，与主要货主和活牲畜船东建立了紧密合作关系。

不断深化营销机制建设。公司持续完善营销体系，以集团海外管理体制改革为契机，与中远海运集运签署战略合作协议，明确合作关系，加快特种船全球营销网络建设。2017年新签协议网点7家，营销网点达到70家。公司采取多种形式与海外网点进行互动交流，成功召开第五届全球营销大会，举办欧洲、美洲客户交流会，提升营销成效。全年各海外网点贡献货量同比增加2.6%。

分行业专业化营销取得新成效。公司加强行业营销小组建设，新成立了模块和纸浆营销小组。2017年，公司首次承运海上风电项目，并与国际知名风电企业GAMESA签订年度框架合同，风电货物已发展为公司主要货种之一；承运高铁机车同比增加4%；承运木材同比增长16.58%。公司在专业货源运输市场上的领先优势得以巩固。

积极开展业务协同合作。在集团协调下，公司牵头与厦远、中波公司组建了南非南美航线合作经营体，进一步强化沟通机制。公司与中远海运物流在工程项目上加强合作，联合中标了爪哇七号电站项目等10个项目。公司与中远海运重工的合作进一步深入，不仅在半潜船承运“希望6号”和PPA浮船坞项目上合作外，还在修船、造船、船舶改造等多个领域实现合作共赢。

【安全生产】

2017年，中远海运特运持续狠抓“预防预控、教育培训、跟踪指导、技术手段、隐患治理、责任落实”等“六个强化”安全工作措施，持续夯实“安全制度、安全队伍和安全文化”等“三项建设”安全基础，安全生产总体保持平稳，没有发生较大及以上等级安全事故，全面完成集团下达的安全考核指标。

公司航行安全工作以季节性安全工作为主线，强化跟踪指导。全年跟踪指导船舶防抗台操作173艘次，大风浪航行272艘次，雾航37艘次，进出港6664艘次，冰海航行5艘次，复杂航区361艘次。防避台成功率100%；因恶劣天气造成船期损失1047小时，同比减少107小时；跟踪指导船舶货舱明火作业587艘次，没有发生火灾事故。海上保安工作加强人防、物防和技防相结合，2017年共跟踪指导海盗高危海区船舶1016艘次，船舶往返亚丁湾、东非沿岸海域雇用武装保安护航率100%；3艘船舶成功规避疑似武装海盗袭扰，“天寿”轮船员临危不惧英勇抗击武装海盗强行登轮企图，全年未发生海盗登轮事件。

2017年，公司船队共269艘次船舶接受PSC检查，无缺陷通过率81.41%。沥青公司分别接受油公司/油码头检查35/10艘次，均获顺利通过。公司在履行船舶电子海图(ECDIS)装船、《国际压载水公约》、欧盟航运法规2015/757决议关于实施二氧化碳排放、监测、报告和验证制度等方面做了大量工作，为公司船舶满足各种国际和地区法定要求，做好PSC迎检工作奠定坚实基础。

2017年，公司货运质量进一步提升，继续保持特种货物运输无货损货差记录，货损货差索赔案件同比减少 12%，索赔金额同比大幅下降 47%。

公司高度重视隐患排查治理工作，2017 年在全系统内开展“航行安全专项整治”行动、“保护船员生命、船长守规尽责”主题实践活动和“安全生产大检查”活动。公司领导及安全部门领导带队，深入船舶和基层一线开展安全大检查；船管部检查小组专门常驻上海港，为活动顺利开展提供组织保障。2017 年，船管部管船小组现场检查船舶 202 艘次，排查安全隐患 3594 项，有效整改 3474 项，整改率 96.66%；船队自查自纠 3492 项，全部完成整改。岸产企业排查出安全隐患 263 项，有效整改 261 项，整改率 99.23%。尚未完成项目继续按“五定原则”落实整改。

公司不断加强“两支队伍”的安全能力建设，通过加大培训和交流力度，在船员队伍和岸基安全管理队伍中牢固树立“安全第一、预防为主”的理念，强化“安全生产主战场在船舶一线”的指导思想，提高安全技能和应急处置能力，并针对内贸经营、海上风电安装等新业务需要，开展针对性培训，提升船员队伍综合素质。

公司持续加强安全管理体系和制度建设，进一步修订完善了 QHSE 管理体系，不断提高体系运行的有效性；完善安委会章程，修订安全监管办法，改版生产安全应急综合预案；针对工作中出现的问题，修订应急管理机制、外聘船员管理制度、防台防汛管理规定等制度；制定《船舶目视化管理手册》《船舶起重机管理手册》，新造船技术标准突出与管理对接，汇总缺陷并针对性地加强研究和改进，聚焦解决问题推动安全标准化管理更上台阶。

【风险管理】

2017 年是公司更名后机构重组与结构调整之年。公司加强“三重一大”审核监督，进一步规范规章制度管理，持续强化体系建设，夯实内控管理基础，完成“三大体系”全面对接，公司管理效率明显提升，风险控制能力切实加强。

加强“三重一大”审核监督。公司制定“三重一大”决策制度实施办法，加强对重大经营合同、服务采购合同、工程建设合同的审核把关；加强对下属单位有关工程建设项目投标、资格预审、开标评标等关键环节、供应商建库选择等监督工作，2017 年合计开展 197 项监督检查及效能监察，累计发现问题 77 个，提出整改建议 99 条。

规范规章制度管理。2017 年，公司对现有规章制度管理办法进行修订，进一步规范规章制度的计划、制订、审批、发布、修订和废止等管理活动流程，统筹公司规章制度管理。在此基础上，结合更名、对接集团规章制度要求等因素，组织各部门全面梳理原有规章制度，共计修订制度 176 项，废止 20 项，新增 32 项，包括人员履行待遇、保密管理、客户信用和应收账款、营销管理等多个专项制度，并将所有制度纳入 EDOC2 平台统一进行维护和管理，便于员工了解、查阅和执行。

夯实内控管理体系基础。公司积极推进本部和各下属公司的内控评价工作，通过“以评促建”、缺陷整改等工作实现内控闭环管理，并出台内控考核方案，促进内控体系落地实施。年底，公司接受瑞华会计师事务所内控审计，未发现须经披露的重大或重要缺陷，公司内控设计和运行有效。2017 年，内控评价报告经内控审计后，事务所出具标准无保留意见的审计报告，顺利对外披露。

实现“三大体系”全面对接。公司完成《惩治和预防腐败体系管理手册（试行）》编写并正式推进实施，补齐了反腐倡廉建设的制度短板；指导各部门编制 “一书一单”，实现公司 QHSE 体系与惩防体系、内控体系和风险管理体系“三大体系”的全面对接，并加强推广指导，8 家下属单位结合各自实际，全部完成各具特色的“一书一单”的编写工作。

QHSE 体系建设绩效显著。2017 年，公司认真做好半潜船 QHSE 项目管理工作，全年跟踪完成 TCO、Shell Appomattox、Husky Energy 等项目投标与审核 20 多项，Yamal 项目安全优质提前完成、TCO 项目稳步推进、公司首次与全球顶尖的JGC公司签署EPC战略合作协议等，公司QHSE管理体系作为对接VIP客户的载体，发挥了不可替代的作用。公司持续改进体系，发布了5.0版QHSE体系和2.0版黄金法则等。

【党 群 工 作】

中共中远海运特种运输股份有限公司委员会（以下简称“公司党委”），隶属中国远洋海运集团有限公司党组（以下简称“集团党组”）和属地广东省直属机关工作委员会（以下简称“省直工委”），实行双重领导。2017年1—8月，公司党委领导班子由张莉、韩国敏、翁继强、刘雪亮、蔡梅江、李宏祥、李建雄、吴亮明、吴亚春9人组成。8月初，李建雄因工作调动，不再担任公司党委委员。是年8月至年底，公司党委领导班子由张莉、韩国敏、翁继强、刘雪亮、蔡梅江、李宏祥、吴亮明、吴亚春8人组成。公司党委下设党委工作部、组织部、纪检工作部等工作部门。是年年底，公司党委下属有党委7个、党总支6个、党工委1个、党支部187个，共有党员4907人。时任党委书记张莉，党委副书记韩国敏、李宏祥，纪委书记翁继强，工会主席李宏祥。

2017年，公司党委深入学习贯彻党的十九大精神，以扎实推进“两学一做”学习教育常态化制度化为抓手，发挥“把方向、管大局、保落实”作用，团结带领船岸员工合力创业、全力创效、大力创新，为公司改革发展提供了强有力的政治保证和组织保障。

紧扣“总纲主线”，持续深入学习贯彻党的十九大精神。公司党委将学习宣传贯彻党的十九大精神作为最重要的“纲”、最主要的“线”，贯穿各项工作之中，围绕“迎接十九大、建规范支部、做合格党员”，开展“十个一”系列主题活动；认真学习习近平总书记“7·26”重要讲话精神；为迎接党的十九大召开营造浓厚氛围；大会召开期间，组织船岸员工收听收看盛况；大会闭幕后，组织各级党组织通过中心组学习、主题宣讲、专家辅导、送学上船、干部轮训、微信板报等形式，开展丰富多样的学习宣贯活动，举办十九大精神培训班2期、共300人参加学习，党员干部参与各级宣讲224人次，3000多人次参加“学报告学党章”网上考学。

聚焦“主责主业”，充分发挥党委领导作用。对照集团下达的党建工作责任书和省直工委布置的80项具体任务，坚持和加强党的全面领导；“党建入章程”工作稳妥推进，党建要求正式写入公司章程，党组织在公司法人治理结构中的法定地位得到明确落实；议事决策程序不断完善，全年召开党委会23次，研究讨论改革发展、干部选用、董监事会完善、惩防体系建设等重大事项60多个，促进公司健康可持续发展；党建工作责任不断压实，细化分解10类共46项党建工作责任，逐级签订责任书，定期开展交流对标、督导检查，以责任落实促进党建工作提升；公司直属党委坚持“机关党建走在前”，针对问题建立清单、强化督导，机关支部建设有效提升；船员管理部党委着力抓好船舶党建工作和船员队伍建设，船舶党支部标准化建设效果明显。

推进“两学一做”学习教育常态化制度化。公司党委以各级党组织中心组为平台，抓“学习教育”，以自查自纠和抽查检查为手段，抓“整改提升”，以提质增效创新发展为目标，抓“生动实践”成效明显。2017年，公司党委举行中心组自学9次，集中学习13次，组织“微党课”16期，100多人参学国务院国资委、集团党校网络培训，学报告、学党章、学讲话渐成常态、不断深化。公司党内生活制度有效落实，通过集中轮训、检查督导，严格落实党支部“三会一课”、民主评议党员、主题党日等制度，党员领导干部民主生活会质量显著提升，党员身份意识普遍增强。整改举措扎实推进，坚持问题导向，着眼长远发展。2017年公司党委深化巡视整改再次“回头看”，细化6方面51项问题，督导11家基层单位、14个部门开展自查，切实整改，形成长效机制，基层党支部抓实组织生活会，认真征求意见落实整改，强弱项、补短板成效明显。服务发展更加到位，突出“关键在做”，“聚合力冲刺四季度、创佳绩喜贺十九大、促发展迈进新时代”主题活动凝聚“三创”合力，党员“戴党徽、亮身份、做表率”蔚然成风，践行“四个一”理念促进文化融合，党员先锋模范作用更加显现，形成围绕中心抓党建，抓好党建促发展的良好格局，“两学一做”学习教育常态化制度化深入推进。

夯实“基层基础”，不断提升支部建设工作。公司党委开展“一工程一项目”点上出彩活动，实施“党建示范工程”，13个船岸党支部干在实处、走在前列，引领作用突出明显。“船舶党支部建设标准化项目”入选广东省委2017年度党建“书记项目”库，得到上级专门指导和支持。基层组织创新线上结果，顺应航运企业管理特点，基层党组织创新“分片区临时党小组”“项目党支部”“协议共建党支部”等形式，出差党员、港口船长与船舶携手，现场党支部与属地单位共建，在职党员与离退休党支部结对，实现了工作延伸到哪里，组织就覆盖到哪里，党建就开展到哪里。支部整体提升面上开花。通过“月查季考年评”，支部工作闭环初步形成，党建重点工作有效落实，党员队伍素质整体提升。2017年，公司党委开展党员培训7期，培训支部书记180人次，分类处理流动党员62名，发展新党员66名；涌现出“永盛”轮党支部、“新光华”轮党支部、多用途重吊船部党支部、港湾路项目党支部、广远职校第二党支部等一批优秀示范支部，在公司创效发展各条战线发挥战斗堡垒作用。

履行“主体责任”，政治生态更加风清气正。2017年，公司廉洁教育紧扣节点、深入日常；巡视检查形成机制、渐成常态；监督执纪问责抓早抓小、重在经常；制度“笼子”不断织密、越扎越紧。“一书一单”正式上线，“三大体系”全面对接，“三道防线”持续筑牢，“四种形态”较好运用，“八项规定”精神得到落实，干部“不敢腐、不能腐、不想腐”的长效机制逐渐形成。全年常规谈话862人次，提醒谈话1人次、诫勉谈话5人次，干部任前谈话55人次；全年对公司54名干部任用函和7名干部廉洁从业情况出具回函，配合中远海运船员公司对61名干部廉洁从业情况进行回复；参加集团廉洁网络答题1506人次，参观反腐倡廉教育基地143人次，组织学习中央纪委和集团关于违纪违规处分通报44起。开展全方位廉洁从业自查，累计发现问题77个并严格督促整改；完成审计署专项审计、航运主业扭亏为盈专项审计、精准扶贫项目资金等多个审计项目，增收节支总计430余万元。着力选优配强党支部纪检委员，公司本部和所属单位50个支部和100个船舶党支部均选优配强了纪检委员并发挥作用；实现了支部纪检委员落实“三转”履职尽责的创新机制，并以制度的形式予以明确，纳入公司《惩防手册》和“一书一单”中；强化学习提升能力素质，全年完成纪检人员各项业务知识培训292人次。

2017年，公司下属广州中远海运建设实业公司荣获广东省五一劳动奖状，“永盛”轮被授予广东省文明单位称号；“祥瑞口”轮、“祥云口”轮分别被评为广东省五四红旗团支部、中央企业青年文明号；“永盛”轮、“新光华”轮、“吉祥松”轮、半潜船经营部荣获集团先进集体称号。公司党委副书记、工会主席李宏祥被评为广东省优秀工会工作者标兵并被授予广东省五一劳动奖章称号，6名船员荣获广东地区“金舵手”纪念章。

2017年，中远海运特运团员总数402人。中远海运特运团委所辖机关、基层、船舶团委4个、团总支1个、团支部90个，其中船舶团支部79个。时任团委书记王雷，团委副书记刘新源。

【队伍建设】

2017年，公司研究制定人力资源“十三五”发展规划，召开干部人才工作专题会，全面加强人才队伍建设工作。

公司坚持正确选人用人导向、加强干部教育、监督、培养和选拔，以“关键少数”引领“最大多数”。强化党委把关作用，落实“好干部”标准，严格执行“凡提四必”“两个不得”“五个不准”，全年选人用人向纪检部门函询意见15份60人次，任前公示5批7人次，提拔公司中层干部5名、交流9人，提拔业务经理层级干部25人，交流5人，确保选出的干部忠诚干净担当。不拘一格选贤任能，坚持事业为上，使各类人才各展所长。市场化选聘高端人才 7 人、外派人员 3 人，岸基员工上船任职 3 人、随船实习 2 人，船员调岸挂职 27 人，在更大范围内让实干真为、善干能为的员工有平台、有位置。健全完善管理机制。修订中层干部管理规定、退出办法等制度，建立干部“廉洁档案”，严肃重大事项报告，推行航次效益、账款回收考核办法，对社会化用工、项目管理、高端紧缺人才差异化薪酬等机制进行大胆探索，树起能者上、平者让、庸者下、劣者汰的“风向标”。强化干部学习培训，按照党员教育培训规划，以“精准培训”破除“本领恐慌”，项目交流、专题学习、拓展培训融入平时。2017 年，中层以上干部参加各类培训班学习 55 人次，61 人参加国际化人才英语考试（BFT），通过率达 90%。

公司着力建设一支复合型、高素质的特种船船员队伍，配合船队结构战略升级。一是全力稳定自有骨干船员队伍，船员流失率低于 3%，为公司船队经营提供可靠支持；二是继续推进特种船骨干船员分板块管理，形成半潜船、汽车船、重吊船、多用途船、木材船、沥青船六大船型板块船员队伍，促进船员资源在板块间有序流动，提高资源使用效率；三是进一步细分船员培训层次，船员培训划分为基础培训、管理培训和提升培训三大层次，重点抓好上船前培训和在船培训，持续提升船员队伍素质；四是持之以恒地贯彻“尊重、关爱、服务船员”的理念，真诚关心船员，切实解决船员关心的问题。2017 年共招聘首次进入板块的外聘船员 890 人，招聘 2018 届航海毕业生 137 人、双轨制院校生 48 人；加快院校生和干部船员培养，自主培养政委 66 人，提升高级船员 161 人，其中船长 13 人、轮机长 15 人。

2017 年，公司以极地航行、管理提升、履约换证培训为抓手，结合船舶安全生产需求，积极开展船员教育培训工作，全年船员培训投入 1 109.8 万元，组织开展各类船员培训班 32 项，培训船员 5709 人次，船员上船前接受培训 3766 人次。同时，通过船员服务网微信平台，推进船员在线远程培训，结合安全工作重点与船舶需求，编写发布培训内容，保持培训课程推送；加大对船舶 SETT 系统培训完成情况的监督考核，提高在船培训师资水平，实现“船员培训船员、师傅带好徒弟”的良好局面；政调人员轮流为船员讲授《船员职业安全和职业健康保持》课程。

【企 业 文 化】

2017 年，公司注重以中国特色社会主义核心价值观为引领，深入践行集团“四个一”理念，扎实开展宣传思想文化工作和精神文明建设，“一核多元”宣传格局全面覆盖，企业文化建设更加完善。2017 年，公司被中国企业文化研究会授予“2012—2017 年度企业文化建设”优秀单位和经典品牌故事两个奖项；获得集团新闻报道“新媒体创新奖”；反映“永盛”轮航行北极的视频片《北极光下的冰雪传奇》获国务院国资委优秀作品奖；两篇政研成果获集团一等奖。

2017 年，公司一方面坚持开门搞宣传，积极调动各方面力量，充分发挥各方面优势，精心构建党委统一领导、党政齐抓共管、宣传部门牵头协调、相关部门和单位分头负责、公司上下共同参与的大宣传工作格局；另一方面，有效整合多个宣传媒介，推进微信、简讯、杂志、网站等融合建设，建立起“一核多维”“四位一体”、覆盖广泛、效果叠加的宣传矩阵。公司持续完善大宣传工作流程和机制，建立月度宣传工作例会制度，搭建起公司全系统通讯员定期沟通交流的平台；修订完善了公司责任通讯员制度和公司网站管理办法，及时发布月度宣传工作要点，加强通讯员业务培训工作，进一步提升公司宣传工作的效率和质量。

2017 年，公司积极贯彻落实集团企业文化核心价值理念，部署跟进各项企业文化系统推进工作，起草了公司企业文化核心价值理念纲要，指导下属基层单位开展企业文化相关工作。以公司陈列室为平台，接待上级领导、各方嘉宾、客户，以及公司新招航海院校毕业生、新入职员工等参观，全面展示宣传公司企业文化；启动了陈列室改造项目准备工作。聚焦“举重若轻的实力，举轻若重的精神”，利用杂志、微信平台，策划相关专题报道，重点宣传公司特色业务案例。认真做好企业文化培训，2017 年为两期船舶政委轮训暨政委苗子培训班学员讲授新闻写作、企业文化课，为航海类院校预分生、公司新入职员工进行入职前企业文化培训；策划制作“安全生产月”“世界海员日”等各类宣传视频、展板、宣传画 10 多项。配合公司营销大会制作公司新的宣传片，更新公司宣传画册，宣传片和画册成为公司对外形象展示、客户营销和业务推介的重要媒介。2017 年，公司共发布《中远海运特运简讯》50 多期，发行《中远海运特运》杂志 12 期，推送微信 300 余期 630 多篇；《中国远洋海运报》全年刊用公司稿件 200 多篇，集团新媒体转载公司官微近 100 条。

2017 年，公司对外宣传取得丰硕成果。“新光华”装运“希望 6 号”被央视、人民网、《新华日报》、《证券时报》、《中国青年报》BBC、《明报》等境内外媒体广泛跟踪报道；“大吉”轮地中海生命大营救被《中国水运报》、《中国交通报》、搜狐网、中国海员等多家媒体聚焦报道；协调安排新华社记者刘诗平随船宣传报道公司 2017 北极航行，新华社共刊发相关报道 10 多条，新华社记者和“天健”轮李朝良政委合作录制的北极航行视频，以及在《中国国家地理杂志》的大篇幅报道，大大增加了公司在重要媒体的曝光率，极大地提升了公司的品牌影响力。

【社会责任】

2017 年，公司坚持“经营节能”理念，以“成本领先”导向，按照“提质增效” 的既定方针，进一步夯实“技术节能”基础，构建“管理节能”体制，倡导“节能文化”，严格按照国务院国资委、国家发展改革委、交通运输部等有关规定，持续深入开展节能减排工作。截至 2017 年 12 月底，公司自营船舶（包括自有和租入自营船舶）“千吨海里能效”按船舶吨位计算为 3.58 千克 / 千吨海里，同比下降 0.59%；按周转量计算为 6.76 千克 / 千吨海里，同比下降 1.07%，均提前和超额完成责任书约定的节能减排指标，节能减排效果显著。

2017 年，公司积极参与广东省脱贫攻坚工作，继续定点帮扶阳江市阳东区北惯镇彭村贫困村，捐赠彭村精准扶贫项目资金 150 万元，资助完成彭村路扩建、光伏扶贫、自然村道路硬底化建设、葛根种植等扶贫项目。在 2017 年广东扶贫济困日活动期间，职工个人通过广东省慈善基金会定向捐赠彭村 28.68 万元善款（主要用于彭村小学硬件升级改造），并组织党员干部 2 批 30 余人到彭村开展捐赠书籍物资、结对助学、慰问贫困户等活动。

2017 年 2 月 28 日，“大吉”轮处女航，当航行在地中海驶往目的港利比亚米苏拉塔的途中，成功救起正在进水下沉遇难船 ANNA 轮全部 10 名遇险船员（该轮在船员弃船 2 小时 33 分钟后沉没）。3 月 7 日，乌克兰驻广州总领事馆代表政府发来感谢信，对“大吉”轮船长及全体船员成功救起 ANNA 轮 10 名船员表示衷心感谢，对中国船员及公司管理的专业技能，严格执行国际海上法律，以及专业领域团结合作准则表示赞赏。同时，“大吉”轮营救遇难船员之举得到国际社会及业界的普遍赞扬。（柳芳）

中远海运发展股份有限公司

中远海运发展股份有限公司

【企 业 沿 革】

中远海运发展股份有限公司（以下简称“中远海运发展”，英文简称 COSCO SHIPPING Development），是中国远洋海运集团有限公司（以下简称“中远海运集团”或“集团”）所属专门从事供应链综合金融服务的公司，前身是成立于 1997 年的中海集装箱运输股份有限公司。总部设在上海，是一家在香港、上海两地上市的公司，企业注册资本 116.8 亿元人民币。截至 2017 年年末，公司总资产 1 385.47 亿元人民币。

公司致力于以航运金融为依托，发挥航运物流产业优势，整合产业链资源；打造以租赁、投资、保险、银行为核心的产业集群；以市场化机制、差异化优势、国际化视野，建立产融结合、融融结合、多种业务协同发展的“一站式”金融服务平台。

截至 2017 年 12 月 31 日，公司集装箱船队规模 93 艘，其中自有船舶 74 艘，总运力 66.2 万 TEU；拥有 4 艘 6.4 万 DWT 散货船，融资租赁船舶共计 67 艘；集装箱保有量约为 365 万 TEU；商业融资租赁方面，公司致力于发展医疗、教育、新能源、建设和工业装备等多个领域的融资租赁业务。除多元化租赁业务以外，公司还致力于发展其他综合金融服务业务，充分利用航运业的产业经验、金融服务业的既有资源促进新产业发展，实现商业模式优化和金融业务多元化发展，努力打造成为中国领先、国际一流、具有航运物流特色的供应链综合金融服务平台。

【经 营 业 务】

2017 年是中远海运发展转型后跨越式发展关键的一年。公司认真学习贯彻党的十九大精神，肩负起集团赋予的重托，紧紧围绕“深化改革、优化机制、精益管理、提质增效”的总体工作思路，在金融政策日趋收紧、市场竞争日益加剧的大背景下，通过全体员工发扬团结拼搏、开拓进取、转变观念、勇于创新的精神，在生产经营等各方面均取得良好成绩，发展势头迅猛，实现利润总额人民币 18.45 亿元，超额完成年度考核奋斗目标。

2017 年，公司产融结合系统发展，企业创新经营创效。

融资租赁板块。围绕“产融结合、以融促产、联动协同”的中心思路，对内积极落实集团产融结合战略，对外努力塑造品牌形象。公司与集运、重工等十余家兄弟单位建立业务协同联系机制，及时了解集团内各公司的融资新需求，广泛探讨业务合作新模式，成功为中波轮船股份公司降低约 30% 的融资成本。截至 2017 年年末，公司融资租赁业务总资产 691 亿元，新增起租累计约 140 亿元，盈利 5.4 亿元，目前已投放租赁项目逾期率保持在万分之 0.4 的低水平。

集装箱经营租赁业务板块。公司所属“佛罗伦”及时把握住了市场反弹的机会，大力开拓市场，壮大业务；全力清理历史包袱，推进管理架构重组、优化人才队伍；积极推进创新项目以及创新模式的开展，开拓美国二手箱市场，在解决库存箱积压的同时，努力提升经营利润；加大风险防控力度，积极妥善消化韩进海运破产事件的影响，整体回收比率 89%。提前实现 2017 年全年利润目标，公司生产经营重回良性发展轨道。

金融投资业务板块。完成“远海”系列基金推进，设立物流基金、航运基金，以及远海明华基金 3 家基金管理公司，2017 年公司跟进投资的基金项目总金额达 11.5 亿元。做好金融牌照申办工作，金租项目在准入及发起人资质等方面已经取得相关各方的认可。小贷项目已通过上海市金融办联席会审议，获准筹建。积极稳妥开展短期投资，全年短期理财投资平均年化收益率显著高于同期国债利率。协助中远海运自保做好金融投资工作。搭建资管平台业务骨干团队，并已与 40 余家金融机构建立了联系，共计跟踪研究 50 多个项目。

集装箱制造板块。上海寰宇在市场最疲软时候先于竞争对手完成水性油漆线改造，并凭借此市场标杆效应，在竞争中占得先手，2017 年准确抓住了航运市场复苏、集装箱订单大量释放的机遇，在市场上率先恢复双班生产提高产能；并根据市场行情研究预判，提前在原材料价格全面上涨之前锁定成本，拓展了盈利空间。截至 2017 年年末，共销售集装箱 48.2 万 TEU，同比上涨 43.2%，生产集装箱 50.4 万 TEU，同比上涨 131%，实现销售收入 60 亿元，同比增长 90%。同时，以更优惠的价格、更优先的供应、更优质的服务与集团内兄弟单位紧密合作，进一步激发集团内产业协同效应。拓展业务范围，锦州箱厂为马赛政府的重点扶持项目、全法第二大商贸平台——马赛国际商贸城建造了 604 台房屋箱产品。

公司企业经营数据见表 14-5。

企业经营数据 表 14-5

类　别	项　目	单　位	数　据
生产情况	经营租赁船舶	艘	93
	融资租赁船舶	艘	67
	集装箱租赁	TEU	3 650 000
	商业融资租赁业务	亿元	251
	集装箱制造	TEU	449 900
	金融投资及服务板块	亿元	241
财务情况	总资产	亿元	1 390.38
	归属于上市公司股东的净资产	亿元	162.76
	总收入	亿元	163.41
	利润总额	亿元	19.588 88
人力资源	员工人数（含劳务工）	人	8278

【风险防范与合规经营】

搭建法务建设框架、构筑风险管控体系。公司高度重视风险防控工作，围绕综合性金融服务平台的发展定位，从“业务与法务风险管理现状”“内外部法律与风险管理环境”“法务与风险管理战略规划”三大方面进行了全面评估和规划，着力构建法务与风险管理的制度基础，搭建整体框架。同时，积极引入金融机构成熟的风险管理理念，对标金融监管，推进合规、风控与内控管理工作，结合企业管理架构、业务板块和人员构成情况，在金控平台（中远海运发展、中远海运投资）推行“三个层次 + 三道防线”的法务与风险管理组织架构；根据各业务版块的特点，开展风险调研、风险排查、风险评估，统筹风控管理，兼顾各自差异，推行统一机制。同时，公司积极应对韩进海运破产等多起案件纠纷，取得了预期效果。获得资本市场认可，高效合规推进定增。2017 年年初，中国证监会收紧了上市公司再融资监管政策，公司及时制定了调整方案，积极与证监会、国务院国资委就监管新政和非公开发行调整方案进行多轮沟通，在较短时间内获得国务院国资委的批准并通过董事会、股东大会，确保上市公司各项程序高效、合规。同时，利用年度业绩发布会、一对一路演等形式，紧密拜访境内外机构投资者，宣传介绍公司重组转型后的业务发展情况和非公开发行调整方案，获得了资本市场的理解和支持。在 H 股类别股东大会上，该项议案获得参与投票的 H 股独立股东 99.7% 的赞成率。

【人力资源】

2017 年，中远海运发展积极探索职业经理人道路，打造市场化管理团队，认真贯彻落实集团党组要求，结合实际探索了以企业经营层为对象的激励考核机制创新，通过“市场引入”“内部转换”及“纵深推进”三个阶段，建立起了金控平台系统内职业经理人管理的体系，以市场化方式公开招聘副总经理和首席风控官，符合条件的现班子成员正式与董事会签订聘书，转为职业经理人；按照以“业绩管理为基础、契约约定为手段、薪酬激励为动力、风险管理为保障”的基本要求，结合直属单位战略定位、规划目标、所处生命周期特点、所处行业及市场特点、自身管理策略等要素，制定《关于中远海运金控平台所属企业 / 事业部推行职业经理人管理体系的指导意见》，为相关直属单位推行职业经理人管理体系指明方向。

中远海运发展加强干部人才队伍建设，相继修订干部管理规定、合资公司经营管理人员和党建工作管理办法等制度，结合金融业务发展需要，制定工作规划，严守有关程序，抓好队伍搭建；围绕全新的业务板块和管理方向，加强员工队伍培训力度，一方面积极安排骨干员工参加金融投资、市值管理、公文写作等方面培训，另一方面，通过赴境外工作交流、推荐至集团相关专业人才库等方式，努力为员工提供多元化的学习培训机会和多维度的实践锻炼平台，不断打造国际化、专业化、年轻化的干部人才队伍。

【企业党建】

2017 年，中远海运发展党委深入学习党的十八届六中全会、全国国有企业党的建设工作会议，以及党的十九大精神，认真学习贯彻集团工作会、党建会要求部署，紧紧围绕企业改革重组、业务转型的中心任务，扎实推进“两学一做”学习教育常态化制度化，切实履行从严治党主体责任，发挥企业党委领导核心作用，把方向、管大局、保落实，努力为公司转型发展提供坚强有力的政治保证。

坚持扎实推进“两学一做”学习教育常态化制度化，在各级党员领导干部中增强“四个意识”。5 月，公司召开党委会，审议通过《中远海运发展推进“两学一做”学习教育常态化制度化实施方案》，在全系统深入推进学习党章党规及习近平总书记系列讲话精神；班子成员带头讲党课，开展了“在现代企业制度下加强党建工作”等专题讲座；坚持深入船舶和一线党支部调研，指导基层党支部开展工作，不断将学习教育推向纵深；各基层党组织通过开展“手工制作国旗党旗”“重温入党誓词”“提升意识、净化灵魂”主题座谈会等活动，进一步增强学习教育鲜活性，以学促做，知行合一，将“两学一做”学习教育引向深入。在学习教育过程中，公司党委注重围绕企业中心工作，突出航运金融特色，相继组织了以“新兴行业跨境投融资及跨境资产管理布局新趋势”“金融风险管理”等主题的金融业务知识专题讲座，围绕公司正在推进的市场化人才管理机制在领导干部中开展“沙龙式”研究讨论。

完善党组织建设，多角度激发基层党建活力。成立党群工作部 / 组织部，进一步强化党务工作机构设置和党务工作人员配备；结合上海市委组织部年中统计工作，对党组织、党员情况再一次进行了全面梳理，完成了全体党员信息的登记备案；公司党委及各直属单位党组织相继召开党代会和党员大会，完成换届选举工作，选齐配强各级党组织负责人，确保各级党组织的核心作用在改革重组工作中得以发挥。联合三家兄弟单位组织了“弘扬红旗渠精神，增强党性修养”党务干部专题培训班；总部机关开展以“建党伟业”为题材的党建电影拍摄活动；船舶党工委通过“弘扬五四精神，共筑美丽船舶”主题活动，寻找“身边最感动的人”；上海寰宇党委与兄弟单位积极开展支部共建活动，开辟“党建搭台，业务唱戏”的良好局面。

【企业文化】

突出文化引领，凝心聚力促进企业和谐稳定。中远海运发展在强宣传、聚人心、树形象上下功夫，加强新媒体应用，开设了企业微信公众号，形成线上线下相结合、传统与创新相结合的宣传网络。开展企业文化理论体系建设，初步形成包含企业使命、愿景、核心价值观在内的特色文化体系。当年公司荣获中国企业研究会“2012—2017 企业文化标杆企业”荣誉称号。此外，公司下属上海寰宇锦州箱厂始终坚持将“文化强企”发展战略贯穿于日常工作中，取得良好成果，获评“全国企业文化优秀案例”“全国企业文化特色性示范单位”，另有 5 名个人获评“2012—2017 年度企业文化建设先进工作者”。中远海运发展党委注重发挥群团组织力量，与党组织同步完善各级工会、团组织建设，组织开展“健步走”、“职业女性心理辅导”、瑜伽、足球、篮球等丰富多彩的文化体育活动；扎实做好帮困慰问和船舶到港慰问工作，全年共慰问船舶 180 余艘次，员工 4500 余人次，为广大职工送去企业关怀和温暖。围绕企业中心工作和转型发展的大局，认真开展文明创建，加强价值引领，深化内涵建设，塑造文化品牌，不断提升企业文明创建的整体水平，为企业改革发展提供精神动力和文化支撑，公司被评为第五届“全国文明单位”，公司及中远海运租赁分别荣获第十八届“上海市文明单位”称号，这是公司连续第 7 次获此荣誉。

2017 年是集团推进船员和船舶管理体制改革之年。公司党委定期听取船舶党工委关于船员队伍和船管队伍思想动态汇报，要求有关部门切实做好形势任务宣贯、思想引导和队伍稳定等工作，确保集团改革稳步推进。开设“员工意见反馈平台”，进一步畅通上下沟通渠道。组织“优化达人”金点子大赛，问计于基层，提升服务群众的水平；认真做好全国两会、“一带一路”高峰论坛、党的十九大期间的综治维稳和安全工作，确保一方平安。

【社会责任】

2017 年是中远海运发展转型后跨越式发展的关键一年。作为中远海运集团旗下航运金融产业集群的重要企业，中远海运发展抓住机遇、积极作为，主动适应航运金融服务新需求，各业务板块稳中创优，与航运产业的协同优势也进一步凸显，产融结合、以融助产能力进一步提高。在公司发展壮大的进程中，公司始终将社会责任管理与实践作为重要议题，追求公司与社会的共同可持续发展。

遵循党的十九大提出的加快建设现代化经济体系，推动实体经济高质量发展的要求，中远海运发展以船舶租赁、集装箱租赁为基础，将服务延伸至整个航运产业链，链接上下游需求，促进航运资源优化配置，助力航运业稳健发展。聚焦新能源汽车、电子信息等产业领域，深入分析行业发展趋势，以行业龙头企业需求为切入点提供融资租赁支持，并将服务对象延伸至上下游企业，为企业进行技术研发、创新成果产业化提供资金及设备支持，促进整个产业链实现共同发展，助力打造新的经济增长点。此外，公司以多元、灵活的金融服务支持新兴产业发展和中小微企业成长，并带动产业链上下游伙伴共同履责，激发行业持续健康发展的澎湃动力。

中远海运发展支持经济发展，关切民生幸福。公司致力于提升农村和边远贫困地区教育水平，通过为当地教育机构提供融资租赁服务，提高教育资源公平性，努力让每一个孩子都享有公平发展的机会；公司还服务于欠发达地区的公立县域、民营和欠发达地区医疗机构，提升当地医疗资源可及性，缩小地区与城乡之间公共服务差距。为地处中越边界的云南省马关县小白河二级水电站提供 1.2 亿元融资租赁支持，促进水电站顺利运营。电站多年平均发电量 1.35 亿 KW · h，有效保障了当地居民的用电需求，带动经济发展。

积极承担社会责任。在集团的统筹下，中远海运发展基于贫困地区实际需求，通过扶持优势产业、改善基础设施条件等方式助力脱贫攻坚，2017 年共投入扶贫资金 47.41 万元。永德是云南省 73 个贫困县之一，但永德良好的自然生态环境为茶叶种植创造了得天独厚的生长条件。中远海运发展结合当地茶产业发展需求，对云南永德地区实施产业相关精准扶贫工作，带动当地产业发展，促进当地农民增收，2017 年公司共认购永德“爱心茶”31.41 万元。上海寰宇锦州箱厂为辽宁省锦州市贫困捐赠 16 万元人民币建造 60 盏路灯，改善当地道路基础设施薄弱的情况，使得当地居民生产生活更加便利。公司鼓励支持员工主动投身公益志愿行动，通过开展慈善捐助活动、组织关爱孩童成长行动，倾情回报社会，与社会共享发展成果。2017 年，上海寰宇员工向“宝贝之家”公益组织捐赠 14 360 元。

保护生态环境是中远海运发展成立之初便秉持的理念。中远海运发展不断优化公司及各直属单位的环境管理体系，开展集装箱绿色制造行动，将绿色、低碳理念贯穿采购、生产、排放全过程。同时，公司通过支持光伏、水电等清洁能源产业发展，助力能源结构优化升级，为建设“美丽中国”贡献力量。

中远海运发展充分发挥自身拥有的航运物流产业资源及优势，通过多元化租赁及其他综合金融服务，为解决当前航运业面临的难题提供全链条金融资源支持；同时，充分利用金融服务业的既有资源促进新兴产业发展，实现商业模式优化，促进金融业务多元化发展，探索以业务服务社会需求的可持续发展之路。（任梦婕）

中远海运金融控股有限公司

中远海运金融控股有限公司

中远海运金融控股有限公司（以下简称“中远海运金控”，英文简称 COSCO SHIPPING Financial Holdings），是中国远洋海运集团有限公司全资子公司，注册地为中国香港，注册资本 5 亿港元，公司前身为成立于 1998 年 3 月 6 日的中国海运（香港）控股有限公司。2016 年 5 月 18 日，公司正式更名为中远海运金融控股有限公司，并于同年 6 月 2 日在香港正式挂牌成立。

2017 年，中远海运金控紧紧围绕“深化改革、优化机制、精益管理、提质增效”的总体工作思路，在金融政策日趋收紧、市场竞争日益加剧的大背景下，抓住机遇，积极作为，公司业务转型升级、生产经营业绩再上新台阶。截至 2017 年年底，中远海运金控总资产为 253.46 亿人民币，同比增加 12.99%，净资产为 85.27 亿人民币，同比增加 40.76%，较好完成集团赋予的任务。

【发展战略】

2017 年是金控平台转型后跨越式发展的开局之年。公司认真贯彻落实“十三五”战略发展规划，各业务板块坚持产融结合协同发展，探索业务创新创效模式，积极适应新形势、迎接新挑战，整体保持强劲发展态势，切实发挥平抑集团主营业务风险的作用，成为助力集团发展名副其实的“腾飞之翼”。

集装箱制造板块，抓住航运市场复苏、集装箱订单大量释放的机遇，在市场上率先恢复双班生产提高产能。

集装箱租赁板块，全力清理历史包袱，推进管理架构重组，开拓美国二手箱市场，积极妥善消化韩进海运破产事件的影响。

航运融资租赁板块，围绕“产融结合、以融促产、联动协同”的中心思路，对内积极落实集团产融结合战略，对外积极塑造品牌形象。

多元租赁板块，稳扎稳打，在巩固现有优势基础上，积极开拓新业务领域。

金融投资及保险业务板块，发挥金控平台境内外各金融业务线优势，将直投产品、产融结合产品，以及供应链金融产品等的投资模式进行整合，充分发挥不同产品线之间协同效应，互为促进。

【业务经营】

金控平台认真肩负起做强业务、争创效益的光荣使命，持续夯实增长基础，加快推进重点工作。

集装箱制造板块，以更优惠的价格、更优先的供应、更优质的服务与集团内兄弟单位紧密合作，进一步发挥产业协同效应。

集装箱租赁板块，及时把握住市场反弹的机会，大力拓展业务市场，提前实现全年利润目标。

航运租赁板块，2017 年 11 月 17 日顺利签约首个集团内项目，具有良好示范效应。

多元租赁板块，医疗业务在医药工业方面实现零的突破，建设业务向全产业链延展。

金融投资及保险业务板块，“远海”系列基金先后设立，自保公司于 2017 年 2 月 18 日正式开业并投入运营，在集团的帮助和指导下，生产经营稳健有序，各项指标顺利完成。

【经营效益】

中远海运金控作为集团境外直属公司，自成立以来，坚持“以一流团队为根本，以科学发展为目的，以经济效益为核心，以精细管理为基础，以优秀文化为保障”的管理思想，充分利用香港地区良好的营商环境和人才优势，加强资源整合，调整产业结构，创新经营模式，促进转型升级。截至2017年年底，中远海运金控实现营业利润14.47亿人民币，同比增加30.78亿人民币；实现考核利润17.63亿人民币，为集团下达考核指标的117.56%；应收账款余额为2430万人民币，主要由于剥离非金融类公司，较年初下降73.41%。

2017年年初以来，境外金融市场总体向好，为公司金融业务收益上行创造了有利条件。截至年底，中远海运金控持有各类金融资产市值折186.04亿港元。按持有类别，公司持有股票12支、基金4支、优先股2支。按持仓市值及盈亏，公司各类金融资产本年持仓市值增加41.21亿港元；考虑历史分红、处置盈亏等情况，各类金融资产市值浮盈9.64亿港元。

【企业管理】

中远海运金控根据各业务板块定位，在战略层面及风险管控方面给予一定指导，在执行好集团对公司董事会授权制度的基础上，对相关直属公司的日常经营事项授权，各业务板块在竞争日趋紧张的市场环境中，与市场同频共振，抢抓发展新机遇，以灵活多变业务策略，保持企业竞争优势。

本年度，集团对中远海运金控下达了关闭3家公司的工作目标。其中，Sea Express Logistics Co., Ltd.于4月4日完成关闭，中国海运（韩国）控股有限公司于5月25日完成关闭，中海物流（海外）有限公司于8月8日完成关闭。公司在规定的时间内完成本年度压减目标，法人户数由年初的13家减少至10家。

“制度健全性”是开展内部控制的基础，为有效开展内控管理工作，实现优化治理结构、提升经营能力、促进精细管理、强化内部控制的目标，公司从规范公司治理的根本性制度、确保组织机构运营的保障性制度、规范经营管理的行为性制度、明确责任追究及监督救济的约束性制度四个维度为切入点，完善制度体系，夯实管理基础。截至2017年12月底，中远海运金控已发布管理制度16项。其中，公司将发布的《内部控制与风险管理办法》作为风险管理和内部控制的框架性文件，进一步健全企业内部控制组织架构，确定各级职能，明确内部控制工作目标、原则、内容与方法，建立健全内部控制体系并推动其有效运行。

【提质增效】

中远海运金控积极贯彻国务院国资委关于中央企业提质增效工作总体部署，认真践行提质增效经营理念，秉承着瘦身健体、优化资源配置、防范投资业务风险等规则，各业务板块不断强化营销、开拓市场，较好完成集团下达的各项任务指标。

资金成本管控方面，充分发挥内地与香港两地协同的整体议价优势，通过置换高成本存量债务，降低财务费用；通过资金池归集在港地区资金，加强资金集中管理；通过强化资金预算管理，金控平台内部资金融通、沪港联动，合理调配、使用境内外各币种存量资金，提高资金使用效率。

“两金”管控方面，根据中央的要求，在集团的统一部署下，2017年度深入强化“两金”压控工作取得了一定成绩。在盘活资产、降低债务风险、减少资金成本方面，极大提高金控平台资产周转率，增强流动性，减少资金沉淀；应收管理方面，加强应收账款催收，降低了债务风险。

【风险管控】

公司高度重视风险防控工作，围绕综合性金融服务平台的发展定位，在着力构建法务与风险管理的制度基础，搭建整体框架，积极补足金融投资领域制度短板，夯实金融投资业务风险管理基础的同时，积极引入金融机构成熟的风险管理理念，对标金融监管，推进合规、风控及内控管理工作，结合公司管理架构、业务板块和人员构成情况，推行“三个层次 + 三道防线”的法务与风险管理组织架构。根据各业务板块的特点，以统筹管理和兼顾差异相结合的方式，推进风险管理工作，即制定统一的风险偏好体系、风险政策和风险语言，指导各专业公司和事业部在公司风险管理框架下，建立独立的风险管理体系和团队，指导各专业公司和事业部执行统一的风险偏好和政策。同时，各专业公司和事业部根据其专业板块特色和行业监管要求，分别制定符合各自业务特点的定量定性指标，实现风险偏好和政策的有效落地。

【员 工 队 伍】

截至 2017 年 12 月 31 日，中远海运金控及金控平台在港下属公司员工总数为 167 人。其中，内派人员 19 人，当地员工 148 人；中远海运金控本部员工总数 51 人，金控平台在港下属公司员工总数为 116 人。

2017 年 4 月 25 日，集团党组召开中远海运金控平台职业经理人试点工作启动会，在金控平台率先试点职业经理人制度，标志着中远海运金控深化改革、转型发展迈出新步伐。

2017 年，中远海运金控认真贯彻落实集团党组要求，结合实际，规范运作，积极探索以企业经营管理层为对象的激励考核机制创新，通过“市场引入”“内部转换”“纵深推进”三个阶段，建立起职业经理人管理体系。公司以市场化方式公开招聘副总经理和首席风控官各 1 名；符合条件的班子成员正式与董事会签订聘书、转为职业经理人；秉承“业绩管理为基础、契约约定为手段、薪酬激励为动力、风险管理为保障”的基本要求，切实将职业经理人的核心管理思路与所属公司的经营实际有机结合，逐步将符合条件的所属公司的核心经营管理岗位纳入职业经理人管理体系中来，制定并下发推行职业经理人管理体系的指导意见，为相关所属单位推行职业经理人管理体系指明方向。

【企 业 文 化】

中远海运金控积极践行集团“一个团队、一个文化、一个目标、一个梦想”理念，坚持以先进文化，统领发展、凝聚人心，以拼搏奉献、开拓创新精神，大力推动公司从航运企业转型为航运金融企业。根据公司转型后业务特点，选聘企业文化建设咨询公司，着手开展企业文化理论体系建设，进行实地调研，诊断公司现状，识别文化异同，分析公司中存在的多元文化，找出文化特质，推进文化融合。经过近一年的努力，初步形成包含企业使命、愿景、核心价值观在内的特色文化体系，为公司全系统上下进一步统一思想、凝聚力量奠定基础。

结合境外实际，中远海运金控针对公司全系统上下不同群体，进行分层次、全覆盖的企业文化培训，组织全体员工参加企业文化主题活动，观看爱国主义教育电影、参与公益金百万行活动等；组织青年代表参加“新时代背景下的中国国家安全形势”专题培训教育，瞻仰革命圣地等，均取得良好培训效果。（刘旭阳）

中远海运物流有限公司

中远海运物流有限公司

【公司概况】

中远海运物流有限公司（简称“中远海运物流”，英文简称 COSCO SHIPPING Logistics），隶属于中国远洋海运集团有限公司，由原中国远洋物流有限公司、中海集团物流有限公司和中海船务代理有限公司重组整合而成，于 2016 年 12 月 21 日正式挂牌运营。2017 年 9 月 18 日，中国外轮理货总公司整合并入中远海运物流有限公司。

中远海运物流是居中国市场领先地位的国际化物流企业，在项目物流、工程物流、综合货运、仓储物流、船舶代理、供应链管理、理货检验等业务领域为国内外客户提供全程物流解决方案。

中远海运物流在中国境内 32 个省、区、市及海外 17 个国家和地区设立了分支机构，在全球范围内拥有 500 多个销售和服务网点，形成了遍及中国、辐射全球的服务网络系统。

中远海运物流与中国外轮代理有限公司（简称“中国外代”）、中国外轮理货有限公司（简称“中国外理”）为一套人马、三块牌子。截至 2017 年年底，全系统共有职工 12 351 名，劳务派遣用工 2899 名。

2017 年，公司荣获 2017 中国物流业大奖“金飞马”奖项的“中国十佳物流企业”“中国品牌价值百强物流企业”“供应链服务金奖”“中国最具社会责任物流企业”，货运业大奖项的“21 世纪海上丝绸之路建设突出贡献奖”“货运代理公司综合服务十佳”“货运代理公司网络覆盖白金奖”。中国外代荣获第十三届货运业大奖的“综合服务十佳船舶代理公司”“综合服务十佳无船承运人”荣誉。中远海运集团总经理助理，中远海运物流董事长、总经理韩骏荣获“中国物流年度影响力人物”称号并入选“中国物流 100 人”。

【改革重组】

自 2016 年 8 月初启动改革重组工作以来，中远海运物流按照集团《关于物流产业集群业务整合总体建议方案》的战略部署，一手抓改革重组，一手抓经营发展。

顺利推进整合重组工作。2017 年，公司积极推进各下属公司的重组整合工作。截至 3 月底，中远海运物流境内 15 家（区域公司 8 家、专业公司 7 家）直属二级单位层面改革重组工作已基本完成，并以此为基础完成各区域公司、专业公司本部的更名工作。8 月 7 日，集团召开理货整合工作启动会，随后中远海运物流成立整合工作小组，制定周密的工作方案，有序推进理货业务整合。9 月 18 日，中国外理职工正式到岗上班，标志着理货整合工作基本完成。一年内，公司高效、顺利完成两次整合，覆盖原中远、中海 4 个二级公司总部、268 家法人单位，重组整合的机构调整和人员安排基本实现了优势互补、平稳有序，确保了业务、队伍和客户的稳定，取得令各方满意的超预期成效。

在重组的同时，公司按照集团压减工作部署，通过吸收合并、清算关闭等方式全力以赴推进企业压减，完成 63 家法人单位压减工作，超额完成集团下达的压减任务指标（确保完成 59 家）。根据集团相关要求，公司制定中汽货代清算关闭涉及资产处置方案，有效推进企业改制和相关低效无效资产的清理。通过上述工作，公司不断深化业务整合，优化资源配置，把资源向有优势的口岸、有潜力的项目倾斜，在经营层面缩短战线、聚焦优势，同时稳妥处置人员分流安置问题，优化了队伍和业务结构。

危机意识和“本领恐慌”意识增强。通过年初及年中工作会议，全系统实现了“认清形势、统一思想、明确目标、把握重点、清晰路径”的目标，危机意识和“本领恐慌”意识明显增强，进而激发了大家学习创新的内生动力。目前，系统面临的主要矛盾已由危机意识不足转化为转型升级的能力不足，把握这一变化对确定下一步工作重点非常重要。

强总部建设取得预期效果。新物流成立之初，按照现代物流企业的规模化的自上而下瀑布式管理模式，明确加强总部七项职能建设任务，并取得预期效果。

一是战略引领能力显著提升。物流总部明确了战略在经营发展中的核心地位，通过战略管控引领全系统发展，以“六个说清楚”为商业逻辑自上而下推动制定新物流“十三五”战略规划，通过明晰战略明确了各板块的定位，提升了核心竞争能力。物流总部成为全系统的“大脑”和“发动机”。

二是集约管理能力显著提升。物流总部对全系统的人、财、事、物进行集约管理。人力资源集约方面，利用重组整合精简总部编制 97 个，精简率达 31.2%，并加强系统内部岗位交流和培训资源的共享；建立周例会、月例会制度，扩大会议参会范围，提高信息、决策和执行的质量与效率。财务集约方面，推动建立财务共享中心，并在上海进行成功试点。事、物集约方面，对系统内的项目管理、合同管理、风险管控、文化建设等都集约到总部，对系统内的仓储资源加快整合，推动形成统一的管理平台。

三是战略营销能力显著提升。物流总部在明晰战略的基础上，强化对战略、理念、模式的宣传，积极把握战略性机遇，以大项目、大合作开拓战略性市场，年内已签署 18 项战略合作协议，其中企业客户 11 项、政府部门 4 项、社会机构 3 项，推动了港口物流、散货物流、双轮驱动、中西部战略等不断落地。

此外，物流总部创新驱动、资本运营、风险管控、服务保障等方面的作用也更加明显，对全系统发展产生了引领、推动作用。

从产品思维向客户思维转变取得实质突破。全系统以客户为中心的服务意识和思维明显提升，建立以客户为起点的全程物流供应链平台。以客户为中心的思维、理念、模式进一步强化，全系统抢抓战略机遇的能力提升了。例如，在巴西淡水河谷公司（Vale）项目上，双方签署战略协议，但具体合作全球没有成功先例，是一个巨大挑战。公司通过以客户为中心加强客户痛点分析提前锚定 Vale 的物流痛点，同时在推介和沟通交流中敏锐发现并抓住了 Vale 另一个更大的痛点——销售，使双方合作不断取得突破，赢得了对方的信赖和合作中的大力支持。

【发展战略】

中远海运集团改革重组后，将物流定位为集团三大核心支柱产业之一，将“成为全球领先的综合性物流供应链服务集团”作为物流产业发展目标愿景，给予中远海运物流前所未有的地位、投入和政策支持，成为推动新物流实现跨越式发展、开创新局面的核心动力。中远海运物流通过对“一二三四五六七”理念、战略、重点和路径的梳理和提炼，在物流系统形成一种思维、一种语言、一个步调、一个目标的共识。

确立“一二三四五六七”的战略体系。在 2017 年年中工作会议上，公司梳理和提炼形成了“一二三四五六七”理念、战略、重点和路径。“一”是坚定集团“十三五”规划确立的物流板块“打造国际一流的全程物流链与供应链服务平台”的愿景目标。“二”是把握成为集团重要的利润增长点与航运主业价值提升的放大器和催化剂两个定位，以及补足海外能力和自我滚动发展两个短板。“三”是推行“产品服务化、服务产品化、客户市场化”经营模式。“四”是强化“技术、模式、机制、资源”四轮驱动。“五”是突出集约化的五个重点。“六”是树立“说清楚市场、说清楚自己、说清楚对手、说清楚模式、说清楚风险、说清楚收益”的评判标准。“七”是强化总部的“战略引领、创新驱动、集约管理、资本运营、战略营销、风险管控、服务保障”七项职能。战略体系的提出，推动全系统上下形成一种思维、一种语言、一个步调、一个目标的理念，系统运行的质量、效率有了质的提升。

推动“十三五”规划的制定工作。以“六个说清楚”为基本逻辑加快“十三五”战略发展规划的编制工作，围绕公司当前船舶代理、综合货运、空运代理、仓储物流、工程物流、项目物流、化工物流、供应链物流、理货公正等业务主线制定了规划初稿，并分别进行了单独预审和集中二次审核。通过一年的规划编制，全系统对“一二三四五六七”战略有了深刻理解，制定规划的认识、能力、态度已有根本性的提升，全系统进一步统一思想，对物流转型的战略、模式、路径更加明确。

开展大客户战略合作。中远海运物流在明晰战略的基础上，强化对战略、理念、模式的宣传，积极把握战略性机遇，牵头做好战略营销、产品设计，以大客户、大合作为目标开拓战略性市场，年内已签署 14 项战略合作协议。战略客户主要包括：淡水河谷矿产品（中国）有限公司、贵州开磷控股集团、湛江港集团、镇江新区、大连港集团、重庆两江新区、青岛港国际股份、宁波保税区管委会、中国核电工程公司、中国中车、江苏苏美达集团等。并有多项战略合作已经确定、等待签署，推动了港口物流、散货物流、物流供应链、供应链金融、政府物流平台、多式联运、化工物流、空运物流、冷链物流、中西部等战略项目不断落地。在船货代等业务上，总部直接牵头做好客户的集中营销、高层营销，巩固客户关系，加强客户开发。

【公 司 治 理】

调整公司章程。2017 年 5 月，公司对章程进行修订，主要包括：一是根据《中共中国远洋海运集团有限公司党组关于在全面深化改革中加强和改进企业党建工作的指导意见（试行）》要求，将企业党建工作纳入公司章程；二是为符合天津空港经济区相关落地政策要求，将注册地址从“天津自贸试验区（空港经济区）西三道 158 号 3 幢 304–8”调整为“天津自贸试验区（空港经济区）空港国际物流区第二大街 1 号 312 室”。

董事会建设。中远海运物流为独资企业，由单一股东（中国远洋海运集团有限公司）直接管理，不设股东会。

根据《中国远洋海运集团有限公司直属公司董事会运作管理办法》，集团于 2016 年 11 月 30 日发文任命中远海运物流董事会任职人员，董事长为黄小文，董事为韩骏、孙军、冯波鸣，外部董事为姚红、吕靖、刘新权、高名湘。2017 年，根据集团领导班子分工调整，7 月 31 日，韩骏任中远海运物流董事长。截至 2017 年年底，公司董事会成员共 8 人，董事长为韩骏，董事为孙军、冯波鸣，外部董事为吕靖、刘新权、高名湘，专职外部董事为李建雄，职工董事为陈永生。经董事长推荐，并经首次董事会批准，公司副总经理蒋恺任董事会秘书。

2017 年 11 月 10 日，中远海运物流第一届董事会第一次会议在北京召开。董事长韩骏，董事孙军、吕靖、刘新权、高名湘、李建雄、陈永生出席了会议，公司在京经营班子成员和有关部门负责人列席会议。会议标志着中远海运物流贯彻集团对直属企业董事会运作要求、推动建设规范董事会工作取得阶段性成果。

2017 年，中远海运物流董事会设立战略与投资委员会、审计与风险管理委员会。战略与投资委员会主任为韩骏，审计与风险管理委员会主任为孙军。公司制定了董事会各项制度，并于首次董事会上正式通过并生效实施，包括：《董事会议事规则》《董事会授权规则》《董事会秘书工作规则》《总经理工作规则》《董事会专门委员会议事规则》。2017 年，公司董事会共审议“受限事项”5 项，审议“非受限事项”3 项，董事长授权事项行权 33 项，实现了董事会高效运作和科学决策。

公司领导班子。中远海运物流实行董事会领导下的总经理负责制。集团于 2017 年 8 月 10 日发文任命赵伟、马荣升、高伟同志任中远海运物流有限公司副总经理、党委委员。

截至2017年年底，公司领导班子成员共13名，包括：

董事长、总经理、党委副书记：韩骏

党委书记、副总经理：孙军

副总经理、党委委员：赵伟、马荣升

总会计师、党委委员：段永桓

党委委员、纪委书记：季建生

副总经理、党委委员：梁军、高伟、王志杰、左进、蒋恺、符鹏、董大欣

公司组织机构。截至2017年年底，中远海运物流共设置17个部门，包括：直属机关党委、董事会/总经理办公室、党委工作部、项目物流部、船务部、综合货运部、仓储物流事业部、供应链物流部、理货事业部、战略与企业管理部、人力资源部/组织部、财务管理部、法务/风险管理部、信息化管理部、安全监管部、监察审计部/纪委工作部、工会。另根据实际情况设置了上海营销中心、党委巡视组、政研会3个特设机构。整合后实际在编人数214人，各部门负责人职数设置不超过1正3副。办公地址设在北京市朝阳区八里庄北里220号中远海运物流大厦。

企业管理层级。截至2017年年底，公司管理层级最多为4级。一级法人企业4家（中远海运物流、中国外代、中外理、中汽货代），所属二级子企业37家，三级子企业222家，三级分公司222家。二级子企业中包括16家境内直属企业（大连、北京、青岛、上海、宁波、厦门、广州、重庆8个区域公司和中空、仓配、化工、工程、供应链、船务、中联理货、国投8个专业公司）。

企业法人层级。截至2017年年底，按照企业法人层级划分，中远海运物流系统合并范围内子公司共计263家。一级法人企业1家（中远海运物流），二级法人公司35家，三级法人公司182家，四级法人企业45家；分公司共222家。其中，境外法人公司共6家，分别为中远海运物流（日本）有限公司、中远海运物流（欧洲）有限公司、中远海运物流（香港）有限公司、中国外轮代理（香港）有限公司、中远海运（香港）船务代理有限公司、中海物流（香港）有限公司。

【经营效益】

2017年，中远海运物流全系统整体生产经营稳中有升，在转型发展的进程中逐步企稳向好。2017年，公司合并范围内单位264户，完成全额营业总收入309.0亿元，同比增长24.5%；发生全额营业总成本287.6亿元，同比增长25.0%；实现利润总额13.1亿元，较上年同期增长38.4亿元；实现归属于母公司所有者的净利润9.4亿元，较上年同期增长37.9亿元，超额完成集团下达的利润指标。

通过清理低效无效资产、缩短管理链条、理顺资产权属关系，以及处置历史遗留问题，公司资产质量和管理效率进一步提升，2017年超额完成各项经营绩效指标。

根据2017年度分部收入构成情况：综合货运占46.0%、船舶代理占29.9%、项目物流占6.5%、空运货代占6.4%、工程物流占4.2%、仓储分部占3.5%、供应链分部占3.5%；从分部毛利构成情况：船代分部占40.3%、综合货运占26.0%、仓储分部占9.5%、工程物流分部占8.7%、项目物流占6.7%、空运货代占6.3%、供应链分部占2.4%。

【主营业务】

公司业务包含项目物流、综合货运、仓储物流、空运货代、工程物流、化工物流、供应链物流、船舶代理、理货检验等业务板块。通过近三年统计数据显示，当前公司业务结构特点为：传统的船、货代业务依旧为新公司收入及利润的重要贡献来源，总占比在60%以上，且呈现出稳中略有上升的态势；专业物流、项目物流、仓储物流等各新兴业务收入、利润贡献基本保持平稳，总体占比较低；中国外理股权投资收益对理货公证业务发展有重大影响。

项目物流业务。2017年，公司全年操作货量4 794.35万计费吨，同比增加7.6%；完成箱量9.07万TEU，同比减少15.15%；实现营业收入20.83亿元，同比增加8.2%；实现营业毛利1.26

亿元，同比减少 3.5%。

该业务由原产品物流和合同物流转型发展而来。总部项目物流部作为牵头单位，整合系统内各物流业务板块资源，组建专业操作平台，组织开展战略客户的业务投标。同时，依托多式联运业务模式，重点发掘开拓行业物流中的多式联运产品，如电子物流的中欧陆海快线、“渝深”班列，林业物流的印度尼西亚—深圳—赣州海铁联运，粮食物流的吉林—大连—东南亚的海铁联运等。项目物流大部分业务依托多式联运来开展，涵盖广阔的市场范畴，具有很大的开拓潜力和发展前景。截至 2017 年，该业务板块仍存在资源配置能力不足、产品化不足、海外业务不足、信息化不足等问题，导致业务拓展受限。

综合货运业务。2017 年，公司全年实现集装箱揽货量 346.51 万 TEU，同比增加 10.46%；完成散杂货业务量 3.34 万吨，同比增加 19.7%；实现营业收入 147.51 亿元，同比增加 20.5%；实现营业毛利 4.61 亿元，同比增加 7.3%。

综合货运业务结构复杂，基本涵盖所有业务类型，在集装箱业务上一直处于国内领先水平，拥有大批专业的操作人员，与港口、海关、商检等政府机构保持了多年的稳定合作，并能根据客户需求，提供定制的综合货运解决方案，涵盖整箱、拼箱、散杂货、大宗货等货物的海运、陆运仓储、关务检务、方案策划为核心的全程物流服务。2017 年，在整体市场持续低迷的情况下，公司综合货运业务整体保持平稳增长，对内深入贯彻“十三五”战略规划，践行“一二三四五六七”理念，搭建营销管理体系，聚焦专业平台建设，加大内部业务协同，拓展无船承运业务；对外积极捕捉市场机遇，发挥营销优势，适应客户需求变化，加大核心客户营销。

仓储物流业务。2017 年，公司全年实现仓储面积 192.9 万平方米，同比增加 8%；非家电业务 4652 万吨，同比增加 47%；家电业务 6396 万台 / 套，同比减少 24%；实现营业收入 11.32 亿元，同比减少 12.1%；实现营业毛利 1.88 亿元，同比减少 4%。

仓储业务板块凭借丰富的仓储管理经验和专业化的管理队伍，以其所配备的先进信息系统和现代化的设施，为客户不同需求提供仓库管理、货物装卸分拨、物流配送、集装箱拆拼箱，以及流通加工、包装、监管等各类增值服务，在业界树立起中远海运高标准、全覆盖、负责任、有担当的品牌形象。在仓库仓储服务方面，中远海运物流仓储业务板块在全国五十余个物流节点城市运营有逾 150 万平方米的仓库，为客户提供货物存储、包装、贴签、分拣、干线运输、城市配送等服务。在堆场仓储服务方面，中远海运物流仓储业务板块在大连、天津、青岛、苏州、宁波、上海、厦门、广州等口岸建立专业的集装箱堆场和集装箱技术服务中心，堆存面积近 180 万平方米，提供集装箱装卸、堆存、冷藏集装箱预冷、预检，以及集装箱改装、修理、旧箱翻新、清洗等服务。主要大客户包括海尔、海信、中国石化、中国中车、上海期货交易所等国内家电、快销、机电设备和大宗商品业大型企业和单位。

供应链管理业务。2017 年，公司全年实现营业收入 11.15 亿元，同比减少 12.4%；实现营业毛利 0.46 亿元，同比增加 20.7%。

经过一年的探索、研究，供应链业务在收入、利润上有了长足增长，探索出诸如贵州电建新能源项目、ECI 项目等业务产品。但整体而言，目前供应链业务和冷链业务处于起步阶段，与行业领先企业存在差距：供应链业务仍缺乏基础的、能支撑起供应链业务先锋队定位的业务模式；供应链业务管理能力有待持续提高，从业人员专业知识匮乏和风控能力不足；供应链业务配套资源短缺，急需建立配套的信息系统，固化管理模式，提升信息化程度，提高工作效率；供应链业务限制因素继续存在。

空运物流业务。2017 年，公司全年实现空运代理货量 13.6 万吨，同比增加 14.6%；实现营业收入 20.51 亿元，同比增加 41.9%；实现营业毛利 1.19 亿元，同比增加 40.2%。

2017 年新开发直接大客户 35 家。继上汽通用、广汽等大型车企项目后，公司首次进入国际顶级豪华汽车集团供应商体系，并一举签订“宝马中国汽车售后零部件国内物流项目”长达六年的合作协议，为后续汽车行业营销带来了品牌和标杆效应。通过“集约化”营销，将ZARA项目成功引入成都、郑州等地域，以业务带动成都、郑州网点的建设。电商业务稳步发展，中远e环球积极采取压缩BBC仓库面积、减少人员数量、提升精益管理、聚焦BC业务等有效措施，提质增效效果明显，业务量持续提升，累计完成电商业务票数540万票，同比增长52%，继续处于广州机场的领先地位。会展业务尝试转型，完成德国柏林G20峰会、台北“我的北京故事”文化展等全程业务，均取得了有效突破。

工程物流业务。2017年，公司全年实现操作货量147万计费吨，同比减少7.86%，实现营业收入13.59亿元，同比减少26.2%，实现营业毛利1.66亿元，同比减少23.8%。

工程物流操作量出现负增长，主要原因一是几个重要且发货量大的项目在2017年相继收尾或结束（如俄罗斯亚马尔LNG项目、天顺南非风电设备出口项目、华能巴基斯坦萨斯瓦尔项目等），二是市场运力过剩，竞争更加激烈，竞相压价竞标，利润很低，甚至出现有的企业为了抢夺市场亏损运转局面，从而导致我公司在竞争上不敌其他企业，营销工作难度加大。2017年工程物流业务仍处于风险与机遇共存的状况。面对国际、国内经济环境的大格局，公司积极采取挖掘自身潜能、创新经营模式、改革机制与体制、加大海外“走出去”力度等措施，在持续低迷的市场环境中努力生存下来，并争取实现工程物流业务指标的弱增长。

化工物流业务。2017年，公司全年实现货量244万吨，同比增加16%；实现营业收入3.07亿元，同比增加15.7%；实现营业毛利4468万元，同比增加22.0%。

推进服务产品化，经多年深耕，化工在仓储、运输、灌装、加热等业务上形成了较为成熟的操作模式与业务流程，通过完善和固化，可作为标准化的服务产品低成本、高效率地复制。推进产品服务化，围绕客户需求痛点，在提供标准化服务产品的基础上，主动争取、积极接洽，围绕客户需求提供定制服务，为盛禧奥量身打造场内驻场方案，成功赢得客户青睐，增强客户黏性。推进客户市场化，紧抓杜邦、陶氏合并时机，从杜邦综合物流项目入手，凭借优质服务和专业能力，进一步拓展杜邦全国多式联运业务，扩大业务范围和合作区域，并与杜邦签订了战略合作协议，提升了战略层次。

船舶代理业务。2017年，中国外代系统代理船舶75 761艘次，同比基本持平；代理集装箱箱量3114万TEU，同比上升1.25%；代理货量5亿吨，同比上升5.77%。中远海运船务系统代理船舶36 943艘次，同比增加20.12%；累计代理货运量9.04亿吨，同比增加2.34%；承揽集装箱箱量25.45万TEU，同比减少15%。2017年，船代业务板块实现营业收入95.79亿元，同比增加13.2%；实现营业毛利7.63亿元，同比增加20.5%。

中远海运物流船代业务有PENAVICO、中远海船务两大品牌：中国外轮代理有限公司，成立于1953年1月1日，是中国国际船务代理和国际运输代理行业的领导者，其专业经验和市场地位被业界所公认，目前在外贸班轮、外贸非班轮船代理方面依然处于行业领先地位；中远海运船务代理有限公司（原中海船务）成立于1997年，凭借原中海集团散货、油运内贸市场上的绝对优势地位，在内贸船代理方面优势明显。近年来，船代业务在保持稳定基础上，延伸服务和盈利模式创新方面也迈上新台阶，2017年全系统延伸服务占船代总收入的比例达到49.45%，延伸、创新服务成为船代业务创新的重要举措。

理货检验业务。2017年，公司全年完成理货船舶43.1万艘次，完成理箱量1.36亿TEU，完成理货量17.08亿吨，完成装拆箱理货634.78万TEU。实现理货收入25.37亿元，同比增加0.39%；实现检验收入4.94万元，同比增长73.48%。

近年中国外理系统企业每年的理货业务收入约为26亿元，约占国内理货市场总收入的87%，其中集装箱理箱收入（含装拆箱收入）约占69%，件杂货理货收入约占23.5%，其他收入约占7.5%。2017年，中国外理系统直属控股公司各项主要业务指标延续 2016 年发展态势。

中国外理坚持第三方公正性，通过与海关、边检、海事等部门深入合作，在货物监管、防范走私、打击偷渡，以及反恐等方面发挥出重要作用，为维护国家经济安全贡献了重要力量。公司与航运公司、港口、代理机构、货主等相关方建立长期的合作关系，在理货市场份额、行业地位、影响力等方面具有很高的市场占有率和控制力。

中国外理全资子公司中理检验公司于 2015 年成立，2017 年检验业务 1708 票、收入 700 余万元；由于保险公估业务尚处于对外合作的起步初期，作为港航检验品牌的知名度还不大，市场地位、行业影响力、控制力目前均较小。

【信息化建设】

集团于 2017 年 4 月正式印发“十三五”信息化规划蓝图设计。结合集团信息化规划相关内容与工作要求，以及中远海运物流整合重组的实际情况，经过 3 个月的努力，中远海运物流完成公司“十三五”信息化规划的编制工作。通过对各业务类、管理类信息化重点项目的开展与实施，以集约化管理理念带动物流各板块多元化和网络化运营及能力提升，全面提高集约化管理水平。

船舶代理业务管理信息系统项目。在现有船舶代理系统的基础上，通过技术改造方式构建一套以标准化数据、标准化流程为基础的集中式船代业务管理信息系统，达到助力推动船代业务转型发展的目的。同步开展船代班轮业务市场、船舶进出口、船舶使费、计划调度及箱管等模块系统界面原型设计工作，并对 EDI 平台优化进行内部联调测试。

云仓储服务平台项目。在完成前期调研的基础上，项目自 4 月正式启动，已完成仓储配送业务现场调研、需求分析文档编制、项目概要设计、大宗散货视频交易模块开发、现有托盘管理及商务管理优化等工作。通过开发适用于家电、化工、汽车等各行业特色的功能插件，满足不同行业的个性化需求，有效提升板块业务核心竞争力，以云平台理念推动仓储资源可视化、可量化和可控化逐步实现，从资源整合、集约发展的角度出发，满足业务操作、客户服务、经营管理、决策支持等多层面需求，构建中远海运物流云仓储模式，助力仓储配送业务的可持续发展。

【风 险 管 控】

中远海运物流坚决贯彻“坚持稳健经营，筑牢风控防线”的风险总策略，坚持以风控为核心，以规章制度、内部控制和质量管理为依托，以案件处理为抓手，以保险转嫁为后盾，以投资和贸易类业务为突破，严控客户信用和应收账款、供应商和采购两端风险，推动各业务进行风险评估，制定风险策略及应对措施，建立预警机制和止损机制，逐步从风控减少损失向风控创造价值转变。

合同管理信息化建设。以标准化、集约化、网络化、平台化为目标，推动物流系统内合同管理的信息化建设进程。物流总部及各二级公司合同管理系统一期于 9 月 1 日上线运行。系统覆盖合同新建、审批、台账、履约等各环节，实现标准化管理，系统内合同全部做到物流总部相关部门 100% 审核把关，有效实现集约化管理，提高了合同管理质量。编制印发《合同管理及业务合同履约检查方法说明》，规范各二级公司对本公司和下属公司开展合同管理及业务合同履约的检查工作，提高了系统合同管理及合同风险防控的水平，避免和减少了因合同管理或履约不当造成的损失。

建立规章制度管理体系。研究制定《中远海运物流内部控制制度框架》，总部框架内容涵盖了 688 项制度，并根据公司发展和环境变化进行动态调整，建立规章制度动态机制，防止制度漏洞。制定和发布《中远海运物流规章制度管理程序》，严格规章制度过程管理。建立规章制度跟踪评价机制，并根据定期有效性评价结果对原有制度进行“废、改、立”工作。

加强投资风险管理。在加快公司战略布局和投资过程中，重点实施投资风险管理提升，编制《中远海运物流有限公司投资项目风险评估管理细则》，组织风险评估百人培训，规范投资项目风险评估工作，完善投资项目风险评估和项目评审机制。2017 年，物流总部组织完成对几内亚 Boffa 项目、齐河物流园项目、东南亚项目、非洲项目的投资风险评估工作，并指导下属单位进行张家港危化品运输综合服务项目、宁波电商物流园项目等 7 个项目的风险评估报告专项审核工作，确保项目重大风险因素充分被认知，制定相应的风险策略、应对措施和应急预案，推动风险闭环管理，提高投资决策的科学性。

【安 全 管 理】

2017 年，物流系统树立了“本质安全、安全发展”的理念，统一认识、凝心聚力，通过一系列安全生产工作举措，着力夯实安全生产管理基础，扎实提升安全生产管理水平，全系统安全生产形势基本平稳。

创新安全理念。严格落实安全生产责任制，从党政“一把手”抓起，坚持“党政同责、一岗双责、失职追责”，坚定落实“安全第一、预防为主、综合治理”的工作方针，坚持将理念的转变提升放在首位，全力推行“本质安全、安全发展”理念。对安全的内涵从生产安全扩展到经营、管理和发展的安全。在安全管理中，强调坚守红线意识和底线思维，强调坚持“三个必须”原则，落实“四不放过”。

狠抓责任落实。首先抓关键人员，严格落实安全生产责任制，从党政“一把手”抓起，坚持“党政同责、一岗双责、失职追责”，提升各单位领导对于安全发展的理念、意识和能力，要求员工必须全面掌握并说清楚生产、经营、管理和发展中的安全点和风险点。其次抓关键领域，对安全风险较高的化工、工程、仓储等板块给予重点关注和督导，推动全系统“本质安全、安全发展”理念和安全管理水平有质的提升。一年来，中远海运化工通过建立责任到岗到人的安全管控体系，推进危化品安全可视化平台建设，积极参与行业标准制定等工作，树立了行业安全品牌。中远海运化工在金港项目上坚持高标准、严要求，确保专业领先、源头合规，努力打造行业标杆，还顺利启动夏商项目，推动外部资源整合，积极尝试安全管理输出，使公司步入良性可持续的发展轨道。重庆区域泸州酒业物流大力实施安全品牌营销战略，积极推进罐区管理、基酒物流及成品酒物流罐区可视化系统建设，把安全作为产品，提升了核心竞争力，增强了客户黏性。

【队 伍 建 设】

深入贯彻集团“十三五”人才发展规划和干部人才工作会议精神，紧紧围绕物流板块重组整合中心任务，严格遵循干部人才工作基本原则和提质增效工作总体要求，不断提升能力素质，切实提高干部人才工作的科学化、规范化、制度化水平。

选好配强各级干部。公司党委严格按照集团关于“以人为本、尊重历史、立足现实、面对未来”的方针，以“平稳、平衡、平移”的原则，从优化领导班子成员结构入手，分别从优秀基层干部、优秀后备干部和优秀机关中层干部三个渠道，选优配强直属单位领导班子 17 人次，进一步增强领导班子整体引领和带动企业发展的能力。此次改革重组完成后，总部人员较之前四总部减少 97 人，系统从原四家公司员工总计 13 887 人减少到 12 531 人，共精简人员 1356 人，实现了新总部及各二级单位的精简精干，保障总部及各二级单位整合重组工作的有序推进。

推进人才队伍建设。以学习培训为抓手，根据“加强专业化发展”的培训总体要求，遴选符合公司战略发展需要的培训课程，重点加强专家型人才和优秀年轻干部的培养与能力建设，逐步建立一个具有公司特色、服务于企业战略的专家型人才队伍和优秀年轻干部队伍。2017 年通过现场培训、视频培训等形式，累计培训人员 758 人次，培训总学时 10 378 小时。在拓宽员工职业发展路径的同时，突破非管理岗位薪酬待遇的天花板，完善“专家型人才库”“双通道”机制建设，进一步激发员工的工作热情，提升企业组织效能。

优化薪酬激励机制。坚持差异化管理的原则，继续深化绩效工资考核分配机制，推进薪酬管理改革，优化薪酬激励机制、薪酬结构，建立与现代企业制度相适应的市场化、多元化、差异化的薪酬制度《境内直属二级公司领导人员年薪制管理办法》及配套的风险年薪考核兑现办法，有效支撑企业发展和人才的选用育留。进一步优化绩效工资二次分配机制，解决了绩效考核“千人一面”缺乏针对性的问题，建立了领导班子副职考核及年薪兑现机制，适当拉开薪酬差距，副职领导人员年薪兑现工作得到较好的落实。

【党群工作】

2017 年，中远海运物流党委认真贯彻全国国有企业党的建设工作会议和集团党建工作会议精神，积极落实年初和年中工作会议部署，深入践行“四个一”理念，把改革重组、提质增效作为工作的出发点和落脚点，充分发挥党委的领导作用，坚持“把方向、管大局、保落实”，努力提升党建工作规范化、科学化水平，推动党建工作与生产经营深度融合，为中远海运物流开启新征程提供了坚强政治保证。

完善党组织架构设置。加强直属单位改革重组中党建工作的指导，明确党、纪、工、团等机构设置，建立与行政组织管理架构相匹配、与业务整合和人事重组相协调的党群组织架构，确保各单位党建工作做到“四同步、四对接”，有效发挥党组织的保障、支持、参与、监督和领导作用，充分保障企业中心工作。

截至 2017 年年底，中远海运物流党委班子由 13 人组成。公司党委所属基层党组织 384 个，其中党委 38 个、党总支 31 个、党支部 315 个，包括直属法人单位党委 16 个、直属法人单位党支部 1 个、直属机关党委 1 个。共有中共党员 4592 名，其中在职党员共有 3956 名、离退休党员 594 名。各直属单位党组织在接受中远海运物流党委领导的同时，遵循属地化管理原则，接受属地上级党组织的管理。

加强党建工作总体谋划。研究制定 2017—2019 年基层党建工作三年规划，明确党组织在企业法人治理结构中的法定地位。截至 2017 年年底，除中海航运待改革重组方案确定后同步进行章程修订外，其余各直属单位均已完成党建入章程工作。印发《党建工作责任制实施办法》，下达年度《党建工作责任书》和《党建重点工作考核表》，将国有企业党建工作 30 项重点任务、集团党组 8 项党建重点工作部署分门别类，逐项细化 6 个方面、38 个重点工作任务目标，采取直属单位党组织书记抓基层党建述职和基层党建专题调研相结合的方式，有效落实年初各项工作部署。健全完善党内组织生活制度，完善“三会一课”制度，落实公司领导以普通党员身份参加双重组织生活会的要求。采取网络培训和系统轮训相结合的方式提升基层党务工作者水平，全系统基层党支部学习次数共 343 次，组织党课共 182 次。

做好内外宣传舆论引导。倡导“以奋斗者为本”的理念，在党建网和官微开设“奋斗者风采”专栏，通过党建网和微信平台连续刊登 26 篇奋斗者事迹报道，带动广大干部职工向奋斗者看齐、向奋斗者学习，营造“学先进、做典型”的浓厚氛围。持续加强舆论宣传，充分借助集团内外宣传平台，及时报道中远海运物流生产经营亮点、党建思想工作动态。2017 年，在《中国远洋海运报》刊登文章 150 篇，其中专题报道 30 余篇；在《中远海运报》e 报刊登文章 60 余篇；在《物流时代》等 8 家重点行业媒体杂志刊登物流所属单位成立、“西藏号”班列首发等 10 余篇物流重大新闻，在行业内积极发声，始终保持较高的关注度。不断提升品牌影响力，积极参加第十四届中国国际物流节和第二十届“渝洽会”，在行业内充分展示中远海运物流改革重组的新实力和新成果，荣获各类行业大奖 12 项。

夯实改革转型群众基础。积极畅通职工诉求表达渠道，有效落实职代会职权，坚持实行厂务公开，落实职工参与企业管理的知情权、表达权、监督权，严格履行民主程序，涉及职工切身利益的相关事项都及时、全面、全过程地公开。深入开展“深化改革、创新驱动，稳健经营、融合发展”金点子职工合理化建议征集活动，共征集合理化建议187条。上海区域亚太公司、扬州外代参加集团第一届“中远海运杯”电工技能竞赛获得优胜奖。深入开展两节送温暖、夏季送清凉活动，全系统各单位全年共慰问81家基层单位、551户困难职工家庭和4000余名一线职工，进一步加强了对特殊职工群体的关爱力度。

坚定青年员工理想信念。深入开展“一学一做”教育实践，先后开展“不忘初心跟党走”网络主题团日活动、“我为奋斗的青春代言”和“用奋斗诠释最美青春”主题征文、“学习总书记讲话，做合格共青团员”专题组织生活会，进一步坚定了青年员工永远跟党走的信念。深化岗位建功活动，系统团委举办“新时代、新青年、新征程”主题演讲比赛，组织开展“青春梦想，这里起航”和“岗位建功——以奋斗圆梦青春”等主题团日活动，进一步激发青年员工建功立业的激情。全系统1个集体被命名为“全国青年文明号”，7个先进集体被命名为集团“青年文明号”或“青年安全生产示范岗”，7名同志荣获集团“青年岗位能手”称号。

截至2017年年底，中远海运物流全系统35周岁以下青年共4518名，其中28周岁以下青年1414名、团员1319名（含保留团籍的党员206名）。

【廉政建设】

2017年，中远海运物流党委、纪委以党的十九大精神为指引，积极贯彻集团部署，围绕企业中心工作，落实全面从严治党要求，聚焦监督执纪问责，推动党风廉政建设和反腐败工作向纵深发展，为公司改革重组、转型升级、提质增效做出了积极努力。

强化责任落实。成立党风廉政建设和反腐败工作领导小组，总部党政主要领导经常性利用班子碰头会、安全生产效益例会、赴基层调研等机会，宣贯党风廉政建设责任。认真组织签订党风廉政责任书和廉洁承诺书，总部与直属单位、总部各部门累计签订责任书50份、承诺书164份。有重点、有针对性地开展任前谈话、提醒谈话，强化一岗双责意识。2017年，全系统各级纪委开展常规性谈话（含任前谈话）2000余人次。

深化政治巡视巡察。坚持发现问题、形成震慑不动摇，强化成果运用，推动全面从严治党不断向纵深发展。2017年共计对系统内5家单位进行了巡视巡察，对3家单位开展了“回头看”检查，谈话231人次，收到调查问卷304份，举报3份，发现问题86项，提出整改意见40条，移交问题线索6项，对巡视巡察中发现的违规违纪人员进行了严肃处理，充分发挥了利剑作用。

强化重点领域审计。全年对49家压减单位、7项基建项目开展了审计监督，审计标的达9.11亿元。全年共研究建立审计制度6项，制定经济责任人离任必审、三年轮审规定，同时制定《内部审计标准化程序表格和文书》。建立审计“五统一”新机制，统一立项、统一实施、统一考核、统一定编及统一调配取得较好成效。全年共完成审计项目112项，其中经济责任审计87项、财务收支审计9项，审计的广度和深度进一步加强。推进审计问题整改落实，印发审计报告74份，发现问题491条，提出意见建议319条，完善各项制度61项。

【企业文化】

公司党委进一步加强对集团企业文化核心纲要的宣贯，坚持将“四个一”理念贯穿到改革重组全过程，提升对企业文化的归属感和认同感，以文化认同推动企业和职工深度融合。

激发广泛思想共鸣。公司党委在改革重组过程中，以贯彻落实总部年初“四会”和年中工作会精神为主线，编印会议精神宣传提纲，策划会议专题文章16篇，在全系统迅速形成“一个思想、一种语言、一个目标、一个步调”的可喜局面，进一步统一思想，凝聚共识。全系统各单位利用春节、新公司揭牌、七一党日、团建主题实践活动、“企业家庭日”等契机，开展丰富多彩的主题活动，引导强化“一家亲”“融合发展”理念和文化氛围，有效增强了改革重组后公司员工的归属感和团队意识。

倡导“以奋斗者为本”理念。向全系统推荐书籍《奋斗者为本》，在党建网开辟“奋斗者风采专栏”集中展示 78 个一线奋斗者先进事迹，在暑期推出“骄阳下的奋斗者”、国庆节后连续推出 8 篇“国庆节期间的奋斗者”主题报道，以身边的榜样力量感召和带动全系统广大职工人人争做奋斗者。

开展文明创建活动。原中远物流和改革重组后的中远海运物流坚持不懈开展精神文明建设和群众性文明创建活动，实现了精神文明与物质文明协调发展的良好局面。参加“2015—2017 年度首都文明单位标兵”评选，并于 2018 年年初荣获该荣誉表彰；参加“第四届全国文明单位”复核，并于 2018 年批准复核通过；12 月获评中国企业文化研究会“2012—2017 年度企业文化建设优秀单位”称号。

培育廉洁文化。依托网上廉洁教育基地、党建网廉政建设专栏、《纪检信息》和“廉洁从业主题教育月”四位一体的线上线下教育平台，积极开展廉洁教育，全年发布 81 条党纪条规、260 条廉政信息。全年共组织专题党课、讲座、参观等活动 724 场次，累计参加 21 953 人次。创作廉洁从业作品 1054 件，15 件作品入选集团作品展。邀请司法系统专家作专题辅导报告，开展党纪条规、警示案例等各类学习教育 55 场次，参与人员 9236 人次。

【大 事 记】

重要会议

1 月 16—17 日，中远海运物流在北京召开 2017 年工作会、党建工作会暨一届一次职代会、工代会。这是一次具有里程碑意义的历史性会议，立足顶层设计、明确前进方向，促进思想解放、弘扬创新精神，凝聚共识、鼓舞士气，对公司实现“国际一流的全程物流链与供应链服务平台”的战略目标具有重要的现实指导意义。

7 月 19—22 日，中远海运物流在北京召开 2017 年年中工作会及专题培训会，确立了“一二三四五六七”战略思想，进一步统一思想、启迪思维、鼓舞精神、坚定信心。

11 月 10 日，中远海运物流第一届董事会第一次会议在北京召开。董事长韩骏，董事孙军、吕靖、刘新权、高名湘、李建雄、陈永生出席了会议。会议标志着中远海运物流贯彻集团对直属企业董事会运作要求、推动建设规范董事会工作取得阶段性成果。

11 月 27—28 日，中远海运物流在北京召开“十三五”战略规划研讨会暨 2018 年务虚会，加快推进战略规划落地和科学谋划 2018 年工作。会议对公司 10 个业务线的“十三五”战略规划进行集中听取和二次审核。

12 月 6 日，中远海运集团总经理助理，中远海运物流董事长、总经理韩骏出席 2017 博鳌国际物流论坛并以“新时代　新挑战　新机遇”为题发表主题演讲，演讲得到了与会者的积极反响。

战略协议

2 月 17 日，中远海运物流副总经理王志杰在镇江参加了“江海河联动、港产城融合”高峰论坛。论坛期间，王志杰和镇江新区管委会常务副主任邵兵代表双方签署了战略合作协议，镇江市委书记夏锦文等领导见证了协议签订。

4 月 27 日下午，中远海运物流与中国林产品公司战略合作协议签署仪式在中远海运物流会议室举行。中远海运物流副总经理董大欣及中国林产品副总经理刘友来出席了本次签约仪式。

4 月 27 日，中远海运物流与贵州开磷控股集团、湛江港集团在贵阳签署战略合作协议。中远海运集团总经理助理兼中远海运物流总经理韩骏，开磷控股集团董事长、党委书记何刚和湛江港集团董事长、党委书记张翼签署战略合作框架协议。

5 月 10 日，中远海运物流与上海海事大学在北京签署战略合作框架协议，以及共建物流研究院的协议。中远海运物流总经理韩骏、上海海事大学校长黄有方等出席签字仪式。中远海运物流总会计师段永桓、上海海事大学副校长严伟分别代表双方在协议上签字。

5 月 26 日，中远海运物流与重庆两江新区正式签订战略合作框架协议。中远海运集团总经理助理兼中远海运物流总经理韩骏，重庆两江新区党工委委员、管委会副主任何友生等出席签约仪式并见证签约。中远海运物流常务副总经理赵邦涛、两江新区管委会现代服务业局局长黄杰代表双方在协议上签字。

6月9日，中远海运物流与宁波保税区管委会签署战略合作协议。同日，由宁波保税区、中远海运物流共同打造的，由中远海运物流运营管理的中东欧贸易物流园基地（一期）开业仪式在宁波保税区隆重举行。宁波市有关领导、中远海运集团总经理助理兼中远海运物流总经理韩骏、宁波市政府副秘书长金伟平、宁波保税区管委会主任严荣杰、中远海运物流总会计师段永桓、中远海运物流副总经理王志杰等领导出席仪式。

6月21日，中远海运物流与中国核电工程公司签署战略合作协议。中远海运物流总经理韩骏、中国核电工程公司董事长卢洪早共同见证签约仪式，中远海运物流副总经理刘益和中国核电工程公司副总经理钟华代表双方签字。

7月19日，中远海运集团与武汉市人民政府在武汉会议中心签署战略合作框架协议。根据协议，中远海运拟在武汉设立长江流域总部，并在建设香炉山铁水联运枢纽场站、布局建设全球服务中心、发展近洋直达集装箱航线、推动江海直达航线、拓展汽车滚装运输等方面与武汉市展开合作。中远海运总经理助理、中远海运物流总经理韩骏代表集团进行签约。湖北省委副书记、武汉市委书记陈一新，市长万勇与中远海运集团董事长许立荣，董事、总经理万敏等见证签约。

9月19日，中远海运物流与淡水河谷矿产品（中国）有限公司在中远海运物流总部举行了战略合作谅解备忘录签约仪式。中远海运集团总经理助理兼中远海运物流董事长、总经理韩骏，淡水河谷矿产品业务发展总监艾森乔（Sergio Espeschit）分别代表双方签约。

9月28日，中远海运物流与大连港集团有限公司战略合作签约仪式在大连港集团会议室举行。大连港集团总经理徐颂，中远海运物流董事长、总经理韩骏出席签约仪式。大连港股份总经理魏明晖和中远海运物流副总经理蒋恺分别代表双方签署协议。

10月17日，中远海运物流与中国能源建设集团广东火电工程有限公司在广州签署战略合作协议，标志着双方建立了稳固的战略合作伙伴关系。中远海运物流副总经理符鹏与广东火电副总经理丁毅分别代表双方签署协议。

11月6日上午，中远海运集团总经理助理兼中远海运物流董事长、总经理韩骏出席两江新区现代服务业重点招商项目集中签约仪式，代表签约企业致辞并见证签约，中远海运物流董大欣副总经理代表中远海运物流与重庆两江新区置业发展公司签署企业合资协议。

11月20日，中远海运物流与江苏苏美达集团有限公司在北京签署战略合作框架协议。中远海运物流副总经理王志杰和苏美达集团总法律顾问姜琼代表双方签署了战略合作框架协议，中远海运集团总经理助理兼中远海运物流董事长、总经理韩骏和苏美达集团总裁蔡济波等出席并见证签约。

11月29日，中远海运物流与青岛港国际股份有限公司在海南博鳌签署战略合作框架协议。中远海运集团董事长、党组书记许立荣，中远海运集团董事总经理万敏，青岛港集团董事长、党委书记郑明辉，青岛港集团总工程师张庆财出席并见证签约。中远海运集团总经理助理兼中远海运物流董事长、总经理韩骏和青岛港集团副总裁张江南代表双方签署协议。

中国外轮代理有限公司

中国外轮代理有限公司

【公 司 简 介】

中国外轮代理有限公司（简称"中国外代"或PENAVICO），原为中国外轮代理总公司，成立于1953年1月1日，是中国国际船务代理和国际运输代理行业的领导者，其专业经验和市场地位被业界所公认。2017年，中国外代在外贸班轮、外贸非班轮船代理方面依然处于行业领先地位，"PENAVICO"作为其注册商标，代表着准确、及时、文明、周到的服务。中国外代总部设在北京，下设80多家口岸外代，有遍布全国的300多个业务网点，在美国、欧洲、日本、韩国、新加坡、中国香港设有代表处，具有完善的服务网络。

1992年年底，随着中远总公司更名为中国远洋运输（集团）总公司，在经过31年一套机构、两块牌子体制之后，外代总公司从中远总公司分离出来，恢复了企业法人独立运作体制，成为中远集团的重要一员。2004年2月19日，中国外轮代理总公司更名为中国外轮代理有限公司，从2002年起与中远海运物流为"一套人马、两块牌子"。

【经 营 效 益】

2017年，中国外代代理船舶75 761艘次，比2016年增加0.05%，同比基本持平；代理箱量3114万TEU，同比上升1.25%；代理货量5亿吨，同比上升5.77%；实现船代业务收入17.15亿元，同比上升2.25%。

【业 务 发 展】

中国外代加快向"服务产品化、产品服务化"转型，向解决方案提供者转型，向专业化、标准化、网络化、信息化、差异化经营转型，不断扩大业务收入，提高经营效益，巩固了船代市场领先地位。

服务产品化。提升信息服务水平。利用公司网络优势，为客户提供其关注的货物和船舶方面的信息服务，推进客户服务报告标准化，向船东提供相关口岸政策、法规变化、港航信息动态的同时，将公司船舶代理服务亮点和价值创造进行重点回顾和总结，体现代理服务为客户创造价值。依托60多年的行业积累，利用与国家部委的良好合作基础，为客户提供国家部委相关政策法规变化及相关解读。提升现场服务能力，针对重点核心客户推动服务标准化工作，制定详细完整的服务流程，确保不同操作、不同外勤都能给客户提供高标准的定制式服务。在精细化管理上狠下功夫，通过计划调度外勤联动抓船期、精细化操作规范、微信服务号等手段提升现场服务能力。持续打造高水平应急服务能力，增强超常规问题的解决能力，积极主动、快速有效协助众多船公司处理突发事件。

产品服务化。与政府部门保持合作并夯实基础，解决客户资质痛点，打造拳头产品，为客户业务提供支持，最大限度地缓解政策影响给船东带来的损失，得到船东客户好评。为客户办理经营证书的申请及延期，通过及时办理、妥善解决客户资质方面的问题和难题，打造出中国外代相对于其他代理的比较优势。以技术创新、信息系统为基础，促进传统服务升级，开发网上改配、电子EIR平台等一系列业务操作平台，推行电子商务服务，利用互联网技术开发并实施智能化电子放箱系统，上线电子发票提升换单效率，不断构建港口物流智能服务平台，满足客户个性化需求。

客户市场化。由单一口岸业务向总代业务发展。中国外代各口岸公司都有很多黏度高的客户关系，通过发展总代业务，由单一口岸业务向多口岸业务发展，增大系统协同力度，扩大业务规模。捆绑优势资源向外部客户拓展，通过多年的业务积累和与当地各方融洽关系，凭借对行业发展的判断，捕捉对业务发展有利的优势资源，主动出击、捆绑营销，拓展业务规模。细分客户市场向专业化发展，经过充分调研、细分市场，成立专业化营销团队，通过联合营销，做大专业细分市场。团队成员通过微信群及时沟通客户信息，解惑答疑，互通有无，打破地域壁垒。总部已成立的专业化营销团队有液体货、件杂货、干散货、气体货、邮轮、中远海船、船东服务、班轮等；多个口岸公司也根据本口岸业务情况，成立了细分市场专业化营销、服务团队，并尝试与相关码头、港航单位战略联盟，实行信息共享，资源互通有无，持续提升服务能力和水平。

中国外轮理货有限公司

中国外轮理货有限公司

【公司简介】

中国外轮理货有限公司（简称“中国外理”或COSTACO），原为中国外轮理货总公司，成立于1961年，是经交通部批准、国家工商管理总局登记专门从事船舶理货业务的国有重要骨干企业。中国外理先后隶属交通部、中央企业工委、国务院国资委管理；2005年，根据国务院国资委国企改革精神，成为中远集团所属全资子企业；2017年，与中远海运物流整合重组，并完成公司制改制，名称变更为中国外轮理货有限公司。重组后，中远海运物流与中国外理为“一套人马、两块牌子”。

中国外理在理货市场份额、行业地位、影响力等方面具有很高的市场占有率和控制力。近年来，中国外理系统企业每年的理货业务收入约为26亿元，约占国内理货市场总收入的87%，其中集装箱理箱收入（含装拆箱收入）约占69%，件杂货理货收入约占23.5%，其他收入约占7.5%。

【改革重组】

在整合重组期间，中国外理秉持“以奋斗者为本”的理念，确定符合自身实际的发展方向和业务模式，通过逐步理顺内部关系，调整定位，积极融入物流产业链，实现了改革重组平稳过渡与经营发展同步提升。结合公司发展实际和理货业务重组改革要求，根据《中华人民共和国公司法》等法律法规的规定，2017年8月，中国外理正式启动中外理总公司公司制改制工作，由全民所有制企业改制为法人独资的一人有限责任公司；9月29日，获得集团《关于中国外轮理货总公司进行公司制改制的批复》；11月3日，完成改制工商变更登记手续，由全民所有制企业改制为有限责任公司（法人独资）。

【发展战略】

根据中远海运物流“十三五”战略规划总体安排，中国外理迅速成立编写小组，于9月22日启动理货公正板块“十三五”战略规划编写工作。通过征求中外理系统与中联系统意见，以及内部研讨等形式，经过多次修订完善，形成规划初稿。理货公正板块“十三五”规划以新发展理念为指引，积极贯彻落实中远海运物流“一二三四五六七”理念，通过内外部环境分析，运用SWOT等战略工具，提出了未来的发展愿景与目标，制定了具体的发展方略和战略举措。

【公司治理】

截至2017年11月中旬，中国外理投资公司共计79家，包括全资1家、控股5家、分公司1家、参股72家；2017年已召开董事会议69场次。面对严峻的市场环境及下放的行业政策，中国外理充分发挥董事会的平台作用，保障公司权益，全年收回分红款12 733万元。同时通过这一平台，进一步加强了与各港口集团的沟通联系，维持了良好的合作关系。

【经营效益】

随着理货行业市场化改革的逐步推进，集团的理货业务板块面临内部和外部竞争的双重压力。面对不利的生产经营形势，中国外理不等不靠、沉着应对，实现安全生产平稳有序。

理货业务：全系统 2017 年理货收入 25.37 亿元，其中集装箱业务收入 18.43 亿元，占比 72.62%；件杂货业务收入 5.32 亿元；延伸业务收入 1.62 亿元。从业务量来看，全系统累计完成理货船舶 43.1 万艘次，完成理箱量 1.36 亿 TEU，完成理货量 17.08 亿吨，完成装拆箱理货 634.78 万 TEU。

检验业务：全系统 2017 年实现收入 4936 万元，同比增长 73.48%。

【政策维护与业务拓展】

理货行业正处于发展变革的过渡时期，中国外理主动作为，加强与政府部门、港口单位、口岸公司等沟通联系，努力营造行业健康稳定发展的外部与内部环境。

跟踪港口反垄断调查，提出应对措施。9 月 22 日，国家发展改革委会同交通运输部、中国港口协会召开联合会议，通报了 4 月以来反垄断执法调查发现的问题，给出结论性意见及后续整改要求。根据涉及理货市场的反垄断调查结论意见及后续整改要求，公司积极研判理货走势，提出基本对策：一是密切跟踪港口整改措施，积极跟踪理货走势；二是从保存量的角度出发，积极谋划进口拆箱业务转型，尽量减少收入损失；三是研究港口物流整体业态走势，加强与公司其他业务部门的沟通，进行业务流程再造，形成合力，打造新的业务产品；四是做好事后跟踪，针对国家发展改革委、交通运输部对整改后的专项检查，密切关注检查进展情况，采取相应的措施，尽量压减损失。

拜访政府主管部门，定位理货未来发展方向。拜访交通运输部水运局，探讨未来理货发展思路，得到了行业主管领导的高度认同。理货未来趋势是市场充分竞争、理货价格进一步市场化，交通运输部今后对理货的管理思路是从企业资质管理过渡到企业行为管理，理货协会从行业自律角度就服务标准、作业规程、行为准则方面规范理货生产经营并提出行业行为准则。目前，水运局已将理货纳入水路、公路诚信体系建设范畴，未来对理货进行事中、事后监管，对不良行为实行联合惩戒。拜访海关总署监管司，探讨未来理货行业的市场定位及管理合作思路。海关监管工作重心整体前移，重中之重是核实舱单的真实性，理货最大价值在于现场核对，双方意在空箱监管、监管查验等领域达成初步合作模式及路径。

召开理货价格研讨会，研究理货后续发展问题。10 月 13 日，中外理系统理货业务及价格研讨会在北京召开，共 10 家中国外理系统口岸公司业务负责人参加了会议。会议在《港口收费计费办法》正式实施与国家发展改革委就港口垄断事项进行执法调查的背景下召开，与会代表围绕反垄断调查对理货生产经营影响，理货政策环境、理货费率协议等内容进行交流，对 2018 年理货协议签订等事项达成共识。

顺应理货费率改革，提出 2018 年理货协议框架。新的《港口收费计费办法》于 9 月 15 日正式实施，理货费率由之前的部颁标准变为市场调节价。为适应费率变化，做好 2018 年理货协议的签署工作，在 2016 年理货协议的基础上，中国外理草拟了 2018 年理货协议基本框架，征求集团及中外理系统部门口岸公司意见，本着集团利益最大化原则，协调好 2018 年协议工作。

深化集约管理，大力推进理货大数据平台建设。理货大数据平台业务数据采集共覆盖理货系统 33 个口岸 48 家公司，配备前置机总数 16 台。其中，2017 年理货系统共 15 个口岸 17 家公司完成上线实施工作，范围覆盖了环渤海地区、长江中上游地区、江苏片区，以及福建区域的业务数据。截至当前，理货大数据平台已经初步完成了内部门户和产品门户两大统计分析的展示，将业务数据中的对内统计功能和对外分析功能很好地结合在了一起。通过向客户提供由理货大数据平台提取生成的理货服务专报，不仅提升了理货服务能力，还为客户提供了独家的增值服务，获得不错反响。

表 14-6 为 2017 年中国外理生产经营情况。

2017 年中国外理生产经营情况

表 14-6

类别	项　目	单　位	数　据
生产情况	集装箱揽货量	万 TEU	346.51
	散杂货货量	亿吨	3.34
	空运代理货量	万吨	13.6
	仓储面积	万平方米	192.87
	电商业务 / 中远 E 环球	万票	540.2
	工程物流操作量	万计费吨	147
	代理船舶艘次	万艘	11.27
	代理船舶净吨	亿吨	13.92
	理货总艘次	万艘次	1.24
	集装箱理箱量	万 TEU	71.7
	件杂货理货量	万吨	2 540.4
财务情况	总资产	亿元	213.45
	净资产	亿元	55.62
	总收入	亿元	328.07
	利润总额	亿元	13.19
	净利润	亿元	10.81
人力资源	员工总数	人	12 351

（贾津津）

中远海运重工有限公司

中远海运重工有限公司

【概　　况】

中远海运重工有限公司（简称“中远海运重工”，英文简称 COSCO SHIPPING Heavy Industry），属于中国远洋海运集团有限公司旗下的装备制造产业集群，是世界知名航运公司和海洋石油服务商在中国的重要业务合作伙伴。中远海运重工致力于振兴中国船舶与海洋工程装备制造产业，为国际航运和海洋开发提供一流装备和服务，努力打造中国领先、世界一流的船舶和海洋工程装备制造企业。

2017 年，中远海运重工全体干部员工团结一心、迎难而上，以良好的精神风貌，坚决落实集团战略部署，坚决推进各项工作落实，坚持深化改革如期推进，产能规模大幅压减，重要项目交付突破，基础管理逐步加强。

【经 营 情 况】

2017 年，世界经济回升但并未明显传导制造业，市场有所回暖但风险加大，石油价格震荡，航运市场没有明显转好。面对严峻的外部形势，中远海运重工积极应对市场变化，紧抓在手热点项目，扎实推动营销统一体系融合。

船舶修理改装业务。2017 年，修船市场整体依旧低迷，国内船企竞争激烈，市场总体呈现“量价齐跌”格局。中远海运重工持续贯彻大客户战略，继续积极谋求与大客户的长期深入合作关系，通过签订长期合作协议，提前锁定部分订单，有力支撑了生产经营指标的改善。公司加大高附加值船舶修理和大工程项目的竞标力度；年内首次承修皇家加勒比豪华邮轮，实现历史性突破，积累了项目经验，取得良好的市场效应；后续又顺利承接上海携程“天海新世纪”邮轮修理项目；年内再次承接的振华公司第 3 艘“振华 34”轮改装项目，为南通船务的产值和劳动力稳定作出重要贡献。

船舶建造业务。2017 年，造船市场依旧处于吸收过剩产能的触底阶段，低价竞争使市场越发低迷。中远海运重工不断加大客户拜访，做好船厂推介，完成对希腊、德国部分船东和代理的拜访，并在挪威海事展期间拜访了挪威当地和丹麦的部分船东，了解船东的新造船需求，以及船东、代理对新造船市场的看法。同时，紧密跟踪系统内造船信息，深化内部协同，承接集团内 6 艘 VLOC、2 艘 VLCC 建造项目，签署 2+1 艘 62K 多用途纸浆运输船项目订单。

海工建造业务。受油价大幅下跌、钻井平台作业需求量减少等因素影响，海工装备日租金水平大幅下滑；石油公司削减开支，低租金成为常态，海工市场整体持续不振。中远海运重工持续开拓国内市场，关注海工修理改装业务，中标“勘探七号”等修理项目。深化 FPSO 建造项目研究和市场调研，充分了解竞争对手状态，学习并提升自身能力。积极开拓风电及疏浚市场，参与 DEME、JDN 等多个公司风车安装船和挖泥船建造项目的投标，对潜在项目保持紧密跟踪。

配套与非船业务。中远海运重工继续深化内部协同，主动将配套和非船业务纳入集团、重工发展格局中考虑，做好内外部市场开拓和营销公关。公司旗下的“威海科技”与 711 所合作，实现了脱硝（SCR）系统国内远洋运输船舶（中远海特 4 艘 7500 吨沥青船）的首次安装使用；南通远洋配套在豪华邮轮客滚船内装研发实现突破，向“天海”邮轮供应了模块式卫生单元；绿色船舶设计中心开发船型基础设计取得突破，并与烟台来福士、澄西船厂合作进行船型基本设计。此外，还在舵机产品业务上实现了与荷兰VDV、德国贝克的融合，与两家公司建立了合作设计生产关系。

【经营效益】

2017年，公司全年实现营业收入155亿元，完成集团下达的180亿目标值的86%；剔除土地收储相关影响后，超额完成集团下达的3亿元利润总额奋斗目标；实现经营性现金净流入42.9亿元，优于年初设定的不少于30亿元的指标。2017年，公司实现经营接单164.2亿元，实现200亿元目标值的82.11%，其中造船接单实际完成84.4亿元，略高于80亿元的单项指标。全年完工交付造船项目41艘，共计401万载重吨；完工交付海工项目10个，完工修理改装项目1318个。截至2017年年底，公司手持造船订单95艘，共计1190万载重吨，其中在建船舶58艘，共计764万载重吨；手持海工项目订单52个，其中新承接项目8个。安全形势保持平稳，无重特大污染事故，无重特大火灾事故，无群死群伤事故，环保工作控制到位。

2016—2017年中远海运重工主要财务指标见表14-7。

2016—2017年中远海运重工主要财务指标完成情况 表14-7

项目		2016年	2017年	同比
财务状况（亿元）	总资产	702.90	611.01	−91.89%
	净资产	90.06	66.55	−23.51%
	总收入	195.34	153.33	−42.01%
	利润总额	−51.98	−30.37	21.61%
板块收入（亿元）	船舶建造	83.41	62.84	−20.57%
	船舶修理	29.69	30.83	1.15%
	海工建造	70.02	46.26	−23.75%
	船舶配套	8.34	9.36	1.02%

【企业改革】

年内，公司深化改革有序推进，股权整合稳步实施，完成原3家二级公司和所属企业的十余项股权划转和转让，中海工业和中远船务实现重工控股；中远造船全民所有制改制完成，部分配套及专业化公司股权结构得到调整优化。修船企业重组如期实施，广东地区两家船厂完成整合，新公司挂牌运营；上海地区两家船厂建立统一组织架构，持续推进生产经营体系融合和提质增效相关工作。僵尸特困企业治理取得显著进展，通过企业增资、股权和债务优化等综合治理措施，4家企业实现了治理目标。在深化改革重组中，公司既注重深改、快改，又注重发挥基层党组织和党员作用，保持了经营生产稳定、安全形势稳定和员工队伍稳定。

供给侧结构性改革方面，以战略为引领，多措并举去产能、去杠杆、减负债，总体运营能力不断提升。一是化解过剩产能。2017年根据公司“去产能”工作布置，合理安排生产资源，停用低效落后生产设施。当年总计已停用船台4座、干船坞1座，退租生产场地16万平方米、仓库2万平方米和办公区9400平方米。压减造船产能335万载重吨，压减海工产能5个。二是处置“僵尸企业”和开展特困企业专项治理。根据国务院国资委处置“僵尸企业”及特困企业专项治理工作（以下简称“治僵脱困”）的总体安排，按照中远海运集团年内完成治僵脱困任务的工作要求，中远海运重工围绕“坚持战略引领，深化改革重组，优化产能结构，强化系统协同，夯实管理基础，聚焦提质增效”的工作主线，将治僵脱困工作与企业改革重组、学川崎、去产能、促提升等工作有机结合，全力推进“僵尸企业”和特困企业的清理关闭、重组整合和管理提升工作，以从根源上彻底解决问题，推进企业长期可持续发展。截至 2017 年年底，5 家目标企业已完成治理目标。三是降杠杆减负债。通过推动保交付、遗留项目处置、“两金”压控等工作，全年共压降债务规模 70.8 亿元，压降比例 15.32%。虽然债务规模大幅下降，但公司资产负债率仍处于高位，年末资产负债率为 87.13%。四是法人单位压减完成预期任务，关闭了海龙镀铁、中海工业（广州）公司及芜湖超市 3 家法人单位。

【科 技 创 新】

南通中远海运川崎“船舶制造智能化车间”项目入围“中国智能制造十大科技进展”。科技研发再获表彰，“超万箱级集装箱船设计与制造关键技术”获 2016 年度中国航海学会科技一等奖。中远海运重工的“2 万箱级超大型集装箱船设计建造”“深水动力定位原油输送装置”“超深水海工作业船”“新一代地质地球物理综合调查船”4 项重大科技成果被编入国务院国资委信息专刊“中央企业科技成果摘要”。

中远海运重工的《LNG/ 燃油双燃料冰区加强型 4000 车位汽车滚装船设计与建造》《2.1 万吨模块运输船设计与建造关键技术研究与产业化》《多用途应急救援船研发及建造技术》荣获中国航海学会科技进步一等奖；《2.2 万吨级超宽浅吃水双桨油船》荣获中国造船工程学会科学技术奖一等奖。其中，中远海运重工所属南通中远海运川崎设计建造的 LNG/ 燃油双燃料冰区加强型 4000 车位汽车滚装船具有油耗低、绿色环保、自动化智能化程度高等特点，代表着国际船舶技术发展的热点和方向，填补了我国在大型船舶使用双燃料领域的技术空白，被国际知名船舶杂志 *Maritime Reporter & Engineering News* 评为世界十大名船之一；同时，作为国内建造的世界首制船舶，被国际船舶网评为改变全球造船业的 7 艘“世界首艘船舶”之一。

扬州中远海运重工员工何敏在“金砖五国”国际焊接大赛中，力克诸强，夺得手工焊条电弧焊第一名。公司牵头制定的《中国修船质量标准》，经工信部评审后发布实施，主导标准的制定权，使得公司在修船行业的领先地位继续强化。启东中远海运海工成功入选国家首批绿色制造体系绿色工厂示范企业，成为江苏省唯一一家入围的海洋船舶制造企业。

【风 险 管 控】

按照国务院国资委与财政部等监管机构的监管合规要求，公司总部切实发挥“防风险、优化治理与管控、规范提升内部管理、改善运营效率”的功能，按质量、环境、职业健康安全等体系标准设立管理体系程序，做到基本涵盖公司管理涉及的所有过程和活动，并通过了挪威船级社的认证，以此提升公司形象、优化管理规程。

公司构建了整体流程框架，明确总部管控的重点业务和事项，保障流程的系统性和完整性。学习南通中远海运川崎的先进经验，力争“流程合理科学，执行严格有效”。通过认真梳理、优化各项业务流程，将风险管控措施落实到流程的各个主要环节中，将流程固化在日常业务行动中，实现综合管理体系的有效融合与真正落地，避免“两张皮”现象的产生。

公司起草制定了《中远海运重工有限公司规章制度管理办法》，并在 OA 系统中设立规章制度审批上会及发布功能，规范公司各类规章制度的制定与管理，建立规范化的规章制度体系，确保规章制度依法合规与有效执行。编制 2017 年度公司规章制度年度制订、修改与废止计划，按照计划中的时间节点对各部门规章制度的制定情况进行跟踪，推动新公司规章制度编制工作的开展。

基于前期调研掌握的所属企业法务规章制度情况，公司按照集团法务工作各项要求，参考集团及现有相关制度，制定和发布了符合重工系统实际需求的一系列法务规章制度，初步实现了各类法律业务处理及管理流程的制度化、规范化，为所属企业制定和完善自身法务规章制度提供指引，为公司系统内法务管理体制及法律风险防控体系建设提供了制度保障。

推动公司总部对外签署经济合同管理的制度化、规范化及流程化，完成了公司合同管理规定的制定、发布及施行。强化对公司总部、所属单位重大合同的法律风险防控，在明确重大合同定义及主要类别基础上，针对风险突出条款复杂等重大合同，确立了外部律师协助审查制度；同时对于重大合同确立了定期统计分析报送制度。

2017 年，公司深化与政策性银行合作，争取中长期贷款支持，优化债务结构并逐步降低重工融资成本。推进产融结合，争取金融板块支持，推动建造项目交付，压控应收账款和存货规模，减少“两金”对资金的占用。强化企业资金滚动预算工作，开源节流，严格控制资金支出，多争取经营性活动净流入，为重工“降杠杆”工作提供保障。

【安全管理】

2017 年，公司积极贯彻落实集团工作会、安全工作会的部署，全体干部员工高度重视、认真履职、狠抓落实，全面开展了危险源识别、安全制度体系建设、班组自主安全管理、安全管理信息化等工作，进一步夯实了安全管理基础。

2017 年，公司未发生较大及以上等级事故，一般等级事故和小事故总量控制在考核指标内，较好地完成了年度安全工作任务和目标，总体安全生产形势保持稳定。

年内，在全系统范围内开展危险源辨识和评价工作，共辨识出 18 类 7029 项危险源，其中包含 12 类 135 项重要危险源。编制完成了 32 项安全管理规章制度，初步建立了公司安全管理制度体系。按照“全覆盖、零容忍、严执法、重实效”的总体要求，每季度组织开展安全生产大检查，全年累计查处各类安全隐患 1286 项，形成安全工作亮点 58 项。

按照“互相学习，取长补短，共同提高”的工作思路，公司编制了“学川崎、促提升”工作实施方案，组织各企业横向安全交流，并利用季度安全检查的机会，派人到南通中远海运川崎、大连中远海运川崎进行安全交流学习，重点学习川崎班组自主安全管理经验，包括设备预防性维修、密闭舱室通风工艺、现场工装工具等安全管理手段和方法，不断提升本质安全水平，为公司安全发展创造有利条件。

【队伍建设】

组织召开 2017 年度公司干部人才工作专题会议，贯彻落实集团干部人才工作专题会精神，制定印发《中远海运重工领导人员管理规定》及 7 项干部管理配套制度，确保干部管理工作的科学化、制度化、规范化。围绕深化改革需要，配齐配强企业领导班子，对公司 17 家所属企业领导班子进行调整，涉及干部 97 人，其中企业间干部交流 16 人、公司总部与企业间干部交流 6 人。持续推动干部“能上能下”，提拔年轻干部 8 人，退出领导岗位 5 人，建立常态化继任人才培养机制。

建立完善员工考勤、奖惩、劳动合同管理、教育培训等 9 项配套制度。根据综合体系建设需要组织编写岗位职责书，编写部门职责 16 份、处室职责 45 份、岗位职责 181 份。2017 年，在集团支持下率先开展中级职称评审，首批 267 名工程师通过评审。同时，向各级评审机构申报高级职称 63 人次。

利用国务院国资委网络党校、中远海运集团党校、中远海运重工网络党校等平台载体，开展在线教育和培训。持续推进干部梯队建设，选调 30 余名干部参加中国大连高级经理学院学习。贯彻集团 2017 年干部人才工作专题会精神，制定《年度干部教育培训工作计划》，先后举办风险管理体系建设、高级经营管理人员素质提升、“学川崎、促改进”等 7 个专题培训班，系统参训干部共计 610 人次。

【企业党建】

2017 年，中远海运重工党委以党的十九大精神和十八届历次全会精神为指导，深入学习贯彻习近平总书记系列重要讲话精神，坚持党的领导，加强党的建设，落实全面从严治党主体责任，扎实推进“两学一做”学习教育常态化制度化，不断加强和改进企业基层党建工作，积极践行“四个一”理念，团结和带领全体干部员工围绕中心、服务大局，攻坚克难、拼搏进取，为企业改革发展提供了坚强的政治、思想和组织保障。

组织召开了中共中远海运重工有限公司第一次党员代表大会，选举产生了中共中远海运重工第一届委员会和纪律检查委员会。制定印发了《关于加强和改进中远海运重工基层企业党建工作的指导意见》等11个党建工作制度。按照上级要求，全系统20家企业按期完成了党建入章程工作。召开党建工作会，与所属企业党委（党总支）签订党建工作责任书。年中开展全系统党建基础工作专项检查，年底组织党建工作现场考核。形成了公司党群月度例会、基层单位党委（党总支）书记季度例会、党委书记抓党建工作年度述职会等贯穿全年的月度、季度、年度抓党建的工作机制。

公司党委把深入学习贯彻党的十九大精神作为首要政治任务。制定实施《学习宣传贯彻党的十九大精神的方案》，牢牢“把握一条主线、抓好五个到位”，即把握好习近平新时代中国特色社会主义思想是党的十九大的灵魂这条主线，做到组织领导到位、学习培训到位、宣传引导到位、督查指导到位、推动工作到位，助推企业深化改革、提质增效取得新成果。组织本系统党员干部观看党的十九大开幕式、参加国务院国资委党委及集团党组党的十九大精神传达学习动员部署会，公司领导班子全体成员参加了集团学习贯彻党的十九大精神培训班。同时通过组织党委中心组扩大学习、党员领导干部带头讲党课、“三会一课”等多种形式，深入学习贯彻党的十九大精神。

按照中央、国务院国资委党委、集团党组的部署和要求，制定并实施“两学一做”学习教育常态化制度化工作方案。坚持党委中心组学习制度，每月组织一次集中学习活动。规范党委议事决策程序，严格执行“三重一大”制度。加强领导班子作风建设，建立领导班子工作联系点制度。

在全系统开展“抓党建、强基础、促改革、增效益”主题实践活动，严格“三会一课”制度，规范发展党员、党费收缴、组织生活会及民主评议党员等工作。组织举办“基层党支部书记和党务工作者”专题培训班。

以“两学一做”学习教育为载体，建设示范党支部。上海船务技术党支部被评为上海市“党支部建设示范点”；借鉴弘扬集团“支部建在船上”的优良党建传统，创新开展项目党建；在推进外包管理科学化的基础上，关爱分承包方员工，加强农民工党建。

2017年，中远海运重工纪委坚持围绕中心、服务大局，以党的十九大精神为指引，不断强化纪律建设，持续深化标本兼治，进一步推动全面从严治党向纵深发展。组织纪检监察系统学习宣传贯彻党的十九大精神，落实全面从严治党主体责任。约谈各企业党政纪主要领导96人次，强化同级监督，组织纪委书记为本单位党委主要领导“画像”。加强重点领域监督，强化廉洁风险防控。在采购、外包外协等合同中加入反商业贿赂条款，建立黑名单机制。开展选人用人和人员招聘专项监督、公款消费高档白酒排查整治、“小金库”和招待费专项自查自纠。对关键岗位人员任职或岗位交流124人次。聚焦主责主业，从严问责追责。党纪处分7人，组织处理10人；诫勉谈话10人、班子4个；提醒谈话41人、班子11个；移送司法机关1人；移送兄弟单位纪委给予党纪处分1人；追回违规发放薪酬、报销费用等总计151万余元。深入开展内部审计，助力企业降本增效。完成132项审计，增收节支6256万元，挽回经济损失31万元，收回赔偿资金1634万元。持续建章立制，推动工作制度化、规范化。制定13项制度，构建较为完整的反腐倡廉制度体系。编制《纪检工作部工作规范》。加强队伍建设，提升履职能力。9名纪委书记不再兼职，在6家党总支建制企业设立纪检委员，对13名任职满一年的纪委书记开展履职考核。

【企业文化】

公司坚持以“四个一”理念为引领，聚焦“建设中国领先、世界一流的船舶和海洋工程装备制造企业”的发展目标，开展多层次的思想政治教育和专业化的业务培训，加强干部员工的作风建设和能力建设，提升各级领导干部和总部机关管理人员的责任意识和担当精神。关心和指导广东地区、上海地区的改革重组工作，宣传引导广大干部职工正确认识改革、积极支持改革、主动参与改革。积极宣传贯彻中远海运集团企业文化核心价值理念纲要，开展中远海运重工企业文化建设的调研工作。编写《中远海运重工有限公司社会责任报告》。公司被评选为第十八届上海市文明单位，被中国企业文化研究会授予“企业文化建设优秀单位”称号。积极开展思想政治研究工作，全系统收集政研成果论文 63 篇。

创办《中远海运重工报》，全年编辑出版 24 期；建立企业微信平台，全年推送 187 期，发布信息 940 条；网站新闻更新维护 1502 篇。通过企业报纸、网站、微信的宣传报道工作，加强思想引领和舆论引导。结合经营生产重点工作，开辟“学川崎”和“提质增效在行动”等宣传专栏；抓住生产经营中的亮点工作，重点策划、深度报道，提振信心、鼓舞干劲；立足基层面向一线抓好宣传，展现基层一线员工的良好精神风貌和拼搏进取精神；注重各类先进集体和个人的事迹宣传，发挥先进典型的示范引领作用。

借助各种活动，加强与国内外主流媒体的交流，强化与行业媒体的合作，及时提供新闻稿件和线索，在业界唱响好声音、树立好形象，扩大企业品牌影响力。2017 年，《中国远洋海运报》共刊发重工新闻 238 篇，平均每期 5 篇；中远海运微信平台刊发重工信息共 164 篇；《中国船舶报》上稿 129 篇，《中国水运报》上稿 57 篇。中央电视台连续多次报道“希望六号”交付、运载的新闻，并在两会期间《点赞中国》节目中开篇首赞，为集团赢得荣耀，得到集团领导的肯定和表扬。“海洋地质十号”“马士基安装者”等项目的交付，国家主流媒体及地方和行业多家媒体也给予了高度关注和报道，进一步扩大了公司在行业内的品牌影响力。

【工会、共青团工作】

2017 年，中远海运重工各级工会围绕企业中心任务，立足服务广大职工，不断推进“四个一”融合，持续提升职工技能水平，团结动员广大职工为促进重工改革发展稳定做出了积极贡献。

公司工会于 2 月正式成立，并于 6 月成立机关工会；召开职代会联席会议，民主选举产生职工董事和职工监事；所属各企业工会均于第一季度召开职代会（双代会），并坚持做好厂务公开工作。

年中，公司按照企业管理有关规定和要求，监督和指导所属各企业工会开展工会主席候选人推荐工作，按规定履行民主程序，及时对工会委员、工会主席进行增补；9 月，公司工会召开一届二次全委（扩大）会议，对工会委员、常委、经审委委员进行了增补、调整。

按照“学川崎”的要求，公司所属各企业开展了以“提质增效”为主题的劳动竞赛和技能比武活动。各企业工会将职工劳动竞赛、技能比武内容与企业实际紧密结合，全年共开展劳动竞赛、技能比武 255 次，共有 10 989 人次参加。

各企业工会认真开展合理化建议征集活动。上海中远川崎“关于钢结构构件成品管理软件系统应用的建议”获得上海市职工技协评选的“上海市职工合理化建议创新奖”。全年，重工系统全体职工共提出合理化建议 583 条，企业采纳实施后共创新创效 305.1 万元。

所属各企业按照班组自主安全管理的要求和部署，积极推进车间各班组自主安全管理的评价和验收工作。全年，共组织 8165 人次职工参加安全巡视检查 2363 次，提出并整改安全隐患 4365 项，在守护职工生命安全的同时，保障了企业安全生产平稳。

公司工会积极培育选树先进典型。上海中远川崎生产部小料班组荣获上海市“工人先锋号”；上海中远船务巾帼设计师团队荣获“全国巾帼文明建功岗”“上海市巾帼创新工作室”称号；上海中远船务“航修一号”班组被集团推荐参加全国“安康杯”优胜班组评选。公司工会出台《中远海运重工劳模创新工作室管理办法》，并在系统内进行了劳模创新工作室创建的经验交流。

公司工会不断加强重工各企业间的沟通和交流，促进各企业的融合。以地区为单位，先后开展了徒步、游泳比赛、趣味运动会等体育活动。通过文艺汇演、体育竞赛、户外运动、各类协会活动团结职工、凝聚思想，使“四个一”理念不断深入人心。积极参加集团“新时代　新征程——庆祝十九大职工文艺汇演”活动，参演的音乐剧《希望号》，展示了中远海运重工广大职工奋发向上的精神面貌。组队参加了由中国远洋海运集团、上港集团和中联运通集团联合主办的“新丝路、新征程——欧亚丝路圆梦接力跑”活动，发扬了坚持、拼搏的“丝路”精神。

为全面掌握了解各企业工会工作情况，公司工会赴江苏、大连、广州、舟山、威海等地区，对各企业工会在机构人员、属地化管理、工会财务、帮困慰问、劳模工作室创建等工作开展情况进行实地调研、部署，对工会工作中遇到的实际问题进行现场交流沟通。各级工会持续做好元旦春节送温暖、高温季节送清凉、金秋助学等帮扶活动。一年来，各级工会共帮扶困难职工 1712 人次，发放帮困金 184.2 万元。

2017 年，公司团委召开了共青团中远海运重工有限公司第一次代表大会，选举产生了第一届团委委员，并选举出书记、副书记。公司团委以“一学一做”教育实践活动为载体，动员全系统团员青年立足岗位成长成才。以“青年突击队”“目标团建”和“项目团建”为抓手，在重大节点、重点工程和保船舶交付中打造青年“钻石团队”。“海上风电安装船研制与工程应用”项目在第三届中央企业青年创新奖评选活动中荣获金奖，并参加了 2017 年国际创新创业博览会成果展览。在全系统组织开展“学习贯彻党的十九大，青年践行正当时”主题活动，开展以“不忘初心跟党走”主题征文活动和“新时代、新青年、新征程”主题演讲比赛。（马嵘）

中远海运资产经营管理有限公司

中远海运资产经营管理有限公司

【概　　述】

中远海运资产经营管理有限公司（简称“中远海运资产”，英文简称COSCO SHIPPING Property），原名中海集团资产经营管理有限公司，由中国海运（集团）总公司、广州海运（集团）有限公司、上海海运（集团）公司、大连（海运）集团公司于2014年6月10日共同出资设立，注册资本为20亿元。2016年9月13日，公司更名为中远海运资产经营管理有限公司。2017年，中国远洋海运集团有限公司和香远（北京）投资有限公司共同向公司增资30亿元。增资后，公司注册资本由人民币20亿元增至41.1553亿元。公司经营范围：资产管理、投资管理、实业投资、投资咨询、商务咨询、企业管理、企业管理咨询、企业形象策划、市场营销策划、自有房产经营。

【战略定位】

按照集团对中远海运资产的定位，从顶层设计入手，对公司的组织架构、管理体系、制度流程进行全面梳理，形成符合集团社会化产业集群发展的企业战略定位和规划，以及适合企业发展的管理模式和体系。

公司的定位是立足现有存量资源特点，对外为城市更新运营服务商，对内为集团商务不动产投资开发与持有运营的专业化公司，将公司建成集团存量资源盘活的孵化器、商务不动产运营的助推器、新兴经济增长的蓄水池。

按照公司的战略定位，年内完成了公司部门调整和人员调配工作；完成了公司制度和权责的梳理及制定；建立健全运营管理体系和框架，提升服务价值，实现开发、运营、管理一体化，重点解决投资与收益的关系，提高企业造血功能。

结合“十三五”战略规划，公司制定“十三五”信息化建设规划，并融入自从前期策划定位到项目交付运营全生命周期的管理。公司对组织架构、管控体系、运营架构、制度流程进行再造，推出项目计划管理、项目启动会等各项制度20项，并推进招标文件、商务合同等文本的标准化。

【经营效益】

2017年，围绕新集团改革重组的部署，公司积极推进集团内存量土地、物业的盘活和开发，全力以赴推进项目建设。根据集团《关于中远海运资产经营管理有限公司增加资本金有关事宜的批复》，年内集团对公司增加资本金30亿元，截至年末注资已完成。

2017年度，有序推进“E-4-1”项目和城安围船厂改造项目。“E-4-1”项目于年底完成各项工程验收，于2018年2月办公入驻。城安围船厂改造项目于2017年年底完成整体验收，于2018年1月6日正式开园。为推进浦东商城路、栖山路项目开发建设，年内成立上海海璟置业有限公司和上海海瑄置业有限公司两家项目公司。

2017年，公司与中远海运散运合资设立广州海珑置业有限公司（广州国际航运中心项目）。作为广州国际航运中心项目的建设主体，注册资本为3亿元，其中中远海运散运占股比80%；中远海运资产占股比20%，股权投资6000万元。该项目位于海珠区琶洲西区，该区定位为互联网创新集聚区，以及广州紧凑型新CBD和有文化底蕴、有岭南特色、有开放魅力的总部商贸区。

2017年，公司利润总额考核目标值为9470

万元。由于政府换届及收储价格，以及集团调整北京远洋大厦划转基准日等原因，全年完成账面利润总额 1304 万元，完成考核利润 13 979 万元，超额完成年度利润目标。公司 2017 年度财务情况：全年营业收入 7 223.50 万元，年末资产总额 907 199 万元，负债总额 137 017 万元，所有者权益总额 770 182 万元，资产负债率 15.10%，年度利润总额 7 222.68 万元。

2017 年中远海运资产主要资产或经营业务的区域分布情况见表 14-8。

2017 年中远海运资产主要资产或经营业务的区域分布情况 表 14-8

区域名称	单位或项目名称	主要经营业务	建筑面积（平方米）	租金收入（万元）	备 注
上海	上海新天国际大厦 2、3、4、27 层	房屋租赁	11 943.83	1847	—
	即墨路 99 号 6、20 层	房屋租赁	1 154.93	36.2	—
	国客中心 6 号	房屋租赁	24 822.4	—	集团无偿使用
	中远海运大厦	房屋租赁	73 032	—	未交付、设计面积
北京	北京南新仓国际大厦 16 层	房屋租赁	2 587.54	744.3	—
	北京远洋大厦 11、12、15 层、D102–104、D202–204 室	房屋租赁	22 646.05	2 849.7	11 层及地下室共享中心无偿使用
深圳	深圳国际商会中心 51、52、53 层	房屋租赁	6 334.2	1 184.2	—
广州	广州启迪中海科技园	房屋租赁	41 999.7	32	未交付、设计面积
青岛	西王大厦 31、32、33 层	房屋租赁	4 632.42	163.2	—
连云港	金海国际大厦 14、15 层	房屋租赁	1 985.74	66.6	—
	合计	—	191 138.81	6 923.2	—

注：租金收入为含税金额。

【项 目 建 设】

2017 年，中远海运资产有序推进项目的调规转型及盘活开发，在科学把握推进时序、积极加强合作开发等方面取得明显成效，项目开发建设取得了新突破。

圆满完成“E-4-1”项目建设任务，确保集团总部按期入驻。作为公司首个自主开发的高品质甲级写字楼项目，在工程质量管理方面，以绿色二星设计标准进行建设，取得上海市建设工程优质结构工程和上海市建设工程优质结构安装工程验收评价；获得 2016 年度与 2017 年度上海市文明工地称号；并获参评 2017 年度上海市建设工程“白玉兰”奖（市优质工程）、2017 年度上海市优质安装工程“申安杯”奖及绿色二星运营标识的评选。

广州启迪中海科技园项目开发建设完成目标任务，于 2018 年 1 月正式开园运营，数十家科技创新企业入驻。作为公司首个存量资产盘活项目，被广州市政府列入了 2017 年广州重点建设工程和珠江两岸建设的标志性工程，并申请为广州市重点创新创业孵化器。

栖山路、商城路项目是在集团重组窗口期推进的项目，是上海市利用城市更新政策进行调规转型的首例项目。根据该项目属性，政策限制较多且流程复杂，推进过程存在较大的难度和不确定性。在集团的多方沟通和协调下，公司克服种种困难，终于取得圆满结果，于 2017 年 11 月 28 日获得该项目的政府批复。

【内 部 管 控】

2017 年，公司邀请上海易居房地产研究院，结合公司“十三五”战略规划，开展内部组织架构和制度流程诊断，组织内部管控体系适配性研究。通过对内部管控体系重新梳理，进一步建立健全内部控制体系，形成了风控法务部牵头、多部门组合的联动型内控机构机制。成本合约部门重点对项目开发的投资估算、目标和计划成本、招采工作等重点事项进行集中管控；财务资金部门对成本费用、增收节支、资金使用和管理等实行集中管控。

公司发布了《中远海运资产经营管理有限公司制度汇编 2.0 版》（含各类管理办法、管理规定、实施细则），共分为八大类，包括法人治理规章制度、财务管理规章制度、人力资源规章制度、综合管理规章制度、内部控制规章制度、资产管理规章制度、安全管理规章制度、招采管理规章制度，涵盖了公司项目建设和经营管理等各个方面。

2017 年，公司完善“三重一大”决策制度，提高总经理办公会质量和议事效率，全年召开董事会 3 次，审议议题 23 项；召开总经理办公会 36 次，审议议题 200 项。

【安 全 生 产】

2017 年，公司认真贯彻落实集团年初工作会议精神，始终坚持“党政同责、一岗双责、失职追责”。以落实安全生产责任制、强化企业安全生产责任主体为主线，加强节假日、危化品管理、防台防汛等专项安全生产防控工作力度。

科学合理确定安全管理责任目标。年初，公司与集团签订了《中国远洋海运集团有限公司 2017 年安全生产工作责任书》，明确公司全年安全工作目标和工作重点，对全年安全工作任务进行分解。

完善制度化管理建设。先后发布更新的各类安全管理规章制度，及时启动公司“安全管理规则”修订工作，并起草编制《项目工程安全文明施工管理办法》，下发《中远海运资产经营管理有限公司工程项目相关方人员出入施工现场安全要求》，由点到面推动公司各级安全管理工作。年内，公司安全生产基本保持稳定，安全目标基本实现，下属各单位无安全生产事故与火灾事故发生。

积极开展安全教育与安全文化建设。落实公司安全管理人员、企业负责人安全管理培训；组织开展“2017 年全国安全生产月”“119 消防月活动”“安全生产法宣传周”等专项安全活动；以公司安全管理规则的修订、宣贯为重点，开展建筑安全生产法律、技能等安全知识宣传活动，组织并举办中远海运资产建筑工程（安全）管理业务培训，邀请建筑工程领域专家就“工程施工与安全”进行专家授课，形成阶段性宣传热潮。全面有效地预防和减少事故发生，保持公司安全生产形势持续稳定；根据集团安全监管本部关于“安全大检查”活动要求，结合集团《关于全面排查治理重大治理安全隐患有关事项的通知》及工会《关于职业健康安全大检查活动》的安排，丰富公司安全大检查活动，积极编制和落实公司安全管理大检查专项方案，按月总结“安全大检查”活动落实情况。

全面落实安全职能监管。认真贯彻集团各类安全规定，切实做好夏季、台汛季、冬季、元旦、春节、党的十九大等法定节假日及国家重要会议期间各类专项、季节性安全工作的落实。以隐患排查治理工作为抓手，以“E-4-1 中国海运大厦”、城安围“启迪中海科技园”、世界路“海尚·世界”生产作业现场为督察重点，以消除管理缺陷和隐患为导向，以市文明工地规范要求为准则，围绕工程进度特点，加强对工程监理单位和施工总包履行安全生产管理职能，强化现场安全管理情况的监管。全年，公司安全主管部门共开展巡查 45 次，检查 131 人次；查出安全生产缺陷 126 处，均落实整改。公司所属各单位均按要求认真履行本单位安全管理自查自纠工作。公司所属“浦东建设”会同“E-4-1 中国海运大厦”项目参建单位，采用多种形式深入开展现场隐患排查，全年共组织安全检查 221 次，排查并整改各类安全隐患 316 项。上海项目管理部全年累计开展安全隐患排查 109 次，发现隐患 4 项，落实整改 4 项。公司所属“广州资产”组织“城安围启迪中海科技园”项目各参建单位开展日常安全巡查、月度安全大检查和专项安全大检查共 280 次，发现安全隐患 284 项并落实整改；其中较大安全隐患整改 1 项（城安围“启迪中海科技园”园区西侧码头区域下沉钢制浮驳安全隐患），整改期间严格落实项目现场安全管控，并于 2017 年 11 月委托广州打捞局在合法合规的情况下完成钢制浮驳打捞隐患整改。在季节性安全工作及防台防汛工作中，认真应对及落实 13 号台风“天鸽”、14 号台风“帕卡”、16 号台风“玛娃”的防控措施；做好广州城安围“启迪中海科技园”项目台汛相关数据收集，有针对性地做好专项隐患排查工作。

应急响应管理持续加强。根据集团安全应急管理工作要求，组织开展公司 2017 年安全生产应急演练专题活动；围绕 6 月中旬防台防汛工作，结合“E-4-1”项目沿江特点，落实开展“E-4-1 中国海运大厦”项目防台防汛综合演练。11 月，结合“119 消防宣传月”活动，组织举行了 2017 年“119 消防宣传月”活动暨上海项目管理部“海尚・世界”工程项目消防演练。

【党 建 工 作】

2017 年，公司党委认真贯彻集团 2017 年党建工作会议精神，切实担负党建主体责任，发挥党委领导作用，努力提升党建工作水平。夯实党建工作基础，认真学习宣传贯彻党的十九大精神，推进“两学一做”学习教育常态化制度化。加强党支部建设，提升党的建设与中心工作的融合度，动态调整党支部设置，成立上海项目管理部党支部，对公司机关党支部由 2 个调整为 6 个，并选优配强党支部书记。建立健全党建工作机制和制度，先后修订、完善、制定《党支部工作考核实施细则》《进一步改进工作作风、密切联系群众的若干规定》《公司领导班子约法十章》《公司党委议事决策规则》《公司党委理论学习中心组学习实施办法》《公司党建工作责任制实施细则》《公司党费收缴、使用和管理规定》《公司发展党员工作细则》《公司党支部工作指引》《公司党员领导干部双重组织生活实施细则》等一系列制度。扎实开展思想政治工作，加强干部人才队伍建设，加强公司领导班子建设和干部队伍建设，加强干部日常管理和党管人才。加强党风建设和反腐倡廉建设，抓好责任落实、制度建设、监督检查和宣传教育。加强宣传工作和企业文化建设，学习贯彻集团企业文化核心价值理念纲要，认真开展中心组学习，重视新媒体宣传工作，积极宣传公司先进典型。加强群团工作，深化民主管理，保持公司安全稳定良好局面。

完成公司党建入章程工作，更好发挥党委领导作用，把方向、管大局、保落实，在公司章程中明确设立党的组织，明确“董事会决定公司重大问题，应事先听取公司党委意见”的规定；公司党委根据党章和相关党内法规履行职责。坚持“五个结合”：即党的工作与经营管理工作相结合，党管干部和党管人才的原则与市场化选聘人才的机制相结合，从严治党与依法治企相结合，思想政治工作与企业文化建设相结合，发挥职工民主管理作用与维护企业领导人员依法行使经营管理职权相结合；服务公司中心工作，促进公司改革发展。

（王钰涛）

中远海运（上海）有限公司

中远海运（上海）有限公司

【概　述】

中远海运（上海）有限公司〔简称“上海中远海运”，英文简称COSCO SHIPPING（Shanghai）〕，坐落于上海市虹口区北外滩，是一家从事综合服务、投资经营、液体化学品储运、航运海事技术及陆岸业务的国有控股有限责任公司。

公司的前身可追溯到清末时期的招商局。1949年5月27日上海解放后，市军事管制委员会接管招商局。此后历经变革，于1953年5月1日更名为交通部上海海运管理局；1993年6月18日，改组为上海海运（集团）公司；2016年7月28日，更名为中远海运（上海）公司；2017年12月13日，公司由全民所有制综合性企业改制为有限责任公司，更名为中远海运（上海）有限公司。

作为中国远洋海运集团的全资子公司，上海中远海运总部机关设置办公室/政策研究室、党群工作部、战略发展部、财务部、法务与风险管理部、人力资源部、安全监督管理部、监察审计部/纪委工作部8个部门；设立离退休人员服务中心/社保中心、信访接待中心/综治管理中心、档案管理中心3个中心，代管上海市航海学会/中国海员杂志社、人民武装部/集团人武部。上海中远海运下属6家企业，分别是：上海海运海事技术有限公司、上海中远海运仓储有限公司、上海海运物业管理有限公司、上海海运服务有限公司、上海海运集团资产经营管理有限公司、中海化工运输有限公司。

2017年，上海中远海运站在“十三五”的全新历史起点上，全面实施中国远洋海运集团批复的“十三五”发展规划，从传统单一的社会化产业，转变成为跨集团航运、物流、社会化三大集群的企业。这一年，上海中远海运以“整合资源、盘活存量”为主线，聚力改革创新，奋力拼搏赶超，经营效益显著提升，实现新的跨越。

【公司治理与企业管理】

加强董监事会建设，完善法人治理结构。上海中远海运坚持以治理定位、履职能力和保障措施“三个到位”规范董监事会工作，不断完善董监事会组织建设、制度建设和程序建设，推动决策监督机制持续优化。上海中远海运董事会由7名董事组成，其中股东派出董事2名，股东聘请外部独立董事2名，公司董事3名。上海中远海运监事会由3名监事组成，包括由股东派出的2名监事和由公司职工民主选举产生的1名职工代表监事。2017年1月23日，上海中远海运召开首次董事会，完成董事会有关制度文件和组织架构建设，成立董事会及专门委员会，并按照集团有关授权规则，履行董事长授权决策程序。2017年，公司董事会召开会议4次，董事长授权决策4次；制定出台《董事会议事规则》《董事会授权规则》《董事会审计与风险管理委员会议事规则》《董事会战略与投资委员会议事规则》等制度，明确集团授权管理下的直属企业董事会、董事长决策内容及程序，并形成外聘董事薪酬发放方案，进一步规范公司董事会运作机制。同时，上海中远海运不断管理、完善、强化所属企业董事会工作，推进控股企业董事会制度制定实施，贯通对重大经营管理活动研究的决策通道。

实施组织架构调整，推进重点产业建设。为强化总部对所属单位的战略引领和集约管理，集中专业人才资源，推动总部从职能管理型向战略管控型转变，2017 年 10 月 16 日，上海中远海运总经理办公会讨论通过《关于拟设立液化储运运营管理中心等公司职能机构的请示》，决定设立液化储运运营管理中心、资产物业运营管理中心和信息化管理中心，积极推进液化储运业和资产物业的协同发展效应。积极推进资产物业组织架构的调整，2017 年 5 月 6 日对原资产经营管理部和上海中远海运资产经营管理有限公司合署办公的管理模式进行调整。调整后，上海中远海运资产经营管理有限公司独立运行，资产经营管理部于 2017 年 12 月 15 日撤销，其职能由战略发展部履行。

持续深化改革，坚持强身与瘦身。根据战略发展要求和深化改革指导方针，上海中远海运编制改革重组有关方案，形成关于地区公司整合方案的建议，并牵头推进改革事项。一是实施公司制改制。2017 年 8 月 30 日，上海中远海运召开第 35 届职工代表大会，审议通过公司制改制方案。2017 年 12 月 13 日，上海中远海运正式由全民所有制企业改制为有限责任公司。二是整建制接收中海化工运输有限公司。为推动上海中远海运"十三五"战略规划落地，根据集团《关于同意上海中远海运整建制接收中海化运的批复》，公司稳妥有序推进整建制接收工作，贯彻落实集团"四个一"理念，对中海化工运输有限公司、上海海运海事技术有限公司两家单位实施合并管理，确保班子团结协作、人员思想稳定、工作不断不乱，短时间内平稳高效地完成了整合工作。三是扎实推进压减工作。上海中远海运认真落实央企深化改革、瘦身健体总要求，将优化内部结构与压减工作有机结合起来，2017 年完成上海海运旅客服务公司、上海天海船务有限公司压减关闭工作，完成上海海泓物业管理有限公司、上海海元经营服务部关闭后的税务注销工作，啃下公司深化改革中的"硬骨头"。

探索财务制度改革，实现高效集约管理。2017 年，上海中远海运紧紧围绕中心任务，发挥财务管理服务和价值创造职能，扎实推进财务管理各项工作。一是启动财务集中管理。为进一步加强财务管理和严格控制财务风险、经营风险、操作风险及战略风险，上海中远海运以加快推进会计核算、资金管理和财务信息系统"三个集中"为抓手，开展财务集中管理工作。2017 年 9 月起，试行财务集中管理模式，总部财务部对所属各单位财务人员、资金等实施统一管理、统一核算、统一支付。2017 年 11 月起，上海中远海运在试行基础上正式启动财务集中管理工作，推行集中资金、集中管理、集中核算，该项工作进一步增强公司整体资金管控能力和利用率，推动财务管理向管理会计转变。二是深入推进全面预算管理。实行预算执行通报制度，建立每月基层单位经营效益情况通报和机关各部门管理费用使用情况通报，强化成本管控，督促预算执行。三是做好"两金"压降工作。为确保完成集团"2017 年'两金'占用指标优于 2016 年水平"的工作要求，上海中远海运以"压存量、控增量"为目标，持续加大催收力度，重点做好一年以上对外应收账款的催收、清理。在此过程中，适合集团经营特点和管理要求的公司"两金"管理工作体系得到进一步完善。四是健全财务管理制度。修订、完善《全面预算管理办法》《机关、中心费用预算考核实施细则（暂行）》《应收账款管理办法》和《财务集中管理办法（暂行）》等财务制度，公司内控体系建设管理水平得到提升。

【战略管理与经营效益】

2017 年，上海中远海运制定了"十三五"发展规划。随着规划的实施，公司以全新姿态融入中远海运集团改革发展大局，以"整合资源、盘活存量"为主线，聚力改革创新，奋力拼搏赶超，经营效益显著提高。截至 2017 年年底，公司资产总额 73.32 亿元，实现收入 3.12 亿元，完成利润总额 3 654.3 万元，利润总额高于集团考核目标值 117.03%，归属母公司净利润高于集团考核目标值 148.40%，经济增加值高于集团考核目标值 27.88%，超额完成集团下达的经营任务目标。

坚持战略引领，推动"十三五"规划实施。上海中远海运制定的"十三五"战略发展规划，在 2017 年 1 月公司第一届董事会上获得审议通过。该规划着眼于集团“6+1”产业集群战略布局，结合公司自身摆脱存续企业发展定式的强烈意愿，主动谋划“转型发展、二次创业”，规划中制定的“液化储运、社会服务”两轮驱动、“资本运作”与“互联网 +”两翼助飞的发展战略；在继续完善服务集团、服务主业的社会服务板块基础上，优先大力培育发展液化储运板块，提出以仓储服务为核心、以运输和贸易为上下游配套服务，构建安全、高效、绿色的综合性液体化工品储运贸产业链和生态圈的发展理念，致力于将上海中远海运打造成为集团物流产业集群重要支柱，成为对集团社会化服务保障有力，与客户共生共赢，与员工共同成长的国内一流企业。上海中远海运“十三五”规划内容被纳入中远海运集团“十三五”战略发展规划，这表明公司“十三五”期间的战略定位、规划目标、战略举措等得到了集团认可，这也是多年来上海中远海运在集团内首次有了明确的发展定位，构筑起前景广阔的两大支柱产业，实现了“从 0 到 1”的跨越。

制定战略举措项目，推进各板块业务规划。为进一步推动公司“十三五”战略发展规划落地，公司领导班子带头，将规划内容向所属各单位、中层干部、科级干部、团员青年等多个层面进行宣贯，凝聚“二次创业、转型发展”共识。同时，积极推进各业务板块规划编制工作，围绕液化仓储、运输、环保、陆岸整合等重点工作，制定战略举措项目。召开业务专项调研会、液化储运落地实施规划编制务虚会、环保专题会议等，指导和督促所属单位依据上海中远海运“十三五”规划目标任务，进一步明确本单位发展定位、发展目标、落地举措等，结合各自实际完善经营计划，制定本单位“十三五”规划，同步启动滚动规划编制工作。2017 年，公司完成安全生产发展规划初稿、信息化规划初稿，开展人才发展规划项目前期工作。

探索项目合作和产业布局，重大战略成果落地见效。2017 年，上海中远海运经营面貌发生了根本性转变。2 月，公司总投资 10 亿的福州建滔液化码头仓储一期储罐 18 万立方米项目正式投产；3 月，集团唯一化学品运输企业中海化工运输有限公司整建制移交上海中远海运经营管理，以此为标志，上海中远海运从传统单一的社会化产业，成为跨集团航运、物流、社会化产业三大集群的企业，开创了公司发展的新局面。液化储运业务方面，上海中远海运强化与中远海运化工物流合作交流，建立业务信息沟通机制，在业务链拓展、安全管理等方面协同发力，力求实现优势互补。2017 年，公司聚焦国内石化产业战略枢纽、化工园区等项目，分别在山东、江苏、江西等地进行多次考察调研，择机启动投资并购有潜力的液化储运项目。

强化股权管理，实现投资收益。上海中远海运坚决服从集团改革大局，全力配合集团统一部署做好股权管理工作。一是根据集团船员体制改革实施方案，将持有的中海国际 30% 股权有偿转让给中国远洋海运集团有限公司。二是支持集团战略部署，配合上港集团完成锦江航运公司股权收购工作，实现投资收益。三是支持集团工业板块整合实施方案，配合做好集团工业板块整合工作，将持有的中海工业 21.05% 股权无偿划转给中国海运（集团）总公司。

【主 营 业 务】

2017 年，上海中远海运精心管理，发挥地区公司优势，“3+1”平台（液化仓储环保、化学品运输平台、置业发展平台和浦江旅游观光平台）业绩提高，成效明显。

（一）液化仓储环保平台

上海中远海运液化仓储环保平台主要分布在上海外高桥地区和福建江阴地区。

上海地区。上海中远海运仓储有限公司 / 上海海运（集团）公司船舶污水处理厂是由上海中远海运投资并吸收世界银行贷款和全球环保基金组织赠款共 1.9 亿元建成的港口环保企业，于 1997 年 4 月经交通部验收投产，经上海口岸管理委员会批准为对外开放码头，是一家专门为客户提供液体化工品、动植物油、燃料油等装卸、过驳业务，以及船舶油污水接收处置服务的环保特色企业。该企业拥有储罐 22 只，总罐容 4.2 万立方米，8 万吨级码头(空载)1 座，全长 430 米，水深 9 米，可同时满足两艘 3 万吨级满载船舶靠泊，年处理船舶污水能力 30 万吨。与 LBC 合资兴办的上海亿升海运仓储有限公司，可为散装液体化工产品提供储存、分驳、中转、包装、运输及保税等服务。2017 年，面对公司主要客户益海嘉里粮油年产量骤降的不利情况，海运仓储迎难而上、聚力攻坚，深入贯彻交通运输部 27 号令要求，积极发挥优质资产价值，开拓船舶油污水接收市场；通过进一步落实企业安全主体责任、实施操作回归、规范操作服务、完善收费标准等手段提升业务附加值等工作，与大部分客户达成新协议，提升仓储、过驳费用，实现全年经营收益显著增长。2017 年，亿升海运业务量逐步复苏，船舶靠泊量保持平稳，码头吞吐量稳步提升。积极发挥区位优势，推动环保产业发展。经过对污水处理改造方案的反复比较和遴选，11 月 28 日与船研所签订污水处理工艺改造合同，实施污水处理工艺改造，提升复杂油污水处理能力；该工艺改造项目获得政府环保补贴 165 万元，降低项目投资成本，项目建成后可具备最大 20 万吨 / 年的油污水处理量。

福建地区。福州江阴建滔化工码头有限公司（简称“福州建滔”）是原中国海运（集团）总公司与福建省人民政府签署战略框架协议后首个在福建落地的合作项目，2015 年 1 月，由上海中远海运下属海运仓储公司通过增资扩股方式与福建省顺昌富宝实业有限公司合资成立。福州建滔注册资本 5.87 亿元，作为国有控股企业主营液体石油化工产品仓储及中转业务，并取得商务部签发的成品油批发资质。福州建滔位于福州江阴港保税园区，占地约 29.47 万平方米，拥有码头岸线 325 米，是福州地区最大的公共液体石化码头之一，连续五年被列为“福建省重点建设项目”。项目总规划建设一座 5 万吨级石化泊位，3 座内港池 3000 吨级泊位；配套规划建设后方陆域共 91.3 万立方米石化仓储设施；港区后方规划建有铁路危化站，可连接向莆铁路通达内陆省份，项目建设分三期实施。2016 年 12 月，福州建滔 10 号泊位工程通过福建省福州港口管理局组织的工程竣工验收会。2017 年 1 月，福州港口管理局印发 10 号泊位工程竣工验收鉴定意见书，仓储项目一期工程通过竣工验收。2017 年 2 月，福州建滔江阴港区 10 号泊位及仓储项目获福建省福州港口管理局核发港口经营许可证及港口危险货物作业附证，正式投产运营。2017 年 5 月，福建省口岸办牵头组成验收组，同意江阴港区 10 号泊位新增外贸作业点通过省级验收，福州建滔实现对外开放。截至 2017 年年底，福州建滔拥有储罐 38 只，总罐容 18.1 万立方米。2017 年投产元年，福州建滔多次接待省政府、地区管委会、中远海运集团和上海中远海运领导实地调研和考察指导。福建省政府全力支持福州建滔口岸开放、危化站项目立项、建设等工作；集团积极支持福州建滔打造液体危化品储运产业，启动对公司整体运营及收益有较大帮助的项目，推进经营效益与业务规模同步增长；上海中远海运与股东方精诚合作，沿着既定战略目标推进项目二期和铁路危化站项目，实现互利共赢。

（二）化学品运输平台

上海中远海运化学品运输平台主体为中海化工运输有限公司（简称“中海化运”）。该公司成立于 1988 年 12 月，是国内第一家专门从事散装化学品国际、国内运输的专业化学品运输公司，也是集团内目前唯一一家液体化学品运输船公司。截至 2017 年年底，公司拥有 2 艘 7900 吨不锈钢化学品船，装载货物涵盖乙二醇、二甘醇、甲基叔丁基醚、甲醇、正丁醇、苯、丁醇、对二甲苯、烯丙醇、芳香烃等。2017 年，公司完成华北到华南、韩国到华东等多航次运输任务，主要为万华化学、Mitsubishi、Marubeni、CCD（Singapore）等客户提供运输服务。经集团批准，2017 年 3 月 16 日，上海中远海运与中远海运散运在海运仓储码头举行中海化运交接仪式，中海化运整建制划转至上海中远海运。此次交接仪式的顺利完成，标志着上海中远海运液化储运产业布局基本落实，公司向着建设安全、高效、绿色的综合性液体化工品储运贸易产业链和生态圈的目标迈出坚实的一步。接着，公司着重做好两项工作：一是在整合管理上发力，2017 年 4 月 1 日起，中海化运、海运技术正式启动“两块牌子、一套班子”“两本账”的合并管理经营模式，实现了公司改革转型，踏上二次创业的新征程。同日，中海化运同大客户万华化学签署 COA 合同，承运万华烟台至华东、烟台至华南航线化学品货物，为船队经营锁定了基础货源。二是顺应集团和公司“十三五”战略定位，加快壮大液化储运产业链，增强化学品运输平台在化学品运输领域的话语权和影响力，牢牢抓住造船市场有利时机，启动新造船项目前期准备工作，以低成本扩大船队规模，优化船队结构。2017 年四季度起，公司启动建造 2 艘 13 800 吨双相不锈钢化学品船的前期工作，并于 2017 年 12 月 13 日公司经董事会决议，正式上报集团。

（三）置业发展平台

2017 年，上海中远海运置业发展平台大力推动资源整合工作，强化平台内海运物业、海运资产、海运服务、赵家宅项目、海运大楼改扩建项目的协同效应；以此为基础，逐步形成集物业、长租公寓、餐饮等元素“三维一体”的综合业态。公司置业发展平台把提质增效作为突破口，对内加强管理，对外开拓市场，聚焦物业开拓与巩固、不动产租赁与处置等重点任务，积极创新思维、盘活存量、拓展增量，带动经济运行质量不断提升，朝着以提供增值服务为核心的一体化置业服务供应商转型。一是持续营销保增长，开拓市场促发展。公司置业发展平台积极开拓内外部市场，寻求业务发展增量，2017 年新承接中国远洋海运大厦、国客中心 5 号楼、航运科研大厦、中海科技研发中心办公大楼、陆家嘴城管大楼 5 个物业管理项目。其中，中国远洋海运集团的总部物业管理项目被列为重点项目。举全公司之力为业主提供服务保障，有效打响公司管理品牌。同时，平台一以贯之做好在管物业服务项目，2017 年完成多处物业管理项目续签工作。截至 2017 年年底，公司置业管理的商务楼盘有：中远海运大厦、上海市检测中心、浦东新区丁香及民武大楼、浦东新区成山路办公楼、陆家嘴金融城文化中心、国际客运中心 5 号楼和 6 号楼、航运科研大厦、中海科技研发中心办公大楼等 15 处。商务公众物业管理面积合计 34.6 万平方米，占公司物业管理总面积的 63.87%，同比增加 6%。经过 2017 年的努力，商务公众物业作为主营的转型发展目标取得成效。二是提升服务树品牌，强化宣传塑形象。公司置业发展平台坚持软实力和硬实力同步建设，2017 年 7 月平台下属上海海运物业管理有限公司成功取得住房城乡建设部核准颁发的物业管理一级资质，并于 9 月登上《建筑》杂志封面和专栏特辑。公司在管物业项目上海市检测中心物业管理项目于年内获得 2016 年度“上海市物业管理优秀工业园”荣誉称号，有效提升平台行业形象和知名度。三是规范租赁流程，提升经营收益。平台明确租赁管理职责，建立不动产信息数据库，形成租赁业务各环节高效协同、有效制衡的监管机制，实现动态监控。以实现房产处置收益最大化为目标，公司置业发展平台逐步规范房产处置程序，通过第三方的专业评估合理确定处置价格，确保国有资产保值增值，全年完成 21 处房产处置工作，把存量资金转化为推动企业发展的增量。四是推进海运大楼改扩建项目。坚持两条腿走路的方针，一方面顺利完成规划方案审批、总体设计方案审批、施工图设计及审图、抗震等相关技术评审、施工总包招标、施工监理招标等前期准备工作；另一方面，加强与市、区两级规划部门沟通，在等待提篮桥 59 街坊动迁过程中，着手将海运大楼改扩建项目分两步申领规划许可证，即先申请对大楼结构加固及进行地下车库部分的规划许可证，待障碍消除后再申请扩建加层部分的规划许可证，保证海运大楼改扩建项目顺利实施。

（四）浦江旅游观光平台

上海中远海运浦江旅游观光平台主体为上海巴士旅游船务有限公司。该公司成立于 2001 年 12 月 12 日，凭借十余年的浦江游览行业资历、成熟的运营团队，以及良好的品牌价值，为公司带来稳定的投资收益。2017 年初，上海巴士旅游船务有限公司由上海巴士国际旅游有限公司与上海中远海运各出资2200万元投资共同经营。同年8月，上海交运（集团）公司经上海巴士国际旅游有限公司以股权转让的形式转股50%成为股东方，与公司共同开展黄浦江游船旅游业务。截至2017年年底，公司浦江旅游观光平台共经营管理4艘游船，分别是"振宇"轮、"金灿灿"轮、"中国人寿"轮、"蓝森"轮，客位总量为1698位。平台牢牢把握浦江游览改革发展契机，把安全航行作为推动浦江旅游观光平台高质量发展重中之重，健全组织机构人员，分级落实安全责任，加强安全教育培训，严格执行值班制度，开展安全隐患排查、督查，实行目标考核机制，坚决避免安全生产事故发生，有效提升浦江游船服务质量和品牌知名度。同时，巴士船务于2016年6月投资的上海水迪企业发展有限公司在2017年继续做好上海迪士尼星愿湖渡轮接驳工作，经营效益显著。2017年，公司浦江旅游观光平台的安全生产和经营创效工作迈上新台阶。

2017年浦江游览船统计见表14-9。

2017年浦江游览船统计表

表14-9

序号	航运公司	船名	资产性质	船型	船舶性质	建造日期	建造国家或地区	船旗	客位总量（位）
1	中远海运（上海）有限公司上海巴士旅游船务有限公司	振宇（原永诚保险）	全资	游船	自有	2007-07-03	中国	中国	448
2	中远海运（上海）有限公司上海巴士旅游船务有限公司	金灿灿	全资	游船	自有	2009-09-08	中国	中国	300
3	中远海运（上海）有限公司上海巴士旅游船务有限公司	康宁（原中国人寿）	全资	游船	自有	2010-03-08	中国	中国	450
4	中远海运（上海）有限公司上海巴士旅游船务有限公司	蓝森	全资	游船	自有	2015-11-12	中国	中国	500

【安全生产】

2017年，上海中远海运严格贯彻集团和公司工作会议、安全工作会议精神，落实企业安全生产主体责任，以防范遏制重特大生产安全事故为重点，推进安全生产标准化和安全风险防控工作，坚持安全管理目标导向和问题导向，完善隐患排查和应急预警机制，全年未发生一般及以上安全生产事故、污染事故、火灾事故，以及船舶PSC/FSC被滞留事件，安全生产状况总体保持平稳。一是全面落实安全生产主体责任，强化安全责任目标考核。为进一步明确安全生产管理目标，公司分别与五家所属单位、两个中心负责人签订安全工作责任书，把年度安全管理工作目标及要求层层落实到基层各单位及每一名员工。二是持续开展安全检查，落实隐患排查治理。根据集团工作部署，2017年公司重点开展船舶驾驶台班组和现场工班组管理专项整治行动，船舶驾驶台航行值班纪律、装卸作业规范操作、设备设施维护等船舶管理状况得到明显改善，一线班组的安全管理能力得到显著提升。三是认真开展危险源辨识，推进管理体系建设。公司按照安全标准化管理体系及构建安全风险管控和隐患排查治理双重预防机制建设的工作要求，组织做好危险源辨识工作，开展安全风险评估，为推进企业安全风险分级、分层、分类管理打下坚实基础。四是加强应急管理，提升应急响应和处置能力。以"安全生产月""安康杯"和"119"消防日等活动为契机，大力开展安全教育、知识竞赛、消防互动体验和各类应急演练活动，增强广大员工的安全意识，锻炼公司应急抢险队伍，提高处置突发应急事故和防止事故扩大的能力，为企业安全生产提供有力保障。2017年，公司所属各单位共开展防台防汛、应急疏散、扑救火灾等应急演练38次/1066人次。公司所属单位上海海运海事技术有限公司获2016—2017年度全国“安康杯”竞赛（上海赛区）优胜单位。五是落实安全教育培训，促进安全管理能力提升。公司根据“十三五”战略发展规划要求，组织开展各类业务知识和安全生产教育培训。2017年，公司组织主要负责人和安全生产管理人员43人参加上岗持证培训，组织集体安全专题培训2期/78人次，生产业务知识培训38次/627人次。各单位开展安全法规及管理知识培训43次/753人次，推动相关岗位人员安全管理知识和安全生产意识有效提升。六是抓好重要时段和季节性安全防范工作。重点加强全国两会、党的十九大等重要时段和重要节假日期间的安全管理，落实夏季防暑降温、防台防汛、防火防爆、防风防冻、防工伤、防污染等安全防范措施，加强节能绿色环保宣传，切实维护公司生产经营活动持续安全稳定。七是警民共建增强安全管理联动效应。公司代表中远海运集团履行集团上海地区与武警水上消防支队的警民共建工作。8月17日，上海中远海运与武警水上消防支队签订警民共建协议，形成警民共建长效机制，发挥军地双方有利资源，有效促进两个文明建设。

【风险管控】

在法务与风险管理方面，2017年，上海中远海运以全面防范风险为目标，结合管理提升和提质增效工作，牢固树立法务就是服务的意识，注重把法务与风险管理工作融入公司生产经营全过程，在企业开展法务管理基础建设、合规经营、风险管控、制度建设和“七五”普法等各项工作中，努力发挥其应有的作用。加强合同管理制度顶层设计和风险事前控制，把好法律审核关，支持项目决策；加强案件全过程管理，内外协同形成办案合力；持续改进和完善内控管理体系，坚持开展季度风险控制监测；专项推进规章制度体系建设工作，加大对所属各单位制度工作的管理力度；不断提高职工队伍的法务和风控专业素养，积极开展“七五”普法活动；开展企业财产保险工作，增强安全防范措施。2017年，集团法务与风险管理本部组织开展企业法务与风险管理考核，上海中远海运被评为2017年度企业法务与风险管理A级单位。

在监督审计方面，上海中远海运深入学习贯彻国务院国资委和集团对审计工作的要求，认真落实反腐倡廉工作会议和审计工作会议部署，紧紧围绕提质增效、转型发展中心任务，紧盯权力集中、资金密集、资源富集、资产聚集的重点单位和部门，发挥内审监督服务评价作用，为公司“两轮驱动”保驾护航。公司加强宣传教育引导，4月27日，公司召开2017年审计工作会议，要求各级干部落实“一岗双责”，把行动体现在对纪检监察工作的支持上，体现在对责任范围的教育、提醒、监督上，体现在促进企业提质增效及推动转型发展上。扎实开展审计工作，公司全年共完成各类审计项目9项，其中经济责任审计6项、专项审计2项、财务收支审计1项，审计发现各类问题93项，提出审计意见和建议52条，为公司提升管理、防范风险、科学决策发挥积极作用。

【科技信息】

积极融入科技创新主战场。上海中远海运坚持把科技创新工作融入公司改革发展全局，以科技创新赋能公司发展新优势和转型发展新动能。高度重视科技创新改造，逐步淘汰能耗高、安全和污染风险大的老旧运输船舶，更新为符合国际新规范、新公约、新标准要求的新型船舶，改善运力结构，促进节能减排，加强社会环境保护。积极响应集团大客户战略，领导班子成员多次带队，前往中石化、中石油、长航集团、景东公司开展交流互访，共商长江经济带战略推进事宜，研究启动绿色航运项目，开创绿色航运之路。与各级环保局、市固废处理中心等政府监管部门积极沟通，前往长兴船厂、华锦环保、澄清环保等企业进行调研，了解危废固废及环保项目的政策环境、市场环境、行业现状及主流技术发展趋势等，与知名高校及集团内外科研机构合作开展有关处理技术的研究论证及开发应用，以科技创新为抓手不断壮大公司环保产业。

以数字化建设助推转型升级。2017 年，公司根据“十三五”战略发展规划总体安排，结合业务发展需要，制定“十三五”信息化工作规划，推动仓储安全管理智能化、OA 办公系统功能模块化升级，服务公司转型发展。健全公司网络安全与信息安全保障机制，成立上海中远海运网络安全与信息化领导小组及工作小组，建立网络与信息安全通报工作机制，明确网络与信息安全责任到岗到人，组织实施重要时期 7×24 小时值班制和每日“零报告”等制度，切实加强和规范公司网络与信息安全管理。加大力度推进重点信息化项目，积极开展液化储运可视化安全项目、社保信息系统、物业信息管理系统调研和需求梳理，制定重点信息化项目推进方案。深化 OA 系统功能应用，完善合同审批流程，为规范合同管理提供支持。根据财务管理对资金审批的管控要求，完成职工教育、业务招待、差旅费用等线上审批管理，实现基本建设、技术改造和固定资产等资金审批在线上管理，有效提升公司风险防控能力。提升网络信息安全管理水平，联合集团党校举办网络信息安全网络培训班，针对《中华人民共和国网络安全法》、典型案例等网络信息安全热点、难点问题开展培训，提升公司整体网络安全意识，推进网络安全工作落地。

【服 务 管 理】

在信访接待和综合治理维稳方面，根据集团改革重组新形势、新任务、新要求，上海中远海运坚持综合施策、标本兼治、多措并举，统筹运用各方力量，全面履行好中远海运集团上海地区综治信访维稳内保工作牵头单位职责，全年未发生严重群体性上访事项和极端信访事项，未发生治安或刑事案件，为集团改革重组营造了平安和谐稳定的发展环境。信访工作方面，公司认真做好每一起信访事项的登记、受理、答复、转办、交办、督办、调处工作。2017 年，接待职工群众各类信访 296 次 /491 人次，处置群体性上访 10 次 /105 人次，有效调处一般信访事项 15 起，成功调处完结历史遗留、疑难信访事项 5 起。

在维稳工作方面，伴随集团改革重组步入深水区，各种新老问题和矛盾逐步凸显，公司在集团党组的领导下，积极前往信访重点单位、新整合组建单位、三四级基层单位和即将推进实施船员体制改革的单位，面对面了解情况，提前研判部署，做到心中有数、有效应对。集中开展矛盾纠纷排查，最大限度将矛盾纠纷化解在基层，全年共排查 24 家单位不稳定因素 47 起，未发生漏管失控情况。聚焦重点信访群体和主要信访人员，用心、用情做好政策解释、思想疏导、解疑释惑、情绪安抚和走访慰问工作，全年累计家访慰问 98 人次，医院探望 8 人次，主动邀约主要信访群体代表到公司座谈交流 3 次，有效避免重点信访群体信访事项反弹。建立“平安志愿者”队伍，开展集团总部机关突发事件应急处置演练，有效增强应对现场突发状况的能力水平。

在内保工作方面，以“创安复验”和“平安单位”创建为抓手，强化人防、技防、物防和制度防等综合性防范措施。2017 年，公司组织集团上海地区单位开展“平安单位”和“平安示范单位”创建，共 33 家单位被评为“平安单位”，9 家单位被上海市评为“平安示范单位”。11 月，配合集团和公安机关完成巴拿马总统首次到集团访问的一级安保任务，获得好评。

在离退休人员服务管理和社保管理方面，加强老干部服务管理，认真落实上级关于老干部工作的部署要求，加强和改进离退休干部服务管理。与市委老干部局、社区、兄弟单位建立老干部工作联动机制，时刻关心老干部的学习、生活、健康情况，将实事办在老干部心坎上。优化新形势下老干部党支部建设，依托每月组织生活制度，加强与离退休干部的沟通交流；通过主题征文、聆听讲座、文艺汇演、组织培训、微信竞赛等手段，引导离退休干部坚定理想信念，为企业发展谋良策、作贡献。截至 2017 年年底，上海中远海运在册离退休干部 318 名，其中离休干部 125 名，平均年龄 87.01 岁；处级以上退休干部 193 名，其中直管干部 133 名，代管干部 60 名。坚持做好退休人员管理工作，按照“细致关心、全面关爱、特殊关注”的管理目标和“好事要办好，实事须办实”的指导方针，加强退休职工管理。积极发挥块组长作用，开展“家访送关怀，困难扶一把”工作，对多名患重大疾病的退休人员开展家访慰问，主动为集体户口家住外地的退休职工办理上海市老年补贴卡。严格履行社保服务管理职能，做好本单位和集团上海地区兄弟单位在职及离退休人员的社保服务工作。2017 年，集团华东地区 62 家单位在公司正常开设医保结算账户，参保人数 30 579 人，发放医保报销款 5 597.33 万元。年内，公司足额缴交养老保险、基本医疗保险、失业保险、生育保险、工伤保险等各类保险基金。

在档案管理方面，公司深入贯彻落实习近平总书记关于档案工作的重要论述，结合实际提出《上海中远海运数字档案馆整体规划》，建立健全档案管理制度，对公司及所属单位档案实施统一管理，做好各单位生产、业务档案的收集、归档工作。一是推进档案数字化建设，对现有库藏的公司 1998—2017 年文书档案及所属单位同名全宗文书档案开展数字化录入及核查，规范档案查阅，提升档案信息系统的有效性和便捷性，实现公司及所属单位两级档案阅档网络化管理，为公司发展提供价值信息。开展档案培训，举办归档专题辅导报告和人事档案专题培训，规范文书档案归档工作，提高专、兼职档案干部的档案工作能力和业务水平，在集团上海地区各存档单位中全面推进档案规范化建设，起到了积极作用。开展国际档案日宣传，通过张贴宣传挂图、“档案——我们共同的记忆”主题征文等活动，普及档案知识，增强档案意识。做好档案管理日常工作。2017 年接待档案查阅 1449 人次，接收新进人员档案 124 人次，收集人事材料 3019 份，登记人员动态 1464 人次，转递人员档案 186 人次，人员移库 624 人次，审核装订档案 475 本，整理扫描干部人事档案 5908 页。协助完成集团总部机关 2016 年度文件归档 3647 件，完成公司总部机关 2016 年度文件归档 477 件，指导下属单位完成历年 71 卷、6328 件文件归档。及时更换保密专用红黑电源，确保档案信息安全。

在职业健康卫生管理方面，公司坚持每年组织职工开展健康体检。2017 年，公司组织安排党委管理干部、机关中心员工 109 人参加体检，初步建立员工普通健康档案，做好员工总体健康评估，安排检后医疗咨询和健康宣教，提出健康促进意见。着力加强公司内设医疗机构建设。上海中远海运卫生所，位于北外滩东大名路 1062 弄 2 号 1001、1101 室，是公司直属企业内设非营利性医疗机构，上海医保定点单位，于 2016 年 9 月取得执业许可证书，经过半年多的试运行，完成各项业务整合调整；2017 年 7 月 28 日起，正式成立并纳入管理体系。上海中远海运卫生所设置内科、外科、中医科、中医骨伤科等科室，共有副主任医师 2 名、主治医师 3 名、护士 5 名，服务内容包含：初级医疗服务、职业卫生宣教、健康保健咨询、组织健康体检、建立健康档案、职业病和慢性病及传染病防治、预防保健、食品卫生管理等。卫生所秉承为集团在沪职工提供基本公共卫生服务，职业卫生服务和医疗服务的宗旨，坚持“便捷、高效、温馨、周到”的理念，努力打造成为具有企业文化特色的标准化企业内设医疗机构和职业卫生保健服务提供者。在制度建设上，卫生所广泛征求卫生系统相关职能部门的意见和建议，顺利完成规章制度制定，并经公司总经理办公会审议通过。在医保验收上，2017 年 2 月 21 日起卫生所获得纳入医保结算单位的资格，并完成阳光采购平台验收、医保专用服务器、专用光纤通信申请及采购调试、HIS 系统采购申请合同审批等，在规范的框架下按期完成医保结算验收准备。在医疗服务上，每月为离退休干部职工开展医疗咨询健康普及工作，配合做好集团庆祝党的十九大文艺汇演、公司趣味运动会、老干部三节茶话会等各类活动的医疗保障工作。据统计，卫生所自 2017 年 7 月开业至年底，门诊量 317 人次，同时还开展外配药、针灸、拔罐、推拿、理疗、咨询等服务，实现“零差错、零事故、零投诉”。

【队伍建设】

上海中远海运坚持正确用人导向，按照习近平总书记提出的好干部标准，大力倡导"五个坚持"，把好干部选出来、用起来，干部人才队伍建设不断取得新进展。截至 2017 年 12 月，公司在册员工 623 人，平均年龄 47.7 岁；公司党委管理干部 42 人；专业技术人员 245 人，其中高级专业技术职务 16 人、中级专业技术职务 105 人；全年新入职员工 4 人，离职 4 人，整建制接收中海化运员工 12 人。公司坚持以好干部标准培养选拔干部，积极探索推进"能上能下、能进能出、能增能减"的选人用人激励机制，严格落实党管干部原则，对 5 家单位（含投资企业）的 13 名领导干部岗位进行调整。加大年轻干部培养选拔力度，选派 8 名年轻干部到基层单位关键岗位经受考验和磨炼。坚持好中选优，遴选 5 名优秀年轻干部向集团推荐，作为选拔外派后备干部人选。加强干部监督管理。根据集团要求，公司党委从选拔任用程序、人事冻结期间相关规定执行情况、公司纪委监督监察力度等三个方面对 2016 年 1 月至 2017 年 7 月期间公司及所属各单位选人用人和人员招聘情况进行自查；严格执行领导干部个人有关事项报告制度，认真做好党委管理干部个人有关事项集中填报。制定干部选拔任用初始酝酿阶段征求纪委书记意见试行办法，建立干部廉洁档案，确保干部选拔任用工作的透明度和公认度。抓好干部人才教育培训。2017 年，公司层面共举办、参加各类外部培训 83 班次，合计参训员工 1471 人次。公司领导班子带头，积极参加中央组织部推进经济体制改革专题研讨班、集团学习贯彻党的十九大精神专题培训班等。组织公司党委管理干部参加集团 2017 年春季处级干部进修班、中青年高级管理人员培训班等。公司层面举办企业管理、法律风控、信访维稳、环保知识、化学品运营、党风廉政建设及纪律教育等各类培训及讲座，完成青年领军人才领导力提升复训项目——启航训练营总结汇报工作，有效增强公司干部职工队伍的专业能力和综合素质。

【党群工作与企业文化】

党建工作 上海中远海运党委在集团党组的坚强领导下，深入学习宣传贯彻党的十九大精神，全年开展党的十九大精神宣讲 16 场、党的十九大精神及党建工作培训 600 余人次。按照新时代党的建设总要求，全面履行"把方向，管大局，保落实"职责，推进"两学一做"学习教育常态化制度化，建立"船岸联合党支部"，落实属地化管理、人民武装、国防动员等各项工作，党建工作基础得到有效夯实。公司把学习宣传贯彻党的十九大精神作为首要政治任务和全年工作主线。深入开展"迎接十九大、做合格党员、建规范支部"主题活动，以"喜迎十九大　畅谈新变化"主题征文、"我的电影党课"主题党日活动等迎接党的十九大胜利召开。第一时间召开动员部署会，深入学习宣传贯彻党的十九大精神。举办"弘扬井冈山精神　坚定理想信念"专题教育培训班和"新思想引领新时代　新征程需要新作为"基层党支部书记培训班，实现对 173 名党员领导干部、基层党组织书记和党务工作者全覆盖培训。公司的"两学一做"学习教育常态化制度化取得新成效。公司上下 78 个基层党组织、789 名党员精心准备、精准发力、精细落实，有力推进"两学一做"学习教育常态化制度化。公司党委全年开展中心组学习 11 次，合计 600 余人次参加学习。召开纪念建党 96 周年暨"两优一先"表彰大会，隆重表彰 9 个先进基层党组织、17 名优秀共产党员、11 名优秀党务工作者。制定"三重一大"决策制度实施办法，界定重大问题范围，明确前置程序规则。积极稳妥落实"党建入章程"；实行定期向公司党委汇报工作制度。坚持抓基层打基础，基层党建工作激发新活力。制定党建工作责任制实施细则和 2017—2019 年基层党建工作规划，推动基层党建规范化建设。抓好基层党组织换届工作，建立健全提醒督促机制。分层开展党费工作专题培训，规范党费收缴管理和使用，规范国有企业党组织工作经费使用管理。扎实有序开展党组织、党员信息采集工作，确保信息质量。创新党建新举措。公司党委分别与书院镇党工委、上影（集团）演员剧团党支部签订党建联建、文明共建协议书，召开座谈会共谱发展新蓝图。公司领导担任虹口区人大代表，参与做好提篮桥街道区域化党建矩阵联盟轮值主席工作，努力推动区域化党建工作再升级。2017年，上海中远海运党委荣获陆家嘴街道党建联建单位特别贡献奖。

宣传思想和企业文化建设 公司突出文化引领，打造企业软实力。深入推进宣传思想工作。召开2017年宣传思想工作会议，表彰《海运》杂志编辑工作中涌现出的先进集体和个人。充分利用企业内刊、网站、微信公众号等媒介资源，加强意识形态引导和改革创效氛围营造，全年出版《海运》杂志六期。积极汇聚企业文化正能量。开展公司、所属及属地管理6家单位上海市文明单位创建工作；隆重举办“5·28”企业文化节系列活动，召开纪念公司成立68周年座谈会。通过形式多样、内容丰富的企业文化节系列活动，传承和弘扬“海运魂”的光荣传统和优秀文化。做好公司史志资料编纂工作，顺利完成《上海中远海运发展史（1949—2016）》《上海中远海运年鉴合订本（1949—2015）》《上海中远海运年鉴（2016）》编印，满足职工日益增长的精神文化需要，营造健康向上的文化氛围。

党风廉政建设和反腐败工作 2017年，上海中远海运纪委在集团党组纪检组和公司党委领导下，认真贯彻落实公司工作部署，切实把握提质增效工作要求，以习近平新时代中国特色社会主义思想为指引，聚焦主责主业，强化纪律意识，深入落实全面从严治党监督责任。公司于2月16日召开2017年反腐倡廉建设工作会议，总结2016年反腐倡廉建设工作，部署2017年重点工作任务。严格纪律监督，强化警示教育，狠抓权力运行监督制约；全年两级纪委共受理信访及线索8件，其中，集团转（交）办6件，基层单位自收1件，审计发现问题线索1件。公司纪委对以上信访举报和问题线索认真核实处理，到期办结率100%。2017年9月组织开展廉洁从业教育月活动。据统计，教育月期间公司及所属单位共组织召开各类会议、专题学习和授课33场，集中警示教育活动12次，共1226人次参加相关教育学习。其中，3条廉洁誓言、1幅廉洁漫画入选集团廉洁教育月成果展示。公司驰而不息落实中央八项规定精神，8—10月公司对所属单位2013年以来“三个三”检查、集团巡视、效能监察、审计发现问题整改情况开展“回头看”检查，防止“四风”问题反弹回潮，发现管理问题70项，提出意见建议34条。

工会工作 上海中远海运工会坚持融入中心，服务大局，强化自身建设，为凝聚职工群众力量、构建和谐劳动关系、推进转型发展作出积极贡献。技术比武和岗位练兵活动常抓不懈，年内开展形式多样的技术比武、技能培训24场，坚持集众“安”增众效，推动合理化建议征集活动常态化开展，公司所属单位上海中远海运仓储有限公司获上海市五一劳动奖状。职代会建设规范有力，充分尊重职工代表的民主权利和地位，保证公司重大决策事项和规章制度顺利实施。日常民主管理工作活跃有序，年内审议通过《中远海运（上海）公司、上海海运影都公司制改制方案》，完成职工董事和职工监事选举工作。“夏送清凉、秋送助学、冬送温暖”等服务职工品牌工作广泛开展，全年共筹集帮扶资金115.43万元，争取到上级工会帮困金18.2万元，帮困2222人次（其中上级帮扶156人次），助学帮困53人次，发放“金秋助学”金8.2万元，走访慰问职工139人次。职工服务工作进一步深化，为689名职工缴纳10.44万元续保金，申领住院补充医疗、特种重病团体、工会会员卡补贴15.28万元；两节慰问省部级以上劳模42人次，发放慰问金10.13万元；为7名退休劳模及3名劳模家属申领上海市总工会劳模帮困医疗补助金10.2万元。积极承担社会责任，为陆家嘴街道9户困难家庭发放助学帮困金1.45万元。举办一系列职工喜闻乐见的文体活动，积极汇聚企业文化正能量。弘扬和践行“四个一”融合理念，参加“新时代 新征程——中远海运集团庆祝十九大职工文艺汇演”活动；公司职工编排的《扁担虽短情深长》、太极助演《大鱼的翅膀》等节目精彩亮相，进一步引导和激励职工为公司发展贡献智慧和力量。

共青团工作 2017年，上海中远海运团委在公司党委和集团团委的领导下，深入学习贯彻党的十九大精神和团的十七届六中全会精神，坚持从严治团，围绕公司“推进专业转型，全力改革创效”工作总基调开展工作，为推进公司转型发展作出贡献。中远海运（上海）有限公司团委荣获“2017年度上海市五四红旗团委”荣誉称号。2017年，公司下属团（工）委6个、团支部14个，35岁以下青年258名，其中共青团员88名。公司团委深入开展“学习总书记讲话 做合格共青团员”教育实践，学习宣传贯彻党的十九大精神，开展“我的青春我的梦”“不忘初心跟党走”主题征文。组织青年观看《入团第一课》，学习交流300余人次。举办纪念五四运动98周年暨五四先进表彰大会，重温入团誓词，表彰先进典型。开展爱国主义教育，公司团委召开离休干部与青年“迎七一”座谈会，引导青年传承老一辈海运人优良传统和革命精神；组织青年参加陆家嘴红色“七一”定向赛、“我的电影党课”等活动，激励青年建功立业。夯实团组织基础，积极争创2017年上海市“五四红旗团委”，定期召开工作例会和团委委员例会，举办为期3天的团干部培训班，共计30余名团干部参加培训，有效增强团干部工作能力和综合素质。积极扩大宣传影响力，编发《海运团讯》12期，微信公众号推送图文信息120期，向集团“网上共青团青年之声”报送稿件114篇，展示企业青春正能量。按要求认真完成团内统计、团费收缴等基础工作，全年共缴纳团费3521元。推动青年创新创效，与公司人力资源部联合举办“十三五”规划中青年骨干员工交流研讨会，提出有价值的“金点子”。青年学员经过“启航训练营”集中培训，形成专项课题，助力公司“十三五”规划落地。积极开展“学雷锋”志愿服务月活动，为退休职工开设“移动互联网”课堂普及互联网软件应用，开展2017“浪花·心愿”爱心助学结对活动，完成25名学生结对工作，以实际行动发扬志愿服务精神。抓好关心关爱青年工作。举办第五届“书香海运”读书活动，通过悦读“马拉松”、书展赠票、撰写安全主题征文等活动，提升青年文化素养。组织青年参加陈家门小区居委会义捐义卖活动、新春团拜会、联手植绿和“情暖端午”等活动，组织参加“红色经典青春诵”观摩活动，为青年沟通交流搭建平台。

（潘奕　周敏励　周涵聪）

中远海运（广州）有限公司

中远海运（广州）有限公司

中远海运（广州）有限公司（简称“广州中远海运”，英文简称 COSCO SHIPPING（Guangzhou）），是中国远洋海运集团全资子公司，注册资本 319 120.240 6 万元，注册地广州市海珠区滨江中路 308 号。公司成立于 1949 年 10 月 22 日，企业名称和管理体制多次变更。2016 年 6 月 28 日，公司正式更名为中远海运（广州）有限公司。公司连续 16 年（2002—2017）获评“广东省守合同重信用企业”；2017 年度继续获评“广州市海珠区重点企业”。一批先进集体和个人获得“中央企业青年文明号”、广东省五一劳动奖章等荣誉。公司党建工作经验在集团 2017 年工作会议上交流；“书记项目”获广东省委组织部在全省范围内表扬。

【公 司 治 理】

中远海运集团成立后，广州中远海运规范董事会运作，即把党建工作全面纳入公司章程，明确公司党委在公司治理中发挥领导作用，保障公司党组织的机构设置、人员编制、工作经费和参与公司经营管理的权利。按集团党组《关于推进党建工作总体要求纳入国有企业公司章程工作的通知》要求，开展公司章程相关条款规范表述的修订工作。公司董事会坚持议大事、把方向、控风险，在集团授权范围内，规范行使部分事项的决策权，提高决策效率，强化风险防控机制，推进战略规划的制定和实施。公司第一届董事会全年共召开 7 次会议，其中 3 次为现场会议，4 次以通讯形式召开；董事会审计与风险管理委员会召开 1 次会议，战略与投资委员会召开 1 次会议。董事会共审议包括公司战略规划、投资计划、财务预算、增加公司经营范围、内部控制和风险管理等重大事项在内的议案 29 项，公司董事长、集团副总经理叶伟龙在授权范围内审批行权事项共 38 次。2017 年，公司总经理、党委书记先后离任退休。公司党委严格党内政治生活，班子分工替代明确。公司修订并落实“三重一大”决策制度，全年召开总经理办公会 27 次、党委会 14 次。

公司坚持职代会制度，全面落实党务公开、司务公开制度，广泛动员职工开展合理化建议活动。召开公司 2017 年工作会议、党建工作会议暨一届一次职代会，听取了总经理工作报告、党委工作报告、职代会工作报告，以及公司领导履职待遇业务支出情况报告；书面审议公司职工救急解困基金会工作报告，开展民主评议领导班子，通报各单位 2016 年生产经营责任目标考核结果，签订经营管理业绩责任书、基层党建工作责任书；签订中远海运（广州）有限公司集体合同，并表彰了先进集体和个人。

公司总部设 7 个部门：董事会办公室 / 总经理办公室、党委工作部（武装部）/ 团委、企划部（法律事务部）、财务部、组织人事部（安监部 / 安委办）、纪委工作部（监审部）、工会办公室。公司拥有经营性分支机构 4 家，全资子企业 11 家，非企业法人 1 家，参与合资、合作企业 2 家，管理集体所有制企业 1 家，挂靠社会团体 1 家。公司下设 7 个管理主体：旅业公司、新海医院、物业公司、船舶工程公司、海宁公司、海建公司、健康公司；另设 3 个后勤保障中心：社会保障服务中心、财务核算中心、档案管理中心。

【发展战略与对外合作】

公司修订完善了“十三五”发展规划，各直属单位完成了“十三五”发展规划的编制。为抓好战略落地，公司全面评估各业务板块，及时调整经营定位，形成“坚持战略方向不动摇，围绕主业做产业，鼓励下属企业争创千万利润，力争发展为集团社会化产业集群的重要支柱企业”的发展共识；以“有主有次、有加有减、有进有退、有取有舍”为原则，将资源向重点核心产业倾斜，不断优化经营管理体系和流程管控，着力推动重点产业快速成长，持续增强企业活力、控制力、影响力、抗风险能力，致力改变现有“产业结构离散多元，缺乏核心主业，业务模式单一，营收规模偏小”的格局，培育发展新动力。2017 年，公司经营范围增加了餐饮服务、国际船舶运输、健康养老产业等相关类别经营项目。

公司加强对外合作，先后与中远海运财产保险自保有限公司、贵州产投集团、云南省临沧市永德县、法国埃顿集团签署战略合作协议。加强对区域经济发展趋势的研究，以整体效益最大化为原则，努力盘活闲置低效物业。向中海国际承租滨江中路、江南大道两处物业，分别改造为滨江社区居家养老项目及江南颐养苑，扩充了健康养老业务场地，为集团资源配置提供更优方案。用好地方政府“退二进三”、创新孵化等政策，推进黄埔大沙地西 239 库项目建设，“江南坊”项目收益稳定，商业价值逐渐提升。大力开展航海疾病诊治、船员健康体检、船员医学培训、船舶防疫检疫和船舶配药上船等业务，与解放军 254 医院、清华大学等单位共同研发远程医疗控制平台及船上医用数字化设备，与中远海运科技合作开发远程医疗网络传输系统。

截至年末，公司总资产 350.31 亿元，总负债为 67.11 亿元，资产负债率为 19.16%。资产变动主要受金融资产市值上升因素影响。

【改革重组】

公司投资 850 万元收购广州迪施有限公司其他三家股东持有股权（中远船务工程集团有限公司 30%、招商局工业集团有限公司 25%、迪施国际有限公司 15%），最终使广州迪施成为广州中远海运全资子公司。至年底，公司完成了项目实施审批、资产评估等环节，先行启动了收购迪施国际有限公司持有 15% 股权的相关准备工作。

公司根据集团“压减”工作的整体要求，积极推进低效无效企业清理力度，理顺投资关系，简化管理链条，企业管理层级得到有效压缩。2017 年完成 2 家法人单位注销（振兴公司、南方船企）、1 家全民所有制企业改制（海宁公司）、11 家分公司注销（菠萝庙船厂、物业公司 10 家）等清理工作。年底，广州中远海运健康管理有限公司注册为独立法人。

经集团同意，广州中远海运决定“保留并继续发展新海医院”。2017 年，广州中远海运按照《关于国有企业办教育医疗机构深化的指导意见》的要求，对新海医院实行“集中运营、专业化管理”。

【经营管理】

公司引导全员讲营销、讲盈利，班子成员带头跑市场，重点拓展集团内部单位、地区大型国企等客户，逐步优化客户结构；严格投资管理，将盈利性作为投资决策的首要因素，主动终止风险高、收益低且无发展前景的业务，提升产业发展质量；强化预算管理，突出财务在提质增效中的作用，促进经营效益提升；严格控制成本，加大集中采购力度，强化成本考核，全年经营成本同比下降 15.94%；加强大额资金管控，各单位大额资金的使用严格履行“三重一大”决策程序，严禁资金投入融资性贸易等禁止性贸易业务，加强重点业务项目大额资金使用情况的效益跟踪分析，及时退出可能存在风险的业务，并对资金的使用效能进行跟踪；针对应收账款管理情况，重点抓好账款催收和客户资信管理工作，强化对各单位应收账款的考核与追责等，公司应收账款平均周转天降低为 18.18 天。

各经营单位经营管理取得新业绩。旅业公司由同业批发业务向单品采购、第三方业务平台销售的 OTA 模式转变；“壹街叁號・海员宾馆”完成升级改造重新开业。新海医院努力克服全面取消药品加成和大型医疗检查费下调的影响，通过新增病种付费政策强化临床医疗服务、医药物流延伸服务项目等措施，全年实现营业收入 2.57 亿元。健康公司新海颐养苑“医养结合”赢得经济和社会双效益，保持 100% 的床位利用率，在《2016 年中国医院竞争力·医养结合机构 50 强》中排名第 13 位、广东省第 1 位。物业公司妥善退出低效的 6 个外管项目、14 栋单体楼盘和 6 个职工宿舍区等物管项目，通过公开竞价招租推动存量空置房租金水平回归市场价格。海建公司巩固水工监理业务优势，加大集团内部工程的承接力度，并开拓招标代理和政府采购业务市场；正和公司检测业务同比增长 46.15%。海宁公司以推进智能航海服务信息平台项目为起点，确立“以海图资料供应、智能航海服务平台以及船舶油污水处理核心业务为基础，逐步通过主营业务形成核心能力向多元化经营的业务领域转移”的发展思路。船舶工程公司坚持全员营销和靠前营销，业务结构进一步优化。广州迪施开拓军工、船舶消防和船用敷料喷涂等业务。“新粤顺”轮抓住市场机会，全年完成 21 个航次，实现运输收入 3 468.77 万元，利润 322.06 万元。

公司继续盘活存量资金和金融资产，委托贷款资金收益同比增加 1.12 亿元，QDII 基金全年净值增加 2 896.88 万元。做好在投项目管理，逐步退出 IPO 基金，及时收回招商银行、招商证券股票分红资金，继续做好新股申购工作。

2017 年，公司实现营业收入 11.88 亿元，考核利润总额 6.72 亿元，管理费用 15 869 万元，国有资本保值增值率为 129.37%，年度经济增加值考核目标值完成率为 117.71%，净资产收益率为 2.60%。

【信息化建设】

公司认真做好集团人力资源管理系统、IMP 系统、财务核算系统等统建系统的基础数据维护、报表填报工作，做到数据输入准确、完整，报表填报及时。重视做好信息化安全保障和系统运维工作，做好机房服务器等设备运行状态的监测、修复、记录及保障等工作；安排专人负责公司各类信息系统的定期巡检、备份及备份数据的恢复性测试等。同时，以关键信息基础设施、重要信息系统和网站为防护重点，全力做好公司的网络安全防范、应急演练处置和信息报送工作。在全国两会、党的十九大召开等重要节点，各单位每天实行“零事件”报告制度。全年未发生重大网络与信息安全事件。

2017 年，公司及下属单位新开工信息化项目 12 个，续建信息化项目 2 个，总投资 1199 万元。新建项目开工率 100%，共完成投资 756.87 万元，投资完成率 63%。其中，健康公司健康智慧服务信息系统平台（第一期）项目主要建设居家养老信息系统、机构养老信息系统、中央控制养老展示平台、远程照护呼叫平台等，成为开拓“互联网 + 健康养老”运营模式，统一健康运营管理及健康大数据管理平台的基础。新海医院影像归档与通信系统投入使用后，结束了医技科室与临床科室之间数据各自解决的“孤岛”局面，科室间可共享患者就诊数据，完善就诊流程和就医体验，提升了诊疗水平和效率。海宁公司船舶海图资料智能服务系统分三年投资建设，2017 年主要完成了集团内船舶端、市场船舶端、岸端电子海图管理三个子系统，完成与 UKHO 数据接口和航标系统接口，完成移动 App 应用的开发和建设，实现电子海图销售在信息系统上的全过程管理；系统与集团航标系统进行了融合，便于在集团船舶推广应用。旅业公司酒店集团管理系统项目通过对“壹街叁號”连锁酒店信息化系统管理，实现对各成员店的统一管控、中央预订、数据的集中和分析。财务核算中心积极推进费用控制管理系统和影像系统的建设，其费用控制管理系统在公司下属单位顺利运行。

【法 务 风 控】

公司内部控制和风险管理组织架构分工明确。公司董事会、经理层、法律事务部、各职能部门、监审部分别履行决策、维护、监督等职能，协同运作，有效开展内控工作的执行、评价和监督工作。公司内控管理体系的《内部控制管理手册》《风险管理手册》《廉洁风险防控手册》《内部控制评价手册》四本手册运行有效。

2017 年，公司内部控制与风险管理改进重点在四个方面：一是进一步加强公司治理结构和授权体系，制定《授权管理规程》，完善公司授权工作流程；完善公司《“三重一大”决策制度实施办法》，明确总经理办公会决议的范围。法务部严格管理和审查公司基本制度和主要业务制度，确保重大决策和规章制度的合法合规。二是进一步规范投资与处置工作，对广州迪施股权收购等项目开展可行性分析研究，加强投资与处置实施过程的监督检查，并对净海公司油污水处理系统维修项目等开展评估总结。三是进一步加强客户资信管理工作，制定公司《客户资信和应收账款管理办法》和《客户信用评级管理规程（试行）》，开展客户资信评级工作，初步形成客户信用库。四是进一步加强合同管理，修订合同管理制度，完善合同评审机制，增加业务部门、财务部、监审部等参与公司重大合同和格式合同评审，设计专门的合同审查模块，最大限度提高合同审查效率。同时，定期对各单位开展商务检查，加强对公司重要合同履约的监督检查，通过季度检查和年度评估，对发现的问题及时整改跟踪。

公司逐步形成“总法律顾问领导、法律事务部牵头开展、常年法律顾问辅助、各单位具体实施”的工作体系，以“公司类法律事务、规章制度管理、合同管理、法制宣传教育、纠纷案件管理、内部控制”为主要内容的法律业务体系，建立合同审查、规章制度审查等信息化流程，未发生因法律审核存在重大差错或疏漏引发的法律风险。公司建立“统一管理、分级负责”的纠纷案件管理机制，对纠纷案件管理体制、职责权限、评估申报、责任追究等作了具体规定。

公司举办“12·4”国家宪法日暨全国法制宣传日活动，开展法律实务、贸易风险、制度建设等各项培训，先后举办以法律尽职调查、投资法律风险分析为主题的两场法律知识培训。法务人员参与经营活动，多次协调常年法律顾问参与新项目的现场调研；通过制定处理方案、各方联动、合理利用外部法律资源等方式，联动处理各类纠纷案件。公司法律顾问协助各单位分析法律风险及追收应收账款，提供 50 多次现场法律咨询，出具 20 多份法律意见书及律师函。

【干部人才队伍建设】

公司根据中长期发展战略规划以及“十三五”发展规划要求，制定“十三五”人才发展规划并推动规划落地；召开干部人才工作研讨会；进一步深化干部人事制度和薪酬激励机制改革，加强人才培养引进，建立健全市场化选聘人才机制。截至 2017 年年底，公司共有职工 1616 人，平均年龄 39 岁。

公司持续加强干部人才管理制度建设，制定实施《市场化用工实施办法（试行）》和《招用劳务人员管理办法（试行）》，修订《司管干部管理办法（试行）》；调整了公司党委的干部管理权限；为实现管事与管人的统一，授予各直属经营单位干部任免管理权限。组织开展后备干部人才选拔，建立完善后备干部人才库，162 人参加后备干部人才选拔笔试。加大年轻干部培养力度，给年轻干部挑担子、啃硬骨头，在学习培训上向他们倾斜。在干部选拔中全面推行“赛马”机制，让优秀人才在竞争中脱颖而出。对在 2016 年度考核排位靠后的司管干部逐一谈话并进行个别岗位调整。全年共调整交流中层干部、科室负责人 34 人次。新聘技术职称 9 人，审核中海国际等委托单位及公司共 67 人的职称评审申报材料，向集团申报高级会计师、高级经济师、正高级政工师各 1 名；经集团批准组建了公司政工和工程 2 个系列的评审委员会，向集团推荐了经济、工程系列高级职务任职资格评审委员会专家 7 人。

推进三项制度改革，完善薪酬分配机制。改革下属单位经营者年薪办法：一是打破把行政级别作为划分年薪标准依据的模式，根据经营单位的经营规模、市场化程度，以及公司的发展战略导向对各单位经营者年薪标准进行调整。二是调整年薪结构，把基准年薪划分为基本年薪和绩效年薪两大模块，充分发挥基本年薪的保障功能和绩效年薪的激励功能。三是增加对发展指标的超额奖励机制，鼓励经营者在抓好经营效益的同时关注企业的可持续发展，谋发展、促转型，推动公司整体发展战略落地。

加强员工绩效考核管理。强化薪酬效益联动机制。在总部的月度考核奖励办法中剔除金融资产投资收益，提高经营业绩考核权重，加大了总部职工奖金与所属经营单位的经营业绩的挂钩力度。突出对总部各部门管理和服务职能的考核。对总部职工在职责落实、制度执行、工作质量、管理力度、服务意识五个方面进行常态化、制度化的考核。工资总额的分配根据各单位经营情况及业务开展状况适时调整，保障公司所属各单位经营发展及业务发展对工资额度的合理需求。

公司举办大型专题培训，选派部分干部参加全国组织干部学院专题培训班，同时，到中远海运物流和日本等先进企业进行对标学习。充分利用高等学校的资源，向中山大学购买学习套票，供公司中层干部自主选择学习课程。全年实现内外培训员工 10 385 人次，为年度计划的 103%。

【安 全 生 产】

公司坚持安全生产工作“党政同责、一岗双责、齐抓共管、失职追责”，进一步加大安全生产宣传、警示、教育和制度建设力度，把落实安全生产工作情况作为考核的重要指标。全年安全生产形势保持稳定，没有发生责任性生产安全事故。

全面落实企业安全生产责任制，每季度召开安委会工作会议。年初，公司与 9 家下属单位签署了《安全生产工作责任书》，任命总部各部门的安全生产和防火责任人。各下属单位与各自重点部门、重点岗位签订安全生产责任书 111 份、安全承诺书 388 份，将责任层层落实。

强化制度建设，组织修订《安全生产管理办法》《生产安全事故综合应急预案》《防台应急预案》《消防安全管理规定》等 14 个安全生产管理制度，各生产经营单位对《生产安全事故应急预案》进行修订并通过政府安全监管部门的备案。在春节、国庆等重要节日和召开全国两会、党的十九大等重要节点，公司领导带队进行全面安全检查，排查各类隐患。对广州海运大厦、海员宾馆、晓港东布匹市场、新海医院等人员密集场所进行重点监管，提高检查频率。对晓港东布匹市场消防设施升级改造，完成黄埔大沙地西 7 号物业升级改造，以及江南颐养苑装修等工程建设项目。通过召开专题安全会议、审核施工方案、严格执行动火作业审批制度、加强安全巡查力量等专项措施，确保安全。对部分老旧物业开展房屋安全鉴定，消除潜在隐患。开展为期 3 个月的安全生产大检查，通过自查、整改、分析总结和“回头看”等方式全面排查各类安全隐患，迎接党的十九大胜利召开。全年开展安全检查 49 次，查出各类安全隐患 97 项，全部整改完毕。

开展工班组管理专项整治、食品卫生专项检查、重大质量安全隐患排查、电气火灾综合治理、汛期安全检查、安全生产大检查、“119”消防宣传等专项活动。以“全面落实企业安全生产主体责任”为主题开展“安全生产月”活动，组织张贴海报、观看警示教育光碟、排查安全隐患、举办心肺复苏实操培训、组织安全知识竞赛和应急预案演练等多项活动。110 名安全管理人员（含企业负责人）及各单位的消防控制室值班人员、特种作业人员接受培训考试、年度审验，实现 100% 持证上岗。海建公司拓展境外监理业务后，安排有关人员参加广东省政府外事办组织的境外安全保障工作座谈会，及时学习和了解境外安全管理的特点，以及紧急情况处置办法。

8 月，13 号台风“天鸽”和天文大潮导致珠江水位高涨漫过路面，对广州海运大厦和海宁公司在番禺新造的溢油应急设备库都构成了严重威胁。公司领导亲临现场指挥抢险；物业公司及时用沙包筑起挡水墙确保了海运大厦地下车库的安全；海宁公司做好 3 艘清污船的抗台措施，妥善排除应急物资仓库进水险情，保障了船舶和物资的安全。公司其他单位严阵以待落实防台措施，没有造成人员伤亡和财产损失。

8 月 8 日，四川九寨沟县发生 7.0 级地震，旅业公司位于九寨沟县漳扎镇的“壹街叁號·九寨观海酒店”的3名员工受轻伤，建筑物受损。公司迅速启动应急预案，部署处置方案，旅业公司有条不紊地安排客人安全疏散；协助广州市政府寻找游客，将员工转移到临时安置点或回家休息，组织人员留守看护酒店、盘点物品、清退押金等事宜。公司上下响应，处置得当，确保了员工和酒店客人的安全。

【党工团工作】

公司党委以加强和规范党内政治生活，强化党内监督落实为抓手，坚定不移地把全面从严治党引向深入、融入中心、落到基层，有效发挥“把方向、管大局、保落实”的作用，公司基层党建工作规范化和科学化水平进一步提升。

推进政治建设，抓班子带队伍，层层压实管党治党责任。分解全年重点工作任务，与各单位签订2017年度党建工作责任书，全面从严治党主体责任和监督责任、“一岗双责”责任书，以及领导人员廉洁承诺书共90份，把落实责任情况纳入年度党建考核重要内容。落实党建工作“书记抓、抓书记”工作机制，年初逐一约谈直属单位党组织书记，年底组织7个直属单位党组织书记开展抓党建工作现场述职评议，促进各单位领导班子及成员增强“四个意识”，勇于改革、勤于工作、敢于担责。

严格落实中心组学习制度，采取集中学习、专题报告会等方式，同时组织两级中心组成员和部分获得集团表彰的“两优一先”代表共58人“走出去”，到焦裕禄干部学院和红旗渠干部学院进行党性教育培训，深入学习党章党规、习近平总书记系列重要讲话精神和上级重要会议精神，研讨党建工作、转型发展、提质增效等课题。全年组织中心组集体学习22次，班子成员到基层参加学习25次。召开公司政研会会员代表大会，审议通过政研会章程和会员名单，表彰先进，交流经验。评出2016年度优秀政研论文23篇；收到2017年度政研论文52篇，并做好优秀论文推荐上报集团工作。

公司班子成员集体观看了党的十九大会议盛况电视直播和十九届中央政治局常委与中外媒体见面会；党委制定下发《关于认真学习宣传贯彻党的十九大精神的方案》；组织召开两次中心组学习党的十九大精神专题会；党委委员带头参加上级组织的学习党的十九大精神各类线上线下培训学习和“学报告、学党章”考学活动，积极撰写心得体会和宣讲稿，分别到所在党支部和“两学一做”督导联系单位宣讲党的十九大精神。组织召开基层党务干部、纪检干部、共青团干部学习党的十九大精神专题交流座谈会；各党支部召开专题学习会、组织生活会，参观红色教育基地、重温入党誓词，分层次、多形式、全覆盖持续不断地掀起一波又一波学习宣传党的十九大精神和习近平新时代中国特色社会主义思想的热潮，在学懂弄通做实上下功夫。公司成功承办集团第四期领导干部学习党的十九大精神培训班，获得集团表扬。

大力推进“两学一做”学习教育常态化制度化，制定实施方案，成立领导机构，班子成员深入各联系点开展调研督导。抓好“两学一做”专项工作，按照“四同步”要求组建新单位党组织；指导5个单位党组织完成换届选举工作；组织应知应会知识竞赛和测试活动，参加“学报告、学党章”考学活动。各单位党组织以“一年做好一两项重点工作、一年解决一两个重点问题”为抓手，抓重点、解难点，促经营、保效益，充分发挥党员先锋模范作用和党支部战斗堡垒作用。

推进组织建设，抓日常立标准，促进党建基础工作更加规范。通过会议、文件、专栏、媒体网络、活动公开等方式及时公布党内信息。组织检查直属单位党建基础工作的台账并反馈存在问题，指导党务干部整改。制定《党员交纳党费管理办法》，抓好专项党费收缴使用和管理，对基层党支部使用党费情况进行检查；高质量完成20个单位党组织架构和6210名党员信息采集、校核、输入信息系统等工作。选送28名入党积极分子参加培训，全年发展党员105人（其中公司直属单位16人）。

结合集团深化重组整合继续履行党工团、武

装战备、综治维稳及离退休职工服务管理等属地化管理工作。认真做好全国两会、“一带一路”高峰论坛和党的十九大，以及财富论坛期间的安全维稳工作，把矛盾化解在萌芽状态，确保一方平安。

工会强化民主管理职能，通过职代会向职工代表通报公司发展进程、提质增效、风险防控体系建设情况、薪酬考核激励制度调整情况、安全管理工作及各项新的工作举措安排。成立一届一次职工代表大会各专门委员会，增设生产经营委员会、提案工作委员会、职工生活福利委员会、劳动争议调解委员会等。职代会代表团长联席会议审议通过《司管中层干部和总部机关员工考核管理办法》等议题。组织职工代表对5个单位食堂开展巡视检查。组织开展“齐心协力促发展、共建和谐创佳绩”劳动竞赛活动。征集合理化建议195条，表彰16条，推动113条可采纳建议落地实施。做好关心关爱老干部、特困职工、烈士家属、劳动模范、高温一线职工、护士教师队伍等帮扶慰问工作，共慰问8075人次，发放帮扶慰问金354.19万元。组织工会系统18个单位1235名职工参加广东省职工互助保障基金会“住院二次医保”计划，减轻职工医疗负担。维护女职工合法权益和特殊权益，将女职工特殊权益保护条款纳入公司集体合同签订内容；组队参加广东省海员工会女职工插花比赛并获奖；承办广东省海员工会系统女性“三期”健康养生讲座。通过工会推荐的集团广州地区5名员工获得广东地区“金舵手”纪念章。

团委深入开展“学习总书记讲话　做合格共青团员”教育实践活动，举行重温入团誓词仪式，共组织各种报告会、培训学习会、演讲等12场次，举办主题团课30场次，收到学习心得136篇。组织团员青年到广州烈士陵园开展“缅怀革命先烈·追逐民族梦想”团日活动，并到中共三大会址纪念馆参观学习。扎实开展青年创新创效活动，公司直属8个单位推荐参赛项目共14个，涉及经营、管理、技术、服务等各领域的探索创新。深化“号手岗”品牌建设，海星旅游被中央企业团工委命名为2015—2016年度“中央企业青年文明号”；围绕亮出品牌标识、开展公益实践、拓展网上空间、培育文化产品、深化区域共建等主题开展“青年文明号开放周”活动。落实“1+100”制度，深入基层倾听青年心声；开展青年党员和职工思想状况调研，结合436人网络问卷调查结果，撰写青年思想动态调研报告。夯实基层团组织基础工作，召开专题组织生活会，开展团员民主评议。利用互联网改进共青团服务青年的手段，拓宽公司团组织和青年职工交流的渠道，强化交流合作。以“一线一流青年”为重点，向各级党组织推荐5名优秀青年入党。

【企业文化建设】

公司在集团“四个一”企业文化目标引领下，做好海运企业历史书籍编纂、课题研究，以及集团企业文化展示厅的资料报送工作，积极开展集团《企业文化核心价值理念纲要》宣贯，两次编制公司宣传画册，及时更新公司企业文化展览室展板。开展妇女节、青年节、建党纪念日等系列表彰活动。组织原“1018”轮和“红旗151”轮9名烈士家属赴越南开展祭奠悼念活动。向国家海事部门选送“百名船长的故事”资料，讲好历史故事。通过“广海微风”“青春广海”微信平台和《广州海运报》，塑造一线先进典型群像，报道转型发展“亮点”。全年在集团各媒体刊发宣传报道185篇次、专版2个。

组织“我为奋斗的青春代言”活动，策划“新年愿望”“祝福母亲”“青年微影评”，开展“学习十九大，说说心里话”等主题线上交流分享活动，举办“我的青春我的梦”主题征文比赛和“青春建功十三五”主题演讲比赛，唱响“不忘初心跟党走”“维护核心、拥护领袖”的主旋律。组织开展“中华魂——辉煌与梦想”主题教育活动，组织专题讲座、访谈和开展老青结对座谈、参观学习等；组织学习全国“中华魂”主题教育活动用书《辉煌与梦想》；举办“辉煌与梦想”职工子女主题绘画展览，共收到绘画作品89幅。

组织各项文体活动，选送舞台情景剧《一封来信》参演“新时代　新征程”中远海运集团庆祝党的十九大胜利召开职工文艺汇演；举办“传承·逐梦”2017年离退休职工文艺汇演暨金婚庆典活动、职工水上趣味运动会、职工羽毛球混合团体赛及职工游泳单项比赛等。组队参加广东省海员系统“金锚杯”气排球比赛、水运片区职工足球联赛，均获优异成绩。举办“怀念”主题朗读活动、“劳动铸就梦想”、“庆国庆·喜迎十九大”职工主题书画展、“书法审美与技法诠释”讲座、“劳动工匠美”主题职工摄影展、职工太极拳培训班、职工游泳培训班。组织“纪念青春”主题观影团日、“爱国主义”主题观影团课活动，以“扎实开展‘一学一做’不忘初心跟党走”为主题开展迎“五四”青春行团队拓展、户外徒步活动；开展“缘聚中远海运，共筑青春梦想”青年联谊活动。

组织开展志愿服务活动，在“快乐志愿·随手公益”爱心义卖活动中募集义卖款近2万元，全部捐赠给公司“港湾”爱心基金。开展“快乐志愿·绿色海洋”植树活动，到海珠湿地公园对“中国远洋海运青年林”进行维护；帮助5名贫困学生参与中国远洋海运集团“浪花·心愿”结对助学活动。继续开展“奔跑吧·志愿者”志愿服务活动；在广东志愿者信息管理服务平台（I志愿系统）重新注册组织机构——广州中远海运青年志愿者服务联队，首批注册志愿者24名，占团员比例14%。

【纪检监督审计】

公司党委、纪委认真落实集团反腐倡廉建设工作部署，组织召开2017年反腐倡廉建设工作会议，把年度反腐倡廉建设重点工作分解细化为7大方面25项，明确工作要求、责任人和时间表；层层压实管党治党责任，分别与各直属单位签订主体责任书11份、监督责任书9份和“一岗双责”责任书11份；直属单位共85人签订责任书，各级领导干部共222人签订领导人员廉洁承诺书。修订基层党建工作和党风建设责任考核细则等管理制度，把基层单位落实“两个责任”情况纳入2017年度党建考核重要内容，明确责任考核评价与领导干部月度奖或绩效年薪挂钩。

制定实施年度民主生活会整改方案；开展机关作风整改专题研讨，制定5项措施，密切机关与基层的联系。建立49名司管干部动态廉洁档案；开展反腐倡廉问卷调查；运用监督执纪“四种形态”，抓住“关键少数”，全年开展集体廉洁谈话302人次，任前谈话14人次，提醒谈话1人次。对2016年“四风”整治情况进行“回头看”，监督检查直属单位执行履职待遇及业务支出管理规定、公务用车改革方案、办公用房和礼品礼金收受等情况，对违规公款购买消费高档白酒情况进行集中排查整治。

通过组织中心组学习、警示教育辅导报告会、老领导寄语暨廉洁书画摄影展等八项活动，深入开展“打造作风名片，崇尚廉洁从业”的廉洁从业教育月活动。各单位开展专题学习14场，党员领导干部讲党课11场，召开廉洁从业专题研讨会8场，组织学习活动11场，征集书画摄影作品400余幅、展出89幅，征集廉洁誓言60条、“廉洁家风故事”18篇，共700余人参与活动。转发有关违反中央八项规定精神问题的通报，在重大节日前重申纪律要求并发送廉洁短信予以提醒，邀请广东省人民检察院反贪专家作辅导报告，组织参观广东省反腐倡廉教育基地、到法院旁听庭审，持续释放执纪必严信号，强化警示纪律教育，营造清廉务实担当干事氛围。

公司修订、新增有关工程建设项目审计、经济责任审计工作规程等4项审计制度，直属单位制定或修订规章制度35项。开展第三方业务和特殊关联企业专项整治“回头看”工作，做好动态监督。落实重大项目常态化监督，对汽车租赁业务、健康颐养项目、海医新业务大楼等重大项目提前介入指导，加强过程监督。立足提质增效，开展房屋租赁业务专项治理，杜绝“人情租”“差价转租”现象；立足风险防范，推进公司招标平台建设，发挥统一招标代理的“防火墙”作用。强化事前事中审计监督作用，严肃追责和整改，实现审计问题整改率逐年提高；上年度审计问题整改率为100%；全年完成审计项目12个，审计发现问题49个，提出审计意见及建议26条。

【扶贫工作】

2017年，公司对口帮扶的湛江市遂溪县洋青镇文相村建档立卡贫困户161户，贫困人口524人。公司投入扶贫资金418.43万元（其中单位自筹资金400万元，职工捐助款18.43万元），做到扶真贫、真扶贫。当年计划扶助72户贫困户210名贫困人口实现脱贫，经年度考核，全面完成扶贫任务。

公司领导及相关部门人员先后5次到文相村指导工作，深入了解和探讨产业化扶贫方案，慰问贫困户。增配一名资料员驻村工作，按照《广东省扶贫管理与服务信息系统数据采集要求》和村干部一起进行资料采集、地理位置定位、现场房屋与人员照相，精准识别"回头看"，将实施的扶贫项目数据、佐证材料输入电脑上传云端。

围绕产业扶贫项目，通过实地考察和研究分析，最后选定与正大合作建设养猪场项目。经与县、镇扶贫办沟通，同意投入广东省扶贫专项资金80万元到该项目中。同时，置换出80万元自筹资金用于确保贫困户种养帮扶脱贫和各自然村饮水工程建设项目。安排20万元自筹扶贫资金成立文相村种养农民专业合作社，在文相村开展水产养殖项目，并帮助贫困户参加该项目。坚持扶贫资金为民所用的原则，对扶贫资金的使用都坚持集体讨论、村民监督。年内资助建设了三个自然村的饮水工程，修缮了村委的养老用房，改善了村容村貌和村委工作学习条件，实现了部分村道巷道的硬底化。

坚持精准施策，着力抓好无劳动力贫困户的产业扶贫；按照"一户一法"购买农资和农机，让有劳动力的贫困户在发展种养生产中增收脱贫；着力抓好就业扶贫，对接集团船员用人需求，开展劳动力转移就业培训，资助培训船员就业，带动贫困户转移就业脱贫；资助贫困学生、举行农业技术培训，让更多的贫困户提升劳动技能。做好创建新农村示范村进展情况的信息采集，抓紧做实省定贫困村创建新农村示范村工作，对文相村委会屋前屋后进行了"三除三拆"。中秋节和国庆节期间，驻村工作队慰问了村里3名中华人民共和国成立前入党和46名有40年党龄以上的老党员，慰问全村贫困户和五保户。

公司积极响应集团2017—2020年扶贫（援藏）资金募集计划，严格按程序做好公司400万元扶贫资金捐赠事宜；组织采购集团定点帮扶云南永德县扶贫产品共2991份。组织工会系统单位2585名职工参加"广东扶贫济困日"捐款，共募集款项18.43万元，并指定用于公司对口帮扶的文相村扶贫项目。（严妙群　陈晓艳）

中远海运（大连）有限公司/中远海运客运有限公司

中远海运（大连）有限公司 / 中远海运客运有限公司

【概 述】

中远海运（大连）有限公司（简称“大连中远海运”，英文简称COSCO SHIPPING（Dalian）），为中远海运集团的全资子公司；中远海运客运有限公司（简称“中远海运客运”，英文简称COSCO SHIPPING Ferry），是大连中远海运的全资子公司。大连中远海运与中远海运客运实行“一套人马、两块牌子”，部分机构合署办公的管理模式。公司注册资本金8.98亿元。其主要职能为陆岸产业管理、投资收益管理及属地管理，所属全资子公司有中远海运客运有限公司、大连海运（集团）新加坡公司，除中远海运客运为专业化客轮公司外，大连中远海运还承担地区范围办公保障维稳体系综合服务职能。

大连中远海运法人层级共分3级，除母公司外共有各级子企业5家，其中一级子企业2家，分别为中远海运客运有限公司、大连海运（集团）新加坡公司；二级子企业3家，分别为大连中远海运旅行社有限公司、大连万益房屋开发有限公司、中海港联航运有限公司。截至2017年年末，公司资产总额31.08亿元，所有者权益16.84亿元，营业收入8.79亿元。

中远海运客运为大连中远海运全资子公司，注册资本金8.90亿元。经营大连至烟台、大连至威海、旅顺至东营（独家经营）3条航线。公司有客滚船9艘（含合资公司2艘、光租船舶2艘），总客位12 182个，总载车线12 033米，分别占渤海湾运力总量的39.13%、37.88%和34.01%。截至2017年年末，公司资产总额23.39亿元，所有者权益11.54亿，营业收入8.48亿元。

【发展战略】

（一）大连中远海运

“十三五”期间，大连中远海运确立的发展思路为：提升客运配套服务职能、提升投资管理职能。

在客运配套服务目标方面，强化大客户服务工作，借助信息化手段整合客户资源，成立客户响应中心，为客户提供咨询、投诉及自助式服务。提供多样化在船服务，注重服务的全过程管理，从细节入手改进乘船体验；完善登船绿色通道机制，为特殊旅客提供便利服务；加强食品卫生监督管理，餐饮服务更加便民化；从软硬件方面保障服务质量的提升，持续改善船容船貌，注重客运设施的维修养护；通过岗位练兵、聘请专家授课、对标考察等方式，加强人员培训，提高员工素质。

在项目投资运营目标方面，积极探索拉树房2.67万平方米地块交付使用后的项目规划和项目开发工作，协同中远海运物流、中远海运仓配实地考察拉树房地块，并就合作经营事宜进行深入探讨，努力促成三方合资合作；深化战略合作，贯彻落实与广州中远海运签订战略合作协议，在陆岸旅游和健康等产业领域开展合作，推进金石滩“蓝莓谷”健康旅游项目；协调推进蓬莱港客运码头建设，为客运主业航线拓展提供支撑。

（二）中远海运客运

“十三五”期间，公司以由“内”向“外”、由“运”向“游”、由“海”向“陆”拓展的发展思路，构建以客滚运输、海上旅游、邮轮为主体的业务结构，继续保持并不断增强客轮船队国内领先的优势。

客滚运输业务　在夯实渤海湾客滚运输业务基础上，努力开通南方客滚运输航线，研究介入台湾海峡客滚运输或中日韩客货班轮市场。

海上旅游业务　以探索组建南海邮轮合资公司为抓手，努力打造一体化海上旅游产业链，力争在"十三五"末使合资公司拥有2艘邮轮，海上旅游产业链初具雏形。

国际邮轮业务　通过合作控股小型邮轮公司方式，逐步建立国际邮轮业务。密切关注邮轮市场发展，积极寻求合作时机，逐步进入邮轮市场。开展邮轮专项业务培训，为进入邮轮业做好人才储备。

【生产经营】

（一）大连中远海运

大连中远海运主营业务收入来源于两艘3.5万吨散货船"石龙岭""青峰岭"轮光租租金。2017年5月，大连中远海运将所属两艘3.5万吨散货船"石龙岭""青峰岭"轮转让给中远海运散运，签订了船舶转让合同，并分别于6月13日、7月8日正式交于中远海运散运。其他业务收入为房租租赁、船舶多种经营、投资收益，档案管理等。

（二）中远海运客运

2017年，中远海运客运与港中旅邮轮公司加强沟通协调，共同经营好合资的三沙南海梦之旅邮轮公司，并进一步扩大合作，研究拓展其他旅游航线或旅游目的地开发等业务，经营效益逐步得以改善。为进一步"走出渤海湾"，实现由"运"向"游"拓展，公司还启动南方客滚船运输项目，与广州港合作，对目标市场、意向开通航线与港口进行深入调研，签署项目合作框架协议。

是年，中远海运客运经营客滚船9艘（其中光租2艘其他公司客滚船），客位12 182个，载车线12 033米。

是年，中远海运客运完成客运量194.59万人，同比增加8.21万人，提高4.4%；客运周转量1.85亿人海里，同比增加0.08亿人海里，提高4.81%；客运市场份额为33.67%，同比下降0.77%；完成车运量41.51万辆，同比增加0.95万辆，提高2.33%；车运市场份额为32.17%，同比下降1.3%。完成货运量3 655.3万吨，同比提高0.19%；货运周转量34.98亿吨海里，同比减少0.25亿吨海里，下降0.72%。

【安全生产】

2017年，公司安全生产态势总体平稳。由于发生了船舶刮碰岸桥、汽车舱着火、船舶刮碰码头3起非上报性小事故，公司多次召开安全管理分析会，查找安全管理漏洞，认真总结经验教训，按照"四不放过"原则严肃调查和处理事故，查找事故的根本原因，合理制定预防措施，确保不再出现类似安全事故。

是年，公司安全工作会提出提高部室管船能力和船舶管船能力建设的新目标，公司成立以指导船长为组长的管船小组，多次随船全方位指导船舶，使船舶的管理能力得到提高。年初，公司与10艘船舶、5家单位和3个职能部室签订安全生产责任书，将安全生产责任进行有效传导和层层传递，将责任落实到基层和岗位，形成约束机制，确保一级抓一级。严格落实"党政同责、一岗双责、齐抓共管、失职追责"的要求。

严格执行安全管理体系是保证安全的基础。公司各部室认真执行各项体系要求，按时上报各项报表，按时进行部室自查；在评价报告中认真分析运行体系中遇到的各种问题，制定解决方案，针对在日常安全管理中发现的问题及缺陷，用体系的要求进行分析，找出解决方案。2017年共修改11个体系文件；及时认真整改外审和内审查出的缺陷，外审查出的8个不符合项，全部予以整改。

是年，公司按照国务院安委会安全生产大检查活动和集团"两个工班组专项整治"活动要求，制定安全检查与整治方案，按照时间节点开展宣传、检查、分析、回头看工作，并及时上报活动总结。在安全生产大检查活动中，对公司所有船舶进行全面安全检查；在“两个工班组专项整治”活动中，重点检查每日开工之前准备会安全提示、应对措施的记录和驾驶台 CCTV 视频记录；通过这两项专项活动，提高了船员安全意识，提高了船舶驾驶操作的规范性与安全性。

严格落实船舶汽车舱巡查制度。2017 年，公司将汽车舱巡查记录作为上船必检工作，严格监管，落实到位。针对汽车舱只有一名看舱水手巡舱，其间隔时间较大，不易及时发现火情的情况，公司为每艘船增派两名看舱水手，重新制定汽车舱巡查管理文件，重新规划巡查时间和路径，将巡舱监管责任落实到具体岗位，同时将重点监控特殊车辆的管理措施也纳入体系文件中，进一步加强了汽车舱巡舱力度，保障汽车舱运输安全。

重点保证船舶航行安全防止发生碰撞。公司对船长和驾驶员认真考核，重点考核安全业绩和业务技能；做好培训工作，包括责任心、岗前培训、技能培训等内容；全方位进行监控和督查船舶安全工作；通过随船调研、检查视频和严格考核等手段了解工作情况，及时纠正不良行为。2017 年没有发生航行碰撞事故，保证了船舶航行安全。

大力加强消防安全工作。2017 年，公司管理模式有所变化，消防管理划归指导船长职责内，船舶各部门内的消防设施检查和维护由各部门自行管理。针对管理模式的变化，公司及时对船舶进行宣贯，进一步理顺船舶消防管理制度，改善消防管理水平；开展以“关注消防　平安你我”为主题的“119”消防宣传月活动，对陆岸员工和船员进行大力宣传；举行办公楼消防疏散及船岸联合演习，组织观看了火灾教育片，进一步增强广大员工的消防法律法规意识，提升他们的防火、灭火、疏散逃生常识。

【风 险 防 控】

公司内控体系建设工作始于 2013 年 7 月，通过培训、访谈、调研、修订、测试等方式，建立了包括《风险管理手册》《内部控制管理手册》《内部控制评价手册》《廉洁风险防控手册》在内的内控和风险管理体系；其后按集团要求逐年完善。2017 年年初，公司结合风险管控实际制定了风控规划，按照集团内控工作要求做好内控缺陷整改、风险评估、内控季度监测、内控评价等工作，切实保证公司内控规划有效落实。

11 月，公司召开风险评估及培训专项会议，成立风险评估工作小组，对风险评估工作作出统一部署，评估出公司面临的五大风险，分别为健康安全环保风险、市场营销风险、政策风险、行业前景风险、投资风险。对上述风险的风险源和影响进行了评估，并制定相应措施降低风险发生率和影响程度。

12 月，公司进行内控评价工作，引入北京迪博风控技术有限公司对公司进行为期一周的内控评价工作。项目组出具了《2017 年内部控制评价报告》，找出 6 个设计缺陷、3 个运行缺陷。针对这些缺陷，公司分阶段系统检查和整改，切实揭示和防范风险，进而合理配置资源，优化公司管理效能。

【员 工 队 伍】

截至 2017 年年底，公司在职职工 421 人，其中在岗职工 400 人；劳务派遣员工 555 人；公司中层干部 34 人，平均年龄 47.9 岁。公司构建《“十三五”人才发展规划》，制定了《陆岸员工管理办法》，修订了《中层干部管理规定（试行）》《科职干部管理规定（试行）》。加强后备干部队伍建设，12 人入选中层干部后备库；选拔竞聘厨师长岗位，22 人入选厨师长后备人才库。

全面推进人事制度和薪酬绩效改革工作。制定了《陆岸在岗职工绩效考核管理方案》，建立全员考核制度，完善考核标准；以月度绩效考核为基础，考核结果作为提拔使用、人才培养、员工晋级、薪资标准调整，以及员工奖励、员工培训、岗位调整或解除劳动合同等方面的依据；根据考核结果实行优奖劣罚。全面建立人才考核评价制度，开发“绩效考核系统”软件。实施陆岸在岗职工月度绩效考核网上操作，实现电脑和手机客户端的绩效考核操作和考评打分，简化工作流程，使陆岸员工月度绩效考核管理更加具有针对性和操作性，保障月度绩效考核真正做到有奖有罚。

【党 群 工 作】

2017 年，大连中远海运 / 中远海运客运党委深入学习贯彻党的十八届六中全会、十九大精神和全国国有企业党建工作会精神，以扎实推进“两学一做”学习教育常态化制度化为主线，落实党建责任，发挥领导作用，凝聚职工力量，为公司改革发展稳定提供坚强政治保证。

年内，公司党委坚持民主集中制原则，规范“三重一大”决策程序，把党建工作总体要求纳入《公司章程》，逐步探索党委会前置程序的实施机制，保证企业党委在公司治理结构中的法定地位，切实发挥党委领导作用。全年召开党委（扩大）会 21 次，议题 45 项，其中前置研究事项 5 项。

大力加强领导班子建设。以中心组学习为平台，公司党委坚持理论联系实际，把学习习近平总书记系列重要讲话精神，同研究解决企业改革发展的突出问题、企业党建工作面临的主要问题相结合，围绕企业“十三五”发展规划、提质增效、安全管理、企业党建等内容深入学习研讨，统一思想，形成合力。建立公司领导业余时间集中读书机制，制定并落实自学计划，不断提升领导班子的引领创新能力。全年组织党委中心组扩大学习 21 次，出席率 94.5%；组织读书会 11 次。

注重基层组织建设，提升服务发展能力。公司党委先后制定了《公司党建工作责任制实施细则》《关于落实党员活动日的通知》等文件，为加强企业党建工作提供了制度保障。坚持每季度召开一次书记工作例会，执行书记、政委工作月报制度，加强督查督办，压实各级党组织管党治党责任，制定并组织各基层党组织签订党建工作责任书 27 份。

注重干部队伍建设，大力加强干部队伍建设。建立健全科学的选人用人标准和考核评价体系，认真执行个人事项报告、任期考核等制度，印发公司“十三五”人才发展规划，修订《中层干部管理规定（试行）》《科职干部管理规定（试行）》。加强后备干部培养，确定中层干部后备队伍人选 12 人。落实基层党组织书记培训三年全覆盖要求，组织 49 名基层支部书记参加大连市口岸工委举办的支部书记培训班，28 名基层党支部书记和组织委员参加国务院国资委十九大精神网络培训班。

注重党风廉政建设，提升拒腐防变的免疫力。党政领导与机关部室、陆岸单位代表签订党风建设主体责任书、监督责任书、“一岗双责”责任书、廉洁从业责任书共计 97 份。召开 4 次落实中央八项规定精神、防止“四风”问题反弹督查专题会议；公司中层以上干部 41 人分别参加了专题会。党委书记面向全体中层干部作集体廉洁谈话。

召开职代会，健全以职工代表大会为基本形式的民主管理制度。推进厂务公开，落实职工群众知情权、参与权、表达权、监督权，完善职工董事制度、职工监事制度，鼓励职工代表有序参与公司治理。开展送温暖、送清凉等一系列走访慰问活动，累计走访慰问 2108 人次，送去慰问金、慰问品累计 33.44 万元。

团委开展以“青春的记忆”为主题的五四青年员工座谈会， 21 名青年员工获得公司青年岗位能手荣誉称号。举办 2017 年秋季团青干部培训班，40 名优秀团青干部代表参加培训。

【企 业 文 化】

注重宣传文化建设，提升品牌形象的影响力。做好内外宣传工作，营造积极向上的舆论氛围。出版《大连中远海运报》12 期。拍摄《安全温馨　用心服务》专题片，并在企业微信号、门户网站及船舶大屏幕上进行广泛宣传。加强与集团新闻中心和社会媒体的沟通，共在社会媒体刊登稿件 21 篇，《中国远洋海运报》刊登 31 篇，集团微信平台 22 篇。订购集团徽章、熊猫船长吉祥物和卡通人偶，充分展示和维护集团统一品牌形象。通过企业微信首次开展大连中远海运 / 中远海运客运十大新闻事件评选工作。

（杨健　刘福阁　王芳）

中远海运船员管理有限公司

中远海运船员管理有限公司

【概　　述】

中远海运船员管理有限公司（以下简称“中远海运船员”，英文简称 COSCO SHIPPING Seafarer），是中国远洋海运集团有限公司（以下简称“中远海运集团”或“集团”）从事船员管理的专业化公司。公司于 2017 年 12 月 26 日挂牌成立，总部设在上海，在北京、上海、广州、大连、天津、青岛、深圳地区设立分支机构。公司坚持全心全意服务船员和船公司，为集团主营船队和合资合营船队提供可靠、优质、集约、专业、高效的船员管理服务，打造具有国际竞争力的全球领先船员队伍，为集团建成世界一流企业提供战略支持和人才保证。截至 2017 年年底，公司管理船员近 5 万名，配员船舶超过 1100 艘，服务船型覆盖集装箱船、油船、干散货船、特种船、客船、液化气船等各类型船舶，是世界规模第一的船员管理公司，也是国内最大的船员劳务外派公司。公司兼营船舶引航试航业务，主要为集团内部各主营船公司，以及合资合营公司船舶提供海事技术服务和移泊作业业务，同时为多家造船厂新建船舶提供试航业务。

【改 革 重 组】

2017 年 11 月 3 日，集团召开船员管理体制改革实施启动会，董事长、党组书记许立荣作重要讲话，董事总经理、党组副书记万敏主持会议并就推进改革提出要求。会议宣布了对中远海运船员管理有限公司（筹）领导班子的任命，标志着集团“四位一体”（船员管理、船舶管理、教育培训和地区公司改革）改革中的船员管理体制改革正式启动。

船员管理体制改革以来，公司把董事长、党组书记许立荣 11 月 3 日的讲话精神作为指导船员管理体制改革的“指南针”；把董事总经理万敏关于“六大任务”时间要求的讲话精神作为推进改革的“计时器”；把集团船员管理体制改革方案的基本内容作为落实改革的“总依据”；在改革推进过程中，毫不动摇地坚持党的领导，同步加强党的建设。公司党委充分发挥“把、管、保”作用，强化“六个引领”，坚持“六个统一”，切实发挥思想政治工作优势，有力推进了改革重组的实施。

11 月 6 日，集团船员管理体制改革实施启动会后第一个工作日，新公司（筹）即召开第一次党委会，研究部署干部工作，成立了机构编制与组织人事工作组，并明确工作重点。11 月 17 日召开第二次党委会，审议通过人事工作组《关于中远海运船员管理有限公司（筹）总部人员选拔任用工作的建议》，明确干部选拔任用的基本原则、基本思路和基本方法。

12 月 15 日，新船员公司（筹）召开第一次干部大会，“统一宣布、集体谈话、深度动员”，抓住了“关键少数”，明确了“3+3+6”的改革时间表和路线图。

12 月 26 日，中远海运船员挂牌成立。公司本部设置董事会办公室 / 总经理办公室、船员管理部、战略与企业管理部、人力资源部 / 组织部、财务管理部、党委工作部 / 企业文化部、纪委工作部 / 监察审计部、工会、劳务事业部共 9 个部门。其中，劳务事业部与新劳务公司“两块牌子、一套班子”，归口负责全系统劳务外派业务管理和指导。新船员公司分别在上海、广州、大连、天津、青岛、深圳设置船员管理分公司，新劳务公司分别在上述地区设立劳务子公司，分公司和子公司

"两块牌子、一套班子"，负责本区域的船员内外派业务。

【发展战略】

公司发展战略的核心是：围绕"提高集团航运主业市场竞争力"这一根本目标，努力实现"三提高一降低"，建设一支与集团发展战略相匹配、具有国际竞争力的全球领先船员队伍。具体内容为：

打造一支素质一流、服务专业化的船员队伍。以强化基本素质和基本技能提升为基础，以"高精尖"和"核心骨干"船员队伍建设为重点，以强化船舶党建和思想政治工作为保障，以"综合素质全球一流"为工作目标和努力方向，建设一支能满足集团航运主业需求，专业过硬、忠于职守、勇于担当的船员队伍，共同创建中远海运船员的世界品牌。

打造一支结构合理、管理集约化的船员队伍。不断增强职业吸引力和企业凝聚力，大力加强骨干船员的培养和使用，并以骨干船员队伍为核心配置社会化船员资源，推动船员队伍的集约化管理，提高资源使用效率，满足集团航运主业核心需求。

打造一支用工灵活、机制市场化的船员队伍。结合国际国内船员市场的发展趋势，以及国内的法律法规现状，调整船员用工结构和方式，建立有效的市场化调节机制；在船公司与船员公司之间形成内部市场化的契约关系，逐步达到市场用工成本水平，从而不断提升航运主业的市场竞争力。

打造一支立足中国、配置全球化的船员队伍。不断提升全系统船员管理人员、船舶管理人员的综合素质水平，学习借鉴国际先进管理经验，并积极探索建立使用外籍船员的工作机制，逐步实现集团船员队伍的全球化配置，充分支撑集团全球化战略的实施。

【发展愿景】

集团船员管理体制改革赋予船员公司五个"新"的发展愿景。

搭建新平台。搭建船员管理的统一平台，统一管理理念、统一目标方向、统一管理体系、统一规章制度、统一板块规划、统一人员交流配置等。

实现新融合。尽快从"物理融合"过渡到"化学融合"，并最终实现船员管理单位在团队、文化、目标、梦想上的有效和深度融合，达成"1+1 > 2"的集成效应。

体现新价值。新船员公司要成为船公司的服务者、船舶配员的保障者、集团航运主业市场竞争力提升的推动者、集团航运主业管理人才的培育者和输送者。

追求新目标。要努力成为全球船员队伍、船员管理人员队伍素质最优的船员公司，船员资源使用效率最高、服务船东最优的船员公司。

打造新优势。打造船员队伍统一管理的规模优势，加强对集团主营船队的服务和保障能力。

【主营业务】

船员管理是公司的主责主业。在船员内派业务方面，各分公司按所服务集团船公司的船队规模和船型情况对口设置专属船员库，船员库中的船员和管理人员与船公司的船舶和船管单位形成对口稳定紧密服务体系，提供优质高效服务。在船员外派业务方面，以各劳务子公司的名义持有船员劳务外派资质，在劳务事业部 / 新劳务公司的统筹管理下开展船员外派业务。截至 2017 年 12 月 31 日，公司拥有和管理船员 46 048 人。其中，高级船员 24 914 人，占比 54%；普通船员 21 134 人，占比 46%。自有船员 27 718 人，占比 60%；劳务、外聘船员 18 330 人，占比 40%。

【干部、人才】

2017 年，公司干部和人才队伍建设的重点：一是坚持党管干部原则。公司按照习近平总书记国企干部"二十字"标准，选优配强直属单位领导班子，努力打造一支懂经营、会管理、有理想、勇担当的企业复合型干部队伍。严格干部选拔任用手续，依规履行组织程序，完善干部考核方案，强化考核结果的运用。加强干部教育培训和管理监督，不断完善干部管理制度，推进干部工作制度化、规范化。二是加强领导班子建设。公司党委领导班子深刻领会和贯彻落实集团党政主要领导在船员管理体制改革启动会上的讲话精神，作出“六个表率”的承诺；坚持以“四好”为标准，以“钻石团队”为标杆，以“四个一”理念为引领，认真学习贯彻落实党的十九大精神，团结融合、凝心聚力，引领广大干部职工干事创业，确保集团船员管理体制改革顺利推进。三是加强人才队伍建设。聚焦领航人才、领军人才和领英人才三支关键专业人才队伍建设，建立和完善公司后备人才管理的制度和规定，建立梯队化培养开发机制，掌握一批德才素质好、发展潜力大的后备人才队伍。

在船员管理体制改革及干部选配中，一方面坚持抓住“关键少数”，即总部机关、各分支机构助理级以上干部，把握住三项重点，即以配置原则为前提，“先定机构再定编、先定原则再选人”，绝不因人设岗；以扎实工作为基础，加强与集团和兄弟单位沟通；以疏通思想为关键。干部任命之前先由党委书记与涉及“层级变动、异地交流和岗位变化”的干部逐一谈话、交心交流，任命之后再由总经理与各分支机构党政主要领导再次逐一谈话、提出要求，努力确保组织到位、班子到位、责任到位，从而确保选人用人公平公正公开。另一方面坚持稳定“绝大多数”，确保维护广大职工切身利益。绝大多数就是涉及整合的原两大集团46 000余名船员和7家直属单位陆岸1178人，还包括即将划转出去的原中海国际的船管和教培板块近300人。公司坚持分类指导、专人负责，指定一名班子成员负责划转出去人员的稳定；成立专门工作组负责各直属单位机构设置和人员安置；成立专门小组调研和谋划船员薪酬结构和标准统一；成立宣传小组加强船岸职工尤其是船员思想引导；同时承诺保证船岸职工岗位，尤其是船员，只要不挑不拣就能够上船工作，有效保障了船员管理体制改革平稳有序推进。

【船员管理】

2017年，公司始终按照“以集团为中心两个坚持”的改革方向、“三提高一降低”的改革目标、“每天简单重复工作做好做到不简单”的“流程化、标准化、常态化”管理思想，推进公司管理上轨道；始终坚持党的领导、加强党的建设，为集团船队的生产经营起到保驾护航作用，坚持发挥国有企业思想政治工作优势和船岸职工主体地位，坚持以“世界眼光、战略思维”建设好现代航运集团船员管理公司的体制机制。在推进船员质量管理上轨道方面实施业务流程再造，以服务集团船公司客户为中心，按所服务船公司船队规模或船型情况对口设置船队船员库。船员库中的船员和船员主管（调配员）与船公司船队每一艘船舶和船管单位，形成对口、稳定、紧密、贴身服务体系。船队船员库内设若干专业船员主管（调配员）组，实行组长负责制，由计划主管、执行主管和培训师“三位一体”组成，具体负责从招募、培训、使用至退休等20多项全流程船员管理职责，形成对每一位船员稳定紧密贴身服务体系。通过业务流程再造、机构人员设置、明确职责分工等，让船员管理迈上争创一流的发展之路。

【船员培训】

2017年，公司以“三提高一降低”中“提高船员素质”为船员培训的核心工作目标，以“船员履职评估”为抓手，扎实推进和落实船员综合素质提升培训工作。一是聚焦目标方向，明确船员培训主体责任，制定船员在船及在岸年度培训计划。年初制定并下发《2017年度船员在船培训计划》《2017年度船员在岸培训计划》，并逐项认真抓好落实。二是发挥协调作用，加强船员企业综合素质提高性培训管理。公司积极协调三家教培中心与属地分公司、船管部、船公司搭建合作交流平台，充分发挥船员管理信息系统履职评估应用功能的核心作用，对3家分公司、教培中心船员履职评估培训项目进行梳理，确保培训需求信息和开班实施情况实时对接。截至11月底（即集团船员管理体制改革前），全年教培中心累计办班805期，完成培训人数共23 679人次，其中集团内14 708人次；累计岗前培训11 821人次，其中套派培训246艘2602人次。同时加强船员国家法规性持证适任培训监督管理，全年参加适任培训考证人数（含正在培训人数）为：考船长118人、考轮机长98人、考大副158人、考大管轮155人。三是注重抓好船员公司船员基础性履职适任要求培训管理工作。各分公司从船员在船履职评估中全面掌握每一位船员的履职能力、履职绩效、个人素养等情况，制定每一位船员适任培训和使用计划，包括船员思想品德、应知知识、应会技能、身心健康等船员基础性履职适任培训。同时充分利用远程教育系统，发挥在线培训的优势和作用，一方面积极协助集团做好新版远程教育系统开发工作，协助集团组织人员梳理新版在线培训系统课件和测试题库；另一方面协助集团做好新版远程教育培训课件、试题的上线推进工作，跟踪新版船员在线培训系统在船安装进展，组织各单位管理员参加新系统运行操作示范培训，测试新开发远程教育培训网站功能。通过新版船员在线培训系统，拓宽船员学习培训渠道。

【党建工作】

公司深入学习宣传贯彻党的十九大精神，制定印发《学习贯彻党的十九大精神方案》，推动党的十九大精神进机关、进船舶、进校园、进小远散网点，使党的十九大精神在中远海运船员公司落地生根、开花结果。在基层基础党建方面，通过“互联网＋党建”方式，成立公休船员党支部，使公休党员教育管理全覆盖；在集团外国资系统的船舶上建立党小组及党建联络员，组建专属板块的联合党支部，走出一条符合外派经营特点的船舶党建道路。按照“管人和管党建相统一，管干部的链条和落实党建责任相统一”的原则，新公司履行船舶党建的主体责任，主动与船公司对接，构建出一整套“统一归口、责任明晰、有机衔接”的船舶党建领导体制和配套工作机制，为实现集团船舶安全营运、不断提升集团航运主业核心竞争力的共同目标提供坚强政治保证。

【纪检监察】

2017年，公司按照年初反腐倡廉建设工作部署，聚焦中心任务，强化监督执纪问责，扎实开展各项纪检监察工作，不断提升工作质量和实际成效，为公司健康发展发挥了重要保障作用。

坚持不懈纠治“四风”。建立每年两次定期监督检查工作机制，以履职待遇、业务支出等为重点，5月、11月对公司系统落实中央八项规定精神、纠治“四风”工作情况进行全面监督检查。狠抓重大节假日期间对落实中央八项规定精神情况的监督检查，强化节日期间廉洁自律工作。

强化选人用人监督。公司系统制定修订相关陆岸机关干部管理规定11个，增加相应条款，明确纪委书记必须实行干部人事选拔任用全程监督。组织修订船舶“三长”管理规定、船员职务晋升管理规定等9项制度，强化纪委对船员队伍选人用人的监督力度。在公司信息系统增设船员廉洁从业信息库，并实行动态化管理。

整治非法利益输送。充分利用纪检监察、内部审计等多种监督资源，采取定期检查和不定期抽查等形式，开展特殊关联企业经济业务往来监督检查。依托财务信息系统，对公司业务资金往来涉及的所有外部客商，逐一与集团特殊关联企业清单进行比对检查，坚决防止非法利益输送行为，巩固治理工作成效。

开展“吃拿卡要”专项治理。通过在船舶以及船员接待室张贴通告，结合船舶“三长”例会、船员培训座谈及访船慰问等，加强教育宣贯。组织船员管理人员对不发生“吃拿卡要”船员行为进行公开承诺。经统计，99%以上的被调查人员认为“吃拿卡要”现象已得到有效遏制。

加大纪律审查力度。严格按照问题线索处置

标准和方式，组织专门力量深入分析和及时查处各类问题线索，确保信访举报件件有着落，事事有回音。

【劳 动 竞 赛】

公司继续围绕“三提高一降低”目标开展劳动竞赛，部署所属各单位“安康杯”竞赛活动，征集“安康杯”活动典型案例。各单位工会结合企业中心工作，开展形式多样的劳动竞赛活动，促进公司安全生产。公司在五一节和国庆节前夕，分别在上海和广州地区举办第二届劳模先进大讲堂活动，深入开展“讲身边故事，树身边典型，学身边先进”活动，讲好劳模故事、先进人物故事、先进海嫂及海员子女故事，引导广大船岸员工以身边先进典型为榜样，积极投身到公司深化改革和品牌建设中去。

认真做好劳模先进典型培养选树工作。公司刘大勇船长获2017年全国五一劳动奖章，林松山劳模创新工作室被授予首批上海市技师创新工作室，蒋雨雷船长获2017年上海市五一劳动奖章。公司还评选推荐了上海分公司蒋雨雷船长、广州分公司彭华基轮机长为集团首批劳模。公司梳理上海地区单位职工晋升技师、高级技师情况，为符合条件的上海分公司张俊伟等7名技师申报2017年度上海市总工会奖励。

围绕广大船员关心和期盼解决的问题，公司推出2017年“关心关爱船员十大实事”，以此作为公司重点服务工程。继续做好船员一站式服务大厅、建设家文化等品牌项目，为船员提供更加优质、便利、贴心、精准的服务。按照集团船员管理体制改革部署，召开公司五届三次职代会，审议《中远海运集团船员管理体制改革方案》，并以无记名投票方式，表决通过《关于中远海运集团船员管理体制改革期间员工划转及岗位安排相关工作的方案》。 （卫影）

厦门远洋运输公司 / 中远海运（厦门）有限公司

厦门远洋运输公司 / 中远海运（厦门）有限公司

2017 年，厦门远洋运输公司以“创业、创效、创新”为引领，以“全面打赢航运主业扭亏为盈攻坚战”为目标，密切协作、主动作为，不断提升营销能力和经营水平，较好地完成了集团下达的经营效益指标和提质增效工作任务。2017 年 10 月 27 日，公司正式改制更名为中远海运（厦门）有限公司。

【经营效益】

2017 年，世界经济进入相对强势复苏轨道，周期性因素和内生增长动力增强，金融环境改善，市场需求复苏，支撑了主要经济体经济加快增长。干散货市场也呈稳步提升趋势，BDI 指数明显高于去年同期。公司 2017 年虽然总载重吨较去年有所提升，但是公司的船队艘数和规模依然有限，难以形成稳定的班期，无法承揽货量较大的项目货，一定程度上限制了公司的市场营销和生产经营模式。

2017 年，公司实现净利润 563.05 万元，同比增加 5 211.80 万元。其中，实现主营业务收入 24 761.19 万元，同比增加 7 252.63 万元，增幅 41.42%；主营业务成本 19 697.79 万元，同比减少 5 939.09 万元，减幅 23.17%。

【客户营销】

基础货源方面，继续寻找资质优秀且出货稳定的大客户，开发和拓展了上海德高、广州化工等重要货主，进一步增加基础货源客户选择。回程航次方面，通过加强市场分析，灵活把握回程市场，充分利用“荣安城”等新造 BC383 系列船舶船型特点，一方面加强与 Carcill、Trafigura、Oceanbase 等公司合作，另一方面扩大自身合作客户和合作模式的选择，努力提升回程航次经营水平。

积极参加各类展览会。3 月参加上海国际件杂货运输展览会，4 月赴欧洲拜访客户并参加安特卫普等国际件杂货运输展览会，10 月赴美国参加美国国际件杂货运输展览会，并利用参展机会，认识接触更多的货主、船东，不断提高公司知名度，提升营销成效。同时，加强与集团内部兄弟单位的资源合作，并利用邀请客户参加新造船接船仪式，召开新船及航线推介会，积极加大营销力度，提升营销水平。

按照集团杂货特种运输协调会精神和集团运营管理本部的统一部署，认真参与和组建集团多用途船舶南美南非航线合作体，按照合作体组建方案和实施细则，不断强化和中远海特，以及中波公司所属弘发航运的协同合作。通过共同推进集团杂货运输板块的业务协同，本着资源共享、有效有偿协同、杜绝内部恶性竞争、效益效率优先等原则，强化集团该区域航线的综合竞争力，不断提升公司的市场竞争力和影响力，提升市场营销成效。

【企业改革】

2017 年，公司紧跟集团“深改、快改”步伐，结合公司实际和地区公司定位，以崭新的面貌和更加积极的姿态，迎接新挑战，努力实现新的、更大的发展。

完成公司制改制工作。根据国务院国资委和集团改制工作要求，公司研究改制的相关法律、法规和文件精神，制定改制工作计划、任务清单，起草改制方案，修订公司章程，与集团相关职能部门及时沟通和汇报，并加强与当地工商管理部门的沟通，克服诸多不利因素，确保了公司改制工作顺利进行。2017 年 10 月 27 日，公司正式改制更名为中远海运（厦门）有限公司。

完善公司治理结构。按照国务院国资委和集团的统一部署，通过公司制改制，逐步建立和完善公司法人和董事会治理结构。根据集团直属公司董事会运作管理办法，完成了公司董事会运行的各项筹备工作，制定了公司董事会的各项议事规则和董事会定期会议计划。分别于 2017 年 9 月 26 日和 11 月 7 日顺利召开第一届董事会第一次会议、第二次（临时）会议，顺利完成各项议题的审议并形成董事会决议。

船员船管体制改革稳步推进。公司及时成立了领导小组和工作小组，统一思想、提高认识，自觉服从集团总体改革安排，兼顾企业自身实际和船员队伍稳定的要求，根据集团整体改革方案的设计，扎实有效地按节点推进船员船管体制改革工作落实。在改革过程中，公司始终坚持以人为本和“三提高一降低”目标，积极融合，做好配合，确保改革期间各项工作不断不乱，确保改革期间的安全稳定大局。

积极探索邮轮项目的发展。公司根据国家邮轮产业发展需要，按照集团战略部署，利用长期经营对台客运的经验，以及地处海峡西岸和“海上丝绸之路”起点的地缘优势，积极参与集团邮轮项目前期工作，并与福建省、厦门市政府及相关部门全方位、多层次沟通协调并形成初步意见，为集团邮轮平台建设积极做好前期调研和准备。

船队运力更新取得阶段性成果。2017 年 11 月 23 日，公司 BC383 系列最后一艘新造船“长安城”轮顺利接船。五艘新造船全部入役后，公司船队平均船龄仅 2.6 年，适货能力显著增强，船舶节能环保设计世界一流，为公司设计精品服务、打造精品航线提供有力支撑，为公司的长远发展奠定必要的基础。

【企业管理】

高度重视法治建设工作。公司强化依法经营、依法管理和依法决策的理念，建立健全法律事务管理、案件管理、合同管理、法务考核评价制度体系，确保集团公司法制文件的贯彻落实，防范法律风险的能力进一步加强，有力地促进和保障了企业的持续健康发展。

紧跟集团制度建设步伐，实施规范化管理。公司将各部门和各单位规章制度工作情况，纳入公司经营业绩考核体系，并将员工的规章制度执行情况也纳入了员工年度考核评价。公司 2017 年新制定或修订规章制度 33 项，在法人治理、员工管理、业务操作等各个层面形成较为完善的规章制度体系。另外，根据公司改制工作要求，重点做好改制后公司相关资质、证书、合同等的变更工作。

高度重视风险防控，建立风控评估常态化机制，确保将风险控制在可承受范围内。公司通过风险调查问卷，综合评估出年度十大风险管理重点，按季度组织开展风险管理工作，完成部门和岗位相关风险的辨识、评估、控制和成效评价，不断梳理业务流程，按照内部控制要求建立工作标准，完善和落实防控措施，并积极组织落实及持续优化。

公司制定下发了《内部控制和风险管理办法》和《风险评估管理规定》，明确了内部控制和风险管理工作目标、原则、内容和方法，确立了公司风险评估的流程和依据，进一步完善了公司风控制度体系的顶层构架；并按要求认真组织 2017 年内控评价工作，积极督促落实上一年度内控缺陷的整改工作。2016 年内控评价发现问题缺陷已全部于 2017 年按期完成整改。

【企业党建】

公司党委认真贯彻落实全国国企党建工作会议精神，坚守主业主责，推动企业党建工作开创新局。

为党建工作融入中心提供制度保障。一是实现了党建工作总要求纳入章程。明确公司党委在法人治理结构中的法定地位。二是强化顶层设计，监督行使职权。修订完善《党委议事决策规则（试行）》《“三重一大”决策制度实施办法》等工作制度，使党组织发挥作用制度化和具体化。三是有效落实党管干部原则。制定《干部管理规定》，推行360度全方位考核，不断完善企业选人用人机制。四是强化保障职工民主管理权利。坚持职工代表大会制度，凡是涉及企业发展和员工切身利益的事项和制度，如公司制改制、船员管理体制改革等，均交由职代会审议通过，切实维护员工的知情权、参与权、表决权和监督权。

建立船舶党建管理的有效平台。积极构建“党委统筹抓总、党群部总体筹划和后台支持、船舶党工委具体落实”的工作机制。规划船员管理新体制下船舶党建的新路径，即船舶党建要围绕“确保安全生产、提升货运质量、促进提质增效”发力；明确四个定位，即将船舶党支部打造成“团结船员的核心、教育党员的阵地、确保安全的堡垒、创新创效的先锋”，使船舶党建工作目标更贴近实际、任务更明确具体。

推动党建工作业绩考核更加规范化、科学化。制定下发了《党建工作责任制实施细则》，明确企业党建工作“谁来干”“干什么”“怎么干”“如何评价”和“干不好怎么办”的问题。并强化考核，考核结果与年度评先选优和干部的任免、薪酬、奖惩等挂钩，将“软任务”全面升级为“硬指标”。

【社会责任】

公司坚持全力服务保障2017厦门金砖会晤，展示央企良好形象。厦门金砖会晤是我国的“主场外交”，也是集团、厦门中远海运集中展示形象的重要窗口。作为金砖国家工商理事会会长单位，集团邀请了来自各国的数百名商界精英出席盛会。公司党委高度重视，精心部署。一是深入开展“金砖我先行，发展当先锋”党员主题实践活动；二是牵头组建了一支以公司机关党员为核心骨干力量的驻闽单位党员志愿者服务队，圆满完成了金砖会晤期间的保障任务，得到了中外嘉宾和集团领导的肯定和赞扬；三是总结提炼金砖会晤保障中所体现的“团结协作、顽强拼搏、精益求精、能打硬仗”的精神，固化为企业的精神财富。

（姚兆羽）

中国船舶燃料有限责任公司

中国船舶燃料有限责任公司

【概　述】

中国船舶燃料有限责任公司（简称“中国船燃”，英文简称 CHIMBUSCO），经国务院批准于 1972 年成立，是专注于船加油业务的专业公司，全球第一大实体供应商，先后隶属于交通部、中远集团。2003 年 12 月 26 日，中国远洋、中石油两大世界 500 强企业携手，共同改制组建中国船舶燃料有限责任公司。作为中国船舶燃料行业的“龙头”，中国船燃表现出强劲的发展势头。2017 年，中国船燃总资产达 93.9 亿元，在境内各主要港口设立 17 家子公司；并在境外设有专业公司和网点。公司拥有和控制储油能力 200 万立方米，储油库 18 座，各类船舶 66 艘，以及设施完备的油码头和火车装卸线，构建了集约化的物流管理体系和一体化的营销网络，业务由海上扩展到陆地，形成辐射全球的船舶燃料销售网络。中国船燃与世界各国的船东、租船人、投资者和贸易伙伴建立了合作共赢的良好关系。

【发展战略】

中远海运集团成立以后，新集团领导层从企业发展大局出发，提出“集团所需船舶燃油均从中国船燃和中石化中海燃供采购”的要求，为中国船燃带来历史性的发展机遇。2017 年，面对市场环境巨变和公司重组整合等压力挑战，中国船燃牢牢把握“稳中求进”工作总基调，改革创新精准发力，转型升级多点突破，持续提升盈利能力，各项工作稳步推进，超额完成了董事会下达的年度各项任务目标。在 2017 年工作中总体体现出一个“稳”字：党政工作稳步加强、经营业绩稳中向好、市场份额稳步提升、改革创新稳准推进、各类风险维稳可控、员工队伍稳定和谐，公司经营管理及各项工作呈现稳中有进、稳中向好的态势。

【经营效益】

2017 年，公司坚持稳健经营、加强管理、严防风险、确保安全的工作方针，全球销售总量 1954 万吨，完成董事会下达年度目标的 1650 万吨的 118%，在严控融资性贸易的情况下仍然超过去年总销量，再次创出历史新高。其中，完成境内燃油销量 921 万吨，同比增长 2.9%；完成境外燃油销量 1033 万吨，同比保持稳定；境内保税油销量 529.7 万吨，同比增长 14.6%，内贸水上终端销量 233.3 万吨，同比增长 13.9%，均刷新历史最高纪录；润滑油销量 11.5 万吨，同比增长 4.1%，同时创造了较好的利润，润滑油业务实现了量效齐升；实现营业收入 317.7 亿元，同比增长 35.2%；实现利润总额 1.6 亿元，同比增长 8.1 %，超额完成了董事会下达的年度奋斗目标。

【经营生产】

2017 年，公司坚持稳健经营、加强管理、严防风险、确保安全的工作方针，经营业务稳步增长。

保税油业务。2017 年，公司境内保税油销量占市场份额 53%，牢牢占据国内第一的龙头地位。

采购贸易方面，公司采取四方面的措施：一是根据市场变化积极调整长约资源结构，灵活调剂现货采购，有效降低到货贴水，在保障资源的同时提升了获利空间；二是拓宽资源渠道，在新加坡首次与BP和LUKOIL签署了长约资源合同，特别是与Elico公司签订了低硫燃料油采购合同，为公司在境内开展低硫燃油业务打下了良好基础；三是积极开展调和业务，在500CST市场价格大幅上涨的情况下，积极开展调和业务，有效保障了市场供应；四是稳定发展青衣业务，通过油品调和、库容优化等措施，不断降本增效。

物流业务方面，实施与大客户合作、加强基础建设及完善管理等多项措施：与中远海运能源和长航油运两家央企运输公司签订了战略合作协议，大幅降低Broker租船比例，有效降低了物流成本。快速推进大连油库管线改造，持续优化物流。大连油库管线于2017年7月竣工投产，开始接卸一程直进资源，物流优化效果显现，标志着中国船燃实现了境内从北到南主要港口均可直接进口一程资源，“直进＋跨关直供”的二级物流体系基本完成。持续推进保税油跨关直供，先后打通岙山直供太仓和南通、珠海直供南沙的业务，取得了良好的效果。大力推进华东区域驳船整合，进一步提高保税油业务一体化运营效率。同时，加大油品计质量管理力度。目前公司在国内重要供油区域已全部实现向客户提供以质量流量计作为交接依据的燃油供应服务。

销售方面，一是组织新油种供应销售，二是加强团队建设。为响应日益增长的环保要求和集团船东对低硫燃油的需求，公司积极筹划供应方案，组织货源、优化物流、改造驳船，在国内率先开展低硫、超低硫燃油供应。于2016年7月率先在上海地区开展低硫、超低硫燃油供应服务，成为国内首家具备供应低硫、超低硫燃油的服务商。同时完善全球营销团队激励约束机制，进一步推进全球“一体化”营销体系。三是发挥全球营销团队的作用，境内外公司协同联动开拓市场，全年完成境内保税油销量再创历史新高。

内贸油业务。公司内贸油销量受挤出贸易业务量影响同比减少近10%，但内贸水上终端销量创历史新高，业务质量明显提升，进一步巩固了内贸水上市场龙头地位。

中国船燃大力推进内贸资源集中采购，通过集采，在资源组织、价格发现、风险控制，以及实现“阳光采购”等方面发挥了重要的作用，为系统降低采购成本超过1500万元。各公司内贸采购通过集采平台成交的习惯逐步形成。同时积极拓展内贸资源渠道，开展页岩油资源调研。赴甘肃、新疆等地调研走访西北地区主要的页岩油厂商，详细了解了各企业的生产经营情况。下半年，公司创新性地用铁路集装箱罐运输的新型物流模式采购资源，有效节省了采购成本。

坚持推进大客户战略。继续加大对重点客户的开发维护力度，取得了非常好的成效。2017年4月，公司与交通运输部海事局签订战略合作协议。11月，交通运输部海事局首次专门下发文件通知，要求部局所属海事系统各单位加强与中国船燃合作，落实战略合作精神，明确了海事局系统的燃油、润滑油全部由中国船燃负责供应，并指定中国船燃的检测中心为海事第三方油品检测机构。2017年年末，公司成功中标交通运输部救助打捞局未来三年燃油和润滑油的采购招标项目。这也是自2008年以来，公司连续十年，通过战略合作和招投标的方式为救捞系统提供燃油服务，体现了公司的整体实力。

润滑油业务。公司润滑油代供和自营销量同比增长4.1%，利润同比增长5%，实现了量效齐升。一是集采平台自建立以来运行顺畅，集采量同比增长16%。全系统销售业务经营质量明显提高，成为单吨利润最高的油品业务。二是代供业务利用科技手段实现服务升级，提升客户满意度。探索出了一条运用信息化手段推广落实标准化操作的路径，受到了油公司和客户的一致好评。三是落实大客户战略，各公司积极开发终端客户，经营质量不断提高。

在新业务领域，公司也取得较好成绩。开拓新加坡EX-WHARF业务，取得较好的效益；搭建集卡加油业务平台，与业内用户广泛沟通，并开展线下试运行，推动公司业务从水上向临港陆上扩；企业系统内LNG及管道天然气业务也形成初步发展势头，正积极寻求合作项目及政策支持。

【风险管控】

各类风险平稳可控。一是按照集团要求，继续加强融资性贸易业务的排查工作，全方位对贸易类业务客户进行评估，严格规定各境内外公司一律禁止开展以融资为目的、无真实货物的融资性贸易业务，以及客户资信不清晰的贸易业务。二是逐步完善各项风控管理制度，不断加强风控缺陷闭环管理，按照公司客户信用风险管理长效机制建设方案，补充完善客户信用管理办法及其配套的五个管理操作细则。三是按照“刑民交叉”的原则，统筹推进珠海贸易案件的法律诉讼工作，历时一年半，最终在2017年12月取得案件一审胜诉的优异结果。四是圆满解决历史遗留问题。青岛公司历时4年时间，于2017年12月28日，完成保税润滑油历史遗留的进出口报关清理工作和电子账册数据的全部清零。

【服务客户】

中国船燃坚持把服务好集团船队燃油供应作为经营工作的重中之重，全年总计为集团供应燃油284.7万吨。自集团开展燃油集中采购以来，公司高度重视，珍惜船东交给的每一份订单，认真梳理各业务环节，努力做好供应保障、现场管控，想方设法为船东控制成本、提升服务，得到集团内部，以及其他单位的普遍认可。

全力以赴保供应。针对2017年年初内贸市场资源严重紧缺、市场价格暴涨的局面，公司不惜亏损，千方百计筹措调运资源，确保集团船队供应平稳和正常运营。结合船队的需求，在境内独家开展了保税超低硫燃料油供应，扩大保税500CST的供应港口，增加内贸新标准380CST供应品种，有效地帮助船队降低采购成本。同时在各港口开通集团内部供应绿色通道，优先响应内部订单，优先自有驳船供应，严格控制计质量管理，设立专职客户经理全程跟踪服务。

在供油服务中不断提升服务质量。以满足集团船东的需求为目的，保税油供应方面利用市场结构采取浮动价、远期锁价、现货价等多种定价机制；内贸油供应则抓住市场机遇通过内部竞价、锁油锁价等方式，努力降低集团船队燃油成本。对外加强与船东的沟通与交流，提前了解船队需求变化，主动为船东谋划更佳的加油方案，及时有效地解决出现的问题。对内加强服务考核，定期书面征求集团客户的服务意见，将集团客户满意度作为对业务部门和所属公司的重要考核指标。诸多措施，有效帮助集团船队控制燃油成本。从公司业务统计数据看，供应集团内的燃油均价远低于供应其他大客户的均价。按可比口径，在境内全年累计为集团船队节约燃油成本7000万元以上。

【企业管理】

围绕公司制定的“十三五”战略发展规划纲要，中国船燃提出了“境内优化、境外发展”的总体思路。按照在“十三五”末把中国船燃打造成为“国际一流船舶燃料服务商”的愿景目标。2017年，中国船燃按照规划，稳准推进各项改革发展工作。

海外发展分步实施、稳慎推进。公司派团队调研欧洲、中东和新加坡等区域的情况，并重点考察了拟合作对象的情况。通过考察调研，公司在欧洲、中东和新加坡地区的发展有了更为明晰的方向。

境内发展优化协同、合作共赢。一是研究华东、华南地区业务整合，发挥合力优势，共同应对市场竞争。二是抓住舟山市政府努力打造舟山加油中心的政策扶持，加强与其合作并做大舟山地区业务规模。同时，根据公司长远发展需要，研究舟山中心库的选址筹建工作。三是积极推动二级公司与当地港口进行股权合资合作项目，目前湛江、河北、烟台等合作项目正在推进中。

积极应对IMO2020低硫政策。一是广泛征集国内的低硫资源信息，开拓低硫调和原料资源渠道。二是积极与境内外大型石油公司联系沟通，把控低价、优质且稳定的低硫资源。三是积极合作研发低硫燃油生产技术，与国内大型的炼厂、高校及科研机构开展合作，对多种脱硫技术开展研发工作。

【科技与信息化建设】

大力推进科技创新。随着中国船燃对船用燃料油研发工作的不断深入，公司成立技术研发中心青岛 / 江苏研发基地。2017 年，两个研发基地开展了低硫燃料油研发、残渣燃料油腐蚀性研究、低硫油品降黏实验研究及燃料油调和降硫实验研究等项目。此外，还全力支持系统内其他公司及系统外公司油品检测业务。提升财务资源分配的系统控制力。

在提升企业管理中快速推进信息化建设。2017 年，公司根据中远海运集团信息化顶层设计和自身需求，快速推进信息化建设。一是制定公司“十三五”信息化建设规划及落地方案，明确了发展方向和重点工作。二是完成美元业务信息系统升级开发工作，为美元业务体制改革打好硬件基础。

【安 全 生 产】

全系统安全形势总体稳定。为进一步吸取事故教训，迎接党的十九大胜利召开，公司于 8—11 月在全系统内开展了主题为“查隐患、反违章、堵漏洞”的百日安全专项活动。公司将活动和日常安全工作有机结合起来，以活动促进工作，以活动促进责任落实，有力提高了全体员工安全生产意识，推动了各项工作，收到了较好的效果。此外，公司还开展“星级”船舶管理和油库“达标”活动，作为推进船舶和油库隐患治理的有效手段。一是对 2016 年星级船舶建设活动进行总结评定，评定出五星级船舶 7 艘、四星级船舶 8 艘。二是各公司持续开展油库管理“达标”活动，加大油库隐患治理投入，对油库老旧油罐和管线实施改造，彻底治理安全隐患。2017 年，在油库达标评定中，大连储供油基地、上海海滨油库被评定为一级达标油库，二级达标油库 6 座。

【员 工 队 伍】

根据集团规划目标持续修改调整完善，公司以关键少数为重点，强化队伍建设，提供组织人才保障，推动公司健康持续发展。

在人才队伍建设上，首先是制定规划，完善制度。召开中国船燃 2017 年干部人才工作专题会议，印发《中国船舶燃料有限责任公司“十三五”人才发展规划》。制定了《中国船燃干部选拔任用工作纪实办法》，严格把好选人用人关。修订了《中国船燃企业领导人员管理办法》，明确规定纪委书记要全程参与在干部选拔任用中从初始酝酿到任职公示的全过程。

修订总部干部管理办法、后备干部管理规定和骨干人才队伍建设管理办法，加强领导干部的绩效考核和考核结果运用。

建立健全干部提拔、培训机制，提高干部素质。开展海外备选人员的选拔和培训工作，积极推荐人员参加集团海外备选人员选拔和有关管理岗位的公开竞聘。制定中国船燃 2017 年干部教育培训工作要点，落实《干部教育培训工作条例》有关规定，开展各类培训班 13 期，全系统覆盖培训 3927 人次。

【党 群 工 作】

以“迎接党的十九大、学习领会党的十九大精神”为主线，着力增强“四个意识”，加强领导人员理论学习，坚持用习近平新时代中国特色社会主义思想武装头脑，全系统共开展中心组学习 182 次。聘请国务院国资委改革办领导解读央企改革热点难点。委托国家行政学院举办十八届六中全会和全国国企党建工作会议精神学习班，组织系统领导人员和总部中层以上干部 97 人参加。组织开展“四好班子”争创活动，评选河北、青岛、南通、江苏 4 家公司领导班子为“四好班子”。以建立健全党建工作制度机制为保障，着力促进党建责任落实。进一步加强新形势下的民主集中制建设，修订了《中国船燃公司“三重一大”决策管理规定》和《中国船燃公司党委议事规则》。制定了《中国船燃系统党支部工作规范》《2017—2019年基层党建工作规划》，为加强企业党建工作提供了制度保障。以推进“两学一做”学习教育常态化制度化为抓手，着力抓“基本”、打“基础”，制定了《“两学一做”学习教育常态化制度化实施方案》，成立工作机构，组成四个督导小组，分赴系统10家二级公司开展督导活动。修订总部领导干部联系群众制度，按照中央提出的党的一切工作到支部的要求，建立党员领导干部“两学一做”联系支部工作机制，力图以点带面抓基层党建，着力解决企业党建工作中存在的“四化”和“上热、中温、下凉”问题。以关键少数为重点，强化队伍建设，提供组织人才保障。召开了中国船燃2017年干部人才工作专题会议。印发了《中国船舶燃料有限责任公司“十三五”人才发展规划》。制定了《中国船燃干部选拔任用工作纪实办法》，严格把好选人用人关。修订了《中国船燃企业领导人员管理办法》，明确规定纪委书记要全程参与干部选拔任用中从初始酝酿到任职公示的全过程。修订总部干部管理办法、后备干部管理规定和骨干人才队伍建设管理办法，加强领导干部的绩效考核和考核结果运用。以坚持“四个统一”为基调，深化正风肃纪，营造风清气正环境。召开中国船燃反腐倡廉建设工作会。认真学习贯彻集团《关于各直属单位纪委书记不得兼职和分管其他业务并必须参与人事选拔任用初始酝酿的通知》，开展相关自查和督导工作。召开中国船燃系统直属公司纪委书记/纪检分管领导述职考评会。研究分析各公司中央八项规定精神落实、纠正“四风”工作情况。严肃执纪问责，与各级负责人谈话及任前廉政谈话等177人次，立案2件，给予开除党籍处分3人、解除劳动合同3人、通报4起9人，函询、提醒、诫勉谈话14人次。印发了中国船燃《实践运用“四种形态”的指导意见（试行）》。

【企业文化】

以践行“四个一”理念为牵引，塑造企业文化，引领凝聚力。公司突出思想引领，文化引领。提炼发布新的企业文化核心价值理念，锤炼以“诚信至上、和谐致远”为基石的核心理念，意在传承中国船燃企业文化精髓，促进企业打造核心竞争力和向心力，彰显中国船燃作为国有企业所肩负的时代使命和责任担当。印发《中国船燃企业文化建设“十三五”规划》。开展“两优一先”评选，在全系统范围内评选出10个先进基层党组织、30名优秀党员、10名优秀党务工作者。以中国船燃内部刊物、网站、官微为主要载体，广泛宣传系统提质增效、创先争优等活动成果，挖掘先进典型事迹，继续加大对重大活动和重点项目、优秀集体和先进个人的宣传力度。利用公司成立45周年之机和参加行业协会活动，拓展宣传渠道。以服务职工群众为根本宗旨，凝心聚力、共谋发展。召开系统职代会，推进民主管理。组织系统三八红旗手和三八红旗集体评选表彰。以纪念公司成立45周年为主题，制定系列活动方案，组织全系统开展“中国船燃新长征健步走”活动。组织系统员工“合理化建议月”活动，共评选出38项优秀合理化建议。推选河北公司的文艺节目“大鱼的翅膀”参加集团文艺汇演，获得广泛好评。开展“放心食堂”检查工作和夏送清凉活动。高度重视安全和综治维稳工作，组织召开了中国船燃系统维护稳定工作专题视频会，做好在两会、“一带一路”高峰论坛、党的十九大、重要节日期间的安全和综治维稳工作。关注改革重组进程中职工群众的思想动态和利益诉求，积极创造条件协助解决有关历史遗留问题，营造和谐稳定的环境。评选出13家劳动关系和谐企业。与中远海慈善基金会共同组织向河北丰宁县张家营村中心小学捐赠电脑及学习物品。动员系统团员开展“学习总书记讲话 做合格共青团员”教育实践。做好系统节前慰问工作，以“远航暖心—中国船燃专项基金项目”为平台，向18名特困人员发放特困救助金3.9万元。（郭静）

中石化中海船舶燃料供应有限公司

中石化中海船舶燃料供应有限公司

【概　　述】

中石化中海船舶燃料供应有限公司(简称“中石化中海燃供”，英文简称SINOBUNKER)，由中国石油化工股份有限公司(简称“中国石化”)与原中国海运(集团)总公司(简称“中海集团”)于2003年12月共同出资组建的合资公司。中石化中海燃供注册资本87 666万元，注册地广州市黄埔区港前路195号4楼。公司总部设在广州，在广州、深圳、海口、宁波、厦门、南京、上海、青岛、天津、唐山、湛江、秦皇岛、大连和香港等地设分(子)公司。公司主要经营燃料油、成品油、保税油、润滑油和化工等石油产品的销售、仓储和运输，在沿海港口为船舶提供各种燃料油、柴油、保税油、润滑油、物料、备件和淡水供应，以及专业的船舶救生筏和消防系统检修、舱容检定等配套服务。截至2017年年底，公司资产逾16.39亿元，拥有13艘船舶和58个经营网点。

【发展战略】

根据中远海运集团整体部署，中石化中海燃供与中国船燃的重组整合被列入企业深化改革计划。依据集团“十三五”规划“航运服务产业集群分规划”，公司编制三年滚动规划及年度经营计划，作为过渡期临时战略发展规划，确定“按照集团航运综合服务板块的战略路径，通过有效整合发展，配套支持，联动发展，对内保障服务，对外产业发展，运用互联网技术，延伸船舶增值服务，至2020年，发展成为行业领先的现代船舶综合服务商”的发展战略。

【经营效益】

2017年，世界经济进入复苏轨道，中国对外贸易保持快速增长，“一带一路”效应逐步显现，航运业有所回暖，国际油价先抑后扬，但国内炼油产能过剩导致成品油供大于求，船用油市场乱象仍然存在，中远海运集团内部燃油供应采用竞价模式。面对市场竞争激烈、诸多矛盾叠加、风险隐患交汇等严峻挑战，中石化中海燃供坚持以聚焦主业、提质增效为目标导向，主动以变应变、迎难而上、深化改革、开拓创新、锐意进取，全年实现利润4007万元，同比增加199万元，完成公司董事会下达的年度利润指标3600万元的111%。公司全年实现油品销售249.0万吨，为董事会下达年度指标进度的96%。全年对集团内供应油品74.5万吨，同比减少3%。物资销售收入36 060万元，同比减少7%，其中集团内物资销售收入为26 045万元。

2017年末，公司资产负债率为35.19%，保持稳健。公司所有者权益106 199万元，同比增加284万元，国有资本保值增值率为101.16%，实现年度保值增值目标。

【风险管控】

面对复杂多变的市场环境，公司强化风险管理。一是加强学习。组织风险控制专项培训，强化法律宣贯，组织学习国务院国资委《关于进一步排查中央企业融资性贸易业务风险的通知》、中远海运集团《贸易业务风险管理规定》等文件，提升全员风险意识。二是完善制度。进一步梳理公司油品、物资经营的贸易业务模式风险点，修订合同范本，修订《应收账款管理办法》，制定《油品采购付款管理办法（暂行）》，从收支两条线保证贸易资金安全，落实“两金”压控。制定《油品运营物流管理办法》，从物流、资金流和信息流三个方面统筹管理。三是完善信用管理。在全系统范围内组织两次授信客户动态评估工作，重新评估集团外80家公司综合授信客户，取消26家客户授信资格，调低16家客户信用额度，防患于未然，有效控制信用风险。四是成功化解历史商务纠纷。通过质押股权置换、收购油库和房产过户等方式，圆满解决海南国盛、宁波燃供保理案件和商务纠纷，使近1.6亿元的风险敞口和实际损失降为零，并与舟山市定海区签署投资合作框架协议，填补了区域内燃油供应资产设施的空白，为公司下一步拓展当地市场打下基础，创造性地摸索出一条有效解决国有企业融资性贸易风险的路子。顺利解决广州燃供保理案件，公司系列保理案件历史包袱全部得以化解。

公司组织开展专项整治和监督检查，防范决策风险和“四风”问题反弹。开展违规公款购买消费白酒问题专项整治，提出整改要求。开展扶贫资金和项目专项审计监督检查，没有发现使用单位行政资金或工会经费支付扶贫资金或开展扶贫项目的情况。强化对特殊关联企业的监督管理。对商务案件相关责任人进行责任追究。组织开展“三重一大”决策制度实施情况专项效能监察，强化监督落实，在检查中发现执行情况问题共57项，年内均已整改到位。修订《内部审计工作实施办法》，实现内部审计全覆盖，针对发现问题，落实整改和监督责任，举一反三，预防系统性风险。全年共完成内部审计项目10项，其中单位负责人离任审计2项、任中经济责任审计4项、专项审计项目2项、合资公司联合审计项目2项，对多年来未审计的合资公司青岛船燃进行了审计，内部审计工作实现了全覆盖。发现86个问题，促进增收节支金额为26.53万元，提出67条整改意见。督促对集团联网审计发现问题的整改落实，着力解决审计发现的广州海运物资供应公司佛陶股份历史问题和上海物供的问题，督促推进整改工作。

公司党委深入贯彻党的十九大精神，推进落实全面从严治党各项要求，坚持一岗双责，压实“两个责任”，搞好党风廉政和风险防控等工作。公司纪委组织签订党风建设责任书和廉洁承诺书，强化廉洁从业的责任意识。公司认真落实中央八项规定精神，坚决纠正“四风”问题。开展以“打造作风名片，崇尚廉洁从业”为主题的教育月活动，增强广大党员领导干部规矩意识和廉洁从业意识。坚持把纪律规矩挺在前面，抓早抓小，紧盯重要时间节点和“关键少数”，及时开展元旦春节、五一端午、中秋国庆双节前廉洁自律教育。层层传导压力，强化监督管理，对单位职工食堂、公务用车进行检查。

【服务客户】

中石化中海燃供认真贯彻集团“6+1”产业集群布局的战略要求，将保障集团船舶燃料供应作为首要工作任务。公司全系统上下从全局的高度统一认识，主动适应内部竞价模式，正确处理保障供应与企业效益的关系，做到与客户沟通顺畅、订单处理快捷、供应及时高效、现场作业专业、投诉处理妥当。公司全年完成对中远海运集团各大船公司供应燃油85万吨，供应润物料备件超过2.6亿元，未发生断供、漏供和错供事故，服务满意度达到95%以上，得到了集团领导和船东客户的高度肯定。公司贯彻“诚信服务，客户满意，以人为本，追求卓越”的质量方针，2017年公司体系内16家经营单位顾客满意度为99.94%。

面对传统市场、业务的萎缩，公司积极构建和保持大客户战略合作，着力开发终端客户供应业务，公司的信誉和社会影响力进一步提升，拥有504家终端客户。成功开拓华南地区沿海四个港口保税润滑油供应渠道，基本实现两广地区主要港口覆盖。公司积极与湛江海关、广州海关、黄埔海关、广州市商务委等政府部门沟通、协调，实现海口转关湛江、广州MGO转关供应蛇口、南沙邮轮码头实现保税物资首次供应等多个零的突破；另外在与银行、境外供应商充分沟通后，顺利为科考客户在美国夏威夷供应船用燃油。

【企业管理】

中石化中海燃供着力推动企业治理结构优化，加强制度建设，强化总部“服务、管理、指导、监督”职能，企业管理更加规范、有效。通过抓好产品质量、增强信息化水平，丰富燃供品牌内涵，提升品牌价值。

深化信息研究。细分市场和区域，全年出版《油品信息快报》50 期，针对性指导下属各单位把握采销节奏，收效显著。保税油经营中心采取直接进口与国内转关相结合，拓宽保税油资源渠道，采取“跨港口锁价”供应，以及“点价销售”的创新营销模式，加大优势品种 MGO 的销售力度，全年实现利润 600 万元，完成利润指标 242%。

积极降本压费。公司三项费用总额 2.67 亿元，同比下降 3%；其中固定性费用同比下降 7%，公务性费用同比下降 6%。各单位积极争取各类税收政策优惠及财政补贴合计约 160 万元。2017 年末应收账款余额同比减少 12.2%，存货余额同比减少 1.6%。

重视信息化建设。加大资金投入，优化企业 ERP-NC 系统移动审批及通知功能，提高单据审批效率。进一步完善企业微信接口、合同管理、质量管理、异常订单跟踪等功能模块，开发各类分析报表，为经营管理提供决策支持。将特殊关联企业名单纳入 ERP 系统进行统一管理，进行事前控制，杜绝与特殊关联企业交易行为的发生。全面推广自主创新研发的“为船服务”电商平台，提供全面便捷的船用物资供应增值服务，荣获国务院国资委央企双创成就展通报表彰，树立了品牌形象，扩大了企业影响力。

重视数质量管理。严格执行符合国家环保要求的 GB 17411-2015 船舶燃油标准，全年没有发生责任性数质量投诉事件。不断完善配送方准入制，以安全、诚信、优良、双赢的原则对全系统配送方进行重新梳理，强化审核与抽查。及时跟进市场变化和客户要求，广州燃供增加“低硫含量”和“热值”油品指标检测设备，杜绝不合格油品出库。

持续完善制度建设。修订“三重一大”决策制度，优化决策程序和执行监督，二级单位全部制定实施细则。制定《保守国家秘密实施办法》《公务用车管理实施办法》等 17 个制度，修订《总部员工绩效考核办法》等 3 个制度。

【安全生产】

中石化中海燃供严格执行国家和地方的安全生产法规，认真落实上级工作部署和要求，做好防台防汛等季节性安全工作，重点抓好党的十九大召开、“一带一路”国际合作高峰论坛等关键节点的安全工作。全年公司未发生安全生产事故，安全局面持续平稳。

公司加大安全投入，全年安排 586 万元安全维修资金，完善了安全基础设施。重点开展隐患排查和整改，公司对下属单位检查 16 个次，查出一般隐患 / 缺陷 59 项，全部完成整改。全年公司和所属单位共检查船舶 20 艘次，查出一般隐患 / 缺陷 72 项，检查陆岸单位 226 个次，查出一般隐患 / 缺陷 605 项，全部完成整改。各单位未发生责任性安全事故，无发现重大安全事故隐患。

【员工队伍】

中石化中海燃供认真贯彻党的干部路线、方针和政策，在选人用人工作中发挥把关作用。滚动调整 10 名司管后备干部，为企业改革发展储备人才。加大干部考核问责力度，对违规开展银行保理业务的两家单位负责人给予党纪政纪处分；对年度考核基本称职，以及排名靠后的司管干部进行谈话提醒。强化人才培养，全年系统内组织各类培训约 2805 人次，公司协同中海党校，组织开办司管干部、总部及各单位管理干部网络专题培训班，首次实现公司科级及以上干部网络培训全覆盖。

按现代企业制度管理要求，推进三项制度改革，完善用人机制，建立“员工能进能出、干部能上能下”选人用人机制，实现精简、高效的目标。

近三年来，集团实施人事冻结，干部队伍不能得到调整优化和补充，已经对企业生产经营工作造成较大的影响，公司在服从集团改革发展大局情况下积极采取各种应对措施，盘活内部资源，一定程度缓解了人事冻结对生产经营工作造成的影响。强化薪酬激励和绩效考核，建立公司总部、二级单位和员工三个层级绩效考核分配制度，分级考核，差异化分配，强化对关键岗位、核心人才激励，绩效考核的引领作用得到发挥。2017年，下属各单位职工人均工资最低水平突破10万元。

【企业文化】

中石化中海燃供注重文化引领，积极推进精神文明建设。积极贯彻落实《中国远洋海运集团企业文化核心价值理念纲要（2017版）》，深入践行“四个一”理念，切实加强企业文化建设，发扬“务实、协调、融合、高效、智慧”的“钻石团队”精神，优化薪酬激励和绩效考核，全系统上下形成拼搏进取、积极向上的氛围，通过树立文化自信，助推企业和谐稳定发展，员工幸福感倍增，员工满意度达90%以上。加强宣传工作，开通公司微信公众号，围绕企业中心工作，以“一刊一网一平台”为媒介，开展形式多样的对内对外宣传报道，全年共出版286期《燃供简讯》。注重品牌形象建设，制作公司宣传画册，大力开展对外形象宣传，扩大影响力，参加亚洲船东协会年会，制作公司展板，推广企业形象。树立先进典型，认真做好年度先进的评选、表彰工作，深入挖掘基层一线先进人物和事迹，营造崇尚先进、学习先进的良好氛围，为企业改革发展注入“正能量”。举办广州地区第四届“燃供杯”羽毛球赛，增进交流。上海物供组织说唱节目《我的青春　我们的中远海》，代表公司参加中远海运集团庆祝党的十九大职工文艺汇演，广受好评。通过形式多样的团队活动，不断增进员工的认同感和向心力。重视企业团队建设，通过主题引导、精准锻造，形成以福建燃供为代表的一批拼搏创新的精干型班子群体、以上海物供为代表的积极有为的实干型班子群体，通过示范传导、以点带面，激发精气神，弘扬正能量。

【党群工作】

2017年，中石化中海燃供党委班子由5人组成。公司所属各级基层党组织共计55个，其中党委4个、党总支5个、党支部46个，共有党员399人。公司坚持“党要管党”和“两手抓、两手都要硬”的原则，抓好党委和基层党组织建设，工会、共青团等工作，推进公司两个文明建设同步发展。

公司深入贯彻落实党的十八届历次全会和党的十九大精神、国有企业党建工作会议精神，以及集团两会精神，坚持稳中求进工作总基调，紧紧围绕公司中心工作，深入推进“两学一做”学习教育常态化制度化，全面加强党的政治思想、组织作风、反腐倡廉和制度建设，积极推进企业文化建设，团结带领广大党员干部群众，树立信心、迎难而上、开拓进取、埋头苦干，确保企业安全稳定发展，充分发挥了各级党组织的战斗堡垒作用和党员的先锋模范作用。做好党的十九大精神的学习贯彻，把握“六个聚焦”，开展“五个一”活动（每个支部一个学习计划、每位领导一场宣讲辅导、每位党员一篇学习体会、一次知识考试、开展合理化建议活动提出一个思路措施），确保做到“四个全覆盖”，坚定不移地把企业做优做强做大。加强党员干部党性教育，在焦裕禄干部学院和红旗渠干部学院举行了覆盖全部党支部的党性教育培训班；抓好深化巡视整改落实工作，以开展自查自纠、深化巡视整改为契机，坚持问题导向，发现工作中的不足和短板，通过建章立制，堵塞管理漏洞，防范经营风险，推动企业管理水平提升；坚持从严教育管理干部，加强干部人才队伍建设；树立党的一切工作到支部的鲜明导向，认真落实“两学一做”学习教育常态化制度化，深化拓展“学”的基础，深化拓展“做”的关键，创新开展支部主题党日活动，扎实推进基层党支部建设；继续落实“四个同步”“四个对接”，加强基层组织建设，指导做好基层党组织换届选举和支委补选工作；制定

《公司党群系统印章使用管理办法》《公司党费收缴、使用管理暂行办法》。

公司各级工会认真做好民主监督、民主管理工作，切实维护企业和职工合法权益，打造和谐劳动关系；积极开展劳动竞赛，组织劳动保护监督“四个一”、安全生产知识答题活动；开展羽毛球、登山、乒乓球、游泳、健步走等群众体育运动，增进职工之间的交流，促进职工身心健康。组织落实年度扶贫任务，其中爱心募捐金额 1.39 万元，消费扶贫金额 21 万元。

加强共青团工作。结合青年群体特点，以主题团日活动、微课堂等形式，积极开展“学习总书记讲话，做合格共青团员”活动；召开纪念五四运动 97 周年暨表彰大会，开展“缅怀革命先烈”、组织重温入团誓词活动；征集和交流“我的青春我的梦”“我为奋斗的青春代言”“如何做一名合格团员”等活动心得体会；举办两期团干部及提升青年学习能力的培训班；联合兄弟单位团委开展户外拓展、徒步野炊、单身青年联谊、篮球比赛、红色影片学习观影等，拓宽青年交流平台；落实团中央关于直接联系青年“1+100”制度，深入基层凝聚青年；充分发挥共青团组织服务社会、服务青年、服务企业的作用。

2016—2017 年中石化中海燃供主要情况见表 14-10。

2016—2017 年中石化中海燃供主要情况表 表 14-10

类别	项　目	2016 年	2017 年	备　注
船舶	艘数	14	13	—
	总载重吨	19 394	19 044	—
油库	座	6	7	—
	容积（万立方米）	52.76	55.39	—
	吞吐量	159.4	172.2	—
仓库	座	3	3	—
	面积（万平方米）	3.25	3.25	—
财务状况	总资产（亿元）	17.95	16.39	—
	净资产（亿元）	10.59	10.62	—
	总收入（亿元）	43.70	50.16	—
	利润总额（亿元）	0.38	0.40	—
员工队伍	年末员工总数（人）	1058	950	含我方委派到合资企业及上海中燃

（李怀东　李晓春）

青岛远洋船员职业学院

青岛远洋船员职业学院

【学 校 概 况】

青岛远洋船员职业学院坐落于青岛市市南区，是一所办学特色鲜明、教育质量一流、文化底蕴深厚，集学历教育、在职培训、科技研发为一体的国有公办普通高等职业院校。学院隶属于中国远洋海运集团，教育行政管理隶属山东省，面向全国招生。学院前身为中国远洋运输总公司1976 年组建的青岛海运学校，1980 年经交通部批准改为成人高校，更名为青岛远洋船员进修学院。1983 年经交通部批准更名为青岛远洋船员学院。2010 年经教育部批准改建为普通高等职业院校，更名为青岛远洋船员职业学院。2015 年通过由山东省教育厅、财政厅组织的山东省技能型人才培养特色名校建设项目的验收。2016 年 2 月 18 日，中远集团和中海集团改革重组，成立中国远洋海运集团，青岛远洋船员职业学院成为其直属的二级单位。

学院设航海系、机电系、船舶与海洋工程系、物流与航运管理系、外语系、基础部 6 个教学单位，招生专业 14 个，包括国家级教学改革试点专业 2 个、国家级精品专业 1 个、省级特色（示范）专业 7 个、市级重点专业 4 个。学院拥有教职工 449 人，其中专任教师 247 人，正高级职称 27 人，副高级职称 161 人，省级教学名师 5 人，市级教学名师 4 人。“双师型”教师占 70% 以上，副高及以上教师占 40% 以上，具有博士、硕士学位教师占 60% 以上，结构良好，富有活力。同时还常年聘请多名来自美国、英国、澳大利亚等国家的外籍教师任课。学院全日制在校生 4329 人。建院 41 年来，学院累计为中国远洋航运事业培养各类人才 60 000 余人。

2017 年，新校区航海训练基地项目水工建筑物完成施工并交工验收。新校区落成后，学院将更好地服务集团航运、物流和修造船等产业，为山东省蓝色经济区跨越发展作出更大的贡献。

【战 略 发 展】

2017 年，学院贯彻落实集团教育资源改革重组工作部署，根据中央和国务院出台的国有企业改革精神，结合集团人才发展战略需要，从集团教育资源整合路径、管控模式、组织保障的维度，明确改革重组工作路径、管控模式和组织保障等，拟订《中远海运集团教育资源改革重组实施方案（建议稿）》，为加快推进集团教育培训资源整合重组提供参考。企业大学筹建方面，学院按照集团教育资源改革要求探索研究集团企业大学功能定位、组织架构、管控模式及配套管理制度等，完成《中远海运企业大学筹建方案（建议稿）》《中远海运企业大学下一步运营经费测算》《青岛船院新校区改建为企业大学的规划调整报告》《组建党校 / 企业大学 / 研究院总体建议方案》4 项方案报告，整合搭建集团新的教育培训平台，提交集团 IMO 和集团领导审议。学历教育方面，按照国务院、国资委等上级文件和集团战略发展规划，从集团整体战略利益、学院科学发展与教职工权益出发，认真稳妥推进学历教育移交工作。加强与地方政府的联系与交流，分别与青岛市和山东省政府进行协商和会谈，探讨学历教育移交的路径和方式，重点研究解决移交过程中的人员编制、办学经费、资产处置等重点问题，起草形成移交可行性报告、移交共建协议等文件多份，为学历教育移交做好各项准备工作。

【在职培训】

2017 年，学院在职培训打破常规思维，创新培训模式。首次开展“行动学习促动师”专题研讨，将“行动学习”运用到授课中；首次引入培训前远程考试、培训中分组学习、结构化研讨等模式；首次使用培训线上测评，掌握培训情况，产生了很好的培训效果，受到参训单位的高度评价。

积极探索培训项目开发与创新。引入培训前远程考试，实现学员“能力绩效双提升”的目标。将“行动学习”理论及方法运用到培训中，得到企业高度好评。服务好集团内企业，作为优先考虑因素。精准对接集团驻青单位，举办各类专题培训班。整合营销资源，做活市场和项目开发，主动参与政府培训项目，探索与山东外贸职业学院、山东省人社厅等的合作。联合山东海事局申请并首次获得山东省人社厅专业技术人才高级培训项目，获得山东省人社厅培训项目的资助，深入研究并设计培训方案。深入企业调研，把企业需求及时转化为培训项目，完成《集团企业文化班课程设计》《集团内训师（高、中、低）项目》《中远海运在青单位基层组织负责人培训方案》《“行动学习促动师” 专题研讨培训会方案》《集团中青年干部培训班项目建议书》《国际化人才培训方案》等培训方案的撰写，参与集团教育资源整合，探索培训管理新途径。勇于创新，在培训中首次使用线上培训课前测评、培训课程评价及满意度调查，提升服务质量。2017 年，学员满意度调查总体满意率达到 90.71%，相比 2016 年提高 2.71%。全年完成培训 432 期，16 184 人次，收入 1932 万元，净收入 1352 万元，较 2016 年增加 1903 人次，收入增长 187 万元，增幅 10%（主要因为系统外培训业务增加，同期增长 3258 人次）。综合 2017 年在职培训的收入及净收入，全年总收入 2385 万元，完成全年必保指标 (2200 万元）的 108.4%，完成冲刺指标（2400 万元）的 99.4%，较 2016 年增长 17.2 万元，增幅 0.7%；净收入 1670.4 万元，完成全年必保指标（1260 万元）的 132.6%，完成冲刺指标（1350 万元）的 123.7%，较 2016 年增长 125.4 万元，增幅 8%。

【学历教育】

2017 年，学院有效完成专业与课程建设、教师专业发展、人才培养、学生管理、招生宣传录取等各项工作任务，确保了各项教学活动的稳步推进，以及教学改革的不断深化。

加强专业与课程建设。“海洋工程技术专业”顺利通过青岛市第五批市校共建重点专业立项建设，获批专业建设资金 200 万元。“轮机工程技术专业”通过第三批青岛市重点专业验收，“航海技术专业”通过第四批青岛市重点专业中期检查。按照《青岛市现代学徒制试点工作实施方案》要求，组织“港口与航运管理专业”申报 2017—2019 年度现代学徒制试点项目并通过青岛市教育局组织的评审，2016—2018 年度现代学徒制试点项目“船舶工程技术专业”按照试点工作实施方案开展专业建设与人才培养。2017 年，学院新增“通信技术”“电气自动化技术”“大数据技术与应用”三个专业，增加专业数量，优化课程结构。注重传统优势专业与新兴专业的交叉与融合，增强专业之间的相互支撑，以传统优势专业为龙头，带动新增专业发展，构建内在联系更为紧密、整体特色更为突出的专业链群，推进学院专业建设整体水平的提高。《信息技术环境下高职数学课程体系研究与实践》《基于移动互联网络环境的海洋工程专业课程教学模式研究》两项课题获批省级教学改革立项研究。《机构与机械传动》《航海气象学与海洋学》《航海英语听力与会话》三门课程顺利通过山东省精品资源共享课评选，获批建设经费 15 万元。2017 年，学院组织各系（部）申报 18 本自编教材（讲义），学院审批通过 16 本教材（讲义），其中《航海仪器使用》等 9 本教材经由大连海事大学公开出版，《船舶建造测量与精度管理》等 7 本自编教材经学院出版使用。按照学院财务部相关要求，学院对教材库及时盘点，严控教材库存。

推进教师专业发展。2017 年，学院共组织教师 7 批 104 人参加信息化教学能力提升、精品资源共享课程建设、重点专业建设、创新创业课程建设等方面的学习培训。崔玉红老师在2017年全国高职高专院校思想政治理论课现场教学展示活动中荣获三等奖。在山东省职业院校信息化教学大赛中，成海涛团队“压载水管理公约与操作指南”荣获“信息化教学设计”二等奖，姜波团队“船舶应急发电机与应急配电板功能试验”荣获“信息化教学设计”三等奖，黄勇团队“船舶发电机组的并联运行操作”荣获“信息化课堂教学”三等奖，冯文仙团队“双绞线及其制作”荣获“信息化实训教学”三等奖。2017年，四项教学改革研究课题顺利通过山东省教育厅验收鉴定，分别为：刘加钊团队《航海类专业海上生产性实训基地的运行机制研究》，丁峰团队《海上通信教学做一体化平台研究和实践》，高兴斌团队《基于STCW公约的船舶高压电教学研究》，宋雪静团队《船舶工程技术专业“教学做一体”教学模式探究与实践》。2017年，学院组织了第二批、第三批混合式教学改革课程建设立项工作，共立项37门试点课程，10门课程通过学院验收。

提高人才培养质量。2014级航海类专业普通专科学生661人参加了全国适任证书统考，370人一次性通过全部科目考试，通过率为55.98%，较去年同比提高1.48%。学院航海技术、轮机工程技术专业首次总通过率在全国航海类本、专科院校中均排名第一。2017年6月，在“第四届中国海员技能大比武”活动中，我院代表队获得院校组团体亚军。

扎实做好学生管理工作。学院从1986年开始实施学生半军事化管理，着重培养学生良好的服务意识和严谨的工作作风。学院重视和支持多种形式的学生社团活动、社会实践活动和文化体育活动，建立了学生综合素质测评体系，培养适应企业发展需求的优质毕业生。2017年，学院有毕业生1586人，毕业生就业率为95.0%。其中，航海类毕业生就业率为93.9%；船舶修造类专业毕业生就业率为97.0%；航运管理类专业毕业生就业率为95.1%，海乘专业毕业生就业率为98.8%。

【科技研发】

2017年，学院承接“技术咨询”“技术开发”“技术服务”“技术转让”项目16项，争取上级奖励和补助项目4项，累计实现合同额156.3万元、到账额78万元，净利润16.1万元。加强科研经费支出管控，全年科研经费累计结余104万元。2017年，学院新立项课题36项，有3个项目中标交通运输部海事局科技项目。全年共有32项科研成果获得中国航海学会、山东省教育厅、中国交通教育研究会等单位的科研奖励。其中，2个中国航海科技奖二等奖，1个山东省高校优秀科研成果一等奖、2个二等奖。

开展技术前沿跟踪研究，向集团《技术前沿》组稿17篇，其中李博洋教授撰写的《大型远洋商船LNG冷能利用技术》稿件被集团技术中心采纳，发布在中远海运研究专项系列中；根据集团要求编报《技术分中心动态》12期；组织开展院级学术讲座4次、系级学术讲座46次，邀请外部相关专家来院开展学术讲座，浓郁学术氛围、开拓教师视野、提升学术水平。先后组织召开学术委员会全体会议6次，审议了2017年度自编教材编写计划、教改课题立项、2017级人才培养方案和2018年度科研立项计划等申报。修订完成《学术委员会章程》。成功承办2017年技术分中心工作会。

【人才队伍建设】

2017年，学院加强员工队伍建设，多名教师获得了上级的表彰奖励。刘柱同志入选2015—2016年交通运输青年科技英才；航海系王化民教授获得第二届“交通运输职业教育教学名师奖”；机电系李博洋教授获得第七届“吴福—振华交通教育优秀教师奖”；基础部崔玉红老师荣获“全国高职高专思想政治理论课教学骨干”称号；外语系王杰老师荣获第八届“外教社杯”全国高校外语教学大赛（职业院校组）山东赛区一等奖；机电系赵岳同志荣获“第二届全省高职院校辅导员职业能力比赛”二等奖。

建立和完善多层次培养体系。从学院定位和发展目标出发，根据教学、培训、科研和管理工作的实际，制定发布员工培训计划，实施有针对性的分类、分级培训，关注人才梯队建设和青年教工的成长，重点做好师资队伍、青年教工队伍与中层干部队伍的学习与培训。2017年，学院共安排各类员工培训900余人次；海上专业教师上船顶职或实习10人次；安排教师随船认识实习指导56人次；选派5名教师随海事局北海海巡执法总队巡航船调研见习；选派船海系1名教师参加国家海洋局第一研究所向阳红01轮科考设备海上试验的现场调研培训；选派航海系1名教师随中远海运特运“北极航行项目化、常态化”的首轮——“莲花松”轮航行北极水域，取得了商船极地航行的第一手资料；选派船海系5位教师到烟台长岛船业总公司进行了为期四天的顶岗实习；安排外语系1名航海英语教师赴延安职业技术学院支教；根据学院国际邮轮乘务专业建设的需要，选派外语系1名教师到博鳌论坛大酒店顶岗实践培训；选派1名骨干教师参加山东省政府公派出国留学项目赴美国马萨诸塞大学波士顿分校访学进修。积极鼓励教职工攻读学位，本年度学院在职攻读硕士学位23人，在职攻读博士学位3人。

做好专业技术任职资格评审。组织完成了2016年、2017年工程系列、经济系列及政工系列高职共11人的专业技术职务任职资格申报推荐评审、材料整理及上报工作；组织完成2017年度高校教师系列、教育研究系列高职20人的专业技术职务任职资格推荐评审、材料整理及上报工作；完成学院教师系列初中级、工程系列中级共7人的专业技术职务任职资格评审工作；完成青岛聚朋人力资源有限公司1人中级专业技术职务任职资格委托代评工作；为11名员工办理了专业技术职务资格认定手续。

做好员工管理。完成在职职工劳动合同签订工作，确保学院在职职工的劳动合同签订率和网上备案率达到100%。完成37位合同到期员工的劳动合同续签及网上备案工作。完成14位教师岗位聘任微调及9名员工岗位调整工作，办理教职工退休手续12人次；办理员工调离及离职手续6人次。

【党群工作】

学院党委深入学习贯彻党的十八届六中全会和党的十九大精神，认真落实集团党组决策部署和创业、创新、创效工作要求，以党建工作为引领，以改革创新为动力，强化工作效能，坚持攻坚克难，突出自主发展，在全院范围内形成了敢担当、能作为、干事业的浓厚氛围。

加快推进教育资源整合。充分发挥院党委领导作用，强化政治意识，坚持方向引领，团结带领师生员工不折不扣执行集团党组关于教育资源整合的决策部署。一是积极参与集团教育资源重组整合工作组，从集团教育资源整合路径、管控模式、组织保障的维度，拟订《中远海运集团教育资源改革重组实施方案（建议稿）》，报请集团领导审批，为集团建立统一教育资源管理平台开好头、起好步，做到谋定而后动。二是积极探索研究集团企业大学的功能定位、组织架构、管控职能及配套制度等，拟定《中远海运党校/企业大学/研究院组建方案》《中远海运企业大学下一步运营经费测算》等4项方案报告，为集团培训中心转型为企业大学、与集团党校和研究院一体化运作打下良好基础。三是加快推进青院学历教育整建制移交工作，深入研究相关政策和案例，与青岛市政府、市高校工委、山东省商务厅、山东外贸职业学院开展合作办学洽谈20余次，就青院人员编制、待遇、社保、土地、资产等内容进行全方位对接谈判，形成《关于山东外贸职业学院与青岛远洋船员职业学院合并的可行性报告》《山东省人民政府与中远海运集团有关青岛船院学历教育移交与共建合作协议》等多项研究报告报请集团审批。党群部门耐心细致做好学历教育整建制移交期间教职工思想工作，主动公开改革移交进程和相关信息，使教职工积极支持改革，参与改革。通过走访调研、调查问卷等形式定期摸查教职工思想动态，广泛听取意见和建议。目前，学院教职工思想稳定、教学秩序正常，校园和谐安全稳定。

加强班子思想政治建设。全年召开党委会9次、院长办公会9次、党委理论中心组学习12次、班子例会12次、党建工作例会2次，深入学习贯彻党的十八届六中全会、全国国有企业党的建设工作会议、全国全省高校思想政治工作会议、中纪委七次全会、党的十九大等会议和文件精神，不断增强“四个意识”，提高理论水平和工作能力，在思想上、行动上同党中央保持高度一致。

加强党建工作系统谋划。组织修订《青岛远洋船员职业学院章程》，将党建工作总体要求纳入章程，进一步形成党建工作与业务发展相互融合、相互促进的格局；制定印发学院《党建工作责任制实施办法（试行）》，与各党总支（直属支部）签订《年度党建工作责任书》，对党建工作和考核项目进行任务分解，逐级传导压力，层层压实责任。注重考核结果运用，把落实党建工作责任制考核结果作为评先推优的重要依据，实行考核结果与部门绩效直接挂钩，与跟踪问责直接挂钩，充分调动基层组织工作积极性。

把学习教育同学习宣传贯彻党的十九大精神相结合，努力提高师生员工的政治意识和担当意识。一是召开动员部署会，印发学习宣贯实施方案，党委领导班子成员带头讲党课、宣讲党的十九大精神16人次，到对应支部联系点指导学习教育24人次。二是加强党的十九大精神学习宣贯，组织参加国务院国资委、集团、山东省委、青岛市委、省市高校工委组织的党的十九大精神宣讲报告会，邀请市委宣讲团成员进校进行党的十九大精神宣讲，组织召开集团驻青单位党的十九大精神宣讲报告会，组织举办学习宣传党的十九大精神党支部书记培训班、组织开展党的十九大精神网络培训等，确保学习宣贯全面覆盖。三是认真落实“三会一课”制度，各基层组织采用业余时间自学、支部大会集中学习研讨、开展主题党日、讲党课等方式组织学习504次，集体党课22次，支部书记讲党课62人次，先进典型讲党课12人次。四是组织开展检查督导，组织3个督导组到基层组织开展2次集中督导，进一步推进基层组织“两学一做”学习教育常态化制度化。

夯实基层党建基础。一是制定下发《学院2017—2019年基层党建工作规划》，围绕规范、严管、激活、创新工作思路，立足解决基层党建突出问题，提出未来三年23项重点工作任务，促进基层组织建设全面提升、全面过硬。二是认真开展党费收缴管理，利用“两学一做”学习教育平台，宣传贯彻上级关于党费收缴通知文件，规范收缴管理，增强党性观念。三是坚持“三会一课”制度、组织生活会制度，认真开展民主评议党员工作（315名党员参加评议），深入查找和解决突出问题，更好地发挥党员先锋模范作用。四是做好“两优一先”评选工作，表彰奖励学院优秀共产党员9人、优秀党务工作者3人、先进党支部8个，表彰先进，鼓励后进。五是做好党员组织发展工作，坚持标准，保证质量，认真做好对入党积极分子的培养、教育和考察工作。395人参加系级业余党校培训，231人取得合格证书，233人参加院级业余党校培训，156人取得合格证书；全年发展党员55人，预备党员转正46人。

全面推进巡视整改。学院党委牢固树立政治意识，强化责任担当，围绕集团党组巡视组反馈的4个方面10项问题，逐条进行梳理，制定35项整改措施，压实“两个责任”，严格执纪问责，完善监管机制，不折不扣全面落实整改。截至目前，集团各项整改要求全部得到了有效落实，整改完成比例100%。

建章立制，规范管理。建立和完善学院《中层干部管理办法》《党建工作责任制实施与考核办法（试行）》《学院负责人履职待遇、业务支出管理办法》等管理制度，结合学院党建工作实际和不同特点，严格队伍建设和组织建设工作要求，确保基层党建规章制度规范齐全、务实管用。

扎实开展宣传思想工作。一是把握宣传要求，提升宣传质量。充分利用学院网站、微信平台、《船院信息》、《中国远洋海运报》、山东省教育厅网站、校园宣传栏等线上线下途径做好学院的内外部宣传，重点宣传党的十九大精神、集团重大决策部署、改革重组工作进展、重大项目建设成效、学院改革发展创新举措成果等，引导师生增强文化认同，坚定发展信心。二是坚持问题导向，组织开展政研课题研究。紧紧围绕学院改革转型面临的新形势新任务，组织完成政研课题立项 18 项，政研成果 82 篇，整合相关资源，加强研究探索，服务改革发展。三是组织开展师生思想动态调查工作。通过召开党政联席会、师生座谈会、走访学生大队和学生宿舍等形式，对广大师生的思想状况进行摸排调研，针对改革期间师生存在的思想不稳定因素进行教育引导，进一步提高思想政治教育工作的针对性和实效性。

充分发挥群团桥梁纽带作用。一是开展文体活动，活跃师生文化生活。组织举办 2017 年“和经典相伴，与书香同行”青年读书报告会、“一学一做”主题报告会、五四总结表彰大会、师生呼啦圈比赛、师生趣味运动会、组织观看革命教育京剧《清贫之方志敏》等，丰富师生文化生活，不断增强学院凝聚力。二是关心关爱师生，解难题、办实事。先后组织开展春节送温暖活动、三八妇女节慰问活动、五一劳模慰问活动、家庭贫困学生家庭走访活动等，累计发放慰问金 32 万元，慰问 812 人次，帮扶困难师生解决生活困难。三是保障职工权益，促进民主管理和民主监督。加强民主管理和民主政治建设，促进学院转型发展，先后组织召开教代会代表团团长联席会、院务公开工作民主评议会，通报学院集体合同的履行情况、职工教育经费使用等情况，引导职工参与学院教学和管理，促进院务公开。

【纪检监督审计】

2017 年，学院纪委根据集团纪委和学院党委的部署，围绕学院中心工作，进一步加强“廉洁从政”“廉洁从教”，在校园营造“敬廉崇洁”的氛围，使学院纪检监察工作再上一个新台阶。

全面有序推进集团巡视整改工作，确保整改取得实效。围绕集团党组巡视组反馈的 4 个方面 10 项问题，逐条进行梳理，共提出 35 项整改措施。坚持问题导向，多次召开巡视整改小组专题会议，举一反三，有序推进，不折不扣全面落实整改，积极推进各项整改措施落实到位。截至 3 月底巡视组对学院巡视回访时，35 项整改措施中完成 30 项，整改完成比例为 85.7%；截至年底，剩余 5 项整改措施全部完成。集团巡视组对学院的整改情况给予充分肯定。针对集团巡视及自查中发现的问题，学院召开专题会议，学院党委书记白培军对全体中层干部进行廉洁教育谈话。在巡视整改期间，对巡视发现问题的相关责任人开展了 5 次诫勉谈话，谈话涉及 26 人次。

加强廉洁教育与管理。学院纪委组织召开党风党纪教育专题会，组织中层以上领导干部学习集团党组纪检组关于给予宋长宏等 5 人党纪处分的通报和关于 17 起典型案件的通报，集体观看《央企领导人员违纪违法警示录》。纪委书记石庆贺作党风党纪教育讲话，结合集团党组纪检组的案件通报，对当前集团抓党风党纪和反腐败工作要求进行了分析和说明，要求学院党员领导干部把“不敢”作为思想和行为的标尺，心存敬畏，常对照、常警醒；把“不想”作为道德约束和人生的历练，在利益面前要看得开、把得住。组织开展了“打造作风名片、崇尚廉洁从业”为主题的廉洁从业主题教育月活动。活动月期间，开展各种形式的学习活动，各党总支、直属支部组织广大党员和领导干部系统学习了《中国共产党廉洁自律准则》《中国共产党纪律处分条例》《中国共产党问责条例》等制度规定，积极推进“两学一做”学习教育常态化制度化建设；举办廉洁从业知识答题活动，强化党员领导干部主动学习党的各项规章制度和廉洁从业知识的自觉性；举办“廉洁家风故事”征集活动，展示风清气正、廉洁齐家的家风主题；举办廉洁主题摄影、漫画作品征集活动，颂扬清正廉洁的文化氛围；开展廉洁誓言征集活动，以自己的誓言激励广大党员领导干部爱岗敬业、廉洁从业。各党总支还围绕主题组织开展各种形式的专题教育活动，通过违纪违法案例剖析，引导党员领导干部深刻反思，敲响党员领导干部廉洁从业的警钟，同时制作了廉洁从业专题宣传板报，营造浓郁了教育月氛围，提高了教育月活动实效。通过廉洁从业主题教育月活动，加强党员领导干部的作风建设，教育引导广大党员带头守纪律讲规矩，凝聚起崇尚廉洁从业的正能量，为学院改革发展提供强有力的保证。积极探索新的党风廉政宣传教育途径，开设监督部微信公众号，全年共推送内容42期，涵盖党风党纪教育、集团党风廉政建设新要求、学院党风廉政建设动态、警示教育案例分析，以及一些廉洁历史小故事等，公众号内容新颖、贴近工作实际，传播廉洁正能量，为学院党风廉政教育和廉洁文化建设开辟了新的阵地。组织中层干部、主管、新校区建设指挥部全体工作人员共80人签订廉洁承诺书，承诺的内容包含了落实中央八项规定精神，纠正“四风”、不违规收送礼品礼金、不违规公款吃喝、反商业贿赂等18项主要内容，通过签订廉洁承诺书，督促党员领导干部廉洁自律，自觉接受群众监督。

加强内部审计工作，强化风险管控，严肃财经纪律。加强对学院核心业务和经营管理环节的审计监督，及时发现风险隐患，重点加强教学、科研的审计监督，重点审查业务涉及的资金收支程序、招投标情况、合同执行等情况，切实加强对重大经营风险的监督与防范。2017年，学院开展了育远劳务公司总经理经济责任审计、教学经费管理专项审计、科研管理专项审计、招投标及经济合同管理审计四项专项审计。监督部将新校区建设项目作为监督检查和效能监察的重点项目，按照集团工程领域专项治理的要求，加强对新校区建设项目各环节全过程的动态监督。2017年，学院开展了航海训练基地建设期间审计，同时对工程建设过程实施全过程跟踪审计，即对施工过程中材料采购、经济合同、建设资金支付、工程变更、经济签证等开展审计，不断加强工程建设领域廉政风险防控。

【新校区建设】

2017年，航海训练基地项目完成水工建筑物施工。在项目施工过程中，新校区建设指挥部加强质量管理，要求监理单位按照审批的《监理规划及实施细则》开展监理工作，要求施工单位按照审批的《施工组织设计》进行施工作业。与监理单位对原材料共同进行见证取样24次，对进场原材料进行质量检查17次；对北护岸北防波堤分部分项工程进行验收65次，对内护岸分部分项工程验收22次，对斜坡道分部分项工程验收7次，对南护岸东南防波堤分部分项工程验收102次；参加质监站组织的质量培训1次；组织质量技术交底4次；组织设计单位现场质量技术指导5次，组织勘察单位进行现场勘验2次；参加水工建筑物质量鉴定1次；组织水工建筑物交工验收1次；组织浮码头专家评审1次；拟定栏杆、护栏招标文件1份。在项目施工过程中，加强安全管理，组织安全专项检查11次；组织落水事故应急演练1次；组织船舶油污泄漏事故应急演练1次；召开安全专项会议3次；组织实施“全国安全生产月”活动1次；参加安监站安全培训1次。在项目施工过程中，加强组织协调，接待青岛市交通工程质量安全监督站专项监督检查9次，综合监督检查2次；接待西海岸新校区港航管理局工作检查3次；接待青岛海事局工作检查2次；接待西海岸新区海洋与渔业局工作检查2次；接待海监黄岛支队工作检查3次。

11月24日，青岛市交通工程质量安全监督站在新校区航海训练基地项目现场组织召开了“青岛远洋船员职业学院新校区航海训练基地项目交工质量鉴定会”，并邀请五位专家组成了鉴定组。鉴定组对工程实体质量、表观质量、内业资料进行了全面查验，一致认为新校区航海训练基地项目各项检测指标、工程质量符合设计文件及相关标准、规范要求，内业资料完整，工程质量达到合格标准。11月30日，学院组织召开了新校区航海训练基地项目交工验收会，邀请了三位专家组成专家组，青岛市交通工程质量安全监督站、中交天津港湾工程设计院有限公司、青岛高园建设咨询管理有限公司、中建筑港集团有限公司等单位代表参加了会议。专家组查看了现场及内业资料，经讨论，一致认为该工程建设内容、整体外观尺寸、实体质量与观感质量、各项检测指标等均符合规范及设计要求；工程总体质量符合评定标准、技术规范及设计文件要求，工程质量合格；内业资料较完整；具备交工验收条件，同意交工验收。（孙明霞　刘媛）

中共中国海运（集团）总公司党校

中共中国海运（集团）总公司党校

【历史沿革】

1981年2月20日，经上海海运局党委会议讨论，决定在上海海运政校基础上，成立上海海运党校。此后，交通部党组于1993年2月6日发文，批准在上海海运党校基础上，建立交通部党校上海分校；上海海运党校遂成为交通部党校第一个挂分校牌子的单位。由此，上海海运党校既是公司内的党校，也是交通部党校上海分校；交通部正式确定部属在沪单位处级干部培训、轮训由上海海运党校承担。自1997年中国海运（集团）总公司成立后，集团内的干部培训主要由上海海运党校承担。这意味着，上海海运党校延续原有干部培训的功能，每年均有计划地培训、轮训包括集团在内的交通部在沪单位处级干部、船舶政委、党支部书记、党员和入党积极分子，发挥了作为在交通部沪单位干部船员教育培训基地的积极作用。

2011年9月26日，为贯彻落实中央提出的“大规模培训干部、大幅度提高干部素质”战略决策，中国海运集团党组会议决定，要大力加强企业党校建设。10月，集团组成党校建设项目工作小组，开展党校建设调研，形成集团党校建设调研报告。11月3日，集团党校建设项目工作小组提交《关于加强中国海运集团党校建设方案》。

是年12月30日，中国海运集团党组印发《关于成立中国海运（集团）总公司党校的通知》，决定成立中国海运（集团）总公司党校（以下简称“中海党校”），明确中海党校由集团党组直接领导，明确中海党校的组建目的、主要职责、领导体制。同日，集团党组印发《关于徐文荣等同志任职的通知》，任命徐文荣任中海党校校长，同时任命中海党校常务副校长、副校长及校务委员会主任、委员。

自2012年1月1日起，中海党校开始进行基础设施建设、组织机构组建、规章制度构建、人员选聘等工作。经过半年筹备，中海党校于2012年6月27日在源深路118号正式揭牌。

2013年5月21日，集团印发《关于成立中国海运管理干部学院的通知》，明确中国海运管理干部学院与中海党校实施“两块牌子、一套班子”。

是年5月30日，中国海运管理干部学院在中海党校举行揭牌仪式。

2016年，中国海运集团与中远集团重组整合为中国远洋海运集团。作为新集团的干部教育培训机构，中海党校积极融入改革、推动改革，按照新集团对干部培训工作的新要求，继续坚持党的建设与企业改革、培训中心工作紧密结合，不断提升教育培训质量。2016年，中海党校共开展各类干部培训4021人次，其中面授办班3696人次，在线培训325人次。

【干部培训】

2017年，中海党校按照《中远海运集团2017年干部教育培训工作要点》要求，配合集团构建体系化、科学化的培训项目，突出党性教育和干部能力素质提升重点内容，精心谋划和组织落实年度培训办班计划，提高培训的针对性和有效性，保障培训成效，共完成培训班75期，培训4472人次15 608人天，其中面授培训58期3318人次15 608人天、在线培训17期1154人次，培训满意率为98.2%。此外，辅助集团职能部门、各单位组织培训及会议58期

4381 人次。

精益求精办好中央党校分校班。4 月 8 日—7 月 13 日，党校举办为期 3 个月的“中央党校国资委分校中海党校 2017 年春季处级干部进修班暨集团优秀年轻干部培训班”，集团 39 名处级中青年干部参加培训。为保障培训质量，党校精心筹备策划，课程设计突出党的理论教育、党性教育和集团改革发展实际，科学安排教学方案，增强培训针对性，在教学管理上，创新教学方式方法，妥善组织实施，体现出“严格”“精细”“创新”的要求和特点，中央党校分校班已成为集团干部培养培训的品牌班次。

精心安排中青年高级管理人员培训班。9 月 19 日—12 月 29 日，党校举办“集团 2017 年中青年高级管理人员培训班”，42 名学员完成 3 个半月的脱产培训。为保障集中培训和岗位培训顺利，党校配合集团组织部加强策划，精心安排，认真做好各项管理和服务，严格学习考核，顺利完成第一阶段在中央党校的集中培训，推进第二阶段岗位实践有序开展，深入进行第三阶段集中研讨交流。通过培训学习，促进了中青年高级管理人员的理论素养提升、宏观视野拓展、管理能力提高。

积极举办党的十九大精神系列专题培训班。按照集团党组统一部署，党校与集团党工部联合，11 月和 12 月，先后在上海、北京、广州举办 5 期集团学习贯彻党的十九大精神专题培训班。为促进党的十九大精神“入耳入脑入心”，党校坚持高标准、严要求，用心筹备，聘请了中央党校、上海市委党校、广东省党委和党的十九大精神宣讲团等方面的优秀师资，紧密结合当前经济工作、党建工作，对十九大报告、新修订的《中国共产党章程》等内容进行专题辅导，安排交流研讨，引导学员认真研读十九大报告，领会精神实质，认真思考推进企业提质增效、改革重组、党建工作的新思路、新举措。集团各单位领导班子成员及党工部、组织部、监审部主要负责人，集团总部机关各部门、特设机构、共享中心室经理（副主任）以上干部 400 余人参加了培训学习，学习效果良好。

切实抓好集团管理干部在线培训。为落实中组部干部培训工作要求和集团党组部署，党校于 10 月 13 日—12 月 22 日，举办了集团 2017 年领导干部能力提升专题在线培训班，集团管理干部 274 人参加在线培训。为保障学习需要，党校与集团组织部充分沟通，明确培训需求和要求，升级在线学习系统，精心制定培训计划，适时增加了党的十九大精神在线课程，丰富在线课程资源，加强线上培训管理，认真组织党性修养、领导力、经营力和创新力等专题内容培训，帮助领导干部提升素质和能力。

认真落实集团对口帮扶地区干部培训。2017 年，中海党校按照集团部署，积极履行集团社会责任，为对口帮扶县开展智力帮扶，分别为云南省永德县举办 4 期中青年领导干部和党组织书记培训班，为西藏洛隆县举办 1 期领导干部培训班，共有 213 名永德和洛隆干部在上海完成为期一周的培训。根据当地干部培训需求，精心策划培训内容，包括党的建设、脱贫攻坚、人居环境、新农村建设、电子商务等，培训方式采用现场教学与课堂授课相结合。为保障服务质量，党校成立专项项目组，明确工作计划，党校全体员工齐心协力，从学员接送、食宿、课堂和现场教学等各方面，精细服务，周到安排，让永德、洛隆领导干部得到有针对性的培训，同时也充分体会到中远海运员工的热情和优质服务，展示了中远海运良好的作风形象。

积极组织开展各类专题班。2017 年，党校围绕集团产业发展和人才规划，认真开发和组织专题培训项目，加强培训需求调研，重点抓好党务、业务干部培训设计和实施，按需施教，突出培训效果，满足各类各级干部的培训需求。先后举办经营管理、人力资源、集中采购、财务、法务、安全、党建、工会等业务专题培训班，提升了广大业务干部的综合素质和能力。

【教 学 管 理】

加强课程建设。中海党校注重开展培训需求调研，根据培训目标，科学策划适合于培训对象的课程安排，认真组织符合集团战略、人才成长规律、业务发展需要的培训内容，保障学员通过培训学有所获、学有所得、学有所成。2017 年，在培训班课程设计中，中海党校着重将习近平总书记系列重要讲话精神、党的十九大精神、集团发展战略、形势任务、重点工作要求、"四个一"理念等内容向广大学员宣讲、传播，主动邀请集团领导、职能部门负责人为学员们讲课，推动学员们加深对集团改革发展的认知和理解，促进战略推进。梳理完成已有党校课程目录，对课程体系建设特别是内部课程建设提出方案和举措，分步骤、分阶段有序推进内部课程的设计、制作和发布。组织集团内部师资录制专题课程，完成集团"十三五"发展规划、"四个一"文化理念、航运形势、电子商务、海外业务、风险防控、纪检监察实务等内容的内部课程。

严格培训管理。中海党校坚持从严治校、从严治教、从严治学，严格培训班纪律，强化考勤和考核管理，促进学员进课堂安心学习，结合实际勤于思考，互动交流取得成效。在培训管理中，大力强化教学环节和学员管理，推广应用项目制、学员积分制、学员自主管理等形式，强调学习纪律，严格学习考核，精细把控各环节安排和服务，做到教学过程管理制度化、流程化、精细化，保障培训效果。

丰富教师资源。中海党校加强集团内外部联系，积极开发内外部师资资源，利用中央党校、上海市委党校等平台，开发和维护好优秀师资资源，发掘集团内部讲师，建立了一支由 300 余名集团内外部学者、专家组成的多层次、多专业师资队伍，其中集团内部教师达 80 余人，为面授培训提供良好资源保障。同时，积极丰富在线培训课程资源，积极采购国家行政学院、中欧商学院、哈佛大学、中经网等线上培训课件，累计上线学习课件约 810 门超过 1590 课时。

完善培训体系。中海党校认真总结多年来培训工作经验，结合集团新形势、新任务、新要求，不断创新培训设计、组织实施、培训方法，科学构建符合集团人才培训发展需要、富有集团航运特色的培训体系；加强外部学习借鉴，引进培训行业中有效管用的培训方法，结合培训课程和对象实际，在培训班中科学运用。在面授培训方式上，实行课堂讲授与案例教学、现场教学、结构化研讨等紧密结合，学员互动交流研讨更加频繁，取得了较为丰富的教学研讨成果。在推进"互联网＋培训"方面，利用党校学习管理系统平台开展在线学习培训，举办集团管理干部能力提升班、各单位司管干部培训班、新经理人培训班、党风廉政建设专题班、保密工作专题班等在线培训，全年累计在线培训 17 期培训 1154 人次，在线培训内容丰富、安排灵活，有效解决了学员工学矛盾，拓宽了集团党员干部的学习渠道，满足了广大员工学习培训需求。

【教育培训改革与研发】

中海党校坚持集团战略导向，将培训工作实践与企业改革发展战略有机结合，高度重视并认真做好教育培训资源改革各项工作，主动适应集团改革发展的新形势、新任务，增强大局意识，牢记使命、勇于担当，坚持以高度的责任感和使命感投身改革，坚持立足本职，保持工作不断不乱，维护员工队伍稳定，始终保持团结向上的良好氛围。按照集团教育培训资源改革总体部署和工作时间表，中海党校积极派员参加改革整合小组，认真参与制定教育培训资源改革方案，在加强党校建设、强化教育培训资源共享、优势互补、增强协同效应等方面提供决策参考意见，为优化改革方案尽心尽责，发挥应有作用。

2017 年，党校申报了 2017 年度中央企业党建政研会立项课题，开展了题为"发挥国企党校平台作用，加强新时代党员党性教育"的课题研究，从满足新时代新形势和企业党建需求角度出发，以国有企业党校为教育培训主体，研究适合国企党校强化党员党性教育工作的方向与路径，提出了工作目标、内容、方式方法等，形成课题论文并报送中央企业党建政研会参评优秀论文。此外，还开展了"探索新时代提高党员党性教育的新方法"的研究课题，就党性教育的新方法形成专题报告。与此同时，中海党校还注重将研究成果作为培训工作实施的指导，积极运用于培训实践，推动培训工作创新发展。

【基层党建】

2017 年，中海党校党总支坚持把方向、管大局、保落实，深入学习贯彻习近平总书记系列重要讲话精神，认真贯彻全国国有企业党的建设工作会议各项部署，按照集团党组总体工作要求，结合集团改革发展和党校各项工作任务，进一步落实党建工作责任考核机制，量化、细化基层党建工作的目标、任务，为党校更好地完成全年各项工作任务提供坚强的政治、思想和组织保障。

抓好思想建设。中海党校坚持把“党校姓党”作为党校一切工作的生命线，党总支始终严格落实党总支中心组学习、“三会一课”等制度的执行，2017 年共组织党总支中心组学习 13 次，领导干部讲党课 7 次，召开支部党员大会 29 次，支部书记讲党课 2 次，召开组织生活会 2 次。中海党校扎实开展党的十九大精神宣贯，制定并印发了《中海党校学习贯彻党的十九大精神实施方案》，开辟学习宣传贯彻党的十九大精神专栏；党总支共组织中心组学习研讨 4 次，支部学习 2 次，党支部书记讲党课 2 次，牵头组织楼宇各单位中心组学习（扩大）会 1 次，组织党员干部参加集团、国务院国资委、中组部等学习 19 人次。持续推进“两学一做”学习教育常态化制度化，共组织集中学习讨论 5 次，组织党员干部参加国务院国资委及校内网络培训学习 3 期次，民主评议党员 1 次，并及时撰写、发布宣传简报及信息。持续推进学习型组织建设，组织召开党员和员工大会、支委会议、中心组学习、党课、读书交流活动等形式，开展组织生活，组织集体学习，促进领导干部和党员学习和掌握中央精神，统一思想认识，提高政策理论水平，增强党性修养。

加强组织建设。中海党校注重健全党建工作责任制抓班子建设，坚持党总支书记担当党建第一责任，将党建纳入党校整体工作部署，统筹安排，定期研究，班子成员按“一岗双责”要求，与党总支书记形成合力，形成党建与培训工作齐抓共管的工作责任机制。完成基层党支部换届选举，配强支部班子，落实基层组织责任，推进“三会一课”正常开展，发挥党支部战斗堡垒作用。坚持推行民主管理，保障决策科学；落实“三重一大”决策制度实施办法，明确党校党总支委会、校长办公会重大事项决策职责和决策程序，校领导班子严格执行“三重一大”决策制度；2017 年共召开办公会 12 次、党总支会 5 次、员工大会 5 次、专题会议 3 次、周例会 47 次，通过各种形式讨论和部署各项工作，充分发扬党内民主，推进校务、党务公开。

严格作风纪律建设。中海党校认真落实党风廉政建设责任制，认真学习传达集团 2017 年反腐倡廉建设工作会议精神，落实具体工作任务；班子成员、部门负责人和关键岗位人员签署廉洁从业承诺书，并将纪律建设工作情况纳入日常工作检查和年度考核，从教育、制度、监督、检查等方面入手，确保党总支各项决定决议及廉政建设各项部署落到实处。开展自查自纠深化巡视整改工作，研究解决整改工作推进中的具体问题，对存在的问题和整改情况“回头看”，落实监督责任，督促工作推进，按时向集团上报专题报告，各项整改落实工作顺利完成。开展廉洁从业教育月活动，举办学习党章条例、廉洁从业知识问答、专题辅导报告会、观看警示教育影片、参观反腐教育基地、员工廉洁誓言征集活动 6 项主题活动，全体党员和员工接受了教育。

重视制度建设。修订《中海党校“三重一大”决策制度实施办法》，进一步明确校委会、校长办公会和党总支关于重大事项决策职责和决策程序，体现党校的性质要求和业务特点。重点修订并严格执行《中海党校员工履职待遇、业务支出管理实施细则》；坚持对照“三严三实”和“好干部”标准，严格要求党员干部以身作则，严守八项规定，树立勤俭务实高效的工作作风，维护了良好校风学风。（欧阳木林）

上海船舶运输科学研究所

上海船舶运输科学研究所

【历史沿革】

上海船舶运输科学研究所（简称“上海船研所”，英文简称 SSSRI），成立于 1962 年，位于上海浦东陆家嘴功能区，占地面积 8.67 万平方米，注册资本 3.5 亿元，资产总额为 28.5 亿元，净资产 17.77 亿元（截至 2017 年年初），是我国最大的交通运输综合技术研究开发基地。

上海船研所原为交通部直属科研事业单位，2000 年转制为中央科技型企业，改由中央企业工作委员会领导。2003 年，转由国务院国资委管理。2010 年，整体并入中国海运（集团）总公司（以下简称“中国海运”），成为其全资子企业。2014 年，按照中海集团的战略规划整体部署，原中海集团直属单位中海电信有限公司和中海信息系统有限公司整体划归船研所管理。2016 年，随着中远集团与中国海运合并成立中国远洋海运集团有限公司，船研所成为其全资子企业。

【组织架构】

上海船研所的组织架构由管理部门和基层部门两部分组成，其中：管理部门包含七部一办；开展科研生产经营业务的基层部门（公司）主要包含 1 个国家工程研究中心、1 个国家重点实验室、1 个行业重点实验室、1 个分所、2 个事业部和 5 个二级公司（其中 1 个为上市公司）。2017 年底上海船研所组织架构见图 14-2。

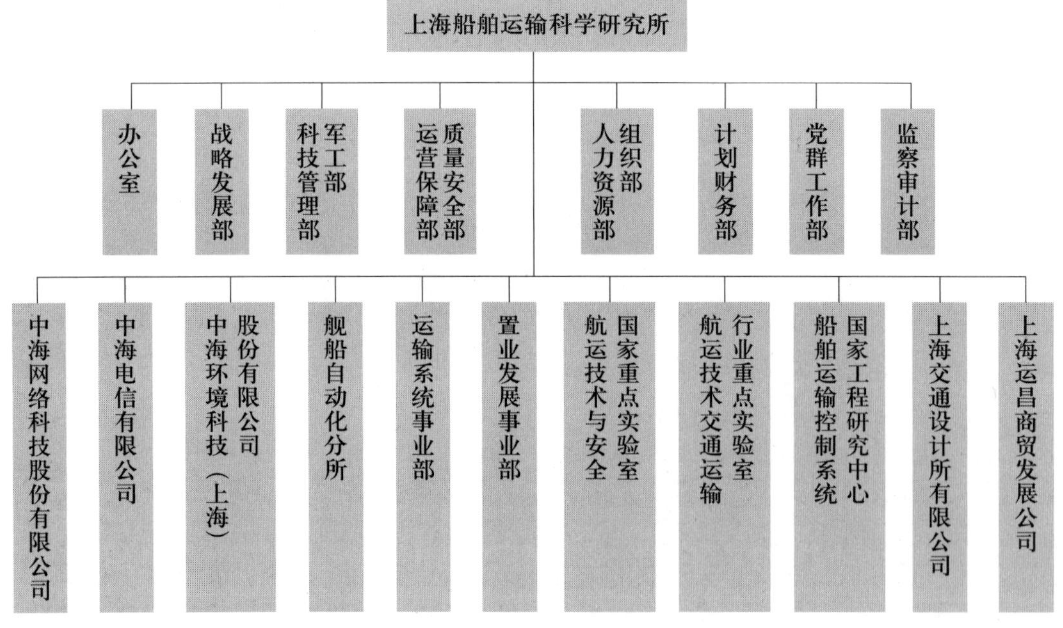

图14-2　2017年底上海船研所组织架构

【研究领域】

截至 2017 年年底，上海船研所已形成具有专业特色的主营研究开发领域，在舰船自动化、船舶水动力及海事技术试验研究、环境工程、智能交通系统、交通与航运信息化等研究领域内，研究开发及技术服务水平均处于国内领先地位。

舰船自动化。主要从事舰船机舱自动化、驾驶自动化和舰船管理信息系统等技术及其产品的研发、生产和系统集成。研制的各型机舱监控系统技术性能处于国内领先地位，被应用于军用舰船及各类民用船舶，军品业务约占国内同类市场份额的 55%。

船舶水动力及海事技术试验研究。主要从事船型优化与性能预报技术研究、推进器研究与节能技术开发、船舶能效与安全评估、海事安全研究与防撞技术开发、船型论证评估与开发等。通过航运技术与安全国家重点实验室和航运技术行业重点实验室承担国家科研项目和行业共性技术的研究开发。作为国际拖曳水池会议（ITTC）会员及顾问委员会成员单位，上海船研所在行业内具有较大的影响力和核心竞争力，业务约占国内同类市场份额的 60%。

智能交通系统。主要从事智能交通、智能交通产品、工业及港航电气自动化、智慧城市和安防、软硬件系统运营维护等领域技术研发和系统集成，包括高速公路、大桥、隧道、轨道交通、城市道路等监控、通信、收费系统机电工程项目的设计、施工和总承包。

交通与航运信息化。主要从事智能交通信息化建设、航运信息化建设，开展规划设计和研发实施，提供高质量、多方位、深层级的行业解决方案和运维保障、系统集成服务。作为中远海运集团内部提供专业信息服务的公司，上海船研所承担了集团本部及下属各专业公司信息化建设的规划设计、研发实施、运维保障、系统集成等工作，以及集团数据中心的建设与运营。承建了集团综合管理平台、集团辅助决策系统（DSS）、集团内网门户、SAP 财务系统、船东 IMIS 系统、集装箱代理系统、全球资金管理系统、集中采购管理平台、海员管理系统等建设、咨询和服务，并负责运营中海数据中心和灾备中心，为集团信息化建设提供了有力的技术支撑和运维保障。

船舶通信导航。主要从事船舶通信导航与通信工程专业技术服务，开展船舶通导设备的技术设计与检验服务、海上通信代理、通导信息技术服务、船舶通导产品销售代理和各类通信系统、有线和无线通信工程等综合服务。

环境工程。主要从事建设项目和区域开发项目的环境影响评价，港口、工矿企业的油污水、化学污水、生活污水、工业废水的治理及高速公路、城市高架轨道交通噪声治理。

【经济指标】

2017 年，上海船研所共完成营业收入（扣除收购四家信息化公司的因素）12.89 亿元，同比增长 4.54%；实现利润总额 1.55 亿元，同比增长 6.89%；经济增加值（EVA）1.21 亿元，同比增长 65.74%；科技创新收入 2.73 亿元，同比增长 3%；技术投入比例 6.36%，科技投入同比增长 28.67%，超额完成集团下达的经营任务目标，为“十三五”发展目标的实现奠定了坚实基础。

【科研工作】

“国家发展改革委供应链电商平台”项目。完成基础功能及各产品功能按照计划达 70% 以上；完成一海通公司阶段成果在数据中心部署、开发环境搭建和相关项目代码管理工作。

“智能船舶顶层设计及部分智能系统应用示范”项目。完成集成平台、智能航行、设备健康管理和能效管理四个应用系统的方案设计和技术设计，并通过 CCS 和 LR 双入级预审。目前，应用示范系统样机研制已经完成，基本完成总体联调和完整功能实现，开展由 1.35 万 TEU 示范船智能系统向 2.1 万 TEU 船移植的方案研究，并将相关成果向集团的客滚船、汽车船、油船和矿砂船等多条新造船上推广。

“中压大容量交流岸电系统国产化研制与应

用”项目。完成中压电缆卷车及电缆管理系统、船载岸电配电装置等关键设备的研制；4月在“中海天王星”上进行设备加装及调试，并在洋山港进行了船岸供电试验，船端自动、手动岸电并网和船、岸电分离试验均一次成功。

“大船系列电力监控系统研制”项目。2# 船电力监控系统顺利交付，4 月 26 日已在大连正式下水。作为 3# 船二级系统电力监控系统技术责任单位，上海船研所主持完成科研样机研制，针对技术最新变化，完成适应性修改设计。

智慧交通技术和产品创新及成果转化。高速公路联网收费软件年内开发了“营改增”和电子发票系统，并成功应用到宁夏、青海、贵州等市场；违章停车自动抓拍、高速公路车载移动违法抓拍等多款视频分析产品在上海、湖南、重庆、云南等省份得到批量应用，进入国内领先行列。

陆家嘴管理局航运互联网电商产业基地建设。以“上海国际航运中心”和“互联网 + 航运”为背景，在上海陆家嘴金融区内构建航运互联网企业集聚和产业发展的创新园区，通过创新服务新路径，提升航运市场资源配置能力，助力航运供应链领域供给侧结构性改革。年内，航运互联网电商产业基地已正式挂牌运行。

2017 年，上海船研所共成功申报科技创新项目 16 项，获得资金资助 8467 万元。 全年共申请发明专利 7 项、实用新型专利 12 项，登记软件著作权 45 项。在《上海船舶运输科学研究所学报》上发表论文 57 篇、核心期刊论文 19 篇。自主研发的“SRI-VC2110 船舶主动力监控系统”项目成果获中国航海学会科技进步三等奖；参研 702 所“超大型散货船和油船水动力性能预报优化技术研究”获中国造船工程学会科学技术进步二等奖。

【资 源 整 合】

整合集团科技与信息资源。8 月 8 日，集团召开科技板块干部大会，正式启动实施科技与信息化资源整合工作。此次整合涉及国有资产产权转让、上市公司股权收购等相关法律程序， 过程复杂，整合的综合难度较大。 12 月 29 日，中远海运科技召开 2017 年第一次临时股东大会，审议通过了股权收购方案，基本完成股权收购工作。参与整合单位总体呈现重组大局取得共识、员工思想保持稳定、相关工作不断不乱的良好态势。12 月 31 日，经集团批准、上市公司董事会审议通过，集团、上海船研所与中远海运科技签署委托管理协议，实现班子统一决策、资源统一调配、业务统一管理，实现管控一体化。

顺利完成公司更名及相关事项工作。按照集团统一部署，经过国家工商总局核准、上海市工商局登记备案，5 月 4 日，中海网络科技股份有限公司发布公告，更名为中远海运科技股份有限公司，简称“中远海运科技”，证券简称“中远海科”。

持续推进全民所有制企业公司制改革。为做好船研所和运昌公司改制工作，主要领导先后赴国务院国资委改革局、重庆交科院、长沙矿研院等单位进行学习调研，制定实施计划。运昌公司于 11 月 15 日完成公司制改制。

【对 外 合 作】

推进与古野电气、平成商事战略合作。积极推进集团与古野电气、平成商事签署战略合作协议的实施落地。下半年，中远海运科技与古野电气、平成商事签署了成立合资公司意向书。

加强与中远海运重工战略协同。3 月 29 日与中远海运重工签署战略合作协议，双方共同成立战略合作推进领导小组及工作组，多次开展业务交流和对接。双方已在船型研发、船舶配套、环境工程、信息化、科研合作和“民转军”等方面取得多个阶段性成果。协助集团成功获得军民融合“Y65”工程项目，合同额达 4.2 亿元。

推进与其他潜在战略合作对象的可行性调研。围绕船舶岸电领域，开展对相关潜在战略合作对象的调研和考察工作。就船舶能效管理系统合作项目与冰岛 Marorka 公司及控股股东 Mayfair 开展了多次合作洽谈，并签署了有关协议。

【人力资源】

年内，干部管理工作重点包括：所管干部任命1名、干部兼任职3名；干部退休免职1名，内设机构干部审批2名，直属单位司管干部审批7名；组织完成所管干部体检和完成个人事项申报等干部管理常规工作。全年先后向交通运输部、国务院国资委、上海市及集团等推荐各类专家人才50余人次。成功申请上海市项目资助基金，为人才的科研项目攻关提供帮助。同时，申报包括30名技术专家在内各类人才入选各类集团人才库。

截至2017年12月底，上海船研所共有在职职工1096人；其中80%以上为科技人员，具有高级技术职称人员200余人，中级以上职称人员490余人，本科以上学历人员900余人；享受政府特殊津贴的高级专业技术人员60人，35岁以下青年占员工总数的51%；是一支知识化、精干化、年轻化的科技型人才队伍。经国家部委备案同意，拥有两个系列高级专业技术职务任职资格评审权（自然科学研究系列的研究员、副研究员；工程技术系列的研究员级高工、高级工程师）。经国务院学位委员会批准，设有4个硕士研究生培养点，包括通信与信息系统、交通信息工程及控制、船舶与海洋结构物设计制造、轮机工程；不仅为上海船研所科研生产提供了技术支撑，也为社会培养输送了大量人才。

截至2017年12月底，上海船研所员工学历构成比例、技术职务构成比例和员工年龄结构见表14-11～表14-13。

2017年上海船研所员工学历构成比例 表14-11

学　　历	人　数（人）	比　　例
博士研究生	6	0.55%
硕士研究生	185	16.88%
本科	704	64.23%
专科及以下	201	18.34%

2017年上海船研所员工技术职务构成比例 表14-12

技术职务	人　数（人）	比　　例
正高职称	44	4.02%
副高职称	162	14.78%
中级职称	293	26.73%
初级及以下	597	54.47%

2017年上海船研所员工年龄结构 表14-13

年　　龄	人　数（人）	比　　例
35岁及以下	569	51.92%
36–40	170	15.51%
41–45	117	10.68%
46–50	75	6.84%
51岁及以上	165	15.05%

【风险管控】

加强“两金”压控。将“两金”压控作为基层部门、直属单位年度经营业绩考核的重要内容，列入常态化管理。启动《客户资信和应收账款管理办法》的修订工作，为进一步建立健全应收账款制度体系做好准备。2017 年，上海船研所应收账款实际压降 1.51 亿元，对比年初的压降率为 77.15%；存货实际压降 3.35 亿元，对比年初的压降率为 72.14%。

积极推进企业压减工作。根据集团统一部署，上海船研所共有上海华运工程监理有限公司、上海华振机电五金供应站和上海运顺机器厂 3 家单位列入压减工作计划。经过努力，上半年全面完成了 2017 年压减工作目标。

加强全面预算和风险管控。2017 年，上海船研所进一步加强 ERP 和财务系统的数据交互和应用，通过会计核算和生产经营情况紧密挂钩，确保会计信息的及时和准确性；进一步完善供方管理功能，加强对特殊关联企业黑名单管理；通过技术手段杜绝与特殊关联企业的业务往来；从项目预算出发，跟踪项目进展，定期编制收款计划，加强支付预算管理，在保障经营生产的同时，兼顾平衡各支付因素。

【质 量 体 系】

2017 年，上海船研所继续推进 GJB5000A 体系试运行，年内达到预评价要求；持续改进质量管理体系，消除“两张皮”现象，切实把质量管理工作落到实处，提升产品质量。坚持“业务谁主管、保密谁负责”的原则，完善保密制度，严格保密纪律，确保国家秘密安全。

完成“航运技术与安全国家重点实验室”第二届学术委员会和“航运技术交通行业重点实验室”第四届学术委员会换届工作。顺利通过上海市军工保密资格认证办的现场审查；完成了武器装备科研生产许可证的换证工作。顺利通过中国新时代认证中心对武器装备质量管理体系审核工作。安全生产形势持续稳定，安全生产标准化体系运行正常，全年未发生责任性职工安全伤亡事故和其他安全事故。

【党 建 工 作】

上海船研所党委在总结去年“两学一做”学习教育经验做法的基础上，将推进学习教育活动常态化制度化作为加强思想建党、组织建党、制度建党的有力抓手，统筹部署、细化措施、狠抓落实。一是根据集团通知要求，年初所党委和基层单位（部门）党组织分别组织召开领导干部民主生活会、专题组织生活会和民主评议党员工作，取得实实在在的成果。二是结合自身实际制定《推进“两学一做”学习教育常态化制度化实施方案》，明确基本目标，提出六项基本要求和六项具体任务及措施，并于5月15日组织召开推进“两学一做”学习教育常态化制度化工作布置会，帮助所属各级党组织制定好实施方案和计划，推进各级党组织在真学实做上深化拓展。三是结合集团、船研所推进“两学一做”学习教育常态化制度化实施方案和“两优一先”评选推荐工作，于 5 月 15 日—6 月 14 日，在全所开展以“推进‘两学一做’学习教育常态化制度化”为主题的党员教育月活动。各级党组织围绕主题先后组织开展了一次专题学习教育、一次党员公开承诺、一次主题实践、一次专题组织生活会（即：民主评议党员及“两优一先”评选推荐活动）和一次党员捐款活动；共收到全所在职 431 名党员捐款共计 29 869 元，缴入帮困基金。

在基层党建方面主要开展了以下工作：一是推进党建工作纳入企业章程。按照中央和集团规定，将党建工作写入企业章程。通过修订《公司章程》，补充完善党组织的职责权限、机构设置、运行机制、基础保障、党建工作总体要求等条款，进一步明确企业党组织在公司法人治理结构中的法定地位。二是落实党建工作责任制度。船研所党委制定《2017 年党建工作责任书》和《党建重点工作考核表》，内容涵盖基层党建工作、干部人才队伍建设、纪检监察审计工作、宣传工作和企业文化建设、工会工作、共青团工作，以及其他任务，共六个部分 38 项分解工作，于 4 月初召开的一季度党组织书记工作例会上完成签订。三是加强党建工作量化考核。船研所党委在前期与各基层党组织签订《2017 年党建工作责任书》的基础上，于 7 月 27 日—8 月 3 日，对基层各党组织进行年中党建工作调研，并将调研中发现的问题分别反馈给各党组织要求整改。12月12—14日，由党委书记带队，船研所纪委、监审、组织部门和工团负责人组成考核组，对基层各党组织落实《党建责任书》《党支部工作手册》及“三会一课”等党建工作进行年终考评，并将评分结果报所长办公会作考核结果引用。船研所党委将此项工作作为基层党组织落实党建规范化建设的有力抓手，取得了一定成效。

【廉政建设】

组织召开2017年反腐倡廉建设工作会议，编制《中央、上级关于反腐倡廉建设精神汇编》，及时传达中央、集团会议精神并做好部署。制定《工作任务分解》，细化形成26项工作任务，落实责任部门。组织签订各类责任书和廉洁承诺书，签订率100%。

认真贯彻落实集团关于“直属单位纪委书记不得兼职和分管其他业务并必须参与人事选拔任用初始酝酿”的要求，经所长办公会专题讨论，把前任纪委书记的总法律顾问和分管人力资源工作职责，安排由其他所领导承担，并专门印发《关于所领导分工及工作代理关系调整的通知》。

对审计中心指出的船研所“IT业务”“特殊关联企业”问题高度重视，强调解决时间节点，迅速采取措施，撰写《调研报告》和《启示》，举一反三切实整改；召开总结会全面分析，打造标杆树立样板取得初步成效，全方位堵塞漏洞，较好地履行了监督职责。

完成年度计划审计项目，发现审计问题54个，提出审计建议47条，除立行立改的问题外，其他问题均已纳入2018年整改工作计划。全力做好集团对船研所2个工程建设项目审计的配合、保障；追踪落实2016年审计发现问题，53个均已整改，共计采取措施49条，修订完善制度10项。船研所监审部年内共修订印发3项审计制度，规范流程，规则完善。

【企业文化】

按照年初制定的2017年企业文化系列活动计划，上海船研所精心组织、合理安排，相继开展了元宵猜谜、三八节女工手工体验活动、六一亲子家庭日活动、乒乓球赛、职工体育健身节、棋牌比赛等各项文体活动，培养职工动手能力和团队协作精神，进一步满足职工的精神文化需求，促进企业文化建设。

为使所内环境焕然一新，上半年全面完成航运科研大厦11楼以弘扬企业精神为主题的墙面装饰布置，12楼以对外交流为主题的墙面布置。同时，结合争创全国文明单位，营造争创氛围，在所园区内全面更新和布置宣传刀旗，突出“争创全国文明单位　共建和谐美好船研”的主题。为弘扬先进的企业文化，形成“学先进、赶先进、超先进”的良好氛围，建立宣传栏。此外，在春节前制定《过文明春节倡议书》向全所职工倡议，在船研大厦底楼张贴，倡议文明大厦内企业和职工过“健康、平安、节俭、祥和”年。积极贯彻落实3月1日起实行的《上海市控烟条例》，在所本部、广州和大连等办公地点全面张贴控烟宣传海报，开展宣传设施维护和公益广告播报。组织有关部门做好室内公共场所、室内工作场所禁止吸烟的宣传工作，并设立禁烟标志，通过OA向全所干部职工发布《控烟倡议书》，并在相应的楼宇和食堂进行《控烟倡议书》宣传，积极营造良好的所区环境。

【文明创建】

组织开展三期“道德讲堂”专题讲座。邀请全国劳动模范、第十七届全国党代会代表、中国第一批空嫂代表、上海航空股份有限公司乘务长吴尔愉，结合践行职业精神，作《做更好的自己》专题讲座；邀请上海交通大学医学院附属仁济医院程华丰教授，作《精彩人生健康生活》专题讲座；邀请上海市纪委常委、监察局副局长王永伟，作《讲纪律，守规矩，坚持全面从严治党》专题讲座，以此激发广大干部职工爱岗敬业、干事创业的热情。

以创建第五届全国文明单位为契机，全所各部门（单位）齐抓共管，掀起文明创建热潮。9月19日，由所党委书记带队到集团向市精神文明办领导汇报所创建工作情况，并对船研所创建情况进行评审。经过全所干部职工共同努力，集团和市精神文明办审核推荐，上海船研所当年11月被中央文明办授予“全国文明单位”（第五届）荣誉称号。同年4月，上海船研所蝉联第14届“上海市文明单位”。除此之外，船研大厦成功续创2015—2016年度浦东新区文明大厦（连续5次）。

为履行社会责任，推进社区共建，根据洋泾街道党工委要求，组织接待洋泾社区“两新”党组织负责人共30余人来所参观国家重点实验室；与洋泾社区党工委就党员组织关系排查、船研大厦流动党员活动基地建设等工作开展合作。

积极开展志愿者社会公益服务，与洋泾街道团委、浦东新区第二中心小学、六师附小合作开展“趣味科技进校园”公益科技讲座；组织船研所科技青年志愿者团队为学生们开展科普课程。

【群 团 工 作】

为保障职工的身体健康，组织全所职工的健康体检、女职工妇科体检、特殊工种和新职工健康体检。根据职工反馈情况，每年调整体检内容，更大限度地为职工的个人健康保驾护航。经集体协商，职工、所工会与上海船研所签订《劳动集体合同》《劳动安全卫生专项集体合同》和《女职工权益保护专项集体合同》，做到每年员工健康体检全覆盖，提高女职工专项体检力度。

不定期组织开展“预防为主、消防结合”灭火救援演练，加强职工的安全意识，职工参与率达到100%。建立船研所本部和基层部门两级应急管理体系，劳动保护措施和劳动安全卫生条件符合国家规定的标准，定期开展劳动安全保护教育和劳动保护安全宣传，按要求配备劳动安全防护用品。

开展以“读书启迪智慧，智慧引领创新”为主题的“书香船研”第八届职工读书节活动，通过“读”（阅读美文，有指定书籍和推荐书籍）、“写”（围绕制定书籍撰写读书心得）、“讲”（开展“我的读书故事”讲演活动）系列活动，开展“优秀读书心得”“读书之星”评比，为职工搭建一个读书、感悟、交流的互动平台，多渠道引导职工多读书、读好书，有效提升职工文化素质，推动船研所争创全国文明单位活动向纵深开展。此次活动共收到读书心得35篇、读书故事5篇，经评委打分评出一二三等奖10名。（吴勤范）

中海集团财务有限责任公司

中海集团财务有限责任公司

【概　况】

中海集团财务有限责任公司（以下简称“中海财务”），由中国海运（集团）总公司及其下属中海集装箱运输股份有限公司、中海发展股份有限公司、广州海运（集团）有限公司、中海（海南）海盛船务股份有限公司共同出资，经中国银行业监督管理委员会（简称“银监会”）批准设立的企业集团财务公司。

中海财务于 2009 年 12 月 30 日成立，初始注册资本 3 亿元。2011 年 8 月，公司各股东按原持股比例增资至 6 亿元（含 500 万美元）。2016 年，根据集团整体重组安排，经上海银监局批准，公司完成股东间股权转让，转让后公司股东中国远洋海运集团有限公司持股 10%、中远海运发展股份有限公司持股 65%、中远海运能源运输股份有限公司持股 25%。2017 年 2 月，经上海银监局批复同意（《上海银监局关于同意中海集团财务有限责任公司变更注册资本的批复》），公司注册资本增加至 12 亿元（含 500 万美元），股东及股权比例保持不变。

作为非银行金融机构，公司经营业务范围包括：对成员单位办理财务和融资顾问、信用鉴证及相关的咨询、代理业务；协助成员单位实现交易款项的收付；经批准的保险代理业务；对成员单位提供担保；办理成员单位之间的委托贷款及委托投资；对成员单位办理票据承兑与贴现；办理成员单位之间的内部转账结算及相应的结算、清算方案设计；吸收成员单位的存款；对成员单位办理贷款及融资租赁；从事同业拆借；承销成员单位的企业债券；有价证券投资；代客普通类衍生品交易业务（仅限于由客户发起的远期结售汇、远期外汇买卖、人民币外汇掉期产品的代客交易）；银监会批准的其他业务。

中海财务始终以“依托集团、服务集团”为经营宗旨，以“规范、稳健、服务、发展”为经营方针，以“运作规范、管控有效、客户信赖、员工敬业的一流财务公司”为公司愿景，以“精益求精”为工作理念，不断提高资金运行效率与效益，努力为成员单位提供优质、高效、便捷的金融服务。

【经营效益】

2017 年，中海财务认真贯彻落实监管意见及集团要求，围绕改革重组和提质增效中心工作，灵活开展资产配置，根据滚动预算和市场变化，及时调整资产配置结构，确保收益。截至 2017 年年底，公司总资产 215.95 亿元，全年累计实现营业收入 4.28 亿元（不含投资收益），利润总额 2.67 亿元，出色完成经营效益指标。

【主营业务】

稳步做好信贷、结算、结汇等服务工作。中海财务严格执行集团资金管理相关规定，为集团企业做好贷款、结算及结汇等服务。2017 年，公司自营贷款整体呈上升趋势，年末余额为 57.18 亿元，全年利息收入 21 147 万元；全年累计完成结算业务 26.8 万笔，结算量约 0.9 万亿元；全年累计开展结汇业务 732 笔、售汇业务 108 笔，累计结汇 6.49 亿美元、售汇 0.43 亿美元。稳定、合规的服务，不仅保障了集团资金安全，同时有力地支持集团各成员单位的业务发展。

把握机会，灵活配置金融资产。中海财务合理安排资金头寸，把握市场利率上扬机会，灵活调整资产配置。全年累计实现同业利息收入2.1亿元，投资利息收入0.4亿元，投资收益率达5.76%。截至12月底，投资业务余额超10亿元，投资业务持仓品种中无涉及违约，以及有违约预期的标的，所有到期投资项目均正常收回并取得预期收益。

【改 革 重 组】

根据集团批准方案，财务公司筹备组及集团职能部门先后多次沟通银监局，争取政策支持，2017年7月3日，向银监会正式上报了《中国远洋海运集团有限公司关于所属两家财务公司整合重组情况报告》。9月，银监会同意将公司整合方案报国务院进行特批，于10月初反馈了原则性同意意见，并批转上海银监局处理。

在改革重组筹备期间，中海财务成立筹备工作领导小组、专项工作组，建立两地集中办公、签报、会议等工作机制，推进业务合并、系统衔接、流程梳理、制度修订、人员安置等各项具体工作，初步完成中远海运财务（筹）组织架构，总公司11个部门、分公司5个部门职责和近100个岗位职责编制，以及合署办公和人员安置方案。

公司坚持快改、深改，紧抓业务、制度、流程、系统等改革重组关键点，制定了信贷、投资、账户资金等合并方案，完成了业务统一管理、统一审批，形成业务互补，推动上海和北京共十三家集团企业新结算模式成功试点。梳理完成总公司13个业务类别共163项行政管理类制度、分公司4个业务类别共7项行政管理类制度，明确各项主要工作开展流程。

在维护改革稳定方面，公司按照既定整合重组工作部署，积极开展合并宣贯工作，顺利通过中海集团财务有限责任公司与中远财务有限责任公司以吸收合并方式进行重组整合的员工安置方案。建立了筹备期间后勤保障、安全稳定运行等机制，筹备领导组定期集中开展异地办公，关心员工动态，及时通报重组整合进展情况，确保重组过程的资金安全及员工队伍稳定。

【经 营 管 理】

积极配合落实集团结构调整、供给侧结构性改革措施，按“三去一降一补”的工作要求，配合完成压减企业的销户工作，年内共完成账户清理（转挂接）账户500多个；加强内部融通，积极支持去产能、去杠杆工作，全年累计发放贷款52笔，累计金额128.44亿元，为降低集团负债率提供辅助支持。在保证集团资金流动性的前提下，结合集团重组重点板块船员、教育、信息等成员单位制定优化金融资源配置方案，全年贷款平均利率3.78%，同比下降了17个基点。同时利用业务整合的有利时机，多渠道了解客户需求，加强与成员单位的业务融合，在利率、汇率、信贷、票据、保理等方面开展业务研究，为下一步更好地为成员提供金融服务打好基础。

加强预算管理，不断提升资金周转效率。通过每日预算滚动反馈，实时掌握公司资金存量及各项资产预算完成进度；通过每周市场策略会，逐一分析各业务板块的预算完成情况，加强月度预算执行控制；通过每月经济效益分析会，定期总结预算完成情况，及时发现、调整经营活动中出现的问题；通过季度考核，监督考核预算管理工作的实效性。公司以上述季、月、周、日四个层级管理抓预算管理工作，涵盖资金预算、配置、执行、调整及监督各环节，实现灵活配置资产，确保金融服务质量，兼顾经济效益。

【信息化建设】

中海财务重视信息化工作，利用合并重组机会，升级改造了主营业务系统（TMS）、SAP、OA及综合报送四大信息系统。公司原有主营业务系统为招商银行上海分行开发运维的TMS系统，经过为期4个月的系统调研、开发及测试，于2017年第二季度平稳切换为招商银行总行开发的TMS系统。截至2017年年底，公司已基本完成各类系统上线准备工作。

【风险管控】

2017 年，中海财务积极落实年度监管意见，扎实开展自查整改和专项治理工作，完善制度、加强问责、调整资产结构，进一步提升公司风险管理水平。

根据银监会统一部署，中海财务组织开展“三违反、三套利”“四不当”“银行业风险防范”“银行业市场乱象整治”“信用风险专项排查”“两会一层风控责任落实”等专项治理工作，范围覆盖公司制度建设、合规管理、风险管理、流程及系统控制、绩效考核等多个方面。公司制定实施《董事履职评价管理办法》《监事履职评价管理办法》《董事及高级管理人员问责管理办法》《员工问责管理办法》等制度，并对现有规章制度进行全面梳理，坚持风控合规导向，完善规章制度体系建立非现场监管报表报送的专项汇报、多岗复核等工作机制，以确保填报数据准确有效。

通过完善投资风险等级、调整资产结构，不断强化风险管理，落实问责机制。公司对 2017 年度自营证券投资业务额度按风险等级进行划分，分为较低、中、较高、高四个风险等级，并赋予相应的配置权重及额度。截至 12 月末，公司低风险投资资产占比 51.38%，未新增债权融资类信托或资管计划产品投资。同时，加强差错考核问责，建立专项检查督促整改机制，落实绩效奖金扣罚制度，有效督导违规、错报数据部门及人员，降低差错率。

【人才队伍】

2017 年，中海财务在干部人才队伍建设中，认真贯彻集团关于教育培训工作的指示精神，以党的十九大精神为指导思想，以建设高素质干部队伍为目标，积极探索新形势下干部培训工作的新途径和新方法，不断拓宽培训渠道，使公司干部人才队伍的政治思想素质和专业知识水平得到进一步提高。

注重干部人才教育培训，积极组织干部和专业人才参加各级各类外部业务培训，推进各类人才的培训和储备。全年共组织参加集团、财务公司协会、银监会及其他外部培训机构的各种培训的员工共 61 人次，培训课时累计超 1145 课时。

深化干部员工的绩效考核。通过不断修订绩效考核指标，完善绩效考核内容，加强对干部工作的考核，落实绩效管理，实施干部考核机制和工作实绩挂钩。

【党群工作】

按照集团《关于深入学习宣传贯彻党的十九大精神的通知》要求，公司坚持以学习贯彻党的十九大精神为主线，精心组织部署，通过党员群众自学、中心组学习、支部专题学习、班子领导带头专题研讨、专题网络学习、讲座、报告会等形式，利用公司网站、宣传板报、微信等宣传方式，多层次、全方位地抓好学习贯彻落实。

扎实推进“两学一做”学习教育常态化制度化，始终把“两学一做”学习教育与全面从严治党、改革重组、提质增效和践行“四个一”理念中心工作紧密结合，通过专题党课、现场党课、微信群推送、党员大会、支委会、组织生活会等多种方式开展学习教育，把“两学一做”融入日常、形成常态、发挥长效，激发基层党组织的创造活力。

落实全面从严治党，不断深化党风廉政建设。与各部门签订《合规管理与廉洁从业考核责任书》，从廉洁从业、合规管理等 4 个方面、11 项内容、20 项具体项目对考核内容进行细化，夯实各部门党风廉政建设，以及案件防控工作“一岗双责”责任的落实，强化日常部门对员工的合规及廉洁从业管理。与中层干部、关键业务岗位人员签订《廉洁承诺》，与交易对手签订《廉洁协议》，加强对党员干部廉洁从业的监督管理。

开展党员“政治生日”活动，向当月入党的党员发放政治生日贺卡及熊猫船长纪念礼物，通过一张小小的贺卡，提醒党员自己的政治身份，进一步强化每位党员身份意识，激发党员同志的自豪感和归属感。

注重对群、工、团工作的支持和领导，通过群团组织丰富多彩的文体活动，让“四个一”理念不断在基层、在具体工作中落地生根。组织开展职工摄影比赛、徒步健身、“2017 上海国际易跑赛”、“‘精武杯’第十五届传统武术比赛”、先进集体个人疗休养等活动，不断提高员工的凝聚力和参与度，激励职工立足岗位，以饱满的精神和昂扬的斗志，投入到企业改革发展各项工作中去。

根据集团的推荐，积极开展上海市文明单位的申报活动。通过公司全体员工积极努力，公司再次被评为上海市文明单位。同时，作为集团推荐单位，公司团总支获“中央企业五四红旗团支部”的荣誉称号，公司工会获“上海市模范职工之家”的荣誉称号。

2016—2017 年中海财务主要情况见表 14-14。

2016—2017 年中海财务主要情况（单位：亿元） 表 14–14

类　别	项　目	2016 年	2017 年	备　注
财务状况	总资产	143.01	215.95	—
	净资产	8.94	17.07	—
	营业总收入	3.5	4.28	—
	利润总额	1.4	2.67	—
业务规模	存放同业	75.98	136.05	—
	信贷资产	54.16	57.18	—
	投资理财	5.41	10.16	—
	吸收存款	133.55	198.09	—
员工队伍	年末员工总数（人）	63	56	—

（赵燕青）

中远财务有限责任公司

中远财务有限责任公司

中远财务有限责任公司（简称“中远财务”，英文 COSCO Finance Co., Ltd.），原属于中国远洋运输集团。2016 年 1 月 4 日，经国务院批准，中远集团与中海集团重组成立中国远洋海运集团有限公司。截至 2017 年年底，集团经营船队综合运力排名世界第一，其中，集装箱船队规模居世界第四，干散货船队运力、油轮船队运力、杂货特种船队均居世界第一。

【经营概况】

2017 年，中远财务严格按照中远海运集团年度工作部署，自觉践行“一个团队、一个文化、一个目标、一个梦想”文化理念，较好地完成了以公司重组整合、提质增效为重点的各项任务目标，取得了良好的经营业绩。截至年末，公司实现营业收入（不含投资收益）10.93 亿元，利润总额 3.7 亿元，超额完成全年任务目标；实现净资产收益率 10.39%，同比增长 1.39 年百分点；资产规模 346 亿元，各类财务指标均符合监管要求。

【信贷业务】

按照集团产业集群的发展战略，结合央企“减负债、降杠杆”的监管要求，中远财务秉承“依托集团、服务集团”的基本功能定位，着力加强资金余缺调剂、提高集团整体资金使用效率，严格控制资本开支、努力降低资金成本，积极支持集团主业板块的发展，按低于市场平均利率水平的优惠价格给予贷款支持。公司全年发放人民币自营贷款日均余额 78.5 亿元，期末余额 77.91 亿元；人民币委托贷款日均余额 85 亿元，期末余额 93.37 亿元；全年发放美元自营贷款日均余额 3597 万元，期末余额 20 000 万元；美元委托贷款日均余额 6941 万元，期末余额 7500 万元。

【投资业务】

在严监管、降杠杆、控风险的金融形势下，中远财务严格按照监管部门的新规定、新要求，坚持审慎投资操作原则，一方面增加了低风险投资品种规模，另一方面对存量的高风险投资产品进行清理处置，取得了较好效果。2017 年年底，末公司持仓 9.28 亿元，其中 95% 左右均为固定收益类产品；全年日均投资规模 12.49 亿元，实现投资收入（含公允价值变动）5689 万元。

【结算业务】

中远财务努力贯彻集团资金集中管理各项制度，积极做好资金归集和安全管理工作，协助企业加大对非生产性支出的审核，提升资金管理水平。截至年末，公司的开户企业总数 746 家，其中已集中管理企业 725 家，企业集中度 97.2%；辖内企业外部银行账户总数为 3072 个，其中已集中管理账户 3041 个，账户集中度 99%。公司全年吸收人民币日均存款 285 亿元，同比增长 36 %，全年人民币结算量 8241 亿元，结算笔数 98.2 万笔；吸收美元日均存款 10.6 亿元，同比下降 11%，全年美元结算量 430 亿美元，结算笔数 14.9 万笔。

【结售汇业务】

公司继续推进集中结售汇业务开展，2017

年为客户办理结汇业务 1126 笔，金额共计 8.3 亿美元，办理售汇业务 59 笔，金额共计 0.4 亿美元。业务规模与去年基本持平，全年为成员单位节约财务费用约 871 万元。

【资产业务审批和稽核审计】

中远财务不断建立健全“三重一大”集体决策制度和体制机制，紧密结合金融监管机构的规定要求，积极推进《中远财务公司“三重一大”集体决策制度实施细则》和《中远财务公司资产业务审批和风险管理委员会议事规则》的有机融合。按照每两年内部稽核审计工作全覆盖的原则，2017 年对公司信贷业务、计算机安全与控制和三个延伸柜台进行了审计。全年共实施稽核审计项目 5 个，已完成审计项目 5 个，印发审计报告 5 份，提出审计意见 1 个，审计建议 31 个。

【风险防控管理】

面对“严监管、控风险”的总体形势，中远财务不断完善防控制度和风险评估体系建设，积极组织各项自查和整改工作，进一步提升公司合规管理水平，提高风险防控能力。按照北京银监局统一部署，开展对于“三违反、三套利”“四不当”“银行业市场乱象整治”等专项自查和整改工作，认真学习和领会文件精神，组织各部门认真自查业务开展和管理情况，深挖问题根源，落实整改职责。在此过程中，着手对可能违反“三三四十”中相关要求的投资业务，按照穿透原则摸清底层资产，制定到期收回或提前收回计划，有效防范可能出现的金融风险。

【信息化建设】

中远财务把信息系统建设作为持续发展的有效平台之一，在集团总体战略框架下，不断完善现有 TMS、SAP、综合报送及 OA 四大系统，主动提升公司信息化管理水平；努力加强 MPA、1104 指标实时监控系统建设，及时、准确对接监管报送要求；持续完善内部管理和金融管家信息化服务平台，进一步提升内部金融管理及客户服务质量。

【重组整合】

2017 年是公司改革重组的关键年，中远财务成立筹备工作领导小组和专项工作组，建立了上海、北京两地财务公司统一集中办公、签报、会议等工作机制，制定了信贷、投资、账户资金等合并方案及信息系统建设方案，完成了总公司 13 个业务类别共 163 项行政管理类制度、分公司 4 个业务类别共 7 项行政管理类制度建设，民主通过了公司重组方案和员工安置方案。

【党建工作】

中远财务党委深入学习贯彻党的十九大精神和习近平新时代中国特色社会主义思想，突出全面从严治党主题，不断提高党建工作科学化水平。一是认真组织开展党的十九大精神的学习教育宣传，切实用党的最新理论指导公司改革发展的工作实践。二是全面贯彻党要管党、从严治党方针，进一步加强领导班子、干部队伍和党员队伍建设。三是扎实开展“两学一做”学习教育常态化制度化，充分发挥党支部的战斗堡垒作用和党员的先锋模范作用。四是持续加强作风建设，深入纠正“四风”突出问题，切实加强监督执纪问责。五是坚持职工民主主体地位，不断激发职工群众的内在动力，促进公司持续健康发展。

【社会责任】

中远财务认真履行企业社会责任，积极参与社会公益事业，向中远海运慈善基金会捐款人民币 20 万元，定向援助集团扶贫点和资助中远海运慈善基金会“远航追梦”项目。（史京军）

中远海运财产保险自保有限公司

中远海运财产保险自保有限公司

【概　述】

中远海运财产保险自保有限公司（简称“中远海运自保公司”，英文简称 COSCO SHIPPING Insurance），于 2017 年 2 月 17 日在上海远洋宾馆召开成立大会，正式宣告成立。中远海运自保公司与中远海运集团内各成员单位、外部合作伙伴代表在成立大会上签署全面保险合作协议，中远海运自保公司第一届董事会董事长王大雄主持成立大会及战略客户签约仪式。

自 2017 年 7 月 1 日起，中远海运自保公司正式承保集团所有船舶的保险业务。2017 年，公司实现保险业务收入 2 亿元，实现利润总额 6234 万元，充分发挥了集团赋予的风险管理工具、保险管理平台、风险成本中心的三大职能，顺利实现集团成立自保公司的阶段性目标。

【发展战略】

根据集团“6+1”产业集群的战略规划，集团要大力推动金融业务的发展，金融业务未来要在集团整体业务中占到 50%。中远海运自保公司作为集团金融板块中的重要拼图，一方面为主业提供支持，形成完善的体内循环；另一方面也可以平滑航运业的周期性波动，有助于集团整体经营稳定。公司的愿景是为集团多产业集群快速发展保驾护航，并成长为全球领先的综合性物流供应链服务集团的风险管理专家和中国创新型自保公司的翘楚。

公司的战略定位是集团风险管理工具、集团保险管理平台和集团风险成本控制中心。为了适应集团整体战略规划及各板块业务整合的实际需要，促进集团整体风险管理能力的提升，在集团现有保险资源统一管理的基础上，中远海运自保公司可以进一步深化集团保险资源的整合和管理工作，并基于集团在发展过程中出现的新的风险转移需求和管理要求，借鉴国际先进理念，开发新的保险产品和服务模式，为集团及其所属企业提供成本更低、更加全面科学的风险保障，为集团主营业务的发展保驾护航。

公司也将积极响应国家号召，以实际行动践行“金融支持实体经济”、参与国家“一带一路”倡议，积极履行社会责任。

公司的发展经营主要围绕以下三方面展开：一是进一步完善集团风险管理体系，为集团各层面可保风险的转移提供更为集约化、更高效的资源；二是通过对风险的量化分析、风险转移方案的度身定制，提升风险抑制能力，有效控制集团风险总成本；三是挖掘、分析各级分子公司的风险点与保险需求，灵活创新，量身定制风险控制策略和保险方案，积极创新产品和风险转移方案，为各级分子公司的业务发展提供风险融资保障。

【业务经营】

中远海运自保公司 2017 年开业首年实现保险业务收入 2.02 亿元，其中船舶保险（含远洋船舶险和增值险、战争保险等）1.96 亿元，占总保费收入的 97%。企业财产险保费收入 285 万元，责任保险保费收入 141 万元。全险种整体保费分出比例为 93%。当年投资收益 7178 万元，净利润 4666 万元。

【企业管理】

中远海自保公司经营管理依法合规，不断提

升企业全面风险管理与偿付能力管理水平。公司成立以后，从组织架构、制度建设、战略规划、合规内控、偿付能力管理体系等方面建立中远海运自保特色的全面风险管理体系架构，并取得一定的成效。自2017年第三季度起，即在保监会风险综合评级（分类监管）评价中保持A类评定，持续保持保险行业分类监管先进行列。在2017年保监会对保险公司开展的偿二代偿付能力风险管理能力评估（SARMRA）中，达到自保行业平均水平。

公司成立后，确立依托集团、加强内外交流合作，与其他自保公司相互取长补短，在不断提升企业品牌知名度的同时，为保险行业的共同繁荣发展尽一份力工作方针。对内，中远海运自保公司对中远海运集团境内外的各家公司进行了大面积、深层次的拜访交流。在保险业务、生产安全管理和科研领域内，与中远海运集团的相关部门深入合作交流，积极有效地履行金融服务实体经济的职能。对外，与中国保监会、上海市金融办、陆家嘴金融管理局、上海航运保险协会等政府、事业单位建立并保持了良好的互通机制，为上海国际航运中心和国际金融中心的建设，以及促进保险业供给侧结构性改革进程中，贡献自己的力量。此外，中远海运自保公司还与国内外直保、再保公司广泛开展深入地合作。

【企 业 治 理】

中远海运自保公司根据《中华人民共和国公司法》《中华人民共和国保险法》及监管要求，建制了完善的股东、董事会（战略与决策委员会、审计与风控委员会、薪酬与提名委员会、预算委员会）、监事会、管理层的“三会一层”公司治理结构。在未成立正式党组织的情况下，公司通过成立临时党组织，形成了健全的行政决策机制。

公司已发布实施包括公司治理文件（公司章程及董事会、监事会议事规则等）、公司基本规章制度、行政综合类规章制度、应急预案等在内共140个规章制度。

“三重一大”由领导班子集体决策，有必要的通过董事会审议后方可实行。在公司“三重一大”决策上，严格执行党纪、国法、公司制度及其他有关要求，通过董事会、总经理办公会讨论决定。2017年，公司共召开8次董事会审议批准24项议案，召开29次总经理办公会审议77个议案，议案内容包括公司经营计划、固定资产、重大业务决策、薪酬福利计划等，完全贯彻了上级党组织与集团的规定。

【人力资源管理】

2017年是公司首年初创期，为践行“集团风险管理工具、集团保险管理平台和集团风险成本控制中心”的职责定位，中远海运自保公司立足于助力集团各产业集群战略发展，遵循保险行业发展规律，树立“国际视野、战略意识、敢于突破、引领创新”的发展理念，抓住国内保险行业快速发展机遇，大力实施“人才、服务、专业化”战略。

总体上，人力资源管理工作以基础建设和稳健性推进工作为原则，围绕“组织构建、制度建设、流程设计、人才引进、薪酬设计、绩效推进”等方面开展工作，将人力资源管理战略规范化、科学化和长期化，使之成为承载公司不断乘风破浪的新引擎。

建立以战略为导向、价值链为核心、行为有效为焦点的人力资源战略理念，全面指导人力资源管理工作开展。并在此基础上，加强制度建设，明确组织架构，通过获取与再配置，建立充满战斗力的人员队伍。充分挖掘集团内部人才资源优势，同时面向社会公开招聘具备保险从业经验的专业人才，通过内部培养和外部引进，持续保持合理的员工队伍结构，统筹搭建人才梯队。

2017年，中远海运自保公司的组织架构：总经理室下设办公室、业务开发部、航运保险部、综合保险部、理赔部、精算产品部、再保部、财务会计部、资产管理部、风险与合规部、审计部、人力资源部、信息技术部13个部门。

2017年，中远海运自保公司有人员37人（含高管4人），中共党员16人，平均年龄35周岁，女性 14 人，硕士及以上学历人员占 65%。在工作人员中具有保险从业经历的人员占 68%，具有航运从业经历的人员占52%，其中具备海外留学、工作经历的人员占比达 32%。现阶段各层级人员配备已基本符合并满足监管及运营需求。

中远海运自保公司兼顾薪酬市场竞争性、内部激励性、公平性为基本原则，结合公司运作特点及各部门、岗位的工作性质，综合考虑岗位价值、专业技能要求等诸多因素，确定适合公司一定发展时期的薪酬分配制度，并兼顾以后年度的延续性。结合绩效考核办法，充分发挥薪酬激励作用，设想分别通过定期、不定期、个别及整体调薪办法，彰显考核力度，让员工切身体会到有效工作成果对薪酬水平的影响。

面对员工队伍刚刚组建完成，同时公司运营全面开展时间紧、任务重的局面，中远海运自保公司以“学以致用，知行并进”为中心，围绕“扬帆起航，勠力前行”“重点学习，专业护航”两个主题，全面推动 2017 年度培训工作的开展。通过“走出去、请进来、纵横向互动”等方式合理利用碎片化时间。以“自保课堂”为载体，定期制作推送精品培训课件，鼓励员工自学，推动线上与线下培训相结合，拓展培训方式，以提升培训效果。同时将培训作为激励、奖励员工的一种形式。利用培训体系，配合绩效管理体系，实施员工能力发展计划，做好干部培养和继任者计划。全年公司共开展各类培训近 110 次。其中，各业务条线专业培训共计近 100 次；公司战略、声誉宣导 2 次；员工综合素养提升培训 4 次；干部管理培训 2 次；新员工和青年人才培训 2 次。培训工作的常态化管理，为公司战略执行提供了有力保障。

【信息化建设】

中远海运自保公司稳步推进信息化建设工作，顺利完成全年各项工作任务。面临开业初期时间紧、任务重的情况，公司克服了重重困难，交出一份令人满意的答卷。

完成保监会系统验收准备工作。年初，为确保顺利通过保监会对系统验收和机房验收工作，公司组织多方力量，通过精心准备、扎实工作，成功地通过保监会专家组的验收，确保了公司如期开业。

完成核心业务系统的优化改造工作。根据业务需求，公司持续对承保子系统进行产品设计和系统改造，进行再保子系统、理赔子系统的优化改造，重新部署新的准备金子系统，确保公司顺利承接集团的保险业务。

顺利完成 SAP 财务系统的切换上线。最终，公司完成财务会计和管理会计模块的实施，以及业财接口、MDM 主数据接口、保监会报送及费用分摊模块等的开发实施。

推动数据标准化建设。在公司信息系统建设起步阶段，公司同步开展数据标准化建设，在集团科信部和中远船务主数据项目组的大力支持下，完成会计科目、船舶、客户、供应商、汇率数据的对接，并对核心业务系统、SAP 财务系统进行相应的改造。同时制定并发布《客户、供应商数据新增流程》，力求通过数据化标准项目，利用集团 MDM 系统来规范公司客商管理流程。

落实保监会要求，推动保单登记系统建设。根据《中国保监会关于建设中国保险业保单登记管理信息平台的通知》《中国保监会办公厅关于启动中国保险业保单登记管理信息平台第二期建设的通知》精神，公司 9 月启动了保单登记项目，先后完成了测试环境搭建、数据映射关系确认、加密机配置、与中保信进行联调测试、正式环境搭建等工作，并于 12 月初完成保险数据的报送工作。

【审 计 监 督】

开业首年，公司审计工作以建章立制、加强人员能力为主。

【企 业 文 化】

中远海运自保公司在建设一支高素质、高效率的团队的同时，积极开展企业文化建设工作，想员工所急，增强员工归属感。加大对内对外宣传力度，高度重视服务提升，通过多种方式与上海市交通委员会、上海国际航运人才服务中心、浦东航运发展促进中心，以及更多的集团企业建立良好互动，加强行业了解和交流，以更好地为公司做好人力资源服务工作，为打赢第一年度战役、扩大公司影响力奠定基础。

【企 业 党 建】

2017 年 7 月，中远海运自保公司成立临时党支部。临时党支部坚持“四个同步”“四个对接”要求，配备专兼职党务工作人员，初步完成党组织建设。落实“党建入章程”工作。在公司章程修订中，明确党组织在公司法人治理结构中的法定地位。明确《中国共产党章程》为《公司章程》制定依据之一。建立健全民主决策程序。在临时党支部领导下，公司党建工作顺利开展。

加强组织学习力度。公司组织全体党员观看党的十九大开幕式，要求部分党员和群众撰写学习心得，及时订购学习教材，持续提升全体员工对党的十九大精神的理解，坚持用习近平新时代中国特色社会主义思想为指导，确保全体员工在思想上、组织上、行动上与党中央保持高度一致。努力打造学习型党支部。为实现公司在新时代做强、做优、做大提供坚强的思想保证、组织保证。此外，公司还组织动员全体中层干部认真学习领会习近平总书记在全国金融工作会议上的讲话精神，努力在工作中贯彻落实习近平总书记的重要讲话精神，严守不发生系统性金融风险的底线。

扎实开展党员工作。及时将司内全部党员的组织关系转入进来。及时、准确地完成党员年报统计工作。在上级党组织的领导下，公司组织全体员工学习党章和习近平总书记系列重要讲话精神，以“三会一课”制度、“两学一做”教育实践活动和廉洁从业主题教育活动为抓手，不断提高全体员工的政治意识。

班子成员率先垂范廉洁自律。一方面在业务招待上严格遵守中央八项规定及集团的有关要求。另一方面，在个人履职待遇上，根据实际情况，主动提出削减个人报销费用。班子成员带头主动学习党的政治纪律和政治规矩，通过案例学习、座谈讨论等形式，不断改进工作作风，提高廉洁从业的能力，守住廉洁底线。帮助集团巩固和发展“一带一路”成果，不断完善和优化全球战略布局保驾护航，为集团在新时代做强、做优、做大国有企业提供坚强的金融保险支撑。

（薛堃　尹天笑）

中远海运（香港）有限公司

中远海运（香港）有限公司

【公司沿革】

1994年8月28日，中远（香港）集团有限公司（简称“中远香港集团”）在香港成立。

1997年经过架构调整，中远香港集团组成中远（香港）航运有限公司（简称“中远香港航运”）、中远太平洋有限公司（简称“中远太平洋”）、中远国际控股有限公司（简称“中远国际”）、中远（香港）工贸有限公司和中远（香港）货运控股有限公司五家行业归口管理公司，同时还拥有包括置业、保险、科技资讯等，以及旅游、酒店在内的其他产业。

2004年12月28日，中远香港集团与原中远集团的中远太平洋投资控股有限公司签订协定，中远香港集团将持中远太平洋有限公司已发行股本约52.4%的权益转让给中远太平洋投资控股有限公司；2004年12月31日，中远香港集团的中远（香港）货运控股有限公司将中远货柜代理有限公司（简称“中远货柜”）100%股权和深圳市景华峰国际货运代理有限公司的股权转让给中远集运。自2005年8月1日起，中远香港集团对中远太平洋、中远货柜行使区域管理职能。

2005年5月，原中远集团决定将中远实业公司、幸福大厦和北京远洋酒店划归中远香港集团，并将三家公司的所有股份委托给中远香港集团管理。完成三家公司接收后，中远香港集团于2005年11月在北京成立了香远（北京）投资有限公司。2006年，中远香港集团通过香远（北京）投资有限公司完成了三家公司改制和股权转让工作。

2006年6月30日，为配合中国远洋推进集装箱境外网点收购项目，中远香港集团与中远集运（香港）有限公司签订协定，将中远菲律宾代理有限公司55%股权转让给中远集运（香港）。2006年9月13日，中远香港集团的中远（香港）货运控股有限公司与中远集运（香港）签署协议，将中远（香港）货运服务有限公司100%股权转让给中远集运（香港）。

2006年12月27日，中远香港集团与中国远洋签署了《中国远洋驻港机构区域管理框架协定》。

2007年8月，原中远集团批准中国远洋收购香港航运和深圳远洋100%股权，中远香港集团由2008年1月起，对香港航运行使区域管理职能。

2008年12月29日，中远香港集团收购中国船舶燃料有限责任公司持有的中燃（新加坡）有限公司65%股权，并相应承担2008年燃油套期保值合同的盈亏，于2009年4月完成转让手续。2009年6月1日，中远香港集团收购中远控股（新加坡）有限公司持有的中燃（新加坡）公司30%股权，中燃（新加坡）有限公司成为中远香港集团的所属全资公司。2009年11月19日，中远香港集团在新加坡注册成立中远石油有限公司（简称“中远石油”）。2010年1月1日起，中远石油正式运作并逐步承接原由中燃（新加坡）有限公司承担的中远船队燃油集中采购业务，执行原中远集团批准的年度套期保值计划；中燃（新加坡）有限公司转为存续公司，于2012年注销。

2010年11月6日，中远香港集团与大连远洋就寰宇船务企业有限公司股权转让及区域管理签署了《寰宇船务企业有限公司交接备忘录》和《委托代管协议》。自2010年11月6日，中远香港集团的寰宇船务企业有限公司100%股权转让给大连远洋，中远香港集团对寰宇船务企业有限公司行使区域管理职能。

2010 年 3 月，原中远集团对中远香港集团退出远洋地产进行了部署并提出要求。中远香港集团于 2010 年 12 月 16 日一次性全数出售持有的远洋地产股权。

2010 年 7 月，中远国际完成对中国香港、新加坡和日本三个地区中远系内境外备件供应网点的重组工作，建立船舶备件供应平台。

2011 年，中远香港集团获独家受让济菏高速有限公司 40% 股权。

2011 年 3 月 18 日，中远香港集团、中远控股（新加坡）有限公司签署《中远菲律宾代理有限公司区域管理职能交接备忘录》，标志着自 2011 年 3 月 18 日起，中远香港集团再次对中远菲律宾代理有限公司行使区域管理职能。

2012 年，中远香港集团以锚定投资者身份及每股 3.93 港元的价格认购了中铝国际工程 IPO 共 59 210 000 股（市盈率约 7.5 倍）。中远香港集团通过所属中远海运（香港）置业有限公司出资 150 万元人民币持有泸州老窖香港公司的 15% 股份。

2013 年 6 月 10 日，中远国际旗下主要从事船舶设备和备件供应业务的全资附属公司远通海运设备服务有限公司与中远欧洲有限公司就收购其全资附属公司汉远技术服务中心有限公司全部已发行股本签署了股权购买协议，收购代价为 1 180 000 欧元（约 11 977 000 港元）。

2013 年 6 月 27 日，中远香港集团所属全资子公司长誉投资有限公司（Long Honour Investments Limited）以 12.2 亿美元的价格受让中远太平洋所持有的中远集装箱工业有限公司 100% 股权和债权。2016 年 3 月 31 日，中远香港集团与中海集装箱运输（香港）有限公司签订股权转让书，中远香港集团将其下属子公司长誉投资有限公司的全部股权转让给中海集装箱运输（香港）有限公司，转让价为 277 097.26 万元人民币。

2013 年，根据原中远集团 2013 年第 12 次总经理办公会决议，中远香港集团所属裕航投资有限公司以 20.58 亿元人民币的价格受让青岛远洋持有的青岛远洋资产管理有限公司 81% 的股权；中远香港集团所属领惠投资有限公司以 16.8 亿元人民币的价格受让中远集装箱有限公司持有的上海天宏力资产管理有限公司 81% 的股权。

2014 年，中远香港集团所属中远（香港）置业有限公司以受让股权方式，投资 18 067 万元人民币，分阶段购入香港九龙贸易中心 B 座部分物业。

2014 年，中远香港集团所属中远（香港）工贸有限公司与英达公路再生科技（集团）有限公司在香港设立合资公司英达智能道路重策划投资有限公司，中远（香港）工贸有限公司持有 49% 股权。

2014 年 8 月 6 日，中远国际全资控股的附属公司远通公司以 472 800 美元（约 3 668 000 港元）作价收购中远美洲公司全资附属公司远华技术与供应公司 51% 股权。

2014 年 9 月 5 日，中远（香港）工贸有限公司与河北交通投资原集团公司在石家庄市举行了京石改扩建项目合作合同签约仪式。京石改扩建项目道路总里程达 225 千米，双向八车道，于 2012 年 9 月 28 日开工建设，投资总额 188.8 亿元人民币，是原中远集团迄今为止在互补产业领域单体投资额最大的项目。同年 12 月 21 日，京石高速新路全线顺利开通运行，该项目的成功推进是原中远集团互补板块投资的重要成果。

2015 年，中远香港集团认购中集集团定向增发 H 股 65 099 638 股，认购价格 13.48 港元/股，实际投资金额 69 864 万元人民币。在认购中集集团定向增发 H 股的基础上，按照原中远集团批复，增持中集集团 H 股 7200 万股，实际投资金额 7540 万元。

2016 年，中远香港集团将持有的长誉投资有限公司 100% 股权出售给中海集装箱运输（香港）有限公司，为集团改革重组和搭建金融产业集群作出贡献。

2016 年 4 月 8 日，中远香港集团与希腊共和国发展基金正式签署比雷埃夫斯港务局股权的转让协议和股东协议，以 3.685 亿欧元（约

27.145 亿元人民币）收购比港管理局 67% 的股权。2016 年 8 月 10 日股份交割后，香港中远海运持有该公司 51% 的股份，为第一大股东。

2016 年 5 月 10 日，中国远洋海运集团下发了《关于中远（香港）集团有限公司名称变更的通知》，确定公司更名为中远海运（香港）有限公司〔简称“香港中远海运”，英文简称 COSCO SHIPPING（Hong Kong）〕，并于 2016 年 11 月 1 日起生效。

【经营效益】

2017 年，香港中远海运秉承“全力创效、合力创业、大力创新”的“三创”理念，牢牢把握“稳中求进”工作总基调，围绕提质增效、改革重组等重点工作，迎难而上推改革，凝心聚力谋创新，攻坚克难促发展，各项工作均取得较好成效。

香港中远海运 2017 年营业收入 2 877 093 千美元，利润总额 246 899 千美元，资产总额为 7 254 821 千美元。剔除 PPA 公司，香港中远海运 2017 年考核利润总额 228 594 千美元。

在涂料业务方面，2017 年涂料市场持续激烈竞争，市场出现低价抢客的情况，同时 2017 年集装箱市场未见全面复苏，年内国家推出“禁油推水”政策，导致箱漆需求大幅波动，中远关西在由水性箱漆取代油性漆的转换中，得益于“禁油推水”的尾盘效益，船漆和工业漆销量大增，销售量和营业收入同比均出现较大幅度的增长；箱漆销售量同比大幅减少，整体涂料销售量只达 4.6 万吨，虽然未能达到指标要求的 5.4 万吨要求，但仍然比 2016 年增加 25%。在修造船市场低迷、市场竞争激烈、原材料同比上涨 25% 的情况下，中远佐敦仍保持新造船 30% 的市场份额，涂料销售额达 17.55 亿元人民币，同比持平；但毛利大幅下滑，利润总额为 1.2 亿元人民币，同比下降 32%。

在船舶代理业务方面，2017 年船贸的经营情况较 2016 年理想，由于部分由 2016 年延至 2017 年交付，令本年度新造船销售较 2016 年增加 54%，由 2016 年的 22 艘增加至 2017 年的 38 艘，船舶保险继续保持系内集中绩保的优势，保持平稳。2017 年，全年船舶代理营业额为 3048 万美元，比 2016 年上升 22%；2017 年船舶代理营业额为三年最高。

在船舶备件供应业务方面，2017 年中远远通经营管理总部并入中海通船舶供应有限公司，香港远通与中海通在信息系统、人员、财务、管理等各方面深入融合，远通平台根据市场变化，不断扩大船况检测设备、船舶动力系统运行检测装置等代理范围，为系内主要船队提供了一站式解决方案，令船舶备件供应业务扩大。2017 年船舶备件供应业务营业额达 17 030 万美元，比 2016 年增加 24%，成为三年最高。

在保险业务方面，2017 年 7 月 1 日集团自保公司成立，按照集团规定，各公司可自行安排自保公司可承接范围的业务。保险顾问将最重要的水险业务交与自保公司安排，收入大幅减少。但保险顾问加大力度开拓系外业务，确保 2017 年营业收入 1239 万美元，同比增加 1.1%。

在公路业务方面，2017 年通行费收入 35.21 亿元人民币，同比增加 18.67%，原因是京石高速车流量有大幅增长；济菏高速车流量增长较快，京石改扩建后经营条件日益完善，车流量增幅扩大显著，带动整体板块实现较好的增长。

在箱标生产业务方面，2017 年国家出台新环政策，箱东大量淘汰油性漆造箱，改造水性漆新箱，导致 2017 年箱标业市场明显复苏，业务量大幅增长。

在铝材生产业务方面，2017 年江门铝业继续以深加工铝制品、工业型材等高附加值产品为生产经营方向，但受国际货币汇率波动影响，海外订单没有大幅增加，内部市场及国内需求仍然疲弱，大客户订单量储蓄减少，中小客户订单量不稳定，2017 年完成铝制品营业收入 1.902 亿元人民币，同比减少 0.94%。

在香港地区物业出租业务方面，中远海运香港置业认真进行市场调研，紧贴市场形势变化，适时调整租赁策略，确保高出租率的同时，稳步提升物业租金水平。香港物业租金收入 3 198.2

万美元，同比减少 38.1 万美元，下降 1.2%，主要是受写字楼租金收入略降影响；写字楼新租约租金价格上升 11.7%，住宅新租约租金价格上升 8.3%；全年写字楼平均出租率 92.1%。

【发展战略、改革重组】

香港中远海运积极响应国家关于维护香港地区繁荣稳定和推进粤港澳大湾区城市群发展规划落地的政策号召，以集团“6+1”发展战略为引领，利用自身的区位优势、资金优势和历史积淀，“深耕香港、立足湾区、面向全球”，积极开拓粤港澳和其他境外区域业务，努力实现转型升级，成为香港中资企业的重要力量，为集团优化产业结构、实现跨越式发展起到关键的支持作用。香港中远海运主要定位于三大平台功能：一是集团非金融类业务的核心投资平台，引领和参与集团对境外非金融类业务关键领域、重点项目的重大投资。二是航运服务产业集群统一经营平台，提升航运服务保障能力，支持集团航运产业健康发展，并开拓第三方客户市场，成为国际领先的航运服务公司。三是在现有高速公路投资的基础上，拓展成为国内外基础设施领域的投资平台。

香港中远海运认真落实集团在重组整合方面的部署安排。一是协助集团做好信息化股权整合工作。香港中远海运所属五家公司中远海运网络有限公司持有的中远网络（北京）有限公司 60% 股权、中远网络物流信息科技有限公司 51% 股权、北京数字中远网络技术服务有限公司 100% 股权、中远网络航海科技有限公司 100% 股权，以及中远海运网络有限公司下属中远资讯科技（香港）有限公司持有的上海中远资讯科技有限公司 40% 股权，全部以协议转让方式，由中远海运科技股份有限公司收购。二是按照集团要求做好船贸业务重组工作。香港中远海运研究制定了两套重组方案，各项工作进展顺利。

按照集团改革重组的总体部署，由时任集团副总经理王宇航任组长、集团 IMO、战略与企业管理本部、人力资源本部 / 组织部和香港中远海运共同组成整合工作组，本着“整体谋划、精简高效、突出主业、创新发展”的原则，按照集团对香港中远海运的战略定位，对公司的业务布局、发展目标、组织和管理架构、整合原则和路径、人员安置等方面进行了深入讨论和分析，研究制定了机构和业务整合改革重组建议方案，报集团批准予以实施。

【企 业 管 理】

香港中远海运认真贯彻落实集团关于体制机制创新的工作部署和要求，本着“整体谋划、精简高效、突出主业、创新发展”的原则，按照集团对香港中远海运的战略定位，研究制定了公司机构和业务整合方案，并做好具体落实工作。

一是推进压减工作，瘦身健体取得新成效。加强改革重组与压减工作深度融合，做好顶层设计，确保压减效率和质量，按照集团“管理 4 级、法人 5 级”的总体目标，制定并严格执行压缩管理层级工作方案，推进压减工作。公司的法人层级已经控制在 5 级以内，管理层级控制在 4 级以内，符合国务院国资委和集团的总体要求。

二是作为集团董事会管理的试点单位，公司严格执行集团规范董事会运作的有关规定和要求，建立了董事会管理制度，董事会运作有序开展。年内，公司组织香港中远海运第一届董事会召开了六次会议，以及董事会专门委员会会议，审议并通过了 31 项重大议案，有效促进年度重点工作的开展和落实。

三是继续严控成本，加强成本控制事前、事中的管控。从成本发生的源头抓起、从成本发生的动因抓起；树立控制成本就是增加效益的观念，对各个业务流程、业务细节进行仔细梳理，寻求进一步压缩成本的空间，探索进一步压缩成本的办法，从而通过抓好成本控制工作，实现降本增效。2017 年，公司可控管理费用（不含 PPA 公司）同比下降 13.5%，为全年预算的 76.3%。其中，差旅费、会议费、业务招待费、办公费、出国人员经费、邮电通讯费六项费用同比减少 20.1%，为全年预算的 62.6%。

四是坚持财务稳健原则，提高财务风险防控

意识。香港中远海运加强运营资金动态管理，确保资金链安全；发挥公司融资优势，合理筹划资金，加强与金融机构紧密合作，提高存量资金收益；强化资金集中统筹使用，挖掘内部资源，减低对外融资风险；加强对汇率、利率风险的监察和控制，合理筹划资金安排，有效控制汇率、利率风险。

五是深化改革、提质增效工作部署，推进企业精益管理。压控“两金”存量和增量，提高企业运行效率和质量，贯彻落实国务院国资委关于中央企业做好2017年“两金”压控要求，并遵照集团制定的“两金”压控方案，认真做好香港中远海运2017年度的“两金”压控工作。按照2017年集团下达的“两金”压控工作目标共五项，其中三项应收账款指标及一项存货指标都顺利完成，另外一项存货增幅指标于剔除当年度特殊因素后亦顺利完成。

六是优化绩效考核机制，完善考核体系。将项目开拓指标纳入2017年对所属公司的考核指标体系，实现了绩效考核从日常性指标向成长性指标的转变。

七是优化工作流程，提高工作效率。为了便利操作和完善办公系统的功能，公司配合集团协同办公系统的推广实施方案，与集团办公系统建设单位联合成立了专门工作小组，进行了大量的沟通工作；按照自身情况，对OA办公系统的办公流程提出新的流程设计和实施方案，通过简化原有的繁复流程和精简工序，减少操作人员的工作重复性与压力，提升办公效率。

【经营管理】

香港中远海运以“创新、协调、绿色、开放、共享”五大理念为导向，以“去产能、去库存、去杠杆、降成本、补短板”五大任务为目标，全面指导所属企业开展生产经营活动，紧扣有效落实提质增效工作，咬紧全年经营指标不放松。

2017年，香港中远海运的业务经营面临市场波动、原材料价格上涨、需求下滑等不利因素。面对复杂局面，公司对各下属公司作出全面部署，从客户、业务、提质增效三方面入手，力求增加收入，持续加大营销服务力度，建立客户，尤其是优质客户的关系管理体系，继续探索、研究新业务、新模式，坚定实践“创新驱动发展”战略，实现“以新带增”，抓好增量，千方百计实现增收创效；继续严控成本，加强成本控制事前、事中的管控，从成本发生的源头抓起、从成本发生的动因抓起；树立控制成本就是增加效益的观念，对各个业务流程、业务细节进行仔细梳理，寻求进一步压缩成本的空间，探索进一步压缩成本的办法，从而通过抓好成本控制工作，实现降本增效；强调重视经营风险管控，以稳健的作风开拓业务，加强风险控制，确保落袋为安。

一是全面提升营销服务，市场拓展实现新突破。香港中远海运要求各经营企业以市场为导向，以客户为中心，全力提升营销服务水平，努力争取增收创效。香港中远海运主要领导带头，主动营销，积极营销，推进“建立大客户”战略施行，强化战略性合作：年内多次集中开展大客户统一拜访活动，分别拜访了中海发展、中远海运能源、招商集团等VIP客户。船贸2017年新造船交付和二手船出售数量均创近年来的新高；远通平台系外业务利润同比增加超过30%；中远关西顶住压力克服困难，新型水性涂料产品成功争取到客户和市场的接受与认可；公路企业加强服务意识、经营意识，在挖掘内部资源方面努力提升，与相关的养护公司加强横向依托，相互支持，通过内部资源的整合实现了产业升级。江门铝业以积极打造深加工铝制品、工业型材等高附加值产品为生产经营主方向；深圳新世纪积极探索转型升级之路，努力发展设备自动化，加强精细化的成本控制，不断提升产能；网络公司继续在信息产业化和产业信息化方面不断努力和尝试；中远旅行社的系外业务比重达到85%。

二是盘活存量做足增量，经营发展迈上新台阶。香港中远海运结合自身经营发展实际，加强闲置、低效资产核查，推进资源盘活整合，同时用足区域优势，突破发展瓶颈与困局。在盘活存量方面，中远海运香港置业全面梳理现有物业资产，严控风险，成功放售三湘大厦物业，账面收益率达350%；抓住时机，放售大角咀福泽街物业，账面收益率达 115%，为未来置换优质资产做好资金准备。香远北京公司完成马驹桥物流中心地块使用权转让，规避经营风险，实现账面收益。在做足增量方面，香港中远海运在集团统一部署下，参与国家“一带一路”倡议实施，以投资主体身份参与希腊比雷埃夫斯港投资，为集团“走出去”战略作出重要贡献；高速公路企业仍然是公司创效大户，根据形势发展，结合雄安新区建设和京津冀一体化发展，不断提升服务，利润同比增加近 40%；江门铝业优化产品结构与开拓新市场并举，深加工产品比例持续增加；中远海运香港货运积极开拓跨境电商物流仓业务，强化区域协同，取得积极进展；中远海运香港置业持续优化现有物业资产，积极探索与推进海外物业市场拓展，重点做好英国伦敦写字楼项目调研和纽约办公楼盘活项目准备工作，与此同时推进永丰大厦改造项目，提升市场价值。

三是推进财务集中管控，降本增效取得新成果。香港中远海运以公司重组改革为契机，以财务系统建设为抓手，积极推进财务集中管理。香港中远海运持续推进 SAP 财务信息系统建设和 MAS 费控系统上线实施，2017 年末有 79 家单位使用 SAP 财务信息系统，实现 SAP 财务信息系统覆盖率超过 70%。同时，香港中远海运就各公司存在报销要求不同、管理制度标准不清晰的情况，对报销流程、要求逐一规范和梳理，2017 年管理费用较预算降幅为 15.8%。为进一步加强货币资金管理，建立安全、有效的资金集中管理体系，充分发挥整体资金优势，香港中远海运资金集中管理平台已完成初步搭建，并已集中香港地区非上市公司闲散资金进行统一管理；香港中远海运充分发挥公司融资优势，加强与金融机构紧密合作，降低融资成本并提高存量资金的收益水平。

四是直管公司加强客户营销，取得明显成效。中远旅行社努力开拓船员机票客户，新增中外运长航、安顺船务、招商局等多家客户，开源增收；加强产品开发，推出观光邮轮、“水晶巴士”、青少年“先锋夏令营”等多元化服务产品，开发海外游、本地游、青少年市场，提高经营收入，系外业务比重已经达到 85%。中远酒店通过“早鸟行动”及“三日连住优惠”活动，提前锁定客源和收入，做到“淡季不淡”；借助“互联网 +”整合资源，与携程、Booking、Hotelbeds 等各大网络公司合作，拓宽业务渠道，增加收入。江门远辉与国内知名电器品牌国美电器达成合作，国美电器江门中远大厦店 11 月 25 日正式开业。

【资 本 运 作】

香港中远海运积极推进重大战略项目落地。根据集团的战略部署，香港中远海运积极推进、落实中远海运资产管理公司和南通重工增资项目，为了南通中远重工有限公司改善资本结构及增添发展动力，香港中远海运与大股东中远造船工业公司达成共识，按股比向南通重工共同增资 2 亿元人民币。其中，香港中远海运出资约 9800 万元人民币，此次增资将有助于南通重工企业转型及增强企业可持续发展潜力。

2017 年 12 月，为配合集团在改革重组后资源的有效配置，在集团统一部署下，香港中远海运所属香远（北京）投资有限公司以现金 14.42 亿元人民币入股中远海运资产经营管理有限公司，占其增资扩股后的股比为 24.7%，成为第二大股东。

2017 年，香港中远海运多个其他投资项目也正处于积极推进中；全力支持和配合集团运作东方海外收购项目，为集团重大战略项目落地作出了积极的贡献；齐鲁高速公路 H 股上市项目、深创投亦庄基金项目、常熟耐素项目、船舶油污水处理项目、龙腾新能源项目等已完成论证，正在履行内部程序；对碧科项目、立生医药项目、海外物业投资项目等开展了可行性研究，积累了经验，锻炼了团队。

此外，香港中远海运持续推进低效无效资产的处置工作。茂源发展有限公司、上海悦洋钻石有限公司已完成注销；关闭中海香港贸易公司、中海深圳贸易公司的方案已获批复，正按计划推进；京华公司股权转让评估工作已结束。

【安全生产】

香港中远海运认真履职尽责，落实主体责任，保证安全稳定；各级领导认真履职尽责，各层级企业切实落实安全主体责任，认真贯彻落实集团对安全工作的整体部署和要求，认真完成公司安委会布置的重点安全工作任务和考核指标，抓实、抓细日常安全管理。经过全体员工共同努力，全年没有发生生产安全事故和劳动安全事故，以及对社会有负面影响的群体性上访事件和其他恶性事件，实现了第六个“三零”安全管理年目标，为公司改革发展和提质增效提供了稳定可靠的安全环境。

一是坚持持续改进，夯实安全基础，推进达标建设。公司本部继续完善安全管理制度，先后制定下发了《安全生产监管办法》《安全隐患排查治理规定》《安全生产事故报告和调查处理规定》；公司根据安全生产工作实际，在推进基层企业体系融合和持续改进上下功夫，夯实安全基础，推进达标建设；9 家实体企业完成了达标认证，其中 3 家从三级企业提升到二级企业，1 家直接申报并通过二级企业认证，4 家企业通过首次认证或换证审核；安全管理体系化、规范化、程序化水平明显提高，对体系运行的监控力、对体系的执行力明显加强。

二是加强现场管理，全面深入排查，消除事故隐患。公司持续做好隐患排查治理工作，有效减少各类隐患的发生；结合季节性特点和安全管理重点，以开展工班组专项整治为契机，组织开展了劳动密集场所专项消防安全、防台防汛、冬防、分承包方管理、危化品管理等专项检查，多次接受上级检查；在安全大检查期间，公司本部首次对高速公路板块进行了现场检查，基层企业排查安全隐患 1539 项，全部得到治理。

三是完善培训体系，专项日常结合，确保培训到位。公司注重完善培训体系，积极组织开展本部、基层和车间的三级培训，并在培训手段和方法上下功夫，针对危化品企业安全管理人员和一线重点岗位操作人员等关键人群，做到精准培训，努力提高教育培训的针对性和效果；派员参加了集团组织的各次安全专项培训；公司本部组织了 43 人参加的应急知识专项集中培训，各基层企业在培训会上从不同层面分享了各自的安全管理经验；各基层企业还结合上级要求和管理实际，组织危化品企业管理人员、特种作业人员参加了专门培训，组织了面向管理人员、面向一线作业人员的应知应会安全知识、岗位安全知识的日常培训，全年培训超 8000 人次。

四是强化船舶管理，确保航行安全，拒海盗于舷之外。船公司继续坚持“全程式”管理方法，全面落实法律法规要求，持续改进体系文件，加强对航次计划的严格审核，加强现场检查，加强重点跟踪，落实日常指导，确保航行安全；继续强化机务管理的计划性，按照全生命周期管理方法，科学、合理安排机务投入，加强船舶船体、“四机一炉”、救生消防设备维护保养，严格执行船舶能效管理计划，加强污水排放管理，保证船舶正常营运；按照集团要求和防海盗形势，指导船舶做好防海盗、防偷渡各项工作的落实，全年航行海盗活动高危区 15 艘次，没有发生海盗袭击、袭扰等突发事件，挂靠非洲港口 5 艘次，没有发生偷渡事件。

五是抓住关键项目，抓住薄弱环节，做好专项安全。公司认真组织开展驾驶台班组和现场工班组专项整治活动，夯实安全管理基础，取得预期效果；抓好危化品厂两个项目管理，对中远佐敦新完工仓库验收情况进行复查，确认符合设计规范和安全要求，结合达标认证，加强对中远关西金山工厂正式生产阶段的安全管理，确保正式生产后的安全；抓住薄弱环节，开展专项行动。对劳动密集型企业消防安全进行专项治理，摸清底数，进一步明确和落实消防安全管理责任，完善消防设施建设，建立长效管理机制，提高火灾防控能力，强化对分承包方的安全管理，将分承包方纳入公司日常安全管理范围，切实按照安全生产法的规定，与分承包方签订专门的安全管理协议，对分承包方实行有效监督，针对高处作业安全管理不规范的突出问题，下发指导性文件，指出风险所在，明确管理要求，对存在较大风险的作业作出了禁止性规定；加强防抗台风工作，公司高度重视防台工作，指导各企业完善应急预案、强化应急演练，健全应急措施，增加应急物资储备，加强值班防守，确保在台风正面袭击时没有发生人员伤亡事故和重大财产损失；开展“安全生产月”等群众性安全活动，近万人次参加了案例教育、安全知识培训，以及人员疏散等各类应急演练；抓好节能减排工作，完成了各项考核指标，公司还加大了对环境保护的力度，金山厂投资近700万元人民币，安装了废气收集焚烧装置，三地涂料厂加大水性漆生产比例，有效缓解了环保压力。

【法务风控】

香港中远海运紧紧围绕公司“重塑组织架构，实现经营前移、管理上移”的改革思路和拼搏效益的中心工作，提出了“突出重点、全程覆盖”的风险管理工作原则，重点关注资产整合、投资管理、大宗贸易、压减层级等方面的法律问题和风险因素，为公司各项工作的顺利开展提供了积极的支持。

一是突出公司本部在法务和风险管理中统筹和领导作用。4月初，集团总法律顾问叶红军在与香港地区法务人员座谈时指出，作为区域公司的法务管理部门，要“站高看远”，逐步由具体处理法律问题转向对所属单位的法务和风控进行统筹管理。香港中远海运按照叶总的指示精神，在做好日常具体工作的同时，重点加强对所属单位法务和风控工作的监督指导。年初，香港中远海运要求各单位进行风险评估，识别本单位的风险点，并汇总到公司本部，经过综合评估，确定了公司层面的风险领域。公司经过讨论比较，将客户信用风险、市场波动风险、大宗贸易风险、清算法律风险、化工品安全风险、税务风险作为公司层面重点监控的风险点，在风险评估的基础上，对各家的风险点进行监控，并要求各单位定期报告。

二是从制度建设入手完善法务和风险管理机制。依据香港中远海运现行的各项管理制度，公司修订完善了《风险管理手册》，从总体目标、工作职责、风险评估、风险应对、工作重点等方面入手，加强对关键风险点的管控。各下属单位按照集团的要求和香港中远海运的部署，也有序推进各项规章制度的修订完善工作。

三是坚持依法合规，稳妥推进压减工作。压缩管理层级、减少法人数量、实现瘦身健体，这是集团提出的硬任务。在推进压减工作过程中，公司法务人员认真负责，积极参与压减工作方案制定和实施，特别是在关闭公司的过程中，与香港注册处、客户和供应商等方面密切沟通，解决了一系列法律问题，按计划完成了压减工作任务，实现了法律层级五级、管理层级四级的要求，完成关闭注销公司26家，超额完成了集团下达的任务指标。

四是坚持稳健经营，果断停止高风险业务。在风险评估的基础上，公司将大宗贸易风险作为监控的重点之一。公司的贸易业务包括燃油贸易、沥青贸易、铁矿石贸易等。经分析各项贸易业务的业务流程和盈利模式，认为铁矿石贸易风险较大，风险收益不匹配。公司主要领导多次召集负责法务和风控的相关人员研讨，决定果断停止铁矿石贸易，并驳回下属单位提出的成品油贸易申请和铅锌矿贸易申请。在集团开展对融资性贸易、空转走单等虚假贸易、利润率低且风险高贸易的专项检查，提前完成相关工作，得到集团主管部门的肯定。

五是坚持客户信用评级，加强应收账款管理。针对公司应收账款余额较大的情况，香港中远海运从加强信用评级入手，修订了《客户信用管理办法》，着力加强应收账款管理。结合应收账款风险循环管理工作要求，做好应收账款的事前、事中和事后管理工作，降低应收账款风险；此外，坚持业务发展速度与质量并重，关注项目业主和资金保障情况，对应收账款额度大、回收困难的项目坚决不做；坚持市场开发能力与经营管理能力并重，业务规模扩大的同时，加强对应收账款客户管理。公司法务人员认真指导下属单位跟踪重点案件进展。对于长期超期而没有确定回款计划的客户，整理材料提交律师以进行法律诉讼追讨欠款。跟踪重点客户的催收工作，并加快对已发催款函或送律师函后仍未回款客户的催收力度。

【审 计 监 督】

香港中远海运坚持“抓早抓小”“查深查透”理念，以风险为导向，聚焦采购及供应商管理、客户资信及应收账款管理等关键业务领域和八项规定执行及“三重一大”决策等问题，共实施审计项目 23 项，提出审计问题 90 条，审计意见及建议 90 条，意见采纳率 100%，被审计单位资产总额约为 480 亿元人民币，促进增收节支 386 万元人民币。

为进一步加强香港中远海运监督组织体系建设，全面落实廉政建设责任制，促进下属各单位强化对反腐倡廉工作的组织领导，2017 年香港中远海运各单位在班子成员中指定了反腐倡廉建设主体责任人和监督责任人，香港中远海运监督工作组织体系得以初步建立，为今后香港中远海运系统反腐倡廉建设工作打下了良好基础。4 月 8 日，香港中远海运在珠海召开香港中远海运系统 2017 年反腐倡廉建设工作会议，18 家单位分管监督工作的 20 名负责人参加了会议，同时组织了反腐倡廉业务知识培训。本次会议是香港中远海运成立以来首次召开的反腐倡廉建设专题工作会，取得了非常好的效果。各单位监督责任人和监督职责更加明确，监督人员的业务知识水平和工作技能也得到了很大程度的提高。

为了进一步提升企业诚信管理，促进廉洁从业文化建设，保障企业健康发展，让内派人员尽快了解和熟悉香港地区的法律法规，香港中远海运邀请香港廉政公署社区关系处高级廉政教育主任莅临公司，举办了一场廉洁诚信管理专题培训讲座。香港中远海运领导、中远海运驻港企业中高层管理人员、关键业务岗位负责人和业务骨干等共 95 人参加了培训。通过本次讲座，与会人员对香港地区的整体廉洁度及贪污风险评估指数、《防止贿赂条例》执行、上市公司主席及董事等高管人员在妥善处理多项利益冲突时需注意的要点、企业内部监控及诚信治理等多个方面有了更加深入的了解和掌握，为企业健康发展、个人健康成长发挥了积极作用；组织香港中远海运及代管单位驻港内派人员、香港中远海运驻粤各单位班子成员共 71 人，参观广东省反腐倡廉教育基地，开展了一场别开生面的廉政警示教育活动。

【队 伍 建 设】

香港中远海运进一步规范用工管理工作，严控人工成本。为构建与香港公司发展和提质增效相适应的人才队伍，香港中远海运先后完成了对所属单位 6 名领导班子成员（杨本刚、张耀成、陈天鸣、张海霞、叶爱群、任宝金）的聘任和调整，完成中远海运国际组织架构调整、香远北京公司所属单位领导班子人员职务调整、南通中远重工有限公司领导班子调整、青远资产公司领导班子聘任，以及中海香港贸易公司及深圳前海贸易公司人员分流安置的相关工作。

【企 业 文 化】

香港中远海运立足宣传，对内凝心聚力，对外塑造形象，为两地文化沟通、融合作出贡献。2017 年恰逢香港回归 20 周年，香港中远海运坚持“言商言政”，全面支持上级单位组织的各项社会活动和慈善义举，较好地完成了上级布置的各项任务，得到上级单位来信肯定和赞扬。

香港中远海运组织当地优秀员工参加了上级组织的集中培训，培养爱国爱港情怀；公司利用网站、杂志及微信公众号等多媒体宣传公司历史沿革、发展历程和取得成绩，并精心制作 20 年老员工专题与社会服务专题；公司义工队再次取得较好成绩，被中企协授予“优秀义工队”荣誉称号，其中 1 人获得“优秀义工组织者”、10 人获得“杰出义工领袖”、5 人获得“优秀义工”荣誉称号和奖励，公司的社会影响力进一步提高；组织员工参加香港中国企业协会在香港新光戏院举行的“香港回归祖国 20 周年暨第八届文艺汇演”，香港中远海运的歌舞表演《祖国你好》荣获“梅花金奖”；在香港中国企业协会组织的羽毛球比赛中，中远海运队从 31 支参赛队伍中脱颖而出，勇夺黄金组亚军。

香港中远海运派员参加由非牟利慈善团体苗圃行动举办的“苗圃挑战 12 小时 2017”慈善越野马拉松中的 12 千米赛事；与非牟利机构邻舍辅导会深水埗康龄社区服务中心首次合办“与耆同游海防馆”活动，由香港中远海运国际赞助，并派出义工队，陪同 44 名长者前往香港海防博物馆参观游览，了解香港六百多年来的海防历史；“香港人　香港心”义工队探访了香港西区妇女福利会松鹤老人中心，向孤寡老人传送温暖和爱心。

（朱月芳）

中远海运博鳌有限公司

中远海运博鳌有限公司

中远海运博鳌有限公司（简称“博鳌公司”，英文简称 COSCO SHIPPING BOAO），成立于2001 年 8 月，是中国远洋海运集团直属二级单位，属于集团“6+1”产业集群社会化服务板块，是博鳌亚洲论坛核心服务商和基建投资商。

截至 2017 年，博鳌公司已成功完成 17 届博鳌亚洲论坛年会的服务保障任务，先后接待了 9 位中方领导人、140 余位外方领导人、2.6 万余名嘉宾代表。习近平总书记分别参加了 2010 年、2013 年、2015 年年会。

【发 展 战 略】

博鳌公司聘请专业战略咨询机构——罗兰贝格公司，历经一年多的时间，通过访谈、调研、多轮完善，制定公司未来 5 年的战略报告，明确公司发展的思路、方向、目标，以及相对应的实施举措。其“十三五”战略规划目标主要为：以保障博鳌亚洲论坛服务这一保障型业务为核心，充分挖掘博鳌亚洲论坛的价值，借势博鳌论坛资源，挖掘亚洲论坛主题对旅游的价值并发挥亚洲论坛场馆的会议服务优势，在履行好集团央企使命做好论坛年会配套服务、为集团塑造良好形象的同时，打造集团旅游板块的业务平台，实现会议、酒店、旅游及其他娱乐休闲资源的整合，覆盖从建设到运营的多产业环节，提升公司自身的市场盈利能力。

在此基础上，公司制定了战略规划管理办法，从制度上规范战略规划管理工作，并针对 3 大业务板块，以及 7 大管理职能分别编制专项战略实施方案。通过两年的具体实施，各专项业务按照战略规划的指引已实施内部组织机构调整优化，以及工作流程和制度再造，进一步确保战略规划实施落地的可操作性。

【深 化 改 革】

2017 年，博鳌公司成立评估工作小组，通过现场检查、调查问卷与访谈等方式对本部组织架构优化、旅游中心、会务公司等三项改革工作进行了整合后评估，出具整体评估报告，客观总结管理整合工作成效，全面总结改革产生影响及制约公司未来经营发展的问题，及时研究并反馈，纳入整改计划，统筹规划，为继续深化改革提供良好的经验借鉴。自改革推行后，公司的经营效益不断创历史新高，员工工作效率不断提升。

2017 年，博鳌公司扎实推进三项制度改革工作，组织所属单位召开用工模式专题讨论会，启动劳务派遣合作供应商入库工作，签订劳务派遣合作协议，为公司灵活用工开启了新方式；明确公司在市场化人才引进方面，重点针对专业与市场敏感度要求较高的岗位大力开展市场化人员选聘，先后市场化引进战略发展、财务等业务高管 2 人，专业技术岗位人员 3 人，提升专业人才队伍的素质与能力。为更好地发挥考核与薪酬的指挥棒和激励作用，在薪酬制度改革方面参照本地区薪酬市场标准修订了《中远海运博鳌有限公司薪酬管理办法》；围绕市场化人员和经营性团队的薪酬激励，公司研究起草了《公司经营性团队薪酬激励实施细则》《公司劳务费管理办法》；在绩效考核方面制定博鳌公司本部员工、博鳌公司下属各单位总经理助理级以上人员的绩效考核体系，建立了以绩效考核为主要评定依据的员工职业发展通道和绩效奖励办法。

【年 会 服 务】

2017 年 3 月 23—26 日，以“直面全球化与自由贸易的未来”为主题的博鳌亚洲论坛 2017 年年会（以下简称“论坛年会”）在海南博鳌成功召开。中共中央政治局常委、国务院副总理张高丽出席年会开幕式，并发表题为《携手推进经济全球化　共同开创亚洲和世界美好未来》的主旨演讲。来自世界 48 个国家和地区的政要、32 家世界 500 强企业精英、政商学界巨子及媒体人士共计 1823 名代表参会。其中，外国元首或政府领导 5 人，分别为马达加斯加总统埃里、密克罗尼西亚联邦总统克里斯琴、尼泊尔总理普拉昌达、阿富汗议会长老院主席穆斯利姆亚尔、缅甸副总统吴敏瑞。

博鳌公司作为论坛年会的核心服务保障单位，在中央有关领导和部委、海南省、论坛秘书处、中远海运集团等上级单位的领导和大力支持下，在去年确保二期工程在年会期间全面投入使用，实现“硬件争光”的基础上，结合公司实际，旋即提出“软件争光、硬件添彩”的总体服务保障思路，以论坛年会服务保障机制化建设为主线，将服务保障筹备贯穿全年工作始终。在集团的强力支持下，坚持软实力和硬实力并举，加强设施设备维修，强化服务标准和品质提升，先后投入近4000万元，建设了环岛路、风雨连廊等新项目，对国际会议主会场灯光、金海岸大酒店双回路电源等 15 个重点项目进行系统改造，并对 236 个项目进行自修。全体干部员工及志愿者发扬“勇于担当　甘于奉献”精神，迎难而上、忘我工作，较好地完成了会议、酒会、茶歇、宴会等各类活动 161 场次，受到各界嘉宾的高度评价，先后收到外国政要、海南省外办、有关嘉宾代表多封表扬信。

【经 营 效 益】

2017 年，博鳌公司实现营业总收入 21 111 万元，增幅 19%；营业总成本 31 506 万元，增幅 9%；利润总额 –9758 万元。博鳌公司 2017 年聚焦“会议 + 度假”两大主业，收入持续增长，首次超过 2 亿。会议市场拓展有力，由传统市场向传统和新兴市场并举转变；市场细分成效显著，由传统中小型会议向多行业、多领域大型会议会展市场发展；市场稳定性有效提升，核心产品收入由低端向上、向前迈进，定期定址论坛会议由 2015 年的 2 个发展到 2017 年的 25 个。2017 年 1—3 季度海南省共承接千人以上会议 63 个，公司承接了 18 个，占比 30%；2017 年全年海南省承办千人以上会议约 110 场，公司承办 27 场，占比 25%。博鳌公司已成为海南省第二大专业化会务公司。旅游市场方面，通过明晰目标客户，自驾客博鳌区域市场占有率达 80%，同时针对散升团降的客源变化趋势，不断丰富园区产品，在散客收益方面呈现逐年上升趋势，使得人均消费得到不断的提升。

【员 工 队 伍】

2017 年，博鳌公司重新修订了《中远海运博鳌有限公司干部管理规定》，对所属单位领导班子成员任职条件、干部测评结果运用进行调整，为选人用人和干部管理工作提供制度保障；先后组织排查司管干部亲属任职、社会兼职情况，对于发现的问题及时提出整改要求，并完善公司相关规章制度和流程表单；对 10 余名司管干部进行谈心谈话，有力促进了干部作风的改进；按照干部管理有关要求，通过与业内人士就年度综合考评机制与先进经验的交流，研究制定了公司 2017 年度综合考评方案，组织开展所属单位领导班子与司管干部年度综合考评工作。2017 年，公司根据生产经营与干部管理需要，共外派、调动、调整司管干部 6 人次。

2017 年，博鳌公司研究制定《公司年度人才盘点暨核心人才盘点与发展方案》，对公司本部员工的胜任能力进行摸底，找出下一步需重点培养的高潜力人才；对人员进行能力评估和组织氛围调查反馈，同时完成构建本部各部门人才盘点九宫格，并根据盘点结果，明确盘点出的核心人才（人员范围的 15%–20%）可提升的领域，制定针对性的培养与发展计划，做好人才梯队培养。完成人才盘点、人才九宫格、人才库建立及网络系统培训的上线工作。

2017 年，为提高员工的履职能力和综合素质，认真落实集团培训任务，博鳌公司人员参加集团组织培训约 40 人次，参加当地政府部门组织的培训约 8 人次；公司邀请外部专家到公司组织开展中层干部和业务骨干培训班 1 期，培训 108 人次；酒管中心共组织公共类培训 114 场，培训 7068 人次，业务岗位培训 1661 场，培训 13 424 人次；旅游中心组织培训 160 场，培训 1482 人次。同时，公司在 2017 年 12 月与外部网络培训机构合作，建立公司网络培训平台，司管干部及公司本部共计 105 人。根据业务及个人职业规划需要，结合人才盘点结果，公司制定个人人才评价及发展培训计划表。

【服务客户】

年会服务保障方面。结合 2017 年年会新要求，博鳌公司坚持年会机制化运作，创新服务模式，通过参会代表楼层配备 GRO、贴身管家、在房间布置个性化 Logo 和熊猫船长等“微服务、微创新”的服务模式，以及变显性服务为隐性服务，获得嘉宾代表高度肯定和好评。

会议接待服务方面。坚持品质为先，客户至上，博鳌公司全年共接待 190 多场次会议活动：500—1000 人会议 16 场；千人以上规模会议 13 场，其中 2000 人会议 1 场、3000 人会议 2 场；月平均 16 场。良好服务广受客户好评。

度假业务方面。创新性设计和旅行社的协议合作模式结合，让旅行社主动完成流量设计，达到团队人数和收入增加目的。签订网络协议，做到网络 OTA 平台散客产品的全网覆盖。利用东屿岛整体资源，积极推出线上线下组合产品，利用节假日及淡季，推出了住店度假观光套餐等 6 个，推出舞蹈表演、五一现场演出等活动。改良主干道绿化、增加主会场周边绿植花卉，改造园区花坛、打造天鹅湖等，提高园区的观赏性，增加游客吸引力。

【安全生产】

2017 年，公司在集团的领导下，牢固树立红线意识和底线思维，深入学习贯彻落实党的十九大精神，按照集团年初安全工作的总要求，严格按照“党政同责、一岗双责、齐抓共管”的要求，落实安全生产各项措施，层层签订《安全生产责任书》。紧紧围绕安全发展总体目标，以深入开展 “安全生产月”和“安全大检查”等专项活动为契机，加强培训、完善制度、落实责任、强化指导、隐患排查，公司全年安全生产保持平稳运行，全年未发生重大安全生产事故、重大财产损失事件及严重环境污染事故，安全管理工作未发生重大决策失误，保持了公司安全形势总体稳定的局面，完成了集团年初安全工作提出的各项控制指标。

【风险管控】

2017 年，博鳌公司在集团的大力支持和领导下，紧紧围绕“风控创造价值”的指导思想开展风险管理系列工作，组成由公司领导和相关职能部门负责人、经营单位负责人组成的风险管控委员会，负责研究、指导并组织开展公司的风控工作。法律分管领导参加所有的总经理办公会和研究经营管理重大事项的专题会，从法律和风控的角度对决策事项提出意见和建议，供决策参考。博鳌公司聘请了当地的律师事务所作为法律顾问单位，为公司的重大决策和疑难法律问题的处理提供专业意见。风控体系在全公司范围内逐步推行，贯穿于经营管理的各个环节，并根据实际执行情况不断修订完善。三道防线，即各有关职能部门和业务单位的第一道防线，内部控制和全面风险管理职能部门的第二道防线，内部审计部门的第三道防线的防范效果初步呈现。博鳌公司参照集团合同管理办法，修订了《中远海运博鳌有限公司合同管理规定》，并在经营管理中逐步实现合同管理的“四化”，即合同版本模板化、合同审核流程化、合同流转无纸化、合同管理台账化。2017 年，公司共签署各类合同 483 份，未出现合同纠纷和其他问题。2017 年，公司全年未发生重大风险事件。

【党群工作】

深入学习贯彻党的十九大精神，增强“四个意识”。开展“喜迎十九大、共筑博鳌梦”主题宣传活动，组织全体党员和职工代表 150 余人现场观看党的十九大开幕会，并组织基层员工利用微信、新媒体等及时收听收看开幕会直播。组织公司领导、党员骨干、青年和群众代表 80 余人参加了集团党组书记、董事长许立荣同志在博鳌为集团各级驻琼企业党员领导干部宣讲党的十九大精神报告会。制定《中远海运博鳌学习宣传贯彻十九大精神工作方案》，通过党委中心组（扩大）会议、党群例会、基层党务干部和通讯员培训班，公司务虚会等先后集中宣讲 6 次。公司党委带头学习十九大报告原文、新党章和辅导读本。各党支部利用“三会一课”、班前会、微信群等形式开展集中和个人自学，迅速在公司上下掀起了学习党的十九大精神的热潮。全面提升党员干部政治站位，增强“四个意识”，把思想和行动专注到决胜 2018 年论坛年会服务保障重大政治使命和确保完成全年指标任务等中心工作上来。制定《中远海运博鳌党委委员集中宣讲党的十九大精神方案》，各党委委员结合自身分管的部门 / 单位实际，分别到基层支部、单位开展集中宣讲。同时，以赛促学，开展十九大微信网上答题、征文、知识竞赛和演讲比赛等系列活动，合计全年宣讲 14 场次、1500 人次参与、网上答题 150 人次、征文 16 篇，新闻报道 20 余篇、宣传栏 9 块、发放辅导图书 150 余本、参加各类培训班 15 人次。活动促进全体党员和干部职工深刻领会党的十九大精神实质，积极以党的十九大精神为引领谋划发展、推动工作。

夯实党建基层基础。一是完善制度。落实国企党建 30 项重点任务，将党建工作要求纳入公司章程，修订完善“三重一大”和党委议事规则等相关规章制度。落实党组织研究讨论是董事会、经理层决策重大问题前置程序的要求，按照中央文件要求和比例，落实党建工作经费预算，确保党组织有工作条件、有经费办事。制定《“三会一课”制度实施办法》《党费收缴管理使用办法》和《党建标准化手册》，提升了党建工作制度化水平。二是深入推进“两学一做”学习教育常态化制度化。组织召开工作动员部署会，下发《实施计划》，引导党员干部学习习近平总书记系列重要讲话、学习党章党规，践行“四个合格”党员标准。其中，“搭建‘互联网 +’平台，融入经常性教育”的特色做法受到海南省国资委党委的肯定。三是加强组织建设。2017 年召开党委会 21 次、党群例会 6 次。5 名入党发展对象转为预备党员，9 名预备党员转正。制定下发《公司 2017 年政研课题研究计划》，向集团报送政研论文 3 篇，其中杨大义同志主笔的《加强创新文化建设 提升博鳌亚洲论坛年会服务的实践与思考》在集团政研会成立大会上被评为优秀论文一等奖，《全球化经营中的中国企业跨文化管理的探索思考》入选中央党校国资委分校优秀论文。

公司工会完成换届选举，举办了乒乓球赛、象棋赛、羽毛球赛和篮球赛等活动，完成“职工书屋”建设。在公司成立 16 周年之际组织 20 名优秀员工亲属参观论坛设施，体验酒店产品，使员工家属们更好了解亲人的工作环境。旅游中心 20 名一线员工表演的竹竿舞参加集团庆祝十九大职工文艺汇演，受到集团工会通报表扬。及时解决员工候车亭、厨房菜品质量提升就餐环境改善、购买劳保用品等涉及员工满意度的 12 项具体工作。2017 年，酒管中心宴会班组荣获集团和省国资委三八红旗集体，旅游中心观光船队班组荣获海南省国资委工人先锋号，酒管中心张杰荣获省国资委劳动奖章。

做好青春接力，激励青年创新创效。公司团委结合五四青年节，组织 10 余名团员青年前往文昌航天城进行爱国主义教育。开展主题征文活动，合计 16 篇；开展演讲比赛，6 名青年员工参加。2017 年，酒管中心人事班组荣获集团“青年文明号”，酒管中心林芳和旅游中心陈宗雨荣获集团“岗位能手”。公司团委荣获省国资委“红旗团委”，酒管中心团支部荣获省国资委“红旗团支部”，旅游中心钟孝冰荣获省国资委“优秀团干部”，酒管中心钟显妹荣获省国资委“优秀团员”。

关心关爱职工，推进幸福企业建设。投入5余万元持续开展“送温暖”“送清凉”“金秋助学”等活动，把关心关爱送到员工心坎上。与中电科海洋信息研究院联合开展青年联谊活动，有36人参加。

【企业文化】

扎实做好内部宣传。以弘扬正能量、树立新形象为导向，对春节、国庆、中秋等重要节假日、一龄博士等大型会议活动中涌现出的正能量，第一时间进行宣传报道。全年共发稿件110余篇，其中集团官微和《中国远洋海洋报》刊登公司各类稿件20余篇。

扎实推进《企业文化核心价值理念纲要》宣贯落地。正式颁布实施《中远海运博鳌企业文化核心价值理念纲要（试行）2017版》，确立企业使命、愿景、价值观、精神、经营理念和作风。同时制定印发全年《宣贯方案》，以月为单位开展系列活动。通过宣传海报、网上答题、大讨论、征文等实实在在的宣贯措施推动纲要入脑入心，听得进、记得住、用得上，使企业文化成为打造幸福企业的力量之源。（王庆标）

中远海运港口有限公司

中远海运港口有限公司

【历史沿革】

中远海运港口有限公司（简称“中远海运港口”，英文简称COSCO SHIPPING Ports），前身为中远太平洋有限公司（简称“中远太平洋”），于1994年12月在香港联合交易所（即今日的香港交易所）上市，当时仅从事集装箱租赁业务。2015年12月11日，中远太平洋以76.32亿元人民币收购中海集团旗下港口业务，同时以77.84亿元人民币（约93.48亿港元）向中海集装箱运输有限公司出售佛罗伦集团全部股权。2016年交易完成后，中远太平洋业务集中于码头港口营运，并正式更名为中远海运港口有限公司。

中远海运港口之控股股东为中远海运控股股份有限公司（股份代号：1919，简称“中远海控”），其母公司为全球最大的综合航运企业集团中国远洋海运集团有限公司（简称“中远海运”）。

中远海运港口立足中国、面向世界，积极推动全球化布局，努力增强控制力。截至2017年12月31日，公司拥有控股码头15个及参股码头32个，其中控股码头10个位于中国境内及5个位于境外。营运中集装箱码头泊位合共156个，年总处理能力达9272万TEU；营运中散杂货码头泊位合共25个，年总处理能力达5565万吨，码头网络足迹遍及中国沿海五大港口群，以及东南亚、西欧、北欧、地中海及黑海等地区。

中远海运港口在现有网络的基础上，紧抓国家“一带一路”倡议的契机，加快打造战略枢纽港，扩大全球集装箱码头网络，全力推进码头全球化布局，通过优化全球码头组合，不断增强抗风险能力，努力打造全球领先的港口投资运营商；同时积极寻求内外部资源、强化集团业务协同，成为集团的发展引擎和行业真正领先者，使码头业务可持续发展，为股东创造长期价值。

【经营效益】

2017年，海洋联盟正式成立，与2M及THE联盟形成全球集装箱航运市场三足鼎立的格局。海洋联盟自2017年4月正式运作后，陆续增加靠泊中远海运港口的集装箱码头。年内，海洋联盟挂靠旗下控股码头的集装箱占总箱量的44%，相信随着海洋联盟的全面投入，将持续为公司的业务增长提供动力。受惠于上述因素，加上新收购码头的箱量贡献，年内，中远海运港口码头业务表现理想，全年总吞吐量为100 202 185TEU，不计入青岛港国际2017年5—12月及青岛前湾码头2016年吞吐量，完成集装箱总吞吐量达87 932 185TEU（2016年：77 572 219TEU），上升13.4%。

2017年，不计入青岛港国际2017年5-12月及青岛前湾码头2016年吞吐量，公司集装箱总权益吞吐量上升11.0%至29 740 584TEU（2016年：26 798 320TEU）。

中远海运港口2017年实现营业收入43.58亿元人民币，同比增加2.80%；由于年内完成认购青岛港国际之非流通内资股股份及出售青岛前湾码头股权，取得一次性特殊收益，公司2017年实现利润总额42.96亿元人民币，超额完成集团下达的25亿元人民币利润总额考核指标。

2017年年底，公司总资产为586.30亿元人民币，资产负债率35%，公司财务状况健康稳定。

【企业管理】

2017年，中远海运港口围绕国家关于推动形成全面开放新格局、“一带一路”建设及公司战略规划，努力当好中远海运集团全球化发展的战略支点和排头兵，加快全球港口布局，大力开拓培育海外控股码头项目，积极探索合作新模式，年内推进了希腊比雷埃夫斯码头运营，阿联酋阿布扎比码头、比利时泽布吕赫码头、西班牙Noatum码头等“一带一路”倡议项目的投资开发及建设工作；加强与中远海运集运及海洋联盟业务协同，推进与国内港口集团投资合作，落实香港、大连、营口、广州南沙等重点码头整合及统筹经营，探索管理输出和码头园区综合开发等新盈利模式，推动港口产业的降本提质增效、质量效率变革和动力机制转换，促进和保证了公司实现全年经营指标，取得了良好的投资经营效益。

2017年，中远海运港口将提质增效工作作为全年核心工作来抓，并制定了详细可行的实施方案。方案明确了两级组织机构以强化对工作的领导和指导，并按集团统一部署，结合企业自身实际，在以下七个方面提出了工作目标，制定与推进措施并责任到组到人。

一是根据集装箱事业群整体战略，开拓海外市场，完善全球布局。

二是加大市场研究和可行性分析，提升投资价值。

三是严控成本及应收款，提高经营效益和控股码头盈利水平。

四是创新管控模式，推动机制变革，加快内部资源整合。

五是合理利用资本市场和上市公司平台，推动资源整合和资本运营。

六是搞好督导服务，加大考核力度。

七是加强宣传引导工作，开展主题活动。

【企业改革】

中远海运港口在2016年完成重组后，根据新的发展定位和发展要求，在2017年突出发挥“定位准确、系统完整、资源集成、功能再造、流程优化”的成效，继续以集团“航运产业集群重要支撑”为依托，以布局“一带一路”为主线，加快打造战略枢纽港，扩大全球集装箱码头网络，全力推进码头全球化布局，通过优化全球码头组合，不断增强抗风险能力，努力打造全球领先的港口投资运营商，同时积极寻求内外部资源、强化集团业务协同，成为集团的发展引擎和行业真正领先者。

中远海运港口积极把握改革重组的机遇，加快实现拓展国际化经营的步伐。2017年完成了国内武汉和南通码头布局、入股西班牙Noatum项目、增持比利时泽布吕赫码头。同时，公司也转变之前从侧重投资码头转向综合配置港口资源，例如以国内沿海省份深化港口资源重组为契机，入股上层港务集团——青岛港国际，分享港口整体收益。

此外，为提高公司的效率，根据集团要求，公司进一步规范管控架构，缩短管理链条，以减少法人层级。2017年上半年，中远海运港口完成了9家法人公司的清理，超额完成集团下达清理8家法人公司的指标。2017年下半年，中远海运港口再接再厉，在集团下达清理2家法人公司的指标上，完成了4家法人公司的清理，也超额完成指标。

码头布局

中远海运港口以布局“一带一路”为主线，加大对新兴市场和海外区域内市场的投资开发力度，年内共完成5个项目：

①武汉阳逻码头项目

2017年2月，中远海运集团与宝武集团签署战略合作协议，中远海运港口与宝武集团旗下子公司武钢物流就该项目进行深入交流合作。双方决定，为加快推进项目，以武钢物流的全资子公司武汉阳逻九通港务有限公司（以下简称“九通公司”）作为项目合作主体。2017年4月，武钢物流完成将项目相关资产、土地注入九通公司。双方商定以2017年4月30日为评估基准日开展项目审计和资产评估工作。

武汉阳逻码头项目合作主要包括股权收购和

后续建设两部分。

股权收购部分：由上海中海码头向武钢物流收购其持有的九通公司 70% 股权，武钢物流继续持有剩余 30% 股权，从而将九通公司重组为中远海运港口控股的合资公司。

后续建设部分：双方对九通公司进行重组设立合资公司后，由合资公司负责码头技术改造、后方 13.33 万平方米物流场地建设及集装箱铁水联运项目建设工作。考虑到项目总投资额较大，后续双方股东需对合资公司进行相应增资。

2017 年 11 月 6 日，项目股权在上海联合产权交易所挂牌。中远海运港口于 12 月底以 2.975 亿元的价格完成摘牌。

②南通通海集装箱码头项目

2017 年 3 月 27 日，中远海运港口与南通市人民政府就合资合作南通港通海港区集装箱码头和后方物流园区项目达成一致意向，并签署了合作协议和合作备忘录。该项目将由中远海运港口持有 51% 的控股权。双方于 2017 年 7 月 18 日签署了最后的法律文件，工商变更登记、新一届董事会召开，以及新管理层到位都已经完成。

项目合作范围包括通海港区一期码头项目包括 3 个 3 万—7 万吨级泊位（岸线长 958 米）及 1 个 5000 吨级内档泊位（岸线长 208 米），项目规划陆域面积约 81.73 万平方米。同时，后续合资公司拥有开发通海港区二期项目及物流园区项目的优先权。

③西班牙 Noatum 项目

2017 年 6 月 12 日，中远海运港口以 2.034 9 亿欧元的价格收购西班牙 NPH 港口公司 51% 的股份，并于同年 10 月 31 日完成交割。NPH 港口公司主要资产包括瓦伦西亚 NCTV 和毕尔巴鄂 NCTB 两家集装箱码头公司，以及 Conterail Madrid 和 NRTZ Zaragoza 两家辅助性铁路场站公司。其中，NCTV 是西班牙地中海三大集装箱港口之一的瓦伦西亚港（Valencia）最大的集装箱码头，货量和业务稳定；NCTB 则是西班牙毕尔巴鄂港（Bilbao）唯一的集装箱码头，南欧大西洋地区最大和最具现代化的集装箱码头之一，伊比利亚半岛和法国西南部集装箱运输的理想门户。完成此次交易后，中远海运港口成为 NPH 港口公司控股股东，进一步完善该公司在地中海地区和欧洲地区的网络布局；NCTV 和 NCTB 两个集装箱码头将会获得中远海运集团集装箱船队和海洋联盟的业务支持；两个货物场站也将为集运公司和客户提升延伸服务。

④比利时泽布吕赫项目

2017 年 9 月 11 日，中远海运港口与马士基码头签署合作备忘录拟收购比利时泽布吕赫码头 76% 的股份，对应股权价格为 2800 万欧元。2017 年 11 月 8 日，中远海运港口与马士基码头签署正式的股权转让协议，并于同年 11 月 30 日完成项目交割。加上中远海运港口早前持有的该码头 24% 股份，中远海运港口成为泽布吕赫码头 100% 控股股东。比利时泽布吕赫码头是中远海运港口在西北欧打造的第一个控股码头，能够大大增强中远海在西北欧地区的影响力。此外，泽布吕赫码头具有较好的成本优势，加之其天然的地理位置和良好的港口条件，能够有效地配合中远海运集运优化西北欧网络布局，助力集运开辟新的市场增长点。

⑤入股青岛港股份公司项目

青岛港国际股份有限公司（简称“青岛港国际”）于 2013 年 11 月 15 日注册成立，由青岛港（集团）有限公司、码来仓储（深圳）有限公司、中海码头发展有限公司、青岛远洋运输有限公司、青岛国际投资有限公司、光大控股（青岛）融资租赁有限公司共同发起设立，并于 2014 年 6 月 6 日在香港联合交易所上市。本次入股交易前，青岛远洋运输有限公司持有青岛港国际约 9600 万股，中远海运港口持有青岛港国际约 9600 万股。根据项目实施方案，中远海运港口通过转让持有的青岛前湾集装箱码头有限责任公司 20% 的股份及现金作为对价，获得青岛港国际发行的内资股股份 101 552 万股。项目于 2017 年 5 月 19 日完成交割。

【市场营销】

2017 年，海洋联盟（Ocean Alliance）DAY1

航线正式启航，随着集装箱海运行业联盟化，标志着海运市场踏入新一个里程碑。利用联盟化规范航线合作，各船公司得以扩大航线的服务范围，同时配合船舶大型化达到舱位共享、节省成本、改善效益等目的。对码头营销而言，这既是挑战又是机会。从挑战而言，联盟网络布局经协商规范，航线挂港统一，码头对客户的营销从以前面向单家客户到现在面向整个联盟，规模化使得客户有能力争取更好的港航条款。特别对枢纽港的营销而言，这个就是 All or Nothing 的极端局面。例如，根据《劳氏日报》（*Lloyd's List*），法坎港（Khor Fakkan）在 2016 年箱量超过 400 万 TEU，但是到 2017 年萎缩 46%，仅剩 232 万 TEU。

中远海运港口利用中远海运集团的优势，在市场整合时期，做好内部协同。重组后，港口公司积极争取以集运为依托，利用其影响力争取海洋联盟的支持，再向外拓展其他客户业务。2017 年，中远海运港口下属控股码头完成箱量 15 093 536TEU（计费口径），同比上升 14.4%。其中，中远海集运完成箱量 3 524 294 TEU，同比上升 36.9%；东方海外（OOCL）完成箱量 393 814 TEU，同比上升 140.3%；达飞及长荣合计完成箱量 2 742 933TEU，同比上升 38.4%；海洋联盟整体完成箱量 6 661 041 TEU，同比上升 41.1%。

具体完成的市场营销工作如下：

一是内部协同工作。

①中远海运港口与集运搭建季度交流会沟通机制，成立协同专项工作小组

为加强协同，中远海运港口和集运双方管理层带队召开定期的季度碰头会。营销部作为牵头部门，通过定期沟通交流机制，有效加强集运和中远海运港口的理解沟通，为协作共赢创造良好的平台和基础。

②参加海洋联盟采购会议，重点推荐 PCT 港和厦门远海码头

中远海运港口组织参与了海洋联盟码头委员会在宁波、广州等地区的会议，通过公司 PPT 演示，向联盟码头委员会成员集中推公司重点码头，其中集中对达飞总部、长荣总部和东方海外（OOCL）总部进行拜访洽谈。

通过一系列商务拜访和洽谈的推介，中远海运港口有效地获得了联盟船东对公司重点推荐码头的支持和肯定，并基本同意联盟航线将优先考虑公司投资控股的码头挂靠，取得了较好的营销效果。

③为集运量身定制一揽子箱量激励方案

为支持集运健康发展，为港口业务量保持稳定增长，最终达到为中远海运控股创效的目的，中远海运港口为集运量身定制箱量激励方案，提议针对重点码头和新开发码头，从集运每年度提供的增量部分利润，给予集运一定比例的优惠返还；并且为争取海洋联盟的整体支持，港口公司也将对于海洋联盟航线在主要控股码头的增量情况，给予集运一次性奖励。

二是外部客户拓展。

①争取 THE Alliance 航线挂靠希腊 PCT 港

THE Alliance 公布成立后，中远海运港口重点研究新联盟对码头所需，重点向新联盟营销希腊 PCT 码头，拜访了阳明海运台湾总部和郝伯罗特汉堡总部，透过高层营销和关系维护，获得 THE Alliance 对公司希腊 PCT 港的支持和认可，促使 THE Alliance 在 PCT 新增 2 条航线，将 PCT 作为其联盟在地中海东部的枢纽港。

②争取 2M 航线支持

在集团与马士基集团加强沟通合作的指引下，中远海运港口领导带队，对马士基集团和马士基航运总部进行高层拜访，加强与马士基航运的全球协作。双方高层都表示，由于两家集团的集运公司分别处在不同的船东联盟，故双方在航线挂靠和码头选择方面的交流比较少，通过建立高层互访和定期交流机制，希望马士基航运能加强对公司码头了解，并选择公司码头服务。与此同时，中远海运港口也与地中海航运总部搭建客户关系，加强地中海航运对西班牙码头和希腊 PCT 的支持，以获得 2M 联盟更多的航线挂靠和箱量增长。

【风险管控】

2017年是集团改革发展承前启后的一年，也是实现中远海运港口战略发展目标的关键之年。中远海运港口所处的内外部环境变化很快，各种风险持续积累且交叉影响，风险防控工作的压力很大。根据《中央企业全面风险管理指引》和集团对全面风险管理和内部控制体系建设的相关要求，中远海运港口在2017年遵循风险管理和内部控制的目标导向、全面性、制衡性、经济性、系统性原则，开展全面风险管理和内部控制体系的持续完善工作，重点强化境外业务投资专项风险防控机制，公司风险防范能力显著增强，为公司实现“十三五”发展规划提供了有效的保障。

2017年8月29日，中远海运港口董事会会议审议通过的《风险管理和内部监控管理办法》正式建立并发布，进一步完善了公司风险管理工作长效机制。

【安全生产】

2017年，中远海运港口贯彻落实集团安全生产工作会议精神和领导重要指示精神，坚持“党政同责、一岗双责、齐抓共管、失职追责”安全生产原则，履行“三个必须”的职责和要求，牢固树立安全发展理念，强化安全生产责任制的落实，持续开展和强化安全隐患排查治理工作力度，稳步推进各项安全工作的实施，确保了安全形势平稳，未发生上报等级安全生产事故。

【人力资源】

强化人才支撑，建立开放的人才体系，加快培育公司下一步发展所需的国际化、专业化的经营管理团队，是人力资源工作的重中之重。为此，中远海运港口人事行政部根据公司重组后的实际情况和公司发展对人力资源管理提出的新要求，积极创新管控模式，与时俱进地制定完善各项人事管理机制和办法，大力推进人力资源管理上新台阶。

制定码头动态分级管理办法

针对重组前原中远太平洋和中海港口两家公司对下属码头采取不同的管理模式及分级办法的问题，通过综合考量码头各类指标对附属码头进行分级，并作年度动态调整，制定了《码头动态分级管理办法（试行）》。建立个人能力与码头级别相匹配的流动机制；建立具操作性的个人职业规划，畅通人才发展通道，鼓励优秀人员到基层去，到码头一线去，为公司发展做持续性的人才储备；建立总部与码头统一的职级体系。

针对公司总部扁平化的管理趋势和工作特点，建立了总部专业和管理并行的双通道发展路径的职级序列，制定了《职级体系管理办法（试行）》，允许员工在此职级体系内灵活转换角色和发展路径，从而有助于规范内部管理，加强码头一线与总部之间的沟通交流和业务学习，鼓励员工进行双向交流和轮岗，促进个人、码头、公司共赢共生的良性循环。

完善考核激励机制

以码头动态分级为基础、码头与总部人员统一职级体系为框架，完善绩效考核、薪酬激励等管理，制定了《委派人员绩效考核办法（试行）》《总部员工绩效考核办法（试行）》《境内附属码头委派人员薪酬管理办法（试行）》《总部上海员工薪酬管理办法（试行）》。在新的员工绩效考核办法中，本着差异化和全面性的原则，依据不同职级的任职要求和岗位职责，以定量与定性相结合的方式，对员工进行360度考核评价。严格贯彻与员工岗位职责、任职能力及工作绩效相关联的工资绩效联动机制，发挥薪酬激励作用。

强化人才引进与培养机制

中远海运港口根据业务发展和全球化发展需要，推进市场化人才选聘机制，开拓市场化人才选聘渠道；同时根据码头业务发展需要和不同层级员工的培养需求，设计制定差异化的人才发展培养计划。2017年，总部举办的培训共有435人次参加，人均培训时数8小时以上。

【企业党建】

2017 年是中远海运港口改革重组后的第一个完整年，公司党委以新的组织建制和工作姿态，认真学习贯彻党的十九大和全国国有企业党建工作会议精神，按照集团党组关于加强境外企业党的建设和纪检监察审计监督工作的要求，切实履行党建主体责任，坚持围绕企业投资经营开展工作，加强企业党的建设，激发广大党员干部和群众干事创业的积极性，保证了公司全球化港口发展战略实施。年内，公司集装箱总吞吐量跃升为全球第一。

学习贯彻党的十九大精神，撸起袖子实干兴企。党的十九大召开后，公司党委开展了“习近平新时代中国特色社会主义思想、全面建设社会主义现代化国家、建设现代化经济体系、推进党的建设新的伟大工程，以及党章部分修改主要内容”5 个专题内容的中心组集中学习和基层党员学习活动。公司党政班子更是把学习贯彻党的十九大精神和习近平新时代中国特色社会主义思想，作为催发公司改革发展的指引和动力，着力落实“高质量发展”要求，带领队伍撸起袖子加油干，努力当好集团全球化发展的战略支点和排头兵，推进既定的发展战略落地。主要包括：优化希腊 PCT 码头运营，推进落实西班牙 Noatum、比利时泽布吕赫、阿联酋阿布扎比、新加坡等“一带一路”码头项目投资开发，成功入股青岛港、控股武汉阳逻和南通通海码头，实施安庆港管理输出，落实大连、营口、广州南沙等码头整合及统筹经营等。鉴于实现如此高效的发展，公司管理层获得了中远海运集团 2017 年“钻石团队”称号。

结合境内外环境实际，发挥企业党建工作作用。根据公司在境外注册和上市，以及地处香港和上海总部运作的具体情况和特点，公司党委理顺和健全党建工作的运作机制，确保发挥企业党的领导作用，包括：因地制宜开展境外党建工作，香港总部党支部积极落实中央和中联办对港工作任务，参加中联办组织的集中学习培训班等；制订《党建工作责任制实施办法》，建立了公司党委履行主体责任、相关部门齐抓共管的党建责任体系和工作格局，下半年又成立了公司纪委，健全了党委对党风建设的主体责任和纪委的监督责任；正确处理好发挥企业党组织作用与支持管理层依法行使职权的关系，落实“一岗双责”和党政工作统筹，做到党政全面协同，工作部署“稳中有进”和“全局一盘棋”，重点制定和落实了“三重一大”决策制度。

以加强领导班子建设，带动人才队伍建设。公司把抓好领导班子建设作为企业党建工作的重点，组织制定《中心组学习实施办法》，坚持每月开展中心组集中学习，着力提高对习近平新时代中国特色社会主义思想、建设现代化经济体系的思想认识，以及全球化战略思维能力；树立“人才是企业发展的战略资源”观念，坚持“党管干部、党管人才”原则，加强干部及人才队伍建设。年内，在香港举办了一期中高层管理人员领导力培训班，选拔了 17 名境内外中高层管理人员参加，重点做好全球码头运营管理选调培训班 31 名学员第二阶段培训即码头工作实践，安排至总部及境内外下属码头管理岗位工作，为公司专业人才队伍注入了新鲜血液。

坚持重心下移，加强基础和基层党建工作。公司抓好党建基础规范化管理，制定了《党委会议事规则》《中心组学习实施办法》《基层党支部“三会一课”组织生活实施办法》等党建工作基本制度；积极与各地港口集团及合作方沟通协调，通过召开股东会和董事会，组织推进和落实了大连、营口、秦皇岛、天津、烟台、上海、厦门、泉州晋江、广州等各家参控股码头的“党建入企业章程”工作；针对历年来由于历史及属地化的原因，下属码头党建管理一直处于空白的状况，着力打通瓶颈，加强基层党建，首次将控股的厦门远海码头和泉州晋江太平洋 2 家码头公司党组织的隶属关系，由地方转为公司党委直属，有效增强了对控股码头党建工作的主导力和渗透力；始终抓好面广点散的各参控股码头派出党员干部的教育管理，外派党总支召开外派基层党组织建设工作专题会，推进创新了公司直管与属地双重组织管理机制。

推进“两学一做”学习教育常态化制度化，抓好落地生根。按照中央和集团党组精神，结合“两学一做”学习教育常态化制度化的要求，加强党委班子政治建设，做到了在政治立场、政治方向、政治原则、政治道路上同以习近平同志为核心的党中央保持高度一致；在党内组织生活中，坚持民主集中制，开好党员领导干部民主生活会，组织上海总部机关党总支开展“两学一做”专题组织生活会和民主评议党员，做到了每个党员查找问题、落实整改，增强“四个意识”；加强纪律建设，坚持落实中央八项规定和“四风”整治的要求，对广大党员干部强调守住法律、政策和道德“三条底线”；紧扣“以学促做、服务中心”，厦门远海码头结合自动化码头人才培养需求，组建了全国首支女性自动化控制“巾帼班组”；泉州晋江太平洋码头与石狮口岸联检单位开展共建活动，双方党员在码头工作场所亮牌上岗，真正践行“把支部建在科室里，让活动移到岗位上”的共建理念。

【企业文化与社会责任】

2017年，中远海运港口企业文化建设工作持续围绕“全面融合、助推全球化发展”这一思路开展，以“The Ports for ALL”发展理念为引领，内强文化融合，外树品牌形象。开发升级了内外传播平台，包括更新公司形象片和宣传册，编发《港情通讯》内刊，升级运营公司微信公众号，积极服务码头一线重大事项的宣传工作；统一公司视觉识别（VI）系统，探索将VI系统应用于新晋海外控股项目及“管理输出”等创新业务模式，推进建设统一且鲜明的公司全球品牌形象；积极参与集团和外部媒体传播“中远海运”品牌及“一带一路”项目宣传等活动，年内配合完成国务院国资委新闻中心、交通运输部、《中国日报》、央视、“中远荷兰轮”跟船采访、香港回归专题宣传等外部宣传，促进了公司品牌及价值提升。

中远海运港口在社会责任和环境保护方面责无旁贷，积极推动发展绿色港口，公司制定了《减排管理规范》，并将相关节能目标下达旗下码头公司，亦专门成立了节能减排办公室，负责监管，确保实现相关减排和节能目标。公司一直积极将可持续发展理念融入长远业务发展，在环境、社会和公司治理方面取得的成绩亦获得市场认可，2017年11月在香港会计师公会举办的“2017年最佳企业管治大奖”的活动中，获颁发H股公司与其他中国内地企业组别的“最佳企业管治金奖”；12月获《财资》杂志颁发“最佳环保、社会责任及企业管治金奖”。同时，期内，公司向中远海运慈善基金会捐赠人民币400万元，定向用于中国中西部地区美好家园建设。

2016—2017年中远海运港口主要情况见表14-15。

2016—2017年中远海运港口主要情况表　　表14-15

类　别	项　目	2016年	2017年	备　注
吞吐量	总吞吐量（万TEU）	7 757.2	8 793.2	不计入青岛港国际2017年5—12月吞吐量及青岛前湾码头2016年吞吐量
	权益吞吐量（万TEU）	2 679.8	2 974.1	
财务状况	总资产（亿元）	469.94	586.30	—
	净资产（亿元）	329.67	381.09	—
	营业收入（亿元）	42.39	43.58	—
	利润总额（亿元）	15.47	42.96	—
人力资源	员工总数（人）	150	154	总部员工

注1：以上财务数据为中国企业会计准则下数据；

2：2016年金额采用平均汇率为1美元：6.640 615人民币计算；2017年金额采用平均汇率为1美元：6.757 262人民币计算。

（黄莉　朱逸斐）

中远海运（日本）株式会社

中远海运（日本）株式会社

【概　　述】

中远海运（日本）株式会社（简称“日本公司”，英文简称 COSCO SHIPPING（Japan）），由原中远日本株式会社和中国海运日本株式会社整合而来，于 2016 年 4 月正式运营，是中国远洋海运集团有限公司的直属全资子公司。公司是在日大型中国企业之一，也是在日中国企业协会副会长单位。公司注册资本金 4000 万，注册地日本东京都千代田区。

1977 年，原中远总公司经交通部批准在东京设立办事处，并派出航运代表到日本工作，该办事处隶属中国驻日大使馆经济商务处领导。1994 年 6 月，中远日本株式会社成立，是中远在日本的全资子公司，也是直属中远集团的日本区域公司。该公司统一管理中远集团驻日所有机构，并担负着对中远系统派驻日本的其他机构和合资企业进行内部指导和管理的责任。1993 年 9 月，中远还在日本成立中远正和船务株式会社，2001 年更名为樱花物流株式会社，2006 年 7 月更名为中远服务株式会社；1994 年 4 月，成立中远东方轮船株式会社；2002 年 7 月，成立中铃海运服务株式会社；2005 年 1 月，成立中远集运日本株式会社，该公司由中远集运 100% 控股，其业务为中远日本株式会社原有集装箱业务划转而来。2010 年，配合集团备件供应业务重组，中远日本公司将中铃海运服务株式会社业务和工作人员转让到由远通公司（中远国际所属企业）在日本设立的新中铃株式会社。2017 年 6 月 7 日，中铃海运服务株式会社注销关闭。

1996 年 4 月，上海海运局成立上海海兴轮船株式会社，1997 年更名为中国海运日本株式会社。1997 年 12 月，中国海运日本株式会社和日本海运株式会社合资成立中海集装箱日本株式会社，股比分别为 60% 和 40%。2000 年 12 月，中国海运日本株式会社收购日本海运株式会社持有的股份，中海集装箱日本株式会社变为中国海运日本株式会社全资子公司。2007 年 9 月，中国海运日本株式会社与日本运通株式会社合资成立中日世界物流有限公司。日本区域重组整合后，2016 年 11 月 29 日中海集装箱日本株式会社注销关闭，2017 年 6 月 28 日中日世界物流有限公司注销关闭。

2016 年 2 月，中国远洋海运集团有限公司成立后，对海外机构实施重组整合。根据新集团的安排，对中远日本株式会社和中国海运日本株式会社进行整合。4 月，中远海运（日本）株式会社成立，成为中远海运集团直属的日本区域管理公司。公司设有行政人事部、财务管理部、战略发展部和油料业务部 4 个部门，承担区域管理职能，具体负责区域内行政人事管理、财务管理、集团发展战略落地、油料供应业务，码头投资经营和管理、房地产经营和管理等业务等。作为在日大型中国企业，日本公司还在“在日中国企业协会”中任副会长单位。日本公司直管全资子公司 2 家，代管公司 4 家，代管代表处 3 个。企业管理架构见图 14-3。

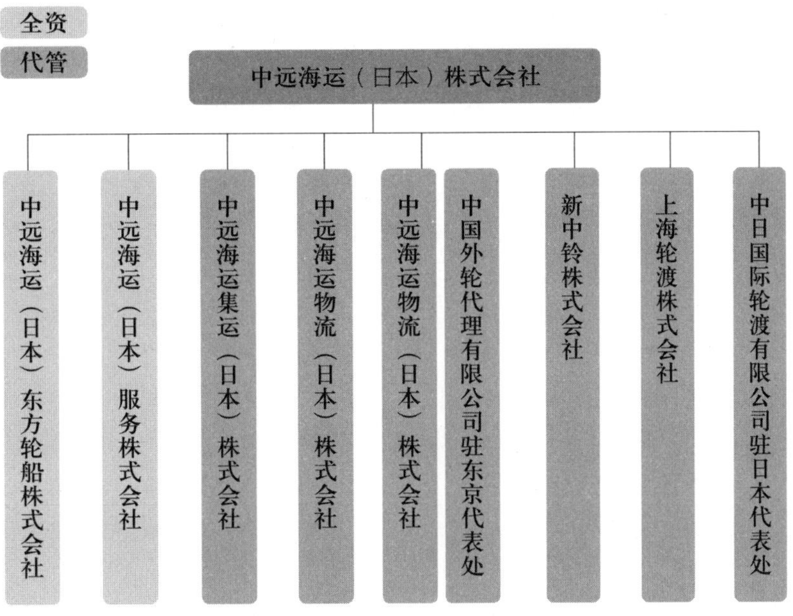

图14-3　中远海运（日本）株式公社

【各公司情况简介】

中远海运（日本）东方轮船株式会社，成立于1994年4月，前身中远东方轮船株式会社。公司主要负责散货船舶、杂货船舶、油轮船舶代理及揽货等业务。2017年1月1日，公司正式更名中远海运（日本）东方轮船株式会社。

中远海运（日本）服务株式会社，成立于1993年9月，前身中远服务株式会社。公司主要负责公司房产的管理、租赁等业务。经营范围涵盖货物运输代理、保险代理、劳务派遣、旅行代理、小型货物快递、进出口贸易、集装箱修理、不动产的投资、经营、管理、租赁等。2017年11月16日，公司正式更名为中远海运（日本）服务株式会社。

中远海运集运（日本）株式会社，成立于2005年1月，前身中远集运日本株式会社。公司主要负责日本地区集装箱船的代理、揽货等业务，下属大阪支店、福冈营业所，以及海虹国际货运有限公司一个合营公司。2017年1月1日，公司正式对外更名为中远海运集运（日本）株式会社。

中远海运物流（日本）株式会社，成立于2008年11月，前身中远物流（日本）株式会社，由中远物流有限公司与中远集运（日本）株式会社合资成立，股比分别为55%和45%。公司主要负责日本区域物流业务、无船承运人、进出口拼箱和日本沿海、内陆、铁路、航空利用运输等业务。2017年6月19日，公司正式更名为中远海运物流（日本）株式会社。

中国海运日本株式会社，前身为1996年4月成立的上海海兴轮船日本株式会社，1997年11月更名中国海运日本株式会社。公司主要是对所属子公司及合资公司进行业务及资金等方面管理。作为中国海运（集团）总公司的全资子公司，公司下辖全资子公司中海集装箱日本株式会社（已于2016年11月关闭），以及与日本通运合资成立的中日世界物流有限公司（已于2017年6月关闭）。2016年重组整合后，公司无具体业务。

新中铃株式会社，成立于2010年，负责日本地区船舶备件物料供应、船舶修理，以及化工品贸易等业务。

海虹国际货运有限公司，成立于2001年。

2016 年，中远海运集运（日本）株式会社占该公司股份 30%，中远海运国际货运代理有限公司占股 70%。公司成立之初，由中远日本株式会社和中货总公司合资成立，中远日本株式会社所属中远服务公司拥有该公司 30% 的股权。2007 年，为理顺中远日本地区集装箱业务管理体制，中远服务公司将所持 30% 的股份转让给中远集运日本株式会社（现已更名为中远海运集运（日本）株式会社）。

中铃海运服务株式会社，成立于2002年7月，于 2017 年 6 月 7 日关闭。公司原负责日本地区船舶备件物料供应、船舶修理，以及化工品贸易等业务，海外备件业务重组后目前以化工品贸易业务为主。2010 年，为配合原中远集团备件供应业务重组，该公司的船舶备件物料供应、船舶修理业务和工作人员让渡到由香港远通公司（中远国际所属企业）在日本设立的新中铃株式会社。

中日世界物流有限公司，成立于2007年9月，于 2017 年 6 月 28 日关闭。该公司由中国海运日本株式会社与日本通运合资成立，双方股份各占 50%。该公司借助日本通运在日本的影响，负责揽取日本 BCO 大客户竞标货、NVOCC 等货物。

【经营效益】

2017 年，日本公司以集团战略为引领，继续围绕“全力创效、合力创业、大力创新”的理念，全力以赴推进各项工作开展，各板块成功实现了业务和效益的良好增长，各项工作均超额完成了指标进度。

2017 年，日本公司实现营业收入 13.44 亿元（合并全额口径人民币收入，下同），同比增长 22.73%；营业成本 13.2 亿元，同比增长 22.06%；管理费用 1 637.77 万元，同比下降 14.31%；利润总额 443.11 万元，同比增长 304.2%，经营利润扭亏为盈且大幅增长，实现了 1+1>2，释放了改革重组红利。

【生产经营情况】

集装箱业务。日本公司完成销售箱量 35.4 万 TEU，同比增长 17.8%；完成销售收入 22 933 万美元，同比增长 13.3%；完成 lacal 箱量 22.9 万 TEU，同比增长 23.6%；完成 lacal 箱量收入 11 409 万美元，同比增长 21.8%。

物流业务。公司完成出口整箱 9117TEU，同比增长 112%；完成进口整箱 13 924TEU，同比增长 16%；完成出口拼箱 1611 运费吨，同比下降 15%；完成进口拼箱 3165 运费吨，同比下降 21%；揽取、操作件杂货 12 269 运费吨，同比增长 28%；完成综合物流新签合同金额 8696 万日元，同比增长 3.5%。全年实现营业收入 7.28 亿日元，实现经营毛利 1.96 亿日元，完成物流业务板块全年利润指标。

杂货业务。公司完成件杂货揽货量 49.3 万计费吨，同比增加 5%，完成集团任务指标的 123%。

散货业务。公司完成揽货量 72 万吨，同比增加 2.8%，完成集团任务指标的 103%。

船用燃油业务。公司全年完成营业收入 1.95 亿美元，同比增长 19.34%；创造营业效益 136.66 万美元，同比增长 3.49%；全年业务量 54.15 万吨、同比下降 12.17%。公司发挥主观能动性，减少了可能存在风险、利润率较低的客户，同时积极主动加深、加大了与资质情况优良、利润贡献较高的客户之间的合作，充分体现了对于“提质增效”的落实和执行。

非集装箱船舶代理业务。公司完成船舶代理 135 艘次、205 港次，分别同比增加 26%、32%。

【领导关怀】

3 月 9 日，中国远洋海运集团副总经理叶伟龙利用在日本参加会议期间到日本公司视察。日本公司社长谭兵就 2017 年日本公司“十三五”战略规划、区域压减工作等重点工作完成情况进行了专题汇报。叶伟龙代表集团领导班子对日本公司 2016 年整合工作取得的成果表示了肯定，并对2017年工作提出了进一步要求。

12月4日，中国远洋海运集团董事长、党组书记许立荣一行视察了日本公司，慰问了公司员工，并与日本公司全体中方外派干部召开了座谈会。许立荣在听取了日本公司社长谭兵就公司重组整合以来的工作成效和下一步工作安排的汇报后，对日本公司取得的成绩给予了充分的肯定，并就今后工作提出了要求：日本公司要抓住国际大环境，抓住有利形势，继续努力开拓市场，加大第三地市场揽货，增加效益；发展综合业务，根据当地的法律模式、政策研究可行性方案；散货和杂货业务要进一步加强，体现区域公司多元化业务发展。

【提质增效】

1. 集装箱业务

全员营销取得显著成效。日本区域上下开展全员营销，通过组建分行业、分内容、分客户等不同维度的团队，推动分代理揽货等多角度开展营销，取得了显著成效。美线签约箱量同比增幅30%；第三国市场开发取得成效，全年第三国航线销售箱量同比增长29.4%；开发新兴市场集装箱箱量显著增长，非洲航线完成销售箱量同比增长810%，南美航线销售箱量同比增长177%；区域市场开发方面，东南亚航线销售箱量同比增长85%。

延伸服务业务取得突破。日本公司秉承“合作揽货、重进重出，降低双方成本”的创新思路，成功与日本铁路公司（JR）牵手合作，打通了进出日本东北腹地铁路运输通道，打破了日本铁路公司在日本内陆运输只与日本船公司合作的固有传统，掌握了日本当地具有垄断性铁路运力、场站等稀缺资源，提升了中远海运在日本腹地的集装箱延伸服务能力，实现了零的突破。首批日本出口集装箱已于9月25日经铁路从日本内陆盛冈地区运至东京后装船出运至中国香港。此举也为后续12英尺集装箱轮渡中日海铁联运项目进一步拓展打下了坚实的合作基础。年内，公司开展了电商业务的调研和规划，对开展电商业务进行了部署。

“一带一路”业务的推广和市场开发取得突破。按照集团对比港项目的整体部署，日本公司着力推广比港和中欧铁路快线海铁联运业务，制定个性化营销方案，大力向客户宣传比港及中欧铁路快线的优势。成功揽取SONY中欧运输项目，以及三菱电机的远东至捷克斯拉尼（Slany）的中欧运输项目。三菱电机的首批集装箱货物已于9月14日从印度尼西亚雅加达起运。这两个项目的成功运作，标志着“一带一路”倡议在日本的初步开花结果，为进一步扩大中远海运比港项目在日本客户群中的口碑和影响力奠定了坚实的基础。2017年，公司全年完成比港揽货箱量2266TEU，同比增长19.9%，其中中欧陆海快线箱量1157TEU，同比增长20.3%。

把握机遇，历史性地斩获稍纵即逝的机会，与日本政府达成三年700万美元补贴协议。取得航线补贴，为中远海运低成本扩张、增加航线、提升日本市场份额奠定了基础，最大限度地发挥协同效应；同时也在日本地区构建了一个坚强的战略支点，以应对即将到来的三家日本船公司重组后对日本区域带来的冲击和挑战。

2. 物流业务

从深化协同入手，一是加大与日本区域公司所属各公司的协同力度，全面提升核心竞争力，实现集团利益最大化。以九州支店“重组”为契机与区域公司、集运日本公司共同谋划进一步完善日本境内网点布局。二是强化与国内物流系统各区域公司、专业公司等的两端联动，发挥内外协同效应。成功操作P&G、BOE、TCL、广汽本田、三洋化成等项目，取得显著效果。

3. 杂货业务

主动作为，助力中远海运特运开创与日本最大工程项目承包商日辉集团（JGC）战略合作的先河。日本公司作为营销、维护JGC的唯一窗口，积极与客户沟通，通过项目合作中高质量的服务让JGC逐步接受了中远海运，发挥了海外平台的作用，成功协助中远海运特运9月与JGC签署战略合作协议，开创了中远海运特运与日本大客户战略合作的先河。

响应国家大力开发北极航线——冰上丝绸之路的相关倡议，日本公司奋力拼搏，成功揽取北极航线回程货。这是日本第一船通过北极航线运回日本的散杂货物，从此撬动了日本北极航线相关市场，实现了中远海运北极航线在日本地区客户、货源开发中零的突破。

日本公司成功开发半潜船重大件货物日本至中国香港往返运输项目。通过三年多的跟踪，再次协同中远海运特运成功揽取了日本往返中国香港的半潜船重大件货物。并该项目已于 10 月完成卸货。

4. 散货业务

日本公司发挥海外公司“五大平台功能”，挖掘寻找各类资源，成功开发日本大型直接客户第三国散货市场货源，揽取了日本第二大钢铁集团（JFE）印度尼西亚回日本的煤炭货载，协助中远海运散运实现了历史上首次与日本大钢厂的直接合作，取得了历史性的突破。

5. 燃油贸易业务

成功开拓日本那霸港为海底光缆施工船补给燃油业务，填补了中远海运在冲绳水域为大型海工船安排加油的历史空白，积累了在太平洋水域加油的经验；抓韩国码头罢工期间市场机遇，揽取日本船东单船单航次 5500 吨燃油供应订单，实现日本区域单船单航次历史最大订单；东南亚加油市场，实现大幅增长，2017 年前三个季度，曼谷林查班港业务量达到 9000 吨，同比增长 685 吨。

【重要活动重大项目】

5 月 25 日，“中远海运亚洲”轮在浩瀚的太平洋上乘风破浪，抵达日本横滨港。日本公司以促进中日邦交正常化、延伸中国“一带一路”倡议为主题，在横滨本牧集装箱码头举办“中远海运集运 CPNW 集装箱班轮挂靠横滨港”庆祝活动。CPNW 航线的到来，打通了美西北、日本和美东之间的直航服务，并以横滨港为枢纽，继续向中国和东南亚地区延伸。此次活动揭开了中远海运在日本进一步发展的新篇章，展示了中远海运的企业文化和行业顶尖的实力，提升了公司在日本当地的影响力；也为日本客户参与中国“一带一路”倡议提供了互联互通平台，更进一步加深了中日两国经贸往来的纽带关系。中国驻日本大使馆商务处公使宋耀明、横滨市港湾局局长伊东慎介、横滨川崎国际港湾株式会社社长诸岡正道、中国国际贸易促进委员会驻日本代表处、在日中国企业协会会长、副会长单位、重要客户，以及分代理铃江株式会等 50 余人出席了庆祝活动。

日本公司始终坚持集团效益最大化的原则，充分利用系统资源，积极发挥协同效应，加强与集团系统内各单位的协同，协助各航运公司加大成本控制，助力集运、散运、海特的突破和物流等业务的增长。日本公司认真贯彻落实习近平总书记访问俄罗斯时提出的“开展北极航道合作，共同打造‘冰上丝绸之路’”①指示，以及集团的要求，积极与中远海运特运北极航线常态化经营战略对接落地，助力中远海运特运打造冰上丝绸之路，为中远海特揽取的首船经过北极航线回程日本的货物运输项目，共计 12 400 吨饲料。该项目首批货物由中远海运特运“天乐”轮承运，已于 9 月 21 日在日本北海道苫小牧港顺利卸载。这是第一批通过杂货船经北极航线运回日本的货物。日本政府高度关注，通过电视和报纸等多方面进行了报道，并在北海道苫小牧市专门为“天乐”轮举办了隆重的欢迎仪式。日本公司在揽货和创效取得成效的同时，通过多渠道推广宣传大大提升了中远海运集团和中远海运特运在日本的影响力和声誉。

10 月 21—22 日，按照中国驻日本大使馆和在日中国企业协会的部署，经请示集团批准，日本公司赞助了由中国驻日本大使馆牵头举办的庆祝中华人民共和国成立 68 周年和中日邦交正常化 45 周年的“2017 中国节”活动，展示了中远海运的品牌，提升了中远海运集团的影响力和声誉。

① 《习近平会见俄罗斯总理梅德韦杰夫》，《人民日报》，2017年07月05日02 版。

11 月 24 日，由中远海运日本公司作为日本总代理的唐山港集团下属合德公司中日航线“合德之光”轮首次挂靠日本。“合德之光”轮的到来，开启了日本关东至中国唐山的集装箱航线新征程，为进一步促进中日经贸往来及两国友好往来架起了一座新的桥梁。该新航线的开通，是日本公司发挥在日多年深耕优势和业界影响力，与合德公司、日本港运协会、日通公司密切合作的结果，既实现了党中央、国务院号召的铺路搭桥、帮助更多国企走出去的目标，也丰富了区域公司业务的范畴和领域，加强了与区域内集运板块和燃油板块的业务互动，为公司未来实现较好收益和进一步拓展新项目打下了良好的基础。

【压 减 工 作】

按照集团压减工作的整体部署，日本公司成立压减工作专项小组，领导亲自督办，职能部门积极落实，积极与法律、税务等中介机构研讨工作计划，制定推进路线。公司分别于 6 月 7 日、6 月 28 日完成了中铃海运服务株式会社的注销关闭工作和中日世界物流有限公司的注销关闭工作，为集团、集运压减工作做出了积极的贡献。

【践行“四个一”理念】

日本公司以文化融合为抓手，提升凝聚力、向心力、执行力，提升公司的经营水平和管理能力，扩大集团影响力，提升集团品牌形象，坚持、牢固“四个一”的理念，主动融合，消除企业文化和经营理念上的差异。在工作中树立典型，宣传学习集团劳模和先进集体，积极传递正能量。通过开展学习先进典型等活动，营造积极向上、同舟共济、和谐发展的局面，在中日员工中取得了积极的效果。

利用各种形式和机会积极宣传中远海运集团，扩大集团影响力，提升集团在日本区域的声誉、形象。5 月 25 日，公司在日本横滨港本牧集装箱码头成功举办“中远海运集团 CPNW 集装箱班轮挂靠横滨港”庆祝活动。通过活动和组织参观“中海亚洲”轮，向日中各界展示了中远海运集团的新风貌，全体船员精湛的技术素养给所有人员留下了深刻的印象，受到各方的高度赞扬。制作名为“熊猫船长的一天”宣传视频，在集团内和客户中展示员工风采。

【员工队伍建设】

日本公司按照集团指导，加强员工队伍建设，助力公司战略落地。重组整合后，迅速完成机构调整。遵循“合法依规、确保稳定”的原则，提前完成减员目标，截至 2017 年年底，实现裁员 36 人，降低人工成本 1 亿日元。

创新用人方式。利用分代理资源，借调人员充实自我员工队伍，降低了用人成本，补充了新鲜血液。

优化调整人员结构。根据业务需要，通过市场化招聘方式，从学历水平、经验能力、年龄等多方面进行调整；加强岗位交流，做好海外高级人才培养。上半年派出两名日籍骨干员工分赴上海和深圳，开展营销和客服工作，取得了良好的效果。从集团借调财务骨干协助开展财务各项工作。

注重中方外派员工的发掘、人才培养。探索新的薪酬激励机制。结合区域营销体制改革，本着以奋斗者为本的原则，优化营销团队的薪酬激励机制，将有限的薪酬资源向贡献突出者倾斜。2017 年已在日本区域集运业务板块实施。

【安 全 工 作】

日本公司认真学习贯彻党的十八大以来习近平总书记的系列重要讲话精神，进一步统一思想认识，提升理论水平，明确政治责任，增强大局意识，全面贯彻集团《安全生产监管办法》，坚持安全发展、以人为本理念，突出以防为主、综合治理的方针，围绕建设本质安全型企业的目标，以提高风险防控水平和安全监管及应急能力为重点，有效应对、防范各类安全挑战，坚决遏制各类重大事故的发生。

9 月，公司持续开展了以安全大检查活动为重点之一的“安全稳定专项活动月”系列行动。区域公司陆续组织了一系列学习、实践活动，通过找重点、抓关键、盯薄弱环节，由主要领导带队进行现场检查，推动安全责任和防范措施进一步落到实处。通过大检查系列活动，排查隐患，及时掌握员工情绪动态，帮助其解决实际问题，确保稳定和谐的氛围和局面。区域立足面向一线，7 月由安全员牵头，突击抽查了东京码头现场和公司有关的货物申报、正确装箱、积载与隔离等几个重要环节的作业情况，主动寻找问题隐患，实施整改。同时未雨绸缪，针对日益迫近的网络攻击威胁，主动分析业界遭袭船公司案例，了解竞争对手码头分代理的应对措施，吸取其教训。

在防抗台风工作中，针对 21 号强台风“兰恩”正面直袭大阪和东京地区的实际情况，区域公司及早部署，沉着应对，主要领导和安全员全天候值守，随时监控、调整应对举措，保证集团所属船舶、船员，以及区域所辖人员、财产安全无损失，并按集团安监部要求和集团相关制度，及时就台风灾情和应对情况进行了每日专题汇报。

通过切实有效的监督保障，区域公司确保安全工作落到实处，达到“夯实安全基础，提升管理水平”的目的，以安全促生产，以安全促效益，全年无一般及以上等级安全责任事故，安全形势平稳向好。

【财 务 工 作】

2017 年，公司财务管理工作紧紧围绕“夯实财务基础工作、提升工作质量与效率、建立完善的财务管理制度体系、加强队伍建设和内部控制”等工作开展，进一步夯实财务会计基础工作，提升工作质量与效率，建立完善的财务管理制度体系，加强队伍建设和内部控制。

通过细化调整，进一步明确了各科室工作内容、界限和各岗位职责分工，优化了部分工作处理流程，提高了工作效率；完善了多项财务管理制度，经过一年持续不断的努力，完成了 21 项财务会计制度的制定，提高了日本公司财务会计工作的规范性和质量，并且提升了内控水平和防控风险的能力；加强了运使费结算工作的效率和质量管理，强化了流程约束和时间控制工作，在集运全球运使费结算准确性和及时性通报中，集运日本公司 2017 年各月均列全球第一；同时，履行区域公司的财务监督职能，组织区域内各单位尝试进行了交叉审计，为提高财务工作质量及保证经营管理合规性摸索出了新途径。

【风险防控工作】

日本区域从建立健全风险防控机制、提高全员风险防范意识作为切入点，在“夯实基础，增强意识，高度重视”的原则下，加强风险防控制度建设，全面开展防控风险工作。针对已经发生的诉讼案件，吸取教训、总结经验，避免类似情况再次发生；防范员工诉讼风险，制定周密员工遣散方案，谨慎操作，避免损失；防范税务风险，与当地税务中介等加强沟通，预防因公司关闭、业务转移等情况可能产生的税务风险；防范信息系统风险，针对 2017 年频发的勒索病毒，制定专项应急预案，并完善区域信息系统应急预案，确保信息系统的正常运转。

中远海运（比雷埃夫斯）港口有限公司

中远海运（比雷埃夫斯）港口有限公司

中远海运（比雷埃夫斯）港口有限公司（简称“中远海运比港”），是中远海运集团第一家海外控股的综合性港口，是地中海领先集装箱大港、欧洲重要的邮轮港口、渡轮港口、汽车船中转港和修船中心。前身为希腊比雷埃夫斯港务局（简称 PPA），成立于 1930 年，是希腊一家大型国有公共服务企业，1999 年改制为股份有限公司，2003 年在雅典证券交易所挂牌上市。

2016 年 8 月 10 日交易完成后，中远海运集团收购比雷埃夫斯港务局 67% 的股份。其中，51% 的股份完成交割后中远海运集团成为第一大股东；16% 的股份将在五年后交割，持股率将上升至 67%。

中远海运比港的公司注册地为希腊比雷埃夫斯市，公司注册资本 5000 万欧元，主要经营业务包括：邮轮码头、渡轮码头、滚装船（汽车）码头、集装箱码头、船舶修理和物流仓储业务。

【收 购 情 况】

2014 年 3 月 5 日，希腊宣布启动比港私有化项目，出售 PPA 67% 股权。原中远集团以中远（香港）集团有限公司作为竞标主体参与竞标。2016 年 1 月 20 日，希腊共和国资产发展基金正式宣布中远（香港）集团有限公司中标 PPA67% 股权出售。2016 年 4 月 8 日，中远海运集团与希腊共和国资产发展基金在希腊总理府正式签署 PPA 股权买卖协议和股东协议。2016 年 7 月 4 日，中国远洋海运集团有限公司和希腊共和国资产发展基金在北京人民大会堂签署确认函，宣布此前签署的 PPA 股权转让协议中列明的交易交割前提条件已经全部满足。2016 年 8 月 10 日，中远海运集团与希腊共和国发展基金签署了“PPA 多数股权交易完成备忘录”，标志着 PPA 的 51% 股份交割及 16% 股份托管交易正式完成。

【经 营 发 展】

中远海运比港通过重组架构不断理顺管理线条。公司从 14 名高管和 54 个部门，精简为 6 名高管和 22 个部门，选拔 54 位中层管理人员，并签订个人劳动合同，后续选定 89 位科级（工头、督导）。治理体系包括股东大会、董事会和经理层。精简冗员，接手时公司共有 1171 人，通过取消公司长期实习制度，减少 70 名实习生及提前退休激励制度年内退休 74 人，公司总人数减少至 1025 人（含 8 名中方管理人员）。

公司新成立市场战发部，改变公司“看天吃饭，等客户上门”的老作风，走向主动营销，强化市场开拓能力及与公司发展战略相配套的开发新模式。

公司还设立了强制投资推进专项小组、催账工作小组、法务案件处理专项小组等工作小组。今明两年内提前退休 115 人，今后每年可为公司减少工资支出达 550 万欧元，使得公司能轻装上阵，为获取更好的效益打下坚实基础。

【重 要 活 动】

2017 年 4 月 28 日，中共中央政治局委员、中央书记处书记、中宣部部长刘奇葆视察比雷埃夫斯港。刘奇葆表示：“当我看到比港后，这真的是一个天然良港，风平浪静，爱琴海面犹如镜面，我感到非常的振奋，中远海运投资比港项目非常成功，是一个综合性的海外投资，有着巨大的发展潜力，意义重大，是‘一带一路’的重要支点，是中希合作的典范项目。”

2017年6月12日，中共中央政治局委员、上海市委书记韩正率领的中国共产党代表团考察比港的建设运营情况，推动上海与“一带一路”沿线重要国家希腊之间的务实合作。考察期间，韩正在听取了中远海运集团董事长许立荣的情况介绍后，看望慰问了中外管理人员及正在比港靠泊作业的“中远意大利”轮全体船员。韩正说，要按照习近平总书记、李克强总理的重要指示精神，把比雷埃夫斯港建设成为地中海最大的集装箱转运港、海陆联运的桥头堡，成为“一带一路”合作的重要支点，带动两国广泛领域务实合作，实现共赢。中远海运集团总部位于上海，上海市委、市政府将一如既往全力支持中远海运集团的发展，支持国有企业更好发挥优势，努力服务好、实施好国家战略。

2017年6月12日，在中远海运比港公司总部，中远海运集团与上港集团签署全面战略合作框架协议、全面合作备忘录，上海港与比雷埃夫斯港签署合作备忘录，中共中央政治局委员、上海市委书记韩正出席并见证签字仪式。中远海运集团董事长许立荣、希腊共和国发展基金股东代表兼中远海运比雷埃夫斯港口有限公司顾问利亚古斯分别与上海国际港务集团董事长陈戌源签署相关协议。根据协议，双方将进一步深化在港口、航运、航运服务、航运金融领域的合作，共同推动“一带一路”沿线重要港口的合作与发展，为建设上海国际航运中心、深化中希友好合作提供新的推动力。

2017年6月28日，中远海运比港召开股东大会，中远海运集团董事、总经理，PPA董事长万敏等全体董事出席股东大会。股东大会审议通过了PPA2016年财务报告及每股0.0892欧元的股东分红方案。

2017年6月30日，中远海运比港举行比雷埃夫斯Ⅰ号浮船坞修复投产仪式。希腊海运部长库鲁布里斯、经济部副部长比齐奥拉斯和派拉马市长拉胡扎基斯等各界人士出席活动。总裁傅承求感谢希腊中央和地方政府给予PPA投资的支持和帮助，表示3万吨级比雷埃夫斯浮船坞的修复投产标志着中远海运去年8月接管PPA以来信守承诺，逐步落实强制投资项目，尽快恢复比港修船能力，为客户提供更好的修船服务，也为当地社会民众发展经济、增加就业和改善生活水平助一臂之力。

2017年8月11日，中远海运比港董事会批准执行新的《员工总则》。该总则是PPA管理层与三大工会经过长达五个月、多轮艰辛谈判后取得的重要共识，为PPA的改革、经营和后续投资建设夯实了基础，将有效改善公司劳工制度，减少不合理加班费的产生等。

2017年12月8日，中国国务院副总理马凯视察中远海运比港。马凯在听取了中远海运集团副总经理叶伟龙的情况介绍后，充分肯定中远海运比港项目取得的成绩，表示该项目是中国企业“走出去”、中希友好合作和“一带一路”建设的典范。马凯勉励中远海运驻希中方人员要按照习近平主席、李克强总理的重要指示精神，把比雷埃夫斯港打造成地中海地区重要的集装箱中转港、海陆联运桥头堡、国际物流分拨中心，为中欧陆海快线以及“一带一路”建设发挥重要支点作用，带动两国各领域的务实合作。

【深化改革】

2017年，中远海运比港紧密联系公司深化改革、提质增效、落实投资的实际，结合公司的主要工作，准确把握习近平总书记关于“中希双方应该着力将比雷埃夫斯港打造成地中海地区重要的集装箱中转港、海陆联运桥头堡、国际物流分拨中心，为中欧陆海快线以及‘一带一路’建设发挥重要支点作用，带动两国基础设施建设、能源、电信、海洋等领域合作不断走深走实，让两国人民更多获益”[①]的重要论述，深刻理解公司作为中希合作龙头项目所肩负的责任和使命。

公司围绕落实“创新、协调、绿色、开放、

① 《习近平会见希腊总理齐普拉斯》，《人民日报》，2017年05月14日02版。

共享”新发展理念和“去产能、去库存、去杠杆、降成本、补短板”五大任务，采取了战略引领、重组架构、盘查存量、依规经营、风险管控等措施，取得了公司效益明显提升、成本显著下降的良好效果。

作为海外控股企业，公司努力借鉴国企先进做法，全面贯彻落实国企改革相关要求，确保公司效益不断提升，同时遵守当地法律法规，为希腊国企改革提供借鉴。

公司认真贯彻国企供给侧结构性改革的有关要求，对照自身，提前规划，避免未来出现产能过剩、“僵尸企业”和特困企业等情况。公司年内与集团所属重工公司达成国内采购二手 8 万吨浮船坞的协议，有效实现国内剩余产能的转移和再利用。

【经营效益】

2017 年为中远海运团队接管公司的第一个完整会计年度。根据 2017 年度财务快报数据，公司全年实现收入总额 86 742 万元人民币，比去年同口径数据增长 11.2%；利润总额 17 186 万元，比去年同口径数据增长 91.4%；净利润 10 517 万元，比去年同口径数据增长 111.7%。2017 年年底，公司预计资产总额 287 714 万元，负债总额 139 874 万元，资产负债率 48.6%。

公司收入大幅增加，一方面是通过改善业务板块内部收入结构，提升了收入幅度；另一方面是由于依照合同费率调整计划，增加了来自 PCT 特许经营权收入。

公司利润总额大幅增加，主要来自收入增加，同时加强了成本的管控，提升了效益质量。此外，2017 年较 2016 年未发生大额的拨备损失，对提升效益有较大贡献。

从年度预算执行情况看，2017 年公司全年预算收入总额 84 298 万元，实际完成 86 742 万元，完成率为 102.9%；营业总成本预算为 74 456 万元，实际完成 72 569 万元，为预算的 97.5%；利润总额预算为 9 989.5 万元，实际完成 17 186 万元，完成率 172%。

从业务指标看，2017 年度港口服务业的业务规模指标包括：汽车装卸量达到 40.5 万辆，渡轮服务旅客数量 1690 万人次，邮轮服务旅客量 101.3 万人次。

【内部控制】

公司建立了以股东大会为最高决策机构、董事会为执行机构的公司治理体系，董事长由集团总公司董事、总经理万敏担任，特别聘任三名具有丰富财务、审计和内控经验的独立董事加入董事会以提供专业的公司治理建议。董事会下设独立的审计委员会，审计委员会主席由独立董事担任。

公司在中远海运团队接管前一直采用政府事业单位的管理模式，许多内部制度已经陈旧，公司内部控制制度亟待健全。接管后，新的公司审计委员会加强对内部审计工作的督导，要求内审部门制定年度审计计划并进行进度跟踪。2017 年内，公司按照“轻重缓急”的原则制定了 36 项管理制度，特别从财务会计控制出发，加强对资金支付、合同管理、资产管理方面加强管理。

公司加强招投标管理制度、财务会计相关控制制度的建立，制定了 18 项财务管理控制制度和全套招投标制度，在摸索和磨合中努力推进这些制度的落地和执行，取得了一定的管控效果。

【员工队伍】

针对公司希腊员工年龄普遍偏大（平均年龄达 51 岁）、英语能力不佳等情况，为更加有效地沟通并将先进的中国企业管理文化介绍给希腊员工，公司管理层一方面通过选派优秀的希腊语专业人才充实管理团队，协助管理团队的对内对外沟通；另一方面通过简单易懂的架构图、流程图、业务操作规范、岗位职责说明等一系列举措，逐步建立起务实高效、顺畅的沟通机制。

公司管理层通过与希腊员工的交谈，了解到广大当地员工担心企业私有化之后会失业，特别是希腊失业率高企，一旦失业很难再找到工作，还担心公司中层经理将全部由中方担任、担心中希管理文化冲突。为此，公司管理层发布了《总裁告员工函》，明确告知希腊员工，中远海运不会无故解聘任何一名员工，中方管理人数不会超出总人数的2%，打消了希腊员工的顾虑，营造了更加宽松的干事创业氛围。

公司管理层高度重视对希腊本地经理的培养，对于有志于前往中国深造学习汉语及管理的年轻希腊员工，给予特别照顾、带薪培训，增强他们对公司管理理念的理解，与公司管理层形成合力，并通过部门介绍会、定期培训等方式，加强各部门之间的了解、沟通和协作。打破了之前老公司部门间互不往来的官僚作风，公司员工面貌焕然一新，“同一团队”思想得到了所有员工的认可和执行。

【文化融合】

公司管理层坚信，只有首先尊重当地文化，才能够更好地实现中、希员工融为一体。公司充分尊重当地文化习俗，将公司圣诞晚会结合中国传统文化，通过聚餐等方式，与员工打成一片，融合成一个整体。圣诞老人和大红灯笼在公司门前相互呼应，使“进了公司门，就是一家人”的理念逐步成为共识，这种中希“合璧文化”渐渐在员工中生根。公司在组织员工合家同过圣诞节活动中，孩子们一手拿着“中远海运吉祥物：熊猫船长”，一手拿着小红灯笼，活动现场欢声阵阵，笑语连连。并且通过为员工中学习优秀的孩子颁发奖学金，让父母为孩子骄傲，让孩子为父母能在这样的企业工作骄傲，让父母孩子为中希文化的成功融合而骄傲。

公司管理层在以人性化管理为理念的同时，也立好规矩、抓好执行。希腊人天性随意，时间观念较差，做事不甚严谨，在执行管理层指示时常常会有拖延、偏差或想当然情况。例如，会议时间如定在9点，希腊员工起初会习惯于晚10分钟到场。为此，管理层通过给予书面指示，明确时间，并亲自作表率，无论出席情况如何，均准点开会，树立起威信，当地员工逐渐感受到新气息，开始适应新管理文化和管理风格。目前公司开会，所有员工都会有意识地提前到场。

公司管理层还和雅典孔子学院取得联系，通过请进来的方式，给向往学习中文的员工，尤其是中层经理们进行简单的中文培训和中国文化介绍。公司管理层也不断提升自身语言能力，进行简单希腊语的学习。

公司还进行了中希文化融合墙建设，将长城、卫城，铜车马、御马者，黄山、迈泰奥拉，九寨沟、圣托尼里等历史遗迹，通过图片展出的方式，激发员工的文化融合意识，对中希两国悠久灿烂的历史文明和美丽山河产生共鸣，进一步提升员工的自豪感和荣誉感。（张志明）

中远海运（南美）有限公司

中远海运（南美）有限公司

【公司简介】

中远海运（南美）有限公司（简称“南美公司”，英文简称 COSCO SHIPPING（South America）），是中远海运集团直属二级单位，其前身为 2013 年 5 月 27 日中国海运（集团）总公司注册成立的中国海运南美控股有限公司。2016 年 3 月，中远海运集团决定对原中远集团、原中海集团在南美地区的资产和业务进行重组整合，成立中远海运（南美）有限公司。2016 年 9 月，公司正式投入运营（2017 年 5 月公司正式完成更名），是中远海运集团在南美的区域管理公司。

南美公司注册资本合计 250 万美元，折合 585 万巴西雷亚尔。其中，中远海运集团持有该公司 95% 的股份，中远海运北美公司持有 5% 的股份。

南美公司的组织结构见图 14-4。

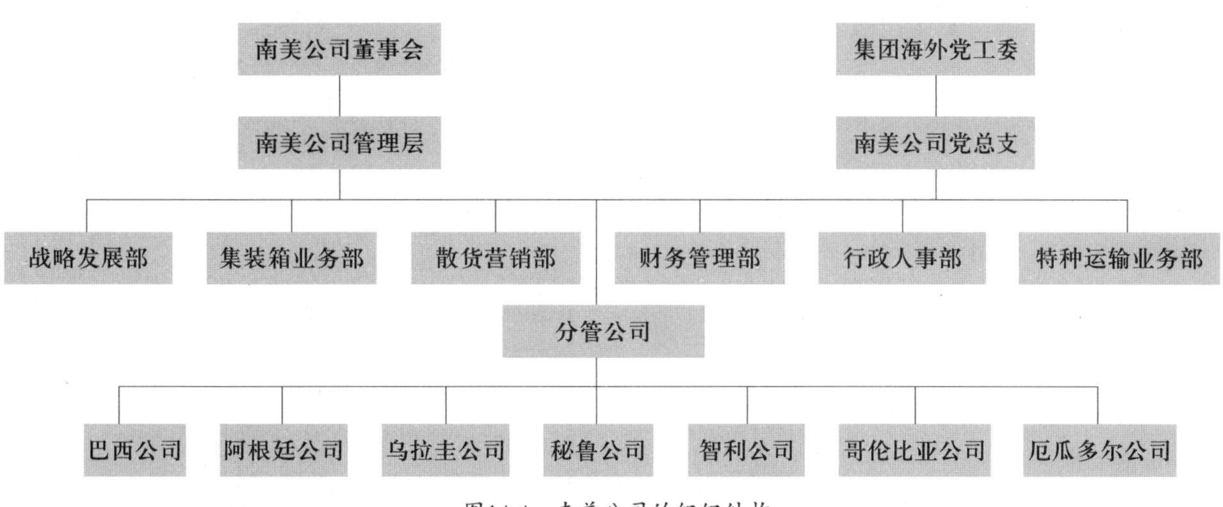

图14-4　南美公司的组织结构

【经营业务】

南美公司经营的业务主要包括船舶代理、货运代理、集装箱买卖修理、船舶配件及修造船业、船舶加油及综合贸易、码头及仓储投资等。

【管理职能】

2017 年，南美公司实际履行的管理职能包括集运业务和非集运业务两大块。

1. 集运业务

南美公司下设集装箱业务部行使集运南美分部管理职责，管理集运总部下属的中远海运集运（巴西）有限公司、中远海运集运（阿根廷）有限公司、中远海运集运（乌拉圭）有限公司、中远海运集运（秘鲁）有限公司、中远海运集运（智利）有限公司，以及中远海运集运在哥伦比亚和厄瓜多尔的公共代理。公司主要负责南美区域内市场营销和开发、供应商协议谈判和管理、供应链物流、箱管操作、船舶码头操作、客户服务、BPS、分代理管理、财务结算、考核等方面的工作。

2. 非集运业务

南美公司管理的业务主要包括：非集装箱船舶代理、非集装箱业务的市场开发和营销、集装箱买卖业务，退租和调运、船舶配件及修造船业、船舶加油及综合物流和贸易、码头及仓储投资等生产业务。

【公司组成与员工】

2017 年，南美公司设有集装箱业务部、战略发展部、行政人事部、财务管理部、散货营销部、特种运输业务部 6 个部门。截至 2017 年年底，公司共有雇员 11 人，其中中方外派人员 5 人，当地员工 5 人，实习生 1 人。

南美公司（南美分部）常务副总经理陈珲，党委书记、副总经理叶敬彪。

【发 展 战 略】

南美公司的发展战略立足南美市场，依托海外业务协同平台，强化以客户需求为导向的综合营销管理模式，创造价值，实现集团利益最大化。公司围绕航运主业，做实集运，培育发展非集运业务，服务综合航运物流供应商战略转型；打造集团在南美地区的业务协同平台；依托集团品牌效应及整合各专业公司在南美业务的规模优势，协助各专业公司在散货、件杂货、综合物流上积极拓展南美地区业务。

【经 营 效 益】

中远海运（南美）区域内各公司汇总口径 2017 年营业收入为 20 396 万元，比上年 14 061 万元增加 45.05%；2017 年各公司合计利润总额为 2087 万元，比上年 2152 万元下降了 3.02%；净利润 1169 万元，比上年 1386 万元减少 15.66%。

【所管公司概况】

1. 中远海运集运（巴西）有限公司

1994 年 6 月 8 日，中远美洲公司和巴西当地 CORY 公司共同出资成立中远巴西公司。公司主要从事船舶代理业务和集装箱货运代理业务。1998 年 10 月，CORY 公司退出。2007 年 12 月，中国远洋运输（集团）总公司和中远美洲公司将股份分别转给中远集运和中远集运美洲公司。2016 年 7 月 1 日，原中远巴西公司和原中海巴西公司正式合署办公，并顺利完成业务切换。2016 年 10 月，“COSCO SHIPPING LINES (BRASIL) S/A”的工商登记完成，注册资本 52 万巴西雷亚尔。公司设市场营销部、操作部、客服部、财务部、综合部 5 个部门，在圣保罗和桑托斯设有办公室。截至 2017 年年底，公司现有员工 39 名，其中中方外派员工 3 名，巴西籍员工 36 名，总经理谭树猛。

2. 中远海运集运（秘鲁）有限公司

中远海运集运（秘鲁）有限公司的前身是中远秘鲁公司，于 1996 年 6 月成立。2001 年初，中远秘鲁公司被中远集运美洲公司并购，从 2012 年开始秘鲁公司注册资本增至 50 万美元，2016 年 9 月 28 日正式更名为中远海运集运（秘鲁）有限公司。目前秘鲁公司股权结构是中远海运集运（北美）有限公司占股 99%，中远海运（北美）有限公司占股 1%。公司负责中远海运集运在秘鲁各口岸的船舶代理和货运代理业务，公司总部位于秘鲁首都利马市，有市区和卡亚俄港区两个办公场所，设有市场营销部、客服部、操作部、财务部、行政部等部门。公司现有在职员工 28 人，其中外派员工 3 人，总经理谢梓凯。

3. 中远海运集运（乌拉圭）有限公司

1996 年 10 月 1 日，中远南美公司与 Agencia Maritima Repremar S.A. 合资成立中远乌拉圭公司，注册资本为 200 万乌拉圭比索（按当时汇率折 25 万美元），中远南美公司占股 55%，REPREMAR 占股 45%。1999 年 9 月，中远南美公司收购了对方股份解除合营，成为中远乌拉圭公司的全资母公司。2003 年 7 月 1 日，中远南美公司撤销，中远乌拉圭公司 100% 的股权转让给中远美洲公司。2011 年 1 月，中远美洲公司将所持中远乌拉圭公司 100% 股份转给中远集运美洲公司。2016 年，中远集运美洲公司更名为中远海运集运（美洲）公司。根据集团统一命名规则，中远乌拉圭公司拟更名为中远海运集运（乌拉圭）公司。公司下设操作部、市场销售部、客户服务部、财务部和行政部。截至 2017 年年底，公司有 17 名员工，其中中方外派人员 2 名，总经理陈宁。

4. 中远海运集运（智利）有限公司

中远海运集运（智利）有限公司位于首都圣地亚哥，前身是中远智利公司。公司成立于 1996 年 9 月 6 日，由中远南美公司与智利当地代理 Somarco 合资组建，注册资本 20 万美元，其中中远南美公司股比为 51%，代理公司 Somarco 股比为 49%。2016 年 9 月，新集运智利公司向合资方收购了 24% 股权，中远海运股比提高到 75%。公司现设有销售部、操作部、财务部、单证客服部、行政部 5 个部门，业务范围包括中远海运集运船舶代理、市场营销、客户服务、供应商管理、集装箱设备管理等。截至 2017 年年底，公司现有员工 32 人，其中中方员工 4 人。总经理黄春辉。

5. 中远海运集运（阿根廷）有限公司

中远海运集运（阿根廷）有限公司成立于 1995 年 9 月 25 日，前身是中远阿根廷海运股份有限公司，是由中远集团投资控股的独资公司，注册资本 10 万美元，固定资产 150 万美元。公司在阿根廷首都布宜诺斯艾利斯市帕塞欧・科隆（PASEO COLON）大街 221 号一楼购 700 平方米办公楼一层作为办公地址。2011 年 1 月，中远集运美洲公司以 220.8 万美元收购其 98% 的股份，股份分配为中远集运北美有限公司（CCLA）98%，中远北美有限公司（CAI）2%。2016 年整合更名为中远海运集运（阿根廷）有限公司，中远海运北美有限公司控股 2%，中远海运集运北美有限公司控股 98%。公司主营船舶代理业务和集装箱进出口货运代理服务。目前公司设有市场营销部、操作部、财务部和综合部 4 个部门，无下属分支机构和外派办事处。截至 2017 年年底，公司有员工 29 名，其中中方外派员工 3 名，本地籍员工 26 名，总经理万铁根。

【所管公司经营情况】

1. 中远海运集运（巴西）有限公司

2017 年，在集运总部及南美公司的正确指导下，中远海运集运（巴西）有限公司各项业务顺利开展，并取得了较好的成绩。2017 年，公司完成销售出口箱量 43 240TEU，local 出口箱量完成 47 339TEU，均完成上级下达的任务指标。

2. 中远海运集运（秘鲁）有限公司

2017 年，在集运总部和南美公司的领导下，秘鲁公司着力开拓新客户新货源，在鱼粉和矿粉两大出口领域取得重大突破，顺利完成中远海运集运总部年初下达的主要考核指标。全年，公司共完成销售箱量 1.71 万 TEU，指标完成率 109%，同比增长 92%；local 箱量 1.96 万 TEU，完成预算指标 143%，比上年增长 162%。

3. 中远海运集运（乌拉圭）有限公司

2017 年，在集运总部及南美公司的正确指导下，中远海运集运（乌拉圭）有限公司各个部门密切配合，全体员工共同努力，各项业务得以顺利开展，并取得了较好的成绩。全年，公司完成销售箱量 17 207TEU，完成预算指标 122%；完成销售收入 1449 万美元，完成预算指标 144%。

4. 中远海运集运（智利）有限公司

2017 年，在集运总部及南美公司的正确指导下，中远海运集运（智利）有限公司按上级要求加强品牌整合，努力拼搏市场、拓展客户群体，较好完成各项生产任务指标。2017 年，公司 local 出口箱量完成 29 884TEU，销售箱量完成 30 300TEU，均完成上级下达任务指标。

5. 中远海运集运（阿根廷）有限公司

2017 年，在集运总部及南美公司的支持和指导下，中远海运集运（阿根廷）有限公司各项业务顺利开展，并取得了较好的成绩。公司全年 local（中远侧）出口箱量完成 150 50TEU，完成预算指标 118.9%；销售箱量完成 17 287TEU，完成预算指标 107.7%。在协同效应上取得明显成果，公司利润实现扭亏为盈。（葛昊）

中远海运（东南亚）有限公司

中远海运（东南亚）有限公司

【概　　述】

中远海运（东南亚）有限公司（简称“中远海运东南亚”或“东南亚公司”，英文简称COSCO SHIPPING（South East Asia）），是原中远控股（新加坡）有限公司，2017 年 4 月 6 日正式更名为现名，是代表中远海运集团在东南亚和南亚地区行使区域管理职能的公司。中远海运东南亚为中远海运集团全资子公司（2017 年 4 月 13 日股东变更为中国远洋海运集团有限公司），注册资本为 10 238 万新加坡元。中远海运东南亚拥有 10 家全资子公司、6 家控股子公司和 6 家参股公司。中远海运东南亚作为中远海运集团在东南亚及南亚地区的区域总部和管理中心，负责管理和发展中远海运集团在本区域 12 个国家，包括新加坡、马来西亚、泰国、印度尼西亚、菲律宾、巴基斯坦、缅甸、越南、柬埔寨、斯里兰卡、印度、孟加拉国的各项业务。公司经营范围包括物流、船舶及货运代理、燃油贸易、燃油储存、油驳供船、油品检验、海事咨询、房产管理、船舶供应、劳务和租船中介等。其中，代理业务和船舶供应等的客户主要是中远海运集团内成员单位；船舶燃油存储是公司主要业务之一，在马来西亚“巴西古当”拥有当地最大的油库，总容积达 23.1 万立方米。

【企业大事记】

根据集团统一部署，中远海运东南亚在 2017 年 9 月 25 日正式完成了两家区域公司的合并工作，并得到新加坡税务部门批准给予 25 万新币的印花税减免，是集团海外区域公司完成整合的第一家。2017 年，中远海运东南亚将持有的中远海运印度尼西亚远球公司 40% 的股权转让给中远海运国际新加坡。2017 年 3 月，集团下达《关于黄小文等在中远海运（东南亚）有限公司董事会任职的通知》，确定了中远海运东南亚董事会人选。黄小文任中远海运东南亚董事长，顾劲松、李西贝、黄坚任中远海运东南亚董事，蔡昀、陈翔、陈新川、符鹏任中远海运东南亚外部董事。同时，中远海运东南亚成立了风险委员会和审计委员会。

【经营效益】

中远海运东南亚 2017 年完成营业收入 92 亿元人民币，同比增长 27.73%；利润总额 5989 万元人民币，同比减少 25.44%。区域各项业务考核指标也完成较好。战略落地指标全面完成；销售箱量为 70.39 万 TEU，同比增长 37.64%，完成了考核目标的 122.92%；区域综合物流新签约合同 1 127.66 万美元，超额完成 900 万美元的目标。散货揽货量完成 300 万计费吨，杂货揽货量完成 30.3 万计费吨，油品揽货 140 万吨，较好地完成了考核目标，支持了相关业务板块的发展。

【发展战略】

按照集团对中远海运东南亚的定位，在遵照、细化分解《中国远洋海运集团 2020 年发展战略暨“十三五”发展规划》的基础上，中远海运东南亚完成了《中远海运（东南亚）有限公司“十三五”发展规划》编制工作。规划从融入国家“一带一路”倡议、海外区域平台建设、核心业务板块营销网点建设，以及按照产业链发展思路寻求区域经济发展新机会、新业务四个方面着手，围绕发挥好“五个平台”功能，明确区域发展目标，谋划未来发展愿景、重点发展物流产业、规划发展投资路径。重点发展物流和集运延伸业务，并在人、财和业务发展上对区域内相关运营企业进行协调和管理。重点在新加坡和马来西亚、印度尼西亚、越南、印度等新兴市场发展第三方物流、仓储物流、化工物流、工程物流和集运延伸业务。

2017 年，中远海运东南亚按照集团工作会和年中工作会要求，围绕集团战略目标，积极推进战略落地，全力推进优化资源配置和提质增资等工作，坚持加快深化改革，全力打造区域融资平台，规范基础管理，夯实风险防控基础，党建工作不断地取得新突破。公司对新加坡、印度、马来西亚、印度尼西亚、越南、泰国等多个物流项目进行跟踪研究，同时开展多个项目。公司基本完成了 2017 年物流收入 0.3 亿美元的指标，散杂货揽货量也较好地完成指标，风险管理水平不断增强。总体看来，中远海运东南亚物流业务发展能力不断提高，实现了速度和质量协调的可持续发展，基本完成了“十三五”发展阶段性目标。

【生 产 经 营】

2017 年，中远海运东南亚按照集团工作会和年中工作会要求，围绕集团战略目标，积极推进战略落地，全力推进优化资源配置和提质增资等工作，坚持加快深化改革，规范基础管理，夯实风险防控基础。

在集团指导和支持下，公司发展区域物流业务，从 2016 年末就开始对新加坡、印度、马来西亚、印度尼西亚、越南、泰国等多个物流项目进行跟踪研究，完成了发展物流业务发展整合项目。主要有：①中远海运印度尼西亚远球公司 40% 股权转让给上市公司项目已经完成印度尼西亚、新加坡两地审批程序，签署了转股协议。②在泰国与嘉里码头合资经营堆场业务项目，嘉里码头占股比 51%，公司占股比 49%，总投资约 105 万美金，已经进入投入资金阶段。预计 2018 年初投产。③缅甸堆场总投资 1500 万元人民币，预计 2017 年年底投入运营。④与印度 APOLLO 物流成立合资箱管公司项目，APOLLO 物流股比 51%，公司占股比 49%，实收资本 10 万印度卢比。合资公司已经成立，2018 年运营。

【企 业 管 理】

规范基础管理，提高经营效率。2017 年，中远海运东南亚以完善管理制度为基础，推进精益管理，控制经营成本，提高经营效率。一是完善管理制度。在集团确定区域董事人选后，及时召开董事会，组建了审计和风险管理委员会，审议通过了《董事会议事规则》《三重一大决策办法》《安全管理办法》《投资管理办法》等 20 多项管理制度。共制定完善了近 30 项管理制度。二是认真论证项目可行性，提高投资使用效益。在投资管理工作中，除加强制度建设，努力打造上市公司为投资发展平台，重点加强对投资项目的论证和投资资金使用的管理。对投资项目实事求是地进行科学论证，避免投资风险。在项目实施过程中力求有效使用投资资金。如在印度购房项目中，原计划估算投资 300 万美元用于房产购置，在实施过程中，利用房产为远球公司结算银行收回的抵押物，而银行又不能长期持有的规定，以及长期以来与该银行良好的合作关系，将购房投资由 300 万美元降至 240 万美元。在产权管理方面，公司也认真执行国家和集团规定，及时报告产权变更状况，并填报产权管理系统。三是严格财务制度，合理控制“两金”规模。区域认真执行集团财务管理的规章制度，严格预算管理，及时报送相关报告，并且根据区域管理需要，制定资金管理等多项管理规定。确定以花旗为结算行，中国银行为避险保值行的原则，归集了资金，并在集团批复的框架下，借款 3800 万新加坡元给上市公司，为公司整体并购项目提供资金，节约外部融资费用。在区域公司合并过程中，积极向新加坡税务部门申请减免合并印花税，获得 25 万新加坡元印花税减免。通过努力，应收账款期末余额6.50亿，较年初余额减少38.48%；存货期末余额2.07亿，较之年初余额增长1.9%，均完成压降目标。四是加强成本管控，增加主业效益。从控股公司领导到区域内各公司，均积极为航运业务单元降低费率、及时靠泊等事宜进行协调。为相关业务单元在区域内的业务进行起运订舱、综合代理、船舶代理等工作。

【风险管控】

规范基础管理，夯实风控基础。2017年，中远海运东南亚以健全公司法理结构为前提，以完善管理制度为基础，强化风险防范工作。一是健全法律制度，防控经营风险。以健全公司法理结构为前提，以完善管理制度为基础，认真开展法治建设和构建风险防控体系工作。区域配备了具备律师资质的法务专员，重大合同均由法务部门进行审核。对于高风险业务、新型业务、重大改革，以及重大投资并购等事项建立专项风险评估制度和风险预警机制。重点防控现金流风险、汇率利率风险、市场风险、投资风险、债务风险、信用风险等。在重大项目的评估论证过程中，风控、法律、内审等部门全程参与，携手强化监督机制。如：在收购Cogent物流时，各部门协同努力，对项目实施中可能存的经营、财务、交易、法律和整合5个方面的13项风险进行了分析并制定了应对之策。二是加强对经营活动的监督管理，严格执行各项规定。全年完成各类审计项目20项，发现问题80多个，提出各类审计意见和建议70多条，促进增收节支金额30多万元。结合区域管理特点，利用集团通报、主题教育月、区域通知等形式推送集团反腐倡廉要点，坚决反对“四风”问题。推进重大收购项目时，均聘请中介进行法律、财税、市场和法律等顾问进行了全面的尽职调查。三是强化安全管理，营造安全发展环境。制定《中远海运（东南亚）有限公司生产安全事故报告和调查处理规定》，并组织所属公司制定和完善本公司的安全规章制度、安全指引、应急预案。逐步推进安全、环保、健康“三位一体”标准体系建设；重视油库、航运公司、海事工程以及恐怖袭击不断、形势不稳定的国家的公司，加强安全隐患排查、找出薄弱环节整改。加强安全生产风险分级管控，开展安全生产危险辨识和风险评估工作，组织开展事故隐患排查，消除隐患，强化了员工的安全教育培训和应急培训。所属航运公司船舶共接受港口国PSC检查17艘次，9艘次无缺陷通过；FSC检查2艘次，均无缺陷通过；接受中远海运集团安全检查3艘次，检查成绩良好，无高风险缺陷，无公司缺陷。

【员工队伍】

截至2017年年底，中远海运东南亚及所属企业员工511人，区域内代管公司员工1434人，合计1945人。

【船舶运力情况】

截至2017年年底，中远海运东南亚自有船舶3艘/16.3万载重吨，按照集团拆旧造新规划，当年拆解6条（4条大灵便型和2条巴拿马型）老旧散货船舶；完成货运量238.84万吨，货运周转量112.05亿吨海里。（梁键锋　朱春辉）

中远海运（非洲）有限公司

中远海运（非洲）有限公司

【概　　述】

中远海运（非洲）有限公司（简称“非洲公司”，英文简称COSCO SHIPPING（Africa）），是中国远洋海运集团有限公司在南非投资成立的全资子公司。2016年7月，根据集团的统一部署，原中远非洲公司和原中国海运非洲控股公司完成了整合并开始合署办公，后续完成一系列变更手续，即以原中远非洲公司为基础，变更公司名称、董事及股东，成立目前的中远海运（非洲）有限公司。

【公 司 现 状】

1. 股权架构

非洲公司是集团直属二级公司，集团拥有其100%股权。非洲公司注册资本1000兰特，注册地南非约翰内斯堡市，注册时间为1994年5月7日（原中远非洲公司注册时间），于2016年7月4日更名为中远海运（非洲）有限公司。

2. 业务情况

非洲公司主要经营范围：船舶代理、货运代理、中非及第三国与非洲间全程物流供应链相关产业服务、船舶配件及服务、贸易、融资租赁和投资等非集团负面清单业务。

3. 管理范围和职能

非洲公司业务及区域事务管辖范围为：非洲西海岸自毛里塔尼亚及以南地区，和非洲东海岸自肯尼亚及以南地区的所有非洲区域。

实际履行的职能包括两大块：一是集运业务。非洲公司目前代行集运非洲分部职能，通过肯尼亚、南非和尼日利亚三个国家公司作为东、南、西非分中心，为集运督促管理非洲区域内市场营销和开发、供应商协议谈判和管理、供应链物流、箱管操作、船舶码头操作、客户服务、BPS、分代理管理、财务结算、考核等各方面的工作。二是非集运业务。主要业务：非集装箱船舶代理、非集装箱业务的市场开发和营销、船舶配件加油及航修等服务、内陆综合物流、仓储投资等业务。非洲公司以直属的远南船务打造非洲区域船舶服务平台；以区域本部散运部为散、特运打造非洲区域的营销网络。

4. 非洲公司组企业组织形式和法人治理结构

非洲公司是集团按南非公司法，在南非豪登省、约翰内斯堡市全资注册的有限责任公司。公司管理层有董事、总经理1名，财务总监1名。公司设有财务管理部、战略发展部、行政人事部、散货业务部共4个部门。截至2017年年底，非洲公司纳入年度财务决算合并范围的企业数量为3个，分别是中远集团二级公司中远海运（非洲）有限公司，及下属2个全资子公司：中远海运物流非洲公司、远南海事服务中心，无未纳入合并的公司。非洲公司（合并口径）2017年末有员工18人，其中中方员工11人。

非洲公司是集团直属二级公司，设有董事会。非洲公司第一届董事会于2017年成立，为公司经营决策最高机构。董事会共由5名董事组成，其中含董事长1名，董事2名，外部董事3名，均为集团派出董事。

【改 革 重 组】

2017年，是非洲公司刚刚完成改革重组的第二年。根据独资股东中国远洋海运集团整体部署，非洲公司在较短时间内，完成了非洲区域内的公司合并、各公司间的股权交易、人员合署办公、业务整合、系统切换、相关公司注销、部分当地员工解聘等各项事务，并保证了业务不断不乱。

通过改革重组，非洲公司对集运各项业务提出了更高的要求，积极配合集运做好所辖区域的市场营销管理工作，根据市场形势，做好东行运价推涨工作，进一步提升船东效益。进一步加强非洲区间货源组织工作，配合做好航线效益改善以及近程舱位再利用工作。就西行 FOB 货及东行 CIF 货与装港、目的港代理做好日常互动销售交流沟通工作，提升客户对我司的服务质量体验。加强第三地货源组织工作，尤其关注印度、中东，以及澳新地区货流。

在船舶服务方面，远南海事技术服务中心较好完成原中海船队（重点是散货船）的服务。在保障集团内部船东各项技术需求的同时，扩展对系统外船东的服务，地方航运公司海外资源不多，只有以良好的服务口碑，过硬的业务技能，才能在业内赢得声誉并争取到更多的业务。扩大在西非喀麦隆的杜阿拉港的业务范围，努力争取增加几家服务供应商，以降低成本，为船东提供实在、有效的服务。

面对近年来南非经济衰退、货币贬值、市场大幅萎缩等诸多压力，非洲公司积极通过改革重组，释放公司活力，积极借助“一带一路”东风，推动国家运输保障业务。如中国一汽、武汉长飞、长城汽车、北京汽车等，纷纷在南非投资。非洲公司和国内兄弟单位的协同合作，寻找商机，推动国家运输保障业务在非洲的开展。

【发展战略】

2017 年，根据集团全球化战略，集团海外区域公司承担起集团的全球业务协同、信息共享、新兴业务孵化、区域服务支持、国际人才培养五大平台。非洲公司根据非洲实际情况，紧密围绕集团全球化战略，切实加强区域公司实体化经营，承担起为集团打造海外“五个平台”的重任。非洲公司根据非洲市场矿产资源丰富、工程项目较多的特点，一是与中远散货公司合作，由散货派人在非洲公司成立散货部，充分利用中远散货、中远航运、中波公司、物流等各专业公司的运力资源，开拓非洲矿产及设备运输市场；二是通过与中远物流合资扩股，加强现有非洲物流公司的项目揽取、运作能力，并基于项目的运营，逐步完善物流公司本身在报关、仓储、拖车等环节上的资质和设施；三是与整合后的油运公司加强沟通、开展合作，为油运公司的船舶提供在非洲的代理操作等配套服务，特别是油轮装船预检等服务；四是与码头公司建立沟通机制，了解码头公司投资计划及需求，提供符合码头公司要求的非洲码头投资机会等相关信息，成功介入非洲的码头投资、运营；五是与集团的贸易公司加强沟通交流，主动介入非洲矿产品出口贸易，及时把握分享国内各种矿产价格上涨的收益。

【经营效益】

2017 年，非洲区域完成集装箱西行 FOB 箱量 34 681TEU，指标完成率 124.4%，同比增长 43%；东行箱量 52 845TEU，指标完成率 95.3%，同比增长 53.3%。物流运输完成 5708TEU，同比增长 130%。船舶服务完成操作 310 艘次，同比增长 37.8%。完成散货运输 31 万吨，完成杂货运输 8.6 万吨。实现经营收入 5574 万元，同比增长 0.5%；实现净利润 226 万元，同比增长 118.9%。

2016—2017 年非洲区域各公司经营利润情况见表 14-16。

2016—2017 年非洲区域各公司经营利润情况（万元人民币）　　表 14-16

公司名称	年份	收入	成本	管理费用	经营利润	增长率
非洲公司（本部）	2016 年 1—12 月	538.05	77.25	770.86	–670.00	—
	2017 年 1—10 月	459.81	—	1 494.34	–492.55	–148%

续上表

公司名称	年份	收入	成本	管理费用	经营利润	增长率
物流非洲	2016 年 1—12 月	2 809.77	2 584.99	22.76	198.77	—
	2017 年 1—10 月	3 278.24	2 616.24	57.96	624.97	213%
远南	2017 年 1—10 月	643.42	490.11	47.72	65.81	—
	2016 年 1—12 月	441.75	294.67	52.74	99.19	51%

【风 险 管 控】

2017 年，面对复杂多变的行业发展形势，非洲公司为进一步完善公司管理制度，逐步健全现代化管理机制，使内部管理走向科学化、系统化、规范化，进一步梳理内控流程，加强控制力度，同时对业务合同和公司制度汇编管理工作加以梳理。重点工作有：一是指导尼日利亚公司重新搭建了一个包括内勤单证、外勤现场、集散业务一体的船代部。全年共操作集装箱船 59 个航次、散杂货船 32 个航次，其他船舶 3 个航次，以及多哥—杜阿拉支线。全年在码头和船舶现场严格按照总部的安全操作规范和程序落实，没有发生任何人员伤亡，以及安全操作事故。10 月，集团自营船“天寿”轮在尼日利亚东部哈克特港东南方向，离岸 30 海里处遭遇海盗袭扰后，公司积极配合集团总部协调和安排船舶在尼日利亚水域和港口的防海盗措施。公司积极协调当地政府机关包括尼日利亚海事管理和安全局（NIMASA）和海军等，逐渐建立良好的日常沟通，建立应急保障措施，保证船舶在尼日利亚的安全挂靠和生产作业。二是督促南非公司以总部数据质量监控月报为指导，将数据监控指标分解到南非分部各职能部门，做好跟踪和监控，提升 IRIS-2 使用效率和数据质量，及时准确反映实际生产情况，以利于提高工作效率，改进存在的问题。

【财 务 管 理】

2017 年，非洲公司的财务管理工作紧紧围绕集团和集运对海外公司的各项工作要求，在资金管理、财务制度建设、财务监督管理、股权收购转让、发挥协同效应、财务系统培训等方面不断细化和提高，力争财务管理工作更上一层楼。随着 2017 年公司业务量大幅上升、财务人员相对短缺的实际情况，财务部门认真统筹各项工作，按时按质完成上级部门下达的各项任务，公司财务信息管理工作有条不紊地进行。公司克服人手严重短缺等困难，保质保量按时完成了非洲各公司 2016 年度的财务决算工作，并通过了会计师事务所的外部审计，取得无保留意见的审计报告，按时上报集运审核通过。按照集运的有关规定，按时上报月度、季度及年度各项财务报表资料及有关财务信息，以及各项财务日常报送工作。做好运使费结算工作，加快账单及资金的汇付速度，提高相关工作质量。根据船东运使费结算管理的要求，保持公司良好的运使费结算速度及工作质量，与船东积极联系，对船东提出的问题积极反馈，认真落实。尤其是超期运费及以往年度运费进行重点跟踪，按集运的整体管理要求进行运费的催收和清缴。

严控财务信用风险。2017 年继续完善信用风险管理控制制度，针对非洲地区纷杂、动荡市场的实际情况，加强对客户信用期的管理。认真组织搜集信用客户的有关资料，做好调查和审核工作，并每月对客户的信用情况进行分析，管理层会同业务部门在每周生产指标分析的基础上，对客户信用管理情况进行筛查，并根据客户信用情况及对公司业务支持度进行信用调整，对信用期外的欠款采取相应的对策，降低信用期管理风险。加大应收账款催收力度，进一步修订和完善了运费回收相关的内部管理工作流程。公司财务部及相关业务部门积极沟通、通力合作，认真清理各类欠账。在公司每周定期召开的应收账款专题会上，对当期运费、非运费类历史老账等清欠催收情况进行通报，对于出现的问题即时提出并讨论解决。目前，公司应收账款回收情况良好。加强资金管理，保障资金安全。严格执行集团和集运资金管理的有关规定，所有资金开支均实行联签制度，严格控制预算外资金支出。及时按信用期限收回运费，按照船东资金结算要求和流程，按期与船东进行运费、使费的资金清算，加快资金周转。

认真按照集运全面预算管理工作的要求，公司开展预算管理工作，把成本控制与预算紧密结合，以预算为手段，把降本增效作为工作目标，控制不必要的开支。

【员工队伍】

2017年，非洲公司重点加强内部队伍建设，进一步推行业务优先、以人为本的管理理念，不间断进行业务技能培训、提升自身能力，对内部工作流程进行了梳理与再造升级。对客户资源进行整合、再分配，结合客户的不同需求，向客户提供差异化服务，优化市场部KPI考核机制，鼓励员工创新，稳定员工队伍。督促区域内各公司注重提高团队的责任心和工作能力。如尼日利亚公司当地员工普遍比较懒散，只做国家公司的业务。在每周二周例会上，安排当地员工全程参与，使他们感受到船东精益求精的工作要求和一丝不苟的工作态度。当地员工认识到集团发展西非的决心与实际行动，潜移默化中不断加强对自己的要求和对其他公共代理的要求，工作积极性和配合度日益提升，区域公司的各项操作指令和工作安排也都尽力完成。针对由于各种原因导致的前一港配载不理想、不达标的状况，当地区域管控团队迅速反应，及时与下一港代理沟通，想尽各种办法，对舱位分配进行调整，确保船舶离开西非最后一港时满舱满载。区域一盘棋的局面逐步打造和形成。

【社会责任】

非洲公司在认真完成上级单位下达的各项经营任务的同时，致力于承担更多的社会责任。积极帮助当地居民发展，指导各类小型企业的成长和进步。鼓励公司员工积极参与到非营利组织帮助贫困人群的行动中，积极响应和支持南非当地的慈善事业。非洲公司作为在南非中资企业经贸协会常务副会长单位，集运南非公司作为协会德班分会的会长单位，不仅抓好经营生产、提升效益、完成各项指标，同时还致力于中远海运品牌在当地影响力的扩大和推广，更好履行社会责任，中远海运集运南非公司获得协会颁发的2017年度企业社会责任优秀奖，为中远海运集团在南非事业的发展作出了积极的贡献。

【文化建设】

非洲公司结合当时形势和非洲地区的特点，确定符合本单位实际且易于被接受的廉政文化内容，建立全面的廉政文化体系，从而保证文化建设为党风廉政建设提供依据；针对行业文化建设的内涵，重点开展人生观、价值观、权力观教育，提高海内外员工的思想境界和道德修养，充分利用警示教育和对标管理，在进行企业廉政文化宣贯的同时，从正反两方面对干部职工进行教育引导，增强其对廉政文化的认同感，助力企业发展。

（张向光）

中远海运（澳洲）有限公司

中远海运（澳洲）有限公司

【公司简介】

中远海运（澳洲）有限公司〔简称“澳洲公司”，英文简称 COSCO SHIPPING (Oceania)〕，由原中远集团旗下的中远（澳洲）有限公司（以下简称“中远澳洲”）和原中海集团旗下的中国海运（澳大利亚）代理有限公司（以下简称“中海澳大利亚”）重组合并而成，于 2016 年 6 月 2 日正式完成公司更名。

澳洲公司是中国远洋海运集团有限公司的全资子公司，是集团海外区域管理公司之一，代表集团行使对澳、新等大洋洲地区所有企业的管理及业务协调、市场研发、投资决策及资产经营等职能。澳洲公司前身中远澳洲和中海澳大利亚分别于 1995 年 8 月和 1998 年 12 月在澳大利亚新南威尔士州注册登记成立，注册资本分别为 254.83 万澳元和 8 万澳元。截至 2017 年年底，改革重组后的澳洲公司，管辖大洋洲范围内的 7 家公司，净资产规模达到 23 798.62 万元人民币。

澳洲公司六大业务板块见图 14-5。

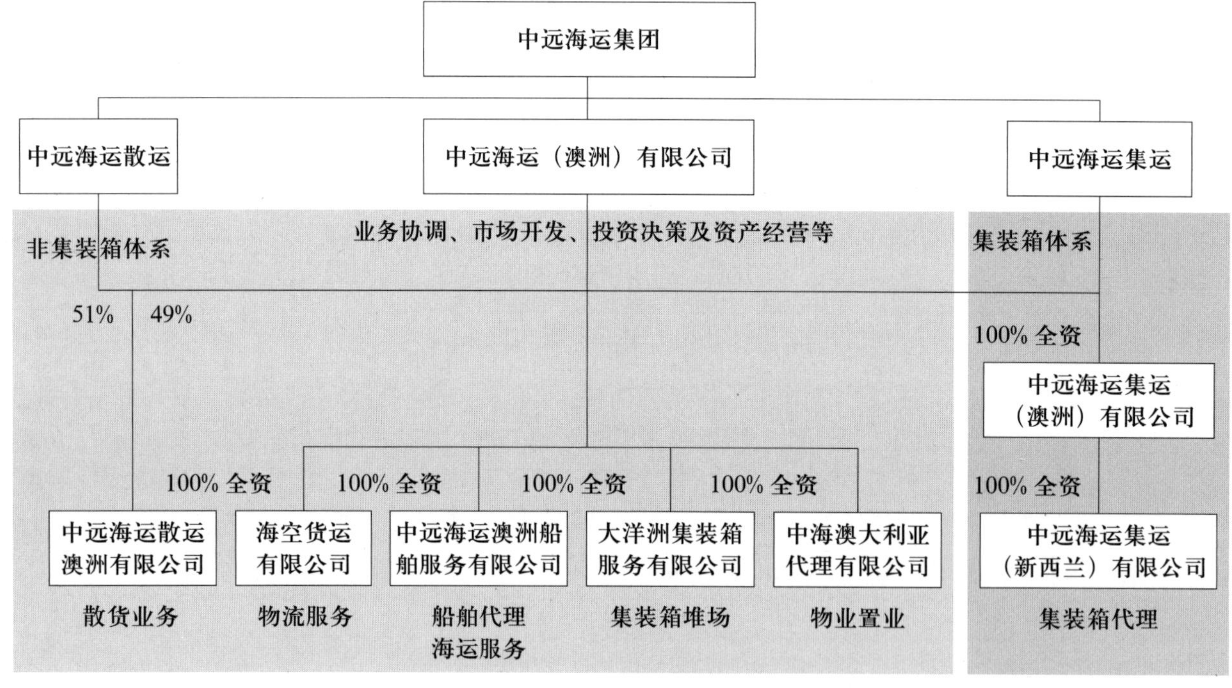

图14-5　六大业务板块

【改革重组】

2017 年是澳洲公司在深化改革重组中扬帆起航的第二年。公司坚持贯彻集团战略引领，立足“6+1”发展战略，围绕“规模增长、盈利能力、抗周期性和全球公司”四个发展维度，推动业务整合，优化产能结构，加快打造新集团在大洋洲地区的业务协同平台、信息共享平台、新兴业务孵化平台、区域管理服务平台。

通过改革重组，澳洲公司规模实力、综合优势和市场影响力显著增强。2017 年，公司营业收入规模达到 1.54 亿元人民币，全年指标完成率达到 153.7%；资产规模突破 3.42 亿元人民币，同比增长 10.48%。集装箱本地出口箱量规模达到 23.6 万 TEU，同比增长 18.5%；本地出口箱量收入规模达到 1.26 亿美元，同比增长 18.3%；干散货揽货量达到 505 万吨，全年指标完成率达到 336.66%；综合物流开发 635.7 万美元，全年指标完成率达到 212%。

通过改革重组，澳洲公司进一步加强把握“一带一路”南向延伸发展机遇的能力，加快构建南太平洋地区的供应链物流网络，为集团落实海外发展战略提供有力支撑。2017 年，公司完成了南太平洋地区集装箱支线市场调研；完成了新西兰地区非集装箱体系平台的搭建；墨尔本新堆场项目如期推进。有效推动区域网络建设、扩大了核心业务辐射范围。

通过改革重组，澳洲公司努力践行“一个团队、一个目标、一个文化、一个梦想”的理念，完善管控体系，推动机制变革，发挥协同效应。一是董事会规范建设初步完成。随着主要业务板块重组整合完成，澳洲区域公司积极推进直属公司规范董事会建设。澳洲区域及下属单位董事会成员均任命到位。董事会章程、授权规则、议事及工作规则等董事会治理规范不断完善。各单位的董事会按照规范依次有序召开，践行了集团关于规范董事会的要求。二是体制机制建设不断加强。2017 年，澳洲区域先后出台各类规章制度 17 部，在集体决策、投资管理、供应商管理、外派人员管理、产权登记、内部审计、大额资金调度、预算管理、反商业贿赂，以及关联企业管理等方面修订和完善相关制度，进一步加强了公司的体制机制建设，完善了公司的风险防控体系。三是坚决落实集团“压减”部署。积极稳妥完成对四级管理单位宾氏非利的关闭清算工作，所有应收账款颗粒归仓，所有外聘人员有序清退，完成所有注销、清算手续。四是充分发挥整合重组后的协同互补效应。通过合署办公、人力资源共享，以及利用规模优势提升供应商议价能力等增收节支措施，全年实现协同效应 5 431.2 万人民币，完成指标 108.6%，较好实现了“1+1 > 2”的重组效果，提升了澳、新区域的竞争优势。

【发展战略】

2017 年，澳洲公司以集团“十三五”发展规划为指引，着眼海外公司“五大”平台功能定位，紧扣“规模增长、盈利能力、抗周期性和全球公司”发展主题，结合大洋洲地区的经贸形势、投资机会、政策导向等外部环境，研究制定了区域公司“十三五”发展规划报告。9 月，澳洲公司召开六届三次书面董事会对“十三五”规划进行专题审议并通过相关决议，圆满完成澳洲公司“十三五”规划的编制工作。

2017 年，澳洲公司明确了以“6+1 产业集群”为布局，为集团实现“承载国家使命、服务世界贸易、经营全球网络”提供支撑和保障，全力打造“大洋洲供应链综合服务平台”的发展愿景。区域内各直属公司立足自身业务结构特点和发展机遇，结合短期项目实施和中长期业务发展，因地制宜、改革创新，推动各项战略举措有序开展。

一是深入开拓大洋洲周边市场。完成对澳大利亚塔州，以及巴布亚新几内亚、斐济、大溪地、瓦努阿图等南太平洋岛国集装箱市场的调研。在集运总部大力支持下，公司 2017 年 9 月正式开启塔州三港集装箱进出口业务，填补了中远海运进军澳洲市场近四十年来的空白。11 月正式开启巴布亚新几内亚和斐济与中国间的集装箱班轮航线服务。

二是搭建非集装箱体系业务平台。2017 年，澳洲公司开展以新西兰为中心，涵盖南太平洋群岛的非集装箱船舶代理服务平台。直属公司澳洲船务依托区域网络平台，年内累计完成大洋洲地区船舶代理共计 757 艘次，同比增长 53%；提供 PSC 港口国预、协检服务，共计 224 艘次，同比增长 25%，服务船舶零缺陷通过率达到 70%。区域公司在南太地区非集装箱体系的服务能力进一步提升。

三是墨尔本新堆场和仓储配送中心如期投入建设。2017 年 6 月，墨尔本新堆场取得开工许可，各项工程进度开展顺利。澳洲公司通过加强区域内物流节点的投资建设，提升航运主业服务保障能力和供应链延伸服务能力，进一步挖掘大洋洲第三方物流市场潜力和经营机会，逐步打造大洋洲地区综合物流供应链服务平台。

【经营效益】

2017 年，全球经济存在很大的不确定性，贸易保护主义、去全球化势力的抬头对中澳、中新双边的经济贸易带来了较大的负面影响。澳洲公司面对困难与挑战，坚持集团"全力创效、合力创业、大力创新"的总体工作要求，以集团年初、年中工作会重要精神为指引，凝心聚力，奋力拼搏，区域整体经营效益稳中向好。

2017 年，澳洲公司实现营业收入 1.53 亿元人民币，完成指标进度 153.7%；实现营业成本 9 641.87 万元人民币，同比下降 10.51%；成本费用占营业总收入比重为 85.39%，同比下降 2.96%，优于指标要求。实现利润总额 2275 万元人民币，完成指标进度 194.45%。澳洲公司在经济效益方面取得了较好成绩，超额完成责任书中各项效益指标。

区域内各业务板块抓住整合重组带来的市场机会，进一步夯实创收创效盈利基础。

一是海空货运业务规模和盈利能力大幅提升。货代业务收入同比增长 32%，进口整箱业务同比增长 40%、空运业务同比增长 37%、报关业务同比增长 19%。全年创造营业收入 4 297.46 万元人民币，实现利润总额 427.47 万元人民币。

二是墨尔本堆场运营管理市场化。2017 年是大洋洲集装箱服务有限公司（以下简称 OCS）独立运营的第一年。作为区域公司专业的空箱堆场运营商，OCS 着力提升堆场运营能力和作业效率，为向公共堆场转型夯实了基础。全年进出场箱量共计完成 16.9 万 TEU，同比增长 5%，PTI、食品箱及空箱调运等业务均有明显增长。OCS 实现营业收入 5 085.19 万元人民币，实现利润总额 966.60 万元人民币。

三是船舶代理业务整合效应凸显。2017 年，澳洲船务公司完成各类非集装箱船舶代理 757 艘次，同比增长 53%，其中集团内船舶占比 62%。船务公司实现营业收入 4 891.26 万元人民币，同比增长 48.63%；实现利润总额 819.55 万元人民币，同比增加 32.75%。

【服务客户】

2017 年，澳洲公司通过加快构建大洋洲综合物流服务平台，全力以赴为集团航运产业集群在大洋洲地区的生产经营保驾护航。在此基础上，公司积极开发第三方业务，强化核心业务板块服务驱动作用，打造产品服务竞争力，为客户提供更加专业化的高质量服务。

服务维护方面，澳洲公司初步完成物流服务平台搭建工作，通过设立经营网点完善船舶代理服务网络，发展仓储配送服务、拆装箱业务丰富延伸配套服务产品，公司的全程物流综合服务能力和延伸服务能力不断得到提高。海空货运结合客户需求，大力拓展延伸服务和客户端到端服务，努力切入到客户的项目供应链中，为泸州老窖、美国通用等价值客户提供全程物流解决方案，为维持客户产业链、供应链稳定发挥了积极作用。OCS 墨尔本堆场根据船东箱管政策、运力规划、用箱需求，有针对性加强堆场细分作业领域的工作效率。全年食品箱升级量同比增长 36.23%，空箱运输业务量同比增长 40.32%，冷箱预检量同比增加 154%。OCS 加强安全生产和船东服务保障能力，以合作共赢的思维助力船东及客户，维护供应链稳定。船务公司圆满完成南极科考"雪龙号"、中国海军南海舰队 25 次编队、"远望"系列，以及东海舰队"钱学森"号测量船在澳新、南太地区的访问任务，全年公务船舶代理累计完成 9 艘次，获得船东的一致好评。澳洲船舶服务公司以优异的成绩和优质的服务被集团评为 2017 年度先进集体。集运澳新分部进一步优化舱位、箱源分配和运价管理流程，提升运作水平和客户服务响应效率。集运澳洲公司通过提升服务质量，牢牢抓住了集装箱市场的复苏机遇，积极抢抓高值货源，降低“三废”比例，粮食、棉花、原木、羊毛等货源同比增加61.8%，干草作为重点开发货源，实现同比增长355%。集运新西兰面对台风、港序调整等困难挑战，优化设计服务方案和异常问题解决方案，加强与客户的沟通联系，引导客户适时调整送箱、提箱流程，全力以赴确保船舶靠港和作业有序开展，解决了客户燃眉之急，赢得了客户认可。澳新分部的澳洲至东北亚航线连续第二年被《劳氏日报》评为最受欢迎航线。集运澳洲公司也被评为2017年度集运先进集体。

【企业管理】

2017年，澳洲公司紧紧抓住改革发展的关键阶段，坚定不移地推进业务板块的深度重组、内控制度的落实执行，苦练内功，激发内在动力，各项主要指标都超额完成了集团下达的年度考核目标，并在海外区域公司中名列前茅，得到了集团的高度认可，也是唯一一家获得“钻石团队”殊荣的海外区域公司，迈好了改革重组的关键一步。

一是强化制度建设，加强内控管理。澳洲公司始终将制度化建设作为一项重要的工作内容，通过企业制度的制定和完善，各业务板块不断优化业务操作流程，不断增强持续发展能力，为企业的持续发展奠定了坚实的基础。2017年，公司先后出台了《中远海运（澳洲）有限公司“三重一大”决策制度实施办法》等12项公司管理制度，从制度上规范了经营、投资、采购和财务等方面的管理和风险防控，扎紧制度“笼子”。

二是强化成本管控，提升运营效率。澳洲公司加强生产经营各环节监管力度，统筹调配财务资源，实现最优化利用。公司全年产生营业成本9 641.87万元人民币，同比减少1 132.56万元人民币，减幅10.51%，营业成本降幅大于营业收入降幅，成本管控成效显著。在应收账款管控方面，澳洲公司应收账款余额2045万元人民币，同比下降27.85%；存货余额169.66万元人民币，同比下降24.15%。“两金”降幅均大于营业收入降幅，很好地完成了“两金”压控任务目标。集运澳新分部不断加大滞期费回收力度，全年实收额达到5469万元人民币，同比增长164%。

三是着重加强内部协同，释放重组协同效应。澳洲区域公司作为集团在澳新地区的窗口，进一步增强全球化协同营销，全力以赴为集团航运集群各专业公司在大洋洲地区的生产经营保驾护航。OCS协同船东严格落实超期箱管控要求，超期箱比例严格控制在6%以下，是澳洲所有口岸中服务能力最强最优的堆场。海空货运加强与澳新分部的协同合作，通过内部联动营销，抓好投标等基础货源、稳定传统客户、巩固传统市场的基础上，积极开发端到端新客户、新市场。澳洲船务累计完成大洋洲地区船舶代理757艘次，同比增长53%。其中，集团内船舶占比62%，整合效应明显。散运澳洲在超额完成集团和散运总部下达的揽货任务的同时，为散运总部搜集大洋洲各类商情信息56篇、专题报告12篇，获得散运总部高度肯定。集运澳新分部协同集运总部最大限度管控运营与采购成本，持续发挥协同效应。集运澳洲通过实现码头直返空箱46 710TEU，为船东节约1454万元人民币。澳新分部协同集运总部进一步加强与码头等主要供应商的协商，全年累计实现码头供应商类协同效应（含新西兰港口）5565万元人民币，包括澳洲迪拜港口世界集团（DPW）所属码头4481万元人民币，新西兰奥克兰港550万元人民币，澳洲和黄码头473万元人民币，弗林德斯（Flinders）阿德莱德码头61万元人民币。此外，公司全年累计实现箱管类协同相应（澳新地区）1067万元人民币；综合管理类（含合署办公、人力资源、协会会费）协同效应1114万元人民币；协同效应总指标完成率达到155%。

【安全生产】

澳洲公司根据集团部署，结合改革重组后的机构、人员变化情况，牢固树立“安全发展理念”，切实增强抓好安全工作的责任感，始终把安全生产摆在最重要位置，不越“红线”，不踩“底线”。澳洲公司与各直属单位、澳新分部签署了《安全生产责任书》，下达了安全生产控制指标，要求全系统认真履行安全生产主体责任，全面提高安全管理水平。澳洲公司严格按照“一岗双责、齐抓共管”的要求，落实安全生产各项措施。2017年全年，澳洲公司未发生任何安全生产事故，维持了安全稳定的经营生产局面。

一是要完善安全体系和制度建设，强化体系执行力。区域公司及下属各公司主要责任人切实承担起安全生产第一责任人的责任，建立具有操作性的安全制度和体系，确保体系运行有效，执行有力。

二是要加强对码头现场、堆场等主要生产场所的安全生产危险识别和风险评估，强化源头管控和重点区域管控。配合集团专业公司做好区域内 PSC 船舶安全预协检工作，积极协助集团专业公司船舶在域内港口处理海务、机务、航运、船员等影响船舶安全运营的突发事件，提供及时有效的岸基支持。同时，加强堆场操作人员安全生产培训。既抓好上岗前培训，又做好工作中培训，把安全运营作为检验培训成效的重要标准。积极落实集团生产场所安全管理的要求。

三是加强日常行政管理和安全教育。澳洲公司实行周例会制度，通过每周会议纪要的形式，对区域内的各项行政要求和安全管理注意事项进行分解、梳理，同时要求澳洲公司所属各公司，结合自身特点，建立和不断完善公司各项规章制度，使安全管理常态化、规范化。

四是应急管理和处置机制建立。澳洲公司设立了应急管理工作领导小组和海上、陆地安全应急联络办公室，明确了相应的安全事故报告和处理程序，做到有章可循，提高了应急制突的能力。

【风 险 管 控】

一是完善规章制度。2017年，澳洲公司制定、完善了一系列的规章制度，包括决策实施、采购供应商管理、客户资信、投资及固定资产支出、大额资金管理、预算管理、内部审计管理、法律案件纠纷和合同管理等方面。这些规章制度与已有的为适应澳洲当地经营管理而制定的《员工入职指南》《员工行为手册》等一起构成了澳洲公司的制度体系，涵盖到员工招聘、福利、工作场所健康、安全、休假、使用公司设备、员工纪律、反欺凌和性骚扰、急救及工伤、费用报销、资本性支出的批准、资产报废、保险、公司车辆、电话使用、员工隐私等诸多方面。

二是专项风险管控。2017 下半年，澳洲公司完成了职场健康和安全、边际福利税和工资税工作程序、客户信用额度管理三项专项风险管控工作；制定了公司的客户资信和应收款项管理规定，并结合澳洲公司实际，对二手箱信用客户进行 PPSR 的登记，尽可能地在发生付款拖欠时，最大程度地保护公司利益。

三是重大风险防控。澳洲公司通过密切关注澳洲税务政策的变化，合理安排交易从而合法地、最大限度地减低税赋。在澳洲公司股权上划集团，协助中远海运散运（澳洲）有限公司 51% 股权从中散集团转让给中远海运散运的过程中，成功地获得了新州和维州税务局关于转让交易的土地持有人税的重组豁免，分别节约印花税款 144 万澳元和 12 万澳元。在散运澳洲转股过程中还通过建议董事会推迟分红，避免了因分红导致非不动产资产大幅减少而触发应税澳大利亚不动产条款，以及因转股可能产生资本利得税的风险。

四是关联交易风险。澳大利亚政府 2017 年 6 月 7 日与其他 67 个国家和地区签订了《实施税收协定相关措施以防止税基侵蚀和利润转移的多边公约》，并先后通过一系列法律修订以制衡跨国避税，同时签署了国别报告自动交换的多边协议，从 2016 年 1 月 1 日起对全球收入超过 10 亿澳元的重要全球公司（Significant Global Entities，简称 SGEs）实行；从 2017 年 7 月 1 日大幅度提高了对 SGEs 没有按时提交国别报告的罚金，最高可达 52.5 万澳元。同时对 SGEs 的避税安排征收 40% 的利润转移税（PDT）。针对这种情况，澳洲公司一方面要求区域内各公司加紧收集第三方价格、市场等相关资料，积极着手编制转移定价文档的准备工作；另一方面积税与集团沟通，提示澳洲税局对国别报告、主体文档的报送要求，并按集团财务管理本部的指示，主动与澳洲税局沟通、说明情况，向其争取到第1年豁免的条件，即①集团及原中远集团将不在澳洲以外的税务管辖地准备或提交国别报告及主体文档；②承诺第2年提交国别报告和主体文档。

2017年，澳、新地区没有任何新增重大案件，亦无因企业本身违规引发的重大案件。

【员 工 队 伍】

2017年，澳洲公司结合澳新当地实际情况，紧紧围绕改革重组、提质增效等中心任务，认真贯彻落实《集团“十三五”人才发展规划》，统筹推进各类人才队伍建设，不断提升干部人才工作水平，为集团在澳洲区域的发展提供了坚强的组织保证和人才支撑。

一是坚持选人用人标准，积极培养选拔优秀人才。公司把海外当地员工队伍视为集团人才的重要部分，高度重视人才的国际化，积极向集团推荐和提拔优秀人才。2017年提拔1名本地管理人才担任集运澳洲公司市场总监；提拔4名优秀本地人才担任下属公司部门级管理人员。

二是坚持按贡献分配，积极吸引和留住人才。公司坚持按目标责任考核兑现年终奖金和按贡献度进行年度薪资调整，杜绝一刀切和平均主义。澳洲公司年度员工绩效测评采取员工自评和主管经理评价等逐级评价机制，包括工作表现、工作量、工作着装、后续教育、职业培训等方面。最终测评结果作为公司管理层确定年度奖金和次年调薪的标准，为留住优秀人才起了很好作用。

三是严把入口关，认真做好雇佣合同的签订。澳洲公司遵循当地法律法规，结合公司实际，通过多种途径雇佣员工。坚持向市场公开选聘人才，按照资历审查、背景调查、面试、试用等流程严把入口关。入职时对员工进行入职前教育，要求入职员工认真阅读员工手册，并签署承诺书。通过把好入口关，为公司人才队伍的质量提供保证。

四是本着经营发展需要，积极开展员工培训工作。公司结合业务发展需要，选拔有培养潜力、优秀的后备人才进行资格和技能培训。2017年，公司出资选派员工参加财税、危化品财、验箱师资质、叉车操作等各类培训19人次。

2017年，澳洲区域管辖4家直属公司、1家合营公司、2家代管公司，共有员工176人。大学以上文化程度占比67%；40岁以下员工和40岁以上员工基本各占一半；外派中方人员13名。2017年，澳洲公司总裁为张际庆，党委书记为潘勇。

【企 业 文 化】

澳洲公司十分重视“四个一”理念的深入，特别关注改革重组后员工队伍的融合和团结。公司积极向中外员工传达集团、集运“四个一”系列的宣传视频、微信帖；通过邮件、微信群等渠道，及时向广大中外员工传达集团在响应国家“一带一路” 倡议上的重大战略举措，以及重组以来在经营发展上所取得的成就。在日常工作中公司注重团队文化建设，赞助并组织员工参与中国总商会的羽毛球比赛等文体活动；“三八”节安排给全体女员工送花；员工生日送蛋糕，以增强员工的归属感；组织新员工登船参观，提高新员工对企业的认知，增强公司的凝聚力；组织员工和家属参加悉尼跨海大桥国际长跑活动等。通过组织开展系列员工各类活动，团队融合度日益增加，员工凝聚力不断增强。

2016—2017年中远海运（澳洲）有限公司主要情况见表14-17。

2016—2017年中远海运（澳洲）有限公司主要情况 表14-17

类　别	项　目	2016年	2017年	增幅
服务保障	堆场容量	6000TEU	6000TEU	不变
	综合物流开发（万澳元）	336	815.63	142.75%
	船舶代理艘次	484	757	56.4%

续上表

类　别	项　目	2016 年	2017 年	增幅
服务营销	本地出口箱量（万 TEU）	20.09	23.6	17.47%
	干散货揽货箱量（万吨）	698	505	−27.65%
财务状况	总资产（万元）	30 938.04	34 180.14	10.48%
	净资产（万元）	21 984.63	23 798.62	8.25%
	总收入（万元）	16 469.86	15 370.47	−6.68%
	净利润（万元）	2 063.26	1 477.44	−28.39%
员工队伍	区域公司年末员工总数（人）	—	—	—

（张古强　孙铁　周宏）

中远海运（北美）有限公司

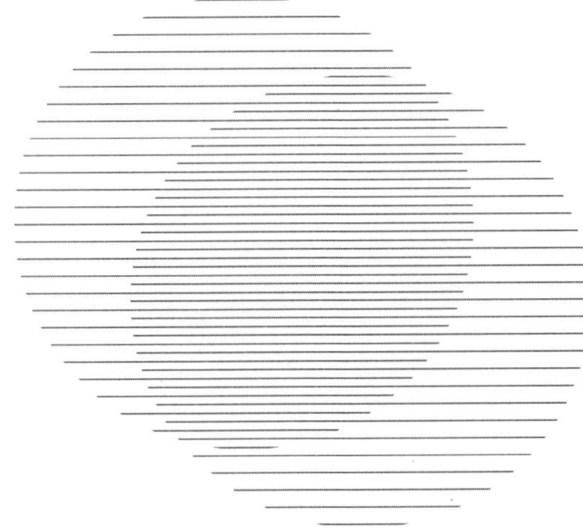

中远海运（北美）有限公司

【公司简介】

中远海运（北美）有限公司（简称“北美公司”，英文简称 COSCO SHIPPING（North America）），是中远海运集团有限公司全资子公司，注册资本 2021 万美元，注册地在美国加利福尼亚州。北美公司业务主要涉及：航运代理、货运代理、散货运输、油轮运输、物流服务、码头经营、燃油供应、技术服务、房地产、设备租赁等。

1982 年 8 月 6 日，原中国远洋运输总公司在美国加利福尼亚州注册成立中远美国公司。1996 年 6 月 27 日，中远美国公司正式更名为中远（美洲）公司，成为中国远洋运输（集团）总公司在美洲地区的区域管理中心，履行北美洲、中美洲、南美洲和西印度群岛地区的管理职能。公司业务网点分布于美国、加拿大、巴拿马、巴西、阿根廷、秘鲁、乌拉圭、智利、墨西哥 9 个国家。2000 年 2 月，中国海运（集团）总公司在美国特拉华州注册成立中海（北美）控股公司，注册资本 50 万美元。公司主要负责管理美国、加拿大、巴西、阿根廷、智利、墨西哥等地区的集装箱代理业务。

2016 年 4 月 12 日，根据集团的统一部署，中远海运（北美）有限公司宣布成立。原中国远洋运输（集团）总公司的中远（美洲）公司和原中国海运（集团）总公司的中海（北美）控股公司正式开始整合重组，历时 5 个月的时间，于同年 9 月底全面完成整合，实现了合署办公。

改革重组后的北美公司成为集团的全资子公司和区域公司，是集团在北美地区业务拓展的唯一平台。北美公司对包括美国、加拿大、墨西哥、巴拿马等北美、中美及加勒比地区公司实施区域管理，公司业务范围涉及投资及区域管理、集装箱、码头、物流、设备租赁、社会化服务、散运、能源运输、船代、无船承运人、燃料供应、船舶备件与技术供应、特种船及多用途船等多个领域，形成了多元化产业布局，具备打造成为集团航运主业及相关专业公司在北美的现场服务支持和保障中心的业务基础。同时，作为集团的驻外窗口，北美公司积极履行社会责任，积极配合区域内中国使领馆，服务广大中资企业，促进与当地企业经贸合作。

北美公司 2017 年组织结构图（按法人层级）见图 14-6。

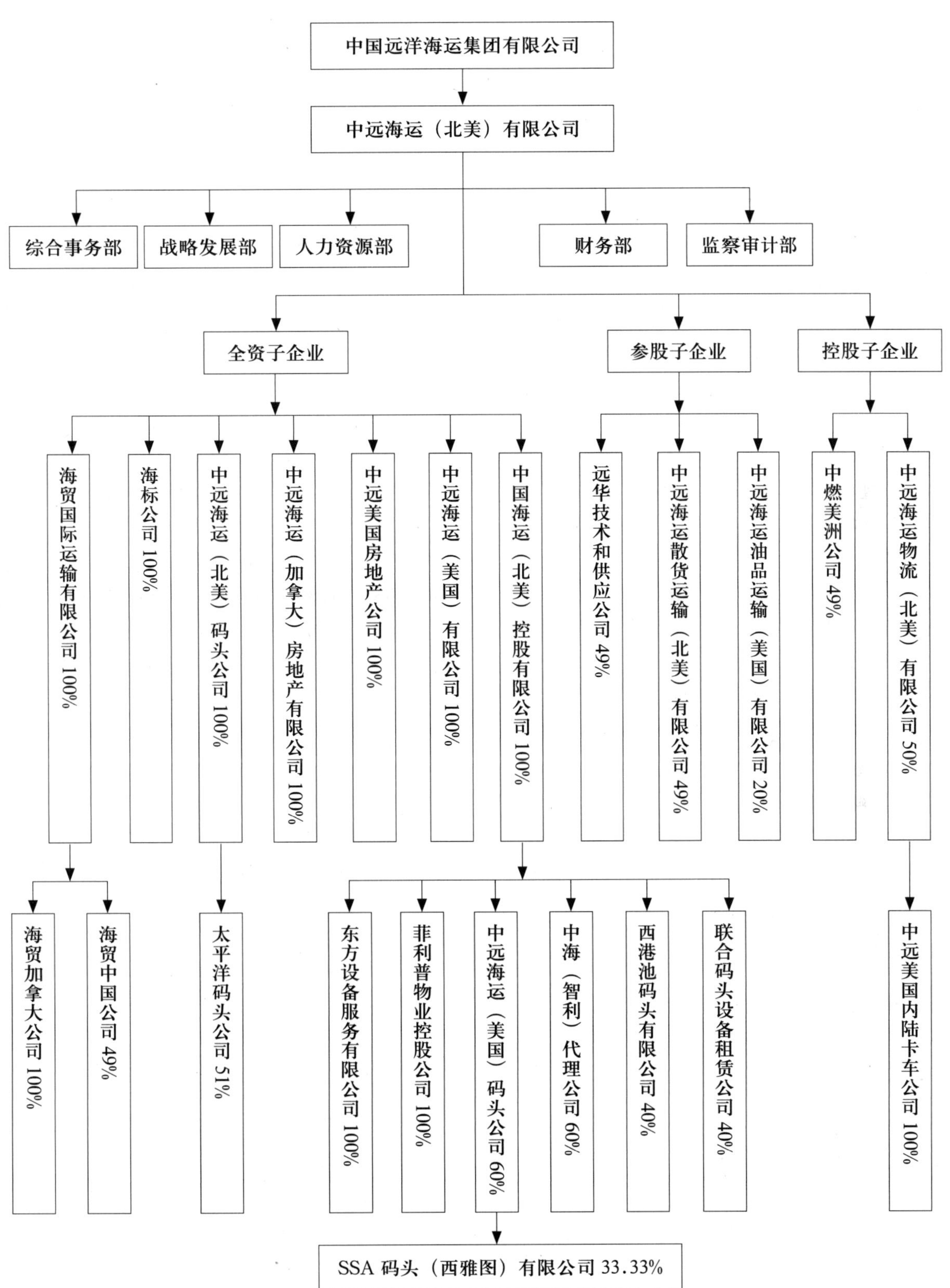

图14-6　北美公司2017年组织结构图（按法人层级）

2017 年，中远海运（北美）有限公司总裁为冯波。

【公司重组】

2017 年，北美地区完成了原中海加拿大公司和原中海中美洲公司的关闭工作、原中海（北美）代理公司资产和债务清理及关闭工作；2017 年 12 月 31 日，北美公司的 100% 股权由原来中国远洋运输有限公司转给中国远洋海运集团有限公司，中国海运（北美）控股有限公司的 100% 股权由中国远洋海运集团有限公司正式注入到北美公司。

北美地区重组后，原中国海运（北美）控股有限公司租用的亚特兰大办公室成功转租，长滩办公室也确定了新的租户，改革重组各项遗留问题基本得到解决。

【发展战略】

（1）编制了北美公司“十三五”战略规划。在集团战企部和研发中心的共同指导下，北美公司按照集团的要求顺利完成了“十三五”战略规划的编制工作，初步确定了业务发展方向，厘定了五年的投资规模和发展速度。

（2）战略推进初见成效。北美公司聚焦“6+1”战略，遵循北美公司“十三五”战略规划，按照工作重心从“改革重组”转向“战略推进”的要求，加大投资工作力度。公司成立了“战略推进工作领导小组”，组建了酒店物业、仓储物流、码头 / 设备租赁三个业务拓展工作小组，还成立了设备租赁和码头业务的项目专项推进小组。经过不懈努力，战略推进工作初见成效：东方设备与 Dired Chassis Link Inc（DCLI）积极探讨在三轴底盘车服务细分市场的合资合作机会，共同投资扩大经营规模，提升经营效益；2017 年 7 月 26 日，东方设备与 DCLI 签署了 BCO 合作协议，共同开发 BCO 客户的专属底盘车项目池，截至 2017 年年底，已经有 2 家客户签约；推进落实 PCT 码头新桥式起重机购置及现有 3 台岸式起重机升高的投资项目；配合集运业务发展需要，开展东方设备与集运的协同合作，在北美地区投资冷箱发电机、底盘车租赁业务。截至 2017 年年底，东方设备完成了购置和出租 200 台冷箱发电机并投入给集运使用，完成了购置 1000 台底盘车项目。

【经营效益】

2017 年，北美公司实现营业收入 374 698.07 万元人民币，同比增加 9.49%；发生营业成本 319 379.14 万元人民币，同比增加 11.73%；录得投资损失 1 849.65 万元人民币，实现利润总额同比减亏、增利 7 136.68 万元人民币；实现净利润同比增加 334.07%，完成集团下达各项考核指标。2017 年，码头板块业务收入 218 312.61 万元，比重占到 58.26%；航运服务板块业务收入 110 478.01 万元，比重占到 29.48%；其余为设备租赁、物流和社会化服务板块。

截至 2017 年年底，北美公司资产总额 236 241.28 万元人民币，同比减少 10.40%；负债总额 72 859.90 万元人民币，同比减少 13.57%；所有者权益 163 381.38 万元人民币，同比减少 8.92%，主要是汇率变动的影响。

【企业管理】

（1）加强制度建设，提升管理水平。根据北美公司改革重组后的实际需要，2017 年北美公司对原有的各项规章制度进行审核，查漏补缺，建立健全了相关规章制度，共制定、修订了《“三重一大”事项决策制度》《法务工作管理办法》《全面预算管理办法》《资金管理办法》《考核管理办法》《投资管理办法》《供应商管理办法》《内部审计管理办法》《安全管理办法》和《驻外员工管理办法》等 13 项规章制度，使北美公司各项工作决策及操作有据可依、有规可循，进一步提升了风险防控能力和精益管理水平。

（2）规范投资管理工作，跟进年度内投资计划完成进度，按集团要求及时、准确报送投资基础数据。

（3）加强产权交易监督管理。严格按照国务院国资委及中远海运集团相关制度文件规定，做好企业关、停、并、转及日常管理工作、企业基础信息的管理和更新工作，开展产权登记、产权内部无偿划转、协议转让、所属企业清算关闭、产权置换，以及增资等工作。2017 年，协助集团完成北美公司股权上挂、油轮公司转让 80% 股权增资、散货北美公司更名及国内股东股权转让、关闭原中海巴拿马、加拿大和北美代理三家公司、完成中海北控股权转移给北美公司等工作，以及企业压减等各项工作。

（4）做好公司年度考核工作。北美公司将集团赋予北美地区的各项工作和任务指标分解到各部门和下属专业公司，实行月度报告、上半年和全年指标考核的考核制度，并将考核结果与各公司奖金和激励挂钩，确保公司年度指标的完成。

（5）加强董事会建设和规范运作工作。2017 年 7 月，北美公司第一届董事会第一次会议在上海召开，审议通过了各项议案。9 月完成了非受限董事长授权项目的董事会通报、集团报备等工作。同时做好下属公司董事会规范管理工作，起草《北美公司下属公司董事会管理办法》，严格按集团对下属公司董事会管理规定及当地企业治理要求，做好下属公司董事会管理工作。

（6）信息报送工作。按照集团相关部门的要求，按时、按质做好北美公司商情报告（双月）、提质增效月报等报送工作。

【海 外 营 销】

（1）精心筹划并积极推进年度签约，签约箱量获得历史性突破。通过早规划、早部署，2017 年集运北美公司共完成太平洋年度签约客户 491 家，比去年同期增长 29%；完成签约量 1 047 117TEU，比去年同期增长了 19.7%，获得了签约百万箱的历史性突破。

（2）做好创效源头管理和过程控制，努力提升航线的效益。2017 年，美西 / 美东签约运价都获得了 200 ~ 300 美元运价上涨，为航线全年收益打下了坚实基础，同时在签约过程中全力控制额外成本，严控免箱期（Free time）、底盘车的减免，积极推动底盘车独立分账（Split Billing）合作模式，21 家客户接受了底盘车 Split Billing 计费模式，从源头进行成本控制，促进了航线效益的提升。

（3）树立新客户开发工作长期性理念，全力拓展客户合作面。进口部分，2017 年共开发了 71 家新客户，合计签约箱量 82 638TEU，签约量 1000TEU 以上客户一共有 21 家，合计签约量 65 838TEU，其中 Amazon、One World Shippers Association 是最主要的两家新客户，第一年的签约量就超过了 1 万 TEU。出口部分，与 54 家 JOC 出口百强客户签订了合同，除此以外，在 2017 年合作的出口存量百强客户中，公司与其中 27 家的合作份额得到了提升。

（4）多线作战、多措并举，积极挖潜第三国航线市场开发。太平洋东行航线上，2017 年在非中美贸易上共计出运销售箱量 154 257TEU，同比增长 58%，其中东南亚及南亚地区的销售箱量达 123 480TEU，同比上涨 69%。太平洋航线西行上，非美中贸易货量共计出运 17 万 TEU，同比增长 50%，达太平洋西行总量的 25%；尤其是在航线布局带来东南亚直航的契机后，东南亚流向的货量同比增长 50%。

（5）开展淡季营销和专项营销工作，不断提升航线装载率。太平洋航线西行线路即使在北美夏季的传统淡季，AAC2、SEA2 及 AWE 航线组上平均货量也得到一定的提升，尤其是美东航线，从二季度的周均 2400TEU 提升到了 3000TEU；Cargo NOS 品名方面，7—8 月在总量有所下降的情况下，美国和加拿大的 Cargo NOS 货量达到周均 4000TEU，大致占了 3 成左右的货量，环比二季度 5—6 月的周均 3500TEU 也取得了较大进步。

（6）坚定“两个对标加一个坚持”的理念，深入优化出口货源结构。2017 年，太平洋西行货源结构中，Cargo NOS 已经取代废纸，成为货量第一的分类，比例上升 4%，同时对废纸的依赖降低 2%；进一步靠近市场，以及竞争对手的整体货源结构。

（7）加强销售培训、优化激励机制，确保以“制度引领绩效”的根基。随着海洋联盟在2017年4月正式开始逐步切换，集运北美公司及时要求所有人员参与海洋联盟转换的在线操作培训，在4月启动ACZone在线订舱系统。2017年，公司对SIBC销售考核及奖惩方案进一步优化，突出了业绩奖励的最低门槛并新增新客户箱量额外奖励基金，有力促进了销售箱量和新客户开发指标的完成。

【客户服务】

码头板块方面，太平洋码头公司扩大Free Flow服务规模，为VIP客户提供快速提货的增值服务，2017年全年完成16 024 Units，同比增加56%，降低码头作业成本48万美元，提高作业效率，降低成本252万美元，为实现全年利润目标奠定了坚实基础。同时创新服务手段，推出STE-hot等系列增值服务，成为中远海运在PCT码头的特色服务，为贵宾客户提供保证送货时效的优质服务，并增加营业收入14 100美元。

东方设备与海贸公司发挥协同效应，成功将海贸公司的底盘车使用业务转入专属底盘车池。海贸公司协同东方设备公司以海贸延伸服务项目为依托，承租底盘车为客户提供增值服务，同时又控制了成本。东方设备还与大客户中南集团签订了底盘车设备光租协议并完成实际交付，成功为客户提供集装箱航运以外的物流设备租赁服务。

2017年，集运北美公司操作中心狠抓日常客服KPI管理，按照“九项客户服务承诺”的具体要求，结合当地实际制定了《2017年北美客户服务提升工作方案》，并成立了VIP客服部，集中优势资源，围绕核心客户，提供一站式服务，还通过专人专线服务的方式提高客户的服务体验。本年度，集运北美公司作为海外代理ACzone上线的先行先试单位，认真落实系统上线工作，同时充分发挥现有北美Goldmine系统功能，使得北美地区能够通过统一的对外窗口。经努力，集运北美公司操作中心顺利地完成了全年的各项客服工作：出口客服全年完成电话接听86 031次，日均电话接听235个，电话接听率92%，与去年基本持平；完成出口订舱161 694票，并且通过努力集运北美公司网络订舱已经达到67%，99%的订舱都能在2小时内给予回复，较年初大幅提升；完成出口航线操作箱量389 038TEU，同比增长30%；签发提单约75 639份，同比增长30%；处理邮件116 425封（数据包含全球信息2016年同比数据不含原中海1—6月数据）；进口客服全年完成电话接听192 278个，同比增长27%；电话接听率90%，同比持平；电话等待时间7分钟，同比持平；进口提单操作527 956票，同比持平；进口邮件处理209 728封，同比增长34%；完成进口重箱操作784 870TEU，同比增长30%（数据包含全球信息2016年同比数据不含原中海1—6月数据）；出口VIP客服完成电话接听18 250个，电话接听率99.4%，完成订舱43 068个，完成邮件回复46 877个；进口VIP客服邮件回复约27 500个 各项数据同比都有较大幅度的提升。

【员工队伍】

2017年，北美公司根据全局状况和未来发展情况完善薪酬福利制度，确保建立与现代市场相适应的人力资源薪酬福利管理机制、训练有素的人才培养理念，始终围绕“选才、留才、理才、用才”开展国际化人才建设工作，为区域年轻干部提供了发展、历练的平台。

（1）“选才有道”，建立人员选拔聘任机制。北美公司拓宽了员工招聘渠道，利用广告招聘、校园招聘、猎头招聘，以及从同行业公司招揽人才等招聘渠道，打破了以学历为唯一标准的做法；依岗定人，将合适的人安排到合适的岗位上，使每位员工都能充分发挥主观能动性和创造力，提高公司员工的工作积极性和企业归属感，吸引、留住优秀人才。

（2）“理才有方”，提升员工队伍素质。为做好人力资源经营，实现人力资本增值，北美公司建立了行政等级、工作资深度、现实工作表现等互不制约的多维度薪酬等级调整体系；研究制定了人才分类考核评价方法，为不同单位、不同岗位人员设定了 1 ~ 4 档的绩效调节系数，有效规避了“一把尺子量到底”的情况，将收入分配与效益和劳动生产率实行强相关、强挂钩，形成有竞争力的薪酬激励体系。

（3）“用才有效”，确保人尽其才。北美公司战略项目推进工作采用并不断深化项目组工作机制，抽调各单位、部门优秀员工进入战略项目推进工作组，根据项目推进的不同阶段动态调整各项目组的组员。北美公司采用外部人才引进与内部培养选拔相结合的方式，一方面积极从外部引进符合公司文化理念的管理及技术人才，另一方面不断从员工队伍中挖掘各方面后备力量，通过岗位轮换及培养机制，引导员工充分认识自我、开发自我、经营自我、挑战自我，使人才始终有成长的空间。

（4）“留才有度”，公司高度重视选人用人工作，在发挥外派人员积极性的同时，注重发挥当地员工的积极性，做到制度管人、感情留人、待遇留人。北美公司采用了对关键岗位人员签署劳动合同的雇佣方式，以及绩效合约化；合同为期两年，到期后双方自愿选择是否续签，协商合同条款更新等事宜；以合同的方式明确薪酬福利待遇，工作职责，以及员工违约、到期解约等责任追究条款；以契约的方式进行人员管理，也为将来公司推行职业经理人奠定了基础。

【内 控 建 设】

（1）着力完善法务与风控队伍建设。2017年，北美公司改变将法务内控相关工作分散于各部门的做法，由综合事务部统一管理，不断提升内部法务与风控人员的专业水平。长期以来，公司坚持以培训为基础，通过实践、从现实工作中不断提升现有法务人员的能力。至2017年年底，北美公司已拥有3位有律师牌照的专职人员，占北美公司管理岗位人员的7%。

（2）不断完善企业规章制度体系。经全面梳理和评估企业各项规章制度，2017年公司共计发布了《北美公司董事会议事规则》《北美公司董事会授权规则》《北美公司董事会审计与风险管理委员会议事规则》《北美公司董事会战略与投资委员会议事规则》《北美公司总裁工作规则》等一系列董事会运行的规章制度，以及1个与下属公司董事会建设有关的制度，即《北美公司所属公司董事会运作及向合资公司派出人员管理办法》。同时加强制度的严格执行，预防了风险，确保所有行为在既定轨道内运行；提升了效率，确保在一个尺度按照规则办事；降低了成本，减少了可有可无的控制环节。

（3）提升对重大决策的参与程度。继续坚持风险以事前和事中控制为主的原则，进一步加强对重大决策参与的深度和广度，加强重要决策法律与风险审核制度和“三重一大”决策制度的有机结合，保障企业“三重一大”决策依法合规。

（4）加强合同管理工作。在完善合同管理制度的基础上，进一步做好合同管理的细节工作，包括合同归档、法律审核意见归档、流程堵漏和后期跟踪评价等。根据所在地法律规定及企业规定，不断加强合同审核及签署授权管理。

（5）高度重视劳工风险防范。在推进公司重组员工分离、淘汰不合格员工，以及补偿方案设计过程中，逐一排查风险点，提前做好各项预案的准备。

（6）加强对境外法律问题的研究工作。配合集团做好境外公司股权结构、经营模式、管理方式等进行有效的调查研究工作，不断提升海外企业法律风险防范工作。

（7）做好知识产权，尤其是商标管理工作。商标方面要按照集团统一管理的原则，协助集团做好商标的续展、许可、监督、维权等工作，共同维护和提高中远品牌价值。

（8）组织内控工作团队继续对公司过往风险事件进行分类，查找其中存在的普遍性、规律性的问题，并对较为严重的诉讼事件进行了提炼总结，以史为鉴。

【信息化建设】

2017 年 4 月，新组建的海洋联盟与北美公司技术团队开始联盟，全面调整所涉及的系统开发和 EDI 对接工作，梳理并完成了 EDI 后台支持表需要的调整工作。对于新码头，根据航线铺设情况，北美公司技术团队积极和码头技术团队联系，按时完成 EDI 对接开发并投入生产。北美公司技术团队制定了航次监控表，对于每个港口所涉及新航线的最初几个航次的 EDI 数据传输情况进行主动监控，及时解决问题，确保业务的有序高效推进。

北美公司技术团队根据北美地区客户偏好和业务特性，积极推广各项在线客户服务功能，借助电子化手段提高日常操作效率，改善客户服务体验。2017 年，北美公司为重点做好电子订舱（EBK）的推广应用，技术团队协调客服、销售等各相关资源，精心准备，谨慎推进，有序做好相关工作。如协助客户服务部门成立了专门的电子商务客服团队，协助销售一起对重点客户进行专门拜访等。经过努力，2017 年电子订舱在北美地区得以顺利推广，电子订舱比例从年初的 20% 大幅提高到年底的 70% 左右。

按照集团统一规划，2017 年北美公司启动 OA 办公自动化系统项目，于上半年完成全部开发工作，并于第三季度在北美公司及所属公司顺利推广。北美公司 OA 系统同步开发了移动 App，有效解决了办公室以外的办公要求，大大提高了办公效率。

【安全生产】

（1）做好岸基支持工作。一方面及时将船舶挂靠码头的硬件设施情况、港口区域各项检查要求及习惯、预计挂靠时间的天气情况向船舶、船公司通报，使他们对挂靠港的情况做到心中有数，对相关工作可以提前进行安排；另一方面保持平时动态监控、仔细记录常挂港口船舶班期记录，总结规律，提前布置船舶在港操作的经济性方案，在确保船舶按期抵、离港的基础上，尽量避免港口周末加班的情况发生，尽最大努力降低船舶在北美区域港口的操作费用。此外还利用登轮的机会，对抵港船舶进行相关检查预检，发现问题及时帮助船舶纠正。

（2）防抗自然灾害工作。2017 年初，北美公司针对最容易受灾害影响的集装箱操作及客服工作，制定了集运总部信息中心、美贸区、客服部提供应急保障支持和休斯顿操作中心、洛杉矶代理公司及集运加拿大公司互为灾备的工作方案。集运加拿大公司为员工购买了应急急救包，以备不时之需；集运墨西哥公司定期模拟发生地震的场景，演练逃生撤离。

2017 年 8 月 25 日，休斯敦地区遭受了美国 12 年来最强级别飓风“哈维”的侵袭。集团在休斯敦地区共有 6 个单位，外派员工 14 名，当地员工 207 名。各单位受洪涝灾害影响被迫关闭 3 天，全体员工遭受了房屋泡水、车辆被淹等不同程度的损失，20 多名员工因所住区域水位过高而被强制疏散，无家可归。在“哈维”飓风登陆之前，北美公司制定的应急及互为灾备方案针对防抗洪工作进行了部署；在“哈维”登陆后，把确保同事的人身安全、保障客户服务质量和现场操作为首要使命，积极响应。灾害发生期间，休斯敦地区员工人身安得到了保障，集运北美地区的业务没有中断，再一次向市场证明了中远海运是值得信任的企业。

9 月 19 日，墨西哥中部地区发生了 7.2 级地震，震中距离集运墨西哥公司所在地墨西哥城仅 123 千米。集运墨西哥公司立即启动应急机制，按照平时地震模拟演练的撤离逃生程序，紧急、有序地撤出了办公区域，保证了公司人员财产的安全。同时，集运墨西哥公司为员工购买了必需的生活用品和食物，对震后的工作、生活做了妥善安排。

（3）保障中方外派人员的人身安全。针对外派人员的人身安全问题，北美公司重视提醒教育，并针对年内区域内发生的员工、员工家属证件被盗事件，进一步加强了员工教育，指导员工安装使用 SpotCrime 手机软件，随时随地查询目的地的治安情况，避开治安差的区域出行。

【公共关系及企业文化】

北美公司通过定期与当地政府交流沟通、与当地知名媒体互动等方式积极宣传集团品牌价值和经营理念，有效维护了集团品牌在北美地区的形象。2017 年 1 月，时任 FMC 主席的 Cordero 一行应邀到访北美公司，与北美公司董事长张国发等公司领导就美国本土政策、航运市场未来走势，以及中远海运集团经营情况等内容进行了会谈。3 月底，在北美公司的组织协调下，巴拿马运河管理局顾问委员会和董事会在上海召开了年度会议，全体成员拜访了集团总部，并与集团董事长许立荣、总经理万敏进行了会晤，为促进 6 月 13 日中巴建交作出了贡献。5 月，利用中远发展轮首航美东三港的契机，北美公司会同当地港务局举行庆典仪式，邀请当地政府官员、客户和供应商代表现场参加，并召开了客户招待会。本次活动起到了良好的宣传作用，在当地引起了轰动。

2017 年 5 月 20 日，长滩港务局宣布，鉴于挂靠长滩港船舶的优异表现，中远海运集运荣获长滩港务局 2016 年度的“绿旗奖”。长滩港务局于 2005 年提出“绿旗”计划，其目的让挂靠长滩港的船舶在进港前 20 或 40 海里减速航行，从而减少船舶排放对环境的影响。

2017 年 3 月，北美公司组织了 2016 年度“洋劳模”到国内进行拜访考察，了解中国文化、中远海运企业文化；北美公司倡导并组织了公司健康日活动，全体中外员工共同参与，为大家提供工作以外的沟通交流平台。公司组织的一系列员工活动，促进了中外员工间的融合、活跃了工作氛围、凝聚了力量、提升了士气。

北美公司 2017 年主要情况见表 14-18。

北美公司 2017 年主要情况 表 14-18

类　别	项　目	2017 年	备注
业务量	集装箱销售箱量（万 TEU）	164.4	—
	集装箱 local 箱量（万 TEU）	82.01	—
	码头吞吐量（万 Unit）	878 532	注 1
	租赁设备保有量（台）	5661	—
	干散货揽货量（万吨）	78	注 2
	件杂费揽货量（计费吨）	37 941	—
	船舶燃油供应量（万吨）	38.68	—
	船舶代理（艘次）	334	—
	物流卡车业务运输量 (Move)	139 313	—
	物流内陆运输量（Unit）	8617	—
	物流货运业务量（TEU)	15 560	—
财务状况	总资产（亿元）	23.62	—
	净资产（亿元）	16.34	—
	总收入（亿元）	37.47	—
	利润总额（亿元）	0.69	—
员工队伍	年末员工总数（人）	931	—

注：1. 按照三个码头的权益箱数计算；

2. 揽货量总计690万吨，其中自揽货量78万吨，协同揽货612万吨。

（王金山）

中远海运（韩国）有限公司

中远海运（韩国）有限公司

【公 司 简 介】

中远海运（韩国）有限公司〔简称“中远海运韩国公司”，英文简称 COSCO SHIPPING（Korea）〕，是中国远洋海运集团有限公司的全资子公司。注册资本 52.8 万美元，于 1995 年 6 月在韩国首尔成立。中远海运韩国公司是中国远洋海运集团在韩国的区域管理公司，是中远海运集团在韩国地区的综合管理中心和对外形象宣传窗口，负责韩国区域内各项综合管理及中远海运集团在韩国地区航运业务的开拓，为区域内所有中远海运集团企业的经营活动提供必要的支持，并代表集团协调不同业务单元的关系，促进合作。公司还负责具体生产经营活动，主要包括对集团非集装箱船舶在韩国的代理及揽货业务，对京汉航运公司集装箱船舶代理及揽货业务。

公司设 7 个部门、2 个办事处，即代理部、运输部、散运部、物流部、财务部、行政人事部、战略发展部，釜山及仁川办事处。截至 2017 年年底，公司共有 41 名员工，其中中方外派人员 6 人，韩国当地员工 35 人。公司负责人陈哲瑜。

中远海运韩国区域目前共有中远海运集团直属的 6 家公司、2 家参股公司及 1 个代表处。具体包括：集团下属的中远海运（韩国）有限公司，是集团在韩国的区域管理公司；中远海运集运公司下属的京汉航运有限公司，中远海运集运（韩国）有限公司及远明海运有限公司 3 家公司；中燃有限责任公司与中远海运（韩国）有限公司合资设立的中燃韩国有限公司；原中海集团总公司下属的中海韩国代理公司；1 个代表处为外代总公司驻韩国代表处（未在韩国正式登记注册）。另外 2 家中远海运集团下属参股公司是大仁轮渡有限公司和乐天中远物流有限公司。截至 2017 年 12 月底，韩国地区 6 家集团直属公司共有中外员工 173 人，其中中方外派人员 13 人，聘用当地员工 160 人。大仁轮渡公司另有 2 名中方外派人员。中远海运韩国公司组织机构见图 14-7。

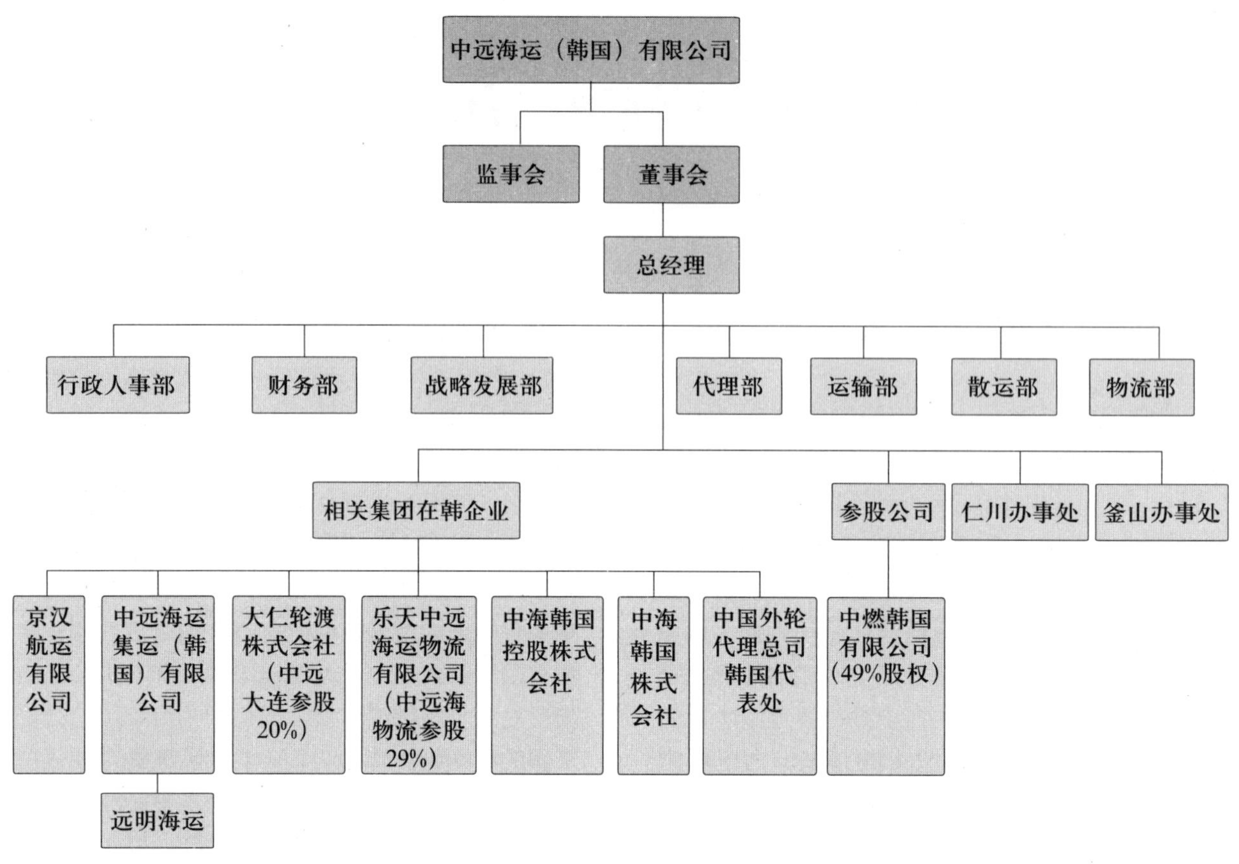

图14-7　中远海运韩国公司组织机构图

2017 年 4 月，中远海运韩国公司当选为韩国中国商会会长单位，公司总经理陈哲瑜当选为韩国中国商会会长。2017 年 5 月，中海（韩国）控股株式会社完成清算关闭，韩国区域公司企业结构进一步优化。2017 年 8 月，公司大件货物代理再创佳绩，在韩国巨济港成功代理“新光华”轮承载壳牌公司的石化设备，单件货物尺寸达 85 米 ×85 米 ×116 米、重达 4.6 万吨，创韩国地区船舶承运历史记录。

【“十三五”规划推进】

2017 年，公司围绕“十三五”规划目标，开拓发展韩国地区业务和效益，努力完成各项生产经营目标。各业务板块经营情况较好，但并不均衡。集装箱业务较平稳，散货、特种船依然低迷，燃油供应业务有较大下滑。2017 年，韩国区域集运业务完成代理船舶 389 艘次，比上年同期 425 艘次减少了 36 艘次，幅度为 8.5%；完成代理箱量 41.93 万 TEU，比上年同期增长 5.7%。仁川轮渡公司 2017 年班期正常后进口箱量有大幅提升，中海韩国代理公司完成对仁川轮渡公司代理箱量 92 984TEU，同比增加 5.9%；京汉航运公司（中韩航线）2017 年运量继续保持提升，共完成箱运量 42 万 TEU，比上年同期增加 2.7%。2017 年，中远海运韩国公司完成非集装箱船代理 413 艘次，比上年两公司同期合计 438 艘次减少 25 艘次。2017 年以来，中远海运散运为提高基础货源比例，着力在远期货和 COA 上投入运力，使得即期货载更缺乏运力，成交量下滑。1—12 月，韩国区域公司完成散货直接揽货量 154 万吨，同比减少 1.9%。在特种船揽货上，公司拓展思路，协助中远海特大力开拓新客户、新市场，抓大不放小，在严峻的市场形势下，揽货量同比仍有所增加，揽取杂货 45.2 万吨，同比增加 11.3%。船舶燃油供应业务累计完成供油 47 万吨，同比上年两家公司合计供油量减少27.4%。

【经营效益】

中远海运韩国公司2017年经营责任书各项指标总体完成情况较好。公司利润总额、成本费用占营业收入比重、散货和杂货揽货量均超额完成年度考核指标。具体完成情况：利润总额完成全年指标的438.8%，散货揽货量完成全年指标的220%，件杂货揽货量完成全年指标的113%，新集运韩国公司完成全年销售箱量指标的102.3%，综合物流业务完成考核目标300%。

韩国区域公司2017年经营责任书考核指标完成情况见表14-19。

韩国区域公司2017年经营责任书考核指标完成情况表 表14-19

序号	公司	指标项目	2017年考核目标	2017年完成情况	完成幅度
1	中远海运韩国公司	利润总额(管理口径)	940万元(115万元，不含汇兑损益)	4125万元(245万元，不含汇兑损益)	438.8%，213.0%(剔除汇兑损益)
2	中远海运韩国公司	成本费用占营业收入比重	85.19%	41.09%	完成
3	中远海运韩国公司	干散货揽货量	70万吨	154万吨	220.0%
4	中远海运韩国公司	杂货揽货量	40万吨	45.2万吨	113.0%
5	中远海运韩国公司	综合物流开发	新签约合同金额1亿韩元	已完成签约3亿韩元	300%
6	新集运韩国公司	集装箱箱量(销售)	160 888TEU	164 504TEU	102.3%

【贯彻党的十九大精神】

2017年10月，党的十九大胜利召开，公司党支部组织全体中方人员集中收看了中国共产党第十九次全国代表大会的开幕盛况，认真聆听了习近平总书记在会上作的题为《决胜全面建成小康社会　夺取新时代中国特色社会主义伟大胜利》的报告。公司党支部始终把学习宣传贯彻党的十九大精神作为当前和今后一个时期首要的政治任务，根据党中央、国务院国资委党委和集团党组的有关要求，迅速在区域内掀起学习宣传贯彻党的十九大精神热潮。公司党支部召开专题组织生活(扩大)会。通过学习，大家深刻认识到，实现十九大确立的奋斗目标的关键在党，而根本的保证是全面从严治党。要把政治建党摆在首位，增强“四个意识”，坚持党的集中统一领导。坚定不移以习近平新时代中国特色社会主义思想为指引，深入学习领会和贯彻落实“三个着力”要求，以集团确立的“十三五”规划部署的愿景和各项工作为要求，扎扎实实做好本职工作，在海外同步而行，为集团的发展作出应有的贡献。

公司还推进“两学一做”学习教育常态化制度化。韩国区域支部按照集团相关通知要求和精神，认真贯彻落实，制定了《中运海运韩国公司推进“两学一做”学习教育常态化制度化实施方案》，要求每位党员坚决贯彻中央和上级党委的要求，按照支部制定的6项措施，把“两学一做”融入日常，抓在经常。把这项活动与公司各项中心工作深度融合，与公司“十三五”发展规划相结合，激发党员干部干事创业的内生动力，服务大局、创造价值，以学倡做，知行合一，为全面完成韩国区域改革重组，全力推动韩国区域五个平台建设，增强企业活力、控制力、影响力、国际竞争力和抗风险能力，确保完成年目标任务打下坚实基础。

【深化改革】

2017年，公司按照集团“提质增效、瘦身健体”的要求，以优化管理结构和提升运营效率为目的，制定了机构“压减工作”计划。按照计划，中海韩国控股株式会社清算关闭工作已在2017年5月末全部结束。

2017年，公司进一步强化公司治理，完善董事会职能。按照原中远、中海集团合并重组的总体部署要求，原中远韩国公司和中海韩国公司业务整合已全部完成。2017年3月28日，根据《关于俞曾港等在中远海运（韩国）有限公司董事会任职的通知》，公司董事会成员情况为：俞曾港任中远海运韩国公司董事长；陈哲瑜、唐海峰任中远海运韩国公司董事；隋军、董大欣任中远海运韩国公司外部董事，聘用期为3年。公司建立起各项董事会制度。根据《中国远洋海运集团直属公司董事会运作管理办法》，公司完成了《中远海运（韩国）有限公司公司章程》《董事会议事规则》《总经理工作规则》《董事会授权规则》《董事会专门委员会议事规则》《董事会秘书工作规则》6项董事会规范文件并经总经理办公会议通过，明确了董事会、董事长、总经理的职权与责任，董事会会议制度，董事会秘书工作制度，以及向董事提供公司信息和配合董事会工作制度等。

自规范董事会工作以来，公司逐步取得了较好的成效，有力加强了集团对海外投资的监管，有效防范了风险的控制。规范表现为有机构、有制度、有职责、有程序，有效则表现为对重大投融资、重大人事问题和重大经营决策行使职能。具体在经营管理方面：一是实行了决策权和执行权分离。由于外部董事的加入，董事会独立性的逐渐加强，公司决策和执行的行权主体不再重合或一致，决策权和执行权实现基本分离。二是风险管理与控制进一步得到加强。公司章程、董事会议事规则及总经理工作规则等制度规范的建立和完善，使得公司在重大决策问题的决策和执行方面，做到了分工合理、权责明确、制度健全、流程清晰。公司在董事会的理性决策和有效监督下，风险管理控制能力得到进一步加强。三是治理观念与理念得到进一步提升。董事会议制度的建立和有效制衡机制的运行，使公司从适应新的治理机制到适应新的治理文化。四是决策水准与质量得到进一步提高。董事会高水准的把控，不仅提高了经理层提交的待决议案的内在质量，而且本身也推动了公司决策水平和质量的提高。五是经营与管理水平得到提升。董事成员主要都是来自集团或者二级公司领导班子成员，他们不仅参加企业经营决策与监督，而且还能给公司带来经营管理方面的新思想、新方法。

【客户营销】

集运板块：一是克服淡季影响，积极开展营销。在春节过后，国内出口货量严重不足的情况下，集运韩国公司迅速落实各条航线的补货工作，2月欧地（中海）线、美国线和加勒比线等主干航线表现优异，舱位利用率均超过了100%，为船东淡季期间船舶装载量提供了有力的支撑。二是做好新联盟前的启动工作，加大与传统客户在新联盟航线的合作力度。集运韩国公司上下充分认识到新旧联盟切换的重要性，不断加强对新联盟航线产品、网络架构、特点优势等方面学习。新航线开线后，集运总部在韩国开设航线的挂港和舱位有了不少调整，尤其是美国线、欧地（中海）线和中东红海线。三是加强新客户的开发。营销团队充分利用新航线优势，加大新客户销售力度，全年集运韩国公司新开发客户约160家，增加箱量7162 TEU，同往年相比增长明显。四是加大新兴国家市场的开发力度。按照集运总部提出了“控制东西干线，增加在新兴市场、区域市场投入”的指导思想，集运韩国公司2017年特别重视对南美、非洲等市场的开发。随着韩国至南美、非洲航线舱位的扩大，公司先后开发了韩泰轮胎、锦湖化工、LG化工等韩国大型客户，并且取得了良好的成效，南美非洲市场全年预计出口揽货量可达18 986TEU，同比增长49%。

京汉航运：随着韩进海运的破产，各新联盟的成立，各干线船经釜山的中转货持续下滑，京汉航运在面临严峻挑战的同时，始终坚持开发新的货源和客户，对货量较少的航线进行认真分析，对航线运力配置进行适当调整，来应对个别航商的航线变化，确保货量稳步提升，全年揽取货量同比增长 2.7%。

散杂货板块：2017 年伊始，根据中远海运散运关于提高基础货源比例、提高远期货比例的总体战略规划和部署，加大在 COA 和远期货源方面的开发力度。针对韩国地区主要为 SPOT 现货的实际情况和特点，公司除了加大和船东的沟通，坚持在 SPOT 货上和当地客户继续保持沟通热度外，在韩国加大对当地客户的游说力度，借助于2017年第一季度散货市场恢复的良好态势，不断推动客户扩大 COA 的货载比例。在整体件杂货、重大件市场低迷的情况，积极开拓市场，成功与老客户 SK 化工签署了沥青承运合同，全年共执行了 13 个航次，为 2017 年件杂货板块奠定了基础货源，确保了年内超额完成了指标。

【提 质 增 效】

2017 年，公司确立“统一规划、分步实施、重点突出、深入推进”活动总原则，着力完善一整套覆盖企业财务、投资、资金、安全、合同、经营等各环节的风控体系，延续 2016 年贯彻的“风险意识即是提质增效”经营思路，将制度建设纳入 2017 年度提质增效活动当中，为新年度提质增效活动标注主题符号。以“释放协同效应”为抓手，切实把提质增效活动推向深入。把握市场契机，推动量价齐升。集运韩国公司结合年初当地市场情况，有针对性地开展揽货工作，利用春节期间空班等因素，推动韩国至美国线、欧地（中海）线等长航线运价提升，全年实现运费收入16 500万美元，同比增长84%，超出预算进度。全区域各主要业务协同效益达 2500 万人民币，完成全年目标的167%。公司适时更换合作代理，避免了经常产生的额外移泊费用，大大降低了船东的成本，提升了船东的效益和竞争力。积极和韩国主要港口反复商谈绑扎人工成本下降，最终和韩国主要港口的绑扎公司达成全部人工成本5% 下降，仅此一项预计全年能为中远海特来韩装货船舶节省约 10 万美元的成本。公共代理平台初见成效，2017 年公司在代理集团内中韩航线班轮公司京汉航运和仁川轮渡的同时，成功开发来自集团外的班轮客户：大连集发环渤海集装箱运输有限公司，从 8 月起成为其韩国地区的船舶货运代理，公司代理业务从“专门代理”向“公共代理”成功转型。为实现集团“提质增效、瘦身健体”要求，到达优化管理结构和提升运营效率的目的，新年之初，区域公司按照集团总体要求立即研究制定了全年“压减工作”计划。按照此计划，中海韩国控股株式会社清算关闭工作在 2017 年 5 月末全部结束。

【“两金”压降】

2017 年，公司继续加强运费回收和船舶使费账务资金结算。根据集团关于“两金”清理压降工作要求，公司制定了《2017 年“两金”压降工作方案和计划》并狠抓落实。财务部与业务部门及各船公司严格船舶使费的定期账务核对及按期结算。加强运费催收的监控，缩短应收账款的账龄时间，降低应收账款余额。截至 2017 年年底，公司应收账款余额 3 018.9 万元，比上年末 3421 万元下降 11.8%。2017 年 1—12 月收取运费 3807 万美元，其中集装箱船运费 3028 万美元，60 天内回收率 98.0%，收取特种船运费 1100 万美元，60 天内回收率 100%。1—12 月代付船舶使费 825 万美元。

【制 度 建 设】

由于经营的外部环境日趋复杂，公司以夯实管理基础、防范经营风险和提高服务管理水平为工作重点，助力提质增效活动有序开展。目前已经完成内容涵盖行政、风控、财务、安全和信息化建设五大类共 48 部企业规章制度，进一步规范了行政管理和安全管理行为，明确了责权范围，公司“依法经营、依规治企”迈上新台阶。

【廉 政 监 督】

韩国区域支部始终把纪律规矩挺在前面，筑牢拒腐防变的思想防线和制度防线。一是深入贯彻落实十八届中央纪委七次全会精神。及时贯彻落实中远海运集团 2017 年反腐倡廉建设工作会议精神，推进公司党风廉政建设和反腐败工作，公司召开了 2017 年反腐倡廉建设工作会议。组织全体干部传达了十八届中央纪委七次全会精神，面对持续严峻的市场形势，紧紧围绕集团公司改革重组核心任务，积极落实从严治党要求，认真学习贯彻党的十八届六中全会、十八届中央纪委七次全会、全国国有企业党的建设工作会议精神，深入学习贯彻习近平总书记系列重要讲话，自觉增强“四个意识”，坚持把推动集团改革发展作为第一要务，积极践行“四个一”理念，把纪律和规矩挺在前面，强化反腐倡廉工作要求，坚持不懈抓教育、抓监督，创建和完善重点制度，为集团改革重组顺利完成作出应有的贡献。二是强化廉洁教育，着力构筑不想腐的堤坝。按照集团关于开展廉洁从业主题教育月活动的通知要求，公司以抓实学习、强化教育、组织开展主题活动为重点，不断拓展教育月活动的深度与广度，丰富内容，提升实效。①组织区域全体中方人员观看学习反腐专题片《永远在路上》，从思想上牢固树立“不敢腐、不能腐、不想腐”的意识，不断营造风清气正的工作氛围。②组织调动区域内各级中外方员工，征集了摄影作品、漫画作品、廉洁誓言、廉洁家风作品等 10 份反腐倡廉的相关作品。

【内控体系建设】

根据企业内控及风险管理框架，公司内部控制及风险管理工作由董事会、管理层及其他员工共同参与，并应用于公司战略制定。公司内部控制及风险管理工作旨在识别可能对公司造成影响的事项，并在其风险偏好范围内管理风险，保证公司目标的合理实现。公司按分工负责、归口管理的原则建立健全内控与风险管理组织体系，该体系包括：董事会、内控与全面风险管理委员会、工作小组、办公室及相关职能部门。针对业务经营和各项管理工作制定了具体的管理制度，为内部控制工作确立了制度保障，明确了职责和管理程序，保证了各项工作全面有序地开展。控制活动主要包括：建立董事会、监事会制度，确立规范的公司治理模式，每年定期召开董事会，审定公司年度经营计划、财务预算与决算，重大投资等管理事项。强化集体决策，确保对重大事项的有效监督。公司坚持重大事项集体决策的原则，深入贯彻集团关于“三重一大”的决策程序。针对区域内各公司涉及生产经营、战略发展、重大投资、财务管理、人事劳资等方面的重大事项由公司及区域内各公司负责人集体研究决定，需要提交董事会，或经上级单位审批的重大事项再按规定程序进行审批。做到防范决策风险，提高决策水平，加强财务监管，实施定期审计，增强反腐效果。

（祝孝福）

中远海运（欧洲）有限公司

中远海运（欧洲）有限公司

【企 业 简 介】

中远海运（欧洲）有限公司（以下简称“欧洲公司”，英文简称 COSCO SHIPPING（Europe）），原名中远欧洲有限公司，成立于 1989 年 2 月 15 日，注册地点为德国汉堡市，其前身是中远驻汉堡代表处，注册资本 50 万西德马克，2009 年增资至 378 万欧元。2017 年 9 月 11 日，中远欧洲有限公司正式更名为中远海运（欧洲）有限公司，英文名称由 COSCO Europe GmbH 变更为 COSCO SHIPPING （Europe） GmbH。公司主要经营非集装箱船舶的现场管理及船代、货代、船舶技术服务等代理业务，以及配套的物流延伸服务，兼顾部分商业地产的物业管理服务。

欧洲公司是中国远洋海运集团有限公司在欧洲地区的区域管理公司，管辖范围包括欧洲、北非、中亚、地中海及黑海沿线地区，覆盖 60 多个国家和地区，是集团海外业务发展的重要组成部分。

【经 营 情 况】

（1）经营效益。公司 2017 年度实现营业总收入 8.44 亿元人民币，实现利润总额 1063 万元人民币（剔除中远控船（英国）有限公司债务豁免因素）。

（2）集装箱业务。公司完成销售箱量 182 万 TEU，同比增长 13%，实现运费收入 13.5 亿美元，同比增长 31%；完成 local 箱量 144 万 TEU，同比增长 13%，实现运费收入 9.3 亿美元，同比增长 28%；完成 IET 箱量 20.1 万 TEU，同比增加 87%，实现 IET 运费收入 1 亿美元，同比减少 9%。

（3）非集装箱业务。公司散货业务完成揽货总量 640 万吨，完成全年指标的 200%；杂货业务完成揽货总量 198 万运费吨，完成全年指标的 120%；油运业务完成揽货总量 230 万吨；代理业务完成非集装箱船舶代理 651 艘次，同比增加 16%；物流业务完成空客 A320 项目 50 架次运输任务和 A330 项目测试任务，新增物流收入 200 万欧，完成全年指标。燃供业务完成销售量 113 万吨，同比增长 11%；实现销售额 25.5 亿人民币，同比增长 69%。

（4）快速推进中欧陆海快线建设。公司完成运输箱量 39 821TEU，同比大幅增加 134%，客户数量从上年的 2 家增加到 607 家，客户群体显著扩大，市场影响力大幅提升。中欧陆海快线沿线关键节点资源储备取得阶段进展：8 月与奥地利铁路货运集团（RCG）签订了战略合作协议，初步确定收购 RCG 布达佩斯 BILK 铁路码头的股权（10% ~ 15%）意向方案；收购希腊比雷埃夫斯欧亚铁路物流公司（PEARL）股权进展顺利，开始启动股权收购谅解备忘录（MoU）的细节谈判。

（5）加强协同开发欧洲市场。欧洲公司所辖单位在中远海运散货运输有限公司指导下加大对重点客户的维护和开发力度，包括俄罗斯铝业 RTI（LARL）、德国第一大钢厂蒂森 - 克虏伯（TKS）、白俄罗斯钾肥公司（BPC）、俄罗斯的欧洲化学股份公司（Eurochem）、西班牙的加维隆粮食公司（Gavilon）粮食客户、西班牙恩德萨（Endesa）国家电力公司等客户，同时协助中远海运散货运输有限公司租船部在合适的时机锁定运力，将运力租给欧洲当地的客户。欧洲公司杂货部有效行使欧洲营销分中心职能，积极协助中远海运特种运输股份有限公司开展项目竞标，与欧洲公司所辖驻德国、丹麦公司协同合作开发风电项目竞标；与驻西班牙公司共同联系、开发新客户，协调相关网点积极联系北欧出口木材货载；与驻乌克兰公司开展杂货营销业务并准备签署营销协议。在杂货业务市场低迷的情况下，欧洲公司通过开发风电新客户和芬兰纸浆新客户，保持稳定增长，其所辖四家公司被中远海运特种运输股份有限公司授予“最佳贡献奖”。

（6）油运业务方面。中远海运油品运输（英国）有限公司自2017年3月底正式开始运营，积极借助伦敦航运中心和贸易中心的区域优势，通过拜访客户及合作迅速扩大公司影响力，当年即取得较好的经营业绩。

（7）积极拓展综合物流业务。欧洲公司按照集团战略决策、部署，以及海外新兴业务拓展的具体要求，积极推动下属各司稳步推进物流延伸业务的开发。英国水晶物流有限公司以仓储业务为基础积极向两端延伸，综合竞争力进一步增强；中国海运德国集卡有限公司加强营销、挖掘市场潜力，综合物流业务收入占公司总收入比例已达到38%，较去年同期增长23%；中远海运埃及物流有限公司继续巩固和提升其在埃及中资企业物流服务的龙头地位。为进一步发展合同物流、工程物流等高利基业务，欧洲公司积极接洽了一些以仓储业务为主的物流公司，例如德国雷诺斯物流集团（Rhenus）、德国冷冻品物流公司（Norfrost）、德国中国物流中心（CLC）等，建立业务合作，并寻找资本合作的潜在机会，争取在欧洲区内重要物流节点掌握一定的物流资源，为业务发展创造较好的基础。

【企 业 管 理】

欧洲公司坚持“一个系统、一个代理、一套流程”等原则，融合原中远欧洲、原中海欧控的优秀管理实践经验，完善、统一区域公司管理制度、规程，同时要求、指导供下属单位同步规范生产经营管理。

（1）规范公司董事会治理。欧洲公司按照集团总体要求，推进公司董事会建设，发挥董事会治理作用。2017年，公司召开了欧洲公司第一届董事会会议，审议通过了欧洲公司《董事会议事规则》《总经理工作规则》《董事会授权规则》等董事会治理系类文件。通过董事会会议的审议，确保了董事会对重大经营生产科学决策、规范议事。

（2）修订完善基础管理文件。欧洲公司根据集团相关规章，修订完善了公司“三重一大”制度，明确公司“三重一大”事项，均通过召开欧洲公司的专门会议充分讨论后上报集团或董事会，确保公司重要事项决策合规、有据。同时修订统一了多项基础管理制度，如《中远海运欧洲（区域）中方外派人员出差及休假管理规定（暂行）》《中远海运欧洲（区域）区域中方外派人员差旅费用管理、费用报销管理规定》《中远海运欧洲有限公司礼品管理办法》《中远海运欧洲有限公司费用报销管理办法（暂行）》等。

（3）加强内控体系建设。欧洲公司建立完善内控和风险管理组织架构，明确战略发展部作为风险防控责任单位，充分发挥专业优势，积极、主动做好经营风险的防范工作。梳理明确内控流程，建立制度刚性意识，严格落实“三重一大”决策制度，对于投资、财务等重要经济活动均设置必要的内部流程，各项资金支付均严格执行“双签”规定，提升业务决策、资金支付等方面的安全性。

（4）落实内部审计监督。坚持“离任必审”和“两至三年轮审一遍”的原则，集团欧洲审计分部发挥区域监督优势，着力开展各项经济责任审计，实现欧洲区域单位的有效覆盖，促进境外领导干部切实履职尽责。公司全年累计开展经济责任审计15项，出具审计报告15份，发现问题76个，提出审计意见和建议56条。

【企 业 改 革】

欧洲公司以集团“十三五”海外发展战略和欧洲区域发展规划为指引，紧紧围绕“五大平台”建设的要求，以提质增效为中心工作，优化流程、加强管理，服务国内、拓展欧洲，创新开拓、稳中求进，推进转型、加快发展。

（1）推进欧洲区域的整合工作。根据集团统一部署和安排，2017 年欧洲公司将部分集装箱业务公司，以及所有的集装箱代理业务全部划转给中远海运集运（欧洲）有限公司，年内完成 12 家公司的股权交易，完成了欧洲区域集装箱网络整合。推进非集装箱业务整合，通过梳理市场资源，明确散货、杂货、油品、特种货、燃油供应，以及物流业务的操作和开发平台，形成协同效益和经营合力，为集团其他专业公司在欧洲的业务发展提供强力的支持。

（2）制定公司“十三五”发展规划。按照集团“6+1”整体产业布局需求，欧洲公司积极推动、落实集团国际化经营思路，制定公司“十三五”发展规划，关注集团上下游产业链投资机会，挖掘自身资源创效潜力，推进公司管控模式变革。从融入国家“一带一路”倡议、海外区域平台建设、核心业务网点建设，以及产业链发展新业务四个方面着手，谋划发展愿景、界定业务分工、细化指标举措、规划投资布局。加强对区域内各国家地区的非集装箱业务进行协调、指导，配合国内非集装箱专业公司进行欧洲地区的业务拓展和网络布局。全力支持集运发展“端至端”服务，打造综合供应链服务平台。加大“一带一路”沿线铁路场站、内陆堆场、仓库和拖车等关键物流资源的投资。

（3）成立中欧陆海快线平台公司。欧洲公司牵头中远海运集装箱运输有限公司和中远海运物流有限公司于 12 月 22 日在希腊注册成立中欧陆海快线有限公司。将中欧陆海快线公司定位为一家覆盖中东欧和巴尔干地区的跨国家、跨区域、兼具运营和投资的实体型公司，以比雷埃夫斯港为枢纽，以海铁联运的形式实现“21 世纪海上丝绸之路”和“丝绸之路经济带”在欧洲地区的完美衔接，为亚欧第三运输通道的建设，同时为将比雷埃夫斯港建设成“一带一路”重要支点提供巨大支撑，实现点、线、面的辐射综合效应。

（4）推进英国船舶管理平台建设。按照集团的要求和部署，欧洲公司所属中远海运（英国）有限公司于 12 月 22 日向中远（开曼）福庆控股有限公司全资收购“中远控船（英国）公司”和“中远航务（英国）公司”，充分利用英国吨税制和英国航运中心等综合优势，推进打造集团海外集装箱船舶管理平台。

（5）推进企业压减关闭工作。欧洲公司积极落实集团压减任务，指导各家单位加紧推进关闭程序，与集团相关职能部门保持紧密沟通协调，解决清算前各类商务纠纷、历史问题与遗留案件。截至 2017 年年底，公司实现关闭 10 家单位，5 家单位已提交关闭文件待主管当局最终批复，2 家单位压减工作仍加紧推进，3 家单位由于诉讼纠纷等客观原因短期内暂无法关闭。

【人力资源】

截至 2017 年年底，欧洲公司员工共计 314 人，其中中方外派人员 23 人，境内员工 26 人，境外当地员工 265 人。

欧洲公司围绕海外改革重组中心任务，在集团统一领导下，克服整合工作量大、时间紧迫、情况复杂、可借鉴经验匮乏等困难，统一思想，树立干部大局意识，紧扣“全面深化改革重组、稳定经营提质增效”中心工作，秉承“四个一”理念，做好团队建设，发挥好中外员工的积极性，上下团结一心，确保海外业务重组整合和提质增效工作顺利推进。同时，按照集团“十三五”人才发展规划纲要及 2017 年干部人才工作会明确的要求，公司针对性开展干部队伍摸底了解、教育培训提高、岗位调整选用、人才识别培养、使用考核优化等工作，为履行海外区域公司“五大平台功能”做好人才铺垫。

欧洲公司遵循精简高效、人岗相适、平稳过渡原则，认真落实对区域内驻外干部的现场管理工作。公司坚持公平公正、兼顾历史，并着眼集团“6+1”产业集群发展目标及海外区域公司“五大平台功能”，在集团指导下，做好人员选派和调配；在人员调配过程中，既征求、考虑个人意愿，更关注整合中的能力、态度等表现，进一步巩固了员工融合的效果，各项业务不断不乱。

【企业文化与社会责任】

欧洲公司秉承、坚持“四个一”的理念，注重加强队伍建设，积极推进文化融合，努力缔造企业的团队精神和凝聚力企业文化建设。

（1）以人为本，关爱外派员工。针对外派干部工作环境单调，远离祖国等实际，欧洲公司充分发挥服务功能，关爱员工的工作、生活，及时解决员工提出的合理诉求，不断丰富业余文化体育生活；同时，积极做好组织关怀，对发生住院的外派员工及家属进行慰问，使外派干部和家属感受到集体温暖。

（2）尊重民俗，开展文化交流。尊重外籍员工风俗习惯、宗教信仰，积极实施人文关怀，对于员工婚孕、退休、离职、家庭困难等具体事项，欧洲公司都会组织给予必要的关怀。同时，各国家公司通过举办足球赛、Summer Party、赞助参与“丝绸之路追梦长跑”、宣传“一带一路”倡议等平台，推进中外员工的文化、情感交流；通过组织贴对联、挂中国节、互致春节祝福，努力将中国独特的传统春节民俗文化在当地员工中传播。

（3）践行“四个一”理念，促进全方位“融合”。欧洲公司秉承、坚持“四个一”的理念，提倡相互尊重，并从国家公司的企业管理、业务模式及流程、业务发展方向等方面推进公司团队的深层次融合，积极推进建设具有中远海运特色的跨文化管理，以增强境外企业的凝聚向心力。

2017 年度中远海运（欧洲）有限公司基本情况见表 14-20。

2017 年度中远海运（欧洲）有限公司基本情况 表 14-20

类 别	项 目	单 位	数 据
船队	船舶艘数	艘	7
	载重吨	万吨	48.38
生产情况	干散货揽货量	万吨	640
	件杂费揽货量	万计费吨	198
	油品揽货量	万计费吨	230
	中欧陆海快线	万 TEU	3.98
	海运综合物流业务量	万 TEU	6.5
	内陆拖车业务	万 TEU	19.7
	船舶代理	艘次	651
财务情况	总资产	亿元人民币	20.73
	净资产	亿元人民币	12.43
	总收入	亿元人民币	8.44
	利润总额	万元人民币	1063
人力资源	员工总数	人	314

（郑颖国 马江峰 郑宗 夏洪刚 李震宇 龚韶明）

中远海运（西亚）有限公司

中远海运（西亚）有限公司

【公司简介】

中远海运（西亚）有限公司（简称“西亚公司”，英文简称COSCO SHIPPING West Asia），为中国远洋海运集团全资子公司，注册资本300万阿联酋迪拉姆，注册地为迪拜的杰贝阿里（Jebel Ali）自由贸易区。

公司主要经营范围为船舶代理、货运代理、物流、投资等业务，代表集团管理辖区下属合资子公司；行使对下属公司和集团外派人员实施管理、监督、协调、服务的职能；对区域内的集装箱代理服务业务进行统筹管理和运营，负责监督、指导、协调各代理的日常工作；依托集团下属各板块业务单位，拓展散货、油轮、物流等业务在区域内的发展。

截至2017年年底，公司中方外派人员18人（含代管机构中方外派人员）。

2017年，公司负责人为王耸。公司组织架构见图14-8。

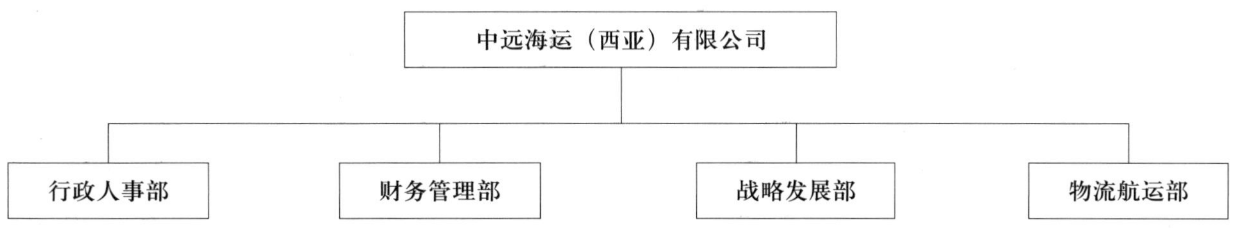

图14-8　中远海运（西亚）有限公司组织架构

【发展战略】

2017年，西亚公司以集团“十三五”发展规划为指引，利用整合海外网络和内外部资源契机，以“五大平台”定位为指引，结合西亚区域实际情况，积极加强区域服务、管理和经营功能，研究制定了区域公司“十三五”发展规划。6月，西亚公司召开第一届董事会2017年第一次会议，审议通过了《西亚公司“十三五”战略发展规划纲要》。

西亚公司“十三五”期间的主要目标是：搭建区域综合业务管理服务支持平台，盘活和大力发展西亚区域物流业务平台，建设和发展人才培养平台，努力将西亚公司打造成新兴业务孵化中心和区域物流发展中心。

“十三五”期间，西亚公司继续立足于集装箱业务发展，加强第三国货量的揽取，配合推进集运全球航线布局和区域网络建设，推动集运揽货量增长。加强营销揽货队伍团队建设，进一步探索当地营销体制和激励机制改革，促进揽货量的增长，同时不断强化和集运的业务联系和沟通，不断提高业务服务水平和质量。结合集团油运业务、散运业务等业务整合和体制改革，提高代理服务质量的同时，协助油运和散运等专业公司具体开展在西亚区域的业务落地和后续培育发展。同时按照集团“管控上移、经营前移”、共享和专业化并进的原则和思路要求，加强区域公司行政、人事、财务、法务、监审、战略等职能共享服务平台的建设，实行信息和区域职能共享。

【经 营 业 务】

2017 年，西亚公司代理散杂货船 162 艘次，同比增加 19 艘次；代理油轮合计 358 艘次，同比增加 100 艘次；揽取散杂货 2.5 万计费吨，完成指标的 125%。

2017 年，西亚公司 local 出口箱量完成 28.98 万 TEU，完成指标的 138.4%；销售箱量完成 25.17 万 TEU，完成指标的 135.3%。

截至 2017 年年底，西亚公司累计完成海军舰队补给任务 307 次，代理服务 329 艘次。2017 年度，公司完成补给任务 46 次，代理服务 62 艘次。护航业务成为军民融合、军地融合的优秀范例。

【经 营 效 益】

2017 年，西亚公司资产总额 11 480 万元，负债总额 262 万元，净资产总额 11 218 万元，与上年度持平。

2017 年，西亚公司实现利润总额 602 万元，与上年度持平。

【机 构 设 立】

2017 年 11 月，中远海运集运（阿联酋）有限公司正式投资成立。

根据集团海外网络整合框架方案，为进一步提高集装箱业务管理水平，加大开发西亚中东及红海区域市场力度，提升中远海运集运在本地的市场占有率，中远海运集运西亚公司（收购方）出资收购中远集团总公司 / 中远西亚公司（出让方）持有的中远阿联酋瑞斯公司 49% 股权。

经过调研，西亚公司在可行性研究报告中对中远阿联酋瑞斯公司的基本情况、股权结构及董事会构成、业务情况、财务状况、资产状况、人员状况进行了说明，进行了收购的必要性分析、可行性分析、财务评价和风险评价，形成项目的审计报告和评估报告。本次收购保留中远阿联酋瑞斯公司作为新集运在阿联酋的代理平台，原中海阿联酋代理的业务逐步转换至中远阿联酋瑞斯公司经营，实现了阿联酋境内经营、品牌、系统、办公的统一和协同。经上级审批后，2017 年 11 月完成相关股权收购，新公司成立后业务发展及效益情况良好。

（刘剑）

中波轮船股份公司

中波轮船股份公司

【公司简介】

中波轮船股份公司（简称“中波公司”，英文简称CHIPOLBROK），成立于1951年6月15日，是新中国第一家中外合资企业。中波公司的成立，是为了冲破当时西方国家对我国实行的经济封锁和海上禁运，开辟我国至世界各国的海上通道。公司的创建、运营和发展，得到了党和国家领导人的亲切关怀和大力支持。

毛泽东指示要“好好办”。政务院总理周恩来亲自确定公司名称，为公司制定“平等互利、协商一致”合作原则，并视察中波公司。政务院副总理兼财政经济委员会主任陈云，亲自为中波公司签发营业执照。1991年、2001年，在中波公司成立40周年、50周年之际，李鹏总理、朱镕基总理分别发来贺信，称赞中波公司是我国对外开放的示范窗口和经济合作的典范。

2016年6月，国家主席习近平访问波兰前夕，在波兰《共和国报》发表署名文章中指出，“1951年成立的中波轮船公司是新中国第一家中外合资企业，至今运营良好”①。

自成立以来，中波公司始终保持稳健发展，不仅为我国经济建设作出重要贡献，更成为两国合作的典范、友谊的象征。从4艘旧船起家，中波公司如今已发展成为全球重大件设备货专业化运输领军企业。

【经营情况】

创新思路，果断改变经营模式。受公司特殊的管理体制所限，多年来双方航运经营采取了“分航向划区域”方式，但在严峻的市场形势下，这种管理模式的弊端日益突出。为此，总、分公司积极协商，努力打破传统，在全程负责各自航向经营的基础上，就管理权责延伸至整个航次达成一致意见，合理优化了管理模式。

适应形势，优化航线运力布局。公司打破原有班轮模式，将出口至欧洲航线分拆为地中海航线和西欧航线，采取减少港口数量、降低航次天数等手段，逐步改善了航次效益。公司成功抢抓市场机遇，年内开辟并组织了4次远东—中东—远东航线，取得了良好经营效益。2017年，总、分公司积极沟通协调，完成了13个非班轮航次，有效补充了维持班轮航次造成的缺口。

2017年，中波公司航线布局主要如下：

①环球航线：远东—美湾—欧洲—远东；

②美洲航线：远东—美湾—远东；

③欧洲航线：远东—欧洲—远东；

④中东航线：远东—中东—远东。

2017年，中波公司中方产业营收总额11.33亿元人民币，实现净利润2438万元人民币。

【改革创新】

为落实第33次股东会相关决定，公司积极推进体制机制改革工作。双方体制机制改革小组通过视频会议、现场会议及书面会议等多种形式，经过反复磋商，于上半年形成了体制机制改革第一阶段方案，并获得公司第67次管委会批准。下半年，双方又达成了体制机制改革第二阶段方案，一方面，进一步降低了管理成本；另一方面，在航运调度、船舶保险等经营管理模式的改革工

① 《习近平在波兰媒体发表署名文章　推动中波友谊航船全速前进》，《人民日报》，2016年06月18日01版。

作上取得了突破。针对航运主业市场及同业竞争对手现状，公司结合自身战略转型发展实际，围绕市场结构、货源结构、航线设计、船队结构等方面内容，在充分调研的基础上完成了航运主业调研报告，为推动航运主业战略调整做好前期准备。

【精益管理】

2017年，中波公司深入推进精细化管理，着力管理规范，强化职责履行，各项工作呈现良好发展势头。

一是细化航次管理。公司制定并严格执行航次效益精细化管理实施方案，以航次为单位强化航运管理，由专人全程跟踪，尤其是紧盯后半程卸货阶段，确保实现航次预估效益。根据航次计划，合理确定加油港口和加油数量，适时锁定燃油，严控燃油成本，确保航次效益。充分应用信息化手段，不断提高配载效率，舱位利用率保持高位。

二是细化机务管理。以制度管理为纲，公司修订完善了有关厂修、航修等6项操作规程。及时更新SMIS系统，并顺利完成2艘中管船舶压载水处理系统和4艘中管船舶电子海图的安装和检验工作，确保船舶良好技术工况。根据公司老旧船退役计划，年内圆满完成2艘船舶的退役出售。

三是细化财务管理。公司制定并严格执行资金安全管理规定，提高资金对外支付安全性，年内成功防范2起电子诈骗事件。加强存量资金管理，通过合理运作，不断提高使用效率及收益。

四是细化行政管理。公司坚决贯彻落实中央八项规定和集团相关文件精神，建立健全并严格执行行政管理相关规定，严控行政费用支出。在公司供应商管理框架下，进一步规范行政采购类供应商的选择、使用和管理。办公自动化信息系统于6月中旬正式投入使用，实现了公司日常工作流程的信息化、规范化、高效化，不仅提升了公司内部管理水平和效率，还大大加快了与集团文件交换、流转的速度。认真贯彻落实集团要求，完成了中方船队航标平台项目的系统安装，以及上线试运行。

【船队建设】

截至2017年年底，中波公司双方拥有船舶15艘，运力约45万载重吨，平均船龄8年。随着连续几轮的更新换代，公司拥有一支船龄年轻、结构合理的重大件设备货专业化运输船队，环球航线连接着亚、欧、美及北非的主要市场。为客户更好地提供差异化与专业化服务，充分满足不同客户的个性化与多元化需求。

中波公司船队综合状况见表14-21。

中波公司船队综合状况一览表 表14-21

船型	船名	吨位（万载重吨）	最大吊重（吨）	平均船龄（年）	箱量（TEU）
永兴型	诺威德	2.2	300	20	1094
太阳型	太阳	3	640	15	1904
	明月	3	640	15	1904
	斯塔夫	3	640	15	1904
	奥尔坎	3	640	15	1904
恒星型	乾坤	3	640	7	1904
	寰宇	3	640	7	1904
	恒星	3	640	7	1904
	克拉舍夫斯基	3	640	7	1904
	帕兰道夫斯基	3	640	7	1904
	阿斯尼克	3	640	7	1904

续上表

船型	船名	吨位（万载重吨）	最大吊重（吨）	平均船龄（年）	箱量（TEU）
太平洋型	太平洋	3.2	700	2	1923
	大西洋	3.2	700	2	1923
	诺沃维耶斯基	3.2	700	2	1923
	帕德雷夫斯基	3.2	700	2	1923

【营 销 工 作】

积极主动，加大市场开拓力度。中波公司不断加大直客营销力度，初步实现了从“代理”向“代理＋直客”模式的转变。继续发挥营销中心作用，主动贴近客户，挖掘潜在客户，拓展客户资源。通过渠道细分梳理，制定统一揽货政策，凝聚内部揽货力量，充分发挥协同效应。

紧盯热点，强化项目营销力度。公司精准把握市场热点，制定切实可行的营销方案，采取有针对性的营销措施，继续深入开发风电项目。2017年，公司风电项目的揽货渠道和运量均取得新突破，全年运量为上年的2.7倍。

抢抓机遇，积极开拓揽货渠道。公司主动适应市场变化，在传统代理揽货量急剧下降的不利情况下，广泛接触其他物流企业和直客，揽取了较为可观的货量。为满足多样化、个性化市场需求，积极参与并连续三次成功中标振华港机RTG设备运输项目。这是公司首次成功承运此类大型门式起重机设备，不仅在装运货种上取得了突破，也为后续装载该货源积累了宝贵经验。

【人 力 资 源】

按照集团“十三五”人才发展规划要求，结合自身实际，中波公司制定颁布了“十三五”人才发展规划，明确了人才选用育留的具体工作举措。年内，公司依规组织开展干部选拔任用工作和集团外派干部后备人才推荐工作，持续深化船岸交流机制，坚持公开、公平、公正原则，落实优秀船舶人才选拔工作，进一步加强本部与陆企人才的交流互动，在轮岗历练中检验人才的成色和潜质。在全面落实本部员工岗位职责精细化管理的基础上，进一步优化本部员工绩效考评方式，细化考评等级，同时修订颁布本部员工薪酬激励试行办法，把企业经营创效成果、员工个体绩效表现与薪酬分配紧密结合，体现赏罚分明，有效发挥正向激励作用。围绕船岸员工培训需求，坚持有计划、分层次地积极开展各类船岸培训，均取得良好效果。年初，公司整合内部培训资源，将培训中心并入公司本部，在有效维护对外培训资质和培训业务的基础上，加大培训经费投入，重点组织实施岸基业务管理、船员专项技能、员工综合素质提升等相关培训科目共计73批次，覆盖各级员工群体，参训人员达795人次，取得了良好实效。修订完善了《中波公司（中方）人事管理条例》和《中波公司下属单位财务经理委派管理办法》。

【风 险 防 控】

强化建章立制，构建长效机制。上半年，公司将规章制度管理职能和综合法律事务管理职能移交至战发与风控中心，着力构建规范化、程序化、系统化的规章制度体系。进一步规范规章制度的制定与管理，统筹梳理并及时修订现有规章制度，确保其有效性、适用性和可操作性。年内更新制度22项，新制定制度14项。

加强内控和风险管理，防范风险。2017年，公司颁布实施了《中波轮船股份公司内部控制和风险管理办法》，进一步规范和完善公司内部控制和风险管理工作。坚持“三重一大”事项依法依规决策，修订并贯彻落实“三重一大”决策制度实施办法。对接集团监审部要求，重新梳理公司内部审计业务流程，努力覆盖经营管理的全领域和全过程，并做好审计成果运用。积极推进和规范法律事务管理工作，严格审查公司重大项目法律文件，有效防范经营风险。

【安 全 生 产】

中波公司积极贯彻落实上级单位和集团有关安全工作制度规范和指示要求，坚持“安全第一、预防为主、综合治理”的安全生产方针，认真落实各项安全部署，扎实开展各项安全活动，保持了安全生产形势总体平稳受控。2017 年，公司完成了安全质量管理体系改版工作，确保体系文件的符合性和有效性。认真研究分析上级最新管理要求和近年来船舶反馈意见，重新修订了《中波轮船股份公司船舶航次综合管理考核办法》，全年对 22 艘次中管船舶实施考核，坚持绩效挂钩、奖勤罚懒，切实提升了船舶综合管理水平和船员工作质量。在 PSC 检查方面，全年中管船队（包括中方船队）53 艘次接受 PSC 检查，其中 40 艘次无缺陷通过，无缺陷通过率有一定提升。在防抗海盗方面，全年共 72 艘次中波双方船舶（包括弘发航运）通过海盗袭扰高风险区域，所有船舶均确保安全通过。此外，中波公司在年初上海市安监局安全履职考核中荣获“上海市 2016 年度安全生产工作优胜单位”，连续 5 年被评为“一等（五星）单位”。

【企 业 党 建】

2017 年，中波公司党委在中远海运集团党组的正确领导下，以党的十八大、全国国有企业党建工作会议和党的十九大精神为指引，积极融入集团改革发展大局，切实发挥领导作用，把方向、管大局、保落实。贯彻落实全面从严治党要求，推进“两学一做”学习教育常态化制度化，着力加强基层组织建设，持续强化作风建设，把纪律和规矩挺在前面，不断增强各级党组织的战斗堡垒作用。优化选人用人机制，加强干部人才队伍建设，围绕中心工作，落实“两个责任”，不断推进创新发展，落实精细化管理、提质增效措施不放松，营造风清气正、拼搏进取的经营管理氛围，为公司新一轮转型发展提供了思想引领和组织保证。

一是周密部署，迅速掀起学习宣传党的十九大精神热潮。及时制定下发《中波公司关于认真学习宣传贯彻党的十九大精神的方案》，为各级组织认真落实、层层推进提供了强有力的指导。各级党组织迅速行动，展开了形式多样的学习活动，公司上下迅速形成了学习宣贯党的十九大精神的热潮。班子主要领导针对船舶流动性大的特点，抓住机会为抵港船舶“送学上船”，宣讲党的十九大精神的新理念、新思想、新战略。2017 年，党委中心组共召开学十九大报告系列学习会 5 场，党委成员为公司本部、下属单位、抵沪船舶等宣讲授课 16 场，各级基层党组织开展专题学习会 18 场。

二是知行合一，深入推进“两学一做”学习教育常态化制度化。各级党组织认真按照《中波轮船股份公司推进“两学一做”学习教育常态化制度化实施方案》要求，以学促做，围绕实际工作学，围绕创新发展学，把“两学一做”学习教育引向深入。以“迎接十九大、做合格党员、建规范支部”主题活动为引领，学以致用，引导广大党员按照“四讲四有”标准，立足岗位，在推进公司转型发展和精细化管理工作中积极发挥先锋模范作用。波兰分公司党支部加强与中国驻波兰大使馆党委以及驻革但斯克总领馆党支部的联动和交流，开展形式多样的党建工作。

三是严格规章，着力加强基层党建基础工作。按照《关于新形势下党内政治生活的若干准则》要求，进一步严肃、规范公司各级党组织的党内生活。组织召开中波公司第二次党代会，完成公司党委、纪委换届选举。根据下属企业管理架构调整情况，及时调整党委班子成员联系点，以及下属党组织和团组织，确保责任落实不留空白，做到“四同步”。严肃“三会一课”制度，对各基层支部的落实情况进行专项检查指导，规范记录内容和格式。认真落实中组部关于党费工作的各项要求，制定清理收缴党费的使用方案并严格执行，进一步规范基层党组织的党费收缴和管理工作。制定了《中波公司党建工作责任制实施办法》，修订了《中波公司（中方）关于“三重一大”决策程序的规定》，全面梳理了现有公司党建规章，有序推进《关于加强党的建设工作的指导意见》《中波轮船股份公司党委议事规则》等5个重要党建工作制度的修订完善。充分利用公司各类媒介积极开展形势任务教育、思想政治引导，围绕公司重大举措、重要时间节点和主题活动开展形式多样的宣传，鼓舞士气、凝聚人心，对社会和企业讲好中波故事，提升中波品牌。

四是注重基层，深入推进船舶“特色党支部”创建。2017年，公司党委在中管各轮开展了“特色党支部”创建活动。各轮党支部积极响应，将船舶创建活动与航次精细化管理、提质增效有机结合，策划开展了各具特色的创建工作。其中“寰宇”轮党支部以“精益管理”为主题开展创建工作，支部党员奋战在急、难、险、重工作一线，党员带头挑大梁；“恒星”轮党支部为有困难党员组织爱心捐款，成立甲板机舱力量互助小组，在工作缺少人手时，相互补台，相互协助；“长江”轮设立党员服务中心；“乾坤”轮党支部开展“读一本好书，写一篇美文”活动；“太平洋”轮党支部将精益管理应用于党建工作，等等。船舶“特色党支部”创建活动的有效开展，为船舶安全生产运输提供了有力的组织支撑。

【党风廉政】

中波公司召开了反腐倡廉建设工作会议，公司党委和纪委分别与下属单位党委、纪委签订全面从严治党主体责任书和全面从严治党监督责任书，各级党组织签署廉洁从业承诺书；运用公司内网、内刊、微信群平台等开展日常教育，定时发布节假日前廉洁提醒、提示，让公司广大党员干部职工紧绷廉洁之弦。着力抓好以“弘扬清正作风，崇尚廉洁品行”为主题的廉洁从业主题教育月活动，及时召开动员会，进行专题学习和部署。各级组织紧扣活动主题，结合各自特点，联系员工岗位履职要求，认真策划部署教育活动，联系实际做实“规定动作”，创新“自选动作”，有力地增强了全体党员干部和职工群众的廉洁从业意识，进一步提升了反腐败斗争的自觉性和坚定性。制定下发《中波轮船股份公司下属单位纪委书记、纪检委员提名考核办法（试行）》《中波轮船股份公司内部审计工作管理办法》《中波轮船股份公司纪委议事规则》，以及《中波轮船股份公司兼职审计人员管理办法》等规章。持续加强专项审计工作，加配专职审计人员，进一步增强纪检队伍力量。

【企业文化、社会责任】

2017年，中波公司精神文明建设取得丰硕成果。公司连续第八次被评为上海市文明单位，船舶轮机长顾向军被授予全国五一劳动奖章，航运部张建华被授予上海市五一劳动奖章。

公司工团携手组织开展“喜迎十九大、畅想中波梦”诗词朗诵比赛，取得了良好反响。团委积极开展“一学一做”学习教育活动，落实从严治团要求，激发青年的朝气和活力。联合集团兄弟单位成功举办“喜迎十九大，不忘初心跟党走”红色城市定向徒步活动，让青年职工的初心从最初就打上深深的红色烙印。细心做好对公司退休及在职生活困难党员、群众的走访慰问，一如既往关心关爱老同志，落实好政治、生活待遇，让他们感受到组织的关爱和温暖。（陈晓波）

中国—坦桑尼亚联合海运公司

中国—坦桑尼亚联合海运公司

【公司简介】

1966 年 4 月 22 日，在国务院总理周恩来和坦桑尼亚总统尼雷尔的倡议下，中坦两国政府签署《备忘录》，决定成立中国—坦桑尼亚联合海运公司（简称“中坦公司”，英文简称 SINOTASHIP）。1967 年 6 月 22 日，尼雷尔总统在达累斯萨拉姆亲自宣布中坦公司成立。公司成立的目的是本着“友好合作、平等互利”的原则，进一步加强中坦两国在航运方面的联系和合作。

根据双方协议，中坦两国政府于 1967 年和 1971 年先后两次各投资 150 万英镑，双方各占 50% 股份，投资总计 300 万英镑，作为公司注册资金（折合 857.8 万美元）。中坦公司是两国政府合资经营企业，也是中国政府对坦投资的最早企业，为增进中坦两国人民友谊作出了积极贡献，曾被誉为“两国政府间企业合作的典范”。

公司成立半个世纪以来，曾长期拥有并经营一支小型件杂货船队，从事海上杂货运输。2009 年，公司投资新建的 5.7 万吨散货船交付使用，开始涉足散货运输市场。为有效发挥公司地处东非门户港口达累斯萨拉姆港的地域优势，提升协同效应，提高为中远海运集团系统内企业的服务能力，公司自 2013 年底开始从事集装箱代理服务，为中远海运集运公司抵达坦桑尼亚的船舶进行集装箱代理操作和揽货服务，从而进一步融入集团大家庭，推动业务多元化和公司转型发展。自开展集装箱代理业务以来，公司业务量实现连续快速增长，助力中远海运集运公司不断扩大东非航线的市场份额。

2017 年，公司先后于 8 月和 11 月圆满完成了中国海军远航编队和中国海军“和平方舟”号医院船到访坦桑尼亚靠泊及添加燃料、补充伙食等后勤补给工作，得到我军方和驻坦大使馆的支持和肯定。

【发展战略】

公司战略规划是中坦双方平等互利，友好合作，打造公司航运业务和船舶代理业务双主业，由原来只开展航运业务的“单轮驱动”拓展为包括航运和船舶代理两项主业的“双轮驱动”，实现公司转型发展。在此基础上，进一步拓宽业务渠道，开展陆路延伸运输服务，把集团业务从东非沿岸延伸至非洲内陆，助力“一带一路”倡议在非洲的落地深耕。

【经营情况】

2017 年，公司大力推动转型发展，积极开拓市场，严格加强管理，努力开源节流。在双方员工全力拼搏下，公司生产经营和管理等各方面状况得到显著改善，顽强扭转了经营亏损局面。2017 年，公司营业收入 590 万美元，同比增长 113%；年度净利润一举实现扭亏为盈，同比增长 106%，全面完成年度任务目标。

【风险管控】

面对复杂多变的行业发展形势，公司强化风险管控，持续完善和巩固风险管理体系，推动风险管理制度建设，奠定良好治理基础。认真梳理和补充完善了一批内部管理制度，2017 年新增和修订完善了《中坦公司“三重一大”决策程序规定》《中坦公司货币资金管理办法》《中坦公司船舶综合效益检查考核办法》等一批中方和双方管理制度，进一步健全和完善公司治理环境，规范业务流程和内部监控。公司一方面大力开拓市场、推动转型发展，改善经营效果，同时抓紧梳理历史遗留问题，逐一落实解决方案，降低和管控各类风险，推动公司摆脱经营困境，走上健康发展之路。

【服务客户】

公司强化以客户为中心的经营理念，不断推出客服新举措，提高服务意识和服务能力，提升客户体验。在集装箱业务操作中，公司认真处理和及时回应客户诉求和订舱速度，单证准确率和客户服务能力显著提高。随着客户满意度不断提升，公司客户群体不断扩大，大客户明显增多，业务量快速增长。

【企业管理】

在努力提升服务质量、加大市场开拓，改善经营效果的同时，公司十分注重加强中坦双方合作和强企业化内部管理，大力推动管理提升，扎实推行提质增效。

公司始终将制度建设作为一项重要工作内容，不断梳理完善内部管理制度，优化业务操作流程，增强持续发展能力。公司在2017年制定了《中坦公司员工绩效考核办法》《集装箱进出口业务操作流程》等制度，进一步强化内部管控，规范业务流程，提升管理绩效。

在控本增效方面，公司加强成本管控，狠抓节支措施，有效控制各项成本支出。2017年在营收同比增长105%的情况下，公司营业成本同比下降16%，管理费用更是得到大幅压控，通过认真做好“增收”和“节支”两篇文章，实现了全面提质增效。

坚持加强内部协同，提升协同效应。2017年以来，公司积极加强与集运、散运、特运、物流等集团内相关单位的业务协同与合作，加强与中国驻坦使馆和经商代表处，以及坦方股东和政府相关主管部门、港航单位的沟通联系，加深相互了解，有效发挥地域优势，积极践行“一带一路”倡议，不断提升服务能力，为集团相关单位提供优质服务，实现合作共赢，努力打造集团在东非区域的“桥头堡”。

【安全生产】

公司在安全管理方面始终如履薄冰，一丝不苟地抓实抓好船舶安全工作，不断完善船舶各项应急预案，定期开展安全检查，确保安全形势稳定。

一是增强安全意识，船舶主管人员通过船员上船前和航次检查工作，积极开展安全意识教育和培训，尤其是要求船员认真执行船舶ISM和ISPS体系，不断强化船员安全意识。

二是建立安全检查监督制度，加强对船舶安全工作督促检查，严格实行船舶安全效益综合检查，促进船舶管理水平不断提升，督促船员认真做好防抗海盗、防抗台、防污染等重要安全工作，避免各类安全事故发生，增强安全监管的实效性，确保船舶安全。

三是落实安全措施，认真开展安全隐患排查，督促船员执行船舶各项应急演习演练，及时部署各地PSC应对措施和防海盗要求，从而保证船舶安全工作取得实际效果。

四是加大岸基支持指导力度，及时给予船舶技术指导和支持，及时根据船舶申请，安排相关修理和备件物料供应，及时排除隐患，消除船舶安全管理工作中的薄弱环节。

通过以上安全管理措施的具体落实，公司自有船舶未发生等级事故，无偷渡事故，防抗台、防海盗成功率100%；PSC/FSC等船舶检查无滞留，保持了稳定的安全局面。

【企业文化】

公司高度重视企业文化建设和中坦文化融合，倡导“友好合作，平等互利”。公司员工不断增强大局意识、合作意识、发展意识和创业意识，双方员工团结一致、加强合作，正确面对公司发展过程中出现的困难和危机，努力拼搏，积极推动中坦公司这个老企业实现新发展。

【公 司 业 务】

生产经营方面，公司努力提高船舶经营和集装箱代理两大主营业务的经营创效。

在自有船经营管理方面，公司加强与船舶租家、船管公司和船员公司的沟通合作，有效防范和协调处理船舶运营和管理中的问题，合理安排维护保养，确保船舶实现全年安全运营并取得良好经营效果。

集装箱代理业务方面，公司积极配合中远海运集运公司推动远东至非洲的航线升级，快速提升当地市场占有率。2017 年，公司集装箱代理业务量同比增长 66%。在努力提高进口集装箱代理服务质量的同时，公司十分重视和大力揽取东行返程货物，始终保持良好的服务质量和较高的出口重箱比例，集装箱代理业务不仅成为公司业务增长亮点，同时也快速发展为公司核心业务。

除了与中远海运集运合作外，中坦公司还为中远海运特运到港船舶提供代理服务，积极协调船舶靠泊和装卸货作业等相关工作，加大岸基支持，提高代理服务水平，确保抵港船舶及时、安全、平稳作业。（顾菊根）

CHINA COSCO SHIPPING
CORPORATION LIMITED
YEARBOOK

中国远洋海运集团有限公司

年鉴

第十五篇

大事记

一月

1月11日 中远海运集团与国家开发银行在北京签署《开发性金融合作协议》。根据协议，国家开发银行将积极支持中远海运集团的业务发展，为集团各类金融服务需求提供长期稳定的金融支持和全方位金融服务。根据协议，双方至2021年期间在各类金融产品上的意向合作融资总量为1800亿人民币，将进一步促进双方业务共同发展，实现互利共赢。

二月

2月9日 中远海运集团所属中远海运重工有限公司旗下主力船厂——南通中远船务为英国Dana石油公司设计建造的圆筒型浮式生产储卸油平台（FPSO）总包项目"希望6号"在启东举行开航仪式。该平台将拖航至英国北海区域投入作业。该总包项目首次实现了国内FPSO项目的总体完成，在多项技术创新上填补了国内海工空白，达到了世界领先水平，标志着我国海工装备制造业从海工中端产品设计建造向高端产品设计建造里程碑式的重大跨越。

2月17日 中远海运财产保险自保有限公司在上海正式宣告成立。中远海运自保公司的成立标志着中远海运集团在布局"6+1"产业集群的横向和纵深化改革更具成效，是集团战略蓝图中极为重要的金融战略布局，对助力集团打造以航运、综合物流及相关金融服务为支柱，多产业集群、全球领先的综合性物流供应链服务集团具有里程碑式的意义。

2月21日 中远海运集团董事、总经理万敏在集团总部会见了来访的三一重工集团总裁向文波一行。双方一致同意要拓展多元化业务合作，努力实现互利共赢。

2月22日 中远海运集团董事长、党组书记许立荣，董事、总经理万敏在集团总部会见了来访的和记港口集团董事、总经理叶承智一行，双方就行业形势、相关合作交换了看法。集团副总经理黄小文，集团运营部、公关部，以及中远海运集运的相关负责人参加会见。

三月

3月14日 中远海运集团董事长、党组书记许立荣在集团总部会见了来访的天津港集团董事长张锐钢一行，并进行工作交流。近年来，天津港积极对接"一带一路"倡议，推进京津冀协同发展，构建"环渤海、海侧、全球"航线网络体系，枢纽地位更加突出。中远海运与天津港在更多层面、更多领域进一步深化合作。天津港集团和中远海运相关领导参加会见。

3月21日 中远海运集团董事长、党组书记许立荣在集团总部会见了来访的中化集团总裁、党组副书记张伟一行，双方就持续推进双方于2016年签署的战略合作协议深入交换了意见。长期以来，中化集团与中远海运在能源、化肥、塑料等货物运输领域有着广泛而友好的合作。中化集团总裁助理钟韧、张增根，中化国际、中化石油，中远海运集运、中远海运能源及集团有关部门的负责人参加了会见。

3月23—26日 博鳌亚洲论坛2017年年会在海南博鳌举行，全世界的目光再次聚焦到这个"天堂小镇"。作为论坛唯一的主要开发商和永久赞助商，中远海运集团再次成功为年会的举办提供了圆满的服务保障。3月25日，时任中共中央政治局常委、国务院副总理张高丽在海南博鳌出席博鳌亚洲论坛 2017 年年会开幕式，并发表题为《携手推进经济全球化，共同开创亚洲和世界美好未来》的主旨演讲。来自 50 个国家和地区的 1700 多位政界、工商界代表和智库学者参加了开幕式。

四月

4 月 13 日 中远海运集团董事长、党组书记许立荣，董事、总经理、党组副书记万敏，在集团总部会见了来访的马来西亚交通部部长廖中莱（Liow Tiong Lai）一行。双方就集团在马来西亚业务发展及其他共同关心的话题进行了深入交流。马来西亚交通部部长夫人李善如（Lee Sun Loo）、巴生西港总裁贾纳林甘（Ruben E. Gnanalingam）先生及马来西亚交通部副秘书长、议会参议院成员、部分码头公司高级管理人员，中远海运集运、中远海运东南亚公司及集团战企部、运营部、公关部有关负责人参加会见。

五月

5 月 15 日 中远海运集团、连云港港口控股集团和哈萨克斯坦国家铁路公司在北京正式签署哈萨克斯坦霍尔果斯东门无水港股权转让协议。根据协议，中远海运集团和连云港港口控股集团将联合收购由哈萨克斯坦国铁持有的霍尔果斯东门无水港 49% 的股权。收购完成后，中远海运集团和连云港港口控股集团将分别持有该港 24.5% 的股权。霍尔果斯东门无水港是中远海运集团成立以后首个海外铁路资源投资项目，也是推进国家“一带一路”倡议落地的一项重要举措。

六月

6 月 9 日 中远海运集团与上海市政府在沪签署战略合作框架协议。根据协议，中远海运集团将与上海市政府重点从三方面深化战略合作：一是加快上海国际航运中心建设，促进物流、资金、信息、人才等航运发展要素集聚，进一步提升上海国际航运中心的影响力；二是落实国家战略，引领“一带一路”、长江经济带发展，拓展相关国家和地区港口、物流场站等基础设施建设，促进与上海的互联互通及经贸合作；三是深化国资国企改革，加快推动央企和地方大型国企合作，加强港航联动，共同打造航运生态圈。

6 月 9 日 中远海运集团与上海同盛投资（集团）有限公司签署协议，受让其所持有的上港集团 34.76 亿股股份。转让完成后，中远海运集团将持有上港集团 15% 的股份。本次股份转让协议的签署，旨在加强中远海运集团与上港集团之间的战略合作。同时，也为上海利用国际和国内两个市场资源、加强对内对外联动发展提供了重要机遇，更有助于上海市自贸试验区制度创新和上海国际航运中心建设。

6 月 11—13 日 时任中共中央政治局委员、上海市委书记韩正在访问希腊期间，前往上海友城比雷埃夫斯，考察中远海运集团在希腊最大港口比雷埃夫斯港的建设运营情况。在考察期间，韩正见证了上海港与比雷埃夫斯港缔结姐妹港协议的签署、中远海运集团与上海国际港务集团战略合作协议的签署。上述协议的签署，推动了上海与“一带一路”沿线重要国家希腊之间的务实合作。

七月

7 月 9 日 中远海运集团下属中远海运控股股份有限公司、上海国际港务（集团）股份有限公司及东方海外（国际）有限公司联合公布，中远海控及上港集团将以每股 78.67 港元向东方海外全体股东发出收购要约。要约完成后，中远海控和上港集团将分别持有东方海外 90.1% 和 9.9% 股权。完成收购后，中远海运集运和东方海外将继续以各自的品牌提供全球集装箱运输服务，在充分发挥各自优势的同时，挖掘协同效应潜力，共同实现营运效率和竞争力的进一步提升，实现长期可持续增长。

7 月 根据《中央企业负责人经营业绩考核

办法》和《关于印发中央企业负责人经营业绩考核实施方案的通知》，国务院国资委公布了2016年度中央企业负责人经营业绩考核A级企业名单，中远海运集团获经营业绩考核A级企业。

7月14日 中远海运集团董事长、党组书记许立荣，董事、总经理、党组副书记万敏一行在海口市拜会了海南省省长沈晓明，双方就合作推进博鳌地区开发建设，发挥海南区位优势发展航运产业、建设航运中心等进行了深入交流，达成广泛共识。海南省人民政府秘书长陆志远和有关厅局的负责人，中远海运集团副总经理俞曾港和集团有关部门，以及中远海运资产和中远海运博鳌公司的负责人参加了会谈。

7月26日 为进一步深化中国远洋海运集团与中国铁路总公司战略合作，促进国际联运和水铁联运发展，双方经友好协商，达成并签署了战略合作协议。根据战略合作协议，双方将本着"着眼长远、市场主导、强强联合、互利双赢"的原则，加强在多式联运基础设施建设、多式联运业务、中欧班列开行、携手实现"走出去"等领域合作，以促进双方战略合作目标的实现，共同开创水铁联运新局面，为海上丝绸之路助力前行。

八月

8月22日 中远海运集团与国家开发投资公司在北京签署战略合作框架协议。根据协议，国家开发投资公司与中远海运集团将利用在各自领域拥有的重要实力和影响力，开展在金融、港口、航运、物流、股权投资，以及其他前瞻性产业的业务合作和资本合作。建立全面战略合作伙伴关系，有利于双方发挥各自优势，通过开展合资合作、协调资源配置、共同开拓新兴市场等方式促进双方市场地位和综合竞争力的增强，达到双赢目的。

8月31日—9月1日 金砖国家工商理事会2017年度会议在上海召开，来自中国、巴西、俄罗斯、印度、南非工商界，以及新开发银行、联合国工业发展组织等合作机构的共计300余名代表参加会议。时任中共中央政治局委员、上海市委书记韩正在会议召开前会见了金砖国家工商理事会成员。中远海运集团董事长许立荣作为金砖国家工商理事会主席主持年会并发言。会议共同审议了金砖国家工商理事会《年度报告》及相关成果文件。金砖国家工商理事会《年度报告》在金砖国家领导人厦门会晤期间递交五国领导人。

九月

9月11日 中海港口发展有限公司与马士基集装箱码头公司（APM Terminals B.V.）订立一份具法律约束力的谅解备忘录，收购马士基泽布吕赫码头公司（APM Terminals Zeebrugge NV，APMTZ）76%已发行股本。收购完成后，比利时泽布吕赫码头将成为中远海运港口在西北欧地区的第一个控股码头。此次收购，将进一步促进中远海运港口重要门户港及全球战略支点建设，同时，有利于中远海运集装箱运输有限公司进一步优化西北欧的航线网络布局。

十月

10月 为进一步树立党的一切工作到支部的鲜明导向，推进"两学一做"学习教育常态化制度化，推动"中央企业党建工作落实年"各项任务落实落地，国务院国资委党委决定在中央企业开展基层示范党支部建设。经过层层筛选，国务院国资委党委研究决定命名103个党支部作为中央企业第一批基层示范党支部。中远海运集团所属中远海运集装箱运输有限公司"中远亚洲"轮党支部被命名为中央企业第一批基层示范党支部。

10月13日 交通运输部副部长何建中一行到中远海运集团总部，就国务院办公厅发布《关于促进海运业健康发展的若干意见》及相关配套政策实施以来的成效进行调研，并听取今后一段时期进一步促进海运业发展有关政策措施的意见和建议。

10月27日 中远海运集团召开党的十九大

精神传达学习大会，视频参加国务院国资委党委党的十九大精神传达学习动员部署会议，集团在总部和全球的各企业设立分会场，集团领导、总部各部室、特设机构、共享中心经理级以上人员，集团各直属单位及部分三级单位领导班子成员、中层以上干部，普通党员代表和青年代表等近3000人通过视频参加了会议。同日下午，集团召开2017年第22次党组会，认真学习党的十九大精神，研究布置落实在全集团开展学习贯彻党的十九大精神具体工作并强调要把学习好、宣传好、贯彻好党的十九大精神，作为当前和今后一个时期的首要重大政治任务。

十一月

11月1日 上海国际港务（集团）股份有限公司、江苏省港口集团有限公司与中国远洋海运集团有限公司在上海签署《战略合作谅解备忘录》。三方将在长期友好合作的基础上，共同建立战略合作伙伴关系，贯彻落实“一带一路”倡议、长江经济带战略，助力长三角经济圈协同发展，降低区域物流成本、做强上海国际航运中心北翼。

11月5日 中远海运港口阿布扎比码头正式动工，并在码头现场举行了动工暨场站租赁签约仪式。哈里发港是阿布扎比的主要门户港和中东地区的重要枢纽港，是“一带一路”沿线的重要支点，在海运中扮演着十分关键的角色。这次签署中远海运港口阿布扎比场站协议，将进一步深化码头服务业务，进一步提升两国海运贸易往来。

11月8日 《中国远洋海运集团企业文化核心价值理念纲要》（2017版）在“新时代、新征程”中远海运集团庆祝十九大职工文艺汇演现场正式发布。《纲要》形成了以“四个一”文化目标为统领，以企业使命、企业愿景、企业价值观、企业精神、企业作风、企业广告语为主元素的“1+6”主体框架。《纲要》的发布，确立了中远海运深化改革、推进战略的理念引领，树立了“打造全球领先的综合性物流供应链服务集团”的精神支撑，同时对全球客户和合作伙伴展示了作为世界航运领航者的价值主张和坚定承诺。

11月7日 在埃及举办的世界青年大会苏伊士经济区投资机会分论坛上，中远海运集团与埃及苏伊士运河经济区管理总局、中非泰达投资股份有限公司签订了关于在中埃泰达苏伊士经贸合作区筹建保税物流园区项目的三方投资备忘录。该备忘录的签署旨在推进中远海运在欧洲北非区域内陆延伸服务的发展，配合集团打造全球领先的综合性物流供应链平台。本项目的落实将完善埃及苏哈纳地区物流产业链，促进苏伊士运河经济区快速发展，是中远海运集团积极响应“一带一路”倡议的重要举措，将有利于促进中埃贸易发展。

11月21日 在中国进行国事访问的巴拿马共和国总统胡安·卡洛斯·巴雷拉·罗德里格斯一行专程到访中远海运集团总部，与中远海运集团董事长许立荣举行会谈。双方回顾了中远海运集团在巴拿马业务发展情况，并就落实《中巴海运协定》及巴拿马运河通行等多个方面可能的互利合作进行了交流。巴雷拉总统高度赞赏中远海运集团在促进中巴双边经贸往来中发挥的重要推动作用。

11月23日 中远海运集团和京东集团在上海签署战略合作协议。根据战略合作协议，双方一致决定建立全面战略合作伙伴关系，未来双方将按照市场化原则，围绕航运、物流、电商、科技和金融等领域开展全面战略合作。双方未来重点加强最后一公里的配送、海外仓、生鲜冷链物流等领域开展全程物流合作，并发挥各自在领域内的技术科研优势，提升对客户大数据分析能力。

11月30日 中远海运港口与新加坡港务集团就中远—新港码头签署新增泊位合作备忘录。中远—新港码头位于新加坡，是中远海运港口首个海外港口合作项目。本次新增泊位合作，有助于双方共同抓住“全球化”发展的战略机遇，并进一步巩固新加坡港作为全球集装箱中转枢纽港的地位，为加强东南亚各国与中国之间的海运连接发挥积极作用。

十二月

12 月 26 日 中远海运船员管理有限公司在上海宣告成立。新成立的中远海运船员公司，是目前世界上规模最大的专业化船员管理公司，拥有服务世界一流航运企业、遍布全球航线、适任各种类型船舶的各职船员共计 4.88 万余人，为集团内船舶配员 730 余艘，为集团外船舶派员 450 余艘。未来，新公司将坚持集团战略引领，“管理好、使用好、服务好、发展好”船员这一战略资源，搭建新平台、实现新融合、体现新价值、追求新目标、打造新优势，建设一支素质一流、结构合理、配置全球化的具有国际竞争力的全球领先船员队伍，以更好地为各船公司提供保障，为集团建设具有全球竞争力的世界一流企业发挥作用。

12 月 22 日 陆海快线有限公司（Ocean-Rail Logistics S.A）在希腊完成工商注册手续，标志着集团中欧陆海快线平台公司正式成立。该平台公司是中远海运集团进一步贯彻落实国家“一带一路”倡议，以比雷埃夫斯港为枢纽，以海铁联运的形式实现“21 世纪海上丝绸之路”和“丝绸之路经济带”在欧洲地区的完美衔接，并将为亚欧第三运输通道的建设，为比雷埃夫斯港建设成“一带一路”重要支点提供巨大支撑，实现点、线、面的辐射综合效应。

2018

CHINA COSCO SHIPPING CORPORATION LIMITED YEARBOOK

中国远洋海运集团有限公司

年鉴

第十六篇

光荣册

2017 年中国远洋海运集团获得荣誉奖项

2017 年中国远洋海运集团获得荣誉奖项

（1）据《中远海运报》2017 年 1 月 6 日报道，在北京人民大会堂召开的第八届中国技术市场颁奖大会上，由南通中远船务工程有限公司主研的“超大型自航自升式海上风电安装船研制与工程应用”获中国技术市场金桥奖。

（2）据《中远海运报》2017 年 6 月 16 日报道，上海中远川崎重工钢结构有限公司荣获由上海市人力资源和社会保障局、市总工会、市企业家协会等联合颁布的“上海市和谐劳动关系达标企业”荣誉称号。

（3）7 月，根据《中央企业负责人经营业绩考核办法》和《关于印发中央企业负责人经营业绩考核实施方案的通知》，国务院国资委公布了 2016 年度中央企业负责人经营业绩考核 A 级企业名单，中远海运集团获经营业绩考核 A 级企业。

（4）9 月 26 日，美国《物流管理杂志》在亚特兰大举办 2017 年度 Quest For Quality 颁奖典礼，中远海运集装箱运输有限公司获“年度优质服务承运人”奖项。中远海运集运已连续 3 年获得该奖项。

（5）据《中远海运报》2017 年 10 月 13 日报道，《福布斯》首次推出最受信赖公司榜（Top Regarded Companieslist）。该榜单基于福布斯全球企业 2000 强榜单编制，入榜的大多是人们耳熟能详的企业，因此备受各方的信任。值得关注的是，此次共有 17 家中国（含港澳台地区）企业上榜。中国远洋海运集团所属中远海控荣膺榜单第 104 位，是全球唯一上榜的航运企业，同时排名位居央企第一。

（6）11 月 30 日，由香港会计师公会主办“2017 年最佳企业管治大奖”在港揭晓。中远海运港口首次荣膺 H 股上市公司板块与其他中国内地企业组别“最佳企业管治金奖”。评审团在报告中赞扬中远海运港口建立了国际水准的信息披露制度及年报内容体系，并在企业可持续发展、公司管治以及董事会建设方面均有卓越表现。

（7）12 月 4 日，从中远海运集团中东第一港——中远海运港口阿布扎比码头传来消息，迪拜 TRANSPORT ARABIA 授予中远海运港口“The Fastest Growing Terminal Operator 2017 Award”奖杯。该评选在海运、空运、公路和铁路四大货物运输行业，以及物流供应链服务商中进行，重在嘉奖有突出业绩和市场表现的公司。中远海运港口被认为同行业中发展最快的港口运营商，发展速度和市场影响力得到广泛认可。

（8）12 月 8 日，中远海运港口首次在《IR Magazine》“The 2017 Greater Chinaawards & conference”颁奖典礼上获颁“投资者关系优异奖”。公司在投资者关系方面的努力和成绩获赞许。

（9）12 月 13 日，在香港《财资》杂志（The Asset）“The Asset Corporate Awards 2017”颁奖典礼上，中远海运港口荣膺“最佳企业管治、环保责任及社会责任金奖”。公司在财务表现、管理层能力、公司管治、社会责任、环境保护和投资者关系范畴的成绩再获市场嘉许。

2017 年中国远洋海运集团获省部级以上先进集体荣誉汇总表

2017 年中国远洋海运集团获省部级以上先进集体荣誉汇总表

表 16-1

序号	直属单位名称	先进集体名称	先进集体所在单位	所获荣誉称号	受表彰时间	表彰单位
1	中远海运集运	中远海运集装箱运输有限公司	中远海运集装箱运输有限公司	全国五一劳动奖状	2017 年 3 月	全国总工会
2		“中远海法”轮工会	中远海运集装箱运输有限公司	上海市工人先锋号	2017 年 4 月	上海市总工会
3		上海远洋宾馆有限公司工会	上海远洋宾馆有限公司	上海市模范职工之家	2017 年 4 月	上海市总工会
4		“天福河”轮工会	上海远洋运输有限公司	上海市模范职工小家	2017 年 4 月	上海市总工会
5	中远海运散运	中远海运散货运输有限公司	中远海运散货运输有限公司	广东省五一劳动奖状	2017 年 4 月	广东省总工会
6		中远海运散货运输有限公司代表队	中远海运散货运输有限公司	第四届中国海员技能大比武航运企业组团体一等奖	2017 年 6 月	交通运输部海事局中国海员建设工会
7		中国海员工会中远散货运输有限公司委员	中远散货运输有限公司	2017 年度市级工会财务工作先进单位	2018 年 10 月	中华全国总工会
8		“宇中海”轮	青岛远洋运输有限公司	山东省水运系统安全优秀船舶	2017 年 11 月	山东海员工会
9		“宇华海”轮	青岛远洋运输有限公司	山东省水运系统安全优秀船舶	2017 年 11 月	山东海员工会
10		“海吉”轮	青岛远洋运输有限公司	山东省水运系统安全优秀船舶	2017 年 11 月	山东海员工会
11		“华盛海”轮	青岛远洋运输有限公司	山东省水运系统安全优秀船舶	2017 年 11 月	山东海员工会
12		“嘉永”轮	青岛远洋运输有限公司	安全诚信船舶	2017 年 12 月	中国海事局
13		“嘉通”轮	青岛远洋运输有限公司	安全诚信船舶	2017 年 12 月	中国海事局
14		“嘉泰”轮	青岛远洋运输有限公司	安全诚信船舶	2017 年 12 月	中国海事局
15	中远海运特运	广州中远海运建设实业公司	广州中远海运建设实业公司	广东省五一劳动奖状	2017 年 4 月	广东省总工会
16	中远海运能源	“华川”轮	中远海运能源有限公司	上海市“安康杯”竞赛优胜班组	2017 年 11 月	全国“安康杯”竞赛组委会
17		“华川”轮	中远海运能源有限公司	全国“安康杯”竞赛优秀班组	2017 年 11 月	全国“安康杯”竞赛组委会

续上表

序号	直属单位名称	先进集体名称	先进集体所在单位	所获荣誉称号	受表彰时间	表彰单位
18	中远海运能源	中远海运能源	中远海运能源有限公司	上海市五一劳动奖状	2017 年 4 月	上海市总工会
19		沿海运营部商务室	中远海运能源有限公司	上海市巾帼文明班组	2017 年 4 月	上海市巾帼建功活动领导小组、上海市妇女联合会
20		上海油运	上海中远海运油品运输有限公司	上海市优秀职工之家	2017 年 4 月	上海市总工会
21	中远海运重工	生产部小料班组	上海中远川崎重工钢结构有限公司	上海市工人先锋号	2017 年 4 月	上海市总工会
22		生技舾装科第二 QC 小组	南通中远海运川崎船舶工程有限公司	全国优秀质量管理小组	2017 年 12 月	中国质量协会、中华全国总工会、中华全国妇女联合会、全国科学技术协会
23		南通中远海运船务工程有限公司	南通中远海运船务工程有限公司	全国“安康杯”竞赛优秀组织单位	2017 年 10 月	全国“安康杯”竞赛组委会
24		广东中远船务工程有限公司	广东中远船务工程有限公司	全国厂务公开民主管理先进单位	2017 年 12 月	全国厂务公开协调小组
25		海工 FPSO 系列项目巾帼团队	上海中远船务工程有限公司	全国巾帼文明建功岗	2017 年 4 月	中华全国妇女联合会
26		分承包方工会	舟山中远海运重工有限公司	百家示范基层工会	2017 年 7 月	浙江省总工会
27		内协工程部	上海中远海运重工有限公司	上海市模范职工小家	2017 年 4 月	上海市总工会
28		海工 FPSO 系列项目巾帼团队	上海中远船务工程有限公司	上海市三八红旗集体	2017 年 3 月	上海市妇女联合会、上海市人力资源和社会保障局
29		综合技术研究与开发室	上海中远船务工程有限公司	上海市职工（巾帼）创新工作室	2017 年 12 月	上海市总工会、上海市职工技术协会
30	中远海运发展	中远海运发展股份有限公司	中远海运发展股份有限公司	全国文明单位	2017 年 11 月	中央精神文明建设指导委员会
31		中远海运发展股份有限公司	中远海运发展股份有限公司	企业文化标杆企业	2017 年 11 月	中国企业文化研究会
32		东方国际集装箱（锦州）有限公司	上海寰宇物流装备有限公司	全国企业文化特色性示范单位	2017 年 7 月	中国企业文化研究会
33		中远海运发展股份有限公司	中远海运发展股份有限公司	上海市文明单位	2017 年 4 月	上海市人民政府
34		中远海运租赁有限公司	中远海运发展股份有限公司	上海市文明单位	2017 年 4 月	上海市人民政府
35	广州中远海运	档案中心《往事并不如烟——纪念广州海运援越抗美往事及在援越抗美中牺牲的烈士们》	中远海运（广州）有限公司档案管理中心	全国企业档案资源开发利用优秀案例三等奖	2017 年 11 月	国家档案局

续上表

序号	直属单位名称	先进集体名称	先进集体所在单位	所获荣誉称号	受表彰时间	表彰单位
36	广州中远海运	广州海星国际旅游有限公司	广州中远海运旅业管理公司	2015—2016 年度中央企业青年文明号	2017 年 7 月	中央企业团工委
37		广州海建工程咨询有限公司	中远海运（广州）有限公司	交通建设优秀监理企业	2017 年 9 月	中国交通建设监理协会
38		海建公司广州港南沙港区粮食及通用码头工程水工结构工程	广州海建工程咨询有限公司	水运交通优质工程奖	2017 年 12 月	中国水运建设行业协会
39		中远海运（广州）有限公司	中远海运（广州）有限公司	广东省交通运输信息化十佳应用企业	2017 年 3 月	广东省交通运输协会
40		广州中远海运物业发展有限公司	中远海运（广州）有限公司	连续十五年（2002—2016）广东省守合同重信用企业	2017 年 6 月	广州市工商行政管理局
41	中远海运船员	“嘉通”轮	中远海运船员管理有限公司青岛分 / 子公司	安全诚信船舶	2017 年 12 月	海事局
42	中波公司	中波轮船股份公司工会委员会	中波轮船股份公司	上海市模范职工之家	2017 年 4 月	上海市总工会
43		上海弘发航运有限公司工会小组	中波轮船股份公司	上海市模范职工小家	2017 年 4 月	上海市总工会
44	上海船研所	瞿辉交通信息技术劳模创新工作室	中远海运科技股份有限公司	上海市劳模创新工作室	2017 年 1 月	上海市总工会
45		上海船舶运输科学研究所	上海船舶运输科学研究所	上海市厂务公开先进单位	2017 年 9 月	上海市厂务公开工作领导小组
46		上海船舶运输科学研究所	上海船舶运输科学研究所	全国文明单位	2017 年 11 月	中央文明办
47		上海船舶运输科学研究所	上海船舶运输科学研究所	上海市文明单位	2017 年 5 月	上海市人民政府
48		中海电信有限公司	上海船舶运输科学研究所	上海市文明单位	2017 年 5 月	上海市人民政府
49	中远海运财务	中远海运团委	中远海运集团财务有限责任公司	中央企业五四红旗团支部	2017 年 4 月	中央企业团工委
50		中远海运财务公司	中远海运集团财务有限责任公司	上海市文明单位	2017 年 5 月	上海市人民政府
51		中远海运财务工会	中远海运集团财务有限责任公司	上海市模范职工之家	2017 年 4 月	上海市总工会
52		中远海运财务公司	中远海运集团财务有限责任公司	诚信创建单位	2017 年 10 月	上海市企业诚信创建活动组委会
53	中远海运港口	操作部运行中心场桥二班	连云港新东方国际货柜码头有限公司	交通运输行业“安康杯”竞赛优胜班组	2017 年 3 月	全国“安康杯”竞赛组委会
54		操作部运行中心岸桥三班	连云港新东方国际货柜码头有限公司	江苏省工人先锋号	2017 年 4 月	江苏省总工会
55		锦州新时代集装箱码头有限公司	锦州新时代集装箱码头有限公司	全国青年文明号	2017 年 8 月	共青团中央委员会

续上表

序号	直属单位名称	先进集体名称	先进集体所在单位	所获荣誉称号	受表彰时间	表彰单位
56	大连中远海运/中远海运客运	“普陀岛”轮客运部	中远海运客运有限公司	2017年春运“情满旅途”活动先进集体	2017年6月	交通运输部/公安部/国家安全监管总局/中华全国总工会/共青团中央
57	中远海运物流	中远海运物流电子产品项目部	中远海运物流有限公司	全国青年文明号	2017年4月	共青团中央
58		上海中远海运物流有限公司	中远海运物流有限公司	上海市文明单位	2017年5月	上海市人民政府
59		中远海运船务代理有限公司	中远海运物流有限公司	上海市文明单位	2017年5月	上海市人民政府
60		上海亚太国际集装箱储运有限公司	上海中远海运物流有限公司	劳动关系和谐企业	2017年5月	上海市人民政府
61	上海中远海运	中远海运（上海）有限公司团委	中远海运（上海）有限公司	上海市五四红旗团委	2017年4月	共青团上海市委员会
62		上海中远海运仓储有限公司	中远海运（上海）有限公司	上海市五一劳动奖状	2017年4月	上海市总工会、上海市人力资源和社会保障局
63		上海海运海事技术有限公司	中远海运（上海）有限公司	全国“安康杯”竞赛优胜单位	2017年11月	全国“安康杯”竞赛组委会
64	青岛远洋船员职业学院	“高职院校基础英语与专业英语教学体系的整合研究”课题（娄惠茹）	青岛远洋船员职业学院外语部	山东高等学校人文社科优秀科研成果奖二等奖	2017年12月	山东省教育厅
65		“DAIKIN 冷箱机组 DECOS 控制器故障诊断系统”课题（王晓娟等）	青岛远洋船员职业学院船海系	山东高等学校科学技术奖三等奖	2017年12月	山东省教育厅
66		图文信息中心网络管理室	青岛远洋船员职业学院	山东省水运系统安全优秀班组	2017年12月	山东省海员工会
67	中石化燃供	中石化中海船舶燃料供应有限公司上海物资分公司	中石化中海船舶燃料供应有限公司	上海市文明单位	2017年5月	上海市人民政府
68		上海中燃船舶燃料有限公司	中石化中海船舶燃料供应有限公司	上海市文明单位	2017年5月	上海市人民政府

2017 年中国远洋海运集团获省部级以上先进个人荣誉汇总表

2017年中国远洋海运集团获省部级以上先进个人荣誉汇总表

表16-2

序号	直属单位名称	先进个人姓名	先进个人所在单位	所获荣誉称号	受表彰时间	表彰单位
1	中远海运集运	张　峰	原中远海运集运美洲贸易区总经理	上海市五一劳动奖章	2017年4月	上海市总工会
2		唐　昀	原中远海运集运箱管中心副总经理	全国三八红旗手	2017年3月	全国妇联
3		徐文军	原中远海运集运工会调研员	上海市优秀工会工作者	2017年4月	上海市总工会
4	中远海运特运	李宏祥	中远海运特种运输有限公司	广东省五一劳动奖章	2017年8月	广东省总工会
5		李宏祥	中远海运特种运输有限公司	广东省优秀工会工作者标兵	2017年2月	广东省总工会
6	中远海运能源	贺叶明	上海中远海运油品运输有限公司	上海市职工先进操作法创新奖	2017年8月	上海市总工会、上海市科学技术委员会、上海市经济和信息化委员会
7	中远海运重工	谭剑锋	广东中远海运重工有限公司	广东省五一劳动奖章	2017年8月	广东省总工会
8		何　敏	扬州中远海运重工有限公司	江苏省企业首席技师	2017年9月	江苏省人力资源和社会保障厅
9		黄　剑	启东中远海运海洋工程有限公司	江苏制造工匠	2017年3月	江苏省人民政府
10		唐海军	南通中远海运船务工程有限公司	全国“安康杯”活动优秀组织者	2017年10月	全国“安康杯”竞赛组委会
11		白　彬	大连中远海运重工有限公司	春运“情满旅途”活动先进个人	2017年6月	交通运输部公安部应急部、中华全国总工会、共青团中央
12		崔蓓蓓	上海中远海运重工有限公司	上海市三八红旗手	2017年3月	上海市妇女联合会、上海市人力资源和社会保障局
13	广州中远海运	严志冲	中远海运（广州）有限公司	广东省五一劳动奖章	2017年8月	广东省总工会
14		姚崇武	中远海运（广州）社会保障服务中心	从事信访工作二十五年以上荣誉	2017年7月	国家信访局

续上表

序号	直属单位名称	先进个人姓名	先进个人所在单位	所获荣誉称号	受表彰时间	表彰单位
15	广州中远海运	张庆成	中远海运（广州）有限公司	全国交通运输行业优秀思想政治工作者	2017 年 1 月	中国交通职工思想政治工作研究会
16		陈伟雄	广州海建工程咨询有限公司	交通建设监理优秀人物	2017 年 9 月	中国交通建设监理协会
17		唐本琼	广州海建工程咨询有限公司	2016 年度交通建设优秀监理工程师	2017 年 9 月	中国交通建设监理协会
18		严志冲	中远海运（广州）有限公司	广东地区“金舵手”	2017 年 6 月	广东海事局、广东省海员工会
19		金义松	中远海运（广州）有限公司	广东地区“金舵手”	2017 年 6 月	广东海事局、广东省海员工会
20	中远海运船员	刘大勇	中远海运船员管理有限公司大连分公司	全国五一劳动奖章	2017 年 2 月	中华全国总工会
21		蒋雨雷	中远海运船员管理有限公司	上海市五一劳动奖章	2017 年 4 月	上海市总工会
22	中远海运港口	宋　涛	连云港新东方国际货柜码头有限公司	江苏省交通技术能手	2017 年 12 月	江苏省交通运输厅、江苏省人力资源和社会保障厅、江苏省总工会、共青团江苏省委
23		陈　涛	连云港新东方国际货柜码头有限公司	江苏省交通技术能手	2017 年 12 月	江苏省交通运输厅、江苏省人力资源和社会保障厅、江苏省总工会、共青团江苏省委
24		刘　志	连云港新东方国际货柜码头有限公司	江苏省青年岗位能手	2017 年 12 月	江苏省交通运输厅、江苏省人力资源和社会保障厅、江苏省总工会、共青团江苏省委
25	中波公司	顾向军	中波轮船股份公司	全国五一劳动奖章	2017 年 2 月	中华全国总工会
26		张建华	中波轮船股份公司	上海市五一劳动奖章	2017 年 4 月	上海市总工会
27	大连中远海运 / 中远海运客运	樊志鑫	中远海运客运有限公司	2017 年春运“情满旅途”活动先进个人	2017 年 6 月	交通运输部 / 公安部 / 国家安全监管总局 / 中华全国总工会 / 共青团中央
28	中远海运物流	徐家骏	上海外轮代理浦东有限公司	上海市五一劳动奖章	2017 年 4 月	上海市总工会
29		叶　阳	上海中远海运物流有限公司	第十四届上海市杰出青年岗位能手	2017 年 4 月	共青团上海市委员会
30		周竹君	中远海运化工物流有限公司	上海市优秀共青团干部	2017 年 4 月	共青团上海市委员会

续上表

序号	直属单位名称	先进个人姓名	先进个人所在单位	所获荣誉称号	受表彰时间	表彰单位
31	上海中远海运	黄淑媚	中远海运（上海）有限公司	上海市优秀共青团干部	2017年4月	共青团上海市委员会
32	厦门中远海运	许丽华	中远海运（厦门）有限公司	企业文化建设先进工作者	2017年12月	中国企业文化研究会

2013—2016 年度交通运输行业优秀思想政治工作者名单

2013—2016 年度
交通运输行业优秀思想政治工作者名单

中国交通职工思想政治工作研究会印发《关于表彰 2013—2016 年度全国交通运输行业优秀思想政治工作者的决定》，集团 15 名同志被授予“全国交通运输行业优秀思想政治工作者”荣誉称号，名单如下：

陆俊山　中远海运能源运输股份有限公司党委书记、副总经理

赖奕光　中远（香港）航运有限公司 / 深圳远洋运输股份有限公司党委书记 / 副总经理

汪树青　中海国际船舶管理有限公司党委书记、副总经理

张凯艺　中海工业（江苏）有限公司党委书记、纪委书记、工会主席

吴秋平　上海远洋运输有限公司党委书记、副总经理

杨清华　威海中远造船科技有限公司党委书记、纪委书记、工会主席

徐兰福　上海中远物流有限公司党委书记、副总经理、工会主席

周兴峰　青岛远洋船院职业学院机电系团委书记

张群国　大连中远海运油品运输有限公司船舶政委

陈　健　上海中远海运油品运输有限公司党委书记兼副总经理

单　良　东方国际集装箱（广州）有限公司生产设备部副经理兼专职政治指导员

朱兆赫　中远海运客运有限公司船舶政委

田　波　中远航运股份有限公司船员管理部船舶政委

彭常青　南通中远川崎船舶工程有限公司党群工作部

张庆成　中远海运（广州）有限公司党委委员、纪委书记

2015—2016 年度“上海市优秀思想政治工作者”称号

2015—2016年度
“上海市优秀思想政治工作者”称号

中共上海市委宣传部、上海市思想政治工作研究会印发《关于表彰2015—2016年度上海市优秀思想政治工作者的决定》，集团朱雪峰同志被授予“上海市优秀思想政治工作者”荣誉称号。

2016年度党建思想政治工作优秀成果获奖课题论文名单

2016年度党建思想政治工作优秀成果获奖课题论文名单

集团政研会印发《关于表彰中国远洋海运集团2016年度党建思想政治工作优秀研究成果的决定》，表彰一等奖论文20篇、二等奖论文30篇、三等奖论文50篇。

一等奖：

（1）“党建+”提升国有企业党的建设价值创造力

作者：中远海运特运党委理论中心组

（2）“两学一做”也需供给侧结构性改革思维——新常态下基层党员教育新思路的探索与实践

作者：中远海运物流南京中远物流　方　圆

（3）做好船头上的瞭望者——新时期新闻宣传工作的探索和实践

作者：中远散运党委工作部/企业文化部

（4）打造4C模式　让“钻石”闪耀时代光芒

作者：中远海运散运党委工作部　杨　静

（5）浅析如何做好新形势下中国远洋海运集团上海地区信访稳定工作

作者：上海中远海运信访接待综治管理中心

（6）文化提升企业——中远海运能源企业文化体系建设构想

作者：中远海运能源党工部

（7）中国远洋海运集团培训体系建设研究

作者：中海党校课题组

（8）对国有企业党建品牌创建工作的思考

作者：中远海运集运青岛分部　宋其平

（9）弘扬伟大长征精神　做好国有企业重组改革与发展大文章

作者：中远海运物流北京中远物流　吴少波

（10）做合格的国有企业领导人员

作者：中远船务集团　马智宏

（11）服务青年成长应在“五个度”上下功夫

作者：中远海运散运团委　张　艳

（12）创新开展思想政治工作，在企业全面深化改革中发挥生命线作用

作者：中远海运特运　龚艳平

（13）关于开展船员中心党建工作“目标化管理、项目制推进”的探索与思考

作者：中远海运散运青岛远洋船员中心党委

（14）浅谈如何做好集团改革重组期职工队伍思想稳定工作

作者：中远海运重工中海工业（江苏）安全保卫部　蒋真伟

（15）基于全面风险管理理论下航运企业廉洁风险防控工作的探讨

作者：中远海运能源监督部

（16）切实提升党组织在陆上产业提质增效中的支撑保障作用

作者：中远海运集运陆上产业事业部党委

（17）深化中国船燃领导人员选任和管理制度的探讨

作者：中国船燃课题组

（18）学党章党规和系列讲话，认真落实“两个责任”

作者：厦门远洋党群部　许丽华

（19）探索船员思想政治工作的针对性和有效性

作者：中海国际广州船管部政委　董明水

（20）加强创新文化建设提升博鳌亚洲论坛年会服务的实践与思考

作者：中远海运博鳌党委中心组

二等奖、三等奖（名单略）

2016—2017 年度中国远洋海运集团先进基层党组织、优秀共产党员、优秀党务工作者部分名单

2016—2017 年度中国远洋海运集团先进基层党组织、优秀共产党员、优秀党务工作者部分名单

先进基层党组织（58 个）

1. 中远海运集装箱运输有限公司中远亚洲轮党支部

2. 中远海运集装箱运输有限公司中远荷兰轮党支部

3. 中远海运集装箱运输有限公司中远意大利轮党支部

4. 中远海运集装箱运输有限公司欧洲贸易区党支部

5. 中远海运集装箱运输有限公司计算机中心系统运维部党支部

6. 中远海运集装箱运输有限公司华南分部东莞分公司党支部

7. 中远海运集装箱运输有限公司上海分部太仓分公司党支部

8. 中远海运集装箱运输有限公司武汉分部鄂西经营片区党支部

9. 中远海运集装箱运输有限公司青岛分部箱管部党支部

10. 中远海运集装箱运输有限公司浦海航运仁川国际渡轮党支部

11. 中远海运散货运输有限公司战略与企业管理部党支部

12. 中远海运散货运输有限公司中远散运新发海轮党支部

13. 中远海运散货运输有限公司天津中散船舶管理有限公司党支部

14. 中远海运散货运输有限公司青岛远洋宇中海轮党支部

15. 中远海运散货运输有限公司青岛远洋物业管理有限公司党支部

16. 中远海运散货运输有限公司深圳远洋宏景轮党支部

17. 中远海运散货运输有限公司广州船管中心中海韶华轮党支部

18. 中远海运散货运输有限公司上海分部营销部党支部

19. 中远海运能源运输股份有限公司远洋运营部党支部

20. 中远海运能源运输股份有限公司大连中远海运油运供应分公司党委

21. 中远海运能源运输股份有限公司大连中远海运油运远荣湖轮党支部

22. 中远海运能源运输股份有限公司上海中远海运油运船管部党支部

23. 中远海运能源运输股份有限公司上海中远海运 LNG 商务党支部

24. 中远海运发展股份有限公司综合管理部党支部

25. 中远海运发展股份有限公司上海寰宇锦州箱厂党支部

26. 中远海运发展股份有限公司中海环球轮党支部

27. 中远海运物流有限公司青岛中远海运物流有限公司机关第二党支部

28. 中远海运物流有限公司中国江阴外轮代理有限公司党总支

29. 中远海运物流有限公司秦皇岛中远海运船务代理有限公司（筹）党支部

30. 中远海运物流有限公司昆明中远海运工程物流有限公司党委

31. 中远海运港口有限公司厦门远海集装箱码头有限公司党委

32. 中远海运特种运输股份有限公司祥瑞口轮党支部

33. 中远海运特种运输股份有限公司多用途及重吊船经营部党支部

34. 中远海运特种运输股份有限公司广州中远海运建设实业公司党委

35. 中远海运重工有限公司南通中远川崎工场部党支部

36. 中远海运重工有限公司大连中远船务工程有限公司电装工区党支部

37. 中远海运重工有限公司长兴船厂支持保障部党支部

38. 中远海运重工有限公司南通中远重工重机安监党支部

39. 厦门远洋运输公司客运部党支部

40. 中波轮船股份公司太阳轮党支部

41. 中海国际船舶管理有限公司上海分公司油运第 7 公休党支部

42. 中海国际船舶管理有限公司上海船管部银致轮党支部

43. 中海国际船舶管理有限公司广州船管部神华 806 轮党支部

44. 中海国际船舶管理有限公司大连船管部天龙星轮党支部

45. 上海船舶运输科学研究所运输系统事业部党支部

46. 中远海运（上海）公司上海中远海运仓储有限公司第二党支部

47. 中远海运（广州）有限公司广州中远海运旅业管理公司第一党支部

48. 中远海运（广州）有限公司广州海建工程咨询有限公司第三党支部

49. 中远海运客运有限公司葫芦岛轮党支部

50. 中国船舶燃料有限责任公司青岛有限公司黄岛油库党支部

51. 中国船舶燃料有限责任公司南通中燃船舶燃料有限公司党支部

52. 中石化中海船舶燃料供应有限公司企业发展部党支部

53. 中远海运集团财务有限责任公司（筹）中远财务有限责任公司第一党支部

54. 中远海运资产经营管理有限公司中海工业建设（上海浦东）有限公司党支部

55. 中国外轮理货总公司潍坊外轮理货有限公司党支部

56. 中远海运（博鳌）有限公司酒店运营管理中心党支部

57. 青岛远洋船员职业学院机关党总支第二党支部

58. 中国远洋海运集团有限公司在京共享中心财务服务中心党支部

优秀共产党员（72 名）

1. 张月明　中远海运控股股份有限公司证券事务部证券事务代表

2. 赵梦恬　中远海运集装箱运输有限公司拉美 / 非洲贸易区业务员

3. 陈俭荣　中远海运集装箱运输有限公司上远公司船舶大厨

4. 马　琳　中远海运集装箱运输有限公司中货公司拼箱事业部市场开发部经理

5. 丁文娟　中远海运集装箱运输有限公司全球信息单证中心订舱业务部业务员

6. 高　峰　中远海运集装箱运输有限公司宁波分部船代部总经理

7. 丰家洪　中远海运集装箱运输有限公司上海分部延伸业务部常务副总经理

8. 封步远　中远海运集装箱运输有限公司天津分部延伸业务部高级专员

9. 芦　峰　中远海运集装箱运输有限公司大连分部吉林区域公司总经理

10. 黄钊义　中远海运散货运输有限公司运营调度部总经理

11. 张子龙　中远海运散货运输有限公司中远散货运输有限公司船舶船长

12. 苑孟强　中远海运散货运输有限公司船管部大灵便型船队机务副经理

13. 梁　明　中远海运散货运输有限公司青岛远洋运输有限公司船舶政委

14. 杨贤军　中远海运散货运输有限公司青岛远洋船务工程有限公司党支部书记、副总经理

15. 肖克斌　中远海运散货运输有限公司广州船舶管理中心副总经理

16. 陶　健　中远海运散货运输有限公司北京分部总经理

17. 陈建荣　中远海运能源运输股份有限公司安监部总经理

18. 唐洪伟　中远海运能源运输股份有限公司大连中远海运油运船舶政委

19. 丛云邦　中远海运能源运输股份有限公司大连中远海运油运船舶船长

20. 郑慧扬　中远海运能源运输股份有限公司上海中远海运油运广州分公司总经理、党委书记

21. 倪　迪　中远海运能源运输股份有限公司上海中远海运油运新龙洋轮船长

22. 龚建瑾　中远海运发展股份有限公司战略发展部副处长

23. 张明明　中远海运金融控股有限公司财务部总经理

24. 林小慧　中远海运金融控股有限公司中远海运租赁法律事务部法务管理

25. 赵　军　中远海运发展股份有限公司新天津轮轮机长

26. 迟德辉　中远海运物流有限公司中海北方物流有限公司负责人

27. 李　江　中远海运物流有限公司中国远洋天津物流有限公司空客物流部经理

28. 陈　晨　中远海运物流有限公司中海集团物流湖北有限公司项目部项目物流策划专员

29. 林宗烈　中远海运物流有限公司厦门中远海运物流有限公司综合货运部运营员工

30. 赵　丹　中远海运物流有限公司中远海运仓储配送有限公司电商事业部／质押监管运营管理部总经理

31. 王连生　中远海运物流有限公司黄骅港中海船务代理有限公司总经理、党支部书记

32. 张俊生　中远海运港口有限公司泉州太平洋集装箱码头有限公司／晋江太平洋港口发展有限公司董事总经理

33. 文　心　中远海运特种运输股份有限公司大虹霞轮船长

34. 邹坤伦　中远海运特种运输股份有限公司福宁湾轮轮机长

35. 王　扬　中远海运特种运输股份有限公司法律商务部综合法律主管

36. 吴海铭　中远海运特种运输股份有限公司广州中远海运船舶技术工程有限公司船舶监造部经理

37. 陈晓亮　中远海运重工有限公司南通中远川崎建造部部长助理

38. 刘俊涛　中远海运重工有限公司大连中远川崎船舶工程有限公司设计部主事

39. 卞宏建　中远海运重工有限公司南通中远船务／启东中远海工海工项目管理部建造经理

40. 钱志祥　中远海运重工有限公司舟山中远船务船体工区调度员

41. 阚永赞　中远海运重工有限公司中海工业（江苏）有限公司质量检验部经理助理

42. 易正军　中远海运重工有限公司分承包方广州海明船舶维修服务有限公司生产部副经理

43. 黄小辉　中远海运重工有限公司菠萝庙船厂经营部经理

44. 张德刚　厦门远洋运输公司远洋船舶大管轮

45. 林国旋　中海国际船舶管理有限公司总经理助理兼广州分公司总经理

46. 王小强　中海国际船舶管理有限公司上海分公司集运船员库大副

47. 李二权　中海国际船舶管理有限公司广州船管部时代 8 轮船长

48. 潘敏荣　中海国际船舶管理有限公司广州船管部海技中心引航船长

49. 黄瑞正　中海国际船舶管理有限公司总经办总经理助理

50. 郝建明　上海船舶运输科学研究所中远海运科技股份有限公司交通信息化事业部副总经理

51. 张欢仁　上海船舶运输科学研究所舰船

自动化分所研发部主任

52. 封旭辉　中远海运（上海）公司上海海运物业管理有限公司物业管理部副经理

53. 姚　亮　中远海运（上海）公司福州江阴建滔化工码头有限公司副总经理

54. 谭朝友　中远海运（广州）有限公司广州海宁海务技术咨询有限公司船舶清舱主管

55. 张惠琴　中远海运（广州）有限公司社会保障服务中心退管科科长

56. 王　迎　中远海运客运有限公司运营管理中心副总经理

57. 韩　锋　中远海运客运有限公司长山岛轮船长

58. 何　斌　中国船舶燃料有限责任公司唐山曹妃甸中燃船舶燃料有限公司总经理

59. 王　莹　中国船舶燃料有限责任公司上海中船燃石油有限公司营销部经理

60. 王忠杰　中石化中海船舶燃料供应有限公司上海中燃船舶燃料有限公司营销部经理

61. 李　智　中远海运集团财务有限责任公司（筹）中远财务有限责任公司投资交易部总经理

62. 郑　伟　中远海运集团财务有限责任公司（筹）中海集团财务有限责任公司主管

63. 葛钰麟　中远海运资产经营管理有限公司总经办／董事办／党群部总经理

64. 张英毅　中远对外劳务合作公司海事证书部经理

65. 李　雯　中国外轮理货总公司扬州中理国际理货有限责任公司总经理助理兼办公室主任

66. 卫桂荣　青岛远洋船员职业学院培训中心主任

67. 李先强　青岛远洋船员职业学院航海系主任

68. 赵玉良　中共中国海运（集团）总公司党校教务部教务员

69. 白培军　中国远洋海运集团有限公司研究咨询中心／技术中心主任

70. 刘一凡　中国远洋海运集团有限公司科技与信息化管理本部总经理

71. 张震宇　中国远洋海运集团有限公司安全监督本部综合室高级经理

72. 杨智祥　中国远洋海运集团有限公司法务与风险管理本部法务管理室经理

优秀党务工作者（62 名）

1. 刘清卿　中远海运控股股份有限公司党工部综合室主任

2. 陆祖明　中远海运集装箱运输有限公司全球海运操作中心党总支书记、常务副总经理

3. 季俭峰　中远海运集装箱运输有限公司泛亚公司党群工作部／纪检监察室部长

4. 龙云翔　中远海运集装箱运输有限公司上远公司船舶政委

5. 徐伟良　中远海运集装箱运输有限公司陆上产业事业部所属中远物资公司总经理、党委书记

6. 王贵杰　中远海运集装箱运输有限公司海南分部党委书记、副总经理、纪委书记

7. 林　静　中远海运集装箱运输有限公司厦门分部福州分公司党支部书记、副总经理

8. 王志良　中远海运集装箱运输有限公司武汉分部党委书记、副总经理

9. 张　艳　中远海运散货运输有限公司团委书记

10. 张　磊　中远海运散货运输有限公司中远散货运输有限公司党委工作部／企业文化部新闻业务经理

11. 李春喜　中远海运散货运输有限公司天津远洋大厦有限公司党委书记兼副总经理

12. 孟庆涛　中远海运散货运输有限公司青岛远洋运输有限公司党委工作部综治办／信访办主任

13. 余金贤　中远海运散货运输有限公司广州船舶管理中心船舶政委

14. 赵　盟　中远海运散货运输有限公司海南分部党委副书记（主持工作）、纪委书记

15. 贾　军　中远海运能源人力资源部／组织部总经理、部长

16. 刘晓航　中远海运能源运输股份有限公司大连中远海运油运监审部审计室主任

17. 徐志刚　中远海运能源运输股份有限公司上海中远海运油运党委工作部党建科副科长

18. 任德福　中远海运能源运输股份有限公司上海中远海运油运新金洋轮船舶政委

19. 孙　涵　中远海运发展股份有限公司党工部 / 组织部副处长、党委秘书、团委书记

20. 付振东　中远海运发展股份有限公司新重庆轮船舶政委

21. 杨真强　中远海运发展股份有限公司中海南海轮船舶政委

22. 沈　卓　中远海运物流有限公司宁波中远海运物流有限公司党群工作部主任

23. 陈红霞　中远海运物流有限公司中远海运航空货运有限公司人力资源部 / 组织部总经理

24. 周竹君　中远海运物流有限公司中远海运化工物流有限公司党群部业务副经理

25. 翁玟如　中远海运物流有限公司上海中远海运物流供应链管理有限公司综合管理部（党办）科员

26. 孟　昕　中远海运物流有限公司财务管理部总经理 / 直属机关第十党支部书记

27. 夏　艳　中远海运港口有限公司企业文化部副经理

28. 黄海明　中远海运特种运输股份有限公司船员管理部船舶政委

29. 黎光葵　中远海运特种运输股份有限公司纪检工作部 / 监督部总经理、党支部书记

30. 周益桥　中远海运特种运输股份有限公司广州远洋宾馆有限公司党办主任

31. 顾晓燕　中远海运重工有限公司南通中远船务 / 启东中远海工党委工作部党建宣传文化主管

32. 钱天龙　中远海运重工有限公司中海工业（江苏）有限公司生产运营部副经理、生产运营部党支部书记

33. 沈松平　中远海运重工有限公司上海中远船务工程有限公司机电车间主任、党支部书记

34. 郁　瑜　中远海运重工有限公司上海中远川崎重工钢结构有限公司党群部科长

35. 孙丽芳　中远海运重工有限公司南京国际船舶设备配件有限公司党群部兼事务部部长

36. 姚兆羽　厦门远洋运输公司监督部纪检监察员

37. 徐　明　中波轮船股份公司上海中波国际船管公司总经理、党支部书记

38. 郭建梁　中海国际船舶管理有限公司上海分公司党委书记、副总经理

39. 林加付　中海国际船舶管理有限公司上海分公司集运船员库船舶政委

40. 周才红　中海国际船舶管理有限公司广州分公司三鼎长春轮船舶政委

41. 陈世材　中海国际船舶管理有限公司广州船管部神华 811 轮党支部书记

42. 程　丽　上海船舶运输科学研究所中远海运科技股份有限公司党委办公室主任、内审部主任、工会副主席

43. 石　蕾　中远海运（上海）公司上海海运服务有限公司综合办公室副主任（主持工作）、专职纪检员、机关党支部委员

44. 李相涛　中远海运（上海）公司中海化工运输有限公司 / 上海海运海事技术有限公司综合事务部副经理、党务干事、专职纪检员、第一党支部支部委员

45. 李文娜　中远海运（广州）有限公司党委工作部副部长、公司团委书记

46. 邵　昆　中远海运（广州）有限公司广州新海医院党群工作部主任兼纪委副书记、武装部部长

47. 马传华　中远海运客运有限公司龙兴岛轮船舶政委

48. 高　尚　中国船舶燃料有限责任公司大连有限公司纪委书记兼工会主席

49. 高易蓉　中国船舶燃料有限责任公司湛江有限公司党工监审部主任

50. 汪迪云　中石化中海船舶燃料供应有限公司上海物资分公司党委书记、副总经理

51. 赵燕青　中远海运集团财务有限责任公司（筹）中海集团财务有限责任公司综合管理部

党务秘书

52. 廖　冰　中远海运资产经营管理有限公司广州中远海运资产经营管理有限公司党支部书记、副总经理

53. 王亮亮　中远对外劳务合作公司党群工作部主管

54. 邱双庆　中国外轮理货总公司泉州外轮理货有限公司党支部组织委员、综合部经理

55. 郝凤仁　中远海运（博鳌）有限公司酒店运营中心总经理助理、党支部书记

56. 刘晓波　青岛远洋船员职业学院监督部副部长（主持工作）

57. 陈　媛　中共中国海运（集团）总公司党校 / 综合管理部主任科员、组织管理员

58. 周维民　中远海运（香港）有限公司总裁办副总经理（党务）

59. 关育德　中国远洋海运集团有限公司人力资源中心主任、党总支书记

60. 徐维锋　中国远洋海运集团有限公司党组纪检组工作部 / 监察审计本部信访案件室主任

61. 唐继云　中国远洋海运集团有限公司人力资源本部 / 组织部人才发展室

62. 王　蓓　中国远洋海运集团有限公司党组工作部党支部

2018

CHINA COSCO SHIPPING CORPORATION LIMITED YEARBOOK

中国远洋海运集团有限公司

年鉴

第十七篇

统计资料

船队统计

船 队 统 计

2017 年中国远洋海运集团有限公司集装箱船队自有船舶统计表

表 17-1

序号	集装箱船队（经营）	中文船名	资产性质	船舶性质	建造时间	建造国家或地区	船旗	总载重量（吨）	载箱量 (TEU)
1	中远海运集运	中远菊花	全资	自有	2002–01–31	日本	巴拿马	9294	542
2	中远海运集运	奇云河	全资	自有	2000–10–18	日本	巴拿马	24 261	1432
3	中远海运集运	松云河	全资	自有	1998–08–08	日本	巴拿马	24 237	1432
4	中远海运集运	彩云河	全资	自有	2000–06–02	日本	巴拿马	24 259	1432
5	中远海运集运	峰云河	全资	自有	1998–09–24	日本	巴拿马	24 251	1432
6	中远海运集运	锦云河	全资	自有	2000–04–03	日本	巴拿马	24 244	1432
7	中远海运集运	密云河	全资	自有	2000–12–11	日本	巴拿马	24 259	1432
8	中远海运集运	青云河	全资	自有	2000–05–29	中国	中国	25 679	1702
9	中远海运集运	飞云河	全资	自有	2000–07–12	中国	中国	25 723	1702
10	中远海运集运	腾云河	全资	自有	1999–12–25	中国	中国	25 723	1702
11	中远海运集运	凌云河	全资	自有	2000–09–02	中国	中国	25 723	1702
12	中远海运集运	中远亚丁	全资	自有	2011–12–22	中国	中国香港	49 892	4253
13	中远海运集运	中远亚喀巴	全资	自有	2013–07–03	中国	中国香港	49 963	4253
14	中远海运集运	中远阿什杜德	全资	自有	2013–03–11	中国	中国香港	49 963	4253
15	中远海运集运	中远奥克兰	全资	自有	2011–12–12	中国	中国香港	49 955	4253
16	中远海运集运	中远科伦坡	全资	自有	2012–02–14	中国	中国香港	49 963	4253
17	中远海运集运	中远德班	全资	自有	2012–03–29	中国	中国香港	50 006	4253
18	中远海运集运	中远福斯	全资	自有	2012–06–27	中国	中国香港	49 963	4253
19	中远海运集运	中远热那亚	全资	自有	2012–05–14	中国	中国香港	49 955	4253
20	中远海运集运	中远海法	全资	自有	2012–05–14	中国	中国香港	49 949	4253

续上表

序号	集装箱船队（经营）	中文船名	资产性质	船舶性质	建造时间	建造国家或地区	船旗	总载重量（吨）	载箱量(TEU)
21	中远海运集运	中远休斯敦	全资	自有	2012-02-12	中国	中国香港	49 955	4253
22	中远海运集运	中远伊斯坦布尔	全资	自有	2012-07-09	中国	中国香港	49 963	4253
23	中远海运集运	中远伊兹密尔	全资	自有	2013-03-11	中国	中国香港	49 952	4253
24	中远海运集运	中远吉达	全资	自有	2012-07-09	中国	中国香港	49 963	4253
25	中远海运集运	中远比雷埃夫斯	全资	自有	2012-07-06	中国	中国香港	49 997	4253
26	中远海运集运	中远圣保罗	全资	自有	2012-09-25	中国	中国香港	49 963	4253
27	中远海运集运	中远泗水	全资	自有	2013-06-01	中国	中国香港	49 963	4253
28	中远海运集运	中远瓦伦西亚	全资	自有	2012-11-08	中国	中国香港	49 963	4253
29	中远海运集运	中远惠灵顿	全资	自有	2012-12-26	中国	中国香港	49 959	4253
30	中远海运集运	中远桑托斯	全资	自有	2013-03-28	中国	中国香港	49 959	4253
31	中远海运集运	中远威尼斯	全资	自有	2013-06-04	中国	中国香港	49 959	4253
32	中远海运发展	天安河	全资	自有	2010-06-21	中国	中国	63 165	5089
33	中远海运发展	天宝河	全资	自有	2009-10-31	中国	中国	62 997	5089
34	中远海运集运	天福河	全资	自有	2010-07-26	中国	中国	63 143	5089
35	中远海运集运	天锦河	全资	自有	2010-05-28	中国	中国	63 187	5089
36	中远海运集运	天康河	全资	自有	2010-06-30	中国	中国	63 296	5089
37	中远海运集运	天丽河	全资	自有	2010-04-28	中国	中国	63 253	5089
38	中远海运集运	天隆河	全资	自有	2010-01-28	中国	中国	62 997	5089
39	中远海运集运	天庆河	全资	自有	2010-07-20	中国	中国	62 997	5089
40	中远海运集运	天盛河	全资	自有	2010-05-20	中国	中国	62 997	5089
41	中远海运集运	天兴河	全资	自有	2009-12-08	中国	中国	63 001	5089
42	中远海运集运	天秀河	全资	自有	2010-04-15	中国	中国	63 188	5089
43	中远海运发展	天运河	全资	自有	2009-11-18	中国	中国	62 997	5089
44	中远海运集运	中远波士顿	全资	自有	2007-06-04	韩国	巴拿马	68 241	5089
45	中远海运集运	中远纽约	全资	自有	2007-07-28	韩国	巴拿马	68 235	5089

续上表

序号	集装箱船队（经营）	中文船名	资产性质	船舶性质	建造时间	建造国家或地区	船旗	总载重量（吨）	载箱量(TEU)
46	中远海运集运	泛亚宁德	全资	自有	2006-04-10	中国	中国	68 079.9	5060
47	中远海运集运	泛亚广州	全资	自有	2006-09-04	中国	中国	68 134.7	5060
48	中远海运集运	泛亚天津	全资	自有	2005-03-14	中国	中国	67 025	5029
49	中远海运集运	泛亚上海	全资	自有	2004-11-03	中国	中国	67 025	5029
50	中远海运集运	天祥河	全资	自有	2004-12-25	日本	巴拿马	67 209	5816
51	中远海运集运	天顺河	全资	自有	2005-02-22	日本	巴拿马	67 209	5816
52	中远海运集运	天畅河	全资	自有	2004-11-10	日本	巴拿马	67 209	5816
53	中远海运集运	中远海运多瑙河	全资	自有	2016-11-28	中国	中国香港	111 290	9092
54	中远海运集运	中远海运伏尔加河	全资	自有	2017-01-18	中国	中国香港	111 290	9092
55	中远海运集运	中远海运泰晤士河	全资	自有	2017-04-11	中国	中国香港	111 203	9092
56	中远海运集运	中远海运塞纳河	全资	自有	2017-06-13	中国	中国香港	111 401	9092
57	中远海运集运	中远海运莱茵河	全资	自有	2017-09-04	中国	中国香港	111 189	9092
58	中远海运集运	中远高雄	全资	自有	2008-07-16	中国	中国	111 414	10 020
59	中远海运集运	中远大洋洲	全资	自有	2007-12-24	中国	中国香港	111 385	10 020
60	中远海运集运	中远太平洋	全资	自有	2008-04-03	中国	中国香港	111 315	10 020
61	中远海运集运	中远太仓	全资	自有	2008-11-03	中国	中国香港	111 499	10 020
62	中远海运集运	中远非洲	全资	自有	2008-05-23	韩国	巴拿马	109 968	10 062
63	中远海运集运	中远美洲	全资	自有	2008-01-12	韩国	巴拿马	109 968	10 062
64	中远海运集运	中远亚洲	全资	自有	2007-06-08	韩国	巴拿马	109 968	10 062
65	中远海运集运	中远欧洲	全资	自有	2008-01-01	韩国	巴拿马	109 968	10 062
66	中远海运集运	中远比利时	全资	自有	2012-12-10	中国	中国香港	152 918	13 386
67	中远海运集运	中远丹麦	全资	自有	2014-07-09	中国	中国香港	156 694	13 386
68	中远海运集运	中远英格兰	全资	自有	2013-05-25	中国	中国香港	156 618	13 386
69	中远海运集运	中远法国	全资	自有	2013-03-08	中国	中国香港	156 596	13 386
70	中远海运集运	中远意大利	全资	自有	2014-02-09	中国	中国香港	156 610	13 386

续上表

序号	集装箱船队（经营）	中文船名	资产性质	船舶性质	建造时间	建造国家或地区	船旗	总载重量（吨）	载箱量(TEU)
71	中远海运集运	中远荷兰	全资	自有	2013-08-21	中国	中国香港	156 549	13 386
72	中远海运集运	中远葡萄牙	全资	自有	2014-04-24	中国	中国香港	156 610	13 386
73	中远海运集运	中远西班牙	全资	自有	2013-11-12	中国	中国香港	156 549	13 386
74	中远海运集运	中远海运喜马拉雅	全资	自有	2017-07-25	中国	中国香港	159 074	14 566
75	中远海运集运	中远海运乞力马扎罗	全资	自有	2017-12-22	中国	中国香港	153 745	14 566
76	中远海运集运	新重庆	全资	海发自有	2003-07-10	中国	中国	50 188	4051
77	中远海运集运	新南通	全资	海发自有	2003-11-24	中国	中国	50 151	4051
78	中远海运集运	新苏州	全资	海发自有	2004-02-15	中国	中国	50 137	4051
79	中远海运集运	新扬州	全资	海发自有	2004-03-29	中国	中国	50 137	4051
80	中远海运集运	新北仑	全资	海发自有	2005-09-23	中国	中国	52 223	4250
81	中远海运集运	新长沙	全资	海发自有	2005-11-06	中国	中国	52 214	4250
82	中远海运集运	新丹东	全资	海发自有	2006-04-16	中国	中国	52 210	4250
83	中远海运集运	新防城	全资	海发自有	2005-07-12	中国	中国	52 160	4250
84	中远海运集运	新海口	全资	海发自有	2005-09-03	中国	中国	52 212	4250
85	中远海运集运	新黄埔	全资	海发自有	2005-08-09	中国	中国	52 247	4250
86	中远海运集运	新南沙	全资	海发自有	2005-10-16	中国	中国	52 191	4250
87	中远海运集运	新泉州	全资	海发自有	2005-05-12	中国	中国	52 216	4250
88	中远海运集运	新日照	全资	海发自有	2005-11-22	中国	中国	52 192	4250
89	中远海运集运	新汕头	全资	海发自有	2005-11-05	中国	中国	52 157	4250
90	中远海运集运	新太仓	全资	海发自有	2008-07-07	中国	中国	52 245	4250
91	中远海运集运	新威海	全资	海发自有	2006-01-03	中国	中国	52 219	4250
92	中远海运集运	新武汉	全资	海发自有	2008-10-20	中国	中国	52 233	4250
93	中远海运集运	新洋浦	全资	海发自有	2008-07-22	中国	中国	52 200	4250
94	中远海运集运	新洋山	全资	海发自有	2005-04-01	中国	中国	52 242	4250
95	中远海运集运	新营口	全资	海发自有	2006-03-12	中国	中国	52 186	4250

续上表

序号	集装箱船队（经营）	中文船名	资产性质	船舶性质	建造时间	建造国家或地区	船旗	总载重量（吨）	载箱量(TEU)
96	中远海运集运	新湛江	全资	海发自有	2006–02–18	中国	中国	52 279	4250
97	中远海运集运	新漳州	全资	海发自有	2008–11–01	中国	中国	52 216	4250
98	中远海运集运	新沧州	全资	海发自有	2013–05–01	中国	中国	67 040	4738
99	中远海运集运	新杭州	全资	海发自有	2012–05–19	中国	中国	67 040	4738
100	中远海运集运	新惠州	全资	海发自有	2013–07–23	中国	中国	67 040	4738
101	中远海运集运	新兰州	全资	海发自有	2012–08–10	中国	中国	67 061	4738
102	中远海运集运	新钦州	全资	海发自有	2012–03–01	中国	中国	66 904	4738
103	中远海运集运	新温州	全资	海发自有	2013–03–01	中国	中国	67 040	4738
104	中远海运集运	新徐州	全资	海发自有	2013–03–01	中国	中国	67 040	4738
105	中远海运集运	新郑州	全资	海发自有	2012–07–10	中国	中国	67 041	4738
106	中远海运集运	新常熟	全资	海发自有	2005–06–29	中国	中国	69 229	5688
107	中远海运集运	新赤湾	全资	海发自有	2004–06–01	中国	中国	69 271	5688
108	中远海运集运	新大连	全资	海发自有	2003–02–23	中国	中国	69 023	5668
109	中远海运集运	新福州	全资	海发自有	2004–09–10	中国	中国	69 235	5688
110	中远海运集运	新连云港	全资	海发自有	2003–09–05	中国	中国	68 944	5668
111	中远海运集运	新宁波	全资	海发自有	2003–08–25	中国	中国	69 323	5668
112	中远海运集运	新浦东	全资	海发自有	2003–02–15	中国	中国	69 303	5668
113	中远海运集运	新秦皇岛	全资	海发自有	2004–07–08	中国	中国	69 308	5688
114	中远海运集运	新青岛	全资	海发自有	2003–05–09	中国	中国	69 423	5668
115	中远海运集运	新天津	全资	海发自有	2003–05–25	中国	中国	68 921	5668
116	中远海运集运	新厦门	全资	海发自有	2004–03–03	中国	中国	69 259	5668
117	中远海运集运	新烟台	全资	海发自有	2005–01–01	中国	中国	69 225	5688
118	中远海运集运	新盐田	全资	海发自有	2004–01–02	中国	中国	68 961	5668
119	中远海运集运	新大洋洲	全资	海发自有	2009–04–01	中国	中国	102 418	8533
120	中远海运集运	新非洲	全资	海发自有	2008–12–03	中国	中国	102 379	8533

续上表

序号	集装箱船队（经营）	中文船名	资产性质	船舶性质	建造时间	建造国家或地区	船旗	总载重量（吨）	载箱量(TEU)
121	中远海运集运	新美洲	全资	海发自有	2008–04–10	中国	中国	102 453	8533
122	中远海运集运	新欧洲	全资	海发自有	2007–11–11	中国	中国	102 461	8533
123	中远海运集运	新亚洲	全资	海发自有	2007–08–24	中国	中国	102 396	8533
124	中远海运集运	中海亚洲	全资	海发自有	2004–07–07	韩国	中国香港	101 612	8468
125	中远海运集运	新北京	全资	海发自有	2007–04–19	韩国	中国香港	111 572	9572
126	中远海运集运	新香港	全资	海发自有	2007–02–06	韩国	中国香港	111 747	9572
127	中远海运集运	新洛杉矶	全资	海发自有	2006–06–20	韩国	中国香港	111 889	9572
128	中远海运集运	新上海	全资	海发自有	2006–10–09	韩国	中国香港	111 737	9572
129	中远海运集运	中海东海	全资	海发自有	2014–08–01	中国	中国香港	121 186	10 036
130	中远海运集运	中海南海	全资	海发自有	2014–11–01	中国	中国香港	121 147	10 036
131	中远海运集运	中海之秋	全资	海发自有	2014–05–09	中国	中国香港	121 270	10 036
132	中远海运集运	中海渤海	全资	海发自有	2014–06–09	中国	中国香港	121 824	10 036
133	中远海运集运	中海之春	全资	海发自有	2014–01–08	中国	中国香港	121 849	10 036
134	中远海运集运	中海之夏	全资	海发自有	2014–03–07	中国	中国香港	121 805	10 036
135	中远海运集运	中海之冬	全资	海发自有	2014–04–18	中国	中国香港	121 805	10 036
136	中远海运集运	中海黄海	全资	海发自有	2014–06–27	中国	中国香港	121 193	10 036
137	中远海运集运	中海木星	全资	海发自有	2011–05–20	韩国	中国香港	155 480	14 074
138	中远海运集运	中海火星	全资	海发自有	2011–10–28	韩国	中国香港	155 467	14 074
139	中远海运集运	中海水星	全资	海发自有	2011–07–15	韩国	中国香港	155 374	14 074
140	中远海运集运	中海海王星	全资	海发自有	2012–05–22	韩国	中国香港	155 264	14 074
141	中远海运集运	中海土星	全资	海发自有	2011–12–21	韩国	中国香港	155 467	14 074
142	中远海运集运	中海之星	全资	海发自有	2011–01–15	韩国	中国香港	155 470	14 074
143	中远海运集运	中海天王星	全资	海发自有	2012–03–09	韩国	中国香港	155 628	14 074
144	中远海运集运	中海金星	全资	海发自有	2011–04–29	韩国	中国香港	155 305	14 074
145	中远海运集运	中海北冰洋	全资	海发自有	2015–03–20	韩国	中国香港	184 320	18 982

续上表

序号	集装箱船队（经营）	中文船名	资产性质	船舶性质	建造时间	建造国家或地区	船旗	总载重量（吨）	载箱量(TEU)
146	中远海运集运	中海大西洋	全资	海发自有	2015-04-29	韩国	中国香港	184 320	18 982
147	中远海运集运	中海环球	全资	海发自有	2014-11-21	韩国	中国香港	184 320	18 982
148	中远海运集运	中海印度洋	全资	海发自有	2015-01-23	韩国	中国香港	184 320	18 982
149	中远海运集运	中海太平洋	全资	海发自有	2014-12-19	韩国	中国香港	184 320	18 982
150	中远海运集运	中远上海	全资	UK 自有	2001-07-25	日本	英国	69 098	5446
151	中远海运集运	中远新加坡	全资	UK 自有	2001-12-12	日本	英国	69 098	5446
152	中远海运集运	中远香港	全资	UK 自有	2002-04-17	日本	英国	69 098	5446
153	中远海运集运	中远鹿特丹	全资	UK 自有	2002-02-13	日本	英国	69 098	5446
154	中远海运集运	中远安特卫普	全资	UK 自有	2001-09-27	中国	英国	68 910	5446
155	中远海运集运	中远汉堡	全资	UK 自有	2001-10-10	日本	英国	69 098	5446
156	中远海运集运	中远费利克斯托	全资	UK 自有	2002-04-24	中国	英国	69 017	5446
合计								12 883 566	1 091 607

2017年中国远洋海运集团有限公司干散货船队自有船舶统计表

表17-2

序号	所属公司	船　名	接船时间	建造国家或地区	船旗	总载重量（吨）
1	中远海运散运	鹏龙	2012-11-02	中国	五星旗	49 970
2	中远海运散运	兰花海	2013-12-12	中国	五星旗	115 118
3	中远海运散运	新旺海	2003-10-28	中国	五星旗	174 733
4	中远海运散运	新发海	2004-02-25	中国	五星旗	174 611
5	中远海运散运	远智海	2005-09-23	中国	五星旗	74 272
6	中远海运散运	远慧海	2006-04-20	中国	五星旗	74 272
7	中远海运散运	普陀海	2007-11-28	中国	五星旗	53 371
8	中远海运散运	九华海	2008-01-03	中国	五星旗	53 371
9	中远海运散运	武夷海	2008-06-05	中国	五星旗	53 444
10	中远海运散运	百安海	2008-09-19	中国	五星旗	178 022
11	中远海运散运	文竹海	2008-09-18	中国	五星旗	76 381
12	中远海运散运	雁荡海	2008-11-28	中国	五星旗	53 371
13	中远海运散运	武竹海	2008-12-09	中国	五星旗	76 381
14	中远海运散运	年丰海	2008-12-10	中国	五星旗	177 878
15	中远海运散运	金竹海	2009-05-27	中国	五星旗	76 450
16	中远海运散运	银竹海	2009-06-26	中国	五星旗	76 463
17	中远海运散运	中腾海	2009-07-17	中国	五星旗	178 242
18	中远海运散运	远信海	2009-09-02	中国	五星旗	178 076
19	中远海运散运	舟山海	2009-10-31	中国	方便旗	56 988
20	中远海运散运	金州海	2009-11-30	中国	方便旗	56 976
21	中远海运散运	普兰海	2010-03-13	中国	方便旗	56 966
22	中远海运散运	岱山海	2010-01-05	中国	方便旗	56 945
23	中远海运散运	衢山海	2010-05-07	中国	方便旗	56 965

续上表

序号	所属公司	船　　名	接船时间	建造国家或地区	船旗	总载重量（吨）
24	中远海运散运	长山海	2010-06-29	中国	方便旗	56 907
25	中远海运散运	中兴海	2011-05-06	中国	方便旗	207 978
26	中远海运散运	远旺海	2011-06-16	中国	方便旗	207 906
27	中远海运散运	桃花海	2012-05-25	中国	五星旗	115 184
28	中远海运散运	荷花海	2012-06-21	中国	五星旗	115 079
29	中远海运散运	菊花海	2012-07-18	中国	五星旗	115 075
30	中远海运散运	新柳林海	2004-06-12	中国	方便旗	55 676
31	中远海运散运	远安海	2004-07-19	中国	方便旗	55 604
32	中远海运散运	梅花海	2013-11-21	中国	五星旗	115 198
33	中远海运散运	天发海	2014-02-18	中国	方便旗	207 978
34	中远海运散运	郁香海	2014-03-20	中国	方便旗	115 088
35	中远海运散运	津达海	2014-04-23	中国	方便旗	207 811
36	中远海运散运	马莲海	2014-05-15	中国	方便旗	115 297
37	中远海运散运	康馨海	2014-06-19	中国	方便旗	115 339
38	中远海运散运	远平海	2004-04-01	中国	方便旗	55 646
39	中远海运散运	远宁海	2004-03-01	中国	方便旗	55 580
40	中远海运散运	天宝海	2004-12-01	中国	五星旗	174 505
41	中远海运散运	天禄海	2005-03-01	中国	五星旗	174 398
42	中远海运散运	德明海	2008-06-23	中国	五星旗	76 432
43	中远海运散运	德新海	2008-09-27	中国	五星旗	76 528
44	中远海运散运	宇华海	2010-04-11	中国	方便旗	297 846
45	中远海运散运	宇中海	2010-02-12	中国	方便旗	297 959
46	中远海运散运	远安海	2009-12-23	中国	方便旗	56 957
47	中远海运散运	远顺海	2009-09-08	中国	方便旗	56 958
48	中远海运散运	安昌	2009-04-30	中国	方便旗	55 217

续上表

序号	所属公司	船名	接船时间	建造国家或地区	船旗	总载重量（吨）
49	中远海运散运	安宁	2009-02-16	中国	方便旗	55 256
50	中远海运散运	安平	2009-02-16	中国	方便旗	55 259
51	中远海运散运	安远	2009-04-30	中国	方便旗	55 277
52	中远海运散运	中远鞍钢	2009-10-14	日本	方便旗	297 719
53	中远海运散运	港宇	2006-03-02	中国	方便旗	174 091
54	中远海运散运	港生	2006-09-28	中国	方便旗	174 110
55	中远海运散运	恒顺	2011-09-25	中国	方便旗	207 941
56	中远海运散运	恒隆	2011-11-18	中国	方便旗	207 900
57	中远海运散运	恒茂	2011-03-09	中国	方便旗	207 980
58	中远海运散运	恒盛	2011-01-18	中国	方便旗	208 001
59	中远海运散运	港丰	2006-04-19	中国	方便旗	173 624
60	中远海运散运	合恒	2008-12-16	中国	方便旗	297 592
61	中远海运散运	宏兴	2010-07-26	中国	方便旗	76 549
62	中远海运散运	合利	2010-12-22	日本	方便旗	297 381
63	中远海运散运	港华	2006-09-19	中国	方便旗	173 624
64	中远海运散运	宏泰	2010-04-30	中国	方便旗	76 557
65	中远海运散运	宏富	2009-11-20	中国	方便旗	76 402
66	中远海运散运	宏景	2008-08-21	日本	方便旗	82 354
67	中远海运散运	宏宇	2009-09-15	中国	方便旗	76 364
68	中远海运散运	合平	2009-12-08	中国	方便旗	297 759
69	中远海运散运	宏盛	2010-07-30	中国	方便旗	76 546
70	中远海运散运	港辉	2006-07-12	中国	方便旗	170 000
71	中远海运散运	合通	2009-07-01	中国	方便旗	297 633
72	中远海运散运	港寰	2006-01-02	中国	方便旗	174 232
73	中远海运散运	合瀛	2010-07-30	日本	方便旗	297 679

续上表

序号	所属公司	船　　名	接船时间	建造国家或地区	船旗	总载重量（吨）
74	中远海运散运	合永	2009-10-02	中国	方便旗	297 738
75	中远海运散运	宏元	2009-12-03	中国	方便旗	76 574
76	中远海运散运	康誉	2004-09-22	日本	方便旗	52 988
77	中远海运散运	康诚	2004-04-30	中国	方便旗	55 541
78	中远海运散运	康寶	2004-07-30	日本	方便旗	52 810
79	中远海运散运	康弘	2005-05-31	中国	方便旗	55 589
80	中远海运散运	康满	2004-07-02	日本	方便旗	52 818
81	中远海运散运	康信	2004-05-26	中国	方便旗	55 566
82	中远海运散运	新鞍钢	2009-02-13	中国香港	方便旗	297 488
83	中远海运散运	顺欣	2010-02-26	中国	方便旗	56 933
84	中远海运散运	鹏宇	2013-12-16	中国	五星旗	49 998
85	中远海运散运	鹏泰	2013-12-10	中国	五星旗	49 837
86	中远海运散运	鹏利	2013-12-30	中国	五星旗	64 509
87	中远海运散运	鹏锦	2013-01-18	中国	五星旗	64 542
88	中远海运散运	鹏福	2013-12-05	中国	五星旗	49 926
89	中远海运散运	鹏德	2014-01-20	中国	五星旗	64 486
90	中远海运散运	鹏安	2013-12-23	中国	五星旗	64 493
91	中远海运散运	珍珠海	2015-09-02	中国	方便旗	39 746
92	中远海运散运	琥珀海	2015-11-06	中国	方便旗	39 781
93	中远海运散运	丰德海	2015-11-30	中国	方便旗	63 797
94	中远海运散运	京津海	2015-09-21	中国	方便旗	77 871
95	中远海运散运	京鲁海	2015-11-03	中国	方便旗	77 927
96	中远海运散运	蓝宝海	2015-12-29	中国	方便旗	39 780
97	中远海运散运	巨大	2005-05-16	中国	五星旗	73 603
98	中远海运散运	海皇星	2005-06-23	中国	五星旗	73 581

续上表

序号	所属公司	船　名	接船时间	建造国家或地区	船旗	总载重量（吨）
99	中远海运散运	日观峰	2010-08-11	中国	五星旗	75 566
100	中远海运散运	月观峰	2010-09-15	中国	五星旗	75 581
101	中远海运散运	玉柱峰	2011-01-03	中国	五星旗	75 519
102	中远海运散运	翠屏峰	2011-06-08	中国	五星旗	75 486
103	中远海运散运	芙蓉峰	2011-08-22	中国	五星旗	75 444
104	中远海运散运	云密峰	2011-11-07	中国	五星旗	75 421
105	中远海运散运	嘉诚山	2004-09-28	中国	五星旗	57 187
106	中远海运散运	嘉信山	2004-12-15	中国	五星旗	57 134
107	中远海运散运	嘉祥山	2005-01-01	中国	五星旗	57 646
108	中远海运散运	嘉和山	2005-04-01	中国	五星旗	57 596
109	中远海运散运	嘉安山	2005-06-05	中国	五星旗	57 605
110	中远海运散运	嘉永山	2005-06-14	中国	五星旗	57 094
111	中远海运散运	嘉宁山	2005-08-01	中国	五星旗	57 599
112	中远海运散运	嘉顺山	2005-10-31	中国	五星旗	57 250
113	中远海运散运	安国山	2009-04-25	中国	五星旗	57 700
114	中远海运散运	安民山	2009-09-20	中国	五星旗	57 652
115	中远海运散运	安强山	2009-12-10	中国	五星旗	57 667
116	中远海运散运	安惠山	2010-02-04	中国	五星旗	57 668
117	中远海运散运	安诚山	2010-04-16	中国	五星旗	57 691
118	中远海运散运	安永山	2010-04-29	中国	五星旗	57 652
119	中远海运散运	安裕山	2010-09-19	中国	五星旗	57 617
120	中远海运散运	安隆山	2011-01-02	中国	五星旗	57 727
121	中远海运散运	安盛山	2011-01-13	中国	五星旗	57 679
122	中远海运散运	安悦山	2011-06-08	中国	五星旗	57 668
123	中远海运散运	安绣山	2011-08-15	中国	五星旗	57 668

续上表

序号	所属公司	船　名	接船时间	建造国家或地区	船旗	总载重量（吨）
124	中远海运散运	安华山	2011-09-16	中国	五星旗	57 668
125	中远海运散运	凤凰峰	2012-06-19	中国	五星旗	75 396
126	中远海运散运	玉霄峰	2012-12-25	中国	五星旗	75 398
127	中远海运散运	宝日岭	2013-10-30	中国	五星旗	47 828
128	中远海运散运	宝月岭	2013-10-12	中国	五星旗	47 731
129	中远海运散运	宝祥岭	2013-11-26	中国	五星旗	47 514
130	中远海运散运	宝安岭	2014-03-28	中国	五星旗	47 483
131	中远海运散运	宝星岭	2014-12-18	中国	五星旗	47 753
132	中远海运散运	宝宁岭	2014-12-20	中国	五星旗	47 443
133	中远海运散运	宝辰岭	2015-03-16	中国	五星旗	47 805
134	中远海运散运	宝广岭	2015-03-16	中国	五星旗	47 821
135	中远海运散运	宝达岭	2015-03-16	中国	五星旗	47 801
136	中远海运散运	宝源岭	2015-05-26	中国	五星旗	47 807
137	中远海运散运	宝和岭	2015-05-26	中国	五星旗	47 442
138	中远海运散运	宝仁岭	2015-06-15	中国	五星旗	47 483
139	中远海运散运	宝德岭	2015-06-01	中国	五星旗	47 830
140	中远海运散运	青峰岭	2013-03-26	中国	五星旗	34 473
141	中远海运散运	石龙岭	2013-12-12	中国	五星旗	34 510
142	中远海运散运	中海昌运 1	2009-01-01	中国	五星旗	57 794
143	中远海运散运	中海昌运 2	2009-04-01	中国	五星旗	57 791
144	中远海运散运	中海昌运 3	2009-08-01	中国	五星旗	57 858
145	中远海运散运	中海昌运 6	2012-05-01	中国	五星旗	56 639
146	中远海运散运	盛平海	2012-12-05	中国	五星旗	56 564
147	中远海运散运	盛安海	2012-12-05	中国	五星旗	56 564
148	中远海运散运	盛兴海	2009-08-01	中国	五星旗	57 291

续上表

序号	所属公司	船　名	接船时间	建造国家或地区	船旗	总载重量（吨）
149	中远海运散运	盛旺海	2009-10-01	中国	五星旗	57 208
150	中远海运散运	盛诚海	2013-11-08	中国	五星旗	56 632
151	中远海运散运	盛恒海	2013-11-08	中国	五星旗	56 649
152	中远海运散运	云龙峰	2012-01-23	中国	五星旗	75 394
153	中远海运散运	集贤峰	2012-03-07	中国	五星旗	75 410
154	中远海运散运	朝阳峰	2012-04-20	中国	五星旗	75 396
155	中远海运散运	安信山	2010-01-15	中国	五星旗	57 559
156	中远海运散运	安顺山	2010-08-02	中国	五星旗	57 644
157	中远海运散运	安茂山	2011-02-28	中国	五星旗	57 684
158	中远海运散运	安锦山	2011-06-15	中国	五星旗	57 668
159	中远海运散运	安康山	2011-11-29	中国	五星旗	57 672
160	中远海运散运	安泰山	2011-12-21	中国	五星旗	57 668
161	中远海运散运	中海兴旺	2010-02-01	中国	方便旗	228 990
162	中远海运散运	中海希望	2010-09-01	中国	方便旗	229 009
163	中远海运散运	中海吉祥	2011-02-01	中国	方便旗	229 127
164	中远海运散运	嘉惠山	2011-04-01	中国	方便旗	56 611
165	中远海运散运	嘉隆山	2011-05-01	中国	方便旗	56 603
166	中远海运散运	嘉盛山	2011-07-01	中国	方便旗	56 632
167	中远海运散运	嘉茂山	2011-11-01	中国	方便旗	56 623
168	中远海运散运	中海荣华	2011-12-01	中国	方便旗	315 063
169	中远海运散运	中海繁华	2012-02-01	中国	方便旗	315 279
170	中远海运散运	中海韶华	2012-04-01	中国	方便旗	315 228
171	中远海运散运	中海英华	2012-06-01	中国	方便旗	315 145
172	中远海运散运	中海年华	2012-06-26	中国	方便旗	315 085
173	中远海运散运	中海才华	2013-01-01	中国	方便旗	315 041

续上表

序号	所属公司	船　　名	接船时间	建造国家或地区	船旗	总载重量（吨）
174	中远海运散运	兴隆	2011-11-01	中国	方便旗	228 694
175	中远海运散运	慈云山	2010-04-06	中国	方便旗	56 687
176	中远海运散运	狮子山	2010-12-09	中国	方便旗	56 605
177	中远海运散运	寿臣山	2011-08-20	中国	方便旗	56 625
178	中远海运散运	笔架山	2011-04-29	中国	方便旗	56 625
179	中远海运散运	福全山	2011-06-16	中国	方便旗	56 621
180	中远海运散运	太平山	2010-12-25	中国	方便旗	56 607
181	中远海运散运	倚龙山	2011-06-16	中国	方便旗	56 637
182	中远海运散运	五桂山	2011-08-20	中国	方便旗	56 620
183	中远海运散运	中粮 1	2014-01-23	中国	方便旗	81 531
184	中远海运散运	锦霞峰	2014-02-18	中国	方便旗	81 537
185	中远海运散运	中海祥和	2014-03-18	中国	方便旗	180 364
186	中远海运散运	中海顺和	2014-06-06	中国	方便旗	180 429
187	中远海运散运	中海康和	2014-09-03	中国	方便旗	180 301
188	中远海运散运	中海泰和	2015-06-25	中国	方便旗	180 193
189	中远海运散运	锦泰峰	2011-09-06	中国	方便旗	93 758
190	中远海运散运	国投 303（锦文峰）	2012-06-27	中国	方便旗	93 758
191	中远海运散运	国投 305	2013-01-01	中国	方便旗	93 758
192	中远海运散运	珊瑚海	2016-08-30	中国	方便旗	39 765
193	中远海运散运	丰和海	2016-11-16	中国	方便旗	63 244
194	中远海运散运	丰秀海	2016-11-28	中国	方便旗	63 408
195	中远海运散运	绿松海	2016-11-24	中国	方便旗	38 500
196	中远海运散运	建国海	2016-12-08	中国	方便旗	38 767
197	中远海运散运	新富海	2016-12-15	中国	方便旗	178 332
198	中远海运散运	岫玉海	2016-12-16	中国	方便旗	38 836

续上表

序号	所属公司	船　名	接船时间	建造国家或地区	船旗	总载重量（吨）
199	中远海运散运	复兴海	2016-12-22	中国	方便旗	38 801
200	中远海运散运	玉龙岭	2010-06-23	中国	五星旗	32 005
201	中远海运散运	九峰岭	2010-08-15	中国	五星旗	32 033
202	中远海运散运	七仙岭	2012-06-15	中国	五星旗	34 551
203	中远海运散运	盛发海	2009-11-27	中国	五星旗	57 631
204	中远海运散运	盛达海	2010-05-13	中国	五星旗	57 613
205	中远海运散运	盛荣海	2010-06-29	中国	五星旗	57 640
206	中远海运散运	盛昌海	2010-11-22	中国	五星旗	57 562
207	中远海运散运	宁静海	2017-04-11	中国	方便旗	63 574
208	中远海运散运	宁悦海	2017-04-20	中国	方便旗	63 562
209	中远海运散运	华盛海	2017-04-26	中国	方便旗	81 233
210	中远海运散运	新丽海	2017-05-05	中国	方便旗	178 302
211	中远海运散运	广元海	2017-05-12	中国	方便旗	208 000
212	中远海运散运	安定海	2017-05-16	中国	方便旗	38 800
213	中远海运散运	德胜海	2017-05-16	中国	方便旗	38 800
214	中远海运散运	广亨海	2017-06-06	中国	方便旗	207 389
215	中远海运散运	丰惠海	2017-06-16	中国	方便旗	63 261
216	中远海运散运	丰茂海	2017-06-28	中国	方便旗	63 413
217	中远海运散运	广利海	2017-06-30	中国	方便旗	207 241
218	中远海运散运	宁泰海	2017-07-11	中国	方便旗	63 573
219	中远海运散运	华兴海	2017-07-28	中国	方便旗	81 108
220	中远海运散运	丰丽海	2017-08-29	中国	方便旗	63 424
221	中远海运散运	新昌海	2017-09-12	中国	方便旗	178 361
222	中远海运散运	丰收海	2017-11-28	中国	方便旗	63 366
223	中远海运散运	新达海	2017-12-28	中国	五星旗	178 438

续上表

序号	所属公司	船　名	接船时间	建造国家或地区	船旗	总载重量（吨）
224	中远海运散运	远见海	2013–11–22	中国	方便旗	399 996
225	中远海运散运	远卓海	2014–07–11	中国	方便旗	399 975
226	中远海运散运	远实海	2013–07–22	中国	方便旗	400 293
227	中远海运散运	远真海	2013–03–29	中国	方便旗	399 996
228	中远海运散运 广州振华	宝瑞岭	2014–08–19	中国	五星旗	58 107
229	中远海运散运 中远海运发展	清平山	2015–10–01	中国	方便旗	63 473
230	中远海运散运 中远海运发展	清云山	2016–03–01	中国	方便旗	63 442
231	中远海运散运 中远海运发展	清华山	2016–08–18	中国	方便旗	63 457
232	中远海运散运 中远海运发展	清泉山	2016–12–01	中国	方便旗	63 473
233	中远海运散运 中远发展	富恒山	2011–11–14	中国	五星旗	67 681
234	中远散货运输有限公司 天津远华海运	松石海	1985–10–22	日本	五星旗	26 596
235	中远散货运输有限公司 天津远华海运	泰安海	1986–11–25	中国	五星旗	47 698
236	上海时代	银浦	1997–04–01	日本	五星旗	46 663
237	上海时代	时代 1	2007–09–01	中国	五星旗	76 610
238	上海时代	时代 2	2007–12–01	中国	五星旗	76 509
239	上海时代	时代 20	2010–10–01	中国	五星旗	115 000
240	上海时代	时代 21	2010–11–01	中国	五星旗	115 496
241	上海时代	银宝	1996–03–01	中国	五星旗	45 513
242	上海时代	银宁	2008–01–01	中国	五星旗	53 380
243	上海时代	银顺	2009–04–01	中国	五星旗	53 496

续上表

序号	所属公司	船　名	接船时间	建造国家或地区	船旗	总载重量（吨）
244	上海时代	银平	2010-05-01	中国	五星旗	53 380
245	上海时代	银能	2010-06-01	中国	五星旗	53 478
246	上海时代	银致	2009-09-01	中国	五星旗	57 924
247	上海时代	银连	2010-01-01	中国	五星旗	57 664
248	上海时代	银杰	2010-04-01	中国	五星旗	57 586
249	上海时代	银远	2010-06-01	中国	五星旗	57 674
250	上海时代	银福	2012-05-01	中国	五星旗	48 909
251	上海时代	银禄	2012-06-01	中国	五星旗	48 886
252	上海时代	天龙星	1995-08-01	德国	五星旗	37 532
253	上海时代	银绣	1995-08-01	日本	五星旗	28 730
254	上海时代	时代 8	2012-09-01	中国	五星旗	75 458
255	上海时代	银浩	2012-10-25	中国	五星旗	48 910
256	上海时代	时代 9	2012-11-06	中国	五星旗	75 458
257	上海时代	时代 10	2012-12-28	中国	五星旗	75 414
258	上海时代	银彩	2012-12-18	中国	五星旗	48 929
259	上海时代	银瑞	2012-12-20	中国	五星旗	44 945
260	上海时代	时代 11	2012-12-28	中国	五星旗	75 467
261	上海时代	银雪	2013-01-26	中国	五星旗	44 945
262	上海时代	银年	2013-11-18	中国	五星旗	44 926
263	上海时代	银鹤	2014-01-20	中国	五星旗	44 952
264	上海友好	友好 1	2012-05-18	中国	五星旗	47 715
265	上海友好	友好 2	2012-08-28	中国	五星旗	47 664
266	上海友好	友好 3	2014-09-01	中国	五星旗	44 972
267	神华中海	宁骅	1993-11-01	日本	五星旗	69 607
268	神华中海	新世纪 168	2010-03-01	中国	五星旗	57 587

续上表

序号	所属公司	船　　名	接船时间	建造国家或地区	船旗	总载重量（吨）
269	神华中海	新世纪 128	2009-12-01	中国	五星旗	57 662
270	神华中海	新世纪 188	2010-09-01	中国	五星旗	57 587
271	神华中海	新世纪 198	2010-07-01	中国	五星旗	57 690
272	神华中海	神华 501	2011-12-01	中国	五星旗	46 032
273	神华中海	神华 521	2012-03-01	中国	五星旗	44 799
274	神华中海	神华 502	2013-06-19	中国	五星旗	44 899
275	神华中海	神华 523	2013-07-05	中国	五星旗	44 826
276	神华中海	神华 503	2013-08-08	中国	五星旗	44 842
277	神华中海	神华 526	2013-09-11	中国	五星旗	44 831
278	神华中海	神华 801	2013-10-18	中国	五星旗	75 331
279	神华中海	神华 505	2013-10-10	中国	五星旗	44 942
280	神华中海	神华 508	2013-10-25	中国	五星旗	44 849
281	神华中海	神华 506	2013-10-10	中国	五星旗	44 942
282	神华中海	神华 802	2013-10-28	中国	五星旗	75 380
283	神华中海	神华 522	2013-11-20	中国	五星旗	45 948
284	神华中海	神华 525	2013-10-25	中国	五星旗	44 942
285	神华中海	神华 528	2013-10-25	中国	五星旗	44 806
286	神华中海	神华 803	2013-11-14	中国	五星旗	75 403
287	神华中海	神华 511	2013-11-15	中国	五星旗	46 116
288	神华中海	神华 512	2013-11-15	中国	五星旗	46 116
289	神华中海	神华 513	2013-11-15	中国	五星旗	46 116
290	神华中海	神华 531	2013-11-15	中国	五星旗	47 476
291	神华中海	神华 811	2013-12-03	中国	五星旗	76 150
292	神华中海	神华 533	2014-03-10	中国	五星旗	47 525
293	神华中海	神华 532	2014-03-10	中国	五星旗	47 509

续上表

序号	所属公司	船　名	接船时间	建造国家或地区	船旗	总载重量（吨）
294	神华中海	神华 515	2014-03-12	中国	五星旗	47 691
295	神华中海	神华 812	2014-04-10	中国	五星旗	76 124
296	神华中海	神华 805	2014-04-08	中国	五星旗	75 347
297	神华中海	神华 561	2014-03-31	中国	五星旗	47 727
298	神华中海	神华 535	2014-03-10	中国	五星旗	47 525
299	神华中海	神华 516	2014-04-16	中国	五星旗	47 640
300	神华中海	神华 806	2014-06-06	中国	五星旗	75 285
301	神华中海	神华 808	2014-07-01	中国	五星旗	75 411
302	神华中海	神华 518	2014-07-01	中国	五星旗	47 676
303	神华中海	神华 536	2013-10-15	中国	五星旗	47 555
304	神华中海	神华 562	2013-07-25	中国	五星旗	47 676
305	神华中海	神华 538	2014-07-02	中国	五星旗	47 500
306	神华中海	神华 563	2013-12-31	中国	五星旗	47 566
307	上海银桦	银桦 1	2013-11-01	中国	五星旗	48 000
308	上海银桦	银桦 2	2014-06-06	中国	五星旗	48 500
309	中海华润	华润电力 2	2012-08-01	中国	五星旗	45 541
310	中海华润	华润电力 3	2012-11-19	中国	五星旗	45 567
311	中海华润	华润电力 5	2013-02-22	中国	五星旗	45 555
312	中海华润	华润电力 6	2013-04-15	中国	五星旗	45 560
313	中海华润	华润电力 7	2013-08-27	中国	五星旗	45 523
314	中海华润	中海华润 1	2013-09-09	中国	五星旗	75 397
315	中海华润	华润电力 8	2013-10-18	中国	五星旗	45 500
316	中海华润	华润电力 9	2013-11-15	中国	五星旗	45 536
317	中海华润	华润电力 10	2013-12-24	中国	五星旗	44 941
318	上海嘉禾	嘉禾航运 1	2012-02-01	中国	五星旗	53 106

续上表

序号	所属公司	船　　名	接船时间	建造国家或地区	船旗	总载重量（吨）
319	上海嘉禾	嘉禾航运 2	2012-07-01	中国	五星旗	53 007
320	上海嘉禾	友谊 20	1992-05-10	中国	五星旗	20 698
321	广发航运	广州发展 1	2010-01-01	中国	五星旗	56 970
322	广发航运	广州发展 2	2010-05-01	中国	五星旗	57 025
323	广发航运	广州发展 3	2010-09-01	中国	五星旗	57 732
324	广发航运	广州发展 4	2011-03-01	中国	五星旗	57 105
325	广发航运	广州发展 5	2010-01-01	中国	五星旗	57 708
326	香港海宝	铭德	2014-01-20	中国	方便旗	82 000
327	香港海宝	仁达	2010-06-01	中国	方便旗	230 000
328	香港海宝	义达	2010-11-01	中国	方便旗	230 000
329	香港海宝	礼达	2011-11-01	中国	方便旗	230 000
330	香港海宝	智达	2012-01-01	中国	方便旗	230 000
331	香港海宝	风华	2013-07-29	中国	方便旗	180 000
332	香港海宝	光华	2013-09-25	中国	方便旗	180 000
333	香港海宝	文德	2013-12-10	中国	方便旗	82 000
334	广州海电	新宁江	1985-06-01	日本	五星旗	46 056
335	广州海电	新靖海	1988-07-01	日本	五星旗	68 377
336	广州海电	新平海	1994-08-01	日本	五星旗	68 636
337	广州海电	新红海	1995-05-01	日本	五星旗	74 044
338	中远海运广州有限公司	新粤顺	2011-08-01	中国	五星旗	56 082
339	上海远望	锦瑞峰	2012-06-20	中国	五星旗	93 755
340	上海远望	嘉裕山	2014-09-30	中国	五星旗	58 089
341	广州京海	京海兴	2017-09-06	中国	五星旗	6588
342	广州京海	京海盛	2017-10-13	中国	五星旗	6574
343	广州京海	京海旺	2017-09-06	中国	五星旗	6588

续上表

序号	所属公司	船　名	接船时间	建造国家或地区	船旗	总载重量（吨）
344	广州京海	京海昌	2010–01–26	中国	五星旗	15 034
345	中远投资（新加坡）有限公司 中远（新加坡）有限公司	Cos Prospe	2006–03–28	中国	新加坡	55 550
346	中远投资（新加坡）有限公司 中远（新加坡）有限公司	Cos Orchid	2006–20–23	中国	新加坡	55 539
347	中远投资（新加坡）有限公司 中远（新加坡）有限公司	Cos Lucky	2003–04–03	日本	巴拿马	52 395
348	中远海运物流有限公司 国投海运发展有限公司	国投 109	2015–02–12	中国	中国	58 089
349	中远海运物流有限公司 国投海运发展有限公司	国投 105	2014–03–10	中国	中国	56 704
350	中远海运物流有限公司 国投海运发展有限公司	国投 106	2013–11–01	中国	中国	56 704
351	中远海运物流有限公司 国投海运发展有限公司	国投 107	2012–06–28	中国	中国	56 704
352	中远海运物流有限公司 国投海运发展有限公司	国投 108	2012–01–18	中国	中国	57 076
353	中远海运物流有限公司 国投海运发展有限公司	国投 102	2011–02–10	中国	中国	56 901
354	中远海运物流有限公司 国投海运发展有限公司	国投 103	2011–01–03	中国	中国	56 879
355	中远海运物流有限公司 国投海运发展有限公司	国投 101	2010–10–29	中国	中国	56 936
356	中远海运物流有限公司 国投海运发展有限公司	国投 001	2010–08–26	中国	中国	56 916
357	中远海运特种运输股份有限公司 广东省远洋	毓麟海	2012–03–27	中国	中国	75 380
358	中远海运特种运输股份有限公司 广东省远洋	毓鹏海	2010–11–30	中国	中国	76 000
359	厦门远洋 湖南远洋	韶山 1	1997–01–27	日本	中国香港	74 009
合计						32 315 855

2017 年中国远洋海运集团有限公司油、气运输船队（油轮船队）自有船舶统计表

表 17-3

序号	能源船队	船名	建造日期	建造国家或地区	船旗	总载重量（吨）
1	中远海运能源 上海油运	新金洋	2004-11-28	中国	中国	297 376
2	中远海运能源 上海油运	新宁洋	2005-04-11	中国	中国	297 439
3	中远海运能源 上海油运	新安洋	2007-11-10	中国	中国	297 491
4	中远海运能源 上海油运	新通洋	2009-01-04	中国	中国香港	297 183
5	中远海运能源 上海油运	新润洋	2009-07-07	中国	中国香港	297 244
6	中远海运能源 上海油运	新岳洋	2009-09-03	中国	中国香港	297 232
7	中远海运能源 上海油运	新汉洋	2009-12-12	中国	中国香港	297 293
8	中远海运能源 上海油运	新埔洋	2010-01-07	中国	中国	309 362
9	中远海运能源 上海油运	新甬洋	2010-07-10	中国	中国	309 266
10	中远海运能源 上海油运	新申洋	2010-12-09	中国	中国	309 189
11	中远海运能源 上海油运	新厦洋	2011-02-11	中国	中国	309 140
12	中远海运能源 上海油运	新丹洋	2013-11-20	中国	中国香港	322 829
13	中远海运能源 上海油运	新连洋	2014-01-06	中国	中国香港	322 861
14	中远海运能源 XINLONGYANGSHIPPING S.A.	新龙洋	2017-06-05	中国	新加坡	308 375
15	中远海运能源 XINWEIYANG SHIPPING S.A.	新威洋	2017-08-01	中国	新加坡	308 313
16	中远海运能源 上海油运	柳林湾	2004-05-20	中国	中国	109 181
17	中远海运能源 上海油运	杨林湾	2004-08-18	中国	中国	109 411
18	中远海运能源 上海油运	榆林湾	2004-11-18	中国	中国	109 277
19	中远海运能源 上海油运	桃林湾	2012-09-20	中国	中国	109 533
20	中远海运能源 上海油运	梅林湾	2012-11-02	中国	中国	109 485

续上表

序号	能源船队	船名	建造日期	建造国家或地区	船旗	总载重量（吨）
21	中远海运能源 上海油运	桦林湾	2012-12-07	中国	中国	109 475
22	中远海运能源 上海油运	桐林湾	2014-05-23	中国	中国香港	109 615
23	中远海运能源 NALINWAN SHIPPING PTE.LTD.	楠林湾	2017-04-28	中国	新加坡	109 699
24	中远海运能源 RONGLINWAN SHIPPING PTE. LTD.	榕林湾	2017-07-28	中国	新加坡	109 699
25	中远海运能源 上海油运	金牛座	2005-08-05	中国	中国	75 493
26	中远海运能源 上海油运	狮子座	2005-09-06	中国	中国	75 447
27	中远海运能源 上海油运	天龙座	2006-04-07	中国	中国	75 484
28	中远海运能源 上海油运	凤凰座	2006-06-13	中国	中国	75 514
29	中远海运能源 上海油运	麒麟座	2009-05-05	中国	中国	75 568
30	中远海运能源 上海油运	飞马座	2009-10-22	中国	中国	75 579
31	中远海运能源 上海油运	羚羊座	2010-01-15	中国	中国	75 573
32	中远海运能源 上海油运	海豚座	2010-03-23	中国	中国	75 571
33	中远海运能源 上海油运	珊瑚座	2010-05-22	中国	中国	75 596
34	中远海运能源 上海油运	鲸鱼座	2010-07-19	中国	中国	75 577
35	中远海运能源 上海油运	山鹰座	2010-11-05	中国	新加坡	75 588
36	中远海运能源 上海油运	孔雀座	2011-06-27	中国	新加坡	75 579
37	中远海运能源 上海油运	白鹭座	2011-11-18	中国	中国香港	75 595
38	中远海运能源 上海油运	天鹅座	2012-02-23	中国	中国香港	75 594
39	中远海运能源 上海油运	天鸿座	2016-09-02	中国	中国	64 986
40	中远海运能源 上海油运	天鹰座	2016-12-27	中国	中国	64 982
41	中远海运能源 上海油运	天鹤座	2017-04-25	中国	中国	64 982
42	中远海运能源 上海油运	瑞金潭	2007-04-01	中国	中国	52 687

续上表

序号	能源船队	船名	建造日期	建造国家或地区	船旗	总载重量（吨）
43	中远海运能源上海油运	黎平潭	2007-06-25	中国	中国	52 670
44	中远海运能源上海油运	遵义潭	2007-09-09	中国	中国	52 662
45	中远海运能源上海油运	泸定潭	2007-12-06	中国	中国	52 682
46	中远海运能源上海油运	平池	2003-01-18	中国	中国	42 196
47	中远海运能源上海油运	安池	2003-04-27	中国	中国	42 203
48	中远海运能源上海油运	昌池	2003-08-27	中国	中国	42 196
49	中远海运能源上海油运	盛池	2003-12-18	中国	中国	42 147
50	中远海运能源上海油运	兴池	2004-03-15	中国	中国	42 017
51	中远海运能源上海油运	旺池	2004-04-14	中国	中国	42 003
52	中远海运能源上海油运	腾池	2005-01-16	中国	中国	42 047
53	中远海运能源上海油运	达池	2005-08-30	中国	中国	42 047
54	中远海运能源上海油运	飞池	2005-12-11	中国	中国香港	42 036
55	中远海运能源上海油运	跃池	2006-03-16	中国	中国香港	42 053
56	中远海运能源上海油运	百池	2007-07-19	中国	中国	41 983
57	中远海运能源上海油运	年池	2008-11-05	中国	中国	41 956
58	中远海运能源上海油运	中池	2009-03-03	中国	中国香港	41 968
59	中远海运能源上海油运	海池	2009-07-27	中国	中国香港	42 005
60	中远海运能源上海油运	千池	2008-06-30	中国	中国香港	45 541
61	中远海运能源上海油运	秋池	2009-01-15	中国	中国香港	45 484
62	中远海运能源上海油运	伟池	2009-06-22	中国	中国香港	45 854
63	中远海运能源上海油运	业池	2009-11-18	中国	中国香港	45 740
64	中远海运能源上海油运	荣池	2012-04-05	中国	中国	48 698

续上表

序号	能源船队	船名	建造日期	建造国家或地区	船旗	总载重量（吨）
65	中远海运能源 上海油运	华池	2012-08-21	中国	中国	48 743
66	中远海运能源 上海油运	富池	2012-07-20	中国	中国	48 769
67	中远海运能源 上海油运	贵池	2012-10-25	中国	中国	48 801
68	中远海运能源 上海油运	秀池	2012-11-26	中国	中国	48 781
69	中远海运能源 上海油运	丽池	2012-10-08	中国	中国	48 653
70	中远海运能源 上海油运	河池	2013-01-04	中国	中国	48 698
71	中远海运能源 上海油运	山池	2013-01-08	中国	中国	48 739
72	中远海运能源 上海油运	华川	2013-01-08	中国	中国	6323
73	中远海运能源 上海北海船务股份有限公司	北海远望	2004-01-02	中国	中国	45 828
74	中远海运能源 上海北海船务股份有限公司	北海众望	2011-06-08	中国	中国	56 192
75	中远海运能源 上海北海船务股份有限公司	北海厚望	2011-08-15	中国	中国	56 168
76	中远海运能源 上海北海船务股份有限公司	北海威望	2007-08-02	中国	中国	104 404
77	中远海运能源 上海北海船务股份有限公司	北海展望	2008-11-05	中国	中国	104 324
78	中远海运能源 上海北海船务股份有限公司	北海名望	2013-07-05	中国	中国	116 166
79	中远海运能源 上海北海船务股份有限公司	北海开拓	2017-05-18	中国	中国	63 401
80	中远海运能源 上海北海船务股份有限公司	北海奋进	2017-09-02	中国	中国	63 508
81	中远海运能源 上海北海船务股份有限公司	凤凰洲	2006-01-05	中国	中国	110 485
82	中远海运能源 华海石油运销有限公司	华海 5	2001-09-25	中国	中国	40 560
83	中远海运能源 华海石油运销有限公司	华海 6	2002-12-30	中国	中国	40 560
84	中远海运能源 华海石油运销有限公司	华海 21	2013-03-25	中国	中国	48 764
85	中远海运能源 深圳市三鼎油运贸易有限公司	三鼎长春	2012-06-18	中国	中国	75 507
86	中远海运能源 深圳市三鼎油运贸易有限公司	三鼎长乐	2013-04-18	中国	中国	75 461

续上表

序号	能源船队	船名	建造日期	建造国家或地区	船旗	总载重量（吨）
87	中远海运能源大连油运	远大湖	2002-12-01	中国	巴拿马	298 833
88	中远海运能源大连油运	远荣湖	2003-01-01	日本	巴拿马	299 145
89	中远海运能源大连油运	远明湖	2003-04-01	中国	巴拿马	299 079
90	中远海运能源大连油运	远盛湖	2006-02-01	日本	巴拿马	298 997
91	中远海运能源大连油运	远惠湖	2006-07-01	日本	巴拿马	299 118
92	中远海运能源大连油运	远怡湖	2006-12-01	中国	巴拿马	298 920
93	中远海运能源大连油运	远珍湖	2008-01-01	日本	中国香港	298 195
94	中远海运能源大连油运	远翠湖	2009-01-01	日本	中国香港	298 216
95	中远海运能源大连油运	远洋湖	2010-01-01	中国	中国	297 305
96	中远海运能源大连油运	远山湖	2010-04-01	中国	中国	297 136
97	中远海运能源大连油运	远金湖	2011-03-01	中国	中国香港	297 163
98	中远海运能源大连油运	远兴湖	2011-04-01	中国	中国香港	297 388
99	中远海运能源大连油运	远富湖	2012-06-01	中国	中国香港	297 388
100	中远海运能源大连油运	远春湖	2014-12-01	中国	中国	308 012
101	中远海运能源大连油运	远翔湖	2015-04-01	中国	中国香港	310 421
102	中远海运能源大连油运	远月湖	2015-07-01	中国	中国	308 002
103	中远海运能源大连油运	远秋湖	2015-09-01	中国	中国	308 580
104	中远海运能源大连油运	远花湖	2015-12-01	中国	中国	308 370
105	中远海运能源大连油运	远尊湖	2017-05-02	中国	中国香港	308 084
106	中远海运能源大连油运	远喜湖	2017-08-10	中国	中国香港	310 574
107	中远海运能源大连油运	远誉湖	2017-09-12	中国	中国香港	307 953
108	中远海运能源大连油运	远旺湖	2017-11-09	中国	中国香港	308 152

续上表

序号	能源船队	船名	建造日期	建造国家或地区	船旗	总载重量（吨）
109	中远海运能源大连油运	远智湖	2016-11-09	中国	中国香港	308 012
110	中远海运能源大连油运	远腾湖	2016-12-28	中国	中国香港	310 595
111	中远海运能源大连油运	连平湖	2005-01-01	中国	中国	71 940
112	中远海运能源大连油运	连顺湖	2005-06-01	中国	中国	71 940
113	中远海运能源大连油运	连运湖	2006-05-01	中国	中国	75 493
114	中远海运能源大连油运	连兴湖	2006-08-01	中国	中国	75 504
115	中远海运能源大连油运	连盛湖	2006-08-01	中国	中国	75 499
116	中远海运能源大连油运	连松湖	2017-12-04	中国	中国	72 746
117	中远海运能源大连油运	连欢湖	2017-01-16	中国	中国	50 239
118	中远海运能源大连油运	连喜湖	2017-05-25	中国	中国香港	50 239
119	中远海运能源大连油运	连乐湖	2017-08-01	中国	中国香港	50 239
120	中远海运能源大连油运	大明湖	2003-12-01	中国	中国	159 149
121	中远海运能源大连油运	大源湖	2004-06-01	中国	中国	159 149
122	中远海运能源大连油运	大理湖	2004-12-01	中国	中国	159 549
123	中远海运能源大连油运	洋宁湖	2009-08-01	中国	中国	109 815
124	中远海运能源大连油运	洋美湖	2010-02-01	中国	中国	109 855
125	中远海运能源大连油运	洋丽湖	2010-05-01	中国	中国	109 892
126	中远海运能源洋浦公司	洞庭湖	1994-04-08	中国	中国	61 957
127	中远海运能源洋浦公司	连安湖	2004-06-10	中国	中国	71 962
128	中远海运能源华洋公司	鄱阳湖	1994-03-08	中国	中国	61 957
合计						18 069 148

2017 年中国远洋海运集团有限公司油、气船队（LNG 船队）自有船舶统计表

表 17-4

序号	二级公司	船名	建造日期	建造国家或地区	船旗	总载重量（吨）	仓容量（立方米）
1	中远海运能源 中国东方液化天然气运输投资有限公司	巴布亚	2015-01-31	中国	中国香港	84 444	171 859
2	中远海运能源 中国北方液化天然气运输投资有限公司	南十字星	2015-06-30	中国	中国香港	84 318	171 859
3	中远海运能源 中国北方液化天然气运输投资有限公司	北斗星	2015-11-30	中国	中国香港	84 480	171 825
4	中远海运能源 中国东方液化天然气运输投资有限公司	天堂鸟	2016-04-29	中国	中国香港	84 379	171 877
5	中远海运能源 中国能源运输投资有限公司	中能福石	2016-10-18	中国	中国香港	84 065	174 059
6	中远海运能源 中国能源运输投资有限公司	中能青岛	2017-01-06	中国	中国香港	84 064	173 999
7	中远海运能源 中国能源运输投资有限公司	中能北海	2017-06-01	中国	中国香港	84 064	174 197
8	中远海运能源 中国能源运输投资有限公司	中能天津	2016-09-26	中国	中国香港	84 064	174 000
9	中远海运能源 CLNG	大鹏昊	2008-04-03	中国	中国香港	83 050	147 236
10	中远海运能源 CLNG	大鹏月	2008-07-10	中国	中国香港	82 645	147 236
11	中远海运能源 CLNG	大鹏星	2009-12-10	中国	中国香港	82 428	147 236
12	中远海运能源 CLNG	闽榕	2009-03-11	中国	中国香港	82 359	147 236
13	中远海运能源 CLNG	闽鹭	2009-08-17	中国	中国香港	82 598	147 236
14	中远海运能源 CLNG	申海	2012-09-20	中国	中国香港	82 625	147 236
15	中远海运能源 CLNG	Pan Asia	2017-10-13	中国	中国香港	83 312	174 000
16	中远海运能源 CLNG	Boris Vilkitsky	2017-12-26	韩国	塞浦路斯	98 000	172 410
合计						1 350 895	2 613 501

2017 年中国远洋海运集团有限公司油、气船队（LPG 船队）自有船舶统计表

表 17-5

序号	二级公司	船名	建造日期	建造国家或地区	船旗	总载重量（吨）	仓容量（立方米）
1	中远海运能源龙鹏公司	百花源	1997-10-07	日本	中国	3338	3500
2	中远海运能源龙鹏公司	芙蓉源	1996-02-13	日本	中国	2854	4013
3	中远海运能源龙鹏公司	同心源	2008-05-31	中国	中国	2736	3500
4	中远海运能源龙鹏公司	同德源	2007-12-27	中国	中国	2716	3500
5	中远海运能源龙鹏公司	平安源	2011-11-28	中国	中国	3218	3700
合计						14 862	18 213

2017 年中国远洋海运集团有限公司杂货特种船队自有船舶统计表

表 17-6

序号	航运公司	船　名	接船日期	建造国家或地区	船旗	总载重量（吨）	载箱量（TEU）
1	中远海运特运 中远航运（香港）投资发展有限公司	大中	1998–06–30	日本	巴拿马	16 957	685
2	中远海运特运 中远航运（香港）投资发展有限公司	大华	1998–07–01	日本	巴拿马	16 957	685
3	中远海运特运 中远航运（香港）投资发展有限公司	大富	1998–10–01	日本	巴拿马	16 957	685
4	中远海运特运 中远航运（香港）投资发展有限公司	大强	1998–11–01	日本	巴拿马	16 957	685
5	中远海运特运	乐盛	1999–01–01	中国	中国	21 728	—
6	中远海运特运	乐泰	1999–03–01	中国	中国	21 728	—
7	中远海运特运	乐昌	1999–07–01	中国	中国	21 728	—
8	中远海运特运	乐宜	2000–04–01	中国	中国	28 450	1089
9	中远海运特运	乐里	2000–09–01	中国	中国	28 450	1089
10	中远海运特运	乐从	2000–12–01	中国	中国	28 450	1089
11	中远海运特运	乐和	2001–02–01	中国	中国	28 450	1089
12	中远海运特运	乐民	1999–06–01	中国	中国	21 728	—
13	中远海运特运	乐业	2000–03–20	中国	中国	21 728	—
14	中远海运特运	乐同	2000–05–01	中国	中国	21 400	—
15	中远海运特运	乐荣	1999–04–01	中国	中国	21 728	—
16	中远海运特运	乐顺	1999–09–01	中国	中国	22 296	—
17	中远海运特运	乐锦	1999–11–01	中国	中国	21 728	—
18	中远海运特运 中远航运（香港）投资发展有限公司	凤凰松	2009–04–28	中国	中国香港	27 300	1371
19	中远海运特运 中远航运（香港）投资发展有限公司	孔雀松	2010–02–01	中国	中国香港	26 126	1371

续上表

序号	航运公司	船　名	接船日期	建造国家或地区	船旗	总载重量（吨）	载箱量（TEU）
20	中远海运特运 中远航运（香港）投资发展有限公司	麒麟松	2010–08–30	中国	中国香港	27 300	1371
21	中远海运特运 中远航运（香港）投资发展有限公司	卧龙松	2010–11–25	中国	中国香港	27 000	1371
22	中远海运特运 中远航运（香港）投资发展有限公司	大丹霞	2009–10–15	中国	中国香港	28 451	1706
23	中远海运特运 中远航运（香港）投资发展有限公司	大紫云	2010–02–05	中国	中国香港	28 451	1706
24	中远海运特运 中远航运（香港）投资发展有限公司	大玉霞	2011–01–14	中国	中国香港	28 348	1706
25	中远海运特运 中远航运（香港）投资发展有限公司	大翠云	2011–05–20	中国	中国香港	28 367	1706
26	中远海运特运 中远航运（香港）投资发展有限公司	大青霞	2011–07–26	中国	中国香港	28 367	1706
27	中远海运特运 中远航运（香港）投资发展有限公司	大彤云	2011–11–25	中国	中国香港	28 378	1706
28	中远海运特运 中远航运（香港）投资发展有限公司	大虹霞	2012–05–10	中国	中国香港	28 367	1706
29	中远海运特运 中远航运（香港）投资发展有限公司	大彩云	2012–09–18	中国	中国香港	28 378	1706
30	中远海运特运	幸福松	2012–09–17	中国	中国	27 292	1371
31	中远海运特运 中远航运（香港）投资发展有限公司	牡丹松	2012–03–19	中国	中国香港	27 410	1371
32	中远海运特运 中远航运（香港）投资发展有限公司	木棉松	2012–08–20	中国	中国香港	27 372	1371
33	中远海运特运 中远航运（香港）投资发展有限公司	永盛	2002–09–04	罗马尼亚	中国香港	19 461	1226
34	中远海运特运	平安松	2012–06–18	中国	中国	27 352	1371
35	中远海运特运 中远航运（香港）投资发展有限公司	杜鹃松	2011–08–18	中国	中国香港	27 438	1371

续上表

序号	航运公司	船名	接船日期	建造国家或地区	船旗	总载重量（吨）	载箱量（TEU）
36	中远海运特运 中远航运（香港）投资发展有限公司	芙蓉松	2011-11-09	中国	中国香港	27 421	1371
37	中远海运特运 中远航运（香港）投资发展有限公司	莲花松	2011-11-07	中国	中国香港	27 412	1371
38	中远海运特运	吉祥松	2011-12-29	中国	中国	27 352	1371
39	中远海运特运	如意松	2012-03-30	中国	中国	27 302	1371
40	中远海运特运 中远航运（香港）投资发展有限公司	大安	2013-05-28	中国	中国香港	29 000	1045
41	中远海运特运 中远航运（香港）投资发展有限公司	大康	2013-07-17	中国	中国香港	28 500	1045
42	中远海运特运 中远航运（香港）投资发展有限公司	大泰	2013-09-11	中国	中国香港	29 041	1045
43	中远海运特运 中远航运（香港）投资发展有限公司	大昌	2013-10-31	中国	中国香港	28 500	1045
44	中远海运特运 中远航运（香港）投资发展有限公司	紫荆松	2012-11-12	中国	中国香港	27 403	1371
45	中远海运特运	常发口	1985-03-01	日本	中国	11 678	—
46	中远海运特运 中远航运（香港）投资发展有限公司	中远盛世	2011-02-16	中国	巴拿马	14 500	—
47	中远海运特运 中远航运（香港）投资发展有限公司	中远腾飞	2011-06-06	中国	巴拿马	14 500	—
48	中远海运特运 广州中远海运日邮汽车船运输有限公司	玉衡先锋	1998-01-01	日本	中国	13 418	—
49	中海汽车船公司	中海高速	1985-05-01	日本	中国	11889	—
50	中远海运特运 广州中远海运日邮汽车船运输有限公司	常安口	1999-08-06	克罗地亚	中国	12 781	—
51	中远海运特运 广州中远海运日邮汽车船运输有限公司	常荣口	2000-01-01	希腊	中国	12 781	—
52	中远海运特运 天津中远海运特种运输有限公司	泰安口	2002-11-28	中国	中国	20 620	—

续上表

序号	航运公司	船　名	接船日期	建造国家或地区	船旗	总载重量（吨）	载箱量（TEU）
53	中远海运特运	康盛口	2003-08-15	中国	中国	20 248	—
54	中远海运特运	祥云口	2011-01-20	中国	中国	48 232	—
55	中远海运特运	祥瑞口	2011-07-23	中国	中国	48 231	—
56	中远海运特运 中远航运（香港）投资发展有限公司	祥和口	2016-05-05	中国	中国香港	48 050	—
57	中远海运特运	致远口	2017-10-10	中国	中国	38 000	—
58	中远海运特运 中远航运（香港）投资发展有限公司	新光华	2015-08-21	中国	中国香港	98 370	—
59	中远海运特运 广州远洋运输有限公司	西昌海	1997-08-01	中国	中国	27 275	—
60	中远海运特运 广州远洋运输有限公司	瑞昌海	1997-09-01	中国	中国	27 275	—
61	中远海运特运	大信	2014-07-10	中国	中国	28 738	1045
62	中远海运特运	大德	2014-08-10	中国	中国	28 738	1045
63	中远海运特运	大智	2014-09-11	中国	中国	28 738	1045
64	中远海运特运	大良	2014-10-21	中国	中国	28 738	1045
65	中远海运特运	大吉	2017-01-13	中国	中国	28 621	1045
66	中远海运特运	大庆	2017-05-18	中国	中国	28 604	1045
67	中远海运特运	大祥	2017-07-28	中国	中国	28 577	1045
68	中远海运特运	大贵	2017-12-07	中国	中国	28 621	1045
69	中远海运特运	天恩	2017-11-28	中国	中国	37 125	1015
70	中远海运特运	天惠	2017-12-29	中国	中国	37 130	1015
71	中远海运特运 上海中远海运特种运输有限公司	天真	2016-05-10	中国	中国	38 007	1015
72	中远海运特运	天乐	2015-12-12	中国	中国	38 146	1015
73	中远海运特运	天祺	2015-09-07	中国	中国	37 940	1015
74	中远海运特运	天健	2015-09-07	中国	中国	37 994	1015

续上表

序号	航运公司	船名	接船日期	建造国家或地区	船旗	总载重量（吨）	载箱量（TEU）
75	中远海运特运 中远航运（香港）投资发展有限公司	天福	2015-12-12	中国	中国香港	38 146	1015
76	中远海运特运 中远航运（香港）投资发展有限公司	天禄	2015-12-12	中国	中国香港	38 122	1015
77	中远海运特运 中远航运（香港）投资发展有限公司	天寿	2016-01-26	中国	中国香港	38 134	1015
78	中远海运特运 中远航运（香港）投资发展有限公司	天禧	2008-02-05	中国	中国香港	38 098	1015
79	中远海运特运	天王之星	2008-03-20	中国	中国	9106	630
80	中远海运特运	海王之星	2007-03-28	中国	中国	9106	630
81	中远海运特运 广州远洋运输有限公司	金达岭	1998-05-07	中国	巴拿马	28 164	—
82	中远海运特运 金广岭船务有限公司	金广岭	2009-07-29	中国	中国香港	31 907	—
83	中远海运特运 金远岭船务有限公司	金远岭	2009-11-02	中国	中国香港	31 907	—
84	中远海运特运 金兴岭船务有限公司	金兴岭	2010-06-18	中国	中国香港	31 907	—
85	中远海运特运 金旺岭船务有限公司	金旺岭	2010-09-27	中国	中国香港	31 907	—
86	中远海运特运 武夷山船务有限公司	中远武夷山	2010-01-19	中国	中国香港	31 956	—
87	中远海运特运 井冈山船务有限公司	中远井冈山	2010-06-30	中国	中国香港	31 956	—
88	中远海运特运 太行山船务有限公司	中远太行山	2010-07-23	中国	中国香港	31 956	—
89	中远海运特运 昆仑山船务有限公司	中远昆仑山	2010-10-25	中国	中国香港	31 956	—
90	中远海运特运 亚龙湾船务有限公司	亚龙湾	2007-01-04	中国	中国香港	6012	—

续上表

序号	航运公司	船名	接船日期	建造国家或地区	船旗	总载重量（吨）	载箱量（TEU）
91	中远海运特运 木兰湾船务有限公司	木兰湾	2007-01-04	中国	中国香港	5988	—
92	中远海运特运 大鹏湾船务有限公司	大鹏湾	2007-08-28	中国	中国香港	6011	—
93	中远海运特运 福宁湾船务有限公司	福宁湾	2007-03-26	中国	中国香港	6109	—
94	中远海运特运 海南中远海运沥青运输有限公司	珍珠湾	2008-07-28	中国	中国	6315	—
95	中远海运特运 海南中远海运沥青运输有限公司	澎湖湾	2008-11-02	中国	中国	6327	—
96	中远海运特运 月亮湾船务有限公司	月亮湾	1999-06-30	中国	中国香港	11 048	—
97	中远海运特运 平海湾船务有限公司	平海湾	2008-12-29	中国	巴拿马	6115	—
98	中远海运特运 安海湾船务有限公司	安海湾	2009-04-20	中国	巴拿马	6165	—
99	中远海运特运 星海湾船务有限公司	星海湾	2009-10-27	中国	巴拿马	6115	—
100	中远海运特运 宁海湾船务有限公司	宁海湾	2009-10-27	中国	巴拿马	6118	—
101	中远海运特运	广州湾	2017-05-10	中国	中国	13 307	—
102	中远海运特运	金州湾	2017-07-05	中国	中国	13 307	—
103	中波轮船股份公司	大西洋 CHIPOLBROK ATLANTIC	2016-07-06	中国	中国香港	31 660	1919
104	中波轮船股份公司	帕德雷夫斯基 Paderewski	2016-12-15	中国	塞浦路斯	31 672	1919
105	中波轮船股份公司	诺沃维耶斯基 Nowowiejski	2016-03-28	中国	塞浦路斯	31 664	1919
106	中波轮船股份公司	太平洋 CHIPOLBROK PACIFIC	2015-12-08	中国	中国香港	31 615	1919

续上表

序号	航运公司	船名	接船日期	建造国家或地区	船旗	总载重量（吨）	载箱量（TEU）
107	中波轮船股份公司	乾坤 QIAN KUN	2011–12–18	中国	中国香港	30 280	1904
108	中波轮船股份公司	克拉舍夫斯基 Kraszewski	2011–10–25	中国	塞浦路斯	30 300	1904
109	中波轮船股份公司	寰宇 CHIPOLBROK GALAXY	2010–12–01	中国	中国香港	30 330	1904
110	中波轮船股份公司	帕兰道夫斯基 Parandowski	2010–11–26	中国	马耳他	30 291	1904
111	中波轮船股份公司	恒星 CHIPOLBROK STAR	2010–07–11	中国	中国香港	30 346	1904
112	中波轮船股份公司	阿斯尼克 Adam Asnyk	2009–11–13	中国	马耳他	30 332	1904
113	中波轮船股份公司	斯塔夫 Leopold Staff	2004–12–08	中国	马耳他	30 469	1904
114	中波轮船股份公司	明月 CHIPOLBROK MOON	2004–05–01	中国	中国香港	30 460	1904
115	中波轮船股份公司	太阳 CHIPOLBROK SUN	2004–02–03	中国	中国香港	30 397	1904
116	中波轮船股份公司	奥尔坎 Wladyslaw Orkan	2003–11–06	中国	马耳他	30 435	1904
117	中波轮船股份公司	诺威德 Norwid	1998–04–14	希腊	利比里亚	22 258	1094
118	中波轮船股份公司 上海弘发航运有限公司	鸿兴	1997–09–26	南斯拉夫	中国	21 963	1094
119	中波轮船股份公司 上海弘发航运有限公司	长江	2015–01–05	中国	中国香港	36 947	1880
120	中波轮船股份公司 上海弘发航运有限公司	黄河	2015–03–31	中国	中国香港	36 947	1880

续上表

序号	航运公司	船　名	接船日期	建造国家或地区	船旗	总载重量（吨）	载箱量（TEU）
121	中波轮船股份公司 上海弘发航运有限公司	太湖	2015-08-11	中国	中国香港	36 947	1880
122	中波轮船股份公司 上海弘发航运有限公司	东海	2016-03-18	中国	中国香港	36 947	1880
123	厦门远洋运输公司	荣安城	2015-12-03	中国	中国	38 557	264
124	厦门远洋运输公司	长安城	2017-11-02	中国	中国	37 917	264
125	厦门远洋运输公司	瑞安城	2015-06-02	中国	中国	37 930	264
126	厦门远洋运输公司	广安城	2017-06-21	中国	中国	37 917	264
127	厦门远洋运输公司	平安城	2017-02-28	中国	中国	37 898	264
128	厦门远洋运输公司	都安城	2011-05-09	中国	中国香港	31 775	0
129	厦门远洋运输公司	宁安城	2010-12-23	中国	中国香港	31 761	0
130	中国远洋物流有限公司 广远物流重大件	远景	2009-07-17	中国	中国	12 626	—
131	中国远洋物流有限公司 广远物流重大件	远鉴	2007-07-11	中国	中国	6500	—
132	海南海盛航运有限公司 中海化工运输有限公司	金海涛	2013-04-01	中国	中国	7914	—
133	海南海盛航运有限公司 中海化工运输有限公司	金海澜	2013-04-19	中国	中国	7900	—
合计						3 508 294	102 858

注：1. 中波公司船舶为合资船舶；

2.“金海涛”“金海澜”为特种化学品运输船舶。

2017 年中国远洋海运集团有限公司客轮船队自有船舶统计表

表 17-7

序号	二级公司	船名	船型	建造日期	建造国家	船旗	总载重量（吨）	载客量（客位）	载箱量	载车线（米）
1	中远海运客运有限公司	棒棰岛	客滚船	1995–09–03	荷兰	中国	3547	1200	—	835
2	中远海运客运有限公司	海洋岛	客滚船	1995–12–07	荷兰	中国	3547	1200	—	835
3	中远海运客运有限公司	普陀岛	客滚船	2005–04–21	中国	中国	3996	1428	—	835
4	中远海运客运有限公司	葫芦岛	客滚船	2005–08–29	中国	中国	3873	1428	—	835
5	中远海运客运有限公司	长山岛	客滚船	2012–06–10	中国	中国	16 535	1400	—	2000
6	中远海运客运有限公司	龙兴岛	客滚船	2010–12–01	中国	中国	16 535	1400	—	2000
7	中远海运客运有限公司	永兴岛	客滚船	2011–03–22	中国	中国	16 535	1400	—	2000
8	厦门远洋运输公司 厦门闽台轮渡有限公司	中远之星	客滚船	1993–09–01	日本	中国 香港	6044	683	256	2118
9	厦门远洋运输公司	新五缘	客船	2016–06–17	中国	中国	47	322	—	—
10	青岛远洋运输公司 烟台中韩轮渡有限公司	香雪兰	客货船	1996–03–25	德国	巴拿马	6526	392	293	—
11	上海远洋运输公司 中日国际轮渡有限公司	新鉴真	客滚船	1994–04–02	日本	中国	4321	345	250	121 个车位
12	上海远洋运输公司 上海国际轮渡有限公司	苏州号	客货船	1992–04–13	日本	中国	3721	316	229	—
合计							85 227	11 514	1028	11 458

注：邮轮“南海之梦”由中远海运客运和三沙南海梦之旅邮轮有限公司共同拥有，中远海运客运占34%的股份，经营管理权归属三沙南海梦之旅邮轮有限公司，该轮2011年12月5日由中国制造，挂五星旗，总载重吨为16 535吨，载客量为1400人，载车线为2000米。

2016—2017年中国远洋海运集团货运量统计表

2016—2017 年中国远洋海运集团货运量统计表

表 17-8

货物种类	单　位	2016 年	2017 年
货运	万吨	95 838.01	108 425.2
	亿吨海里	27 456.27	29 140.44
客运	万人	212.46	217.31
	亿人海里	2.01	2.02
内贸货运	万吨	50 843.32	59 930.06
	亿吨海里	3 485.45	4 092.38
外贸货运	万吨	44 994.72	48 495.15
	亿吨海里	23 970.81	25 048.06
煤炭	万吨	20 461.99	23 886.71
石油及天然气	万吨	15 711.50	17 697.98
其中：原油	万吨	12 698.03	14 338.76
金属矿石	万吨	13 689.40	13 566.62
钢铁	万吨	1 639.83	1 281.78
矿材	万吨	179.46	478.32
水泥	万吨	388.16	361.45
木材	万吨	204.03	217.35
非金属矿石	万吨	525.05	235.57
化肥及农药	万吨	176.14	78.03
粮食	万吨	2 178.91	2 501.89
机械	万吨	3 819.05	3 851.79
化工原料	万吨	82.79	128.76
有色金属	万吨	30.5	2.57
轻工医药	万吨	96.6	86.02
农副产品	万吨	14.87	11.31
集装箱运量	万吨	36 354.48	43 527.63
箱量	TEU	29 409 532	34 268 380
其中：重箱	TEU	22 327 787	26 442 486
车辆数	辆	592 474	679 360

2016—2017 年中国远洋海运集团运输及生产统计表

2016—2017 年中国远洋海运集团运输及生产统计表

表 17-9

指　标	单　位	2016 年	2017 年
船舶艘数	艘	1064	1120
船队载重吨	万吨	7986	8632
平均船龄	年	9.12	9.67
单船平均载重吨	万吨	7.51	7.71
集装箱船队规模	万 TEU	177.5	195.9
货运量	万吨	87 292	108 425
货运周转量	亿吨海里	27 442	29 140
集装箱重箱运量	万 TEU	2446	2644
全球集装箱码头数	个	51	55
全球集装箱码头吞吐量	万 TEU	10 205	10 425
全球船舶燃料销量	万吨	2500	2783
造船产能	万载重吨	1155	820

2007—2018 年中国远洋海运集团世界 500 强排名一览表

2007—2018 年中国远洋海运集团世界 500 强排名一览表

表 17-10

年　份	世界 500 强排名	年收入（百万美元）
2007 年	488	15 413.5
2008 年	405	20 840.0
2009 年	327	27 430.3
2010 年	未进入	—
2011 年	399	24 249.7
2012 年	384	28 796.5
2013 年	401	28 736.0
2014 年	451	26 805.5
2015 年	432	27 483.0
2016 年	465	22 965.4
2017 年	366	29 743.1
2018 年	335	34 667.8

注：1. 2007—2016年为中远集团数据；

2. 年份是《财富》杂志公布的年份，年收入为上一个年度的数据。

2017 年末中国远洋海运集团员工队伍统计表

2017 年末中国远洋海运集团员工队伍统计表

表 17-11

（单位：人）

类　别	合计	陆地员工		船　员	
		小计	其中中方	小计	其中中方
劳务合同职工	98 222	67 802	60 180	30 420	30 350
其中在岗职工	92 147	65 555	58 034	26 592	26 522
派出职工	3066	532	444	2534	2534
其他人员	3009	1715	1702	1294	1294
劳务派遣用工	33 694	14 410	14 387	19 284	19 254
其他从业人员	1303	865	795	438	438
员工总数	132 789	82 886	75 967	49 903	49 803

注：1. 其他从业人员包括返聘人员、外部董事、直属单位派出人员等；

2. 员工总数：（劳务合同职工 + 劳务派遣用工 + 其他从业人员）– 集团内部派出人员重复计算部分。

2017 年末中国远洋海运集团船员队伍统计表

2017 年末中国远洋海运集团船员队伍统计表

表 17-12

（单位：人）

类　别	2017 年 12 月	2016 年 12 月
船员总量	49 903	52 877
高级船员	25 714	25 989
其中船长	2601	2679
轮机长	2671	2716
政委	1082	1145
大副	2579	2525
大管轮	2361	2290

CHINA COSCO SHIPPING CORPORATION LIMITED YEARBOOK

中国远洋海运集团有限公司

年鉴

年鉴索引总稿

使用说明

一、本索引按汉语拼音音序排列。具体如下：数字开头的，排在最前面；以英文字母开头的排在其次；汉字标目则按首字的音序、音调依次排列，首字相同时，则以第二字排序，依次类推。

二、索引标目后的数字，表示索引内容所在的年鉴正文页码；数字后面的英文字母 a、b，表示年鉴正文的栏别，合在一起即指该页码及左右两个版面区域。年鉴中用表格反映的内容，则在索引标目后面用括号注明（表）字，以区别文字标目。

三、为反映索引款目间的隶属关系，对于二级标目，采用上一级标目下缩两格的形式编排，之下按照习惯的顺序排列，不再按照汉语拼音音序排列。

0—9

A—Z

A

B

C

D

F

G

H

J

K

L

M

N

O

P

Q

R

S

T

W

X

Y

Z